Erhard Lucas

Märzrevolution 1920

Band 3

*Verhandlungsversuche und deren Scheitern;
Gegenstrategien von Regierung und Militär;
die Niederlage der Aufstandsbewegung;
der weiße Terror*

VERLAG ROTER STERN

CIP-Kurztitelaufnahme der Deutschen Bibliothek
Lucas, Erhard:
Märzrevolution 1920 [neunzehnhundertzwanzig] /
Erhard Lucas. – Frankfurt/Main : Verlag Roter
Stern.
Bd. 3. Die Niederlage : Verhandlungsversuche u.
deren Scheitern , Gegenstrategien von
Regierung u. Militär, d. Niederlage d. Auf=
standsbewegung, d. weisse Terror. – 1. Aufl. 1978. –
ISBN 3-87877-085-5

© 1978 Verlag Roter Stern
Postfach 180147, Frankfurt am Main
Alle Rechte vorbehalten.
Gesamtherstellung: Cl. Wittal, Frankfurt
Bitte fordern Sie unseren kostenlosen Almanach an!

Inhalt

Vorbemerkung	5
Die 30 wichtigsten Personen des Geschehens	9
1. Kapitel: Die Bielefelder Konferenz — Voraussetzungen, Zustandekommen und Verlauf	11
1. Auseinandersetzungen um die Ziele der Aufstandsbewegung	11
2. Die Durchsetzung der Verhandlungsidee	35
3. Die Bielefelder Konferenz	60
2. Kapitel: Der Konflikt vor der Entscheidung	92
1. Bedrohliche Ungewißheit im Aufstandsgebiet	92
2. Regierung und Militär	145
3. Kapitel: Aufständische und Militär nach dem Ultimatum der Regierung	162
4. Kapitel: Entscheidung in Berlin	203
5. Kapitel: Der Sieg des Militärs über die letzten Kompromißversuche	234
1. Umstände und Verlauf der Konferenz von Münster	234
2. Annahme und Durchführung des Abkommens von Münster	251
a) Der Zentralrat und die Vollversammlung der Vollzugsräte	251
b) Die einzelnen Vollzugsräte	258
3. Der Vertragsbruch des Militärs	268
4. Die Auswirkungen des militärischen Vertragsbruchs im Ruhrgebiet	293
5. Die amtliche Lüge vom Vertragsbruch der Arbeiter	303
6. Kapitel: Das Ende der Aufstandsbewegung	308
1. Der Triumph des Militärs — Ausmaß und Grenzen	308
2. Die Flucht der Arbeiter ins Bergische Land und in das von den Alliierten besetzte Gebiet	342
7. Kapitel: Terror	353
1. Der weiße Terror von Reichswehr und Sipo	354
2. Die Ausnahmejustiz	384

8. Kapitel: Nachgeschichte 402
1. Reichstagswahl, Amnestie, Folgeprozesse, Entschädigungen 402
2. Hinfälligwerden der Reformzusagen, Reduzierung der Reichswehr, Ersatz der Reichswehr durch Sipo 420
3. Polemik, Selbstrechtfertigungen, Lernversuche 430
4. Ausblick 455

Anhang: Drei spontane Schöpfungen aus dem Augenblick 469

Zu den Anmerkungen: Abkürzungen und Zitierweise 470

Anmerkungen 472

Quellen- und Literaturverzeichnis 564

Bildnachweis 566

Register 567

Karten am Ende des Bandes

Vorbemerkung

Aus verschiedenen Gründen erscheint der letzte Band der Untersuchung über den Arbeiteraufstand von 1920 später als angekündigt. Ich bedaure dies, konnte aber in den zurückliegenden Jahren und Monaten nichts daran ändern.
Aus dem Inhalt möchte ich folgende Komplexe hervorheben, die in der bisherigen Literatur nicht oder nur ziemlich oberflächlich behandelt worden sind:
1. den Verlauf der Bielefelder Konferenz, die als „Verrat" zu kennzeichnen durchaus ungenügend ist;
2. den inneren Lokalismus der Aufstandsbewegung, der — das muß gegen die Vorstellungen von Einheitlichkeit und Zentralisierung der Organisationshistoriker betont werden — im wesentlichen unvermeidlich war;
3. die Aufstandsbewegung als Objekt der internationalen Diplomatie, ein Aspekt, der auch dann noch lehrreich bleibt, wenn man die heutigen hochdifferenzierten Methoden der Aufstandsbekämpfung gegen die damalige noch relativ schwerfällige Vorgehensweise hält;
4. die Rolle von Wilhelm Pieck und des Remscheider USP-Funktionärs Gustav Eckardt, die es als Abgesandte des Essener Zentralrats Ende März in der Hand hatten, einen Generalstreik der Berliner Arbeiterschaft zur Unterstützung der Aufständischen im Ruhrgebiet zustandezubringen und diese Möglichkeit in bewußter Entscheidung fallenließen; die Konsequenzen dieser Entscheidung, sodann ihre Beschönigung und Verleugnung — ein äußerst aktuelles Lehrstück.
Vor allem durch die Ausbreitung dieser Komplexe hoffe ich, alle diejenigen ärgerlich und zornig zu machen, die sich als Vertreter einer Partei (welcher Richtung auch immer) fühlen und verhalten. Wir haben übergenug an apologetischen, beschönigenden, heroisierenden und daher glatten und Langeweile hervorrufenden Darstellungen der Arbeiterbewegung. Damit hängt zusammen, daß am Schluß der Untersuchung nicht etwa eine Liste der „gesammelten Fehler" der Kämpfer von 1920 steht; hierzu ist am Ende des Buches das Nötige gesagt.
Ein fünfter Komplex, der auch in Untersuchungen von DDR-Historikern nicht zureichend dargestellt ist, ist der weiße Terror. Dabei ist dieser Teil überwiegend beschreibend gehalten. Der Grund liegt darin, daß meine Fähigkeiten zu einer tieferen Interpretation — nach der hier alles geradezu schreit — nicht ausreichen, ein schmerzliches Eingeständnis, das ich mir bereits beim Sammeln des Quellenmaterials machen mußte. Die Fragen häufen sich: Wie kommen die zahlreichen Morde *nach* Abschluß des Kampfgeschehens (und um nichts anderes als um Morde handelt es sich) zustande? Unter welchen Zwängen stehen diese Männer? Woher kommt der Eindruck der Besinnungslosigkeit, den man bei den Tatschilderungen gewinnt? Warum gab es fast keine Vergewaltigungen? Warum wurden „stattdessen" die Frauen und Mädchen der Roten Armee — die Krankenschwestern, die Kartoffelschälerinnen oder die, die „einfach so" mitgegangen waren — in so großer Zahl erschossen, und zwar fast immer sofort nach ihrer Festnahme, während die Männer vielfach erst vor ein Standgericht (sicherlich die Farce eines Gerichtsverfahrens, aber immerhin) gestellt wurden? Die moralisierenden Begriffe vor allem bei DDR-Historikern („viehisch", „tierische In-

stinkte", „entmenschte Bestien" usw.) konnten natürlich nicht befriedigen. In dieser Situation der Ratlosigkeit habe ich vor Jahren meinen Freund Klaus Theweleit dafür gewinnen können, das gesammelte Quellenmaterial zu analysieren. Der Versuch wuchs sich bald zu einem großen Unternehmen aus, das jetzt — unter dem Titel „Männerphantasien" — im selben Verlag erscheint. Die Ergebnisse führen weit über Wilhelm Reichs „Massenpsychologie des Faschismus" hinaus, sind atemberaubend in den aufgedeckten Zusammenhängen, von einer beängstigenden Aktualität, und nicht zuletzt: sie erlauben es niemandem, die Phänomene einfach auf „die Faschisten" abzuschieben und sich selbst auszuklammern. Auf diese Untersuchung möchte ich hier hinweisen (und zwar nicht etwa als „Ergänzung", weil ich mir damit selbst zu viel Ehre antun würde). —
Der vorliegende Band hat, wie die beiden vorangegangenen, in jedem Fall einen schwerwiegenden Mangel: er gibt eine „fertige" Darstellung. Zu diesem Problem hat kürzlich Gert Zang in einem Reflexionsbericht über ein kooperatives historisches Forschungsprojekt der Universität Konstanz folgendes bemerkt: „Da der Leser Wissenschaft in der Regel immer nur als geglättetes, von allen subjektiven und objektiven Schwierigkeiten bereinigtes End-Produkt erfährt, sieht er sich entweder in eine passiv-staunende, mehr oder weniger ehrfurchtsvolle Haltung gedrängt, also entmutigt und minimisiert, oder aber, was heute meist der Fall ist, er gerät in eine passive Konsumentenkritik, die wissenschaftliche Endprodukte taxiert, goutiert und abschätzt wie sonstige Waren des Konsummarktes. Im einen wie im anderen Fall wird er kaum auf den Gedanken kommen, daß er etwas ähnliches selbst machen könnte". Dieser Mangel ist freilich ein anderer als der, den Heinz Hürten bei mir beanstandet hat („Militärgeschichtliche Mitteilungen", 1974, Heft 2, S. 245): prüfe man die Fußnoten der ersten beiden Bände nach, so könne es „geschehen, daß die angeführten Belege durchaus nicht alle den Bericht bestätigen, den Lucas von den Ereignissen gibt; es bleibt dann dem Leser überlassen zu klären, auf welche Quelle sich Lucas tatsächlich stützt und warum er sie den anderen von ihm genannten vorzieht". Dieses Kriterium muß ich zurückweisen. Vermutlich hat Hürten keine Ahnung, welche unendliche Mühe es gerade bei der Darstellung eines Aufstandes kostet — bei dem nicht wenige Personen, sondern Unzählige handelnd auftreten —, Steinchen für Steinchen gegeneinander abzuwägen und die Unstimmigkeiten und Fehler der Quellen herauszufinden. Hätte ich diesen Prozeß dargelegt, so wäre der Anmerkungsapparat auf ein Vielfaches angeschwollen, ohne daß dadurch für den Leser Transparenz im Sinne von Gert Zang erreicht worden wäre.

Seit Erscheinen des zweiten Bandes ist das Thema zweimal behandelt worden: George Eliasberg hat seinem einführenden Aufsatz von 1970, den ich im 2. Band eingehend kritisiert habe, eine umfassende Abhandlung folgen lassen („Der Ruhrkrieg von 1920", 1974 in der Schriftenreihe des Forschungsinstituts der Friedrich-Ebert-Stiftung erschienen), und Yaak Karsunke hat eine Szenenfolge fürs Theater unter dem Titel „Ruhrkampf-Revue" geschrieben (1976 im Rotbuch Verlag gedruckt).

Karsunke hat den großen Erfolg, den seine „Bauernoper" — eine Szenenfolge über den deutschen Bauernkrieg — gehabt hat, mit der „Ruhrkampf-Revue" nicht wiederholen können. Die Zahl der Aufführungen durch das Westfälische Landestheater Castrop-Rauxel blieb klein — der Einfluß der SPD im Ruhrgebiet ist sehr stark, und für die SPD wiederum ist das Thema noch immer zu heiß. Inhaltlich möchte ich ein Unbehagen ausdrücken, das auch mich selbst betrifft: das Pathos des „So wars und nicht anders", zu dem ich nicht wenig vor allem im ersten Band beigetragen habe, kommt mir zunehmend unfruchtbar vor. Zu Eliasberg mich noch einmal zu äußern fällt mir schwer, aber nach der unerträglichen Art, in der hier ein Toter — Eliasberg ist 1972 gestorben — gegen mich eingesetzt worden ist, ist es leider unvermeidlich.

Richard Löwenthal hat zu Eliasbergs Untersuchung eine Einleitung geschrieben, in der er mir vorwirft, den genannten Aufsatz von 1970 „zum Gegenstand einer tendenziösen und kleinlichen Kritik gemacht" zu haben, wobei mir allerdings zugutezuhalten sei, daß mir „Eliasbergs persönliche und politische Geschichte offenbar unbekannt" gewesen sei (was zutrifft). Hierzu teilt Löwenthal mit, daß Eliasberg während des Dritten Reichs ein verdienter Widerstandskämpfer in der „Gruppe Neu Beginnen" war und dies mit einer viereinhalbjährigen Zuchthausstrafe und schweren gesundheitlichen Schäden bezahlt hat; 1940 nach den USA emigriert, Mitarbeiter der „Stimme Amerikas" für die folgenden rund 25 Jahre, bis ihm dies während des Vietnamkriegs „als zunehmend unerträglich erschien"; Rückkehr nach Deutschland, halbblind und herzleidend, Mitarbeiter und Stipendiat der Friedrich-Ebert-Stiftung, Wahl des Themas von 1920. „Quellenforschung und Redaktion wurden zu einem heroischen Kampf mit seinen körperlichen Gebrechen ...; in der späteren Zeit, als ihm seine eigenen Notizen vorgelesen werden mußten, war die Weiterarbeit nur dank der aufopfernden Hilfe eines am Thema interessierten jungen Berliner Wissenschaftlers ... möglich".

Der Vorwurf der Unmenschlichkeit, der mir hier indirekt gemacht wird, fällt auf Richard Löwenthal bzw. auf die Friedrich-Ebert-Stiftung zurück. Wenn dies alles als Entschuldigung für große Mängel der Untersuchung dienen soll — die übrigens durchaus nicht alle, wie Löwenthal meint, in der Buchfassung korrigiert sind —, dann hätte es bereits 1970 gesagt werden müssen. Daß dies nicht geschehen ist, kann ich jetzt, wo die Informationen in dieser Weise eingesetzt worden sind, nachträglich nur als schmählichen Umgang mit einem schwerkranken alten Mann bezeichnen.

Inhaltlich nur noch ein Satz zum toten Eliasberg, dagegen ein nachdrücklicher Widerspruch gegenüber dem lebenden und höchst einflußreichen Richard Löwenthal. Der vollkommen hilflose politische Umgang mit dem Thema, den Eliasberg nicht nur in seinem Aufsatz, sondern unverändert auch in der Buchfassung zeigt, wirft kein gutes Licht auf die Widerstandsgruppe „Neu Beginnen". Ich meine damit vor allem eine zentrale These, die Löwenthal in seiner griffigen und eingängigen Weise so formuliert: die Aufstandsbewegung sei „eine demokratisch-revolutionäre Bewegung" gewesen, aber auch die Reichsregierung und die SPD-Führer hätten „zweifellos subjektiv gerade die Stabilisierung der parlamentarischen Demokratie" angestrebt (objektiv hätten sie allerdings das Gegenteil bewirkt) — 1920 sei also „eine im doppelten Sinne tragische Episode ...", weil

die Ergebnisse des Handelns beider Seiten ihren Absichten widersprachen". Demnach war alles letztlich nur ein Mißverständnis? Das ist ebenso unerträglich wie die Legenden Hans Spethmanns. Ich denke, daß gerade das in diesem letzten Band ausgebreitete Material über die Reichsregierung und über Severing und die anderen SPD-Führer ausreichen wird, um eine neue Legende, die Löwenthal-Legende, gar nicht erst entstehen zu lassen.
Doch damit genug.
Zuletzt habe ich Karin Lucas-Bosse und Klaus Theweleit für vielfach entscheidende Hilfe zu danken.

Oldenburg, im Mai 1977   E. L.

Die 30 wichtigsten Personen des Geschehens

Otto Braß, Remscheid, der populärste Arbeiterführer des Bergischen Landes, Abgeordneter der Nationalversammlung (USP)
Otto Braun, Berlin, preußischer Landwirtschaftsminister, seit dem 27. März preußischer Ministerpräsident (SPD)
Friedrich Ebert, Berlin, Reichspräsident (SPD)
Josef Ernst, Hagen, Gewerkschaftsfunktionär, Organisator der Roten Armee im südöstlichen Teil des Industriegebiets (USP)
Otto Geßler, Berlin, Wiederaufbauminister, seit dem 25. März Nachfolger Gustav Noskes als Reichswehrminister (DDP)
Johann Giesberts, Berlin, Reichspostminister (Zentrum)
Otto Göppert, Ministerialdirektor im Auswärtigen Amt, zur Zeit in Paris als Leiter der deutschen Friedensdelegation
Ernst Kabisch, Wesel, General, Kommandeur der in Wesel stationierten und der vor den bewaffneten Arbeitern nach Wesel geflohenen Reichswehr- und Polizeitruppen
Gottfried Karusseit, aus Ostpreußen stammender Bergmann, längere Zeit Reichswehrspitzel, möglicherweise auch noch während des Aufstands, Kampfleiter der Roten Armee zwischen Dorsten und Schermbeck (KPD)
Erich Koch, Berlin, Reichsinnenminister (DDP)
Hubert Koch, Duisburg, Führer des unionistischen Straßenbahnerverbandes, seit dem 26. März zusammen mit Anton Wild Vorsitzender eines hyperradikalen Exekutivkomitees, das SPD, USP und den gemäßigten KPD-Flügel von der Macht ausschließt
Kuhn, Kampfleiter der Roten Armee in Hünxe, später in Bruckhausen
Carl Legien, Berlin, Vorsitzender des ADGB, des Dachverbandes der freien Gewerkschaften, Abgeordneter der Nationalversammlung (SPD)
Karl Leidner, Mülheim, Dekorationsmaler, Organisator der Roten Armee im nordwestlichen Industriegebiet (KPD)
David Lloyd George, London, englischer Premierminister
Konrad Ludwig, Hagen, Parteisekretär, populärer Arbeiterführer des südöstlichen Industriegebiets, Abgeordneter der Preußischen Landesversammlung (USP)
Wilhelm Mayer, Paris, Geschäftsträger des Deutschen Reiches
Ernst Mehlich, stellvertretender Kommissar der Reichsregierung und der preußischen Regierung beim Wehrkreiskommando Münster (SPD)
Adolf Meinberg, Dortmund, Parteisekretär, der populärste Arbeiterführer des östlichen Industriegebiets (KPD)
Alexandre Millerand, Paris, französischer Ministerpräsident
August Müller, Deckname *Dudo*, Straßenbahner aus Mülheim, Kampfleiter der Roten Armee in Walsum (KPD)
Hermann Müller, Berlin, Reichsaußenminister, seit dem 27. März Reichskanzler (SPD)

Gustav Noske, Berlin, Reichswehrminister, indirekt für den Militärputsch vom 13. März verantwortlich, infolgedessen am 24. März entlassen (SPD)

Wilhelm Pieck, Sekretär der KPD-Zentrale in Berlin, von dieser ins Ruhrgebiet entsandt, Mitglied des Essener Zentralrats

Hans v. Seeckt, Berlin, General, neuer Reichswehrchef seit dem Zusammenbruch des Kapp-Putsches am 17. März

Carl Severing, Kommissar der Reichsregierung und der preußischen Regierung beim Wehrkreiskommando Münster, seit dem 27. März außerdem preußischer Innenminister (SPD)

Karl Stemmer, Volksschullehrer aus Bommern bei Witten, Kampfleiter der Roten Armee im östlichen Industriegebiet (USP)

Oskar Freiherr v. Watter, Münster, General, Wehrkreiskommandant, Oberbefehlshaber der um das Ruhrgebiet herum aufmarschierenden Truppen

Anton Wild, Duisburg, Redakteur des örtlichen KPD-Blatts, seit dem 26. März zusammen mit Hubert Koch Vorsitzender des Duisburger „Exekutivkomitees" (s. bei Koch)

Bernhard Würmeling, Münster, Oberpräsident der Provinz Westfalen (Zentrum)

1. Kapitel

Die Bielefelder Konferenz - Voraussetzungen, Zustandekommen und Verlauf

1. Auseinandersetzungen um die Ziele der Aufstandsbewegung

Zehn Tage nach dem Kapp-Putsch Abbruch des Generalstreiks in Berlin ohne nennenswerte Erfolge für die Arbeiterschaft, zum gleichen Zeitpunkt das Militär in allen Regionen außerhalb des Ruhrgebiets wieder Herr der Lage, am Rande des Ruhrgebiets (Wesel) das Militär nach schweren Niederlagen wieder konsolidiert — so lautete das Ergebnis des 2. Bandes. In dieser Situation lag es nahe, daß zumindest Teile der Aufstandsbewegung im Ruhrgebiet den Versuch machen würden, zu *Verhandlungen mit der Regierung* zu kommen. Kam es zu solchen Verhandlungen, so stellte sich die zentrale Frage, wie die Aufstandsbewegung bis dahin ihre Ziele bestimmt hatte.
Aufstandsbewegungen kommen zustande aus dem Entschluß zahlloser Individuen, sich gegen eine elementare Bedrohung radikal zur Wehr zu setzen. Das hat zweierlei zur Folge: erstens daß ihre Ziele nicht schon zu Beginn des Kampfes feststehen, sondern erst in dessen Verlauf formuliert werden, und zweitens daß dabei unterschiedliche Positionen vertreten werden (sobald die ersten Kampferfolge errungen sind, wird die Situation unterschiedlich eingeschätzt, unterschiedliche Parteiprogramme machen sich geltend usw.), daß es also zu einer *Auseinandersetzung um die Ziele innerhalb der Aufstandsbewegung* kommt. Wie verlief diese Auseinandersetzung beim Aufstand des Ruhrproletariats im März 1920?
Zwei wichtige Momente lassen sich von vornherein aus der bisherigen Untersuchung ableiten. Einmal bedeutete das fast vollständige Fehlen öffentlicher Versammlungen (II, Seite 61), daß die Auseinandersetzung nicht von den großen Arbeitermassen, sondern in kleineren Gremien geführt wurde. Zum zweiten folgt aus der Bündnispolitik, die wir analysiert haben (I, Seite 119-144), daß überall vorrangig versucht wurde, auf örtlicher Ebene eine einheitliche Zielvorstellung der beteiligten Parteien zu erarbeiten.
Die Zusammenarbeit der Parteien im Kampf gegen die Putschisten konkretisierte sich, wie wir sahen, in den *Vollzugsräten*. Es liegt auf der Hand, daß deren Zusammensetzung bereits zum großen Teil darüber entschied, welche Ziele aufgestellt wurden, und daß es umgekehrt von der Formulierung bestimmter Ziele ab-

hängen konnte, welche Parteien in das Bündnis hineingenommen wurden. — Fragt man nach der *Zusammensetzung der Vollzugsräte* im einzelnen, so lassen sich *drei Typen* unterscheiden:
1. Im Vollzugsrat sind die drei Arbeiterparteien vertreten. So ist es in Gelsenkirchen, Bochum, Unna und Aplerbeck, in Elberfeld und Barmen, in Remscheid, Lennep, Ronsdorf und Lüttringhausen, in Düsseldorf, in Hamborn, Walsum, Sterkrade und Osterfeld (in Walsum, wo es die USP praktisch nicht mehr gibt, sind nur KPD und SPD im Vollzugsrat vertreten).[1] Die Vertretung der drei Arbeiterparteien ist in der Regel nicht gleich stark, was mit der unterschiedlichen Stärke der Arbeiterparteien am Ort zusammenhängt. In Düsseldorf bildeten zunächst nur USP und SPD mit vier bzw. zwei Vertretern den Vollzugsrat; später traten noch zwei KPD-Vertreter ein, die — wegen früherer Vorkommnisse — im Namen ihrer Partei das Versprechen abgeben mußten, „daß sie gefaßten Beschlüssen sich fügen und keine Gegenaktion unternehmen würden".[2] In Bochum wurden am 16. März — also während der ersten bewaffneten Kämpfe — Gewerkschaftsvertreter aller Richtungen (von den Christen bis zu den Unionisten) hinzugezogen, um die Führung für die weiteren Kämpfe auf eine breitere Basis zu stellen.[3]
2. Im Vollzugsrat sind die drei Arbeiterparteien und die beiden bürgerlichen Mittelparteien (Zentrum und DDP), evtl. auch noch die diesen nahestehenden Gewerkschaften vertreten. Diesen Typ gibt es nur im westfälischen Teil des Ruhrgebiets. Das wichtigste Beispiel ist Hagen; ferner sind Wattenscheid, Lünen, Castrop, das Amt Rauxel, Hörde und Kamen zu nennen. Dabei ist in Wattenscheid nur das Zentrum, in Castrop und Rauxel die katholische und die polnische Bergarbeitergewerkschaft vertreten, nicht jedoch die DDP, umgekehrt in Hörde nur die DDP, nicht das Zentrum (was eine Aussage über die politisch-soziale Struktur dieser Städte enthält). In Kamen ist die KPD nicht vertreten, anscheinend weil sie am Ort zu schwach ist.[4] — Aktionsausschüsse* dieses zweiten Typs bildeten sich ferner in Reaktion auf den Kapp-Putsch in Hamm, Recklinghausen, Buer und Dorsten; die Vertreter der bürgerlichen Mittelparteien bzw. die entsprechenden Gewerkschaftsvertreter traten jedoch aus, als die Bewegung sich radikalisierte, konkret: nachdem die Rote Armee in diese Städte eingezogen war (bzw. kurz vorher).[5] Damit entstanden Ausschüsse des ersten Typs (meist unter Umbenennung in „Vollzugsrat").
3. Im Vollzugsrat sind (seit dem Sieg der bewaffneten Arbeiter) nur linksradikale Organisationen vertreten. Hier sind vor allem Essen, Mülheim, Oberhausen und Duisburg im rheinischen Teil des Ruhrgebiets zu nennen,[6] ferner Dinslaken, wo der rote Stadtkommandant Ficks diesen Typ durchsetzte (II, Seite 93).[7] In Essen trat nach der Eroberung der Stadt durch die Rote Armee, wie schon mehrmals erwähnt, an die Stelle des „Vollzugsausschusses" aus SPD und bürgerlicher Mitte ein Vollzugsrat aus USP und KPD.**[8] In Mülheim bildeten Kommunisten, Syndi-

---
* Zu den Bezeichnungen „Aktionsausschuß" und „Vollzugsrat" vgl. II, Seite 8.
** Im Hinblick auf den unterschiedlichen Grad der Politisierung innerhalb der Arbeiterschaft ist interessant, daß im Essener Vollzugsrat neben den Funktionären von USP, KPD und Gewerkschaften fast nur Metallarbeiter saßen, außerdem ein Maurer und ein Zimmermann, dagegen anscheinend kein einziger Bergmann.

kalisten und Unabhängige nach dem Sieg der Roten Armee einen provisorischen Aktionsausschuß,[9] dem später noch der in der SPD organisierte Dreher Heinrich Biesgen beitrat. Biesgen unterzeichnete den Aufruf des provisorischen Aktionsausschusses, der die Aufgaben der neuzuwählenden revolutionären Betriebsräte umriß (II, Seite 48),[10] wofür er vom SPD-Ortsvorstand getadelt wurde;[11] daraufhin trat er mit einer öffentlichen Erklärung, in der er der örtlichen SPD-Führung Mangel an Bündnisbereitschaft nach links und parlamentarische Kompromißtaktik vorwarf, aus der SPD aus.[12] Inzwischen hatten ihn die revolutionären Betriebsräte in den endgültigen Vollzugsrat gewählt.[13] — In Oberhausen hatte die SPD wie in Essen die Zusammenarbeit mit den bürgerlichen Mittelparteien der Koalition mit den Linksradikalen vorgezogen (I, Seite 136) und wurde daher nach dem Sieg der Roten Armee ausgeschaltet. Kommunisten, Unabhängige und Syndikalisten bildeten den Vollzugsrat.[14] — Einen Sonderfall stellt Duisburg dar. Hier übernahm zunächst ein Vollzugsausschuß aus acht KPD- und fünf USP-Vertretern nach dem Sieg der Roten Armee die öffentliche Gewalt.[15] Bald darauf bot die SPD — nach ihren eigenen Worten „sich auf den Boden der gegebenen Verhältnisse stellend" — ihre Mitarbeit an. Daraufhin brachen seit langem in der Duisburger KPD bestehende Gegensätze wieder auf: ein Teil ihrer Vertreter wollte das Angebot annehmen, ein anderer verhielt sich schroff ablehnend. Das vorläufige Ergebnis war, daß sich am folgenden Tag (21. März) die USP aus dem Vollzugsausschuß zurückzog und erklärte, erst wieder mitarbeiten zu wollen, wenn auch die SPD zugelassen werde. Am 22. März verhandelten USP und SPD mit dem Vollzugsausschuß über ihre Mitarbeit auf paritätischer Basis; Koch, ein Kommunist der schärferen Richtung, wollte ihnen jedoch nur je zwei Sitze zugestehen, während er für die KPD fünf beanspruchte.[16] Am folgenden Tag setzten sich jedoch die Gemäßigten in der KPD durch, und es kam zur Bildung eines Vollzugsrats, in der die drei Arbeiterparteien gleich stark vertreten waren.[17] Damit war aus einem Vollzugsrat des dritten Typs einer des ersten Typs geworden.*[18] Daß es hierbei nicht blieb, werden wir später sehen.

Im westfälischen Teil des Reviers bildeten sich Vollzugsräte des dritten Typs in Marl (II, Seite 72 f.) und vor allem in Dortmund. In der letzteren Stadt war ausschließlich die SPD, deren extrem rechte Position wir bereits kennengelernt haben, für die Entwicklung verantwortlich. Zunächst war nämlich eine Koalition des zweiten Typs wie in Hörde zustandegekommen (die drei Arbeiterparteien, dazu die DDP);[19] als jedoch im Aktionsausschuß (einem größeren Gremium neben dem kleineren Vollzugsrat) die Syndikalisten bzw. Unionisten auf paritätischer Basis zugelassen wurden (sie erhielten 1/6 der Sitze),[20] kündigte zunächst die DDP, dann auch die SPD die Koalition.[21] Wiederholte Versuche der Linksradikalen, sie zur Mitarbeit zurückzugewinnen, scheiterten.[22] Nur der Sekretär des Deutschen Metallarbeiterverbandes, Otto Bormann, machte den Rückzug seiner Partei, der SPD, nicht mit, sondern blieb Mitglied des Vollzugsrats; Appelle der SPD an seine Parteidisziplin ignorierte er. Bemerkenswerterweise wurde er nicht aus der Partei ausgeschlossen — nach Meinbergs Ansicht weil die SPD für den Fall eines

---

* Das Umgekehrte vollzog sich in Lennep, als die SPD sich aus dem Vollzugsrat zurückzog.

Sieges der Arbeiter im Bürgerkrieg noch ein Eisen im Feuer haben wollte.[23]
Soweit die drei Typen von Koalitionen. Die Übersicht läßt bereits erkennen, daß im Durchschnitt der westliche Teil des Ruhrgebiets radikaler war als der östliche, während das Bergische Land (Elberfeld, Barmen, Remscheid) eine gewisse Mittelstellung einnahm. Das wird sich konkretisieren, wenn wir uns jetzt der *Auseinandersetzung um die Ziele der Bewegung* zuwenden. Dabei ist anzuknüpfen an die Analyse der Bündnispolitik, die in Elberfeld und in Hagen von den Arbeiterführern betrieben wurde (I, Seite 124-130, 137-139).

Die Elberfelder Bündnispolitik lief, wie wir sahen, auf ein linksradikales Programm hinaus, das die SPD-Führer aus taktischen Gründen mitunterzeichneten (Kampf für die Diktatur des Proletariats „bis zum Siege des Sozialismus, auf der Grundlage des Rätesystems"). Die Brüchigkeit dieser Bündnispolitik wurde bereits unmittelbar nach dem Sieg der Arbeiter über General Gillhaussen offenkundig. Einige Spitzenfunktionäre der drei Arbeiterparteien formulierten eine Proklamation an die Bevölkerung der Wupperstädte, die den Umsturz bekanntgab, und gaben sie sofort in Druck, angeblich weil die Zeit drängte; erst dann legten sie sie dem 48köpfigen Aktionsausschuß vor und baten um Zustimmung. Ein KPD-Vertreter vermißte die eben zitierte Formel „Kampf für die Diktatur des Proletariats" usw. und verlangte ihre Aufnahme in den Text. Als nach längerer kontroverser Diskussion darüber abgestimmt werden sollte, widersprach der SPD-Führer Landé mit dem Argument, „daß im gegenwärtigen Moment, wo wir noch mitten im Kampf ständen, eine derartige Frage nicht durch Mehrheitsbeschluß erledigt werden dürfte, da sonst leicht wieder Streit zwischen der Mehrheit und der Minderheit entstehen könne. Ein solcher Beschluß dürfte nur mit Einstimmigkeit gefaßt werden". Er schlage vor, den Text zu ändern, falls das technisch noch möglich sei; andernfalls solle sich die KPD mit dem Versprechen begnügen, daß die Formel ins nächste Flugblatt aufgenommen werde. Die KPD-Vertreter ließen sich darauf ein: die Druckerei entschied die politische Frage; die Formel wurde nicht aufgenommen.[24] Das „nächste Flugblatt", auf das sich die KPD hatte vertrösten lassen, erschien nicht.

Zeigt sich hier bereits, wie wenig das zu Beginn des Kampfes formulierte Einheitspapier ("für die Diktatur des Proletariats" usw.) wert war, so bestätigt sich das, wenn man sich die Arbeiterpresse anschaut. Am 18. März, dem Tag nach dem Sieg der Roten Armee im Wuppertal, erschienen auf Beschluß des Aktionsausschusses das SPD- und das USP-Blatt nicht, sondern stattdessen ein „Mitteilungsblatt des Aktionsausschusses der vereinigten sozialistischen Parteien des Wuppertals".[25] Darin hieß es:

„Der blutige Weltkrieg hatte die Sozialisten des Wuppertales entzweit, das Kapp-Verbrechen hat sie wieder zusammengeführt, zusammengeführt mit dem festen Entschluß, wie ein Mann die sich immer dreister erhebende Reaktion niederzuwerfen und darüber hinaus Bedingungen zu schaffen, die eine Wiederholung solch eines frevelhaften Attentats unmöglich machen, die Republik unbedingt sichern und die Durchführung des Sozialismus garantieren ... Die Wuppertaler Arbeiterschaft darf sich heute ... des Sieges freuen, den sie durch ihren Mut, ihre Einigkeit und Begeisterung errungen hat. Nun aber heißt es, weiter zu kämpfen ...

bis zum vollen Siege des Sozialismus. Dazu ist in erster Linie notwendig, daß die sozialistischen Arbeiter auch weiterhin einig zusammenstehen. Hoch die Einigkeit! Es lebe der Sozialismus!" [26]
So radikal die Aufforderung, den Kampf fortzusetzen, so phrasenhaft der Ruf nach Einigkeit: in diesen Sätzen wurde jede Diskussion darüber abgeschnitten, daß es die SPD-Führung gewesen war, die im Weltkrieg die organisierte Arbeiterbewegung gespalten hatte und die jetzt die Mitschuld am Putsch trug; insofern setzte sich auch hier die politische Linie der SPD durch. — Vom 19. März an wurde das Elberfelder USP-Blatt nicht mehr wie bisher in der USP-Druckerei in Düsseldorf, sondern in der Druckerei des Elberfelder SPD-Blatts hergestellt (das sollte bis zum 12. April dauern, d.h. nach dem Ende des Aufstands ging diese Beziehung wieder in die Brüche).[27] Da beide Blätter in der Folge nicht nur dieselben Meldungen, sondern vielfach auch dieselben Artikel brachten, wurden sie nahezu identisch. Nur die Leitartikel waren in jedem Falle unterschiedlich.
Wenn die Arbeiterführer des Wuppertals ihre anfängliche Parole „Kampf bis zum Sieg des Sozialismus" so wenig ernstnahmen, so formulierten sie doch auf der anderen Seite ziemlich radikale Nahziele. Das geschah im Leitartikel des bereits zitierten „Mitteilungsblatts des Aktionsausschusses" vom 18. März. Darin wurde die Fortsetzung der Koalition von SPD und bürgerlicher Mitte abgelehnt, mit der Begründung, sie habe sich als „zu schwach, zu nachsichtig" erwiesen, „um den gefährlichen Angriffen auf die Demokratie und [die] Volksrechte vorzubeugen". Bleibe „alles beim alten", so sei „keine Garantie gegeben, daß sich die Putsche nicht wiederholen". Jetzt gelte es, „Sicherung" gegen die Gefahr eines neuen Bürgerkriegs zu schaffen, und diese erblicke man in der Durchführung des folgenden Programms:

„1. Schaffung eines rein sozialistischen Ministeriums.
2. Völlige Auflösung der Reichswehr.
3. Einrichtung einer revolutionären Armee.
4. Absetzung aller Beamten in Reich, Staat und Kommune, deren Haltung gegenüber der neuen Staatsform zweifelhaft erscheint.
5. Einsetzung von Kontrollorganen aus den sozialistischen Parteien.
6. Kapp und Lüttwitz bezahlen ihren Staatsstreich mit dem Tode. Die Vermögen der beiden werden eingezogen.
7. Ihre nächsten Helfershelfer wandern wegen Hochverrats ins Zuchthaus.
8. Alle Beamten werden zur Verantwortung gezogen, die durch die amtliche Verbreitung von Kundgebungen der Staatsstreichler sich in den Dienst der Kapprebellen gestellt haben.
9. Verbot aller Blätter, die den Staatsstreich direkt oder indirekt begrüßten, überhaupt aller Zeitungen, deren bisherige Propagandatätigkeit den Bestand der Republik gefährdet haben.
10. Sofortige Inangriffnahme der Sozialisierung aller dafür reifen Betriebe." *[28]

---

* Der Begriff der Sozialisierungs„reife" war seit 1918 ein beliebtes Mittel von SPD- und Gewerkschaftsführern, mit dem sie hinter dem Schleier von Scheinradikalität Sozialisierungen vertagten; es gibt kein exaktes Kriterium dafür, wann ein Industriezweig für die Sozialisierung „wirklich" reif ist.

Auf den ersten Blick machen die 10 Punkte einen radikalen Eindruck, sie halten sich jedoch insofern im parlamentarischen Rahmen, als ihre Durchführung von einer neuen Regierung der Arbeiterparteien erwartet wird. Unklar ist, ob die neue Regierung sich auf die außerparlamentarische Macht der bewaffneten Arbeiter stützen soll. Vermutlich hätten die Autoren diese Frage jedoch bejaht, denn abgesehen von dem Hinweis, den Punkt 3 gibt — der praktisch fordert, daß die Bewaffnung der Arbeiter institutionalisiert wird —, erklärte das Elberfelder SPD-Blatt am 20. März, die Entwaffnung und Verhaftung der putschistischen Truppen in Berlin sei durchaus kein unlösbares Problem: man solle die Berliner Arbeiter bewaffnen und gegen das Lager Döberitz einsetzen.[29]
Wenden wir uns nun nach Hagen und erinnern wir uns, daß hier die USP-Führer die christlichen Gewerkschaften und die Hirsch-Dunckerschen Gewerkvereine für ein Kampfbündnis gewonnen hatten, indem sie die entscheidenden Ziele ihres Parteiprogramms (Rätesystem, Diktatur des Proletariats) „zurückgestellt" und für den Generalstreik nur defensive Minimalziele formuliert hatten: „Niederwerfung des Militärputsches, Sicherung der Republik und der erreichten Arbeiterrechte". Ziel der USP-Führer war, unbedingt die „Einheitsfront aller Kopf- und Handarbeiter" herzustellen, und hier liegt vielleicht auch ein Motiv dafür, daß sie strikt jeden Eingriff in die Struktur der Betriebe ablehnten (II, Seite 46 f.). Diese Bündnispolitik scheiterte ebenso wie die Elberfelder, und zwar zum einen weil die Arbeiter den Generalstreik zum bewaffneten Kampf steigerten — was insbesondere die Zentrumsführer heftig ablehnten —, vor allem aber weil die nichtsozialistischen Gewerkschaften und die bürgerlichen Mittelparteien sich nur so lange am Bündnis beteiligten, bis der Putsch in Berlin zusammenbrach. (Bei illusionsloser Betrachtung hätte das den USP-Führern von vornherein klar sein müssen.) Als erste sprang die Zentrumspartei ab. Ihre Unterschrift fehlte bereits auf einem Aufruf vom 17. März, betitelt „An alle!", der nach den Kämpfen in Wetter und Herdecke erlassen wurde und u.a. knappe Anweisungen enthielt, wie die bisher ziemlich regellose Bewaffnung der Arbeiter organisiert werden solle.[30] Am 18. März, einen Tag nach dem Abtreten von Kapp und Lüttwitz, kam es dann zum offenen Gegensatz zwischen Sozialisten und Bürgerlichen. Als die sozialistischen Arbeiterführer die Bildung einer „militärischen Zentrale für das gesamte Industriegebiet" (d.h. einer Befehlszentrale für alle bewaffneten Arbeiter) und einer provisorischen politischen Zentrale beschlossen und für beide Gremien den bürgerlichen Mittelparteien je einen Sitz anboten, benannte zwar die DDP Vertreter,* nicht jedoch das Zentrum; die Zentrumsführer lehnten auch die Unterzeichnung eines Flugblatts, das die Bildung der beiden Zentralen bekanntgab und begründete, ab und bereiteten stattdessen ihren Austritt aus dem Aktionsausschuß vor.[31] Ärgerlich und erregt versuchten die Arbeiterführer in einer Sitzung des Aktionsausschusses am 19. März, an der auch Oberbürgermeister Cuno teilnahm, die bisher am Bündnis beteiligten Parteien und Gewerkschaften für eine gemeinsame politische Plattform zu gewinnen und so das auseinanderbrechende Bündnis

---

*Für die militärische Zentrale wurde der Parteisekretär Stens benannt, der sich während der bewaffneten Kämpfe um Vermeidung von Blutvergießen bemüht hatte — in Wetter ohne, in Gummersbach mit Erfolg. (I, Seite 168, 260)

zu retten. Der von Ernst (USP) formulierte Entwurf für die Plattform lautete: »[...]
Es galt in erster Linie, den Kampf gegen die bewaffnete militärische Macht zu organisieren, da erst nach der [deren] Niederzwingung die Bahn für die Sicherung der Volksrechte geebnet war. Bisher ist es gelungen, die gegen Hagen und benachbarte Städte unter der Angabe, daß die Räterepublik ausgerufen sei, eingesetzten Truppen niederzukämpfen. Nun muß dafür gesorgt werden, daß die Sicherung voll dadurch geschaffen wird, daß sämtliche vorhandenen Truppen ... entwaffnet werden. ... Da wir ... nicht die geringste Sicherheit dafür haben, daß die noch unter Waffen stehenden Teile der Reichswehr, der Bürgerwehr und der grünen Sicherheitspolizei treu zur Verfassung stehen, da wir vielmehr unwiderlegliche Beweise in Händen haben, daß zum mindesten Offiziere und Truppenführer offen oder versteckt im Sinne der Reaktion arbeiten, werden wir zur Verteidigung der bedrohten Volksfreiheit die Waffen nicht eher aus der Hand legen, bis sämtliche Offiziere aus der Reichswehr entfernt sind. Ebensogut wie die in Berlin stationierten Nosketruppen sofort zu den Hochverrätern aus dem Baltikum übergingen, werden auch andere Truppenteile offen zur Reaktion übergehen, sobald sie die Gewißheit haben, daß die eingeleiteten Kämpfe zu ihren Gunsten ausschlagen. ... Die Erklärung, daß Truppen auf dem Boden der alten Regierung stehen, ist keine ausreichende Sicherung.
... Wir können nicht das Vertrauen haben, daß die Regierung Bauer in Berlin im Augenblick die Macht hat, unsere Forderungen durchzusetzen. Deshalb müssen wir im Industriebezirk unser Schicksal zunächst selbst in die Hand nehmen.
[...]
Wir verlangen:
1. Vorläufige Waffenabgabe sämtlicher Reichswehrtruppen und die Entfernung sämtlicher Offiziere aus der Reichswehr, Aufhebung und Entwaffnung der grünen Polizei und der Bürgerwehr.
2. Anstelle der aufgelösten Truppenkörper soll ein aus den Angehörigen der eingangs erwähnten Parteien [vom Zentrum bis zur KPD] zusammengesetztes Volksheer gebildet werden unter Führung republikanisch gesinnter Führer.
3. Bis zur Aufstellung des Volksheeres nach einem noch zu entwerfenden Plan übernimmt die bewaffnete Arbeiterschaft der eingangs erwähnten Parteien die Sicherung der Ruhe und Ordnung.
4. Es ist in allen Städten und Ortschaften Sorge zu tragen, daß vorläufig nach diesen Grundsätzen verfahren wird und daß, um Überraschungen zu vermeiden, ein genügend starkes Aufgebot von bewaffneten Arbeitern zur jederzeitigen Verfügung der zentralen Kampfleitung in Hagen steht. Alle militärischen Maßnahmen sind hierher zu melden, ihre Anordnungen [die der Kampfleitung] sind zu befolgen ...
5. Wir verlangen die Bestrafung der Berliner Hochverräter sowie aller Reichswehroffiziere, die sich geweigert haben, gegen die Hochverräter zu kämpfen.
6. An der Einheit des Reiches halten wir fest.
Wir erklären gegenüber den durch die Reaktion in die Welt gesetzten Lügen, daß an eine Aufrichtung der Diktatur des Proletariats nicht gedacht wird. Anders-

lautende Meldungen sind von der Reaktion in die Welt gesetzt, um Beunruhigung und Spaltung unter den Mehrheitsparteien hervorzurufen. Die Reaktion hofft auf den Ausbruch des allgemeinen Bürgerkrieges. Deshalb glaube man keinen Meldungen, die von Rätediktatur und Bolschewismus reden.
[...]"

Dieses Papier (das in der Aufstandsbewegung noch eine große Rolle spielen sollte) erreichte seinen Zweck nicht, im Gegenteil: Zentrum und DDP mißbilligten, daß nunmehr ganz offen ein Mißtrauen gegenüber der Regierung ausgedrückt werde, und erklärten sich gegen die Punkte 1 bis 3, deren Gegenstand, die künftige Wehrverfassung, Sache des Parlaments sei. Die Zentrumsvertreter legten ihrerseits eine Erklärung vor, in der es hieß, man habe sich am Generalstreik beteiligt zur „Verteidigung der verfassungsmäßigen Regierung" und zur „Aufrechterhaltung der demokratischen Reichsverfassung"; dieses Ziel sei jetzt erreicht, und im Vertrauen darauf, daß die Regierung „die Hochverräter und meineidigen Offiziere ihrem Versprechen gemäß rücksichtslos aburteilen" werde, ziehe man sich aus den Aktionsausschüssen des Stadt- und Landkreises Hagen zurück. Dieser Erklärung schlossen sich die DDP und die nichtsozialistischen Gewerkschaften an. Sogar der Vertreter der freien Angestelltengewerkschaften (AfA) unterzeichnete; das wurde jedoch später von der AfA als Eigenmächtigkeit bezeichnet und widerrufen.
— Am Ende der vielstündigen Sitzung erreichten die sozialistischen Arbeiterführer wenigstens einen Aufschub: beide Papiere sollten vorläufig nicht veröffentlicht, stattdessen beiderseits noch eine große überlokale Konferenz, die am nächsten Tage in Hagen stattfinden sollte, abgewartet werden; sie seien, sagten die sozialistischen Arbeiterführer, zuversichtlich, hier mit Regierungspräsident König, Severing und dessen Stellvertreter Mehlich eine Einigung zu erzielen.[32] Was hatte es mit dieser Konferenz auf sich?

Bereits am 17. März, einen Tag nach dem Kampf in Herdecke, hatte Ludwig im Hagener USP-Blatt die drei Arbeiterparteien im westfälischen Teil des Ruhrgebiets, im Bergischen Land, im Sauer- und im Siegerland aufgefordert, am 20. März je einen Delegierten pro Ort und Partei zu einer Konferenz nach Hagen zu entsenden, die um 10 Uhr im Konferenzsaal des Hotels „Parkhaus" beginnen sollte; als Zweck der Konferenz hatte Ludwig knapp „Aussprache über die Lage" angegeben.[33] Inzwischen hatte bereits am 18. März in Witten eine derartige überlokale Konferenz stattgefunden, die vom Wittener Aktionsausschuß („Zentralleitung") einberufen worden war, um einen einheitlichen Abbruch des Generalstreiks zu erreichen und die Ziele des weiteren Kampfes zu formulieren. Die Konferenzteilnehmer, 61 Delegierte aus 18 Orten, waren einmütig der Auffassung gewesen, daß die Reichswehr „unter allen Umständen verschwinden" und durch eine „Volkswehr" ersetzt werden müsse, „die nur aus organisierten Arbeitern bestehen" dürfe.[34]

Die Hagener Konferenz begann am 20. März wie vorgesehen. 145 Delegierte waren erschienen — 74 Mitglieder der USP, 38 der KPD, 33 der SPD. Die am weitesten entfernten Orte, aus denen sie kamen, waren Bielefeld, Hamm, Soest und Arnsberg im Nordosten und Osten, Siegen im Süden, Remscheid und Düsseldorf im Westen und Dortmund und Bochum im Norden und Nordwesten.

Schwach vertreten war das mittlere Ruhrgebiet (Essen), gar nicht das westliche, was nicht überraschen kann: an diesem Tag waren in Duisburg und Hamborn die großen Straßenschlachten im Gange (I, Seite 300—303). Ausgeblieben waren Regierungspräsident König, Severing und Mehlich, auf deren Erscheinen die Hagener Arbeiterführer gehofft hatten.[35] — Als erste sprachen die drei wichtigsten USP-Führer im Bezirk Hagen-Schwelm: Ludwig, Oettinghaus, Metallarbeitersekretär in Milspe und wie Ludwig außerordentlich populär, und Ernst. Sie gaben einen Überblick über die bisherigen Kämpfe, wobei sie herausstellten, wie der Putsch die Arbeiterparteien zusammengeführt habe, und begründeten dann die am Vortag in Hagen ausgearbeitete Plattform: die im Kampf erreichte Einheit der Arbeiterschaft solle bewahrt werden, die Ziele müßten daher so formuliert sein, daß ihnen auch die nichtsozialistisch organisierten Arbeiter zustimmen könnten; absolut vorrangig sei jetzt der Kampf gegen das reaktionäre Militär, daher müßten sozialistische Experimente in den Betrieben und störende Eingriffe in den Verwaltungsapparat unterbleiben. Auf die Errichtung der Diktatur des Proletariats müsse in der gegenwärtigen Lage verzichtet werden.

Aus der Diskussion heben wir drei Momente heraus. Erstens das einstimmige Echo, das Oettinghaus erhielt, als er aurief: „Kein Offizier vom Leutnant bis zum General darf im Amte bleiben!" Insbesondere gegen General v. Watter wurden schärfste Angriffe gerichtet. Darüber hinaus erklärte Hirdes, SPD-Parteisekretär in Hagen, auch Severing und Mehlich müßten abtreten, denn sie hätten die Erfordernisse der Situation nicht erkannt. Zweitens: Zur Einheitsfront der Arbeiterparteien bemerkte Meinberg (KPD) aus Dortmund, die bisherige Haltung der Sozialdemokraten sei überall untadelig, ausgenommen in Dortmund. Obwohl auch Ernst in den ersten Tagen des Kampfes höchst unangenehme Erfahrungen mit den Dortmunder SPD-Führern gemacht hatte, was in Hagen allgemein bekannt war (I, Seite 155, 185), bestand Ludwig darauf, daß die „Ausschaltung der SPD" in Dortmund — zutreffender hätte er von „Selbstausschaltung" gesprochen — „ungesund" sei. Drittens: Meinberg stimmte den Hagenern darin zu, daß es jetzt nicht darum gehe, „die Räterepublik zu proklamieren". Das bedeute nicht, daß man auf das Ziel „Herrschaft des Proletariats" verzichte. Man müsse jedoch „besonnen" voranschreiten, „damit wir nicht das vernichten, was wir soeben erobert" haben.* (Diese Stellungnahme wird uns noch beschäftigen.) Sauerbrey aus Barmen dagegen, einer der wichtigsten USP-Funktionäre im Wuppertal, widersprach den Hagenern energisch: Vor einer Woche sei die Parole „Diktatur des Proletariats" aufgestellt worden; wenn jetzt erklärt werde, die Diktatur des Proletariats müsse „auf längere Zeit verschoben werden", würde das größte Verwirrung unter den Arbeitern hervorrufen.[36]

An dieser Stelle wird die Verfehltheit der damals üblichen Bündnispolitik (vgl. I, Seite 124-144) besonders deutlich. Beim ersten großen Versuch einer überlokalen

---

* Unmittelbar nach der Eroberung Dortmunds durch die bewaffneten Arbeiter am 17. März hatte Meinberg in einem Zeitungsinterview erklärt, die Frage der Räterepublik sei gegenwärtig nicht aktuell, und bald darauf hatte der Dortmunder Vollzugsrat in einer von Meinberg mitunterzeichneten Bekanntmachung darauf hingewiesen, daß er „an eine Proklamation der Räterepublik durchaus nicht denk(e)".

Vereinheitlichung, der auf dieser Konferenz gemacht wurde, prallten zwei Bündniskonzeptionen — die Hagener und die Elberfelder — aufeinander und erwiesen sich als unvereinbar. Die Alternative, die bestanden hätte, liegt auf der Hand: Verzicht auf Einheitspapiere verschiedener Parteien auf lokaler Ebene, die sich doch allesamt als brüchig erwiesen; Eingeständnis der politischen Differenzen auch nach dem Putsch (was den gemeinsamen Kampf gegen die Putschisten überhaupt nicht zu stören brauchte); so bald wie möglich überlokale Kontaktaufnahme innerhalb der verschiedenen Organisationen. Der faktisch eingeschlagene Weg dagegen förderte — wie wir auch im folgenden immer wieder sehen werden — die regionale Zersplitterung der Bewegung: auf den überlokalen Konferenzen (wie dieser in Hagen) traten gegensätzliche Zielvorstellungen nicht als politische Differenzen der verschiedenen Organisationen auf, sondern als regionale Sonderprogramme.

Überraschen muß es nach Sauerbreys Stellungnahme, daß die Konferenz schließlich einstimmig die Hagener Plattform annahm; man kann nur vermuten, daß die Delegierten aus dem Bergischen Land sich der Stimme enthalten haben. Die 6 Punkte, die als „Richtlinien" bezeichnet wurden, waren gegenüber dem ursprünglichen Entwurf zum Teil durch Ergänzungen präzisiert worden: unter 1. daß die Aufhebung und Entwaffnung von Sipo und Bürgerwehren „in allen Städten des Bezirks" vollzogen werden müsse (über das übrige Reich wurde also keine Aussage gemacht); unter 3. daß der Plan zur Aufstellung des Volksheeres „mit dem Friedensvertrag in Einklang gebracht und mit der Entente vereinbart werden" müsse. Unter 6. war ein besonders wichtiger Zusatz gemacht worden: *man stehe „grundsätzlich auf dem Boden der Verfassung, in welcher die revolutionären Errungenschaften festgelegt sind"*. Unter 4. war die Bestimmung „in Hagen" sowie der ganze zweite Satz gestrichen worden — anscheinend war die Konferenz der Ansicht, daß die Befehlsstruktur der Roten Armee nicht unbedingt in Hagen zentralisiert werden sollte.[37]

Die Ergänzung unter 3. basierte auf der Einsicht, daß die Forderung nach Auflösung der Reichswehr und Ersatz durch ein „Volksheer" in Widerspruch zum Versailler Friedensvertrag stand, der Deutschland ein Berufsheer von 100.000 Mann vorschrieb. Oberbürgermeister Cuno hatte die Hagener Arbeiterführer am Vortag nachdrücklich hierauf hingewiesen, offenbar weil ihm die Vorstellung einer ständigen Bewaffnung der Arbeiter höchst unangenehm war.[38] Ludwig war jedoch schon vorher auf das Problem aufmerksam geworden; im Hagener USP-Blatt hatte er geschrieben, „es wäre möglich, überhaupt kein stehendes Heer zu halten", es komme nur darauf an, daß in allen Gemeinden ausschließlich zuverlässige Republikaner im Besitz von Waffen seien.[39]

Zuletzt beschloß die Konferenz, an Reichspräsident Ebert folgendes Telegramm zu senden:

„Die drei sozialistischen Parteien des Industriegebietes, die heute morgen zu einer Konferenz hier vereinigt waren, stellten sich einmütig auf den Standpunkt, daß alle Kräfte eingesetzt werden müssen, um die Reaktion niederzuschlagen. In keiner Weise kann sie General v. Watter Vertrauen entgegenbringen, der als reaktionärer monarchistischer Offizier heute morgen die Arbeiter zur Abgabe der

Waffen aufforderte, bis heute aber noch nichts tat, um das Bataillon [Freikorps] Schulz, das auf dem Boden der Kapp-Regierung steht, zu entwaffnen. Wir verlangen sofortige Einstellung der Truppenbewegung, da wir sonst gezwungen sind, in berechtigter Abwehr zum Angriff zu schreiten, um zu verhindern, daß zusammengezogene reaktionäre Truppenkörper im Industriegebiet den weißen Schrekken einführen. Die Konferenz lehnt einstimmig die Einführung der Rätediktatur ab und stellt sich in ihrem Vorgehen auf durchaus legalen Boden, verlangt aber Garantien, um vor der Reaktion gesichert zu sein. Im Gegensatz zu allen anderen Behauptungen erklären wir, daß jetzt im Industriegebiet größte Ruhe und Ordnung herrscht und die Arbeit, mit Ausnahme der unter den Waffen stehenden Arbeiter, voll aufgenommen wurde. Wir bitten, sofortige Entscheidung zu treffen."[40]
Dieses Telegramm erwähnte nicht, daß die Konferenz die Waffenabgabe der Reichswehr und die Entfernung aller Offiziere als Ziel des weiteren Kampfes proklamiert hatte; stattdessen erweckte es durch den Angriff auf Watter den Anschein, als werde nur die Absetzung einzelner reaktionärer Offiziere gefordert.*
Die Hagener Konferenz hatte ein vielfältiges Echo. Uneingeschränkt positiv reagierte eine weitere überlokale Konferenz in Bochum, zu der sich Vertreter der Vollzugsräte von Bochum und umliegenden Orten am nächsten Vormittag versammelten. Teuber, der Bochumer USP-Parteisekretär, betonte, daß man vorläufig den Kampf weiterführen müsse, bis „die stärksten Stützen der Reaktion, Münster und Wesel, zu Fall gebracht" seien. Außerdem müsse General v. Watter unbedingt verschwinden. Zum Verhältnis der Bewegung zur Regierung sagte Teuber, diese „müsse zunächst einmal den Beweis dafür erbringen, daß sie sich wirklich wieder im Besitz der Macht befinde", indem „sie dem Volk die Köpfe von Lüttwitz und Kapp vor die Füße lege. Solange sie diese Macht nicht habe, müsse man wachsam sein". Die Konferenz mußte vorzeitig abgebrochen werden, als Meldungen von schweren Kämpfen bei Recklinghausen einliefen; die Hagener Richtlinien wurden jedoch noch zur Abstimmung gestellt und angenommen.[41] — Nicht so einhellig verlief eine Funktionärsversammlung der drei Arbeiterparteien und der Gewerkschaften, die zur selben Zeit in Düsseldorf stattfand. Der provisorische Vollzugsrat von USP und SPD (die KPD wurde erst während dieser Versammlung in den Vollzugsrat aufgenommen) stellte sich voll auf den Boden der Hagener Richtlinien und erklärte, es wäre politischer Unsinn, jetzt „etwa eine Räte-Republik Düsseldorf auszurufen", vielmehr gelte es, „mit Besonnenheit und zielklar auf die Herbeiführung der sozialistischen Republik in Deutschland hinzuwirken". Vorbedingung dafür sei, daß die Produktion wieder in Gang gesetzt werde und ohne „Eigenmächtigkeiten und Eingriffe Unberufener" weitergehe. Die Kommunisten widersprachen und forderten die Fortsetzung des Generalstreiks und die Errichtung der Rätediktatur, blieben aber in der Minderheit; alle anderen Diskussionsredner stimmten den Hagener Richtlinien zu, und schließlich wurde der Abbruch des Generalstreiks mit nur einer Gegenstimme beschlossen.[42]

---

* Was sich hier andeutete, wurde bald Wirklichkeit: Ernst, der das Telegramm am Abend absandte, fügte in den von der Konferenz beschlossenen Text u.a. ein: „Wir verlangen sofortige Entfernung der reaktionären Offiziere". Hier begann bereits das schrittweise Abstandnehmen von den eigenen mit größter Betonung vorgetragenen Forderungen.

Ein negatives Echo fand die Hagener Konferenz, wie zu erwarten, im Bergischen Land. Noch am selben Tag lehnte eine Konferenz von USP-Vertretern aus den Wahlkreisen Elberfeld-Barmen und Lennep-Remscheid-Mettmann die Hagener Erklärung für die Verfassung und gegen die Aufrichtung der proletarischen Diktatur einstimmig „aufs schärfste" ab.[43] Nun war es jedoch, wie wir sahen, bei den Arbeiterführern in dieser Gegend zur schlechten Gewohnheit geworden, einerseits die Diktatur des Proletariats auf der Grundlage des Rätesystems als Ziel der Bewegung zu proklamieren, andererseits ein detailliertes Programm für eine neue Regierung zu formulieren und zwischen beidem keinen Widerspruch zu sehen. So überrascht es nicht, daß der Aktionsausschuß von Elberfeld und Barmen trotz der heftigen ersten Reaktion die Hagener Richtlinien überarbeitete. Das Ergebnis, ein 6-Punkte-Papier, das am 22. März in Elberfeld und Barmen von den Betriebsausschüssen und Betriebsvertrauensleuten und am folgenden Tage von einer Delegiertenkonferenz der Aktionsausschüsse des Bergischen Landes angenommen wurde,[44] lautete:

„Es ist sofort eine aus Sozialisten der drei Richtungen zusammengesetzte Regierung zu bilden, die sofort für die Durchführung der nachstehend aufgestellten Forderungen die erforderlichen Maßnahmen zu treffen hat:
1. Die Reichs-, staatlichen und kommunalen Einrichtungen und Schulen sind sofort von allen reaktionären Beamten und Angestellten zu säubern.
2. Auflösung der Reichswehr, Auflösung und Entwaffnung der grünen Polizei, der Bürger- und Einwohnerwehr. An Stelle des aufgelösten Heeres und der grünen Polizei tritt eine aus den drei sozialistischen Parteien gebildete Sicherheits- bzw. Arbeiterwehr unter Führung zuverlässiger Führer. Bis zur Aufstellung des Volksheeres hat die Arbeiterschaft nach einem noch zu entwerfenden Plan die Sicherung der Ruhe und Ordnung aufrecht zu erhalten.
3. Bestrafung aller Hochverräter und deren Begünstiger und der Offiziere der Reichswehr und der grünen Polizei, die sich geweigert haben, gegen die Hochverräter zu kämpfen. Die Bestrafung hat durch ein noch zu bildendes Volksgericht zu geschehen.
4. An der Einheit des Reiches wird festgehalten.
5. Sofortige Sozialisierung aller hierfür reifen Gewerbe und Wirtschaftszweige, [sowie von] Grund und Boden.
6. Wirksame Erfassung und gegebenenfalls Enteignung aller verfügbaren Lebensmittel, schärfste Bekämpfung des Wucher- und Schiebertums, sichere Erfassung der Ablieferung. Gegen Nichtablieferer sind die schärfsten Strafen zu verhängen."

Die Punkte 2 bis 4 basierten, wie man sieht, auf den Hagener Richtlinien. Punkt 2 schloß die Möglichkeit aus, daß erwiesenermaßen verfassungstreue Mannschaften der Reichswehr in das neue Volksheer übernommen werden könnten, eine Möglichkeit, die die an dieser Stelle etwas undeutlichen Hagener Richtlinien offengelassen hatten. Punkt 3 verschärfte im ersten Satz die Hagener Richtlinien, wobei nicht gesagt wurde, ob zu den „Begünstigern" der Putschisten auch Noske und andere SPD-Führer gerechnet wurden (immerhin gab das Elberfelder USP-Blatt diese Interpretation);[45] der zweite Satz war neu hinzugefügt. In Punkt 4 war die Erklärung der Hagener Richtlinien für die Verfassung gestrichen. Punkt 1 und 5 basierten auf den 10 Elberfelder Punkten vom 18. März (s. oben Seite 15), wobei neu war, daß auch die Schulen von Reaktionären gesäubert und auch Grund und Boden sozialisiert werden sollten; Punkt 6 war aus dem soeben in Berlin geschlossenen Abkommen zwischen Gewerkschaften und Regierungsparteien (II, Seite 118) übernommen und dabei schärfer gefaßt worden. — Erscheint dieses 6-Punkte-Papier also zunächst deutlich radikaler als die Hagener Richtlinien, so kehrt sich dieses Bild um, wenn man den Rahmen betrachtet, in den die Einzelforderungen gestellt werden: während hier deren Durchführung kurzerhand von einer neuen Regierung der drei Arbeiterparteien erwartet wird, auf deren Zustandekommen man kaum Einfluß hat, hatte das Hagener Papier in der Einleitung erklärt, man habe „nicht das Vertrauen ...", daß die Regierung Bauer ... im Augenblick die Macht" habe, um die aufgestellten Forderungen durchzusetzen; man nehme deshalb das eigene „Schicksal zunächst selbst in die Hand" und werde „die Waffen nicht eher aus der Hand legen, bis sämtliche Offiziere aus der Reichswehr entfernt" seien.

Im mittleren und westlichen Ruhrgebiet begrüßte die SPD die Hagener Richtlinien, und zwar in Städten, in denen sie nicht im Vollzugsrat vertreten war. Das Essener SPD-Blatt sah in den Richtlinien einen politischen Weg, wie die bewaffneten Kämpfe beendet werden könnten. Falls auch in Essen die Linksradikalen „klipp und klar" die Verfassung anerkennen würden, könne sich die SPD „an einer Arbeitsgemeinschaft der Linken beteiligen". Das Blatt hoffte auf eine „Einheitsfront von den Kommunisten bis zum Zentrum".[46] In Mülheim stellte sich die SPD „rückhaltlos" auf den Boden der Hagener Richtlinien, richtete an den Vollzugsrat die Aufforderung, dasselbe zu tun, und erklärte für diesen Fall die Bereitschaft, im Vollzugsrat mitzuarbeiten und dabei „für möglichst sofortige Beendigung des Blutvergießens einzutreten".[47] Die USP antwortete mit einem Aufruf, in dem es hieß, man denke nicht daran, den Kampf abzubrechen — „das Volk werde aus allen seinen Leiden, die durch Kapitalismus, Krieg und Reaktion heraufbeschworen seien, nur erlöst werden durch die proletarische Diktatur".[48] Auch in Oberhausen bot die SPD auf der Basis der Hagener Richtlinien ihre Mitarbeit im Vollzugsrat an. Dieser lehnte jedoch die Richtlinien, besonders die Erklärung für die Verfassung, ab und hielt am Ziel der Rätediktatur fest.[49] Aus Duisburg ist keine Stellungnahme bekannt, doch kann man als sicher annehmen, daß der Teil der Kommunisten, der gegen die paritätische Mitarbeit von SPD und USP im Vollzugsrat war (s. oben Seite 13), auch die Hagener Richtlinien ablehnte.

Hier, in der Stellungnahme der radikalen Vollzugsräte in diesen Städten, haben wir nun die eigentliche Gegenposition zu den Hagener Richtlinien — im Gegensatz zu der im Bergischen Land vertretenen Position, mit der es für die Hagener Möglichkeiten der Verständigung gab. Die radikalen Vollzugsräte von Essen, Mülheim und Oberhausen dachten nicht daran, Übergangsforderungen zu formulieren, die sich im parlamentarischen Rahmen hielten, sondern machten Ernst mit der Ansicht, daß es im gegenwärtigen Kampf um die Errichtung der proletarischen Diktatur gehe. Wegen der außerordentlichen Bedeutung, die beide Städte in der weiteren Bewegung gewannen, sehen wir uns die in Mülheim und Essen vertre-

tenen Positionen näher an.
In dem grundlegenden Aufruf des Vollzugsrats Mülheim, der am 24. März veröffentlicht wurde, hieß es:
„... *Die Arbeiterschaft darf nicht eher die Waffe aus der Hand geben, bis der letzte Reichswehrsoldat, der letzte reaktionäre Offizier verschwunden, der ganze reaktionäre Beamtenapparat in Staat und Kommune der neuen Zeit entsprechend umgestaltet ist ...*
Die erste notwendige Forderung und Aufgabe ist: Sofortige Wahl revolutionärer Betriebsräte. Diese haben die Sozialisierung der Betriebe zu organisieren, die Produktion fruchtbar zu gestalten und zu überwachen ...
Aus den Betriebsräten heraus und durch diese müssen die Kommunalvollzugsräte gebildet werden. Letztere haben den alten reaktionären Beamtenapparat zu reorganisieren.
Nach eingetretener Klärung hat der weitere Aufbau bis zum Reichswirtschaftsrat und Reichsvollzugsrat vor sich zu gehen ..."[50]
Am selben Tag erklärte in Essen die Bezirksleitung der KPD auf einem Flugblatt:
„... *Wir Kommunisten sagen den deutschen Arbeitern: Ihr könnt nicht kämpfen für eine parlamentarisch fundamentierte Regierung, denn sie ist nur die maskierte Militärdiktatur.*
Ihr könnt nicht kämpfen für die Wiedereinsetzung der Regierung Ebert-Noske-Bauer oder einer anderen mehrheitssozialistischen-bürgerlichen Koalitionsregierung, weil ihr nicht kämpfen könnt für die Wiederherstellung der Schrittmacher und Mitverbrecher der Militärdiktatur!
Ihr könnt aber auch nicht kämpfen für die Bildung einer rein sozialistischen Regierung mit parlamentarischer Grundlage, sie wäre nur die Wiederholung des verhängnisvollen Irrtums, den ihr im November 1918 mit der Einsetzung der Regierung Ebert-Haase begangen habt. Von neuem und wiederum würdet ihr die Unterdrückung, die Not und das Elend zu ertragen haben, die sich eingestellt haben als Folge jenes fundamentalen Irrtums.
Es gilt jetzt einen Strich durch die Vergangenheit zu ziehen, es gilt die blutigen Lehren zu begreifen, die die bürgerliche Demokratie dem Proletariat gegeben hat. Jetzt gibt es nur einen Ausweg, eine Rettung: die proletarische Diktatur, die Räterepublik, die Eroberung der Staatsgewalt durch die Arbeiterklasse, die zum Kampfe formiert ist in ihren Betriebs- und Arbeiterräten."[51]
Wie dieses große Ziel erreicht werden könnte, darüber hatte zumindest ein Mitglied der KPD-Bezirksleitung, Eugen Eppstein, bestimmte „Vorstellungen". Drei Tage zuvor hatte er auf einer Kundgebung auf dem Gerlingplatz, bei der die Eroberung der Stadt durch die Rote Armee gefeiert worden war, ausgerufen, das „revolutionäre Volk" des Ruhrgebiets werde bis nach Berlin marschieren. Man müsse nach Osten blicken: „In Polen könne die Regierung als erledigt gelten. Polen sei eine Beute des Bolschewismus", und bald werde sich das revolutionäre deutsche Proletariat mit den russischen Bolschewisten verbrüdern können."*[52]

---

* Der Krieg zwischen Polen und Rußland, der dann im April wirklich begann, brachte zunächst für die Polen große militärische Erfolge.

Die im Flugblatt der KPD-Führung entwickelte Politik war von der Mehrheit der Essener USP-Führung, voran dem politischen Redakteur des USP-Blatts, Dr. Stern, von Anfang an mitvertreten worden. Am 15. März hatte er geschrieben:
„. . . *Wenn aber das Proletariat erst einmal zum Kampfe angetreten ist, dann kann und darf es den Kampfplatz nicht eher verlassen, als bis es alles erreicht hat, die restlose Zertrümmerung der Reaktion, die Entwaffnung der Weißen Garden, die Diktatur des bewaffneten Proletariats, den Sieg der Weltrevolution auch in Deutschland. Die zweite Revolution ist da, nun haben wir nur die Wahl zwischen der schlimmsten Niederlage oder dem vollen Siege.*"[53]

Und am 20. März:
„*Würde die Arbeiterklasse noch einmal versagen [wie im November 1918], noch einmal durch das Trugbild einer Demokratie im Klassenstaat verleitet, sich mit einem durch angeblich gleiches Recht gewählten Parlament begnügen, dann würde nur das alte Spiel, der verderbliche Kreislauf: Demokratie, Sammlung der Reaktion, Umsturz und Gegenumsturz von neuem beginnen, die Neuordnung unserer anarchischen Wirtschaft auf unabsehbare Zeit hinausgeschoben und unser politischer Untergang gewiß sein. Darum gibt es nur eine Rettung für das deutsche Volk. In ganz Deutschland muß die rote Flagge siegreich wehen, Deutschland muß Räterepublik werden und im Verein mit Rußland eine sichere Bürgschaft für den nahen Sieg der Weltrevolution, für die nahe Verwirklichung des Weltsozialismus werden . . .*"[54]

In den folgenden Tagen wurde Stern jedoch etwas vorsichtiger. Am 22. März wandte er sich in einem Referat vor den politischen Arbeiterräten Essens gegen den Gedanken einer Räterepublik Ruhrgebiet: das Ruhrgebiet sei nur ein Teil des Reiches, und im gegenwärtigen Kampf werde Berlin als „das politische Herz Deutschlands" den Ausschlag geben; dort aber hätten die Genossen einen furchtbar schweren Stand — starke Konzentration des Militärs, Mangel an Waffen —, so daß ihnen zunächst nur die Waffe des Generalstreiks bleibe. Man müsse sich daher bei der Umgestaltung des Verwaltungsapparats und anderen Fragen vorläufig zurückhalten und die Entscheidung in Berlin abwarten; dann erst sei die Errichtung der Rätediktatur möglich, und zwar im ganzen Reich. Bis dahin müsse man sich auf den bewaffneten Kampf konzentrieren.[55] — Wir werden sehen, daß dies eine rein taktisch begründete Mäßigung war, daß Stern von seiner Grundauffassung nichts zurückgenommen hatte.

Wie sah es mit der Stellung zur Räterepublik und zu den Möglichkeiten ihrer Verwirklichung aus? Meinberg, der sich auf der Hagener Konferenz gegen die Proklamation einer Räterepublik ausgesprochen hatte — eine Stellungnahme, die beträchtliches Aufsehen erregte —, wurde dafür von links heftig angegriffen. Daraufhin gab er am 25. März folgende Presseerklärung ab:
„*Um allen Anschuldigungen die Spitze abzubrechen und Klarheit über meine politische Stellung zu schaffen, erkläre ich folgendes:
Ich halte fest am Programm der Kommunistischen Partei Deutschlands (Spartakusbund). Ich kämpfe für die Diktatur des Proletariats, trete ein für die Räteorganisation und lehne ab die bürgerliche Staatsverfassung. Dabei halte ich fest an meiner Erklärung vom 18. März, daß ich nicht an die Proklamierung einer*

Räterepublik Dortmund denke. Nach meiner Auffassung hat nur eine einheitliche deutsche Räterepublik oder die eines einheitlichen Wirtschaftsgebietes dauernden Bestand."[56]

Hinter dieser Erklärung stand die leidvolle Erfahrung der Revolution von 1918/19, die Erfahrung mit den Räterepubliken Bayern, Bremen und anderen. Damals waren immer wieder in einzelnen Teilen des Reiches, manchmal nur in einzelnen Städten Räterepubliken proklamiert worden, und meist hatte sich der revolutionäre Aufschwung auch schon im Akt der Proklamation und in der Absetzung der alten Exekutivorgane erschöpft: die Kräfte für die volle Übernahme der politischen Macht hatten gefehlt, wenn überhaupt konkrete Vorstellungen über das Wie einer politischen Revolution vorhanden gewesen waren. Vor allem aber hatte das isolierte Vorgehen der radikalen Gruppen es der Konterrevolution ermöglicht, ein revolutionäres Zentrum nach dem anderen zu zerschlagen. — So war es ein weiteres Zeichen für die politische Reife des Ruhraufstandes, daß sich nur in einer einzigen Stadt das sich zur Schau stellende Pathos von 1918/19 wiederholte: am Vormittag des 20. März wurde in Mülheim, nachdem die Rote Armee in der Nacht zuvor kampflos in die Stadt eingezogen war, vom Rathausbalkon durch Nickel (KPD) feierlich die Räterepublik proklamiert.[57]

Die Frage liegt nahe, ob nicht das, was im Ruhrgebiet bestand, *faktisch* eine Räterepublik war: die Vollzugsräte waren zwar nur in ganz wenigen Fällen aus den revolutionären Betriebsräten hervorgegangen, doch waren sie überall die höchsten Exekutivorgane. So hat Meinberg es in seiner Artikelserie gegen Severing 1927 (I, Seite 11) formuliert: „Zustand der Rätediktatur", jedoch „ohne offene Proklamierung der Räterepublik".[58] Warum wurde die Proklamation unterlassen, obwohl sie jetzt der Wirklichkeit so viel eher entsprochen hätte als 1918/19?

Auf diese Frage hatte Meinberg geantwortet, was er schon in seiner zitierten Presseerklärung angedeutet hatte: daß die Proklamation „solange unterbleiben" mußte, „wie nicht feststand, daß das deutsche Proletariat dem Ruhrproletariat folgen oder es verteidigen würde".[59] Einen weiteren Grund kann man leicht erschließen. Seit der Revolutionszeit 1918/19 waren Bürgertum und Militär derart auf den Akt der Proklamation fixiert, daß „Proklamation der Räterepublik" gleichbedeutend war mit „Beginn der Revolution" und als Reizbegriff den Appell an alle Gegner der Radikalen enthielt, die stärksten Gegenanstrengungen zu unternehmen. Dieses propagandistische Mittel wollten die Aufständischen dem Klassengegner nicht leichtfertig in die Hand spielen. Von daher ist es zu verstehen, daß die rote Zensur in Dortmund alle Meldungen beanstandete, die von einer Proklamation der Räterepublik sprachen,[60] und daß der Hagener Aktionsausschuß das neugeschaffene Elberfelder KPD-Blatt (II, Seite 59) für den Bereich der Stadt Hagen verbot, weil es zur Proklamation der Räterepublik aufforderte.[61]

Die Haltung der Aufstandsbewegung in dieser Frage kann man nicht besser zusammenfassen als mit der Antwort, die Stemmer am 28. März in Frankfurt/Main auf einer Solidaritätskundgebung für das Ruhrgebiet auf den Vorwurf von kommunistischer Seite gab, man hätte im Ruhrgebiet die Räterepublik proklamieren sollen: *„Wir rufen nicht die Diktatur des Proletariats aus, sondern führen sie* *durch!"*⁶²

Welche Wirkungen hatte die Hagener Konferenz in Hagen selbst? Die Antwort kann nicht überraschen: nachdem Regierungspräsident König, Severing und Mehlich nicht auf der Konferenz erschienen waren, ließ sich die Auseinandersetzung zwischen den Arbeiterparteien und den bürgerlichen Mittelparteien bzw. den nichtsozialistischen Gewerkschaften nicht mehr vertagen; die letzteren traten endgültig aus dem Aktionsausschuß aus und veröffentlichten ihre Austrittserklärung (oben Seite 18) auf einem Flugblatt. Anschließend bildeten sie eine „Arbeitsgemeinschaft zum Schutze der Verfassung".⁶³ Daraufhin ließen die drei Arbeiterparteien am 21. März ein Flugblatt über Hagen abwerfen, das die nichtsozialistisch organisierten Arbeiter von ihren Partei- und Gewerkschaftsführern ablösen sollte. Es teilte das von diesen abgelehnte Papier — die von der Hagener Konferenz angenommenen Richtlinien samt Einleitung — in vollem Wortlaut mit und fuhr dann fort:

*„Es kommt nun auf die christlichen und Hirsch-Dunckerschen Arbeiter an. Sie, die Schulter an Schulter mit uns gekämpft und geblutet haben, werden einen anderen Standpunkt vertreten wie ihre Führer. Sie waren nicht bereit zu sterben, damit wir die Waffen aus der Hand legten, ehe der letzte reaktionäre Offizier beseitigt ist. Soll es nach einigen Monaten wieder so sein wie früher oder sollen wir von Grund auf den Militarismus beseitigen und so die Bahn für eine wirklich freiheitliche Entwicklung schaffen? Darüber, Arbeiter der Demokraten, des Zentrums, gilt es zu entscheiden! Wir haben das feste Vertrauen zu Euch, daß Ihr trotz Eurer Führer fest und treu zu uns halten werdet . . ."*⁶⁴

Die „Arbeitsgemeinschaft zum Schutze der Verfassung" antwortete mit einem Gegenaufruf, in dem sie sich gegen den Versuch wandte, „einen Keil zwischen die Massen der christlichen und Hirsch-Dunckerschen Arbeiter und Angestellten und ihre politischen Führer zu treiben" — ein Versuch, der „an der Einsicht unserer Anhänger scheitern wird" — und in dem die strittigen Punkte zusammengefaßt wurden:

„Zur Aufrechterhaltung der Verfassung sind wir in den Kampf getreten. Darum können wir uns nimmermehr entschließen, den Boden der Verfassung zu verlassen und selbst verfassungswidrig zu handeln. Heute ist
— *verfassungswidrig das Fortbestehen eines politischen Aktionsausschusses für den Stadt- und Landkreis Hagen,*
— *verfassungswidrig die Errichtung einer ‚militärischen Zentralstelle' für das gesamte Industriegebiet. Wir wollen keinen Militarismus von Rechts. Wir wollen aber auch keinen Militarismus von Links ... Wir wollen keinerlei Nebenregierung im Reiche haben;*
— *verfassungswidrig die Schaffung einer einseitigen, dem Friedensvertrag widersprechenden Volkswehr ... Wir wollen keine Reichswehr der Alldeutschen, aber auch keine Reichswehr der Linksradikalen. Wir wollen eine republikanische Volkswehr aller, die auf dem Boden der Verfassung stehen."*⁶⁵

Es liegt auf der Hand, daß diese Auseinandersetzung besser schon vom Tage des Putsches an geführt worden wäre; jetzt, nach einwöchigen Verhandlungen der Funktionäre hinter verschlossenen Türen, konnte sie nicht mehr viel bewirken.

Zugleich muß man angesichts des bürgerlichen Gegenaufrufs fragen, ob die Arbeiterparteien nicht von vornherein mit diesem Bruch hätten rechnen müssen (das hätte den Verzicht auf den Versuch bedeutet, das Bündnis mit den bürgerlichen Organisationen auch dann noch zusammenzuhalten, als diese bereits begannen, den Kampf zu sabotieren).

Auch in Hörde zog sich die DDP am 21. März aus der Bewegung zurück[66] (das Zentrum hatte sich hier von vornherein nicht beteiligt). Damit waren die bürgerlichen Mittelparteien jetzt nur noch in wenigen Vollzugsräten vertreten: in Wattenscheid, Lünen, Castrop, Amt Rauxel und Kamen.

Die Führer der drei Arbeiterparteien in Hagen begnügten sich nicht mit ihrem Angriff auf die bürgerliche Mitte. Am 21. März traten sie darüberhinaus mit einem neuen Programm hervor, das präziser und schärfer war als die Richtlinien der Hagener Konferenz; es scheint, als seien sie erst jetzt, seitdem sie keine Rücksichten mehr zu nehmen brauchten, dazu fähig gewesen. Auf einem Flugblatt, das im ganzen Ruhrgebiet verbreitet wurde, formulierten sie folgende „vorläufigen Forderungen" für den weiteren Kampf:

„*1. Sofortige Auflösung der Reichswehr.*
2. Auslieferung aller Waffen an die organisierten Arbeiter.
3. Herausgabe aller Heeresbestände an die Volkswehren.
4. Beerdigung aller Opfer der Freiheitskämpfe auf Staatskosten.
5. Volle Versorgung der Verletzten, der Witwen und Waisen.
6. Sofortige Bestrafung der gegenrevolutionären Personen, einschließlich der Offiziere und Beamten.
7. Übernahme aller Kosten, die durch die Niederkämpfung der Reaktion entstanden sind."[67]

Die Punkte 1 bis 3 schlossen, wie man sieht, die von den Hagener Richtlinien offengelassene Möglichkeit aus, daß verfassungstreue Mannschaften der Reichswehr in die Arbeiter- bzw. Volkswehren übernommen werden könnten; die Hagener Arbeiterführer stellten sich damit auf den Boden der Elberfelder und Barmer Richtlinien (oben S. 22).

Auch dieses neue Hagener Papier löste unterschiedliche Reaktionen aus. Der Vollzugsrat der drei Arbeiterparteien in Sterkrade machte es sich zu eigen und veröffentlichte es als eigenen Aufruf;[68] in Dortmund dagegen gab es den SPD-Führern den letzten Anstoß, öffentlich mit der Gesamtbewegung zu brechen. Von Anfang an hatte das Dortmunder SPD-Blatt keinen Hehl aus seiner Verurteilung des Aufstandes gemacht; sogleich nach dem Kampf um Dortmund hatte es die Arbeiter verleumdet, die gegen Hauptmann Lichtschlag und Polizeichef v. Heeringen gekämpft hatten (I, Seite 199). Vier Tage später sah es die Entwicklung im Ruhrgebiet bereits auf „russische Zustände", auf „Anarchie" zusteuern und befand, die Aufständischen seien in der diktatorischen Methode um nichts besser als Kapp: „Wahnsinn ist es, der sich durchsetzen will. Er fing an mit dem Kapp-Putsch und wird weiter gefördert von den Linksdiktatoren. Wir als Sozialdemokraten aber müssen der Vernunft zum Siege zu verhelfen suchen".[69] Auf der anderen Seite fand das Blatt es vollkommen begreiflich, daß General v. Watter sich nicht sofort auf die Seite der parlamentarischen Regierung gestellt hatte: zum einen habe es nach den ersten Nachrichten so ausgesehen, als habe die parlamentarische Regierung kampflos vor den Putschisten kapituliert, zum andern habe man ihr „in die Schuhe geschoben", den Generalstreik proklamiert zu haben* (der Widerspruch zwischen beidem entging dem Redakteur).[70] — Am 23. März krönte das Blatt seine Kampagne mit folgendem Aufruf der SPD-Bezirksleitung Westliches Westfalen:

„Parteigenossen!

Aus der Abwehr gegen die Reaktion ist im Industriebezirk von den Linksparteien ein Kampf für die Diktatur geworden. Was sich in den letzten Tagen ereignet hat — die Kämpfe in Dortmund, Essen, Gelsenkirchen usw., wie auch die Besetzung von Orten, in denen kein Widerstand geleistet wurde — müssen wir auf das schärfste verurteilen.

Die Unruhen führen uns in kürzester Zeit zum wirtschaftlichen Ruin, zur Hungersnot, die vollends die Bande der Ordnung lösen wird. Die Produktion wird gehemmt, der Verkehr stockt, durch wilde Beschlagnahmen wird die Organisation der Lebensmittelbewirtschaftung gestört usw., kurz, alles gerät in Unordnung, völliges Chaos droht.

Was dringend nottut, das ist: Rückkehr zu geordneten verfassungsmäßigen Zuständen. Alle Kräfte müssen dem Neuaufbau gewidmet werden. Unsere Genossen haben die Pflicht, überall in diesem Sinne zu wirken. Sie müssen jede Tätigkeit in Vollzugs- und Arbeiterräten ablehnen, soweit diese der Verfassung widersprechende Ziele zu erreichen suchen.

[...]

Die Kapp-Regierung ist gestürzt. Nun gilt es, die Gefahr von links zu bannen. Unser Streben muß sein: Festigung der Demokratie, Stärkung der Republik. Die Demokratisierung der Reichswehr und der Verwaltung muß schnellstens durchgeführt werden. Alle, die sich nicht ganz unzweideutig für die Regierung Ebert-Bauer aussprechen, müssen ausgeschaltet werden.

Genossen! Wirkt mit allen Kräften gegen die Reaktion, gegen die Diktatur und für die Demokratie. Laßt euch nicht zu Werkzeugen der Linksdiktatoren benutzen. Beteiligt euch nur an Aktionen, zu denen die Partei die Anweisungen gibt ..."[71]

Die Verfasser des Aufrufs gingen noch nicht so weit, das Bestehen der Vollzugsräte selbst als verfassungsfeindlich zu bezeichnen — eine Differenz zur SPD-Führung in Berlin. Druck der Verhältnisse? Das angegebene Kriterium für die Mitarbeit von Sozialdemokraten in den Vollzugsräten — kein Anstreben verfassungsfeindlicher Ziele — war nicht unbedingt eindeutig. Im Falle von Dortmund selbst war man aber offenbar bereits zu einem definitiven Urteil gekommen: gleichzeitig teilte das Blatt nämlich mit, die Parteifunktionäre hätten einstimmig die Mitarbeit im Dortmunder Vollzugsrat abgelehnt.[72]

Der Vollzugsrat richtete an das Blatt folgendes Schreiben: „Ihre Zeitung wirkt nach den letzten Artikeln derart schädigend auf die Freiheitsbewegungen der

---

* Ernst (Hagen) hatte also recht, als er bei seinen Bemühungen um Herstellung der Einheitsfront in Dortmund den Eindruck gewann, daß die Dortmunder SPD-Führer „lieber mit Kapp als mit der KPD gehen wollten" (I, Seite 185).

revolutionären Arbeiter, daß wir uns leider gezwungen sehen, dieselbe für die Dauer von drei Tagen zu verbieten."[73] Das war das erste Verbot einer SPD-Zeitung während des Ruhraufstands.

Der Aufruf der SPD-Bezirksleitung galt für den ganzen Parteibezirk Westliches Westfalen. Ausdrücklich mißbilligte er, daß die aus Hagen kommenden Flugblätter auch die Unterschrift des Hagener Parteisekretärs Hirdes trugen. Doch der Druck der Arbeiter auf ein Zusammengehen der drei Arbeiterparteien war stärker als die Parteidisziplin: nicht nur die Hagener SPD arbeitete weiter mit USP und KPD zusammen, sondern auch nirgendwo sonst verließen die Sozialdemokraten die Aktionsausschüsse und Vollzugsräte, ausgenommen im Amt Recklinghausen.[74] Das Bochumer SPD-Blatt schrieb:

„Wir sehen die Gefahr von links nicht so ernst an, befürchten zwar auch, daß trotz der Erklärungen der Kommunistenführer, keine Rätediktatur auszurufen, dennoch andere über ihre Köpfe hinweg die praktische Verwirklichung versuchen können. Dem gesunden Sinn der Arbeiter trauen wir es jedoch nicht zu."[75]

Damit stehen wir bei der Frage, wie sich die Haltung der SPD zur Aufstandsbewegung differenzierte.

Während die Bezirksleitung Westliches Westfalen nicht nur zum Rückzug aus der Bewegung, sondern zum Widerstand gegen sie blies, forderte die SPD im Bergischen Land, voran die Bezirksleitung Niederrhein, die Bildung einer Reichsregierung aus den drei Arbeiterparteien, die grundlegende Maßnahmen zur Demokratisierung der Verwaltung und zur Sozialisierung der Wirtschaft ergreifen sollte. Zwischen diesen beiden Extrempositionen bewegten sich die beiden SPD-Blätter von Bochum und Essen. Das Bochumer warnte einerseits vor der Bildung einer linken Minderheitsregierung in Berlin, die vom westlichen Ausland mit der Besetzung des Ruhrgebiets, mindestens aber mit einer Lebensmittelblockade, im Innern von den ländlichen Regionen mit einem Lieferboykott beantwortet werden würde;[76] andererseits forderte es eine „Demokratie des Handelns und der Tat", konkret vor allem die Entlassung der reaktionären Offiziere und Beamten sowie jener Minister auch aus den Reihen der eigenen Partei, die sich als Kompromißler gegenüber der Reaktion erwiesen hätten — eine kämpferische Demokratie werde „schnell das Vertrauen der Massen gewinnen und am ersten der Rätetorheit den Boden entziehen".[77] Das Duisburger SPD-Blatt wiederum verhielt sich offen opportunistisch. In seinem Leitartikel vom 20. März warnte es die Arbeiter vor der Errichtung der proletarischen Diktatur, die gefährlich, undurchführbar und auch nicht wünschenswert sei, und berief sich dafür ausgerechnet auf Karl Marx, indem es den berühmten Satz aus dem „Bürgerkrieg in Frankreich" in folgender Form als Motto zitierte: „Die Arbeiterklasse kann nicht die fertige Staatsmaschinerie in Besitz nehmen und diese für ihre eigenen Zwecke in Bewegung setzen".*[78] Nachdem jedoch am selben Tag, als dieser Artikel erschien,

---

* Der Originaltext lautet: „Aber die Arbeiterklasse kann nicht die fertige Staatsmaschinerie **einfach** in Besitz nehmen und diese für ihre eignen Zwecke in Bewegung setzen". — Auch in der obigen verfälschten Form sagte der Satz freilich noch immer das Gegenteil des Gemeinten: die Ergreifung der Staatsmacht ist etwas anderes als die Bildung von Räten, und die Ablehnung des ersteren ist nicht identisch mit sozialdemokratischem Reformismus.

die Arbeiter auch Duisburg und das übrige westliche Ruhrgebiet freikämpften, äußerte sich das Blatt am 21. März so:
„ . . . *Die Arbeiterschaft hat kein Vertrauen zu der alten Regierung, daß sie die Reaktion erfolgreich bekämpfen wird, und führt nun dieses Amt selbst durch . . . Diese große revolutionäre Bewegung, die das ganze Reich erfaßt, hat eine völlig neue Sachlage geschaffen, deren Folgen heute noch nicht zu übersehen sind. Das Gefährlichste und Unklügste, was die alte Regierung tun könnte, wäre, wenn ihr etwa einfiele, die Bewegung mit Waffengewalt niederzuschlagen . . .*
Wir sehen keinen anderen Ausweg, als daß sich alle sozialistischen Parteien schnellstens zunächst einmal auf ein gemeinsames Aktionsprogramm einigen . . .
Keine Richtung darf . . . beiseite geschoben werden . . . Wir haben uns mit der Bewegung abzufinden und hegen nur den einen Wunsch, sie möge in organisatorische Bahnen geleitet werden . . .
Diese Gegenbewegung ist letzten Endes ein Kampf zwischen Kapital und Arbeit, wie auch der Putsch von Kapp eine Kampfansage gegen das Proletariat und gegen den Sozialismus war . . . Das haben die Machthaber erreicht: Die Sozialisierung muß nun rasch in Angriff genommen werden für die sich eignenden Industrien. Deutschland muß ohne Belagerungszustand regiert werden können! . . ."[79]
Hinter dieser Schwenkung standen möglicherweise verschiedene Richtungen innerhalb der Duisburger SPD, deren Existenz an anderer Stelle offen zum Ausdruck kam. Am 22. März beschloß die Mitgliederversammlung des Duisburger Ortsvereins, Verhandlungen mit der USP mit dem Ziel der Verschmelzung beider Parteien einzuleiten.[80] In den folgenden Tagen einigten sich die Kommissionen beider Parteien auf das Hagener 7-Punkte-Papier vom 21. März (oben Seite 28) als Grundlage des Zusammenschlusses.[81] Demgegenüber hatte sich der SPD-Kreisvorstand Duisburg-Wesel am 18. März gegen die Verschmelzung mit der USP oder der KPD ausgesprochen (man solle sich mit diesen stattdessen auf ein „gemeinsames taktisches Vorgehen gegen Putschismus jeglicher Art" (!) einigen) und folgende Forderungen aufgestellt:
„1. Die außerordentlichen Kriegsgerichte [sind] zu beseitigen.*
2. Amnestierung aller politischen Vergehen und Freilassung aller politischen Gefangenen, soweit sie mit dem Kampf gegen die Rechtsputschisten in Verbindung stehen.
3. Von der Nationalversammlung und der Reichsregierung wird verlangt, daß sie alle an dem verbrecherischen Putsch Beteiligten in schärfster Weise zur Rechenschaft zieht.
4. Alle in der Reichswehr und in den Verwaltungsbehörden vorhandenen reaktionären Elemente müssen entfernt und die Wehrmacht der deutschen Republik muß entsprechend den Erfordernissen der Demokratie neu organisiert werden."[82]
Die Differenzierung innerhalb der SPD läßt sich noch genauer erfassen. Bisher haben wir gesehen, daß überall die Reichswehrfrage im Zentrum der Überlegungen stand, und hier ergab sich nun, wie schon in den Auseinandersetzungen in Berlin,

---

* Diese Forderung war im westlichen Ruhrgebiet besonders aktuell, weil die Gefangenen, die die Reichswehr beim Kampf um die „Rheinischen Stahlwerke" in Duisburg-Beeck gemacht hatte, vor das Kriegsgericht in Wesel gestellt worden waren (I, S. 276).

die Alternative: Auflösung der Reichswehr oder „Demokratisierung", d.h. Entfernung der putschistischen Offiziere und Truppenkörper und deren Ersatz durch Anhänger der parlamentarischen Republik. Die Auflösung forderten die SPD-Bezirksleitung Niederrhein und die SPD-Ortsvereine, die sich auf den Boden der Hagener Papiere gestellt hatten (Duisburg, Mülheim, Oberhausen, Hagen); die „Demokratisierung" war die Zielvorstellung der Bezirksleitung Westliches Westfalen und des Kreisvorstands Duisburg-Wesel. Auch das Bochumer SPD-Blatt vertrat die letztere Position, so daß sich hier zeigt, zu welcher Richtung innerhalb der SPD es letztlich zu rechnen war. In seinem Leitartikel vom 19. März schrieb das Blatt:

„ ... *diejenigen Führer [der Reichswehr], die sich einwandfrei benommen haben, [sind] nicht mit Undank zu belohnen*" (als Beispiel wird u.a. General v. Seeckt genannt). „*Treue um Treue! Es ist aber darauf zu sehen, daß sofort bei der Reichswehr zuverlässige Parteigenossen in leitende Stellungen gelangen, daß ferner die Offiziere des Republikanischen Führerbundes, die bislang zurückgestellt wurden, herangezogen werden. Die Reichswehr muß mehr als bisher den Charakter einer Polizeitruppe erhalten, die nur Friedensaufgaben zu erfüllen hat.*"[83]

Die personelle Neubesetzung der Reichswehr forderte auch die DDP, z.B. die Ortsgruppe Bochum;[84] man sieht hier, wie die Parteigrenzen fließend werden.

In dieser großen Auseinandersetzung nahm der für seine republikanische Gesinnung bekannte General Löffler — zur Zeit ohne militärisches Amt — in einem vielbeachteten Artikel, der in der liberalen „Frankfurter Zeitung" erschien, gegen die reformistische Lösung Stellung. Diese lasse, schrieb er, die Struktur der Reichswehr unangetastet, ein Söldnerheer aber produziere notwendig eine starke Bindung der Truppe an den Führer, der so in ständiger Versuchung sei, zu politisieren; es ergänze sich „immer nur aus begrenzten Kreisen des Volkes"; und schließlich wirke die 12jährige Dienstzeit der Reichswehr verrohend. „Für jeden, der den Dingen auf den Grund geht", schrieb der General, „kann kein Zweifel sein, daß die Forderung von links" — Ersatz der Reichswehr durch eine Volkswehr — „den richtigen Weg zeigt"; nur müsse, so setzte er hinzu, darauf geachtet werden, daß sich diese Volkswehr wirklich aus allen Kreisen des Volkes zusammensetze und keine „Parteigarde" daraus werde. Zu schaffen sei also „ein wahrhaftes Volksheer ohne lange Dienstzeit, aufgebaut auf einer Wehrpflicht mit möglichst kurz bemessenen Übungen, etwa nach schweizerischem Muster". Nun schreibe freilich der Versailler Vertrag ein kleines Söldnerheer mit 12jähriger Dienstzeit vor, aber in Verhandlungen mit der Entente müsse sich das ändern lassen. Denn wenn das Söldnerheer eine ständige innenpolitische Gefahr sei, die der Kapp-Putsch grell beleuchtet habe, so bedeute das auch eine Beunruhigung nach außen. Man müsse also die Entente davon überzeugen, daß die Kleinheit der Reichswehr nur ein vermeintlicher Vorteil für sie sei und daß eine Volkswehr in Deutschland auch in ihrem Interesse liege.[85] — General Löffler stand hiermit links von der Richtung in der SPD, die die „Republikanisierung" der Reichswehr anstrebte.

Freilich: auch diejenigen, die nur die Republikanisierung der Reichswehr forderten, waren der Ansicht, daß nach diesem Grundsatz General v. Watter wegen seiner Haltung in den Putschtagen abzutreten habe: so z.B. die DDP-Ortsgruppen von Bochum und Hagen. Die letztere richtete an die DDP-Fraktion der Nationalversammlung das Ersuchen, bei der Reichsregierung Watters „sofortige Amtsentsetzung" zu fordern.[86] Nur die Dortmunder SPD-Führung, die Watters Haltung vollkommen begreiflich fand, war hier anderer Ansicht; sie stand in dieser Frage sogar rechts von der bürgerlichen DDP. —

Fassen wir zusammen. Wir haben die Aufstandsbewegung in einem komplizierten Prozeß der Willensbildung beobachtet, in dem sich — abgestuft nach der Radikalität der formulierten Zielsetzungen — deutlich drei Zentren abzeichnen: 1. Hagen, 2. Elberfeld und Barmen, 3. Essen und Mülheim. Die Diskussion zwischen den ersten beiden Zentren, die sich relativ leicht verständigen können, ist in Gang gekommen; dagegen hat sich das dritte Zentrum noch kaum in die überlokale Diskussion eingeschaltet. Allen drei Zentren bzw., von den Organisationen her gesehen, allen links von der SPD stehenden Gruppierungen ist die Beseitigung der Reichswehr als Ziel gemeinsam, freilich mit dem tiefgreifenden Unterschied, daß die ersten beiden Zentren die alte Reichsregierung hierzu zwingen wollen bzw. die Bildung einer neuen Reichsregierung der drei Arbeiterparteien befürworten, die dann die Reichswehr auflösen und durch eine Volkswehr ersetzen soll, während die im dritten Zentrum dominierenden Kräfte im Bürgerkrieg zu siegen hoffen und die Reichswehr auf revolutionärem Wege beseitigen wollen. — Innerhalb der SPD hat sich die zu Beginn des Kampfes bestehende Differenzierung vertieft. Ein linker Flügel, angeführt von der Bezirksleitung Niederrhein, strebt ebenfalls

„Appellplätze, Einteilung der Truppen, Waffenausgabe, Gewehrrevisionen durch den Waffenmeister..." (II, Seite 68)
Rotgardisten beim Gewehrappell, Ort unbekannt

den Ersatz der Reichswehr durch eine Volkswehr an; der rechte Flügel dagegen will nur eine „Republikanisierung" der Reichswehr durchgeführt sehen und befindet sich mit diesem Ziel in Übereinstimmung mit der DDP. Dabei gehört auch nach Auffassung der DDP zur Republikanisierung die Entlassung v. Watters. Nur die Dortmunder SPD-Führung findet Watters politische Haltung in den Putschtagen korrekt. Die SPD-Bezirksleitung Westliches Westfalen ruft am 23. März die Parteigenossen in ihrem Bezirk zum Widerstand gegen die Aufstandsbewegung auf. Der Dortmunder Vollzugsrat antwortet mit dem ersten Verbot einer SPD-Zeitung. — Die bürgerlichen Mittelparteien ziehen sich am 21. März in Hagen und Hörde endgültig aus der Bewegung zurück, in der sie von vornherein nur mit Vorbehalten mitgearbeitet haben (vor allem das Zentrum hat die Steigerung des Generalstreiks zum bewaffneten Aufstand abgelehnt); seitdem ist die bürgerliche Mitte nur noch in insgesamt vier Vollzugsräten vertreten.

All die Diskussionen um die Ziele der Aufstandsbewegung, die wir beschrieben haben, werden von den Vollzugsräten und den Funktionären der Arbeiterorganisationen geführt. Die großen Arbeitermassen sind an ihnen nicht aktiv beteiligt, sondern erfahren nur die Ergebnisse (vgl. das fast völlige Fehlen von öffentlichen Versammlungen der Arbeiterorganisationen — II, Seite 60-62). Die Funktionäre, ohnehin durch die Arbeit in den Vollzugsräten absorbiert, vollbringen schon rein physisch eine riesige Leistung. Aber das ist nicht ohne weiteres positiv zu werten: sie beweisen ihre Überlegenheit und Unentbehrlichkeit auch noch in einer Situation, in der sie stärker als sonst auf die Massen angewiesen sind, und indem sie es nicht verstehen, den Willensbildungsprozeß in den Massen in Gang zu setzen — was eine Entlastung vom Druck der Verantwortung bedeutet hätte —, zeigen sie ihr Verhaftetsein an das Verhaltensmuster bürgerlicher Politiker. Politisch gesehen verstärken sie deutlich den bürokratischen Zug der Bewegung.

2. Die Durchsetzung der Verhandlungsidee

„Durch einen wahnwitzigen Handstreich sind die Regierungsgebäude in Berlin in die Hände von Aufrührern gelangt ... Nachdem sich die in Döberitz einquartierten, zur Entlassung bestimmten Truppen ... hinter diesen Akt der Tollheit gestellt haben, hat die Regierung, um ein Blutbad zu vermeiden und das Leben der an Zahl geringer in Berlin befindlichen regulären Truppen zu schonen, Berlin verlassen. *Blut ist seit 1914 genug geflossen ...*"

Die Reichsregierung in einem Aufruf aus Dresden, ihrem ersten Zufluchtsort am Tage des Kapp-Putsches (Karl Brammer: Fünf Tage Militärdiktatur, Berlin 1920, S. 12)

Am 21. März wurde erstmals von Vertretern der Aufstandsbewegung der Wunsch nach einer Verständigungslösung geäußert: an diesem Tag fuhr eine Delegation aus Hörde, bestehend aus USP- und KPD-Vertretern sowie dem Oberbürgermeister der Stadt, nach Münster, um die Möglichkeiten von Verhandlungen zu sondieren. General v. Watter zeigte sich vollkommen unnachgiebig; er forderte „1. sofortige Abgabe sämtlicher in den Händen der Arbeiter befindlichen Waffen, 2. sofortige Wiedereinsetzung sämtlicher Behörden in ihre Funktionen, 3. sofortige Wiederaufnahme der Arbeit". Als Frist nannte er 48 Stunden.[1] Vor allem der erste Punkt war natürlich für die Aufständischen unannehmbar.[2]
Am selben Tag wurden in Dortmund die beim Kampf um die Stadt gefallenen Arbeiter von einem endlosen Zug von Demonstranten beerdigt; am Gemeinschaftsgrab hielt Meinberg eine Rede, in der er u.a. sagte: „Wir wollen den Kampf nicht; wird er uns aber aufgezwungen, glaubt man aufs Neue, die Lüttwitz, Kapp, Lettow-Vorbeck, v. Watter, die Junker von Ostelbien auf das Proletariat des Ruhrkohlengebiets hetzen zu können, dann glaube ich, werden sie wieder auf die einige, geschlossene Kampfesfront des gesamten Proletariats stoßen ... Wir bieten Verhandlungen an, wir sind bereit, uns zu verständigen, aber man will sie nicht".[3] Stemmer wandte sich über den Dortmunder Oberbürgermeister Eichhoff an Vizekanzler Schiffer und bat diesen, Watter zu veranlassen, auf die Verhandlungsangebote einzugehen.[4] Der Wittener Aktionsausschuß („Zentralleitung") richtete ein Telegramm an Reichskanzler Bauer und forderte ihn auf, zur „gütigen Beilegung des Kampfes" selbst ins Ruhrgebiet zu kommen, da „alle Einigungsversuche mit General Watter an dessen Hartnäckigkeit gescheitert" seien.[5]
Daß solche Hoffnungen auf Bauer vergeblich waren, zeigte die telegrafische Antwort Bauers auf das Telegramm der Hagener Konferenz vom 20. März an Reichspräsident Ebert (oben Seite 20 f.):
„*Reichsregierung nimmt mit Dank davon Kenntnis, daß die drei sozialistischen Parteien alle Kräfte zur Niederschlagung der Reaktion eingesetzt haben. Dieses Ziel ist in Berlin durch Zusammenbruch der Kappgruppe erreicht. Entwaffnung der Kapptruppen auch im Ruhrrevier wird durchgeführt. General Watter gehört*

jedoch nicht zu reaktionären Offizieren, sondern hat sich nachweisbar in loyalster Weise hinter die Reichsregierung gestellt. Entfernung wirklich reaktionärer Offiziere wird erfolgen. Truppenbewegungen werden eingestellt. Voraussetzung ist, daß Ablehnung der Rätediktatur nicht nur versprochen, sondern in die Tat umgesetzt wird, daß insbesondere die verfassungsmäßigen Organe und Behörden wieder in ihr Recht eingesetzt werden, daß Arbeiter Waffen niederlegen und zur Arbeit zurückkehren. Sofortige Durchführung dieser Maßnahmen unerläßlich. Andernfalls ist Reichsregierung außerstande, Nahrungsmittel von Entente oder Holland erreichen, auch Einrücken der Entente zu verhindern. Am Dienstag [23. März] werden zwei Minister des Reichs und Preußens im dortigen Revier den Standpunkt der Regierung darlegen." ⁶

Man sieht sofort, daß Bauer dieselben drei Forderungen aufstellt wie General v. Watter, mit dem einzigen Unterschied, daß er verschleiernd von „Niederlegen" statt von „Abgeben" der Waffen spricht (gemeint war dasselbe);⁷ außerdem deckt er Watter vollständig, was einen harten Konflikt mit der Aufstandsbewegung voraussahen lassen konnte, die ja einmütig Watters Abtreten forderte. Seinerseits macht Bauer nur Versprechungen, die überdies erst erfüllt werden sollen, nachdem die Aufstandsbewegung sich selbst liquidiert hat. Das wird damit motiviert, daß andernfalls das westliche Ausland keine Lebensmittel liefern werde (eine Schutzbehauptung, wie wir wissen, die die eigene Hungerblockade verschleiern soll).⁸ Das alles war ähnlich wie Anfang 1919, als die Regierung der Essener Sozialisierungsbewegung für die Beendigung des großen Bergarbeiterstreiks dankte, jedoch selbst keinerlei Entgegenkommen zeigte (I, Seite 41): der Kampf gegen die Putschisten wird dankend zur Kenntnis genommen, die Gegengabe besteht in unverbindlichen Versprechungen.

Am 22. März antwortete Ernst telegrafisch:

„*... Trotz Zusicherung werden Truppenbewegungen doch vorgenommen. Selbst auf dem Boden der Kappregierung stehende Truppen wie Bataillon [Freikorps] Schulz greifen an und versuchen, Verbindung mit Truppen des Generals v. Watter zu bekommen. Seit heute nacht Geschützkampf um Recklinghausen. Wenn Sie nicht eingreifen, geht der Industriekessel in Flammen auf und wir haben die Entente in ein oder zwei Tagen im Ruhrgebiet. Nach einstimmigem Urteil aller Parteien vom Zentrum bis zur Unabhängigen Sozialdemokratischen Partei verlangt man die Entfernung des Generals v. Watter, weil er im Gegensatz der [zur] Auffassung der Regierung nicht loyal gehandelt hat; auch jetzt treibt er noch doppeltes Spiel."* ⁹

Bald darauf traf die Nachricht ein, die Ausladung süddeutscher Truppen in Lippstadt gehe ununterbrochen weiter. Das löste im östlichen Ruhrgebiet eine geradezu fieberhafte Kampfstimmung aus. In Hagen, wo an diesem Tag die Revolutionsopfer beerdigt wurden, wo also praktisch die gesamte Arbeiterschaft auf der Straße war, heulten die Sirenen, rasten Autos durch die Straßen — ein bürgerlicher Journalist fühlte sich an die Mobilmachung von 1914 erinnert —, Fuhrwerke aller Art wurden mit Waffen und Munition beladen, und die Arbeiterwehr versammelte sich zum Appell; aus den umliegenden Städten zogen Scharen bewaffneter Arbeiter heran, „in strammem militärischen Schritt", wie das USP-Blatt berichtete. Der Neumarkt bot in Kürze das Bild eines Heerlagers. Auch Arbeiter, die bisher die örtlichen Sicherheitswehren mit Polizeiaufgaben gebildet hatten, brannten jetzt darauf, am Kampf gegen die Reichswehr teilzunehmen. In zwei Sonderzügen wurden die Arbeiter im Laufe des Abends und der Nacht an die Lippefront transportiert. Gleichzeitig bildeten sich Sprengkommandos, die für den Fall des Vormarschs der Reichswehr entschlossen waren, alle strategisch wichtigen Objekte, vor allem die Eisenbahnbrücken, zu sprengen.[10]

Ludwig bekam Telefonverbindung mit der Reichskanzlei. Er teilte die Vorgänge mit und erklärte dann: „Heute ist kein Streik, aber morgen wird Generalstreik sein, sobald die ersten Truppen ins Gebiet kommen; dann beginnt die Sabotage und ... das ganze rheinisch-westfälische Industriegebiet ... geht seinem Untergang entgegen".[11] Unmittelbar darauf rief er im Hagener Stadtparlament aus: *„Seit acht Tagen wird uns versprochen, es solle kein Militär hierher kommen, und trotzdem rollt Zug auf Zug heran. Heute nachmittag sind wieder vier Züge mit Militär in Lippstadt eingetroffen ... Die Arbeiter sind entschlossen, den Vormarsch der Truppen zu verhindern. Wenn das Entsetzlichste eintritt, die Sabotage auf der Eisenbahn, dann sind ... schuld daran diejenigen, die das Militär hierher haben wollen. Alle Bürgermeister des Gebiets wenden sich gegen die Militärtransporte, aber bei v. Watter gibt es nur eine Forderung: Abgabe aller Waffen. Ein solches Verlangen jetzt an die Arbeiterschaft zu stellen, ist gleichbedeutend mit Totschlag. Ein Blutbad würde uns im Ruhrgebiet beschert, wie wir es kaum ahnen können ... Rückt der Verband [die Entente] in Westfalen ein, so ist unsere Regierung schuld daran, die Militär hierher schickte, das niemand verlangt hat. Würde sie es zurückrufen, dann würde in ein paar Stunden die vollständige Beruhigung hergestellt und die Wiederaufnahme der Arbeit gesichert sein. Draußen heißt es, in Hagen und in den anderen Städten herrsche der Bolschewismus. Sie wissen, wie es in Wirklichkeit aussieht ... Wir haben den festen Willen, den Generalstreik auszurufen, sobald das Militär vorrückt, und wir werden uns alle dieser Macht entgegenstellen. Dann müssen auch alle Männer von 17 bis 45 Jahren, die wir dazu aufrufen werden, mit vorgehen gegen die Noskiden, die hier einrücken wollen ... Man scheint sich unter dem Schutze des Auslandes beinahe sicherer zu fühlen, als unter dem Militärregiment, das kommt, wenn jetzt das Militär siegt".[12]*

Diese Rede war, wie man sieht, geradezu von Untergangsvisionen erfüllt, ganz ähnlich wie die Antwort von Ernst an Reichskanzler Bauer. Eine Erklärung für diese Stimmung kann man darin sehen, daß Ludwig, der gegen den bewaffneten Kampf gegen den Kapp-Putsch gewesen war, zu seinem Entsetzen hatte feststellen müssen, daß die Arbeiter einfach nicht mehr zu halten waren, als das Freikorps Lichtschlag in Wetter und Herdecke einrückte (I, Seite 149, 168, 174). Jetzt rechnete er offenbar damit, daß die Arbeiter, durch die Truppenverstärkungen immer stärker gereizt, bis zum letzten kämpfen und dabei auch zur Sabotage greifen würden.[13]

Auch Oberbürgermeister Cuno sprach mit der Reichskanzlei. Er äußerte, daß die fortdauernden militärischen Operationen, besonders aber der Antransport von

Truppenverstärkungen im Widerspruch zum Telegramm des Reichskanzlers ständen und jede Hoffnung auf eine friedliche Verständigung illusorisch machten. Er erhielt zur Antwort, „so allgemein" habe Bauer nicht zugesagt, „daß gar keine Truppenbewegungen stattfinden. Es müssen kleinere zerstreute Abteilungen zusammengezogen werden".[14] Dabei handelte es sich um den Antransport geschlossener Verbände aus Süddeutschland! Berlin glaubte also vorerst noch, mit Lügen weiterzukommen.

Zwei weitere Stimmen aus dem liberalen Lager drängten an diesem 22. März die Regierung, eine nachgiebige Haltung zu zeigen. Die DDP von Hörde telegrafierte an den Reichskanzler: „Größtes Unheil nur dann abwendbar, wenn Reichswehrtruppen sofort Angriffsbewegungen gegen Industriebezirk einstellen".[15] Und die „Frankfurter Zeitung" mahnte zu Verhandlungen mit den Aufständischen: die Regierung müsse den „Weg der friedlichen Verständigung ... bis zum äußersten gehen" und dürfe dabei die Lage im Ruhrgebiet nicht dramatisieren; die Reaktion sei es, die planmäßig die „bolschewistische Gefahr" hochspiele, um vom Hochverrat des Putsches abzulenken und die jetzt notwendige Öffnung nach links zu hintertreiben.[16]

*

Dem Wunsch General v. Watters, so bald wie möglich zum Gegenangriff auf die Aufstandsbewegung überzugehen, standen zwei Momente entgegen. Zum einen waren die anrollenden Verstärkungen noch bei weitem nicht ausreichend. Am 22. März ließ Watter dem Reichswehrministerium mitteilen, „mit 13.000 Gewehren" sei „kein Gedanke an [eine] Offensiv-Operation". Zunächst müsse die Marinebrigade v. Loewenfeld „mit allen Mitteln" aus Schlesien herantransportiert werden.[17]

Das zweite Hemmnis bestand in den Bestimmungen des Versailler Vertrages. So wie die Aufständischen sich damit auseinandersetzen mußten, daß ihre Forderung nach Ersatz der Reichswehr durch Volkswehren in Widerspruch zum Friedensvertrag stand, so hatten auch die Militärs ihr Problem: nahezu das ganze Ruhrgebiet lag in der 50 km breiten *neutralen Zone* rechts des Rheins. Artikel 43 des Versailler Vertrages bestimmte, daß das deutsche Militär die neutrale Zone nicht betreten durfte; Artikel 44 erklärte, eine Zuwiderhandlung würde als „unfreundlicher Akt" gegen die Alliierten und als „Versuch einer Störung des Weltfriedens" betrachtet werden.[18] In einem Zusatzabkommen vom August 1919 war vereinbart worden, daß für eine Übergangszeit von drei Monaten ab Inkrafttreten des Friedensvertrages noch deutsche Truppen in der neutralen Zone stehen durften, und zwar 20 Bataillone Infanterie*, 10 Eskadronen Kavallerie und 2 Batterien Artillerie.[19] Am 10. Januar 1920 war der Friedensvertrag mit dem Zusatzabkommen in Kraft getreten, die Frist für die deutsche Truppenpräsenz lief

---

* Die Stärke der deutschen Truppeneinheiten lag damals in der Regel an der Untergrenze; ein Bataillon hatte durchschnittlich 600 Mann.

also noch bis zum 10. April. Jedoch abgesehen davon, daß die ebengenannten Zahlen für die gesamte neutrale Zone von der holländischen bis zur schweizerischen Grenze galten und daß außerdem die Stärke der in Wesel liegenden Truppen von diesen Zahlen abgezogen werden mußte, hielt General v. Watter, wie wir eben sahen, eine derart große Streitmacht zur Niederwerfung der Aufständischen für notwendig, daß Verhandlungen mit den Westmächten unumgänglich waren. Diesem außerordentlich lehrreichen Aspekt der Aufstandsbewegung — den *internationalen und diplomatischen Reaktionen, die sie hervorrief* — wenden wir uns nun zu.[20]

Die alliierten Siegermächte des Weltkriegs — Frankreich, England, Belgien, die USA — waren auf dreifache Weise in Deutschland vertreten: erstens durch ihre diplomatischen Vertreter in Berlin; zweitens durch die sogenannte „Interalliierte Militärische Kontrollkommission" (IMKK), ebenfalls in Berlin, eine Kommission von Militärs, die die Durchführung des Versailler Vertrags, vor allem die Entwaffnungsbestimmungen, kontrollierte und zu diesem Zweck zahlreiche Unterkommissionen in ganz Deutschland installiert hatte; drittens durch ihre Hochkommissare im besetzten Rheinland, die zusammen die „Interalliierte Rheinlandkommission" bildeten. Besetzt waren, wie erinnerlich, das gesamte linksrheinische Gebiet, dazu rechts des Rheins die drei Brückenköpfe Köln, Koblenz und Mainz; der (englische) Brückenkopf Köln reichte bis Solingen einschließlich. Die Präsenz der Amerikaner war minderen Rechts als die der Franzosen, Engländer und Belgier: die USA hatten den Versailler Vertrag nicht ratifiziert, und entsprechend waren sie in der IMKK gar nicht, in der Rheinlandkommission sowie in den alliierten Entscheidungsgremien in Paris und London nicht fest oder nur mit vermindertem Stimmrecht vertreten[21] — ein, wie wir sehen werden, glücklicher Umstand für die Ruhrarbeiter. Eine weitere Siegermacht des Weltkriegs, Italien, unterhielt links des Rheins keine Besatzungsarmee, war aber gleichberechtigtes Mitglied der Entscheidungsgremien in Paris und London.

Während nach dem Kapp-Putsch IMKK und diplomatische Vertreter der Alliierten in Berlin das Verhalten der Putschisten beobachten konnten, wurde die englische Besatzung im Brückenkopf Köln mit den Aktionen der Arbeiter unter Führung der USP konfrontiert. Am 15. März begann der Generalstreik; er war auf 24 Stunden befristet, da die Arbeiterschaft sich unter der englischen Besatzung von den Putschisten nicht unmittelbar bedroht fühlte; nur die Eisenbahn wurde von der Direktion in Elberfeld, also vom unbesetzten Gebiet aus länger bestreikt.[22] Am Vormittag fanden in allen größeren Orten riesige Kundgebungen gegen den Putsch statt. In Solingen, wo mehrere zehntausend Menschen zusammenkamen, wurde eine Resolution beschlossen, die nicht nur den Putschisten, sondern auch einer „Wiedererrichtung der Regierung Ebert-Bauer-Noske" schärfsten Kampf ansagte und im übrigen die Elberfelder Parole aufnahm: Kampf für die Diktatur des Proletariats auf der Grundlage des Rätesystems (I, Seite 127); von den Behörden verlangte man strikte Nichtanerkennung der Putschisten. In anderen Orten ging man weiter: die Demonstranten zogen vor die Rathäuser, um etwas gegen die Behördenvertreter zu unternehmen, deren reaktionäre Gesinnung bekannt war. In Wiesdorf und Schlebusch wurden Vertrauensleute der

Arbeiter eingesetzt zur Kontrolle der Kommunalverwaltungen, besonders der Polizei; den Bürgermeistern wurde eine Erklärung abverlangt, daß sie sich den Anordnungen der Vertrauensleute fügen würden. Die Wiesdorfer Demonstranten zogen weiter nach Opladen, um im dortigen Landratsamt dieselben Maßnahmen zu treffen. Noch weiter gingen die Demonstranten in Ohligs und Wald: sie veranlaßten die Bürgermeister der beiden Städte zum Rücktritt und hißten auf den Rathäusern eine rote Fahne; die Leitung der Stadtverwaltung wurde von einem bzw. mehreren städtischen Beigeordneten, Mitgliedern der USP und SPD, übernommen. Am radikalsten handelten die Arbeiter von Langenfeld, angeführt von einem Mitglied des ehemaligen Soldatenrats von 1918 namens Bach. Sie drangen bereits in der Nacht vom 14. zum 15. März in die Wohnungen der Polizisten ein, ließen sich deren Waffen aushändigen, bildeten damit eine Sicherheitswehr und erklärten den Bürgermeister für abgesetzt, den Gemeinderat für aufgelöst.

Die Ergebnisse aller dieser Aktionen wurden von den Engländern, offenbar auf zentrale Anweisung, nach wenigen Stunden rückgängig gemacht, d.h. die Kontrolleure wurden aus den Rathäusern entfernt, die abgesetzten Bürgermeister wieder eingesetzt; in Opladen, wo es zu einer direkten Konfrontation kam, erklärte ein britischer Offizier den Demonstranten, eine Kontrolle der Verwaltung außer der, die die Besatzung ausübe, werde nicht geduldet.[23]

Der Imperialismus der Alliierten, den die Arbeiter hier zu spüren bekamen, bedeutete allerdings nicht automatisch einen Vorteil für die Gegner der Arbeiter. In Berlin residierte, wie gesagt, die Interalliierte Militärische Kontrollkommission (IMKK); ihr Vorsitzender war der französische General Nollet. Deutscher Kontaktmann für die IMKK war General v. Cramon im Reichswehrministerium. Am 14. März, einen Tag nach dem Putsch, bat v. Cramon Nollet um eine Audienz. Er machte sich zum Sprecher und Anwalt Kapps: In dessen Programm, betonte er, stehe der Punkt: Erfüllung des Versailler Friedensvertrags, „soweit es möglich ist und nicht Selbstvernichtung bedeutet" (I, Seite 93); die neue Regierung sei also durchaus friedliebend und „fest entschlossen, die . . . schwebenden Verhandlungen unverändert auf der bisherigen Grundlage fortzuführen". Nollet reagierte mit äußerster Reserve: die IMKK hatte aufmerksam den Aufmarsch der Putschtruppen direkt unter ihren Fenstern im Regierungsviertel, mit allem chauvinistischen Drum und Dran, beobachtet — kein Zweifel für sie, daß da das militärisch-imperialistische Deutschland wieder zur Macht griff und daß ein Sieg der Putschisten Kündigung und Bruch des Friedensvertrages, das Ende der Entwaffnung Deutschlands und natürlich das Ende der IMKK bedeuten würde. — So hatte v. Cramon durch die Parteinahme für Kapp seine Position gegenüber Nollet bereits entscheidend geschwächt, als er eine Bitte vorbrachte: Das Wehrkreiskommando Münster, sagte er, wolle in den Raum Essen-Bochum-Gelsenkirchen, der von blutigem Aufruhr bedroht sei, „vorbeugend" Truppen werfen; die IMKK möge den Einsatz von zusätzlichen 6 Bataillonen Infanterie, 2 Eskadronen Kavallerie und 3 Batterien Artillerie in der neutralen Zone genehmigen (das war ungefähr ein Drittel der für die *gesamte* neutrale Zone zugelassenen Truppenstärke). Nollet entgegnete, die IMKK müsse die Verbindung mit einer deutschen Regierung ablehnen, die von den Alliierten nicht anerkannt sei.[24] Am folgenden Tag wiederholte v. Cramon seine Bitte in einer schriftlichen Note — wiederum mit negativem Ergebnis.[25]

Am 16. März mußte General v. Watter die Zerschlagung der beiden Lichtschlag-Einheiten in Wetter und Herdecke nach Berlin melden. Aus der Meldung ging hervor, daß die Einheiten ohne vorherige Genehmigung der IMKK in die neutrale Zone entsandt worden waren. Watter entschuldigte sich mit dem „Ernst der Lage".[26] Am selben Tag richtete v. Cramon eine weitere Note an Nollet: Was bisher Befürchtung gewesen sei, schrieb er, sei bereits von der Wirklichkeit übertroffen — im östlichen Ruhrgebiet sei der Aufruhr ausgebrochen und die Räteregierung ausgerufen, wie sich an den Ereignissen in Wetter und Herdecke zeige; er wiederhole daher seine „Forderung" nach Genehmigung zusätzlicher Truppen.[27] Doch Nollet blieb bei seiner Weigerung, mit einer von den Alliierten nicht anerkannten Regierung in Verbindung zu treten, und lehnte bereits die Annahme der Note ab.[28]

Es war offenkundig: die deutschen Militärs mußten sich nach anderen Wegen umsehen. Zu ihrem Sprachrohr wählten sie den Unterstaatssekretär im Auswärtigen Amt, v. Haniel. Am Vormittag des 17. März wandte dieser sich an die Geschäftsträger Englands und Frankreichs in Berlin, berichtete von den Ereignissen in Wetter und Herdecke und von der abweisenden Haltung General Nollets und fragte dann: Er habe sich Kapp nicht unterstellt, sondern arbeite nach wie vor für die alte parlamentarische Regierung; wenn also das Ersuchen um Genehmigung zusätzlicher Truppen von ihm komme, ob die Alliierten dann zustimmen würden? Die Geschäftsträger erklärten, darüber könnten nur die Regierungen ihrer Länder entscheiden.[29] Daraufhin beauftragte v. Haniel unverzüglich die deutschen Vertreter in Paris und London, die Genehmigung zu beantragen und dabei darauf hinzuweisen, daß der Antrag von der verfassungsmäßigen Regierung ausgehe.[30]

Ob v. Haniel sich vorher mit der alten Regierung in Stuttgart verständigt hatte, wissen wir nicht. Sicher dagegen ist, daß Ministerialdirektor Göppert, Leiter der deutschen Friedensdelegation in Paris, gleich nachdem er v. Haniels Telegramm erhalten hatte, sich mit Außenminister Müller (SPD) in Stuttgart in Verbindung setzte und dabei die Instruktion v. Haniels bestätigt erhielt. Müller bat „dringend", in Paris alles zu tun, um die fragliche Genehmigung zu erhalten.[31] — Ein aufschlußreicher Vorgang: eine Forderung, die zuerst ein kappistischer General an die Alliierten gerichtet hatte, machte sich der Außenminister der parlamentarischen Regierung zu eigen. Offenkundig konnte das Reichswehrministerium weiterarbeiten, als ob es keinen Putsch gegeben hätte. Gleichgültig, ob Kapp oder Bauer „regierte" — die Militärs waren nun einmal zuständig für Bekämpfung von „bolschewistischen Unruhen", und was sie für richtig hielten, das galt.

Die französische Regierung war durch General Nollet bereits von dem deutschen Wunsch unterrichtet,[32] und am 16. März hatte eine Konferenz der alliierten Botschafter unter Vorsitz des französischen Ministerpräsidenten Millerand sogar schon darüber verhandelt. Millerand hatte dort erklärt, seine Regierung lehne das deutsche Ersuchen als Verletzung des Versailler Vertrags ab; wenn die deutsche Regierung die Polizeikräfte in der neutralen Zone als unzureichend be-

„Bei den bewaffneten Arbeitern muß man unterscheiden zwischen den Mitgliedern der örtlichen Arbeiterwehren, die Sicherheitsaufgaben wahrnahmen, und denjenigen, die Militär und Sipo von Ort zu Ort verfolgten, sie zum Kampf stellten und die schließlich das ganze Ruhrgebiet eroberten ... Die Mitglieder der Arbeiterwehren blieben in ihren Heimatorten ..." (II, Seite 63, 89)
Patrouille einer Arbeiterwehr, Ort unbekannt

zeichne, sei es Sache der Alliierten, sie zu verstärken, konkret: dann müßten alliierte Truppen ins Ruhrgebiet entsandt werden.[33] Diese Haltung war durch ökonomische und durch militärische Erwägungen motiviert. Einmal blieben die deutschen Kohlenlieferungen weit hinter dem monatlichen Soll von 2,5 Millionen Tonnen, zu denen das Reich verpflichtet war, zurück, und Millerand hatte bereits Mitte Februar erklärt, dagegen gebe es offenbar nur ein wirksames Mittel: die Besetzung weiteren deutschen Territoriums.[34] Zum andern fürchteten die französischen Militärs, die Reichswehrführung schütze die Unruhen nur vor und wolle in Wirklichkeit mit den im Ruhrgebiet massierten Truppen einen militärischen Schlag gegen Frankreich vorbereiten; die bösen Absichten der Deutschen, argumentierten sie, seien bereits dadurch erwiesen, daß schon jetzt mehr Truppen in der neutralen Zone ständen, als das Zusatzabkommen zum Versailler Vertrag gestatte und daß die Auslieferung des deutschen Kriegsmaterials weit hinter den vertraglichen Vereinbarungen zurückbleibe.[35]

Als am Abend des 17. März der deutsche Geschäftsträger in Paris, Mayer, im französischen Außenministerium das deutsche Ersuchen offiziell überreichte, stritt sein Gesprächspartner, Unterstaatssekretär Paléologue, ab, daß die Entsendung alliierter Truppen ins Ruhrgebiet beabsichtigt sei. Gegen eine Entsendung deutscher Truppen bestünden jedoch „schwere Bedenken". Es sei nicht zu verstehen, warum die 50.000 Mann, die gegenwärtig in der neutralen Zone ständen, nicht ausreichten, und vor allem: „wenn man Truppen hereinlasse, wisse man nicht, ob und wann man sie wieder herausbekomme". Darauf konnte Mayer nur erwidern, die „deutsche Regierung denke nicht daran", die „Truppen länger zu belassen als nötig"; er bot an, „äußerstenfalls" eine Frist zu vereinbaren, nach deren Ablauf die zusätzlichen deutschen Truppen die neutrale Zone wieder räumen müßten.[36] Vermutlich hatte Mayer nach dem Gespräch selbst das Gefühl, daß dies ein etwas kümmerliches Angebot war. Anschließend suchte er nämlich den englischen Botschafter auf, informierte ihn von dem deutschen Ersuchen und erklärte dabei (völlig eigenmächtig!), er garantiere, daß die deutschen Truppen ausschließlich aus regierungstreuen Leuten zusammengesetzt sein und nicht länger als zwei Wochen in der neutralen Zone bleiben würden.[37] — Wie eilig die Sache betrieben wurde, zeigte sich in London: hier war es bereits Mitternacht, als der deutsche Geschäftsträger den englischen Außenminister anläutete und die Note v. Haniels überreichte.[38]

Am folgenden Tage (18. März) wurde das deutsche Ersuchen in Paris und London von den höchsten Gremien der Alliierten erörtert. In der Konferenz der alliierten Botschafter in Paris waren die beiden französischen Generäle Foch und Weygand anwesend. Weygand teilte unter anderem mit, daß in Frankfurt/Main (neutrale Zone) ohne alliierte Erlaubnis deutsche Truppen einmarschiert seien (I, Seite 97; II, Seite 154). Foch schlug unter Hinweis auf die Vertragsverletzungen vor, alliierte Truppen ins Ruhrgebiet zu entsenden. Dagegen wandten sich die Botschafter Englands, Italiens und Belgiens. Der Tenor ihrer Ausführungen war, daß eine solche Maßnahme ebenfalls eine Verletzung des Versailler Vertrages darstellen würde. Der belgische Botschafter schränkte allerdings ein, falls bei den Unruhen die Zerstörung von Bergwerken und Fabriken drohe, halte er einen Einmarsch für erforderlich. Millerand verteidigte den Gedanken an einen alliierten Einmarsch: nach Völkerrecht und zahlreichen Präzedenzfällen hätten die Alliierten das Recht dazu. Immerhin könne er wenigstens Einstimmigkeit der Konferenz darüber feststellen, daß ein deutscher Truppeneinmarsch den Versailler Vertrag verletzen würde. — Ganz anders verlief die Sitzung des Obersten Rats der Alliierten (Supreme Council) in London, eine Konferenz der in London akkreditierten alliierten Botschafter unter Vorsitz des englischen Premierministers Lloyd George. Der englische Außenminister Lord Curzon sprach gegen einen alliierten Einmarsch: Wenn die Alliierten Kohle aus dem Ruhrgebiet erhalten wollten, sei ein Einmarsch die falsche Maßnahme, da er sich gegen die deutschen Bergarbeiter richten würde; diese seien ja die Träger der „Räteregierung", von der in der deutschen Note die Rede sei. Wenn also schon Unterdrückungsmaßnahmen ergriffen werden müßten, sollten Truppen der Regierung Bauer das tun. Diese Erwägungen über die Rollenverteilung der imperialistischen Mächte wurden von Lloyd George mit einer historischen Überlegung vertieft. Er fürchte, sagte er, daß die Alliierten mit einem Einmarsch denselben Fehler wiederholen würden, den sie in Rußland gemacht hätten, indem sie in die inneren Angelegenheiten dieses Landes eingegriffen hätten. (Lloyd George wurde nicht genauer, aber was er meinte, war klar: nach der Februarrevolution von 1917 hatten die Alliierten in massiver Weise die parlamentarische Regierung unterstützt, die dann in der bolschewistischen Oktoberrevolution gestürzt worden war.) Wenn die deutsche Regierung den Aufstand unterdrücke, würde ihre Stellung gestärkt; täten es die Alliierten, so würde sie geschwächt. Die Alliierten könnten aber einen Sieg des Spartakismus in Deutschland ebensowenig wünschen wie einen Sieg des Militarismus. Wünschenswert sei vielmehr „eine gemäßigte verfassungsmäßige Regierung"; eine solche sei die Regierung Bauer, sie also gelte es zu unterstützen. — Diese Argumentation unterschied sich deutlich von der Stellungnahme Millerands und der französischen Militärs. Ob die deutsche Regierung einen Vorteil aus dieser Disharmonie der Alliierten ziehen konnte, mußte sich noch zeigen. Vorerst gingen die beiden Konferenzen in Paris und London ohne Entscheidung auseinander, da zunächst die einzelnen Regierungen um ihre Meinung befragt werden sollten.[39]

Die Differenzen im alliierten Lager, die sich hier andeuteten, hatten einen ökonomischen und einen militärischen Hintergrund. Die Interessenlage Frankreichs wurde bereits skizziert; auf Seiten Belgiens waren zumindest die militärischen Interessen — Sorge vor einer erneuten Bedrohung durch Deutschland — dieselben. England dagegen war ökonomisch saturiert und militärisch gesichert, seitdem Deutschland seine Kolonien hatte abtreten und seine Kriegsflotte herausgeben müssen, und schon wegen seiner Insellage bestand es nicht auf einer allzu strikten Durchführung der weiteren Entwaffnungsbestimmungen; die französischen Militärs argwöhnten sogar nicht ohne Grund, England verfolge noch immer seine alte Doktrin, daß es auf dem Kontinent keine dominierende Militärmacht geben, daß Frankreich also nicht zu stark werden dürfe. Italien, das hauptsächlich an der Adria und auf dem Balkan engagiert war, spielte nur eine Nebenrolle.[40]

Ebenfalls am 18. März ließ sich in Berlin General Nollet bei Vizekanzler Schiffer melden. Er protestierte dagegen, daß deutsche Truppen „auf Befehl der Regierung Kapp" in Frankfurt/Main eingerückt seien, und forderte sofortige Zurücknahme. Schiffer argumentierte, der Einmarsch sei zur Unterdrückung von Unruhen notwendig gewesen, und zog einen Vergleich: wenn ein Haus brenne und es um die Rettung von Menschenleben gehe, werde man doch wohl auch dann Hilfe leisten, wenn das Betreten des Grundstücks juristisch untersagt sei. General Nollet dürfte diese Worte aufmerksam registriert haben, ließen sie doch befürchten, daß die deutschen Militärs im Ruhrgebiet ebenso handeln, d.h. auch ohne alliierte Genehmigung Truppen einrücken lassen könnten (wie ja schon einmal beim Freikorps Lichtschlag geschehen). — General v. Seeckt, den Schiffer um Aufklärung des Falles im einzelnen bat, antwortete, die Stärke der eingerückten Truppen sei kleiner als von Nollet angegeben, zum Teil seien die Truppen bereits wieder abgezogen, der Rest werde „nach Entspannung der Lage unverzüglich" zurückgenommen werden — Verharmlosungen, die bei der IMKK erst recht Mißtrauen säen mußten.[41]

Eine neue Hiobsnachricht im Reichswehrministerium: um 11.45 Uhr meldete Münster, „im Raume Witten-Hagen-Schwerte-Unna-Lünen-Bochum" herrsche „völlige Anarchie" (Freikorps Lichtschlag war in Dortmund vernichtet). „Die Aufrührer organisieren planmäßig Banden und sind in beträchtlicher Stärke". Alle Lastwagen seien beschlagnahmt, was auf ausgreifende Pläne der Roten (Vormarsch auf Münster oder Essen) deute. Watters Stab errechnete, daß nunmehr zusätzlich 18 Bataillone Infanterie, 4 Eskadronen Kavallerie und 18 Batterien Artillerie zur Unterdrückung des Ruhrproletariats erforderlich seien — also mehr zusätzliche Truppen, als in der ganzen neutralen Zone stehen durften.[42] Am Abend übermittelte v. Haniel die neuen Zahlen an die Geschäftsträger in Paris und London und bat, den Antrag auf Genehmigung des Einmarsches zu erneuern.[43]

Am Mittag des folgenden Tages (19. März) hatte Geschäftsträger Mayer in Paris eine zweite Unterredung mit Unterstaatssekretär Paléologue. Er wies auf die wirtschaftlichen und politischen Folgen hin, die das „weitere Umsichgreifen [der] bolschewistischen Bewegung" haben werde, und betonte auch die menschliche Seite: „Tausende" von Menschenleben seien von Vernichtung bedroht! Paléologue ruhig: Nach eigenen Informationen „sei die Lage nicht so schlimm". Dann erläuterte Paléologue den Standpunkt der französischen Regierung angesichts der Differenzen mit England: Für die Bewilligung von Ausnahmeregelungen sei „Einstimmigkeit erforderlich". Frankreich bleibe bei seiner Ablehnung des deutschen Antrags. Ein deutscher Truppeneinmarsch würde eine schwerwiegende Durchbrechung des Versailler Vertrags bedeuten, und es gebe keine ausreichenden Garantien, daß die eingerückten Truppen nicht dauernd dort blieben. Den guten Willen der deutschen Regierung einmal unterstellt, so hätten immerhin auch die putschenden Truppen vor kurzem ihr den Gehorsam verweigert. Die Vereinbarung einer Frist für den Aufenthalt der Truppen jedenfalls „sei keine Garantie". Mayer bot an, daß Kommissionen alliierter Offiziere die deutschen Truppen begleiten könnten, nach Art jener Kontrollkommissionen, die in ganz Deutschland verteilt waren und im Auftrag der IMKK in Berlin die Durchführung der deutschen Abrüstung überwachten. Doch damit konnte er Paléologue nur die knappe Bemerkung entlocken, daß die Kontrollkommissionen „ständigen Angriffen ausgesetzt seien" (erst vor zwei Wochen war ein französischer Offizier im Berliner Hotel Adlon von hochadligen deutschen Gästen verprügelt worden). So verließ Mayer das französische Außenministerium wiederum mit leeren Händen.[44] — Am nächsten Tage äußerte sich erstmals die französische Presse zu den Verhandlungen und erinnerte daran, daß der deutsche Außenminister vor zwei Tagen nach dem Rücktritt von Kapp und Lüttwitz an die französische Regierung telegrafiert habe: „Verfassungsmäßige Regierung Bauer ist Herr der Lage im ganzen Reiche"; demnach enthielten die alarmierenden Berichte über die Zustände im Ruhrgebiet „starke Übertreibungen".[45]

Anders das Echo, das der deutsche Geschäftsträger in London, Sthamer, am 20. März bei Lord Curzon fand. Die englische Regierung, sagte dieser, sei auch jetzt noch zur Genehmigung des Einmarsches bereit, wenn deutscherseits die „erforderlichen Garantien" für den Wiederabzug gegeben würden; deren Festsetzung wolle man dem französischen Oberbefehlshaber Marschall Foch überlassen. Ob allerdings die Deutschen mit ehrlichen Karten spielten? Curzon legte Sthamer die neuesten Zeitungsmeldungen vor, die diesem noch nicht bekannt waren, wonach Essen von den Aufständischen erobert sei. Heiße das nicht, fragte Curzon, daß die unterlegenen deutschen Truppen vorher tief in die neutrale Zone eingedrungen seien, ohne alliierte Genehmigung? Sthamer verneinte entschieden, war aber anscheinend über die wirklichen Zusammenhänge (nicht Reichswehr, sondern Sipo hatte in Essen gestanden) nicht informiert. Curzon gab schließlich den Rat, „in Paris mit aller Dringlichkeit den Antrag zu erneuern".[46]

Inzwischen lagen in Paris die Stellungnahmen der italienischen und der belgischen Regierung zu dem französischen Vorschlag vor, das Ruhrgebiet mit alliierten Truppen zu besetzen. In einer weiteren Botschafterkonferenz am 20. März wurden sie vorgetragen. Danach war die italienische Regierung gegen den Vorschlag; die belgische Regierung war es im Prinzip ebenfalls, ließ aber erklären, sie werde nicht beiseitestehen, falls eine Besetzung beschlossen werde. Der englische Botschafter gewann jedoch den Eindruck, daß die Franzosen bereits den ganzen Gedanken fallengelassen hatten, besonders als ihm Marschall Foch ein Telegramm eines seiner Agenten zeigte, wonach die Unruhen im Ruhrgebiet nicht so groß seien, daß überhaupt zusätzliche Truppen erforderlich seien.[47]

In der Tat hatten die Franzosen schon einen anderen Plan entwickelt. Am selben Tag nämlich schlug Ministerpräsident Millerand dem deutschen Geschäftsträger Mayer vor, folgende Garantien für den Wiederabzug der deutschen Truppen zu vereinbaren: zum gleichen Zeitpunkt, an dem die deutschen Truppen ins Ruhrgebiet einrücken würden, sollten alliierte Truppen in derselben Stärke an einer anderen Stelle in die neutrale Zone einrücken und dort so lange bleiben, bis die deutschen Truppen wieder zurückgezogen seien.[48] Außenminister Müller ermächtigte Mayer, angesichts der ernsten Situation im Ruhrgebiet „äußersten Falles" darauf einzugehen, obwohl er fürchte, daß die nationalistische Rechte dadurch Agitationsstoff bekommen werde. Mayer solle aber zu erreichen versuchen, daß die Alliierten sich mit dem „förmlichen Recht" zum Einmarsch begnügten, von dem sie dann praktisch keinen Gebrauch machen würden. Ferner dürfe die freizugebende Stelle der neutralen Zone keinesfalls in Süddeutschland liegen; die deutsche Regierung könne nur entweder ruhige Teile des Ruhrgebiets oder einen unmittelbar an das Ruhrgebiet grenzenden Abschnitt freigeben.[49] Diese Abwehr war aus alten militärstrategischen Überlegungen zu verstehen: die West-Ost-Linie in der Höhe von Frankfurt galt als die „Taille" des Reiches (kürzeste Entfernung zwischen West- und Ostgrenze); wenn es den Franzosen gelang, sie zu durchstoßen, hatten sie das Reich in zwei Teile getrennt. Genau an die Besetzung der Gegend von Frankfurt aber dachten die französischen Militärs, wie sich zeigte, als sie Millerands Garantievorschlag präzisierten.[50]

Die Reichswehrführung, der längst klar war, welch zähe Verhandlungen noch bevorstanden, versuchte sich vorerst auf andere Weise Spielraum zu verschaffen. Am 19. März beantragte sie über das Auswärtige Amt bei General Nollet die Genehmigung, Truppen aus ruhigen Teilen der neutralen Zone herauszuziehen zu dürfen (ein Bataillon aus der Gegend von Limburg, ein weiteres aus der Gegend von Darmstadt); „ein unmittelbarer Einsatz" dieser Truppen gegen das Ruhrgebiet sei nicht geplant, da „aus organisatorischen und eisenbahntechnischen Gründen" nicht möglich.[51] Was mit diesem Manöver bezweckt wurde, war ziemlich durchsichtig, nämlich eine Verringerung der Gesamtzahl der Truppen in der neutralen Zone, die dann im Ruhrgebiet wieder aufgefüllt werden konnte (wobei gleichgültig war, ob mit diesen oder anderen Truppen). Da dies jedoch bei der IMKK neu beantragt werden mußte, gab Nollet seine Einwilligung zur Herausnahme der beiden Bataillone.[52]

Da traf die Reichswehrführung der nächste Schlag: am 20. März, 13 Uhr, meldete General v. Gillhaussen aus Köln ans Reichswehrministerium, seine Truppe sei von den Aufständischen in den englischen Brückenkopf getrieben und dort von den Engländern entwaffnet worden (I, Seite 261—263).[53] General v. Seeckt ließ sofort über mehrere Kanäle den Alliierten mitteilen, der Übertritt ins englische Gebiet sei natürlich keine „absichtliche Verletzung" des Versailler Vertrags gewesen, sondern „eine Notmaßnahme zur Selbsterhaltung"; es werde daher gebeten, der Truppe freien Abzug mit ihren Waffen zu gewähren.[54] Der Vertreter der Reichsregierung in Koblenz präzisierte in einem offiziellen Ersuchen an die Rheinlandkommission (die alliierten Hochkommissare im linksrheinischen Gebiet), die Truppe solle mit Waffen und Ausrüstung an einen von ihm zu benennenden Punkt im unbesetzten Gebiet abtransportiert werden, damit sie sogleich wieder an den Kämpfen teilnehmen könne.[55]

Gleichzeitig setzte eine massive Stimmungsmache durch gezielte Falschmeldungen ein. Die großbürgerliche „Kölnische Zeitung" meldete, die Alliierten hätten der Reichsregierung das besetzte Gebiet zum Truppenaufmarsch gegen das Ruhrgebiet freigegeben.[56] Auf Flugblättern, die u.a. über Hagen abgeworfen wurden, stand dasselbe zu lesen.[57] Im englischen Brückenkopf wurde gerüchtweise erzählt, die Gillhaussen-Truppe sei bereits zur Teilnahme am weiteren Kampf nach Wesel transportiert worden.[58] Auch machte man Versuche, die Engländer zum bewaffneten Einschreiten zu provozieren. Im Stadtwald von Wermelskirchen wurden immer wieder scharfe Schüsse abgefeuert.[59] Gerüchte wurden in Umlauf gesetzt, in Remscheid seien sämtliche gefangenen Soldaten und Mitglieder der Einwohnerwehr ermordet worden; die Aufständischen würden als nächstes die englischen Besatzungstruppen angreifen. Das Remscheider USP-Blatt bemerkte dazu, die Verbreiter dieser Gerüchte seien dieselben, die im Kriege „Gott strafe England!" gerufen und die Engländer als sattes und feiges Krämervolk beschimpft hätten — jetzt, wo man den Geldsack in Gefahr glaube, suche man sie als Bundesgenossen herbeizulocken.[60]

Die Arbeiterschaft war aufs äußerste beunruhigt.[61] Am 21. März forderten Betriebsvertrauensleute und USP-Vertreter des Industriereviers Krefeld-Mönchengladbach-Moers von der belgischen Besatzungsbehörde eine „eindeutige Erklärung" zu der Meldung, das besetzte Gebiet sei für die Reichswehr freigegeben worden, außerdem die „sofortige restlose Abschiebung" aller etwa bereits aufmarschierten deutschen Truppen, andernfalls man den Generalstreik verkünden werde.[62] Von Hagen aus wurde eine „honorige" Kommission — Landrat v. Salmuth, Rechtsanwalt Ellinghaus (SPD), Dr. Goldmann (Zentrum) — nach Köln geschickt, die dort mitteilen sollte, daß sich die bisherigen Kämpfe der Arbeiter gegen monarchistisch gesinnte Putschtruppen gerichtet hätten.[63]

Die Engländer sahen sich angesichts der Gillhaussen-Truppe vor einem Dilemma. Einerseits hielten sie die Aufstandsbewegung für „spartakistisch" und „bolschewistisch", für eine Bewegung also, gegen die „alle zivilisierten Regierungen" Widerstand leisten müßten. Andererseits stellten sie fest, daß die Bewegung zahlreiche Sympathisanten im besetzten Gebiet hatte, und fürchteten, eine Freilassung der Truppe könnte eine Ausdehnung der Bewegung ins besetzte Gebiet bewirken, die dann mit Verstärkung der Besatzungsarmee und Repressionsmaßnahmen beantwortet werden müßte. Hier zeigte sich, daß die Aktionen der Arbeiter zur Abwehr des Kapp-Putsches im Brückenkopf (s. oben Seite 39 f.) nicht umsonst gewesen waren. — Die pragmatische Überlegung gab den Ausschlag: die Engländer schlugen den anderen Besatzungsbehörden eine „Haltung unparteiischer Neutralität", konkret: die Zurückhaltung der Gillhaussen-Truppe im Internierungslager Dellbrück vor.[64] Die entschiedenste Gegenposition wurde von General Allen, dem Kommandeur der amerikanischen Besatzungsarmee, vertreten. Neutralität, erklärte er, „bedeute oder deute wenigstens an, daß Bolschewismus oder Spartakismus anerkannte Mächte seien", die USA bekämpften jedoch „die Roten" gleichermaßen im eigenen Land wie im Ausland; eine Freigabe der Truppe mit Waffen und Ausrüstung würde für die verfassungsmäßige deutsche Regierung „eine große moralische Unterstützung bedeuten".[65] In der Konferenz der (zivilen) Hochkommissare, in der General Allen nicht anwesend war, setzte sich der Standpunkt der Engländer durch. Die Hochkommissare beschlossen (vorbehaltlich anderer Weisungen ihrer Regierungen), vorläufig alle Truppen, die im besetzten Gebiet Zuflucht suchen würden, zu internieren, sie allenfalls ohne Waffen ins unbesetzte Gebiet zurückzulassen und auf keinen Fall deutsche Truppenbewegungen im besetzten Gebiet zu gestatten. Grundsätzlich wurde festgestellt, daß die von den alliierten Behörden bisher beobachtete „Haltung unparteiischer Neutralität" die „Aufrechterhaltung der Ordnung im besetzten Gebiet begünstigt" habe und von der Bevölkerung „mit Befriedigung aufgenommen worden"

sei.⁶⁶ Anschließend dementierten englische und belgische Besatzungsvertreter die verschiedenen Falschmeldungen und Gerüchte.⁶⁷ Eine Differenz gab es nur noch darüber, wie lange die Gillhaussen-Truppe interniert bleiben solle. Der englische Hochkommissar Stuart war der Meinung, daß eine längere Internierung nach dem Rheinland-Vertrag juristisch nicht zulässig sei, und empfahl seiner Regierung, die Truppe ohne Waffen an eine Stelle im unbesetzten Deutschland zurückkehren zu lassen, von der aus sie nicht unmittelbar wieder an den Kämpfen teilnehmen könne;⁶⁸ Marschall Foch entschied jedoch, daß die Internierung bis zum Ende der Kämpfe dauern solle.⁶⁹ — Die alliierten Regierungen waren mit dem Beschluß der Hochkommissare einverstanden, bis auf die USA-Regierung, die „keinen Grund" sah, warum die internierte Truppe nicht samt ihren Waffen ins unbesetzte Gebiet zurückgebracht werden solle, wo sie zur Unterdrückung des Aufstands gebraucht werde.⁷⁰ Das Auswärtige Amt in Berlin gab seinem Befremden über die Neutralitätserklärung der Alliierten Ausdruck: damit werde der „Kampf aufrührerischer ... Elemente gegen [die] verfassungsmäßige Regierung" als „Kampf zwischen gleichberechtigten Parteien" betrachtet.⁷¹
Derweil diskutierten die Alliierten bereits den französischen Vorschlag: gleichzeitige und gleich starke Besetzung eines anderen Teils der neutralen Zone durch

„Durchweg sind es gediente Soldaten, die wieder die Gewohnheiten angenommen haben, die ihnen aus dem Feldleben noch geläufig sind. Hier und da sieht man Gewehrpyramiden ..." (II, Seite 63)
Rotgardisten bei einer Rast, Ort unbekannt

alliierte Truppen. Millerand begründete ihn damit, daß man auf diese Weise ein Druckmittel habe nicht nur für den Wiederabzug der deutschen Truppen innerhalb der vereinbarten Frist, sondern auch für eine bessere Erfüllung des Friedensvertrages durch Deutschland als bisher; die französischen Militärs präzisierten, besetzt werden sollten Frankfurt und Darmstadt.[72] In einer Konferenz des Obersten Rats am 22. März führte der englische Premierminister Lloyd George aus, die Situation habe sich in den letzten Tagen „fühlbar verschlechtert": die „Spartakisten" im Ruhrgebiet „gewännen jeden Tag an Stärke", seien gut geführt, diszipliniert und ausgerüstet, und ihre Bewegung drohe, „sich nach Belgien und möglicherweise nach Frankreich auszudehnen" — wenn die deutsche Regierung nicht sofort freie Hand zu ihrer Niederschlagung erhalte. Falls die deutschen Truppen nach Erfüllung ihrer Aufgabe abmachungswidrig in der neutralen Zone bleiben sollten, sehe er keine Schwierigkeit, sie wieder herauszuwerfen. Jedenfalls sei er gegen den französischen Vorschlag, da in solchen Bürgerkriegssituationen eine Einmischung von außen fatale Folgen habe: sie steigere die „nationalistischen Gefühle", und sie treibe die „gemäßigten Elemente" an die Seite der radikalen Linken. Wiederum verwies Lloyd George auf Rußland, wo die Alliierten diesen Fehler gemacht hätten. Außerdem hatte er inzwischen ein positives Gegenbeispiel gefunden: die Niederschlagung der Pariser Commune 1871. Angenommen, sagte er, die deutschen Truppen hätten damals Seite an Seite mit den französischen die Commune niedergeschlagen, so hätte das „die Franzosen vereinigt und die (bürgerliche) Regierung Thiers diskreditiert"; genauso würde jetzt eine alliierte Intervention in Deutschland das Prestige der gemäßigten deutschen Regierung vermindern. Als der französische Staatssekretär Berthelot bemerkte, 1871 hätten die Deutschen ihre Hilfe bei der Unterdrückung angeboten und die Franzosen hätten abgelehnt, antwortete Lloyd George, das zeige eben, wie klug die Deutschen gewesen seien, bei ihrem Angebot keinen Druck auszuüben. — Auf diese Ausführungen eines in der Bekämpfung von Revolutionen international erfahrenen Politikers hin empfahl die Konferenz der französischen Regierung, wegen der bisherigen Vertragsverletzungen keinen zu starken Druck auf die deutsche Regierung auszuüben und ihr den militärischen Einmarsch ins Ruhrgebiet unter zwei Bedingungen zu gestatten: erstens Festlegung der Zeitdauer, zweitens Begleitung der deutschen Truppen durch alliierte Stabsoffiziere.[73]

Millerand bezeichnete jedoch die beiden Bedingungen als unzureichend und bestand darauf, daß die Alliierten eine „wirksame Garantie" für den Wiederabzug der deutschen Truppen erhalten müßten. „Das einzige Mittel, um auf die deutsche Regierung einen wirksamen Druck auszuüben . . ., sei die Sicherung eines Pfandes", nach den Plänen von Marschall Foch die Besetzung von Frankfurt und Darmstadt.[74]

Der Gegensatz zwischen der englischen und der französischen Regierung wurde also immer deutlicher. Die Chance, die hierin für das Ersuchen der deutschen Regierung lag, wurde jedoch wieder zunichte, als die englische Regierung plötzlich aufgrund von Berichten, die sie vom englischen Hochkommissar Stuart in Koblenz erhielt, ihre Position änderte. Am 22. März berichtete Stuart, es mehrten sich die Anzeichen, daß die Bewegung der Ruhrarbeiter nicht einfach als

„bolschewistisch", „spartakistisch" oder „kommunistisch" bezeichnet werden dürfe (was Stuart selbst bisher getan hatte). In vielen Städten sei das lokale Exekutivorgan aus Vertretern der drei Arbeiterparteien — also auch der SPD — zusammengesetzt, und wenn die Arbeiter sich bewaffnet hätten, so mit dem Ziel, einen Erfolg des Staatsstreichs der Monarchisten und Reaktionäre zu vereiteln. Hervorzuheben sei die Hagener Konferenz vom 20. März (s. oben Seite 18—21), die die Rätediktatur abgelehnt und beschlossen habe, das Ziel der Errichtung einer Volksarmee unter republikanischer Führung müsse in Übereinstimmung mit dem Versailler Vertrag und im Einvernehmen mit der Entente angestrebt werden. Stuart empfahl seiner Regierung eine „Haltung vollständiger Neutralität", um eine feindselige Reaktion der Arbeiter zu vermeiden und um die „guten Aussichten auf eine friedliche Beilegung" des Konflikts nicht zu verschlechtern.[75] — Am 23. März bereiste ein englischer Stabsoffizier aus Köln, Captain Garrett, die Städte Elberfeld, Essen, Mülheim, Duisburg und Düsseldorf. Er fand sofort die im besetzten Gebiet verbreiteten Gerüchte — z.B.: im Wuppertal herrsche die „tollste Anarchie" — widerlegt und sprach sich anerkennend über das friedliche und geordnete Leben aus.[76] Den Bericht, den Garrett erstattete,[77] faßte Stuart am 24. März für die Regierung in London so zusammen: Es wird gearbeitet wie gewöhnlich; wenig Eigentumsschäden; keine Plünderungen (ein Mann beim Plündern eines Ladens sofort erschossen); Zusammenarbeit der drei Arbeiterparteien, Anteil der Kommunisten nur 5 %; Weiterexistenz und ungestörtes Arbeiten der Kommunalverwaltungen; bittere Feindschaft gegenüber der Monarchie und entschlossener Wille, keinesfalls die Reichswehr wieder ins Revier zu lassen, vor einer Unterwerfung eher die Gruben zu sprengen; keine Feindseligkeit gegenüber den Alliierten. Nach einem anderen Bericht, setzte Stuart hinzu, seien am Vortag 15.600 Eisenbahnwagen mit Reparationskohle aus dem Ruhrgebiet abgefertigt worden.[78]

Die englische Regierung änderte ihre Position sofort und erklärte, nach diesen Berichten seien überhaupt keine zusätzlichen Truppen im Ruhrgebiet erforderlich und damit werde auch der französische Vorschlag einer Besetzung von Frankfurt und Darmstadt hinfällig.[79] Die Haltung der USA-Regierung dagegen blieb unverändert: sie war für Genehmigung eines deutschen Truppeneinmarschs „bis zur Wiederherstellung der Ordnung" und lehnte den französischen Vorschlag als „nicht zur Sache gehörig" ab.[80] General Allen nahm allerdings verwundert zur Kenntnis, daß im Ruhrgebiet fleißig gearbeitet werde, „obgleich" — so notierte er in sein Tagebuch — „fast das ganze Gebiet in Händen der Linken ist".[81]

*

Am 21. März schaltete sich General v. Watter in die Verhandlungen mit der Entente ein. Oberpräsident Würmeling und das Generalsekretariat des westfälischen Zentrums richteten Telegramme an den Reichskanzler, die von v. Watter inspiriert waren: die Lage, hieß es darin, sei „aufs äußerste zugespitzt", nunmehr sei auch die Provinzhauptstadt Münster vom Kommunismus bedroht. Man stelle daher „die gebieterischen und unabweisbaren Forderungen", 1. Gene-

ral v. Watter sofort zu bevollmächtigen, die für die militärischen Operationen notwendigen Verhandlungen mit den Militärs der Entente im besetzten Gebiet direkt zu führen, 2. je einen Minister der Reichsregierung und der preußischen Regierung zur Erkundung der Lage und zum Ergreifen von Abwehrmaßnahmen nach Münster zu entsenden.[82]
Die erste Forderung enthüllt zugleich Überheblichkeit und politische Ignoranz ihres Urhebers: einerseits gab Watter der Regierung zu verstehen, daß er sie für unfähig hielt; andererseits war ihm offensichtlich nicht klar, daß ein Provinzgeneral nicht mit den alliierten Regierungen verhandeln konnte. Doch brauchte sich Reichskanzler Bauer nicht zu äußern, weil die Reichswehrführung sich inzwischen entschlossen hatte, wieder — wie in den Tagen des Putsches — direkt mit den alliierten Militärs zu verhandeln, also die Verhandlungen der Regierung und den zivilen Diplomaten aus der Hand zu nehmen. Am 22. März reisten zwei Vertreter des Reichswehrministeriums und des Reichswehr-Gruppenkommandos in Kassel (Watters vorgesetzter Stelle) nach Paris.[83] Dort beantragten sie die Genehmigung für den Einmarsch von zusätzlich 40 Bataillonen, 17 Eskadronen und 40 Batterien (rund das Dreifache der in der gesamten neutralen Zone zugelassenen Truppenstärke). Die Verhandlungen darüber — die ebenfalls scheiterten — sollen an späterer Stelle geschildert werden; hier ist festzuhalten, bis zu welchem Punkt das Reichswehrministerium in seinen Planungen gelangt war, als die Konferenz in Bielefeld begann.

*

Reichskommissar Severing stand in der auf den Putsch folgenden Woche in ständiger Telefonverbindung mit der Reichsregierung in Stuttgart;[84] im wesentlichen war er jedoch auf sich selbst gestellt. Nach der Zerschlagung des Freikorps Lichtschlag und der Gefangennahme der Paderborner Husaren durch die Arbeiter verbürgte er sich wiederholt dafür, daß das Wehrkreiskommando keine weiteren Truppen ins östliche Ruhrgebiet entsenden werde: so in einem Telefongespräch mit dem Dortmunder Vollzugsrat, in Telegrammen an das SPD-Blatt in Hagen und an Bürgermeister Winkelmann in Wetter, und in einem Gespräch mit zwei Arbeitern, die aus Hamm nach Münster entsandt worden waren.[85] Das Hagener USP-Blatt kommentierte bissig: „Wir glauben diesmal Herrn Severing gern, daß er keine Truppen mehr ... schicken will. Weil er keine mehr hat!"[86] Das traf den Nagel auf den Kopf, denn Severing hielt den Aufmarsch neuer Truppen durchaus für notwendig.* Soweit Truppen südlich von Münster bereits aufmarschierten, sicherte er dies durch weitere falsche Zusicherungen ab: am 22. März telegrafierte er an die Landräte von Recklinghausen und Beckum: *„Ermächtige Sie zu veröffentlichen: Truppenbewegungen in [das] Industriegebiet*

---

* In seinen Erinnerungen schrieb er später: „Die Vorgänge in Dortmund und Essen" — wo nach seiner Meinung verfassungstreue Sicherheitsorgane von kommunistischen Umstürzlern angegriffen worden waren — „zeigten jedem Unbefangenen, daß, wenn nicht ein Wunder geschähe, es nur durch Zusammenziehung einer außerordentlich starken Militär- und Polizeimacht möglich sein würde, die Ordnung wieder herzustellen".

nicht beabsichtigt. Vorgeschobene Posten dienen zur Sicherung der Stadt Münster. Sie haben keine Angriffsabsichten".[87]

Am 20. März wurden Severing und sein Stellvertreter Mehlich vergeblich auf der in Hagen stattfindenden Konferenz erwartet. Stattdessen konferierten sie in Münster mit zwei rechten SPD-Führern aus Duisburg, dem Landtagsabgeordneten Schluchtmann und Ernst Müller, einem ehemaligen Sekretär des Transportarbeiter-Verbandes, jetzt Mitglied der Duisburger Landesabteilung der „Zentrale für Heimatdienst" (zu dieser Propagandaorganisation der Regierung s. II, Seite 17 f). Vermutlich nahmen auch noch andere rechte SPD-Führer an der Sitzung teil. Zur Beratung standen strategische Überlegungen zu der Frage, wie der Aufstand bekämpft werden könnte, ferner das 4-Punkte-Papier, das der SPD-Kreisvorstand Duisburg-Wesel am 18. März beschlossen hatte (s. oben Seite 31). Severing strich den ersten Punkt: „Die außerordentlichen Kriegsgerichte sind sofort zu beseitigen"; nach langem Überlegen setzte er stattdessen: *„Sobald die Verhältnisse wieder ihren normalen Gang angenommen haben,* soll der Ausnahmezustand aufgehoben werden. Die Aufhebung des Ausnahmezustandes bedeutet selbstverständlich auch die Freilassung der in Schutzhaft befindlichen Personen". Außerdem fügte er einen 5. Punkt hinzu, in dem die SPD-Fraktionen der Nationalversammlung und des preußischen Landtags aufgefordert wurden, „sich mit allen [ihnen] zu Gebote stehenden Mitteln für die Durchführung dieser Forderungen einzusetzen".[88] — Mit diesem Papier wurde Schluchtmann nach Berlin entsandt; Mehlich bat Reichskanzler Bauer in einem mitgegebenen Schreiben „dringend, ihn persönlich zu empfangen".[89] Außerdem sollte das 5-Punkte-Papier als Flugblatt gedruckt und am übernächsten Tag in 600.000 Exemplaren über dem Ruhrgebiet abgeworfen werden.[90] Ob es dazu kam, ist nicht zu ermitteln. Jedenfalls brachte das Dortmunder SPD-Blatt am 22. März das Papier unter der Schlagzeile „Sozialdemokratische Forderungen aus dem Industriegebiet", mit der Mitteilung, daß Severing diese Forderungen vertrete und sie in Berlin vorbringen lasse.[91]

Am 21. März erließ Severing einen Aufruf an die Bevölkerung des Ruhrgebiets. Heute nehme, hieß es darin, die parlamentarische Regierung in Berlin wieder die Geschäfte auf, nachdem Kapp gescheitert sei; jetzt gelte es, die verheerenden Folgen des Putsches zu beseitigen. Dazu gehöre die Wiederaufnahme der Arbeit, das Neuingangsetzen des Verwaltungsapparats und die Abgabe der Waffen an die Behörden: „das Tragen und der Gebrauch von Waffen (muß) wieder auf die Personen beschränkt" werden, „die von Amts wegen dazu befugt sind". Das waren dieselben Forderungen, die General v. Watter am selben Tag der Delegation aus Hörde vorlegte, und sie wurden für die Aufständischen natürlich nicht annehmbarer dadurch, daß Severing sie erhob und am Schluß des Aufrufs versprach: *„In der Organisation des Sicherheitswesens sollen und müssen Änderungen eintreten, die der Arbeiterschaft das Gefühl des Vertrauens zu den Sicherheitsorganen verschaffen. Das kann aber nur auf geordnetem gesetzlichem Wege geschehen. Ich habe mich dafür verbürgt, daß keine Truppen in das Ruhrrevier entsandt werden. Helft mir, daß ich diese Bürgschaft weiter tragen kann, daß es nicht zu neuen Unruhen kommt; es ist genug Blut geflossen . . ."*[92]

Der Aufruf blieb gänzlich wirkungslos. Größte Wirkungen löste dagegen eine Idee aus, die Severing am selben Tag in Bielefeld entwickelte. In einer großen Konferenz der SPD, an der vor allem Parteifunktionäre teilnahmen, antwortete er auf die Frage von einigen anwesenden USP-Vertretern, ob Militär gegen das Ruhrgebiet eingesetzt werden solle:

„Es kommen keine Truppen mehr ins Ruhrgebiet, ehe nicht alle Mittel zur Verständigung mit der Arbeiterschaft erschöpft sind. Die Schritte zu dieser Verständigung sollen darin bestehen, daß an einem neutralen Ort die Führer der einzelnen Städte und der Bewegung im Ruhrgebiet — ganz gleich von welcher Richtung — zu einer Beratung eingeladen werden sollen, wobei ein Weg gefunden werden muß, um einmal das Blutvergießen ... zu verhindern und dann ... einen Weg zu finden zur Wiederherstellung der gestörten Ordnung. Sollte es allerdings nicht möglich sein, auf dem Wege der gemeinsamen Verhandlung und Verständigung eine Einigung auf Grundlage der Vernunft und Besonnenheit und der gegenseitigen Toleranz zu erzielen, dann muß dort zugegriffen werden, wo Lebensmittelplünderungen stattfinden und Gesundheit und Eigentum der Arbeiter und Bürger gefährdet werden".[93]

Das war die Idee einer Konferenz mit den Führern der Aufstandsbewegung. Einen bestimmten Konferenzort nannte Severing zwar noch nicht, doch ist wahrscheinlich, daß er an Bielefeld dachte; jedenfalls entschied er sich bald darauf für diese Stadt. „Neutral" war Bielefeld insofern, als es außerhalb des Aufstandsgebiets lag, aber auch noch nicht von Watters aufmarschierenden Truppen besetzt war. Keineswegs neutral war die Stadt dagegen von Severing aus gesehen: sie war seine langjährige gewerkschaftliche und politische Wirkungsstätte, und sie bot für ihn den Vorteil, daß hier nach wie vor die SPD die dominierende Arbeiterpartei war.

*

Am 21. März empfing Reichskanzler Bauer den aus Münster kommenden Schluchtmann. Die fünf Forderungen Severings gestand er zu.[94] Schluchtmann entwickelte die in Münster entworfene konterrevolutionäre Strategie. Die Aufstandsbewegung, sagte er, sei vorläufig „militärisch ... nicht niederzuwerfen". So müsse ein anderer Weg beschritten werden: man müsse die Bewegung „in sich selbst ausbrennen lassen". Durch aufklärende Flugblätter, Zeitungen usw. solle der Teil der Arbeiterschaft, der noch glaube, gegen kappistisches Militär zu kämpfen, aus der Bewegung herausgelöst werden; im übrigen möge man warten, bis „die Lebensmittelversorgung den kommunistischen Machthabern unüberwindliche Schwierigkeiten bereite", was „in kurzer Zeit" der Fall sein werde. Man solle also „erst verhandeln, wenn ihnen das Feuer auf den Nägeln brenne. Truppen in größerer Stärke müßten in der Nähe gehalten werden, dürften aber zunächst nicht eingreifen".[95]

Etwa gleichzeitig mit Schluchtmann trafen aus Essen die drei Delegierten des Vollzugsrats und die Oberbürgermeister Luther und Cuno in Berlin ein, die die Freigabe von Devisen für Lebensmittelkäufe im Ausland erwirken wollten. Die unnachgiebige Haltung der Reichsregierung in dieser Frage haben wir geschildert

(II, Seite 24-28). Auch die Verhandlung über andere Fragen, die angeschnitten wurden, blieb ohne Ergebnis. Ein Staatssekretär der Reichskanzlei, der das Telegramm der Hagener Konferenz an Ebert (oben Seite 20 f.) verlas, erklärte dazu, die Reichsregierung könne unmöglich den Abzug der Truppen zugestehen, wenn sie nicht ihre Autorität verlieren wolle; das wurde von Reichskanzler Bauer bestätigt. Bauer deutete außerdem an, einer (angeblich) drohenden Besetzung des Ruhrgebiets durch die Entente werde die Regierung mit dem Einmarsch deutscher Truppen zuvorkommen (Oberbürgermeister Luther hörte jedoch am Rande der Verhandlungen, daß ein Einmarsch vorläufig nicht in Frage komme, da die Entente bisher zusätzliche Truppen in der neutralen Zone nicht genehmigt habe). Nur als Düwell nach einer Amnestie für die am Kampf gegen den Putsch Beteiligten fragte, erwiderte Bauer, diese sei „selbstverständlich". Oberbürgermeister Cuno bat die Regierung dringlich, mit der Bewegung in politische Verhandlungen zu treten. „Ein großer Teil der Kämpfer gegen das Militär waren organisierte Arbeiter, die nur den Kapp-Putsch bekämpfen wollten", erklärte er, für die westfälischen Arbeiter jedenfalls könne er dies versichern. Wenn man sie überzeugen könne, daß ihr Ziel, die Abwehr der Reaktion, erreicht sei, und ihnen zusichern könne, daß „die Volksrechte" durch eine Umbildung der Regierung gesichert und erweitert würden, so „wäre viel erreicht. Die Kommunisten im Rheinland würden sich überlegen, ob sie allein den Kampf fortsetzen könnten".* Die Regierung möge daher unbedingt einen Vertreter entsenden, der zu wirklichen Verhandlungen autorisiert sei; als Konferenzort schlug Cuno Hagen vor.[96]
Das war die zweite Konzeption, die der Regierung vorgetragen wurde. Eine dritte kam in Gestalt der Telegramme aus Münster, die die Entsendung je eines Ministers der Reichsregierung und der preußischen Regierung nach Münster zur Erkundung der Lage und zur Ergreifung von Abwehrmaßnahmen forderten (oben Seite 51 f.).
Die Entscheidung fiel in einer gemeinsamen Sitzung der beiden Regierungen am Nachmittag. Zunächst trug Schluchtmann noch einmal seine Konzeption vor, dann berichtete Reichskanzler Bauer über die Verhandlungen mit der Delegation aus Essen. Debattiert wurde über die Alternative, *entweder* zwei Minister „in die Nähe des Aufruhrgebiets" zu entsenden, die „dort, ohne mit den Kommunisten zu verhandeln, für die nötige Aufklärung zu sorgen" hätten (Watters Forderung, angereichert mit der Idee einer propagandistischen Aktion aus Schluchtmanns Konzeption), *oder* „sich abwartend zu verhalten, bis der Aufruhr in sich zusammengebrochen sei" (Schluchtmanns Konzeption). Die Sitzung entschied sich für das erstere; delegiert wurden Reichspostminister Giesberts (Zentrum) und der preußische Landwirtschaftsminister Braun (SPD),** und zwar nach Münster (auch

---

* Oberbürgermeister Cuno war also bereits auf die regionalen Unterschiede in der Bewegung aufmerksam geworden.

** Giesberts war aus der katholischen Arbeiterbewegung des Rheinlands hervorgegangen und besaß ziemlich gute Beziehungen zum westlichen Ruhrgebiet, natürlich vor allem zu Zentrumskreisen, während der Ostpreuße Braun das Ruhrgebiet nur von Wahlkämpfen her kannte (1919 hatte ihn der Wahlkreis Duisburg-Mülheim-Oberhausen in die Nationalversammlung gewählt).

das entsprach Watters Forderung). Gegenüber der Aufstandsbewegung sollten sich die beiden Minister darauf beschränken, lediglich den Standpunkt der Regierung darzulegen, wie er soeben gegenüber der Delegation aus Essen formuliert worden war, also dreierlei zu erklären: 1. daß Holland keine Lebensmittel liefern werde, „solange die Kommunistenherrschaft andauere", 2. daß „bei Fortdauer der Unruhen" die Entente einmarschieren werde, 3. daß die Kapp-Regierung „endgültig erledigt" sei, jeder Grund zur Fortsetzung des Kampfes also entfalle.[97]

Dieser Beschluß stand in Widerspruch zu Severings Plan, mit der Aufstandsbewegung in Verhandlungen zu treten. Das veranlaßte Severing jedoch nicht, seinen Plan fallenzulassen. Am folgenden Tag (22. März) sandte er, während sich die beiden Minister auf der Fahrt von Berlin nach Münster befanden,[98] an die Vollzugsräte nahezu aller Städte des Aufstandsgebiets folgendes Telegramm:
„Bitte ein Mitglied zu wichtigster Besprechung über Lage in Industriebezirk Dienstag 23. [März] nachmittags 2 Uhr Stadtverordnetensitzungssaal Bielefeld zu entsenden. Beteiligung dringend erwünscht".[99]

Außerdem lud Severing die Oberbürgermeister bzw. Bürgermeister dieser Städte sowie die Regierungspräsidenten von Düsseldorf, Arnsberg und Münster ein.[100]

Am Vormittag des 23. März konferierten die beiden Minister mit Watter und Severing. Nachdem sie mitgeteilt hatten, mit welchem Auftrag sie aus Berlin

„Die Reichswehrführung war aufs höchste an der Beendigung des Generalstreiks gerade bei den Eisenbahnern interessiert . . ." (II, Seite 104)
Abfahrt der bayrischen Schützenbrigade Epp zum Einsatz im Ruhrgebiet (unter den Aufschriften auf dem Waggon das Hakenkreuz)

entsandt worden waren, schilderte Watter zunächst die Entwicklung der Kämpfe und die jetzige militärische Lage (alle Truppen aus dem Ruhrrevier zurückgezogen; Frontverlauf zwischen Wesel und Coesfeld); die Pläne der Roten gingen „offenbar dahin, Wesel abzuschneiden und Münster einzukreisen". Dabei mußte Watter verschleiern, was diese gefährliche Lage ausgelöst hatte — daß nämlich die wichtigsten Teile seiner Truppen sich für Kapp erklärt hatten, er selbst eine „neutrale" Haltung eingenommen hatte —, und so behauptete er, nach den Informationen des Wehrkreiskommandos, hätten die Roten den Aufstand schon lange vor dem Kapp-Putsch in einem großangelegten strategischen Plan vorbereitet, und der Kapp-Putsch sei nur eine günstige Gelegenheit gewesen, diesen Plan in die Tat umzusetzen. (Ein entsprechender Artikel wurde am selben Tag von der Reichswehr-Brigade 7 in Münster an die Presse verteilt.)* Damit „bewies" Watter zugleich die Gefährlichkeit der Roten Armee. Das Ziel, fuhr er fort, müsse also sein, die Arbeiter vollständig zu entwaffnen, andernfalls bleibe die Gefahr eines erneuten bewaffneten Aufstandes bestehen. Die ihm zur Verfügung stehenden militärischen Kräfte reichten dazu aus, doch fordere er, um wirklich scharf zufassen zu können, von der Regierung, daß sie das Standrecht erweitere: die Urteile der Standgerichte (zu deutsch: die Todesurteile) sollten „nicht von ihm, sondern von den Kommandeuren der einzelnen Formationen bestätigt werden, weil sonst zu große Zeit zwischen Urteil und Urteilsbestätigung liege". (Tags zuvor hatte Watter dem Reichswehrministerium gegenüber abgelehnt, irgendeine militärische Operation zu unternehmen, bevor die Regierung diese Forderung zugestanden habe.) Die Minister sagten zu, „darüber dem Reichskanzler zu berichten".
Auf Minister Braun machte Watter einen höchst undurchsichtigen Eindruck. Dies

---

* „Aus einer Konferenz der linksradikalen Führer, die bereits am 13. 3. 20 — am 13. 3. morgens rückten die revolutionären Kapp-Anhänger in Berlin ein — in Essen stattfand, werden von unterrichteter Seite folgende Angaben bekannt [später wurde präzisiert: „streng vertrauliche" Aussagen eines „bekannten Kommunisten" gegenüber einer militärischen Behörde], die interessanten Aufschluß über die wahren Absichten und Pläne der Bolschewisten geben: Anwesend waren etwa 50-60 Vertreter aus dem gesamten Industriebezirk . . . Ferner 3 russische Offiziere der bolschewistischen Roten Armee. Es wurde betont, daß jetzt endlich der Zeitpunkt gekommen sei, die bis ins kleinste vorbereitete Aufstellung der Roten Armee auch in Deutschland durchzuführen. Der Vorstoß von rechts muß den gesamten Anschluß des Proletariats gegen die jetzige Regierung auslösen . . . Einwohner, Bürgerwehr, Polizei und Reichswehr sind überall die Waffen zu nehmen. Die Organisation der Roten Armee liegt in Händen von russischen bolschewistischen Offizieren, die in einer Zahl von 100 im ganzen Industriebezirk verteilt werden. Der Zeitpunkt des großen Angriffes wird noch bekannt gegeben . . . Sämtliche ober- und unterirdische Munitionslager sollen gestürmt . . . werden und die Fabrikation von Handgranaten und sonstigen Sprengmitteln sichergestellt werden. Wenn in allen Städten und Arbeitervierteln des Industriebezirks die Arbeiterschaft bewaffnet ist, dann erfolgt Vormarsch auf Münster, das als militärischer Zentralstützpunkt angesprochen wird. Wesel soll gleichfalls genommen werden . . . Mit dem Vormarsch der Roten Armee im Westen geht ein Angriff der russischen Roten Armee gegen Polen vor sich. Im Juli gedenkt Trotzki vor den Toren Berlins zu stehen. — Hochstehende Persönlichkeiten werden sofort als Geiseln festgesetzt. Auf die Köpfe der Anklagevertreter im Wehrkreiskommando in Münster sind hohe Belohnungen gesetzt. Generalleutnant von Watter eingeschlossen . . . Es wird gekämpft und vorgegangen nach bolschewistischer Kampftaktik."

ist für uns heute besonders verständlich dadurch, daß wir aus einer Aufzeichnung Watters entnehmen können, was er zu den besprochenen Problemen wirklich dachte: daß der Generalstreik, der Auftakt für den Aufstand, von den „Vertrauensleuten" der parlamentarischen Regierung mit deren Wissen „sehr geschickt eingeleitet worden" sei und daß sogar Severing einer der „Treiber" zum Generalstreik gewesen sei; daß „große Teile" der SPD sich "weich und haltlos wie immer" der Aufstandsbewegung angeschlossen hätten; daß Severing seine Zusage, die Eisenbahner für die Durchführung der Truppentransporte zu gewinnen, nicht gehalten habe, also mitschuldig am Ende des Freikorps Lichtschlag sei. Dies alles konnte Watter unmöglich aussprechen, und so mußte er sich auf unverbindliche Äußerungen zurückziehen, was den Eindruck der Undurchsichtigkeit hervorgerufen haben dürfte.

Nach Watter ergriff Severing das Wort und teilte die Einberufung der Konferenz in Bielefeld mit. Offenbar stellte er das Ziel der Konferenz so dar, daß er Watter, der gegen jede Verhandlung mit den Aufständischen war, mit dieser Mitteilung nicht aufbrachte. Die Minister konnte er für die Mitfahrt nach Bielefeld gewinnen, was nicht besonders überraschend ist: ihr Auftrag lautete ja, den Standpunkt der Regierung gegenüber den Aufständischen darzulegen, was immerhin bedeutete, daß sie irgendwie mit diesen Kontakt nehmen mußten. Mit Watter wurde vereinbart, daß die Konferenz den Zweck haben sollte, die gemäßigten Arbeiter von den Kommunisten zu lösen und gegen sie zu organisieren; Watter sagte zu, seine Truppen bis zum nächsten Tag zurückzuhalten und dann erst vorzustoßen (ein Bluff; tags zuvor hatte Watter dem Reichswehrministerium gegenüber erklärt, mit 13.000 Mann sei eine Offensive ausgeschlossen).[101] — Später hat Watter behauptet, Severing habe zum Schluß feierlich versichert und die Minister hätten sogar durch Handschlag beteuert, sie würden keinesfalls in Bielefeld wirkliche Verhandlungen mit eventuellen Zugeständnissen an die Aufständischen führen.[102] Das kann, muß aber nicht übertrieben sein. Gegenüber dem Zentrum gab Giesberts jedenfalls ein derartiges Versprechen ab — was nicht mehr beinhaltete als die Bekräftigung, den Rahmen, den der Auftrag der Regierung ihm steckte, nicht zu überschreiten.[103]

Für 14 Uhr hatte Severing eingeladen. Bis dahin fand er in Bielefeld noch die Zeit, vor SPD-Funktionären und Vertretern der SPD-Presse eine Erklärung abzugeben. In diesem Kreis, von dem man annehmen kann, daß die große Mehrheit die „Republikanisierung" der Reichswehr forderte, sagte er: *„Wenn wir gegen die Anarchie vorgehen wollen, müssen wir uns der Reichswehr als Instrument der Republik bedienen. Wir können nicht jetzt — 5 Minuten vor 12 — die Reichswehr reformieren, wo wir jeden Mann gebrauchen"*. Er sei daher auch entschieden gegen die Absetzung v. Watters.[104] Diese Stellungnahme erscheint auf den ersten Blick überraschend: immerhin hatte Severing am Tage des Putsches verzweifelt versucht, Watter eine Erklärung für die parlamentarische Regierung abzuringen. Inzwischen hatte er allerdings — in der Krise um Watters Rücktrittsdrohung (I, Seite 269 f.) — der Reichsregierung versichert, Watter habe für seine Haltung „gewichtige Gründe gehabt", und er bitte daher „ihm zu sagen, daß er durchaus loyal gehandelt habe".[105]

Festzuhalten ist, daß Severing sich bereits vor Eröffnung der Bielefelder Konferenz in einem wichtigen Punkt gegen die Forderungen der Aufstandsbewegung stellte.

3. Die Bielefelder Konferenz

> „Otto Braun, der knapp fünfzigjährige Buchdrucker aus Ostpreußen . . ., Mitglied des (SPD-) Parteivorstandes seit Jahren, mit Kassenangelegenheiten betraut, Redner auf Parteitagen nur, wenn er wirklich etwas zu sagen hatte . . . volkstümlich durch einen trockenen schlagfertigen Humor, stets auf praktisches Handeln eingestellt. Carl Severing, der kleine Schlosser aus Bielefeld, Mitte Vierzig, gewandter Journalist mit schöngeistigen Interessen, aber auch erfahrener Gewerkschafter und Organisator — zwei Männer von starkem Wollen und hoher Kultur."
>
> Friedrich Stampfer: Die ersten 14 Jahre der Deutschen Republik, Offenbach 1947, S. 178

In der Geschichte des Ruhraufstands von 1920 ist die Bielefelder Konferenz eine der entscheidenden Wendepunkte, in jeder Darstellung des Aufstands nimmt sie daher eine Schlüsselstellung ein. Wie hier die Akzente gesetzt werden und wie hier gewertet wird, daran zeigt sich zum guten Teil Ansatz und Ergebnis der Gesamtdarstellung. Wir wollen zunächst den Verlauf der Konferenz so genau wie möglich analysieren; danach nehmen wir zur Literatur über die Konferenz Stellung, wobei unsere eigene Analyse weiter vertieft und systematisiert wird. —
Für den 23. März, 14 Uhr, hatte Severing nach Bielefeld eingeladen. Bereits im Laufe des Vormittags kamen viele Teilnehmer der Konferenz — teils im Auto, teils mit der Bahn — in Bielefeld an. Schon bald erwies sich der von Severing angegebene Sitzungssaal des Stadtparlaments im Rathaus als zu klein, so daß man in einen größeren Versammlungsraum umziehen mußte.* Um 15 Uhr, eine Stunde später als angesetzt, wurde die Konferenz von Severing eröffnet; inzwischen waren etwa 150 Personen versammelt.[1]
Bis dahin war bereits Entscheidendes *nicht* geschehen, und zwar im Aufstandsgebiet. Als die Vollzugsräte Severings Einladungstelegramme erhielten, entschieden sie je für sich, ob sie Delegierte nach Bielefeld entsenden sollten oder nicht. Mit anderen Vollzugsräten, ausgenommen im engsten Umkreis, berieten sie sich darüber nicht. Hätten sie es getan, so wären sie sehr schnell zu dem Ergebnis gekommen, daß die von Severing gesetzte Frist — weniger als 24 Stunden — auf jeden Fall zu knapp sei, und sie hätten gemeinsam eine Verschiebung durchsetzen können. Sie fragten noch nicht einmal bei Severing zurück, worum es sich in Bielefeld eigentlich handeln solle, was unter „wichtigster Besprechung über Lage im Industriebezirk" zu verstehen sei (Konferenzteilnehmer, Verfahrensfragen, Ziele der Konferenz).
Wie hatten die Vollzugsräte über Teilnahme oder Nichtteilnahme an der Kon-

---

* Da Bielefeld keine Stadthalle oder einen entsprechenden Zweckbau besaß, wählte man den großen Saal der „Ressource", einer Gesellschaft, die sich die Pflege der Geselligkeit der „gebildeten bürgerlichen Stände" zum Ziel gesetzt hatte.

ferenz entschieden? Gut vertreten waren der Raum um Hagen und das Bergische Land, durchschnittlich gut das östliche Ruhrgebiet; der Vollzugsrat der wichtigsten Stadt, Dortmund, allerdings hatte keine Vertreter entsandt. Vom Vollzugsrat Essen waren mindestens zwei Vertreter erschienen. Nicht vertreten waren die drei wichtigsten Städte des westlichen Ruhrgebiets: Mülheim, Duisburg und Oberhausen. Im Falle von Duisburg hatte sich der Vollzugsrat möglicherweise nicht bewußt gegen eine Teilnahme entschieden; die Nichtteilnahme könnte vielmehr daher rühren, daß man in Duisburg mit anderem beschäftigt war: die Alleinherrschaft der KPD im dortigen Vollzugsrat wurde an diesem Tage durch die paritätische Zusammenarbeit der drei Arbeiterparteien abgelöst. Die Entscheidung für Nichtteilnahme in Mülheim und Oberhausen hatte zur Folge, daß auch die Kampfleiter der Roten Armee vor Wesel nicht vertreten waren. Die Kampfleitung Hagen dagegen hatte Stemmer entsandt.[2] — Die regional unterschiedliche Verteilung der Delegierten war der Hauptgrund dafür, daß auch die Arbeiterorganisationen sehr unterschiedlich vertreten waren: USP und SPD gut, dagegen die KPD mit nur vier Vertretern (zwei aus Essen, je einer aus Elberfeld und Barmen)[3], die Syndikalisten und Unionisten, deren Vertreter in den westlichen Vollzugsräten und im Dortmunder Vollzugsrat saßen, gar nicht. Dabei ist zu bemerken, daß die Erschienenen als Vertreter des jeweiligen Vollzugsrats an der Konferenz teilnahmen und daß sie sich erst in zweiter Linie — wenn überhaupt — als Vertreter ihrer Partei verstanden.* So hatten sich die beiden Kommunisten aus Elberfeld und Barmen, Charpentier und Triebel, vor der Fahrt nach Bielefeld auch nicht mit der Bezirksleitung ihrer Partei in Essen verständigt.[4] Das hing mit der damals üblichen Bündnispolitik zusammen, bei der, wie wir sahen, die Verständigung über programmatische und taktische Fragen innerhalb der Organisationen vernachlässigt wurde. Darüber hinaus ist zu vermuten, daß generell in einem solchen Aufstand die Bedeutung der Parteiorganisationen zurücktritt; darauf werden wir noch zurückkommen.

Die Vertreter der Vollzugsräte waren jedoch nur ein Teil der Versammelten — ein äußerst wichtiger Umstand. Da waren erstens die Vertreter der freien und der christlichen Gewerkschaften, so die Vorsitzenden der freien und der christlichen Bergarbeitergewerkschaft, Husemann aus Bochum und Imbusch aus Essen. Zweitens die Vertreter der bürgerlichen Parteien. Aus Hagen z.B. waren je zwei Vertreter der DDP und des Zentrums erschienen (der eine DDP-Vertreter, Sasse, war zugleich Vorsitzender der liberal orientierten „Gewerkschaft der städtischen Beamten und Angestellten"), Vertreter derjenigen Parteien also, die vor zwei Tagen ihren Austritt aus dem Hagener Aktionsausschuß vollzogen und scharf gegen diesen Front gemacht hatten. Andere Zentrumsvertreter kamen aus Recklinghausen und Münster (wo, wie wir wissen, das Zentrum praktisch Sprachrohr des Wehrkreiskommandos war); zwei Landtagsabgeordnete hatten zufällig auf der Fahrt nach Berlin von der Konferenz gehört und sich kurzfristig zur Teilnahme entschlossen. Drittens waren Vertreter der kommunalen und der staat-

---

* Dies muß scharf betont werden. Das in der DDR erschienene „Sachwörterbuch der Geschichte Deutschlands und der deutschen Arbeiterbewegung" schreibt z.B., Severing habe in Bielefeld „mit Vertretern der Arbeiterparteien" verhandelt (Bd. I, 1969, S. 276).

lichen Verwaltung anwesend, z.B. die Oberbürgermeister von Duisburg, Essen, Hagen, Gelsenkirchen und Recklinghausen, die Landräte von Hagen und Recklinghausen und die Regierungspräsidenten von Arnsberg, Düsseldorf und Münster.[5]

Diese drei Gruppen waren von Severing zweifellos mit dem Ziel eingeladen worden, ein Gegengewicht zu den Vertretern der Aufstandsbewegung zu schaffen. Dagegen konnten die Vertreter der Vollzugsräte nichts unternehmen, wollten sie nicht die Konferenz schon vor Beginn sprengen; sie konnten im übrigen damit rechnen, daß das politische Gewicht der bewaffneten Arbeitermassen gegenüber den drei anderen Gruppen den Ausschlag geben würde. Immerhin hätte ein Vollzugsratsvertreter bei Eröffnung der Konferenz erklären können, daß die Zusammensetzung der Teilnehmer Severings Absichten verrate und dem Gewicht der Aufstandsbewegung nicht angemessen sei. Was die Vollzugsratsvertreter jedoch unbedingt hätten tun müssen — und hier liegt das zweite schwerwiegende Versäumnis — war, die Verständigung, die zuvor im Aufstandsgebiet versäumt worden war, wenigstens zum Teil nachzuholen. Keiner von ihnen forderte bei Eröffnung der Konferenz die anderen auf, zunächst eine Sonderkonferenz der Vollzugsratsvertreter abzuhalten, in der man sich auf die unabdingbaren Forderungen und auf die einzuschlagende Taktik einige (die übrigen Konferenzteilnehmer wären zweifellos gezwungen gewesen, darauf einzugehen, d.h. bis zum Ende der Sonderkonferenz zu warten).

*

Verfolgen wir nun die erste Konferenzrunde, über die die anwesenden Pressevertreter genau berichten konnten. Vor allem die drei Bielefelder Tageszeitungen brachten protokollartige Wiedergaben der Reden. Vergleicht man sie, so erhält man einen Text, der sehr nahe an den genauen Wortlaut herankommt. Daher rechtfertigt es sich, wenn wir im folgenden die direkte Rede beibehalten; das hat außerdem den Vorzug der Kürze und Lebendigkeit. In Klammern sind Zwischenrufe und andere Reaktionen gesetzt.

Severing (zur Eröffnung): Der Abwehrkampf gegen den Kapp-Putsch hat im Ruhrgebiet zu Zuständen geführt, die der Verfassung fast ebenso zuwiderlaufen wie das Unternehmen der Berliner Putschisten. Nach einem soeben bei mir eingelaufenen Telegramm ist jetzt sogar eine „Oberste Kampfzentrale für das Industriegebiet" gebildet worden. — Ziel dieser von mir einberufenen Konferenz soll sein, dem Blutvergießen Einhalt zu gebieten.

Blicken wir zurück: Beim Putsch in Berlin haben sich im Ruhrgebiet alle Zivilbehörden auf die Seite der verfassungsmäßigen Regierung gestellt. Anders General v. Watter, der zuerst eine zweifelhafte Haltung eingenommen hat. Man muß indessen objektiverweise seine Motive sehen: einige seiner Truppenkommandeure standen nicht auf dem Boden der verfassungsmäßigen Regierung, und Watter wollte den Zusammenhalt der Truppen nicht gefährden. (Bewegung in der Versammlung) Ja, was ist denn die Reichswehr heute? Sie ist nicht mehr die disziplinierte Armee von ehemals, auch nicht ein Heer von Demokraten, sondern die Zusammenfassung von Formationen mit der verschiedenartigsten Auffassung, die wesentlich beeinflußt werden von den politischen Ansichten ihrer Führer. Wer das beklagt, vergißt, daß der Boykott der Reichswehr durch die demokratischen Kräfte dazu wesentlich beigetragen hat. Ein Truppenführer also, der in ernsten Augenblicken seine Truppe in der Hand halten will, muß versuchen, sie auf eine Plattform zu stellen — daher Watters Formel: Aufrechterhaltung der Ruhe und Ordnung. Das war keine Untreue gegenüber der Regierung Bauer. Allerdings: ich habe Watters Gründe zwar gewürdigt, aber nicht billigen können. Auch am zweiten Tage habe ich Watter zu einer unzweideutigen Erklärung für die Regierung Bauer aufgefordert, die umso notwendiger gewesen wäre, als einzelne militärische Abteilungen sich bereits für Kapp und Lüttwitz ausgesprochen hatten. Leider wurde dann gerade ein Teil dieser Truppen eingesetzt. (Von wem? Warum?) Die Leitung der Truppenbewegungen ist nicht meines Amtes. Die Truppen wurden entsandt, weil zu befürchten stand, daß der Putsch von rechts mit einem Putsch von links beantwortet werden würde. Das Wehrkreiskommando hat versucht, die Lichtschlag-Bataillone durch andere zu ersetzen; das wurde jedoch durch Verkehrsschwierigkeiten* verhindert. Gut, aber was geschah auf der Gegenseite? Ohne ersichtlichen Grund wurden . . . bewaffnete Arbeitermassen aus verschiedenen Gegenden nach Dortmund dirigiert. Dann wurde Stadt für Stadt erobert. Nach der letzten Meldung hat die Rote Armee Dinslaken im Westen eingenommen und befindet sich im Osten auf dem Vormarsch nach Ahlen und Beckum. Überall werden die Behörden abgesetzt oder unter die strenge Kontrolle eines Vollzugsrates gestellt. Diese Bewegung ist durch und durch verfassungswidrig!

Die Frage ist: Wie kommen wir wieder zu geordneten Verhältnissen? Zwei Forderungen sind für die Regierung unabdingbar: erstens, alle Personen, die nicht zum Waffentragen befugt sind, müssen die Waffen abgeben; zweitens, die Tätigkeiten der Vollzugsräte müssen auf ein Maß reduziert werden, das mit der Verfassung in Einklang steht, und die Behörden müssen wieder in ihre vollen Rechte eingesetzt werden. Der einzig mögliche Zweck dieser Konferenz ist, diese beiden Punkte zu regeln.

Die Gegenseite wird uns von Bedingungen sprechen. Von solchen kann aber keine Rede sein. Die Regierung hat nicht mit Kapp und Genossen verhandelt, sie kann auch nicht mit der obersten Kampfzentrale verhandeln. Wenn diese sich jetzt zu Experimenten anschickt, die die Interessen des Volkes bedrohen, so kann sie sich nicht darüber wundern, daß mit den schärfsten Mitteln gegen sie vorgegangen wird. Das bedeutet keine Rückkehr zu der vor dem Putsch getriebenen Politik. Eine Regierung, die jetzt nicht wüßte, daß der Feind auch (!) rechts steht, wäre nicht wert, heute die Geschicke Deutschlands in der Hand zu halten. Regierung und Regierungsparteien haben aus dem Putsch gelernt, wie die Zugeständnisse in dem 8-Punkte-Abkommen mit den Gewerkschaften** beweisen: in den Industriestädten werden danach die Einwohnerwehren künftig Arbeiterwehren sein, und die Reichswehr wird nach demokratischen Grundsätzen

---

* Umschreibung für den Eisenbahnerstreik.

** Siehe II, Seite 115-119

ausgebaut und umgeformt werden. Die Regierung hat erklärt, daß dieses Abkommen nicht nur für Berlin, sondern für das ganze Reich Gültigkeit hat. Kommt es Ihnen darauf an, die Verfassung zu schützen, wie Sie sagen, dann schließen Sie sich dem Abkommen an, und der Kampf kann beendet werden. —
Minister Giesberts ergeht sich zunächst weitschweifig über Einzelheiten des Kapp-Putsches, den er „eine Köpenickiade großen Stils" nennt, und rechtfertigt die kampflose Flucht der Regierung. Dann fährt er fort: Der Putsch ist gescheitert am Generalstreik in Berlin und an der Weigerung der Beamten, Anweisungen der Putschisten auszuführen; die Aktion im Ruhrgebiet hat nichts dazu beigetragen. Die Putschisten werden unnachsichtig wegen Hochverrats verfolgt werden. Aber nun frage ich Sie, meine Herren, was kann die Aktion im Industriegebiet jetzt noch nützen? Die . . . verfassungsmäßige Regierung ist gesichert, (Zuruf: Die Truppen!) die Truppen stehen auf unserer Seite. (Widerspruch) Eine Verständigung kann es nur auf der Basis des Berliner 8-Punkte-Abkommens geben (Giesberts verliest den Text). Darüber hinaus können keine Zugeständnisse gemacht werden. Wir haben nicht mit Kapp verhandelt, wir verhandeln auch nicht mit einer Armeeführung, die außerhalb der Verfassung steht. Es geht nicht, daß sich im Ruhrgebiet Armeen feindlich gegenüberliegen. Wir haben in Deutschland keine rote und keine weiße Armee, sondern eine republikanische Reichswehr. Die Regierung will ernsthaft die seit 1918 erreichten Fortschritte ausbauen. (Lachen und Zuruf: Belagerungszustand! Schutzhaft!) Ja, wer die Ordnung nicht respektiert, muß sich den Belagerungszustand gefallen lassen. Überall muß die Arbeit wieder aufgenommen, müssen die Waffen abgeliefert werden. —
Oberbürgermeister Cuno: Ich möchte den Herrn Minister mit einigen Feststellungen berichtigen. Was General v. Watter betrifft, so bin ich überzeugt, daß er ehrlich auf dem Boden der Regierung Bauer stand, aber seine erste Erklärung war mißverständlich. Sie mag juristisch richtig formuliert gewesen sein, aber für die Auffassung des einfachen Arbeiters war sie unklar. Aus dieser Erklärung entstand die Ansicht, die dann nicht mehr zu berichtigen war, daß alle Truppen auf seiten Kapps ständen. Nach Wetter, wo der erste Kampf stattfand, sind Truppen geschickt worden, obwohl dort keine Unruhen ausgebrochen waren und alle Zivilbehörden sich dringend gegen einen militärischen Einsatz ausgesprochen hatten. Der Führer dieser Truppen hat sich für Kapp erklärt. Nach den Vorgängen in Wetter verbreitete sich bis in die nichtsozialistische Arbeiterschaft und bis in bürgerliche Kreise hinein die Überzeugung, daß die Truppen nach Hagen vorstoßen sollten, um für die Putschisten einen wichtigen Stützpunkt zu gewinnen. Tatsache ist ferner, daß bei der Lichtschlag-Truppe in Dortmund eine größere Menge von Plakaten mit der Unterschrift Kapps gefunden worden sind (Cuno legt ein Exemplar auf den Vorstandstisch). Das war der Ausgangspunkt der blutigen Bewegung. —
Giesberts: Diese Plakate sind nicht etwa von der Truppe in Münster hergestellt worden, sondern von Kapp in alle Teile des Landes verschickt worden. Man darf die Truppe nicht wegen dieser Plakate als kappistisch verdächtigen, denn es ist nicht nach den Aufforderungen Kapps gehandelt worden. — *Cuno:* Daraus ist aber der weitere Kampf entstanden. — *Giesberts:* Das Kommando der Reichswehr hat General v. Seeckt übernommen, der auch von sozialdemokratischer Seite sehr

geschätzt wird. Seeckt hat erklärt, die Reichswehr stände hinter ihm und er stände hinter der Regierung. Da ist es nicht notwendig, eine Feldschlacht zu liefern, um ein System zu sichern, das bereits gesichert ist. —
Lehrer Lehnemann (SPD), Führer der Arbeiterwehr von Bergkamen, schildert die Ereignisse in Kamen nach dem Einrücken der Paderborner Husaren, die schroffe Haltung des Hauptmanns v. Manstein, die Festhaltung von Geiseln, das Weiterschießen auch nach Hissen der weißen Fahne. (I, Seite 178 f.) Lehnemann schließt: Ich hatte die feste Überzeugung, es mit monarchistischen Staatsstreichlern zu tun zu haben ... Ich betone, daß der größte Teil der Arbeiterschaft sich bewaffnet hat, um für die verfassungsmäßige Regierung einzutreten. —
Minister Braun: Ich bin dagegen, daß wir weiter auf Einzelheiten der vergangenen Tage eingehen. Wir haben noch nicht den genügenden Abstand, um die Vorgänge richtig zu werten. Fest steht, erhebliche Truppenteile im Lande haben eine sehr zweideutige Haltung eingenommen. Dadurch ist die Verwirrung sehr vermehrt worden, die Arbeiter griffen zu den Waffen, und es entstanden tragische Konflikte ... Wer zu den Waffen gegriffen hat, um für die Verfassung zu kämpfen, hat gegen Truppen gekämpft, die ebenfalls für die verfassungsmäßige Regierung kämpften. — Jetzt sind die Kapprebellen endgültig abgetan, auch die Reichswehr hat sich vorbehaltlos auf den Boden der Verfassung gestellt. Ich verkenne keineswegs, daß in weitesten Arbeiterkreisen Mißtrauen gegen die Reichswehr besteht und auch berechtigt ist. (Hört! hört!) Aber halten wir das Mißtrauen weiter aufrecht, dann kommen wir überhaupt nicht mehr aus den unglücklichen Verhältnissen heraus. Sind auch viele, die den Kampf noch fortsetzen, des guten Glaubens, sie kämpften für die Verfassung, so haben die Drahtzieher doch ein ganz anderes Ziel: die Errichtung einer Diktatur, genauso wie Kapp es gewollt hat. Die Regierung muß jetzt die Verfassung gegen links schützen, so wie sie sie gegen rechts behauptet hat. So geht es nicht, daß sich in einzelnen Teilen des Landes ganze Heeresgruppen bilden ... Sie leben im Industriegebiet nicht auf einer Insel. Die Kohle können Sie nicht essen, und der holländische Gesandte hat bereits erklärt, daß seine Regierung ebenso, wie sie einer Kapp-Regierung keine Lebensmittel geliefert hätte, sie auch einer kommunistischen Regierung verweigern werde. Es droht eine Hungersnot. Die bewaffneten Arbeiter müssen ihr verfassungswidriges Verhalten aufgeben. —[6]
Halten wir einen Moment inne. Die Reden Severings und der beiden Minister sind auf denselben Grundtenor abgestimmt, wobei drei Hauptmomente auffallen: erstens die Verharmlosung des Putsches (immerhin hatte die Regierung vor der angeblichen „Köpenickiade" aus der Hauptstadt fliehen müssen) und die Verharmlosung der Stellung der Reichswehr zum Putsch (Severing geht jetzt so weit, für Watters Argumente das größte Verständnis zu zeigen). Zweitens: wenn es keine ernsthafte Putschgefahr gegeben hat, dann kann, so lautet die Schlußfolgerung, der bewaffnete Kampf der Arbeiter nur ein kommunistischer Umsturzversuch sein, der genauso verfassungswidrig ist wie der Kapp-Putsch. Drittens: demgegenüber gibt es nur den unnachgiebigen Standpunkt, daß die Arbeiter die Waffen abgeben müssen; das aber können die Arbeiter auch ruhig tun im Vertrauen auf die demokratischen Absichten der Regierung, die überdies schon alle legitimen Forderungen gegenüber den Gewerkschaften zugestanden hat. Ein in sich schlüssiger Standpunkt,

zweifellos, der aber mit der Wirklichkeit derart in Widerspruch stand, daß einiges in diesen Reden unmöglich in gutem Glauben gesagt worden sein kann. Severing z.B. wußte genau, daß sich die Regierung keineswegs das 8-Punkte-Abkommen — das nicht mit ihr geschlossen worden war — zu eigen gemacht hatte und daß seine Durchführung keineswegs gesichert war; weiterhin wußte er, daß, die Verwirklichung einmal vorausgesetzt, das Abkommen durchaus nicht die Errichtung von Arbeiterwehren in den Industriestädten vorsah; den Ministern war außerdem bewußt, daß keineswegs alle Truppen auf seiten der Regierung standen, wie Giesberts behauptete, und daß sie nicht vorbehaltlos auf dem Boden der Verfassung standen, wie Braun es darstellte. Oder was soll man davon halten, daß Giesberts beim Anblick des Plakats es so hinstellte, als habe Lichtschlag es routinemäßig wie irgendein anderes amtliches Papier mitgeführt? Am ehrlichsten war noch Braun, der wenigstens einen Widerspruch sichtbar machte, indem er das Mißtrauen der Arbeiter gegenüber der Reichswehr für berechtigt erklärte und im gleichen Atemzug das Aufgeben des Mißtrauens forderte.

Nach Brauns Rede verließen die beiden Essener Kommunisten die Konferenz; offenbar hielten sie ein Verhandeln angesichts dieser Ausgangsposition der Gegenseite für aussichtslos.[7] Der Hagener USP-Führer Ludwig berichtete später, auch ihm sei es „fast unmöglich" gewesen zu bleiben; nur im Gedanken an die Tausende von Arbeitern habe er sich überwunden.[8] Er ergriff als nächster das Wort.

Ludwig (in großer Erregung): Die Regierung stützt sich anscheinend ausschließlich auf Spitzelberichte, wie wir sie jetzt beim Freikorps Lützow in Remscheid gefunden haben. Jedenfalls sind die Minister falsch unterrichtet, ebenso Severing, der seine Informationen anscheinend nur von General Watter bezieht. Kommen Sie mit ins Revier ... Im Sauerland, in Hagen und hinunter bis Düsseldorf sind die die Behörden nicht behelligt worden. Sehen Sie sich doch die kämpfenden Arbeiter an, und sagen Sie dann selbst, ob das eine staats- und ordnungsfeindliche Rotte ist. — Wie entwickelte sich die Bewegung? Trotz dringender Bitten aller Zivilbehörden, kein Militär ins Revier zu entsenden, kamen Truppen auf Truppen. Panische Angst griff um sich. Die Arbeiterorganisationen waren sich in fünf Minuten einig, und mit Ausnahme von einigen Städten ... hat sich die Einigkeit gehalten. — Aus den Reden der Regierungsvertreter klang harte Unnachgiebigkeit heraus. Oh, Sie werden nachgeben müssen! Die Bewegung ist nicht mehr aufzuhalten, das Rad rollt im Ruhrrevier. Die Reichswehr muß fort bis auf den letzten Mann. Die Bevölkerung ist von einem derartigen Zorn gegen sie erfüllt, daß gar nichts anderes mehr zu machen ist. Auch Noske und Bauer müssen fort — wenn man einen einzigen Menschen finden kann, der sie noch verteidigt, so können sie bleiben, aber man wird keinen finden. Wenn auch an einigen kleinen Orten Räterepubliken gebildet sein mögen — das ist nicht das Ziel der Bewegung. Es handelt sich auch nicht um „Drahtzieher". Diesen Ausdruck von Minister Braun muß ich zurückweisen: an der Spitze des Kampfes stehen Männer, die Verantwortung tragen und die besorgt sind, die Ordnung einigermaßen wiederherzustellen. Es geht um das ganze Ruhrgebiet, und da ist das Verhalten der Regierungsvertreter geradezu unbegreiflich! Wir sind nicht hierhergekommen, um große Reden zu hören, sondern in erster Linie um einen Waffenstillstand abzuschließen. Die Reichswehr will alle, die Waffen tragen, abmurksen. Gut, sie werden sterben, aber

vorher wird das Ruhrgebiet zerstört werden. Wenn keine Einigung gelingt, dann sterben die Arbeiter im Ruhrgebiet lieber, als daß sie Reichswehr einmarschieren lassen. Die Stimmung geht dahin: Lieber der Entente ausgeliefert als den ostelbischen Junkern! Die Arbeiter müssen die Waffen behalten, dann kann das Blutvergießen eingestellt werden. Man braucht sich nur die bewaffneten Arbeiter anzusehen, dann werden die Ansichten sich sicherlich ändern. Es geht nicht anders: wir müssen zu anderen Methoden kommen, dann wird auch wieder gearbeitet. Wo das Militär erscheint, ist der Kampf. —
Minister Braun stellt die Frage, warum die Menge heute noch weitermarschiere, wo die verfassungsmäßige Regierung, um die angeblich der Kampf ging, gesichert sei.
— *Ein Zentrumsvertreter aus Hagen* erklärt gegenüber Ludwig zur Richtigstellung, daß die christlichen Gewerkschaften gegen Kapp gekämpft haben, seit dessen Scheitern sich aber nicht mehr an der Aktion beteiligen; im Augenblick der Rückkehr der Regierung nach Berlin sei das Zentrum aus dem Hagener Aktionsausschuß ausgetreten. — *Mehrere Redner* fordern den sofortigen Abschluß eines Waffenstillstands, bevor weiter verhandelt werde, u.a. *Dr. Fürth* aus Hamm (in der Nähe dieser Stadt werden die süddeutschen Truppen ausgeladen), der es als „hellen Wahnsinn" bezeichnet, „die Reichswehrtruppen auch nur noch einen Kilometer weiter vorrücken zu lassen", und *der Vorsitzende des Arbeiterrats Hörde*, der die Minister einlädt, nach Abschluß eines Waffenstillstands ins Ruhrgebiet zu kommen, „um sich persönlich über die Lage zu orientieren". —
Oettinghaus (USP), Metallarbeitersekretär in Milspe, einer der populären Arbeiterführer des Hagener Bezirks: Die Regierung hat es uns zu danken, wenn sie heute noch existiert. Den Osten hatten die Putschisten, den Westen wollten sie auch haben. Das Freikorps Schulz war offen kappistisch. Warum hat Watter nichts gegen diese Truppe unternommen? Weil er und wesentliche Teile des Offizierskorps monarchistisch sind. Minister Braun hat gefragt, was wir wollen, warum wir noch marschieren. Das Ziel ist, daß das, was vorgekommen ist, nie wieder vorkommen kann; wir legen die Waffen nicht eher aus der Hand, bis die reaktionären Offiziere und besonders Watter entfernt sind. An Stelle von Watter muß ein Vertrauensmann der Arbeiterschaft gestellt werden. Severings Aufruf zur Waffenabgabe ist geradezu kindlich. Die Arbeiterschaft fordert Sicherheit für ihr Leben. Es gibt drei Möglichkeiten: Sieg der Arbeiter, ein Vergleich, Sieg der Regierung. Ein Sieg der Arbeiter ist nicht ganz unwahrscheinlich. Die Rote Armee besteht aus kampferprobten Leuten unter erfahrenen Führern, aus Leuten, die den Krieg mitgemacht haben. Außerdem werden wir mit moralischen Mitteln kämpfen. Wir werden mit Flugblättern arbeiten. Dann wird sich zeigen, ob die Reichswehr noch gegen uns vorgehen wird. Ein Vergleich wäre uns jedoch lieber als Austragung des Kampfes; wir wollen das Blutvergießen möglichst beenden. Ein Sieg der Regierung wäre unsere Niederlage, aber unsere Niederlage auch die Ihrige, wäre die Niederlage Deutschlands. Ehe die Arbeiterschaft den weißen Terror ins Ruhrgebiet kommen läßt, läßt sie die Alliierten einrücken. Die Bergarbeiter werden, wenn es sein muß, die Bergwerke sprengen, und wenn die erste Grube in Trümmer gegangen ist, werden sicherlich die Alliierten einrücken. Die Reichswehr muß aufgelöst werden — damit wird noch nicht gegen die Verfassung verstoßen. An Stelle der Reichswehr fordern wir Volksbataillone, und dann kann so nach und nach,

wenn diese gegründet sind, Waffenabgabe der Arbeiterschaft stattfinden. Das ist der einzige Weg zur friedlichen Verständigung. Diktieren geht heute nicht mehr, wir haben zu wertvolle Pfandobjekte in der Hand. —
Severing versucht, die nach den Reden von Ludwig und Oettinghaus erregt gewordene Stimmung zu beruhigen: Zum Freikorps Schulz bemerke ich, daß ich am Tag nach dem Putsch gegen das Eintreten von Lichtschlag und Schulz für Kapp schriftlich bei Watter protestiert habe. Daraufhin haben beide Führer erklärt, auf dem Boden der Verfassung zu stehen.* Zum Waffenstillstand: gestern abend habe ich ein Telegramm von Oberbürgermeister Cuno erhalten, das um einen Waffenstillstand ersuchte. Ich wollte zusammen mit dem Wehrkreiskommando eine Waffenstillstandslinie festlegen, aber dann kam die Nachricht, daß 500 Arbeiter Dülmen in der Nähe von Münster besetzt haben,** und das hat meine Position verschlechtert. Für eine Amnestie für alle Kämpfer gegen Kapp will ich mich bei der Regierung einsetzen. Im übrigen sehen Sie sich das Berliner Abkommen an, dort sind alle Forderungen der Arbeiter, soweit sie mit der Verfassung in Einklang zu bringen sind, bereits zugestanden, insbesondere die Umgestaltung der Reichswehr (Ziffer 7).*** Es ist nicht unbedingt nötig, daß gleich alle Arbeiter die Waffen niederlegen. Ich bin der Meinung, daß in den Großstädten so viele Arbeiter die Waffen behalten sollen, wie es nach Ansicht der zuständigen Stelle im Interesse der Aufrechterhaltung von Ruhe und Ordnung notwendig ist. Aber wir müssen verfassungsmäßig vorgehen. Die vollständige Entwaffnung der Reichswehr verstößt gegen die Verfassung und . . . auch gegen den Friedensvertrag. Unzuverlässige Formationen müssen entwaffnet werden, zuverlässige — und die haben wir — müssen bestehenbleiben. —
Die Versammlung wird immer unruhiger. *Paul* (USP) aus Ronsdorf zur Geschäftsordnung: Ich beantrage Einsetzung einer Kommission, die die Möglichkeit eines Waffenstillstands prüfen soll. — *Minister Braun:* Unsere Truppen haben Befehl, nicht anzugreifen. Geben Sie den gleichen Befehl, so ist ja der Waffenstillstand ohne weiteres da. — *Mehrere Arbeitervertreter* widersprechen: Die Reichswehrtruppen marschieren unaufhörlich vor! Man muß eine Demarkationslinie festsetzen. Außerdem wird daran gearbeitet, das Ruhrgebiet vollständig mit Militär zu umstellen; dauernd rollen weitere Verstärkungen an. — *Minister Giesberts:* Eine Amnestie für alle, die für die verfassungsmäßige Regierung gekämpft haben, ist sicher, ausgenommen natürlich gemeine Verbrechen und Räubereien. Die Regierung faßt aber den Kampf, der jetzt beginnt, nicht als Stellungnahme für, sondern als Kampf gegen sie auf. Einen Waffenstillstand können wir hier nicht beschließen. — *Severing* spricht dagegen für Abschluß eines Waffenstillstands und greift den Vorschlag auf, die Möglichkeit dazu in einer Kommission zu prüfen. — *Die beiden Minister:* Wir haben keine Vollmacht zu gültigen Abmachungen; wir haben vom Reichskanzler den strikten Auftrag, mit den Aufrührern nicht zu ver-

* Zu dieser weiteren Lüge Severings vgl. I, Seite 107.

** Vgl. I, Seite 266.

*** II, Seite 114 f., 118; dort Ziffer 9, da wir die ursprüngliche Numerierung beibehalten haben.

handeln, sondern lediglich den Standpunkt der Regierung darzulegen. (Allgemeine Überraschung) Nicht die Regierung hat den Wunsch nach Verhandlungen gehabt, sondern wir sind hierhergekommen auf Bitten der Delegation aus Essen.* Die Auffassung der Regierung ist, daß der jetzt noch fortgesetzte Kampf der Versuch von Kommunisten ist, die Rätediktatur durchzusetzen. (Große Empörung) — *Oberbürgermeister Luther:* Aber durch die hier gemachten Darlegungen hat die Sache doch ein ganz anderes Gesicht bekommen! — *Oberbürgermeister Cuno:* Die Delegation aus Essen hat in Berlin ausdrücklich um Entsendung *bevollmächtigter* Minister gebeten. Versuchen wir, eine Grundlage für Verhandlungen zu gewinnen. Voraussetzung dafür ist die Zurücknahme der Regierungstruppen. Ich erinnere daran, daß die frühere königliche Regierung das Industriegebiet aus guten Gründen mit Militär verschont hat, und meine, daß auch das jetzige demokratische Regiment gut daran täte, in gleichem Sinne zu verfahren. — *Weitere Vertreter der Gemeindebehörden:* Dortmund und Gelsenkirchen sind schon jetzt ohne Mehl. Kommt es zur Hungerkatastrophe, dann bricht alle Ordnung zusammen, dann gibt es unweigerlich den Kampf aller gegen alle. Die Regierung muß den Forderungen der Stunde gerecht werden. Die Lage ist ganz anders, als bei Beginn dieser Konferenz angenommen wurde. —

Severing läßt über die Einsetzung einer Kommission abstimmen; die Mehrheit der Konferenz ist dafür. Die Kommission wird gewählt: vier Vertreter der USP, darunter Stemmer, je zwei Vertreter der SPD und der KPD, je ein Vertreter der DDP, des Zentrums, der freien, der christlichen und der Hirsch-Dunckerschen Gewerkschaften, drei Oberbürgermeister, Cuno aus Hagen, Jarres aus Duisburg, Hamm aus Recklinghausen. (*Severing* hatte ursprünglich einen anderen Schlüssel vorgeschlagen, u.a. je drei Vertreter der SPD und der USP, ein Vertreter der KPD.) Von den *beiden Ministern* läßt sich trotz der Bitten der Gemeindevertreter keiner in die Kommission wählen; *Severing* dagegen will an den Beratungen teilnehmen. Als Aufgabe der Kommission wird bestimmt, „zunächst über die Möglichkeit eines Waffenstillstands zu beraten und in zweiter Linie eine Basis zur Beilegung der Bewegung ausfindig zu machen". Um 17.30 Uhr wird die Konferenz auf 20 Uhr vertagt; die Kommission nimmt sofort ihre Arbeit im Sitzungssaal des Magistrats auf. —⁹

Man sieht: die Gemeindevertreter verhalten sich nicht so, wie Severing von ihnen erwartet hat; bis zu einem gewissen Grade stellen sie sich an die Seite der Vollzugsratsvertreter, weil sie die Stärke der Aufstandsbewegung kennen und bei einem Kampf auf Biegen oder Brechen das Schlimmste befürchten. Die beiden Minister halten sich strikt an ihren Auftrag. Severing dagegen, der an keinen Auftrag gebunden ist, will offenbar einen Versuch machen; dabei wußte er wahrscheinlich, daß Watter gebluffthatte, als er sagte, er werde am nächsten Tag den Angriff beginnen. Die Zusammensetzung der Kommission erfolgt, anscheinend auf Anstoß von Severing, nach Parteien, wobei die beiden Kommunisten — Charpentier aus Elberfeld, Triebel aus Barmen — nach dem Weggang ihrer beiden Parteigenossen aus Essen die einzigen noch anwesenden KPD-Vertreter sind. Die starke Vertretung der USP drückt offenbar das Gewicht aus, das die USP-Mitglieder

---

* Eine weitere Unwahrheit.

im bisherigen Verlauf der Konferenz durch den Nachdruck, mit dem sie Severing und den Ministern entgegengetreten sind, gewonnen haben. Schließlich ist festzustellen — und zu kritisieren —, daß die Vertreter der drei Arbeiterparteien sich auch jetzt, wo es ernst wird, nicht zunächst in einer Sonderkonferenz untereinander verständigen.

*

Inzwischen hatte General v. Watter zwei Offiziere nach Bielefeld entsandt: Hauptmann v. Hanstein, Nachrichtenoffizier des Stabes, und Hauptmann Lorenz, Verbindungsoffizier zwischen Wehrkreiskommando und Severing; sie sollten sich vor allem informieren, ob sich in Bielefeld vielleicht doch Verhandlungen mit den Aufständischen entwickelten. Als sie in Bielefeld eintrafen, hatte die Kommission ihre Beratungen bereits aufgenommen. Sie begaben sich in den Sitzungsraum und stellten fest, daß hier in der Tat verhandelt wurde; sie erklärten, als Beobachter an den Beratungen teilnehmen zu wollen, und wurden als solche zugelassen.[10]

Über die Verhandlungen der Kommission sind wir bei weitem nicht mehr so gut informiert wie über die des Plenums, da Pressevertreter nicht zugelassen waren. — Zunächst trugen beide Seiten wieder ihre Standpunkte mit unveränderter Härte vor, und wieder stand die Frage des Militärs im Mittelpunkt. Die Forderung nach Watters Absetzung wurde jetzt auch von Husemann, dem Vorsitzenden der freien Bergarbeitergewerkschaft, unterstützt; er berichtete, wie hartnäckig Watter sich am Tag nach dem Putsch gegenüber der Gewerkschaftsdelegation geweigert hatte, eine Erklärung für die parlamentarische Regierung abzugeben (I, Seite 103 f.). Die Hagener forderten, daß das Wehrkreiskommando bis auf weiteres von einem Zivilisten geführt werden solle. Dagegen hatte Severing — wie im Plenum bei der Forderung nach Auflösung der Reichswehr — ein juristisches Gegenargument, und zwar tischte er ausgerechnet die Verordnung über den Ausnahmezustand vom 13. Januar (I, Seite 54) auf. Danach seien, sagte er, die Befugnisse des zivilen Regierungskommissars so geregelt, daß er bei Anordnungen des Kommandierenden Generals gegenüber den Zivilbehörden mitwirke und dabei sogar ein Vetorecht habe, daß er jedoch bei militärischen Operationen kein Mitwirkungsrecht besitze. Es sei zu fragen, ob eine Abänderung dieser Verordnung „zweckmäßig" sei und wenn ja, ob mit der Verfassung zu vereinbaren.[11] — Das war eine so unerhörte Argumentation, daß es einem noch heute die Sprache verschlägt: die Ausnahmeverordnung, die seit zwei Monaten die Militärdiktatur legalisierte, wurde als Grundlage für die zivile Kontrolle des Militärs angeboten.

Während der Verhandlungen baten die Oberbürgermeister Jarres und Hamm Hauptmann v. Hanstein zu einem Gespräch unter sechs Augen nach draußen. Jarres, ein Konservativer mit guten Beziehungen zur Industrie (1925 wird er Kandidat der Rechten für das Amt des Reichspräsidenten sein) stellte v. Hanstein die Frage, wozu man hier überhaupt verhandle? Die Reichswehr brauche doch nur anzugreifen, denn die Rote Armee sei kein festgefügtes und widerstandsfähiges Gebilde. v. Hanstein winkte ab: Das Wehrkreiskommando habe zu Beginn der Kämpfe nur über geringe Kräfte verfügt, so daß man sogar habe erwägen müssen, diese bis hinter die Weser zurückzunehmen. Dann sei der Aufmarsch verzögert worden, weil Truppentransporte aus Ost- und Süddeutschland „in Leipzig und anderen großen Stationen" von den Eisenbahnern aufgehalten worden seien. „Jetzt sei die Lage besser, nachdem Reichskommissar Severing erreicht habe, daß Verstärkungen . . . durchgelassen werden". Augenblicklich jedoch seien die allmählich eintreffenden Verstärkungen „noch gering und der Kampf um Wesel sei schwer". Die „Ankunft weiterer Truppen müsse abgewartet werden, bevor etwas Durchgreifendes geschehen könne". — Oberbürgermeister Cuno, der später von dem Gespräch erfuhr, fügt in seinen Notizen darüber hinzu, daß Jarres und Hamm aus den Worten v. Hansteins den Eindruck gewonnen hätten, daß es „im Interesse des Wehrkreiskommandos liege, Zeit zu gewinnen".[12]

In der Kommission einigte man sich, die unfruchtbare Konfrontation unvereinbarer Standpunkte vorerst abzubrechen und die Möglichkeit eines Waffenstillstands zu erörtern, der von den Arbeitervertretern im Plenum als vorrangig bezeichnet worden war.[13] Die beiden Offiziere des Wehrkreiskommandos verließen ihre Beobachterrolle und nahmen an der Beratung teil, jedoch, wie sie betonten, nur um Auskunft über die Stellungen der Reichswehr zu geben.[14] Um 20 Uhr war das folgende Abkommen beschlossen und von allen Mitgliedern der Kommission, von Severing, von Mehlich als Protokollführer sowie von den beiden Offizieren unterzeichnet, von letzteren jedoch mit dem Zusatz „als militärische Berater":

„1. Es wird erklärt:
Die Gruppe Wesel der Reichswehr steht nördlich der Lippe, die Gruppe Münster liegt mit dem rechten Flügel bei Buldern und [mit dem linken Flügel] östlich von Münster. Kein Soldat steht so weit südlich, daß, falls der Gegner seine Bewegungen anhält, es heute und auch morgen zu Zusammenstößen kommen kann.

Die Arbeitertruppen sind zurückzunehmen südlich der Lippe, weitester Posten nach Wesel wird zurückgenommen auf Dinslaken-Hünxe-Dorsten.
Die Orte nördlich der Lippe mit Arbeiterwehren bleiben dort ungestört von Reichswehrtruppen. Die Wehren rücken in ihre Standorte ab.
Für die Abmachungen gilt 24stündige Kündigungsfrist.
Sie treten sofort in Kraft."[15]

Ein seltsames Abkommen, schon formal: auf das „1." folgt kein „2.". Dem entspricht der Inhalt: unter 1. steht nur, was die beiden Offiziere zur Feststellung von Tatsachen erklärt haben; nur der zweite Teil hat den Charakter eines normalen Waffenstillstandsabkommens. Dabei sind die beiderseitigen Zugeständnisse, die im zweiten Teil formuliert sind, von höchst unterschiedlichem Gewicht: die Arbeitervertreter gestehen die Zurücknahme der Roten Armee hinter die Lippe zu, die beiden Offiziere dagegen nur dies, daß „die Orte nördlich der Lippe mit Arbeiterwehren . . . ungestört von Reichswehrtruppen" bleiben sollen. Zum letzteren muß man überdies fragen, ob es sich überhaupt um ein echtes Zugeständnis handelt oder ob man diesen Satz zu den Tatsachenfeststellungen im ersten Teil rechnen muß, die besagen, daß die Reichswehr im Moment nicht vorzugehen beabsichtige. Aber selbst angenommen, es handle sich um ein echtes Zugeständnis, so bleibt dem Militär dennoch die Möglichkeit, sich der eingegangenen Verpflichtung zu entziehen: die Reihenfolge der Sätze im zweiten Teil kann so interpretiert werden, daß die Reichswehr *nur dann* zum Stehenbleiben verpflichtet ist, *wenn* die Rote Armee sich hinter die Lippe zurückzieht. Damit wird neben der Einseitigkeit als weiterer Fehler des Abkommens deutlich, daß keinerlei Bestimmung über die Durchführung und über die Konsequenzen eventueller Brüche des Abkommens getroffen wird.

Das letztere bedeutet ein Versäumnis der Arbeitervertreter, das man nach den Erfahrungen, die sie ein Jahr zuvor mit dem Militär gemacht hatten, unbegreiflich nennen muß. Damals, als zunächst das Freikorps Lichtschlag, dann auch andere Truppen allmählich Stadt für Stadt besetzten, hatten Arbeiterführer in Münster ein Waffenstillstandsabkommen abgeschlossen, das ebenfalls nichts über die Durchführung und die Konsequenzen eventueller Brüche des Abkommens enthielt. Die Folge war gewesen, daß das Militär das Abkommen so interpretierte, daß *zunächst* die Arbeiter alle eingegangenen Verpflichtungen erfüllen müßten, bevor es selbst die gemachten Zugeständnisse zu erfüllen brauche, daß es selbst also bis dahin an nichts gebunden sei; und an Vertragsverletzungen der Arbeiter (teils tatsächlichen, teils von der Propaganda des Militärs erfundenen) hatte es dann — natürlich — nicht gefehlt.[16] Eine Wiederholung dieser Erfahrungen hätte auf zweierlei Weise vermieden werden können: entweder hätte den Militärs ein ausdrückliches Zugeständnis ihrerseits abverlangt und in einem Zug-um-Zug-Abkommen fixiert werden müssen (etwa: auch die Reichswehr nimmt ihre Linien zurück; der beiderseitige Rückzug wird in bestimmten Etappen und Zeiträumen Zug um Zug erfolgen); oder in dem Abkommen hätte ausdrücklich festgestellt werden müssen, daß die Reichswehr aus dem eventuell eintretenden Fall, daß die roten Truppen nicht sofort ausnahmslos hinter die Lippe zurückgehen würden, kein Recht zum Vorrücken herleiten dürfe. Die Aufnahme einer solchen Feststellung in den Text hätten die Arbeiterführer umso mehr verlangen müssen, als sie wußten, daß die Rote Armee nicht nach den Grundsätzen militärischer Disziplin geführt werden konnte.

Der eine wie der andere Weg hätte freilich sofort an eine fundamentale Schranke geführt: die beiden Offiziere waren nach ihrer Instruktion als bloße Auskunftspersonen anwesend und wollten offenkundig das Militär zu nichts verpflichten. Aber das Aufdecken dieser Rolle wäre von entscheidender Wichtigkeit gewesen: teils für diejenigen Arbeitervertreter, denen diese Rolle nicht klar war, teils weil damit die Schwäche Severings deutlich geworden wäre, der in keiner Weise für das Militär sprechen konnte. Hier liegt ein weiteres Versäumnis derjenigen Arbeitervertreter, die immer wieder — in den Richtlinien der Hagener Konferenz, in Reden, in Artikeln der Arbeiterpresse — ganz richtig festgestellt hatten, daß das Militär der eigentliche Machtfaktor sei und daß die Regierung gegenüber den Absichten, Wünschen und Unternehmungen der Generäle nahezu machtlos sei. Jetzt, im entscheidenden Moment, zogen sie aus dieser Analyse nicht die Nutzanwendung: daß an dieser Stelle, mit Severing als alleinigem Verhandlungspartner, keine Vereinbarung von realem Gewicht abzuschließen war. Stattdessen akzeptierten sie die Unterschrift Severings unter dem Abkommen und förderten damit eben jene Illusionen, die sie zuvor so scharf bekämpft hatten.

Nun zum Zugeständnis der Arbeitervertreter. Rücknahme der Roten Armee hinter die Lippe hieß einmal: Rückzug aus dem bäuerlichen Münsterland. Das bedeutete nicht nur keinen Nachteil, sondern darin lag sogar eine Chance: die Chance, nicht mehr nutzlos Kräfte in einem feindlichen sozialen Milieu zu verschleißen (vgl. II, Seite 94 f.). Vor allem aber hieß es Verzicht auf den Versuch, Wesel zu erobern. Ein großes Zugeständnis also — mancher Leser wird sagen: ein allzu großes, nicht zu vertretendes. Wer hier jedoch den Vorwurf des „Verrats" erhebt (wir kommen noch darauf bei der Erörterung der Literatur), dem muß entgegengehalten werden, daß der Versuch zur Eroberung Wesels an diesem Tage hätte unternommen werden müssen; am nächsten war es dazu bereits zu spät (II, Seite 185-190). — Zusammengefaßt: weder ist das zu kritisieren, was das Waffenstillstandsabkommen positiv enthielt (das Zugeständnis der Arbeitervertreter), noch eigentlich das, was in ihm fehlte (sei es ein gleichwertiges Zugeständnis der beiden Offiziere, sei es eine Bestimmung über etwaige Vertragsverletzungen der Arbeiter): das letztere war substantiell in Bielefeld nicht zu haben. Zu kritisieren ist vielmehr der Abschluß des Abkommens als solchem mit der Unterschrift Severings.

Die Einigung in der Kommission, zunächst ein Waffenstillstandsabkommen auszuarbeiten, war in der Absicht erfolgt, Zeit zu gewinnen, in der die strittigen Fragen verhandelt werden könnten und eine Stellungnahme der Regierung herbeigeführt werden sollte;[17] für die Arbeitervertreter war dies vielleicht sogar der Hauptgesichtspunkt, von dem sie sich leiten ließen. Die Waffenstillstandsfrist sollte zunächst 48 Stunden betragen;* erst von da ab sollte die 24stündige Kündigungsfrist gelten. Beide Seiten verpflichteten sich, das Abkommen in ihren Reihen telefonisch bzw. telegrafisch bekanntzugeben. Dann beschloß die Kommission, am nächsten Morgen die Beratung der strittigen Sachfragen aufzunehmen. Die Arbeitervertreter forderten, daß ein Regierungsvertreter an diesen Beratungen teilnehmen müsse.[18] Das warf die Fage auf, ob die Minister von ihrem bisherigen starren Standpunkt abzubringen sein würden.

*

Um 19 Uhr, noch während der Beratungen der Kommission, gab Giesberts der Reichskanzlei in Berlin einen ersten telefonischen Bericht (der Kanzler selbst war im Moment nicht erreichbar). Aus der Plenarsitzung, an der er teilgenommen hatte, faßte Giesberts die wichtigsten strittigen Punkte zusammen und bemerkte, im Wehrkreiskommando Münster seien offenbar „große Dummheiten durch Lichtschlag u.a. gemacht worden".** Am folgenden Tag, teilte er weiter mit, werde Wat-

---

* Das geht einhellig aus anschließenden Erklärungen von Mitgliedern der Kommission (Severing, Landrat v. Salmuth) hervor; im Text des Abkommens meinten anscheinend die Worte „heute und auch morgen" diese Frist von 48 Stunden. Man sieht hier, daß **das Abkommen neben allen sonstigen Mängeln auch noch unscharf formuliert war.**

** Minister Braun äußerte sich, nach Berlin zurückgekehrt, in einem Presseinterview offener: „Die Haltung des Generals [v. Watter] war zu Beginn des Kapp-Putsches sehr zweifelhaft. Die Haltung einiger seiner Unterführer war nicht minder zweifelhaft, denn sie haben sich offen für Kapp erklärt. Jedenfalls ist die zweifelhafte Haltung v. Watters sehr daran schuld, daß die Sache dieses Gepräge angenommen hat". — Man sieht, daß die Debatte bei beiden Ministern nicht ohne Wirkung geblieben war.

ter vorstoßen (der Bluff des Generals war noch immer nicht durchschaut), und dann werde es „ein fürchterliches Blutbad geben". Wie Watter zu der Idee eines Waffenstillstands stehe, habe „noch nicht festgestellt werden können", jedenfalls würden „die militärischen Dinge" am nächsten Tage „zwischen Watter und v. Seeckt zu entscheiden sein". Um 20 Uhr werde das Plenum wieder zusammentreten, um die strittigen Sachfragen zu regeln. Er (Giesberts) und Braun ständen unter dem Druck der großen Mehrheit der Konferenzteilnehmer, die für eine Verständigung seien, sie wüßten jedoch nicht, „auf welcher Basis"; die „letzte Entscheidung" würden sie jedenfalls dem „Reichskanzler vorbehalten". Mit dem Nachtschnellzug würden sie dann nach Berlin zurückkehren.[19] — Diese Hoffnung auf eine rasche Beendigung der Konferenz wurde mit dem Beschluß der Kommission, erst am nächsten Morgen die strittigen Sachfragen zu verhandeln, hinfällig. Daraufhin vereinbarten die beiden Minister, daß Giesberts in Bielefeld bleiben und an den Beratungen der Kommission teilnehmen solle, während Braun nach Berlin zurückkehren, sich am nächsten Morgen mit dem Reichskanzler besprechen und sich dann telefonisch mit Giesberts in Verbindung setzen solle.[20] — Der Druck der Aufstandsbewegung hatte sich somit als so stark erwiesen, daß Giesberts sich entgegen dem Regierungsauftrag mit an den Verhandlungstisch setzen wollte. Er sollte dafür alsbald aus den Reihen seiner eigenen Partei, des Zentrums, die heftigste Kritik zu hören bekommen.[21]
Als das Plenum der Konferenz um 21 Uhr wieder zusammentrat, teilte Severing zunächst das von der Kommission ausgearbeitete Waffenstillstandsabkommen mit: „Das leider noch sehr magere Resultat ... kommt im Effekt darauf hinaus, daß, wenn der Telegraph uns keinen Schabernack spielt und die Weisungen an die Truppenkörper ... ihre Empfänger erreichen, dann die Sicherheit gegeben ist, daß morgen und übermorgen kein Blut fließt und Zeit gewonnen ist, um die Verhandlungen weiter zu führen". Giesberts sagte, er habe die Reichskanzlei telefonisch gebeten, daß der Reichswehrminister nach Münster die Anweisung gebe, die militärischen Operationen zu stoppen. (In Wirklichkeit hatte Giesberts, wie die Niederschrift des Telefongesprächs zeigt, kein Wort in dieser Richtung gesagt.) Es bestehe jedoch die Gefahr, daß General v. Watter die noch anrollenden Truppen aus anderen Landesteilen „nicht so fest wie nötig in seiner Hand" habe. Die Gegenseite möge es daher nicht gleich als Bruch des Waffenstillstands betrachten, „wenn die Reichswehr in kleinen Punkten ihre Stellung ändere" (hier versäumten die Arbeitervertreter zu erwidern, daß dann auch für kleinere Verstöße der Roten Armee dasselbe gelten müsse). — Bei Severings Worten kann man im Zweifel sein, ob sie bereits das Alibi für den Fall enthielten, daß die Reichswehr doch vorrücken sollte; bei Giesberts' Worten erscheint dies als sicher. Die Beratung der strittigen Sachfragen in der Kommission resümierte Severing vollkommen einseitig aus seiner Sicht; das wurde von Braß (USP, Remscheid) getadelt. Die Weiterberatung, teilte Severing weiter mit, solle am nächsten Morgen in der Kommission erfolgen, die übrigen Teilnehmer der Konferenz könnten also abreisen. (Das tat dann jedoch nur ein Teil der Teilnehmer, ein anderer blieb in Bielefeld.) Giesberts werde an den Kommissionsverhandlungen teilnehmen; in deren Verlauf werde „sich dann herausstellen, ob und inwieweit der Minister verbindliche Erklärungen abgeben kann bzw. zu welchen Zugeständnissen die Reichs-

regierung bereit ist". Darauf entgegnete Braß, „unter allen Umständen" müsse bis zum nächsten Morgen 9 Uhr eine Erklärung der Reichsregierung vorliegen, ob sie bereit sei, auf der Grundlage der von den Vertretern der Aufstandsbewegung formulierten Forderungen zu verhandeln. Das sei auch deshalb notwendig, weil die Verhandlungen keinesfalls noch den ganzen folgenden Tag in Anspruch nehmen dürften.

In der weiteren Debatte wurde noch das Versorgungs- und Zahlungsmittelproblem angesprochen. Trotz eindringlicher Worte von Oberbürgermeister Luther, der ausrief, beides müsse in 48 Stunden gelöst werden, wenn keine Katastrophe eintreten solle, wiederholten die beiden Minister nur, die holländische Regierung werde an ein „bolschewistisches" Deutschland keine Lebensmittel liefern, und von Berlin aus könne man auch nicht helfen, da die Reichshauptstadt durch den Generalstreik selber in der Versorgung gefährdet sei. Zum Zahlungsmittelproblem teilte Giesberts mit, infolge des Streiks seien in der Reichsdruckerei Scheine über 7 Milliarden Mark nicht fertig geworden, er werde jedoch die Postanstalten anweisen, „ihre Barbestände den Behörden und Kommunen gegen entsprechende Sicherheit zur Verfügung (zu) stellen". Regierungspräsident König (Arnsberg) appellierte an die Konferenzteilnehmer, sie möchten dafür sorgen, daß Beschlagnahmungen von Lebensmitteltransporten unterblieben. — Bevor die Konferenz zu später Stunde auseinanderging, kam es noch zu einem erregten Wortwechsel zwischen Oettinghaus und Severing. Oettinghaus beklagte sich über eine hetzerische Meldung des „Hannoverschen Kuriers" über die Zustände im Ruhrgebiet, worauf Severing konterte, diese seien in der Tat zum Teil unhaltbar! Der Dortmunder Vollzugsrat z.B. habe die Verbreitung seines (Severings) Aufrufs zur Waffenabgabe verhindert, und heute — dies die neueste Meldung — sei er so weit gegangen, die Dortmunder SPD-Zeitung zu verbieten.[22]

Nach dem Auseinandergehen der Konferenz machte Giesberts der Reichskanzlei telefonisch Mitteilung von dem Waffenstillstandsabkommen, von der Vereinbarung, daß er, Giesberts, zur Teilnahme an den weiteren Kommissionsverhandlungen in Bielefeld bleibe, während Minister Braun nach Berlin zurückkehre, und vom Verlauf der soeben beendeten Plenarberatungen.[23]

*

Die Verhandlungen des ersten Tages der Bielefelder Konferenz hatten sehr verschiedenartige Auswirkungen.

Nach Abschluß des Waffenstillstandsabkommens äußerte der christliche Gewerkschaftssekretär Weinbrenner aus Duisburg, der an der Konferenz teilnahm, starke Zweifel daran, daß die Führung der Aufstandsbewegung im westlichen Ruhrgebiet (Duisburg, Mülheim, Oberhausen usw.) sich an das Abkommen halten werde. Die USP- und KPD-Vertreter versicherten jedoch, auch für diese Orte „Verhandlungsvollmacht zu besitzen" (eine anmaßende und in der Sache unwahre Behauptung).[24] — Stemmer sandte an die vier wichtigsten Kampfleitungen der Roten Armee entlang der Lippefront (Hamborn, Dorsten, Lünen, Hamm) Telegramme, deren Text leider nicht erhalten ist;[25] bekannt ist jedoch ein Telegramm Stemmers an Ernst, das um 22 Uhr in Hagen eintraf:

„Alle Truppen hinter die Lippe zurück. Vor Wesel ist äußerste Linie Dinslaken, Hünxe, Dorsten. Reichswehr bleibt zurück. Benachrichtige Gefechtsstellen Dorsten, Hamborn, Lünen und Hamm. Waffenstillstand." [26]
Ernst war sehr erleichtert: der Mangel an Munition, speziell an Geschützmunition, das Ende der Widerstandsaktionen im übrigen Deutschland und die Tatsache, daß noch nicht einmal der Antransport von Truppenverstärkungen durch den Generalstreik verhindert worden war — diese und andere Momente hatten ihn zu der Überzeugung geführt, daß „eine erfolgreiche Fortsetzung des Kampfes unmöglich" war. Er gab sofort die Anweisung nach vorn, entsprechend dem Waffenstillstandsabkommen „die Linien zurückzunehmen".[27]
Jedoch während die nördlich von Haltern stehenden bewaffneten Arbeiter am nächsten Morgen sogleich den Rückzug einleiteten,[28] reagierten die Kampfleiter der vor Wesel stehenden Truppen so, wie Weinbrenner in Bielefeld vorausgesagt hatte. Über den Vollzugsrat Oberhausen gaben diese den augenblicklichen Stand des Kampfes bekannt, der „für die Roten Truppen günstig" sei, und erklärten: *„Das Ziel der jetzigen Operationen sind Wesel und Münster, wo sich das Hauptquartier der Reichswehr befindet . . . Die Nachricht von einem Waffenstillstand trifft nicht zu. Es wird weitergekämpft".*[29] Das entsprach genau der Stimmung der bewaffneten Arbeiter, wie der Redakteur des „Duisburger General-Anzeigers" und zeitweilige Zensor des Duisburger Vollzugsrats, Burgardt, beobachten konnte. Burgardt, der am Vormittag des 24. März auf einem Lastwagen mit bewaffneten Arbeitern von Duisburg zur Front vor Wesel fuhr, berichtet: „Ich habe keinem Soldaten der Roten Armee von dem Bielefelder Waffenstillstandsbeschluß erzählt, der mich nicht ausgelacht hat. Das eine steht jedenfalls fest, daß man im Hinterlande beschließen mag, was man will, die Rote Armee wird alle Weisungen ignorieren, die nicht auf bedingungslose Entwaffnung der Reichswehrtruppen hinauslaufen".[30]
Was geschah auf der Gegenseite, beim Militär? Wie General v. Watter reagiert hat, als Hauptmann v. Hanstein und Hauptmann Lorenz den Waffenstillstandsbeschluß überbrachten, wissen wir nicht, man kann es aber erschließen: am nächsten Tag erschienen in Bielefeld als Vertreter des Wehrkreiskommandos zwei andere Offiziere.[31] Im „Nachrichtenblatt des Wehrkreiskommandos VI für die Truppe", das täglich in hektographierter Form herauskam und nahezu regelmäßig auch von einer der Münsterschen Zeitungen veröffentlicht wurde, hieß es am nächsten Tag lapidar:
„Man spricht von der Abschließung eines Waffenstillstandes zwischen dem Wehrkreiskommando und den bolschewistischen Truppen. Davon ist aber keine Rede. Die Führer auf der Gegenseite haben erklärt, daß sie ihre Truppen bei Wesel in die Linie Hünxe-Dinslaken, die Truppen zwischen Wesel und Hamm hinter die Lippe zurücknehmen wollen. Eine Gegenleistung seitens des Wehrkreiskommandos ist nicht zugesichert".[32]
Diese Notiz war unterzeichnet von demselben Hauptmann v. Hanstein, der in der Bielefelder Kommission gesessen hatte; Inhalt und Ton lassen vermuten, daß v. Watter dahinterstand. Inhaltlich war sie insofern zutreffend, als sie genau den einseitigen Charakter dieses „Waffenstillstands" festnagelte. Jedoch das einzige Zugeständnis von militärischer Seite, daß nämlich die nördlich der Lippe ab-

ziehenden Arbeiter von der Reichswehr nicht behelligt werden sollten, wurde unterschlagen. — Diese Veröffentlichung dürfte mit Sicherheit das einzige gewesen sein, was Watters Truppen vom ersten Verhandlungstag in Bielefeld erfuhren.

Außerdem versuchte Watter den Fortgang der Bielefelder Verhandlungen zu torpedieren, indem er an Reichskanzler Bauer telegrafierte:

„Es kommt darauf an, daß Freiheit des Handelns für Wehrkreiskommando nicht beschränkt wird, daß Waffen wirklich abgegeben, nicht nur niedergelegt, daß Gefangene befreit und zur Verfolgung der Schuldigen eine Basis geschaffen wird. Zur Zeit greift Gegner weiter an. Reichswehr kämpft bis [zum] letzten Mann für Regierung. Bitte stark bleiben".[33]

Für diese Forderung Watters, die praktisch den militärischen Einmarsch ins Ruhrgebiet als einzige Lösung bezeichnete, gaben die Funktionäre der christlichen Gewerkschaften in Münster Schützenhilfe. Empört darüber, daß überhaupt mit Vertretern der Roten Armee verhandelt worden war, protestierten sie in einem Telegramm an den Präsidenten der Nationalversammlung gegen den zweitägigen Waffenstillstand und erklärten dazu: *„Aufrührer von links sind genau so zu behandeln wie solche von rechts".*[34]

Jedoch auch andere Stimmen erreichten die Regierung. Die DDP Münsters ersuchte die Regierung telegrafisch, *„alles aufzubieten, um mit den Arbeitern des Industriegebiets, deren Forderungen als Ausgangspunkt zu Einigung auf [dem] Boden der Reichsverfassung geeignet sind, Verständigung herbeizuführen und Einmarsch zu verhüten, dessen Folgen die unheilvollsten sein müssen".*[35] Ähnlich lautete ein Telegramm der Ortsgruppe Dortmund der pazifistischen „Deutschen Friedensgesellschaft".[36] Als besonders gewichtig ist es zu bewerten, daß der Elberfelder Textilfabrikant Abraham Frowein, stellvertretender Präsident des mächtigen „Reichsverbandes der Deutschen Industrie", sich gegen einen Truppeneinmarsch aussprach: am 23. März — dem ersten Bielefelder Verhandlungstag — bat Frowein in einem Telefongespräch mit einem anderen Präsidiumsmitglied dieser Organisation in Berlin *„dringend, gegen [das] Ruhrgebiet nicht militärisch vorzugehen, solange nicht alle Verhandlungsmöglichkeiten erschöpft"* seien. *„In Elberfeld [herrscht] Ruhe und Ordnung. Überall wird gearbeitet. Städtische Behörden bleiben in ihren Ämtern und sind kaum beschränkt. Nachrichten über Zerstörungen in Essen [sind] weit übertrieben. Am letzten Tage 16.000 Wagengestellung"*[37] (d.h. Gestellung von 16.000 Eisenbahnwaggons zum Abtransport der geförderten Kohlen, vor allem von Reparationskohlen für das westliche Ausland).

Wie die Reichsregierung diese verschiedenen Versuche zur Einflußnahme aufnahm, wissen wir nicht. Nur soviel ist bekannt, daß zur selben Zeit, als in Bielefeld Severing dem Plenum den Waffenstillstandsbeschluß der Kommission mitteilte, Reichskanzler Bauer erstmals dem interfraktionellen Ausschuß der Regierungsparteien über die Bielefelder Konferenz Bericht erstattete. Bauer teilte u.a. mit, daß das Berliner 8-Punkte-Abkommen mit den Gewerkschaften „auch dort zugestanden" sei.[38] Das klang wie ein Stoßseufzer, und ebenso werden manche Zuhörer Bauers geseufzt haben — das 8-Punkte-Abkommen war nämlich, wie wir noch sehen werden, keineswegs von allen Regierungsparteien akzeptiert: der Zwang zur Doppelzüngigkeit wurde größer. — Ob Minister Giesberts in Bielefeld nach dieser Sitzung Instruktionen für die weiteren Verhandlungen erhalten hat und worin diese, falls es sie gab, bestanden, liegt ebenfalls im Dunklen.

*

Die Kommission, die am zweiten Verhandlungstag (24. März) wiederum im Sitzungssaal des Bielefelder Magistrats zusammentrat, war in ihrer Zusammensetzung leicht verändert: anstelle von Stemmer (Witten/Hagen) erschien Paul (Ronsdorf) als Vertreter der USP, Meyer (Düsseldorf) anstelle von Husemann (Bochum) als Vertreter der freien Gewerkschaften; hinzu kam Enz (Barmen, SPD), so daß die SPD etwas stärker als am Vortag vertreten war. Besonders wichtig war, daß Minister Giesberts diesmal in der Kommission Platz nahm. Zwei Offiziere des Wehrkreiskommandos, denen sich diesmal ein Nachrichtenoffizier der vorgesetzten Stelle in Kassel angeschlossen hatte, erschienen verspätet.[39]

Um 18.30 Uhr wurde ein Abkommen unterzeichnet,[40] um 19 Uhr wurde es der Presse bekanntgegeben[41] — mit anderen Worten, es trat das ein, was Braß am Vorabend kategorisch abgelehnt hatte: die Verhandlungen nahmen den ganzen Tag in Anspruch. Erfährt man weiter, daß seit 16 Uhr ein Sonderzug abfahrbereit im Bielefelder Hauptbahnhof stand,[42] so wird deutlich — was auch Oberbürgermeister Cuno in seinen Erinnerungen vermerkt[43] —, daß unter Zeitdruck verhandelt wurde. Die Arbeitervertreter glaubten, so schnell wie möglich ins Aufstandsgebiet zurückkehren zu müssen. Dieser Zeitdruck, der die schlimmsten Folgen haben sollte, war seinerseits eine Folge der Organisationsform der Aufstandsbewegung: Organisation und politische Führung lagen in den Städten (nicht in der Roten Armee) fast ausschließlich in der Hand der Funktionäre.

Pressevertreter waren in der Kommission weiterhin nicht zugelassen, so daß wir über den Gang der Verhandlungen nicht unterrichtet sind; nur über einige Momente geben nachträgliche Berichte von Teilnehmern Auskunft. Es gibt jedoch die Niederschrift eines telefonischen Zwischenberichts, den Giesberts um 12.30 Uhr der Reichskanzlei erstattete; vergleicht man dieses Dokument mit dem endgültigen Abkommen, so kann man die Schlüsselprobleme und im wesentlichen auch den Verlauf der Verhandlungen erkennen.

Zugrundegelegt wurde das Berliner 8-Punkte-Abkommen; dieses wurde im Verlauf der Verhandlungen in zwei Punkten ergänzt und durch insgesamt 9 neue Punkte erweitert.

Bis zum Zeitpunkt von Giesberts' Zwischenbericht nach Berlin hatte sich die Kommission auf zweierlei geeinigt. Punkt 7 des Berliner Abkommens („Auflösung aller der Verfassung nicht treugebliebenen konterrevolutionären militärischen Formationen und ihre Ersetzung durch Formationen aus den Kreisen der zuverlässigen republikanischen Bevölkerung") erhielt einen Zusatz: *„Unter die danach aufzulösenden Truppen fallen nach Ansicht der Kommission die Korps Lützow, Lichtschlag und Schulz".* Als neuer Punkt wurde formuliert: *„Herr Reichspostminister Giesberts wird die Frage der Versorgung der Hinterbliebenen und Verletzten dem Reichskabinett vortragen, mit dem Bestreben, daß die Kosten vom Reiche übernommen werden. Die Kommission spricht die Erwartung aus, daß das*

Reich die Kommunalverbände für alle ihnen aus den Unruhen erwachsenen Kosten und Schäden schadlos hält."

Bei dem Zusatz zu Punkt 7 wird sichtbar, welche fundamentale Entscheidung bereits gefallen war, als die Kommission das Berliner Abkommen zur Grundlage ihrer Verhandlungen gemacht hatte: es ging jetzt nicht mehr um die Auflösung, sondern nur noch um die „Republikanisierung" der Reichswehr (vgl. oben Seite 31—33). — Zu dem neuen Punkt betonte Giesberts in seinem Zwischenbericht, daß die Frage der Versorgung der Opfer „für das ganze Reich einheitlich geregelt werden" müsse. Wenn er dies für einen einzelnen Punkt so ausdrücklich hervorhob, wird man schließen müssen, daß im allgemeinen unter der Voraussetzung verhandelt wurde, daß die zu vereinbarenden Regelungen nur für das Ruhrgebiet Gültigkeit haben sollten; die Arbeitervertreter hatten demnach den Gedanken aufgegeben (der in der Forderung nach Auflösung der Reichswehr gesteckt hatte), die im Ruhrgebiet errungene Machtposition einzusetzen, um für die Arbeiterklasse des ganzen Reiches etwas herauszuholen. Schließlich wird aus den Formulierungen („nach Ansicht der Kommission"; Giesberts „wird die Frage ... dem Reichskabinett vortragen") deutlich, daß die Regelungen in der Kommission getroffen wurden, ohne daß die Regierung sich mit ihnen einverstanden erklärt hatte; das schränkte die Verbindlichkeit dieser Vereinbarungen natürlich erheblich ein.

Nachdem die Arbeitervertreter ihre Maximalforderung nach Auflösung der Reichswehr fallengelassen hatten, mußten sie auf zwei Grundforderungen bestehen: Verzicht der Gegenseite auf den militärischen Einmarsch und Verzicht auf die indirekte Waffenübergabe an die Reichswehr (Abgabe der Waffen an die Zivilbehörden, Weitergabe durch diese an das außerhalb des Ruhrgebiets stehende Militär). Hierzu nannte Giesberts in seinem Zwischenbericht eine Lösung, die „vorläufig festgestellt" worden sei „vorbehaltlich der Formulierung": kein Einmarsch der Reichswehr ins Ruhrgebiet, sondern Abmarsch der Truppen in ihre Stand- bzw. Garnisonorte; Auflösung der Roten Armee und Abgabe der Waffen an die Zivilbehörden; Bildung von Ortswehren mit Sicherheitsaufgaben; Aufbewahrung der Waffen der aufgelösten Roten Armee „unter Aufsicht der Kommunalverwaltungen und eines Ausschusses der Arbeiter", und zwar bis zur Durchführung der „Reformen" im Wehrkreiskommando, danach Übergabe der Waffen an das Wehrkreiskommando.

Was mit „Reformen im Wehrkreiskommando" gemeint war, darüber geben nachträgliche Berichte mehrerer Kommissionsmitglieder Auskunft: Abtreten Watters und Unterstellung des Wehrkreiskommandos unter das Kommando eines Sozialisten. Das erstere wurde einheitlich von allen Teilnehmern aus dem Ruhrgebiet gefordert, mit Ausnahme eines Oberbürgermeisters (entweder Jarres oder Hamm), das letztere nur von einem Teil — natürlich nicht von den bürgerlichen Mitgliedern der Kommission. Severing und Giesberts widersetzten sich der Forderung nach dem Abtreten Watters unnachgiebig, wobei Severing in schärfstem Gegensatz auch zu seinen Parteigenossen stand. In Erinnerung an die Krise anläßlich von Watters Rücktrittsdrohung (I, Seite 270) sagte er voraus, die Offiziere würden sich bei einer Absetzung Watters mit diesem solidarisch erklären und danach würde sich wohl kaum ein General finden, der Watters Nachfolger werden wolle, geschweige daß die Truppen einem Sozialisten gehorchen würden; Giesberts schlug in dieselbe Kerbe, indem er — zweifellos nur in taktischer Absicht — anbot, die Regierung um Abberufung Watters „nach einigen Tagen" zu ersuchen, wobei jedoch die Gefahr bestehe, „daß das Offizierkorps sich hinter Watter stellen würde". Die Vertreter des Wehrkreiskommandos bezeichneten diese Voraussagen und Vermutungen von Severing und Giesberts als richtig (ein bezeichnender Vorgang, der das ganze Konzept der Republikanisierung der Reichswehr als wertlos enthüllt: hier kündigen Offiziere eine Meuterei an für den Fall, daß die Regierung mit personellen Maßnahmen die Regierungstreue der Truppen sicherzustellen versucht). — Die Auseinandersetzungen um Watter wurden so hart, daß die Verhandlungen zeitweilig an den Rand des Scheiterns gerieten. Schließlich ließen die Arbeitervertreter die Rücktrittsforderung fallen, und der ganze Fragenkomplex — Waffenabgabe der Roten Armee, jedoch kein Einmarsch der Reichswehr usw. — wurde im endgültigen Text des Abkommens so geregelt:*

„12. Es erfolgt sofortige Abgabe der Waffen und Munition, sowie die Rückgabe requirierten und erbeuteten Heeresgeräts an die Gemeindebehörden.
13. Alle Gefangenen sind sofort, spätestens bis zum 27. März, mittags 12 Uhr, zu entlassen.
11. Die sämtlichen Beteiligten verpflichten sich, ihren ganzen Einfluß dahin auszuüben, daß die Arbeiterschaft restlos zur gewohnten Arbeit sofort zurückkehrt. Die Arbeitgeber sind gehalten, die rückkehrenden Arbeiter wieder einzustellen.
10. Zur Unterstützung der ordentlichen Sicherheitsorgane wird, soweit erforderlich, eine Ortswehr in Stärke bis zu 3 auf 1000 Einwohner aus den Kreisen der republikanischen Bevölkerung, insbesondere der organisierten Arbeiter, Angestellten und Beamten gebildet. Für die Zeit, während welcher sie zum Dienst eingezogen sind, werden sie, soweit nicht der Staat die Kosten übernimmt, von der Gemeinde bezahlt. Durch die Bildung der Ortswehren sind die Einwohnerwehren aufgehoben.
9. Die verfassungsmäßigen Behörden walten ihres Amtes nach den gesetzlichen Vorschriften. Die jetzt bestehenden Vollzugs- oder Aktionsausschüsse haben in Gemeinschaft mit der Gemeindebehörde die Ortswehr aufzustellen und die Waffenabgabe zu regeln. Dies muß spätestens innerhalb 10 Tagen geschehen. Danach tritt an die Stelle jener Ausschüsse ein aus der organisierten Arbeiter-, Angestellten- und Beamtenschaft und den Mehrheitsparteien gebildeter Ordnungsausschuß, der im Einvernehmen mit den zuständigen Gemeindeorganen bei der Durchführung des Sicherheitsdienstes mitwirkt.
14. Bei loyaler Einhaltung dieser Vereinbarungen wird ein Einmarsch der Reichswehr in das rheinisch-westfälische Industriegebiet nicht erfolgen. Nach der Erklärung des Bevollmächtigten des Wehrkreiskommandos 6 und des Reichskommissars wird das Wehrkreiskommando in politisch-militärischen Angelegenheiten nur auf schriftliche Anweisung des gesamten Reichsministeriums [Reichsregierung] handeln. Ferner erklärt der Reichskommissar, daß er einen Vertrauensmann der Arbeiterschaft berufen werde, der bei allen militärisch-politischen Handlungen, über die der Reichskommissar mit zu befinden hat, gehört werden soll."

* Wir stellen die Punkte des Abkommens zum Teil um, da dieses ziemlich unsystematisch aufgebaut ist; auch darin trägt es den Stempel des Zeitdrucks.

Die unter 14. genannte Erklärung, das Wehrkreiskommando werde nur auf schriftliche Anweisung der gesamten Reichsregierung handeln, war vorher bei Watter eingeholt worden; die Offiziere des Wehrkreiskommandos waren durch die Erfahrungen ihrer beiden Vorgänger am Vortag gewitzigt worden. Für den Posten des Vertrauensmannes der Arbeiterschaft an der Seite Severings einigte sich die Kommission mündlich auf Josef Ernst.

Vergleicht man die Regelung als ganze mit dem Zwischenbericht, den Giesberts am Mittag nach Berlin erstattet hatte, so erkennt man, daß die Arbeitervertreter seitdem nicht nur in der Watter-Frage weiteren Boden preisgegeben hatten. Zwar war jetzt von einer späteren Übergabe der Waffen ans Militär nicht mehr die Rede, aber ebenso fehlte eine Bestimmung, daß das Militär abgezogen werden sollte (es konnte also um das Ruhrgebiet herum stehenbleiben, so daß die Drohung des militärischen Einmarsches weiterhin wie ein Damoklesschwert über der Aufstandsbewegung hing).* Vor allem aber waren jetzt die Zugeständnisse der Arbeitervertreter als *Vorleistungen* formuliert, als Bedingungen dafür, daß die Reichswehr nicht einmarschiere (Punkt 14, erster Satz). Was das Waffenstillstandsabkommen vom Vortag nur als Gefahr, als mögliche Interpretation durch die Gegenseite enthielt, das war hier ausdrücklich formuliert.

Den anwesenden Offizieren freilich war auch das von Severing und Giesberts Zugestandene schon zu viel. Sie prophezeiten, daß die Abgabe der Waffen völlig ungenügend sein und daß der Gegner nach der vereinbarten Frist von 10 Tagen wieder angreifen werde.

Bei der Art, wie dieser Fragenkomplex geregelt wurde, wird ein schwerwiegender Mangel an Kontakt zwischen der Aufstandsbewegung im Ruhrgebiet und den Arbeiterorganisationen in Berlin offenbar. Am Vortag hatten in Berlin die Gewerkschaften, die USP und die SPD, gestützt auf vier „bindende" Zusagen von Reichskanzler Bauer, zur Beendigung des Generalstreiks aufgerufen; die dritte der Zusagen Bauers hatte gelautet, „daß die bewaffneten Arbeiter, insbesondere im Ruhrrevier, nicht angegriffen werden" sollten (II, Seite 129 f.). Wäre den Arbeitervertretern in Bielefeld dies bekannt gewesen (was offensichtlich nicht der Fall war), so hätten sie Severing und den beiden Ministern gleich zu Beginn die Frage stellen können, warum man hier überhaupt in dieser Härte verhandle, warum die Aufständischen sich gar unterwerfen sollten — der Reichskanzler habe doch bereits auf den militärischen Einmarsch verzichtet? Diese Frage hätte die Regierungsvertreter in die größte Verlegenheit gestürzt, und es wäre an den Tag gekommen, daß Reichskanzler Bauer mit seiner „bindenden Zusage" die Arbeiterschaft bewußt getäuscht hatte (II, Seite 129). — Nicht nur hätten die Arbeitervertreter in Bielefeld nicht so große Zugeständnisse zu machen brauchen, wie es dann im Abkommen geschah (falls es überhaupt noch zu einem solchen gekommen

---

* Über diesen Punkt entstand später eine Polemik zwischen Braß und Giesberts. Braß behauptete, es sei vereinbart worden, daß keine Truppen mehr anrollen sollten; die Reichswehr habe jedoch unausgesetzt weitere Verstärkungen erhalten. Giesberts bestritt, daß eine solche Vereinbarung getroffen worden sei: „Die im Anrollen begriffenen Truppenteile mußten nach ihrem Bestimmungsort befördert werden. Maßgebend und ausschlaggebend war, daß keine Kampfhandlungen vorgenommen wurden". Der Text des Abkommens spricht für Giesberts.

wäre) — auch in Berlin hätte eine solche Entlarvung der Regierung der Sache der Arbeiter genützt.
Die Bielefelder Verhandlungskommission traf nach der Regelung des militärischen Fragenkomplexes auch noch einige juristische Bestimmungen:
„*15. Der verschärfte Ausnahmezustand soll sofort aufgehoben werden, der allgemeine Ausnahmezustand dann, wenn die unter Ziffer 9 bis 12 festgesetzte Regelung [Waffenabgabe usw.] erfolgt ist.*
2. [Ergänzung des Berliner 8-Punkte-Abkommens] Es wird Straffreiheit denen gewährt, die in der Abwehr des gegenrevolutionären Anschlages gegen Gesetze verstoßen haben, wenn die Verstöße und Vergehen vor Abschluß dieser Vereinbarungen, spätestens aber bis zum 25. März, vormittags 8 Uhr, erfolgten. Auf gemeine Verbrechen gegen Personen und Eigentum findet diese Bestimmung keine Anwendung.
17. Weder den Arbeitern, die an den Kämpfen teilgenommen haben, noch den Mitgliedern der Polizei und der Einwohnerwehren und den Mannschaften der Reichswehr dürfen Nachteile oder Belästigungen wegen ihrer Teilnahme erwachsen."
Das Zugeständnis unter 15. können Severing und Giesberts unmöglich in gutem Glauben gemacht haben; ihnen war bekannt, daß Watter auf das Standrecht — wichtiger Bestandteil des verschärften Ausnahmezustands — geradezu fixiert war (die anwesenden Offiziere äußerten denn auch bei diesem Zugeständnis schwere Bedenken). Die Vereinbarung einer Amnestie unter 2. zeigt, daß die Arbeitervertreter glaubten, den Abbruch des Kampfes durch die Rote Armee in äußerst knapper Frist (ca. 12 Stunden) durchsetzen zu können. Im zweiten Satz dieses Punktes (den die Arbeitervertreter vermutlich ohne Zögern zugestanden haben) wurde das Problem übersehen, daß die zahllosen Beschlagnahmungen im Laufe der Aufstandsbewegung nach dem Strafgesetzbuch durchaus unter die „gemeinen Verbrechen" fallen würden. Punkt 17 macht demgegenüber die Genauigkeit der Gegenseite deutlich. In seinem zweiten Teil erscheint er zunächst unverständlich; die Befürchtung, daß die Mitglieder der Reichswehr, der Polizei und der Einwohnerwehren benachteiligt oder belästigt werden könnten, gründete sich auf die Tatsache, daß diese Personen es vor dem Aufstand schwer gehabt hatten, in Betrieben unterzukommen, weil die Arbeiter sich weigerten, mit „Noskesöldlingen" zusammenzuarbeiten.[44]

*

Um 16 Uhr, das Abkommen war noch nicht vollständig ausgehandelt, platzte in die Verhandlungskommission die Nachricht: Artillerieangriff der Roten Armee auf Wesel![45] (vgl. II, Seite 189) Die Telefonverbindungen, die, wenn die Aufständischen sie benutzten, so oft von den Postbeamten sabotiert wurden, hatten diesmal ausgezeichnet funktioniert.
Die sträfliche Leichtfertigkeit, mit der die Arbeitervertreter in Bielefeld sich zu Sprechern der gesamten Aufstandsbewegung gemacht hatten, war aufgedeckt. Die vor Wesel liegenden Arbeitertruppen hatten den Waffenstillstand nicht geschlossen; sie befanden sich im Kampf gegen das Militär und taten, was sie für richtig hielten.

Das Wehrkreiskommando Münster reagierte sofort mit folgender Presseerklärung: *„In der Presse wird von einem Waffenstillstand zwischen dem Wehrkreiskommando und den Roten Truppen gesprochen. Durch den Befehlshaber oder seinen Bevollmächtigten wurde ein solcher nicht abgeschlossen. Nach Schilderung der Aufstellung der Reichswehrtruppen versprachen lediglich die Führer der Gegenseite, ihre Truppen hinter die Lippe zurückzunehmen, um es zu keiner Gefechtsberührung kommen zu lassen. Wäre dies erfolgt, so würde tatsächlich eine vorläufige Waffenruhe eingetreten sein . . . Der Gegner hat aber sein Versprechen nicht gehalten, sondern beschießt heute nachmittag Wesel mit Artillerie und versucht, gegen die Stadt vorzugehen. Ferner sind Teile von ihnen nördlich der Lippe vorgestoßen, und bei Haltern werfen sie Verschanzungen aus".*[46]
Die vollkommen einseitige, jedoch nach den Erfahrungen von 1919 voraussehbare Auslegung, die das Wehrkreiskommando dem Bielefelder Waffenstillstand gab, ist deutlich. Zentrum und christliche Gewerkschaften Münsters sekundierten mit einem Telegramm nach Berlin:
„Trotz Waffenstillstand wird Wesel seit mittag von Roter Armee beschossen. Rote Armee geht wider Absprache über die Lippe vor. Krupp arbeitet seit gestern an Munition für Rote Armee. Kommunistische Versprechung wird also nicht gehalten. In Bielefeld anwesendem kommunistischem Vertreter wird viel zu viel Glauben geschenkt. Jetzige Bewegung seit einem Jahre sorgfältig vorbereitet, worüber Materialien in unsern Händen. Kapp-Putsch hat Ausführung ermöglicht".[47]
Die Berechtigung der vor Wesel liegenden Arbeitertruppen, sich über den Bielefelder Waffenstillstand hinwegzusetzen, wurde bereits festgestellt. Unterschlagen wurde in beiden Verlautbarungen, daß das Waffenstillstandsabkommen sehr wohl eine Zusage des Militärs enthielt — die Arbeiter sollten bei ihrem Abzug nicht behelligt werden — und daß das Militär an einer anderen Stelle der Front diese Zusage gebrochen hatte. Am Morgen hatten nämlich die nördlich von Haltern stehenden Arbeiter den Rückzug eingeleitet. Die Reichswehr rückte nach; um 10 Uhr erschienen zwei Panzerautos in Hausdülmen (südwestlich von Dülmen) und feuerten in die bereits geräumte Ortschaft, größere Mengen Fußtruppen folgten. Die Arbeiter kehrten zurück und versuchten, die Angreifer — etwa 300 Mann — wieder zu vertreiben (ohne Erfolg); sie verloren dabei 26 Gefangene. Vier Verwundete brachten sie ins Lazarett des Kriegsheimkehrerlagers Dülmen. (Als Reichswehrtruppen am nächsten Morgen das Lager besetzten und erfuhren, daß die Verwundeten von der Roten Armee seien, töteten sie sie mit Kolbenschlägen und Bajonettstichen; die Leichen wurden bis zur Unkenntlichkeit verstümmelt.) Die Arbeiter zogen endgültig ab und bezogen vor Haltern eine neue Stellung; daß sie nicht bis hinter die Lippe zurückgingen, wird man nach dem Vorgefallenen begreiflich finden.[48] Es war ein starkes Stück, wenn das Wehrkreiskommando in seiner Presseerklärung entrüstet davon sprach, daß der Gegner bei Haltern Verschanzungen auswerfe, und dies als Bruch des Waffenstillstands hinstellte. — Die Verhandlungsteilnehmer in Bielefeld erfuhren nichts von dem Waffenstillstandsbruch der Reichswehr nördlich von Haltern, während der Waffenstillstandsbruch der Roten Armee bei Wesel groß herausgestellt wurde.
Die erste Reaktion Severings und Giesberts' auf die Nachricht vom Artillerieangriff der Roten Armee auf Wesel bestand darin, daß sie alle Abmachungen als

hinfällig erklärten. Auch die drei anwesenden Offiziere drängten darauf, die Verhandlungen abzubrechen. Die Arbeitervertreter auf der anderen Seite ließen keineswegs ihren Anspruch, Sprecher der gesamten Aufstandsbewegung zu sein, fallen. Sie versuchten, die Erregung zu dämpfen, indem sie die Vermutung äußerten, daß die Nachricht vom Waffenstillstand nicht an die Kampfleitung vor Wesel gelangt sei (falls die Meldung von der Beschießung Wesels überhaupt richtig sei, was man jetzt nicht nachprüfen könne). Giesberts, an einem erfolgreichen Abschluß der Verhandlungen interessiert, schlug den Offizieren vor, die Kämpfe bei Wesel zu „lokalisieren": die Reichswehr solle „hier volle Aktionsfreiheit" haben, jedoch auf der übrigen Front den Waffenstillstand einhalten. Das wurde von Severing unterstützt, und die Offiziere stimmten dem zu (in dem Sinne, wie sie den Waffenstillstand auffaßten). Die Arbeitervertreter versprachen, sofort zuverlässige Kuriere im Auto loszuschicken, um die Rote Armee vor Wesel zur Einstellung des Kampfes zu veranlassen. Stemmer, der zwar nicht mehr der Kommission angehörte, aber in Bielefeld geblieben war, übernahm diese Mission.[49]

Um 19 Uhr wurde das Bielefelder Abkommen, 17 Punkte umfassend, der Presse bekanntgegeben.[50] Die Unterschriften, die es trug,[51] zeigten bereits an, in welchen Bezirken des Ruhrgebiets seine Annahme einigermaßen gesichert sein würde und in welchen nicht: unterzeichnet hatten Arbeitervertreter aus Düsseldorf, Remscheid und Ronsdorf, Elberfeld und Barmen (neben dem Sozialdemokraten Enz die beiden Kommunisten Charpentier und Triebel), Hagen, Essen, Gelsenkirchen und Dortmund; es fehlten Vertreter aus dem westlichen Ruhrgebiet. Dabei konnten, und das machte das Bild noch ungünstiger, die aus Essen und Dortmund kommenden Unterzeichner nicht für die Aufstandsbewegung in ihren Städten sprechen: Imbusch und Kloft aus Essen waren christliche Gewerkschaftsfunktionäre, Klupsch aus Dortmund war kein Vertreter des Vollzugsrats, sondern gehörte der extrem rechten SPD-Bezirksleitung an.

Auf der anderen Seite hatten nur Severing und Giesberts unterzeichnet. Unterschriften des eigentlichen Gegners der Arbeiter, nämlich des Militärs, fehlten dagegen (präzis: die Arbeitervertreter hätten Severing auffordern müssen, General v. Watter zur Unterzeichnung nach Bielefeld zu holen, mit der Begründung, im Falle einer Weigerung seien die bösen Absichten des Militärs offenkundig). Eine Stellungnahme der Regierung zum Abkommen lag bei Abschluß der Verhandlungen nicht vor.

Die Konferenzteilnehmer aus dem Ruhrgebiet stiegen in den bereitstehenden Sonderzug und fuhren ins Aufstandsgebiet zurück.[52]

*

Bevor wir uns der Literatur über die Bielefelder Konferenz zuwenden, müssen wir uns noch einmal die Positionen beider Seiten, ihre Stärken und ihre Schwächen vergegenwärtigen. Die fundamentalen Schwächen der Aufstandsbewegung lagen in ihrer Isolierung von den anderen Regionen des Reiches (überall Beendigung des Generalstreiks, Niederlagen der Arbeiter oder bestenfalls Unentschieden im bewaffneten Kampf), in ihren zunehmenden Versorgungsschwierigkeiten und in ihrem inneren Regionalismus. Eine Eroberung Wesels wäre zwar ein großer mora-

lischer Erfolg gewesen und hätte für das Militär höchst unliebsame Konsequenzen gehabt, an den genannten Schwächen hätte sie jedoch nichts geändert.
Die Schwäche der Regierung lag darin, daß sie nicht ohne weiteres das Militär gegen die Aufständischen in Bewegung setzen konnte. Einmal stand sie unter dem Druck der Berliner Arbeiterschaft, der sich über die Gewerkschaften und über die Generalversammlung der Betriebsräte artikulierte. Zum zweiten mußte sie auf die Stimmung in Teilen der Regierungsfraktionen Rücksicht nehmen, die eine Verhandlungslösung befürworteten (am stärksten in der SPD, am schwächsten im Zentrum). Demgegenüber war die Reichswehrführung, die diese Rücksichten nicht zu nehmen brauchte und auch nicht nehmen wollte, zur militärischen „Lösung" entschlossen. Dagegen standen jedoch die Bestimmungen des Versailler Vertrages über die neutrale Zone und der Widerstand der Entente; überdies hatte das Militär seinen Aufmarsch noch nicht vollendet. Da die Regierung nun aber auch nicht einfach untätig bleiben konnte — immerhin befand sich die wichtigste Industrieregion in der Hand einer Aufstandsbewegung, und am Rande der Region lagen sich zwei Bürgerkriegsarmeen gegenüber —, lag es nahe, daß sie zunächst den Weg von Verhandlungen beschritt. Dabei brauchte sie allerdings gegenüber Gewerkschaften und Regierungsfraktionen nicht unbedingt positive Verhandlungsergebnisse vorzuweisen, sondern mußte zunächst nur die *Bereitschaft* zu Verhandlungen demonstrieren. Anders gesagt: es war als wahrscheinlich anzunehmen, daß sie nur Scheinverhandlungen führen würde mit dem Ziel, *vorläufig Zeit zu gewinnen.*
Hätten die Aufständischen also gar nicht erst verhandeln sollen? Wir glauben, doch. Die Ablehnung von Verhandlungen kann sich eine revolutionäre Massenbewegung in der Regel nur in einer Position absoluter Überlegenheit leisten. Die Führung solcher Verhandlungen ist natürlich äußerst risikoreich; in vergleichbaren historischen Situationen — im deutschen Bauernkrieg, den Indianerkriegen, dem spanischen Bürgerkrieg — gibt es zahllose Fälle von Täuschung, Ausnutzung der Gutgläubigkeit und betrügerischen Scheinverhandlungen seitens des Gegners. Für den Ruhraufstand von 1920 zeigt die nachträgliche Analyse, daß es mindestens der folgenden Voraussetzungen bedurft hätte, um die Absichten des Gegners zu durchkreuzen:
1. Repräsentation der gesamten Aufstandsbewegung durch die Verhandlungsführer;
2. einheitliche Stellungnahme der Aufstandsbewegung zum Verhandlungsergebnis, was wiederum eine realistische Einschätzung der Lage vorausgesetzt hätte: die Einsicht in die eigene Isolierung und, daraus folgend, die Einsicht, daß man der Regierung im wesentlichen nur solche Zugeständnisse abringen konnte, die das Aufstandsgebiet betrafen, jedoch keine größeren Verbesserungen für die gesamte deutsche Arbeiterklasse, wie z.B. die Auflösung der Reichswehr;
3. Unterzeichnung des Abkommens nicht nur durch die Regierung, sondern auch durch das Militär;
4. in sich klare Formulierung des Abkommens; Verpflichtung des Gegners (in der Form „Zug um Zug") zu Zugeständnissen, so daß dessen Vertragsbrüche sofort öffentlich festgestellt werden konnten, mit der Möglichkeit für die Aufstandsbewegung, in diesem Fall an die Arbeiterklasse in den anderen Regionen des Reiches zu appellieren (und damit *politische* Aufhebung der Isolierung, die

auf *militärischem* Felde nicht mehr zu durchbrechen war).

Konkret hätte z.B. der zweite und dritte Orientierungspunkt bedeutet, daß die Arbeitervertreter in Bielefeld das Verhandlungsergebnis ausdrücklich als vorläufig und erst nach einer festzulegenden Frist ratifizierbar hätten bezeichnen müssen. In dieser Frist, so wäre zu fordern gewesen, hätten die Regierungsvertreter die Unterschriften der Generäle v. Watter und v. Seeckt beibringen sowie eine Zustimmungserklärung der Regierung herbeiführen müssen. Damit hätte die Aufstandsbewegung auch ihrerseits Zeit gehabt, das Verhandlungsergebnis zu diskutieren und zu einer einheitlichen Stellungnahme zu gelangen.

Keine dieser Voraussetzungen für einen erfolgreichen Abschluß der Verhandlungen war bei der Bielefelder Konferenz gegeben bzw. wurde von den Arbeitervertretern durchgesetzt. Stattdessen Unkenntnis der Tricks und Schliche bürgerlicher Verhandlungspolitik, die selbstgefällige Annahme, bei den Arbeitern Autoritäten zu sein, vielleicht aber auch angstvoll verdrängtes Wissen, *daß* man betrogen wurde — mit Folgen, die noch zu schildern sind. Zunächst wollen wir uns der *Literatur über die Bielefelder Konferenz* zuwenden, für deren Beurteilung die eben angestellten Überlegungen einen geeigneten Ausgangspunkt bilden.

Die Debatte beginnt mit einer Rede, die Severing am 3. April in Münster vor Pressevertretern hielt und die anschließend von der „Zentrale für Heimatdienst" als Broschüre verbreitet wurde. Zu einem Zeitpunkt, wo die Reichswehr bereits ins Ruhrgebiet einmarschierte, verteidigte sich Severing in dieser Rede gegen Angriffe aus Kreisen des Militärs, des Zentrums usw., die ihm vorwarfen, überhaupt mit den Aufrührern verhandelt und die militärische Niederwerfung des Aufstands verzögert zu haben. Severing führte zwei Argumente gegen die Vorwürfe ins Feld: erstens daß der militärische Aufmarsch zum Zeitpunkt der Bielefelder Konferenz noch nicht vollendet gewesen sei, und zweitens, wörtlich:

*„Sie (die Bielefelder Konferenz) hatte die Aufgabe, durch Aufklärung den gutgesinnten Teil der Arbeiterschaft von denen zu trennen, denen es nicht auf die Abwehr des Kapp-Putsches ankam, sondern die mindestens die Absicht gehabt hatten, mit kommunistischen Wirtschaftstheorien zu experimentieren. Diese Aufgabe ist durch das Bielefelder Abkommen erreicht. Man hat von diesem Abkommen als von einer Kapitulation der Regierung gesprochen und davon, daß es mit den Bestimmungen der Reichsverfassung kollidiere. Das sind alles billige Redensarten...
Die Bielefelder Abmachungen stützen sich zum großen Teil auf die Vereinbarungen, die in Berlin getroffen worden sind, und an denen Vertreter aller Mehrheitsparteien [Regierungsparteien] beteiligt waren. Wenn darin den Arbeitern größere Konzessionen gemacht worden sind, so war das nach den außergewöhnlichen Ereignissen der Putschtage das einzige Mittel, um das tiefe begründete Mißtrauen der Arbeiterschaft zu dämpfen... Eine Regierung, die einer derartigen Volksbewegung gegenüber nur das Mittel der Flinte und der Handgranate kennt, und die politischen Mittel, die zum Erfolg führen könnten, unberücksichtigt läßt, ist keine demokratische Regierung.** Die angewandten politischen Mittel haben, wie

---

* Man beachte, daß Severing hier als Charakteristikum einer demokratischen Regierung bezeichnet, daß sie den Bürgerkriegsgegner am Verhandlungstisch und anderswo hereinlegt.

gesagt, den beabsichtigten Erfolg vollständig erreicht. Die Bielefelder Abmachungen haben in der Roten Armee wie Sprengpulver gewirkt . . . Wurde so durch das Bielefelder Abkommen eine Schwächung und Auflösung der Roten Armee erreicht, so gestalteten sich die militärischen Machtmittel inzwischen derart, daß erforderlichenfalls scharf zugegriffen werden [konnte]".[53]
Diese Argumentation hat Severing in seinem Erinnerungsbuch von 1927* in breiterer Form wiederholt und dabei vor allem den militärischen Aspekt mehr betont: *„Ich konnte und wollte unter gar keinen Umständen bei dem Einsatz ungenügender militärischer Kräfte mitwirken, da das . . . zu einem neuen Fiasko, zu einer weiteren Schwächung der Staatsautorität, zu einem neuen ermunternden Erfolge der Aufrührer geworden wäre. Ich konnte und wollte einem neuen Einmarsch der Truppe in das Ruhrgebiet nur dann zustimmen, wenn die Gewähr gegeben werden konnte, daß dieser Einmarsch von vornherein mit derart überlegenen Kräften ausgeführt würde, daß ein Widerstand auch den Aufrührern von vornherein als nutzlos erscheinen mußte. Dazu aber war notwendig, die Teile der Arbeiterschaft der Aufruhrbewegung zu entziehen, die sich nur zum Schutze der Verfassung ihr angeschlossen hatten und die nicht daran dachten, den Bolschewisten im Ruhrgebiet die Wege zu ebnen".*[54]
Diese Ausführungen Severings wurden von der gesamten KPD-Literatur zur Grundlage für die Beurteilung der Bielefelder Konferenz gemacht, natürlich mit der Konsequenz, daß sowohl die Teilnahme von Arbeitervertretern an der Konferenz als auch das Konferenzergebnis, das Bielefelder Abkommen, mit den schärfsten Worten verurteilt wurde; am prägnantesten hat Schabrod vom „Bielefelder Dolchstoß in den Rücken der Arbeiterfront" gesprochen.[55] Die in der DDR erschienene Literatur hat diese Verurteilung zunächst fortgesetzt.[56] Seit einigen Jahren jedoch wird hier differenziert. So erklärt die neueste Untersuchung einerseits, daß die von Severing gemachten Zugeständnisse „den Zweck" gehabt hätten, „die Arbeiterklasse unter Ausnutzung bürgerlich-parlamentarischer Illusionen zu spalten bzw. zu verwirren", andererseits sieht sie in das Abkommen „wichtige antimilitaristische und demokratische Forderungen der Werktätigen eingeflossen", die „zum Gegenstand des Massenkampfes" hätten gemacht werden müssen, vor allem von den Gewerkschaften.[57]
Auffällig ist, daß Severings Ausführungen in keiner einzigen KPD- bzw. SED-Untersuchung kritisch abgeklopft werden. Dabei wäre dazu aller Anlaß. Zunächst besteht schon allgemein Anlaß zur Skepsis, wenn jemand behauptet, alles sei genau so gekommen, wie er es geplant habe. Sodann muß man die Situation erwägen, in der sich Severing diese Pose des überlegenen Politikers gab: ihm war von rechts der Vorwurf gemacht worden, den nunmehr endlich erfolgten Einmarsch der Reichswehr durch schwächliches und nutzloses Verhandeln verzögert zu haben. Beide Überlegungen stellen die KPD- bzw. SED-Autoren nicht an. Vor allem mißt keine einzige dieser Untersuchungen Severings Worte an der Realität, was doch von marxistischen Historikern unbedingt erwartet werden müßte. Es ist richtig, daß viele Arbeiter nach dem Abschluß des Bielefelder Abkommens die Rote Armee verließen, aber das taten sie nicht auf die geschickten Schachzüge

---

* Vgl. hier und im folgenden die Einleitung zum 1. Band, Seite 8-17.

Severings hin — dieser hatte keinerlei Autorität bei den Arbeitern mehr —, sondern deshalb, weil einflußreiche und angesehene Arbeiterführer im Ruhrgebiet hinter dem Bielefelder Abkommen standen und — mit Argumenten — dazu aufriefen, es durchzuführen, vor allem aber weil sie selbst durch Augenschein und Nachrichteninformationen zu der Überzeugung gelangten, daß die Fortsetzung des bewaffneten Kampfes aussichtslos sei. Hier wird ein grundsätzlicher Fehler sichtbar: in der Tradition der Kommunistischen Parteien ist durchgehend festzustellen, daß die Bindung der Arbeiter an die Sozialdemokratie und andere nicht-revolutionäre Organisationen überschätzt wird. Es wird nicht gesehen, daß diese Bindung sich vor allem in revolutionären Situationen rapide lockert und daß sie in Massenaktionen — ohne Übertreibung gesagt — verschwindet. An ihre Stelle tritt nicht etwa die Bindung an eine revolutionäre Organisation, sondern primäre Bezüge verstärken sich: an den Wohnbezirk, den Ort, die Region, den Betrieb, die Kampfgruppe.

Statt eine kritische Untersuchung anzustellen, glauben die KPD- und SED-Autoren Severing aufs Wort. Das Ergebnis ist die Vorstellung, der „rechte SPD-Führer" übernehme seine „historische Rolle, die Einheit der Arbeiterklasse zu spalten", und führe sie genau wie geplant durch (gelegentlich ist die Vorstellung sogar: im direkten Auftrag der Bourgeoisie). Die Fixierung auf die SPD-Führer führt dazu, daß diese als überragende Größen der Politik erscheinen, die ihren Verrat an der Arbeiterklasse überlegen planen und dann wie geplant durchführen.

Gegen diese Verratstheorie ist dreierlei einzuwenden. *Erstens:* Die Vorstellung, bis zum Bielefelder Abkommen habe es eine „Einheitsfront" der Arbeiter gegeben, ist eine Fiktion. Man muß nämlich zwei Dinge sorgfältig auseinanderhalten. In den Reihen der Roten Armee, das ist das eine, kämpften nebeneinander kommunistische, sozialdemokratische, christlich und liberal organisierte und natürlich auch überhaupt nicht organisierte Arbeiter gegen ihren gemeinsamen Feind, die Putschisten; jedoch gab es, und das ist das andere, von Anbeginn des Kampfes an unterschiedliche Zielvorstellungen für den Kampf,* und zwar nicht nur unter den Funktionären, sondern auch unter den Arbeitern. Bezüglich der Zielvorstellungen hat zu keinem Zeitpunkt eine „Einheitsfront" bestanden, einfach deshalb, weil es unmöglich war. Die Funktionäre haben zwar, wie wir sahen, das Unmögliche versucht, indem sie auf lokaler Ebene Einheitspapiere für alle beteiligten Organisationen formulierten, aber dieser Versuch scheiterte notwendigerweise überall. *So wenig die Revolution von 1918 ein Dolchstoß in den Rücken der militärischen Front war, so wenig die Bielefelder Konferenz ein Dolchstoß in den Rücken der Arbeiterfront; die Bielefelder Konferenz hat vielmehr die Differenzierung, die von Anfang an in der Aufstandsbewegung vorhanden war, sichtbarer gemacht, als sie vorher war.*

Zweitens: Die Überlegenheit, die die KPD- und SED-Autoren Severing zuschreiben, verstellt den Blick auf die außerordentlich schwierige Lage, in der er sich befand. Die Regierung, die Severing vertrat, war — darauf hat schon Colm 1921 aufmerksam gemacht — eingeklemmt zwischen den Forderungen und Pres-

---

* Das letztere sehen die KPD- und SED-Autoren zwar auch, aber sie erwähnen es nur am Rande und versuchen, es zu bagatellisieren.

sionen der Arbeiterorganisationen, der Reichswehr und der Entente.[58] Es war geradezu selbstverständlich, daß Severing und dann auch Minister Giesberts versuchten, erst einmal durch Verhandlungen weiterzukommen. *Aber Verhandlungsversuche in einer solchen Lage haben in der Regel einen pragmatischen Aushilfscharakter und sind nicht mit weitausgreifenden Konzeptionen verbunden.* Man vergleiche nur einmal, was Severing 1927 großspurig über die Art des militärischen Einsatzes gesagt hat — Ich „konnte und wollte" nur einem Einmarsch mit absolut überlegenen Kräften zustimmen —, mit seinen wirklichen Befugnissen: auf die Entscheidungen der Militärs hatte er keinerlei Einfluß! Das heißt natürlich nicht, daß er auch subjektiv zur Entwicklung einer weitgreifenden Konzeption unfähig war (darüber gleich).

Wohin es führt, wenn man Severing die Überlegenheit abnimmt, die er sich nachträglich gegeben hat, zeigt sich, wenn ihm Dinge zugeschrieben werden, für die er gar nicht verantwortlich war. Colm hatte 1921 zutreffend festgestellt, daß in Bielefeld weder die radikalen Vollzugsräte (an denen die SPD nicht beteiligt war) noch die Mülheimer Kampfleitung (er hätte verallgemeinern können: die Kampfleiter des Weseler Frontabschnitts) vertreten waren.[59] Aus dieser Feststellung machen die KPD- und SED-Autoren einen heimtückischen Schachzug Severings: dieser habe, schreiben sie, nur einen Teil der Führer des Aufstands eingeladen.[60] Dabei hat Severing durchaus auch die radikalen Vollzugsräte eingeladen; es war deren eigene Entscheidung gewesen, keine Delegierten nach Bielefeld zu entsenden. Was die Mülheimer Kampfleitung betrifft, so vergröbern die KPD- und SED-Autoren Colms Feststellung dahin, daß sie das Fehlen von Vertretern der gesamten Roten Armee behaupten.[61] Stemmer war jedoch als Vertreter der Hagener Kampfleitung erschienen. Die Kampfleiter des Weseler Frontabschnitts wurden von Severing nicht eingeladen, das ist richtig (die Hagener Kampfleitung übrigens ebensowenig), aber so gut arbeitete eben Severings Spitzelapparat nicht, daß ihm die Kampfleiter bereits bekannt gewesen wären. Es war Sache der Vollzugsräte, sich mit den ihnen nahestehenden Kampfleitern zu verständigen.

Drittens: Man würde uns mißverstehen, nähme man an, wir wollten die Absichten verharmlosen, mit denen Severing die Bielefelder Konferenz einberief. Natürlich wollte Severing die Aufstandsbewegung auseinandermanövrieren, und seine spezielle Klugheit zielte auf den in der gegebenen Situation größtmöglichen Betrug. *Aber daß seine Pläne Wirklichkeit wurden, lag nicht an seinem Verhandlungsgeschick, sondern daran, daß die Arbeitervertreter aus dem Ruhrgebiet die schon genannten schweren Fehler machten.*

Hier, bei der Einschätzung von Severings Verhandlungspartnern, geraten wir in einen neuen Gegensatz zu den KPD- und SED-Autoren. Unter den Konferenzteilnehmern, so wird gesagt, dominierten die rechten USP-Führer, und deren „historische Rolle" ist bekanntlich in der kommunistischen Geschichtsschreibung dieselbe wie die der rechten SPD-Führer: Spaltung und Verrat der Arbeiterklasse. Gelegentlich wird sogar eine direkte Komplicenschaft zwischen Severing und seinen Verhandlungspartnern behauptet.[62]

Gegen diese Interpretation spricht der ganze Verlauf der Bielefelder Konferenz, wie er hier dargestellt wurde.[63] So erscheint es jetzt nur noch notwendig, den Gegensatz in den Untersuchungsprinzipien zu formulieren.

Wir halten die Hauptarbeit der Analyse nicht schon dann für geleistet, wenn man die Zugehörigkeit der Beteiligten zu einer bestimmten Arbeiterpartei und innerhalb derselben zum rechten oder linken Flügel festgestellt hat. Warum z.B. nahmen denn in Bielefeld auch Sozialdemokraten in der Watter-Frage so scharf gegen Severing Stellung, daß die Verhandlungen fast gescheitert wären, wenn ein positives Ergebnis der Konferenz doch für die Spaltertätigkeit der SPD unbedingt notwendig war? Etwa weil es sich zum Teil um linke SPD-Führer handelte, z.B. bei den Elberfeldern? So „links" wie sie waren die „rechten" USP-Führer von Hagen allemal! — Und weiter: Angesichts der Tatsache, daß auch die beiden Kommunisten Charpentier und Triebel das Bielefelder Abkommen unterzeichnet haben, verweisen die KPD- und SED-Autoren darauf, daß die beiden sich vor der Fahrt nach Bielefeld nicht mit der KPD-Bezirksleitung verständigt und von dieser nach dem Ende des Aufstands für ihre Unterschrift eine Rüge erhalten hätten.[64] Befriedigend ist das nicht: ein Faktum wird nicht analysiert, sondern schlicht neben ein zweites Faktum gestellt. Zu fragen wäre doch, worauf es schließen läßt, daß die beiden sich mit der Bezirksleitung ihrer Partei nicht verständigt haben.

Zu beiden Punkten möchten wir folgende These aufstellen: Die Arbeiterführer, die von Vollzugsräten nach Bielefeld delegiert worden waren, betrachteten sich als Vertreter ihres Vollzugsrats und damit des Exekutivorgans der Arbeiterschaft ihres Ortes, sie standen unter dem Einfluß, bei einigen muß man sagen: unter dem Druck der örtlichen und regionalen Verhältnisse; sie betrachteten sich dagegen kaum — manche vielleicht gar nicht — als Vertreter ihrer Partei. Das ist ein Sachverhalt, der angesichts des überhandnehmenden Denkens in Parteikategorien nicht genug betont werden kann. Demgegenüber zeichnet sich ein „wirklicher", „echter", „harter" Parteiführer (der SPD, der KPD oder was sonst) dadurch aus, daß er niemals solche Einflüsse über den Parteikurs Oberhand gewinnen läßt.

Zum Schluß seien noch drei besonders bezeichnende „Irrtümer" der Literatur berichtigt. Düwell, der 1920 die offizielle Darstellung der KPD-Bezirksleitung über den Aufstand veröffentlichte, schreibt, „die USP- und SPD-Leute" in Bielefeld hätten sich durch „ihre Auffassung von der Führerrolle" verleiten lassen, *„über die Köpfe der Vollzugsräte hinweg"* zu entscheiden.[65] In Wirklichkeit waren sie durchaus von Vollzugsräten delegiert, und sie wurden auch nach der Konferenz nicht etwa von diesen Vollzugsräten für ihre Verhandlungsführung getadelt; ihr Fehler lag darin, daß sie so gering veranschlagten, daß gewichtige andere Vollzugsräte in Bielefeld nicht vertreten waren. — Einige KPD- und SED-Autoren behaupten, *die Bielefelder Konferenz habe die Kampfkraft der Roten Armee geschwächt und so dazu beigetragen, daß Wesel nicht erobert wurde.*[66] Demgegenüber ist zu wiederholen, daß der Versuch zur Eroberung Wesels am 23. März hätte unternommen werden müssen (II, Seite 188-190). Anderseits hat, wie wir sahen, auch am 24. März, als der Bielefelder Waffenstillstand bekannt wurde, kein Rotgardist die Front vor Wesel verlassen; im Gegenteil machte die Nachricht vom Waffenstillstandsbeschluß die Arbeiter erst recht angriffsbereit. Das eigentliche Bielefelder Abkommen gab es erst ab dem 25. März. Von diesem Tag an war es für einen ernsthaften Angriff auf Wesel endgültig zu spät. — Spethmann, der vom Bergbau-Verein beauftragte Historiker, sah in seinem 1928 erschienenen Buch im Bielefelder Abkommen *die „restlose Auslieferung der Bevölkerung und ihrer Behörden an den Linksradikalismus"* und *„den Sieg der bolschewistischen Idee".*[67] Dieses Urteil, das dann in der Nazi-Literatur unzählige Male wiederholt wurde, sollte Spethmann für alle Zeiten als Wissenschaftler diskreditieren.

2. Kapitel
Der Konflikt vor der Entscheidung

1. Bedrohliche Ungewißheit im Aufstandsgebiet

> „Im Vertrauen auf die Zusage der Regierung begaben sich zahlreiche Arbeiter, *die in der Roten Armee Dienst taten,* in ihre Heimatorte zurück."
>
> Erwin Könnemann: Einwohnerwehren und Zeitfreiwilligenverbände, Berlin/DDR o. J. (1970), S. 309

Fünf Tage hatten die Aufständischen Zeit, um sich über ihre Stellungnahme zum Bielefelder Waffenstillstand und zum Bielefelder Abkommen schlüssig zu werden — eine lange Zeitspanne, die dadurch zustandekam, daß die Gegner der Aufstandsbewegung in Berlin (Regierung und Reichswehrführung) sich in Schweigen hüllten. Fünf Tage, in denen sich jener Willensbildungsprozeß fortsetzte, den wir vor der Bielefelder Konferenz beobachteten, und zwar in intensiverer Form: die Bielefelder Konferenz hatte Fakten geschaffen, die die Aufständischen zur Stellungnahme zwangen. Es waren zugleich Tage der Ungewißheit und zunehmender Bedrohung: man wußte nicht, wie die Regierung entscheiden würde, während die Reichswehr jetzt ihren Vormarsch begann.
Dem Darsteller erwächst hier eine außerordentlich komplizierte Aufgabe: nicht nur ist der Willensbildungsprozeß abhängig von der höchst unterschiedlichen Lage in den einzelnen Städten, sondern er kann auch nicht richtig verstanden werden, wenn man ihn von den Wirkungen loslöst, den der Vormarsch der Reichswehr (und das gleichzeitige Schweigen der Regierung) hatte. Gezeigt werden muß außerdem, wie die Aufstandsbewegung sich zunehmend differenziert, ja, teilweise in örtliches Einzelgeschehen auseinanderfällt. Wir wählen daher folgende Darstellungsform: Tag für Tag wird das Geschehen in den Städten und entlang der Front geschildert, und zwar in der Regel unverbunden (wie es der Realität entspricht), oft ohne Kommentar und sprachlich durchgehend im Präsens.

24. März
(zweiter Verhandlungstag in Bielefeld)

Hagen. Aus einem Artikel im USP-Blatt geht hervor, warum die Arbeiterführer aus dem Hagener Bezirk in Bielefeld verhandeln und welche Perspektiven sie dabei haben. Das Blatt schreibt:
„*Man darf überzeugt sein, daß* . . . *die neuen Scheinversprechungen der Ebert-Bauer eine politische Episode einleiten werden, die sich von der vollständig unhaltbaren und zwecklosen Politik des letzten Jahres durch nichts unterscheiden wird* . . . *Wie die Namen der neuen Minister und Kanzler auch lauten mögen, eine Änderung der jetzigen verfahrenen Verhältnisse zum Wohl des Volkes wird ihnen nicht gelingen. Wohl aber wird jeden Tag ein neuer militärisch-monarchistischer Putsch zu befürchten sein* . . . *Es ist unmöglich, die Lage in ganz Deutschland klar überschauen zu können, aber was man bemerkt, scheint nicht zu der Hoffnung zu berechtigen, daß man überall wie im rheinisch-westfälischen Gebiet eine geschlossene Arbeiterfront hat bilden können und daß anderwärts in manchen Orten leider noch der unselige Bruderkrieg unter den Arbeiterparteien tobt. Das gibt der Reaktion auch unter der Regierung Bauer natürlich starke Rückendeckung. Wenn sie diesmal noch einmal vor der Vernichtung bewahrt bleibt, die revolutionären Ziele der Arbeiterklasse noch nicht verwirklicht werden können, ein schwächliches Kompromiß geschlossen werden muß, so ist schuld daran die noch immer nicht überall geschlossene Kampffront der Arbeiter*".[1]

Ernst, der in der vergangenen Nacht Anweisung an die Front gegeben hat, die Linien zurückzunehmen,[2] erhält Meldungen, daß fortdauernd weitere Truppenverstärkungen für die Reichswehr eintreffen, daß die Reichswehr langsam vorrückt und daß in Oelde Reichswehroffiziere erklärt haben, „sie wüßten nichts von Waffenstillstand und Frieden". Ernst teilt das in einem Telegramm an Reichspräsident Ebert mit und bittet „dringend, weitere Truppenverschiebungen zu verbieten und Offiziere, die gegen den Befehl handeln, offen als Meuterer zu erklären".[3] — Als spätabends die Konferenzteilnehmer aus Bielefeld zurückkehren, ist Ernst mit dem erreichten Ergebnis sehr zufrieden. Nur die Aussicht, von Severing als Vertrauensmann der Arbeiterschaft nach Münster berufen zu werden, findet er nicht erfreulich; nach seinen eigenen Worten kann er sich „eine ersprießliche Tätigkeit . . . neben General v. Watter nicht vorstellen".*[4]

Ludwig schreibt einen Artikel für das USP-Blatt, in dem er über den Verlauf der Bielefelder Konferenz berichtet, den geschlossenen Kompromiß rechtfertigt und dann praktische Konsequenzen zieht:
„*Jetzt gilt es sofort die Bedingungen zu erfüllen, Freilassung der Gefangenen auf beiden Seiten, Heimtransport der Truppen, unsere Wehren in die Heimatsorte, die Reichswehr in die Garnisonen, wo sofort mit der Umbildung der Reichswehr nach den Bedingungen begonnen werden soll. Die Parteigenossen müssen*

---
* Die Tatsache, daß er für diesen Posten vorgesehen worden war, wird Ernst den Vorwurf eintragen, daß er „verkauft" sei. Vermutlich hat dieser Vorwurf ihn in seinen Bedenken bestärkt, so daß er schließlich die Übernahme des Postens ablehnte.

sich sofort entschließen, einzutreten in die Reichswehr in möglichst großer Zahl... Dasselbe trifft zu auf die sofort zu bildenden Ortswehren, die sehr schnell durchzuführen ist, weil bereits ein fester Stamm durch die jetzigen Kampftruppen vorhanden ist".[5]
Ludwig legt das Bielefelder Abkommen also sehr günstig aus, nämlich als zweiseitige Verpflichtung; dabei steht zumindest vom Abzug der Reichswehr in die Garnisonen kein Wort darin. — Ernst leitet die Durchführung des Abkommens sofort ein: die Arbeitertruppen an der Front weist er an, jede Kampfhandlung zu unterlassen;[6] zwei Offiziere des Freikorps Lichtschlag, die vor einigen Tagen nicht wie die anderen Offiziere aus dem Rathaus entflohen sind (I, Seite 203) und sich noch in Haft befinden, werden freigelassen.[7] — Für den 26. März wird eine große regionale Konferenz der drei Arbeiterparteien nach Hagen einberufen, ähnlich jener, auf der die Hagener Richtlinien beschlossen worden waren.

Essen. Unter der Schlagzeile *„Macht dem Blutvergießen ein Ende!"* schreibt das SPD-Blatt:
„... der Kappsche Putsch hat nach seiner Niederlage ein Damoklesschwert heraufbeschworen ...: die Diktatur des Proletariats ... Trotzdem die Kapp-Verbrecher endgültig erledigt sind, steht Bruder gegen Bruder im erbitterten Waffenkampf gegenüber und Hunderte von kostbaren Menschenleben sind um eines Prinzips willen geopfert worden, das hier undurchführbar ist und fast restlos von seinen einsichtigen Anhängern fallen gelassen wird". Die Arbeiter haben die Freikorps vernichtet. *„In der irrigen Auffassung, daß damit die Reaktion noch nicht beseitigt ist, wollen die Arbeiter die Waffen noch nicht aus der Hand legen und den Kampf weiter fortführen. Daß die Regierung, die nach dem Kapp-Putsch nun wieder verfassungsmäßige Zustände herbeiführen muß, damit nicht einverstanden sein kann, sollte auch denjenigen einleuchten, die ... die Diktatur des Proletariats aufrichten wollen".*
Jeder einsichtige Sozialist habe in der augenblicklichen Situation die Pflicht, eine friedliche Verständigung zu suchen, und das habe wohl auch die Regierung bewogen, die Minister Braun und Giesberts nach Bielefeld zu entsenden. — Nach einem kurzen Bericht über den ersten Verhandlungstag und das Waffenstillstandsabkommen von Bielefeld drückt das Blatt die Hoffnung auf einen glücklichen Abschluß der Konferenz aus und schließt mit dem Ruf an die bewaffneten Arbeiter: „Besinnt Euch! Macht dem Blutvergießen ein Ende!"[8] — Die Vollversammlung des Vollzugsrats entscheidet, daß dieser Artikel die erlassenen Zensurbestimmungen (II, Seite 55) verletzt, indem er sich „in verächtlicher Weise über das Wesen der Rätediktatur" äußert, und verbietet die Zeitung für drei Tage[9] (am nächsten Tag hebt der Vollzugsrat jedoch das Verbot bereits wieder auf).[10] Es ist das zweite Verbot einer SPD-Zeitung (ein drittes und letztes wird in Duisburg erfolgen).

Der politische Redakteur des USP-Blatts, Dr. Stern, ist über die Nachricht vom Bielefelder Waffenstillstand aufs äußerste aufgebracht. Während er zwei Tage zuvor vor den Betriebsräten zur vorläufigen Mäßigung geraten hat, kehrt er jetzt zu seinem ursprünglichen Standpunkt des Alles oder Nichts zurück (vgl.

Seite 25) und verfaßt einen geharnischten Artikel, der am folgenden Tag unter der Schlagzeile „*Es gibt kein Zurück*" erscheint:
„*Von Bielefeld kommt der Befehl, die Kampfhandlungen einzustellen, und alle Anzeichen deuten darauf hin, daß man in Bielefeld zu einer endgültigen Verständigung zu kommen hofft. Da ist es notwendig, rechtzeitig darauf hinzuweisen, daß eine Verständigung, die den Arbeitern die Waffen aus der Hand schlägt, die Reaktion bewaffnet läßt, vollständig ausgeschlossen ist. Man sucht uns einzulullen, indem man die Situation so darstellt, als ob die Reaktion mit dem Sturze der Kappregierung bereits erledigt wäre* [eine Anspielung auf den eben zitierten Artikel des SPD-Blatts]. *Man vergißt, daß der Reaktion im Osten ein Aufmarschgebiet zur Verfügung steht und daß ein großer Teil der Regierungstruppen, auch derjenigen, die sich für die Verfassung erklärt haben, nur auf den Augenblick warten, in welchem sie sich zu einer monarchistischen Regierung bekennen können. Es gibt kein Mittelding zwischen Reaktion und Alleinherrschaft der Arbeiterklasse. Nur wenn die Arbeiterklasse in ganz Deutschland in Waffen steht, sind wir vor einer Wiederkehr der Reaktion gesichert. Wenn sich die Arbeiterschaft durch die allerschönsten Versprechungen einer rein sozialistischen, noch so links gerichteten Regierung verführen ließe, die Waffen aus der Hand zu legen, so würde diese Regierung nach kurzer Zeit, um sich halten zu können, gegen die Arbeiterschaft vorgehen müssen. Sie würde keine andere Stütze dabei finden als die Reaktion und das alte Spiel würde von neuem beginnen*".[11]
Eine Meldung vom Waffenstillstand, die aus Hagen nach Essen gelangt ist, versieht Stern mit folgendem Kommentar:
„*Wenn dieser Waffenstillstand zu einer dauernden Verständigung führen soll, wie angekündigt wird, dann haben neben den Unterhändlern in Hagen auch die revolutionären Arbeiter und Rotgardisten ein entscheidendes Wort mitzureden, was die Herren in Berlin nicht vergessen mögen!*"[12]
Diese Stellungnahme ist auch die der Essener KPD-Führer. Sie lehnen das Bielefelder Abkommen, als es am Abend bekannt wird, entschieden ab und nehmen dabei mit besonderer Empörung zur Kenntnis, daß es auch von den Parteigenossen Charpentier und Triebel unterzeichnet ist. Das KPD-Organ enthält am nächsten Tag schärfste Angriffe gegen die beiden wegen ihrer Mitwirkung „an diesem *unerhörten Resultat . . ., durch das den Arbeitern die errungenen Erfolge zur Hälfte aus der Hand geschlagen werden sollen*"; dazu erklärt die Bezirksleitung der KPD, die beiden hätten selbständig ohne Parteiauftrag gehandelt, und in der kommenden Bezirkskonferenz würden entsprechende Maßnahmen getroffen.[13]
Eine nüchterne Betrachtung der Lage wird in Essen dadurch erschwert, daß die Rote Armee um 22 Uhr in den Straßen die Eroberung Wesels ausrufen läßt (eine Falschmeldung).[14]
Von Berlin kommend trifft im Auftrag der KPD-Zentrale Wilhelm Pieck in Essen ein.[15] Er hat am Vortag noch an der entscheidenden Generalversammlung der Berliner Betriebsräte teilgenommen, die entgegen dem von ihm eingebrachten Antrag den Abbruch des Generalstreiks beschloß (II, Seite 131). Es kommt zu Auseinandersetzungen zwischen Pieck und den Essener KPD-Führern: Pieck hat die bessere Übersicht und weiß, daß der Kampf in Berlin und im übrigen

Deutschland zuende und die Aufstandsbewegung im Ruhrgebiet isoliert ist. Er hat daher einiges Verständnis dafür, daß in Bielefeld verhandelt worden ist. Andererseits durchschaut er sofort die fundamentale Schwäche des Bielefelder Abkommens: die Berliner 8-Punkte-Vereinbarung, auf der es basiert, ist alles andere als gesichert. Pieck hält daher neue Verhandlungen mit der Regierung für erforderlich. Dafür wäre jedoch Vorbedingung, daß die Aufstandsbewegung in Zukunft einheitlich auftritt, woran es bisher allzusehr gefehlt hat; Pieck schlägt deshalb vor, daß am nächsten Tag Vertreter aller Vollzugsräte und Kampfleitungen in Essen zusammenkommen sollen, um zu der durch das Bielefelder Abkommen geschaffenen Lage Stellung zu nehmen. Dem stimmen die Essener KPD-Führer zu, und die Einladungen werden den Vollzugsräten und Kampfleitungen übermittelt.[16] Außerdem schickt Pieck, da er aus den Berichten der Essener die Bedeutung der Hagener Kampfleitung erkannt hat, ein Auto nach Hagen, das Ernst nach Essen holen soll.[17]

Lippefront. In einem Bogen südlich von Münster beginnt der Aufmarsch einer Reichswehrdivision, gegliedert in drei Untergruppen. Von den Truppen sind hervorzuheben: das putschistische Freikorps Hindenburg, das vor einer Woche in Hannover in eine Demonstration geschossen und dabei elf Menschen getötet hatte (II, Seite 153); zeitfreiwillige Studenten von Hannover und Göttingen; die Akademische Wehr Münster (750 Mann) in drei Bataillonen (das erste aus Waffenstudenten bestehend, das zweite aus Mitgliedern der katholischen Verbindungen, das dritte, von Martin Niemöller geführte aus den Nichtkorporierten); das Jäger-Bataillon 7, das sich im Ruhrgebiet durch besondere Brutalität auszeichnen wird; eine Abteilung des Freikorps Lützow, die beim Kapp-Putsch nicht in Remscheid gelegen hatte und deshalb der Niederlage gegen die Rote Armee entgangen war.[18]
Die nördlich von Haltern stehenden Rotgardisten gehen am Morgen auf die Nachricht vom Bielefelder Waffenstillstand hin zurück. Reichswehr folgt ihnen vertragswidrig und schießt mit zwei Panzerautos in das bereits geräumte Dorf Hausdülmen. Zurückkehrende Rotgardisten sind zu schwach, um sie wieder zu vertreiben (s. oben Seite 83). — Am Nachmittag scheitert der Versuch der vor Wesel liegenden Roten Armee, die belagerte Festung sturmreif zu schießen. Die Rotgardisten sehen darin jedoch alles andere als die Wende des Kampfes, im Gegenteil empfinden sie ihre Stärke nach dem Artillerieangriff mehr denn je. Sie seien, schreibt der Mitarbeiter der „Frankfurter Zeitung" am folgenden Tag, geradezu „siegestrunken".[19]

Buer/Hamm/Schermbeck/Marl. Fünf Herren aus Buer, darunter der Chefredakteur der „Buerschen Zeitung", Kessels, fahren im Auto nach Bielefeld, um sich über die dortigen Verhandlungen zu informieren (die Telefonverbindung zwischen beiden Städten ist gesperrt). In Hamm treffen sie Stemmer, der aus Bielefeld kommt, wo er soeben den Auftrag erhalten hat, für die Einstellung des Kampfes an der Weseler Front zu sorgen (s. oben Seite 84). Stemmer teilt ihnen das bisherige Verhandlungsergebnis mit und bittet sie dringend, sofort nach Dorsten zurückzufahren und die dortige Kampfleitung zur Einhaltung des Waffenstillstands aufzufordern; sie sollten insbesondere darauf hinweisen, daß die Reichswehr fortgesetzt große Verstärkungen aus Süddeutschland erhalte, so daß es besser sei, sich mit den in Bielefeld erhaltenen Zugeständnissen zu begnügen, als den immer aussichtsloser werdenden Kampf fortzusetzen. Die Bueraner willigen ein. In Dorsten finden sie die Räume der Kampfleitung im Hotel Eschershaus leer; man sagt ihnen, die Kampfleiter befänden sich an der Front. Sie fahren weiter über Schermbeck hinaus bis zu den vordersten Linien, die unter schwerem Geschützfeuer aus Wesel liegen. Mehreren Matrosen, die sich als Führer der Rotgardisten zu erkennen geben, teilen sie die Bielefelder Beschlüsse und die Aufforderung von Stemmer mit. Die Matrosen sprechen sich für die Einhaltung des Waffenstillstands, d.h. für den Rückzug hinter die Lippe aus; nur in Dorsten wollen sie eine befestigte Stellung nördlich der Lippe errichten, um den Flußübergang gegen die Reichswehr zu sichern.

Auf der Rückfahrt werden die Bueraner bei Schermbeck von einer Schar Bewaffneter angehalten. Der Reichswehrspitzel Karusseit (II, Seite 183-185), mit Stolz sich als „Oberkommandierender West" bezeichnend,* pflanzt sich vor ihnen auf: „Ihr seid zur Front gefahren, ohne die Erlaubnis des Oberkommandos dazu erhalten zu haben. Von Bielefelder Beschlüssen wissen wir nichts und wollen wir nichts wissen. Jeder, der sich auf Verhandlungen mit den Noskiden einläßt, ist ein Verräter und muß dementsprechend behandelt werden. Ihr habt Euch zu Mitschuldigen dieser Verräter gemacht ... Wenn jetzt das schwere Artilleriefeuer auf unseren Linien liegt, so trägt Eure verräterische Vermittlung Schuld daran". Zu den umstehenden Rotgardisten: „Leute, macht Euch fertig und stellt die Kerle an die Wand!" Zwei Bewaffnete verlangen jedoch eine genauere Untersuchung; es kommt zu einer Auseinandersetzung, und Karusseit muß sich vorläufig damit begnügen, die Bueraner im Stall einer Ziegelei einsperren zu lassen. — Den Verhafteten gelingt es, einige ihrer Bewacher ins Gespräch zu ziehen und dazu zu bewegen, selbständig mit der Kampfleitung Marl, Karusseits vorgesetzter Stelle, Verbindung aufzunehmen. In Marl ist inzwischen Stemmer eingetroffen. Dieser verlangt von Karusseit telefonisch die sofortige Freilassung der Verhafteten. Karusseits Antwort: Meine Leute verlangen die Erschießung der Verräter und dem muß ich nachkommen, auch wenn Herr Stemmer oder sonst jemand dagegen ist! Den Verhafteten gegenüber bestätigt der kleine Diktator sein Todesurteil und ruft dem Wachposten im Abgehen zu: „Also vor Morgengrauen liegen mir die Hunde!" Doch dazu kommt es nicht: ein Rotgardist, der auf Bitten der Verhafteten mit dem Fahrrad zur Kampfleitung nach Marl gefahren ist, kommt mit einem schriftlichen Befehl an Karusseit zurück, die Verhafteten „sofort nach Marl zu transportieren". Diesen Befehl endlich führt Karusseit aus.[20]

Ebenfalls noch in der Nacht erhält Karusseit einen weiteren Befehl der Kampfleitung Marl, unterzeichnet von Stemmer, der ihn zur Räumung des nördlichen Lippeufers entsprechend dem Bielefelder Waffenstillstand auffordert.[21] Karusseit führt diesen Befehl aus,[22] aber in einer für einen Agenten typischen Weise: durch

---

* Diese Bezeichnung und die damit verbundene Kompetenz hat Karusseit an diesem Tag in einer Vereinbarung mit der Kampfleitung Marl erhalten (II, Seite 73).

Abgesandte machte er dem Militär in Wesel Mitteilung, daß die Rote Armee sich hinter die Lippe zurückziehe und, nicht genug damit, er behauptet, daß die zurückgehenden Einheiten ihre Waffen an bestimmten Punkten in Peddenberg und Schermbeck niederlegten, wo sie am nächsten Morgen abgeholt werden könnten. (Ob es sich bei dieser Angabe um eine bewußte Lüge handelt, ist nicht mit Sicherheit auszumachen. Im Bielefelder Waffenstillstandsabkommen steht jedenfalls kein Wort von Waffenabgabe.) Als das militärische Abholkommando aus Wesel sich am Morgen Peddenberg nähert, erhält es MG-Feuer: Karusseit hat der militärischen Propaganda einen Beweis für die Wortbrüchigkeit und Hinterhältigkeit der Roten geliefert.*23

25. März

Hagen. Das USP-Blatt betrachtet den bewaffneten Kampf als beendet und würdigt das Erreichte:
„Viel kostbares Arbeiterblut ist in diesen Tagen geflossen . . . Ist das Erreichte der Opfer wert? Noch befinden sich die Dinge im Fluß . . ., aber folgendes steht geschichtlich fest: Ohne den Kampf der gesamten Arbeiterschaft wäre die Kapp-Regierung im Sattel geblieben. Die bürgerlichen Parteien hätten sich mit ihr in irgendeiner Weise verständigt. Wir hätten, um es kurz zu sagen, ein zweites Ungarn mit dem Massenmord der Arbeiter bekommen! . . . Diese entsetzliche Gefahr ist abgewandt worden, und nicht nur für den Moment, sondern in der deutschen Republik für alle Zeiten . . .
Der Ludendorffsche Militarismus, die fürchterlichste Geißel der Menschheit, ist zwar noch nicht ganz in den Kot getreten. Aber er ist tödlich getroffen . . . Er wird in Deutschland nie mehr zur Herrschaft kommen. Die westfälischen Arbeiter gaben ihm den todbringenden Streich . . .
*Die allgemeine politische und wirtschaftliche Weltkonstellation versperrt dem letzten und höchsten Ziel, dem Sozialismus, einstweilen noch den Weg, aber unübersteiglich scheinende Schranken sind von den stürmenden Arbeitern zu Boden gerissen worden: die Bahn zum letzten Siegesmarsche ist frei!"*24
Der Aktionsausschuß Hagen erläßt folgenden Aufruf und verbreitet ihn durch Flugblätter und durch Veröffentlichung in den Zeitungen:
„*Der Aktionsausschuß Hagen erkennt die von der Waffenstillstandskommission in Bielefeld aufgestellten Bedingungen an.*
Sämtliche Aktionsausschüsse werden aufgefordert,
1. eine gleiche Erklärung abzugeben,
2. für die Durchführung dieser Bedingungen . . . Sorge zu tragen,
3. die wilden ungesetzlichen Beschlagnahmungen, insbesondere von Lebensmitteln,

---

* Man braucht dabei nicht anzunehmen, daß Karusseit einen Hinterhalt gelegt hat; es genügte, daß diejenigen Rotgardisten bei Peddenberg, die nicht seinem Kommando unterstanden, sondern zu den um Hünxe liegenden Einheiten gehörten, von seiner Aktion nichts wußten und das Abholkommando, das sie selbstverständlich für Angreifer hielten, unter Feuer nahmen.

im Interesse der Aufrechterhaltung der Lebensmittelversorgung unbedingt zu unterlassen.
Nur so wird es möglich sein, weiteres Blutvergießen zu verhindern und das unendliche Unheil über das Industriegebiet und ganz Deutschland abzuwenden."
Unterzeichnet ist dieser Aufruf von den Vorsitzenden der drei Arbeiterparteien.[25]
Um 10 Uhr fahren vier Autos mit Flugblättern nach Oberhausen und Hamborn, wo der Aufruf unter den bewaffneten Arbeitern verteilt werden soll, um sie zur Einstellung der Angriffe auf Wesel zu bewegen.[26]
Oberbürgermeister Cuno für den Stadtkreis und Landrat v. Salmuth für den Landkreis Hagen erlassen einen Aufruf, in dem aus dem Bielefelder Abkommen die Konsequenzen gezogen werden, die sich für die Kommunalbehörden ergeben.[27] Sie versenden diesen Aufruf an die städtischen und staatlichen Behörden des gesamten Industriegebiets.[28]
Die politische und die militärische Zentrale, die der Aktionsausschuß eine Woche zuvor für das gesamte Industriegebiet gebildet hat (s. oben Seite 16), erlassen vier detaillierte Durchführungsverordnungen für das Bielefelder Abkommen, die über WTB verbreitet werden: 1. zur Bildung der Ortswehren, zur Entwaffnung aller Personen, die nicht den Ortswehren angehören, und zur Aufbewahrung der eingesammelten Waffen, 2. zur Einsammlung von Heeresgut, das die Arbeiter in den Kämpfen der Reichswehr abgenommen haben, 3. zur Unterbindung von Lebensmittelbeschlagnahmungen, 4. zur Unterlassung aller weiteren Kampfhandlungen seitens der bewaffneten Arbeiter. Die militärische Zentrale, d.h. die Kampfleitung Hagen, erklärt sich gleichzeitig mit dem heutigen Tage für aufgelöst.[29]
Der Aktionsausschuß Hagen hebt die Zeitungszensur auf. Das rechtsbürgerliche „Westfälische Tageblatt", das in den Putschtagen für Kapp eingetreten ist, benutzt die neugewonnene Freiheit zu einer wüsten Hetze gegen die Arbeiter. Es bezeichnet das Berliner 8-Punkte-Abkommen und das Bielefelder Abkommen als Bruch der Verfassung und höhnt über die bürgerlichen Mittelparteien, die sich immerzu von den Sozialisten hereinlegen ließen.[30]
Der Vorplatz des Hagener Hauptbahnhofs wird zur Begrüßung der von der Front zurückerwarteten Rotgardisten geschmückt. Die Enneperstraße, die durch die wichtigsten Arbeiterviertel der Stadt verläuft, gleicht nach dem Bericht einer bürgerlichen Zeitung „einer Triumphstraße": aus fast jedem Haus hängen Fahnen.[31] Am Nachmittag treffen die ersten Rotgardisten ein.[32]

Hagen/Essen/Mülheim. Um 2 Uhr nachts erscheint die KPD-Delegation aus Essen bei Ernst und bittet ihn, nach Essen zu kommen, um dort die für das Bielefelder Abkommen sprechenden Argumente vorzutragen; dort und in Mülheim gebe es starke Widerstände gegen die Annahme des Abkommens. Ernst erklärt sich dazu bereit. Nach langer Fahrt — in der Dunkelheit verirrt sich der Fahrer — beginnt um 6 Uhr morgens die Aussprache zwischen den Essener KPD-Führern, Pieck und Ernst. Düwell und Eppstein lehnen das Bielefelder Abkommen mit heftigen Worten ab; vor allem Eppstein bezeichnet es als „vollkommen ungenügend", u.a. weil die Amnestiezusage nur die Zeit seit dem Kapp-Putsch, nicht die ganze Vergangenheit umfasse. Die Meinungen bleiben geteilt. Am Ende der

Auseinandersetzungen bittet der annahmebereite Teil der Kommunisten Ernst, auch noch mit nach Mülheim zu fahren, um mit der dortigen Kampfleitung, die vollkommen ablehnend sei, zu verhandeln. Ernst erklärt sich auch hierzu bereit und fährt zusammen mit Pieck nach Mülheim.[33] Beide treffen dort mit dem Vollzugsrat und dem Oberbefehlshaber der Front vor Wesel, Müller (Dudo), zusammen. Die Mülheimer empfangen sie mit eisiger Ablehnung; das Bielefelder Abkommen bezeichnen sie als „nackten Verrat". Ernst zählt demgegenüber die Gründe für die Annahme des Abkommens auf. Als er den beginnenden Munitionsmangel nennt, lachen die Mülheimer ihn aus und behaupten, „seit Tagen würde bereits neue Munition gemacht". Pieck fragt jedoch nach, und daraufhin geben die Mülheimer zu, daß die Rote Armee vor Wesel nicht genügend Gewehrmunition hat und auch nicht regelmäßig Verpflegung erhält, vor allem aber daß die für die Erstürmung der Stadt notwendigen Großkampfmittel vorerst noch fehlen. Trotzdem lehnen sie die Durchführung des Waffenstillstands ab, weil sonst „die Regierungstruppen Zeit gewinnen würden, ihre Kräfte zu konzentrieren". Ernst antwortet ihnen hart, „daß sie sich im Interesse der gesamten Arbeiterklasse fügen müßten". Daraufhin erklären die Mülheimer ihn für verhaftet und drohen ihm, ihn an die Wand zu stellen. Als Pieck zu vermitteln versucht, wird er als ebenfalls bremsender „Oberbonze von Berlin" bezeichnet. Plötzlich stürzt jemand herein und ruft: „Wesel ist gefallen!" Die Mülheimer glauben das sofort. Die Situation ist gerettet; weitere Diskussionen werden beiderseits für zwecklos erachtet.[34]

Auf der Rückfahrt nach Essen äußert Pieck: „Das sind keine Kommunisten, sondern wildgewordene Spießer". Das Verhalten der Mülheimer sei „Dummheit oder Spitzelarbeit". Noch mehr als bisher ist Pieck überzeugt, daß die Aufstandsbewegung sich eine Spitze geben muß, die dann ihren Führungsanspruch auch gegenüber den Kampfleitern durchzusetzen hat. Ernst ist bei der Auseinandersetzung zu der Überzeugung gekommen, daß das weitere Vorgehen gegen Wesel den Einmarsch der Reichswehr geradezu provoziert und daß daher die organisierte Arbeiterschaft (zu der er die Mülheimer Führer nicht rechnet) die Durchführung des Bielefelder Abkommens notfalls mit Waffengewalt gegen die bestehenden Widerstände durchsetzen muß.[35]

Vollzugsrat und Kampfleitung Mülheim erklären in der Presse, daß für sie die Bielefelder Vereinbarungen, die ohnehin von beiden Seiten (Reichswehr und Roter Armee) nicht eingehalten würden, „nicht bindend" seien. Das Bielefelder Abkommen sei „für die revolutionäre Arbeiterschaft nicht maßgebend, weil die Teilnehmer der Konferenz in keinerlei Auftrag handelten" und die von der Regierung gemachten Zugeständnisse ungenügend seien.[36]

Dorsten. Karusseit, der inzwischen gemerkt hat, daß er mit seiner Ablehnung der Bielefelder Vereinbarungen nicht allein steht, sondern bei den Mülheimer Kampfleitern Rückenstärkung finden kann, lehnt alle weiteren Befehle Stemmers ab. Es kommt zu einer Auseinandersetzung, in deren Verlauf Stemmer — wie Ernst in Mülheim — mit Erschießung bedroht wird.[37] Gestützt auf Rotgardisten aus Gelsenkirchen, die auch den Sicherheitsdienst in Dorsten übernehmen — die örtliche Arbeiterwehr wird aufgelöst, der örtliche Aktionsausschuß weitgehend ausgeschaltet —, ergreift Karusseit die Zügel in der Kampfleitung Dorsten.[38]

Hagen. Am Abend legt Stemmer, verbittert über die Haltung der westlichen Kampfleiter und Karusseits, seine Funktion als Kampfleiter nieder.[39] In den nächsten Tagen hält er sich zeitweilig außerhalb des Ruhrgebiets auf; am 28. März spricht er in Frankfurt am Main auf einer Solidaritätskundgebung der USP für die Ruhrarbeiterschaft. Hier verlangt er von der Regierung Anerkennung des Bielefelder Abkommens und Änderung des Betriebsrätegesetzes zugunsten der Arbeiterinteressen. Er kündigt Einhaltung und rasche Verwirklichung des Bielefelder Abkommens durch die Arbeiter an, insbesondere den Aufbau der Arbeiterwehren, und erklärt unter dem Beifall der Versammelten: Wenn trotz des Bielefelder Abkommens „Truppen in das Industriegebiet kommen, werden wir sofort losschlagen und erwarten, daß die deutschen Arbeiter uns durch [einen] Generalstreik unterstützen".[40]

Essen. Die Kampfleiter der vor Wesel liegenden Roten Armee verbreiten folgendes Flugblatt:
„*An die Rote Armee!*
Genossen! Ihr seid, Eurem gesunden Menschenverstande folgend, zu den Waffen geeilt. Ihr habt Euch nicht gescheut, dem Tod ins Auge zu schauen. Ihr habt nicht gerechtet und gerechnet. Ihr fragt nicht nach Parteizugehörigkeit und Konfession. Ihr kämpft für die Freiheit, das Recht der Arbeit.
Kämpfend werdet Ihr siegen!
Flaumacher, Miesmacher werden an Euch herantreten, Euch sagen, das gesteckte Ziel könnte nun durch Verhandlungen erreicht werden. Berufsschwätzer werden ihre Stunde als gekommen erachten, den Kuhhandel zu eröffnen — um zu ernten.
Genossen! Wir wollen Eure Leidenschaften nicht aufpeitschen, indem wir an die durch die Baltikum-Bestien verübten Greuel an wehrlosen Gefangenen und Krankenpflegerinnen erinnern. Aber Ihr habt Euch vor Augen zu halten, daß das, was jetzt schon während des Kampfes geschieht, nur eine Bagatelle sein wird gegen das, was geschehen wird, wenn Ihr die Waffen aus der Hand legt, bevor Ihr gesiegt habt.
Den Abbruch des Kampfes können nicht Schwätzer bestimmen, sondern Ihr selbst — durch Eure Führer.
Seid wachsam, nun Ihr gewarnt seid.
Die militärische Leitung."[41]
Dieses Flugblatt ist nicht zuletzt eine Warnung vor der Konferenz der Vollzugsräte, die um 15 Uhr im großen Saal des „Evangelischen Vereinshauses" in Essen (ein Hotel in der Nähe des Hauptbahnhofs) beginnt.[42] Die Vollzugsräte von etwa 70 Orten haben rund 200 Delegierte entsandt — es ist die erste Konferenz, in der annähernd das ganze Spektrum der Aufstandsbewegung zum Ausdruck kommt. Auch mehrere Kampfleiter der Front vor Wesel sind erschienen.[43]
Oettinghaus (Metallarbeitersekretär aus Milspe, USP) erstattet einen Bericht über die Bielefelder Konferenz. In ernsten Worten setzt er auseinander, warum es notwendig gewesen sei, in Bielefeld zu verhandeln: er nennt die Isolierung

der Aufstandsbewegung, die ständig zunehmende Stärke der Reichswehr, die wachsenden Ausrüstungs- und Verpflegungsschwierigkeiten im eigenen Lager. In und um Münster lägen etwa 13.000 Mann Reichswehr, und aus Süddeutschland seien bereits mindestens 20.000 Mann in Lippstadt und Rheda eingetroffen; beträchtliche weitere Verstärkungen seien noch unterwegs. Es handele sich um dieselben Truppen, die vor einem Jahr in München bei der Zerschlagung der Räterepublik gehaust hätten. Ihre Kampfmoral sei mit Mitteln der Propaganda nicht zu untergraben. (Es gab solche an die Reichswehr gerichtete Propaganda; ein Flugblatt hatte Oettinghaus selbst verfaßt.) Demgegenüber beginne es der Roten Armee an Munition zu fehlen, so gut wie völlig fehle es an Artillerie, es mangele an Decken, Kleidung und anderen unbedingt notwendigen Ausrüstungsstücken, und die Nahrungsmittel gingen zur Neige, so daß die Gefahr drohe, daß die Bevölkerung gegen die Aufstandsbewegung aufgebracht werde. Auch die Eroberung Wesels würde nicht viel weiterhelfen, „solange nicht die Revolution in Süddeutschland, Berlin, Hamburg und in anderen Teilen Deutschlands aufflammt". In Erkenntnis dieser Lage habe man in Bielefeld verhandelt. Er gebe zu, daß das ausgehandelte Abkommen „unbefriedigend sei und daß versucht werden müsse, Garantien dafür zu erlangen, daß es von der Regierung auch eingehalten" werde. In der Hauptfrage, der Bewaffnung der Arbeiter, beinhalte das Abkommen, erstens daß aus der organisierten Arbeiterschaft, wozu auch die Unionisten gehörten, Ortswehren gebildet würden, und zweitens daß die Waffen nicht nach Münster abgeliefert werden müßten, sondern unter Aufsicht der Ortswehren und der Gemeindebehörden im Ruhrgebiet blieben. Die Entlassung v. Watters habe sich nicht erreichen lassen, jedoch werde ihm der Genosse Ernst an die Stelle gestellt werden, der darüber zu wachen habe, daß die kappistischen Freikorps Lützow, Lichtschlag und Schulz wie vorgesehen entwaffnet und aufgelöst und die vereinbarten Ortswehren gebildet würden. Die Zugeständnisse der Gegenseite sollten nicht nur für das Ruhrgebiet, sondern für das ganze Reich Gültigkeit haben (eine Interpretation, die im Text des Abkommens keine Stütze hatte). Die Arbeiter müßten zahlreich in die weiterbestehenden Reichswehrformationen eintreten, „damit diese nicht mehr zu reaktionären Zwecken mißbraucht werden könnten". — Sicherlich würden viele das Bielefelder Abkommen scharf kritisieren, aber diesen „rufe er zu, nicht zu glauben, daß die Unterhändler nicht auch bestrebt gewesen seien, die Revolution zu fördern". Trotz aller Mängel empfehle er — offenbar schweren Herzens, bemerkt ein Berichterstatter — den Abbruch des Kampfes, solange das Kräfteverhältnis noch günstig sei; das sei „besser, als jetzt den Kampf unter ... ungewissen Aussichten fortzusetzen". Damit werde „eine Basis" gefunden, „die die Zukunft sicherstellt", indem vor allem die Arbeiter nicht entwaffnet würden und eine Kampfpause gewonnen werde, in der die bewaffnete Macht umgeformt werden könne. Damit würden „die Voraussetzungen für den Sieg des Proletariats in ganz Deutschland" geschaffen.
Wiederholt ist Oettinghaus in seiner Rede durch Zurufe wie „Verräter!" „An die Wand stellen!" unterbrochen worden, und in großer Erregung verläuft die mehrstündige Debatte. Fast alle Redner sprechen gegen die Annahme des Bielefelder Abkommens, da „man auf die Versprechungen der Regierung nach den bisherigen üblen Erfahrungen nicht viel geben könne"; der Kampf müsse zumindest so lan-

ge fortgesetzt werden, bis „absolute Garantien" für die Entwaffnung der putschistischen Truppen und für die Aufstellung der Arbeiterwehren erlangt seien. Mehrere Vertreter der Front berichten von der „ungeheuren Kampfbegeisterung der Roten Truppen" und von der großen Empörung „über die Bedingungen, die der Arbeiterschaft zugemutet würden"; sie erklären, „unter allen Umständen weiterkämpfen zu wollen und lieber unterzugehen, als den Kampf jetzt abzubrechen". Demgegenüber macht es einen gewissen Eindruck, daß Pieck als Vertreter der Berliner KPD-Zentrale auf die Gefahr hinweist, daß die Aufständischen sich „bis zum Weißbluten aufreiben"; er führt zwar ebenfalls aus, daß keinerlei Garantien für die Einhaltung des Bielefelder Abkommens durch die Regierung gegeben seien und daß „die einzige Garantie für die Arbeiter sei, daß sie die Waffen in ihren Händen behielten, um ein Eindringen der Reichswehrtruppen jederzeit verwehren zu können", er läßt aber keinen Zweifel darüber, daß der Kampf angesichts der Isolierung des Ruhrgebiets letztendlich abgebrochen werden muß. In diesem Sinne spricht auch ein Vertreter des Zentralkomitees der USP. Die Delegierten aus Mülheim verlassen während der Debatte demonstrativ den Saal — ihnen ist es schon zuviel, daß überhaupt über die Fortsetzung des Kampfes diskutiert wird. Schließlich wird ein — zweifellos stark von Pieck geprägter — Antrag angenommen, nach dem die Konferenz sofort einen „Bezirksrat" mit dem Sitz in Essen wählen soll, der beauftragt ist, im Einvernehmen mit den Kampfleitern nochmals die Lage zu prüfen sowie erneute und diesmal entscheidende Verhandlungen mit der Regierung zu führen; sollten diese Verhandlungen schei-

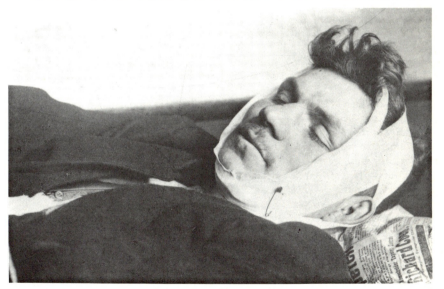

„Die ungeduldigen Remscheider Arbeiter schlugen mit 50 Gewehren, die sie vermutlich im Laufe der Nacht von den auswärtigen Genossen bekommen hatten, zuerst los, dann setzte der Hauptangriff von Norden, Osten und Süden ein" (I, Seite 261)
Ein beim Kampf um Remscheid am 19. März 1920 gefallener Arbeiter

tern, ist er zur Leitung aller Aktionen bevollmächtigt. (Damit ist das Bielefelder Abkommen indirekt abgelehnt; in der Hoffnung, zu einem besseren Ergebnis zu kommen, sollen neue Verhandlungen geführt werden.) Die Konferenz wählt 8 Unabhängige (darunter den nicht anwesenden Ernst), 7 Kommunisten und einen Sozialdemokraten zu Mitgliedern des Bezirksrats (ein Ausdruck für den Gewichtsverlust der SPD). Die Zusammensetzung hat noch Mängel, da nicht jeder wichtige Vollzugsrat vertreten ist und einige der Gewählten nicht Delegierte eines Vollzugsrats sind, jedoch im Prinzip hat die Aufstandsbewegung jetzt eine politische Spitze. Ein Beschluß, ob der Kampf fortgesetzt werden soll oder nicht, wird nicht gefaßt.[44]

Der Bezirksrat nimmt, wie von der Konferenz beauftragt, sofort seine Beratungen auf;[45] er benennt sich *„Der Zentralrat der Vollzugsräte des Industriegebiets Rheinland-Westfalen"*.[46] Die Mülheimer lehnen die Mitarbeit ab, weil der Zentralrat „bonzenhaft" zusammengesetzt sei (die Funktionäre sind gegenüber den Arbeitern in der Mehrheit).[47] Das Gremium ist sich einig, daß es seinen Führungsanspruch erst noch gegen die Mülheimer durchsetzen muß, und beschließt, dazu die am nächsten Tag in Hagen stattfindende Konferenz zu benutzen.[48]

Duisburg. Oberbürgermeister Jarres berichtet dem Vollzugsrat von der Bielefelder Konferenz. SPD- und USP-Fraktion erklären sich für die Annahme des Abkommens, während die KPD-Fraktion gespalten ist: zwei Kommunisten sind ebenfalls für die Annahme, drei dagegen; sie erklären, erst eine Entscheidung der Parteizentrale abwarten zu wollen, bis dahin wollen sie sich gegenüber dem Bielefelder Abkommen strikt ablehnend verhalten. Eine Entscheidung wird vertagt; zunächst sollen die drei Parteien je unter sich beraten.[49]

Hagen. Die Meldung, die südlich von Münster stehende Reichswehr marschiere in Richtung Dortmund vor, löst unter der Arbeiterschaft Beunruhigung aus.[50]

Dortmund. Am Nachmittag berät der Vollzugsrat ohne Meinberg — dieser nimmt an der Essener Konferenz teil — über das Bielefelder Abkommen. Plötzlich stürmen etwa hundert bewaffnete Arbeiter — die sog. „Eiserne Kompanie", eine besonders draufgängerische Abteilung der Dortmunder Arbeiterwehr — in die Sitzung und zwingen den Vollzugsrat, sofort den Generalstreik zu proklamieren und den verschärften Belagerungszustand zu verhängen. Anlaß zu diesem Vorgehen ist eine WTB-Meldung, die Reichswehr gehe bei Lünen vor (eine Falschmeldung; die Vorposten der Reichswehr stehen noch 25 Kilometer nördlich von Lünen). Der Vorgang ist undurchsichtig: das WTB-Büro behauptet später, es habe diese Meldung unter dem Druck von Kommunisten verbreitet.[51] Sicher ist, daß mit einem Trick versucht wird, den Generalstreik auf Gelsenkirchen und Recklinghausen auszudehnen: die Vollzugsräte beider Städte erhalten Anrufe aus Dortmund, es seien Kämpfe mit der Reichswehr im Gange, und die jeweils andere Stadt sei aus Solidarität mit den Dortmundern in den Generalstreik getreten; man fordere dazu auf, diesem Beispiel zu folgen. (Der Trick gelingt nicht, da die beiden Vollzugsräte sich miteinander in Verbindung setzen.)[52] In Dortmund werden rote Plakate mit einem Aufruf zum Generalstreik, unter dem an erster Stelle der Name Meinbergs steht, angeschlagen (diese Plakate sind möglicherweise schon vor der Szene im Vollzugsrat fertig gewesen), es wird Sturm geläutet und Alarm geblasen, und in kürzester Zeit werden alle Betriebe stillgelegt.[53] Weit über tausend bewaffnete Arbeiter fahren mit der Straßenbahn, auf Lastwagen und mit allen sonstigen griffbereiten Transportmitteln nach Lünen. Hier stellen sie fest, daß von Reichswehr weit und breit nichts zu sehen ist; aber damit ist die Aktion noch nicht wirkungslos: die Ankunft der Dortmunder ihrerseits verbreitet nun große Erregung in Lünen, was dem Vollzugsrat der Stadt höchst unliebsam ist; die beiden bürgerlichen Mittelparteien und die christlichen Gewerkschaften treten aus dem Vollzugsrat aus, während die Führer der drei Arbeiterparteien im Vollzugsrat sich pausenlos um den Wiederabzug der Dortmunder bemühen. Um 3 Uhr nachts endlich erklären sich die Dortmunder dazu bereit.[54] Inzwischen ist Meinberg wieder in Dortmund eingetroffen; er protestiert dagegen, daß man in seiner Abwesenheit seinen Namen unter den Generalstreikaufruf gesetzt hat.[55] — Der ganze Vorgang ist äußerst bedeutsam. Er zeigt, in welche Erregung der langsame Vormarsch der Reichswehr die Arbeiterschaft in den Städten versetzt.[56] Vor allem aber haben zum ersten Mal bewaffnete Arbeiter einen Vollzugsrat unter Druck gesetzt. — Nach dem Aufstand wird Meinberg klagen, bei der Eroberung Dortmunds durch die Arbeiter zu Beginn des Aufstands hätten Polizei, Sicherheits- und Einwohnerwehr ihre Waffen einfach weggeworfen, so daß jedermann sich eine Waffe habe nehmen können und der Grundsatz des Vollzugsrats, daß nur organisierte Arbeiter eine Waffe tragen dürften, sich nicht habe durchführen lassen.[57]

Elberfeld. Das USP-Blatt bezeichnet das Ergebnis der Bielefelder Konferenz als enttäuschend. Eine der Ursachen dafür seien die Hagener Richtlinien (gegen die Rätediktatur, für Verfassung und Legalität), die „der erste Schritt auf einer abschüssigen Bahn" gewesen seien. Nicht für die bürgerliche Demokratie habe die Arbeiterschaft gekämpft, sondern für den Sozialismus. Der Bielefelder Kompromiß sei jedoch unausweichlich gewesen: im übrigen Deutschland habe die bewaffnete Reaktion über das Proletariat gesiegt, so daß die Regierung das gesamte Militär nach dem Westen werfen könne. So sei nur ein Teilsieg errungen: „Wir haben ... unsere Linien ein Stück weiter vorgeschoben, doch der Feind ist noch nicht völlig geschlagen".[58]
In einer Sitzung der Aktionsausschüsse von Elberfeld und Barmen am Nachmittag berichtet Charpentier (KPD) von der Bielefelder Konferenz. Der Grundtenor seiner Ausführungen ist, daß zwar manche Forderung nicht erfüllt sei, daß jedoch nach Lage der Dinge nichts anderes möglich gewesen sei, als das Abkommen zu unterzeichnen; die Arbeiter erhielten für die Zukunft Sicherungen, vor allem in Gestalt der Ortswehren. Diesem Standpunkt schließen sich die Diskussionsredner an. Ein endgültiger Beschluß soll jedoch erst nach der am nächsten Tag in Hagen stattfindenden Konferenz gefaßt werden.[59]

Düsseldorf. Der Vollzugsrat, der sich politisch der Hagener Kampfzentrale anschließt,[60] richtet Etappenstationen ein, an denen die von der Front zurückerwarteten Rotgardisten ihre Waffen abgeben sollen.[61]

Castrop und Gummersbach. In Ausführung des Bielefelder Abkommens wird die Bildung einer Ortswehr in Angriff genommen.[62]

Bochum. Das SPD-Blatt wiederholt seine Forderung nach Entlassung v. Watters und restloser Säuberung der Reichswehr von den Putschisten; es sei unbegreiflich, daß die Regierung diese Maßnahmen nicht schon längst ergriffen habe.[63]

Nord- und Ostfront. Am Vormittag beginnt die Rote Armee wieder, Wesel mit Artillerie zu beschießen; wie am Vortag sind zahlreiche Geschosse Blindgänger, auch mangelt es an Munition. Einen Sturmangriff zu unternehmen, was ein Teil der Rotgardisten fordert, lehnen die Kampfleiter ab; ein solcher soll von Osten her unternommen werden, während südlich der Stadt weitere Geschütze zusammengezogen werden sollen. Die Kampfleiter hoffen nach wie vor, die unter dem Artilleriefeuer leidende Zivilbevölkerung der Stadt werde das Militär zum Abzug drängen.[64] — Das gegnerische Feuer ist stärker als am Vortag; Friedrichsfeld und Bucholtwelmen liegen bereits unter gefährlichem Artilleriebeschuß der Weseler Truppen.[65] Bald stürzt der Schornstein einer Lumpenfabrik bei Friedrichsfeld zusammen, auf dem ein Beobachtungsposten der Roten Armee sitzt.[66] Um 10.30 Uhr stößt eine Reichswehreinheit mit einem behelfsmäßig gepanzerten Eisenbahnzug, der mit Maschinengewehren und einem Minenwerfer bestückt ist, über die Lippe vor. Zahlreiche Rotgardisten beiderseits der Bahnstrecke flüchten; andere halten dem Feuer stand und können den Zug durch einen Treffer ins Dampfrohr der Lokomotive 200 Meter südlich des Flusses zum Stehen bringen. Danach machen Rotgardisten den selbstmörderischen Versuch, den Zug zu erobern; hier wird der Einfluß des vom Militär vermittelten Tapferkeitsideals auf die Arbeiter sichtbar. Todesmutige feuern aus 80 Metern Entfernung, bis sie im MG-Feuer der Zugbesatzung zusammenbrechen. Einige Sanitäter und Sanitäterinnen der Roten Armee werden gefangengenommen. Schließlich zieht eine aus Wesel geschickte zweite Lokomotive den Zug wieder in die Stadt zurück.[67] Die gefangenen Sanitäter und Sanitäterinnen werden unter ständigen Schlägen und Tritten zum Stabsquartier der Reichswehr geführt; sie bluten bald aus Nase und Mund, eine Schwester bricht zusammen und stirbt. Die anderen werden nach sieben Stunden ununterbrochener Mißhandlungen freigelassen, nachdem ein holländischer Konsul zu ihren Gunsten bei der Reichswehr interveniert hat.[68]
Das Bielefelder Abkommen wird, soweit es bekannt wird, von den Rotgardisten an der Front vor Wesel abgelehnt. Der Haß gegen die Noskiden, so berichtet ein bürgerlicher Journalist, sitze so tief, „daß das Wort ‚Verhandlungen' schon Wutschreie erzeugt".[69] Ein anderer Journalist erhält auf die Frage nach den Zielen der Roten Armee immer wieder die Antwort: „Die Reichswehr muß aus Wesel heraus, dann kommt Münster dran und eher hören wir nicht auf. Dann haben wir Ruhe und wissen, wofür wir gekämpft haben".[70] Die Kampfleiter freilich scheinen sich der Dauerhaftigkeit dieser Entschlossenheit nicht ganz sicher zu sein. Das zeigt sich darin, daß in Oberhausen den bürgerlichen Lokalzeitungen die weitere Herausgabe des politischen und des provinziellen Teils untersagt wird, nachdem sie das Bielefelder Abkommen veröffentlicht haben (nur Lokal-, Unterhaltungs- und Anzeigenteil sind noch gestattet); der Vertrieb auswärtiger Zei-

tungen wird gänzlich verboten.[71] Auch in den folgenden Tagen verhindern die Kampfleiter nach Möglichkeit, daß den Rotgardisten das Bielefelder Abkommen zur Kenntnis kommt.[72] Dem Landrat von Dinslaken, der mit Rotgardisten über das Abkommen zu sprechen versucht, wird dies von der Kampfleitung streng untersagt.[73]
In Billerbeck treffen aus Schlesien kommend die ersten Staffeln der 8.000 Mann starken Marinebrigade Loewenfeld ein, Eisenbahnwagen und Stahlhelme mit Hakenkreuzen bemalt. Nach dem Ausladen marschieren sie bis Coesfeld weiter. Gegen Abend gibt General v. Watter Befehl, die weiteren Transportzüge gleich bis Borken weiterrollen zu lassen, obwohl dieser Ort bereits in der neutralen Zone liegt und keine Genehmigung der Westmächte für den Einmarsch vorliegt. Außer der Marinebrigade sollen noch weitere Truppen die Lücke zwischen Wesel und Münster schließen; General v. Hofmann* übernimmt den Oberbefehl in diesem Abschnitt.[74]
Im Osten des Ruhrgebiets können die württembergischen und bayrischen Truppen ihren Aufmarsch an diesem Tag bereits vollenden; von ihren Zielbahnhöfen Lippstadt und Rheda aus haben sie eine Front gebildet und werden am nächsten Tag ihren Vormarsch beginnen. Den Oberbefehl hat General Haas aus Stuttgart, der in den Tagen des Putsches seine Sympathie für Kapp zu erkennen gegeben hat (II, Seite 157).[75] Zum bevorstehenden Kampf im Ruhrgebiet läßt er seinen Stab eine Aufklärungsschrift für die Truppe anfertigen, in der gleich zu Eingang festgestellt wird, der Aufstand sei „seit fast einem Jahr" vorbereitet, der Kapp-Putsch sei nur eine günstige Gelegenheit für die Auslösung des Aufstandes gewesen. Im Ruhrgebiet falle jetzt die Entscheidung, ob in Deutschland der Bolschewismus siege oder nicht. Unter „Bolschewismus" wird dabei auch die von den Hagener USP-Führern praktizierte Bündnispolitik (Einbeziehung von DDP und Zentrum) verstanden, und zwar als eine besonders gefährliche Spielart, indem das Wort „Rätediktatur" in raffinierter Weise vermieden werde. Glücklicherweise habe sich diese „unnatürliche Koalition" bereits aufgelöst (Abspringen der bürgerlichen Mitte, Distanzierung der SPD). Das Bielefelder Abkommen sei „aus Klugheit in der Formulierung maßvoll", werde „tatsächlich aber nur als erste und vorläufige Etappe seitens der Radikalen betrachtet" und sei von diesen „von vorneherein nicht eingehalten" worden. Zum Schluß kommt daher eine versteckte Polemik gegen Severing und die Regierung: „Es gilt also . . ., alle Kräfte zum entscheidenden Kampf gegen den Bolschewismus zusammenzufassen . . . Die Historik zeigt, daß nur Tatsachen . . ., nicht irgendeine Aufklärung durch bloße Worte belehrend wirkt . . . Um die Auseinandersetzung hier kommen wir keineswegs trotz aller scheinbaren und irreführenden Verhandlungen herum; andernfalls versinken wir in wenigen Monaten restlos im Bolschewismus".[76] — Kommandeur der Bayern — die wie die Loewenfelder mit Hakenkreuzen auf den Eisenbahnwagen herangerollt sind — ist Oberst Epp, in Bayern eine zentrale Figur der Faschisten. Er äußert sich weit offener als General Haas; für ihn sind alle Abkommen und Anordnungen der Regierung nur ein Fetzen Papier.[77]

---

* v. Hofmann war im Januar 1919 Oberbefehlshaber der Garde-Kavallerie-Schützendivision in Berlin, zu der die Mörder Luxemburgs und Liebknechts gehörten.

Von Hausdülmen aus, das die Reichswehr am Vortag entgegen dem Bielefelder Waffenstillstand angegriffen und besetzt hat, greift um 4 Uhr morgens eine Reichswehrkompanie unter Hauptmann Guderian mit Minenwerfern, einem Panzerwagen und einem gepanzerten Zug das Heimkehrlager Dülmen an, das gut einen Kilometer südwestlich des Dorfes liegt. Hier haben sich die Kriegsheimkehrer in den letzten Tagen zum Teil mit der nördlich der Lippe auftauchenden Roten Armee solidarisiert und in Opposition zur Lagerkommandantur (die aus Offizieren besteht) einen Aktionsausschuß gebildet. Der Kampf ist rasch für die Reichswehr entschieden — nach deren Angaben verteidigen nur 200 Rotgardisten das Lager —, dann veranstalten die Sieger ein furchtbares Massaker: rund 60 Tote zählt man am Ende, die meisten erschlagen, nachdem sie bereits gefangengenommen waren; erschlagen und verstümmelt auch die vier verwundeten Rotgardisten, die nach dem Kampf am Vortag ins Lazarett gebracht worden waren. Wer verschont wird, muß stundenlang mit erhobenen Händen vor einer Mauer stehen. Schließlich werden die Gefangenen, darunter zwei Mitglieder des Lager-Aktionsausschusses, nach Dülmen abgeführt. Unterwegs müssen sich die Gefangenen zum sadistischen Vergnügen des Begleittrupps mit ausgestreckten Armen in den Sand legen.[78]

Haltern, in unmittelbarer Nähe dieser Vorgänge, wird am Vormittag von der Roten Armee geräumt; die abziehenden Rotgardisten gehen südlich der Lippe neu in Stellung. Reichswehr rückt ihnen nicht nach, so daß die Stadt mehrere Tage lang zwischen den Fronten liegt.[79]

Lennep. Der Vollzugsrat versucht das Problem, das die Nichtbeachtung des Waffenstillstandsabkommens durch die vor Wesel liegende Rote Armee aufwirft, dadurch zu lösen bzw. zu verdrängen, daß er eine entsprechende Meldung im Lokalblatt streicht. Dasselbe macht am folgenden Tag der Zensor des Aktionsausschusses von *Iserlohn*.[80]

26. März

Essen. Während das USP-Blatt zu der Frage, ob der Kampf fortgesetzt werden soll oder nicht, keine Stellung nimmt,[81] zeigt der Inhalt des KPD-Organs, daß die KPD-Führung nach wie vor in ihrer Meinung gespalten ist. In einem Aufruf, überschrieben *„Proletarier! Genossen!"*, der den Stand des Kampfes im Reich und die Möglichkeiten der Aufstandsbewegung im Ruhrgebiet völlig falsch darstellt, heißt es:

„Der historische Augenblick ist gekommen, den die Proletarier seit Jahrzehnten ersehnt haben ... Mit wahrhafter Begeisterung haben die bewaffneten Arbeitermassen in großen Teilen Deutschlands die Reaktion zu Boden geworfen und sind weiter im siegreichen Vordringen.
In dieser Stunde der noch nie gekannten stürmischen proletarischen Erhebung hat man es gewagt, den ... im Kampfe Stehenden in den Arm zu fallen ...
Nicht allein, daß die sogenannte Waffenstillstandskommission die Bewegung der kämpfenden Massen zum Stillstand zu bringen sich vermaß, hat sie es unternom-

men, über die Entwaffnung der Arbeiterschaft zu unterhandeln, die Bewaffnung der Reaktion aber aufrecht zu erhalten und möglichst zu verstärken. Sie hat dadurch eine Situation geschaffen, die das Proletariat nur mit dem Aufgebot seiner ganzen Kraft überwinden kann.
Die ... Kämpfenden wollen nichts wissen vom Abbruch des Kampfes. Sie wollen weiterkämpfen, bis das Ziel erreicht ist, bis kein Reaktionär mehr mit der Waffe in der Hand auf deutschem Boden steht ... Die kämpfenden Proletarier trennt nichts, nicht die vergangenen politischen Kämpfe der Kriegsjahre und der Nachkriegszeit. Sie kämpfen, kämpfen einzig und allein zur Erringung der Macht, zur Niederschlagung der Militärherrschaft und der kapitalistischen Ausbeuter ... Fest im Auge das Ziel: Vorwärts, dem Feind entgegen, zum Kampf, zum Sieg des revolutionären Proletariats!"[82]
Dazu paßt ein redaktioneller Artikel, überschrieben „Von der Bielefelder Konferenz", in dem es heißt:
„Daß diese Vereinbarungen nicht Grundlage für eine Verständigung sein können, müßte selbst den borniertesten Regierungsbonzen klar sein. Denn sie bedeuten nichts anderes als den Versuch, der Arbeiterschaft ... die glänzenden Erfolge mit einem Federstrich wegzueskamotieren. Das revolutionäre Proletariat ... denkt nicht daran, sich diesen Schandbedingungen zu fügen ... Die Herren Giesberts, Braun und Severing können im Ernst selbst nicht glauben, daß die Arbeiter widerstandslos sich entwaffnen lassen, ihre gewonnene Macht freiwillig zurückgeben ...
Es ist noch sehr unklar, wie die Bielefelder Konferenz überhaupt zustande kam. Die bestehenden politischen Faktoren Rheinland-Westfalens, die Arbeiter- und Vollzugsräte, waren nicht hinzugezogen, die Gefechtsleitung durch keinen Vertreter anwesend ... Wohl waren einige Arbeitervertreter anwesend. Von wem sie delegiert waren, ist im Moment nicht festzustellen. Zu einer bindenden Beschlußfassung waren sie auf keinen Fall ermächtigt und damit fallen die 17 Punkte in sich zusammen ...
Heute stehen hunderttausend Proletarier bewaffnet und kampfbereit seinen (Severings) Söldnern gegenüber. Sie sind gewillt, wenn nicht ... in den nächsten 24 Stunden ihre Forderungen anerkannt und friedlich bewilligt werden, den Kampf mit allen Mitteln fortzusetzen, ihre Anerkennung zu erzwingen. Und zu den wesentlichen Forderungen gehört die Auflösung der Freiwilligenkorps und der Reichswehrtruppen ..."[83]
Ganz anders der Leitartikel, überschrieben „Klassenkampf" und vermutlich aus der Feder von Pieck stammend, der vorsichtig darauf vorbereitet, daß man sich diesmal mit Teilzielen werde begnügen müssen, und dabei die Differenzen innerhalb der KPD-Führung offen ausspricht:
„.... In den revolutionären Kämpfen dieser Tage steht das Proletariat im rheinisch-westfälischen Industriebezirk auf dem vorgeschobensten Posten. Andere Bezirke des Reiches, namentlich auch Berlin konnten dem stürmischen Vormarsch des Ruhrproletariats nicht in gleichem Tempo folgen. Und nun entsteht die bedeutungsvolle Frage: Kann das Ruhrrevier allein noch weitermarschieren? Oder muß es warten, bis auch in den wichtigsten anderen Bezirken des Reiches die Verhältnisse reif sind?

Die Meinungen darüber sind noch geteilt. Manche Genossen meinen, im Reiche könnten noch erfolgreiche Kämpfe entbrennen, die zu den gleichen Ergebnissen führten, die im Ruhrrevier Wirklichkeit geworden sind: die Eroberung der politischen Macht und die Besitzergreifung der Waffen durch das Proletariat. Ferner wird darauf hingewiesen, daß das Ruhrproletariat noch bedeutende Reserven aufbieten könne und wenn der Ruf dazu erschalle, würden erneut alle Räder stille stehen.
Das ist gewiß richtig. Und der gesteigerte Kampfesmut hat ja auch noch gestern bedeutende militärische Erfolge eingetragen. Wenn trotzdem jetzt nicht alles erreicht wird, so kann das Proletariat des Industriegebiets doch mit Genugtuung sagen: Wir haben die Revolution in Deutschland ein tüchtig Stück vorwärtsgebracht, dem Proletariat eine neue starke Position erobert! Nicht als ob die sogenannten Bielefelder Abmachungen befriedigen könnten. Und so unbefriedigend sie sind, es handelt sich dabei nicht einmal um bindende Zusicherungen ... Die Regierung hat sich offiziell zu nichts verpflichtet. Aber selbst wenn sie es getan, was, wer ist die Regierung? Eine dünne Planke auf tobender See, eine Kulisse, die morgen auf die Seite gestellt wird.
Nein, die Abmachungen selbst bieten keinerlei Garantie, nicht einmal für das wenige, das darin zugestanden worden ist. Eine Garantie dafür, daß das Proletariat erhebliche Früchte aus diesem Ringen heimträgt, hat es in seiner politischen Reife, in seiner gesammelten Kraft, in seiner Erfahrungslehre aus der Wucht des Generalstreiks, in seiner wundervollen Fähigkeit der Selbstorganisation und Selbstdisziplin ...
Eine solche Kraft, eine solche überwältigende Macht hat Garantien in sich selbst, Garantien dafür, daß das Proletariat nie wieder in die frühere Position zurückgedrängt werden kann. Allerdings, eins ist notwendig: die Arbeiterschaft darf ihre Kräfte nicht überspannen; sie darf nicht über die Grenzen hinaus marschieren, die ihr in der jeweiligen Situation ... gezogen sind. Das Ruhrproletariat ist in seinem herrlichen Vorwärtsdrängen der übrigen Arbeiterschaft Deutschlands weit vorausgeeilt. Die Massen in anderen Bezirken unterstanden ungünstigeren Bedingungen oder sie hatten noch nicht genügend revolutionäre Kraft und Reife, um mit dem Ruhrproletariat gleichen Schritt halten zu können.
Nun müssen wir den Lauf verlangsamen, müssen gar eine Weile stille stehen, müssen dabei die Kräfte sparen und mehren. Wenn die anderen uns eingeholt haben oder sich zeigt, daß sie mit uns weiterstürmen können, dann wird der Kampf mit gewaltig gesteigerter Kraft von neuem aufgenommen, zu neuen Erfolgen, zum wirklichen Siege".[84]

Elberfeld. Das SPD-Blatt, das am weitesten links stehende im Revier, rückt erstmals von den Kommunisten ab. Nach vorliegenden Meldungen aus Essen und Dortmund, so teilt es mit, lehnten die dortigen Kommunisten die Bielefelder Vereinbarungen ab und hätten sich damit durchgesetzt. Das Blatt bemerkt: „Jetzt sind die Sympathien des größten Teils der Bevölkerung noch auf seiten der Arbeitertruppen, denen es zu danken ist, daß dem Industriegebiet der weiße Schrecken erspart wurde. Das hat die Einigkeit der Arbeiterklasse zuwege gebracht. Eine eintretende Zersplitterung könnte aber alles wieder in Frage stellen und gerade das Gegenteil erzielen, als was beabsichtigt wird". Man müsse die Isolierung der Aufstandsbewegung und ihre Folgen ins Auge fassen: die Verhältnisse „im kommunistischen Sinne zu meistern, wie die Essener es verlangen, ist unmöglich. Das sollten sich die Heißsporne vor Augen halten".[85] — *Bochum.* Das hiesige SPD-Blatt setzt sich mit dem Beschluß der Essener Vollzugsräte-Konferenz vom Vortag auseinander und schreibt: „Es ist nicht schwer, die Ablehnung des Bielefelder Abkommens aus diesen Sätzen herauszulesen, worin ausgedrückt wird: Wir Essener ... führen weiter Krieg, unsere Ziele sind noch nicht erreicht". Dies bedeute nichts anderes, als „fixen Ideen nach(zu)jagen, die ein Verbrechen am Volke" seien. „Jetzt heißt es: Bis hierher und nicht weiter!"[86]

Hagen. Die Arbeiterführer sind wegen der Fortsetzung des Kampfes an der Weseler Front aufs äußerste beunruhigt. Da sie der Ansicht sind, daß die im Bielefelder Abkommen enthaltenen Zugeständnisse der Regierungsvertreter dann (und nur dann) zu erlangen sind, wenn die Arbeiter ihrerseits das Abkommen peinlich genau erfüllen, geraten sie durch die knappen Zeitspannen, die die Unterhändler von Bielefeld akzeptiert haben, unter Zeitdruck. Aus dieser Situation zieht Ernst unter dem Eindruck seiner Erlebnisse in Mülheim eine rücksichtslose Konsequenz. Er telegrafiert an Severing:
„Nach Verständigung mit unseren Leuten in Lünen gehen dieselben hinter die Lippe zurück. Ich bitte die Reichswehrtruppen anzuweisen, nicht nachzufolgen. Vor Wesel werden von wahnsinnigen Mülheimern die Bielefelder Abmachungen allerdings durchbrochen. Aber nur Mülheimer und Essener Spartakisten. Hagen, Schwelm, Altena, Iserlohn, Bergisches Land, Elberfeld, Barmen, Kohlenrevier bis Bochum stehen fest auf dem Boden der Bielefelder Beschlüsse. Gegen Mülheim und Wesel müssen im Notfall, nach Verständigung, einwandfreie Truppen unter Aufsicht angesetzt werden".[87]
Mit „einwandfreien" Truppen meint Ernst solche, die wie die beiden Reichswehrbataillone in Bielefeld und im Sennelager ihre reaktionären Offiziere zum Abtreten gezwungen haben (I, Seite 204); außerdem macht er zwei weitere Vorbehalte („im Notfall" und „unter Aufsicht").[88] Aber das alles kann nichts daran ändern, daß hier ein wichtiger USP-Führer den eventuellen Einsatz von Reichswehr gegen die Gegner des Bielefelder Waffenstillstandsabkommens befürwortet und damit Severing ein hervorragendes Argument für die militärische Zerschlagung des Aufstands in die Hand gibt. Festzuhalten ist außerdem, daß Ernst die westlichen Kampfleiter als „Wahnsinnige" bezeichnet, während er Severing offenbar als Gesprächspartner betrachtet und sich eine Absprache mit ihm über einen eventuellen Truppeneinsatz vorstellen kann („nach Verständigung" heißt es in dem Telegramm). Andere Äußerungen Ernsts zeigen, daß er dabei von der irrigen Annahme ausgeht, Severing habe gegenüber dem Militär kritische Distanz und einen nennenswerten Entscheidungsspielraum und dies lasse sich ausnutzen, wenn die Aufstandsbewegung die in Bielefeld eingegangenen Verpflichtungen genau erfülle.[89] So mag sich auch erklären, warum Ernst bei anderen Gelegenheiten Severing duzt:[90] dieser war früher, Ernst ist gegenwärtig Sekretär des Deutschen Metallarbeiterverbandes; diese Gemeinsamkeit will Ernst möglicherweise aktivieren. — Nicht bedacht, jedenfalls nicht berücksichtigt hat Ernst bei

seinem Telegramm, daß ein eventueller Einsatz von Reichswehr sich nicht allein, ja nicht einmal in erster Linie gegen die westlichen Kampfleiter, sondern vor allem gegen die vor Wesel liegenden Arbeiter richten würde.

Die Kampfleitung Hagen gibt bekannt, daß sämtliche Arbeitertruppen aus den Kreisen Hagen und Schwelm „aus der Front bei Wesel und der Front bei Lünen zurückgezogen" seien.[91] Das ist eine Überschätzung der eigenen Übermittlungsmöglichkeiten: an der Front vor Wesel liegen Arbeiter aus dem Hagener Bezirk, bis zu denen die Anweisungen der Kampfleitung nicht gelangt sind.[92]

Hagen. Um 11.30 Uhr beginnt im „Parkhaus" die Konferenz, zu der die Hagener Arbeiterführer nach der Rückkehr aus Bielefeld die drei Arbeiterparteien eingeladen hatten.[93] Etwas mehr als 150 Delegierte sind erschienen — etwa 75 Mitglieder der USP, 40 der KPD, 35 der SPD sowie einige wenige Mitglieder anderer Organisationen wie z.B. der Syndikalisten. Zu Beginn setzt sich Ludwig mit der Kritik auseinander, die am Vortag auf der Konferenz in Essen am Bielefelder Abkommen geübt worden ist, und verteidigt die Unterzeichnung; Oettinghaus wiederholt seine in Essen vorgetragenen Argumente für die Annahme des Abkommens. Ein Delegierter aus Mülheim beantragt die Verlegung der Konferenz nach Mülheim; darauf entgegnet Ernst, „daß man in Mülheim der Gefahr ausgesetzt sei, bei Äußerung einer anderen Meinung an die Wand gestellt zu werden", und der Antrag wird abgelehnt. Die Stimmung ist bei weitem nicht so erregt wie in der Essener Konferenz, jedoch auch hier ist die Mehrheit gegen die Annahme des Bielefelder Abkommens. Dieses wird als unklar bezeichnet, vor allem in der Frage, ob die von den Arbeitern abgelieferten Waffen eines Tages doch an die Reichswehr übergeben werden sollen, und in der Frage, welche Garantien die Regierung für die Einhaltung der Zusagen zu geben bereit wäre; es heißt, die in Bielefeld verhandelnden Regierungsvertreter hätten nicht einmal Vollmachten zu bindenden Abmachungen gehabt, und außerdem „wisse man nicht, wie lange diese Regierung überhaupt noch existiere". Die wichtigste Rede der Konferenz hält Pieck. Er fordert zu Beginn die Bildung einer politischen Zentrale, die ein einheitliches Handeln der Bewegung ermögliche (ein Fehler sei es gewesen, daß sie bisher noch nicht geschaffen worden sei), und wendet sich dann den strategischen Problemen zu. Das Proletariat, erklärt er, könne nicht in einem einmaligen Akt die politische Macht ergreifen; sein Kampf sei vielmehr ein langwieriger Prozeß, in dem es Etappe für Etappe erobern müsse und an dessen Ende erst der Kommunismus stehe. „Es wäre ein Sprung in der geschichtlichen Entwicklung, wenn wir schon jetzt die Diktatur des Proletariats einführen wollten. Solch ein Sprung rächt sich immer. Er hat sich auch in Rußland bitter gerächt, wo unsere Genossen nach ihrem Siege teils wieder zu kapitalistischen Maßnahmen greifen mußten". Es gehe also jetzt nicht um die Errichtung einer Räterepublik, und ebenso sei dringend vor „vereinzelten Sozialisierungsexperimenten" zu warnen, zu denen „man hier und da Lust zu haben scheine"; es gelte vielmehr, das Errungene — vor allem die Bewaffnung der Arbeiter — zu sichern, es gelte, „auf der Höhe des Kampfes die Kader zu bilden, zu sammeln und sie zum neuen Schlag geschlossen zu halten". Eine solche Sicherung sei jedoch noch

nicht durch die Eroberung einer weiteren Stadt gegeben. Wenn ein Delegierter aus Mülheim gesagt habe, man werde den Kampf unter allen Umständen weiterführen und sich nach Konferenzbeschlüssen nicht richten, so sei das „Ludendorff-Politik",* die auf keinen Fall geduldet werden dürfe: „Die militärische Leitung muß sich der politischen unterordnen". Auch müßten diejenigen, die so sprächen, angeben, woher Munition und andere Ausrüstung für die Arbeitertruppen genommen werden sollten. Andererseits biete auch das Bielefelder Abkommen keine Sicherung: es enthalte seitens der Regierung „nur leere Versprechungen". Man müsse also erneut mit der Regierung verhandeln, nicht nur um sie zur Einhaltung der Bielefelder Zusagen zu verpflichten, sondern um darüberhinaus „weitere Zugeständnisse" zu erreichen: die Bewaffnung der Arbeiter, die Entwaffnung der Reichswehr und der Bourgeoisie und die Anerkennung der revolutionären Betriebsräte (die, soweit noch nicht geschehen, sofort gewählt werden sollten).
Damit hat Pieck gegenüber den Essener Beschlüssen vom Vortag präzisiert, welche Forderungen der Zentralrat in den angestrebten Verhandlungen mit der Regierung stellen soll. Wie die Voraussetzung für diese Verhandlungen, die Unterstellung der westlichen Kampfleiter unter den Zentralrat, erfüllt werden soll, zeigt eine Kundgebung an die Kampfleiter, die der Zentralrat der Konferenz vorlegt und die gegen vereinzelten Widerspruch angenommen wird. Sie lautet:
„An die Kampfleiter!
Werte Genossen!
Der gestern in Essen gewählte Zentralrat der Vollzugsräte des Industriegebiets unterbreitet Euch folgende Vorschläge:
1. Es werden sofort vom Zentralrat mit der Reichsregierung Verhandlungen gepflogen, um für die Arbeiter Garantien zu erlangen, daß die Waffen nur in den Händen der Arbeiterschaft bleiben, daß Arbeiterwehren geschaffen werden und daß keine Bestrafungen der an den Kämpfen beteiligten Arbeiter erfolgen dürfen.
2. Die Voraussetzungen für diese Verhandlungen sind, daß der Kampf an der Front sofort eingestellt wird, d.h. daß die Front gehalten wird, aber keine Kampfhandlungen bis zur Beendigung der Verhandlungen vorgenommen werden.
3. Sollten die Verhandlungen zu keinem befriedigenden Resultat führen oder [sollte] die Regierung Truppen in das Industriegebiet einmarschieren lassen, so wird der Zentralrat sofort den Generalstreik für das Industriegebiet proklamieren. Ferner wird der Zentralrat sofort die Verbindung mit den übrigen Bezirken des Reiches aufnehmen, um die Arbeiter zum allgemeinen Generalstreik aufzufordern, falls eine Verständigung mit der Regierung nicht erfolgt.
Der Zentralrat ersucht die Kampfleiter auf das dringlichste, diese Forderungen sofort anzunehmen, weil sonst nach Lage der Situation die Bewegung geschädigt wird".
Auf Antrag des Zentralrats wird beschlossen, daß diese Erklärung von drei Konferenzteilnehmern den Kampfleitern nach Mülheim überbracht werden soll. Die Konferenz wählt zwei Mitglieder des Zentralrats zu Delegierten; als dritter Delegierter wird ein Syndikalist gewählt, der sich dazu mit den Worten ange-

---

* Eine Anspielung auf die Kriegsjahre 1916-1918, in denen Ludendorff wie ein Militärdiktator in allen entscheidenden Fragen der Zivilregierung seinen Willen aufgezwungen hatte.

boten hat, er glaube, in Mülheim einen mäßigenden Einfluß ausüben zu können.[94] Ungelöst ist noch die Verteilung der Befugnisse zwischen der Hagener Zentrale und dem Essener Zentralrat. Stern (Essen) wünscht eine „Verschmelzung" der beiden Instanzen.[95] Auf Ersuchen der Konferenz erklären sich die Hagener Arbeiterführer damit einverstanden, daß die politische Führung der Bewegung in Zukunft in den Händen des Essener Zentralrats liegen soll.[96] — Schließlich wird in einer Resolution getadelt, daß die Hagener Kampfleitung ihre Arbeitertruppen aus der Front herausziehe, und festgestellt, „daß im ganzen Bezirk einheitlich gehandelt werden müsse".[97] (In den folgenden Tagen gehen dann wieder Hagener Arbeitertruppen an die Front, vor allem nach Osten, wo die Reichswehrtruppen aus Württemberg vorrücken.) — Die nächste Konferenz soll in Essen stattfinden.

Hagen/Mülheim. Sofort nach Schluß der Konferenz um 14.30 Uhr fährt die dreiköpfige Delegation nach Mülheim.[98] Bei ihrer Ankunft findet sie die Kampfleiter des westlichen Frontabschnitts versammelt,[99] die soeben eine Oberleitung der Roten Armee gewählt haben (II, Seite 74). Als die Delegierten die von der Hagener Konferenz beschlossene Erklärung vorlegen, lehnen die Kampfleiter das darin enthaltene Konzept rundweg ab. Eine mehrstündige Auseinandersetzung führt zu keiner Verständigung; am Ende formulieren die Kampfleiter eine Erklärung, die über das Essener WTB-Büro veröffentlicht wird:
„*Die militärischen Befehlshaber stehen auf dem Standpunkte, daß weiter gekämpft wird und daß nur die Waffen entscheiden werden. Wir kämpfen weiter und sind zu Verhandlungen bereit während des Kampfes. Verhandlungen können sofort in Mülheim-Ruhr aufgenommen werden. Delegierte der Front müssen gemeinsam mit dem Zentralrat die Verhandlungen führen.*
Die Vertreter der Front verlangen über die Bielefelder Vereinbarungen hinaus die völlige Entwaffnung und Auflösung der Reichswehr und [die] Errichtung einer Volkswehr aus Arbeitern, an die alle Waffen abzugeben sind. Sollten die bevorstehenden Verhandlungen ergebnislos bleiben, so wird der Generalstreik über ganz Deutschland aufs neue entbrennen".[100]

Mülheim. Der Zensor des Vollzugsrats, der Syndikalist Reuß, entwickelt in einem Artikel im „Mülheimer General-Anzeiger" eine Position, die sich deutlich von der der Kampfleiter unterscheidet. Während diese sich fast ausschließlich am militärischen Kampf orientieren, schreibt Reuß:
„*Wiederum, wie im November 1918 ist (das Proletariat) Herr der Lage. Wie lange? — lautet für manchen die bange Frage. Das Proletariat hat zu zeigen, ob es gelernt, ob es die Situation beherrscht, nicht nur physisch, sondern auch geistig. Die Erkenntnis der eigenen Klassenlage . . . wird die Grenze bilden dessen, was erreicht wird.*
Die Sünden einer langen Nurparteibildung lasten schwer auf dem deutschen Proletariat. Ob sie heute noch stark genug ist, den Massenwillen zu hemmen, ihn in Fesseln zu schlagen, werden die nächsten Tage entscheiden. Doch auch dann — die Revolution wird leben und marschieren. Ihr Quell ist ein anderer.
Nicht die Hetze von Personen, sondern das wirtschaftliche Unvermögen unserer heutigen Wirtschaftsordnung ist der Born, aus dem sie immer neu erstehen wird.

Das Unvermögen der heutigen Ordnung, die Bedürfnisse der Allgemeinheit zu befriedigen, ohne die Menschenwürde des Proletariats zu gefährden, wird die Masse immer wieder auf die Straße, zu den Waffen treiben . . ."[101]

Mülheim. Der Vollzugsrat gibt bekannt, „daß für die gefallenen Kämpfer der ‚Roten Armee', soweit Mülheim in Frage kommt, ein Ehrenplatz auf dem neuen Friedhof am Werdener Weg bereitgestellt ist. Entsprechende Anträge und Wünsche sind uns . . . möglichst sofort zu unterbreiten".[102] Anscheinend besteht im Vollzugsrat ein gewisser Neid auf andere Städte, weil bisher noch kein Rotgardist aus Mülheim gefallen ist, so daß ein Demonstrationszug zur Beerdigung von Revolutionsopfern hier, im Gegensatz zu den meisten anderen Städten (vgl. I, Seite 310 f.), noch nicht stattgefunden hat.

Dortmund/Witten/Lünen. Die Dortmunder Zeitungen erscheinen nicht (teils sind sie durch den Generalstreik stillgelegt, teils sind sie direkt verboten worden), die Wittener Zeitungen — Kopfblätter der Dortmunder — nur als verkleinerte Notausgabe von einem Blatt.[103] In Dortmund klebt an den Mauern der Aufruf der westlichen Kampfleiter, der sich gegen eine Verhandlungslösung und gegen „Flaumacher, Miesmacher und Berufsschwätzer" wendet (s. oben Seite 101).[104] In Lünen beginnt am Morgen der Abmarsch der bewaffneten Arbeiter aus Dortmund.[105] Am Mittag ziehen sie mit Musik in Dortmund ein, und Behrs (USP) vom Vollzugsrat empfängt sie mit einer Rede vom Balkon des Rathauses: Eine unmittelbare Bedrohung durch die Reichswehr bestehe noch nicht, „die Waffen sollten vorläufig ruhen, aber man werde sie nicht abgeben, sondern bereit halten"; die Beratungen über das Bielefelder Abkommen seien noch nicht abgeschlossen, sondern würden im Augenblick auf einer Konferenz in Hagen fortgesetzt. — Um 14 Uhr wird der Generalstreik und der verschärfte Belagerungszustand aufgehoben, die Polizeistunde und erhöhte Alarmbereitschaft werden jedoch aufrechterhalten.[106]

Bochum. Einer der Zensoren des Arbeiterrats, Hugo Delmes (II, Seite 54 mit Anmerkung), übertrumpft die Kampagne der westlichen Kampfleiter gegen Verhandlungen und „Berufsschwätzer" durch folgendes Flugblatt, das von durchfahrenden Rotgardisten verteilt und an Mauern angeschlagen wird:
„*Soldaten der Roten Armee!*
Gestern . . . tagte in Essen eine Konferenz der Vertreter der Vollzugsräte von Rheinland und Westfalen, auf der beschlossen werden sollte, ob Ihr (siehe Bielefelder Beschlüsse) weiterkämpfen oder nach Hause gehen sollt. Es wurde ein sogenannter Bezirksrat gebildet . . ., der die Aufgabe hat, Eure siegreiche Aktion zu lähmen.
Soldaten! Jagt das politisierende Bonzengesindel aller Schattierungen mit Kolbenschlägen auseinander, duldet keine Konferenz mehr! Denn auf den Konferenzen wird Euer Todesurteil unterschrieben. Ihr als die Helden des revolutionären Proletariats habt zu bestimmen, nicht aber das Bonzentum . . .
Eure Parole heißt nach wie vor: ‚Jetzt oder nie!' Gebt den Kampf nicht auf! Vor dem Sieg gibt es keinen von der Futterkrippenpolitik diktierten Waffen-

stillstand und Frieden. Ohne diesen verräterischen Waffenstillstand mit seiner demoralisierenden Atmosphäre wäre Wesel längst in Eurer Hand! Begreift Ihr das?
Schlagt die Flaumacher tot! Eure Devise sei das Wort Schillers: ‚Lieber tot, als in der Knechtschaft leben!' Handelt! Kämpft! Siegt! Wenn Ihr untergeht, soll die Reaktion mitgehen . . ."[107]
Nach Bekanntwerden des Flugblattes enthebt der Arbeiterrat Bochum Delmes seiner Funktionen.[108]

Recklinghausen. Um 19 Uhr zieht eine Abteilung bewaffneter Arbeiter zum Rathausplatz, räumt diesen von Menschen und umstellt das Rathaus; eine Deputation begibt sich in das Gebäude und fordert in drohender Haltung vom Vollzugsausschuß die Ausstellung größerer Mengen von Requisitionsscheinen, damit für die Fronttruppen besser gesorgt werden könne. Die SPD-Führer Salzmann und Tönebön weigern sich mit dem Hinweis, sie seien für die strikte Durchführung des Bielefelder Abkommens; daraufhin droht die bewaffnete Deputation ihnen Verhaftung an. Die Situation kann jedoch vorläufig entschärft werden. Die kommende Nacht verbringen die beiden SPD-Führer außerhalb der Stadt, und am nächsten Tag zieht die SPD ihre Vertreter aus dem Vollzugsausschuß zurück; dieser wird umgebildet und mit vier Kommunisten und drei Unabhängigen besetzt.[109]

Buer. Im Vollzugsrat kommt es zum Bruch. Auf der einen Seite stehen die Sozialdemokraten und der Unabhängige Balke, die für die strikte Durchführung des Bielefelder Abkommens sind und bereits mit der Stadtverwaltung Maßnahmen für den Rücktransport und die Verpflegung der von der Front her erwarteten Rotgardisten vereinbart haben; auf der anderen Seite die Linkskommunisten, die für die Fortsetzung des Kampfes sind. Ein weiterer Streitpunkt besteht darin, daß die ersteren eine Verkleinerung der 200 Mann starken Arbeiterwehr um 15 Mann durchgesetzt haben — zur Entlastung der Stadtkasse, aus der die Arbeiterwehr bezahlt wird. Die Linkskommunisten drohen — und das ist das Besondere gegenüber anderen Städten —, an die bewaffneten Arbeiter zu appellieren. Und es bleibt nicht bei der Drohung: eine radikale Essener Rotgardisten-Einheit, die soeben durch die Stadt gezogen ist, wird von den Linkskommunisten in der kommenden Nacht von der Front zurückgeholt und gegen die gemäßigten Vollzugsratsmitglieder aufgebracht mit Argumenten wie: diese hätten die Werbebüros für die Rote Armee geschlossen, sie täten nichts für die Front, fielen dieser in den Rücken usw. Die Rotgardisten wollen die Angeschuldigten verhaften, diese sind jedoch rechtzeitig geflohen (angeblich waren sogar schon Todesurteile ausgesprochen). Am nächsten Tag lassen sich die Rotgardisten ihre Dienste bezahlen, indem sie sich vom Vollzugsrat Requisitionsscheine für Kleider, Schuhe — darunter Damenstiefel für die Mädchen ihrer Einheit — und andere Bedarfsartikel ausstellen lassen.[110]

Duisburg. Wie in Buer kommt es zum Bruch im Vollzugsrat; während in Buer der Riß durch die USP hindurchgeht, geht er in Duisburg durch die KPD. Das war zu erwarten: schon in der Revolutionszeit Anfang 1919 hatte eine Gruppe in der KPD radikale Aktionen ohne Rücksicht auf das in der jeweiligen Situation Mögliche gemacht;* nach dem Kapp-Putsch gab es schärfste Gegensätze in der KPD über die Frage: Fortsetzung oder Abbruch des Generalstreiks, über die Zulassung von USP und SPD zum Vollzugsrat und zuletzt über das Bielefelder Abkommen.[111] — Vertreter des gemäßigten Flügels ist August Schoch, ein alter SPD-Linker aus der Zeit vor dem Weltkrieg, im Kriege Mitglied der Spartakusgruppe, 1919 als KPD-Vertreter ins Duisburger Stadtparlament gewählt; auf der Seite der Radikalen sind zu nennen: Anton Wild, Redakteur des Duisburger KPD-Blatts, Hubert Koch, Vorsitzender des unionistischen Straßenbahnverbandes, der Maurer Hermann Münzberg, der sich schon 1919 an einer der erwähnten Aktionen beteiligt hatte, und der Arbeiter Johann Zalden, seit dem Umsturz Leiter des „Wehrkommandos", dem die Duisburger Arbeiterwehr untersteht und das den Nachschub für die Weseler Front organisiert[112] (Duisburg ist wichtiger Etappenort; täglich sind 15.000 Mitglieder der Roten Armee zu verpflegen).[113] Unter diesen vier fällt Wild besonders auf. Er schwankt offenbar zwischen Radikalität und Anpassung: Anfang des Jahres ist er dadurch in Konflikt mit der Parteilinie geraten, daß er die Eisenbahner zum Austritt aus dem freigewerkschaftlichen Eisenbahnerverband aufforderte;[114] im Februar hat er, als das von ihm geleitete KPD-Blatt wegen seiner Kritik an den Zwangsüberschichten im Bergbau verboten wurde, sich gegenüber dem Wehrkreiskommando verpflichtet, solche Kritik in Zukunft zu unterlassen, um die Freigabe des Blatts zu erreichen (das hat ihm eine öffentliche Rüge der KPD-Bezirksleitung eingetragen);[115] seit dem Kapp-Putsch sucht er sich durch besondere Radikalität auszuzeichnen.[116] — Die gleichstarke Besetzung des Vollzugsrats durch die drei Arbeiterparteien ist gegen den Willen der Radikalen zustandegekommen. Die Gelegenheit, dies rückgängig zu machen, kommt, als Schoch mit einem sozialdemokratischen und einem unabhängigen Mitglied des Vollzugsrats nach Hagen zur Teilnahme an der dortigen Konferenz fährt.[117] Die Radikalen unternehmen einen Putsch, wobei sie sich ausdrücklich auf die bewaffneten Arbeiter berufen, die (angeblich) unbedingt die Fortsetzung des Kampfes wollen. Am Nachmittag bilden sie ein „Exekutiv-Komitee" und erlassen folgenden Aufruf, der am nächsten Morgen in den Zeitungen erscheint:

„Aufruf an die Bevölkerung Groß-Duisburgs!
Die rote Armee fordert stürmisch die Weiterführung des Kampfes gegen alle reaktionären Gewalten sowohl, als auch gegen das System Ebert-Bauer.
Die Stadtverwaltung und ein Teil der Mitglieder des Kompromiß-Vollzugsrates stellen sich auf den Boden der Bielefelder Beschlüsse, welche den sofortigen Abbruch des Kampfes verlangen. Dies bedeutet nichts anderes, als die Wiedereinführung des alten Systems und den Verrat der Revolution.
Wir sind deshalb zu folgenden Maßnahmen gezwungen worden:

---

* Bewaffnete Besetzung des Duisburger SPD-Blatts am 11. Januar 1919, die vier Tage später abgebrochen werden mußte; eine revoltenartige Demonstration am 12. Februar 1919, die sich gegen eine vom Stadtparlament beschlossene Nachsteuer richtete (Oberbürgermeister Jarres wurde gezwungen, einem Zug durch die Innenstadt eine rote Fahne voranzutragen).

1. Aus dem seitherigen Vollzugsrat und einigen revolutionären Arbeitern wurde ein Exekutiv-Komitee gebildet . . .
2. Von dem Exekutiv-Komitee ergehen folgende Anordnungen:
Der Kampf an der Front wird mit aller Energie weitergeführt.
Sämtliche Bank-Depots werden vorläufig beschlagnahmt. Über dieselben darf nur unter Kontrolle des Exekutiv-Komitees verfügt werden. Sämtliche nicht rationierten Lebens- und Genußmittel werden beschlagnahmt.
Wer sich den Anordnungen des Exekutiv-Komitees entzieht, dem werden die Lebensmittel-Ausweise entzogen.
Die Löhnung der Roten Armee erfolgt nach den in der Bekanntmachung vom 22. 3. 1920 veröffentlichten Sätzen (65 Mark für Fronttruppen, 40 Mark für örtlichen Dienst, 30 Mark für weibliches Personal) . . .
Die erforderlichen Gelder für die Löhnung der Mannschaften sind sofort durch Requisitionen sicherzustellen.
Die Polizei ist entlassen. Die Aufrechterhaltung der Ordnung und Sicherheit erfolgt durch die revolutionäre Volkswehr.
Wer bei Raub, Plünderung, Diebstahl, Wucher angetroffen wird, wird standrechtlich durch Erschießen abgeurteilt . . . Wer von Lebensmitteln und Heeresausrüstungsgegenständen einen widerrechtlichen Gebrauch macht, wird standrechtlich erschossen . . .
Die Pressezensur bleibt aufrechterhalten. Der General-Anzeiger erscheint als Publikationsorgan der revolutionären Arbeiterschaft.
Es ist sofort ein Arbeiterrat zu wählen. An der Wahl können sowohl aktiv wie passiv nur solche Arbeiter teilnehmen, die sich auf den Boden der Diktatur des Proletariats stellen.
Bis zum Zusammentritt der Arbeiterräte liegt alle Gewalt in den Händen des Exekutiv-Komitees.
Der Oberbürgermeister wird seines Amtes enthoben".[118]

Ein Punkt in diesem Aufruf muß zum Verständnis erläutert werden: die Löhnungssätze. Diese sind, gemessen an den Sätzen in anderen Städten, außerordentlich hoch. Die im Aufruf genannte Bekanntmachung vom 22. März war erlassen worden, als der Vollzugsrat auf Betreiben der Radikalen noch allein aus Kommunisten bestand; in ihr wurde die Stadtkasse angewiesen, die Löhnungsgelder zu zahlen, und die Stadt wurde „ermächtigt", ihrerseits das Geld „von den Unternehmern anzufordern".[119] Nach der Neubildung des Vollzugsrats durch die drei Arbeiterparteien war die Bekanntmachung für ungültig erklärt worden.[120] Diesen Widerruf machen die Radikalen jetzt also rückgängig, und damit wird klar, welcher Ton im „Ruf der Roten Armee", auf den sie sich berufen, mitschwingt: der Schrei nach der versprochenen Löhnung.

Die Konsequenzen der abgegebenen Garantie für die Beschaffung der hohen Löhnungsgelder werden sofort deutlich. Um 20.30 Uhr verhaftet das Exekutivkomitee Oberbürgermeister Jarres und fordert ihn auf, die benötigten Gelder aus der Stadtkasse auszuzahlen. Jarres bezeichnet das als Erpressungsversuch und weigert sich. (Das Konto der Stadt beim Barmer Bank-Verein hat einen Minusbestand von 2,28 Millionen Mark; bei der Reichsbank hat die Stadt ein Guthaben von 736.000

Mark.) Nach langen ergebnislosen Auseinandersetzungen wird Jarres schließlich entlassen; die Nacht über wird er in seinem Haus scharf bewacht.[121]

Gevelsberg. In einer öffentlichen Versammlung spricht Oettinghaus über das Bielefelder Abkommen und ruft die Arbeiterschaft zur Einigkeit und Wachsamkeit auf; nur so könne etwas aus dem Kampf herausgeholt werden. Über diejenigen, die ihm auf der Essener Konferenz am Vortag „Verräter!" „An die Wand stellen!" zugerufen hätten, sagt er, „wenn die Schreier es besser machen könnten, dann sollten sie an seine Stelle treten". In der Diskussion erklärt sich der Vorsitzende der KPD-Ortsgruppe ebenfalls für die Durchführung des Bielefelder Abkommens und weist den Ausdruck „Verräter" scharf zurück. Ein Vertreter der Front dagegen spricht lange für die Fortsetzung des Kampfes. Das wird von allen folgenden Rednern als „Wahnsinn" bezeichnet.[122]

Bochum. Der Arbeiterrat stellt sich einstimmig auf den Boden der von der Hagener Konferenz gefaßten Beschlüsse. Die Führung der Arbeiterwehr gibt den an der Front stehenden Rotgardisten Anweisung, nur noch in Abwehr gegnerischer Angriffe zu kämpfen.[123]

Barmen. In einer Vollversammlung der Arbeiter- und Angestelltenausschüsse wird die Bildung einer Ortswehr vorbereitet.[124]

Münster. Im täglichen Nachrichtenblatt für die Truppe erklärt das Wehrkreiskommando:
„Wenn man im Industriegebiet die Verantwortung für die letzten blutigen Kämpfe der Reichswehr zuschiebt, so muß demgegenüber festgestellt werden, daß die roten Truppen nirgends ihre Versprechungen gehalten haben. Wesel wird weiter von ihnen beschossen und angegriffen; die Garnison muß sich also selbstverständlich dagegen verteidigen. An zahlreichen Stellen stehen die roten Truppen entgegen ihrem Versprechen nördlich der Lippe, werden also von der Reichswehr zur Einhaltung desselben gezwungen werden müssen. Im übrigen werden lediglich die zur Sammlung der Truppen erforderlichen Bewegungen ausgeführt."[125]

Nord- und Ostfront. Wesel erhält am Morgen wieder Artilleriefeuer der Roten Armee, diesmal jedoch nur noch einige Schüsse. In der folgenden Nacht werden 72 Einschläge in der Stadt gezählt, bis auf zwei oder drei sämtlich Blindgänger[126] — es werden die letzten sein. Am frühen Nachmittag stößt eine starke Sipo-Abteilung nach Osten über Peddenberg bis Krudenburg vor. Von hier aus nimmt sie das südliche Lippeufer und Hünxe unter Artilleriefeuer. Bis zum Anbruch der Nacht zieht sie sich aus Krudenburg wieder zurück, so daß sich kleinere Rotgardisteneinheiten noch auf dem nördlichen Lippeufer halten können.[127] — In Bucholtwelmen unternehmen Rotgardisten einen Sturm auf die Industriebrücke; wie vor zwei Tagen scheitert auch dieser Versuch blutig. In der Nacht verlassen die Rotgardisten den Ort, so daß an dieser Stelle eine Einbruchsstelle für den Gegner entsteht.[128]

Von Borken aus beginnt die Marinebrigade Loewenfeld am Vormittag ihren Vormarsch. Eine Abteilung besetzt Groß-Reken. Eine andere, die mit Feldkanonen ausgerüstet ist (einer der Batterieführer ist der spätere Nazi-Held Schlageter), rückt gegen Mittag ohne nennenswerten Widerstand in Raesfeld ein; ein Lehrer des Ortes weist ihr die günstigsten Anmarschwege. Die meisten Rotgardisten können entkommen; wer gefangengenommen oder später auf einem Heuboden gefunden wird, wird erschossen, teils auf einer auf dem Acker inszenierten Flucht, teils unmittelbar neben schon zusammengekarrten Leichen. Ein mit Rotgardisten und zwei Frauen besetzter Lastwagen, der noch nichtsahnend in den Ort fährt, wird mit Granatenbeschuß zum Stehen gebracht; einige Rotgardisten sind tot, andere fliehen ins nächste Haus, werden aber aufgestöbert und auf dem Hof erschossen. Nur einer wird nicht entdeckt; der alte Hausbesitzer namens Fölting hält ihn versteckt und bringt ihn nach Einbruch der Dunkelheit, etwas verkleidet und mit einem Sack Kartoffeln getarnt, nach Borken (der Mann kommt durch und bedankt sich später mit einem überschwenglichen Brief). Gegen Abend machen Rotgardisten, die sich westlich des Ortes gesammelt haben, einen Gegenangriff. Sie dringen zunächst erfolgreich vor; als jedoch die Artillerie der Loewenfelder eingreift, können sie sich nicht mehr lange halten und wenden sich zu regelloser Flucht. Erbarmungslos gehen die Sieger vor; noch am folgenden Tage werden Verwundete getötet. 56 Tote werden in einem Massengrab bestattet.[129]

In Dorsten veröffentlicht das Lokalblatt in großer Aufmachung den Text des Bielefelder Abkommens.[130] Als dann außerdem am Nachmittag ein Bericht von der Hagener Konferenz eintrifft, wonach der Kampf eingestellt werden soll, verlassen viele Rotgardisten die Stadt. Gegen 18 Uhr entsteht plötzlich eine Panik, als gemeldet wird, daß „die Noskes" kommen; viele Rotgardisten werfen Waffen und rote Abzeichen weg und fliehen. In Wirklichkeit hat vorerst nur ein gepanzerter Zug der Loewenfelder einen Erkundungsvorstoß bis vor Hervest-Dorsten gemacht; durch Sprengung einer Eisenbahnbrücke wird er von Rotgardisten gestoppt. Nachdem sich die Meldung als starke Übertreibung erwiesen hat, stabilisiert sich die Lage im Laufe der Nacht wieder einigermaßen.[131]

Südlich von Münster und östlich des Ruhrgebiets rückt die Reichswehr ebenfalls vor; im Osten gelangt sie kampflos bis vor Beckum und Soest.[132] In Ahlen nehmen die Arbeiter einen bayrischen Leutnant fest, der in Zivil die Stadt auskundschaftet, und bringen ihn nach Hamm.[133]

Gelsenkirchen/Münster. Auf die Nachricht, daß die Kämpfe an der Front trotz der Bielefelder Vereinbarungen weitergehen, bittet der Vorsitzende des Gelsenkirchener Aktionsausschusses, Neysters (USP), Oberbürgermeister v. Wedelstaedt um Vermittlung in Münster. Severing erklärt gegenüber v. Wedelstaedt, der Vormarsch der Reichswehr könne nicht eingestellt werden: die Rote Armee habe die Lippe als Demarkationslinie akzeptiert und müsse zur Einhaltung dieser Vereinbarung mit Waffengewalt gezwungen werden.[134]

Gelsenkirchen. Die SPD-Ortsgruppe fordert in einem Telegramm an Reichskanzler Bauer die sofortige Abberufung des gesamten Stabes des Generals v. Watter und die sofortige Zurückziehung aller Reichswehrtruppen, insbesondere der zur Verstärkung antransportierten Einheiten.[135]

Münster. Severing veröffentlicht über WTB folgenden *„Aufruf der Reichsregierung an die Bevölkerung von Rheinland-Westfalen"*, der ihm am Vortag aus Berlin übermittelt worden ist:
„Der Anschlag der Reaktion ist zurückgeworfen. Jetzt müssen, wollen wir nicht ganz verelenden, Staat und Wirtschaft schnellstens wieder in den normalen Stand zurückversetzt werden. Die Truppen, die am Putsch beteiligt waren, werden aufgelöst. Die jetzt noch im Westen befindlichen Truppen und ihre Führer stehen auf dem Boden der republikanischen Verfassung und haben Vertrauen zur Regierung. Um weiteres unnützes Blutvergießen zu vermeiden, haben zwei Minister mit den Vertretern aller Parteien in Bielefeld verhandelt. Obwohl sofort vereinbart war, jede Kampfhandlung zu unterlassen, haben Arbeitertruppen ... die regierungstreuen Reichswehrtruppen in Wesel angegriffen. Dieser schwere Vertragsbruch muß mit aller Schärfe verurteilt werden. Wenn die Arbeiterschaft jetzt nicht Vernunft annimmt und sich trennt von den umstürzlerischen Elementen, die noch ihre Sonderinteressen verfolgen, so muß sie die schwersten Gefahren für das Industriegebiet und damit für das ganze Vaterland heraufbeschwören. Wir fordern alle besonnenen Arbeiter und sonstigen dort im Kampfe stehenden Personen auf, sich nicht weiter mißbrauchen zu lassen, sondern unserem Rufe zu folgen, jede Kampfhandlung einzustellen, sofort zur Arbeit zurückzukehren und die Waffen ordnungsgemäß wieder abzuliefern. Noch jetzt weiterkämpfende Arbeitertruppen schädigen das Volk und Vaterland aufs schwerste und müssen deshalb, wenn nichts anderes hilft, mit militärischen Mitteln zur Ordnung zurückgebracht werden. Die Folgen haben sie sich selbst zuzuschreiben ..."
Auf Bitte der Reichsregierung hat General v. Watter dem Aufruf hinzugefügt: *„Ich erkläre für die mir unterstellten Offiziere, daß wir fest zur verfassungsmäßigen Regierung stehen."*[136]
Die vollkommen einseitige Auslegung des Bielefelder Waffenstillstandsabkommens springt in die Augen. Zum eigentlichen Bielefelder Abkommen nimmt die Regierung keine Stellung, bis auf einen Punkt: sie bezeichet alle im Westen stehenden Truppen als verfassungstreu und lehnt damit — ohne dies ausdrücklich zu sagen — die in Bielefeld vereinbarte Auflösung der Freikorps Lützow, Lichtschlag und Schulz ab. Das ist ein grelles Signal für die Aufständischen, da sich das Freikorps Schulz unter den Verteidigern von Wesel befindet. (Den Aufständischen unbekannt, aber ebenfalls bedeutsam ist, daß zu den südlich von Münster aufmarschierenden Truppen eine Abteilung des Freikorps Lützow gehört; s. oben Seite 96.)

Elberfeld. Beunruhigt über den Aufruf der Reichsregierung, bemühen sich drei Mitglieder der SPD-Bezirksleitung Niederrhein im Laufe der Nacht um eine telefonische Verbindung mit Reichspräsident Ebert. Sie wollen diesen veranlassen, seinen ganzen Einfluß in die Wagschale zu werfen, um einen Einmarsch der Reichswehr ins Ruhrgebiet zu verhindern. Da sie Ebert nicht erreichen, bitten sie den Chefredakteur des „Vorwärts", Stampfer, in diesem Sinne auf Ebert einzuwirken; das sagt Stampfer zu.[137]

Berlin. General v. Seeckt gibt dem „Berliner Tageblatt" ein Interview, in dem er

„An schweren Waffen hatten die Arbeiter anscheinend ziemlich viele Maschinengewehre erbeuten können. Dagegen fehlte es ihnen an Geschützen..." (II, Seite 85)
Rotgardisten an einem Geschütz in Dinslaken, Ecke Kaiserstraße (heute: Friedrich-Ebert-Straße) / Neustraße

zur militärischen Lage im Reich u.a. folgendes sagt:
„*Sehr ernst ist die Situation nur noch im Ruhrgebiet. Die Bielefelder Verhandlungen sind zwecklos gewesen. Mit dem wirklich wichtigen und wesentlichen Element, den Kommunisten, ist gar nicht verhandelt worden. Die Abmachungen werden von ihnen absolut nicht gehalten. Im Ruhrgebiet gibt es zweifellos eine großartige, von langer Hand vorbereitete kommunistische Aktion. Den letzten Anstoß hat der Kapp-Putsch gegeben. Es besteht dort eine Rote Armee wie in Rußland, die gut ausgerüstet und geführt ist. Sie werfen Schützengräben aus, sie verwerten alles, was sie im Kriege gelernt haben. Da müssen auch militärische Rücksichten walten. In den anderen Teilen des Reiches ist es nicht so schlimm ...*"[138]
Während die Regierung in ihrem Aufruf nicht vollkommen deutlich erklärt hat, wie sie zu den Bielefelder Vereinbarungen steht, läßt der Chef der Reichswehr keinen Zweifel: er lehnt die Vereinbarungen ab. — Der Arbeiterrat Bochum antwortet mit Telegrammen an v. Seeckt und an das „Berliner Tageblatt", in denen er feststellt:
„*... Der Bezirk Westliches Westfalen steht voll und ganz auf dem Boden der Bielefelder Vereinbarungen, und diese werden auch von den Arbeiterwehren gehalten. Leider haben Reichswehrtruppen die Vereinbarungen durchbrochen, anscheinend weil dieselben vom 6. Wehrkreiskommando nicht unterrichtet waren. Im Ruhrrevier gibt es keine von langer Hand vorbereitete Aktion der Kommunisten, vielmehr haben die Arbeiter nur zur Abwehr des Kapp-Putsches die Waffen ergriffen.*"[139]

27. März

Hagen. In einem Artikel des USP-Blatts wendet sich Ernst gegen die Mülheimer Extremisten, die er — den von Pieck auf der Hagener Konferenz geprägten Begriff aufgreifend — „Ludendorffer von links" nennt. Er bezeichnet sie als Leute, „die politisch durchaus unklare Köpfe haben oder ganz im Fahrwasser von Syndikalisten und Anarchisten schwimmen".* Man müsse den Mut haben, trotz des Geschreis dieser radikalen Maulhelden die Wahrheit auszusprechen, daß gegenwärtig die Errichtung einer Räteherrschaft unmöglich sei und daß, würde man es mit Gewaltmaßnahmen dennoch versuchen, dies „der Reaktion und dem weißen Schrecken in den Sattel zu helfen" drohe. Ernst schreibt weiter:
„*Sollen politische Kindsköpfe nur deshalb, weil sie mit der Knarre umgehen können, entscheidenden Einfluß haben? ... Heute haben wir [die USP] die Verpflichtung, selbst auf die Gefahr hin, von einem Teil des Proletariats nicht verstanden zu werden, uns gegen einen Strom zu stemmen, der unweigerlich zum Chaos führt. Bei richtiger Durchführung der Bielefelder Beschlüsse ist das Proletariat einen gewaltigen Schritt weiter auf dem Wege zu seiner Befreiung. Allerdings muß eine Voraussetzung vorhanden sein: Die Regierung muß die reaktionären Truppen unter keinen Umständen ins Ruhrgebiet marschieren lassen ...*

---

* Dies schreibt Ernst, obwohl er soeben auf der Hagener Konferenz erlebt hat, wie ein Syndikalist sich als Delegierter für die Verhandlungen mit den westlichen Kampfleitern anbot, um einen mäßigenden Einfluß auf diese auszuüben.

Geschieht es doch, dann allerdings kann und darf auch die USP den Strom nicht mehr aufhalten. Dann Kampf bis zum letzten Mann; bis das Chaos vollendet oder die Entente einmarschiert ist".[140]

Eine Syndikalistengruppe (in einer nicht zu ermittelnden Stadt des westlichen Ruhrgebiets) protestiert gegen die Zuordnung der Mülheimer Extremisten zu den Syndikalisten und Anarchisten. Ernst müsse wissen, daß diese „die Diktatur des Proletariats mittels Ausübung der Machtmittel der Staatsinstitution grundsätzlich verwerfen"; daraus gehe hervor, daß die Gewaltpolitik der Mülheimer Extremisten, so wie Ernst sie beschreibe, den anarchosyndikalistischen Grundprinzipien gerade zuwiderlaufe. Man sei zwar nicht mit allen Punkten des Bielefelder Abkommens einverstanden, stelle dies jedoch zurück, „um zunächst einmal das Allernotwendigste für die Gesamtheit herauszuholen".[141]

Essen. Das USP-Organ erklärt sich für das Bielefelder Abkommen und ermahnt zu dessen geschlossener Durchführung. Unter der Überschrift „Zwischen den Schlachten" schreibt es:

„Die Arbeiterschaft hat ihr Ziel in diesem Kampfe nicht erreicht ... Was in Bielefeld verhandelt wurde, ist nur eine Abschlagszahlung auf die Forderungen der Arbeiterschaft. Wir sind aber der Meinung, daß die Bielefelder Richtlinien bei kluger Anwendung durch die Arbeiterschaft einen Erfolg bedeuten. Mögen unsere Genossen dafür sorgen, daß der Eintritt in die neu zu errichtenden Wehren überall von den revolutionären Arbeitern vollzogen wird. Dann wird auch die bitterste Bestimmung des Abkommens, die Waffenabgabe, erträglicher ...
... Laßt es nicht dazu kommen, daß beim Abbruch die Arbeiterschaft zerrissen wird, daß ein Teil die Waffe niederlegt und verbittert heimkehrt, während der andere nutzlos weiterkämpfend den Untergang findet ...
Nichts wäre falscher und grundloser, als mutlos und enttäuscht jetzt die Flinte ins Korn zu werfen. Das Abkommen ist ein vorläufiges und nichts hindert die Arbeiterschaft, zu günstigerer Stunde und unter aussichtsreicheren Umständen den Kampf wieder aufzunehmen. Frieden zwischen dem Kapitalismus und den Klassenkämpfern, Frieden zwischen einer Koalitionsregierung und den revolutionären Arbeitern kann und wird es nicht geben. Betrachten wir in diesem Sinne die kommende Zeit als eine Kampfpause ... Setzen wir in der Zwischenzeit den Kampf ... mit anderen Mitteln, die weniger Opfer und Entbehrungen von der Arbeiterschaft verlangen, die darum aber nicht minder wertvoll und notwendig sind, fort".[142]

Dortmund. Nach dreitägigem Verbot erscheint das SPD-Blatt wieder und setzt seine alte Linie unbeirrt fort. Unter der Überschrift „Demokratie oder Diktatur" befaßt es sich mit der Begründung, die der Vollzugsrat dem Verbot gegeben hatte (die Schreibweise des Blattes wirke „schädigend auf die Freiheitsbewegungen der revolutionären Arbeiter") und schreibt: „Diese ‚Freiheitsbewegung' ist in Wirklichkeit ein schlimmes Attentat auf die freiheitlichen Volksrechte. Wer Volksfreiheiten will, der muß Demokratie wollen. Auf dem Boden der Diktatur kann die Freiheit nicht wachsen". Von dem Grundsatz, über die Demokratie den Sozialismus anzustreben, habe die SPD sich früher nicht „durch die Regierung des Klassenstaates" abbringen lassen; jetzt werde dies ebensowenig den „Dortmunder

Linksdiktatoren" gelingen. Pflicht der Sozialdemokraten sei es, „entschieden Front gegen die linksdiktatorischen Bestrebungen (zu) machen".[143] — Ein neues Verbot wird vom Vollzugsrat auf diesen Artikel hin nicht ausgesprochen. Ein Nachdruck des Artikels durch das örtliche Zentrumsblatt wird jedoch vom Zensor gestrichen (was die Zeitung ihren Lesern mitteilen darf).[144]

Duisburg. In den Zeitungen erscheint der Aufruf des neuen Exekutivkomitees (oben Seite 117-118). Oberbürgermeister Jarres protestiert dagegen, daß darin seine Amtsenthebung und die Entlassung der Polizei ausgesprochen ist. Diesem Protest schließen sich die Gemeindebeamten an und verlangen bis 15 Uhr die Zusage „voller Arbeits- und Bewegungsfreiheit", andernfalls würden sie zu Beginn der neuen Woche — es ist Samstag — in den Streik treten.[145] Das Exekutivkomitee bemüht sich, die in seinem Aufruf festgesetzten Löhnungsgelder zusammenzubringen. Koch und Wild lassen sich in der Reichsbank die Bücher vorlegen und ersehen daraus, daß der Barbestand 6,24 Millionen Mark beträgt. Sie verlangen die Auszahlung von 3 Millionen. Der Bankvorstand weigert sich; die hinzugezogenen Leiter der Privatbanken, die der Reichsbank Sicherheit geben sollen, bemerken, für solche Summen könnten sie keine Unterschrift leisten. Nun fordern Koch und Wild das Guthaben der Stadt (736.000 Mark). Der Reichsbankvorstand verlangt die Vorlage eines Schecks der Stadtkasse. Koch und Wild fahren zum Rathaus. In Verhandlungen mit der Stadtverwaltung fordern sie die Auszahlung von rund 1/2 Million Mark pro Tag. Die Stadtverwaltung bleibt unnachgiebig. Koch und ein anderes Mitglied des Exekutivkomitees namens Müller gehen jetzt mit äußerstem Druck gegen die Reichsbank vor, die inzwischen von Bewaffneten besetzt ist; sie erklären den Bankbeamten, sie würden notfalls den Tresor durch Bergleute sprengen lassen. Die Bankbeamten bieten die Zahlung einer halben Million an; Koch und Müller können das auf eine ganze Million hinaufdrücken, müssen aber auf der Rückseite der Quittung bescheinigen, sie hätten das Geld erst erhalten, „nachdem wir die Vorstandsbeamten der Reichsbankstelle Duisburg und deren Kassierer unter Handanlegung an dieselben mit Anwendung der äußersten Gewalt bedroht haben". 1 Million — das sind, wie Koch und Müller vor den Beamten bemerken, für die 5.000 Duisburger Kämpfer in der Roten Armee nur 200 Mark pro Kopf. Beide bezeichnen den Betrag als Abschlagszahlung und kündigen an, sie würden den restlichen Barbestand von rund 5 Millionen am Montag holen. (Dazu wird es jedoch nicht kommen: am Montag verausgabt die Reichsbank ihren Barbestand bis auf einen kleinen Rest an die Betriebe und Behörden.)[146] — Inzwischen haben Stadtverwaltung und Beamtenausschuß nach ergebnisloser Verhandlung mit dem Exekutivkomitee das Rathaus ohne Bewachung verlassen können. Oberbürgermeister Jarres begibt sich in das von den Belgiern besetzte Ruhrort.[147]

Die Beschlagnahmung der Bankguthaben, die das Exekutivkomitee in seinem Aufruf bekanntgegeben hat,[148] läßt sich nicht aufrechterhalten: die Folgen, u.a. für die Auszahlung der Löhne, drohen chaotisch zu werden.[149] Die Maßnahme wird noch am selben Tag widerrufen.[150] Jedoch erscheint eine neue Bekanntmachung, nach der ab Beginn der neuen Woche „Lebensmittel nur noch an solche Einzelpersonen und Familienvorstände ausgegeben werden, welche nachweisen, daß sie eine Produktivtätigkeit ausüben."[151]

Nach den Erfahrungen des ersten Tages wendet sich das Exekutivkomitee mit folgendem Schreiben an alle Vollzugsräte des Aufstandsgebiets:

„*Werte Genossen! Welche Entwicklung die Dinge in Duisburg genommen haben, ersehen Sie aus beiliegendem Aufruf* [in dem der Umsturz bekanntgegeben wird, s. oben Seite 117-118]. *Wir waren gezwungen, die stärksten Maßnahmen zu ergreifen, sollte die Lohnauszahlung an die Arbeiterschaft und die Truppen sichergestellt sein. Die Banken sind fast ohne Bargeld; die hiesige Reichsbank hat nur einen Barbestand von 6 Millionen Mark. Wir werden gezwungen sein, auf dem Wege der Sozialisierung weiterzuschreiten. Es gibt nur ein Mittel: Liegt die Kohlenproduktion in den Händen der Arbeiterschaft, dann lassen sich Lebensmittel beschaffen, sonst nicht mehr. Wir bedürfen dringend Eurer Hilfe ... Die sofortige Einsetzung einer Sozialisierungskommission für den Bergbau ist eine dringende Notwendigkeit. Wir bitten um sofortige Mitteilung, ob Ihr bereit seid, diese Frage auf einer Konferenz zu behandeln und was Ihr sonst noch für Vorschläge zu machen habt.*"[152]

Herne. Wie am Vortag in Recklinghausen und Buer kommt es hier zu einem Vorstoß von Arbeitern, die den bewaffneten Kampf unbedingt fortführen wollen, gegen das örtliche Exekutivorgan. Empört darüber, daß der Arbeiterrat seit Tagen keine Arbeiter mehr an die Front schickt, besetzen sie unter Mitwirkung von Gleichgesinnten aus Dortmund in der Nacht das Rathaus und erklären ein SPD-Mitglied des Arbeiterrats, das besonders aktiv für die Durchführung des Bielefelder Abkommens gesorgt hat, für abgesetzt. Bis zum Morgen kann der Konflikt durch Verhandlungen beigelegt werden; der Arbeiterrat nimmt wieder Besitz vom Rathaus und bekräftigt seine Stellungnahme für das Bielefelder Abkommen.[153]

Mülheim. Militante Gruppen legen die Thyssenschen Betriebe (die bedeutendsten der Stadt) still. Der Streik solle sich, erklären sie, gegen die Beschlüsse der Hagener Konferenz vom Vortag richten (Einstellung der Kampfhandlungen für die Dauer der neuen Verhandlungen mit der Regierung) und die Forderung nach Entwaffnung der gesamten Reichswehr unterstreichen; die Arbeiter werden aufgefordert, an die Front zu gehen. Der Streik soll vorläufig zwei Tage dauern.[154]

Gelsenkirchen/Dorsten. Die Situation nutzend, die durch den offenen Konflikt zwischen Zentralrat und westlichen Kampfleitern entstanden ist, erläßt Karusseit, der Reichswehragent in den Reihen der Roten Armee, folgende Verordnung:

„*Orts-Unterkunft, 27. März 1920.*
Befehl!
Auf Grund der mir übertragenen Gewalt durch die Zentralleitung* befehle ich hiermit folgendes:

---

* Gemeint ist das von der Zentralleitung Marl erlassene Dienstreglement für die Rote Armee (II, Seite 78).

1. Sämtliche sich auf Grund des verräterischen Waffenstillstandsbeschlusses der in dieser Sache nicht kompetenten Bielefelder Konferenz von den Formationen der ‚Roten Armee' entfernten Mannschaften werden aufgefordert, sich innerhalb sechs Stunden nach Herausgabe dieses Befehls zu ihrer Dienststelle zu begeben und ihre Dienste in der ‚Roten Armee' wieder aufzunehmen.
2. Wer aus Gründen der Gesundheit oder anderen zwingenden Gründen den Verteidigungskampf nicht wieder aufnehmen kann, hat die ihm ausgehändigte Waffe samt Munition an der Ausgabestelle, von der er selbige erhalten, ebenfalls innerhalb sechs Stunden nach Erlaß dieser Verfügung zurückzugeben.
Auf Nichterfüllung dieses Befehls setze ich die Todesstrafe.
Gegeben Gelsenkirchen, den 27. März 1920.
Der Oberkommandierende des Abschnittes ‚West' der ‚Roten Armee':
Gottfried Karusseit."[155]

Essen. Der Zentralrat bildet sich endgültig[156] und tagt von nun an in Permanenz. Er regelt seine Zusammensetzung in der Weise, daß seine Mitglieder von Vollzugsräten delegiert sein müssen. Die Zusammenfassung der Aufstandsbewegung gelingt jedoch nur unvollkommen: einerseits arbeiten die Hagener nicht mit (sie haben zwar auf der Konferenz am Vortag den Zentralrat als politische Führungsinstanz anerkannt, empfinden jedoch sehr deutlich, daß der Zentralrat nicht zuletzt mit dem Ziel ihrer Entmachtung gebildet worden ist), andererseits entsendet das neue Exekutivkomitee von Duisburg keine Vertreter. Parteipolitisch aufgeschlüsselt besteht der Zentralrat in seiner endgültigen Zusammensetzung aus 10 Mitgliedern der USP, 7 der KPD, einem der SPD.[157] Ein Antrag des Aktionsausschusses Elberfeld, den Zentralrat paritätisch zusammenzusetzen,[158] wird nicht aufgegriffen; eine solche Zusammensetzung wäre auch gar nicht möglich gewesen, weil die SPD bereits in zu vielen Städten ausgeschaltet ist bzw. freiwillig abseits steht. Außer den Vollzugsräten ist ständig die Zentrale der KPD durch Pieck vertreten; an einzelnen Sitzungen nehmen Vertreter der Berliner Führungsgremien der USP und der Freien Gewerkschaften teil.[159] — Sitz des Zentralrates ist das Hotel „Kaiserhof" gegenüber dem Essener Hauptbahnhof. Für ihren Unterhalt müssen die Mitglieder selbst aufkommen, da nur einige hundert Mark zur Verfügung stehen, die dem Zentralrat geliehen worden sind (von welcher Seite, ist nicht zu ermitteln).[160]
Der Zentralrat bezieht in zwei Erklärungen Position gegenüber den Kampfleitern der Weseler Front einerseits, gegenüber der Regierung andererseits. Zu den bisherigen Stellungnahmen der Kampfleiter erklärt er:
„Der Zentralrat wendet sich gegen jede Art von Abenteurerpolitik. Er trifft seine Maßnahmen ausschließlich nach politischen Erwägungen. Die militärische Aktion hat sich den politischen Entscheidungen des Zentralrats anzupassen. Das Proletariat führt einen politischen Kampf mit politischen Zielen.
Die Gefahren des Militarismus sind noch nicht überwunden. Die Militaristen stehen auf dem Sprunge, durch einen zweiten Putsch die Gewalt an sich zu reißen. In vielen Teilen des Reiches herrscht bereits der weiße Terror. Die Errichtung der Militärdiktatur würde das Eingreifen der Entente hervorrufen. Die Gefahr eines neuen Krieges steigt unheilverkündend herauf.

Dieser Gefahr kann nur vorgebeugt werden, wenn das Proletariat Deutschlands, wenn alle ohne Unterschied der Partei in den Kampf gegen den gemeingefährlichen Militarismus eingreifen."[161]
Zum Aufruf der Reichsregierung vom Vortag, die Kämpfe einzustellen, die Waffen abzugeben und zur Arbeit zurückzukehren, stellt der Zentralrat fest:
„Die sogenannten Bielefelder Abmachungen hängen in der Luft. Die Regierung hat dazu offiziell keine Erklärung abgegeben. Sie gab auch keinerlei Garantie dafür, daß die in den Abmachungen enthaltenen Zugeständnisse durchgeführt werden. Der Zentralrat hält daher neue Verhandlungen für erforderlich."[162]
Voraussetzung für diese Verhandlungen ist nach Meinung des Zentralrats ein Waffenstillstand (der Zentralrat will also genau so vorgehen, wie die Teilnehmer der Bielefelder Konferenz es getan hatten). Diesem Konzept steht die Erklärung der westlichen Kampfleiter vom Vortag entgegen, daß sie weiterkämpfen wollen und daß „nur die Waffen entscheiden werden". Im Laufe des Tages werden die Kampfleiter jedoch kompromißbereiter: vor Wesel unternimmt die Reichswehr auf der ganzen Front einen überaus erfolgreichen Angriff; der Zusammenbruch der Roten Armee beginnt sich abzuzeichnen.

Front bei Wesel. Bei Tagesanbruch besetzen Reichswehr- und Sipo-Einheiten Krudenburg und vertreiben die letzten Rotgardisten aus dem Ort. MG-Schützen postieren sich unangreifbar hinter dem Erdwall auf dem nördlichen Lippeufer und nehmen, unterstützt von Dauerfeuer der Artillerie, das südliche Flußufer unter Beschuß. Hier haben die Rotgardisten Schützengräben angelegt, aus denen sie jetzt, da das südliche Ufer flach ist und keinerlei Deckung bietet, nicht mehr herauskommen. Da sie auch den Fluß nicht mehr kontrollieren können, setzen bald Stoßtruppeinheiten der Reichswehr mit der Fähre und mit Kähnen über; mit Handgranaten und Bajonetten stürmen sie die Schützengräben. Man zählt 63 tote Rotgardisten, die am nächsten Tag an derselben Stelle ein Massengrab erhalten; die Reichswehr hat vier Tote.[163] 29 Rotgardisten kann die Polizei später identifizieren. Danach war der jüngste 17, der älteste 35 Jahre alt; das Durchschnittsalter lag bei 22,3 Jahren. 24 waren ledig, fünf verheiratet. 11 kamen aus der nahegelegenen Zechenkolonie Lohberg, weitere 10 aus den aneinander angrenzenden Orten Gladbeck, Karnap und Horst-Emscher, was den lokalen Zusammenhalt innerhalb der Roten Armee beleuchtet.[164] — Die Reichswehr baut die eroberte Stellung zu einem Brückenkopf aus. Die Geschütze, die vorläufig noch auf dem nördlichen Flußufer verbleiben, nehmen Hünxe unter Dauerfeuer; der Kirchturm, auf dem ein roter Beobachtungsposten vermutet wird, erhält fünf Volltreffer.[165]
Auf der Bucholtwelmen gegenüberliegenden Seite der Lippe entdeckt am Morgen eine Patrouille des Freikorps Schulz, daß die Gegend südlich der Industriebrücke von der Roten Armee geräumt ist. Major Schulz überschreitet sofort mit einer Kompanie die Lippe und besetzt kampflos Bucholtwelmen (einzelne Nachzügler der Roten Armee werden erschossen);[166] dann meldet er an General Kabisch die in der Front des Gegners klaffende Lücke und schlägt vor, hier mit seinem Freikorps zum Angriff anzutreten. Kabisch ruft die Kommandeure von Reichswehr und Sipo zusammen und vereinbart mit ihnen für 14 Uhr einen gleichzeitigen Angriff an drei Punkten, nämlich von der Doppelbrücke südlich Wesel und von den

beiden Brückenköpfen bei Bucholtwelmen und bei Hünxe aus. Geplant ist ein Zangenangriff in der Weise, daß das Freikorps Schulz in südwestlicher Richtung besonders rasch vorstoßen soll, um der Roten Armee den Rückzug abzuschneiden; im Rheinbogen westlich von Friedrichsfeld und Voerde sollen die Eingekesselten dann vernichtet werden. Die Durchführung dieses Plans gelingt nicht, weil das Regiment 62, das die Doppelbrücke südlich von Wesel überschreitet, wesentlich schneller vorwärtskommt als das Freikorps Schulz; trotzdem ist der Erfolg des vorgetragenen Angriffs beträchtlich: bis zum Abend sind Friedrichsfeld und Voerde erobert.[167] Reichswehr und Sipo gehen mit äußerster Brutalität vor. Bei Görsicker versuchen etwa 18 fliehende Rotgardisten, sich mit einem am Rheinufer liegenden Kahn zu retten. Für alle ist in ihm kein Platz; etwa 7 Rotgardisten gehen ins Wasser und halten sich am Rande fest. Da jedoch keine Ruder vorhanden sind, treibt der Kahn in der Nähe des Ufers. Ein Reichswehrtrupp erscheint und feuert mit MGs auf die Hilflosen, bis sich nichts mehr regt. Die meisten gehen unter, 5 bleiben tot, 3 verwundet im Kahn liegen (die letzteren werden in die Schule von Mehrum gebracht und später von dort abtransportiert — nach Ansicht der Bevölkerung zur Exekution); nur einer kann sich trotz Verwundungen ans Land retten und in einem Kohlenschuppen verstecken. Später dort von der Reichswehr entdeckt, wird er ans Rheinufer geführt und dort so erschossen, daß der Körper in den Strom fällt.[168] — An einer anderen Stelle ist es die Sipo, die gefangengenommene Rotgardisten hinter der Front in Empfang nimmt und „erledigt": sie reißt sie von den Transportautos herunter und schlägt ihnen die Köpfe ein. Um unliebsames Aufsehen in der Bevölkerung zu vermeiden, ziehen die Sipos den Toten dann die Röcke aus und binden sie über den zerschmetterten Köpfen zusammen.[169]
Die nördlich von Hünxe stehenden Reichswehrtruppen mißachten den Angriffsbefehl von General Kabisch und begnügen sich damit, weiterhin das Dorf unter Feuer zu nehmen. Rotgardisten versuchen in mehreren Gegenangriffen aus dem Dorf heraus den Gegner auf das nördliche Lippeufer zurückzutreiben, sind dazu jedoch zu schwach. Kampfleiter Kuhn verlegt seinen Stab nach Bruckhausen (ein unmittelbar vor Lohberg gelegenes Dorf), und in der folgenden Nacht wird Hünxe von den Rotgardisten geräumt.[170]
Die Verluste der Roten Armee sind auch nicht annähernd zu schätzen. An Material verliert sie: drei Kanonen verschiedenen Kalibers, mehrere leichte Minenwerfer, zahlreiche Maschinengewehre und große Munitionsbestände.[171]
Die ländliche Bevölkerung begrüßt die Reichswehr überall als Befreier.[172] Ein Schüler der Volksschule von Bucholtwelmen schreibt in sein Aufsatzheft: „So lagen sie alle (die Spartakisten) im Feld und sagten nichts mehr. Dann wurde ein Mistwagen angespannt. Damit wurden sie geladen. Meine Tante ist mitgewesen. Mit Misthaken wurden sie ins Loch gezogen. Keiner hat ihnen eine Träne nachgeweint."[173] Hier wird schlaglichtartig die Feindseligkeit des bäuerlichen Milieus deutlich, in dem sich die Rote Armee seit ihrem Hinausstoßen über die Grenzen der Industriestädte bewegt hat.
In Dinslaken kommt es durch die Katastrophe an der Front zu einer Panik. Die Kampfleitung erwägt, ihren Sitz weiter rückwärts zu verlegen, da taucht Müller (Dudo) auf und versucht, die Lage wieder zu stabilisieren. Das gelingt ihm, da

die Reichswehr ihren Vormarsch nicht mehr fortsetzt.[174] — Im Buschgelände nördlich von Eppinghoven und entlang dem nördlichen Stadtrand von Dinslaken wird eine neue Front aufgebaut.[175]
Mit der Beschießung Wesels durch die Rote Armee ist es vorbei;[176] insgesamt drei Menschen sind in der Stadt von Artilleriegeschossen getötet worden.[177] Dafür belegt von jetzt an die Reichswehr Dinslaken mit Artilleriefeuer, vor allem nachts.[178] — Der weite Vorstoß der Reichswehr südlich der Lippe, der einen klaren Bruch des Bielefelder Waffenstillstands bedeutet, wird am nächsten Tag vom Wehrkreiskommando Münster damit gerechtfertigt, daß die Einwohnerschaft von Wesel „vor einer weiteren Beschießung durch die bolschewistische Artillerie" habe geschützt werden müssen.[179]

Übrige Nordfront; Ostfront. Östlich von Wesel besetzt die Marinebrigade Loewenfeld Erle und nimmt mit den Weseler Truppen Fühlung, d.h. die Reichswehrfront nördlich der Lippe beginnt sich zu schließen.[180] Am Abend stößt eine Patrouille bis Schermbeck vor, wo sie Rotgardisten ein Gefecht liefert.[181] Der gepanzerte Zug der Marinebrigade fährt bis zur gesprengten Eisenbahnbrücke vor Hervest-Dorsten; eine in seinem Schutz vorgehende Einheit erobert den Bahnhof des Ortes.[182]
Im Osten des Ruhrgebiets besetzen die Bayern Beckum[183] und stoßen bis kurz vor Ahlen vor, wobei sie auch Flugzeuge einsetzen.[184] Die Ahlener Arbeiterwehr setzt sich nach Heessen ab, so daß die Patrouillen der Bayern nur Nachzügler beschießen können; der örtliche Arbeiterrat löst sich auf Initiative der christlichen Gewerkschaften hin auf.[185] Die südlich von Münster stehenden Reichswehrtruppen gehen so weit vor, daß nur noch eine kleine Lücke zwischen ihnen und den Bayern bleibt.[186] In Münster rückt die Akademische Wehr aus, um sich in die Front südlich der Stadt einzureihen.[187]

Essen. Die Mülheimer Kampfleitung berichtet dem Zentralrat zwar keineswegs von der Katastrophe an der Weseler Front,[188] sie gibt aber zu erkennen, daß sie gegen die Konzeption des Zentralrats, die Kämpfe nur noch defensiv weiterzuführen, um zu neuen Verhandlungen mit der Regierung zu kommen, nichts mehr einzuwenden hat.[189] Der Zentralrat kann daher folgendes Waffenstillstandsangebot an die Regierung formulieren, das um 21.45 Uhr telefonisch der Reichskanzlei übermittelt wird:
„*Der Zentralrat der Vollzugsräte und die Kampfleitung der Arbeitertruppen sind bereit und ermächtigt, im Industriegebiet unter beiderseitiger Kontrolle der Einhaltung sofort einen Waffenstillstand eintreten zu lassen, wenn die Regierung bereit ist, die Reichswehr zu gleichem zu verpflichten. Nachdem die vorläufige Waffenruhe eingetreten ist, haben sofort Verhandlungen mit Vertretern der Reichsregierung stattzufinden, die, mit allen Vollmachten versehen, mit dem Zentralrat eine Grundlage zu schaffen haben, auf der die dauernde Einstellung des militärischen Kampfes möglich ist.*"[190]

Gelsenkirchen/Münster/Haltern/Bochum. Auf Bitten von Neysters vom Aktionsausschuß Gelsenkirchen wendet sich Oberbürgermeister v. Wedelstaedt erneut vermittelnd nach Münster, kann jedoch Severing nicht erreichen; das Wehrkreiskommando erklärt, Vermittlungsversuche neutraler Personen seien zwecklos.[191] Daraufhin bittet Neysters einen Oberfliegerleutnant namens Bongartz, im Krieg mit dem pour le mérite dekoriert, direkt bei der Reichswehr an der Front zu vermitteln. In Begleitung eines Rotgardisten überschreitet Bongartz bei Haltern die Front. Von der Reichswehr wird er zu einem Leutnant geführt, der ihm erklärt, von einem Waffenstillstand nichts zu wissen; er habe vielmehr aus Münster Befehl, das verschärfte Kriegsrecht anzuwenden. Auf Drängen von Bongartz fragt der Leutnant beim Wehrkreiskommando nach; dieses bestätigt die erteilte Auskunft.[192] — Der Arbeiterrat Bochum, der durch den Kampfleiter der Roten Armee in Haltern von dem Vorgang erfährt, wendet sich am folgenden Tag mit einem Protesttelegramm an Severing.[193] Dessen Stellvertreter Mehlich antwortet, die Reichswehr sei von den Bielefelder Abmachungen „genau unterrichtet", dagegen würden diese „von der Gegenseite so gut wie gar nicht gehalten."[194]

Mülheim. Der Vollzugsrat unterstellt sich dem Essener Zentralrat und widerruft bei dieser Gelegenheit die Ausrufung der Räterepublik vor einer Woche.[195] In einer Bekanntmachung fordert er die Bevölkerung auf, sich „in allen Angelegenheiten an die bisherigen Verwaltungsstellen zu wenden", der Vollzugsrat sei „nur Kontroll- und Überwachungsinstanz."[196]

Essen. Der Zentralrat beschließt eine Verordnung, die das Verhältnis zwischen Front, Etappe und Hinterland regeln soll.[197] Ferner beruft er für den folgenden Tag eine weitere Konferenz der Vollzugsräte ein.[198] In der Einladung an die Vollzugsräte, die bis zu drei Vertreter entsenden sollen, heißt es: Die Delegierten „sollen hier insbesondere Auskunft geben über die Zusammensetzung des dortigen Vollzugsrates oder Ausschusses, Zahl der Mitglieder, Parteistellung."[199]

28. März

Hagen. Am Morgen versammeln sich, zusammengerufen von Ernst, die Kampfleiter der Bezirke Hagen-Schwelm, Altena-Lüdenscheid, Iserlohn-Schwerte-Unna, Witten, Remscheid und Lennep. In einer einstimmig angenommenen Resolution lehnen sie die Mülheimer Zentrale als Oberleitung der Roten Armee ab und erklären, gegen sie notfalls mit der Waffe in der Hand vorgehen zu wollen. Damit können sie allerdings nicht für alle Arbeiter in ihrem Bezirk sprechen: soeben mußten Rotgardisten, die gegen den Willen ihrer Führer zur Teilnahme am weiteren Kampf nach Mülheim ziehen wollten, entwaffnet werden.[200] — Ernst teilt in einem Telegramm an Severing den Beschluß der Konferenz mit und fügt hinzu, daß die Führer der Arbeitertruppen von Elberfeld, Barmen und Düsseldorf, die auf demselben Standpunkt ständen, sich sicherlich dem Beschluß anschließen würden. Ernst bittet Severing, sich nun seinerseits dafür einzusetzen, daß in die Bezirke, die auf dem Boden dieses Beschlusses ständen, keine Reichswehr einmarschiere.[201]

Essen. Nachdem der Zentralrat die ganze Nacht hindurch vergeblich auf eine Antwort aus Berlin auf das Waffenstillstandsangebot gewartet hat, kann er um 10 Uhr eine telefonische Verbindung mit Reichswehrminister Geßler bekommen. Dieser antwortet hinhaltend, das Waffenstillstandsangebot sei dem Reichskanzler vorgelegt worden.[202]
Um 10 Uhr beginnt in Gegenwart der in- und ausländischen Presse (vier Amerikaner, ein Engländer von der „Daily Mail") die zweite Essener Konferenz der Vollzugsräte; Tagungsort ist wieder das Hotel „Vereinshaus".[203] Von den 110 Delegierten der Vollzugsräte sind 48 Mitglieder der USP, 40 der KPD, 21 der SPD, einer der DDP;[204] von der Kampfleitung Mülheim, die sich jetzt Oberleitung der Roten Armee nennt, ist Leidner persönlich erschienen.[205] Die KPD-Zentrale ist diesmal außer durch Pieck noch durch den Rechtsanwalt Paul Levi vertreten,[206] der erst vor wenigen Tagen in Berlin aus der „Schutzhaft" entlassen worden ist.[207] Den Tätigkeitsbericht des Zentralrats erstattet Brenner (KPD). Er sieht den Beginn der jetzigen Schwierigkeiten darin, daß die Unterhändler von Bielefeld ohne Verbindung mit den Vollzugsräten gehandelt hätten und daß die Hagener Kampfleitung ihre Arbeitertruppen aus der Front herausgezogen habe. Die Oberleitung der Roten Armee habe nach anfänglichem Widerstreben den Zentralrat als politische Führungsinstanz anerkannt, so daß ein Waffenstillstandsangebot nach Berlin gerichtet werden konnte; eine Antwort sei bisher nicht eingetroffen. Brenner betont, daß es „heller Wahnsinn" wäre, den Kampf auf einem Teil der Front fortzusetzen, auf einem anderen einzustellen, und schließt mit der Versicherung, daß der Zentralrat „einzig und allein auf der Grundlage der augenblicklichen Gefechtslage" verhandeln werde, daß er nichts preisgeben, sondern das Erreichte halten und verteidigen wolle. — Danach spricht Levi über die allgemeine politische Lage in Deutschland. Was er im einzelnen an Fakten schildert, deckt sich im großen und ganzen mit dem, was dem Leser aus dem 2. und 3. Kapitel des 2. Bandes bekannt ist. Levis Fazit: „Der Militarismus steht heute genau so fest wie am 12. März [dem Tag vor dem Kapp-Putsch], bis zu diesem Zeitpunkte mit Noske, heute ohne Noske". Die Aufstandsbewegung müsse diese Lage illusionslos ins Auge fassen. Die Konsequenz könne nur die sein, daß das Proletariat des Ruhrgebiets seine Position halte und nicht weiter vorwärtsstürme. Das erfordere die strengste Unterordnung der militärischen Leitung unter die politische. Würden die bewaffneten Kämpfe fortgesetzt, dann sei das „nicht was das Proletariat, sondern was die Bourgeoisie braucht — eine Gelegenheit zum Blutvergießen ... Es gibt kein sichereres Mittel, eine Bewegung so vollkommen niederzuschlagen, wie ein Blutbad, das haben wir aus den Erfahrungen der letzten anderthalb Jahre gelernt. Noch heute ist es nicht möglich, in München [nach der blutigen Zerschlagung der Räterepublik] zu größeren Aktionen zu kommen. In diesen Tagen hat eine Horde bewaffneter Studenten das Ministerium in München stürzen können ... Nicht das macht den Revolutionär aus, zu kämpfen, weil er gerade ein Gewehr in der Hand hat, sondern sich von politischen Gesichtspunkten leiten zu lassen". Aber natürlich lasse sich die im Ruhrgebiet errungene Position nur halten, wenn die Arbeiterschaft der anderen Regionen in den Generalstreik trete, sobald ein Einmarsch der Reichswehr ins Ruhrgebiet drohe. Allerdings könne man einen Generalstreik nicht „auf Befehl machen"; es müsse jedoch möglich sein, unter der

Parole: Verteidigung des Ruhrproletariats einen neuen Generalstreik zustandezubringen. Levi schließt:
„*Es kann niemand sagen, wie die Bewegung weitergehen wird. Die Revolution des Proletariats ist nicht der kühne Anlauf, der in einer geraden Linie zum Ziele hinaufführt, es ist ein Vorgehen und ein scheinbares Zurückgehen, ein Stillestehen, ein neuer Anlauf und so weiter. Diese Erfahrungen haben wir bisher auch in Deutschland gemacht. Keiner von Ihnen wird aber verkennen, wieviel weiter das Proletariat gekommen ist seit November 1918, wieviel erfahrener, ernster, entschlossener, reifer und seines Weges bewußter geworden. Und das, obgleich es bis jetzt keinen Sieg zu verzeichnen hatte, nur Niederlagen auf Niederlagen ... Aber es sind nur scheinbare Niederlagen und plötzlich wächst die Revolution wieder empor zu einer ungeheuren Tat ... Das deutsche Proletariat hat in dieser Bewegung eine Kraft und eine Geschlossenheit gezeigt, und eine Einheitlichkeit in seinem Weg, daß ich im Zweifel bin, ob das russische Proletariat damals, als es den Sieg errang, den Grad der Reife hatte, wie jetzt das deutsche. Wenn es der russischen Bewegung damals gelang, ans Ziel zu kommen, und der deutschen noch nicht, so liegt es nicht daran, daß das russische Proletariat weiter vorgeschritten war als das deutsche, sondern der Unterschied war auf Seiten der Bourgeoisie. Die deutsche Bourgeoisie ist der russischen an Kraft, an Organisation, an Disziplin unsäglich weit überlegen ... Ihr, Genossen, habt den größten Feind vor Euch, der so zäh ist, wie nirgends in der Welt. Ihr habt den schwersten Kampf zu führen und müßt die denkbar größten Kräfte entwickeln in diesem Kampf*".
Nach diesem mit anhaltendem Beifall aufgenommenen Referat nimmt die Konferenz ohne Aussprache eine vom Zentralrat vorgelegte Erklärung an und drückt in einer kurzen Resolution ihre Zustimmung aus:
„*Der Zentralrat erklärt für die Arbeiterschaft des Industriegebiets in Rheinland und Westfalen:*
Das Ziel des revolutionären Kampfes in seinem gegenwärtigen Stadium ist: Niederwerfung des Militarismus, weil nur dadurch eine Sicherung der revolutionären Bewegung vor gegenrevolutionären Überfällen und eine Sicherung der von der Arbeiterschaft erkämpften Machtstellung gegeben ist. Diese Sicherungen sind:
1. Entwaffnung und Auflösung aller Truppen;
2. Bildung von Arbeiterwehren;
3. Verwahrung sämtlicher Waffen unter ständiger Kontrolle der Arbeiterräte.
Der Umfang, in dem dieses Ziel erreicht wird, hängt ab von dem Willen und der Entschlossenheit der gesamten proletarischen Klasse im Reiche. In Anbetracht der Tatsache, daß schon jetzt der Militarismus wieder in alter Stärke und Anmaßung zurückkehrt und die Regierung noch nicht eine einzige ihrer Versprechungen durchgeführt hat, ist der Zentralrat der Meinung, daß es eines erneuten Kampfes des deutschen Proletariats bedarf, um auch nur diese beschränkten Ziele zu erreichen. Der Zentralrat ist weiter der Meinung, daß die Arbeiterschaft des rheinisch-westfälischen Industriegebiets ihre bisherigen Errungenschaften unter allen Umständen aufrechterhalten muß. Die Aufrechterhaltung dieser Rechte, die durch das Handeln der gesamten Arbeiterschaft des rheinisch-westfälischen Industriegebiets errungen sind, hängt aber nicht ab von dem Mut und dem Eifer eines Teiles der Klasse, sondern von der Entschlossenheit der Gesamtheit der Arbeiterschaft des rheinisch-

westfälischen Industriegebiets. Der Zentralrat wird jeden Angriff auf diese Rechte, insbesondere jeden Truppenangriff auf Rheinland und Westfalen, mit dem Appell an das gesamte Proletariat des Industriegebiets, d.h. mit der Aufforderung zum Generalstreik beantworten".

Zusatzresolution der Konferenz:
„Die Vollversammlung der Vollzugsräte des Industriegebiets Rheinland-Westfalen schließt sich dieser Erklärung des Zentralrats an und wird den Generalstreik, falls er notwendig werden sollte, mit aller Kraft durchführen".

So einmütig die Konferenz bisher verlaufen ist, so erregt wird sie, als Leidner nun über die militärische Lage vor Wesel berichtet. Ihm ist die versierte Rhetorik Levis offensichtlich auf die Nerven gegangen. Spitz entgegnet er auf dessen Referat: *„Im gegenwärtigen Stadium des Kampfes ist ein Gewehr mehr wert als zehntausend Schnauzen".* Die militärische Leitung habe mit Munitions- und Verpflegungsschwierigkeiten zu kämpfen, rechne aber damit, ihrer Herr werden zu können. Insgesamt jedenfalls stehe die Front „so gut, daß sie dem Gegner unter allen Umständen gewachsen sei". Zum Schluß erklärt Leidner, „die militärische Leitung sei bereit, mit der politischen zusammenzuarbeiten". Sofort antwortet Levi: Diese Erklärung „genügt uns in keiner Weise. Die militärische Leitung hat sich der politischen *unbedingt zu unterwerfen.* Die politische Leitung ist der Kopf, die militärische der Arm. Wir haben keine Lust, uns durch Militaristen noch weiter ans Kreuz schlagen zu lassen". Mehrere Vertreter der USP und der SPD schließen sich im Namen ihrer Partei dem Standpunkt Levis an. Daraufhin erklärt Leidner, „daß er nicht daran gedacht habe, als militärischer Diktator aufzutreten". Die von Levi entwickelten Grundsätze erkenne auch er „grundsätzlich" an. „Ein einmütiges Arbeiten erscheine ihm für die Zukunft gesichert". Mit dieser noch immer nicht völlig eindeutigen Erklärung begnügt sich die Versammlung.

Als die Konferenz um 13 Uhr beendet wird, liegt noch immer keine Antwort der Regierung auf das Waffenstillstandsangebot vor.[208]

Um 15.20 Uhr übermittelt der Zentralrat der Regierung telegrafisch die von der Konferenz angenommene Erklärung — in vollem Wortlaut, also auch mit der Wendung an die Arbeiterschaft im übrigen Deutschland und mit der Ankündigung eines neuen Generalstreiks im Ruhrgebiet.[209] Diese Passagen bedeuten gegenüber der Regierung eine Herausforderung; der Zentralrat muß eigentlich wissen, daß dies seinem Bestreben, zu neuen Verhandlungen zu kommen, geradezu zuwiderläuft. Bei der Anwesenheit bürgerlicher Pressevertreter ist allerdings ein anderes Verhalten unmöglich, wenn der Vorwurf der Doppelbödigkeit vermieden werden soll.

Hagen. Teilnehmer der Essener Konferenz berichten Ernst von den dort gefaßten Beschlüssen. Daraufhin telegrafiert Ernst an Severing, daß nunmehr die „Ansichten der Mülheimer vollständig isoliert" seien. „Jede militärische Aktion ist dadurch unnötig geworden. Selbst wenn Mülheimer sich nicht fügen, werden selbige in den nächsten Tagen in sich selbst zusammenbrechen, sodaß jede militärische Aktion nur Wasser auf die Mühlen der Reaktion wäre".[210] Damit bezeichnet Ernst seine vor zwei Tagen geäußerte Ansicht, im Notfall müßten ausgesuchte Reichswehrtruppen gegen die Mülheimer eingesetzt werden, als gegenstandslos.

Essen/Duisburg. Beunruhigt über das Vorgehen des neuen Exekutivkomitees in Duisburg, verordnet der Zentralrat, daß Beschlagnahmungen und Eingriffe in das Wirtschaftsleben nur im Einvernehmen mit ihm erfolgen dürfen.[211] Wild versucht, vor dem Zentralrat die in Duisburg ergriffenen Maßnahmen zu rechtfertigen. Levi und Pieck bezeichnen jedoch die in Duisburg eingetretenen Zustände als ein an Anarchie grenzendes Chaos und titulieren Wild schroff als „Verbrecher an der KPD" und „gemeinen Phantasten"; im Vogtland (wo Max Hoelz gerade seinen revolutionären Bandenkrieg begonnen hat) gehe es nicht so her wie in Duisburg. Wild bezeichnet daraufhin die beiden als Verräter und erklärt, der Zentralrat habe immer noch nichts gelernt und sei somit ohne Existenzberechtigung; in Zukunft werde man in Duisburg ohne Rücksicht auf ihn vorgehen.[212]

Duisburg. Am Vortag hat Wild dem SPD-Blatt ein Verbot angedroht, falls es sich nicht der Zensur unterwerfe, er hat diese Drohung jedoch nicht ausgeführt.[213] So erscheint die Zeitung mit einem Leitartikel, in dem das Proletariat vor der kommunistischen Theorie gewarnt wird, die, wie der Zusammenbruch der Räterepublik Ungarn beweise, aus Illusionen bestehe. „Die Verwirklichung der kommunistischen Ideale, wie sie hier in Duisburg in Angriff genommen ist, bedeutet bei der heutigen Weltverfassung die Fortsetzung des Weltkrieges". Dieser werde zwar nicht mehr für das Vaterland geführt, sondern für den Rätegedanken, aber die Folgen habe wie 1914-18 das Proletariat zu tragen.[214]
Oberbürgermeister Jarres gibt bekannt, daß der Geschäftssitz der Duisburger Stadtverwaltung ins belgisch besetzte Ruhrort verlegt ist.[215] Um 16 Uhr tagt im Ruhrorter Rathaus das Duisburger Stadtparlament. Es billigt einstimmig, d.h. einschließlich der SPD-Fraktion die Maßnahme von Jarres und beschließt die Einstellung der Arbeit in allen städtischen Büros und Betrieben.[216] — In den folgenden Tagen begeben sich zahlreiche Duisburger SPD- und USP-Führer nach Ruhrort.[217] Jarres trifft sich im Gebäude der Firma Haniel wiederholt mit den Direktoren der Gutehoffnungshütte Oberhausen, Reusch und Woltmann, und dem Geschäftsführer der Ruhrorter Industrie- und Handelskammer, Dr. Most, um mögliche Gegenmaßnahmen gegen die Aufstandsbewegung, speziell in Duisburg, zu erörtern.[218]

Essen. In einer öffentlichen Versammlung am Vormittag im Zirkus Hagenbeck, die von der KPD einberufen worden ist, äußern die Sprecher in großer Erregung Zorn und Erbitterung darüber, daß die Lage jetzt so verfahren sei und die großen Erfolge der Roten Armee anscheinend umsonst gewesen seien. Die Schuld daran liege bei den Unterhändlern von Bielefeld, die „den Kämpfern in den Rücken gefallen" seien; ohne die Bielefelder Vereinbarungen „gehöre Wesel heute der Roten Armee". Außerdem habe sich der Ostflügel der Front defensiv verhalten und der Weseler Front „alle Arbeit ... überlassen". Die Kämpfe müßten unbedingt fortgesetzt werden; die in Hagen formulierten Forderungen an die Regierung hätten ohnehin wenig Aussicht, angenommen zu werden. Scharf werden auch die bisherigen Maßnahmen des Essener Vollzugsrats kritisiert, die insgesamt viel zu schlapp gewesen seien. Die Mitglieder des Vollzugsrats führen nur im Auto herum und „machten sich gesund"; Spinnraths (vom Vollzugsrat mit der Beaufsichtigung des Polizeipräsidiums beauftragt) habe sogar die Löhnungsgelder für die bewaffneten Arbeiter unterschlagen.[219] — Am Abend folgen den Worten die Taten: Aktivistengruppen nehmen König (KPD), ein gemäßigtes Mitglied des Vollzugsrats, fest und sperren ihn im Gerichtsgefängnis ein; Spinnraths, den sie am meisten hassen, drohen sie zu beseitigen (die Fahndung nach ihm ist jedoch erfolglos). Die von den Arbeitern errichtete Ordnung ist für einen Augenblick in Gefahr. Es kommt zu Plünderungen. Eine 40 Mann starke bewaffnete Gruppe stürmt das Gerichtsgefängnis und befreit die Strafgefangenen, die am 19. März, bei der Eroberung der Stadt durch die bewaffneten Arbeiter, freigekommen und inzwischen wieder eingefangen worden waren.* (Die Gerichtsbeamten treten daraufhin in einen zweitägigen Streik.)[220] — Am folgenden Tag ist der Vollzugsrat wieder Herr der Lage, König befindet sich wieder auf freiem Fuß.[221] Das KPD-Organ wendet sich scharf gegen diese Vorgänge und ähnliche in anderen Städten; es schreibt:

„Soll die Bewegung im Ruhrrevier in eine wilde Anarchie, in ein Chaos ausmünden? Soll sie unlauteren Elementen ein Freibrief werden für jede Art von Ausschreitung? ... Was in einzelnen Orten ... heute geschieht, das ist keine politische Revolution, das ist Anarchie, Auflösung, Zersetzung ...
Duldet nicht, daß die Bewegung in Anarchie ausläuft. Was dann unabwendbar käme, das wäre der weiße Schrecken, eine furchtbare Niederlage des Proletariats. Das politisch denkende Proletariat fordert, daß die Parolen und Entschließungen der politischen Leitung unweigerlich beachtet werden. Wer ihnen entgegenhandelt, ist bewußt oder unbewußt ein Feind der Revolution".[222]

Buer. In einer großen öffentlichen Versammlung, zu der sich wenige Arbeiter, dafür umso mehr Neugierige eingefunden haben, fordern die KPD-Führer zur Fortsetzung des Kampfes an der Front auf. Außerdem nehmen sie Stellung zu der vor allem unter den Geschäftsleuten der Stadt herrschenden Erregung, die durch die Requisition teurer Bedarfsartikel durch die Essener Rotgardisten (oben Seite 116) entstanden ist. Felden bemerkt, „das Eigentum der Spießbürger könne nicht mehr geschützt werden".[223] — Die SPD erklärt ihren Austritt aus dem Vollzugsrat. Die USP ersetzt zwei ihrer Vertreter (die gemäßigten) durch radikalere.[224]

Düsseldorf. In einer Funktionärskonferenz der drei Arbeiterparteien und der Gewerkschaften teilt Berten (USP) mit, daß der Vollzugsrat sich auf den Boden des Bielefelder Abkommens und der Beschlüsse der Hagener Konferenz gestellt und am gestrigen Tage Vertreter an die Front vor Wesel entsandt habe, um auch dort zur Einstellung der Kampfhandlungen aufzufordern. In der Diskussion sind die Meinungen geteilt; einige Redner bezeichnen das Bielefelder Abkommen als „nicht weitgehend genug" und als zum Teil mehrdeutig, was der Gegenseite die Möglichkeit zu „Hinterhältigkeiten" gebe. So sei „größtes Mißtrauen am Platze", zumal

---

* Vgl. II, Seite 36 f.

die Gegenseite schon wiederholt die „Gutgläubigkeit der Arbeiter ... schwer mißbraucht" habe. Auch die Möglichkeit eines erneuten Generalstreiks in ganz Deutschland wird erörtert. Der Verlauf der Konferenz ändert jedoch nichts an der vom Vollzugsrat bezogenen Position.[225]

Hamborn. Eine von der KPD einberufene Versammlung in der Stadthalle erklärt sich einstimmig für die Durchführung des Bielefelder Abkommens und der Hagener Beschlüsse.[226] Eine abweichende Meinung vertritt Frau Schaumann aus Magdeburg, eine ehemalige KPD-Agitatorin, die seit drei Tagen in der Stadt weilt, inzwischen die Lage an der Front in Augenschein genommen hat und überzeugt ist, daß der Aufstand militärisch verloren ist. Sie ist gegen das Anstreben neuer Verhandlungen mit der Regierung, da dabei das Proletariat doch nur betrogen werde, und spricht für verhandlungslosen Rückzug der bewaffneten Arbeiter.[227] — Nach der Versammlung wird die Bildung einer Ortswehr sofort in Angriff genommen.[228]

Nord- und Ostfront. Südlich von Wesel geht die Reichswehr nicht über die am Vortag eroberte Linie hinaus; lediglich Hünxe, das in der Nacht von den Rotgardisten geräumt ist, wird neu besetzt. Von jetzt ab beschießt die Reichswehr nicht nur Bruckhausen, wo der Kampfleiter Kuhn sein neues Quartier aufgeschlagen hat, sondern auch die Zechenkolonie Lohberg mit Artillerie.[229] Vorstöße der Roten Armee gegen Voerde scheitern; zurückzuwerfen ist die Reichswehr nicht mehr.[230] Nachmittags erscheint General v. Watter in einem gepanzerten Zug in Wesel; in Friedrichsfeld nimmt er eine Truppenparade ab, auf diese Weise den großen Erfolg des Vortags unterstreichend.[231] Die Sipo wird von General Kabisch aus den vordersten Linien herausgezogen und erhält für die weiteren Operationen Aufgaben hinter der Front: Übernahme der Gefangenen, Haussuchungen nach Waffen usw.[232]
Mittags besetzt die Marinebrigade Loewenfeld Schermbeck. Eine Rotgardisteneinheit, die östlich des Ortes gerade Rast macht, wird überrascht und verliert im Feuerüberfall der Loewenfelder 14 Mann.[233] Im Ort werden die beiden Personen verhaftet, die sich nach dem Einzug der Roten Armee hatten in den Vollzugsrat wählen lassen (II, S. 94); einer der beiden, der Arbeiter Hoppius, wird erschossen.[234] Freikorpsführer v. Loewenfeld befiehlt seiner Truppe, über Schermbeck hinaus auf das südliche Lippeufer vorzustoßen. Das ist ein bewußter Bruch des Bielefelder Waffenstillstands, in dem die Lippe als nördliche Operationsgrenze der Roten Armee bestimmt worden ist.[235] Nach dem Bau eines Laufstegs, der später durch eine Kolonnenbrücke ersetzt wird, kann bis zum Abend Gahlen besetzt werden. Der Plan ist, auch östlich von Dorsten die Lippe zu überschreiten und anschließend Dorsten in einer Zangenbewegung einzuschließen und zu erobern.[236]
In Dorsten breitet sich unter den Rotgardisten allgemeine Niedergeschlagenheit über die sich abzeichnende Niederlage aus. Am Nachmittag erschießt sich im Quartier der Kampfleitung (Hotel Eschershaus) ein Rotgardistenführer, dem man den Vorwurf der „Feigheit und fehlerhaften Truppenführung" gemacht hat.[237] Ein einmaliger Vorfall in der Geschichte des Ruhraufstands: es sieht ganz danach

aus, als sei Karusseit es gewesen, der die wachsende Nervosität in die Suche nach Schuldigen umgemünzt und den Rotgardistenführer zur Verzweiflung getrieben habe.

Nach einem Gefecht bei Haus Sythen, in dem die Arbeiter fünf Tote haben,[238] stoßen Reichswehrpatrouillen bis zum Nordausgang von Haltern vor.[239] Der Kampfleiter der Roten Armee in Haltern rechnet stündlich mit einem Großangriff der Reichswehr in diesem Abschnitt.[240] In derselben Erwartung handelt der Vollzugsrat von Bork (nördlich von Lünen), als er am Morgen auf der Zeche „Hermann" den Kassenbestand von 4.700 Mark zu Löhnungszwecken beschlagnahmt — „gemäß einer Verfügung der Zentrale in Hagen", erklärt er auf der schriftlichen Quittung.[241]

Im Osten des Ruhrgebiets besetzen die Bayern kampflos Ahlen.[242] Für die Waffenabgabe, zu der sie die Bevölkerung auffordern, setzen sie eine Frist von nur einigen Stunden (üblich waren mindestens 24 Stunden).[243] Haussuchungen und Verhaftungen in den von den Bayern besetzten Orten verlaufen außerordentlich brutal[244] (der Landrat von Beckum wertet das freilich anders: er bescheinigt den Bayern „schneidiges Auftreten").[245] In Heessen, wohin sich die Ahlener Arbeiterwehr am Vortag zurückgezogen hat, beschließt eine Volksversammlung, die Waffen freiwillig abzugeben; auf diese Weise hofft man den Haussuchungen und anderen Repressalien der Reichswehr zu entgehen. Die 190 Gewehre, die abgegeben werden, werden von einem Kommando der Bayern abgeholt.[246]

Essen. Um dem zunehmenden Munitionsmangel der Roten Armee abzuhelfen, fordert der Zentralrat die Vollzugsräte auf, ihm sofort zu melden, ob in ihrem Bereich „Munition lagert oder die Möglichkeit der Munitionsherstellung gegeben ist".[247]

Dortmund/Essen. Eine dreiköpfige Delegation aus Berlin, die der ADGB-Vorstand und die Parlamentsfraktionen der SPD und der USP zu Informationszwecken entsandt haben (Graßmann, Osterroth, Braß),[248] trifft im Ruhrgebiet ein. Die Delegierten verhandeln u.a. in Dortmund mit Meinberg und Behrs vom Vollzugsrat[249] und in Essen mit dem Zentralrat.[250] Am Ende der Beratungen erlassen sie gemeinsam mit dem Zentralrat einen Aufruf an die Arbeiter des Ruhrgebiets, in dem sie das Bielefelder Abkommen als die einzige Lösung des Konflikts bezeichnen und dringend dazu auffordern, das Abkommen einzuhalten und die Waffen sofort niederzulegen; ihrerseits werde die Delegation sich „mit aller Kraft dafür einsetzen, daß die den Arbeitern ... zugesicherten Garantien auch von der anderen Seite eingehalten" würden. Diesem Aufruf schließen sich die Bezirksleitungen Niederrhein und Westliches Westfalen von SPD und USP an.[251] Inhaltlich widerspricht der Aufruf der Erklärung des Zentralrats und der Essener Konferenz der Vollzugsräte vom Vormittag, in der viel weitergehende Ziele (Entwaffnung und Auflösung der Reichswehr usw.) formuliert worden sind; indem der Zentralrat den Aufruf mitunterzeichnet, zeigt er sich also in beträchtlichem Maße schwankend.

*

Halten wir die wichtigsten Beobachtungen in verallgemeinerter Form fest und ziehen wir einige Schlußfolgerungen.
Bei der Auseinandersetzung um Annahme oder Ablehnung der Bielefelder Vereinbarungen zeichnen sich dieselben Grundlinien und Zentren ab, die wir bei der Diskussion um die Ziele der Aufstandsbewegung beobachtet haben (oben Seite 14-25). Lediglich an einer Stelle verschiebt sich das Bild: in Essen vermag Pieck, der von Berlin her einen guten Überblick über die Gesamtlage im Reich hat, einen Teil der KPD-Führung vom Standpunkt des Alles oder Nichts abzubringen. So beginnen sich jetzt die Essener von den Mülheimern abzuheben. Da gleichzeitig Elberfeld und Barmen an Gewicht verlieren, bildet sich ein neues Dreieck von Zentren heraus: Hagen-Essen-Mülheim.
Bei den Hagener Arbeiterführern ist überaus aufschlußreich, wie sie an die Durchführung des Bielefelder Abkommens herangehen: sie repräsentieren den klassischen Typ des alten sozialdemokratischen Funktionärs, der die Massen, um mit Rosa Luxemburg zu sprechen, wie mit dem „Dirigentenstöckchen" führt.[252] Dabei fällt nachträglich auch noch ein Licht auf ihre Verhandlungsführung in Bielefeld (wo sie eine entscheidende Rolle spielten): die knappen Fristen, die sie insbesondere bei den Vereinbarungen über den Waffenstillstand und über die Amnestie akzeptiert haben, lassen erkennen, daß sie geglaubt haben, den bewaffneten Kampf sozusagen im Handumdrehen abbrechen zu können. Dieses autoritäre Verhältnis zu den Arbeitern steht nur in scheinbarem Gegensatz zu der Befürchtung, daß die Arbeiter, falls der Kampf nicht beendet werden kann und die Reichswehr schließlich einmarschiert, alles in die Luft sprengen werden: diese Untergangsvisionen, von denen die Hagener Arbeiterführer immer wieder überfallen werden, entspringen der Angst, ihre Autorität gegenüber den Massen sei nicht absolut unerschütterlich. Sie sind überzeugt, die Massen würden ohne ihre Führer sofort „wahnsinnig" (dies der wörtliche Ausdruck von Ernst in seinem Telegramm an Severing), d.h. sie würden lauter verrückte Aktionen machen.
Eine solche Haltung hat einschneidende Folgen, als sich herausstellt, daß sich der schnelle Abbruch des Kampfes nicht durchsetzen läßt. Einmal begreifen die Hagener Arbeiterführer das Problem ebenfalls nur autoritär: daß der Kampf bei Wesel fortgesetzt wird, ist nach ihrer Ansicht allein die Entscheidung der westlichen Kampfleiter, nicht auch die der Rotgardisten. Dem entspricht zum andern die ins Auge gefaßte Lösung des Problems. Der Zeitdruck, der durch die knappen Fristen der Bielefelder Vereinbarungen in dem Moment entsteht, als sich ein sofortiger Abbruch des Kampfes als unmöglich erweist, bringt keinen der Hagener Arbeiterführer auf den Gedanken, daß dann der Irrtum gegenüber der Regierung eingestanden und versucht werden müsse, eine Verlängerung der Fristen zu erreichen. Stattdessen verfällt Ernst nach einem einmaligen Gesprächsversuch mit den Mülheimern, in dem er mit seinen Argumenten nicht durchgedrungen ist, zunächst auf den Gedanken eines Einsatzes bestimmter Reichswehrtruppen, den er dann durch das Konzept eines Einsatzes organisierter Arbeiter korrigiert. Der Gegensatz soll also nicht politisch diskutiert, sondern die Gegner der Bielefelder Vereinbarungen sollen mit Waffengewalt zum Schweigen gebracht werden. Daß sich dabei die Waffen nicht nur gegen die Kampfleiter, sondern vor allem gegen die vor Wesel liegenden Arbeiter richten werden, wird verdrängt.

Von dieser Haltung der Hagener Arbeiterführer hebt sich positiv der Grundgedanke Piecks ab, daß die Aufstandsbewegung mit politischen Argumenten geführt werden und daß dies seinen organisatorischen Ausdruck finden muß: in der Zusammenfassung durch Delegiertenkonferenzen der Vollzugsräte und durch die Bildung einer politischen Zentrale. Weil dieser Grundgedanke einfach die Realität für sich hat, ergibt sich schon von daher im Zentralrat eine sehr starke Position der Kommunisten, die über die rein zahlenmäßige Stärke der KPD weit hinausgeht. Das wird verstärkt durch den Vorteil der geographischen Lage, den Essen gegenüber dem an der Peripherie liegenden Hagen bietet. — Allerdings geht die Politik des Essener Zentralrats nicht über den Rahmen der Gremienpolitik hinaus: zu keinem Zeitpunkt denkt man daran, mit den westlichen Kampfleitern eine öffentliche Diskussion vor den Rotgardisten zu führen, etwa mit dem Ziel, die Kampfleiter abzusetzen.

Noch in einem zweiten Punkt ist Pieck den Hagener Arbeiterführern überlegen: in der realistischen Würdigung des Bielefelder Abkommens. Während die Hagener Arbeiterführer großes Vertrauen in die Zugeständnisse der Regierungsvertreter setzen, die das Abkommen enthält, weiß Pieck von Berlin her, was das 8-Punkte-Abkommen zwischen Regierungsparteien und Gewerkschaften, die Grundlage des Bielefelder Abkommens, wert ist: fast nichts.

Jedoch auch Piecks Konzeption hat offensichtliche Schwächen, die für das Schicksal der Aufstandsbewegung mindestens ebenso bedeutungsvoll sind wie die bürokratische Manier der Hagener und ihr zu großes Vertrauen in das Bielefelder Abkommen. Nicht nur, daß er nur einen Teil der KPD-Führer von ihrem Standpunkt des Alles oder Nichts abzubringen vermag, sondern vor allem zieht er aus seiner Einsicht in die Isolierung der Aufstandsbewegung nicht genügend radikale Konsequenzen. Das Ruhrgebiet — das ist es, was Pieck nicht sieht oder nicht sehen will — hat im Verhältnis zum gesamten übrigen Deutschland nicht genug Gewicht, als daß man von der hier errungenen Position aus Vorteile auf nationaler Ebene erringen könnte; es genügt also nicht, wenn die Aufstandsbewegung in der erkämpften Stellung stehenbleibt, sondern man muß ihr *die Notwendigkeit eines Rückzugs* klarmachen. Stattdessen hält Pieck für möglich, der Regierung mit der Bewaffnung der Ruhrarbeiter als Druckmittel die Auflösung der gesamten Reichswehr abzuringen. Als ob die Regierung drei oder vier Tage *nach* Bielefeld noch zugestehen würde, was ihre Vertreter sich dort nicht hatten abhandeln lassen! Daß Pieck das Kräfteverhältnis falsch einschätzte, wird übrigens in der KPD- und SED-Literatur verdunkelt; diese behauptet entgegen dem klaren Befund der Quellen, Pieck und der Zentralrat hätten ihre Bemühungen einzig und allein darauf gerichtet, seitens der Regierung Garantien für das Bielefelder Abkommen zu erhalten.[253] Vor allem die von der zweiten Essener Konferenz am 28. März angenommene Erklärung des Zentralrats (Seite 133) beweist eindeutig das Gegenteil.

Von daher gewinnt nun das Verhältnis der Hagener und der Essener zu den Mülheimern bzw. den westlichen Kampfleitern ein anderes Aussehen als in der KPD-Literatur. Düwell betont, daß die bürokratische Manier der Hagener die Tendenz der Mülheimer, sich jeder politischen Führung zu entziehen, verstärkt habe.[254] Das ist richtig, aber es ist nur die halbe Wahrheit. Richtig ist ebenso, daß der Zentralrat durch seine unrealistische Einschätzung der Lage die Mülheimer in ihrer Position bestärkte. Der Zentralrat verfolgte dasselbe Ziel wie die Mülheimer, die Auflösung der Reichswehr; die Auseinandersetzung zwischen beiden ging lediglich um die Frage, ob der Kampf an der Front offensiv oder nur noch defensiv weitergeführt werden solle. Dabei war der spezifische Gedanke des Zentralrats: die Front zu halten, um für die Verhandlungen mit der Regierung ein Druckmittel in der Hand zu haben, keineswegs so gut, wie die SED-Literatur es hinstellt:[255] die Front war kein Moment der Stärke, sondern ein Moment der Schwäche für die Aufstandsbewegung. Und ebensowenig, wie die Politik des Zentralrats durch und durch klassenkämpferisch, war die Politik der Hagener schlicht kapitulantenhaft, was die KPD- und SED-Literatur meint.[256] Das Konzept der Hagener: Abbau der Front, Rückzug in die Städte und Durchführung des Bielefelder Abkommens, um es der Regierung *politisch* unmöglich zu machen, das Militär einmarschieren zu lassen[257] — dieses Konzept war zwar insofern unrealistisch, als es die Eigenständigkeit des Militärs gegenüber der Regierung nicht begriff, aber es hätte, wäre es durchgeführt worden, die Aufstandsbewegung von der enormen Belastung des Frontkampfes befreit, und zwar ohne daß die Reichswehr einfach die Städte hätte besetzen können: die Waffen sollten ja nach diesem Konzept keineswegs der Reichswehr übergeben werden, sondern unter der Kontrolle der Arbeiter in den Städten verbleiben. (Entscheidender Machtfaktor gegenüber der Regierung war nicht die Front, sondern die Bewaffnung der Arbeiter.)

Wenden wir uns nun den Mülheimern zu, so braucht nicht betont zu werden, welches Problem sie für die Aufstandsbewegung darstellten: nicht weil sie die Bielefelder Vereinbarungen ablehnten, sondern weil sie der Ansicht waren, daß der gegenwärtige Kampf ausschließlich mit den Waffen auszutragen sei und daß er bis zum Ende, d.h. bis zur Entscheidung über Sieg oder Niederlage fortgesetzt werden müsse. Welchen Hintergrund hat diese Haltung?

Die KPD- und SED-Literatur behauptet, in diesem Punkt einmal einig mit Ernst von der USP, die Ideologie der Mülheimer sei syndikalistischer Herkunft, wobei dieser Begriff — das gehört zur Tradition der alten Sozialdemokratie — im höchsten Grade abschätzig gemeint ist.[258] Diese Behauptung hat insofern einen Schein der Berechtigung, als Mülheim vor dem Kriege die Hochburg der Syndikalisten im Ruhrgebiet war. Das muß jedoch relativ verstanden werden; bei der allgemeinen Schwäche der Syndikalisten in Deutschland bedeutete es, daß auch in Mülheim nur eine Minderheit der Arbeiter syndikalistische Überzeugungen hatte. Vor allem aber hatte sich das Bild in der Novemberrevolution verändert: seitdem war es Hamborn, wo sich die Arbeiter am stärksten syndikalistisch orientierten und organisierten (während und nach den Massenstreiks, durch die sie in Gegensatz zu den Gewerkschaften gerieten),[259] und in diesem Zusammenhang ist es höchst bemerkenswert, daß während des Märzaufstands 1920 bei den Hambornern — sowohl bei den Arbeitermassen wie beim Vollzugsrat — nichts von der Ideologie der Mülheimer Kampfleiter zu finden ist. Der Gegenbeweis läßt sich noch präziser führen: die Ideologie der Mülheimer Kampfleiter — zusammengefaßt in dem Satz, daß „nur die Waffen entscheiden werden" — paßt nicht zur syndikalistischen Grundanschauung vom Primat des ökonomischen Kampfes, wie sie in dem Artikel von Reuß (Seite 114 f.) zum Ausdruck kommt. Hier wird eine Zukunftsperspektive und eine Rückzugsposition entwickelt: wenn der Bürgerkrieg verlorengeht, so bleibt doch der grundlegende Widerspruch zwischen Kapital und Arbeit bestehen, der Klassenkampf geht also weiter; die Kampfleiter dagegen haben nur die Perspektive: Sieg oder Untergang.

Wenn die Kampfleiter also keine Syndikalisten waren — was waren sie dann? Wenn man von einigen, deren politischer Werdegang sich genauer ermitteln läßt, auf alle schließen darf, so lautet die Antwort: sie waren Linkskommunisten, d.h. sie gehörten zu jenem linken Flügel der KPD, der im Herbst 1919 aus der Partei ausgeschlossen wurde und im April 1920 die KAPD bildete.* Am faßbarsten ist das bei Ficks, der vor dem Aufstand einige Zeit KPD-Bezirkssekretär gewesen war und nach dem Aufstand in Düsseldorf führender Mann der KAPD wurde;[260] Starck, während des Aufstands Mitglied der Dinslakener Kampfleitung unter Ficks, ging ebenfalls in Düsseldorf zur KAPD;[261] Bovensiepen kam nach dem Aufstand in den geschäftsführenden Ausschuß der KAPD in Berlin;[262] Müller (Dudo) war ein Jahr zuvor als KPD-Vertreter ins Mülheimer Stadtparlament eingezogen und hätte sich, falls er nicht in den Kämpfen vor Wesel gefallen wäre, vermutlich der KAPD angeschlossen. Ebenfalls als Linkskommunist ist Wild in Duisburg zu identifizieren;[263] das von ihm geführte Duisburger Exekutivkomitee handelte nach dem Grundsatz, daß den Erfordernissen des bewaffneten Kampfes alle anderen Rücksichten bedingungslos unterzuordnen seien, und zweifellos war das die Praxis, die sich die Kampfleiter für die Etappenstädte allgemein wünschten. Für die übrigen westlichen Kampfleiter fehlt das Quellenmaterial. Wichtiger als die nachweisbare organisatorische Bindung ist jedoch die linkskommunistische Ideologie: das Vorantreiben der Revolution durch das entschlossene und kompromißlose Vorgehen bewaffneter Minderheiten. (Um ein Mißverständnis auszuschließen: es soll nicht behauptet werden, jeder Draufgänger sei bereits ein Linkskommunist gewesen.)

Der hier aufgezeigte fundamentale Unterschied in der Denk- und Verhaltensweise der Syndikalisten und der Linkskommunisten ist Hans Manfred Bock in seiner großen Untersuchung** entgangen (die Konsequenz seines Untersuchungsansatzes, bei dem Organisationen als solche aus dem Geschehen herauspräpariert werden); er tritt nur dann zutage, wenn man beide Gruppen in einer Massenaktion beobachtet. Wo liegen die Wurzeln dieses Unterschieds? Auf diese Frage kann nur eine vorläufige Antwort gegeben werden. Betrachtet man den Verlauf der Novemberrevolution, so scheint es, als gebe es einen grundlegenden Unterschied in der Art und Weise, wie beide Gruppen radikalisiert wurden. Für die Bergarbeiter im westlichen Ruhrgebiet (in Hamborn, Oberhausen usw.) war die entscheidende Erfahrung die Arbeitsgemeinschafts-Politik der Gewerkschaften,[264] für die Linkskommunisten war es der Militarismus der Noske-Ära.[265] Von daher läßt sich die Blickrichtung der Syndikalisten auf das Geschehen in den Betrieben und die der linkskommunistischen Kampfleiter auf den bewaffneten Kampf begreifen. Wichtig ist, daß bei einigen Kampfleitern auch die Politisierung über-

---

* Die starke Hamborner KPD-Ortsgruppe dagegen ging bei der Parteispaltung **nicht** mit der linken Opposition (vgl. I, Seite 62).

** Syndikalismus und Linkskommunismus von 1918-1923, Meisenheim/Glan 1969 (Marburger Abhandlungen zur Politischen Wissenschaft, Band 13).

haupt erst in dieser Zeit beginnt. Müller (Dudo) z.B. bezeichnete sich im April 1919, also ein knappes Jahr vor dem Aufstand, in einer Sitzung des Mülheimer Arbeiterrats als „politisches Kind".[266] Soziologisch ist festzustellen, daß die westlichen Kampfleiter in der Regel nicht aus Belegschaften von Großbetrieben kamen, sondern in kleineren Betrieben beschäftigt waren (Müller z.B. bei der Mülheimer Straßenbahn) oder Handwerker waren (wie der Dekorationsmaler Leidner). Colm hat die linkskommunistischen Kampfleiter im Anschluß an Max Weber den „demagogischen" Führertyp innerhalb der Aufstandsbewegung genannt, wobei dieser — nicht abwertend, sondern neutral gemeinte — Begriff ausdrücken soll, daß diese Führer sich nur als Exponenten der Massenstimmung verstanden und verhielten.[267] Das trifft etwas Richtiges — z.B. sahen wir, wie die bewaffneten Massen vor Wesel auf dem Höhepunkt ihrer Kampfstärke auf die Erstürmung der Festung drängten —, aber es ist nicht das Ganze: dieselben Massen erkannten in Kürze aufgrund ihrer Kriegserfahrung sehr gut, daß der Kampf an der Front verloren war, während die Kampfleiter mit der einzigen Perspektive: Sieg oder Untergang den Kampf noch fortsetzten. Es wäre also möglich gewesen, mit den bewaffneten Massen die Gesamtsituation politisch zu erörtern; die Kampfleiter dagegen bevormundeten die Kämpfer, indem sie ihnen sogar die Kenntnis des Bielefelder Abkommens vorenthielten*[268] — so wie sie auf der anderen Seite gegenüber Vollzugsräten und Zentralrat die militärische Lage vertuschten oder schönfärbten. Pieck, Levi und Ernst trafen ins Schwarze, wenn sie von linken Militaristen sprachen.

Hier wird nun deutlich, welcher Fehler es war, daß die erfahrenen politischen Führer nur in einzelnen Fällen die Funktion eines Kampfleiters übernahmen (z.B. Meis in Lünen), sondern im allgemeinen dies jenen überließen, die militärische Kenntnisse und persönlichen Elan und Mut vorzuweisen hatten, jedoch so gut wie keine politische Erfahrung. So entwickelte sich der verhängnisvolle Dualismus zwischen Vollzugsräten und Zentralrat einerseits und westlichen Kampfleitern andererseits. Dieser Dualismus war umso schwerwiegender, als die westlichen Kampfleiter die große Mehrheit der bewaffneten Arbeiter führten, da diese sich an der Front vor Wesel konzentrierten (das hing mit dem Verlauf der Straßenkämpfe im Ruhrgebiet zusammen).

Auch die chinesischen Revolutionäre haben bitteres Lehrgeld zahlen müssen, als sie unter Anleitung der russischen Berater im ersten Stadium ihres Befreiungskampfes eine von der politischen Führung unabhängige militärische Führung sich entwickeln ließen und erst allmählich begriffen, daß die militärische Führung nicht nur der ersteren streng untergeordnet sein, sondern einen untrennbaren Bestandteil von ihr bilden muß. Befreiungsbewegungen können ja nur politisch geführt werden, und das bedeutet, daß auch das scheinbar Nur-Militärische nicht den nur militärisch Denkenden überlassen werden kann. So auch beim Ruhraufstand 1920: Bei jenem Vorstoß der um Wesel liegenden Reichswehr am 27. März, der auf sei-

---

* Die Literatur der KPD und SED betont, daß die Rotgardisten an der Weseler Front ein Abkommen gebrochen hätten, das sie gar nicht gekannt hätten, und unterschlägt dabei, daß ihnen das Bielefelder Abkommen von den Kampfleitern bewußt verschwiegen worden ist. Auf diese Weise kann dann ein weiterer Beweis für das heimtückische bzw. „verräterische" Vorgehen der Unterhändler von Bielefeld konstruiert werden.

ten der Roten Armee fast zum Zusammenbruch der Front geführt hätte, mußte jeder nüchterne Beobachter zu dem Urteil gelangen, daß der Stellungskrieg militärisch verloren und daß die gemeinsame Rückkehr in die Städte dringend geboten war. Stattdessen stabilisierte derselbe Kampfleiter Müller, der vier Tage zuvor den Ausschlag gegen die Erstürmung Wesels und für die Artilleriebeschießung der Stadt gegeben hatte (II, Seite 188), mit größten Anstrengungen noch einmal die Front. Er tat das aus der Grundansicht der Linkskommunisten, daß der gegenwärtige Bürgerkrieg ein bewaffneter Kampf sei und sonst nichts. Daß der Stellungskrieg in der Regel einen Vorteil für das Militär der Konterrevolution bedeutet, konnten die Kampfleiter nicht von vornherein wissen; nach dem Reichswehrvorstoß am 27. März hätten sie jedoch Schlüsse in dieser Richtung ziehen können. So müssen die linkskommunistischen Kampfleiter auch auf dem Felde ihrer Stärke, dem militärischen, kritisiert werden.

Daß die Linkskommunisten als Kampfleiter eine so bedeutende Stellung erringen konnten, lag nun nicht nur an Versäumnissen der politischen Führer während des aktuellen Kampfes, sondern hatte weiter zurückliegende Ursachen. Während im östlichen (westfälischen) Teil des Ruhrgebiets und im Bergischen Land die traditionellen Partei- und Gewerkschaftsführer die Massen weitgehend in der Hand hatten (mit der Ausnahme etwa von Dortmund und Buer), entzogen diese sich ihnen im westlichen (rheinischen) Teil des Ruhrgebiets zum Teil schon vor dem Kriege, besonders aber seit der Novemberrevolution. Dieses Vakuum hatten die Syndikalisten nur zum Teil füllen können: wegen der ungeheuer scharfen Repression von Staatsapparat und Militär, wegen des enorm schnellen Wachstums ihrer Organisation seit der Revolution und wegen der Mängel ihrer Theorie, d.h. der ausschließlichen Ausrichtung auf den ökonomischen Kampf in den Betrieben. Damit waren die Bedingungen gegeben, unter denen sich die Linkskommunisten entfalten konnten — anders als im westfälischen Teil des Ruhrgebiets.

Zur Form der politischen Auseinandersetzung ist festzustellen, daß es jetzt — im Gegensatz zu den Tagen vor der Bielefelder Konferenz — zu einigen öffentlichen Versammlungen kommt. Aber noch immer sind es erschreckend wenige. Ein fühlbarer Fortschritt dagegen liegt darin, daß die Vollzugsräte in engere Beziehungen zueinander treten — über die Delegiertenkonferenzen (zweimal in Essen, einmal in Hagen) und über den Zentralrat, in dem sie sich eine politische Führungsspitze gegeben haben.

2. Regierung und Militär

> *„In zielbewußter harter Arbeit hast Du den Boden vorbereitet, auf dem das große Werk der neuen demokratischen Staatsordnung begonnen werden konnte. Daß dies in verhältnismäßig kurzer Zeit gelang, daß das Reich zusammenhielt und bald wieder zur Ordnung und Arbeit kam, das ist in erster Linie Dein großes Verdienst, das ist Deine Tat, die in der Geschichte unseres Vaterlandes nicht vergessen werden wird."*
>
> Reichspräsident Ebert an Reichswehrminister Noske, nach Annahme von dessen Rücktrittsgesuch, 22. März 1920 (Schulthess' Europäischer Geschichtskalender, Neue Folge, 36. Jg., 1920, S. 71)

> *„Ich habe . . . gelernt, daß schnelles und energisches Zugreifen bei Aufständen immer noch die weniger blutige Form der Niederschlagung ist."*
>
> Otto Geßler (der neue Reichswehrminister nach Noskes Sturz): Reichswehrpolitik in der Weimarer Zeit, Stuttgart 1958, S. 120.

Während der fünf Tage, deren Verlauf im Ruhrgebiet wir verfolgt haben, hüllten sich Regierung und Militär in Berlin gegenüber der Aufstandsbewegung in Schweigen, abgesehen von zwei Ausnahmen am 26. März: dem Aufruf der Reichsregierung an die Aufständischen mit der Aufforderung, die Waffen niederzulegen, und dem Interview des Generals v. Seeckt (oben Seite 121/122). Dieses Schweigen, das je länger je mehr auf der Aufstandsbewegung lastete, war freilich kaum bewußt angewandte Hinhaltetaktik, sondern in erster Linie die Folge der Schwierigkeiten, in denen sich die Regierung selbst befand.

Das 8-Punkte-Abkommen zwischen den Gewerkschaften und Vertretern der Regierungsparteien vom 20. März sagte den Gewerkschaften — vorbehaltlich der Zustimmung der Parlamentsfraktionen — zu, daß die Neubildung der Reichsregierung und der preußischen Regierung „nach Verständigung" mit den Gewerkschaften erfolgen solle. Diesen Einfluß mußten die Gewerkschaftsführer unbedingt wahrnehmen, wenn sie die Kontrolle über die Basis behalten wollten. Das erste Opfer war Reichswehrminister Noske, dessen Entlassung Legien am 22. März bei Ebert durchsetzte. Damit wurde die Frage der Regierungsumbildung akut, zumal der Posten des Reichsfinanzministers schon seit der Zeit vor dem Kapp-Putsch unbesetzt war. Am 23. März — dem Tag, an dem die Arbeiterorganisationen mit Ausnahme der KPD endgültig zum Abbruch des Generalstreiks aufriefen (II, Seite 130) — wurden die Verhandlungen aufgenommen. Legien* erklärte, ein

---

* Legien erschien zu diesen Verhandlungen in angetrunkenem Zustand. Was das bedeutete, wäre noch zu fragen; unwichtig ist das Faktum jedenfalls nicht, und es sei daher hier mitgeteilt.

Fortbestehen der Regierung Bauer sei vor den Arbeitern nicht zu vertreten — einer Regierung, „die Berlin verlassen hat, die die Reichswehr sich hat aus der Hand winden lassen" —, und forderte die Bildung einer Regierung „aus Arbeitnehmern aller Fraktionen". Das stieß auf den schärfsten Widerstand, vor allem bei der DDP.[1] Reichskanzler Bauer richtete an die USP die Anfrage, ob sie zum Eintritt in die Regierung bereit sei (also bei Fortbestand der bisherigen Koalition, die damit nur nach links verbreitert worden wäre), die USP lehnte jedoch die Koalition mit bürgerlichen Parteien ab. (Hätte sie zugestimmt, so hätte die DDP die Zusammenarbeit verweigert, während das Zentrum nur unter der Bedingung dazu bereit gewesen wäre, daß auch die rechtsoppositionelle DVP in die Regierung aufgenommen würde.)[2] Damit konnte die Regierungsumbildung nur noch innerhalb der bisherigen Koalition ausgehandelt werden.

Das erwies sich als äußerst schwierig, weil die DDP-Fraktion die den Gewerkschaften gemachten Zugeständnisse — vor allem die Einflußnahme auf Regierungsbildung und Regierungsprogramm und die Einreihung von Arbeitern in die Sipo — ablehnte. Reichskanzler Bauer konnte die Fraktion vorläufig mit dem Kompromiß beschwichtigen, daß das 8-Punkte-Abkommen nur inhaltlich in das Regierungsprogramm aufgenommen werden solle, ohne daß die Verhandlungen mit den Gewerkschaften erwähnt würden, und daß die Regierung die Gewerkschaften nicht um Zustimmung zu der neuen Ministerliste ersuchen werde, sondern daß die letztere Sache der Parteien bleibe.[3] So konnten die Verhandlungen um die freien Ministersitze aufgenommen werden. Die Frage, wer Noskes Nachfolger werden würde, war natürlich nach dem Militärputsch und angesichts des fortdauernden Bürgerkriegs in mehreren Teilen des Reiches besonders wichtig. Die SPD versuchte, den Posten in ihrer Hand zu behalten, und fragte bei ihrem Parteivorsitzenden Otto Wels an (dieser hatte sich seine militärischen Sporen Ende 1918 als Stadtkommandant von Berlin im Kampf gegen Spartakusbund und USP verdient); Wels lehnte jedoch ab. Dasselbe taten andere Kandidaten (so Otto Braun), wieder andere (so Grzesinski) wurden nicht ernsthaft in Erwägung gezogen. Schließlich verzichtete die SPD auf das Amt — starke Kräfte in Parteiführung und Fraktion wollten angesichts der Stimmung der Mitgliedschaft die Verantwortung für die Reichswehr lossein —, und das Reichswehrministerium fiel an die DDP. Deren Fraktion entschied sich für Otto Geßler, den bisherigen Minister für Wiederaufbau.[4] Geßler war so ehrlich, gegenüber Reichspräsident Ebert seine Eignung zu bezweifeln — er sei „in den Gedanken des Bismarckschen Reiches aufgewachsen, monarchisch erzogen" und gegenwärtig „höchstens Vernunftrepublikaner" —, doch Ebert ließ diese Bedenken nicht gelten.[5] In den acht Jahren, in denen Geßler Reichswehrminister war, sah er seine Hauptaufgabe darin, die Reichswehr im Parlament und anderswo gegen alle Angriffe zu decken — „Seeckt-Proppen" wurde er einmal im Reichstag genannt.[6] Das lag zwar noch im Schoß der Zukunft, aber soviel war jetzt schon klar: ein Mann, der der Reichswehrführung etwa kritischer gegenübergestanden hätte als Noske, war Geßler nicht. Und General v. Watter konnte — das ist im Zusammenhang des Ruhraufstandes nicht unwichtig zu erwähnen — bei ihm sogar an gemeinsame Jugenderinnerungen in Württemberg anknüpfen.[7] Nachdem die SPD im Austausch für das Wehrministerium das Wiederaufbauministerium erhalten und das Zentrum für das Finanzministerium den Generaldirektor der Hamburg-Amerika-Linie, Wilhelm Cuno, benannt hatte, schien die Regierungsumbildung am 25. März geglückt zu sein; für den folgenden Tag wurde die Nationalversammlung einberufen.[8] Doch nun verweigerten die Gewerkschaftsführer, ohnehin unzufrieden mit diesem Minimum an Um- und Neubesetzungen, ihre Zustimmung zu der neuen Ministerliste. Ihre Bedenken richteten sich gegen Geßler, Cuno und Arbeitsminister Schlicke (SPD), vor allem aber gegen Justizminister und Vizekanzler Schiffer (DDP), da dieser mit Kapp und Lüttwitz verhandelt und nach einer noch unbestätigten (zutreffenden) Meldung den Putschisten sogar die Einbringung einer Amnestievorlage zugesichert habe. Der Vorstoß war nicht so radikal, wie er aussah: die Gewerkschaftsführer erklärten sich in Verhandlungen bereit, Schiffer zu akzeptieren, wenn die DDP-Fraktion das 8-Punkte-Abkommen annehme. Die DDP-Fraktion bezeichnete jedoch einen solchen Handel als unmöglich; sie bestand stattdessen auf den Prinzipien des Parlamentarismus, d.h. sie bestritt den Gewerkschaften als außerparlamentarischer Organisation das Recht auf Mitsprache bei der Ministerernennung und faßte überdies einen grundsätzlichen Beschluß über die künftig zu treibende Politik, in dem sie das 8-Punkte-Abkommen indirekt ablehnte. Am Vormittag des 26. März erklärte Reichskanzler Bauer den Rücktritt des Kabinetts. Die Sitzung des Parlaments wurde in letzter Minute verschoben.[9]

Ebert bot Legien an, eine neue Regierung zu bilden — ein konsequenter Schachzug, nachdem Legien praktisch die Regierung Bauer gestürzt hatte. Ebenso konsequent war es von Legien, das Angebot abzulehnen: hätte er angenommen, so hätte sich unvermeidlich sein Radikalismus vor den Arbeitern als Papiertiger enthüllt. Die Gewerkschaftsführer mußten angesichts ihrer vielseitigen Verbindlichkeiten — gegenüber den Arbeitern, gegenüber den Unternehmern in der „Arbeitsgemeinschaft", gegenüber der SPD — in einer Sitzung der Halbopposition verharren.[10]

Nunmehr beauftragte Ebert Hermann Müller (SPD), den bisherigen Außenminister, mit der Regierungsbildung. Nach äußerst schwierigen Verhandlungen hatte Müller am 27. vormittags die neue Kabinettsliste fertig: außer den schon von Bauer vereinbarten Um- und Neubesetzungen (Geßler, Cuno) sollte der bisherige Kanzler Bauer Schatzminister, der DDP-Abgeordnete Blunck anstelle des kompromittierten Schiffer Justizminister werden; ein neuerrichtetes Ministerium für Ernährung und Landwirtschaft wurde vom Zentrum besetzt. Blunck, der für die Aufständischen im Ruhrgebiet bald von großer Bedeutung werden sollte, hatte sich vor dem Krieg im „Reichsverband zur Bekämpfung der Sozialdemokratie" hervorgetan. — Am Nachmittag entstand plötzlich neue Aufregung: im letzten Moment lehnte Cuno wegen der von den Gewerkschaften gegen ihn geäußerten Bedenken die Übernahme des Finanzministeriums ab. Schließlich wurde Joseph Wirth (Zentrum), bisher Finanzminister der badischen Landesregierung, als Ersatzmann gefunden.[11]

Am Ende stand also kein neues Kabinett, sondern es sah so aus, als habe man das Spiel „Bäumchen-verwechsel-dich" gespielt: das Ganze wirkte, wie man sich auch selbst eingestand, wie ein bloßes Manöver, um den kompromittierten Schiffer loszuwerden.[12] Der Publizist Maximilian Harden nannte das Ganze eine

Farce und formulierte bissig: Noske seien „drei Unhaltbare nachgestoßen" worden, „ein paar Spießer wechselten die Ministerstühle".[13] Die Enttäuschung im Ruhrgebiet war groß.[14] Umsonst freilich war das Spiel nicht gewesen. Denn diesmal hatte man von seiten des ADGB nichts zu befürchten: ein zweites Mal konnte sich Legien nicht erlauben, die Ministerliste zu Fall zu bringen, wenn er nicht bereit war, selbst die Regierung zu übernehmen. Gegenüber den Gewerkschaftsführern von der USP, die ihn auf die Verfechtung des 8-Punkte-Abkommens festlegen wollten, taktierte er ausweichend.[15]

Am selben Tag kam auch die Umbildung der preußischen Regierung zustande. Hier hatten sich vor allem Ministerpräsident Hirsch (SPD) sowie Innenminister Heine und Finanzminister Südekum, beide ebenfalls Sozialdemokraten, kompromittiert, teils durch ihre arbeiterfeindliche Politik vor dem Kapp-Putsch, teils durch ihre Verhandlungen mit den Putschisten; außerdem wollten die Gewerkschaftsführer den Minister für öffentliche Arbeiten, Oeser (DDP), aus seinem Amt entfernen, vor allem weil unter seiner Amtsführung zahlreiche Eisenbahner nach dem Streik im Januar entlassen worden waren. Nachdem auch hier die Verbreiterung der Koalition nach links gescheitert war, da die USP nicht mit den bürgerlichen Parteien koalieren wollte, schlug die SPD-Fraktion zunächst ihren Fraktionsvorsitzenden Gräf als Ministerpräsidenten und den Vorsitzenden der Berliner SPD, Krüger, als Innenminister vor. Beide wurden jedoch, da sie dem 8-Punkte-Abkommen mit den Gewerkschaften positiv gegenüberstanden, von den Fraktionen der DDP und des Zentrums abgelehnt. Daraufhin benannte die SPD-Fraktion Braun, den bisherigen Landwirtschaftsminister, als Ministerpräsidenten, Severing als Innenminister und Lüdemann als Finanzminister; alle drei galten in der SPD als „Rechte", die eine fühlbare Einflußnahme der Gewerkschaften auf die Regierungsgeschäfte ablehnten. Der ADGB-Vorstand begnügte sich „im Hinblick auf die schwierige politische Lage" mit einer Protesterklärung. Da Oeser trotz der Ablehnung durch die Gewerkschaften im Amt blieb, war damit die neue preußische Regierung komplett.[16]

„Die Gewerkschaftsvertretungen", so führte Legien am 27. März vor dem Bundesausschuß des ADGB aus, „haben alles getan, um das Zustandekommen von Regierungen im Reich und in Preußen zu fördern ...", die sich wirklich auf das Vertrauen der ... Arbeitnehmerschaft stützen können. *Sie wissen die großen Schwierigkeiten eines regierungslosen Zustandes gerade in der gegenwärtigen Zeit sehr wohl zu würdigen und haben mancherlei Bedenken zurückgestellt, um die Neubildung der Regierung nicht zu erschweren"*.[17]

*

Der Poker um die Ministersitze war nicht so zeitraubend, als daß sich die Spitzenpolitiker nicht auch noch mit dem Aufstand im Ruhrgebiet hätten beschäftigen können. Und da man schließlich mit wenigen Neubesetzungen auskam, war auch die personelle Kontinuität gegeben, so daß die Konterstrategie ohne Unterbrechung erarbeitet werden konnte. Das erste, was geklärt wurde, war die Frage des Ausnahmerechts.

Erinnern wir uns, daß General v. Watter am 22. März einen Geheimerlaß an seine Truppenführer richtete, in dem er einen bedingungslosen Schießbefehl erteilte und die möglichst physische Liquidierung gefangengenommener Aufständischer empfahl (I, S. 307 f.). Das genügte v. Watter jedoch noch nicht: er stieß sich an der von der Regierung erlassenen Bestimmung, daß Todesurteile, die von den Standgerichten gefällt wurden, von ihm als dem Militärbefehlshaber bestätigt werden mußten; er wünschte, daß dieses Bestätigungsrecht nach unten bis zum Regimentsführer erweitert werde. Das war ein sehr tiefgreifender Änderungswunsch (das exklusive Bestätigungsrecht des Militärbefehlshabers sollte verhindern, daß jemand aus der Erregung des Kampfes heraus zum Tode verurteilt und exekutiert wurde), und so zögerte die Regierung zunächst. v. Watter wurde ungeduldig. Am 22. März ließ er dem Reichswehrministerium übermitteln, er werde keine militärische Operation unternehmen, bevor die Frage des erweiterten Standrechts „einwandfrei geklärt" sei.[18] Eine bemerkenswerte Drohung, gegen die die Regierung jedoch — was noch bemerkenswerter war — nicht protestierte; im Gegenteil: Reichswehrminister Noske erfüllte v. Watters Wunsch (das war eine seiner letzten Amtshandlungen). Am 24. März teilte v. Watter in einem Befehl an die Kommandeure seiner Truppen mit, der Reichswehrminister habe die Bildung von Standgerichten angeordnet, erläuterte deren Zusammensetzung und Verfahrensweise und fuhr dann fort:

„Das Urteil [das nur auf Todesstrafe lauten kann] unterliegt keinem Rechtsbehelf; es bedarf jedoch der Bestätigung. Dieses Bestätigungsrecht, das an sich mir zusteht, übertrage ich hiermit mit Genehmigung des Reichswehrministers den Generälen, in Generalstellungen befindlichen Offizieren und den Offizieren bis zum Regimentsführer einschließlich der am Kampf beteiligten Truppen.
Die Urteile sind mit etwa vorhandenen Unterlagen durch einen Offizier sofort auf dem schnellsten Wege dem mit dem Bestätigungsrecht ausgestatteten Offizier ... zuzustellen ...
Es ist davon auszugehen, daß jeder, der mit der Waffe in der Hand ergriffen wird, vor das Standgericht zu stellen ist.
Ein Standgericht ist möglichst für jedes Bataillon zu bilden sowie auch für einzelne selbständig auftretende Kompagnien, Batterien oder Eskadrons, wenn das Standgericht zur schnellen Aburteilung zu weit entfernt ist.
Dieser Befehl ist den Truppen eingehend bekannt zu geben".[19]

Am selben Tag, an dem dieser Befehl — das Dokument eines Schreibtischtäters — in Münster ausgefertigt wurde, wurde in Bielefeld das Abkommen unterzeichnet, in dem es unter Ziffer 15 hieß: „Der verschärfte Ausnahmezustand soll sofort aufgehoben werden".
Die Möglichkeit, das Doppelspiel der Regierung zu durchschauen, bestand durchaus. Zwar den Befehl v. Watters bekam kein Zivilist zu Gesicht. Aber am folgenden Tage (25. März) erließen Reichspräsident Ebert und der neue Reichswehrminister Geßler eine Verordnung, mit der das seit dem Kapp-Putsch von den Militärbefehlshabern verhängte Standrecht aufgehoben wurde, *ausgenommen* in den Regierungsbezirken Düsseldorf, Arnsberg und Münster sowie im Bezirk der Reichswehrbrigade 11 (Frankfurt/Main bis Westthüringen). Das war die — allerdings indirekte — Ablehnung eines wesentlichen Punkts des Bielefelder Abkommens. Niemand, weder im Ruhrgebiet noch in Berlin, wurde jedoch darauf aufmerksam.[20]
Ebenfalls am 25. März erstattete Reichspostminister Giesberts, aus Bielefeld nach

Berlin zurückgekehrt, der Reichsregierung Bericht von der Bielefelder Konferenz; zu dieser Sitzung zugelassen war Oberbürgermeister Luther (Essen), der anscheinend eigens zur Unterstützung von Giesberts nochmals nach Berlin gefahren war. Bei der Bewegung im Ruhrgebiet, sagte Giesberts, sei zu unterscheiden zwischen denjenigen, die die Republik verteidigen wollten, und den Kommunisten, denen der Kapp-Putsch einen günstigen Vorwand zum Losschlagen geliefert habe. Das Bielefelder Abkommen sei geschlossen worden, um die ersteren aus der Roten Armee herauszulösen und zur Rückkehr in ihre Heimatorte zu bewegen; er empfehle daher die Annahme des Abkommens, obwohl die Gegenseite Wesel weiterhin beschieße. Ein militärischer Einmarsch würde ein furchtbares Blutvergießen zur Folge haben, auch Sabotage sei zu befürchten. Gegen diese Ausführungen nahm General v. Seeckt Stellung. Er warnte davor, die um das Ruhrgebiet herum stehende Reichswehr — 37.000 Mann zuverlässiger Truppen — „Gewehr bei Fuß stehen zu lassen". Giesberts: Diese Truppenstärke reiche aus, um die Aufstandsbewegung in Schrecken zu versetzen, aber nicht, um sie niederzuwerfen. Oberbürgermeister Luther riet dringend zur gütlichen Verhandlungslösung, schon wegen der drohenden Hungersnot im Revier. Demgegenüber bezeichnete Reichspräsident Ebert das Bielefelder Abkommen als unannehmbar, insbesondere die Bestimmung, daß die Waffen an die Vollzugsräte und die Gemeindebehörden abgegeben werden sollten. In Bielefeld hätten SPD- und USP-Führer verhandelt, aber die Führung der Roten Armee liege in der Hand der Kommunisten, ein Waffenstillstand sei also zwecklos, und durch die Beschießung Wesels sei er ja auch schon gebrochen worden. Er schlage vor, auf Flugblättern den Bruch des Waffenstillstands festzustellen, die Haltung der Regierung darzulegen und die republikanische Gesinnung der Truppenführer zu verbürgen; im übrigen solle man weder Nahrungsmittel noch Papiergeld ins Aufstandsgebiet schicken. Giesberts: Wenn wegen Geldmangels nicht mehr gelöhnt werden kann, „ist in drei Tagen die ganze Bevölkerung auf der Straße". Landtagsabgeordneter Schluchtmann (SPD) plädierte wiederum für die Strategie der Isolierung und der Aushungerung; ein Vormarsch des Militärs würde demgegenüber eine allgemeine Angst vor dem weißen Terror erzeugen und damit einen unerwünschten Solidarisierungseffekt hervorrufen. Die Reichswehr solle „sich angreifen lassen und (sich) dann verteidigen". General v. Seeckt: Das müsse er aus militärischen Gründen ablehnen. Weißer Terror? Die kappistischen Truppenteile wie z.B. das Freikorps Lichtschlag seien "erledigt", aber die übrigen dürften „nicht mit Mißtrauen behandelt werden". Reichskanzler Bauer schloß sich dem Konzept Eberts an. Dazu fragte Reichswehrminister Geßler, ob also erklärt werden solle, daß das Bielefelder Abkommen für die Regierung unannehmbar sei? Innenminister Koch (DDP): Nein, die Stellung der Regierung zum Bielefelder Abkommen solle bewußt offengelassen werden. Es solle erstens festgestellt werden, daß die Gegenseite die Vereinbarungen gebrochen habe; zweitens solle man „anerkennen, daß die Leute zur Verteidigung der Republik auf die Straße gegangen" seien; drittens solle erklärt werden, wer jetzt noch weiterkämpfe, sei Kommunist. Das fand die Zustimmung des Kabinetts; das Ergebnis war der Aufruf der Regierung, den wir an anderer Stelle wiedergegeben haben (Seite 121).[21]
Wenn in diesem Aufruf eine Stellungnahme zum Bielefelder Abkommen vermie-

den wurde, so hatte sich doch in der Sitzung bereits deutlich eine Ablehnung des Abkommens abgezeichnet. Entsprechend äußerte sich Reichskanzler Bauer gegenüber Oberpräsident Würmeling in Münster, der das Bielefelder Abkommen als unannehmbar bezeichnete, da es „zu einseitiger Arbeiterdiktatur unter Lahmlegung weiter regierungstreuer bürgerlicher Kreise führen" werde;[22] die Regierung werde, versicherte Bauer beruhigend, „nur einer Regelung zustimmen, bei der die Waffen nicht in Händen unzuverlässiger verfassungsgegnerischer Elemente bleiben".[23] Starker Druck in Richtung auf Ablehnung des Bielefelder Abkommens kam aus dem vom Zentrum beherrschten Teil Westfalens. Das Generalsekretariat des westfälischen Zentrums und die ihm nahestehende Presse, vor allem der „Westfälische Merkur", die christlichen Gewerkschaften, die von Münster aus eine „Arbeitsgemeinschaft verfassungstreuer Ortskartelle" organisierten, und der Westfälische Bauernverein entfalteten einen regelrechten Proteststurm; entrüstet wurde festgestellt — übrigens in Übereinstimmung mit der Propaganda des Militärs —, daß in Bielefeld mit den „Bolschewisten" verhandelt worden sei, während die Regierung Verhandlungen mit den Verfassungsbrechern von rechts, den Kapp-Putschisten, strikt abgelehnt habe. Besonders aufgebracht war das westfälische Zentrum darüber, daß ausgerechnet ein Minister der eigenen Partei, Giesberts, in Bielefeld

„Was ferner auffällt, ist die Grundeinstellung: Kampf ‚bis zum Ende', ‚siegen oder sterben', ‚jetzt oder nie'" (II, Seite 80)
Rotgardisten beim Rathaus in Dinslaken; die Kreideaufschrift auf dem Geschütz lautet: „für Tod und Leben"

verhandelt und das Abkommen unterzeichnet hatte. Die Haltung von Parteiführung und Fraktion in Berlin, so fand man, sei allzu nachgiebig gegenüber den Forderungen von links, insbesondere von seiten der freien Gewerkschaften. Das Berliner 8-Punkte-Abkommen bedeute „einen flagranten Verfassungsbruch", „die erste Etappe auf dem Wege zur revolutionären Beseitigung der Verfassung überhaupt", einen Stoß gegen Beamtentum, Wirtschaft und Reichswehr (die letzte Waffe, die „uns im Kampfe gegen die Unterwühlung aller Staatsgrundlagen und gegen die Zerstörung unseres ganzen wirtschaftlichen Lebens noch geblieben war") — kurz, hier werde „der Weg zur Räterepublik" beschritten.[24] Außerdem druckte der „Westfälische Merkur" einen Artikel der Truppenzeitung für Nordwestdeutschland ab, in dem es hieß: „Die Truppe will eine energische Stellungnahme der Regierung gegen den spartakistischen und bolschewistischen Umsturz im Industriegebiet und verlangt Abbruch und Ablehnung aller Verhandlungen mit dieser *menschenunwürdigen Gesellschaft*".[25]

Unter starkem Druck von außen stand die Regierung auch bei der strategischen Grundsatzfrage, ob die Aufstandsbewegung ausgehungert oder militärisch niedergeworfen werden solle. Am 26. März forderte das Reichswehrgruppenkommando Kassel die Genehmigung für den Vormarsch bis zum Mittag des nächsten Tages.[26] Die Reichsregierung beschloß zunächst, daß ein Vormarsch nur mit ihrer ausdrücklichen Zustimmung erfolgen dürfe, mit Ausnahme der Front vor Wesel, wo die Reichswehr freie Hand habe.[27] Am Nachmittag des 27. März kam es dann im Kabinett zu grundsätzlichen Auseinandersetzungen. Oberstleutnant Hasse vom Reichswehrministerium machte sich zu Beginn der Sitzung zum Sprachrohr General v. Watters: dieser fordere eine klare Stellungnahme der Regierung zum Bielefelder Abkommen, da der Zweifel über dessen Gültigkeit die Führung der Truppen sehr erschwere; von sich aus habe er schwere Bedenken gegen das Abkommen, insbesondere gegen die Aufhebung des verschärften Ausnahmezustands, gegen die Bestimmungen über die Waffenabgabe und die Bildung von Ortswehren sowie gegen die Amnestiezusage; für friedliche Lösungsversuche sei nur noch kurze Zeit, andernfalls würden die Aufständischen, deren Agitation sich bereits an die Reichswehrtruppen wende, „militärische Vorteile erlangen"; er empfehle, Truppen bereitzustellen und dann ein Ultimatum an die Aufständischen zu richten. Diese Sprache hinterließ anscheinend einen etwas ungünstigen Eindruck, den General v. Seeckt anschließend zu verwischen suchte: Selbstverständlich bleibe der Befehl zum Einmarsch, sagte er, „der Regierung vorbehalten, nicht etwa dem General v. Watter". Im übrigen sei ein schnelles militärisches Vorgehen die kostensparendste Lösung, da dann den Aufständischen keine Zeit zu großen Zerstörungen bleibe. Reichskanzler Bauer nahm einen anderen Standpunkt ein. Reichskommissar Severing, sagte er, der für das Bielefelder Abkommen eintrete, befürchte „schwere Erschütterungen bei voreiligem Einmarsch". Man müsse vielmehr die Verhältnisse im Aufstandsgebiet sich noch weiter entwickeln lassen. „Je stärker der Terror der roten Truppen sei, desto lauter würde bei der Bevölkerung der Ruf nach dem Einmarsch werden"; er schlage daher vor, bis zum 29. März noch keine Entscheidung zu fällen. Nachdem Reichswehrminister Geßler ebenfalls etwas von General v. Watter abgerückt war (er bezeichnete die Amnestiezusage des Bielefelder Abkommens als „durchaus vertretbar"), erklärte sich General v. Seeckt mit

Bauers Vorschlag, noch zwei Tage abzuwarten, einverstanden, und das Kabinett faßte einen entsprechenden Beschluß.[28]

*

Für diese Entscheidung sprach ein gewichtiger Umstand, den Geßler während der Sitzung zur Sprache brachte: die Westmächte hatten noch immer nicht die Genehmigung für einen Einmarsch in die neutrale Zone erteilt. Wir müssen hier die Darstellung der internationalen Verhandlungen an der Stelle wiederaufnehmen, an der wir sie oben (Seite 52) abgebrochen hatten.
20 Bataillone Infanterie, 10 Eskadronen Kavallerie und 2 Batterien Artillerie durften in der gesamten neutralen Zone (von der holländischen bis zur schweizerischen Grenze) stehen. Zur Bekämpfung des Aufstands im Ruhrgebiet hatte die Reichswehrführung die Genehmigung für den Einmarsch zusätzlicher Truppen beantragt: zunächst von 6 Bataillonen, 2 Eskadronen und 3 Batterien, dann von 18 Bataillonen, 4 Eskadronen und 18 Batterien. Die Niederlagen von Essen und Remscheid am 19. März und der anschließende Verlust des gesamten westlichen Ruhrgebiets ließen die Militärs zu dem Schluß kommen, daß nunmehr außer den in Wesel stehenden 8 Bataillonen weitere 40 Bataillone, 17 Eskadronen und 40 Batterien benötigt würden. Außerdem beschloß die Reichswehrführung, nicht mehr über die zivilen Diplomaten mit den alliierten Regierungen, sondern wie während des Kapp-Putsches direkt mit den alliierten Militärs zu verhandeln. Der französische Ministerpräsident Millerand gab sein Einverständnis. Am 22. März reisten zwei deutsche Offiziere — Major Michelis vom Reichswehrministerium und Major Kaupisch vom Generalstab des Reichswehrgruppenkommandos Kassel — über Köln nach Paris.[29] Beide waren — ebenso wie die deutsche Botschaft in Paris — darüber informiert, daß inzwischen Verhandlungsversuche zwischen Regierung und Aufständischen angebahnt worden waren.[30]
Am 23. März verhandelten Michelis und Kaupisch zusammen mit Ministerialdirektor Göppert mit General Weygand; Marschall Foch, der anscheinend die beiden Majore für zu sehr unter seinem Rang stehend hielt, nahm im Nebenzimmer Platz, um sich dort von General Weygand berichten zu lassen. Michelis und Kaupisch gaben zunächst eine Übersicht über das gegenwärtige Kräfteverhältnis zwischen Aufständischen und Militär in den verschiedenen Teilen des Reichs. Danach war die Lage noch ungünstig für die Reichswehr in Mecklenburg, Pommern, Westsachsen und den Arbeitervororten von Berlin. Dann kamen sie zur neutralen Zone. In Frankfurt/Main sei die Lage angespannt, berichteten sie; sie bäten daher, daß die dortigen Truppen um 2 Bataillone und 1 Batterie verstärkt werden dürften. Für das Ruhrgebiet beantragten sie die Genehmigung für zusätzliche Truppen in der schon genannten Stärke. Der Aufmarsch außerhalb der neutralen Zone habe schon begonnen, und zwar werde am nächsten Tag (24. März) eine Stärke von 24 Bataillonen, 8 Eskadronen und 26 Batterien erreicht werden (außer den 8 Bataillonen in Wesel). Im übrigen fänden gegenwärtig Verhandlungen zwischen der Regierung und den „Kommunisten" statt; über deren Verlauf könnten sie nichts sagen. Göppert präzisierte diesen Punkt: Es bestehe „ein Hoffnungsschimmer", daß die deutsche Regierung die Auseinandersetzungen

ohne militärischen Einmarsch beilegen könne. Das bedeute jedoch nicht, daß damit die alliierte Genehmigung einer Truppenverstärkung weniger dringlich werde: jederzeit könne der Fall eintreten, daß die Regierung doch zum Mittel militärischer Unterdrückung greifen müsse, und außerdem würden die Aussichten auf „freiwillige Unterwerfung" der Aufständischen erheblich vergrößert, wenn diese wüßten, daß die Regierung „Aktionsfreiheit" habe.

Die neuen Zahlen, die die deutschen Offiziere genannt hatten, bedeuteten, daß nunmehr das Dreifache der bisherigen Truppenstärke der gesamten neutralen Zone beantragt wurde; dabei fiel, wie schon in den bisherigen Zahlen, der große Wert auf, der auf die Artillerie gelegt wurde (nunmehr das 20-fache der bisherigen Stärke), was auf die Art schließen ließ, in der die Reichswehr den Aufstand niederwerfen wollte. General Weygand stellte zwei Fragen. Erstens: Wie lange sollen die zusätzlichen Truppen in der neutralen Zone bleiben? Die Deutschen stimmten im Prinzip einer Fixierung des Zeitraums zu, nannten dann drei Wochen, zögerten aber, dies verbindlich zuzusagen, weil die Umstände es notwendig machen könnten, die Frist zu verlängern. Weygand dazu: Die „Festsetzung einer Frist, deren Verlängerung von vornherein ins Auge zu fassen sei", sei unbefriedigend. Die zweite Frage des Generals: Welche Garantien werden gegeben, daß die Truppen wieder abziehen? Göppert: Im Prinzip sei es Sache der Alliierten, Garantien zu formulieren, jedoch schlage er vor, daß deutscherseits zweierlei versichert werde: daß die deutsche Regierung die Truppen, die ja ohnehin „anderswo" gebraucht würden, „so bald wie möglich" wieder zurückziehen werde, und daß es sich um Truppen handeln werde, die absolut zuverlässig den Befehlen der Regierung gehorchen würden. Weygand: Das sei gänzlich ungenügend! Darauf wiederholte Göppert den Vorschlag, den Geschäftsträger Mayer bereits gegenüber Unterstaatssekretär Paléologue gemacht hatte: alliierte Kontrolloffiziere könnten den Truppenstäben beigeordnet werden. Weygand lehnte auch das ab. Die öffentliche Meinung Frankreichs, sagte er, verlange für die Durchbrechung des Versailler Vertrages eine wirkliche Gegenleistung. Darauf Göppert: Ein deutscher Truppeneinmarsch im Ruhrgebiet widerspreche doch nicht dem „Geist" des Friedensvertrages, „da es sich nicht um eine Bedrohung, sondern eher um [den] Schutz Frankreichs und seiner Alliierten handle" (womit er unterstellte, daß die Aufstandsbewegung die Alliierten militärisch bedrohe); ökonomisch gesehen sei ein Einmarsch ebenso zu beurteilen, da er die Reparationslieferungen an die Alliierten wieder sicherstellen werde (dabei achteten die Aufständischen peinlich genau darauf, daß die Lieferung der Reparationskohle keine Unterbrechung erfuhr). Über die geforderte „Gegenleistung" erklärten die Deutschen nicht verhandeln zu können, da sie ohnehin bis an die Grenze ihrer Vollmacht gegangen seien. Weygand berichtete im Nebenzimmer Marschall Foch und erklärte danach den Deutschen, „er habe keine weiteren Fragen zu stellen".[31] — Einen schriftlichen Bericht Weygands, den Ministerpräsident Millerand in der Botschafterkonferenz vortrug, kommentierte Foch, falls die Alliierten die außerordentlich großen Truppenverstärkungen genehmigten, könnte die Reichswehr mit Hilfe der paramilitärischen Organisationen (Einwohnerwehren usw.) im Ruhrgebiet eine Truppenkonzentration erreichen, die der englischen und belgischen Besatzungsarmee bei weitem überlegen sei.[32]

Besonders energisch waren die Deutschen gegenüber General Weygand nicht aufgetreten. Das hing mit einer unmittelbar vor der Verhandlung eingegangenen Weisung der Reichsregierung an die deutsche Botschaft zusammen, nicht mehr so dringlich wie bisher zu verhandeln; „die Lage im Ruhrgebiet sei etwas ruhiger" und man erwarte, daß die dortige Arbeiterschaft „unter dem Zwang der Verhältnisse" (damit war möglicherweise die Hungerblockade gemeint) „bald zur Einsicht kommen werde".[33] Am 25. März jedoch, d.h. zwei Tage später wurde diese Order widerrufen: Mit der Notwendigkeit eines militärischen Einmarsches, telegrafierte das Auswärtige Amt, müsse jederzeit gerechnet werden (ein bemerkenswerter Satz unmittelbar nach dem Abschluß des Bielefelder Abkommens); eine Verständigung mit den Alliierten sei „daher schon jetzt ... dringend erwünscht". Eine Besetzung deutschen Territoriums durch alliierte Truppen könne dabei nicht zugestanden werden.[34] Am 26. März hatte Geschäftsträger Mayer eine weitere Unterredung mit Unterstaatssekretär Paléologue. Die Truppenzahlen, die er als erforderlich bezeichnete, waren — fast ein Wunder — noch dieselben wie die von den beiden Majoren genannten, jedoch die Frist war nun länger: hatten die Majore vorsichtig von drei Wochen gesprochen, so sagte Mayer nun, es müsse mit „etwa zwei Monaten gerechnet werden". Als deutsche Garantieleistung schlug er wiederum nur die Festlegung einer Frist überhaupt und die Beiordnung von alliierten Kontrolloffizieren vor. Dagegen sei eine „auch nur vorübergehende Besetzung von Teilen der neutralen Zone durch alliierte Truppen" deutscherseits unannehmbar; ein solches Zugeständnis „würde nicht nur seitens der Rechtsparteien, sondern auch großer Teile der Bevölkerung als Preisgabe deutschen Bodens betrachtet und gegen die Regierung ausgespielt werden" und wäre „Wasser auf die Mühle der Militaristen". Paléologue fand diese ablehnende Haltung bedauerlich und verwies Mayer im übrigen an Ministerpräsident Millerand. Auf eine Frage Mayers, ob an eine „vorübergehende Besetzung Frankfurts und südlich gelegener Landesteile" gedacht sei, wich er aus. Er persönlich, erklärte Mayer zum Schluß noch, habe „äußersten Falles" daran gedacht, den Zwischenraum zwischen den Brückenköpfen Koblenz und Mainz, von den Militärs als „Flaschenhals" bezeichnet, anzubieten, aber seine Regierung habe jede territoriale Konzession ausgeschlossen.[35]

Bereits am nächsten Tag kam ein Empfang Mayers durch Millerand zustande. Doch inzwischen war etwas für die Reichsregierung und die deutschen Diplomaten ungeheuer Peinliches passiert.

Die Reichswehrführung war in den vergangenen Tagen fortgefahren, aus den ruhigen Teilen der neutralen Zone Truppen abzuziehen, wofür sie jedesmal die Genehmigung der Interalliierten Militärischen Kontrollkommission (IMKK) in Berlin erbat und erhielt: 2 Bataillone Infanterie aus Heidelberg und Karlsruhe und 2 Eskadronen Kavallerie aus Homburg und Lahr.[36] Die Absicht war weiterhin die, Spielraum für einen Truppeneinsatz im Ruhrgebiet zu gewinnen, da das Augustabkommen mit den Alliierten (oben Seite 38) nur die Truppenstärke für die gesamte neutrale Zone festlegte.[37] Rechtlich gesehen hätte sie ihr Ziel durch Verständigung mit der IMKK anstreben müssen, denn vertraglich stand fest, daß alle deutschen Truppenbewegungen in der neutralen Zone von der IMKK genehmigt werden mußten; und überdies mußte der Reichswehrführung schon aus logischen Gründen klar sein, daß, wenn sie sich die Herausnahme von Truppen aus der neutralen Zone von der IMKK genehmigen ließ, sie dies erst recht beim Hineinwerfen von Truppen tun mußte. Aber eben das tat sie nicht, sondern versuchte, die verhaßten ausländischen „Spione" zu hintergehen. Mehr noch: sie unterrichtete nicht einmal die eigene Regierung von ihrem Vorgehen — ein Indiz dafür, wie sehr sie sich unter General v. Seeckt bereits zur selbständigen Nebenexekutive entwickelt hatte. Am 25. März war es soweit: in Borken, tief in der neutralen Zone, wurden die ersten Einheiten der Marinebrigade Loewenfeld ausgeladen, am 26. folgten weitere.[38] Doch die Kontrolloffiziere der IMKK in Münster und Wesel arbeiteten gut: schon am 27. März richtete General Nollet an Reichskanzler Müller eine Protestnote, in der er die Tatsache des Einmarsches feststellte, daran erinnerte, daß alle Truppenbewegungen von der IMKK genehmigt werden müßten, und den „sofortigen Rückzug" sämtlicher Truppen forderte, die über die erlaubte Stärke hinaus in die neutrale Zone eingerückt seien. Gleichzeitig erstattete er Bericht nach Paris.[39]

An diesem 27. März wurde Geschäftsträger Mayer in Paris von Millerand empfangen. Millerand lehnte die Besetzung des „Flaschenhalses" zwischen Koblenz und Mainz ab, da dieser „ohne militärischen Wert" sei. Auch könne seine Regierung sich nicht damit begnügen, von den Deutschen nur das förmliche Recht zum Einmarsch zu erhalten; die Rücksicht auf die öffentliche Meinung Frankreichs erfordere, daß alliierte Truppen gleichzeitig mit den deutschen einmarschierten. So blieb Mayer noch übrig, nochmals seine „größten Bedenken" gegen die Besetzung Frankfurts und südlicher Teile der neutralen Zone anzumelden und außerdem zu fragen, welcher Teil der neutralen Zone denn nun von den Alliierten „in Aussicht genommen" sei. Millerand versprach, darüber mit Marschall Foch zu sprechen und am nächsten Morgen Antwort zu geben. Übrigens, fügte er prüfend hinzu, habe er Nachrichten, „daß 1 Kavalleriestab, 1 Infanterie-Bataillon und wahrscheinlich andere Truppen bereits einmarschiert seien", ob Mayer dazu etwas sagen könne? Daran sei kein wahres Wort, beteuerte Mayer, subjektiv ehrlich, worauf Millerand das Thema wechselte. Mit unguten Ahnungen verließ Mayer den französischen Ministerpräsidenten.[40]

*

Nachdem die Reichsregierung am Nachmittag des 27. März beschlossen hatte, sich mit der endgültigen Entscheidung über das Ruhrgebiet noch zwei Tage Zeit zu lassen, erhielt General v. Watter am Abend Befehl, den weiteren Vormarsch einzustellen, d.h. auf der an diesem Tage erreichten Frontlinie vorläufig stehenzubleiben. v. Watter war aufs äußerste aufgebracht und richtete heftige Proteste nach Berlin.[41] Am folgenden Tag (28. März), 12 Uhr, trat die Reichsregierung erneut zusammen.[42] Von dieser Sitzung gibt es kein Protokoll; nur das Ergebnis ist bekannt. Es bestand in einem Kompromiß: einerseits hielt die Regierung an der zweitägigen Kampfpause fest, deren Ablauf nunmehr genau festgelegt wurde, nämlich auf den 30. März, 12 Uhr; andererseits griff sie den Vorschlag v. Watters auf, den Oberstleutnant Hasse in der letzten Kabinettssitzung vorgetragen hatte, ein Ultimatum an die Aufständischen zu richten. Die Veröffentlichung des Ultimatums sollte nicht direkt durch die Regierung, sondern durch das Wehrkreiskommando Münster erfolgen; außerdem sollte v. Watter — ein äußerst wichtiger Punkt — es mit Ausführungsbestimmungen versehen.[43] Bei Nichtannahme des Ultimatums durch die Aufständischen sollte v. Watter — so jedenfalls behauptete dieser es später[44] — auch ohne Genehmigung der Westmächte in die neutrale Zone einrücken dürfen. Vermutlich hoffte die Regierung, bis zum 30. die Genehmigung erhalten zu können.

Der Text des Ultimatums, der um 19.20 Uhr telegrafisch nach Münster übermittelt wurde, lautete:

„Die Regierung hat durch die ‚Bielefelder Verhandlungen'* versucht, ohne Anwendung von Gewalt die Ruhe und Ordnung im Ruhrgebiet wiederherzustellen. Der Versuch ist gescheitert. Die Rote Armee hat sich nicht danach gerichtet. Die Angriffe auf Wesel sind mit der größten Heftigkeit fortgesetzt worden. Die Gefangenen wurden nicht freigegeben, die Abgabe der Waffen nicht durchgeführt. Die Verhältnisse haben sich im Gegenteil noch verschlimmert. Zahlreiche Notschreie aus allen Kreisen der Bevölkerung berichten über Verbrechen und Gewalttätigkeiten, die von den Roten Truppen** begangen werden. Das zwingt die Regierung zum energischen Handeln, um möglichst bald wieder geordnete Verhältnisse in diesen Gebieten herzustellen und die Bevölkerung vor Willkürakten zu schützen. Um aber allen Verführten nochmals Gelegenheit zu geben, zur Vernunft zurückzukehren, will die Regierung noch eine letzte Frist gewähren, ehe sie mit Waffengewalt einschreitet. Sie fordert daher bis zum 30. März, 12 Uhr mittags, eine ausreichende Sicherheit für den Militärbefehlshaber des Wehrkreises VI, Generalleutnant v. Watter in Münster, für die Annahme und Durchführung folgender Bedingungen:

1. Uneingeschränkte Anerkennung der verfassungsmäßigen Staatsautorität.
2. Wiedereinsetzung der staatlichen Verwaltungs- und Sicherheitsorgane, soweit sie nicht durch Eintreten für die Kapp-Lüttwitz-Regierung belastet sind.
3. Sofortige Auflösung der Roten Armee.
4. Völlige Entwaffnung der gesamten Bevölkerung, einschließlich Einwohnerwehren, unter Aufsicht der rechtmäßigen staatlichen Organe. Die Art und Zeit der Durchführung der Entwaffnung wird durch den Inhaber der vollziehenden Gewalt näher bestimmt werden.
5. Sofortige Freigabe der Gefangenen.
Falls diese Bedingungen angenommen werden, wird die Reichsregierung von einem Angriff absehen. Andernfalls erhält der Inhaber der vollziehenden Gewalt Freiheit des Handelns zur vollen Wiederherstellung gesetzmäßiger Zustände".[45]

Etwas später antwortete das Reichswehrministerium auf das Waffenstillstandsangebot des Zentralrats vom Vorabend (oben Seite 130) mit folgendem Telegramm:

„Berlin, den 28. März 1920.

---

* Man beachte, daß die Regierung die Bezeichnung „Bielefelder Abkommen" vermeidet, vielmehr von „Bielefelder Verhandlungen" spricht und diese beiden Worte obendrein in Anführungszeichen setzt.
** Im ursprünglich formulierten Wortlaut standen hier noch die Worte: „unter Führung landfremder Elemente". Sie waren auf Ersuchen Eberts gestrichen worden.

An Zentralrat in Essen, Kaiserhof.
Weitere Verhandlungen mit Rücksicht auf Bielefelder Besprechungen und Lage im Ruhrgebiet unmöglich. Erfüllung der von der Reichsregierung gestellten Bedingungen sind einzige Lösung. Siehe neue Veröffentlichung des Wehrkreises VI mit Fristsetzung bis Dienstag [30. März] mittag.
Der Reichskanzler.
gez. Müller."[46]

Das Telegramm verstieß gegen den Beschluß des Kabinetts, daß man nicht direkt, sondern nur über General v. Watter mit den Aufständischen in Verbindung treten wolle. Vor allem aber war es von der Reichswehrführung ohne Verständigung mit dem Reichskanzler formuliert und abgeschickt worden, mit dessen Namen es unterzeichnet war; Major v. Schleicher war allerdings so gütig, dem Herrn Reichskanzler eine Abschrift zukommen zu lassen.*[47]

*

Die Berliner Arbeiterschaft beobachtete die Vorgänge auf der Regierungsebene aufmerksam, trat jedoch nicht in Aktion. Die Aktivitäten, die die Arbeiterorganisationen entfalteten, gingen deutlicher noch als zuvor in auseinanderstrebende Richtungen. Die Spitzen der freien Gewerkschaften (ADGB und AfA) versuchten, wie wir gezeigt haben, entsprechend dem 8-Punkte-Abkommen Einfluß auf die Neubildung der Reichsregierung und der preußischen Regierung zu nehmen, und erlebten dabei ein Fiasko; außer der Entfernung einiger Minister (Noske, Schiffer, bei der preußischen Regierung Hirsch, Heine, Südekum) konnten sie nichts erreichen, insbesondere nicht die Formulierung eines neuen Regierungsprogramms. Umso mehr mußten sie darauf bedacht sein, keine Enttäuschung über das 8-Punkte-Abkommen in der Arbeiterschaft aufkommen zu lassen, mußten sie also bestrebt sein, die Kontrolle über die Basis zu behalten und nach links keinen Boden zu verlieren. Die Berliner „Gewerkschaftskommission" — d.h. die örtlichen Berliner Gewerkschaftsvorstände (überwiegend rechter Flügel der USP) — versuchte, die von Reichskanzler Bauer gemachte Zusage zu realisieren, daß zwischen Regierung und Gewerkschaften über die Einreihung von Arbeitern in die Sipo verhandelt werden solle. Was sie dabei nicht wußte, war, daß Bauers Zusage im Kabinett abgelehnt worden war. Von der Reichsregierung wurde sie an die preußische Regierung verwiesen, da die Sipo eine preußische Einrichtung sei. Da die preußische Regierung, wie geschildert, zurücktrat und dann umgebildet wurde, konnte die Frage zunächst nicht weiterverfolgt werden, und die Gewerkschaftskommission beschränkte sich vorläufig darauf, Listen auszulegen, in die sich Arbeiter, die in die Sipo eintreten wollten, einzeichnen konnten.[48] Die Berliner USP wiederum veranstaltete am 28. März, einen Tag nach der Bildung der neuen Reichsregierung, 29 Massenkundgebungen, in der die Redner gegen die Neuauflage der alten Koalition aus SPD und bürgerlicher Mitte protestierten (die „schlecht verschleierte Klassenregierung der Besitzenden") und eine sozialistische Regierung mit starker Vertretung der USP forderten.[49]

* Der Staatssekretär der Reichskanzlei, Brecht, kommentierte die Unerhörtheit des Vorgangs mit einer verzweifelten Randnotiz: „Woher stammt dies Telegramm? Aus dem Reichswehrministerium mit Unterschrift des Reichskanzlers? Das geht nicht!"

„Um 9 Uhr begannen die Arbeiter den Angriff gegen den Eckpfeiler der Verteidigung von Essen, den städtischen Schlacht- und Viehhof ... Gegen 12.30 Uhr besetzten sie das Rathaus und nahmen die Besatzung gefangen" (I, Seite 287/289)
Geschütze der Roten Armee auf dem Markt in Essen, vorn das Krupp-Denkmal

Bei all diesen Aktivitäten wurde hinreichend klar, daß das unaufhörliche Erstarken der restaurativen Kräfte, vor allem des Militärs, nur aufzuhalten sein würde, wenn die Arbeiterschaft noch einmal in den Generalstreik trat oder zumindest — und zwar glaubwürdig — damit drohen würde. Die fünf Instanzen, die in der Nacht zum 23. März den Abbruch des Generalstreiks verkündet hatten — ADGB, AfA, Berliner Gewerkschaftskommission, ZK der USP, Parteivorstand der SPD —, hatten dies getan mit der Versicherung, für den Fall, daß das 8-Punkte-Abkommen nicht erfüllt und die Zusagen von Reichskanzler Bauer gebrochen würden, „von neuem zusammenzutreten und über die erneute Aufnahme des Generalstreiks zu entscheiden". Aber wer stellte fest, wann das 8-Punkte-Abkommen und Bauers Zusagen gebrochen waren? Der ADGB z.B. war, wie wir sahen, bestrebt, seine kümmerliche Einflußnahme auf die Regierungsbildung als Erfolg des 8-Punkte-Abkommens hinzustellen. Kritischer war die Berliner Gewerkschaftskommission, aber da sie immer wieder die Verständigung mit dem ADGB suchte, konnte sie leicht von diesem ins Schlepptau genommen werden. Wirklich ernsthafte Anstrengungen, einen neuen Generalstreik zustandezubringen, konnten nur von der „Generalversammlung der revolutionären Betriebsräte" (s. II, Seite 130) erwartet werden. Diese hatte, als sie am 23. März ebenfalls den Abbruch des Generalstreiks beschloß (II, Seite 131), gleichzeitig festgelegt, daß sie, „solange die politische Spannung anhalte", täglich zusammentreten wolle. In den Stunden dazwischen solle ein „Aktionsausschuß" die erforderlich werdenden Schritte unternehmen.[50] Am 26. März wurde diese Festlegung aktuell. An diesem Tag veröffentlichte die Regierung ihren ersten Aufruf an die Aufständischen im Ruhrgebiet (oben Seite 121); vermutlich daraufhin kam der Aktionsausschuß zu dem Ergebnis, daß die Regierung nunmehr eindeutig ihre Zusagen gebrochen habe. Eine Deputation begab sich zum ADGB-Vorstand und forderte die Proklamation eines erneuten Generalstreiks für ganz Deutschland. Der ADGB-Vorstand entgegnete jedoch, er könne einen Bruch der von der Regierung gemachten Zusagen nirgendwo feststellen. Nur die Berliner Gewerkschaftskommission stimmte der Forderung nach einem erneuten Generalstreik zu. Anschließend verhandelte die Deputation mit Reichspräsident Ebert und legte ultimativ drei Forderungen vor: Rückzug aller Truppen aus Berlin in ihre Garnisonen, Verzicht auf einen militärischen Einmarsch ins Ruhrgebiet und Verzicht auf Entwaffnung der bewaffneten Arbeiter (das betraf vor allem die Arbeiter im Ruhrgebiet und in Mitteldeutschland). Eine andere Deputation verlangte von der preußischen Regierung die Bildung von Arbeiterwehren innerhalb von zwei bis drei Tagen und die Durchsetzung der Sipo mit Arbeitern.[51]
Über diese Aktivitäten berichtete Däumig am Abend in der Generalversammlung der Betriebsräte. Diese beauftragte den Aktionsausschuß einstimmig, „sofort alle Maßnahmen für einen neuen Generalstreik zu treffen".[52] Das war angesichts der organisatorischen Stärke und des ideologischen Einflusses der Gewerkschaften in Berlin[53] leichter gesagt als getan, und bis zur nächsten Generalversammlung 24 Stunden später war der Aktionsausschuß kaum weitergekommen. Inzwischen hatte dagegen der ADGB-Bundesausschuß getagt und den ADGB-Vorstand aufgefordert, Schritte zu unternehmen, um das Blutvergießen im Ruhrgebiet und in Mitteldeutschland durch eine Verhandlungslösung zu beenden; die neue Reichs-

regierung Müller wurde bezeichnenderweise gebeten, sie „möge sofort durch eine Politik des Entgegenkommens die Arbeiterschaft beruhigen".[54] Eine solche Sprache war ihrerseits höchst beunruhigend, und so waren die Betriebsräte, als sie am 27. März erneut zusammentraten, merklich ungeduldig. Auf Antrag der KPD-Fraktion beschlossen sie, den ADGB aufzufordern, bis zum nächsten Tag 12 Uhr zu erklären, welche Garantien er für die Erfüllung der Forderungen der Arbeiter geschaffen habe, und zwar „insbesondere [für] die Entwaffnung der meuternden [d.h. in den Kapp-Putsch verwickelten] Truppen, die Auflösung der Reichswehr oder sonstiger konterrevolutionärer Formationen, die Bewaffnung des Proletariats, das Aufhören des weißen Schreckens in Mitteldeutschland, die Unterlassung feindseliger Handlungen gegen das Ruhrrevier und die sofortige Entlassung der für die Sache des Proletariats in Zuchthäusern und Schutzhaft befindlichen Personen". Könne der ADGB bis zum genannten Termin keine befriedigende Antwort geben, werde man am Nachmittag „über die Wiederaufnahme des Generalstreiks beschließen".[55] Dieses Ultimatum sollte gleichfalls an die anderen Instanzen gerichtet werden, die beim Abbruch des Generalstreiks versichert hatten, sie würden gegebenenfalls die Notwendigkeit eines erneuten Generalstreiks prüfen (AfA, Berliner Gewerkschaftskommission, USP, SPD).[56]

Der Auftrag der Betriebsräte wurde vom Aktionsausschuß auf höchst unbefriedigende Weise ausgeführt. Nach Schluß der Generalversammlung waren die Gewerkschafts- und Parteiinstanzen nicht mehr zu erreichen, und der Aktionsausschuß mußte ihnen das Ultimatum durch die Post übermitteln. Nach der Zustellung am folgenden Tag (28. März) erhielt er zur Antwort, eine gemeinsame Sitzung könne erst am 29. März, 12 Uhr, zustandekommen. Lediglich mit dem neuen preußischen Innenminister Severing konnte der Aktionsausschuß fristgerecht eine Besprechung führen, die jedoch nichts Greifbares erbrachte; in der Hauptfrage, der Bewaffnung von Arbeitern, machte Severing nur leere Versprechungen. Bezüglich des Ruhrgebiets kündigte er an, er werde sich für die Einhaltung des Bielefelder Abkommens einsetzen. Dies und das unbefriedigende Ergebnis des Ultimatums an die Gewerkschafts- und Parteiinstanzen wurde am Nachmittag den Betriebsräten berichtet. Darauf erklärte Walcher als Sprecher der KPD-Fraktion: „Der weitere verstrichene Tag ist ausgenützt worden von der Konterrevolution. Wenn morgen . . . die Soldateska zum Angriff auf unsere Brüder [im Ruhrgebiet] übergeht, so wird die Berliner Arbeiterschaft den Kampf aufnehmen ohne Beschluß und ohne Parole. Jede feindselige Handlung gegen das Ruhrrevier muß mit dem Streik beantwortet werden . . . Jetzt gilt es, uns loszureißen von der Bevormundung der Gewerkschaftsbürokratie".[57]

Etwa zur selben Zeit, als diese Worte fielen, übermittelte die Reichsregierung dem Wehrkreiskommando Münster den Text ihres Ultimatums an die Aufständischen im Ruhrrevier. Jetzt mußte sich zeigen, ob Walcher den Mund zu voll genommen hatte.

3. Kapitel

Aufständische und Militär nach dem Ultimatum der Regierung

> „Es zeigte sich aber, daß Reichswehr und Regierung die Kräfteverhältnisse falsch eingeschätzt hatten. Als Antwort auf die unverschämte Herausforderung [durch Ultimatum und Zusatzbestimmungen] rief der Zentralrat erneut den Generalstreik aus ... Der Erfolg des Aufrufs entsprach der Empörung der Arbeiter. In beispielhafter Geschlossenheit trat das Ruhrproletariat wie am 15. März in den Ausstand ... Den Bemühungen des Zentralrats war es gelungen, die Aktionseinheit noch einmal herzustellen."
>
> Otto Hennicke: Die Rote Ruhrarmee, Berlin/DDR 1956, S. 79

Am 28. März, 21.40 Uhr abends, wurde dem Zentralrat in Essen telefonisch das Telegramm des Reichswehrministeriums (oben Seite 158) übermittelt. Der darin enthaltene geheimnisvolle Hinweis auf die „neue Veröffentlichung" des Wehrkreiskommandos veranlaßte den Zentralrat, sich telefonisch nach Münster zu wenden. Das Wehrkreiskommando teilte ihm das Ultimatum der Regierung mit.[1]
Die Kampfansage der Regierung lag auf dem Tisch. War damit die Erklärung der Vollzugsräte-Konferenz vom Nachmittag als hohle Geste und Großsprecherei entlarvt? Der Zentralrat berief die Mülheimer Kampfleitung für den folgenden Tag zu einer Konferenz nach Essen.
Die Ansichten, die hier geäußert wurden, waren gegensätzlich. Die Kampfleitung empfahl Ablehnung des Ultimatums und Fortsetzung des bewaffneten Kampfes. Einige Mitglieder des Zentralrats schlossen sich diesem Standpunkt an. Andere, die die Erfolgsaussichten weiteren Widerstandes skeptischer beurteilten, forderten die Zerstörung von Industrieanlagen (Sabotage) und ein Ersuchen an die Entente um militärischen Einmarsch. Jedoch die große Mehrheit des Zentralrats widersprach diesen Vorschlägen. Als mitgeteilt wurde, die englische Regierung habe unverbindlich eine Vermittlung zwischen Reichsregierung und Aufständischen angeboten (eine unzutreffende Nachricht), wurde beschlossen, den Engländern gegenüber zu erklären, „daß der Zentralrat mit der englischen Regierung nicht in Verbindung

treten könne", andererseits sich einer Vermittlung auch nicht entgegensetze.*
Schließlich wurde das Ultimatum mit 13 gegen 2 Stimmen angenommen und folgende telegrafische Antwort an die Regierung beschlossen:
„Der Zentralrat der Vollzugsräte des Industriegebiets Rheinland-Westfalen erklärt, daß er die in Bielefeld am 24. März getroffenen Vereinbarungen anerkennt, wenn auch von der jetzigen Regierung erklärt wird, daß sie diese Vereinbarungen als für sich bindend anerkennt.
In diesem Falle nimmt der Zentralrat die von der Regierung gestellten . . ., unter den Ziffern 1, 2, 3 und 5 aufgeführten Bedingungen an. Sind die unter Ziffer 4 aufgestellten Bedingungen so zu verstehen, daß sie den Ziffern 9 und 12 der Bielefelder Vereinbarungen** entsprechen, so erkennt der Zentralrat auch die unter Ziffer 4 aufgestellten Bedingungen an.*
Die Kampfleitung der Roten Armee hat dem Zentralrat erklärt, daß sie sich diesem Beschluß des Zentralrats unterwerfe.
Der Zentralrat ersucht die Regierung um sofortige Antwort an Zentralrat Essen, Kaiserhof." ²
Diese Antwort an die Regierung teilte der Zentralrat telegrafisch auch der USP und KPD in Berlin mit und fügte die Bitte hinzu, „sofort Schritte zur Verständigung zu unternehmen, um den Einmarsch Dienstag Mittag zu verhindern, der ungeheuerliche Folgen nach sich zöge".³ Gleichzeitig forderte er alle Vollzugsräte des Ruhrgebiets auf, für den Fall eines Truppeneinmarsches sofort den Generalstreik zu proklamieren.⁴
Deutlich anders nahmen die Aktionsausschüsse des Stadt- und Landkreises Hagen zum Ultimatum Stellung. Noch in der Nacht vom 28. zum 29. März beschlossen sie folgende Erklärung, der sich am folgenden Tag die drei Arbeiterparteien von Schwelm, Altena, Iserlohn, Witten, Lennep und Remscheid anschlossen:
„Die Aktionsausschüsse erklären die Berechtigung der in dem Ultimatum . . . angekündigten militärischen Maßnahmen an und sind bereit, diese Maßnahmen, soweit sie sich gegen Bezirke wenden, die das Bielefelder Abkommen nicht durchführen wollen, nicht zu hindern und unter Umständen zu unterstützen. Mit einer

---

* Die KPD tat sich später viel darauf zugute (und von den SED-Historikern wird es heute immer wieder betont), daß der von der KPD geistig beherrschte Zentralrat sich jederzeit der Parole „Lieber die Entente als die Reichswehr!" widersetzt habe; besonders seitdem sich die KPD als die „wahrhaft nationale Partei" gebärdete (1923 und dann wieder ab 1930), wurde dies ein gern gebrauchtes Argument. Wenn jedoch dabei behauptet wurde (und wird), die USP-Führer, die diese Parole ausgaben (vor allem in Hagen und im Bergischen Land), hätten dabei vollständig den Imperialismus der Entente verkannt, so ist dies durchaus nicht der Fall, wie sich belegen läßt (man vergleiche etwa die Erinnerungsschrift von Josef Ernst). Vielmehr gingen diese USP-Führer davon aus, daß zwischen Aufständischen und Entente in diesem einen Punkt eine Übereinstimmung der Interessen bestand: beide wünschten keinen Einmarsch der Reichswehr im Ruhrgebiet. Eine ähnliche Erwägung ist z.B. von der vietnamesischen Befreiungsbewegung im Zweiten Weltkrieg angestellt worden, als sie im Kampf gegen die japanischen Invasoren Hilfe vom imperialistischen Frankreich akzeptierte. Auch der Essener Zentralrat machte, wie sich sogleich zeigen wird, seinen oben zitierten Beschluß wenige Stunden später wieder rückgängig (was von den KPD- und SED-Historikern verschwiegen wird).

** Deren Wortlaut siehe oben Seite 80.

Durchleitung der Truppen durch unser Gebiet sind wir einverstanden, sofern sie zum Durchführen der militärischen Maßnahmen unbedingt notwendig ist und sofern sich die evtl. durchziehenden Truppen jeder militärischen Aktion gegen die Bevölkerung unseres Gebiets enthalten. Die Bevölkerung ist aufgefordert, jede Provokation evtl. durchziehender Truppen zu vermeiden.
Die Aktionsausschüsse erklären als genügende Sicherung die ehrenwörtliche schriftliche Versicherung des Generals Watter und des Reichskommissars Severing."[5]
Mit dieser Stellungnahme erreicht der Zerfallsprozeß, in dem sich die Aufstandsbewegung befindet, einen vorläufigen Höhepunkt — ein weiterer Grund für die gemäßigte Mehrheit des Essener Zentralrats, ein Ende des bewaffneten Kampfes herbeizuführen.[6]
Als praktische Konsequenz ihrer Stellungnahme lösten die Hagener Arbeiterführer den örtlichen Aktionsausschuß auf und bildeten einen „Ordnungsausschuß", wie er im Bielefelder Abkommen vorgesehen war: zusammengesetzt aus Vertretern der Arbeiter-, Angestellten- und Beamtengewerkschaften und der Regierungsparteien SPD, DDP und Zentrum. Ausgeschlossen waren die beiden bürgerlichen Rechtsparteien DVP und DNVP einerseits, USP und KPD andererseits; die USP-

„Das Bedürfnis der Roten Armee nach Transportmitteln aller Art ... ist evident ... Beschlagnahmungen erfolgten auf schriftliche Anweisung der Vollzugsräte bzw. deren Verkehrsausschüsse" (II, Seite 85, 86)

links: Rotgardisten und Arbeiter-Samariter mit requiriertem Kleinlastwagen in Dinslaken, Ecke Kaiserstraße (heute: Friedrich-Ebert-Straße) / Neustraße
rechts: Rotgardisten auf einem Bauernkarren in Dinslaken; das Haus mit den drei Bogenfenstern ist die jüdische Synagoge

Führer Ernst und Ludwig gehörten dem Ordnungsausschuß als Vertreter der freien Gewerkschaften an.[7]
Oberbürgermeister Cuno richtete an den Reichskanzler und an Severing die telegrafische Anfrage, wie die Punkte 2 und 4 des Regierungsultimatums zu verstehen seien: ob mit den wiedereinzusetzenden Sicherheitsorganen nur die städtische Polizei oder auch die grüne Sipo gemeint sei, und ob unter die zu entwaffnenden Einwohnerwehren auch die im Bielefelder Abkommen vorgesehenen Ortswehren fielen? (Offenbar wollte er andeuten, daß in beiden Fällen die Annahme des Ultimatums nicht zu erreichen sei.) Ferner machte er einen Vorschlag für den Fall, daß annahmebereite Gebiete bei der militärischen Niederwerfung der weiterkämpfenden Gebiete durchzogen werden müßten: „Die Truppenführer handeln in Fühlung mit den Kreis- und Ortsbehörden — auch gebildeten Ordnungsausschüssen. Die im Bielefelder Abkommen gegebenen Zusicherungen der Straffreiheit werden aufrechterhalten (keine Verhaftungen). Die nach dem Bielefelder Abkommen gebildete Ortswehr bleibt zur Unterstützung der Ortspolizei unter Waffen. Bei Regelung der Waffenabgabe wird zur Beruhigung der Arbeiter den Ortsbehörden und Ordnungsausschüssen zunächst überlassen, Waffenabgabe binnen kurzer Frist zu fordern, ehe Truppen eingreifen".[8] Dieses Konzept unterbreitete Cuno telefonisch auch dem Wehrkreiskommando Münster und präzisierte dabei den letzten Punkt so: „Die Truppen ... geben den Ortsbehörden 24 Stunden Frist zur Einsammlung der Waffen, ehe sie selbst die Waffen sammeln".[9]
Bei alledem war sich Cuno darüber im klaren, daß die Hagener Arbeiter nur einen *Durchmarsch* der Reichswehr durch ihr Gebiet und nicht eine endgültige Be-

setzung hinnehmen würden. Das Ultimatum habe, so teilte er der Regierung mit, „eine sehr tiefgehende Erregung in der gesamten Arbeiterschaft ausgelöst". Es müsse „darauf gesehen werden, den Konflikt zu lokalisieren". Gelinge dies nicht, d.h. marschiere die Reichswehr in das gesamte Ruhrgebiet ein, so seien die Arbeiter — und zwar ausnahmslos, einschließlich der nichtsozialistisch organisierten — „zum äußersten entschlossen": zur Sprengung von Brücken und Eisenbahnen und zur Zerstörung industrieller Werke.[10] Die besorgte Frage, ob den Hagener Arbeiterführern überhaupt der Spielraum für ihre Politik des Entgegenkommens bleibe, stand auch hinter den folgenden Ausführungen des Hagener USP-Blatts: Vor allem die kurze Frist des Ultimatums, schrieb es, errege „schwere Bedenken" und erwecke den Eindruck, „als ob die militärischen Einpeitscher des Ultimatums es nicht abwarten können, über das Ruhrgebiet herzufallen. Selbst aber, wenn alle maßgebenden Instanzen [im Ruhrgebiet] entschlossen sind, die Bedingungen der Regierung anzunehmen, wer bürgt dafür, daß nicht nach Scheinvorwänden gesucht wird, um ein militärisches Vorgehen zu rechtfertigen? Solche Scheinvorwände sind schnell gefunden. Eine einzige von militärischer oder Spitzelseite erfundene Lügenmeldung genügt nach hundertfältig gemachter Erfahrung, um die Truppen vorzuwerfen ... Die Regierung *muß* Rücksicht auf die Psychologie der Massen nehmen, sie *muß* wissen, daß die Masse heute nicht verantwortlich gemacht werden kann für etwaige Unbesonnenheiten einiger Schreier ... Gibt die Regierung dem Militär absolute Vollmacht und Freiheit des Handelns, dann trägt sie die Verantwortung für unabsehbare Folgen!"[11]
Den Beschluß, das Ultimatum anzunehmen, faßten auch die Arbeiterführer in Bochum, Gelsenkirchen und Düsseldorf. Der Arbeiterrat Bochum, der sich über die Aussichtslosigkeit eines weiteren Kampfes einig war, beschloß auf Antrag der SPD-Vertreter, man „stelle sich ohne jeden Vorbehalt auf den Boden des Bielefelder Abkommens und ordne in Ausführung desselben an, daß die Bochumer Arbeitertruppen sofort von der Front zurückzuziehen sind"; das wurde im ersten Teil einstimmig, im zweiten von den SPD- und Gewerkschaftsvertretern bei Stimmenthaltung der USP- und KPD-Vertreter angenommen.[12] In Gelsenkirchen teilte der Aktionsausschuß der Stadtverwaltung mit, er habe sich entsprechend dem Ultimatum aufgelöst.[13] Im Vollzugsrat Düsseldorf fiel die Entscheidung für Annahme des Ultimatums nach stundenlangen Beratungen; danach wurden zwei Vollzugsrats-Mitglieder nach Essen entsandt, die dort in gleichem Sinne auf den Zentralrat einwirken sollten (dessen annahmebereite Stellungnahme war anscheinend in Düsseldorf noch nicht bekannt).[14] Das Ultimatum, so schrieb das Düsseldorfer USP-Blatt, beleuchte den „Ernst der Stunde": „entsetzlich" seien die Zustände, die heraufbeschworen würden, wenn weiterhin ein Teil der Arbeiter entgegen dem Bielefelder Abkommen den Kampf fortsetze. „Die Verbitterung bei den Kämpfern ist begreiflich. Zu brutal hat die Reaktion gehaust ... Man glaubt den Versicherungen [der Regierung] nicht. Und in der Tat, begründete Ursachen dazu sind überreichlich vorhanden. Trotzdem, die Vertreter des Proletariats haben das Für und Wider reiflich erwogen, und wenn sie jetzt den einheitlichen Abbruch des Kampfes empfehlen, so sind es die Verhältnisse, die sie dazu zwingen".[15]
Völlig anders als diese Stellungnahmen, einschließlich der des Zentralrats, war

die Reaktion der Wuppertaler linken SPD. In Elberfeld beschloß der Aktionsausschuß zunächst, den Zeitungen den Abdruck des Ultimatums zu verbieten.[16] Am 29. März, 19.45 Uhr, stellten die vier SPD-Sekretäre Winkelhock, Kolaß, Ullenbaum und Dröner der Regierung telefonisch eine Art Gegenultimatum:
„Die SPD Elberfeld erkennt das Ultimatum der Reichsregierung . . . nicht an. Gründe: Die in dem Ultimatum vorgesehene Frist von 24 Stunden ist zu kurz. Sie verlangt eine Verlängerung von drei Tagen. Der Kampf bei Wesel konnte lokalisiert bleiben und wäre heute, längstens morgen beendigt gewesen, weil nur noch die linksstehenden KPD-Anhänger mit der Waffe weiterkämpfen. SPD und USP sowie ein Teil der KPD und der Zentralrat . . . in Essen stehen hinter den Bielefelder Beschlüssen. Der Einmarsch der Reichswehr in das Industriegebiet verpflichtet uns, gemeinsam mit der USP und KPD den Generalstreik auszurufen und alle Waffen mobil zu machen, um die Reichswehr niederzuschlagen. Zugleich werden wir unsere Genossen in den übrigen Bezirken des Reiches zur Solidarität für den Generalstreik und zur bewaffneten Abwehr aufrufen. Die gesamte Reichswehr ist eine Gefahr für die Republik und den Sozialismus. Nur die geforderte Arbeiterwehr mit Offizieren als Führern, aus dem Republikanischen Führerbund entnommen, und nur den von der organisierten Arbeiterschaft vorgeschlagenen Führern bietet (auch für die Regierung Müller) die einzige Sicherheit, daß ähnliche Vorkommnisse wie Kapp und Lüttwitz sich nicht wiederholen.
Die Abberufung des Generals Watter . . . fordert die SPD unbedingt. Wie dem Reichskommissar Severing bekannt, ist Watter ein unzuverlässiger Charakter. Das Ultimatum der Reichsregierung spricht von Greueltaten der Roten Armee. Wir halten es für notwendig, daß die Regierung, ehe sie solche Schwindelnachrichten in die Weltgeschichte schleudert, sich durch amtliche Vertreter an Ort und Stelle informiert. Wir haben in Rheinland und Westfalen auch noch eine Sozialdemokratische Partei, bei der man sich hätte Informationen einholen können.
Dem Punkt 4 des . . . Ultimatums der Reichsregierung, der von der völligen Entwaffnung der Bevölkerung unter Aufsicht der rechtmäßigen staatlichen Organe handelt, können wir nicht stattgeben, solange die rechtmäßigen staatlichen Organe aus dem alten reaktionären Beamtenapparat bestehen und die Inhaber der vollziehenden Gewalt, diese unzuverlässigen Generale und Offiziere, nach Arbeiterblut lechzen — aber keinen Finger rühren, wenn es sich um Baltikumer und Lüttwitzer handelt.
Bis zum letzten Mann werden wir diese Militärkamarilla und jede Regierung, die nicht durch die Tat beweist, daß sie in der Lage ist, diese Militärkamarilla sowie die reaktionären Beamten in Reich, Staat und Kommune zu beseitigen, mit dem Generalstreik und nötigenfalls mit Waffengewalt bekämpfen.
Wir ersuchen deshalb dringend, sofort zu veranlassen, daß die an der Grenze des rheinisch-westfälischen Industriegebiets zusammengezogenen Reichswehrtruppen sofort in ihre Standorte beordert werden, woselbst die Reorganisation der Reichswehr nach den oben bezeichneten Gesichtspunkten sofort zu erfolgen hat."[17]
Dieses Gegenultimatum paßte genau zu der in Elberfeld praktizierten Bündnispolitik (Übernahme der USP- und KPD-Parolen durch die SPD und Anpassung an die radikale Stimmung der Massen). Nicht zu beantworten ist dabei die Frage, wieweit die vier SPD-Sekretäre voll hinter dem Text standen, den sie nach Berlin

übermittelten (und letztlich ist diese Frage auch müßig). Immerhin sprach Kolaß auch nach dem Aufstand noch von dem „serbischen" Ultimatum der Reichsregierung,[18] in Anspielung auf das Ultimatum Österreich-Ungarns an Serbien 1914, das mit seinen unannehmbaren Forderungen nur den Vorwand zum Krieg hatte schaffen sollen.

*

Das Ultimatum der Regierung forderte die Aufständischen auf, General v. Watter bis zum 30. März, 12 Uhr, „eine ausreichende Sicherheit . . . für die Annahme und Durchführung" der fünf Einzelforderungen zu geben, und unter Punkt 4 kündigte es an: „Die Art und Zeit der Durchführung der Entwaffnung wird durch den Inhaber der vollziehenden Gewalt [Watter] *näher bestimmt werden*". — Gleichzeitig mit der Übermittlung des Ultimatums von Berlin nach Münster hatte das Reichswehrministerium Watter mitgeteilt, er habe zu entscheiden, ob er die bis zur genannten Frist erhaltenen „Bürgschaften" der Aufständischen für die „Erfüllung der Bedingungen der Regierung *als ausreichend*" betrachte.[19] Mit anderen Worten: Watter bekam in doppelter Hinsicht freie Hand — zum Erlaß von Durchführungsbestimmungen zum Ultimatum und zur anschließenden Entscheidung, ob ihn deren Ausführung durch die Aufständischen befriedige oder nicht.

Watter bestimmte:

„*1. Waffen und Munition sind an die Polizeiverwaltungen abzugeben und von diesen per Bahn dem Wehrkreiskommando nach Münster zuzuführen. Die Polizeiverwaltungen haben bis 30. März, 11 Uhr vormittags, dem Wehrkreiskommando die Zahl und Art der zur Abgabe gelangten Waffen und Munition zu melden. Sind bis 30. März,* 12 Uhr mittags, nicht schon vier schwere, 10 leichte Geschütze, 200 Maschinengewehre, 16 Minenwerfer und 20.000 Gewehre, 400 Schuß Artilleriemunition, 300 Schuß Minenwerfermunition und 100.000 Schuß Infanteriemunition abgeliefert, so gilt die Bedingung der Waffenabgabe nicht als erfüllt. Werden die geforderten Mengen abgeliefert, so wird weitere Bestimmung über die restliche Waffenabgabe erfolgen.*

2. Die Regierungspräsidenten werden bis zum 30. März, 11 Uhr vormittags, um Meldung ersucht, ob noch in ihren Bezirken Vollzugsräte bestehen oder die ordentlichen Behörden wieder restlos in ihre Rechte eingesetzt sind. Bestehen noch Vollzugsräte am 30. März, 11 Uhr vormittags, so gilt die Bedingung der Anerkennung der Staatsautorität nicht als erfüllt.

3. Stehen am 30. März, 11 Uhr vormittags, noch Teile der roten Armee oder sonstiger Wehren unter den Waffen, so gilt die Bedingung der Auflösung der

---

* In der Literatur steht hier meist „31. März". Das ist aus dem Flugblatt übernommen, mit dem das Wehrkreiskommando die Zusatzbestimmungen v. Watters im Aufstandsgebiet verbreitete. Nach dem Gesamttext ist das jedoch mit Sicherheit ein Druckfehler; in den Berliner Zeitungen, die den Text auf drahtlichem Wege als Münster bekamen, ist denn auch „30. März" zu lesen. Damit fällt der Versuch Spethmanns, Watters Zusatzbestimmungen als eine Abmilderung des Ultimatums der Regierung hinzustellen, in sich zusammen.

roten Armee nicht als erfüllt. Die gegnerische Kampfleitung wird zur Angabe hierüber bis zum 30. März, 11 Uhr vormittags, aufgefordert.
4. Befindet sich am 30. März, 11 Uhr vormittags, noch ein gefangener Reichswehrsoldat, Sicherheitspolizist, Angehöriger der Einwohnerwehr oder der Essener und Dortmunder Sicherheitswehr als Gefangener in den Händen der Aufrührer, sind ferner bis 30. März, 11 Uhr vormittags, nicht alle Geiseln freigelassen, so gilt die Bedingung der Freilassung der Gefangenen nicht als erfüllt.
Gefangene und Geiseln müssen bis 30. März, 12 Uhr mittags, beim Wehrkreiskommando in Münster eingetroffen sein. Wird Gefangenen und Geiseln auch nur ein Haar gekrümmt, so gilt die Bedingung ebenfalls nicht als erfüllt." [20]
Inhalt und Sprachstil dieser Zusatzbestimmungen sprechen für sich. Am 29. März druckte das Wehrkreiskommando Flugblätter mit dem Ultimatum der Regierung auf der Vorder-, den Zusatzbestimmungen auf der Rückseite. Die letzteren waren unterzeichnet: „Frhr. v. Watter, Generalleutnant". Ein Teil der Auflage war schon gedruckt, als dem Wehrkreiskommando aufging, daß dies einen ungünstigen Eindruck machen würde: bei solchen Erlassen war die Mitunterzeichnung durch Severing üblich. Da dieser sich wegen der Neubildung der preußischen Regierung und seiner Ernennung zum Innenminister in Berlin befand, ließ man für die restliche Auflage Hauptmann Lorenz, den Verbindungsmann Severings zum Wehrkreiskommando, „i. A." („im Auftrag") Severings neben Watter unterzeichnen.[21] — Diese Flugblätter wurden am späten Nachmittag von Flugzeugen über dem östlichen Ruhrgebiet und dem Wuppertal abgeworfen.[22]
Zweierlei ist hier bemerkenswert. Einmal: erst mit dem Abwurf dieser Flugblätter veröffentlichte das Wehrkreiskommando systematisch das Ultimatum der Regierung; die meisten Vollzugsräte bekamen es erst zusammen mit Watters Zusatzbestimmungen zu Gesicht. Hier zeigt sich die Konsequenz der Entscheidung der Regierung, das Ultimatum nicht direkt, sondern auf dem Wege über das Militär an die Aufständischen zu richten: als die Flugblätter in deren Hände gelangten, waren es bis zum Ablauf der im Ultimatum gesetzten Frist nur noch rund 30 Stunden. Zweitens: warum wurden die Flugblätter nicht über dem gesamten Aufstandsgebiet abgeworfen? Darin lag offenbar System: das mittlere und westliche Ruhrgebiet war ohnehin bereits als vertragsbrüchig abgestempelt; jetzt kam es nur noch darauf an, auch die Teile der Aufstandsbewegung, die sich von Anfang an auf den Boden des Bielefelder Abkommens gestellt hatten, als Gegner der von der Regierung geforderten Unterwerfung hinzustellen. Zu dieser Taktik paßte es allerdings nicht, daß der Regierungspräsident von Düsseldorf, begeistert über die harte Sprache von Regierung und Militär,[23] die Zusatzbestimmungen Watters telegrafisch den Stadtverwaltungen seines Regierungsbezirks mitteilte, mit der Aufforderung, sie „sofort weitgehend bekannt zu geben" und ihm bis zum nächsten Vormittag, 10 Uhr, über die Ausführung von Punkt 2 (Weiterbestehen oder Auflösung der Vollzugsräte und Wiedereinsetzung der ordentlichen Behörden) zu berichten. (Der Fernsprechverkehr funktionierte freilich bereits so schlecht, daß die Telegramme des Regierungspräsidenten zum Teil erst kurz vor, zum Teil sogar erst Stunden nach diesem Termin bei den Stadtverwaltungen eingingen.)[24] So mußten sich die Vollzugsräte überhaupt erst einmal untereinander informieren. Auch der Zentralrat in Essen erhielt nur auf indirektem Wege Kennt-

nis von den Zusatzbestimmungen (aus Dortmund, wo die rote Zensur ein Funktelegramm des Militärs abgefangen hatte).[25]
Überall, wo die Zusatzbestimmungen bekannt werden, wirken sie, wie Josef Ernst formuliert, „wie ein Peitschenhieb".[26] Eine typische Spontanreaktion: „Lieber unter der Herrschaft der Entente als unter der Reichswehr! Kampf mit allen Mitteln, selbst bis zur Sabotage der industriellen Anlagen!" schreibt das Remscheider USP-Blatt.[27] Die Stimmung schlägt vollständig um: vorbei die Unsicherheit der letzten Tage — morgen beginnen die „Noskes" ihren Generalangriff — verzweifelte Kampfbereitschaft breitet sich aus.
Der Zentralrat Essen trat sofort erneut mit der Mülheimer Kampfleitung zusammen. Ein Kampfleiter empfahl die Proklamation des bewaffneten Widerstandes, die Mehrheit des Zentralrats hielt jedoch nach wie vor die erfolgreiche Fortsetzung des bewaffneten Kampfes für unmöglich. Stattdessen wurde folgende Resolution angenommen und durch WTB verbreitet:
„Der Zentralrat erblickt in den Ausführungsbestimmungen [Watters] den Versuch, unter allen Umständen einen Vorwand zu finden, um in das Ruhrrevier einmarschieren zu können. Jeder Mensch muß erkennen, daß die Erfüllung der hier gestellten Bedingungen technisch unmöglich ist. Hinzu kommt, daß dem Zentralrat diese Ausführungsbestimmungen nicht einmal bekannt gemacht worden sind, er sie vielmehr nur durch einen Zufall zur Kenntnis nehmen konnte. In der Abwehr des ungeheuerlichen Planes ruft der Zentralrat zum sofortigen Generalstreik auf."[28]
Der Aufruf zum Generalstreik lautete:
„Arbeiter! Beamte! Angestellte!
Wir haben gekämpft für unsere Freiheit. Wir haben die Regierung Kapp . . . hinweggefegt. Die Gefahr ist nicht beseitigt. Der weiße Schrecken, der in Sachsen und anderen Landesteilen wütet, zeigt, wohin das Ziel der reaktionären Offiziere geht . . .
Kurz vor dem Sieg droht eine Gefahr. General von Watter, dessen Truppen sich den Teufel an die Bielefelder Abmachungen, an den Waffenstillstand kehrten, stellt ein Ultimatum.
Bis zum 30. März, vormittags 11 Uhr, sollen alle Waffen abgegeben und alle Vollzugsräte aufgelöst sein.
Proletarier! Dieses Ultimatum ist in dieser kurzen Zeit praktisch undurchführbar. Das weiß von Watter. Tausende Reichswehrsoldaten, Noskegardisten stehen bereit, uns zu vernichten . . .
Das Industriegebiet droht eine Hölle zu werden.
Arbeiter! Die Offizierskaste will Blut . . .
Der weiße Schrecken Sachsens soll im Industriegebiet nicht seinen Einzug halten. Wir können das Herz Deutschlands zum Stillstand bringen. Wir haben ein Mittel: Generalstreik!
Der Zentralrat der Vollzugsräte beschloß, dieses Mittel anzuwenden . . .
Ab 30. März darf sich kein Rad drehen . . .
Harret aus, bis die Reaktion an dem Granitblock unserer Geschlossenheit zermalmt ist."[29]
Gleichzeitig wandte sich der Zentralrat mit einem Telegramm an die Regierung.

Darin stellte er ebenfalls fest, daß General v. Watter nur einen Vorwand für den militärischen Einmarsch schaffen wolle, und fuhr dann fort — mit der Bitte um „sofortige Antwort" —, er erwarte *„von der Regierung Vermittlung, daß die Ausführungsbestimmungen so geändert werden, daß ihre Erfüllung möglich ist".*[30] Ferner wurden Pieck (KPD) und Eckardt (Remscheid, USP) nach Berlin entsandt, die dort im Verein mit den verschiedenen Arbeiterorganisationen die Regierung zum Nachgeben bringen oder, falls sie bei ihrer Haltung bleibe, zur Wiederaufnahme des Generalstreiks auffordern sollten.[31] Schließlich entsandte der Zentralrat Stern (Essen, USP) und Leutner (Dortmund, KPD) zur englischen Besatzungsbehörde nach Köln, „die die unerfüllbaren Bedingungen von Watter und den drohenden Einmarsch der Reichswehr der Entente mitteilen sollten, damit sie interveniere".*[32] Um 23 Uhr erschienen die beiden, begleitet von einem Berichterstatter des „New York Herald" als Dolmetscher, bei Oberstleutnant Ryan in Köln, dem Stabschef des britischen Militärgouverneurs. Was sie vortrugen, gewährt einen ungewöhnlich tiefen Einblick in die Überlegungen des Zentralrats, ungewöhnlich deshalb, weil dessen interne Verhandlungsprotokolle nicht mehr existieren. Die Arbeiter des Ruhrgebiets, führten Stern und Leutner aus, sähen die Aussichtslosigkeit eines weiteren Kampfes und seien daher an sich bereit, den Kampf abzubrechen, aber sie zögerten dies zu tun aus Angst vor einem weißen Terrorsystem der einmarschierenden Reichswehr. Angesichts der verzweifelten Stimmung der Arbeiter befinde sich der Zentralrat in einem furchtbaren Dilemma. Bisher hätten die Führer einen durchaus mäßigenden Einfluß auf die Arbeiter ausgeübt; jedoch wenn der Zentralrat sich jetzt der Gegenseite unterwerfe, würden die extremen Elemente die Oberhand gewinnen, und die Folge würde Chaos und Sabotage sein. Das sei nur zu vermeiden, wenn die Regierung in folgender Weise entgegenkomme: 1. Die Reichswehr marschiert im Moment nicht ins Ruhrgebiet ein. 2. Die Arbeiter geben ihre Waffen bei den Zivilbehörden ab, falls nötig unter Aufsicht von Beauftragten Watters; Zahl und Art der Waffen werden dem Wehrkreiskommando Münster gemeldet. 3. Eine Anzahl von Arbeitern verschiedener Parteien werden in die Reichswehr eingereiht, und zwar in ganz Deutschland. Falls die Regierung so verfahre, würden die Arbeiter, in der Einsicht, daß die Zeit für die Regierung arbeite, nach Hause und an die Arbeit zurückkehren, und nach drei oder vier Tagen würde es keinen nennenswerten Widerstand gegen den Einmarsch einer Reichswehr geben, von der man wisse, daß sie reorganisiert sei und auf seiten der Regierung stehe. Diese Ausführungen stehen in einem bemerkenswerten Gegensatz zu den Kampfaussichten, die der Aufruf des Zentralrats zum Generalstreik an die Wand malt. — Ryan erwiderte seinen Gesprächspartnern, die auf ihn einen niedergeschlagenen, ja verzweifelten Eindruck machten, sie seien bei ihm an der falschen Adresse und müßten sofort mit dem Wehrkreiskommando Münster Fühlung nehmen; er selbst könne nicht mehr tun, als ihre Ausführungen seinen Vorgesetzten mitzuteilen, die sie dann, mit einer eigenen Stellungnahme, an die deutschen Stellen weiterleiten könnten.[33] —
Wie reagierten die Vollzugsräte auf Watters Zusatzbestimmungen? Zunächst generell: die Pressezensur wurde scharf gehandhabt bzw. dort, wo auf sie nach dem

---

* Vgl. die Anmerkung auf Seite 163.

Bielefelder Abkommen verzichtet worden war (so vor allem in Hagen),[34] wieder praktiziert. Besonders häufig gestrichen oder gekürzt wurden das Ultimatum und Kommentare dazu sowie Berichte über die sich in Duisburg entwickelnden Zustände.[35] Hier wird die negative Seite der Pressezensur deutlich: die Bevormundung der Arbeiter. Schärfer ging der Vollzugsrat von Bottrop vor, indem er das Erscheinen des (einzigen) Lokalblatts für einen Tag verbot. In Oberhausen ließ das örtliche Zentrumsblatt die Streichungen des Zensors unbeachtet und brachte die Nummer vom 30. März unverändert heraus. Darin stand u.a. in fetten Schlagzeilen: „Dem Ende entgegen! Annahme eines heute mittag 12 Uhr ablaufenden Ultimatums der Reichsregierung. Der Zentralrat Essen und die Gefechtsleitung der roten Armee auf dem Boden des Bielefelder Abkommens. Sofortige Auflösung der roten Armee". Daraufhin wurde das Blatt vom Vollzugsrat verboten; es unterlief dieses Verbot jedoch, indem es am folgenden Tag sein Sterkrader Kopfblatt in Oberhausen vertrieb.[36] Für den 1. April verbot der Vollzugsrat dann alle drei Oberhausener Lokalblätter und setzte dieses Verbot auch durch. In den Wupperstädten verhinderte die Gewerkschaft der Buchdrucker das Erscheinen der bürgerlichen Lokalblätter (die Morgenausgaben vom 30. März waren allerdings bereits expediert); am 31. März erschienen auf Wunsch der Gewerkschaft dann auch das SPD- und das USP-Blatt nicht, sondern stattdessen wie schon vor zwei Wochen ein „Mitteilungsblatt des Aktionsausschusses der vereinigten sozialistischen Parteien des Wuppertals" (vgl. oben Seite 14).[37]

Nun zu den wichtigsten Städten im einzelnen. In Elberfeld schloß sich die SPD-Bezirksleitung Niederrhein in Konsequenz des eben formulierten Gegenultimatums der vier Parteisekretäre sofort dem Aufruf des Zentralrats zum Generalstreik an und forderte den Reichskanzler telefonisch auf, bis 22 Uhr dem Zentralrat die Zusicherung zu geben, „daß in den nächsten Tagen keinerlei Reichswehr in das Industriegebiet einmarschiert"; außerdem verlangte sie, daß die Regierung bevollmächtigte Vertreter zu Verhandlungen über die Verlängerung der Waffenstillstandsfrist entsende.[38] Das örtliche SPD-Blatt kam in einer scharfsichtigen Analyse der Zusatzbestimmungen Watters zu dem Ergebnis, daß für das Militär das Bielefelder Abkommen offenbar nicht existiere.[39] In einer großen Konferenz der Aktionsausschüsse von Elberfeld und Barmen, die am nächsten Morgen im Elberfelder Rathaus stattfand und an der auch zahlreiche Vertreter der Aktionsausschüsse der Nachbarorte teilnahmen, gaben die SPD-Funktionäre den Ton an. Dröner erstattete den Lagebericht, in dem er Watters Zusatzbestimmungen „geradezu wahnsinnig" nannte und den Generalstreik als einzige Möglichkeit bezeichnete, um zu neuen Verhandlungen zu kommen, Winkelhock berichtete über die telefonischen Verhandlungen mit der Regierung, und Dröner formulierte nach der Aussprache dann auch den Text der Schlußresolution. Darin hieß es unter 1.: „sofortige Durchführung der Bielefelder Beschlüsse durch den Aktionsausschuß"; unter 2.: „Der Kampf bei Wesel muß lokalisiert bleiben. Die Arbeiterschaft verhält sich bei diesem Kampfe passiv, weil die Kampfleitung bei Wesel sich den Beschlüssen von Bielefeld bisher nicht untergeordnet hat"; unter 7.: „Ziel des Kampfes sind die Hagener Beschlüsse, die die Dinge soweit treiben wollen, daß die Arbeiter bei allen Angelegenheiten größeren Einfluß gewinnen" (sofortige Inangriffnahme der Sozialisierung, Entfernung der reaktionären Beamten, Reorganisation der Reichswehr). Gegen diese drei Punkte wurden Gegenstimmen abgegeben; Stendebach (KPD) hatte in der Diskussion erklärt, die ganze Verhandlungstaktik seit Bielefeld habe die Arbeiter in die jetzige verfahrene Lage gebracht. Hier kündigte sich die Spaltung der KPD an (der rechte Flügel praktizierte seit dem Kapp-Putsch das Elberfelder Bündnismodell). Dagegen stimmten die Linkskommunisten für Punkt 4 der Schlußresolution, in dem die Aktionsausschüsse ausdrücklich erklärten, „lieber die Besetzung durch die Entente zu sehen als durch die Reichswehr".[40] — Die Ausführung der ersten beiden Punkte wurde sofort in die Wege geleitet. Am folgenden Tage meldete der Regierungspräsident von Düsseldorf nach Berlin, alle Arbeiter aus dem Wuppertal seien von der Front zurückgekehrt und in Elberfeld und Barmen seien etwa 1000 Gewehre abgegeben worden.[41]

In Hagen trat sofort nach dem Bekanntwerden der Zusatzbestimmungen Watters der eben erst aufgelöste Aktionsausschuß der drei Arbeiterparteien wieder zusammen, unterstellte sich dem Zentralrat Essen und proklamierte den Generalstreik.[42] Die Arbeiterführer interpretierten die Unterzeichnung der Zusatzbestimmungen durch Hauptmann Lorenz anstelle von Severing so, daß Severing als Kontrolleur des Militärs ausgeschaltet sei.[43] Die Durchführung der Bestimmungen, so stellten sie fest, sei auch beim besten Willen unmöglich, schon technisch wegen der kurzen Frist, aber auch sonst: zu den von Watter geforderten Mengen abzu-

„Ihr Mut und ihre Aufopferung verdienen rückhaltlose Bewunderung", schrieb ein bürgerlicher Journalist über die Arbeiter-Samariterinnen an der Front vor Wesel (II, Seite 81)
Arbeiter-Samariter auf der Kaiserstraße (heute: Friedrich-Ebert-Straße) in Dinslaken

gebender Waffen erklärten sie, daß diese überhaupt nicht in der Hand der Arbeiter seien (die Arbeiter hätten nur soviele Waffen, wie sie von Reichswehr, Sipo, Einwohnerwehren usw. erbeutet hätten),[44] und zu den übrigen Punkten schrieb das örtliche USP-Blatt: „Die Behörden sollen darüber berichten, ob sie [die Aktionsausschüsse] aufgelöst sind. Wenn nun eine böswillige Behörde falsch berichtet, was dann? Dann will der General die Truppen zum Blutbad vorwerfen! Auch die Bedingung der Gefangenenfreigabe läßt sich nicht erfüllen. Wie läßt sich feststellen, ob wirklich alle Gefangenen nach Münster abgegangen sind? Würde einer böswillig nicht auf die Minute sich bei Watter einfinden, dann ist dem Ultimatum des Generals nicht Genüge geleistet. Dann sollen Tausende dafür ab-

„Gegen 17 Uhr steckte die Parterrebesatzung aus einem Fenster eine weiße Fahne. Die Besatzung im Obergeschoß war teils dagegen, teils war sie überhaupt nicht informiert. Die belagernden Arbeiter winkten mit weißen Tüchern. Dann kamen sie langsam ... heran, vorweg eine Rote-Kreuz-Fahne. Die ersten Reihen der Arbeiter stiegen die Freitreppe hinauf, die ersten gingen schon durch die offene Tür — da flogen aus dem Obergeschoß Handgranaten ..." (I, Seite 292)
Wasserturm im Essener Ostpark

geschlachtet werden!? Die Regierung, die diesem Gewaltmenschen und verknöcherten Militär Freiheit zum Handeln gibt, handelt nicht nur leichtfertig, sondern direkt verbrecherisch".[45] Und Ludwig schrieb im USP-Blatt, das Militär wolle für seine Niederlagen „Rache nehmen, und diese Rache wird entsetzlich sein".[46] Ernst faßte in einem Telegramm an das Wehrkreiskommando alle Einwände zusammen und schloß: „Bleiben die Bedingungen in dieser undurchführbaren Weise bestehen, müssen Sie [die] Verantwortung für alles Kommende tragen".[47] Das war keine leere Drohung: im Hagener Bezirk (wie auch anderswo) wurden alle möglichen Sprengmittel und -geräte in den Betrieben beschlagnahmt und an die Front geschafft; man sei, schrieb Ernst später, bei Bestehenbleiben der Bedingungen „zum letzten entschlossen" gewesen.[48] — An den Reichskanzler kabelte Ernst: „Wenn Sie ... ein zweites Nordfrankreich [Verwüstungen weiter Landstriche im Weltkrieg] vermeiden wollen, sorgen Sie für vernünftige Bedingungen der Waffenabgabe und für längere Frist, damit [die] Abgabe überhaupt ermöglicht wird. Nach Vorkommnissen in Halle kann kein verantwortlicher Arbeiterführer zur bedingungslosen Unterwerfung auffordern, wenn keine Garantie für vernünftiges Verhalten der Reichswehr gegeben wird".[49]

Oberbürgermeister Cuno fuhr auf dringende Bitten des Aktionsausschusses mit Vertretern der Arbeiterparteien und der bürgerlichen Mittelparteien nach Münster.[50] Dort war bereits die dreiköpfige Berliner Delegation von SPD, USP und freien Gewerkschaften (s. oben Seite 138) eingetroffen. Sie hatte am Vormittag in Dortmund die Nachricht erhalten, Watter werde Zusatzbestimmungen zum Ultimatum der Regierung erlassen, und war daraufhin sofort nach Münster geeilt. Die Vorahnungen von Braß: das würden wie bei den bewaffneten Kämpfen vor einem Jahr Bedingungen mit dem Zweck, den Vorwand für ein militärisches Eingreifen zu erhalten, wurden in Münster voll bestätigt, als Severings Stellvertreter Mehlich den Text vorlegte. Wenn ein militärischer Fachmann, rief Braß aus, solche Bedingungen erläßt, dann kann das nur heißen, daß er unter allen Umständen den Kampf will! Sobald diese Bedingungen veröffentlicht sind, ist der zweite Generalstreik (nach dem gegen Kapp) im Ruhrgebiet da! In diesem Sinne telegrafierte Braß an Severing in Berlin. Osterroth, der Delegierte der SPD, begab sich sofort nach Berlin, um die Regierung über den totalen Stimmungsumschwung zu unterrichten und sie zu einer nachgiebigen Haltung zu bewegen.*[51] — Oberbürgermeister Cuno an der Spitze der Hagener Delegierten, die in Münster eintrafen, hoffte zweierlei zu erreichen: eine Abschwächung des Eindrucks, den die Zusatzbestimmungen Watters gemacht hatten, und einen Verzicht des Militärs auf eine Besetzung des Hagener Bezirks, da dieser das Bielefelder Abkommen

---

* Vor seiner Abfahrt bat Osterroth Braß, ihm das beim Freikorps Lützow gefundene Material mitzugeben, aus dem die Verwicklung v. Watters in die Staatsstreichpläne der Kapp-Putschisten hervorging (vgl. I, S. 75 f.). Braß tat das aus irgendeinem Grunde nicht. Nach dem Aufstand griff Osterroth ihn deshalb in der SPD-Presse heftig an: Reichspräsident Ebert habe sich bereiterklärt, Watter „sofort abzuberufen, wenn ihm das Aktenmaterial unterbreitet würde", Braß habe das Material jedoch trotz zahlreicher dringender Bitten nicht übersandt, und so hätten es die Arbeiter ihm zu verdanken, daß Watter auf seinem Posten geblieben sei. Das war eine erhebliche Fehleinschätzung Eberts durch Osterroth — ob ehrlich gemeint oder ob eine gewollte Irreführung der Arbeiter, bleibe dahingestellt.

eingehalten habe. Beides erreichte er nicht, im Gegenteil: die Militärs erklärten, von den Zusatzbestimmungen könne nichts zurückgenommen werden — sie seien ja auch nichts anderes als eine Ausfüllung des Ultimatums der Regierung —, und das Bielefelder Abkommen sei von der Gegenseite nicht eingehalten worden, mithin sei es hinfällig. Was die Militärs sonst noch sagten, waren unverbindliche Redensarten: Falls eine Besetzung Hagens notwendig werden sollte, würde sie mit der größten Schonung durchgeführt werden; Bezirke, die sich den Forderungen der Regierung unterwerfen würden, hätten absolut nichts zu befürchten; die Herren möchten helfen, das Mißtrauen gegen die Reichswehr abzubauen, die doch nichts anderes sei als das Instrument der Regierung usw. Das alles konnte die Arbeitervertreter innerhalb der Hagener Delegation in ihrer Kampfentschlossenheit nur bestärken.[52] —

In Dortmund traten am Abend des 29. März erstmals die in den Betrieben gewählten Arbeiterräte zu einer Vollversammlung zusammen (vgl. II, Seite 45). Sie stellten sich einstimmig auf den Boden des Bielefelder Abkommens und lehnten das Ultimatum der Regierung und die Zusatzbestimmungen Watters ab, insbesondere die geforderte Waffenabgabe; gleichzeitig erklärten sie sich zu Verhandlungen mit der Regierung bereit. Für den nächsten Morgen wurde der Generalstreik beschlossen.[53] In einem Aufruf an die Arbeiter (dessen Text sich der Zentralrat Essen dann in einem eigenen Flugblatt zu eigen machte) hieß es, die Unterwerfung unter Watters Forderungen würde „einem direkten Selbstmord" gleichkommen: „In unserer Nachbarschaft Ahlen und Hamm hat man unsere Leute entwaffnet und eingesperrt, in anderen Städten sind unsere Genossen einfach an die Wand gestellt worden".[54] — In Bochum machte der Arbeiterrat in einer mehrstündigen Nachtsitzung, zum Teil unter dem Druck bewaffneter Arbeiter, seinen Beschluß, den Kampf abzubrechen (oben Seite 166), rückgängig und proklamierte den Generalstreik. Daraufhin traten die Vertreter der christlichen Gewerkschaften aus dem Arbeiterrat aus. Ein Antrag des KPD-Vertreters Kämpfner, die Entente telegrafisch um militärischen Einmarsch zu bitten, wurde dagegen abgelehnt.[55] Bewaffnete Arbeiter besetzten Bahnhöfe und Zeitungsdruckereien, die letzteren vor allem mit dem Ziel, die Veröffentlichung des überholten Arbeiterrats-Beschlusses zu verhindern.[56] Die turbulenten Vorgänge führten zur Bildung von Gerüchten, der Arbeiterrat sei verhaftet; das wurde vom Arbeiterrat mit einem Flugblatt dementiert.[57] — In Düsseldorf dagegen machte der Vollzugsrat seinen Beschluß, den Kampf abzubrechen, nicht rückgängig und schloß sich auch der Generalstreikparole des Zentralrats nicht an.[58] In der folgenden Nacht kam es zu einer Konfrontation zwischen Vollzugsrat und Rotgardisten, deren Ursachen seit längerem angelegt waren; sie soll etwas später geschildert werden.

In Mülheim, Oberhausen und im westlichen Frontabschnitt hatten die Vollzugsräte und Kampfleiter die Nachricht, daß der Zentralrat sich dem Ultimatum der Regierung unterwerfen wolle, mit gemischten Gefühlen aufgenommen; das Duisburger Exekutivkomitee dürfte sogar hell empört gewesen sein (die entsprechende Meldung in den Zeitungen wurde von der Zensur gestrichen).[59] Ganz an die Seite des Zentralrats rückten sie dagegen wieder — wenigstens sah es nach außen so aus —, als dieser Watters Zusatzbestimmungen mit der Proklamation des Generalstreiks beantwortete.[60] In Mülheim rief Nickel, der Vorsitzende des Vollzugs-

rats, in einer mehrtausendköpfigen Kundgebung am 30. März auf dem Rathausmarkt aus: „Hier vom Industriegebiet aus [wird] die feuerrote Revolutionswoge über die ganze Welt sich ergießen! Es ist ausgeschlossen, daß wir untergehen; unsere Bewegung ist wie eine unaufhaltsame Riesenwelle, die alles hinwegschwemmt". Sollte die Reichswehr aber doch stark genug sein, um ins Ruhrgebiet einzumarschieren, dann „nur über unsere Leichen und über die Trümmer der Industrie!" Müller (Dudo), der seine Kampfleitung in Walsum zur Teilnahme an dieser Kundgebung verlassen hatte, überbrachte die Grüße „der an der Front kämpfenden Brüder" und forderte zur Fortsetzung des Kampfes auf.[61] In Duisburg verbreitete das Exekutivkomitee folgendes Flugblatt:
„Kampfgenossen!
Ein neues, brutales Säbelregiment, das sich Regierung nennt, wagt es, Euch zur bedingungslosen Unterwerfung aufzufordern ... Die Bedingungen, die Euch gestellt werden, sind so frech und schamlos, daß sie Eure Kampfeswut aufs äußerste steigern müssen ...
Ein bestialisch Massenmorden, der weiße Schrecken in seiner furchtbarsten Gestalt soll über Euch kommen ...
Genossen! Heldenhafte Rotgardisten! Jetzt rafft Euch auf! Zeigt Euren ganzen Haß dem Feinde! Stemmt Euch wie eine feste Mauer gegen seinen Ansturm! An der Kraft des Proletariats soll die Brutalität des Militärs zerschellen! Der Geist des Spartakus muß siegen! Werft Euch mit Ingrimm auf die Bestien! Denkt an die Greuel, die an Euren Brüdern und Schwestern verübt wurden. Rächt sie! Ihr führt den Kampf um eine heilige Sache. Ihr kämpft für die Befreiung des Proletariats ...
Die Etappe schafft für Euch Brot, Kleidung und Munition und unterstützt Euch kräftig im Kampfe.
Der Zentralrat hat in ganz Rheinland-Westfalen den verschärften Generalstreik proklamiert.
Der Kampf gegen das Kapital, gegen Reaktion und Militärherrschaft hat das gesamte Proletariat des Ruhrgebietes auf die Beine gebracht ... Das Wort 'Sein oder Nichtsein' ist keine Phrase mehr. Eure gebleichten Schädel liegen am Boden und durch Eure Blutströme watet die Reaktion, wenn Ihr den Kampf verliert. Nur eines gilt es: Siegen oder elend sterben.* Ihr aber wollt den Sieg!
Jetzt oder nie!"[62]
Dieser Aufruf und die Rede von Nickel in Mülheim widersprachen fundamental dem Beschluß des Zentralrats, den Generalstreik, nicht aber die Fortsetzung des bewaffneten Kampfes zu proklamieren. Dieser Widerspruch fiel freilich in der erregten Atmosphäre des Generalstreiks kaum jemandem auf. —
Von den Zeitungsverboten in Bottrop und den Wupperstädten war bereits die Rede. Die rechtsextreme „Bergisch-Märkische Zeitung" in Elberfeld hatte in ihrer vorletzten Ausgabe vor dem Verbot gemeldet (angeblich als brandfrische Agenturmeldung aus Prag): „Ein Moskauer Funkspruch meldet, daß der Zentralvolks-

---
* „Sieg oder Untergang!" war auch die Parole, die Hugo Delmes, der gefeuerte Zensor des Bochumer Arbeiterrats (oben Seite 115 f.), in einer öffentlichen Versammlung am 30. März ausgab. „Aktion" statt Verhandlungen, und Verhaftung der „reaktionären Führer aller Schattierungen" lauteten weitere Punkte seiner Rede.

ausschuß in Moskau mit allen gegen 7 Stimmen 48 Millionen Rubel zur finanziellen Unterstützung der deutschen Sowjetbewegung bewilligt habe".[63] Aber auch angesichts einer solchen Ente blieb ein generelles Zeitungsverbot eine zweischneidige Maßnahme.
Die USP-Blätter von Düsseldorf und Hagen gaben dem Willen zum Widerstand gegen den militärischen Einmarsch weitere Nahrung, indem sie Watters Schießerlaß vom Juli 1919 (I, Seite 68) sowie einen beim Freikorps Lützow gefundenen Brief aus der Zeit vor dem Kapp-Putsch veröffentlichten, in dem Watter von den Putschisten als „durchaus zuverlässig und ganz im Bilde" bezeichnet worden war (I, Seite 76).[64] Im Hagener USP-Blatt konnten die Arbeiter außerdem den Text einer abgefangenen Postkarte lesen:

„Breslau, 26. März 1920.
Lieber Bruder und Schwägerin!
Ich teile Euch mit, daß wir heute verladen werden, nach Westfalen. Hoffentlich kommen wir nach Beyenburg. Da werde ich mal Luft machen, denn wo die dritte Marine-Brigade [Loewenfeld] hinhaut, da wächst kein Gras mehr. Wir kämpfen nur fürs Deutschtum.
Gruß Euer Karl."[65]

*

Die Stellungnahme der SPD-Bezirksleitung Niederrhein in Elberfeld war nicht typisch für die SPD im Aufstandsgebiet insgesamt. Die Bezirksleitung Westliches Westfalen in Dortmund stellte sich gegen die Generalstreikparole des Zentralrats und erklärte: „Für die organisierte Arbeiterschaft darf nur maßgebend sein, was von den politischen und gewerkschaftlichen Organisationen bestimmt wird. Der Essener Zentralrat hat nicht die Legitimation, im Namen der Arbeiterschaft zu sprechen". Die Bezirksleitung erinnerte an ihren Aufruf an die Arbeiter (oben Seite 29), „nur an Aktionen teilzunehmen, zu denen die Partei auffordert".[66] Diese Erklärung war praktisch zugleich die Antwort auf einen letzten Versuch, die SPD doch noch für die Mitarbeit im Dortmunder Vollzugsrat zu gewinnen: am Abend des 29. März entschieden die in den Betrieben gewählten Arbeiterräte über die endgültige Zusammensetzung des Vollzugsrats (vgl. II, Seite 45) und wählten u.a. in Abwesenheit den Vorsitzenden der freien Gewerkschaften, den Sozialdemokraten Schneider;[67] dieser lehnte die Annahme der Wahl ab.[68] — Die Essener SPD-Funktionäre erklärten sich ebenfalls gegen den Generalstreik, mit der Begründung, sie ständen auf dem Boden des Bielefelder Abkommens.[69] Am 31. März erschien das Dortmunder SPD-Blatt mit einem Leitartikel, in dem es hieß: *„Wir wünschen kein Militär, aber wir sagen nicht, es darf auf keinen Fall kommen. Worauf es ankommt, das ist, daß so schnell wie möglich die Ordnung geschaffen wird, ohne die eine gedeihliche wirtschaftspolitische Betätigung ... nicht möglich ist, und diese Ordnung ist nur gegeben ... durch Anerkennung von Gesetz und Verfassung".*[70] In Bottrop traten die beiden SPD-Vertreter aus dem Vollzugsrat aus.[71] In Bochum und Düsseldorf dagegen blieb die SPD im Vollzugsrat, allerdings nicht ohne Bedenken. In Bochum faßten ihre Vertreter den Beschluß zum Generalstreik mit — es sei, sagte später ein Funktionär entschuldigend, unmöglich gewesen, sich dem Druck der bewaffneten Arbeiter zu widersetzen.[72] Leichter hatte es die SPD in Düsseldorf, wo der Vollzugsrat sich der Generalstreikparole des Zentralrats nicht anschloß, aber das SPD-Blatt beklagte bereits die „Gefahr eines neuen Generalstreiks", die Watter mit seinen Zusatzbestimmungen heraufbeschworen habe — eine Gefahr, die im Fall eines militärischen Einmarsches nicht mehr zu vermeiden sein werde: „Wir haben uns in den letzten Tagen bemüht, nach links hin Vernunft zu predigen; Herr v. Watter vernichtet alles wieder. Wahrlich, sie brauchen sich einander, die Bolschewisten von rechts und die von links".[73] — In Mülheim und Recklinghausen, wo die SPD nicht bzw. nicht mehr im Vollzugsrat vertreten war, verbreitete sie Flugblätter (in Mülheim gemeinsam mit der USP),* die eine Art Generalabrechnung mit den Führern der Aufstandsbewegung waren. Der Text des in Recklinghausen verteilten Flugblatts ist nicht mehr erhalten (nur noch die Überschrift: „*Die Totengräber*"), wohl aber der des Mülheimers. In ihm hieß es:

„Der Kampf gegen die Rechtsputschisten, der in so heroischer Weise von der Arbeiterschaft des Industriegebiets geführt worden ist, hat in seiner weiteren Entwicklung zu geradezu schrecklichen Zuständen geführt ...
Verantwortungslose Elemente, die Kommunisten sein wollen, haben, gestützt auf bewaffnete Horden, die Herrschaft an sich gerissen und üben in ihren Vollzugsräten und Exekutivkomitees einen Terrorismus aus, der schlimmer ist als der weiße Schrecken. Plünderungen und Requirierungen, die unter Bedrohungen vorgenommen werden, sind die Mittel, mit der [sic] diese 'Revolutions-Helden' ihre Herrschaft aufrecht zu erhalten suchen. Lebensmittel aller Art werden unter räuberischer Taktik in den Lebensmitteldepots und an den Bahnhöfen beschlagnahmt und an die hinter der Front sich herumtreibenden Marodeure und deren Anhänger verteilt.
Ein Beispiel: In Duisburg sind die Eier, die für Kranke und Kinder bestimmt waren, von diesen 'Freiheitskämpfern' weggenommen und für sich verbraucht worden. Um die geldlichen Ansprüche ihrer 'Schutzgarde' zu befriedigen, haben sie in der Duisburger Reichsbank große Summen erpreßt.
In einer Anzahl anderer Orte des Industriegebietes liegen die Verhältnisse ähnlich. Wir bringen mit aller Entschiedenheit zum Ausdruck, daß die vernünftig denkende Arbeiterschaft, ob freie Gewerkschaftler, ob Unabhängiger oder Mehrheitssozialist, mit diesem Treiben nichts gemein hat ...
Wir stellen mit aller Deutlichkeit fest, daß für uns die Bielefelder und Hagener Abkommen als gute Grundlage für die Wiederherstellung der Ruhe im Industriebezirk ... maßgebend sind. Diese Abkommen bieten die Garantie dafür, daß das von der Arbeiterschaft im harten, ehrlichen Kampfe Errungene von der Regierung gehalten und zur Durchführung gebracht wird.
Wer trotz der Beschlüsse von Bielefeld und Hagen noch weiter kämpft, der begeht vor der gesamten Arbeiterschaft Deutschlands ein Verbrechen ...

---

* Die Unterzeichnung durch die USP war das Werk weniger Funktionäre; die Mitglieder waren nicht gefragt worden.

Arbeiter! Klassengenossen! Weist jede Gemeinschaft mit diesen Saboteuren und Schändern der Freiheit von Euch!
Haltet rein das [sic] Schild des Sozialismus."[74]
Dieses Flugblatt, das etwas später auch in Duisburg verteilt wurde,[75] bedeutete einen bisher noch nicht erreichten Gipfelpunkt an Verleumdung der Arbeiter durch die SPD. Das Schlimme war, daß die Zustände in Duisburg (auf die wir noch zurückkommen müssen) ihm einen Anschein von Berechtigung gaben. Aber diese Zustände anzugreifen, war eine Sache, sie als schlimmer als den weißen Terror zu bezeichnen, eine andere — das letztere konnte in der Konsequenz ja nichts anderes heißen, als die Reichswehr herbeizuwünschen.
Die Reaktion der Vollzugsräte von Mülheim und Recklinghausen ist bezeichnend: sie beschlagnahmten die Flugblätter, soweit sie ihrer noch habhaft werden konnten; in Recklinghausen wurde außerdem der Geschäftsführer der SPD-Druckerei verhaftet und verhört.[76] So verständlich dies in der aufs äußerste angespannten Atmosphäre dieser Stunden sein mochte, so war es doch deutlich eine Bevormundung der Arbeiter, die überdies selbst vom Standpunkt der Vollzugsräte völlig unnötig war: die Arbeiter empfanden durchaus den verleumderischen

„Im Drange der Kämpfe wurden Fahrräder, Pferde, Motorräder usw. in der Regel ihren Besitzern kurzerhand weggenommen. Kaum waren die Kämpfe beendet, versuchten die Vollzugsräte, geordnetere Verhältnisse herbeizuführen ..." (II, Seite 86)
Rotgardisten vor der Gaststätte Baßfeld in Dinslaken, Duisburger Straße (später „Hotel zum Rathaus", im Zweiten Weltkrieg ausgebombt, heute Modeatelier)

Charakter der Flugblätter.[77] In derselben Richtung lag es, wenn die Zensoren des Essener Vollzugsrats die Meldung des örtlichen SPD-Blatts, die Funktionäre der Partei lehnten den Generalstreik ab, wegstrichen.[78] In Dortmund konnte das SPD-Blatt vom 30. März den zitierten Aufruf der Bezirksleitung unzensiert veröffentlichen. Die Äußerung des Blattes am folgenden Tag jedoch, man sei nicht unter allen Umständen gegen den militärischen Einmarsch, wurde dem Vollzugsrat zuviel: als ein Teil der Auflage erschienen war, wurde der Rest beschlagnahmt.[79]
Widerstand gegen den Generalstreik gab es nicht nur seitens der SPD, sondern erst recht von katholischer Seite. In Essen riefen die Funktionäre der christlichen Gewerkschaften am Ende des ersten Streiktags zum Abbruch des Generalstreiks auf. (Die Veröffentlichung des Aufrufs wurde vom Zentralrat verboten.)[80] In Wattenscheid zog das Zentrum seine Vertreter aus dem Arbeiterrat — dem letzten großen örtlichen Vollzugsrat, in dem die Partei noch vertreten war — zurück.[81]
Der Grund für den Widerstand von Teilen der SPD, von christlichen Gewerkschaften und Zentrum liegt auf der Hand: der Generalstreik richtete sich gegen die parlamentarische Regierung und gegen das Militär, das seine Beteiligung am Kapp-Putsch schlankweg ableugnete und sich als bloßes Ausführungsorgan der Regierung ausgab. Dabei muß man bedenken, daß die christlichen Gewerkschaften sich schon am Generalstreik gegen Kapp nur unter dem Druck der Basis beteiligt hatten und daß die Dortmunder SPD-Führung ihn möglichst schnell wieder hatte beenden wollen (I, Seite 121, 249, 267 f., vgl. Seite 119 f.).

*

Der Generalstreik, der am 30. März mit Ausnahme von wenigen Städten* einsetzte,[82] zeigte eins sehr deutlich: es war nur ein Teil der Arbeiterschaft, der die Forderung Watters nach bedingungsloser Kapitulation mit neuem Willen zum Widerstand beantwortete. Alle großen Kundgebungen unter freiem Himmel und alle markigen Worte, die dort fielen, konnten dies nicht verschleiern.
Generalstreik wie vor zwei Wochen nach dem Staatsstreich der Kapp-Putschisten — und doch war nichts mehr wie damals. Schon die zahlenmäßig faßbare Streikbeteiligung war nicht mehr so groß: damals waren im Bergbau rund 82 % der Schichten ausgefallen — jetzt waren es nur noch rund 74 %.[83] Aber auch diese Zahlen täuschen noch: ganz im Gegensatz zum Generalstreik gegen Kapp wurde jetzt aus nicht wenigen Orten gemeldet, daß der Streik nur durch mehr oder minder starken Druck zustandegekommen sei. Teils waren es die streikwilligen Teile der Belegschaften, die diesen Druck ausübten, teils aber auch Mitglieder der Ar-

---

* Außer Düsseldorf, das schon besprochen wurde, vor allem Hamborn und Herne. In Hamborn waren die führenden Leute derart von Etappenproblemen der Roten Armee absorbiert (vor allem Transportfragen), daß sie die Generalstreikparole des Zentralrats erst im Laufe des 30. März genügend bekanntmachen konnten und der Streik erst am folgenden Morgen voll einsetzte. Der Arbeiterrat Herne sprach sich in einem Aufruf ausdrücklich gegen den Generalstreik aus, mit der Begründung, er sei „aussichtslos" und werde „neues namenloses Unglück und Elend ... bringen". Eine am Abend vorgenommene Urabstimmung auf den Zechen erbrachte eine Mehrheit gegen eine Beteiligung am Streik.

beiterwehren oder der Roten Armee, die sich vor den Fabrik- und Zecheneingängen aufstellten und mit der Waffe in der Hand die Arbeitsaufnahme der Arbeitswilligen verhinderten.*[84] Und damit nicht genug: auf mindestens drei Zechen stellten sich bewaffnete Zechenwehren diesem Druck entgegen. Auf „Glückaufsegen" in Wellinghofen (Landkreis Hörde) und auf „Gneisenau" in Derne (Landkreis Dortmund) beschlossen die Belegschaften ausdrücklich, sich nicht am Generalstreik zu beteiligen, und Zechenwehren übernahmen den Schutz der Schachtanlagen gegen bewaffnete Gruppen, die von außerhalb erwartet wurden. In der Tat erschienen auf „Glückaufsegen" 80 Mitglieder der Arbeiterwehr Hörde und verhinderten die Anfahrt der Mittagsschicht, wobei sie die Zechenwehr entwaffnen konnten.[85] Auf „Gneisenau" fuhr die Mittagsschicht des folgenden Tages nicht mehr an, als der Betriebsrat keinen ausreichenden Schutz gegen bewaffnete Eindringlinge garantieren konnte; am Nachmittag wurde die Zeche von Bewaffneten gegen den Widerstand der Zechenwehr regelrecht erstürmt und anschließend über 24 Stunden besetzt gehalten.[86] Am schlimmsten kam es auf „Ewald" in Herten. Hier trat die Belegschaft zunächst in Streik, fuhr dann aber am folgenden Tag wieder an, nachdem sie zu ihrem Schutz eine Zechenwehr gebildet hatte. Am Nachmittag erschienen 20 bis 25 Rotgardisten und versuchten, die Zeche stillzulegen; es kam zu einer Schießerei mit der Zechenwehr, bei der die Rotgardisten zwei Tote hatten (ein dritter starb nach einigen Tagen an seinen Verwundungen); die Rotgardisten holten Verstärkung, stürmten die Zeche und holten die Belegschaft heraus.[87] — Die Vorgänge auf diesen drei Zechen waren ein alarmierendes Zeichen für den inneren Zustand der Aufstandsbewegung: erstmals hatten Arbeiter ihre Waffen gegeneinander gerichtet. Das Verhältnis zwischen den Gruppen, die das Schwergewicht stark oder fast ausschließlich auf den bewaffneten Kampf legten, und der Masse der Arbeiter mußte sich nach dem unvermeidlichen Zerfall der Einheitsfront, die für einen Augenblick bei der Abwehr des Kapp-Putsches bestanden hatte, rapide verschlechtert haben.

Versuchen wir, das genauer zu fassen. Auf der einen Seite stehen die Arbeiter, die sich gegen die Forderung nach bedingungsloser Kapitulation aufbäumen: sie sorgen dafür, daß die Betriebe stillgelegt werden, nach allem, was sie eingesetzt haben, erbittert über diejenigen, die jetzt beiseitestehen; sie beschlagnahmen auf zahlreichen Schachtanlagen und Betrieben Dynamit — „erfüllt von verzweifelter Entschlossenheit, die Industrie mit sich zu begraben", wie Oberbürgermeister Cuno nach Berlin telegrafiert[88] —; und vor allem: sie eilen jetzt erstmals an die Front, wo sie die gelichteten Reihen der Roten Armee auffüllen. Zutreffend hat Colm festgestellt, daß sich in diesen Tagen eine „Umschichtung" der Roten Armee vollzieht.[89] Durch die Etappenstadt Buer z.B. ziehen am 29. März zahlreiche Rotgardisten, die — einzeln oder in Gruppen — von der Front ins Industriegebiet zurückkehren;[90] am 30. März erscheint dagegen eine größere Abteilung bewaffneter Arbeiter aus Velbert auf dem Wege zur Front.[91] Energisch widersprechen muß man Colm jedoch, wenn er behauptet, die zur Roten Armee neu Hinzustoßenden seien „Elemente" gewesen, die überwiegend auf Raub und Plün-

---

* Für den zweiten Streiktag erließ der Zentralrat eine ausdrückliche Verfügung für das Essener Revier, ab 8 Uhr seien „die Zugänge zu den Fabrikeingängen frei".

derung aus gewesen seien.[92] Man muß sich die Situation vorstellen: die Reichswehr hatte den Rand des Industriegebiets erreicht und die Frist bis zum angekündigten Einmarsch lief ab — wer jetzt an die Front ging, tat es offenkundig nicht zum Zweck der billigen und gefahrlosen Bereicherung, sondern handelte vermutlich aus einem starken Klassenbewußtsein heraus. Dabei kann man feststellen, daß es überwiegend junge Arbeiter (im Alter etwa zwischen 17 und 25 Jahren) waren, die zur Front gingen.[93] Ältere mit längerer Kriegserfahrung beurteilten offenbar die militärische Lage als hoffnungslos,[94] und die Begeisterung der Anfangskämpfe, in denen auch sie ohne Rücksicht auf Leben, Gesundheit und Familie und ohne Abwägung der Erfolgsaussichten mitgekämpft hatten, war längst verflogen.

Auf der anderen Seite stehen diejenigen Arbeiter, die die Fortführung des bewaffneten Kampfes oder sogar den Streik und überhaupt jeden weiteren Widerstand ablehnen. Die Motive für dieses Verhalten sind nicht einheitlich. Einmal wächst — besonders bei den Älteren — die Überzeugung, daß eine Fortsetzung des Kampfes aussichtslos ist. Zum andern gibt es viele, die sich zwar am Kampf gegen die Kapp-Putschisten beteiligt haben, die aber wie SPD und christliche Gewerkschaften den Kampf gegen die parlamentarische Regierung aus grundsätzlichen Erwägungen ablehnen. Hierauf hinzuweisen ist wichtig: die Standardthese der KPD- und SED-Literatur, die an sich vorhandene Einheit der Arbeiterklasse werde durch die rechten SPD-Führer gespalten (vgl. oben Seite 89), ist auch deshalb abzulehnen, weil sie die Arbeiter, die sich an der SPD orientieren, als bloße Opfer erscheinen läßt und ihnen eine eigenständige Überzeugung abspricht.

Um auf diejenigen zurückzukommen, die noch immer bzw. jetzt erst recht zum Kampf entschlossen sind: besonders viele melden sich in Dortmund/Witten und in Mülheim zu den Waffen.[95] Bei den Wittenern läßt sich genauer sagen, daß es vor allem junge Metallarbeiter waren, die sich meldeten.[96] Die Arbeiter, die in Dortmund auszogen, kopierten in merkwürdiger Weise ihren Gegner, das Militär: sie hatten auf ihre roten Fahnen Totenköpfe gemalt.[97] Auf dem Transport zur Front (überwiegend mit der Straßenbahn) verwandelten sie im Laufe des 30. März das benachbarte Kamen in ein Heerlager. Zum Teil waren sie geradezu siegestrunken; „die feindliche Artillerie [ist] vollständig zusammengeschossen", behauptete einer gegenüber einem Journalisten, „in den nächsten Tagen", so ein anderer, „sind wir in Münster und damit ist das Schicksal der Regierungstruppen besiegelt". Am Abend und im Laufe der Nacht rückten sie ab in Richtung Hamm, der bayrischen Brigade Epp entgegen.[98] Wie solche Unkenntnis der militärischen Lage von den Kampfleitern, die es besser wußten, behandelt wurde: diese Frage wird gleich zu stellen sein.

*

Die fortschreitende Differenzierung innerhalb der Arbeiterschaft hatte unterschiedliche Auswirkungen. Zunächst wurde mancher durch die bei einem Teil der Arbeiter neu aufflammende Kampfbegeisterung zu unbegründeten Hoffnungen verleitet. Die pathetischen Worte Nickels bei der Kundgebung auf dem Mülheimer Rathausmarkt wurden bereits zitiert. Die Vollversammlung der Essener Arbeiter-

räte stellte sich am Abend des 30. März in einer Resolution „einmütig auf den Standpunkt, daß die Revolution mit allen zu Gebote stehenden Mitteln weiterzuführen ist. Kleinliche Bedenken von Führern sind zurückzustellen"[99] (der schon bekannte hilflose Affekt gegen die Funktionäre). Der Vorsitzende des Vollzugsrats Bottrop, Rhone, rief auf einer Kundgebung am 31. März aus: „Wir verlangen nach wie vor Auflösung der Reichswehr, Errichtung einer reinen Arbeiterwehr, die von Offizieren des Republikanischen Führerbundes befehligt wird, und Absetzung aller Reichswehroffiziere, die dem Deutschen Offiziersbunde [reaktionäre Standesorganisation] angehören". Die Arbeiterschaft werde erst dann die Waffen aus der Hand legen, wenn die Reichswehr entwaffnet sei.[100] So illusionär derartige Worte waren — illusionär nicht nur wegen der Isolierung der Aufstandsbewegung gegenüber dem übrigen Deutschland, sondern auch wegen der erloschenen Kampfbereitschaft vieler Arbeiter im Ruhrgebiet selbst —, so bedenklich wurden sie, wenn sich mit ihnen eine falsche Darstellung der militärischen Lage verband. So wurde während einer Kundgebung auf dem Essener Gerlingsplatz am 31. März vormittags von mehreren Rednern behauptet, „die Lage an der Front... sei noch immer günstig",[101] und der Arbeiterrat Bochum beruhigte nach dem Abwurf von gegnerischen Flugblättern über der Stadt mit den Worten, die dort ausgesprochenen Drohungen seien „nicht ernst zu nehmen" — man sei „in der Lage, jeden Schlag der Reichswehr zu parieren".[102] In diesen beiden Fällen darf man annehmen, daß Unkenntnis der wirklichen Lage vorlag. Anders in einem dritten Fall: am 31. März dementierte die Kampfleitung Mülheim in der Presse eine Meldung vom Vortag, wonach die Rote Armee 4 Geschütze verloren habe, und behauptete: „Die Front ist an keiner Stelle nennenswert durchbrochen oder nennenswert zurückgedrängt gewesen... Die Rote Armee steht nicht nur, sie hat die Truppen Watters zurückgedrängt".[103] Diese Erklärung — die nur wider besseres Wissen gemacht worden sein kann — bedeutete nichts anderes, als daß hier die Unkenntnis der militärischen Lage bei vielen neu sich meldenden Arbeitern ausgenutzt wurde, statt ihr mit Information zu begegnen.
In anderer Richtung gingen die Auswirkungen, die der Rückstrom vieler Arbeiter von der Front hatte. In welcher Verfassung sich die ins Industriegebiet zurückkehrenden Kämpfer befanden, kann man sich leicht vorstellen: abgerissen, erschöpft, an den Aussichten des weiteren Kampfes verzweifelnd und angesichts der einmarschbereiten Reichswehr ein baldiges Ende der Aufstandsbewegung erwartend. In den größeren Städten oder ihren Heimatorten angelangt, forderten sie die rückständige Löhnung (oft im Verein mit der örtlichen Arbeiterwehr). Ihre Sprecher erschienen bei den Vollzugsräten, erregt stießen sie die Drohung aus, bei Nichtbeschaffung der Gelder könne es zu Plünderungen kommen. Die Vollzugsräte, ohnehin in diesen aufgeregten Stunden mit Aufgaben überlastet, nervös und angespannt, wandten sich meist an die Stadtverwaltungen, seltener direkt an die Banken. Nach erregtem Hin und Her wurden gezahlt: in Dortmund von der Reichsbank 750.000 Mark (ohne Scheck, nachdem drei Mitglieder des Magistrats sowie der Oberbuchhalter der Stadt die Unterschrift verweigert hatten);[104] in Iserlohn 68.000, in Witten 65.000, in Lennep 25.000 Mark, in allen drei Fällen von der Stadtverwaltung;[105] in Recklinghausen 10.000 Mark ebenfalls von der Stadtverwaltung (nachdem der Vollzugsausschuß den Stadtrentmeister und vier

weitere städtische Beamte verhaftet hatte),[106] außerdem von der Dresdner Bank und der Essener Creditanstalt je 20.000 Mark an eine Abordnung der Kampfleitung Marl, die einen Bürgschaftsschein der Gemeinde Marl über 96.000 Mark, unterzeichnet vom Amtmann und dem stellvertretenden Gemeindevorsteher, vorlegte.[107] In Witten beschlagnahmte der Vollzugsausschuß weitere 320.000 Mark bei dem Versuch der Reichsbank, das Geld in eine Nachbargemeinde zu schaffen; davon verbrauchte er 123.480 Mark zu Löhnungszwecken, den Rest überwies er der Reichsbank zurück.[108] Unklar ist, woher der Vollzugsrat Essen am 30. März 70.000 Mark beschaffte, nachdem er in der Nacht zuvor von bewaffneten Arbeitern festgesetzt worden war.[109] Ein am selben Tag unternommener Versuch des Vollzugsrats, bei der Reichsbank 200.000 Mark zu erhalten, scheiterte.[110] In Bottrop kamen auf Initiative eines Kaufmanns 16.000 Mark durch freiwillige Spenden zusammen,[111] während der Vollzugsrat Derne bei der Amtsverwaltung die Auszahlung von 9.000 und auf der Zeche „Preußen II" von weiteren 8.000 Mark erzwang.[112] Das, was die Rotgardisten mit diesen Geldern erhielten, war weit weniger, als was sie zu beanspruchen hatten; in Recklinghausen z.B. erhielt jeder der 200 heimgekehrten Rotgardisten, nachdem die Stadtkasse 10.000 Mark gezahlt hatte, nur 50 Mark, während sie Anspruch auf das Zehnfache hatten.[113] Das war ein Betrag, der gerade für das Nötigste ausreichte, oft vermutlich nicht einmal dies. Noch schlechter erging es den Rotgardisten dort, wo die Vollzugsräte sich vertrösten ließen, so z.B. in Wattenscheid, wo der Bürgermeister ohne Zustimmung des Stadtparlaments nicht zahlen wollte und eine Sitzung für den 2. April einberief.[114] —Am 31. März forderte der Zentralrat den Bergbau-Verein auf, alle Zechen anzuweisen, Belegschaftsmitgliedern, die jetzt unter Waffen ständen, weiterhin Lohn zu zahlen; andernfalls müßten die Vollzugsräte „Zwangsmaßnahmen" gegen die nichtzahlenden Zechen ergreifen.[115]
Die Einsicht in die verzweifelte Lage der Aufstandsbewegung, die die heimkehrenden Rotgardisten besaßen, konnte aber auch eine ganz andere, weit gefährlichere Dynamik entfalten: dann nämlich, wenn die Rotgardisten dem angeblich „schlappen" Verhalten der Vollzugsräte die Schuld an dieser Lage gaben.[116] So war in Remscheid ein Rotgardistenführer namens Schüller empört darüber, daß die Kriminalbeamten mit Zustimmung des Vollzugsausschusses weiterhin ihren Dienst versahen, und vertrieb sie mit seinen Leuten aus ihren Diensträumen im Rathaus.[117] In Lünen erschienen am 31. März etwa 100 Rotgardisten aus Mengede und erklärten den Vollzugsrat, der in Ausführung des Bielefelder Abkommens die Waffenabgabe in die Wege geleitet hatte, für abgesetzt; sie nahmen die Waffen an sich, beschlagnahmten in verschiedenen Läden einiges und verschwanden wieder.[118] Am nächsten Tag wiederholten die Mengeder die Aktion in Castrop,* wobei sie von Bergarbeitern der Castroper Zechen unterstützt wurden.[119] Solche politisch motivierten Aggressionen und Ansprüche materieller Art kamen in Düsseldorf zusammen, und so ergab sich hier die härteste Konfrontation.
Der Düsseldorfer Vollzugsrat war der politisch gemäßigste im westlichen Ruhrgebiet (der jüngste Fall: er schloß sich der Generalstreikparole des Zentralrats

---

* Sie legten dabei folgende Bescheinigung des Mengeder Ortskommandanten der Roten Armee namens Floh vor: „Manschaften haben daß Recht wenn keine Leute aufzutreiben (gemeint: Leute, die zur Front gehen) die Waffen zu beschlagnahmen".

nicht an). Von daher erklärten sich Gerüchte, die an der Front vor Wesel erzählt wurden: Düsseldorf verrate die Arbeiter an der Front, es sei die einzige Stadt im Revier, die weder Geld noch Naturalien schicke usw. So unzutreffend diese Gerüchte waren, so enthüllten sie doch, wie sehr es an politischer Information und Diskussion sowohl an der Front als auch zwischen Front und Hinterland mangelte. In der Nacht zum 30. März nun erschienen etwa 250 Rotgardisten aus Richtung Duisburg, darunter etwa 200 Düsseldorfer, angeführt u.a. von dem Düsseldorfer Linkskommunisten Ficks, der seinen Posten als Stadtkommandant von Dinslaken verlassen hatte, um die Verhältnisse in Düsseldorf zu ändern; sie besetzten das Ständehaus, das Rathaus und ein Polizeigebäude, verhafteten drei Mitglieder des Vollzugsrats und den Leiter der Arbeiterwehr und erklärten den Vollzugsrat für abgesetzt. Die angeblich mangelhafte Fürsorge des Vollzugsrats für die Front suchten sie nachträglich dadurch auszugleichen, daß sie Requisitionsscheine für Kleider, Schuhe usw. ausstellten. Nachdem sie am nächsten Morgen Rathaus und Polizeigebäude wieder freigegeben hatten, kam es im Laufe des Vormittags beim Ständehaus zu Verhandlungen, in denen die Rotgardisten zunächst über die Unhaltbarkeit der an der Front verbreiteten Gerüchte aufgeklärt wurden; schließlich wurde Räumung des Ständehauses, Freilassung der Verhafteten und Wiedereinsetzung des Vollzugsrats einerseits, baldige Neuwahl des Vollzugsrats andererseits vereinbart. Die Rotgardisten rückten zur Kaserne in der Tannenstraße ab, wo sie später teils freiwillig, teils von der Arbeiterwehr gezwungen ihre Waffen abgaben. Der Vollzugsrat zahlte ihnen die Löhnungsgelder aus und nahm die Düsseldorfer in Erwerbslosenfürsorge, die von auswärts stammenden schob er ab. So glatt demnach die materiellen Fragen gelöst wurden, so hilflos stand der Vollzugsrat vor der politischen Seite des Konflikts: in einer nächtlichen Überraschungsaktion ließ er Ficks und weitere Anführer verhaften, zahlte also die von diesen vorgenommenen Verhaftungen einfach in gleicher Münze heim.[120]

Nicht lange danach erschien eine weitere Rotgardisten-Abteilung, die wiederum das Ständehaus besetzen wollte; die inzwischen mobilisierte Düsseldorfer Arbeiterwehr konnte das Vorhaben jedoch vereiteln.[121] Das macht auf einen wichtigen Aspekt aufmerksam: auf die Frage, ob die bewaffnete Macht, auf die sich die Vollzugsräte stützten, zuverlässig war. Wenn etwa die örtliche Arbeiterwehr mit den heimkehrenden Rotgardisten gemeinsame Sache machte oder aus sonstigen Gründen sich verselbständigte, war die Herrschaft des Vollzugsrats unmittelbar infrage gestellt. Der letztere Fall — Verselbständigung der Arbeiterwehr — war in Essen gegeben, wo nicht wenige Leute Eingang in die Wehr gefunden hatten, die vor allem auf ihren persönlichen Vorteil bedacht waren. Der Berichterstatter der „Frankfurter Zeitung" schrieb: „Trotz des Verbotes der Lebensmittelrequisitionen durch den Vollzugsrat erscheinen noch immer in den privaten Haushaltungen Trupps von Bewaffneten, mit vorgehaltener Pistole, die die Abgabe von Vorräten erzwingen. In den Geschäften werden Schuhe, Kleider, Mäntel, Decken, Zigarren und Zigaretten kurzerhand ‚beschlagnahmt'. Hotels und Restaurants bekommen die Auflage, für so und soviel Mann das Essen bereitzustellen".[122] Die Erbitterung der Bevölkerung über diese Verhältnisse war groß, und der Vollzugsrat machte die größten Anstrengungen, organisierte Arbeiter für die Sicherheitswehr zu gewinnen.[123]

Von daher wird nun deutlich, welcher Sonderfall Duisburg innerhalb der Aufstandsbewegung war: hier verhielt sich die Stadtwehr ähnlich, aber das linkskommunistische Exekutivkomitee stellte sich nicht nur hinter sie, sondern organisierte selbst Beschlagnahmungen größten Stils, gleichgültig welche Zustände dadurch hervorgerufen wurden; in gewisser Weise kann man sogar sagen, das Exekutivkomitee habe durch sein Versprechen extrem hoher Lohnsätze bestimmte Elemente angezogen. Beschlagnahmt wurde praktisch überall: in den Geschäften, in den staatlichen Lebensmitteldepots, auf der Bahn und im Hafen (gleichgültig, ob die Waren für andere Städte des Ruhrgebiets bestimmt waren), und zwar vor allem Lebensmittel, Rauchwaren, Textilien und Schuhe. Besondere Aufmerksamkeit erregte, daß auch Delikatessen, Pralinen usw. beschlagnahmt wurden (die protzigen Spezialitäten- und Delikatessenläden in der Duisburger City forderten allerdings dazu geradezu heraus), vor allem aber große Mengen von Alkohol, trotz des offiziell bestehenden Alkoholverbots.[124] Am 30. März erließ die „Beschlagnahme-Kommission" des Exekutivkomitees folgende Bekanntmachung:

„Es haben alle Geschäfte, mit Ausnahme der Konsumvereine und Lebensmittel-Detailgeschäfte, ihre Bestände bis heute 15 Uhr an die Beschlagnahme-Kommission . . . anzumelden.

Wer versucht, etwas zu verschweigen oder unrichtige Listen einreicht, wird bestraft.

Es haben keinerlei Verkäufe stattzufinden, außer der Ware, welche von der Beschlagnahme-Kommission freigegeben ist."[125]

Das war der vergebliche Versuch, System in eine chaotische Praxis zu bringen. Chaotisch waren nicht nur die Beschlagnahmungen, chaotisch war auch, was anschließend geschah. Die meisten Waren waren offiziell für die Rote Armee an der Front bestimmt, aber die Gerüchte wollten nicht verstummen, daß vieles auf dem Wege dorthin verschwinde und verschoben werde.[126] Einen kleineren Teil der Waren (Kartoffeln, Mehl, Erbsen und Eier) verkaufte man zu niedrigen Preisen an die produktiv tätige Bevölkerung.[127] Ein großer Teil aber (Alkohol, Delikatessen, aber auch Butter) blieb überhaupt in den Wachstuben der Stadtwehr liegen, soweit er nicht dort konsumiert wurde.[128]

Diese unüberlegten Eingriffe in die Warenzirkulation hatten für die Bevölkerung, auch und gerade für die Arbeiter, in kürzester Zeit katastrophale Folgen. Die Rathäuser, so berichtete ein Journalist, sind „voll von jammernden Frauen und ungeduldig wartenden Männern, denn die so verheißungsvoll eingerichteten Lebensmittel-, Verkehrs-, Finanz- und Personalabteilungen des Vollzugsrats versagen vollständig".[129] Die Verhältnisse wuchsen augenscheinlich dem Exekutivkomitee selbst über den Kopf.

So war es unvermeidlich, daß das Exkutivkomitee auch ein erheblichen Teil der Duisburger Arbeiterschaft gegen sich aufbrachte.[130] Und dies wiederum ermutigte andere zum Widerstand: die SPD und die USP einerseits, die Beamten andererseits.

Das örtliche SPD-Blatt weigerte sich seit der Machtergreifung des Exekutivkomitees, sich dessen Vorzensur zu unterwerfen, obwohl ihm zweimal eine Ausgabe vorübergehend beschlagnahmt und schließlich ein unbefristetes Verbot angedroht wurde.¹³¹ In diesem Verhalten konnte die Redaktion durch den Inhalt der bürgerlichen Lokalzeitungen, gegen die das Exekutivkomitee unnachgiebiger vorging, nur bestärkt werden: die Zensoren strichen einfach alles, was irgendwie dem offiziellen Optimismus über die Erfolgsaussichten und über den inneren Zustand der Aufstandsbewegung widersprach (z.B. die Annahme des Regierungsultimatums durch den Zentralrat), so daß jede auch nur halbwegs normale Berichterstattung unmöglich wurde.¹³² Am 29. März erschien das SPD-Blatt — wiederum unzensiert — mit einem Leitartikel „Die Gewaltherrschaft in Duisburg", in dem es über das Exekutivkomitee unter Führung von Wild und Koch u.a. hieß:

*„Nicht Führer sollten sich diese Menschen nennen, sondern als Verführer werden [sie] ... gebrandmarkt werden, wenn in diesen Tagen ein durch sie verschuldeter und bis aufs äußerste verseuchter Apparat zusammenbricht. Zwischen jenen Menschen und allen bewußten, klaren Bannerträgern des Sozialismus liegt ein Unterschied wie Tag und Nacht ... Trotz aller Mahnungen zur Vernunft ... verachten jene vorübergehenden Diktatoren die Verhältnisse der Gegenwart ... und übergehen ... die mit Mehrheit gefaßten Beschlüsse des Duisburger Vollzugsrats [der durch das Exekutivkomitee abgesetzt worden war]. Dieses können sie um so mehr, weil eine bewaffnete Horde hinter ihnen steht, die ... für 40 Mark Tagegelder rücksichtslos vorgeht ... Die Macht der Maschinengewehre und Kanonen ... vermag es hier in Duisburg, jedes vernunftgemäße Handeln zu verhindern und Gewalt dem Organismus entgegenzusetzen. Es ist kein Kunststück, von einer bewaffneten Horde ... gedeckt, kategorische Befehle herauszugeben, Banken zu plündern, unbeliebte, wahrheitsgetreue Personen in Schutzhaft zu nehmen..."*¹³³

Das war in der Aussage weitgehend identisch mit dem SPD-Flugblatt in Mülheim (Seite 179 f.), und wie der Vollzugsrat Mülheim reagierte das Exekutivkomitee mit sofortiger Beschlagnahmung. Aber anders als in Mülheim war das Verhalten des Publikums: die Nachfrage nach der Zeitung war ungeheuer, und die schon verkauften Exemplare gelangten, immer wieder weitergegeben und weiterverkauft (teilweise zu Preisen von 5 Mark und mehr), bis in den letzten Winkel.¹³⁴

Das Exekutivkomitee verhängte gegen die SPD-Zeitung ein unbefristetes Verbot und ließ Redaktion und Druckerei besetzen, ohne allerdings noch einen Redakteur verhaften zu können.¹³⁵ Nun stellten auch die bürgerlichen Zeitungen ihr Erscheinen ein; am nächsten Morgen erschienen die letzten Nummern. Die rechtsbürgerliche „Rhein- und Ruhrzeitung" versetzte dem Exekutivkomitee noch einen Hieb, indem sie an der Spitze der letzten Ausgabe mitteilte: „da unser technisches Personal den Satz der Bekanntmachungen [des Exekutivkomitees] verweigert", müsse deren Veröffentlichung unterbleiben,¹³⁶ und das Zentrumsblatt drückte kaum verhüllt die Hoffnung auf ein baldiges Ende der Aufstandsbewegung aus: „Die neuesten Ereignisse", so erklärte — ebenfalls an der Spitze der letzten Ausgabe — die Redaktion, „haben eine so unsichere Lage geschaffen, daß die in Duisburg erscheinenden Zeitungen genötigt sind, die Herausgabe von morgen ab auf hoffentlich nur ganz kurze Zeit einzustellen".¹³⁷

Die SPD-Funktionäre entkamen ins belgisch besetzte Ruhrort, wo sich bereits Oberbürgermeister Jarres und die Führer der bürgerlichen Parteien befanden. Von hier aus organisierten sie ihre weitere Propaganda (Flugblätter wurden mit Mo-

torbooten in die am Rhein liegenden Betriebe gebracht), von hier aus hielten sie die Verbindung mit Severings Amtsstelle und der „Reichszentrale für Heimatdienst" in Münster aufrecht,[138] und von hier aus ging am 31. März folgendes Telegramm an die Reichsregierung in Berlin ab:
„*Die Lage in Duisburg hat sich so zugespitzt, daß die Ordnung nur durch unverzügliches Eingreifen der Reichswehr wiederhergestellt werden kann. Rückflutende bewaffnete Massen haben die Ausgänge der Stadt besetzt und zwingen mit Gewalt die Werke zum Stillstand. In der Stadt selbst herrscht nach wie vor Willkür einiger linkskommunistischer Elemente. Die Hoffnung, in der Stadt beim Zusammenbruche der roten Front mit Polizei und Ortswehr Ordnung selbst wiederherzustellen, muß aufgegeben werden.
Oberbürgermeister, Zentrumspartei, Sozialdemokratische Partei, Deutsche Demokratische Partei der Stadt Duisburg.*"[139]
Was sich in dem Mülheimer SPD-Flugblatt als Möglichkeit angedeutet hatte, hier wurde es Wirklichkeit: die SPD rief nach dem Einmarsch der Reichswehr.
Das Exekutivkomitee seinerseits hatte — entsprechend seinem politischen Ansatz — nur das Mittel der Einschüchterung: es stellte Haftbefehle gegen die „Bonzen" (die SPD- und USP-Funktionäre) aus, die jedoch nicht vollstreckt werden konnten.[140] Immerhin wurden zwei sozialdemokratische Mitglieder des Vollzugsrats Walsum auf der Fahrt durch Duisburg festgenommen und mehrere Tage lang gefangengehalten.[141] Nur einmal kam es zu Ansätzen einer Auseinandersetzung: in einer Versammlung auf dem Königsplatz am 31. März, nach Beginn des Generalstreiks.[142] Hier berichtete ein Arbeiter, die Belegschaften hätten zum großen Teil nur unter der Drohung mit Waffengewalt die Arbeit niedergelegt (in diesem Punkt sagte das zitierte Telegramm aus Ruhrort also durchaus die Wahrheit), ein anderer Arbeiter rief aus, „das Herz müsse einem im Leibe bluten, wenn man sähe, was unter der Herrschaft der Roten Armee in Duisburg geschehe", und harte Worte fielen gegen die „Phrasenhelden" vom Exekutivkomitee. Koch stellte sich immerhin der Menge und versuchte in einer demagogischen Rede, das Exekutivkomitee zu verteidigen; die planlosen Beschlagnahmungen stellte er als harmlos hin, und rundweg bestritt er die Existenz von Haftbefehlen. Aber er vermochte nicht zu überzeugen: als ein Arbeiter (Mitglied der USP) die soeben vom Exekutivkomitee festgesetzte Polizeistunde angriff (ab 20 Uhr Schließung der Lokale, ab 21 Uhr Ausgehverbot), als er Presse-, Rede- und Versammlungsfreiheit verlangte und schließlich eine Resolution einbrachte, die den sofortigen Rücktritt von Koch und Wild forderte, wurde das von der Versammlung angenommen. Und nun geschah etwas, was die katastrophalen Verhältnisse in Duisburg grell beleuchtete: Bewaffnete nahmen den Redner fest, und unter empörten Rufen der Menge „Ist das eure Freiheit?" führten sie ihn ab.[143]
SPD und USP antworteten am nächsten Tag mit einem Flugblatt, das von „Brutalität und Willkürherrschaft einer zusammengelaufenen Verbrecher- und Zuhälterbande" sprach; die arbeitswillige Arbeiterschaft sei „mit niederträchtiger Waffengewalt von der Arbeit abgehalten" worden, „was nach dem SchlagwörterLexikon Wild-Koch mit 'Generalstreik' bezeichnet" werde. Am Schluß des Flugblatts standen ominöse Sätze: „*Die Schuld für einen eventuellen Einmarsch der Truppen fällt somit nur auf jenes Verbrechergesindel zurück . . . Sollte der Ein-*

marsch, trotz aller Versuche auf friedlichem Wege wieder zu geordneten Verhältnissen zu kommen, dennoch erfolgen, so erhoffen wir von der gesamten Bürger- und Arbeiterschaft, daß sie ihrer Beschäftigung beruhigt nachgehen werden. Es ist Vorsorge getroffen, daß bei allen militärischen Maßnahmen die Vertreter der Arbeiterschaft mitbestimmend herangezogen werden".[144]

Widerstand kam aber nicht nur von seiten der SPD und der USP. Am Morgen des 29. März traten die städtischen Beamten in den schon angedrohten Streik, am Nachmittag folgten die Lehrer und Staatsbeamten diesem Beispiel; Post, Telefon und Eisenbahn wurden stillgelegt, und als am 30. auch die Zeitungen ihr Erscheinen einstellten, war die Stadt, wie ein Düsseldorfer Blatt schrieb, wie eine einsame, von jedem Verkehr abgeschnittene Insel.[145] Die Beamten besaßen zwar kein Streikrecht, aber für einen gegen links gerichteten Sabotagestreik hatten sie natürlich von seiten ihrer Vorgesetzten nichts zu befürchten. Nur dies hielten sie für nötig zu betonen, daß der Streik keine „politischen Gründe irgendwelcher Art" habe. Er richte sich vielmehr, so verlautete, gegen die „bei fast allen Behörden vorgekommenen widerrechtlichen Eingriffe in den Betrieb und in die Verwaltung" und gegen die „in großer Zahl erfolgten Entlassungen und Maßregelungen einzelner Beamten".[146] In einem Aufruf an die Bevölkerung versicherten die Beamten: „Zur Beunruhigung liegt keine Veranlassung vor, weil wir die Verabfolgung der rationierten Lebensmittel, solange wir nicht gewaltsam daran gehindert sind, als Notstandsarbeit durchsetzen werden".[147]

Das Exekutivkomitee hatte den Beamtenstreik durch sein rigoroses Vorgehen gegen Oberbürgermeister Jarres und seine engeren Mitarbeiter bewußt in Kauf genommen (s. oben S. 118, 125). Ob es dabei eine Ahnung von den zu erwartenden Verwaltungsaufgaben gehabt hatte, ist fraglich; jedenfalls wurde es mit ihnen in keiner Weise fertig, und der Beamtenstreik vergrößerte das Chaos in Verwaltung, Versorgung und Zirkulation. Hilflos war auch die einzige Antwort, die das Exekutivkomitee auf die Kampfmaßnahme der Beamten gab: als beschlagnahmte Lebensmittel im Hafen an die Bevölkerung verkauft wurden (s. oben), wurden die streikenden Beamten aus dem Kreis der Käufer ausdrücklich ausgeschlossen.[148]

Für die Vollzugsräte des gesamten Aufstandsgebiets wurden die hier sich entwickelnden Verhältnisse immer unangenehmer. Das zeigen die zahlreichen Streichungen von Nachrichten über Duisburg, die die Zensoren in den bürgerlichen Lokalzeitungen vornahmen.[149] Im Zentralrat Essen, aber vermutlich auch an anderen Stellen wuchs die Überzeugung, daß das Militär durch die Duisburger Verhältnisse ein zugkräftiges Argument für den Einmarsch erhalte.[150]

*

Es war ein Alarmzeichen ersten Ranges für die Aufstandsbewegung, daß der Sabotagestreik der Beamten in Duisburg keine Einzelerscheinung blieb. Am Morgen des 30. März legten in Recklinghausen die städtischen Beamten die Arbeit nieder; zur Begründung gaben sie am folgenden Tage eine ähnliche Erklärung ab wie ihre Duisburger Kollegen.[151] Ein weit härterer Schlag war ein Sabotagestreik in Dortmund, nicht nur wegen der größeren Bedeutung der Stadt, sondern vor allem weil der Streik alle Beamtenkategorien erfaßte.

Offenkundig handelte es sich hier um ein vorbereitetes Unternehmen. Schon am 25. März hatte der Bezirksausschuß Dortmund der Postbeamten an die Reichsregierung telegrafiert: „Die großen Gewerkschaften beabsichtigen, unter Umständen gegen die in hiesiger Gegend bestehende Rätediktatur vorzugehen, und werden zu diesem Zweck nötigenfalls Generalstreik proklamieren. Die Beamtenschaft ist aufgefordert, sich dieser Bewegung anzuschließen. Im Interesse der Einheitlichkeit des Vorgehens ist Anweisung der Regierung erforderlich. Wir bitten, selbige herbeizuführen".[152] Bei den nicht näher gekennzeichneten „großen Gewerkschaften" handelte es sich um die christlichen und die wirtschaftsfriedlichen ("gelben") Gewerkschaften, dieselben, die den Generalstreik gegen den Kapp-Putsch zu verhindern versucht hatten (für die Eisenbahn siehe I, S. 110 f.). Die Regierung hatte die in dem Telegramm ausgesprochene Bitte nicht erfüllt, weil das den Bruch aller beamtenrechtlichen Prinzipien bedeutet hätte, aber die Vorbereitungen zum Streik, die in größter Heimlichkeit betrieben wurden, waren trotzdem gut vorangekommen. Dabei fühlten sich die Initiatoren sicherlich durch den harten Widerstand ermutigt, den die SPD-Bezirksleitung der Aufstandsbewegung entgegensetzte. Der psychologisch günstige Moment für die Auslösung des Streiks kam, als die Arbeiter deutlich gespalten auf die Generalstreikparole des Zentralrats und der Vollzugsräte zum Kampf gegen Watters Zusatzbestimmungen reagierten. Am Vormittag des 30. März schlossen die Postämter, um 14 Uhr legten die Eisenbahnbeamten die Arbeit nieder, um 15 Uhr folgten die städtischen Beamten, und am Abend beschloß der Beamtenausschuß die Ausdehnung des Streiks auf die Reichs- und Staatsbehörden. Bei Post und Stadtverwaltung wurden die untersten Angestelltenkategorien, die gegen den Streik waren (Postaushilfskräfte und nichtständige Angestellte der Stadt), bei der Schließung der Ämter vor eine vollendete Tatsache gestellt.[153] Für das Publikum kam vor allem der Eisenbahnerstreik vollkommen überraschend; Fahrschüler, Angestellte und Reisende sammelten sich auf dem Bahnhofsvorplatz.[154] Das Ausbleiben aller auswärtigen Zeitungen und die Unterbindung des Telefon- und Telegrammverkehrs bedeutete die Abschnürung von allen zuverlässigen Informationen über die Verhältnisse außerhalb der Stadt.[155] Als Grund für den Streik wurde dasselbe angegeben wie in Duisburg und Recklinghausen (Eingriffe in die Verwaltung usw.); darüber hinaus aber bezeichneten die Beamtengewerkschaften als Ziel die Herbeiführung „geordneter verfassungsmäßiger Zustände", und angesichts dessen hatten es die beteiligten Arbeitergewerkschaften sehr schwer, den nicht-politischen Charakter des Streiks zu behaupten.[156] Wer die bestehende „Rätediktatur" letztlich beseitigen sollte, ließ sich ein Streikführer in einer erregten Auseinandersetzung entschlüpfen: die Reichswehr.[157] Einem Aufruf der Beamten an die Bürgerschaft, sich dem Streik anzuschließen, leisteten am 1. April die Ärzte Folge; nur dringende Fälle wollten sie noch behandeln.[158]

Der Vollzugsrat forderte in einer Bekanntmachung die Eisenbahner zur sofortigen Wiederaufnahme der Arbeit auf; andernfalls werde er „mit den schärfsten Mitteln" gegen den Streik vorgehen, da dieser eine „gegen die ganze Bevölkerung" gerichtete „Sabotage" sei. Der sozialdemokratisch orientierte Deutsche Eisenbahner-Verband erklärte dazu, er stehe dem Streik fern und fordere seine Mitglieder zur Arbeitsaufnahme auf.[159] Auch weite Teile der Öffentlichkeit verurteilten den

Streik; besonders empört war man darüber, daß bei der Eisenbahn nur Kohlenzüge zur Versorgung des Wasser-, Elektrizitäts- und Gaswerks als Notstandsarbeit anerkannt wurden.* Unter dem Druck der öffentlichen Meinung mußte die Streikleitung dies am zweiten Streiktag dahin korrigieren, daß auch Lebensmitteltransporte zugelassen wurden.[160] Bei der Stadtverwaltung erzwang die Arbeiterwehr in Zusammenarbeit mit Vertretern der Kriegsbeschädigten, daß die Beamten des Fürsorgeamts für Kriegsbeschädigte ihren Dienst wieder aufnahmen.[161] Streikende Ärzte, die die Behandlung verwundeter Rotgardisten verweigerten, wurden vom Vollzugsrat mit Verhaftung bedroht und fanden sich daraufhin zur Ausübung ihrer Berufspflichten bereit.[162] Für den 1. April ließ die Streikleitung die Arbeitsaufnahme in der Reichsbank zu, damit die Betriebe löhnen konnten.[163] Eine weitere Reduzierung oder gar die Beendigung des Streiks konnten die Arbeiter jedoch nicht erreichen, obwohl verschiedene Vertreter des Vollzugsrats die vorgekommenen Eingriffe in Eisenbahnbetrieb und Verwaltung bedauerten und Abhilfe versprachen; bei allen Verhandlungen und Auseinandersetzungen wurde deutlich, daß es den Streikführern der Beamten nicht um Einzelheiten ging, sondern um die Beseitigung der „Rätediktatur" insgesamt.[164]

Da ab dem 30. März auch die Eisenbahnbeamten in Essen die Annahme von Zügen verweigerten,[165] waren drei zentrale Bahnhöfe des Ruhrgebiets (Duisburg, Essen, Dortmund) stillgelegt, mit der Folge, daß der Personenverkehr zu einem erheblichen Teil zum Erliegen kam (die Revierstädte seien jetzt „wie Oasen in der Wüste", schrieb eine Mülheimer Zeitung).[166] Die Straßenbahnen konnten nur kümmerlichen Ersatz bieten, zumal aktivistische Arbeiter zu Beginn ihres Generalstreiks in völliger Verkennung der Erfordernisse eine Reihe von Linien gewaltsam stilllegten.[167] Bedenkt man, daß die Reichswehr keine Züge in oder aus Richtung Ruhrgebiet mehr passieren ließ, so kann man ermessen, was der Eisenbahnerstreik zusätzlich anrichtete. Aus Dortmund ergoß sich eine Flut von Menschen nach Unna, teils mit der Straßenbahn, teils zu Fuß — Einzelpersonen, aber auch ganze Familien, mit Koffern, Reisekörben, Kisten, Säcken, Paketen —, die vor den erwarteten Straßenkämpfen in ruhigere Gegenden fliehen wollten. In Unna erfuhren sie zu ihrer großen Enttäuschung, daß jeder Zugverkehr nach Hamm und Soest gesperrt sei (in beiden Städten stand bereits die Reichswehr). Bis zum 1. April sammelte sich auf dem Unnaer Bahnhof eine ungeheure Masse von Flüchtlingen, die auf die Wiederaufnahme das Zugverkehrs warteten; schließlich konnten sie durch Einsatz eines Sonderzuges über Fröndenberg nach Arnsberg weiterbefördert werden (bis in diese Richtung reichte der Einschließungsring der Reichswehr nicht).[168] Lastwagen, die von Unna Rotgardisten zur Front transportierten, nahmen auf der Rückfahrt Milchkannen mit, die wegen Sperrung der Eisenbahn durch die Reichswehr stehengeblieben waren.[169] In Düsseldorf war am 31. März keine Milch mehr zu haben.[170] In Wanne sammelte sich seit dem 30. März eine große Menge auf dem Bahnhofsvorplatz; da hier auch die Straßenbahn nicht mehr verkehrte, blieb nur der Versuch, zu Fuß weiterzukommen — für diejenigen, die nicht viel Gepäck

---

* Bei den Behörden wurden als Notstandsarbeiten zugelassen: 1. Stadtverwaltung: Krankenanstalten, Feuerwehr, Gas, Elektrizität, Wasser; Lebensmittelkartenausgabe nur von 9 bis 11 Uhr; 2. Post: Auszahlung der Renten- und Invalidengelder und der Gehälter, Bewachung der Wertsachen; 3. Justiz: die gesamte Gefängnisverwaltung.

hatten. Die übrigen, meist arme Leute, die mit Säcken usw. vom Hamstern kamen, blieben liegen.[171] In Wattenscheid wurden am 31. März zwei Sonderzüge ausdrücklich zu dem Zweck abgelassen, die Hamsterer aufzusammeln, die irgendwo liegengeblieben waren.[172]

Das alles wirkt wie ein ironischer Kommentar zum Generalstreikaufruf des Zentralrats: „Wir können das Herz Deutschlands zum Stillstand bringen!" Nicht die revolutionären Arbeiter, sondern deren erbitterte Gegner waren es, die das besorgten. Freilich hatten die Aufständischen keine Wahl gehabt: nach Watters Zusatzbestimmungen hatte nur noch der Einsatz des schärfsten Mittels einige Chancen dafür geboten, daß sich die Regierung zum Einlenken bewegen ließ.

Zugleich erblickt man jetzt die Vollzugsräte in einer ganz neuen Position: sie versuchen ausgleichend zu wirken, und zwar gegenüber den aktivistischen Arbeitergruppen einerseits, gegenüber den Sabotage übenden Kräften andererseits (eine Ausnahme ist das Exekutivkomitee von Duisburg). Oder anders gesagt: die Vollzugsräte verteidigen die Ordnungsstruktur, die nach den siegreichen Straßenschlachten aufgebaut worden ist. Für einen wesentlichen Aspekt dieser Ordnungsstruktur, den der Verwaltung, wurde dies in Lünen direkt ausgesprochen. Nach der geschilderten Aktion von Rotgardisten aus Mengede (Beschlagnahmung von Waffen, Requisitionen) erklärte sich der Lüner Vollzugsrat für aufgelöst. Die Ortsvorsitzenden der KPD und der USP teilten dies im Lokalblatt mit, erklärten aber gleichzeitig: „Einzelne Mitglieder des bisherigen Vollzugsrates können es jedoch nicht mit ihrem Gewissen vereinbaren, die Stadt Lünen ohne Sicherheit fremden Truppenkörpern zu überlassen und führen aus diesem Grunde im Interesse der Allgemeinheit provisorisch die Geschäfte weiter".[173] Hier wird vieles auf einmal deutlich: das Verhalten von Funktionären, ideologische Vorstellungen von Allgemeinheit und nicht zuletzt Lokalpatriotismus.

*

Obwohl die Reichsregierung bis zum Ablauf des Ultimatums eine Kampfpause vorgesehen hatte, setzte die Reichswehr am 29. und 30. März auf der ganzen Front (die nunmehr eine geschlossene Linie zu bilden begann) ihren Vormarsch fort; lediglich im Westabschnitt zwischen dem Rhein und Hünxe begnügte sie sich damit, vereinzelte Gegenangriffe der Arbeiter abzuwehren (so am 29. einen Vorstoß mit einem MG-bestückten Eisenbahnzug aus Dinslaken heraus).[174] Diese Mißachtung der Regierung sicherte General v. Watter mit folgender Verfügung notdürftig ab:

„Die Lebensmittelnot im gesamten Aufstandsgebiet und vor allem von der roten Armee hat zur Folge, daß Plünderungen und Erpressungen . . ., hauptsächlich vor unserer eigenen Linie . . . in unerhörter Weise überhandnehmen. Auch die Hamsterei, welche von den Aktionsausschüssen des Industriegebiets offiziell freigegeben ist, hat unerträgliche Formen angenommen . . .
Die Regierungsbehörden werden ersucht, Polizei und Gendarmerie anzuweisen, mit aller Kraft . . . gegen jede Hamsterei vorzugehen. Falls die örtlichen Kräfte nicht ausreichen, ist es denselben anheim gestellt, sich Hilfsmannschaften von der

am Ort oder in der Nähe liegenden Truppe zur Verstärkung zu erbitten".[175]
Der erste Schwerpunkt im Vormarsch der Reichswehr war der Raum Dorsten. Die Marinebrigade Loewenfeld verstärkte im Morgengrauen des 29. März ihren Brückenkopf Gahlen und brachte auch die Batterie Schlageter über die Lippe; bei einem Gegenangriff der Arbeiter hatte sie einen Toten.[176] Der linke Flügel der Marinebrigade, der östlich von Dorsten vorging, brauchte bis zum 30. März, um bei Lippramsdorf den Übergang über die Lippe zu erzwingen; in einem Schützengraben auf dem südlichen Ufer wurden sieben Rotgardisten niedergemacht.[177] Am 29. setzte ein Bataillon der Marinebrigade zum Angriff auf Dorsten selbst an. Zunächst eroberte es den Bahnhof Hervest-Dorsten.[178] Um 15 Uhr begann in Dorsten, nachdem das Ultimatum der Reichsregierung bekanntwurde, der Rückzug der Roten Armee, und unter dem Eindruck des unaufhaltsamen Herannahens der Reichswehr kam es teilweise zu panikartigen Zuständen. Rotgardisten versuchten, die Eisenbahn- und die Straßenbrücke über die Lippe zu sprengen, konnten sie jedoch nur beschädigen (die erstere schwer, die letztere leicht). Um 20 Uhr war die Stadt geräumt, und zwei Stunden später rückte die erste Reichswehrpatrouille ein (die eigentliche Besetzung erfolgte am Nachmittag des folgenden Tages).[179] Die Kampfleitung Marl machte verzweifelte Anstrengungen, eine neue Widerstandslinie aufzubauen.[180] Sie verfügte rigorose Beschlagnahmungen (vor allem von Fahrrädern und Lebensmitteln) und befahl die Landwirte zu einer allgemeinen Pferdemusterung, um möglichst viele Gespanne zur Verfügung zu haben.[181]
Ein zweiter Schwerpunkt des Reichswehrvormarsches war Haltern, das am frühen Morgen des 29. März von Goslarer Jägern kampflos besetzt wurde. An der Lippebrücke am Südausgang des Ortes kam es zu einem heftigen Feuergefecht mit beiderseitigem Einsatz von Artillerie, bei dem zahlreiche Rotgardisten auf der einen, drei Soldaten auf der anderen Seite getötet wurden. Anschließend zog die Truppe wieder ab, wobei sie die inzwischen verhafteten Mitglieder des Halterner Aktionsausschusses mitnahm.[182] Die rote Kampfleitung südlich der Lippe beantwortete dies damit, daß sie am nächsten Tag in einem kurzen Vorstoß nach Haltern neun Bürger als Geiseln festnehmen ließ.[183] — Olfen (ostsüdöstlich von Haltern) wurde ebenfalls zunächst nur vorübergehend von der Reichswehr besetzt.[184]
Das dritte Angriffsziel der Reichswehr war erwartungsgemäß Hamm. Hier erzwangen die letzten Rotgardisten auf dem Rückzug vor der bayrischen Schützenbrigade Epp am 29. März von der Stadtverwaltung die Auszahlung von mehreren tausend Mark.[185] Am 30. waren keine bewaffneten Arbeiter in der Stadt mehr zu sehen. Der Vollzugsrat löste sich auf, und an seiner Stelle bildete sich ein Ordnungsausschuß.[186] Die Bayern besetzten zunächst Heessen,[187] dessen Arbeiterschaft bereits freiwillig die Waffen abgegeben hatte (s. oben Seite 138), und rückten dann am Nachmittag, also nach Ablauf des Regierungsultimatums, im Ostteil von Hamm ein.[188] Doch darüber später noch genauer.
Die in und um Soest stehenden württembergischen Truppen unter General Haas erhielten erhebliche Verstärkung: am 29. und 30. März 3 Bataillone, 6 Batterien und eine Pionierkompanie aus Ostpreußen, am 30. und 31. März rund 700 Studenten aus Tübingen und Stuttgart mit zahlreichen Pferden, Maschinengewehren und je zwei Feldhaubitzen und Minenwerfern.[189] Am Vormittag des 30. beschoß

ein Reichswehrflugzeug östlich von Unna eine LKW-Kolonne mit Rotgardisten und konnte dabei drei Fahrzeuge zerstören.[190] Am Abend zog die Reichswehr kampflos in Werl ein.[191]

*

Bis zum 30. März hatte die Reichswehr also überall den Rand des Industriegebiets erreicht. In Horst hatte das bereits eine regelrechte Panik zur Folge: auf die Nachricht, Dorsten sei gefallen, kam es zu großen Ansammlungen, die von der Arbeiterwehr durch Schreckschüsse auseinandergetrieben wurden[192] — ein Vorgeschmack für die Ordnungsprobleme, die sich bald in zahlreichen anderen Orten stellen sollten. Vor allem aber wurde in Orten, die in unmittelbarer Nähe der Front lagen, die drohende Gefahr besonders scharf empfunden und dadurch die Spaltung zwischen den kampfentschlossenen Rotgardisten und den Arbeitern, die weiteren Widerstand für sinnlos hielten, vertieft. In Kamen, das infolge des Vormarsches der Bayern zur Etappenstadt wurde, sprach sich ein Teil der Arbeiterschaft am 29. März für den Abbruch des Kampfes auf dem Boden des Bielefelder Abkommens aus, während die örtliche Arbeiterwehr die Waffenabgabe in einem ausdrücklichen Beschluß ablehnte.[193] In Buer, das nach dem Fall von Dorsten in Reichweite der Reichswehr lag, kam es am 31. März in einer öffentlichen Versammlung, die der Vollzugsrat einberufen hatte, zu harten Auseinandersetzungen zwischen den Arbeiterführern. Hammer (USP) befürwortete die Annahme des Bielefelder Abkommens bei Beibehaltung der örtlichen Arbeiterwehr, die nach einem Beschluß des Vollzugsrats um 100 Mann verstärkt werden sollte; Anke (KPD) dagegen forderte die Fortsetzung des Kampfes bis zu dem Punkt, an dem man „die Garantie" habe, „daß das Proletariat voll und ganz die Herrschaft in Deutschland innehabe" (Hammer fragte zurück, wie die Arbeiter dies denn rein materialmäßig durchhalten sollten). Hinter diesen Worten steckte freilich bereits die Verzweiflung: „Uns kann nur die Anarchie retten!" rief Anke weiter aus.[194] Immerhin: eine solche öffentliche Auseinandersetzung war ein Lichtblick gegenüber der pathetischen Einstimmigkeit, die bei den Rednern der Kundgebungen in Mülheim und anderswo herrschte. In Datteln, das ebenfalls in Frontnähe gerückt war, veröffentlichten Vollzugsrat und Ortsvorstand der USP folgenden Aufruf:

„Nach Lage der Sache ist ein weiterer Kampf zwecklos ... Der Kampf muß sofort abgebrochen werden. Das können die Arbeiter umso eher und freudiger, als sie bisher auf der Höhe des Kampfes stehen und Zusicherungen erhalten haben ... Würde die Regierung nicht Wort halten, so hätten die Arbeiter die Macht, durch einen Generalstreik sich ihre Erfolge zu erzwingen ... Durch die vorhandene Leidenschaft, welche die Arbeiter beseelt, wird dieser Aufruf vielen Arbeitern nicht gefallen, aber bedenkt, daß der Zorn ein schlechter Berater des Menschen ist ... Die Dattelner Kameraden werden ersucht, sich sofort von der Front zurückzuziehen".[195]

Was die Kampfleiter an der Front betrifft, so ist schwer zu sagen, wieweit sie die Lage realistisch sahen und entsprechend nur noch hinhaltenden Widerstand für möglich hielten. Mit Sicherheit dürfte dies bei Stemmer der Fall gewesen sein, der nach der Rückkehr aus Frankfurt (Main) seinen Platz in der Kampfleitung Unna einnahm.[196] Das Gegenteil wird man bei der Kampfleitung Marl annehmen müssen. Am 29. März fand nämlich in Marl ein Verfahren gegen sechs Mitglieder der „II. Kompanie Bottrop" (fünf Mann aus Bottrop, einer aus dem Ledigenheim in Buer-Scholven) statt, die sich wegen „Flucht vor dem Feind" in der vergangenen Nacht verantworten mußten (sie konnten sich rechtfertigen).[197] Das Dienstreglement, das die Marler Kampfleiter erlassen hatten (II, Seite 78), war also durchaus ernstgemeint gewesen.

Hinter einem solchen Verfahren steckte natürlich wiederum nichts als Verzweiflung, und um sich greifende Verzweiflung war auch der psychologische Boden, auf dem Karusseit als Stadtkommandant von Dorsten seine nun zu schildernde Spitzenleistung vollbringen konnte. Am Abend des 28. März — der Einschließungsring der Marinebrigade Loewenfeld um Dorsten wurde immer enger, die Stunden der roten Herrschaft waren gezählt — verhaftete die Arbeiterwehr in Hervest-Dorsten zwei junge Männer in der Wohnung ihrer Eltern. Der eine namens Sametz war Freiwilliger bei den Loewenfeldern. Er hatte bei Ankunft seiner Kompanie in einem Dorf etwa 10 km nördlich von Hervest-Dorsten um Urlaub gebeten und war in Zivil zu seiner Mutter und seinem Stiefvater, einem Bergmann, geeilt, vermutlich den Kopf vollgestopft mit der militärischen Greuelpropaganda über die Roten; er war erkannt worden und daraufhin in den Verdacht geraten, für die Loewenfelder Spionage treiben zu wollen. Der andere namens Böttcher war früher beim Freikorps Lichtschlag gewesen, das vor einem Jahr in Hervest-Dorsten seine Blutspur durchs Ruhrgebiet zu ziehen begonnen hatte, und deshalb wie überhaupt wegen seiner politischen Einstellung in der Zechenkolonie sehr unbeliebt. Eine Äußerung von ihm auf der Straße war von zwei Arbeiterfrauen so aufgefaßt worden, daß er offenbar großes Interesse für die Vorbereitung der Sprengung der Lippebrücke durch die Arbeiter nehme. Auch er war also der Spionage verdächtigt und daraufhin zusammen mit Sametz zunächst ins Dorstener Gerichtsgefängnis eingeliefert worden. Zu später Stunde ließ Karusseit beide im Hotel Eschershaus, dem Sitz der Kampfleitung und Stadtkommandantur, vorführen. In stark angetrunkenem Zustand bildete er zusammen mit vier anderen ein Standgericht. Beide Angeklagten wurden der Spionage für schuldig befunden und — inzwischen war Mitternacht vorbei — zum Tod durch Erschießen verurteilt. Wieder fällt die typische Überradikalität des Spitzels auf, gemischt aus der Absicht zur Provokation und aus dem Versuch, den Verdacht zu zerstreuen, den er ständig auf sich ruhen fühlt. Der Bürgermeister der Stadt machte noch einen Bestechungsversuch, auf den Karusseit zunächst einging; dann warf er jedoch das Geld wieder hin mit den Worten, „es sei nichts mehr zu machen". Nach 2 Uhr führte man die Verurteilten ab. Beim Spritzenhaus wurde Sametz erschossen. Böttcher wurde im letzten Moment vor demselben Schicksal bewahrt: ein Bote kam mit dem Befehl, ihn sofort ins Hotel Eschershaus zurückzubringen. Dort hatte inzwischen irgendjemand, sei es von der Roten Armee, sei es von der örtlichen Arbeiterwehr, eine echte Untersuchung, d.h. die Vernehmung der beiden Zeuginnen für Böttchers Äußerung durchgesetzt. Bei der Beweisaufnahme erwies sich der Spionageverdacht als nicht haltbar, und Böttcher wurde freigelassen.[198]

Das nächtliche Standgericht unter dem Vorsitz von Karusseit und die Vollstreckung des Todesurteils war ein völlig einmaliger Vorgang in der Geschichte des Ruhraufstands. Gerade in dieser Einmaligkeit zeigt er mit größter Deutlichkeit, wie sehr Karusseit die Verhaltensmuster seiner militärischen Auftraggeber übernommen hatte. Mit einem einzigen bezeichnenden Unterschied: beim Militär pflegte die Exekution unmittelbar auf das Todesurteil zu folgen — hier lag zwischen beidem mehr als eine Stunde, die Zeit, die Karusseit für die Entscheidung über Annahme oder Ablehnung der Bestechungssumme benötigte. Ob Karusseit während des Aufstands noch in direktem bezahltem Auftrag der Reichswehr stand oder nicht (diese Frage spielte im späteren gegen ihn geführten Mordprozeß eine Rolle),[199] ist relativ gleichgültig; in jedem Fall arbeitete er in klassischer Weise der militärischen Propaganda in die Hand. Was diese aus dem Fall machte, ist ebenfalls sehr aufschlußreich. Zwei Tage später schilderte das Nachrichtenblatt der Marinebrigade Loewenfeld die Erschießung von Sametz so: „10 Schuß, Handgranate angebunden; Hals aufgeschnitten".[200] Wiederum einige Tage später behauptete die Truppe in einer Pressemitteilung: „Nachdem man ihm einige Schüsse in den Bauch gefeuert hatte, band man ihm eine Handgranate an den Hals, die zur Entzündung gebracht wurde, und jagte ihm dann ... noch einige Kugeln aus nächster Nähe in den Kopf".[201]

*

Im Wehrkreiskommando Münster schaute man ungeduldig auf die Uhr: am 30. März, 12 Uhr, lief das Ultimatum ab. 50 Bataillone, 18 Eskadronen und 54 Batterien, insgesamt rund 45.000 Mann standen zum Vormarsch bereit.[202] Endlich war es soweit. Man wahrte noch eine Anstandsfrist, dann teilte das Wehrkreiskommando um 13.30 Uhr der Presse mit: *„Dem Ultimatum der Regierung (ist) keine Folge geleistet worden. Die Bedingungen sind auf der gegnerischen Seite also nicht erfüllt worden. Nur in Gelsenkirchen scheint man ihnen entsprochen zu haben".*[203] Vorher war bereits das „Nachrichtenblatt des Wehrkreiskommandos" an die Truppenteile verschickt worden (für die Mannschaften in der Regel das einzige Informationsmittel, das sie erhielten), in dem es hieß:
„Das am 30. 3. 12 Uhr mittags ablaufende Ultimatum der Regierung an die Aufrührer im Industriegebiet findet im Großen und Ganzen keine Beachtung.
Gegner hat vor der Nordfront Angriffe bis 29. 3. einschließlich fortgesetzt und zieht weitere Verstärkungen heran, vor der Ostfront unterwirft sich Gegner äußerlich dem Ultimatum, hielt jedoch Bedingungen auch hier nicht ein(!).
Gefangene und Geiseln sind noch immer nicht restlos ausgeliefert, Waffenabgabe ist nicht erfolgt, Aktionsausschüsse noch in den meisten Orten in Tätigkeit, rote Armee besteht noch und verstärkt sich.
Aus dem Gebiet kommen fortgesetzt dringende Hilferufe, bestialische Grausamkeiten des Gegners, Raub von Bankdepots und Sparkasseneinlagen, Plünderungen und Brandschatzungen sind an der Tagesordnung.
Zahlreiche beim Wehrkreiskommando eingehende Zeugenberichte und protokollarische Vernehmungen über die Greueltaten der Spartakisten geben ein solch fürchterliches Bild von der tierischen Roheit und Gemeinheit dieser Bestien in

Menschengestalt, daß jede Rücksicht ihnen gegenüber nicht am Platze ist."
Auf diese Sätze folgten Einzelmeldungen aus verschiedenen Orten; die Mitteilung von Zeugenaussagen über die von den Spartakisten verübten Grausamkeiten wurde angekündigt.[204]
Für die Truppenführer gab Watter zweierlei heraus. Erstens erließ er Marschbefehle. Die Gruppe Haas (Ostfront) sollte auf der ganzen Linie weiter vorrücken, die Division Münster (Ostteil der Lippefront) sollte Haltern endgültig besetzen.[205] Für die Nordfront formulierte der „Operationsbefehl Nr. 4" ohne Rücksicht auf die Tatsache, daß die Genehmigung der Westmächte zum Einmarsch in die neutrale Zone noch immer nicht vorlag,* folgende Marschziele: am 1. April überschreitet die Division Münster die Lippe und schiebt einen Brückenkopf bis Datteln vor; am 2. April treten die Division Kabisch und die 3. Kavallerie-Division (Marinebrigade Loewenfeld, Freikorps Faupel usw.) zum allgemeinen Angriff an und stoßen bis zur Emscher vor (Linie Walsum-Bottrop-Baukau bei Herne), die Division Münster nimmt südlich von Recklinghausen Anschluß an diese Truppen.[206] — Zweitens übersandte Watter den Truppenstäben eine Liste von 379 „Hauptdrädelsführern" (Stand vom 1. März) und bemerkte dazu:
„Bei den kommenden Operationen ist sofort bei Besetzung eines Ortes mit den zuständigen Polizeibehörden und den Führern der die Truppe unterstützenden Verbände Verbindung aufzunehmen, zwecks Festnahme dieser Persönlichkeiten und weiterer bei der letzten Bewegung besonders hervorgetretener Führer. Falls standgerichtliche Aburteilung nicht möglich ist, sind die Betreffenden festzuhalten und muß beim Wehrkreiskommando Erlaß des Schutzhaftbefehls beantragt werden. Es ist von außerordentlicher Wichtigkeit, daß Verfolgung und Festnahme besonders schnell erfolgt, da die meisten sonst entfliehen werden . . .
Standgerichtliche Aburteilungen sind sofort telegrafisch dem Wehrkreiskommando zu melden, Erlaß eines Schutzhaftbefehls ist unter kurzer Begründung telegrafisch zu beantragen. Im übrigen wird auf die Befehle Nr. 2933 vom 22. 3. 20 [siehe I, S. 307 f.] und III/I c Nr. 2922 pers. vom 24. 3. 20 [s. oben Seite 149] verwiesen".[207]
Das war eine streng geheime Anweisung an die Truppenführer. Für die Öffentlichkeit waren zwei Flugblätter bestimmt, die über dem östlichen Ruhrgebiet und dem Wuppertal abgeworfen wurden. In dem ausführlicheren hieß es unter anderem:
„Das Wehrkreiskommando hat alle ihm durch die Bielefelder Vereinbarungen auferlegten Verpflichtungen restlos erfüllt.
Wie steht es aber mit der Vertragstreue der anderen Seite?
Es sei zugegeben, daß sich die Unabhängigen mancher Orte bemüht haben, den Vereinbarungen Anerkennung zu verschaffen. Es ist ihnen aber nur in ganz geringem Umfange gelungen.
Die Kommunisten fast aller Orte haben die Bielefelder Vereinbarungen nicht anerkannt. [hierauf folgen die im 'Nachrichtenblatt des Wehrkreiskommandos für die Truppe' aufgeführten angeblichen Vertragsbrüche der Gegenseite] . . .

---

* Watter behauptete später, die Regierung habe ihm bei Formulierung des Ultimatums auch in dieser Hinsicht freie Hand gelassen; s. oben Seite 157.

Es ist die Schreckensherrschaft einer radikalen Minderheit aufgerichtet, die unsere Bevölkerung nicht länger ertragen kann.
Die Truppe kommt, um verfassungsmäßige Zustände zu schaffen, sie kommt im Auftrage der rechtmäßigen Regierung und wird die Schreckensherrschaft brechen.
Recht und Freiheit sollen wieder die Grundlagen des öffentlichen Lebens sein.
Die Bevölkerung soll wieder Lebensmittel haben.
Jeder Staatsbürger, besonders der regierungstreue Arbeiter muß die Soldaten als Freunde unterstützen.
Es wird scharf durchgegriffen.
Die Freunde und Schützer der Verfassung und der Regierung müssen sich von den kommunistischen Verbrechern trennen.
.... Ansammlungen, auch nichtbewaffneter Massen werden nicht geduldet. Bleibt daher in Euren Betrieben oder Euren Wohnungen, wenn die Truppe kommt.
Die Führer schon gebildeter Ortswehren haben sich, sobald die Truppe naht, mit dem befehlenden Truppenführer in Verbindung zu setzen, um ihre Verwendung zu erfragen. Die Ortswehren unterstehen nach der Verordnung des Reichspräsidenten vom 13. Januar 1920 [Verhängung des einfachen Ausnahmezustands] *dem Militärbefehlshaber ihres Bezirkes ..."* [208]
Dieses Flugblatt war außer vom Wehrkreiskommando mit „Reichskommissar" unterzeichnet, obwohl sich Severing nach wie vor in Berlin befand und auch nicht telefonisch gefragt worden war; offenbar wollte man den Fehler, den man bei Watters Zusatzbestimmungen gemacht hatte, diesmal vermeiden. Das Wehrkreiskommando hatte jedoch wieder Pech: durch Anfrage der Elberfelder SPD bei Severing kam die Sache heraus, und das Elberfelder SPD-Blatt gab mit einem wütenden Kommentar die neue Eigenmächtigkeit des Militärs bekannt.[209]

*

Die Regierungstreue der Reichswehr, die in dem Flugblatt betont wurde, war reine Maske; die Militärs waren voller Mißtrauen, ob die Regierung „fest bleiben", d.h. ihnen mit Ablauf des Ultimatums freie Hand geben würde.[210] Diese Zweifel wurden von anderen geteilt. Vor allem katholische Kreise bestürmten die Regierung mit Telegrammen, so z.B. der Vorstand des christlichen Metallarbeiterverbandes in Duisburg: „Bürgerschaft und christliche Arbeiterschaft ist in größter Sorge, daß Regierung Reichswehr am Einmarsch und Ordnungschaffen hindert. Schnelles und entschlossenes Handeln ist dringend notwendig".[211] Ähnliche Telegramme sandten die christliche Bergarbeitergewerkschaft in Essen („erwartet umgehend schärfstes Eingreifen gegen spartakistischen Terror"),[212] das Sekretariat des Katholischen Arbeiter- und Volksvereins in Hamm („Die Nähe der Truppen wirkt auf die Spartakiden sehr ernüchternd ... Im Augenblick, wo (sie) merken, daß es Ernst wird, geben sie klein bei")[213] und der Kreisausschuß Lüdinghausen, in dem das Zentrum dominierte („Bittere Notschreie auch seitens der Arbeiterschaft ... Plünderungen, Zwang zu Schanzarbeiten und zum Eintritt in die Rote Armee").[214] Das Telegramm der Duisburger Parteiführer aus dem Ruhrorter „Exil" erwähnten wir schon. Aber auch aus anderen Teilen des Reiches kamen solche Telegramme. Der Verband der Metallindustriellen im Bezirk Leipzig sah

für seinen Bereich den Umsturz voraus, „wenn nicht gegenüber [den] Aufrührern besonders im Ruhrgebiet größte Festigkeit gezeigt wird".[215] Sogar der Leipziger Buchhändler-Verein meldete sich und verlangte von der Regierung die „Anwendung aller ihr zu Gebote stehenden gesetzlichen Mittel" gegen die gesetzlosen Zustände im Ruhrgebiet.[216]
Entgegengesetzte Stimmen gab es nur wenige. Der Textilfabrikant Frowein in Elberfeld (s. oben Seite 77) erklärte, das Ultimatum sei bis zum festgesetzten Termin „beim besten Willen" nicht zu erfüllen, es trage „Unruhe in die Massen", und er bitte um eine 24-stündige Verlängerung.[217] In Hamburg verlangte der „Friedensbund der Kriegsteilnehmer" vom Reichskanzler „nochmalige Aufnahme von Verhandlungen und sofortige Einstellung der Waffengewalt" gegen das Ruhrproletariat,[218] und in Berlin bat Otto Lehmann-Russbüldt vom pazifistischen „Bund Neues Vaterland" den Reichskanzler, das Ultimatum zurückzunehmen und General Watter abzuberufen; er erinnerte an die Wirkung der Ultimaten von 1914 (Österreich an Serbien, Deutschland an Rußland) und warnte „im Namen der Menschlichkeit und vor allem der Vernunft".[219]
So groß das moralische Gewicht solcher Stimmen sein mochte — aufzuhalten war die Katastrophe, wenn überhaupt, nur durch die Intervention der Arbeiterschaft. Wir müssen daher zum Abschluß dieses Kapitels einen kurzen Blick auf die verschiedenen Regionen des Reiches werfen; dabei knüpfen wir an die im 2. Band (Seite 132-175) gegebene Darstellung an.
In *Ostdeutschland* hatte die Reichswehr ihre letzte größere Aktion, den Vormarsch auf Rostock, am 27. März abbrechen können, nachdem die Arbeiter der Stadt gegen einige Zusicherungen der Regierung (Bildung einer Wehr aus langjährig organisierten Arbeitern, Übernahme von 200 Mann der Arbeiterwehr in die Sipo) eingewilligt hatten, den größten Teil ihrer Waffen abzugeben.[220] In der schlesischen Festungsstadt Glatz war das Militär vorübergehend in Schwierigkeiten geraten, als am 25. März verfassungstreue Unteroffiziere und Mannschaften im Verein mit der Arbeiterschaft der Stadt das kappistische Offizierkorps verhafteten und für abgesetzt erklärten, doch hatte General v. Lequis mit einem hinhaltenden Abkommen die Lage in seinem Sinne bereinigen können.[221] In Hirschberg hatte das Freikorps Faupel eine Demonstration blutig zerschlagen,[222] bevor es ins Ruhrgebiet abfuhr. Der Generalstreik, der am längsten in Greifswald fortgesetzt worden war, war am 27. März auch hier beendet worden;[223] in Stettin waren Streiks nur vorübergehend wieder aufgeflammt, als die Arbeitgeber die Bezahlung der Streiktage verweigerten.[224] An mehreren Orten — u.a. in Königsberg und Breslau — hatten die Truppentransporte in Richtung Ruhrgebiet die Arbeiterschaft zwar in Erregung versetzt,[225] zu entscheidenden Aktionen war es jedoch nicht gekommen . — In *Mitteldeutschland* hatte das Militär nach Abbruch des Kampfes um Halle das Abkommen vom 22. März gebrochen, wonach keinerlei Aktionen gegen die abziehenden bewaffneten Arbeiter unternommen werden durften: das Standrecht war verhängt, zahlreiche Arbeiter waren verhaftet, Gefangene mißhandelt, einige erschossen, militärische Expeditionen in die Umgebung der Stadt unternommen worden. Doch jetzt hatte sich als Glück erwiesen, daß die Arbeiter für die Eroberung der Stadt zu schwach gewesen waren — jetzt hatten sie die Kraft, mit einem neuen Generalstreik die Gefangenen bis auf wenige Ausnahmen

freizukämpfen und das Militär zum Rückzug in die Kasernen zu zwingen (im anderen Fall, nach einer Eroberung von Halle, hätten sie höchstwahrscheinlich denselben Fehler gemacht wie die Arbeiter des Ruhrgebiets: sie wären unter Waffen geblieben, hätten sich umzingeln und schließlich zusammenhauen lassen). Ein Abkommen zwischen Vertretern der Arbeiterschaft, der Regierung und des Militärs vom 26. März, das für die ganze Region Gültigkeit haben sollte, hatte dagegen denselben Charakter wie das Bielefelder Abkommen und war wie dieses letztlich für die Arbeiterschaft wertlos geblieben. Eine systematische Entwaffnung allerdings konnten Militär und Polizei nicht durchführen, so daß den Arbeitern der Region von Mansfeld und Leuna bei der bewaffneten „Märzaktion" im darauffolgenden Jahr sogleich relativ viele Waffen zur Verfügung standen.[226] In Sachsen hatte das Militär die Oberhand bis auf den westlichen Teil des Landes um Chemnitz, für den eine Art stillschweigender vorläufiger Waffenstillstand zwischen Militär und Arbeiterschaft bestand. Im Vogtland erreichte der große Robin Hood in der Geschichte der deutschen Arbeiterbewegung, Max Hoelz, den Höhepunkt seiner Machtentfaltung. Hier, in einer der ärmsten Regionen des Reiches (Spielwaren- und Textilindustrie, der Betriebsform nach viel Heimindustrie, Hungerlöhne, hohe Arbeitslosigkeit), ging er mit den klassischen Aktionsformen des Sozialrebellen vor: Erstürmung von Gefängnissen, Verbrennung von Gerichtsakten, kurzfristige Besetzung und Umredigierung von bürgerlichen Zeitungen, Erzwingung von materiellen Hilfen für die Armen bei Behörden und vor allem bei wohlhabenden Bürgern usw.; eine auf Tod und Leben verschworene Gruppe zeigte, daß Unterdrückungsverhältnisse punktuell aufzuheben oder sogar umzukehren waren.[227] In Thüringen wiederum hatte die Reichswehr Rache für ihre zahlreichen hier erlittenen Niederlagen genommen. Den Höhepunkt hatte der Terror am 25. März erreicht, lange nach Abbruch jedes bewaffneten Widerstandes der Arbeiter: in und bei Sömmerda (in der Nähe von Erfurt) war eine nicht mehr zu ermittelnde Anzahl von Personen erschossen worden, und bei Mechterstedt (zwischen Eisenach und Gotha gelegen) hatten zeitfreiwillige Studenten aus Marburg, die einem aus Hessen eingerückten Truppenverband angehörten, 15 Arbeiter auf einem Gefangenentransport getötet — unter Umständen, die auch für Weimarer Verhältnisse aufsehenerregend waren und später, als die Studenten in mehreren Instanzen vor Gericht standen, auf der einen Seite bittere, auf der anderen erschreckend selbstgerechte, ja zynische Kommentare fanden.[228] (Die Nachrichten vom weißen Terror in anderen Regionen, die — wie lückenhaft auch immer — im Ruhrgebiet eingingen, peitschten natürlich die Stimmung weiter auf.)[229] — In *Nord-, West- und Süddeutschland* (mit Ausnahme des Ruhrgebiets) waren alle bewaffneten Auseinandersetzungen längst zuende, der Generalstreik abgebrochen. Wie weit die Verhältnisse bereits wieder gediehen waren, zeigte sich in Frankfurt/Main: als Stemmer hier am 28. März in einer großen von der USP veranstalteten Kundgebung über die Kämpfe im Ruhrgebiet sprechen wollte, wurde er auf dem Bahnhof verhaftet und zum Polizeipräsidium gebracht; erst nach einiger Zeit wurde er, noch rechtzeitig für die Kundgebung, wieder freigelassen.[230]
Das Gesamtbild, das wir hier skizziert haben, änderte sich freilich, als das Ultimatum der Regierung an die Aufständischen im Ruhrgebiet bekanntwurde. In zahlreichen Orten wurden Solidaritätserklärungen für die Ruhrarbeiter beschlos-

sen, in scharf formulierten Telegrammen an die Regierung die Rücknahme des Ultimatums und der Verzicht auf den militärischen Einmarsch, zum Teil auch die Abberufung v. Watters gefordert: von der USP in Elbing (Westpreußen),[231] von den freien Gewerkschaften, SPD und USP in Schwerin,[232] vom Zentralausschuß der Aktionsausschüsse des Bezirks Frankfurt/Oder und der Niederlausitz in Senftenberg,[233] vom Vollzugsrat für Schlesien in Breslau,[234] vom Arbeiterrat des niederschlesischen Industriegebiets in Waldenburg,[235] von der Vollversammlung der Arbeiterräte in Chemnitz,[236] von der Vollversammlung der Betriebsvertrauensleute in Jena,[237] vom Vorstand des Deutschen Metallarbeiterverbandes in Stuttgart,[238] von SPD, USP und freien Gewerkschaften in Frankfurt/Main[239] und von einer öffentlichen SPD-Versammlung in Celle.[240] Allerdings, ein neuer Generalstreik wurde nur in Schwerin, Senftenberg, Chemnitz, Jena und Frankfurt/Main (jeweils von den ebengenannten Gremien und Organisationen) angedroht für den Fall, daß die Regierung dem Militär freie Hand gebe. Darüber hinaus zeigten sich zwei grundlegende Schwierigkeiten, nämlich die Langsamkeit der Nachrichtenübermittlung und die Schwierigkeit, die Arbeiter und ihre Organisationen sofort zu mobilisieren: zum großen Teil wurden die Resolutionen erst am 31. März beschlossen,[241] im Falle der Betriebsvertrauensleute von Jena sogar erst am 1. April. In Bremen scheiterte die Ausgabe der Generalstreikparole, zu der die KPD bereit war, am Widerstand der USP-Führung, die vor allem auf die Bildung einer sozialistischen Regierung in Berlin hoffte — zur Enttäuschung eines USP-Vertreters aus Gelsenkirchen, der in die Stadt gekommen war, um hier für die Unterstützung des Ruhrproletariats zu werben.[242] Am 31. März warnten die freien Gewerkschaften die Bremer Arbeiter in einem Aufruf davor, sich zu einem Teilstreik verleiten zu lassen, und versprachen den Kampf aufzunehmen, sobald die Reichswehr ins Ruhrgebiet einmarschiere.[243] In Süddeutschland propagierte die KPD in einem Flugblattaufruf einen unbefristeten Generalstreik zur Verhinderung des weißen Terrors im Ruhrgebiet, war sich aber angesichts ihrer Schwäche offenbar im klaren, daß dies eine bloße Parole und keine unmittelbare Handlungsanweisung war: die Arbeiter sollten nämlich erst in den Betrieben dazu Stellung nehmen.[244] Die USP Württembergs plante einen Generalstreik für den 29. März, stieß jedoch auf die Ablehnung der SPD.[245]

Bei all diesen Initiativen in den verschiedenen Regionen wird eines sehr deutlich: selbst wenn die Arbeiter in lokale Streiks getreten wären, hätten sie *kurzfristig* — und darauf kam es jetzt an — nichts an den Entscheidungen der Regierung ändern können. Das konnte nur die Arbeiterschaft Berlins. Der Moment reifte heran, in dem von ihrer Stellungnahme zum Ruhrgebiet alles abhing. Was geschah in der Reichshauptstadt?

4. Kapitel

Entscheidung in Berlin

„*Man hat mehrfach an dem Ton der gewerkschaftlichen Forderungen Anstoß genommen und von gewerkschaftlichem Ultimatum gesprochen. Über den Ton läßt sich natürlich streiten, aber ein solcher Streit ist unnütz. Forderungen sind immer einseitig und um so entschiedener gestimmt, je kritischer die Situation ist, aus der sie entstehen ... Aber sie (die Gewerkschaften) haben noch niemals das Verhandeln abgelehnt ... Und darauf kommt es doch im wesentlichen an. Sie stellen ihre Forderungen auf und verständigen sich schließlich mit der Regierung*".
Korrespondenzblatt des Allgemeinen Deutschen Gewerkschaftsbundes, Nr. 16, 17. April 1920, S. 195

„*Die einzige Partei, die der deutschen Arbeiterklasse den Ernst der Situation vor Augen führte und entschlossen die Wiederaufnahme des Generalstreiks forderte, war die KPD ...
Mit Ausnahme der KPD begnügten sich die Vertreter der Arbeiterorganisationen mit dieser heuchlerischen Erklärung der Regierung [vom 30./31. März]. Die Forderung der KPD, den Generalstreik zur Sicherung des Ruhrproletariats zu proklamieren, fand keine Unterstützung ...
Schwerste Verantwortung luden daher die rechten Führer der SPD, der USPD und der Gewerkschaften auf sich, als sie sich den Forderungen der KPD nach Ausrufung des Generalstreiks ... widersetzten.*"
Erwin Könnemann / Hans-Joachim Krusch: Aktionseinheit contra Kapp-Putsch, Berlin/DDR 1972, S. 445 f., 449, 471

Am 28. März war der Aktionsausschuß der revolutionären Betriebsräte Groß-Berlins von den Gewerkschafts- und Parteiinstanzen dahin beschieden worden, eine gemeinsame Sitzung, die über die Frage eines eventuellen neuen Generalstreiks beschließe, könne erst am Mittag des folgenden Tages zustandekommen (s. oben Seite 161). Am 29. März fand jedoch(aus nicht mehr festzustellenden Gründen) eine solche Konferenz nicht statt. Das war umso unverständlicher, als die Morgenpresse das Ultimatum der Regierung an die Aufstandsbewegung im

Ruhrgebiet veröffentlichte. Die einzige Initiative der Arbeiterorganisationen gegenüber der Regierung bestand darin, daß Levi (KPD) — inzwischen aus dem Ruhrgebiet zurückgekehrt — und Eichhorn (USP) bei Reichskanzler Müller vorstellig wurden, vermutlich auf die telegrafische Bitte des Essener Zentralrats hin (oben Seite 163), man möge in Berlin sofort „Schritte zur Verständigung" unternehmen, um den Einmarsch der Reichswehr zu verhindern. Über die Unterredung, die Levi und Eichhorn mit dem Reichskanzler führten, ist nur bekannt, daß der letztere, wie er am Abend im Kabinett mitteilte, dabei den Eindruck gewann, „daß auch die Kommunisten nunmehr weich würden".[1]

Die Berliner Arbeiterschaft ließ also am 29. März der Regierung noch immer freie Hand. Doch bisher waren der Regierung von einer anderen Seite die Hände gebunden gewesen: von seiten der Westmächte durch die Bestimmungen über die neutrale Zone. Würde dieses Hemmnis jetzt, im entscheidenden Augenblick, fallen?

Am 27. März hatte der französische Ministerpräsident dem deutschen Geschäftsträger Mayer die Abgabe einer definitiven Stellungnahme zugesagt (oben Seite 156). Pünktlich am Vormittag des 28. wurde sie von Unterstaatssekretär Paléologue überreicht. Mayer war zerschmettert: Marschall Foch forderte die deutsche Zustimmung zu einer alliierten Besetzung von Frankfurt, Darmstadt, Dieburg, Hanau und Homburg als Gegenleistung für die alliierte Zustimmung zu einem deutschen Einmarsch im Ruhrgebiet. Die Bemerkung, das bedeute auf alliierter Seite „nur ein Vorrücken von 20 km, während die neu einrückenden deutschen Truppen bis zu 50 km vorrücken würden", konnte Mayer nicht als Trostpflaster anerkennen. Fochs Forderung sei „das Schlimmste", was seine Regierung hätte erwarten können, rief er aus. Eine Besetzung von Frankfurt und Darmstadt sei „unerträglich": Darmstadt sei der Sitz der hessischen Landesregierung, „die dann wohl weichen müßte, was schwere innerpolitische Folgen" haben würde; „Frankfurt sei Hauptknotenpunkt für die Eisenbahnen ganz West- und Süddeutschlands". Paléologue bezeichnete den ersten Einwand als schwerwiegend; ob Mayer einen Ersatz für Darmstadt anbieten könne? Mayer: Dazu sei er nicht befugt, er wolle aber persönlich Mannheim erwähnen. Paléologue nahm Rücksprache mit Foch und kam nach kurzer Zeit wieder: „Foch bestehe auf Darmstadt", gestehe jedoch die „Verpflichtung" zu, die Tätigkeit der hessischen Landesregierung „völlig unbehelligt zu lassen". Außerdem werde Darmstadt zuerst wieder geräumt. Mayer formulierte, unbeschadet seiner grundsätzlich ablehnenden Haltung, eine Reihe von Punkten, mit denen Fochs Griff nach den fünf Städten eingeschränkt werden sollte:

1. ein System exaktester Gegenleistung: „in keinem Augenblick" solle die Stärke der alliierten Truppen diejenige der zusätzlich ins Ruhrgebiet einrückenden deutschen Truppen überschreiten, und zwar nicht nur in der Gesamtstärke, sondern auch nach Truppengattungen spezifiziert;
2. eine „Kontrolle" der alliierten Truppen „durch deutsche Verbindungsoffiziere";
3. keine Verwendung von Farbigen aus den französischen Kolonien;
4. keine Behinderung des über Frankfurt laufenden Eisenbahnverkehrs.

Grundsätzlich forderte Mayer noch, daß das Abkommen nicht nur mit Frankreich allein, sondern mit allen Alliierten geschlossen werden müsse; er vermutete mit Recht, daß die Franzosen ihren Schritt nicht mit ihren Verbündeten abge-

sprochen hatten. Dieser Forderung — die man für die Beurteilung der weiteren Verhandlungen im Auge behalten muß — stimmte Paléologue zu.²
Marschall Foch prüfte die von Mayer formulierten Wünsche und formulierte dann seine endgültigen Bedingungen, die am Nachmittag in einer förmlichen Note überreicht wurden. Er beharrte darin auf Besetzung der fünf Städte; die Funktionen der hessischen Landesregierung sowie der Lokalverwaltungen sollten nicht angetastet werden; die Beendigung der Besatzung solle, beginnend mit Darmstadt, erfolgen, sobald die zusätzlichen deutschen Truppen aus dem Ruhrgebiet wieder abgezogen seien. Von Mayers Punkten war nur der vierte akzeptiert (keine Behinderung der Eisenbahnverbindungen zwischen dem neubesetzten und dem unbesetzten Gebiet). Punkt 1 und 2 waren in der Note ausdrücklich abgeändert. Erstens sollten die Alliierten in der Stärke einrücken dürfen, die die deutsche Regierung für ihre Truppen genehmigt erhalte, gleichgültig ob sie die Genehmigung voll ausschöpfe oder nicht. Zweitens wurde zugesichert, daß die deutsche Regierung jederzeit die Stärke der alliierten Truppen erfahren sollte (also keine Kontrolle durch deutsche Verbindungsoffiziere); im Ruhrgebiet bleibe es bei der jetzigen Kontrolle durch alliierte Offiziere. Der dritte Punkt (keine Verwendung von Kolonialtruppen) war überhaupt nicht erwähnt, also stillschweigend abgelehnt. Auf Rückfrage erklärte Paléologue, die Note sei „reiflich überlegt"; er „glaube nicht, daß Änderungen zugestanden würden".³

*

Am 29. März, 10.20 Uhr, wurde in Berlin die Sitzung der Nationalversammlung eröffnet, in der der neue Reichskanzler Müller seine Regierungserklärung abgab. Zu Beginn bezeichnete er die erneut geschlossene Koalition zwischen SPD und bürgerlicher Mitte als „den einzig tragfähigen Boden einer deutschen Politik". Das Arbeitsprogramm der Regierung, das Müller vortrug, hörte sich gut an, war aber angesichts der baldigen Neuwahlen ziemlich belanglos. Interessant wurde der außenpolitische Teil. Anknüpfend an eine kürzliche Parlamentsrede des französischen Ministerpräsidenten Millerand erklärte Müller, leider seien „die deutschen Lebensinteressen" von französischer Seite „bisher nicht einmal dort" gebührend berücksichtigt worden, „wo sie mit denen Frankreichs identisch" seien. Nach dem Zuruf „Sehr gut!" aus der Mitte der Regierungsparteien fuhr Müller fort:

„Dafür ein Beispiel aus letzter Zeit. Aus einigen Teilen des Ruhrgebiets kommen täglich Deputationen zur Regierung und schildern ihr die fürchterliche Lage dort ... Deshalb verhandelt die Regierung seit einigen Tagen mit den alliierten Regierungen, um für den Notfall eine stärkere Truppenmacht ganz vorübergehend in dem dortigen Gebiet verwenden zu können. Nur für den Notfall! Wenn eine friedliche Entspannung dort möglich ist, wie wir es alle sehnlichst wünschen, soll kein Mann mehr in die neutrale Zone kommen, als uns früher bereits zugestanden wurde. Nun will die französische Regierung unsere Wünsche nur dann erfüllen, wenn entsprechende alliierte Truppen an anderer Stelle in die neutrale Zone einrücken dürfen, und so verlangen die Franzosen als Garantie die Besetzung von Frankfurt, Hanau, Homburg, Darmstadt und Dieburg ... Die deutsche Regierung muß na-

türlich eine solche Zumutung zurückweisen. Wir denken nicht daran, dieses befriedete Gebiet den Schrecken der Okkupation auszusetzen.
Dann war doch der Antrag der deutschen Regierung nicht zuletzt von der Sorge diktiert, daß durch die Entwicklung der Verhältnisse im Ruhrgebiet die Erfüllung der wirtschaftlichen Klauseln des Versailler Vertrages ernstlich gefährdet werden könnte, an denen gerade Frankreich wegen der Kohlenlieferungen ein besonderes Interesse hat. Man sollte doch endlich auch in Frankreich einsehen, daß die Arbeit, die wir leisten, im Interesse der europäischen Demokratie geleistet wird. Denn die Auflösung der staatlichen Ordnung in irgendeinem Teile Mitteleuropas birgt schwere Gefahren für alle übrigen Teile in sich".
Damit gestand Müller öffentlich ein, was bisher nur aus vereinzelten Pressemeldungen erschlossen werden konnte: die Führung von diplomatischen Verhandlungen mit den Alliierten und das Ziel dieser Verhandlungen. Was dabei von den Worten *„nur für den Notfall!"* zu halten war, wurde deutlich, als Müller an späterer Stelle noch einmal auf das Ruhrgebiet zu sprechen kam:
„In unserem westlichen Industriegebiet sind vielfach Waffen in die Hände von Leuten gelangt, für deren Tun ich keine politische Partei dieses hohen Hauses verantwortlich machen werde. Die Fälle mehren sich dort, in denen bewaffnete Individuen in friedliche Bürgerhäuser eindringen, um sich fremdes Eigentum widerrechtlich anzueignen. Mit vorgehaltenem Revolver versuchen Räuber Banken und städtischen Kassen Gelder abzupressen. Proviantlager werden geplündert. Die ländliche Bevölkerung wird der Nahrungsmittel beraubt, die zu gerechter Verteilung unter die hungernde Bevölkerung bestimmt sind. Gegen Wesel stehen Heerhaufen im Kampfe, die von den Verächtern der staatlichen Ordnung gegen verfassungstreue Truppen geführt werden, und das sechs Tage, nachdem die Verfassungsbrecher von rechts zusammenbrechen. Das sind Zustände, die nicht länger geduldet werden dürfen. Die Anarchisten von links müssen mit demselben Maß gemessen werden wie die Anarchisten von rechts. Die Regierung wird sich auch dieser Bewegung gegenüber durchzusetzen wissen. Die Vorbereitungen dazu sind getroffen. Ich hoffe, daß sich in letzter Stunde die Einsicht durchsetzen wird, daß unser schwergeprüftes Volk nicht vor dem Untergange bewahrt bleiben wird, wenn sich nicht alle Volksgenossen schnell zurückfinden auf dem geordneten Boden der wahren Demokratie".
Diese Drohungen mußte man im Ohr behalten, wenn man den Schluß der Regierungserklärung richtig würdigen wollte: Vor dem Bolschewismus, rief Müller aus, „mache man uns nicht bange"; die Regierung wird den Bolschewismus „mit aller Entschiedenheit" bekämpfen, aber die Hauptgefahr, „die nächste, die bewaffnete, kommt von rechts".[4] War das Selbsttäuschung oder bewußte Irreführung der Arbeiterschaft? Daran konnte jedenfalls kein Zweifel sein: die Zerschlagung der Aufstandsbewegung im Ruhrgebiet würde dem Militär noch mehr Macht in die Hände geben.
Die Debatte, die am Nachmittag und am folgenden Tage geführt wurde, brachte bald genügende Klarheit. Die Sprecher des Zentrums (also einer der drei Regierungsparteien) und der dem Zentrum nahestehenden Bayrischen Volkspartei deuteten an, daß sie die den Bolschewismus betreffende Passage der Regierungserklärung mißbilligten — der Kanzler habe die von dieser Seite drohende Gefahr, die sich vor allem im Ruhrgebiet zeige, unzulässig heruntergespielt —, und be-

grüßten in diesem Zusammenhang das Ultimatum der Regierung an die Aufstandsbewegung. Der USP-Sprecher Henke erklärte das Ultimatum für bei weitem wichtiger als die ganze Regierungserklärung, und der erste Sprecher der rechtsoppositionellen DVP kam von seinem Standpunkt aus zu einer ähnlichen Einschätzung, als er sagte:
„*Wir wollen mit aller Bestimmtheit darauf hinweisen, daß die Hauptgefahr jetzt im Ruhrgebiet und in den dortigen revolutionären Vorkommnissen liegt.* (Widerspruch bei den Sozialdemokraten) *Meine Herren! Das wissen Sie ja auch selbst ganz genau.* (Erneuter Widerspruch bei den Sozialdemokraten) ... *Ich will, weil Sie das ... vergessen zu haben scheinen, Ihnen nur das heutige Ultimatum der Regierung an die Rote Armee nochmals vortragen*".
Als dann der zweite DVP-Sprecher, der über ausgezeichnete Beziehungen zur Schwerindustrie verfügende Abgeordnete Hugo, nochmals die Regierung dafür tadelte, daß sie die Gefahr des Bolschewismus als gering einschätze, und die Mitarbeit der DVP im Kampf gegen links anbot, erwiderte Innenminister Koch, die Regierung unterschätze die Gefahr von links keineswegs, nur habe Hugo „durch die Betonung der angeblichen Gegensätze in der Regierung keineswegs den Willen gezeigt, dafür zu sorgen, *daß die Regierung in diesem Kampf gegen den Bolschewismus stark bleibt*".[5]
Die Gegensätze im Regierungslager waren nun allerdings, auch wenn Koch sie als „angebliche" bezeichnete, unübersehbar; besonders deutlich wurden sie daran, wie das 8-Punkte-Abkommen zwischen Gewerkschaften und Vertretern der Regierungsparteien in der Debatte behandelt wurde. Reichskanzler Müller hatte das Abkommen in seiner Regierungserklärung mit keinem Wort erwähnt. Das war

Mitglieder der Dortmunder Arbeiterwehr; vgl. das Foto auf Seite 42

offenbar der Grund, weshalb Legien, der als erster Sprecher der SPD-Fraktion das Wort nahm, es in vollem Wortlaut vortrug. Daran anschließend suchte er Punkt für Punkt nachzuweisen, daß das Abkommen sich im Rahmen der Verfassung halte, verteidigte es weiterhin gegen den Vorwurf, es sei das Werk eines „Berliner Klüngels" und stärke die Separationstendenzen in Süddeutschland (in Wirklichkeit ständen 12 bis 14 Millionen Gewerkschaftsmitglieder in ganz Deutschland dahinter), und erklärte abschließend, nun komme es auf die „gewissenhafte und schleunige Durchführung" des Abkommens an:

„Nur dadurch kann eine Beruhigung in der Arbeitnehmerschaft geschaffen werden, nur dadurch kann die Fortführung und die Steigerung der Produktion erzielt werden. Verhängnisvoll wäre es, wenn die Arbeiter auch in diesem Falle wieder enttäuscht würden...; denn das wäre der Ruin des deutschen Wirtschaftslebens und damit der Zusammenbruch Deutschlands. Deswegen nehme ich ganz bestimmt an, daß der Herr Reichskanzler im Namen der Regierung nicht nur diesen Vereinbarungen entsprechende Grundsätze aufgestellt hat, sondern daß sie auch mit aller Energie zur Durchführung gelangen werden".

Gegenüber solchen frommen Wünschen erklärte der Sprecher der DDP-Fraktion unumwunden, kein DDP-Minister der neuen Regierung habe sich auf das 8-Punkte-Abkommen verpflichtet, und seine Partei lehne „jede formelle Bindung" an das Abkommen ab: *„Wir können uns, wenn wir die Verfassung achten, nicht darauf einlassen, daß bei der Regierungsbildung und in der Gesetzgebung ein entscheidender Einfluß irgendwelcher Organisationen zugelassen wird, sie mögen heißen, wie sie wollen".* Nicht ganz so deutlich der Sprecher der zweiten bürgerlichen Koalitionspartei, des Zentrums: Wenn wir das Abkommen *„nicht ablehnen können, so geschieht das nur in der Voraussetzung, daß die verfassungsmäßigen Rechte der verfassungsmäßigen Organe dadurch nicht berührt werden".* So konnte Hugo (DVP) schneidend fragen: „Was ist das für eine Regierung? Welchen Boden hat die Regierung unter den Füßen..., wenn in solchen Kardinalpunkten... nicht einmal eine einheitliche Auffassung innerhalb der eigenen Regierungsparteien vorhanden ist?" Wels, der zweite SPD-Sprecher, behauptete freilich weiterhin wider besseres Wissen, die acht Punkte seien „von der Reichsregierung anerkannt worden". Demgegenüber rief Seger (USP) aus:

„Da nützt natürlich das ganze schöne Gerede des Herrn Abgeordneten Legien nichts, daß man für die Durchführung dieser Forderungen eintreten werde. Ja, die Arbeiter werden sie wahrscheinlich durchführen, indem sie darum kämpfen müssen; sie dürfen sich aber nicht auf die Regierung verlassen... Es ist sehr notwendig, die Arbeiter auf diesen gewaltigen Unterschied in der Anerkennung der Forderungen hinzuweisen, damit keine Vertrauensseligkeit aufkommen kann".[6]

Aber selbst wenn das Regierungslager einheitlich das 8-Punkte-Abkommen anerkannt hätte, so hätte dies den Arbeitern nicht genügen können. Gerade die Verteidiger des Abkommens, die SPD-Sprecher, machten deutlich, wo die Grenzen des Abkommens lagen, vor allem in der Frage der Bewaffnung der Arbeiterschaft. Ein „zuverlässiges militärisches Machtinstrument", so sagte Legien, müsse dadurch geschaffen werden, daß organisierte Arbeiter in die Sipo eingereiht würden. Und Wels erklärte grundsätzlich:

„Wir können die Bewaffnung der Arbeiterschaft nicht auf unser Programm

schreiben, weil wir Sozialdemokraten gegen jede Art von Militarismus, also auch gegen den proletarischen Militarismus sind. Unser Ziel ist, die Waffen zu vernichten, nicht Waffen auszugeben. Wir führen mit dem Arsenal unserer Weltanschauung einen geistigen Kampf, der nicht in Bürgerkriegen und nicht von Dachschützen entschieden werden kann. Die Rechte zwinge uns aber nicht, von dieser wahrhaft sozialdemokratischen Haltung abgehen zu müssen . . . Für uns ist der Putsch von rechts wie der Putsch von links das gleiche. Putsch oder Demokratie? — das ist die Parole . . ., unter der wir den Wahlkampf führen werden".
Demgegenüber richtete Henke (USP) wiederholt an die Regierung die Frage, wie sie denn den versprochenen Kampf gegen die Kapp-Putschisten in Reichswehr, Sipo, Beamtenschaft usw. führen wolle, wenn nicht gestützt auf das bewaffnete Proletariat? „Jede Regierung", rief Henke aus, „ist nicht nur machtlos und hilflos, die es unterläßt . . ., die Proletarier . . . zu bewaffnen ohne Unterschied der Parteigesinnung; ich sage: jede solche Regierung ist auch reaktionär, ist gegenrevolutionär".[7]
Hervorzuheben sind schließlich noch die Reden der beiden Minister Blunck und Geßler. Justizminister Blunck teilte die Schritte mit, die zur strafrechtlichen Verfolgung der führenden Kapp-Putschisten eingeleitet worden seien (was ganz gut klang, jedoch vollkommen folgenlos bleiben sollte), verlor aber kein Wort zur Amnestiezusage des Bielefelder Abkommens, die, um wirksam zu werden, in Gesetzesform hätte gekleidet werden müssen.[8] Bedeutsamer noch war der Auftritt Geßlers (dessen erste Parlamentsrede als neuer Reichswehrminister). Zu Beginn nannte er 16 hohe Reichswehroffiziere, die ihrer Stellung enthoben worden seien — sämtlich solche, die sich offen auf die Seite Kapps gestellt hatten, jedoch bei weitem nicht alle; in ganz West- und Süddeutschland hatte Geßler nicht einen einzigen Putschisten entdecken können. Warum nicht, erklärte er etwas später. Man müsse, sagte er, den „überaus schweren Gewissenskonflikt" zahlreicher Offiziere würdigen: „der Parole zum Generalstreik stand der strikte Auftrag an die Kommandos gegenüber, die lebenswichtigen Betriebe unter allen Umständen . . . sicherzustellen" (Noskes wiederholte Anti-Streik-Befehle aufgrund des Ausnahmezustands). „Dadurch entstanden in zahlreichen Orten Konflikte, die die Truppe in den Verdacht brachten, als ob sie für die Kapp-Lüttwitzschen Unternehmungen eintrete". Geßler versprach Untersuchung der blutigen Zusammenstöße zwischen Militär und Arbeitern und der dabei vorgekommenen „überaus bedauerlichen Ausschreitungen"; das könne jedoch — jetzt kam die Pointe — erst dann geschehen, wenn „die Ruhe und Ordnung im Lande" wiederhergestellt sei. Das sei in Berlin bereits weitgehend der Fall, nicht jedoch im Ruhrgebiet. Wie der Reichskanzler betonte Geßler, daß auch die USP keinen Einfluß mehr auf die dortige Bewegung habe, und teilte mit, daß USP-Führer, die die Einstellung der Angriffe auf Wesel bewirken wollten, „in Gefahr gekommen" seien, „an die Wand gestellt zu werden". (Stürmische Rufe „Hört! hört!" bei den Regierungsparteien) Das Bielefelder Abkommen, gegen das die Regierung zwar „im einzelnen eine ganze Fülle von Bedenken" habe, das sie „aber doch, um das Blutvergießen zu verhindern, im ganzen als Unterlage genommen" habe und das entsprechend vom Militär eingehalten worden sei, sei von der Gegenseite schnöde gebrochen worden; bei der Beschießung von Wesel seien zahlreiche Zivilpersonen,

darunter Frauen und Kinder, getötet worden. (Erneutes lebhaftes „Hört! hört!") Unter größter Entrüstung verlas Geßler sodann den ersten Aufruf des Duisburger Exekutivkomitees (oben Seite 117 f.) und rief: „Da finden Sie das neue Staatsrecht, da finden Sie die neue Ordnung, die die Herrschaften dort erstreben". Um diese Stimmungsmache zu durchbrechen, reichte die USP-Fraktion Geßler die WTB-Meldung von der Antwort des Essener Zentralrats auf das Ultimatum der Regierung (oben Seite 163) aufs Podium und zwang ihn, sie ebenfalls zu verlesen. Die Wirkung der Meldung versuchte Geßler durch die Bemerkung abzuschwächen, daß diese Stellungnahme des Zentralrats erst unter dem Druck des Ultimatums zustandegekommen sei (womit er gegen die protestierenden Zurufe der USP-Fraktion recht hatte); außerdem stellte er die Frage, „ob dieser Zentralrat noch irgendwelchen Einfluß auf die beteiligten Kreise hat". Schließlich kam Geßler, bevor er das Thema Ruhrgebiet verließ, noch auf ein Moment zu sprechen, das in den folgenden Stunden und Tagen in der Argumentation der Regierung immer wieder auftauchte: die drohende Versorgungskatastrophe im Ruhrgebiet. Daß diese wesentlich von der Regierung verursacht war, haben wir dargelegt (II, Seite 24—28). Geßler jedoch stellte die Regierung als von teilnehmender Sorge erfüllt dar und erklärte, sie habe „deshalb auch alle Anordnungen getroffen, daß sofort Lebensmittel in das Ruhrgebiet hineingebracht werden können". Nach der nochmaligen Frage, ob der Essener Zentralrat die Bewegung in der Hand habe, schloß er mit der Bemerkung: „Wir werden ja morgen um 12 Uhr die Probe aufs Exempel machen".[9]
Der Auftritt Geßlers zeigte deutlich: hier stand der neue Noske, nur in den Mitteln vielleicht etwas geschickter als dieser. „Zwar eine andere Nummer, aber derselbe Faden", bemerkte der USP-Abgeordnete Henke.[10]

*

Einer Sitzung der Reichsregierung, die am 29. März um 18 Uhr unter Teilnahme Severings begann, lagen die Stellungnahmen des Zentralrats sowohl zum Ultimatum als auch zu den Zusatzbestimmungen Watters vor. Reichskanzler Müller erklärte, hieraus und aus sonst eingegangenen Nachrichten sowie aus seiner Unterredung mit Levi und Eichhorn „schließe er, daß auch die Kommunisten nunmehr weich würden". Andererseits stellte er zur Debatte, ob man an dem gestern beschlossenen Ultimatum „festhalten solle" (offenbar hatten ihn die Zusatzbestimmungen Watters bedenklich gemacht), zumal die französischen Bedingungen für die Zustimmung zum militärischen Einmarsch im Ruhrgebiet unannehmbar seien. Nachdem Severing — genau wie Geßler im Parlament — Zweifel daran geäußert hatte, daß der Zentralrat mit seiner Verständigungsbereitschaft die Haltung der gesamten Aufstandsbewegung vertrete, nahm General v. Seeckt das Wort. Er bat das Kabinett, das Ultimatum aufrechtzuerhalten und auch General v. Watter keinerlei militärische Vorschriften zu machen. Die von Severing und Minister David (SPD) gemachte Anregung, den einmarschierenden Truppen Sipo und Vertrauensleute der Arbeiterschaft vorauszuschicken, wenn möglich mit schwarz-rot-goldenen Armbinden oder Fahnen, fand er „beachtenswert". Watters Zusatzbestimmungen, die von den Kabinettsmitgliedern kritisch, mindestens mit gemischten Gefühlen aufgenommen worden waren, suchte er dahin abzuschwächen, daß sie „nicht so gemeint" seien, daß die geforderte Anzahl Waffen und Munition am morgigen Mittag „zur Stelle sein" müsse, sondern „es würde völlig genügen, daß eine Abgabe in einem solchen Umfange erfolge, daß man daraus wenigstens den guten Willen sehe". Nachdem der ehemalige Reichskanzler und jetzige Schatzminister Bauer empfohlen hatte, „unter allen Umständen an dem Ultimatum festzuhalten", wurde beschlossen:

„1. Es bleibt bei dem gestrigen Ultimatum, so daß General v. Watter morgen um 12 Uhr freie Hand hat.
2. Über die Art seines militärischen Vorgehens soll von hier aus eine Anordnung nicht getroffen werden, jedoch soll, falls dies nach dem Operationsplan möglich ist, Hagen und das Bergische Land unberührt bleiben.
3. Es ist dafür zu sorgen, daß die Truppen möglichst ohne Provokation vordringen ..., ggf. daß die Bürgermeister der Städte die Truppen mit hineinführen sollen und daß die Truppen tunlichst mit schwarz-rot-goldenen Abzeichen ausgerüstet werden.
Von der Entscheidung des Kabinetts soll eine Mitteilung an den Zentralrat ... nicht erfolgen, auch nicht durch WTB."[11]

Jedoch schon kurz nach Beendigung der Kabinettssitzung wurde die Regierung gezwungen, sich entgegen ihrem Beschluß öffentlich zu erklären: um 19.45 Uhr erhielt der Reichskanzler das telefonische Gegenultimatum der Elberfelder SPD-Funktionäre (oben Seite 167). Um 21.30 Uhr antwortete er mit einem Telegramm, in dem es — nach Wiederholung der im Ultimatum erhobenen Vorwürfe — hieß: *„Die zum Vormarsch ermächtigten Truppen sind regierungstreu ... Wir ersuchen daher, sie gegebenenfalls freundlich als deutsche Mitbürger zu empfangen, die Befehle der Regierung ausführen. Es ist leider nicht möglich, nur gerade in solchen Gebietsteilen vorzugehen, die sich rebellisch verhalten und wo rote Armeen kämpfen. Die Truppen müssen vielmehr bei vergeblichem Ablauf des Ultimatums überall volle Freiheit im Vormarsch haben, zumal ihre Bewegungsfreiheit in der neutralen Zone durch den Friedensvertrag behindert ist. Unter diesen Umständen müssen sich die dortigen Organisationen bewußt sein, daß sie die volle Verantwortung für einen sachlich unberechtigten Generalstreik und seine Folgen ausschließlich zu tragen haben".*[12] Vermutlich nachdem ihm bewußt geworden war, daß diese Antwort die Erregung im Ruhrgebiet nur noch weiter anheizen würde, schickte Müller um 23 Uhr ein zweites Telegramm hinterher: General Watter, hieß es darin, habe Anweisung, sich „mit entscheidendem Anfang der Ausführung seiner Bedingungen nach Kräften des Möglichen", d.h. mit dem Zeigen des „guten Willens" zu begnügen.[13]

*

Am Nachmittag, mehrere Stunden vor der Kabinettssitzung, hatte der Reichskanzler ein Telegramm nach Paris gerichtet, in dem er die Besetzung deutschen Gebiets nochmals als unannehmbar bezeichnet und die deutschen Vertreter gebeten hatte, folgenden Kompromißvorschlag vorzutragen, und zwar wegen des bevorstehenden Generalstreiks im Ruhrgebiet „mit allem Nachdruck": alliierte

Truppen sollten den Maingau besetzen dürfen, falls „die über das bisher zulässige Maß jetzt im Ruhrgebiet einrückenden deutschen Truppen innerhalb einer von der Entente zu bezeichnenden Frist — etwa vier bis sechs Wochen vom Tage des Einrückens an — das Ruhrgebiet nicht verlassen".[14] Die Chancen für die Annahme dieses Vorschlags schienen denkbar gering, zumal die deutschen Militärs die Frage der IMKK nach dem unerlaubten Einrücken der Marinebrigade Loewenfeld in die neutrale Zone nur höchst unbefriedigend beantworten konnten. Am 29. März diktierte das Reichswehrministerium dem Auswärtigen Amt eine Antwortnote an General Nollet, in der es hieß, man habe der Gefahr begegnen müssen, daß die Roten Wesel einnahmen und damit die holländische Grenze erreichten; die Lage habe „schnellstes Handeln" erfordert, so daß es „nicht möglich gewesen (sei), das Einverständnis der IMKK einzuholen". Im übrigen sei die für die *gesamte* neutrale Zone genehmigte Truppenstärke nicht überschritten worden, insofern nämlich jetzt zwar 6 Batterien dort ständen, also 4 mehr als genehmigt, dafür aber nur 17 Bataillone (3 weniger als genehmigt) und 8 Eskadronen (2 weniger als genehmigt). Damit wurde offenbar, warum die Reichswehr vor einigen Tagen Truppen aus dem süddeutschen Abschnitt der neutralen Zone herausgezogen hatte. So brüchig die Rechtsgrundlage dieser Argumentation war (s. oben Seite 155), so wurde diese weiter entwertet, indem die Note fortfuhr: Die jetzt in der neutralen Zone ausgeladenen Truppen reichten nicht aus, „um erneute Angriffe zurückzuschlagen", sondern müßten „noch durch weitere im Antransport befindliche Kräfte verstärkt werden". Gestatte die IMKK dies nicht oder bestehe sie gar auf Zurücknahme der bereits ausgeladenen Truppen, so müsse wahrscheinlich die ganze neutrale Zone zwischen Wesel und Haltern geräumt werden, da die Weseler Garnison nach „acht Tagen und Nächten schwerster Kämpfe" nicht allein gelassen werden könne. Die Reichswehr, so hieß es abschließend, müsse endlich „Freiheit des Handelns" in dieser Region erhalten, sonst sei eine weitere „Stärkung der kommunistischen Elemente innerhalb und außerhalb Deutschlands" die Folge, „die zu verhindern ein gemeinsames Interesse Deutschlands und aller anderen Kulturstaaten ist".[15] (Dieser von den Militärs formulierte Text wurde vom Auswärtigen Amt wörtlich übernommen, bis auf den letzten Relativsatz, den die Diplomaten abschwächten: „... deren Folgen nicht abzusehen sind".)[16] Das war eine Sprache, die der IMKK sicherlich zu denken gab. Am selben Tag stellte der stellvertretende Vorsitzende der IMKK in einer Protestnote fest, daß bereits weitere deutsche Truppen ohne Genehmigung in die neutrale Zone eingerückt seien und forderte den unverzüglichen Rückzug sämtlicher nichtgenehmigten Truppen.[17]

Dieser Notenwechsel lag in Paris noch nicht vor, als Geschäftsträger Mayer um 19.30 Uhr Ministerpräsident Millerand den Kompromißvorschlag des Reichskanzlers vortrug. Die Unterredung dauerte nur kurz. Millerand bezeichnete die vorgeschlagene Minimalfrist von vier Wochen Handlungsfreiheit für die Reichswehr als „auf alle Fälle zu groß" und sagte im übrigen sofortige Antwort zu. Bereits um 20 Uhr kam sie — für Mayer eine überaus freudige Überraschung. Unterstaatssekretär Paléologue am Telefon: Die französische Regierung ist bereit, „eine Frist von zwei Wochen zuzubilligen". Mayer: Das ist „viel zu kurz und unannehmbar". Paléologue: Gut, dann drei Wochen. Im übrigen bleibt es bei der

gestrigen Note (d.h. bei Überschreitung der Frist werden die fünf deutschen Städte besetzt). Mayer: Ich bitte noch um eine schriftliche Bestätigung. — Das wichtige Papier, das er daraufhin erhielt, lautete:
"Wenn die deutsche Regierung auf ihrem Antrag besteht, deutsche Truppen im Ruhrgebiet einmarschieren lassen zu dürfen, wäre Ministerpräsident Millerand geneigt, dem zuzustimmen (serait disposé à y consentir), unter der Bedingung, daß diese Truppen in einer Frist von zwei oder drei Wochen aus der neutralen Zone wieder zurückgezogen werden. Nach Ablauf dieser Frist haben die alliierten Truppen das Recht, unter den in der Note vom 28. März festgelegten Bedingungen sofort Frankfurt, Hanau, Homburg, Darmstadt und Dieburg zu besetzen".[18]
Wie diese überraschende Schwenkung Millerands zustandegekommen war, läßt sich nicht sagen (die französischen Regierungsakten sind noch nicht veröffentlicht). Sollte er dem Druck der USA nachgegeben haben?[19] Deren Botschafter hatte ihm am Vormittag die Erklärung überreicht, seine Regierung sei für die Genehmigung eines deutschen Einmarsches im Ruhrgebiet „bis zur Wiederherstellung der Ordnung" (also ohne vorherige Fixierung einer Frist), ohne daß von alliierter Seite weiteres deutsches Territorium besetzt werde, da dies „mit der Angelegenheit nichts zu tun habe (had no bearing on the matter)".[20]
Immerhin waren die deutschen Diplomaten noch nicht am Ziel. Schon aus dem

„Zu den Gebäuden und Räumlichkeiten, die die Rote Armee benutzte, gehörten Gebäude des vertriebenen Militärs und der Sipo, Rathäuser, Schulen, Gaststätten und Hotels, die Junggesellenheime der Zechen" (II, Seite 73 f.)

Als Quartier benutztes Klassenzimmer im Realgymnasium (heute Theodor-Heuß-Gymnasium) von Dinslaken; auf der Tafel steht rechts oben „Parole Rot"

Wortlaut des Papiers (Millerand „wäre geneigt"; eine Frist „von zwei oder drei Wochen") ging ja hervor, daß es sich um einen Vorschlag handelte, daß ein verbindliches Abkommen also erst noch zu formulieren war. Außerdem war es ein französisches Papier, und wenn Mayer am Vortag darauf bestanden hatte, daß ein Abkommen über die Besetzung des Maingaus mit allen Alliierten geschlossen werden müsse, dann mußte das in diesem Falle ebenso gelten.[21] In Berlin glaubte man jedoch, die Genehmigung zum Einmarsch der Reichswehr im Ruhrgebiet sei erteilt — ein folgenschwerer Irrtum.

*

Am Morgen des 30. März brachten die Berliner Zeitungen den Text der Zusatzbestimmungen Watters sowie die ersten Meldungen von den Wirkungen, die die Zusatzbestimmungen im Ruhrgebiet ausgelöst hatten. Der „Vorwärts" (SPD) z.B. meldete: „Dieser Befehl, dessen Erfüllung von allen Arbeiterparteien als gänzlich unmöglich angesehen wird, hat im ganzen Revier die größte Aufregung verursacht. In den Hauptorten des Reviers wird einmütig der Generalstreik proklamiert, falls nicht diese Verordnung zurückgezogen und die Frist für das Ultimatum verlängert wird."[22] Außerdem veröffentlichte der „Vorwärts" das Gegenultimatum der Elberfelder SPD-Funktionäre.[23] Die Nachrichten aus dem Ruhrgebiet drohten, so wurde im Regierungslager befürchtet, die Berliner Arbeiterschaft rebellisch zu machen.

Um 9.30 Uhr trat die Reichsregierung zusammen. In der Sitzung wurde mitgeteilt, „daß die Entente die Genehmigung zum Einmarsch in das Ruhrrevier erteilt habe". Andererseits habe sich die Lage durch den drohenden Generalstreik im Ruhrgebiet verschlechtert. Nach ausführlicher Debatte wurde beschlossen, daß Reichswehrminister Geßler telefonisch mit General v. Watter die Lage erörtern und daß „sodann eine endgültige Entscheidung des Kabinetts getroffen werden solle".[24]

Was den ersten Punkt betrifft: die angeblich bereits erteilte Genehmigung des Einmarsches durch die Alliierten, so wird wohl nicht mehr aufzuklären sein, wer für diese Fehlinformation verantwortlich war. War es ein bloßes Mißverständnis der Mitteilungen aus Paris, aus Wunschdenken geboren? Oder war es eine bewußte Falschinformation der Regierung durch welche Kreise auch immer, darauf abzielend, daß die Regierung den Einmarschbefehl erteilte, der dann, wenn das Militär einmal marschierte, nicht mehr zurückgenommen werden konnte? Wie dem auch sei — das Auswärtige Amt übermittelte der Botschaft in Paris die Mitteilung an die französische Regierung, die Reichsregierung nehme „mit Dank" von der erteilten Genehmigung Kenntnis. Sie sei „überzeugt", die zusätzlich ins Ruhrgebiet zu werfenden Truppen „nach drei Wochen" wieder zurückziehen zu können, wobei sie davon ausgehe, daß die Frist erst vom Beginn des Einmarsches an gerechnet werde; den Zeitpunkt des Einmarschbeginns werde man mitteilen.[25]

Die telefonische Lagebesprechung zwischen Geßler und Watter ergab anscheinend ein für die Regierung sehr ernstes Bild — jedenfalls wurde zur Fortsetzung der Kabinettssitzung Severing hinzugezogen; in aller Eile ließ man ihn aus dem preußischen Landtag holen, obwohl dort die Vorstellung der neuen Regierung (mit Severing als Innenminister) und die Abgabe der Regierungserklärung unmittelbar bevorstand.[26] In längerem Vortrag entwickelte er der Reichsregierung seine Einschätzung der Lage. Er verhehlte nicht, daß er mit dem Ultimatum an die Aufstandsbewegung nicht einverstanden gewesen sei. Bis dahin habe das beredte Schweigen, in das sich Regierung und Militär nach der Bielefelder Konferenz gehüllt hätten, die erfreulichsten Wirkungen hervorgerufen: in den Reihen der Aufstandsbewegung habe angesichts der Unsicherheit über den Zeitpunkt des Angriffs der Reichswehr eine förmliche Panik eingesetzt — denn daß der Angriff „über kurz oder lang kommen würde", sei ja aus den ununterbrochen anrollenden Truppenverstärkungen deutlich geworden. Den Aufständischen „ging die Munition aus, ihnen fehlte es an Lebensmitteln, während auf der Seite des Militärs jeder Tag eine weitere Stärkung bedeutete". Der durch diese Panik entstehende Zerfallsprozeß sei durch das Ultimatum leider unterbrochen worden, und vollends die Zusatzbestimmungen Watters hätten nunmehr alles verdorben. Nun müsse man sehen, daß man deren Wirkung wenigstens abschwäche. Dazu und um gegen weitere „Plötzlichkeiten" Watters gesichert zu sein, benötige er, Severing, eine Erweiterung seiner Vollmachten.[27] — Dies wurde vom Kabinett genehmigt und in folgendem Dokument niedergelegt:

„Die Vollmacht des Reichs- und Staatskommissars Severing wird dahin erweitert, daß Entscheidungen über militärische Operationen in dem Gebiete, für das er bestellt ist, im Einvernehmen mit ihm erfolgen sollen.
Er wird ferner bevollmächtigt:
1. zu prüfen und zu entscheiden, ob Personen, die in Schutzhaft oder sonst in eine nicht gerichtlich bestätigte Haft genommen sind, festzuhalten oder vorbehaltlich des gerichtlichen Verfahrens zu entlassen sind;
2. die Namen derjenigen Personen zu bezeichnen, deren Entlassung oder sonstige disziplinarische Verfolgung er empfiehlt, weil sie an der von Kapp und Freiherrn von Lüttwitz eingeleiteten hochverräterischen Bewegung als Führer, Verführer oder Aufhetzer aktiv sich beteiligt haben.
Er ist ermächtigt, Unterbevollmächtigte für einzelne Städte oder Bezirke zu ernennen, die den militärischen Stellen als politische Berater zur Seite stehen und Entscheidungen der unter 1) bezeichneten Art fällen dürfen.
Sämtliche Behörden werden ersucht und alle Organisationen, Verbände und anderen Stellen aufgefordert, dem Reichskommissar und seinen Unterbevollmächtigten jede nötige Unterstützung zu gewähren."[28]

Mit dieser Vollmacht versehen sollte Severing sofort nach Münster fahren und mit Watter die weiteren Schritte vereinbaren. Außerdem beschloß das Kabinett, daß Severing am nächsten Morgen in Hagen mit Vertretern derjenigen Städte zusammenkommen solle, die sich auf den Boden des Bielefelder Abkommens gestellt hätten, um Möglichkeiten für eine Begrenzung des militärischen Einmarsches zu erkunden; ferner sollte Watter — so jedenfalls wurde es anschließend über WTB verbreitet — „den Befehl erhalten, den Vormarsch einzustellen und das Ergebnis der Verhandlungen [in Hagen] abzuwarten".*[29]

---

* Da von der Sitzung kein Protokoll existiert, gibt es für den letzteren Beschluß nur die amtliche WTB-Meldung als Quelle; man weiß daher nicht, ob dieser Beschluß wirklich gefaßt oder ob die WTB-Meldung nur zur Beruhigung der Arbeiter formuliert worden ist.

Gegen 11 Uhr eilte Reichskanzler Müller in die Nationalversammlung und unterbrach die noch andauernde Debatte über die Regierungserklärung mit einer Rede, die deutlich den Zweck verfolgte, die Arbeiterschaft zu beschwichtigen. Er teilte mit, daß Reichswehrminister Geßler im Anschluß an die Kabinettssitzung vom Vorabend dem Wehrkreiskommando Münster den strikten Befehl erteilt habe, „daß alle unnötigen Schroffheiten vermieden werden" sollten (etwas später präzisierte er: *„alles unnötige Blutvergießen"*) und wies dann das Gegenultimatum der Elberfelder SPD-Funktionäre zurück, insbesondere die Behauptung, „unzuverlässige Generale und Offiziere lechzten nach Arbeiterblut": „die Truppen", versicherte er, „die dort überhaupt eingesetzt werden, sind verfassungstreue Truppen". Im übrigen werde von Münster aus so verfahren, „daß dort, wo überhaupt Truppen in Bewegung gesetzt werden, mit den Örtlichkeiten vertraute Zivilkommissare vorausgehen, die Aufklärung verbreiten, wie überhaupt auch sonst jede nur denkbare Aufklärung verbreitet werden soll"; z.B. werde „der Bevölkerung mitgeteilt, daß hinter den Truppen Nahrungsmittel anrollen". Nun sei gesagt worden — u.a. im Elberfelder Gegenultimatum —, die Regierung verbreite „Greuelmärchen". Um zu beweisen, daß dem nicht so sei, verlas Müller das Mülheimer SPD-USP-Flugblatt, in dem es u.a. hieß: „Lebensmittel aller Art werden unter räuberischer Taktik in den Lebensmitteldepots und an den Bahnhöfen beschlagnahmt und an die hinter der Front sich herumtreibenden Marodeure und deren Anhänger verteilt" (oben Seite 179). Dann fuhr Müller fort:
„Nun, meine Damen und Herren, ich glaube, daß ein neuer Umstand eingetreten ist, der es uns wesentlich erleichtern wird, dort zweckmäßig vorzugehen. Ich habe Ihnen gestern ... die Mitteilung gemacht, daß die französische Regierung nur damit einverstanden sei, ... weitere Verstärkungen nach der neutralen Zone zu lassen, wenn die deutsche Regierung gleichzeitig mit der Besetzung von Frankfurt, Hanau, Homburg, Dieburg und Darmstadt einverstanden sei. Ich kann Ihnen erfreulicherweise mitteilen, daß uns gestern in den späten Abendstunden zutelephoniert worden ist, daß die französische Regierung diesen Standpunkt aufgegeben hat. Die französische Regierung ist bereit, uns einen Spielraum von zwei bis drei Wochen zur Verwendung einer stärkeren Truppenmacht in der neutralen Zone zu geben, ehe weitere Besetzungen in Deutschland stattfinden sollen. Ich glaube, daß diese Frist genügen wird, dort die verfassungsmäßige Ordnung wieder herzustellen, da uns ja bekannt ist, daß in den Arbeiterkreisen aller politischen Richtungen die größte Erbitterung über die Zustände, die dort eingerissen sind, laut wurde. (Zuruf der USP-Abgeordneten Frau Zietz: Die Arbeiter werden damit allein fertig! Sie brauchen das Militär nicht!) Darüber gehen die Meinungen auseinander, Frau Zietz!"
Diese Worte liefen natürlich der beruhigenden Gesamttendenz der Rede zuwider, und so stellte Müller es im folgenden als durchaus noch nicht entschieden hin, ob überhaupt zusätzliche Truppen ins Ruhrgebiet geworfen würden; „es ist möglich, daß wir auch ohne dies auskommen werden ... Vor allen Dingen hat die Reichsregierung festgestellt, daß alle militärischen Aktionen ... im Einverständnis mit ... Staatskommissar Severing erfolgen müssen, der sich unverzüglich wieder nach dem Ruhrgebiet begeben wird". Was schließlich die Zusatzbestimmungen Watters betreffe, so sei „im Ruhrgebiet eine große Aufregung entstan-

den", weil man sie in der gestellten Frist für nicht erfüllbar halte. In der Tat seien sie so nicht zu erfüllen (ein bemerkenswertes Eingeständnis), „insbesondere" bei der Bestimmung über die Freigabe der Gefangenen, „aber vielleicht auch" bei der Bestimmung über die Ablieferung von Waffen und Munition. Jedoch könne er mitteilen, daß die Zusatzbestimmungen bereits modifiziert worden seien: im wesentlichen werde „der gute Wille" zur Ablieferung der Waffen verlangt; „es soll damit der Anfang in der gesetzten Frist gemacht werden". — Müller schloß mit der Beteuerung, die Regierung werde weiterhin bemüht sein, daß es im Ruhrgebiet nicht „zu neuen Komplikationen" komme. Anderseits hoffe er, daß die dortige Arbeiterschaft, „die sich in dieser schwierigen Zeit in ihrer überwiegenden Mehrheit durchaus verständig gezeigt hat", sich weiterhin der politischen und ökonomischen Bedeutung des Ruhrreviers bewußt bleibe (ein versteckter Appell, Zerstörungen von Produktionsanlagen nicht zuzulassen). *„Wenn dieses Bewußtsein bei der Arbeiterschaft wach bleibt, wenn die militärischen Behörden so verfahren, wie es unserem Wunsche entspricht, hoffen wir, daß wir eine Entspannung der Lage im Ruhrgebiet in wenigen Tagen haben werden".*[30]
Um 12 Uhr fuhr Severing nach Münster ab.[31] Seine Mission wurde über WTB an die Presse im ganzen Reich gemeldet.[32] Ob dies und die Rede des Reichskanzlers im Parlament ausreichen würde, um die Arbeiterschaft, insbesondere die der Reichshauptstadt, ruhig zu halten, mußte sich in wenigen Stunden zeigen.

*

Nachdem im Laufe der Nacht Pieck und Eckardt aus Essen eingetroffen waren, ferner aus Münster Osterroth (SPD), kam am Mittag endlich, 24 Stunden nach dem angekündigten Termin, die entscheidende Konferenz des ADGB, der AfA und der drei Arbeiterparteien zustande. Man beschloß folgende Forderungen an die Regierung, die anschließend von einer fünfköpfigen Delegation (darunter Eckardt) dem Reichskanzler überbracht wurden:
1. Abgabe einer „bindenden Zustimmung" zum Bielefelder Abkommen.
2. Die „über dieses Abkommen hinausgehenden militärischen Befehle und Maßnahmen" — also vor allem Watters Zusatzbestimmungen und das verhängte Ausnahmerecht (Standrecht und Einsetzung außerordentlicher Kriegsgerichte) — werden aufgehoben.
3. Abberufung Watters; Zugeständnis einer 48stündigen Frist für die Ausführung des Bielefelder Abkommen.[33]

Auffällig ist, daß ein ausdrücklicher Verzicht auf den Einmarsch der Reichswehr *nicht* gefordert wurde. Die Konzeption, die hinter der dritten Forderung stand, war offenbar die, daß dann, wenn die Arbeiterschaft die sich aus dem Bielefelder Abkommen ergebenden Verpflichtungen binnen 48 Stunden erfüllt habe, entsprechend Punkt 14 des Bielefelder Abkommens (oben Seite 80) ein militärischer Einmarsch nicht erfolgen solle.
Der Aktionsausschuß der revolutionären Betriebsräte (s. oben Seite 160) richtete an den Essener Zentralrat folgendes Telegramm (das dann auch der Presse übergeben wurde):
„Die Arbeiterschaft Berlins verfolgt mit größter Spannung die Bewegung dort

und steht kampfbereit. Bei Truppeneinmarsch Generalstreik proklamiert. Vollversammlung revolutionärer Betriebsräte heute abend Bötzow-Brauerei, Prenzlauer Allee. Erbitten dafür definitiven Bericht über die Lage."[34]
Gegen 14 Uhr begannen im Reichstag die Verhandlungen zwischen Vertretern der Reichsregierung einerseits und Vertretern des ADGB, der AfA, der drei Arbeiterparteien* und Eckardt vom Essener Zentralrat andererseits. Auf Einladung von Rusch (USP), dem Vorsitzenden der Berliner Gewerkschaftsvorstände, nahmen auch Malzahn und Wegmann von der Zentrale der revolutionären Betriebsräte (linker Flügel der USP) teil. Reichskanzler Müller nahm zu den Forderungen Punkt für Punkt Stellung. Zum Bielefelder Abkommen erklärte er, die Bedenken der Regierung richteten sich hauptsächlich gegen die darin vorgesehene Bildung von Ortswehren, da sie mit den Entwaffnungsbestimmungen des Versailler Vertrages nicht zu vereinbaren sei. Darauf wurde ihm erwidert, die Existenz der zahlreichen Einwohner- und sonstigen Wehren verstoße doch offenbar auch nicht gegen den Versailler Vertrag. Das Ultimatum, so fuhr Müller, zur zweiten Forderung Stellung nehmend, in seiner Erklärung fort, sei praktisch schon dadurch gegenstandslos, daß die Regierung Befehl erteilt habe, daß die Truppen nur ganz langsam vorrückten, so daß „unnötige Verluste" vermieden würden. Notwendig sei der Vormarsch allerdings: „das ganze Ruhrrevier sei von Lebensmitteln entblößt", so daß die heranrollenden Lebensmittelzüge vor Plünderung geschützt werden müßten, also nur im Rücken der vorgehenden Truppen an die Bevölkerung herangebracht werden könnten. („Wäre die Lage nicht so furchtbar ernst", bemerkte dazu ein Aufruf der KPD-Zentrale, der nach der Verhandlung formuliert wurde, „so möchte man das für einen blutigen Witz halten".) Watters Abberufung (die dritte Forderung), so Müller weiter, „könne nicht so ohne weiteres erfolgen, da man keinen Ersatz für ihn habe". Darauf erwiderte Eckardt, das Ruhrproletariat halte Watter für einen Konterrevolutionär und Monarchisten, und Malzahn wies darauf hin, daß der Verbleib Watters „eine schwere Gefahr" insofern bedeute, als „die Bergarbeiter möglicherweise ihre Drohung wahrmachen und die Gruben in die Luft sprengen" könnten. An dieser Stelle hakte Legien ein. Entrüstet fragte er, wer Malzahn und Wegmann überhaupt „erlaubt habe, an der Beratung teilzunehmen"? Das Telegramm des Aktionsausschusses der revolutionären Betriebsräte sei unerhört; „über die Streikfrage hätten lediglich die Gewerkschaften, nicht aber irgendwelche wilden Arbeitervertretungen zu entscheiden ... Er erkenne keine Räteorganisationen an", und so werde er die weitere Anwesenheit Malzahns und Wegmanns nicht dulden; „für ihn und seine Freunde (sei) die Sitzung erledigt", wenn die beiden nicht den Raum verließen. Der Vertreter der AfA pflichtete Legien bei und erklärte, „mit syndikalistischen Vertretern nicht an einem Tische sitzen" zu können. Da Legien vollkommen unnachgiebig blieb, redeten die USP- und KPD-Vertreter Malzahn und Wegmann zu, nicht die Verhandlung auffliegen zu lassen, und die beiden verzichteten auf die weitere Teilnahme. Die weiteren Verhandlungen, die noch bis 15.30 Uhr dauer-

---

* Soweit namentlich bekannt, waren das Legien (ADGB), Osterroth (SPD), Dittmann (USP), Levi (KPD).

ten, verliefen ergebnislos, da der Reichskanzler seine Erklärungen als vorläufig und unverbindlich bezeichnete und erklärte, eine endgültige Entscheidung könne nur vom ganzen Kabinett getroffen werden. Dieses trete um 18 Uhr zusammen, und erst danach könne eine Antwort auf die Forderungen erteilt werden; das werde keinesfalls vor 21 Uhr sein. Damit gaben sich die Gewerkschafts- und Parteivertreter zufrieden.[35]

Offenkundig ließ sich die Regierung Zeit. Freilich nur nach der Seite der Arbeiterschaft — die Verhandlungen mit Paris betrieb sie mit größter Eile. Am Nachmittag stellte Göppert (Paris) in einem Telefongespräch mit dem Auswärtigen Amt fest, die Erklärung von Ministerpräsident Millerand sei in Berlin mißverstanden worden: es handle sich dabei noch nicht um eine Zustimmung zum deutschen Truppeneinmarsch im Ruhrgebiet, sondern um die Erklärung der Bereitschaft zu Verhandlungen, die erst noch zu einer förmlichen Vereinbarung geführt werden müßten, und zwar mit allen Alliierten. Wieviel Porzellan jedoch dadurch zerschlagen worden war, daß der Reichskanzler auf der Basis des Mißverständnisses bereits im Parlament gesprochen hatte, war Göppert offenbar nicht bewußt. Ja, er glaubte sogar, die an die französische Regierung gerichtete Note der USA (oben Seite 213) könne von deutscher Seite dazu benutzt werden, eine längere als die von Millerand genannte Frist (zwei bis drei Wochen) durchzusetzen.[36] Um 16.20 Uhr erteilte das Auswärtige Amt den deutschen Vertretern in Paris den Auftrag, ein förmliches Abkommen mit den Alliierten im Sinne der Erklärung von Millerand abzuschließen. Als Maximum der im Ruhrgebiet einmarschierenden zusätzlichen Truppen wurden 40 Bataillone, 10 Eskadronen und 40 Batterien genannt.[37] Um 19.45 Uhr überreichte Geschäftsträger Mayer Millerand eine entsprechende Note und fügte dabei aus eigenem Ermessen die Bitte um Verlängerung der Frist auf vier Wochen hinzu. Millerand ließ sich auf letzteres nicht ein, versprach jedoch im übrigen baldmöglichste Mitteilung darüber, wie eine endgültige Vereinbarung ausgehandelt und abgeschlossen werden solle. Mayer sicherte seinerseits erneut zu, „daß bis zum endgültigen Abschluß neue Truppen in die neutrale Zone nicht einrücken würden".[38]

*

Nach der Verhandlung zwischen Regierung und Arbeitervertretern wandte sich die KPD-Zentrale mit einem Aufruf an die Arbeiter, in dem sie feststellte:
„Die neue Reichsregierung hat das Ultimatum an die Arbeiterschaft des Ruhrreviers ablaufen lassen . . .
Arbeiter! Genossen! Man hat euch die abenteuerlichsten Greuelmärchen aufgetischt, um den Angriff der Soldateska gegen das Ruhrrevier zu bemänteln. Indessen, die Lage ist so klar und eindeutig, daß alle diese Manöver nicht mehr verfangen können . . .
Das Ruhrrevier ist die stärkste Stellung, die die Arbeiterklasse im Kampf gegen die Kapp-Lüttwitz erobert hat. Arbeiter! Genossen! Duldet ihr, daß diese Stellung von den Militärs erstürmt wird, so werdet ihr der Reihe nach im ganzen Reich niedergeworfen werden. Die Sicherheiten, die ihr gefordert habt gegen

die Wiederkehr eines Militärputsches, sind dann zerrissen. An Stelle eines Militärputsches tritt ein planmäßiger Feldzug der militärischen Konterrevolution, der 13. März kehrt wieder, aber diesmal wohl vorbereitet! . . .
Arbeiter! Genossen! Heraus aus den Betrieben! Zu Hilfe dem Ruhrrevier, das für euch in vorderster Reihe kämpft!" [39]
Für die endgültige Antwort der Regierung sagte die „Rote Fahne", das Zentralorgan der KPD, ein „glattes oder kaum verhülltes Nein" voraus.[40]
Die Generalversammlung der Delegierten der Betriebsräte, die um 19 Uhr in der Bötzow-Brauerei im Arbeiterstadtteil Prenzlauer Berg begann, war von Kampfstimmung erfüllt. Wegmann referierte kurz über die augenblickliche Lage. Der vom Essener Zentralrat erbetene Bericht über die Lage im Ruhrgebiet, sagte er, sei noch nicht eingetroffen; „er könne sich das nur so erklären, daß die Regierung alle Telegramme, in denen zum Streik aufgefordert wird, unterbindet". Als Wegmann berichtete, wie Legien ihn und Malzahn aus der Verhandlung mit den Regierungsvertretern hinausgedrängt hatte, reagierte die Versammlung mit größter Entrüstung; „die Berliner Arbeiterschaft wird in dieser Frage das letzte Wort sprechen", sagte Wegmann. Dann trugen die Sprecher der Betriebsräte aller Industriezweige das Ergebnis ihrer soeben zuende gegangenen Vollversammlungen (12 an der Zahl) vor.* Sie erklärten ausnahmslos ihre Bereitschaft zum sofortigen Generalstreik, falls die Regierung hinsichtlich des Ruhrgebiets nicht befriedigend Stellung beziehe, wobei die Sprecher der Hochbahner und der Straßenbahner hinzufügten, sie würden notfalls auch zum Mittel der Sabotage greifen. Lediglich vom Reichsausschuß der Beamten — der in der Versammlung nicht vertreten war — wurde mitgeteilt, daß er einen ausdrücklichen Beschluß gegen eine „Streikparole, die nicht von der verfassungsmäßigen Regierung ausgegeben" sei, gefaßt habe. Um 22 Uhr wurde die Versammlung unterbrochen. In der Pause formulierte die KPD-Fraktion folgende Entschließung:
„Die Stunde des Handelns ist gekommen. Durch Verhandlungen ist die Arbeiterklasse zu dem selbstmörderischen Abbruch des Generalstreiks gezwungen worden, durch Verhandlungen sind unsere schwer bedrohten Klassengenossen nicht mehr zu retten. Jedes weitere Zögern gibt der Soldateska die Möglichkeit, unter der Arbeiterschaft des Ruhrgebietes ein entsetzliches Blutbad anzurichten und auf Umwegen das Ziel des 13. März zu erreichen. Die Generalversammlung der Betriebsräte Groß-Berlins beschließt:
Die Arbeiter und Angestellten aller Berufe treten morgen sofort in den Betrieben zusammen, um zum Generalstreik Stellung zu nehmen. Die Abstimmungsresultate sind der Vollversammlung, Bötzowbrauerei, mitzuteilen. Die Generalversammlungsdelegierten treten morgen um 2 Uhr wieder zusammen.
Die Parolen sind:
1. Rettung der Arbeiterschaft des Ruhrreviers.
2. Bewaffnung der organisierten Arbeiter.
3. Entwaffnung aller Truppen, die gegen die Arbeiter kämpfen oder gekämpft haben."

---

* Zu dieser von den Berliner Rätetheoretikern entworfenen Form der abgestuften Willensbildung vgl. II, Seite 130.

Diese Entschließung wurde kurz vor 23 Uhr unter starkem Widerspruch angenommen, mit der Änderung, daß die Generalversammlung statt um 14 schon um 13 Uhr wieder zusammentreten solle. Die widersprechende Minderheit verlangte die sofortige Proklamation des Generalstreiks. Die Mehrheit ließ sich u.a. von dem Gesichtspunkt leiten, daß von seiten der Regierung noch immer nicht die endgültige Antwort auf die drei Forderungen der Gewerkschaften und Arbeiterparteien vorlag.[41]

Die Kampfbereitschaft der Arbeiter, die in dieser Versammlung zum Ausdruck kam, machte deutlich, warum Legien am Nachmittag so nervös auf die Anwesenheit der beiden Betriebsrätevertreter reagiert hatte. Dieser Zusammenhang wurde von Legien selbst ausgesprochen und für jedermann sichtbar gemacht. Das „8-Uhr-Abendblatt" der „Nationalzeitung", ein Sensationsblatt, erschien mit der Meldung — die dann über WTB ins ganze Reich hinausging —, die drei Forderungen der Gewerkschaften und Arbeiterparteien seien *als Ultimatum* formuliert worden; „falls die Regierung ... auch nur eine dieser Forderungen ablehnen sollte", solle „der sofortige Generalstreik für Berlin proklamiert werden".[42] Dieser Meldung traten Legien und Osterroth (SPD) sofort mit einem scharfen Dementi im „Vorwärts" und einer SPD-Pressekorrespondenz entgegen. Bei Formulierung der Forderungen, erklärten sie, sei „von einem Ultimatum ... nicht im entferntesten die Rede" gewesen und vom Generalstreik sei „in der Sitzung von keiner Seite, auch nicht einmal andeutungsweise, gesprochen worden"; es handele sich daher „um eine *gewissenlose Irreführung* der ohnehin erregten Arbeiterschaft Deutschlands, die nur den Zweck verfolgt, eine *schwere Schädigung unseres öffentlichen und Wirtschaftslebens* herbeizuführen".[43]

Man kann annehmen, daß die Regierung ihre Stellungnahme zu den Forderungen der Gewerkschaften und Arbeiterparteien schon während der Generalversammlung der Betriebsräte formuliert hatte, daß sie aber mit der Veröffentlichung bis zu deren Ende wartete.[44] Im Laufe der Nacht schickte sie die folgende Erklärung an Eckardt und Legien und teilte sie gleichzeitig telefonisch Severing in Münster mit:

„Die Reichsregierung sieht nach wie vor in dem Bielefelder Abkommen eine geeignete Grundlage für die Regelung der Verhältnisse im Ruhrrevier und für die Wiederherstellung verfassungsmäßiger Zustände. Sie hat auch ihrerseits sich an das Bielefelder Abkommen gebunden und die Truppen bisher nicht in das Industriegebiet einmarschieren lassen ...

Dagegen ist von der anderen Seite, obwohl inzwischen 7 Tage verflossen sind, nicht das Geringste geschehen, um die aus dem Bielefelder Abkommen sich ergebenden Verpflichtungen zu erfüllen. Im Gegenteil: Wesel ist unausgesetzt angegriffen worden; Plünderungen haben in zahlreichen Orten stattgefunden; erpresserische Eingriffe in Bankdepots und in die Bestände der Reichsbank haben sich ereignet; Lebensmittel, Vieh usw. sind gewaltsam weggenommen worden; Hilferufe aus Stadt und Land treffen ununterbrochen bei der Reichsregierung ein.

Pflicht der Regierung ist es, wie von jedem Einsichtigen anerkannt werden muß, dieser Not ein Ende zu machen und wieder für alle Bewohner des Ruhrgebiets geordnete Zustände herzustellen. Dies soll auf der Grundlage des Bielefelder Ab-

kommens geschehen, bei dessen Abschluß die Abberufung des Generals Watter nicht nur nicht verlangt, sondern ausdrücklich gemeinsam abgelehnt wurde.
Im übrigen wird die Durchführung der notwendigen Maßnahmen, wie bereits vom Reichskanzler in der heutigen Sitzung der Nationalversammlung mitgeteilt, unter Beteiligung von zivilen Vertrauensmännern und in einer Form erfolgen, daß die Bevölkerung mehr als 48 Stunden Zeit haben wird, von sich aus geordnete Zustände herzustellen, so daß die etwa notwendig werdende Anwendung von Gewalt nur noch auf Aufrührer und Verbrecher beschränkt sein würde."[45]

In diesem Augenblick hing es buchstäblich von zwei Männern ab, ob die Aufstandsbewegung im Ruhrgebiet noch eine Atempause bekommen würde: von Pieck und Eckardt, den beiden Delegierten des Essener Zentralrats. Würden sie die Antwort der Regierung als ausreichend ansehen? Noch heute stockt einem der Atem, wenn man die Szene betrachtet.

Das Papier war ein Meisterstück an Zweideutigkeit. Das Bielefelder Abkommen wurde zwar im ersten Absatz anerkannt (mit der heuchlerischen, sachlich durchaus unwahren Formel „nach wie vor"), aber im folgenden enthüllt sich diese Anerkennung als rein verbal. Ein Verzicht auf einen Einmarsch der Reichswehr — der entscheidende Punkt — wurde nicht geleistet. Im Gegenteil: machen schon die Formulierungen „Herstellung geordneter Zustände", „Durchführung der notwendigen Maßnahmen" stutzig, so wird durch den Hinweis auf die „zivilen Vertrauensmänner" im letzten Absatz alles klar: diese sollten ja, wie der Reichskanzler in der Nationalversammlung erklärt hatte, den zum Einsatz kommenden Truppen vorausgehen. (Das sagte das Papier freilich nicht; offenbar vertraute die Regierung darauf, daß das amtliche Protokoll der Parlamentssitzung noch nicht vorlag.) Demgegenüber war das Zugeständnis einer Frist von 48 Stunden vollkommen wertlos: „Aufrührer und Verbrecher", mit denen „die etwa notwendig werdende Anwendung von Gewalt" begründet wurde, würden sich in jedem Fall auch nach 48 Stunden finden lassen. Die zweite Forderung der Gewerkschaften und Arbeiterparteien — Aufhebung der Zusatzbestimmungen Watters und des Ausnahmerechts — wurde überhaupt nicht erwähnt, während die Antwort auf die Forderung nach Abberufung Watters eine weitere Unverfrorenheit war: die in Bielefeld verhandelnden Arbeitervertreter hatten auf diese Forderung zähneknirschend verzichtet; die Regierung machte daraus, sie hätten sie ausdrücklich abgelehnt.[46]

Ganz anders analysierten Pieck und Eckardt die Erklärung der Regierung: sie erblickten in ihr eine „Verhandlungsbasis".[47] Der Hauptmangel des Papiers bestand ihrer Meinung nach in seiner Unklarheit; so jedenfalls muß man aus der Vereinbarung schließen, die sie mit den Gewerkschaften trafen, daß diese nur noch eine „Präzisierung" in folgenden Punkten zu erreichen versuchen sollten:

1. unter „Aufrührern" werden nur die Bewaffneten verstanden, die sich dem Essener Zentralrat nicht fügen;
2. die Regierung verzichtet ausdrücklich auf den militärischen Einmarsch;
3. Standgerichte und außerordentliche Kriegsgerichte werden aufgehoben, gemeine Verbrecher werden von den ordentlichen Gerichten abgeurteilt;
4. Watter wird abberufen.[48]

Die Verhandlungen mit der Regierung über diese Punkte wollten Pieck und Eckardt nicht mehr abwarten; *sie fuhren sofort ins Ruhrgebiet zurück.*[49]
Wie man es auch dreht und wendet: letztlich bleibt das Verhalten Piecks und Eckardts unverständlich. Einzelne Seiten freilich sind deutlich. Zunächst die vier Forderungen: Punkt 1 bedeutete den Versuch, den Essener Zentralrat als alleinigen Verhandlungspartner der Regierung zu etablieren. Punkt 4 war im Moment für die Regierung unerfüllbar und dabei für die Aufständischen ganz unnötig: entscheidend waren allein die Punkte 2 und 3 (bis auf die Preisgabe der „gemeinen Verbrecher" an die Justiz, wozu bereits bei der Analyse des Bielefelder Abkommens das Nötige gesagt wurde) — wenn sie zugestanden wurden, konnte Watter getrost Wehrkreiskommandeur bleiben. Nur eben indem Pieck und Eckardt diese beiden Punkte nochmals fordern mußten, gestanden sie implizit ein, daß die Erklärung der Regierung für die Aufstandsbewegung *nicht* befriedigend war. Wenn sie trotzdem die weiteren Verhandlungen den Gewerkschaften überließen, so heißt das nichts anderes, als daß sie ihren Auftrag nicht erfüllten. Gleichzeitig verhielten sie sich gegenüber den Berliner Betriebsräten so autoritär wie nur möglich: statt bis zur neuen Generalversammlung abzuwarten und ihr die endgültige Stellungnahme zu überlassen, fällten sie die Entscheidung und reisten ab. Dabei hätte der Text der Erklärung der Regierung genau so gut telefonisch ins Ruhrgebiet übermittelt werden können, ganz abgesehen davon, daß dies ohnehin seitens der Nachrichtenagenturen geschah. Im Ruhrgebiet waren Pieck und Eckardt so wichtig und unwichtig wie jeder andere Funktionär. Empfanden sie das anders? Wollten sie persönlich die Antwort der Regierung überbringen und interpretieren? mit großer Geste? Wenn dies die Intention war, so sollten beide nicht auf ihre Rechnung kommen.
Leider läßt sich über die nächtlichen Beratungen mehr nicht sagen; eine zentrale Quelle, das Tagebuch von Pieck, wird von der SED unter Verschluß gehalten.*
Wir können hier nur wiedergeben, was Däumig (Vorsitzender der USP und Vertreter der Betriebsrätezentrale) und Walcher (Vertreter der KPD-Zentrale) in der Generalversammlung der Betriebsräte vorbrachten, die Pieck und Eckardt nicht mehr abgewartet hatten. Zwar sei vorauszusehen, so führte Däumig aus, „daß die Lage sich notwendig in kurzer Zeit (wieder) verschärfen" werde, im Augenblick aber drohe dem Ruhrproletariat „keine unmittelbare Gefahr". Das sei der eine Grund, warum man den Generalstreik nicht proklamieren könne. Der andere: die Erklärung der Regierung werde „auf den rückständigen Teil der deutschen Arbeiterschaft Eindruck machen und ... den Glauben erwecken, die Ziele, für die wir kämpfen, könnten auf friedliche Art erreicht werden". Walcher

* Die Bitte um Einsicht in das Tagebuch, zuletzt befürwortet von Wolfgang Abendroth, wurde vom Institut für Marxismus-Leninismus beim ZK der SED mehrmals abgeschlagen; stattdessen wies man mich auf den Abschnitt „Der heroische Kampf des Ruhrproletariats" in der Untersuchung der SED-Historiker Könnemann und Krusch hin. Durch das letztere habe ich mich verhöhnt gefühlt. Die beiden Autoren erwähnen nämlich die bedeutsame Episode nicht nur mit keinem Wort, sondern ergehen sich in allgemeinen Wendungen und drehen dabei das Ganze — siehe oben Seite 203 das Zitat zu Eingang des Kapitels — zu einem neuen Ruhmesblatt der KPD um. Vorsorglich möchte ich erklären, daß ich eine Kritik meiner Darstellung durch SED-Historiker nur dann akzeptieren kann, wenn gleichzeitig das Tagebuch Piecks allgemein zugänglich gemacht wird.

sagte: „Wenn wir gestern abend den Streik nicht beschlossen haben, dann nicht aus Ängstlichkeit, sondern aus der nüchternen Erkenntnis, daß die Vorbedingungen für eine geschlossene, mächtige Aktion nicht gegeben sind".[50] Daraus geht über die nächtlichen Beratungen zweierlei hervor: man hielt die Gefahr für das Ruhrproletariat nach Abgabe der Erklärung der Regierung für gebannt, und man sah es als unmöglich an, vor der Berliner Arbeiterschaft die Erklärung der Regierung als ungenügend zu bezeichnen und mit dieser Begründung zum Generalstreik aufzufordern. Dabei stand das eine mit dem anderen in teilweisem Widerspruch (wenn man die Gefahr für gebannt hielt, brauchte man die weitere Überlegung nicht mehr anzustellen). Im übrigen scheint festzustehen, daß Pieck und Eckardt — ebenso autoritär wie gegenüber den Berliner Betriebsräten — sich vor ihrer Entscheidung nicht mit dem Essener Zentralrat verständigt haben.
Was wäre geschehen, wenn die beiden die Berliner Arbeiterführer aufgefordert hätten, den Generalstreik zu proklamieren, und die Generalversammlung der Betriebsräte — was in diesem Fall so gut wie sicher gewesen wäre — dies aufgegriffen hätte? Der ADGB hätte sich, das ist sicher, mit aller Macht gegen den Generalstreik gestemmt,*[51] er hätte also seine zweideutige Rolle verlassen; aber es scheint, als hätte er mit einem Gegenaufruf in diesem Moment kaum noch Gefolgschaft gefunden. Für die Regierung kann man nur einen Wahrscheinlichkeitsschluß ziehen: wenn sie schon durch den Generalstreik im Ruhrgebiet dazu gebracht wurde, ein Stück zurückzuweichen, so hätte ein Generalstreik in Berlin dies vermutlich erst recht bewirkt. Wahrscheinlich hätte das Militär schließlich doch den Einmarsch durchgesetzt, aber das Ruhrproletariat hätte eine entscheidende zusätzliche Zeitspanne erhalten, in dem es die Aufstandsbewegung hätte beenden können (allerdings wohl nicht ohne Gewaltanwendung gegen einzelne Kampfleiter und ihnen folgende kleine Teile der Roten Armee). Eine halbwegs geordnete Rückkehr der bewaffneten Arbeiter wäre möglich gewesen und überdies allgemein eine Einstellung auf den Einmarsch der Reichswehr, der damit nicht in schierer Panik oder Apathie hätte erfahren werden müssen.
Die erneuten Verhandlungen zwischen Gewerkschaften und Regierung, die am Vormittag geführt wurden,[52] endeten damit, daß die Regierung ihre in der Nacht abgegebene Erklärung in drei Punkten präzisierte:
„*1. Als Aufrührer* [gegen die allein — so die nächtliche Erklärung der Regierung — sich „die etwa notwendig werdende Anwendung von Gewalt" richten sollte] *ist nur derjenige zu betrachten, der nach dem 2. April 1920 mittags 12 Uhr zum Zwecke des Kampfes gegen die verfassungsmäßigen Organe Waffen führt, oder die Waffen entgegen der Vereinbarung nicht niedergelegt hat.*
2. In den Orten und Bezirken, in denen die Waffenniederlegung bis zum ge-

---

* Das geht nicht nur aus dem Dementi von Legien und Osterroth zur Meldung des „8-Uhr-Abendblatts" hervor, sondern auch aus einem Telefongespräch, das Legien abseits der offiziellen Verhandlungen zwischen Gewerkschaften und Regierung mit der Reichskanzlei führte: er erklärte, es komme in der gegenwärtigen Situation darauf an, daß die Regierung Langmut bis zur äußersten Grenze zeige. Mit diesem Telefongespräch enthüllte Legien sich zugleich als geheimer Partner der Regierung — das Doppelspiel, das er spielte, ist unverkennbar.

nannten Termin erfolgt ist, werden keine Standgerichte eingesetzt, etwa bestehende sofort aufgehoben.
3. Der Reichsregierung liegt bisher Material gegen die politische Haltung des Generals v. Watter nicht vor. Wenn solches eingereicht wird, wird es geprüft werden."[53]
Nicht erreicht hatten die Gewerkschaften also: die Abberufung Watters, die generelle Aufhebung der Standgerichte und der außerordentlichen Kriegsge-

„Die Ausrüstung der Roten Armee war ... vollkommen improvisiert. In ihrer normalen Kleidung hatten sich die Arbeiter in den Kampf geworfen ... Eine Minderheit hatte irgendein Überbleibsel aus der Kriegszeit, z.B. Wickelgamaschen, anlegen können ..." (II, Seite 84)

Rotgardist in Dinslaken

richte, vor allem aber den Verzicht der Regierung auf den militärischen Einmarsch. Bei der letzten Frage behielt sich die Regierung während der Verhandlungen sogar ausdrücklich „volle Handlungsfreiheit" vor.[54] Damit hatte die Regierung ihre Absichten mit aller wünschenswerten Deutlichkeit klargestellt. Würde dies für die Berliner Arbeiterführer ein Anlaß sein, ihre nächtlichen Vereinbarungen mit Pieck und Eckardt wieder umzustoßen? Keineswegs. In der Generalversammlung der Betriebsräte, die um 13 Uhr in der Bötzow-Brauerei begann, empfahlen Däumig und Walcher, den Generalstreik jetzt nicht zu proklamieren. Ihre Mitteilungen über die nächtlichen Beratungen mit Pieck und Eckardt haben wir bereits wiedergegeben. Däumig verwies die Delegierten auf die unmittelbar bevorstehenden Kämpfe um die Sozialisierung und um die Entwaffnung von Einwohnerwehren und Zeitfreiwilligen, während Walcher sagte: „Die Regierung, deren einziger Stützpunkt die Bajonette der Grauen und Grünen sind, kann die Kompromißpolitik, die sie jetzt führt, nur so lange treiben, als die Soldateska noch schwach ist. Erstarkt sie aber, und das geschieht im selben Verhältnis, wie die Revolutionierung der Arbeiter steigt, dann muß es zum nochmaligen, schärfsten Zusammenstoß zwischen Proletariat und Regierung kommen". Beide Redner forderten daher zu ständiger Aufrechterhaltung der Kampfbereitschaft auf. Mehrere Diskussionsredner dagegen verlangten die sofortige Proklamation des Generalstreiks, und Delegierte, die der KPD angehörten (möglicherweise handelte es sich sogar um die gesamte KPD-Fraktion), legten eine Erklärung vor, in der bedauert wurde, daß der Generalstreik nicht bereits in der Generalversammlung am Abend zuvor proklamiert worden sei; die Arbeiter wurden aufgefordert, solche Betriebsräte, die jetzt gegen den Generalstreik stimmten, abzuwählen und durch neue zu ersetzen. Die Mehrheit der Versammlung jedoch stimmte für die von Däumig vorgelegte Resolution, die den Aktionsausschuß der Generalversammlung beauftragte, „alles zu tun, um die Verbindung mit den Klassengenossen in Rheinland und Westfalen und allen anderen Industriegebieten aufrechtzuerhalten, um im gegebenen Fall einen einheitlichen Kampf auf der ganzen Linie zu führen"; außerdem sollte der Aktionsausschuß die Generalversammlung einberufen, „sobald die Situation sich ändert".[55]
Doch das waren fromme Wünsche. Zu verwirrend waren die Nachrichten, die von nun an aus dem Ruhrgebiet eingingen, als daß noch ein einmütiger Beschluß zur Wiederaufnahme des Kampfes hätte zustandekommen können. Einen Moment lang hatte es die Möglichkeit gegeben, anders zu entscheiden, und diese Möglichkeit war ausgeschlagen worden. Ein zweites Mal kam die Gelegenheit nicht wieder — konnte nicht wiederkommen.

*

Um 17.30 Uhr trat die Reichsregierung erneut zusammen.[56] Leider fehlt auch von dieser Sitzung ein Protokoll; man kann aber als ziemlich sicher annehmen, daß der Reichskanzler den Vertretern der Reichswehr klarzumachen versuchte, daß die gemachten Zugeständnisse unvermeidlich gewesen seien und daß man nun von der Berliner Arbeiterschaft nichts mehr zu befürchten habe — vorausgesetzt, daß die Zugeständnisse von seiten des Militärs eingehalten würden. Es wäre wichtig zu wissen, ob es zu Auseinandersetzungen im Kabinett kam, aber das liegt für immer im Dunkel. Wichtig jedoch ist auch, was man weiß: nach der Kabinettssitzung erhielt General v. Watter einen Befehl, wonach „vor dem 2. April" alle Kampfhandlungen und an den Stellen, wo die Rote Armee sich zurückgezogen hatte, alle „provozierenden Märsche" zu unterlassen waren.[57] Danach war es dem Reichswehrministerium gelungen, einen Abstrich an den Zugeständnissen der Regierung durchzusetzen. Diese hatte ja den Aufständischen Zeit für den Abbruch des Kampfes bis zum 2. April, 12 Uhr, eingeräumt; der Befehl an Watter dagegen konnte nur bedeuten, daß das Militär ab dem 2. April (genaugenommen also ab 0 Uhr) seinen Vormarsch fortsetzen durfte.[58]

Otto Braß, Remscheid (USP)

Willi Cuno, Oberbürgermeister von Hagen

Josef Ernst, Hagen (USP)

Otto Geßler, Reichswehrminister

Johann Giesberts, Reichspostminister

Heinrich Hansmann, Hörde (SPD)

Hauptmann Otto Hasenclever,
gefallen in Wetter am 15. März 1920

Martin Hirdes, Hagen (SPD)

Max König,
Regierungspräsident von Arnsberg (SPD)

Carl Legien, Vorsitzender des ADGB

Konrad Ludwig, Hagen (USP)

Hauptmann Otto Lichtschlag,
Freikorpsführer

Adolf Meinberg, Dortmund (KPD)

Hermann Merkel, Solingen (USP)

Hermann Müller, Reichskanzler (SPD)

Karl Obermeyer, Essen (SPD) Walter Oettinghaus, Milspe (USP)

Paul Sauerbrey, Barmen (USP) Gustav Schneider, Hagen (USP)

Heinrich Teuber, Bochum (USP)

General Oskar v. Watter

Carl Severing,
Reichs- und Staatskommissar (SPD)

5. Kapitel

Der Sieg des Militärs über die letzten Kompromißversuche

1. Umstände und Verlauf der Konferenz von Münster

> *„Aus diesem Buche* (Severings Erinnerungen von 1927), *das schon auf der Titelseite einen Bergmann und die Konturen eines Bergwerkes zeigt, spricht* ... *eine warme menschliche und soziale Verbundenheit mit den Bergarbeitern und ihrem schweren Los."*
>
> Carl Severing — Ein Freund der Bergarbeiter. Zu seinem 75. Geburtstag am 1. Juni 1950, in: Die Bergbau-Industrie (Zeitschrift der IG Bergbau), 3. Jg., 1950, S. 134

Am 30. März trafen im Ruhrgebiet zunächst sehr verwirrende Nachrichten ein. Am Vormittag hieß es in Hagen, Watter habe die Frist für die Erfüllung seiner Forderungen um 24 Stunden verlängert;[1] hieß es in Elberfeld, laut einem Berliner Telegramm an Oettinghaus habe die Regierung angeordnet, „daß die Reichswehrtruppen den Vormarsch unverzüglich einzustellen" hätten, während Severing sich „auf der Fahrt nach Essen zu weiteren Verhandlungen" befinde.[2] Dann kam die amtliche WTB-Meldung aus Berlin von Severings neuer Mission, der Erweiterung seiner Vollmachten, der geplanten Konferenz am nächsten Vormittag in Hagen und dem Befehl an Watter, bis dahin den Vormarsch einzustellen.[3] Das Hagener SPD-Blatt erfuhr zusätzlich aus Berlin: „Der Kampf um Mülheim und Duisburg soll isoliert werden. Mit den übrigen Städten soll ein Ausgleich geschaffen werden auf dem Boden der Bielefelder Beschlüsse".[4] Daraufhin wurde am Nachmittag in Hagen der Generalstreik, für den ohnehin keine rechte Stimmung bestand,[5] abgebrochen;[6] der Essener Zentralrat bezeichnete diese Maßnahme als verfrüht und griff die Hagener Arbeiterführer heftig an.[7] — Mit Freude und Erleichterung wurde überall die Meldung des Berliner „8 Uhr-Abendblatts" vom (angeblichen) Ultimatum der Gewerkschaften und Arbeiterparteien an die Regierung aufge-

nommen;[8] in Barmen wurden noch in der Nacht Plakate mit der Meldung angeschlagen,[9] und in Essen wurde die Meldung am folgenden Tag vom örtlichen SPD-Blatt und besonders stark vom KPD-Blatt herausgestellt.[10]
Am Abend traf Severing in Münster ein.[11] General v. Watter war durch die amtliche WTB-Meldung bereits vorbereitet; er empfing Severing in Gegenwart von mehreren Generalstabsoffizieren. Als Severing seine neue Vollmacht überreichte (laut Darstellung Watters mit zögernder Geste), gab er sich äußerst empört. Er bezeichnete die Vollmacht als seine, Watters, förmliche Unterstellung unter den zivilen Reichskommissar; unter diesen Umständen müsse er sein Amt niederlegen, erklärte er und forderte Severing auf, die Führung des Wehrkreiskommandos zu übernehmen. Severing wich sofort zurück und erwiderte, er habe nie daran gedacht, in die militärische Entscheidungskompetenz Watters einzugreifen, und die beiderseitige Zusammenarbeit solle wie in der Zeit vor dem Kapp-Putsch erfolgen. Nur an der Befugnis, die politische Seite der militärischen Entscheidungen mitzugestalten, müsse er festhalten, was die Einsetzung von Zivilkommissaren bei den einzelnen Truppenteilen einschließe. Auf diese Auslegung der Vollmacht ging Watter, wenn auch immer noch widerwillig, ein, wobei er sich vornahm, durch Absprache mit den Truppenkommandeuren die Zivilkommissare so weit wie möglich auszuschalten. Damit war freilich die Kontroverse noch nicht beigelegt. Einen vorläufigen Marschstop bis zum Ende der Hagener Konferenz empfand Watter als ungeheuerliche Zumutung in einem Moment, wo (angeblich) die französische Regierung die Genehmigung zum Einmarsch in die neutrale Zone erteilt hatte, und überhaupt war er gegen ein neuerliches Verhandeln mit den Führern der Aufständischen. Da er die Konferenz als solche nicht verhindern konnte, erhob er wenigstens Einspruch gegen den Konferenzort: bei der Bielefelder Konferenz hatte er die Erfahrung gemacht, daß ohne seine direkte Einflußnahme und Kontrolle die Gefahr bestand, daß Severing nicht absolut kompromißlos blieb. Um eine Wiederholung auszuschließen, vereinbarte er mit Severing, daß die Konferenz in Münster stattfinden solle. Hatte Severing bei der Bielefelder Konferenz den „Milieuvorteil" gehabt, so würde ihn jetzt Watter haben.[12]
Erst spät in der Nacht kam Severing dazu, auf telefonischem Wege zu der Konferenz einzuladen. Entsprechend dem Auftrag der Regierung sollten nur Vertreter solcher Städte kommen, die sich von Anfang an auf den Boden des Bielefelder Abkommens gestellt hatten, und so setzte sich Severing mit seinen Parteifreunden in Elberfeld und mit Ernst in Hagen in Verbindung, denen er es überließ, weitere Einladungen auszusprechen. Den Essener Zentralrat und den Dortmunder Vollzugsrat lud er bewußt nicht ein, weil er entsprechend der Haltung der Regierung eine Anerkennung des Zentralrats vermeiden wollte, dann aber auch, um die mit Sicherheit zu erwartenden scharfen Angriffe der Zentrumspresse zu vermeiden, er, der Vertreter der Reichsregierung, habe sich erneut mit den „Bolschewisten" zu Verhandlungen zusammengesetzt.[13] Daß Severing nur an Delegierte aus dem Hagener Bezirk und dem Bergischen Land dachte, geht auch daraus hervor, daß er einen Sonderzug aus dem Wuppertal über Schwerte-Hamm bereitstellen ließ, der die Delegierten nach Münster bringen sollte.[14]
Am nächsten Tag gingen die Reibereien mit Watter weiter, als aus Berlin zu-

nächst die Erklärung der Regierung zu den Forderungen der Gewerkschaften und Arbeiterparteien und dann deren zusätzliche Präzisierung (oben Seite 221 f., 224 f.) mitgeteilt wurden.[15] Severing war mit diesen Zugeständnissen — insbesondere mit der Fristverlängerung bis zum 2. April, 12 Uhr — nicht einverstanden,[16] aber als Vertreter der Reichsregierung mußte er sie gegenüber Watter vertreten, und so warb er um Verständnis für die Lage der Regierung (Druck der Gewerkschaften usw.).[17] Das Ergebnis bestand in der folgenden Verfügung Watters an die Truppenführer, in der er zugleich seinen Geheimbefehl vom 22. März (I, Seite 307 f.) abmilderte:

„Die Regierung hält das Bielefelder Abkommen für eine geeignete Basis für eine Beruhigung der auf dem Boden der Verfassung stehenden Teile der Arbeiterschaft des Industriegebiets. Wenn auch das Abkommen von der feindlichen Heeresleitung nur an ganz wenigen Stellen befolgt ist, so will die Regierung doch kein Mittel unversucht lassen, die Lösung der schwierigen Frage auf politisch-diplomatischem Wege zu erreichen. An dieser Absicht ändert auch das Ultimatum nichts. Für die Truppe ergibt sich hieraus:
a) Die Waffenabgabe muß erst am 3. April durchgeführt sein. Sie hat nach dem Bielefelder Abkommen Ziffer 9 und 12 zu erfolgen.
b) Ab 3. April darf es keine Aktionsausschüsse, sondern nur noch Ordnungsausschüsse geben.
c) Es gibt in den Gemeinden zur Verstärkung der ordentlichen Polizei Ortswehren in Stärke von 3 auf 1000 Einwohner, die sich aus den Kreisen der republikanischen Bevölkerung . . . zusammensetzen.
d) Die Wehren zu c. sind Polizeiorgane und unterstehen nach der Verordnung des Reichspräsidenten vom 13. Januar 1920 [Verhängung des einfachen Ausnahmezustands] *in ihrer Verwendung dem örtlichen Militärbefehlshaber, sobald Militär eingerückt ist.*
In Abänderung des Befehls . . . vom 22. März, wonach in jedem Bewaffneten ein Feind zu sehen ist, muß also gesagt werden, daß die Ortswehren zu Recht Waffen haben und nicht als Feind anzusehen sind, falls sie nicht die Truppe angreifen. Die Führer der Ortswehren sind aufgefordert, bei Herannahen der Truppe sich mit ihr in Verbindung zu setzen und die Verwendung der Wehr zu erfragen" [gemeint war das am 30. März über dem Aufstandsgebiet abgeworfene Flugblatt, oben Seite 199).[18]

Ein weiterer Reibungspunkt zwischen Watter und Severing entstand, als der letztere aus politischen Gründen die Einstellung des Vormarsches im Osten des Ruhrgebiets und die Vorbereitung des breiten Vormarsches auf der Lippefront forderte, entsprechend der Vertragstreue des Hagener Bezirks und der „Vertragsbrüchigkeit" des westlichen Ruhrgebiets. Watter setzte ihm auseinander, daß beides genau den Möglichkeiten zuwiderlaufe, die die Bestimmungen über die neutrale Zone ließen[19] (daß die Genehmigung der französischen Regierung doch noch nicht vorlag, war inzwischen aus Berlin gemeldet worden).
Ebenfalls am 31. ernannte Severing die ersten Zivilkommissare für die einzelnen Truppenteile[20] (als die Liste komplett war, zeigte sich, daß es ausschließlich Funktionäre der SPD und der freien Gewerkschaften waren).[21] Ihre Kompetenzen waren bereits in der von der Regierung erteilten Vollmacht für Severing festge-

legt (oben Seite 215).²² Watter teilte die Namen den Truppenteilen mit und fügte hinzu, es handle sich um „politische Berater", die „in die militärische Leitung nicht einzugreifen" hätten.²³
Wie gespannt das Verhältnis zwischen Reichskommissar und Militär geworden war, wurde blitzartig beleuchtet, als auf Severing ein Attentat versucht wurde (beim Abendessen in einem separaten Hotelzimmer), das zweifellos von einer militärischen Stelle inspiriert war. Nur die den Attentätern unerwartete Anwesenheit von Hauptmann Lorenz rettete ihm das Leben. Die folgenden Nächte verbrachte er außerhalb seiner Wohnung.²⁴
Der Vorfall ist nur in einer einzigen Quelle überliefert: in Severings Erinnerungsbuch von 1927. Nimmt man an (wie wir es tun), daß Severing ihn nicht erfunden hat, dann folgt daraus zweierlei. Das Fehlen jeder Pressenotiz über den Vorfall bedeutet erstens, daß dieser konsequent vertuscht worden ist. Und zweitens muß bei der Interpretation des weiteren Verhaltens von Severing angenommen werden, daß bei ihm von jetzt an nicht zuletzt schiere Angst im Spiel war.

*

Hatten die Truppen Watters auch während der vom Ultimatum der Regierung gesetzten Frist (bis 30. März, 12 Uhr) ihren Vormarsch fortgesetzt, so taten sie das natürlich erst recht nach Ablauf des Ultimatums während der Verhandlungen in Berlin. In Dorsten zog am Nachmittag des 30. ein Bataillon der Marinebrigade Loewenfeld ein, an der Spitze Freikorpsführer v. Loewenfeld persönlich.²⁵ Im weiteren Verlauf des Tages und am 31. kam es immer wieder außerhalb der Stadt zu Patrouillengefechten mit kleineren Rotgardisteneinheiten.²⁶ Am Abend des 30. wurden gefangene Rotgardisten beim Transport auf offener Straße mißhandelt. Zahlreiche Bürger der Stadt protestierten sofort bei v. Loewenfeld, und auch Vertreter der Stadtverwaltung wurden bei ihm vorstellig — ein nahezu einmaliger Fall in der nun beginnenden Liquidierung des Aufstands. v. Loewenfeld verurteilte den Vorfall und versprach Bestrafung der Schuldigen.²⁷
Haltern blieb am 30., abgesehen von einem kurzen Vorstoß von Rotgardisten in die Stadt, Niemandsland. Am Abend des 31. wurde es auf ausdrücklichen Befehl v. Watters von den drei aus Schlesien herantransportierten Freikorps Aulock, Faupel und Kühme besetzt.²⁸ Die nächsten Rotgardisten standen in Hamm-Bossendorf, einem Dorf südlich des Lippe-Seitenkanals. Bei kleineren Schießereien mit der Reichswehr hatten sie mindestens einen Toten.²⁹
Im Ostteil von Hamm rückten am 30. nachmittags kampflos die ersten Einheiten der Brigade Epp ein, laut Mitteilung des Wehrkreiskommandos „auf die dringenden Hilferufe des Bürgermeisters und (des) Landrats".³⁰ Am frühen Morgen des 31. wurde der nördliche Bergarbeitervorort Radbod kriegsmäßig besetzt („Fenster zu! Straße frei!"), und um 10 Uhr zog das Gros der Brigade mit Panzerautos und Kavallerie, „Lieb Vaterland, magst ruhig sein" singend, in der Innenstadt ein; auf dem Marktplatz nahm Epp eine Parade ab.³¹ In Ahlen hielten rückwärtige Einheiten der Brigade den Nachtschnellzug Köln-Berlin an; die Reisenden mußten sich ausweisen. Ein Kaufmann Katz aus Berlin wurde gemeldet: „Herr Leutnant, da ist ein Jud!" Unter der Anschuldigung, er habe „im Abteil

aufrührerische Reden gehalten und sich als einen Freund Radeks bezeichnet" (eine Frau sollte das bekundet haben; dabei war gar keine Frau im Abteil gewesen), wurde Katz festgenommen; erst nach mehreren Tagen kam er in Münster wieder frei.[32]

In dem Bergarbeiterort Herringen westlich von Hamm breitete sich angesichts der näherrückenden Bayern zunehmende Unruhe aus. Am Vormittag des 30. erschienen auf der Zeche „de Wendel" zehn Bergleute und forderten vom Kassierer die Herausgabe der Werkskasse; sie müßten vor der Reichswehr fliehen und brauchten Geld für ihre Familien. (Unter den zehn befanden sich vier Brüder Nowack, die von der Zechendirektion in einem späteren Bericht als „berüchtigt" bezeichnet wurden — was nur heißen kann, daß sie ihr schon seit langem unliebsam aufgefallen waren.) Nachdem der Kassierer sie an den Direktor verwiesen hatte, ließen sie sich von diesem mit der letzten Meldung abspeisen, wonach der Essener Zentralrat das Ultimatum der Regierung angenommen habe. Eine Stunde später kamen sieben andere Bergleute, Mitglieder der örtlichen Arbeiterwehr, auf die Zeche und verlangten Geld; die Noskegarde sei im Anzug und sie müßten fliehen. Als die Direktion die Bezahlung des Sicherheitsdienstes in der Arbeiterwehr ablehnte, forderten sie ihren Lohn für den vergangenen Monat. Die Direktion: Abschlagszahlung sei erst am folgenden Tag, dann erst werde Geld geholt; jetzt seien in der Kasse nur ganz geringe Mittel. Grollend, aber sich mit dieser Auskunft zufriedengebend zogen sich die sieben zurück. In der folgenden Nacht scheiterte der Versuch einer weiteren Gruppe, Sprengstoffe aus der Grube zu holen, weil sich kein Fördermaschinist auf der Zeche befand.[33] Von diesen Vorgängen setzte die Direktion die Brigade Epp offenbar sofort in Kenntnis.[34]

Am 31. gegen Mittag stieß die Brigade auf Herringen vor. Viele Bergleute, ob bewaffnet oder unbewaffnet, waren geflohen, die meisten ins benachbarte Pelkum; etwa 40 Mann jedoch, die sich mit Maschinengewehren in einer Ziegelei verschanzt hatten, versuchten sich zu halten. Bald erlagen sie der Übermacht; drei waren tot, einer schwer verwundet, die übrigen konnten noch entfliehen. Am Nachmittag rückte die Brigade nach Artillerievorbereitung in Herringen ein. Ein Augenzeuge: „Die rechte Soldatenreihe richtete die Gewehrläufe und die Augen nach links und beobachtete scharf die gegenüberliegende Häuserreihe, und umgekehrt: die linke Soldatenreihe nahm die rechte Häuserreihe aufs Korn" — es war wie bei Besetzungen im Weltkrieg. Der Bergarbeiter Kampmann und zwei Brüder Nowack wurden verhaftet, vor ein Standgericht gestellt, zum Tode verurteilt und im Hof der evangelischen Volksschule erschossen. Die beiden Nowacks sind dem Leser bereits bekannt; Kampmann hatte am Vormittag im Magazin der Zeche „de Wendel" ein Fahrrad beschlagnahmt.[35]

Die württembergischen Truppen, die am 30. in Werl eingezogen waren, stießen am 31. mittags weiter nach Westen vor, mit Artillerie, Panzerautos, Kavallerie und in Gruppen ausgeschwärmt. Bei Hemmerde (7 km von Werl entfernt) versuchten Rotgardisten, sie mit Maschinengewehren aufzuhalten. Ihre Stellungen wurden von der feindlichen Artillerie zusammengeschossen; sie hatten zahlreiche Tote.[36] Um 18 Uhr rief Stemmer aus der Kampfleitung Unna beim Stab von General Haas an und wies darauf hin, daß Severing die Einstellung des Reichswehrvormarsches zugesagt habe (diese Nachricht hatte er anscheinend aus Hagen); er wurde keiner Antwort gewürdigt.[37]

An zwei Punkten machten die Arbeiter am Abend des 31. Gegenangriffe. Aus Dinslaken, das am Nachmittag immer schärfer von der 15-cm-Artillerie der Reichswehr unter Feuer genommen worden war — bevorzugtes Ziel war die Zechenkolonie Lohberg —, stießen etwa 150 Rotgardisten unter Führung von Kampfleiter Müller nach Norden vor. Sie kamen 4 Kilometer weit, dann mußten sie sich unter schweren Verlusten zurückziehen. Auch Müller war unter den Toten; seine Leiche wurde nach Mülheim überführt, wo sie in der Kaserne, dem Sitz der Mülheimer Kampfleitung, feierlich aufgebahrt wurde.[38] — Zwischen 18.30 und 20 Uhr wurde Dorsten ohne Vorwarnung von einer Feldkanone der Roten Armee beschossen; man zählte etwa 50 Geschosse, die auf dem Marktplatz, in Häusern und zwei Kirchen einschlugen. Militärisch war diese Beschießung ebenso wirkungslos wie die von Wesel; getötet wurde in der Pfarrkirche eine 70 Jahre alte Frau, die soeben gebeichtet hatte, mehrere Personen wurden leicht verletzt.[39]

*

Im Ruhrgebiet wurde die Nachricht, die Konferenz mit Severing finde nicht in Hagen, sondern in Münster statt, mit Mißtrauen aufgenommen.[40] Was hinter den Kulissen von Münster vorgegangen war, wußte man zwar nicht, konnte es aber erahnen; beim Zentralrat in Essen formulierte man, das Militär habe „umdirigiert".[41]

Eine Folge der Verlegung war den ganzen 31. März über eine allgemeine Unsicherheit, zumal der Kampf an der Front weiterging; in frontnahen Städten wie Hörde trafen abgelöste Fronttruppen und Verwundete ein, während frische Kräfte mit Lastwagen nach vorn gingen (ein Abtransport mit der Eisenbahn scheiterte am Sabotagestreik).[42] In Witten kamen die Arbeiter am Nachmittag zu einer Versammlung zusammen, in der sie zunächst nichts weiter taten, als auf Nachrichten aus Münster zu warten; als diese nicht zu beschaffen waren, beschloß man, auch ohne sie über Fortsetzung oder Beendigung des Generalstreiks zu entscheiden. Die überwiegende Mehrheit stimmte für die Wiederaufnahme der Arbeit.[43] Das Rathaus von Hörde war den ganzen Tag lang von einer Menge umlagert, die vergeblich auf Nachrichten wartete.[44] In Essen bewegten sich große Arbeitermassen in den Straßen; die Mehrzahl fragte sich, warum der Generalstreik fortgesetzt werde, wenn man über eine gütliche Einigung verhandle. An dem Aufkommen solcher Fragen waren Vollzugsrat und Zentralrat nicht schuldlos, da sie es versäumten, Versammlungen abzuhalten, und die Arbeiter vollkommen sich selbst überließen.[45] Anders der Vollzugsrat in Mülheim, der um 16 Uhr zwei parallele Massenversammlungen veranstaltete. Die Reden, die die bekanntesten Arbeiterführer der Stadt hier hielten, waren zum Teil grundsätzlicher Natur; „die bisherigen Organisationen", sagte Deunsch z.B., „seien abgetan, heute könne es nur noch Klassenkampforganisationen geben", und der Syndikalist Reuß erklärte, jetzt gelte es, „den Parteigeist zu beseitigen".[46] Wie sehr in einer Situation der Unsicherheit Gerüchte und Wunschdenken gediehen, wurde

deutlich, als in einer der beiden Versammlungen mitgeteilt wurde, die Regierung habe General v. Watter verhaften lassen.[47]
Die Nachricht von der Verlegung der Konferenz konnte nicht rechtzeitig überallhin verbreitet werden, vor allem nicht in die kleineren Orte. Auto um Auto erschien in Hagen und suchte nach dem Konferenzort; enttäuscht kehrten die Delegierten wieder um, als sie von der Verlegung hörten.[48] Zu ihrem Glück fuhren sie nicht nach Münster weiter.
Eine Ausnahme machten die drei Delegierten des Bochumer Arbeiterrats (Ohrmann als Vertreter der SPD und der AfA, Teuber von der USP und Kämpfner von der KPD). Sie fuhren nach Schwerte, in der Hoffnung, dort noch den Sonderzug zu erreichen. Vor Schwerte trafen sie auf Meinberg, einen weiteren Dortmunder aus der Umgebung von Meinberg und drei Vertreter der streikenden Dortmunder Beamtenschaft; das Auto der fünf hatte eine Panne. Am Morgen hatte Meinberg versucht, den Sabotagestreik der Dortmunder Beamten beizulegen; als die Verhandlungen darüber ergebnislos blieben, hatten sich beide Seiten kurzfristig geeinigt, an der Konferenz mit Severing teilzunehmen und dort die Meinungsverschiedenheiten vorzutragen. Nachdem die Bochumer die Dortmunder von der Verlegung der Konferenz informiert hatten, entschlossen sich die letzteren ebenfalls zur Fahrt nach Münster. In Schwerte erfuhr die Gruppe, daß der Sonderzug bereits durchgefahren war; sie erbat daraufhin vom Bahnhofsvorsteher die Stellung einer Lokomotive, mit der sie dem Sonderzug nachfuhr. Die Hoffnung, diesen noch zu erreichen, zerschlug sich endgültig, als die Lokomotive eine Panne bekam. Nach mehrmaligem Umsteigen erreichte die Gruppe mit einem regulären Personenzug Hamm.
Meinberg hat es später als die größte Dummheit und Naivität seines Lebens bezeichnet, auf diese Weise in das vom Militär besetzte Gebiet gefahren zu sein. Die Nachrichtendrähte der Konterrevolution hatten gearbeitet: bei Einfahrt des Zuges wimmelte der Bahnsteig von Militär; ein Trupp trat vor das Abteil und fragte: „Wo ist Meinberg?" Auf Meinbergs Meldung wurde die ganze Gruppe verhaftet und zur Bahnhofswache abgeführt. Die Dortmunder Beamtenvertreter, die wiederholt ihre Gegnerschaft gegen Meinberg und ihre antispartakistische Gesinnung betonten, wurden freigelassen — sie fuhren dann weiter nach Münster —, die übrigen fünf wurden mehrere Stunden lang unter strenger Bewachung festgehalten. Ihre Erklärungen, sie seien Delegierte einer Konferenz mit dem Reichskommissar und müßten weiter nach Münster, wurden von den Wachsoldaten mit Schimpfereien und Todesdrohungen beantwortet. Mehrmalige Leibesvisitationen; miteinander zu sprechen wurde ihnen verboten.
Um 16 Uhr wurden sie, die Hände auf dem Rücken, unter Bedeckung von rund 20 Schwerbewaffneten mitten durch die Innenstadt ins benachbarte Bad Hamm abgeführt; voran fuhr ein Panzerwagen. Inzwischen hatte das Militär bekanntgegeben, Meinberg sei auf dem Bahnhof gerade in dem Augenblick verhaftet worden, als er eine Lokomotive in Richtung Münster besteigen wollte; da er eine große Geldsumme und einen Auslandspaß bei sich geführt habe (eine später von Severing dementierte Lüge), sei zu vermuten, daß er sich nach Holland habe absetzen wollen. Zu beiden Seiten der Straße standen zahlreiche Menschen Spalier — die Gefangenen bemerkten vor allem Leute aus den „gehobenen" Kreisen,

uniformierte Post- und Bahnbeamte sowie dienstfreie Militärs —, die den Transport mit Johlen und Schreien begleiteten: „Schlagt sie tot, die Spartakisten!" „Schneidet ihnen die Hälse ab!" „Das ist der Meinberg mit seinen Genossen, die werden jetzt an die Wand gestellt!" Immer wieder drängte die Menge heran, um gegen die Gefangenen tätlich zu werden.

Nach einer dreiviertel Stunde endlich kam der Transport am Kurhaus an, wo der Stab der Bayrischen Schützenbrigade Quartier bezogen hatte. Verhör der Gefangenen zunächst durch einen Rittmeister, dann durch Brigadekommandeur Epp persönlich. Epp erklärte ihnen schroff, er könne „sie nicht als Unterhändler gelten lassen". Im übrigen sei das Ultimatum der Regierung bereits am Mittag des vergangenen Tages abgelaufen, seitdem habe das Militär also die Operationen wieder aufgenommen; „von einer Verlängerung der Frist wisse er nichts". Schließlich erkannte er immerhin die Ausweise der drei Bochumer an und stellte ihnen frei, in Hamm zu bleiben; allerdings müßten sie ihm ihren Aufenthaltsort angeben. Die Bochumer hatten jedoch keine Lust, sich, wie sie später schrieben, „dem gebildeten Pöbel von Hamm auszuliefern", außerdem wollten sie sich nicht von den beiden Dortmundern trennen, die Epp für weiterhin verhaftet erklärte.

Abführung der Gefangenen in eine Baracke. Dort machten sich die bayrischen Wachsoldaten eine Gaudi daraus, ihnen den sicheren Tod in allen möglichen Formen auszumalen. Nach mehreren Stunden wieder zum Stab gebracht, erhielten sie den Bescheid, „sie seien vom Wehrkreiskommando Münster auf Wunsch des Ministers Severing freigelassen; sie könnten nach Münster fahren". Die Stellung einer militärischen Schutzwache allerdings hänge von der Entscheidung des Wehrkreiskommandos ab, die in einer halben Stunde zu erwarten sei. Trotz der offiziellen Freilassung wurden die fünf nochmals eingesperrt, wobei aus der halben mehrere Stunden Wartens wurden. Erst nach 23 Uhr — inzwischen war in Münster die Konferenz zuende gegangen — kam der endgültige Bescheid, die Bochumer seien frei; „Meinberg dagegen werde in Münster vor das Kriegsgericht gebracht, weil er in Dortmund Todesurteile unterzeichnet habe". Die Ausführung eines Befehls von Severing, Meinberg freizulassen, wurde von Epp gegenüber seinem Vorgesetzten, General Haas, ausdrücklich verweigert. — Während der zweite Dortmunder bei Meinberg blieb, nahmen die Bochumer diesmal ihre Freilassung an; sie wollten endlich nach Bochum zurück. Zu ihrem persönlichen Schutz erreichten sie nur die Ausstellung eines bleistiftgeschriebenen ungestempelten Ausweises, sie hätten „das Recht, Hamm zu verlassen". Da sie mit diesem wertlosen Papier nicht die bayrischen Stellungen passieren wollten, verließen sie die Stadt per Bahn in östlicher Richtung und gelangten auf einem Umweg über Altenbeken (östlich von Paderborn) — Arnsberg — Schwerte (rund 200 km länger als die direkte Strecke) bis zum Abend des nächsten Tages (1. April) nach Bochum zurück.[49] —

In Münster war der Sonderzug, den Severing für die Konferenzteilnehmer bereitgestellt hatte, gegen Mittag des 31. März eingetroffen. Am Konferenzort entdeckte Ernst (Hagen) als erstes, daß kein Vertreter des Zentralrats anwesend war; daraufhin setzte er sich telefonisch mit Essen in Verbindung und forderte den Zentralrat auf, Delegierte zu entsenden. Düwell am anderen Ende der Leitung bestand jedoch auf einer offiziellen Einladung durch Severing. Mehrere Konferenzteilnehmer bestürmten Severing, die Einladung doch noch auszusprechen; ohne Delegierte des Zentralrats sei die Konferenz von vornherein zwecklos. Severing gab nach.[50] Um 14.30 Uhr fuhr in Essen eine vierköpfige Delegation — Düwell, Dr. Stern, Brenner, Frau Düwell (als Sekretärin) — im Auto los. Es sollte die zweite Delegation werden, deren Teilnahme an der Konferenz verhindert wurde.

Um 17.30 Uhr erreichte der Wagen in der Nähe von Lüdinghausen die Linien der Reichswehr. Posten des Freikorps Hindenburg* hielten ihn an und holten einige Unteroffiziere und Mannschaften herbei. Als die Delegation erklärte, sie sei von Severing zu Verhandlungen eingeladen, bekam sie höhnisch zur Antwort: „Jetzt wird nicht verhandelt, jetzt wird gehandelt, jetzt wird zugeschlagen!" Schließlich die Aufforderung, die Namen zu nennen. Als Stern dies tat, ging eine Flut antisemitischer Beschimpfungen auf ihn nieder. Das Ersuchen, man möge sofort bei Severing anfragen, ob die Angaben der Wahrheit entsprächen, wurde abgelehnt. Nach etwa einer halben Stunde mußte der Wagen zu einem Gehöft fahren. Während die Chauffeure das von den Soldaten ruinierte Auto zu reparieren versuchten, wurden im Hause die Delegierten, einschließlich Frau Düwell, einer Leibesvisitation unterzogen. Bei Brenner wurde ein kleiner Revolver gefunden — neue Beschimpfungen. Die wiederholte Bitte um Kontaktaufnahme mit Severing lehnten die Offiziere mit der Bemerkung ab, sie dürften nur Befehle der Vorgesetzten befolgen, Severing könne also für sie nicht maßgeblich sein.

Um 22 Uhr kam der Befehl, „die Delegation mit verbundenen Augen bis zum Bataillonskommando zu bringen". (Tags zuvor hatte das Wehrkreiskommando grundsätzlich befohlen, Unterhändler innerhalb der Reichswehrlinien mit verbundenen Augen zu führen und sich nicht mit ihnen zu unterhalten; bei Wesel habe nämlich ein roter Unterhändler, bei dem diese Vorsichtsmaßregeln außer acht gelassen worden seien, „nach seiner Rückkehr wichtige Angaben über unsere Stellungen und Stärke gemacht".) Das wurde ausgeführt, und in ihrem Auto wurden die Essener in den Hof einer Landwirtschaftsschule dirigiert. Die Offiziere entfernten sich (hofften sie auf eine „Eigenmächtigkeit" von Untergebenen?). Eine Schar tobender Soldaten umringte den Wagen. Mit Latten schlugen sie zu — hauptsächlich auf den Wagen, aber auch Brenner erhielt einen Schlag — und riefen dabei: „Das ist ja die Rosa Luxemburg! Macht Gulasch aus ihr!" „Die Saubande! Die Schweine! An die Wand soll man alle stellen, anstatt mit ihnen zu verhandeln!" „Natürlich, ein Jude, der Nordstern, Abendstern, Morgenstern! Der muß hin werden!" „Wo ist der mit dem Revolver? Na warte, du! Die Pistole zwischen Butterbroten!" „Das sind Spione, haut sie tot!" „In die Lippe mit der ganzen Saubande! ... Ist kein Landwehrkanal da für die Rosa?" „Das sind die Hetzer, die Kerle müssen an die Wand gestellt werden! Ach was, mein Messer ist schon zu rostig, das muß wieder blank gemacht werden!"

Nach einer halben Stunde kam endlich ein Befehl des Wehrkreiskommandos, die Gefangenen zu ihm zu transportieren (Severing behauptet, er habe diesen Befehl bei Watter erwirkt). Das Auto wurde unter Bewachung in Richtung Münster

---

* Vgl. II, Seite 153.

dirigiert, die Delegierten nach wie vor mit verbundenen Augen. Überlastet und ruiniert, blieb es immer wieder nach kurzer Fahrt liegen; schließlich, 10 km vor Münster, konnte es endgültig nicht mehr weiterfahren. Zu Fuß weiter bis zum nächsten Ort; Warten, bis ein Militärlastwagen Delegation und Bewacher mitnahm. Gegen 7 Uhr morgens ins Wehrkreiskommando geführt — erst hier nahm man ihnen die Augenbinden ab —, mußten die Delegierten im Stehen warten; die Bitte um einen Stuhl für Frau Düwell, die sich nicht mehr auf den Beinen halten konnte, wurde abgelehnt. Vorübergehende Offiziere bemerkten ironisch, „was das für Kerle wären, ob es hier eine Volksversammlung gäbe". Erst nach 9 Uhr wurden die Delegierten von Severing empfangen. Sie registrierten aufmerksam, daß er kein Wort des Bedauerns fand.[51] Es dürfte Severing bewußt gewesen sein, daß auch dieser zweite Zwischenfall mit einer Delegation ohne die Verlegung der Konferenz von Hagen nach Münster vermieden worden wäre.

*

Doch nun zum Verlauf der Konferenz. Am 31. März, 15 Uhr, wurde sie im Hotel „Fürstenhof", dem Sitz des Wehrkreiskommandos, eröffnet.[52] Der Teilnehmerkreis war sehr wenig repräsentativ für das Aufstandsgebiet. Gut vertreten waren nur Düsseldorf, Remscheid, Elberfeld, Barmen und Hagen, also die Städte südlich der Ruhr. Severings Absicht, möglichst nur aus dem Hagener Bezirk und aus dem Bergischen Land Delegierte nach Münster kommen zu lassen (Düsseldorf stand politisch in engster Nähe zum Bergischen Land), war also verwirklicht. Duisburg und Essen waren nur durch die SPD-Landtagsabgeordneten Schluchtmann und Hue vertreten, die nicht für das Duisburger Exekutivkomitee und den Essener Vollzugsrat sprechen konnten. Dasselbe galt entsprechend für Tönebőhn (SPD) aus Recklinghausen, einen der soeben von Severing ernannten Zivilkommissare bei der Truppe: in Recklinghausen hatte sich die SPD aus dem Vollzugsrat zurückgezogen. Dagegen war aus Mülheim der Vorsitzende des dortigen Vollzugsrats, der Linkskommunist Nickel, erschienen. Hatten die Mülheimer Kampfleiter nach der Bielefelder Konferenz weitere Verhandlungen nur in Mülheim akzeptieren wollen, so hatten sie jetzt einen Vertreter sogar nach Münster, also auf den Boden des Gegners, entsandt — ein Zeichen wachsender Einsicht in den Ernst der Lage. Nicht vertreten waren Dortmund, Witten, Bochum, Gelsenkirchen, Oberhausen, Hamborn und viele kleinere Orte, teils wegen der Verlegung der Konferenz und ihrer Folgen, teils weil die Delegierten durch die Reichswehr festgehalten wurden, teils weil die Vollzugsräte, wie der Essener Zentralrat, eine Teilnahme ohne direkte Einladung durch Severing abgelehnt hatten. Parteipolitisch gesehen, war die KPD außer durch Nickel durch Nellessen (Elberfeld), Rensmann (Barmen) und Gigowski (Hagen) vertreten.[53] Als Vertreter der ADGB-Spitze in Berlin nahmen Giebel und Graßmann, als Vertreter der Berliner Gewerkschaftsvorstände und des Zentralkomitees der USP der ADGB-Bezirkssekretär für Brandenburg, Vollmerhaus, und als Vertreter des Wehrkreiskommandos Hauptmann Lorenz an der Konferenz teil.[54] Im Gegensatz zur Bielefelder Konferenz waren DDP und Zentrum nicht vertreten — das entsprach der Zusammensetzung der Vollzugsräte, aus denen sich beide Parteien

seitdem fast überall zurückgezogen hatten —, ebenso nicht die Stadtverwaltungen. Eine Einladung, um die mehrere Stadtverwaltungen und Unternehmerverbände Severing ersucht hatten, war von diesem abgelehnt worden, und zwar weil er der Konferenz von vornherein nur ein sehr eng gefaßtes Ziel gab.[55] Worin bestand diese Konzeption, mit der Severing in die Konferenz hineinging?
Aus Berlin war Severing nach seinen eigenen Worten mit der Absicht nach Westfalen gekommen, „die ungünstigen Eindrücke ... zu zerstreuen" (ungünstig für Severing), die das Ultimatum der Regierung und die Zusatzbestimmungen Watters beim Ruhrproletariat gemacht hatten; zu diesem Zweck hatte er sich seine Vollmachten erweitern lassen. Diesem negativ definierten Ziel entsprach ein positives: Severing wollte „den festen Entschluß der Regierung" bekanntgeben, „durch den Einmarsch von Militär Ordnung zu schaffen zunächst in den Bezirken, in denen nicht innerhalb einer ganz kurzen Frist die Bedingungen der Regierung erfüllt würden", und weiterhin wollte er „einen Appell an das Verantwortlichkeitsgefühl der Arbeitervertreter" richten, um „weitere Tausende von Arbeitern den kämpfenden Haufen zu entziehen und dadurch beim Einmarsch der Truppe Zusammenstöße und Kämpfe auf ein Mindestmaß zu reduzieren".[56] In Münster mußte Severing dann diese Konzeption teilweise ändern, nachdem ihn die Mitteilung von den Zugeständnissen der Regierung an die Berliner Arbeiterorganisationen erreicht hatte. Er hielt — nicht zuletzt unter dem Druck des Militärs, unter dem er stand — insbesondere die zugestandene Fristverlängerung für einen Fehler, der aber natürlich nicht mehr rückgängig zu machen war.[57] Als neue Konzeption für die Konferenz formulierte er daraufhin, daß deren Ergebnis nunmehr in einer *„Zusammenfassung" der von der Regierung gemachten Zugeständnisse* bestehen sollte.[58] Mit anderen Worten: Severing wollte mit den Arbeitervertretern nicht inhaltlich verhandeln, sondern nur als Sprachrohr der Regierung auftreten.
Dem entsprach die Rede, mit der er die Konferenz eröffnete. Er bezeichnete die Erwartungen, die nach den Zeitungsmeldungen an seine neue Mission und an seine Vollmachten geknüpft worden seien, als übertrieben und ungerechtfertigt. Es gehe nicht um eine *Erweiterung* des Bielefelder Abkommens, sondern um seine *Durchführung*. Nur das sei neu, daß die Regierung die Frist für die Durchführung bis zum 2. April, 12 Uhr, verlängert habe. Das sei ein bedeutendes Zugeständnis. Und zwar dies umso mehr, als es der Gegenseite offenbar weithin am Willen zur Verständigung und zur Durchführung der Abmachungen fehle: die Hilferufe aus der Bevölkerung, von Stadtverwaltungen und Parteien, die von Brandschatzungen, Erpressungen, Mißhandlungen, ja von Erschießungen berichteten und die Regierung um den Einmarschbefehl an die Reichswehr bäten, mehrten sich erschreckend. Auch aus Kreisen der USP seien bereits solche Hilferufe gekommen (das war eine Unwahrheit), wie denn ja auch der anwesende Hagener USP-Führer Ernst — seine Telegramme an ihn, Severing, bewiesen das — mit dem Einsatz der Reichswehr zur Durchsetzung des Bielefelder Abkommens einverstanden sei. Die rote Front sei nicht abgebaut worden, die Arbeiter hätten die Waffen noch immer nicht niedergelegt.
Ernst protestierte gegen diese Auslegung seiner Telegramme: er habe ausschließlich den Einsatz solcher Truppen gemeint, die ihre reaktionären Offiziere abge-

setzt und durch republikanisch gesinnte ersetzt hätten, nämlich die beiden Bataillone in Bielefeld und im Sennelager (I, Seite 204), und auch das nur im Notfall; da beide Truppenteile jedoch inzwischen wieder „im reaktionären Sinne umgemodelt" seien, sei der ganze Gedanke überholt, d.h. es dürfe keinesfalls Reichswehr eingesetzt werden.[59] Zur Frage, warum die Arbeiter die Front noch nicht abgebaut und die Waffen niedergelegt hätten, erklärten die Arbeitervertreter aus dem Ruhrgebiet einhellig, angesichts des allmählichen Vorrückens der Reichswehr befürchte die gesamte Arbeiterschaft „den Einzug des weißen Schreckens", wozu mehrere Terrorakte der Truppen „genügend Anlaß" gäben. Die Stimmung der Arbeiterschaft sei „absolut für den Abbruch des Generalstreiks und die Auflösung der Roten Armee", unter der Voraussetzung, daß „sicherer Schutz gegen den befürchteten weißen Schrecken geboten" werde. Werde dagegen die Reichswehr nicht angehalten, so würden der Sprengung der Eisenbahnbrücke bei Hervest-Dorsten (oben Seite 120) zahlreiche weitere Verzweiflungsakte der bewaffneten Arbeiter folgen (eine Prophezeiung, die sich als zutreffend erweisen sollte).[60]

Inzwischen war aus Berlin der Befehl an Watter eingegangen, wonach „vor dem 2. April" alle Kampfhandlungen und „provozierenden Märsche" zu unterlassen waren (oben Seite 227). Severing teilte ihn der Konferenz in der Form mit, daß die Truppen am Abend den weiteren Vormarsch einzustellen hätten. Als die Arbeitervertreter bezweifelten, daß die Truppen diesem Befehl Folge leisten würden, richtete Severing um 20 Uhr eine förmliche Anfrage an das Wehrkreiskommando. Dieses antwortete, alle Truppenführer „bis zur vordersten Linie" hätten den Befehl erhalten; man garantiere, „daß die Truppen nicht weitermarschieren würden".[61] Die Arbeitervertreter blieben mißtrauisch: seit mehr als einem Jahr mache man die Erfahrung, daß Abkommen, die von der Regierung geschlossen seien, vom Militär gebrochen würden; und so sei zu befürchten, daß das Militär selbst die Verhältnisse schaffen werde, die ihm zur Rechtfertigung für den Vormarsch — selbstverständlich wie immer ein Vormarsch „im Interesse der Bevölkerung" — dienen würden. Die Arbeitervertreter fragten Severing, ob er für die Befolgung des Befehls durch die Truppen „garantieren könne". Severing: „Das könnte er freilich nicht", dazu sei er „nicht Optimist genug"; es sei „sehr leicht möglich, daß die Truppen auch entgegen dem Befehl der Regierung vormarschieren würden".[62] Diese Antwort war ein außerordentlich geschickter Schachzug, wie wir gleich sehen werden. Bemerkenswert ist, daß die Arbeitervertreter wie in Bielefeld nicht auf den Gedanken kamen, daß sie angesichts einer solchen Erklärung offenbar mit dem falschen Partner verhandelten.[63]

Während Severing der Frage, die den schwachen Punkt in seiner Position aufdeckte, einfach auswich, bestand er umso hartnäckiger auf der Frage nach dem schwachen Punkt der Gegenseite: der Frage, wie die Orte im Ruhrgebiet, die sich bisher dem Bielefelder Abkommen widersetzt hätten (genannt wurden immer wieder Duisburg und Mülheim), zu seiner Annahme und Durchführung gebracht werden könnten. Fast alle Arbeitervertreter, voran Ernst, sprachen sich entschieden dafür aus, daß dies durch bewaffnete organisierte Arbeiter aus dem Ruhrgebiet selbst geschehen könne und müsse. Dagegen wandte sich Nickel aus Mülheim (diese Stadt fiel in jedem Fall unter die ins Auge gefaßte Aktion) mit der Begründung, ein solches Vorgehen bedeute „Brudermord"; dann sei ihm schon der Einsatz der Reichswehr lieber. Damit berührte er sich mit der Ansicht von Töneböhn (SPD) aus Recklinghausen, der als einziger Arbeitervertreter den Einsatz der Reichswehr für erforderlich hielt, um die augenblicklichen Zustände im Revier zu beenden; im Kreis Recklinghausen hätten sich bereits „Banden" gebildet. Gegenüber diesen beiden Stimmen erklärten alle übrigen Arbeitervertreter, zu Severing gewandt, „mit aller Deutlichkeit", keiner von ihnen wünsche einen Einmarsch der Reichswehr.[64]

Wie verhielt sich Severing? Um 19 Uhr — vermutlich während einer Konferenzpause — telegrafierte er an den Reichskanzler: *„Bitte dringend Entente zu bewegen, Einmarsch von Truppen in neutrale Zone gestatten. Unruhigste Orte, die von marodierenden Banden gefährlich bedroht sind, liegen gerade in 50-km-Zone. Wiederherstellung geordneter Zustände ohne Einsatz von Truppen in 50-km-Zone unmöglich."*[65] In der Konferenz dagegen tat er so, als sei er mit der Ansicht der Arbeitervertreter einverstanden, daß eventuell noch vorhandener Widerstand gegen die Niederlegung der Waffen durch Arbeiterwehren der verständigungsbereiten Orte gebrochen werden solle; er bat Ernst, nach Beendigung der Konferenz noch in Münster zu bleiben, um am nächsten Morgen mit ihm, Severing, die Durchführung im einzelnen zu besprechen.[66] Dieses hinterhältige Doppelspiel konnte Severing umso glaubwürdiger spielen, als er sich so skeptisch über die Zuverlässigkeit des Militärs geäußert hatte; damit hatte er den Eindruck erweckt, als teile er die Befürchtungen der Arbeitervertreter, ja als sei er im Grunde einer der Ihren.

Um 22.30 Uhr wurde das folgende Abkommen geschlossen (was neu ist gegenüber den Zugeständnissen der Regierung in Berlin, heben wir durch Kursivdruck hervor):

„Die Sitzung hat allseitig die Notwendigkeit betont, die Fristen des sowohl von der Reichsregierung wie auch von dem Zentralrat Essen und den drei sozialistischen Parteien nach wie vor anerkannten Bielefelder Abkommens zu verlängern.

Die Frist für die Ablieferung der Waffen und den Abbau der Fronten wird bis zum 2. April mittags 12 Uhr verlängert. *Bis zu diesem Termin hat auch die zugesprochene Amnestie Geltung, so daß allen Kämpfern ein ehrenvoller Abzug ermöglicht ist.*

Als Aufrührer [gegen die allein — so die nächtliche Erklärung der Regierung in Berlin — sich „die etwa notwendig werdende Anwendung von Gewalt" richten sollte] ist nur derjenige zu betrachten, der nach dem 2. April 1920 mittags 12 Uhr zum Zwecke des Kampfes gegen die verfassungsmäßigen Organe Waffen führt oder die Waffen entgegen der Vereinbarung nicht niedergelegt hat.

Jede Vorwärtsbewegung der Reichswehr oder Teile derselben hört mit dem 31. 3. abends auf. In Orten, die *die ernsthaftesten Anstrengungen für* die restlose Ablieferung der Waffen *im Sinne der Bielefelder Beschlüsse* fristgemäß durchführen, wird das Standrecht *und der verschärfte Ausnahmezustand* aufgehoben.

Die politischen Parteien und der Zentralrat werden ihren ganzen Einfluß einsetzen, den Kampf der Arbeiterschaft des Industriegebietes geschlossen und ein-

heitlich zu dem genannten Zeitpunkt zu beendigen und die Wiederaufnahme der Arbeit auf der ganzen Linie durchzuführen.
Der Reichsregierung liegt Material gegen die politische Haltung des Generals v. Watter nicht vor. Wenn solches eingereicht wird, *wird die Regierung Schritte unternehmen.*" [im Berliner Papier hieß es: „wird es geprüft werden"][67]
Beim Abschluß des Abkommens versicherte Severing auf mißtrauische Fragen von Arbeitervertretern mehrmals mit Nachdruck, „daß seine Vollmachten ihn zu einem solchen Abkommen ermächtigten".[68]
Betrachtet man die hervorgehobenen Partien des Abkommens, so sieht man sofort, daß die Arbeitervertreter mehr erreicht hatten als das, was Severing vorher für sich als Maximum festgelegt hatte: eine Zusammenfassung der von der Regierung gemachten Zugeständnisse. Im zweiten Absatz war die Amnestiezusage des Bielefelder Abkommens hinzugekommen (mit dem neuen von der Regierung festgesetzten Termin); im letzten Absatz (zur Watter-Frage) war eine schärfere Formulierung durchgesetzt worden (die allerdings noch immer mehrdeutig war). Die wichtigsten über die Erklärungen und Anordnungen der Regierung hinausgehenden Zugeständnisse waren in Absatz 4 niedergelegt, nämlich erstens die Bestimmung, daß bereits ernsthafte Anstrengungen zur Ablieferung der Waffen als Vertragserfüllung gelten sollten (die Arbeitervertreter hatten erklärt, „daß die völlige Entwaffnung und restlose Erfüllung aller Bedingungen" bis zum Mittag des 2. April „unmöglich" sei und daß daher der klar erkennbare Wille zur Durchführung des Abkommens genügen müsse);[69] zweitens die Klarstellung, daß unter Ablieferung der Waffen nicht Abgabe an die Reichswehr, sondern im Sinne des Bielefelder Abkommens Abgabe an die Gemeindebehörden zu verstehen sei;[70] drittens die Aufhebung nicht nur des Standrechts, sondern die des verschärften Ausnahmezustands allgemein, also auch die Aufhebung der außerordentlichen Kriegsgerichte. Ob diese Zugeständnisse freilich ausreichen würden, um die Katastrophe noch abzuwenden, war nach dem Verzicht auf den Generalstreik in Berlin mehr als fraglich.
Ein wichtiger Punkt fehlte in dem Abkommen: die schriftliche Fixierung der Vereinbarung zwischen Severing und Ernst über die Entwaffnung widerstrebender Gruppen durch die organisierte Arbeiterschaft. Hierzu muß man den Absatz 5 nehmen, der bedenklich mehrdeutig war: wenn die Geschlossenheit und Einheitlichkeit des Kampfabbruchs nicht erreicht werden würde, würde dann die Arbeiterschaft des ganzen Reviers als vertragsbrüchig gelten? Noch immer war also das in Severings Aufrichtigkeit gesetzte Vertrauen zu groß. Dagegen nötigten die Arbeitervertreter Severing eine Nachschrift zum Abkommen ab, die dieser in seinen Erinnerungen unterschlägt. Darin wurde festgelegt, „daß bei Einhaltung der vorstehenden Bedingungen die Reichswehr zurückgezogen" werde. Das bedeutete für die Arbeiter die Zusage — auf dem Papier, wie man hinzufügen muß —, daß bei Erfüllung des Abkommens ihrerseits aus dem vorläufigen Anhalten der Reichswehr ein endgültiger Abzug werden würde. Ferner wurde in der Nachschrift klargestellt, wie die Erfüllung des Abkommens durch die Arbeiter kontrolliert werden sollte: Severing sollte die Regierungspräsidenten auffordern, ihm darüber am Nachmittag des 2. April Bericht zu erstatten.[71]

Für die Rückfahrt stellte Severing den Delegierten wiederum einen Sonderzug zur Verfügung. Nur Ernst blieb vereinbarungsgemäß in Münster zurück.[72]
Als Ernst am nächsten Vormittag bei Severing erschien — er traf dabei zu seiner Überraschung die Delegation des Zentralrats, die soeben den Fängen der Reichswehr entronnen war —, konnte er einen kleinen Blick hinter die Kulissen werfen. Die Besprechung mit Severing wurde nämlich von dessen Stellvertreter Mehlich unterbrochen, der den Vormarsch der bayrischen Truppen von Hamm aus empfahl: bei Wiescherhöfen im Westen der Stadt werde geplündert. Severing lehnte einen solchen Bruch der vereinbarten Waffenruhe ab. Mehlich trieb also „durchaus unehrliches Spiel", schrieb Ernst später in seinen Erinnerungen. Er täuschte sich jedoch, wenn er Severing für aufrichtig hielt. Dieser vereinbarte nämlich mit Ernst, daß er nach seiner Rückkehr in Hagen die Zusammenstellung von 2.000 bewaffneten Arbeitern organisieren sollte, „die sofort in die bedrohten Orte einmarschieren sollten". Inzwischen wollte er selbst „die Vollmachten der Reichsregierung besorgen".[73] Diese Vereinbarung widersprach klar Severings Telegramm an den Reichskanzler, in dem er den Einsatz von Truppen für unumgänglich erklärt hatte. Außerdem war die Vereinbarung so wenig detailliert, daß Ernst ihretwegen sicherlich nicht die Nacht über hätte in Münster zu bleiben brauchen — anscheinend wollte Severing die Idee eines Einsatzes bewaffneter Arbeiter anstelle der Reichswehr durch Hinauszögerung hintertreiben.
Severing bewilligte für Ernst und die Delegation des Zentralrats wiederum einen Sonderzug, gegen die Einwände von Mehlich — „kein Reaktionär hätte sich schlimmer betragen können", schrieb Ernst später über dessen Auftreten. Die Fahrgäste strebten nach Essen, zur Vollversammlung der Vollzugsräte, die am Nachmittag über das Abkommen von Münster entscheiden sollte. Doch in Pelkum bei Hamm hatten die Arbeiter durch die Sprengung einer Brücke die direkte Bahnlinie unterbrochen, und so machte der Sonderzug einen riesigen Umweg über Lippstadt-Paderborn-Brilon. Ob wirklich nur noch diese Strecke frei war, muß man stärkstens bezweifeln. Erst lange nach Einbruch der Dunkelheit traf der Zug im Ruhrgebiet ein; die Essener Konferenz war verpaßt. So trennte sich Ernst von den Essenern und fuhr nach Hagen.[74]

*

Erst am Morgen des 1. April befahl Watter seinen Truppen, entsprechend der Anordnung aus Berlin den Vormarsch zu unterbrechen; die in der Konferenz zwischen Severing und den Arbeitervertretern abgegebene Erklärung war also eine weitere Unwahrheit gewesen. Gleichzeitig richtete er an Reichswehrminister Geßler eine Beschwerde, in der er sich darüber beklagte, daß seine Befehle „dauernd durch Gegenbefehle der Reichsregierung" durchkreuzt würden, und dann fortfuhr: „Ich muß es ablehnen, durch tägliche Widerrufung und Abänderung meiner Befehle das Vertrauen der mir unterstellten Truppen systematisch zu vernichten. Ich habe daher befohlen, daß die Truppen die Linien an keiner Stelle überschreiten, auch wenn dicht vor der Front durch Notschreie der gesamten ordnungsliebenden Bevölkerung die Hilfe der Truppen erbeten wird. Erst wenn mir von der Reichsregierung volle Freiheit des Handelns in militärischer Beziehung zugesichert ist, kann ich die Operationen wieder aufnehmen". Das war der Tatbestand der Meuterei, wobei Watter zugleich — völlig logischerweise — seinen Truppen dasselbe Verhalten nahelegte: er teilte ihnen mit, worauf die dauernden Abänderungen seiner Befehle zurückzuführen seien, und gab ihnen zu verstehen, daß sie sich angesichts der (angeblichen) Waffenstillstandsverletzungen der Roten Armee keineswegs strikt an den befohlenen Marschstop zu halten brauchten.[75] Severing seinerseits telefonierte — vermutlich nach der Besprechung mit Ernst — mit der Reichskanzlei. Er richtete zunächst an die Regierung die dringende Bitte, keine weiteren Erklärungen abzugeben oder Anordnungen vorzunehmen, „ohne ihn vorher zu hören", andernfalls könne er „sein Amt ... nicht ausfüllen" (damit deutete er indirekt an, unter welchem Druck von seiten des Militärs er stand, ja daß er sich persönlich bedroht fühlte — siehe den Attentatsversuch). Sodann teilte er das Ergebnis der Konferenz mit den Arbeitervertretern aus dem Ruhrgebiet mit, das gegen seinen Willen aufgrund der in Berlin gemachten Zugeständnisse zustandegekommen sei. Die von der Regierung zugestandene Fristverlängerung halte er für einen Fehler: „die Situation sei ohne Waffengewalt nicht zu retten; [die verlängerte] Frist bedeute daher nur Zeitverlust. Immerhin, nachdem es geschehen, habe es den Vorteil, daß man der Welt gegenüber gezeigt habe, daß die Regierung Langmut bis zur äußersten fast unerträglichen Grenze" bewiesen habe. Die Pläne des Militärs seien nunmehr die, daß bis zum Abend des nächsten Tages (2. April) nicht vorgegangen werde, jedoch ab dem 3. April (ein Irrtum Severings), und zwar „von Norden und Osten, falls nicht [der] bündige Beweis der Waffenabgabe und der Wiedereinsetzung der verfassungsmäßigen Beamtenorganisationen erbracht werde, woran er, Severing, zweifle".[76] Bei diesem Telefonat wird noch einmal deutlich, welch hinterhältiges Spiel Severing in der Konferenz von Münster gespielt hatte.

*

Den Arbeitervertretern aus dem Ruhrgebiet war es im Laufe der Konferenz nicht gelungen, die Ohnmacht Severings gegenüber dem Militär aufzudecken. Das tat — freilich erst nach der Konferenz und ohne daß es weithin bekannt wurde — paradoxerweise ein Mann, der sich in einer noch viel ohnmächtigeren Lage befand: Meinberg. Die Dortmunder Beamtenvertreter, die in Hamm freigelassen worden waren, erreichten am 31. März gegen 17.30 Uhr Münster. Sie fanden bei Mehlich „volles Verständnis" für den Dortmunder Sabotagestreik. Einen ähnlichen Standpunkt nahm Severing in der Konferenz ein, an der die Beamten teilnahmen; bindende Zusagen mochte er allerdings nicht geben, doch sagte er vieldeutig zu, daß die Entscheidung „innerhalb der nächsten 12 Stunden" fallen werde. Die Beamten wiesen darauf hin, daß ohne Meinberg an eine Einigung in Dortmund nicht zu denken sei. Severing versprach, Meinbergs sofortige Freilassung zu veranlassen.[77] Ein entsprechender Befehl Severings wurde jedoch von der Schützenbrigade Epp, wie wir sahen, mißachtet.
Meinberg wurde von den bayrischen Söldnern mehrmals geprügelt, schließlich zum Tode verurteilt und in einen Keller gesperrt. Wiederholt forderte man ihn auf, sich zur Erschießung fertigzumachen.[78] Drei Elberfelder, die nach der Rück-

kehr von der Münsterschen Konferenz nach Mitternacht in Hamm die Freilassung Meinbergs forderten und sich dabei auf Severing beriefen, erreichten nichts.[79] Am Morgen des 1. April richteten die Dortmunder Beamtenvertreter (ebenfalls auf der Rückkehr aus Münster) aus Hamm ein Telegramm an Severing, in dem sie betonten, daß Meinbergs weitere Inhaftierung in Dortmund „die schwersten Folgen nach sich ziehen könne".[80] Jetzt wandte sich Severing an Watter, dessen Autorität gegenüber Oberst Epp immerhin so weit reichte, daß dieser Meinberg zur Überführung nach Münster freigab. Dort wurde Meinberg ins Zuchthaus eingeliefert.[81] Neun Stunden lang blieb er dort. Reichswehroffiziere demonstrierten in der Stadt gegen seine Freilassung, und gegen diesen Druck hatte Severing — Reichskommissar und preußischer Innenminister — nicht den Mut oder nicht die Macht, die Freilassung öffentlich anzuordnen. Erst gegen 19 Uhr wurde Meinberg in größter Heimlichkeit aus dem Zuchthaus geholt und durch kleine Gassen zu Severing geführt. Es kam zwischen beiden zu einem kurzen Gespräch. Meinberg: Stimmt es, daß die Reichswehr zum Einmarsch ins Revier bereitsteht? Severing: Allerdings, „denn in den Händen der Arbeiter dürfen keine Waffen sein". Meinberg: Ein Einmarsch wäre „das größte Verbrechen". Severing: Der Einmarschbefehl ist „bereits erteilt". Severing, so sagte Meinberg später, war „eine Strohpuppe in den Händen der reaktionären Offiziere".[82]
Als Meinberg seine sichere Rückkehr nach Dortmund verlangte, versetzte er Severing in peinliche Verlegenheit. Vor dessen Amtsstelle hatten sich inzwischen etwa 100 Demonstranten versammelt, die Meinbergs Kopf forderten. Erst am nächsten Tag (2. April) um 13 Uhr traute sich Severing, Meinberg freizulassen. Unter militärischer Bedeckung ließ er ihn, wie er selbst schreibt, „durch Gassen und Gärten" aus der Stadt geleiten. Hauptmann Lorenz, Severings Adjutant, brachte ihn durch die Linien der Reichswehr bis Lünen. Um 15 Uhr traf Meinberg in Dortmund ein.[83] Die von der Regierung gesetzte und im Abkommen von Münster bestätigte Frist war seit drei Stunden abgelaufen.

2. Annahme und Durchführung des Abkommens von Münster durch die Aufstandsbewegung

> *"Die Regierung ... verlängerte die von General Watter gestellte Frist um 48 Stunden. Leider hatten sich die roten Truppen indessen in zahlreiche einzelne plündernde Haufen aufgelöst, die jeder friedlichen Einwirkung unzugänglich waren und mit der organisierten Arbeiterschaft längst nichts mehr zu tun hatten. So wurde der Einmarsch der Reichswehr in das Ruhrrevier dennoch notwendig und erst unter schweren Kämpfen konnte die Ordnung hergestellt werden."*
>
> Bericht des Parteivorstands der SPD an den SPD-Parteitag, Oktober 1920 (Protokoll, Anhang S. 15)

Das in Münster geschlossene Abkommen wurde in zahlreichen Stellungnahmen, auch in bürgerlichen Zeitungen, als der „Friede von Münster" bezeichnet, in Anspielung auf jenen Frieden von Osnabrück und Münster im Jahre 1648, der den Dreißigjährigen Krieg beendete. Severing freilich war äußerst skeptisch, mit gutem Grund: nur 37 1/2 Stunden lagen zwischen der Unterzeichnung des Abkommens und dem Ablauf der von der Regierung gesetzten Frist (2. April, 12 Uhr) — angesichts der politischen und organisatorisch-technischen Probleme, die die Aufstandsbewegung lösen mußte, eine ungeheuer kurze Zeitspanne. „Es hätten", schreibt Severing in seinen Erinnerungen, „Wunder eintreten müssen, wenn bis zum 2. April die von der Regierung gestellten Bedingungen erfüllt worden wären".[1] Die Vollzugsräte und der Zentralrat waren auf dem besten Wege, dieses Wunder zu vollbringen.

a) Der Zentralrat und die Vollversammlung der Vollzugsräte

Am Morgen des 31. März erhielt der Zentralrat in Essen vom Aktionsausschuß Elberfeld eine Einladung zu der Konferenz in Münster (wie erinnerlich, überließ Severing seinen Elberfelder Parteifreunden, Einladungen auszusprechen). Wegen der indirekten Form der Einladung beschloß der Zentralrat, keine Vertreter zur Konferenz zu entsenden.[2] Bald darauf kehrten Pieck und Eckardt aus Berlin nach Essen zurück, als Ergebnis ihrer Mission die in der Nacht abgegebene Erklärung der Regierung mit sich bringend. Als sie im Zentralrat die letzten Nachrichten erfuhren — u.a. die, daß mehrere auswärtige Mitglieder des Zentralrats zur Teilnahme an der Konferenz nach Münster gefahren seien —, erklärte Pieck, die Besprechungen in Münster seien im Hinblick auf die Erklärung der Regierung „völlig überflüssig und nur eine Gefahr für die Teilnehmer".[3] Immerhin wollte der Zentralrat die Position der Verhandlungspartner Severings möglichst stark machen und wies daher die Rote Armee an, sich mit Rücksicht auf die Verhandlungen passiv zu verhalten, d.h. nur bei Angriffen der Reichswehr von der Waffe Gebrauch zu machen.[4]

Den ganzen weiteren Tag über war der Zentralrat nahezu handlungsunfähig; Pieck und Eckardt hätten ohne weiteres noch in Berlin bleiben können. Zunächst ging eine Nachricht aus Berlin ein: die Mitteilung, in welchen Punkten die Gewerkschaften eine Präzisierung der nächtlichen Erklärung der Regierung hatten erreichen können (oben Seite 224 f.).[5] Für 10 Uhr war eine Vollsitzung des Zentralrats angesetzt. Zur Enttäuschung der Essener erschienen nur wenige auswärtige Mitglieder — teils wegen der verwirrenden Verlegung der Konferenz mit Severing von Hagen nach Münster, teils weil einige nach Münster gefahren waren. Auch nach einer Stunde Wartens war die Zahl der Anwesenden kaum größer geworden. Pieck machte einige Ausführungen: Severing beabsichtige offenkundig, „einen Keil in die Arbeiterschaft zu treiben . . ., den Zentralrat und die Vollversammlung der Vollzugsräte auszuschalten" und über deren Köpfe hinweg „irgendwelche Beschlüsse zur Beilegung des Kampfes herbeizuführen". Daher sei es „notwendig, daß man sich sofort mit den in Münster weilenden Zentralratsmitgliedern verständige, daß sie sich auf keine bindenden Beschlüsse einlassen sollten". Nachdem Stern dann noch die Nachricht aus Berlin mitgeteilt hatte, vertagte man sich auf den Nachmittag.[6] In der Mittagszeit begannen die telefonischen Verhandlungen mit Konferenzteilnehmern in Münster, die zu einer formellen Einladung des Zentralrats durch Severing führten, und um 14.30 Uhr fuhr die vierköpfige Delegation des Zentralrats nach Münster ab (oben Seite 242), mit dem Auftrag, vor allem mit den dort anwesenden Zentralratsmitgliedern zu sprechen.[7] Außerdem erließ der Zentralrat einen Aufruf zur Fortsetzung des Generalstreiks und berief gleichzeitig für den folgenden Tag, 15 Uhr, eine Vollversammlung der Vollzugsräte ein, die beschließen solle, ob die Zugeständnisse der Regierung und das Ergebnis der Münsterschen Verhandlungen eine Beendigung des Generalstreiks rechtfertigten oder nicht.[8]

Am folgenden Tag (1. April) war bis zum Zusammentritt der Vollversammlung der Vollzugsräte noch kein Teilnehmer der Konferenz von Münster in Essen eingetroffen. Nur den Text des Abkommens hatte der Zentralrat telefonisch aus Münster erfahren können (natürlich ohne daß man ihm gesagt hatte, wie es der Delegation des Zentralrats ergangen war).[9] Daraufhin hatte der Zentralrat für die Vollversammlung eine Resolution ausgearbeitet. Die Art, wie er das getan hatte, wirft noch einmal ein Licht auf die folgenschwere Entscheidung, die Pieck und Eckardt in der Nacht vom 30. zum 31. März in Berlin getroffen hatten.

Die Resolution empfahl der Vollversammlung „die Anerkennung und sofortige Durchführung" der Vereinbarungen von Bielefeld und Münster, formulierte eine Erklärung der Kampfleiter, daß sie sich den Beschlüssen der Vollversammlung „unterwerfen und für sofortige Durchführung . . . sorgen" würden, und stellte dann in 6 Punkten die Verpflichtungen der Arbeiterschaft und in 13 Punkten die Verpflichtungen der Regierung zusammen, die sich aus den Vereinbarungen von Bielefeld und Münster ergäben.[10] Gibt das letztere bereits einen ersten Hinweis auf den Charakter der Resolution, so wird die Verfahrensweise der Verfasser ganz deutlich, wenn man die Resolution in einem Punkt mit zwei anderen Texten vergleicht:

Bielefelder Abkommen, Ziffer 15: *„Der verschärfte Ausnahmezustand soll sofort aufgehoben werden, der allgemeine Ausnahmezustand dann, wenn die unter Ziffer 9 bis 12 festgesetzte Regelung* [Waffenabgabe und Wiederaufnahme der Arbeit, Bildung der Ortswehren und der Ordnungsausschüsse, für die eine Frist von maximal 10 Tagen gesetzt wurde] *erfolgt ist."*

Erklärung der Reichsregierung, Präzisierung vom 31. März, Punkt 2: *„In den Orten und Bezirken, in denen die Waffenniederlegung bis zum genannten Termin* [2. April, 12 Uhr] *erfolgt ist, werden keine Standgerichte eingesetzt, etwa bestehende sofort aufgehoben."*

Resolution des Zentralrats für die Vollversammlung der Vollzugsräte: *„Die Regierung ist auf Grund der Bielefelder Vereinbarungen zu folgendem verpflichtet: [...] 2. Sofortige Aufhebung des verschärften Ausnahmezustandes und des Standrechts bis zum 2. April, mittags 12 Uhr, und Aufhebung des allgemeinen Ausnahmezustandes bis spätestens 10. April"* [die im Bielefelder Abkommen genannte Maximalfrist von 10 Tagen, gerechnet vom Tag der Vollversammlung an].

Der Vergleich dieser drei Texte führt zu einer einzig möglichen Interpretation: Pieck und Eckardt und mit ihnen der Zentralrat klammerten sich an die verbale Anerkennung des Bielefelder Abkommens durch die Regierung, ohne zu sehen (bzw. sehen zu wollen), daß die Regierung in wesentlichen Einzelpunkten sich eben nicht auf den Boden des Bielefelder Abkommens gestellt hatte. Anstatt sich einzugestehen, welcher Fehler es gewesen war, die Berliner Arbeiterführer nicht zur Proklamation des Generalstreiks aufgefordert, sondern die Erklärung der Regierung akzeptiert zu haben, legten sie der Vollversammlung der Vollzugsräte eine Resolution vor, die eine Schönfärberei der Wirklichkeit darstellte. Ein Vorgang, der auch heute immer wieder beobachtet werden kann: mit einem klaren Auftrag versehene Delegierte, die zentrale Forderungen nicht durchgesetzt haben, stellen dies anschließend vor ihren Auftraggebern nicht angemessen und nüchtern dar, sondern verdecken die unangenehme Realität mit großspuriger Vorspiegelung von Verhandlungserfolgen.

Schönfärberei war es auch, wenn die Resolution unter den Verpflichtungen der Regierung aufführte (wir stellen jeweils daneben das Bielefelder Abkommen, die Erklärung der Regierung bzw. deren nachträgliche Präzisierung):

„4. Prüfung des gegen General Watter eingereichten Materials wegen seiner konterrevolutionären Betätigung."	*„Der Reichsregierung liegt bisher Material gegen die politische Haltung des Generals v. Watter nicht vor. Wenn solches eingereicht wird, wird es geprüft werden."* (Präzisierung der Erklärung der Regierung, Punkt 3)

„12. Hinzuziehung von Vertrauensleuten der Arbeiter als politische Berater der militärischen Stellen."

„Im übrigen wird die Durchführung der notwendigen Maßnahmen ... unter Beteiligung von zivilen Vertrauensmännern und in einer Form erfolgen, daß die Bevölkerung mehr als 48 Stunden Zeit haben wird, von sich aus geordnete Zustände herzustellen, so daß die etwa notwendig werdende Anwendung von Gewalt nur noch auf Aufrührer und Verbrecher beschränkt sein würde." (Erklärung der Regierung, letzter Absatz)

„13. Übernahme der Kosten der Versorgung der Hinterbliebenen und Verletzten und der den Gemeinden aus den Unruhen erwachsenen Kosten und Schäden auf das Reich."

„Herr Reichspostminister Giesberts wird die Frage der Versorgung der Hinterbliebenen und Verletzten dem Reichskabinett vortragen, mit dem Bestreben, daß die Kosten vom Reiche übernommen werden. Die Kommission spricht die Erwartung aus, daß das Reich die Kommunalverbände für alle ihnen aus den Unruhen erwachsenen Kosten und Schäden schadlos hält." (Bielefelder Abkommen, Ziffer 16)

Das war schlicht der Versuch, die Regierung bzw. ihre Vertreter für dumm zu verkaufen — ein Verfahren, das man nur als dummdreist bezeichnen kann, vornehmer ausgedrückt: als unseriös. Eine harte Reaktion der Regierung war vorauszusehen und ist obendrein leicht nachvollziehbar.

Positiv zu beurteilen waren dagegen die klaren Anweisungen an die bewaffneten Arbeiter, die die Resolution enthielt: „Sofortige Einstellung des militärischen Kampfes und sofortige Auflösung der Roten Armee bis spätestens 2. April, 12 Uhr mittags. Von den Truppenleitern ist den Soldaten eine Bescheinigung über ihre Dienstzeit auszustellen. Die zu entlassenden Soldaten gehen mit ihren Waffen an ihren Wohnsitz zurück, wo sie Waffen und Munition abzugeben und wo sie ihre Löhnung in Empfang zu nehmen haben". Fraglich war nur, ob die Reichswehr den Rotgardisten die Zeit für eine so glatte Lösung lassen würde.

Der Schluß der Resolution lautete: „*Die Vollversammlung der Vollzugsräte beschließt die Aufhebung des Generalstreiks für das gesamte Industriegebiet. Sie wird sofort die Arbeiterschaft wieder zum Kampfe aufrufen, wenn die Regierung nicht ihre durch die Vereinbarungen in Bielefeld und Münster übernommenen Verpflichtungen erfüllt, insbesondere, wenn es ihr nicht gelingt, den Truppenbewegungen gegen das Industriegebiet Einhalt zu gebieten. Die Vollversammlung spricht den proletarischen Truppen die höchste Anerkennung für ihre Taten aus und verspricht, für die Unterstützung der Hinterbliebenen der gefallenen Kämpfer und der Verletzten nach besten Kräften Sorge zu tragen.*"

Mit einer *zweiten Resolution*, die der Zentralrat für die Vollversammlung ausarbeitete, verdeutlichte er einen wesentlichen Punkt seiner Konzeption: die Erhaltung und den Ausbau der Räte. In ihr hieß es grundsätzlich: „Das Bielefelder Abkommen schließt nicht die Auflösung der politischen Arbeiter- und Betriebsräte und des Zentralrates in sich, nur werden diese Körperschaften nicht mehr die Funktionen erfüllen, die sie während des eben beendeten Kampfes gehabt haben (Ausübung und Kontrolle der behördlichen Funktionen) . . . Die Arbeiter- und Vollzugsräte und der Zentralrat müssen von den Arbeitern nicht nur erhalten, sondern ausgebaut und befestigt werden. Die Räte sind die politischen Klassenorganisationen und Kampforgane des gesamten Proletariats einer Gemeinde, des Bezirkes und Industriegebietes. Durch die Räte vertritt die Arbeiterschaft als Gesamtheit ihre Klasseninteressen gegenüber den bürgerlichen Klassen. In den Räten werden die Klassenforderungen des Proletariats, sowie die Richtlinien und Parolen des politischen Kampfes besprochen und festgelegt, wobei jede Parteirichtung des Proletariats volle Diskussions- und Handlungsfreiheit hat."

Im einzelnen wurde bestimmt: „Die Wahl der örtlichen Arbeiterräte hat in den Betrieben zu erfolgen . . . An der Wahl . . . nimmt die gesamte Arbeiterschaft einschließlich der Angestellten und Beamten ohne Unterschied der Partei- und Gewerkschaftszugehörigkeit teil. In den Räten schließen sich die Räte nach ihrer Parteiangehörigkeit zu Fraktionen zusammen. Der örtliche Arbeiterrat wählt aus seiner Mitte einen Vollzugsrat, der die Leitung des Arbeiterrates bildet. Die Vollzugsräte des Industriegebietes treten nach Bedarf zu Vollversammlungen zusammen. Die Vollversammlung wählt zur Vertretung der Interessen der Arbeiterschaft des gesamten Industriegebietes einen Zentralrat, der nächst der Vollversammlung der Vollzugsräte das oberste Organ der Arbeiterräte des Industriegebietes ist." Seine Zusammensetzung: 18 Vertreter der Vollzugsräte, je ein Vertreter der drei Arbeiterparteien, des Aktionskomitees der freien Gewerkschaften, der Unionen, der Genossenschaften und der Eisenbahner des Industriegebiets, insgesamt also 25 Mitglieder. „*Bei politischen Aktionen übernehmen die Räte durch ihre Vollzugsräte und den Zentralrat die Führung der Aktionen für das gesamte Industriegebiet.*" Zum Schluß verpflichtete die Resolution die Vollversammlung, „dafür zu sorgen, daß sofort in allen Orten des Industriegebietes nach diesen Vorschlägen Arbeiterräte gewählt werden".[11]

Nichts kann die Illusionen des Zentralrats besser enthüllen als diese zweite Resolution. Hier wurde ein Organisationsmodell entworfen, das während der Aufstandsbewegung nur in Mülheim und Dortmund verwirklicht worden war, dagegen nicht einmal in Essen, wo die Verfasser die Möglichkeit dazu gehabt hatten (II, Seite 44 f.). Ausgerechnet jetzt, am Ende der Aufstandsbewegung, sollte es dagegen realisiert werden, in der Annahme, es ließe sich bis zu den nächsten politischen Aktionen konservieren, so daß diese dann mit der idealen Organisationsstruktur ablaufen würden.

*

Als die Vollversammlung der Vollzugsräte mit Verspätung um 16.30 Uhr im

Kruppsaal des Städtischen Saalbaus eröffnet wurde, waren 260 Delegierte aus 94 Orten und Kreisen erschienen (nach Parteizugehörigkeit gegliedert 36 Mitglieder der SPD, 113 der USP, 109 der KPD; 2 waren Syndikalisten), ferner Vertreter der Bezirksleitungen der drei Arbeiterparteien. Unter den Pressevertretern saßen Berichterstatter der sozialistischen Presse Hollands, Englands, Schwedens und der USA.[12]

Eppstein eröffnete im Namen des Zentralrats. Er mahnte die Delegierten, die Lage „mit kalter Ruhe" zu erwägen und „das Gefühl nicht die Oberhand gewinnen" zu lassen. Das Referat zur politischen Lage und die Stellungnahme des Zentralrats trug Pieck vor. Er gab zunächst einen Rückblick auf die Ereignisse seit Watters Erlaß der Zusatzbestimmungen zum Ultimatum der Regierung. Bedauerlich sei, daß die Generalstreikparole des Zentralrats nicht überall befolgt worden sei. Sodann kam Pieck auf das Bielefelder Abkommen zu sprechen. Der Widerstand dagegen, so meinte er verharmlosend, habe sich vor allem deshalb erhoben, „weil die berufenen Vertreter der Arbeiterschaft, die Vollzugsräte, nicht gehört worden" seien. Doch jetzt sei nicht die Zeit, dies aufzurollen. Das Truppenaufgebot der Regierung sei so stark, daß erfolgreicher bewaffneter Widerstand nicht länger möglich sei. Daher empfehle der Zentralrat der Vollversammlung, „den Abbruch des Kampfes zu beschließen". Garantien dafür, „daß die Truppen den Weisungen der Regierung folgen" würden, habe man freilich nicht, sondern „einstweilen nur Versprechungen" der Regierung; „aber wir brauchen nicht gleich in Aufregung zu geraten, wenn hier und da die Demarkationslinie überschritten worden ist. Wir müssen den Willen bekunden, die Bielefelder Vereinbarungen nicht nur anzuerkennen, sondern auch durchzuführen. Die Situation ist kritisch". Nachdem Pieck die erste Resolution des Zentralrats im einzelnen erläutert hatte (die aus den Abkommen von Bielefeld und Münster sich ergebenden Verpflichtungen der Arbeiterschaft und der Regierung), schloß er unter Beifall mit folgenden Worten:

„Wir stellen den politischen Kampf nicht ein ... Aber im gegenwärtigen Moment muß überall die strengste proletarische Disziplin gewahrt werden, um den militärischen Kampf einzustellen ... Der Kampf gegen die Reichswehrtruppen liegt jetzt nicht im Interesse des Proletariats, sondern im Interesse der Bourgeoisie, die ein Blutbad will. Wir haben dies zu verhindern. Und wenn die Reichswehrtruppen trotz aller Versprechungen der Regierung doch marschieren, dann trifft die Riesenschuld nicht das kämpfende Proletariat, sondern die Militärkaste und die Regierung, die dann als die Judasse aller Welt offenkundig sind, dem Haß, der Wut des ganzen Proletariats preisgegeben, nur noch lebend von der Gnade des Militärs, in kurzer Zeit beide im Orkus verschwindend durch gemeinsamen und gewaltigen Ansturm des vereinigten Proletariats. Zunächst aber gilt es, den eingegangenen Verpflichtungen zu genügen".[13]

Das war der Rückzug auf die Position des loyalen Vertragspartners — in der Tat die einzige Position, die jetzt noch übrigblieb; das war zugleich eine stillschweigende Erläuterung der Entscheidung, die Pieck in Berlin gegen die Wiederaufnahme des Generalstreiks getroffen hatte: offenbar hatte er dabei gehofft und tat dies weiterhin, daß ein eventueller Vertragsbruch der Gegenseite vom Proletariat in ganz Deutschland mit erneutem Kampf beantwortet werden würde.

Ihm war offensichtlich nicht bewußt, daß Augenblicke wie derjenige in Berlin, in denen sich alles auf eine Entscheidung zuspitzt, sich nicht wiederherstellen lassen.

Während Piecks Referat waren endlich zwei Teilnehmer der Konferenz von Münster eingetroffen: Oettinghaus (Gevelsberg) und Nickel (Mülheim). Oettinghaus teilte mit, daß Meinberg und die Delegation des Zentralrats auf der Fahrt nach Münster verhaftet worden seien, und gab dann einen längeren Bericht von der Konferenz. „Wir hätten", erklärte er, „die Bielefelder Beschlüsse lieber gleich annehmen sollen." Er kenne die Lage an der Front der Arbeitertruppen und wisse, daß an weiteren Kampf nicht zu denken sei. „Heute haben wir wenig Garantie, daß der Gegner die Bedingungen einhält. Aber wir müssen zeigen, daß es uns ernst ist mit der Durchführung der Bielefelder Beschlüsse." Die Regierung, das sei der Eindruck, den er auf der Konferenz gewonnen habe, fürchte gegenwärtig das Militär mehr als die Arbeiter des Ruhrgebiets und wolle daher Frieden schließen (Severings Trick hatte gezogen). Es sei zugesagt worden, daß die Reichswehr dort, wo die Arbeiter selbst Ordnung schaffen könnten, nicht einmarschieren werde. Diejenigen bewaffneten Arbeiter, die sich den Vereinbarungen nicht unterwerfen wollten, müßten also — so schwer es falle, dies auszusprechen — dazu gezwungen werden.[14] — Nickel wiederholte seine Stellungnahme von Münster: Er sehe „lieber die Reichswehr, als Arbeiter gegen Arbeiter vorgehen". Das rief starken Widerspruch in der Versammlung hervor.[15]

In der mehrstündigen Debatte sprachen nur wenige Redner gegen den Abbruch des bewaffneten Kampfes; als sie die USP- und KPD-Führer als „Verräter" bezeichneten, kam es zu stürmischen Szenen.[16] Die überwiegende Mehrheit sprach sich im Sinne von Pieck und Oettinghaus aus.[17] Besonderen Eindruck machte, daß Weidtkamp im Namen der westlichen Kampfleiter sich verpflichtete, trotz der zu erwartenden Widerstände den Kampfabbruch durchzusetzen und „mit allen Mitteln für einen geordneten Rückzug (zu) sorgen".[18] Mehrere Redner befaßten sich mit der Frage, wie die Vereinbarungen mit der Regierung möglichst günstig genutzt werden könnten — ohne Rücksicht darauf, daß bürgerliche Pressevertreter im Saal waren. Ein Remscheider Delegierter schlug z.B. vor, man solle die Mitglieder der Ortswehren von Zeit zu Zeit auswechseln, um so möglichst viele Arbeiter im Waffengebrauch auszubilden. Noch weitere, zum Teil überaus illusionäre Vorschläge wurden gemacht.[19]

Schließlich wurden beide Resolutionen des Zentralrats angenommen — die erste einstimmig, die zweite mit einer Gegenstimme — und sofort durch WTB veröffentlicht,[20] so daß sie spätestens am nächsten Tag in jedem Ort des Reviers, in Münster und in Berlin bekannt sein mußten.

Außerdem veröffentlichte der Zentralrat einen Aufruf an die Arbeiterschaft, der offensichtlich auf die Mitteilungen von Oettinghaus hin verfaßt worden war und in dem es hieß:

„Es ist selbstverständlich, daß die Bedingungen loyal erfüllt werden müssen. Die Reaktion darf keinen Vorwand finden, an dem Bielefelder Abkommen zu rütteln. Daher ist auch die sofortige Waffenabgabe notwendig. Unlautere Elemente dürfen kein Gewehr behalten, andernfalls sind schwere Ausschreitungen unvermeidlich. Dadurch würde die gute Sache der Revolution aufs schwerste herabge-

würdigt werden. Die Reichswehr bekäme den gewünschten Vorwand zum Einmarsch. Ein Blutbad unter den Arbeitern würde angerichtet, die Schreckensherrschaft des weißen Terrors aufgerichtet.
Es ist jedoch zu befürchten, daß unlautere Elemente den Versuch unternehmen, die glatte Erledigung der Verpflichtungen zu hindern, entweder um der Reaktion Dienste zu leisten, oder um Unruhen und Putsche herbeizuführen, in der Hoffnung, dadurch Gelegenheit zu Plünderungen zu finden ... Darum, Genossen, seht solchen Leuten jetzt scharf auf die Finger und stopft ihnen den Mund, wenn sie durch Verdächtigungen und Hetzereien die allgemeine Sache des Proletariats zu schädigen unternehmen ... Wenn nicht anders möglich, müssen sich die ehrlichen Revolutionäre, müssen sich die organisierten Arbeiter zusammenschließen zur Unterstützung der Volkswehr, um mit dieser zusammen die Schädlinge zu entwaffnen und einzusperren.
... Revolutionäres Proletariat, halte Wacht! Schütze Deine große Sache gegen alle Feinde!"[21]

b) Die einzelnen Vollzugsräte

Als die Vollversammlung der Vollzugsräte am Abend zu Ende ging,[22] waren es nur noch reichlich 12 Stunden bis zum Ablauf der von der Regierung gesetzten Frist. Inzwischen hatten jedoch fast alle Vollzugsräte schon von sich aus gehandelt, ohne das Ergebnis der Vollversammlung abzuwarten; lediglich die Pressezensur wurde im allgemeinen am 1. April noch unverändert praktiziert. Beginnen wir mit dem Bergischen Land und seinen Ausläufern, Düsseldorf im Westen und Hagen im Osten.
In Düsseldorf sah es am Morgen des 1. April — nach dem Putsch der heimkehrenden Rotgardisten vor zwei Tagen (s. oben Seite 186) — noch immer bedrohlich aus. Ficks, der in der Nacht aus der Schutzhaft des Vollzugsrats entkommen war, besetzte mit einigen hundert Bewaffneten die Kaserne in der Tannenstraße.[23] Andere Bewaffnete beschlagnahmten die Morgenausgabe des örtlichen Zentrumsblatts, soweit sie ihrer habhaft werden konnten, und zwar wegen einer WTB-Meldung aus Berlin, in der die Reichsregierung bekanntgab, der christliche Metallarbeiterverband habe sie gebeten, den Einmarsch der Reichswehr nicht länger hinauszuzögern.[24] Um 9 Uhr versammelten sich in der Tonhalle die Betriebsräte und die Funktionäre der Arbeiterparteien und der Gewerkschaften, um zur Konferenz von Münster Stellung zu nehmen. Die Düsseldorfer Konferenzteilnehmer waren jedoch noch nicht zurückgekehrt. Kaum war das bekanntgegeben, drang ein Trupp bewaffneter Arbeiter in die Versammlung ein, angeführt von dem mit einem Degen bewaffneten Linkskommunisten Thomas, der schon einmal — Ende Februar 1919 — gegen das Exekutivorgan der Arbeiterschaft geputscht hatte. Ficks erklärte den Vollzugsrat für abgesetzt. Außerdem meldeten die Bewaffneten eine Reihe von Forderungen an, vor allem die Proklamation des Generalstreiks (die in Düsseldorf entgegen der Parole des Zentralrats unterblieben war) und die Auszahlung rückständiger Löhnung. Nach erregten Wortwechseln löste sich die Versammlung auf, ohne sich auf Verhand-

lungen einzulassen, und vertagte sich auf 17 Uhr.[25] Am Mittag fuhren Bewaffnete mit einem Lastwagen vor dem Ständehaus vor und schickten sich an, die Waffen der Sicherheitswehr zu beschlagnahmen. Das wurde von einem dazwischentretenden USP-Führer verhindert.[26] Allmählich beruhigte sich die Lage. Trotzdem wurde am Nachmittag der Saal des Zoologischen Gartens, in dem die Betriebsräte und Funktionäre den endgültigen Beschluß fassen wollten, vorsorglich von der Sicherheitswehr abgesperrt.

So verlief die Versammlung ohne Störung. Berten (USP) berichtete aus Münster. Nach Abschluß des Abkommens sei natürlich die Frage, ob sich das Militär an das Abkommen halten werde. Berten glaubte, diese Frage aus zwei Gründen bejahen zu können: einmal handele es sich zum größten Teil um süddeutsche Truppen, und die süddeutschen Länderregierungen hätten sie der Reichsregierung nur unter der ausdrücklichen Bedingung zur Verfügung gestellt, daß sie nicht von den norddeutschen Putschisten mißbraucht würden (eine höchst naive Annahme); zum zweiten befürchte die Schwerindustrie des Reviers bei Einrücken des Militärs Sabotageakte und wünsche daher eine gütliche Beilegung des Konflikts. Daher könne „bei Abwägung aller Umstände" das Abkommen „zur Annahme empfohlen werden". Als greifbares Ergebnis des großen Kampfes bleibe die Bewaffnung der Arbeiter, und dieser Erfolg müsse unbedingt gesichert werden. Das bedeute unverzügliche Durchführung des Abkommens nicht nur am Ort, sondern auch Verständigung mit den Düsseldorfer Genossen an der Front, um sie zurückzuziehen. Zum Schluß wies Berten auf die chaotischen Zustände in einigen Etappenorten, besonders in Duisburg hin und appellierte an die Arbeiterschaft, dem Vollzugsrat zu helfen, um solche Zustände in Düsseldorf zu verhindern. In der Diskussion erklärte Breuer für die KPD, auch seine Partei könne die furchtbare Verantwortung für eine Fortsetzung des Kampfes nicht übernehmen; zur Übernahme der Macht sei das Proletariat „noch nicht reif". Auch seine Parteigenossen würden „im Kampfe gegen die Anarchie" helfen. Der bedeutendste Syndikalist der Stadt, Windhoff, sprach ebenfalls für Annahme des Abkommens, mahnte zur Besonnenheit und Einigkeit und wandte sich energisch gegen Gewaltakte kleiner Gruppen, wie sie vorgestern und heute vorgekommen seien. Das letztere wurde von weiteren Rednern unterstrichen. Als letzter Redner sprach Schmitt (USP) und erinnerte an eine Rede kurz vor dem Ende der Räteherrschaft in Düsseldorf im Februar 1919, in der er einen scharfen Trennungsstrich gegen die örtliche KPD gezogen hatte wegen deren Putschtaktik und Unterwanderung durch Provokateure; diesmal müsse ein Trennungsstrich gezogen werden „gegen jene Kräfte aus der Tiefe des Sumpfbodens der kapitalistischen Wirtschaftsordnung, die schon Friedrich Engels als den gefährlichsten Feind aller Revolutionen ... gekennzeichnet hat, das Lumpenproletariat und seine verkappten Mitläufer". Ein linkskommunistischer Antrag, „einen Exekutivausschuß aus drei Mitgliedern der Roten Armee zu bilden", bekam nur wenige Stimmen; die große Mehrheit nahm das Abkommen von Münster an und sagte gleichzeitig „allen unverantwortlichen Elementen", die die Durchführung behindern würden, schärfsten Kampf an. Vier Mann wurden bestimmt, die zur Front fahren sollten, um die noch dort befindlichen Rotgardisten im Sinne des Abkommens aufzuklären.[27]

Am Vormittag des nächsten Tages (2. April) erließ der Vollzugsrat eine Bekanntmachung, in der er den Beschluß mitteilte und verfügte, bis 12 Uhr müßten alle von der Front zurückkehrenden Rotgardisten und alle Einwohner mit Ausnahme der Sicherheitswehr ihre Waffen am Ständehaus abgeben. „Keine Ausschreitungen und Disziplinlosigkeiten dürfen das Ende dieses wahrhaft revolutionären Kampfes schänden", hieß es am Schluß der Bekanntmachung.[28] Das USP-Blatt mahnte die Regierung zu bedenken, daß „eine so gewaltige Bewegung ... sich nicht im Handumdrehen und wie am Schnürchen genau auf die Minute und ohne Zwischenfälle" beenden lasse.[29] Die KPD schließlich verbreitete ein Flugblatt, in dem sie das Dilemma beschrieb, in dem sie stehe: einerseits lähme die Regierung durch die neuen Verhandlungen die Energie der Arbeiter, bei Teilnahme an den Verhandlungen gerate die KPD also in den Verdacht, „mitschuldig" zu sein an dem sich „eventuell entwickelnden Verrat an der Arbeiterklasse"; andererseits drohe, wenn die KPD opponiere, daß „der Sturmtrupp des Proletariats von den Massen abgeschnitten" und „für die Reaktion freie Bahn geschaffen" werde. Da die KPD die letztere Gefahr „als die weitaus schlimmere" betrachte, empfehle sie in Übereinstimmung mit dem Essener Zentralrat den Abbruch des Kampfes.[30]

In Barmen und Remscheid wurde ebenfalls am 1. April der Abbruch des Generalstreiks und die Annahme des Abkommens von Münster beschlossen. In Barmen gab am Vormittag in einer riesigen Versammlung auf dem Karlsplatz Christmann (USP) eine entsprechende Empfehlung des Aktionsausschusses bekannt; die Verhandlungen in Münster seien zufriedenstellend verlaufen und weiterer Widerstand gegen die aufgebotenen Truppenmassen sei aussichtslos. Scharf zu verurteilen sei, daß in einzelnen Orten Personen die Führung an sich gerissen hätten, die früher nie aktiv in der Arbeiterbewegung gewesen seien und jetzt rücksichtslos nur auf den eigenen Vorteil sähen. Auch an der Front spielten sich „einzelne Unterführer ... als ‚Ludendorffe' auf und erließen Befehle, die in Ton und Inhalt an die wilhelminische Zeit erinnerten". Die Arbeiterschaft „wende sich ganz entschieden gegen eine Militärdiktatur von rechts, aber auch gegen jede Militärdiktatur von links". Gegen wenige Stimmen wurde beschlossen, am Mittag die Arbeit wieder aufzunehmen.[31] Die Waffenabgabe wurde sofort in die Wege geleitet.[32] — In Remscheid nahm eine große Versammlung streikender Arbeiter am Abend einen Antrag des Aktionsausschusses an, am nächsten Morgen die Arbeit wieder aufzunehmen. Eine Gruppe von Rotgardisten unter Führung von Schüller (vgl. oben Seite 185), unzufrieden mit diesem Beschluß, drückte ihren Protest durch lange Schießereien und ein halbstündiges Läuten der Glocken der Stadtkirche aus, bis sie gegen Mitternacht entwaffnet wurde.[33] Gearbeitet wurde am 2. April (Karfreitag) dann wie an einem Werktag.[34] Mit der allgemeinen Waffenabgabe wurde begonnen,[35] und der Aktionsausschuß ließ die beim Kampf um Remscheid am 19. März gefangengenommenen Reichswehrsoldaten frei.[36]

Weit größere Widerstände gab es in Elberfeld. Bereits seit Tagen agitierten die Linkskommunisten gegen den „Verrat" des Aktionsausschusses und der Funktionäre im allgemeinen. Ihren Hauptstützpunkt hatten sie im Wehrkommando der Roten Armee, das in der ehemaligen Kommandozentrale des Generals v. Gillhaussen am Mäuerchen untergebracht war. Am 31. März gegen 22 Uhr erschien in der Sitzung des Aktionsausschusses im Rathaus plötzlich ein Beauftragter des Linkskommunisten Hensmann vom Wehrkommando und überbrachte einen Haftbefehl gegen Köster (USP). Charpentier (KPD) protestierte „gegen diese unerhörte Anmaßung". Der Aktionsausschuß schickte den Mann weg und beschloß, Hensmann sofort seines Amtes zu entheben. Kaum hatte der Aktionsausschuß seine Sitzung beendet, erschienen rund 70 Bewaffnete unter Führung von Hensmann auf dem Neumarkt und umstellten das Rathaus, in dem sich noch einige Ausschußmitglieder befanden; Hensmann stürmte mit einigen seiner Leute hinein. Da sie sehr aufgeregt vorgingen, konnten die Gesuchten bis auf Charpentier entkommen; dieser wurde die ganze Nacht über im Rathaus festgehalten. Dann schickte Hensmann Kommandos zu den Wohnungen von Ibanetz (USP), Dröner und Winkelhock (SPD); der erste wurde angetroffen und verhaftet. Gleichzeitig wurden Bewaffnete auf dem Bahnhof postiert, die die aus Münster zurückkehrenden Delegierten festnehmen sollten. Diese Gruppe stand jedoch anscheinend nicht ganz hinter der Sache, denn als die Delegierten am nächsten Morgen (1. April) ankamen, blieben sie unbehelligt. Etwa zur gleichen Zeit wurden Charpentier und Ibanetz wieder freigelassen.[37] Als am Vormittag etwa 1000 Vertreter der Betriebsausschüsse von Elberfeld und Vohwinkel zum Abkommen von Münster Stellung nahmen, zeigte sich, daß die Leute um Hensmann vollkommen isoliert waren. Die Vertreter des Aktionsausschusses, Busch (USP) und Charpentier, erhielten starken Beifall, als sie die „Überradikalen", die „anarchistischen Quertreiber", die „Schädlinge der Arbeiterklasse", die „dunklen Gestalten" verurteilten. Einstimmig wurde beschlossen, am Mittag den Generalstreik abzubrechen[38] (das wurde dann auch geschlossen durchgeführt).[39] Nachdem sich die Linkskommunisten öffentlich weigerten, die Waffen abzugeben, und sich im Wehrkommando verschanzten, ließ der Aktionsausschuß sie am frühen Nachmittag von der Arbeiterwehr umzingeln. 80 Mann der Arbeiterwehr Remscheid waren zur Unterstützung herbeigeeilt. Als die Eingeschlossenen sahen, daß Widerstand sinnlos war — vom Bismarckdenkmal und der Alexanderbrücke waren Maschinengewehre auf sie gerichtet —, ergaben sie sich.[40] Hensmann selbst war bereits am Morgen in Barmen verhaftet worden.[41]

In Hagen war der 31. März nach der Verlegung der Konferenz mit Severing in ungeheurer Spannung vergangen, zumal bis zum Abend keine Telefonverbindung nach Münster herzustellen war. Aus der Unzahl umherschwirrender Gerüchte seien nur zwei herausgegriffen: Die Verhandlungen in Münster, hieß es, seien gescheitert, der Bürgerkrieg werde endgültig mit der Waffe entschieden; die Reichswehr, so das zweite Gerücht, stehe bereits in Iserlohn.[42] Am Nachmittag fand ein großer Appell der bewaffneten Arbeiter auf der Springe statt. Hier wurde mitgeteilt — und diese Meldung war zutreffend —, daß es bereits in der Nähe von Kamen zu kleineren Gefechten mit der Reichswehr gekommen sei. Große Massen bewaffneter Arbeiter fuhren zur Front, zuletzt um 21 Uhr 300 Mann mit einem Eisenbahnzug.[43] Um 19.20 Uhr bot die Stadtverwaltung der Brigade Epp in Hamm telefonisch ihre Vermittlung an mit dem Ziel, eine wenigstens vorläufige Einstellung des Vormarsches zu erreichen. Die Antwort: „Die Truppen marschieren unter allen Umständen vor!"[44] Am späten Abend nahm ein Sicherheitsposten auf dem Bahnhof einen zeitfreiwilligen Studenten aus Mün-

chen fest, der seine Truppe verlassen hatte und nach Hause fahren wollte. Er erzählte, 5.000 Mann seien aus München nach Westfalen angerollt, und ihnen sei gesagt worden, unter den „Bolschewisten" herrschten geradezu grauenhafte Zustände, besonders in Hagen.[45] Um 23 Uhr erhielt die USP-Zeitung als erste telefonisch eine zusammenfassende Nachricht über das Abkommen von Münster.[46] Gegen Mitternacht teilte Oberbürgermeister Cuno den bürgerlichen Zeitungen zusätzlich mit, daß im Abkommen „das langsame Zurückziehen der Reichswehrtruppen" vorgesehen sei[47] (eine bewußte Falschmeldung sicherlich nicht von seiten Cunos, sondern von seiten seines Informanten in Münster). Auf diese Informationen hin begann man am nächsten Tag (1. April) mit der Organisation der Waffenabgabe und der Herauslösung der Hagener Arbeiter aus der Front;[48] der Aktionsausschuß erweiterte sich durch Hinzuziehung von Vertretern der DDP und des Zentrums zu einem „Ordnungsausschuß".[49] Am Abend erkannte Cuno ein entscheidendes Problem: die Schwierigkeiten der Nachrichtenübermittlung, vor allem im Verhältnis zur gegebenen Zeitspanne. Um 19.20 Uhr telegrafierte er an Severing: „Verspäteter Eingang der Nachricht über Verhandlungen Münster machte Bekanntgabe in heutigen Tageszeitungen nur beschränkt möglich. Wegen des Feiertages Verbreitung auch morgen [Karfreitag] unmöglich. Abwicklung daher außerordentlich erschwert. Telegraphische Verbindung mit Dortmund, Hamm, Hörde unmöglich. [In] Essen noch Beratung. Solange nicht Zentralrat Essen Parole für Friedensschluß ausgibt, ist ernstliche Arbeit zur Abwickelung und Loslösung der Truppen nicht möglich. *Frist bis morgen Mittag 12 Uhr zu kurz.*"[50] Am Vormittag des 2. April erging ein Aufruf zur Durchführung des Abkommens von Münster im Stadt- und Landkreis Hagen, unterzeichnet vom bisherigen Aktionsausschuß (SPD, USP, KPD), vom Oberbürgermeister und vom Landrat.[51] Sämtliche beschlagnahmten Autos wurden den Besitzern fristgerecht zurückgeben.[52] Um 11 Uhr versammelte sich der Ordnungsausschuß und bereitete die Umgestaltung der Arbeiterwehr in eine „Volkswehr" vor, wie sie im Bielefelder Abkommen vorgesehen war.[53]
In den kleineren Orten waren die Vollzugsräte in einer besonders schwierigen Lage, da sie in Münster nicht vertreten gewesen waren. Nur durch Mangel an Information erklären sich ihre Bekanntmachungen, die sämtlich erst am 2. April herausgegeben wurden. In Ratingen bei Düsseldorf enthielt die Bekanntmachung des Vollzugsrats keinen Termin für die angeordnete Waffenabgabe.[54] Der Vollzugsrat von Lüttringhausen verpflichtete sich in seiner Bekanntmachung, die Abkommen von Bielefeld und Münster „loyal durchzuführen", ohne überhaupt auf die Waffenabgabe hinzuweisen.[55] Andere Vollzugsräte, z.B. der Lenneper, legten das Abkommen so aus (genau wie übrigens der Zentralrat), als habe man noch die in Bielefeld festgelegte Maximalfrist von 10 Tagen für die vollständige Durchführung der Waffenabgabe.[56] Die Arbeiterräte im Landkreis Hattingen, die ebenfalls eine zehntägige Frist setzten, wollten immerhin, so versprachen sie dem Landrat, die der Gendarmerie und Polizei abgenommenen Waffen bis zum 3. April morgens zurückgeben.[57] Jedenfalls, so läßt sich zusammenfassend sagen, begann auch in den kleineren Orten des Bergischen Landes die Waffenabgabe termingerecht,[58] z.T. wurde sie sogar (so in Cronenberg und Langenberg) bis zum 3. April abgeschlossen.[59]

Nach diesem Überblick über die Gegend zwischen Düsseldorf und Hagen nun zum eigentlichen Ruhrgebiet.
In Unna, Kamen, Aplerbeck, Hörde, Altenbochum und Wanne wurde das Münstersche Abkommen angenommen und die Durchführung termingerecht, d.h. spätestens am 2. April vormittags organisiert. Dabei lag Kamen z.B. in nächster Nähe der Brigade Epp, Unna vor den Linien der vorrückenden Reichswehrtruppen aus Württemberg und Baden. In Wanne regelte der zum Ordnungsausschuß umgebildete Aktionsausschuß die Abwicklung so: am 2. April, 10 Uhr, Löhnungsappell der Arbeiterwehr mit Waffen vor dem Amtshaus; anschließend bis 12 Uhr Waffenabgabe; gleichzeitig Umbildung der Arbeiterwehr zu einer Ortswehr.[60]
Bei diesem Beispiel stoßen wir wieder auf das Problem der Löhnungsansprüche, das jetzt, wo der Kampf allgemein abgebrochen wurde (nicht nur von Teilen der Roten Armee wie während des Generalstreiks gegen Watters Zusatzbestimmungen), seine eigentliche Zuspitzung erfuhr. Ob dieses Problem so elegant gelöst werden konnte wie in Wanne, hing von zwei Voraussetzungen ab: es mußte überhaupt Geld beschafft werden bzw. beschafft worden sein, und wenn dies der Fall war, mußte das Geld ausreichen, d.h. es durften nicht allzu viele Rotgardisten mit Löhnungsansprüchen auftauchen.
Überhaupt kein Geld beschaffte sich der Vollzugsrat von Essen: am 1. April konnte die Reichsbankstelle der Stadt ungestört den wichtigsten Geldverkehr zum Quartalsschluß abwickeln und außerdem knapp 3,5 Millionen Mark, die bei der Post lagen, wegschaffen (II, Seite 91). In Mülheim dagegen mußte die Stadtkasse auf Anweisung des Vollzugsrats und der örtlichen Kampfleitung der Roten Armee mehrere tausend Mark auszahlen.[61] Solche Zahlungen wurden natürlich umso widerwilliger geleistet, je näher die Front heranrückte und je sicherer die Anzeichen für die Selbstauflösung der Aufstandsbewegung wurden.[62] Ein markantes Beispiel ist Wattenscheid. Hier erklärten die Aktionsausschüsse der Stadt und des Amtsbezirks — beide zum Abbruch des Kampfes bereit — am 1. April gegenüber Stadt- und Amtsverwaltung, die Rotgardisten müßten gelöhnt werden, andernfalls drohten Plünderungen. Der kommissarische Bürgermeister der Stadt, Wallraven, zeigte sich jedoch zur Anweisung der Gelder wenig geneigt. In einer Besprechung für den Amtsbezirk wurde der Aktionsausschuß an die Betriebe verwiesen. Zu einer auf den 2. April, 11 Uhr, angesetzten Verhandlung erschien jedoch nur der Vertreter einer einzigen Zeche, und auch dieser war nur ein Materialienverwalter, so daß man sofort ergebnislos wieder auseinanderging. Trotzdem konnte der städtische Aktionsausschuß am Vormittag eine beträchtliche Menge Waffen und Munition an Wallraven übergeben. Erst als Wallraven die amtliche Nachricht erhielt, daß in Münster das Bielefelder Abkommen bestätigt worden, daß also Übernahme der Kosten durch das Reich zu erwarten sei, schlug er dem Stadtparlament vor, die Löhnung der in Wattenscheid beheimateten Rotgardisten zu genehmigen. Das Stadtparlament bewilligte den erforderlichen Betrag von 30 bis 40.000 Mark. Das war am späten Nachmittag, also bereits nach Ablauf der Waffenstillstandsfrist.[63] — Im Gegensatz zu diesem höchst formellen und langwierigen Verfahren (das sich die Wattenscheider nur deshalb erlauben konnten, weil sie noch weitab von der Front lagen) beschaffte

sich in Derne bei Dortmund die örtliche Arbeiterwehr kurzerhand dadurch Geld, daß sie am 1. April auf dem Bahnhof 10.000 Kilo Ammoniak, das der Zeche „Preußen II" gehörte, beschlagnahmte und es zu 1,60 Mark pro Kilo an die Landwirte der Umgebung verkaufte.[64]
Die zweite Voraussetzung für eine glatte Abwicklung — daß nämlich die beschafften Gelder ausreichten — war z.B. in Gelsenkirchen nicht gegeben. Hier hatte die Reichsbankstelle ebenfalls ihre Bestände stark verringern können. Am 1. April erschien der Ortskommandant der Roten Armee, Krischak, in Begleitung einer Gruppe von Bewaffneten, ließ sich die Höhe des Kassenbestandes angeben und verlangte dann die Auszahlung von 300.000 Mark; von dieser Forderung konnten die Bankbeamten ihm die Hälfte abhandeln.[65] 150.000 Mark — das war zu wenig, um auch nur die dringendsten Ansprüche zu befriedigen, und so requirierten Rotgardisten in Geschäften Kleider und Schuhe. Eine Nachrichtenagentur verbreitete darüber eine Meldung, die nicht nur den Umfang der Beschlagnahmungen weit übertrieb, sondern auch noch folgendes behauptete: „Die von der Front zurückflutenden Roten Truppen haben am Donnerstag [1. April] nachmittag den Aktionsausschuß abgesetzt und sich in den Besitz der Macht gesetzt. Sie erklärten, die Bielefelder Abmachungen seien für sie nicht bindend und sie würden die Waffen nicht abgeben".[66] An dieser Meldung war kein wahres Wort (Severing freilich gab sie noch Jahre später in seinen Erinnerungen als zutreffend wieder).[67] In Wirklichkeit verlief eine am Abend stattfindende Massenversammlung im Bahnhofshotel, die nach einem Referat des Aktionsausschuß-Vorsitzenden Neysters die Annahme des Münsterschen Abkommens beschloß, völlig ungestört,[68] und am nächsten Morgen brachte die Waffenabgabe, die mit einer kleinen Lohnzahlung gekoppelt wurde, durchaus zufriedenstellende Ergebnisse.[69]
Andere Schwierigkeiten als die der Geldbeschaffung hatte man in Bochum. Hier wartete der Arbeiterrat in der Nacht zum 1. April vergeblich auf die Rückkehr der drei Delegierten, die er zur Konferenz mit Severing entsandt hatte;[70] sie waren, wie erinnerlich, in Hamm in die Hände der Schützenbrigade Epp gefallen. Morgens 4.30 Uhr erfuhr der Arbeiterrat telefonisch aus Hagen die wesentlichsten Bestimmungen des Münsterschen Abkommens; die Konferenzteilnehmer, so teilte man ihm weiter mit, seien deshalb noch nicht aus Münster zurückgekehrt, weil bei Hamm eine Eisenbahnbrücke gesprengt sei (das war objektiv eine Verharmlosung, aber in Hagen wußte man es nicht besser). Daraufhin beschloß der Arbeiterrat den sofortigen Abbruch des Generalstreiks.[71] Als die Delegierten jedoch im Laufe des Vormittags noch immer nicht zurückkehrten (sie erreichten Bochum erst gegen Abend), wurde die Situation kritisch. Rotgardisten durchfuhren die Stadt und riefen die Arbeiter erneut zu den Waffen; die Konferenzteilnehmer seien in Münster gefangengesetzt worden! Mittags erschien ein Flugblatt, das den Abbruch des Generalstreiks als verfehlt bezeichnete. Eine Anzahl von Betrieben wurde gewaltsam stillgelegt.[72] Angesichts dieser Szenen kann man sich bereits ausmalen, welche Auswirkungen es in Dortmund haben mußte, als Meinberg noch länger als die Bochumer Delegierten ausblieb; doch das soll erst etwas später geschildert werden.
In Essen wurde am Vormittag des 1. April das Gebäude des Bergbau-Vereins,

das seit einigen Tagen geschlossen war, wieder freigegeben.[73] Im übrigen wartete der Vollzugsrat — wie auch die Vollzugsräte von Mülheim und Oberhausen — mit einer Stellungnahme zum Münsterschen Abkommen ab, bis die Vollversammlung der Vollzugsräte eine Entscheidung getroffen hatte. Am Abend, nach Beendigung der Vollversammlung, ordnete der Vollzugsrat eine allgemeine Waffenabgabe an, von der nur die örtliche Arbeiterwehr ausgenommen wurde. „Zurückkehrende Fronttruppen" aus Essen sollten nach Abgabe der Waffen ihren Lohn erhalten, „soweit nicht der frühere Arbeitgeber zur Weiterzahlung des Lohnes verpflichtet" sei, hieß es in einer Bekanntmachung. „Diejenigen Wehrmannschaften, die nicht in Essen beheimatet sind, begeben sich sofort nach ihrem Wohnort, geben dort die Waffen ab und werden dort gelöhnt".[74] Diese Sätze zeigen wiederum die Illusionen, die man sich in Essen zu diesem Zeitpunkt noch machte. In Mülheim schloß sich der Vollzugsrat am nächsten Vormittag den Beschlüssen der Essener Vollversammlung an und nahm das Münstersche Abkommen an.[75]

Die Vollzugsräte von Buer und Witten konnten eine rechtzeitige Stellungnahme zum Münsterschen Abkommen nicht abgeben: ihnen wurde das Abkommen erst am 2. April gegen Mittag, als die von der Regierung gesetzte Frist bereits ablief, bekannt.[76]

Nur in einem einzigen Ort des Aufstandsgebiets gab der örtliche Vollzugsrat bis zum Ablauf der Frist zu erkennen, daß er das Abkommen ablehne: in Duisburg. Das von Wild und Koch geleitete Exekutivkomitee fuhr mit den aussichtslosen Versuchen fort, die sich immer höher türmenden Schwierigkeiten mit Waffengewalt und diktatorischen Verordnungen zu lösen. In einer von ihm einberufenen Eisenbahnerversammlung am 2. April wurde seine Hilflosigkeit besonders deutlich. Die Versammlungsteilnehmer wurden aufgefordert, die Arbeit wieder aufzunehmen und auf die Eisenbahnbeamten Druck auszuüben, dies ebenfalls zu tun; andernfalls sollten die Arbeiter die Funktionen der Beamten übernehmen. Den Beamten, die nicht zur Arbeit zurückkehren würden, drohten Vertreter des Exekutivkomitees Entlassung ohne Pension, Entziehung der Lebensmittelausweise und ähnliche Maßnahmen an.[77] Rücksichtslosigkeit und Verzweiflung führten zu Aktionen, die weder politisch noch sonstwie zu rechtfertigen waren. Als in Hamborn das Münstersche Abkommen angenommen und mit seiner Durchführung begonnen wurde, warf das Exekutivkomitee mehrere Rotgardisten-Einheiten dorthin, um den Anschein zu erwecken, daß auch Hamborn das Abkommen ablehne.[78] Das war ein weiterer Versuch (man denke an die Bedrohung von Ernst und anderen), Kräfte innerhalb der Aufstandsbewegung mit anderer Meinung auf den eigenen Weg zu zwingen, ja jetzt sogar notfalls mit sich in den Abgrund zu reißen. Die verantwortungslose Gefährdung der Gesamtbewegung durch ein solches Verhalten braucht nicht besonders hervorgehoben zu werden.

Duisburger Arbeiterführer, die durch das Exekutivkomitee ausgeschaltet worden waren, erwogen nunmehr durchgreifende Gegenmaßnahmen und baten den Vollzugsrat im benachbarten Düsseldorf um bewaffnete Hilfe (nach einer Quelle war es ein KPD-Führer, der diese Bitte aussprach); das wurde im Prinzip zugesagt.[79] SPD und USP verbreiteten am 2. April das Flugblatt, das zuerst vor drei Tagen

in Mülheim erschienen war, in dem die in Duisburg herrschenden Zustände als schlimmer als der weiße Terror bezeichnet wurden (oben Seite 179).
Weit folgenreicher war ein anderer Vorgang: am 1. April ging ein Telegramm (das bemerkenswerterweise trotz des totalen Beamtenstreiks befördert wurde) von Stadtverwaltung, SPD und USP an die Reichsregierung, in dem es hieß: *„Nach unserer einmütigen Auffassung der Lage ist sofortiges nachdrückliches Vorgehen der Reichswehr einziges Mittel, um Duisburg und Umgebung vor äußerster Not ... zu schützen".* Für die USP hatte der Sekretär des Deutschen Metallarbeiterverbandes, Helbig, im Alleingang der Absendung zugestimmt. Die Regierung veröffentlichte das Telegramm sofort. Die USP bestritt zunächst die Echtheit, mußte dann aber die Miturheberschaft von Helbig akzeptieren. Sie distanzierte sich scharf von ihm, aber das alles kam viel zu spät: im entscheidenden Moment hatte die Regierung mit dem Telegramm einen erstrangigen Trumpf in die Hand bekommen.[80]
Ähnliche Telegramme gingen aus den Kreisen des Bürgertums an die Regierung, mit dem Unterschied, daß in ihnen nicht zwischen Duisburg und dem übrigen Aufstandsgebiet differenziert wurde: von der Beamten- und Lehrerschaft Duisburgs, den Handelskammern von Duisburg-Ruhrort und Düsseldorf, dem Innungsausschuß des Düsseldorfer Handwerks, dem Westfälischen Bauernverein und vom Mülheimer Oberbürgermeister Lembke, der sich aus seinem linksrheinischen „Exil" (II, Seite 34) meldete.[81] Am weitesten ging das Zentrum, das bereits über die erweiterten Vollmachten für Severing äußerst erbost war.[82] Es bezeichnete die Fristverlängerung und das Münstersche Abkommen als empörenden neuen Umfall der Regierung und forderte, mit der „verfassungswidrigen Bevormundung" des Militärs durch Severing Schluß zu machen; drei Zentrumsabgeordnete drohten aus Münster sogar mit dem Austritt der Partei aus der Regierungskoalition, wenn das Militär nicht endlich volle Freiheit des Handelns erhalte.[83] Das Düsseldorfer SPD-Blatt äußerte, manches Telegramm trage „recht offenkundig den Stempel der bestellten Arbeit", und mahnte die Regierung, sich nicht nervös machen zu lassen.[84] — Der Syndikus der Niederrheinischen Handelskammer Duisburg-Ruhrort, Dr. Most, fuhr zusammen mit drei Großindustriellen nach Berlin, um im Reichswehrministerium und bei Ebert den militärischen Einmarsch zu fordern; das größte Verständnis fanden sie dabei von seiten Eberts.[85]
Mitten in der allgemeinen Aufregung trafen sich am 1. April in Essen Zechenverband und Bergarbeitergewerkschaften zu einer Lohnverhandlung. Vereinbart wurde eine Erhöhung der Schicht- und Grundlöhne unter Tage um 5,50 Mark, und zwar nach dem Muster der Revolutionszeit von 1918 (I, Seite 27 f.) „vorbehaltlich der [staatlichen] Genehmigung einer entsprechenden Erhöhung der Kohlenpreise".[86] Man wird annehmen dürfen, daß beide Seiten daran interessiert waren, die Arbeiter auf den Boden des tarifpolitischen Alltags zurückzuführen.
Fassen wir zusammen. Von der einen Ausnahme — Duisburg — abgesehen, bietet das Aufstandsgebiet ein einheitliches Bild: überall sind die Vollzugsräte überzeugt, daß weiterer bewaffneter Widerstand aussichtslos ist und daß die einzige noch verbliebene Hoffnung in der strikten Erfüllung des Münsterschen Abkommens liegt. Wenigstens jeder Vorwand zum Einmarsch soll der Reichswehr entzogen werden. Verbreitet ist allerdings das Mißtrauen, ob dies ausreichen,

ob sich also auch das Militär an das Abkommen halten wird. Mit Energie gehen die Vollzugsräte daran, in der äußerst knappen zur Verfügung stehenden Zeitspanne die vertraglichen Verpflichtungen zu erfüllen. Zwei Hauptschwierigkeiten sind es, mit denen sie zu kämpfen haben: der Mangel an Geldmitteln zur Löhnung der heimkehrenden Rotgardisten, und der teilweise Ausfall der Nachrichtenmittel (Telefon, Zeitungen) durch Feiertagsschließungen und Sabotagestreiks. Widerstand gegen die Verständigungsbereitschaft der Vollzugsräte erhebt sich stellenweise von Gremien und Personen, die in der Etappe die Organisation der Roten Armee aufgebaut haben (Düsseldorf, Elberfeld). Die heimkehrenden Rotgardisten selbst sehen dagegen im allgemeinen die Aussichtslosigkeit weiteren Kampfes ein und verlangen nur ihre rückständige Löhnung. Eigenmächtige Requisitionen bleiben die Ausnahme (Gelsenkirchen). In zwei Städten — Bochum und Dortmund — tauchen weitere Schwierigkeiten auf, die von der Reichswehr verursacht sind: durch die Gefangennahme von Verhandlungspartnern des Reichskommissars und preußischen Innenministers Severing.

3. Der Vertragsbruch des Militärs

> *„Nachdem ich in den letzten Tagen alle hier unter meinen Befehl gestellten Truppen persönlich gesehen habe, muß ich feststellen, daß es sich in allen Teilen von den Führern bis zum letzten Mann um eine erstklassige Elitetruppe, durchglüht von vaterländischem Geist, handelt."*
>
> General v. Watter an seine Truppen, 2. April 1920
> (Bundesarchiv - Militärarchiv Freiburg: RH 53 - 6/91, Bl. 11)
>
> *„Insgesamt ergibt sich, daß unter den damaligen Verhältnissen bei der allgemeinen Erbitterung gegen die Roten es bei dem Einrücken der Reichswehr unvermeidbar war, wenn auch einmal ein Unschuldiger den Tod fand."*
>
> Hans Spethmann: Zwölf Jahre Ruhrbergbau, Bd. II, Berlin 1928, S. 241

Die Reichswehr sorgte dafür, daß dieser Typ von Schwierigkeiten nicht auf Bochum und Dortmund beschränkt blieb. Ungeachtet des Befehls aus Berlin und des Abkommens von Münster marschierte sie am 1. April weiter vorwärts. Damit machte sie in Kürze die Anstrengungen zahlreicher Vollzugsräte zur Vertragserfüllung zunichte. Mit anderen Worten: *Die Reichswehr schaffte sich selbst die Vorwände, die sie für den endgültigen Einmarsch ins Ruhrgebiet brauchte.*
Bevor wir das schildern, muß festgestellt werden, daß die Tatsache des vertragsbrüchigen Vormarsches lange Zeit bestritten wurde. Severing behauptete in einem Aufruf an die Bevölkerung des Ruhrgebiets vom 5. April, und Reichswehrminister Geßler und General v. Seeckt wiederholten es in einer amtlichen Erklärung: „Vom 31. März bis 3. April haben die Truppen auf der ganzen Linie jede Vorwärtsbewegung eingestellt. Wo sie an einzelnen Stellen, wie bei Pelkum, Recklinghausen und Dinslaken, kämpfend vorgestoßen sind, da haben Angriffe der bewaffneten Arbeitermassen den Anlaß dazu gegeben".[1]
Zu dieser Erklärung — in der, wie man sieht, schon der zweite Satz den ersten Lügen straft— äußerte sich Colm in seiner Untersuchung von 1921 (vgl. I, Seite 8 f.). Er bezweifelte nicht, daß die Reichswehr nur „an einzelnen Stellen" vorgestoßen sei, wohl aber den behaupteten Anlaß für die Vorstöße. „Sicherlich richtig ist", schrieb er, „daß die Roten Truppen an dem größten Teil der Front noch nicht den Rückmarsch angetreten hatten, als die Reichswehr vorrückte; aber daß sie ... noch angegriffen hätten, erscheint als außerordentlich unwahrscheinlich".[2] Colm deutete also einen Vertragsbruch des Militärs als wahrscheinlich an.

Gegenteiliger Ansicht blieb Severing — jedenfalls nach außen. Ein Vertragsbruch des Militärs und damit der Regierung, schrieb er in seinem Erinnerungsbuch von 1927, sei eine „wahrheitswidrige" Behauptung der Kommunisten und Syndikalisten. Richtig dagegen sei die zitierte Feststellung von 1920; „vom Tage der Münsterischen Besprechung an bis zum Ablauf der letzten Fristen" habe sich die Reichswehr „durchaus defensiv verhalten".[3]

Noch günstiger zeichnete Spethmann das Bild für die Reichswehr. Statt an drei Stellen, wie von Severing, Geßler und Seeckt offiziell zugegeben, stellte er nur an zweien einen Vormarsch der Reichswehr innerhalb der Waffenstillstandsfrist fest: am 1. April in Pelkum, am 2. April in Haltern. Beide Vorstöße seien auf vorherige Angriffe der Roten erfolgt, bei denen die Reichswehr Tote und Verwundete gehabt habe.[4] Der 3. April sei „der erste Vormarschtag" der Reichswehr gewesen.[5]

Dieser Streit ist zum Teil seit 1934 entschieden, als nämlich General Kabisch seine Erinnerungen veröffentlichte, und vollends seit dem Erscheinen der offiziellen Untersuchungsreihe der NS-Militärhistoriker (I, Seite 15 f.). Es liegt auf der Hand: seit dem Sieg des Faschismus bestand kein Grund zur Verschleierung mehr, und so schildern die NS-Militärhistoriker in aller Offenheit, wie die Reichswehr innerhalb der Waffenstillstandsfrist praktisch auf der ganzen Front den Vormarsch fortsetzte.[6]

Trotz dieser Offenlegung können wir uns heute mit dieser Darstellung nicht begnügen, und zwar vor allem aus zwei Gründen: einmal weil sie die alte Behauptung wiederholt, die Reichswehr sei durch Kampfhandlungen der Arbeiter provoziert worden, zum andern weil sie alle Terrorakte von Reichswehr und Sipo verschweigt. Die alte Behauptung zu widerlegen, ist wesentlich; noch wesentlicher ist, den Terror der Vergessenheit zu entreißen.

*

Beim Vormarsch der Reichswehr während der offiziellen Waffenstillstandsfrist heben sich drei Schwerpunkte heraus: die Frontabschnitte bei Dinslaken, Haltern und Hamm. Die Vertragsbrüche und Terrorakte an diesen Abschnitten sollen zuerst dargestellt werden.

1. Am 31. März erhielt General Kabisch von General v. Watter den Befehl, am 2. April Dinslaken zu erobern. Trotz des Abkommens von Münster wurde dieser Befehl nicht verschoben. Kabisch sah die Gelegenheit, seinen am 27. März mißlungenen Plan der Vernichtung der Arbeiter im Rheinbogen (oben Seite 129) doch noch erfolgreich zu verwirklichen, unter der Voraussetzung, daß diesmal der östliche Flügel seiner Truppen zu einem zangenförmigen Umzingelungsmanöver ansetzen konnte. Da der östliche Flügel bei Hünxe stand, also gegenüber den übrigen Truppen noch zurückhing, befahl ihm Kabisch, am Nachmittag des 1. April in südlicher Richtung vorzustoßen.[7]

Um 17 Uhr, nach Vorbereitung durch Artilleriefeuer, begann der Angriff. Die von Kampfleiter Kuhn geführten Arbeiter hatten sich in dem hügeligen Waldgelände südlich von Hünxe geschickt postiert und verteidigten sich verzweifelt, aber gegen den übermächtigen Gegner konnten sie sich nicht lange halten. Bei

Einbruch der Dunkelheit war die Reichswehr — sie hatte nur zwei Tote — im Besitz von Bruckhausen (unmittelbar vor Lohberg).[8] Für Kuhn war der Zusammenbruch seines Frontabschnitts so überraschend gekommen, daß er keine Zeit mehr gefunden hatte, die im Quartier seines Stabes (Gaststätte Lindenkamp) liegenden Papiere mitzunehmen oder zu vernichten. In Sorge um das Schicksal seiner Leute, die nun von der Reichswehr zum Teil identifiziert werden konnten, schlich er sich in der Dunkelheit mit mehreren Begleitern in den Ort zurück, um die Papiere doch noch sicherzustellen. Diese Tollkühnheit mißlang: Kuhn und drei seiner Begleiter wurden ergriffen und nach kurzer Untersuchung zusammengeschlagen und erschossen. Einer war noch nicht tot; stöhnend quälte er sich während der ganzen Nacht und starb gegen Morgen.[9] Am nächsten Vormittag wurde Hermann Krause, ein 19jähriger Bergmann aus Bruckhausen, in der Nähe der elterlichen Wohnung erschossen.[10] Vermutlich war er nicht der einzige, doch erlauben die Quellen keine sichere Aussage. 31 „Spartakisten", teils im Kampf gefallen, teils standrechtlich oder ohne jedes Verfahren erschossen, darunter Berta Spies, ein 22jähriges Arbeitermädchen aus Steele, wurden am Nachmittag in einem Massengrab in der Nähe des Dorfes beerdigt.[11]

In Dinslaken blieb die Kampfleitung der Roten Armee ohne Kenntnis vom Zusammenbruch der Front bei Bruckhausen; hier war man durch das Artilleriefeuer der Reichswehr beschäftigt, das besonders abends und nachts auf der Stadt lag.[12] Am Abend des 1. April erschien in der Lagebesprechung der Kampfleitung eine Abordnung aus Essen, die die Nachricht vom Münsterschen Abkommen und dessen Annahme durch die Vollversammlung der Vollzugsräte überbrachte. Die Kampfleiter beschlossen, das Abkommen anzunehmen. Die Parole zum Abbruch des Kampfes wurde ausgegeben,[13] doch gelang es nicht, sie bis nach Möllen zu verbreiten: während der ganzen Nacht lag Artilleriesperrfeuer der Reichswehr hinter den vordersten Linien, das den dort liegenden Arbeitern den Rückweg abschneiden sollte.[14]

Um 7 Uhr morgens trat die Reichswehr nach kurzem Trommelfeuer der Artillerie auf beiden Flügeln zum Angriff an. Der westliche Flügel traf auf keine geschlossene Verteidigungslinie mehr und konnte so die vordersten Schützengräben der Arbeiter — entlang dem Mombach am Nordrand von Möllen — umgehen und dann von hinten aufrollen. „Ein Druck auf den Abzugsknopf des Maschinengewehres, verbunden mit einem langsamen Links- und Rechtsschwenken der Todesmaschine genügt, um Hunderte ... sterben zu lassen", schreibt später ein sich betont christlich gebender Autor. Die, die im Quartier gelegen hatten und auf die Straße stürzten, waren ebenfalls verloren: man riß ihnen Jacke und Hemd vom Leibe, und wer eine Druckstelle auf der Schulter hatte, hatte also ein Gewehr getragen — erschossen.[15] Ein gefangener Sanitäter sah, wie in der Nähe des Bahnhofs etwa 30 Mann auf ein freies Feld getrieben und dort zusammengeschossen wurden.[16] Einige konnten noch mit knapper Not entkommen: „völlig schutzlos mußten wir in schwerstem Artilleriefeuer aus Dutzenden Geschützen ... eine Strecke von mehreren tausend Metern zurückspringen, wobei uns die schwersten Verluste zugefügt wurden", berichtete der Führer einer Rotgardisteneinheit.[17] — 73 Tote wurden in einem Massengrab in Voerde beerdigt.[18]

Der östliche Flügel der Reichswehr stieß von Bruckhausen direkt auf Dinslaken vor. Ein Augenzeuge, der USP-Redakteur Plenge aus Solingen: „Überall sah ich, wie unsere Leute sich zur Abreise rüsteten ..., da entstand draußen auf den Straßen eine ungewohnte Erregung. Ich ... stürzte hinaus. Überall Rufe: ‚Noske kommt!' ‚Noske ist durchgebrochen!' Von der Landstraße Richtung Wesel kamen jetzt größere Trupps Rotgardisten, Wagen und Autos voll Toter und Verwundeter. Das Sanitätspersonal schleppte auf Tragbahren die Verwundeten herein. Die Verwirrung war sehr groß". In den Straßen können die Führer die Rotgardisten noch einmal sammeln; Plenge schließt sich einer Gruppe an, in der sich viele Sanitäter befinden. Nach kurzer Zeit gerät diese Gruppe in das MG-Feuer aus herankommenden Panzerautos der Reichswehr. „Unsere Leute wurden allmählich aufgerieben. An ein Halten war nicht mehr zu denken. In wilder Flucht ging es jetzt zurück. Nur wenigen von uns gelang es noch, die Beine zu gebrauchen. Die Mehrzahl wälzte sich im Blute ... In wahnsinniger Hast ging es über Wiesen und Felder, über zahlreiche Drahtzäune. Im Rücken das fürchterliche Tack-Tack der Maschinengewehre ... Es gelang mir, nach einer halben Stunde ein Haus zu erreichen. Die Bewohner nahmen mich auf, trotz der großen Gefahr für sie selbst. Meine Kleidung, zerrissen und zerfetzt, mußte verdächtig erscheinen. Das nächste also war, dieselbe einigermaßen instand setzen. Dann die Papiere sichten. Vieles war geeignet, um mich zu verderben. Also hinein ins Feuer. Dann kamen die Weißen heran. In Hemdsärmeln stand ich an der Haustür, das einjährige Kind des Hausbesitzers auf dem Arm, schaute ich den heranrückenden ‚Siegern' entgegen. Sie ließen uns unbehelligt".[19]

Gegen 10 Uhr hatte die Reichswehr Dinslaken erobert.[20] Alle Rotgardisten, die nicht hatten entkommen können, wurden niedergemacht, viele Verwundete mit dem Gewehrkolben erschlagen.[21] Sechs oder sieben Frauen — Kartoffelschälerinnen und Krankenschwestern, unter letzteren eine, die nachwies, daß sie während des ganzen Krieges beim Militär gearbeitet hatte — wurden kurz nach ihrer Festnahme bei einem Wäldchen in der Nähe des Rathauses erschossen. (Zwei sind namentlich bekannt: Hedwig Rapczinski, 19 Jahre alt, Tochter eines Bergmanns in Lohberg, und Elisabeth Hiltenfink aus Marxloh, 28 Jahre alt, Witwe eines Bergmanns.)[22] Für eine Krankenschwester, die die Hauptverbandsstelle geleitet hatte, hatten sich drei angesehene Bürger der Stadt eingesetzt; darauf hatte der die Erschießung leitende Leutnant geantwortet: „Ich nehme das auf mich, ich will Rache haben für meinen Bruder, dem hat man die Augen ausgestochen!" Und als die Herren ihre Ausweise vorgezeigt hatten, hatte er ausgerufen: „Meine Herren, Sie verwenden sich für eine Ehrlose, das ist eine Fose (= Dirne), die kriegt glattweg einen durch die Dose!"[23]

Bis zum Ablauf der offiziellen Waffenstillstandsfrist um 12 Uhr eroberte die Reichswehr noch die Zechenkolonie Wehofen südlich von Dinslaken. Ein Flugzeug dirigierte das Artilleriefeuer auf die Abzugsstraßen der Arbeiter.[24]

Auch die Zechenkolonie Lohberg wurde zunächst mit Artilleriefeuer beschossen. Ein Geschoß, das das Dach eines Hauses durchschlug, zerfetzte bei der Explosion in der Wohnung ein junges Brautpaar; als dann später die Haussuchungen begannen, bat der Vater des jungen Mannes die Sipos herein mit den Worten: „Kommen Sie nur, hier liegen die Waffen!" Den fliehenden Rotgardisten war die Straße nach Dinslaken bereits durch MG-Feuer der Reichswehr versperrt, so

daß nur noch der Weg nach Südosten in Richtung Hiesfeld freiblieb; die Letzten hatten am Ausgang der Kolonie große Verluste. Gegen 10 Uhr, etwa gleichzeitig wie in Dinslaken, war der Kampf entschieden. Die ersten Verhaftungen durch die Reichswehr folgten; ein Bergarbeiter, der zugab, nach dem Abzug des Militärs nach Wesel einen Tag lang bei der Roten Armee gewesen zu sein, wurde im freien Gelände in Rufweite seiner Hausgenossen, die ebenfalls abgeführt worden waren, erschossen. Dann rückten Sipo-Kommandos ein, die systematisch vorgingen. Sie durchsuchten Haus für Haus, dabei die Frauen belästigend und schonungslos die Einrichtungsgegenstände demolierend. Am Spätnachmittag zogen sie ab, zahlreiche Koloniebewohner, willkürlich ausgewählt, mit sich nehmend; einer von ihnen, der Bergmann, KPD-Stadtverordnete von Dinslaken und Armenpfleger Paul Schön, hatte in den Tagen der roten Herrschaft lediglich mit anderen die Zeche bewacht. Die Zurückbleibenden erhielten die beruhigende Versicherung, es gehe nur kurz zu einer Vernehmung nach auswärts, sie, die Sipos, seien „nicht so schlecht wie die Spartakisten". Doch bis zum Morgen wartete die Kolonie vergeblich, und dann, bei Tagesanbruch, entdeckte man, was während der Nacht geschehen war: in einem Gehölz an der Straße in Richtung Hiesfeld lagen auf einer Strecke von 200 Metern 32 Tote, die meisten mit eingeschlagenen Köpfen, die Knochen zerbrochen (nicht erschossen, damit die Kolonie nicht sofort aufmerksam wurde), aller Wertsachen beraubt. Herbeieilende Angehörige wurden von der Sipo vertrieben: wenn sie nicht sofort gingen, würden sie mit Handgranate und Revolver Bekanntschaft machen.[25]
Als die Sipo die zahlreichen in und bei Dinslaken herumliegenden Leichen einsammelte, habe man, so berichten noch lebende Augenzeugen, das Gefühl gehabt, als würde Gemüse verladen. Der Direktor des evangelischen Krankenhauses, der das Aufladen auf einem Platz in der Stadt sah, protestierte: „Aber das sind Menschen und keine Kartoffeln!" Die Antwort: „Ihre Ausweise bitte!" und dann: „Machen Sie, daß Sie wegkommen, sonst kommen Sie auch noch dazu!" Gegen 14 Uhr wurden auf dem streng abgesperrten Friedhof der Stadt 113 Tote ohne Särge in ein Massengrab geworfen und mit Brandkalk bestreut (so hatte man im Weltkrieg die zwischen den Schützengräben liegenden Leichen, die nicht beerdigt werden konnten, zur schnellen Zersetzung gebracht). Auch in den folgenden Tagen durfte niemand, auch die nächsten Angehörigen nicht, die Stelle besuchen, und über die Vorgänge in der Öffentlichkeit zu sprechen, war lebensgefährlich: die Spitzel lauerten überall. Die Koloniebewohner von Lohberg fühlten sich vollkommen vogelfrei — „so wie wohl die Juden nach 1933", formuliert ein Überlebender.[26]
Mit dem Leben davon kam eine Gruppe von Sanitätern und Sanitäterinnen, die gleich nach Beginn des Reichswehrangriffs in Möllen gefangengenommen worden war. Beim Abtransport riefen vorbeiziehende Soldaten: „Schweine!" „Biester!" „Haut sie tot!"; die Sanitäterinnen wurden als Huren beschimpft. In Schloß Wohnung wurden sie untersucht und mußten dann endlos warten, bis um 17 Uhr Sipos erschienen, um sie abzuholen — „der Schrecken Deutschlands", wie die Sipos sich selbst vor ihnen bezeichneten. Nach dem Abtransport in ein Nachbardorf wurden sie dort in einer Schule von einem Sipo-Hauptmann verhört; herumstehende Offiziere fragten das Begleitkommando: „Warum habt ihr die

Schweine so weit gebracht, habt ihr unterwegs auch keinen verloren?" Zu Fuß wurden sie nach Dinslaken abgeführt, durch einen Feldweg, wie zu Beginn ausdrücklich betont wurde — ein sadistischer Hinweis auf die günstige Gelegenheit für eine „Erschießung auf der Flucht". Die Arme im Nacken verschränkt, erhielten sie immer wieder Kolbenschläge, Fußtritte, Schläge ins Gesicht, wurden sie mit Erschießen bedroht. Nach einer Stunde in Dinslaken angekommen, wurden sie im Rathaus erneut verhört; der anwesende Kolonnenführer des Dinslakener Roten Kreuzes verbürgte sich zwar für die Rote-Kreuz-Sanitäter unter den Gefangenen, legte jedoch für die Arbeitersamariter kein Wort ein. Den letzteren wurde erklärt, sie würden erschossen. Nach einer erneuten Untersuchung wurden sie so geprügelt, daß einige aus Mund und Nase bluteten. Einer sollte immer wieder sagen: „Ich bin ein Pollack", weigerte sich jedesmal und erhielt daraufhin neue Schläge. Zu 13 Personen wurden sie schließlich für die Dauer der Nacht in eine einzige Zelle gesperrt. Gegen Mittag des nächsten Tages wurden neun freigelassen, ohne etwas zu essen zu bekommen und ohne das ihnen bei den Untersuchungen Abgenommene (Ausweise, Sanitätsausrüstung, Geld und Wertgegenstände) wiederzuerhalten. Die vier übrigen, Arbeitersamariter aus Elberfeld, wurden am Nachmittag gezwungen, einen Lastwagen mit Munition zu be-

„Um 7 Uhr morgens trat die Reichswehr nach kurzem Trommelfeuer der Artillerie zum Angriff an ... Die Rotgardisten, die im Quartier gelegen hatten und auf die Straße stürzten, waren ebenfalls verloren: man riß ihnen Jacke und Hemd vom Leibe, und wer eine Druckstelle auf der Schulter hatte, hatte also ein Gewehr getragen — erschossen..." (Seite 270)

Möllen, 2. April 1920

laden — offenbar in der Absicht, ihr Sanitäterethos zu demütigen —, wurden dann nach Wesel transportiert und dort endlich ebenfalls freigelassen. Aller Geldmittel beraubt, konnten sie erst nach fünf Tagen ihre Heimatstadt erreichen.[27]
Eins der Reichswehrregimenter, die General Kabisch im Abschnitt Dinslaken zur Verfügung standen, das Regiment 61, erhielt einige Tage später den Dank seines Kommandeurs, des Majors Wieczorek. Nach Aufzählung aller Orte, durch die der Vormarsch gegangen war, erklärte Wieczorek: Was die Einheiten des Regiments in diesen Orten „geleistet haben, ist wirklich nur uns bekannt, die wir bei der Truppe selbst waren ..."[28]

2. Am Abend des 31. März besetzte die Brigade Faupel, in der die aus Schlesien herantransportierten Freikorps Aulock, Faupel und Kühme zusammengefaßt waren, Haltern.[29] Die ihr in Hamm-Bossendorf (südlich des Lippe-Seitenkanals) gegenüberliegenden Rotgardisten wurden in der Nacht zum 1. April von einer Arbeitertruppe aus Bochum abgelöst, zum größten Teil Leuten, die zum ersten Mal auszogen; herausgefordert durch das Ultimatum der Regierung und die Zusatzbestimmungen Watters hatten sie sich zu den Waffen gemeldet.[30] Kenntnis vom Abkommen in Münster erhielten sie nicht: der Arbeiterrat Bochum wartete selbst, unsicher über das Schicksal der von ihm entsandten Delegierten, während der Nacht auf Nachrichten.[31] Die Arbeiter verbarrikadierten die Brücke über die Lippe (südlich von Haltern) mit einem Drahthindernis und legten an der südlich anschließenden Brücke über den Kanal Sprengsätze.
Um 5.15 Uhr eröffnete die Reichswehr mit Artilleriefeuer den Angriff. An der Spitze stürmte das Freikorps Aulock voran und räumte die Lippebrücke frei. Um 5.30 Uhr zündeten die Arbeiter die Sprengsätze an der Kanalbrücke, aber diese wurde nur beschädigt, nicht zerstört: die Reichswehr konnte weiterstürmen und drang mit Hurra-Rufen in Hamm-Bossendorf ein.[32] Die überraschten Bochumer Rotgardisten konnten nur zum Teil entkommen, viele kamen nicht einmal so schnell aus den Quartieren; 32 wurden gefangengenommen. Mit hochgehobenen Armen wurden sie zusammengetrieben, jeder mußte seinen Namen aufschreiben, dann wurden sie erschossen. Die Leichen wurden in eine Schule gebracht, zum Teil im Pissoir übereinandergeworfen; später wurden sie von Bauern auf Mistwagen **in die Heide** hinausgefahren, wo sie in einem Massengrab verscharrt wurden.[33]
Inzwischen waren bereits weitere Personen erschossen worden, die nachweislich keine Waffe getragen hatten. 17 mit dem Bau des Kanals beschäftigte Arbeiter, die meisten aus Süddeutschland, hatten am Vortag in ihrer Wohnbaracke keinen Schutz vor dem Feuer der Reichswehr gefunden und daher in Kellern von Nachbarhäusern Zuflucht gesucht: acht in der Kantine, zusammen mit dem Kantinenwirt und zwei Frauen, neun beim Lebensmittelhändler Meis, zusammen mit diesem, seiner Frau und seiner Schwägerin. Eine Kompanie des Freikorps Faupel stellte sich vor den Kellerfenstern der Kantine auf, rief: Herauskommen! und schoß auch schon in den Keller hinein. Die Kanalarbeiter gingen mit den Frauen hinaus — und ohne auch nur gefragt zu werden, ob sie eine Waffe getragen hätten, wurden sie niedergeschossen oder erschlagen. Einer war noch nicht tot; schwerverwundet schleppte er sich in den Keller zurück und starb dort. Der Kantinenwirt war nur durch Zufall dem Tode entgangen: sein Hund hatte ihn

in seine Leine verwickelt, so daß er nicht sofort hatte herauskommen können. —
Die Soldaten inzwischen schon weiter zum benachbarten Haus Meis, Aufstellung vor dem Keller, und diesmal noch rabiater: „Heraus ihr Banditen!" riefen sie und warfen mehrere Handgranaten durch die Fenster, die jedoch niemanden verletzten. Alle traten mit hochgehobenen Armen nach draußen — und wieder wurden alle Männer, einschließlich des Hausherrn, sofort niedergeschossen oder erschlagen. Einer, der 16jährige Wilhelm Dann, war nur verletzt; er lag zunächst regungslos unter den Toten. Frau Meis klagte: „Wir haben uns doch alle so gefreut, daß ihr gekommen seid, und jetzt macht ihr es so!"[34]
Einigen Leichen schnitten die Mörder noch die Hälse durch, dann begann die allgemeine Leichenfledderei. Mehrere tausend Mark Bargeld (die Kanalarbeiter waren gerade gelöhnt worden), Uhren, Ringe nahmen die Söldner an sich — „so was können wir gebrauchen" und „die Sache bringt doch etwas ein", sagten sie ungeniert vor Dorfbewohnern —, ja, einigen Leichen zogen sie sogar Kleidungsstücke und Schuhzeug aus. Der erste Zeuge wurde der nur verletzte Wilhelm Dann. Als er wieder zu sich kam, beobachtete er einen Offizier bei der „Arbeit". Dieser bemerkte, daß der für tot Gehaltene sich regte — und nun sträubt man sich, es zu glauben: er fragte ihn, ob auch er Geld bei sich habe. Dann erwiderte, sein älterer Bruder, einer der Erschossenen, hätte sein Lohngeld eingesteckt. Der Offizier ließ sich die Leiche zeigen, zog die Brieftasche aus dem Rock, nahm „großzügig" einen 20-Mark-Schein heraus, gab ihn Dann mit den Worten, er solle ins Spital gehen und sich verbinden lassen, und steckte die Brieftasche ein.[35]
Endlich konnten Dorfbewohner der Truppenführung glaubhaft machen, daß hier keine Rotgardisten erschossen worden waren. Nur einer, Josef Brecht, hatte sich für einige Tage der Roten Armee angeschlossen; er wurde neben den 32 Bochumer Rotgardisten in der Heide verscharrt. Die anderen 15 Kanalarbeiter wurden außerhalb des Ortes an der Landstraße in Richtung Marl in einem Gemeinschaftsgrab beerdigt. Meis durfte — eine besondere Gnade, die die Truppenführung gewährte — auf dem Dorffriedhof beigesetzt werden.[36]
Im Laufe des Vormittags wurden auf Denunziationen hin neun weitere Personen, darunter zwei Dorfbewohner, verhaftet, sämtlich ohne Waffe in der Hand. Sie wurden nach Haltern geführt, dort verhört und zum Tode verurteilt. Zwischen 16 und 17 Uhr erfolgte die Exekution.[37] Bei einem weiteren Verhafteten, dem Bergmann Wilhelm Borgmeyer, Mitglied des örtlichen Aktionsausschusses, sparte sich die Reichswehr die Farce eines Standgerichts. Borgmeyer war an den Kampfhandlungen nicht beteiligt gewesen und hatte sich nur — wie der ganze Aktionsausschuß — um die örtlichen Verhältnisse gekümmert. Man zwang ihn zum Exerzieren (Auf und Nieder, Hinlegen) und erschoß ihn schließlich, mit dem Gesicht zu Boden, in einem Waldstück.[38] — Fünf weitere Personen — ein Bergmann, ein Gastwirt, der Standesbeamte mit seiner Frau, ein 15jähriger Junge — waren schon zur Exekution an eine Mauer gestellt, doch konnten die flehentlichen Bitten der Angehörigen das Erschießungskommando noch umstimmen.[39]
Von Hamm-Bossendorf aus stieß die Reichswehr strahlenförmig durch die Haard (ein Waldgebiet südlich von Haltern) weiter vor und jagte die Nachzügler der Roten Armee, die gelegentlich zurückschossen, um ihren Rückzug zu sichern.[40] In Flaesheim erwischte sie den Bergmann und Arbeitersamariter Breiing, der sich

verwundet in ein Lokal geschleppt hatte. Er wurde in einen Busch geführt. Auf seine Bitten: „Lassen Sie mich am Leben, ich bin Familienvater von sieben Kindern!" antworteten die Soldaten: „Solche grade wollen wir totschlagen!" und erschlugen ihn mit dem Gewehrkolben.[41] — In Speckhorn nördlich von Recklinghausen hatte der Bergmann Hülsbusch, Mitglied des Vollzugsausschusses für Recklinghausen-Land, mit den Insassen eines der letzten Autos der Roten Armee gesprochen; das wurde der einmarschierenden Reichswehr so denunziert, er habe die Roten zum Aushalten angefeuert. Soldaten umstellten das Haus von Hülsbusch und holten ihn und alle Mitbewohner heraus. Die „Untersuchung" bestand darin, daß der anwesende Landjäger Hachmeyer gefragt wurde, ob unter ihnen Spartakisten seien; als er für alle verneinte, nur für Hülsbusch „könne er nicht garantieren", wurde dieser vor den Augen seiner Frau erschossen.[42] Auch in Oer und Essel (nordöstlich bzw. östlich von Recklinghausen) wurden am Nachmittag zwei ortsansässige Arbeiter exekutiert.[43] — In Hüls bildete die Reichswehr ein Standgericht, das den Kreissekretär der USP, Herwig, in Abwesenheit zum Tode verurteilte (Herwig war rechtzeitig geflohen); Herwigs 19jähriger Sohn wurde festgenommen, um als Geisel zu dienen, bis er den Aufenthaltsort seines Vaters verrate.[44]

Der Vormarsch der Reichswehr von Haltern aus führte in Recklinghausen zum offenen Bürgerkrieg. Zwei Tage zuvor hatte sich der Erste Bürgermeister der Stadt, Hamm, nach Münster begeben, um zu sehen, was er bei Watter für die baldige „Befreiung" Recklinghausens erreichen konnte, und dabei Anweisung an die Polizei gegeben, beim Näherkommen der Reichswehr die „Rädelsführer" der Roten nicht entwischen zu lassen.[45] Am Vormittag des 1. April war es soweit: Nachrichten vom Vormarsch der Reichswehr trafen ein. Die Polizei (insgesamt 50 Wachtmeister und 30 Hilfspolizisten) schlug zu und verhaftete im Rathaus die anwesenden Mitglieder des Vollzugsrats. Nicht im Rathaus, sondern in der Stadt befand sich zu diesem Zeitpunkt der Geschäftsführer des Vollzugsrats, Markuse, ein 26 Jahre alter Arbeiter, der wegen seiner kompromißlos klassenkämpferischen Energie vom Bürgertum besonders gehaßt wurde. Aufgrund der Tatsache, daß er vor einem Jahr in der bayrischen Räterepublik mitgearbeitet hatte, wurde ihm angedichtet, er sei einer der „Geiselmörder von München". (Auch dieser Ausdruck war eine Unterstellung der bürgerlichen Propaganda: Die 10 Gefangenen, die kurz vor dem Zusammenbruch der Räterepublik im Münchner Luitpold-Gymnasium erschossen worden waren, waren aktive Konterrevolutionäre gewesen; ihre Exekution war unter dem psychischen Druck erfolgt, den die Nachrichten vom Terror der einrückenden Noske-Truppen erzeugten.) An Markuse schlich sich ein Polizist in Zivil heran, sagte, es sei Zeit zum Verschwinden, und lockte ihn, als er ein Stückchen mitging, in eine Falle. Zu viert — der Lockspitzel, zwei weitere „Zivile" und der Kaufmann Waltenbauer, Mitglied der früheren Einwohnerwehr — nahm man Markuse fest und führte ihn ab. Doch noch waren viele Rotgardisten in der Stadt, und Markuse versuchte, unterwegs auf sich aufmerksam zu machen. In Angst, daß der Spieß sich schnell umdrehen könnte, brachen die vier den Versuch ab, ihn ins Rathaus zu bringen und verschwanden im Haus von Waltenbauer, wo sie ihr Opfer im Keller festhielten.[46]

Nicht nur die Polizei, sondern auch das klassenbewußte Bürgertum bewaffnete

sich; zahlreiche Waffen der früheren Einwohnerwehr waren beim Umschwung am 20. März (I, Seite 265 f.) im Dachgeschoß des Rathauses und an zwei weiteren Stellen versteckt worden.[47] Vereinzelte Rotgardisten, die sich noch in der Stadt bewegten, wurden entwaffnet und zum Amtshaus geschafft.[48]
Dann jedoch erreichte der Strom der vor der Reichswehr fliehenden Rotgardisten die Stadt. Eine Gruppe suchte im Rathaus nach Waffen. Sie stieß dabei auch das Zimmer auf, in dem die Vollzugsratsmitglieder gefangengehalten wurden. Sie befreite die Gefangenen, tat jedoch — man muß das festhalten — den bewachenden Polizisten, die der aktiven Konterrevolution überführt waren, nichts.[49]
Am frühen Nachmittag kam eine schlimme Nachricht für Bürgertum und Polizei: die Reichswehr blieb wenige Kilometer vor Recklinghausen stehen. Eine Abordnung wurde ihr entgegengeschickt, die dringend um unverzüglichen Einmarsch in die Stadt bat, sie wurde jedoch an Brigadekommandant Faupel in Haltern verwiesen.[50] Die versprengten Rotgardisten dagegen faßten wieder etwas Mut, als eine über 100 Mann starke Truppe aus Bochum in Recklinghausen erschien. Ihr Ziel war, die im Amtshaus gefangenengehaltenen Kameraden zu befreien. Jedoch das nach allen Seiten Schußfeld bietende Gebäude war von der Besatzung — Polizei und bürgerlichen Zivilisten — leicht zu verteidigen. Nach dem Verlust von sieben Toten brachen die Arbeiter ihre Angriffe ab.[51]
Mehrmals glaubten die Arbeiter, sie würden aus Häusern heraus beschossen — was angesichts der Militanz des Bürgertums der Stadt gut möglich war, ebensogut aber auch ein Irrtum sein konnte, entstanden aus der allgemeinen Nervosität. In einem Fall fiel der Verdacht auf das Postamt. Daraufhin warfen Rotgardisten fünf Handgranaten durch die Fenster (verletzt wurde niemand, die Beamtinnen waren schon in den Keller geflohen) und durchsuchten anschließend das Gebäude — ohne Ergebnis.[52] In einem anderen Fall geriet ein städtischer Beamter namens Koch in den Verdacht, aus seiner Wohnung heraus auf die Arbeiter geschossen zu haben. Bei einer Haussuchung wurde zwar nichts gefunden, doch der Anführer der Bochumer Rotgardisten befahl, ihn nach Bochum abzutransportieren. Bei einem Aufenthalt unterwegs machte Koch — nach eigener Darstellung — einen Fluchtversuch, und nun bewiesen die Arbeiter, daß in einem solchen Fall die Erschießung des Fliehenden keineswegs die unausbleibliche Folge war: durch einen Schuß ins Knie machten sie ihn bewegungsunfähig. Ein Sanitäter der Arbeitertruppe verband ihn. Bei der Kampfleitung in Bochum stand die Aussage des Transportführers — seiner Ansicht nach habe Koch aus seiner Wohnung heraus geschossen — gegen die des Sanitäters, der das Gegenteil annahm. Die Kampfleitung entschied auf Freispruch und ließ Koch ins Lazarett transportieren.[53]
Gegenüber dem Postamt in Recklinghausen, das von den Rotgardisten durchsucht wurde, lag jenes Haus, in dessen Keller noch immer der gefangene Markuse mit seinen Bewachern saß. Markuse hörte die Rufe und Schritte der Rotgardisten draußen, riß sich plötzlich los, lief ans Kellerfenster und rief um Hilfe. Seine Bewacher rissen die Gewehre hoch und schossen ihn von hinten nieder.[54]
Sein Tod freute viele. Das örtliche Zentrumsblatt schrieb: *„... unter den Mitgliedern des Vollzugsrats saß der Organisator der bolschewistischen Bewegung im Industriegebiet, der Münchner Geiselmörder Markuse, ein Russe, der sich vor*

Tagen rühmte, den Bolschewismus in Rußland geleitet zu haben, in München mit an der Spitze gewesen zu sein und auch hier in Recklinghausen dafür sorgen zu wollen, daß kein Stein auf dem andern bliebe. Markuse hat sich zu früh gebrüstet. Er hat in Recklinghausen seinen Meister gefunden und eine Kugel, die für ihn gegossen war. Über die Art seines Todes gehen viele Gerüchte um. Für uns mag genügen, daß eine ehrliche Kugel einen ehrlosen Lumpen erreicht hat".[55] Die Ausdrucksweise verrät, daß der fromme Verfasser die makabren Umstände der Erschießung kannte. Auch sonst wollte niemand mit der Sprache heraus,[56] und die Polizei ließ wahrheitswidrig ins amtliche Sterberegister eintragen, Markuse sei beim Kampf um das Amtshaus gefallen.[57]

Letztlich verantwortlich für den Tod Markuses war Bürgermeister Hamm mit seinem Befehl an die Polizei, beim Näherkommen der Reichswehr die „Rädelsführer" nicht entwischen zu lassen. Zum Zeitpunkt, als Markuse starb, saß Hamm in größter Unruhe in Haltern und wartete auf Brigadekommandant Faupel. Er ahnte, welche Folgen das Haltmachen der Reichswehr haben könnte, und diese Befürchtungen bestätigten sich, als die Delegation aus Recklinghausen eintraf und von der Lage in der Stadt berichtete. Erst um 19 Uhr war Faupel zu sprechen. Er lehnte eine Besetzung der Stadt ab und stellte nur anheim, den Vortrupp unmittelbar nördlich der Stadt dazu zu bewegen, weiter vorzufühlen. Hamm fuhr in größter Eile los und konnte erreichen, daß 30 Mann vom Freikorps Aulock nach Recklinghausen vorgingen.[58] Gegen 21 Uhr zogen sie in der Altstadt ein.[59]

Sie trafen keinen Rotgardisten mehr an — der letzte war vor drei Stunden verschwunden[60] —, und auch die Arbeitervorstadt Recklinghausen-Süd war schon nahezu geräumt. Sieben Polizisten waren hier von den Arbeitern mitgenommen worden (sie kehrten am nächsten Tag zurück). Um 21.30 Uhr wurde ein Bürger in Recklinghausen-Süd von den Arbeitern erschossen, wobei es sich wahrscheinlich um einen Unglücksfall handelte. Der Gastwirt Möcklinghoff, der mit seinem Pferdewagen zu einem Transport im Rahmen des allgemeinen Rückzugs gezwungen worden war, näherte sich auf der Rückfahrt nach Hause der letzten roten Postenkette; auf deren Anruf scheute das Pferd und ging durch; die Posten schossen hinterher, wobei Möcklinghoff tödlich getroffen wurde.[61] — Gegen Mitternacht fuhr ein Lastwagen der Roten Armee mit Waffen, Munition und Lebensmitteln in der Altstadt ein, ohne zu wissen, daß diese bereits in den Händen der Reichswehr war. Als er auf den Anruf eines Reichswehrpostens nicht sofort anhielt, schoß dieser und tötete den Fahrer und einen Rotgardisten. Die sechs übrigen Rotgardisten wurden standrechtlich zum Tode verurteilt; nur auf Bitten eines Magistratsmitglieds wurde das Urteil vorläufig nicht vollstreckt. So sehr sich die Berichterstatter der bürgerlichen Lokalblätter über die Erschießung von Möcklinghoff entrüsteten, so hämisch rieben sie sich die Hände darüber, daß der Wagen der Roten Armee nichtsahnend in die Falle gefahren war.[62]

Am nächsten Tag (2. April) rückte die Reichswehr mit Kavallerie, Panzerautos, Minenwerfern und Artillerie in der Altstadt ein. Ein zahlreiches bürgerliches Publikum gab seiner Freude Ausdruck und beteiligte sich dann an der Jagd auf „Spartakisten", vor allem auf die Mitglieder der aufgelösten Arbeiterwehr, die unter zustimmenden Rufen zur Aburteilung ins Rathaus geführt wurden, in dem

ein Standgericht tagte. Das örtliche Zentrumsblatt schrieb: „*Das Urteil wird hart, aber gerecht sein. Nachdem wir tagelang der Willkür dieser Mordbrenner ausgesetzt waren, dürfte es unangebracht sein, falsches Mitleid aufkommen zu lassen*".[63] Um 11 Uhr wurde der erste zum Tode Verurteilte im Hof des Amtsgerichts erschossen: der Bergmann Albert Forget, knapp 26 Jahre alt, aus Recklinghausen-Süd.[64] Eine zweite Exekution, die eines Kommunisten aus Herne, konnte durch eine Delegation von Herner Sozialdemokraten in letzter Minute verhindert werden.[65]
Der Oberpräsident der Provinz Westfalen und der Regierungspräsident von Münster rechtfertigten den vertragsbrüchigen Einmarsch in Recklinghausen in Telegrammen an die Regierung. Sie bezichtigten diese einer unerträglichen Nachgiebigkeit nach links und forderten, nunmehr dem Militär volle Handlungsfreiheit zu geben (der Leser kennt diese Telegrammpolitik desselben Inhalts bereits aus anderem Zusammenhang); Zentrumskreise erwögen bereits, so der Regierungspräsident, die Separation Rheinland-Westfalens vom Reich, „wenn nicht endlich ... rücksichtslos durchgegriffen" werde.[66]

3. An der Ecke von Nord- und Ostfront, im Abschnitt Hamm, ging die Brigade Epp vor. — Aus Herringen, in dem die Brigade nach dem kriegsmäßigen Einmarsch drei Arbeiter standrechtlich erschossen hatte (oben Seite 238), waren fast alle männlichen Einwohner geflohen. Wichtiger Sammelpunkt, auch für weitere schon besetzte Orte der Umgebung, war Pelkum.[67]
Außer diesen Flüchtlingen befanden sich bewaffnete Arbeiter aus dem benachbarten Bergkamen sowie aus Witten und Dortmund in Pelkum.[68] Nachts um 3 Uhr sprengten sie, noch ohne Kenntnis des Münsterschen Abkommens, östlich des Ortes die über die Eisenbahnlinie Hamm-Osterfeld führende Straßenbrücke.[69] Ein Akt der Hilflosigkeit und der Verzweiflung: militärisch war die Sprengung sinnlos, da sie lediglich gepanzerte Züge, die auf Eisenbahnschienen angewiesen waren, blockierte, dagegen Panzerautos und andere Fahrzeuge der Reichswehr nur zu Umwegen zwang und die Infanterie überhaupt nicht behinderte. Dafür kam die Sprengung Oberst Epp sehr gelegen: unter Hinweis auf sie bat er am Vormittag des 1. April seinen Vorgesetzten, General Haas, um die Genehmigung zum Vormarsch. Wir sahen, daß auch Severings Stellvertreter Mehlich in Münster in die Verhandlungen einbezogen wurde; er allerdings wurde von den Militärs dahin informiert, daß die Roten vor den Linien der Reichswehr plünderten (s. oben Seite 248). Epp erhielt die Genehmigung.[70] Marschiert wäre die Brigade, so darf man ohne weiteres annehmen, in jedem Falle — wie die anderen Brigaden entlang der Front auch.
Für den frühen Nachmittag befahl Epp einen Umfassungsangriff von drei Seiten. Die Kampfgruppe, die Pelkum südlich zu umgehen hatte, also den größten Radius hatte, ging als erste um 14 Uhr mit zwei Geschützen vor. Im Nordosten aufgestellte Artillerie begann um 14.30 Uhr zu feuern. Gleichzeitig kreisten Flugzeuge in der Luft, die die in den Waldungen liegenden Rotgardisten zu wirkungslosem Gewehrfeuer provozierten, so daß die Artillerie sich einschießen konnte. Schon um 15 Uhr kamen zahlreiche Verwundetentransporte in Kamen an. Sie berichteten, daß Widerstand gegen das starke Artilleriefeuer vollkommen

aussichtslos sei; gleichzeitig klagten sie über Mangel an Munition und das Fehlen einer Kampfführung. Bis gegen 15 Uhr hatte die Reichswehr den südlichen Angriffskeil bereits so weit vorgetrieben, daß die Rückzugsstraße nach Kamen unter Feuer gelegt werden konnte. Um 15.15 Uhr trat auch die nördliche Kampfgruppe zum Umfassungsangriff an — der Kessel begann sich zu schließen.
Die Arbeiter, die nicht mehr hatten entkommen können, sahen, daß sie verloren waren: wer sich ergab, wurde von den bayrischen Soldaten erschossen. Sie verteidigten sich mit letzter Verzweiflung von Straße zu Straße, von Haus zu Haus. Am längsten hielten sich Gruppen auf dem Friedhof im Südwesten des Dorfes und auf den Höfen zweier Häuser. In den Endkampf griffen auch die Flugzeuge ein; im Tiefflug schossen sie mit Maschinengewehren.[71] „Ausgang der Schlacht", schrieb ein Einwohner später, „war der Friedhof ..., wo sich furchtbare Kampfszenen abspielten. Auf den Gräbern, in den Gängen, hinter den Grabsteinen und Bäumen versteckt, suchten die Kommunisten Schutz. In ihrer Angst umklammerten sie die Grabsteine, warfen sich über die Grabstätten und kauerten sonstwo in ihren Verstecken. Die Reichswehr kannte kein Pardon".[72] Um 16 Uhr rührte sich nichts mehr.[73] Ein Kriegsberichterstatter meldete: „Auf dem Gottesacker ist kein Grabstein heilgeblieben, die Bäume sind von den Schrapnells zersplittert".[74]
Doch das Töten ging weiter. Fast alle, die in den Straßen ergriffen wurden, darunter Sanitäter und Sanitäterinnen, wurden erschossen oder erstochen, Verwundete erschlagen.[75] „150 Tote und mehrere (!) Gefangene" meldete die Brigade an ihre vorgesetzte Stelle.[76] „Die Bayern", so schrieb der Kriegsberichterstatter weiter, „stehen mit Recht auf dem Standpunkt, daß sie es nicht mit regelrechten Truppen, sondern mit Verbrecherbanden zu tun haben, die ensprechend behandelt werden müssen".[77] Und 1934 formulierte ein ortsansässiger Bürger lapidar: „Die Roten flüchteten, soweit sie konnten, nach Kamen. Was sonst noch von ihnen in Pelkum lebte, wurde erschossen"[78] (man beachte das „was"). Haus für Haus wurde durchsucht. Unter denen, die herausgeholt und erschossen wurden, waren zwei jugendliche Bergarbeiter: Friedrich Hermani, 16 Jahre alt, und Erich Radau, 18 Jahre alt. Alles Flehen der Mütter half nichts — wer Arbeiter war, war schon verdächtig.[79] War ein Arbeiter geflohen, ging das vorhandene Lohngeld mit.[80]
Als ein Teil der Toten identifiziert war, fand man unter ihnen drei der Bergarbeiter, die vor zwei Tagen auf der Zeche „de Wendel" in Herringen die Herausgabe der Werkskasse verlangt hatten: Friedrich Thiemt, 31 Jahre alt, Johann Paulinc, 24 Jahre alt, und den 18 Jahre alten Paul Nowack, dessen zwei Brüder am Vortag von der Brigade Epp standrechtlich erschossen worden waren; fand man weiter den Bergmann Friedrich Fiedler, 33 Jahre alt, der mit anderen auf „de Wendel" Sprengstoffe zu beschlagnahmen versucht hatte (oben Seite 238).[81]
Am Tag nach der Blutorgie schrieb ein Mitglied der Brigade Epp, der Student und Oberjäger Max Zeller, an ein Lazarett, aus dem er soeben zur Truppe entlassen worden war, folgenden Brief:
„Liebe Schwestern und Kranken!
Bin nun endlich bei meiner Kompanie. Gestern ... machten wir den ersten Sturm ... Pardon gibt es überhaupt nicht. Selbst die Verwundeten erschießen wir

noch. Die Begeisterung ist großartig, fast unglaublich. Unser Bataillon hat zwei Tote; die Roten haben 200 bis 300 Tote. Alles, was uns in die Hände kommt, wird mit dem Gewehrkolben zuerst abgefertigt und dann noch eine Kugel. — Ich dachte tatsächlich während des ganzen Gefechtes an nichts mehr als an Eure Schwestern von Station A. Das kommt nämlich daher, daß wir auch zehn Rote-Kreuzschwestern sofort erschossen haben, von denen hat nämlich jede eine Pistole bei sich. Mit Freude schossen wir auf diese Schandbilder; und wie diese geweint und gebeten haben; aber wer mit einer Waffe getroffen wird, der ist unser Gegner und der muß dran glauben. Gegen die Franzosen waren wir im Felde viel edler ..."[82]

Einer der ganz wenigen Davongekommen, der jugendliche Bergarbeiter Ogurek aus Herringen, der sich nicht am Kampf beteiligt hatte, gab später zu Protokoll, daß er unter Schlägen mit Gummischläuchen ins Amtshaus abgeführt und in den Keller gesperrt wurde; daß er, nach einer Weile wieder herausgeholt, von vier Soldaten festgehalten und von einem fünften so lange geschlagen wurde, bis er zu Boden sank; daß er mit Fußtritten zum Aufstehen gezwungen wurde und das Ganze von vorn losging; daß er schließlich auf einen Platz geführt wurde, auf dem schon mehrere Erschossene lagen. In letzter Minute wurde er von einem Offizier begnadigt, als er sich mit den Worten an ihn wandte, er sei doch nur von der Roten Armee gegen seinen Willen mitgeschleppt worden — nach einem letzten Schlag ins Genick ließ man ihn laufen.[83]

Zwei junge Sanitäterinnen aus Witten waren schon an die Exekutionsmauer neben dem Amtshaus gestellt, da kam das Kommando, „die Weiber" nicht zu erschießen, sondern einzusperren. Im Amtshaus wurden sie abwechselnd geschlagen und geil angefaßt. Der älteren der beiden, der 26jährigen Katharina Pint, wurde vorgeworfen, bei ihrer Festnahme habe man im Strumpf einen Revolver gefunden (nach einer anderen Version war ein Revolver im Unterrock eingenäht) — in Wirklichkeit, so konnte der SPD-Abgeordnete Osterroth ermitteln, hatte man Geld gefunden. Am nächsten Morgen wurde Frau Pint abgeführt und erschossen. Der anderen Gefangenen riefen die Soldaten am Fenster zu: „Das eine Sauluder ist erschossen! Gleich kommst du dran!" Nach zwei Tagen wurde sie aus Pelkum abtransportiert und erhielt später einen Prozeß vor einem außerordentlichen Kriegsgericht (das Urteil lautete — ein kleines Wunder — auf Freispruch).[84]

Am 3. April wurden in einem Massengrab auf dem streng abgesperrten Pelkumer Friedhof — nur die allernächsten Angehörigen erhielten Zutritt — 85 Tote beerdigt. Das waren nicht alle: mehrere Tote aus Nachbarorten waren von ihren Angehörigen abgeholt worden;[85] die Wälder, in denen zahlreiche Leichen lagen, waren noch abgesucht worden;[86] und im überfüllten Krankenhaus von Kamen waren Schwerverwundete, die noch von ihren Kameraden aus Pelkum hatten mitgenommen werden können, gestorben.[87]

In den folgenden Wochen konnte die Pelkumer Polizei, die ungewöhnlich sorgfältig vorging,[88] die Personalien von 80 männlichen Toten ermitteln.[89] Die Angaben erlauben folgende Aussagen. Zunächst: sie lassen nur in wenigen Fällen erkennen, ob der Betreffende im Kampf getötet oder anschließend erschossen worden ist. Das entsprach der Realität: auch die Brigade Epp hatte keinen Unterschied gemacht. Einen exakten Hinweis dagegen geben die Wohnorte. Danach kamen 41 aus Orten der Umgebung, die schon von der Brigade Epp besetzt worden waren, davon allein aus Herringen 32; 8 kamen aus dem noch nicht besetzten Bergkamen; 3 waren aus Pelkum selbst. Das sind zusammen 52, fast sämtlich Bergarbeiter. Ihnen stehen 28 gegenüber, die aus Witten und Dortmund (mit Vororten) kamen, fast sämtlich Metallarbeiter, davon allein aus Witten 19. Nimmt man diese Zahlen als repräsentativ für alle Arbeiter, die sich vor dem Angriff der Brigade Epp in Pelkum befanden (ausgenommen die Einwohner), so ergibt sich ein deutliches Überwiegen derjenigen, die — mit oder ohne Waffe — vor der Reichswehr geflohen waren. Ihnen stand eine größere und eine kleinere Minderheit gegenüber: eine kleinere aus Bergkamen, vermutlich Mitglieder der dortigen Arbeiterwehr, die durch nachbarschaftliche Beziehungen mit den Flüchtlingen und den Einwohnern von Pelkum verbunden waren, und eine größere von solchen, die aus Witten und Dortmund, d.h. aus entfernteren Städten gekommen waren, also Mitglieder der mobilen „Roten Armee" (zur Unterscheidung zwischen Arbeiterwehren und Roter Armee vgl. II, Seite 9 und 63).

Betrachtet man die Alterszusammensetzung der drei Gruppen, so liegt das Alter der 28 Toten der Roten Armee zwischen 17 und 36 Jahren, bei einem deutlichen Überwiegen der Jüngeren (Durchschnittsalter 24 Jahre). Hier bestätigt sich die Verschiebung zu den jüngeren Jahrgängen in der Zusammensetzung der Roten Armee, die sich in den Tagen des neu aufflammenden Widerstands gegen das Ultimatum der Regierung und die Zusatzbestimmungen Watters vollzogen hatte (s. oben Seite 183). Ältere Arbeiter, meist Familienväter und erfahrene Kriegsteilnehmer, hatten in der Regel die Rote Armee verlassen, weil ihnen der Verbleib an der Front sinnlos erschien. Etwas älter sind die 8 getöteten Mitglieder der Arbeiterwehr Bergkamen: ihr Alter liegt zwischen 20 und 37 Jahren, bei einem Durchschnittsalter von 28 Jahren. Ihre Motivation dürfte ähnlich wie die der ersten Gruppe gewesen sein: sie waren der Reichswehr entgegengezogen, waren also kampfbereit gewesen. Ganz anders die dritte Gruppe, d.h. die vor der Reichswehr Geflohenen. Bei ihnen findet man zwischen dem 16jährigen Jungarbeiter und dem 50 Jahre alten Familienvater fast jeden Jahrgang vertreten.

Man fragt sich: Warum waren diese älteren Arbeiter nicht über Pelkum hinaus geflohen? Wollten sie sich nicht allzu weit von zu Hause entfernen? Oder trauten sie dem „Genossen" Severing, seiner Ehrlichkeit und auch seinen Machtmitteln, die zugesagte Frist für Waffenstillstand, Kampfabbruch und Amnestie einzuhalten? Oder verzweifelten sie bereits an der Möglichkeit, dem Terror der Reichswehr überhaupt noch zu entgehen?

Angesichts solcher Fragen kann man zugleich das Ausmaß an Verleumdung ermessen, das in den folgenden Worten des Berliner SPD-Redakteurs Zickler liegt (vgl. I, Seite 8):

„Gerade das Wesen und Handeln der Roten Armee bewies, wieviel weniger unsere Radikalsten von Marx als von Ludendorff gelernt haben, wie sehr der Militarismus eine deutsche Volkskrankheit ist, die sich nicht nur ins Junkertum und Bürgertum eingefressen hat, sondern auch in die untersten Volkskreise. Wie wäre es sonst möglich gewesen, daß sich Arbeiter mit einer so hartnäckigen Verblendung zum Kampfe stellten, wie es bei Pelkum geschah, wo Arbeitertruppen

sich den Reichswehrstrategen zu einem Einkreisungsmanöver hergaben"?[90]
Mag es das anderswo in diesem Aufstand gegeben haben — die Arbeiter, die in Pelkum von der Brigade Epp eingekesselt und hingemordet wurden, waren keine „Ludendorffer von links".
Nach dem Gemetzel in Pelkum besetzte die Brigade Epp weitere Orte. In Oberaden bei Bergkamen erfand sie eine weitere Variante des Standrechts. Zwei Männer wurden festgenommen. Bei einem wurden angeblich Offiziersachselstücke gefunden, die dem einzigen in Pelkum gefallenen Offizier gehört haben sollten (die Phantasie kannte wirklich keine Grenzen). Dabei hatte wohl schwerlich ein Arbeiter Anlaß (und Möglichkeit) gehabt, dem toten Offizier die Achselstücke abzureißen, und wie gar die Identität der Achselstücke bewiesen werden konnte, blieb das Geheimnis der verhörenden Stabsoffiziere. Der zweite Verhaftete stand lediglich im Verdacht, Rotgardist gewesen zu sein. Beide wurden erschossen.[91]

Nachdem wir das Vorgehen der Reichswehr an drei Schwerpunkten (Dinslaken, Haltern, Pelkum) dargestellt haben, bleibt festzustellen, daß die Reichswehr auch in den dazwischenliegenden Abschnitten innerhalb der offiziellen Waffenstillstandsfrist vorging. Die in und bei Dorsten liegende Marinebrigade Loewenfeld machte am 1. April nacheinander drei Vorstöße in verschiedene Richtungen. Der erste in Richtung Buer (Südosten) am Vormittag überraschte eine Ansammlung von Rotgardisten, die gerade mit dem Kochen einer Mahlzeit beschäftigt waren und beim Erscheinen der Reichswehr panikartig die Flucht ergriffen.[92] Am Nachmittag stieß eine Patrouille in Richtung Marl (Osten) vor und tötete neun Rotgardisten.[93] Die Kampfleitung der Roten Armee in Marl hatte bereits am Vormittag ihren Sitz in eine Gaststätte an der Landstraße nach Recklinghausen verlegt.[94] Am späten Abend schließlich fuhr ein gepanzerter Zug der Marinebrigade, besetzt mit einer Sturmkompanie, nach Kirchhellen (Südwesten) und tötete die überraschte Besatzung eines Eisenbahnstellwerks. Ein weiteres Vordringen konnte von den im Bahnhof und in der Ortschaft liegenden Rotgardisten verhindert werden, so daß sich der Zug schließlich wieder zurückzog.[95]
Die zwischen der Brigade Faupel und der Brigade Epp stehende Division Münster hielt sich ebensowenig an das Abkommen von Münster. Die Untergruppe Hannover drang am 1. April über Olfen südlich bis zur Lippe vor; hier wurde ihr weiterer Vormarsch von einem verzweifelt kämpfenden Trüppchen von Rotgardisten aufgehalten.[96] Das III. Bataillon der Akademischen Wehr Münster unter Niemöller rückte in Selm ein; am nächsten Tage besetzte es die südlich des Ortes gelegene Kolonie der Zeche „Hermann" und suchte den ganzen Tag über die Häuser nach Waffen ab.[97] Das I. Bataillon — zusammengesetzt aus den schlagenden Verbindungen — besetzte am 2. April Werne, vor allem die gleichnamige Zeche.[98] Dabei hatte es einen Toten: eine seitlich vorgegangene Truppe aus Paderborn hielt die Studenten für Rote und gab plötzlich Flankenfeuer.[99]
Lediglich die im Osten des Ruhrgebiets stehenden Reichswehrtruppen aus Württemberg und Baden respektierten den Waffenstillstand, wenn man von Patrouillenvorstößen und einer kleineren Schießerei, bei der ein Arbeiter tödlich verletzt wurde, absehen will.[100] So konnte die Kampfleitung der Roten Armee in Unna, der u.a. Stemmer angehörte, diesen Teil der Front ohne nennenswerte Schwierig-

keiten auflösen. Am Vormittag des 1. April teilte sie in einer Extraausgabe des Unnaer Lokalblatts mit, in der Konferenz von Münster sei das Bielefelder Abkommen bestätigt worden, und erklärte dazu: *„Es ist jetzt Pflicht aller Kommandostellen und Ordnungsausschüsse, sofort an die Arbeit zu gehen, alle Punkte dieses Abkommens korrekt zu erfüllen und den ernsthaften Friedenswillen der gesamten Arbeiterschaft zu offenbaren. Sämtliche Waffen sind an die sofort aus nur wohlorganisierten Arbeitern zu bildenden Arbeiterwehren abzugeben und bleiben unter Bewachung nur dieser Wehren. Auch die Reichswehr hat Befehl, nichts mehr zu unternehmen und das Industriegebiet zu räumen".* Gegen Abend begann der Abzug der Rotgardisten aus Unna. Die eigentliche Auflösung der Front erfolgte zwischen 3 und 5 Uhr nachts. Um 6 Uhr waren alle Rotgardisten in Unna und dem benachbarten Kurl versammelt, und eine Stunde später ging der erste Transportzug vom Bahnhof Unna ab. Andere Rotgardisten wurden mit Lastwagen und Straßenbahn abtransportiert; wieder andere, etwa 3000 Mann, marschierten bis Wickede-Asseln, wo sie um 8.30 Uhr eintrafen. Nach einer Ruhe- und Verpflegungspause ging es in einem vielstündigen Marsch, der bis 16 Uhr dauerte, weiter nach Dortmund.[101]

Wir fassen zusammen:
1. Die Reichswehr rückte während der von der Regierung zugestandenen und im Abkommen von Münster bestätigten Waffenstillstandsfrist auf der ganzen Front zwischen Dinslaken und Hamm vor; nur die im Osten des Ruhrgebiets stehenden Truppen hielten sich im wesentlichen an die befohlene Waffenruhe. Diese Tatsache kann Severing unmöglich verborgen geblieben sein. Wenn er daher in seinem Erinnerungsbuch von 1927 schrieb, er habe dafür gesorgt, daß die Fristverlängerung für den Vormarschstop von der Reichswehr „strikte" innegehalten wurde, um „im voraus" die zu erwartenden Anschuldigungen der Linken „zu entkräften",[102] so sagte er bewußt die Unwahrheit.
2. Widerlegt ist die zuerst von Severing, Geßler und Seeckt aufgestellte und von Spethmann sowohl wie von den nationalsozialistischen Militärhistorikern wiederholte Behauptung, daß dort, wo die Reichswehr vormarschiert sei, dies geschehen sei als Antwort auf Angriffe der Arbeiter oder auf Sabotageakte und Plünderungen. Diese Behauptung war von Anfang an nichts als der Versuch, den Vertragsbruch der Reichswehr zu verschleiern. Das einzige, was als Vertragsbruch der Arbeiter ausgelegt werden könnte, sind die Brückensprengungen bzw. der Versuch dazu in Pelkum und Haltern. In beiden Fällen hatten die Arbeiter jedoch noch keine Kenntnis des Abkommens von Münster, und in Haltern zündeten sie außerdem die Sprengsätze erst, als die Reichswehr unter dem Feuer ihrer Artillerie vorging.
3. Reichswehr und Sipo gingen mit einer solchen Brutalität vor, daß wir berechtigt sind, von systematischem Terror zu sprechen. Die alliierten Kontrolloffiziere, die den Vormarsch beobachteten, gelangten ebenfalls zu diesem Urteil.[103] Von den schätzungsweise 600 Menschen, die insgesamt bis zum Ablauf der Waffenstillstandsfrist getötet wurden, waren die weitaus meisten Gefangene oder Personen, die nach Besetzung der Ortschaften verhaftet worden waren. Über diesen Terror hatte Severing ein beachtliches Material in Händen (wir werden

darauf zurückkommen). Was er davon in seinem Erinnerungsbuch veröffentlichte, war ein so winziger Ausschnitt, daß man von Geschichtsfälschung sprechen muß.

*

Der Vormarsch der Reichswehr auf der ganzen Front zwischen Dinslaken und Hamm war nicht das Ergebnis von Eigenmächtigkeiten der einzelnen Truppenkommandeure (obwohl auch dies im Spiel war). General Watter hatte die Truppenkommandeure zur Mißachtung des Marschstopbefehls aus Berlin ermuntert (oben Seite 249); er hatte General Kabisch den Befehl erteilt, Dinslaken am 2. April zu erobern (oben Seite 269).
Propagandistisch war der Vormarsch von vornherein vom Wehrkreiskommando abgesichert worden (ein weiterer Beweis für die Verantwortlichkeit Watters). Im „Nachrichtenblatt für die Truppe" vom 1. April hieß es:
„Einzelne Zechen im Kreis Recklinghausen und bei Kamen sind zur Sprengung vorbereitet und können nur durch plötzliches, schnelles Vordringen gerettet werden ... Bei Olfen beabsichtigen die Aufrührer die Kanalüberführung zu sprengen, was eine Überschwemmungskatastrophe verursachen würde; die Überführung wird geschützt werden ...
Moskau steht in unmittelbarer funkentelegraphischer Verbindung mit der bolschewistischen Armee im Ruhrgebiet. Vorigen Sonnabend sollen in Dortmund 250 russische Marinesoldaten angekommen sein. Ein Augenzeuge berichtet sogar, daß am Montag Lenin auf dem dortigen Hansaplatz in einer Vollversammlung gesprochen habe".*104
Außerdem enthielt das „Nachrichtenblatt für die Truppe" vorwegnehmend die Verschleierung des weißen Terrors:
Die „sogenannten Rote-Kreuz-Schwestern [der Aufrührer] sind z.T. mit Karabinern bewaffnet ...
Mit welchen Mitteln die gegnerische Propaganda arbeitet, zeigen folgende Beispiele: Angehörige des Regiments Lichtschlag wurden in grausamster Form zur Anerkennung schriftlicher Erklärungen gezwungen, die einmal ein geradezu unerhörtes Verhalten reaktionärer Offiziere und andrerseits die gute Behandlung der Gefangenen durch die Bolschewisten bekunden. Diese Erklärung wird in Form eines Flugblatts verteilt. Ferner wurde ein gefangener Beamter der Sicherheitspolizei in Düsseldorf zu einer Krankenschwester geführt, der von der grünen Polizei die Brüste abgeschnitten sein sollten. Es gelang aber dem Beamten, von der Schwester zu erfahren, daß sie als Pflegerin bei der Reichswehr war, die Greueltat also von Bolschewisten begangen sein mußte".105
Noch deutlicher hieß es in der Ausgabe vom 2. April:
„Ein weiteres Beispiel für die Art der bolschewistischen Propaganda ist, daß sie [die Bolschewisten] die Leichen ihrer eigenen Gefallenen in der gemeinsten Weise selbst verstümmeln, in diesem Zustand photographieren und die Photographien als Flugblatt oder Postkarte durch ihre Krankenschwestern unter der Angabe ver-

---

* Wie im August 1914, wo laut amtlichen Plakaten Spionenautos mit Goldsack auf dem Rücksitz durch die Straßen jagten, ein vom Ausland bestochener Arzt Bazillen in einen Brunnen warf usw.

breiten lassen, daß die Verstümmelung durch Reichswehrsoldaten erfolgt sei".[106] Psychologisch gesprochen, ist das Verschleierung und Abwehr auf dem Wege der Projektion. Der Zentralrat sprach in einer Presseerklärung von der Methode „Haltet den Dieb!"[107] Für die Analyse sei, wie schon ausführlicher im Vorwort, auf die gleichzeitig erscheinende Untersuchung von Klaus Theweleit („Männerphantasien") verwiesen.

*

Inzwischen wird der Leser sich gefragt haben, wie es mit der Rechtsgrundlage des allgemeinen Vormarsches der Reichswehr stand, d.h. ob die Westmächte die Genehmigung zum Einmarsch erteilt hatten.
Im Laufe des 30. März sprach der französische Ministerpräsident Millerand mit Marschall Foch und General Nollet, dem Vorsitzenden der IMKK, der am Vortag von Berlin nach Paris gekommen war. Beide erklärten sich gegen das Zugeständnis einer Frist von zwei bis drei Wochen für einen Reichswehreinmarsch im Ruhrgebiet, das Millerand am Vorabend den Deutschen in Aussicht gestellt hatte, und zwar weil nach den Informationen, die sie über die Lage im Ruhrgebiet hätten, die Notwendigkeit eines solchen Einmarsches überhaupt nicht erwiesen sei.[108] General Nollet dürfte diesem Argument hinzugefügt haben, daß die deutsche Regierung für den bereits erfolgten vertragswidrigen Einmarsch von Truppen in die neutrale Zone (Marinebrigade Loewenfeld usw.) keine befriedigende Erklärung gegeben, geschweige daß sie diese Truppen auf die Aufforderung der IMKK wieder aus der neutralen Zone zurückgezogen habe.
Es liegt auf der Hand, wie sehr die Position Millerands gegenüber den Militärs geschwächt werden mußte, als Reichskanzler Müller im deutschen Parlament das von Millerand in Aussicht gestellte Zugeständnis als bereits definitiv gemacht hinstellte. Am 31. März erschien die Pariser bürgerliche Morgenpresse mit erbosten Kommentaren zu Müllers Parlamentsrede. Diejenigen Blätter, die Müller glaubten, griffen Millerand an; andere sprachen scharf von „Betrug (fourberie)" der Deutschen, der Vergeltung verlange.[109] Am Vormittag teilte Millerand dem deutschen Geschäftsträger mit, Organe der IMKK hätten die „entschiedene Ansicht" bekundet, daß ein Reichswehreinmarsch im Ruhrgebiet „in diesem Augenblick ... unnötig und gefährlich sein würde" (gefährlich wegen der drohenden Sprengung von Bergwerksanlagen), er könne daher gegenwärtig auf das Ersuchen der deutschen Regierung um Genehmigung des Einmarsches nicht eingehen.[110]
Am Abend antwortete das Berliner Auswärtige Amt mit einer Note, die weitgehend vom Reichswehrministerium vorformuliert war. Die Reichsregierung, hieß es darin, habe geglaubt, „mit Bestimmtheit annehmen zu können", daß die Alliierten die Erlaubnis zum Reichswehreinmarsch im Prinzip erteilt hätten und daß es sich bis zum Abschluß einer definitiven Vereinbarung nur noch um Formalitäten handle. Komme jetzt eine Vereinbarung nicht zustande, so sei die Position der Reichsregierung „schwer erschüttert"; unter Umständen müsse sie sogar zurücktreten, was gleichbedeutend sei mit dem Sieg der Revolution. Im Ruhrgebiet, erklärte die Note weiter, seien „Kommunismus und Rätewirtschaft bereits stark durchsetzt mit Mob"; die Bevölkerung stehe „unter andauerndem

Terror" (gewaltsame Öffnung von Banktresoren, Beschlagnahmungen von Staats- und Privateigentum). Die in manchen Gebieten herrschende Ruhe sei „nur scheinbar"; in Wirklichkeit beruhe sie „auf rücksichtslosem Terror". Der Unkundige lasse sich durch sie täuschen (damit waren offenbar die Informanten der französischen Militärs gemeint), die Reichsregierung jedoch kenne die wirkliche Lage aus den „dringenden Hilferufen", die ihr stündlich aus dem Ruhrgebiet zugingen. Wenn von seiten der KPD und der USP verbreitet werde, daß die Arbeiter imstande seien, allein die Ordnung wiederherzustellen, so möge das in gutem Glauben gesagt sein, treffe aber nicht zu. Die Bewegung sei längst jeder politischen Führung entglitten und befinde sich in den Händen verbrecherischer Elemente, die teilweise unter russischer Führung ständen.[111]

Als Geschäftsträger Mayer diese Note am 1. April um 10.30 Uhr Millerand überreichte, entwickelte sich zwischen beiden lediglich ein fruchtloser Disput über die Frage, wer sich durch wen zu Recht getäuscht fühle, die Reichsregierung

„Am späten Abend fuhr ein gepanzerter Zug der Marinebrigade Loewenfeld, besetzt mit einer Sturmkompanie, nach Kirchhellen und tötete die überraschte Besatzung eines Eisenbahnstellwerks" (Seite 283)

Stellwerk der Bahnlinie Walsum-Möllen, 2. April 1920

durch Millerand oder Millerand durch den Reichskanzler. Als Millerand sagte, er könne aus Gründen der französischen Sicherheit einen Reichswehreinmarsch im Ruhrgebiet nicht zugestehen, rief Mayer aus: Die französischen Militärs sehen Gespenster!, worauf Millerand erwiderte: Die deutschen aber auch! General Nollet habe ihm berichtet, daß die Lage im Ruhrgebiet ein militärisches Einschreiten nicht erfordere; außerdem habe er, Millerand, die Information, daß deutsche Arbeiterführer die Erklärung abgegeben hätten, sie würden, falls ein militärisches Einschreiten erforderlich sei, eine Besetzung durch alliierte Truppen einem Einmarsch der Reichswehr vorziehen, vorausgesetzt, daß sie nach einer vorher festgelegten Frist wieder beendet werde. Zum Schluß schilderte Millerand mit der Bitte um Vertraulichkeit seine Position gegenüber den französischen Militärs; deren Widerstand gegen die Erteilung der Einmarscherlaubnis sei „unübersteigbar (insurmontable)".[112]

Zum Zeitpunkt, als dieses Gespräch geführt wurde, hatte der Einmarsch der Reichswehr ins Ruhrgebiet auf ganzer Front bereits begonnen. Von daher wird verständlich, warum das Auswärtige Amt in den folgenden Stunden die deutschen Vertreter in Paris zu hektischer Eile antrieb. Um 11 Uhr informierte es Mayer telefonisch von Severings Telegramm, wonach wegen des Überhandnehmens von plündernden Banden ein Einmarsch im Ruhrgebiet unvermeidlich sei (oben Seite 246), und erklärte, die Bevölkerung werde es auszubaden haben, wenn die militärische Hilfe nicht komme. Das Ruhrgebiet habe nur noch für einige Tage Lebensmittel, so daß die Gefahr von Plünderungen wachse; bereits jetzt sei in zahlreichen Fällen geplündert worden. In Gelsenkirchen und Werden seien die Strafanstalten geöffnet, die Häftlinge befreit worden. Jugendliche würden mit Gewalt zum Dienst in der Roten Armee gepreßt. Die Zahl der Erpressungen bei Banken usw. nehme zu. Kommunistische Führer aus Berlin und München riefen die Rote Armee auf, bis zur Ankunft der russischen Truppen auszuhalten.[113] — Zwei Stunden später erhielt Mayer die telefonische Nachricht, die Situation habe sich „weiter verschlimmert" (als wenn die Greuelnachrichten sich unbegrenzt hätten steigern lassen); er wurde beauftragt, nochmals um die Zustimmung zum Einmarsch nachzusuchen und für den Fall der Ablehnung zu erklären, daß die Reichsregierung die Verantwortung ablehnen müsse, falls die Entwicklung zur Katastrophe treibe.[114] — Mayer tat das mit einem Schreiben, das Göppert um 17 Uhr Unterstaatssekretär Paléologue überreichte. Dieser erklärte dazu, daß „nach den Meldungen alliierter Offiziere" die Lage im Ruhrgebiet „wesentlich günstiger" sei; „es heiße immer wieder, daß erst das Einschreiten der Reichswehr schwere Unruhen und Störungen hervorrufen werde". Hilflos erwiderte Göppert, daß die deutschen Stellen „keinerlei Interesse daran hätten, zu schwarz zu malen, und die Lage jedenfalls besser beurteilen könnten als die fremden Offiziere, die auf Zufallsinformationen angewiesen wären und sich offenbar durch Kommunisten und Unabhängige täuschen ließen".[115]

Doch das Rennen war schon gelaufen. Inzwischen war nämlich im Auswärtigen Amt eine IMKK-Delegation unter Führung von General Barthélemy vorstellig geworden, um dagegen zu protestieren, daß die Brigade Faupel in Stärke von 3 Bataillonen Infanterie, 6 Batterien Artillerie und 1 Pionierbataillon ohne alliierte Genehmigung in die neutrale Zone eingerückt sei (die alliierten Kontrolloffiziere in Westfalen hatten gut beobachtet und schnell nach Berlin berichtet). Die Delegation verlangte eine Stellungnahme und erklärte, sie müsse noch heute abend über den Vorfall nach Paris berichten.[116]

Um 17 Uhr trat die Reichsregierung zusammen. Nach Erledigung von drei unbedeutenden Punkten der Tagesordnung kam man zur Frage des Ruhrgebiets. Hierzu machte Reichskanzler Müller zunächst zwei Mitteilungen: erstens daß Severing eine fristgerechte Selbstauflösung der Aufstandsbewegung für nahezu ausgeschlossen halte und daß sich daher — so Severing — die Truppen General v. Watters für den allgemeinen Vormarsch am 3. April bereithielten (vgl. oben Seite 249), und zweitens daß zahlreiche Deputationen aus dem Ruhrgebiet die dortige Lage „als äußerst gefährlich schilderten und das sofortige Einrücken der Truppen forderten". Unterstaatssekretär Albert ergänzte das durch die weitere Mitteilung, soeben habe Oberbürgermeister Luther (Essen) telefonisch von starkem Terror „bewaffneter Banden" in Essen und Umgebung berichtet und angedeutet (eine unzweideutige Ausdrucksweise habe sich wegen der Telefonkontrolle der Roten verboten), daß der militärische Einmarsch „unumgänglich notwendig sei". Vielleicht durch diese Eröffnung ermuntert teilte darauf Oberstleutnant Hasse als Vertreter des Reichswehrministeriums seinerseits mit, daß heute am Rhein, südlich von Haltern und in der Gegend von Hamm „Kämpfe" stattgefunden hätten, und zwar in Erwiderung von Angriffen roter Truppen; die südlich von Haltern vorgehenden Reichswehrtruppen seien „in Richtung auf Recklinghausen nachgestoßen, so daß mit der alsbaldigen Besetzung Recklinghausens zu rechnen sei".

Der Reichskanzler reagierte sehr beunruhigt: nicht wegen der Verletzung des den Arbeitern zugestandenen Waffenstillstands (diese Seite der Sache erwähnte er mit keinem Wort), sondern wegen der möglichen außenpolitischen Folgen. Die französische Regierung, sagte er, habe unter dem Einfluß militärischer Kreise ihre entgegenkommende Haltung widerrufen und verweigere jetzt mit dem Argument, die Lage im Ruhrgebiet erfordere keinen militärischen Einmarsch, die Freigabe der neutralen Zone. Wenn bei diesem Stand der diplomatischen Verhandlungen Reichswehr in die neutrale Zone einrücke, so sei mit der französischen Besetzung der fünf Städte im Maingebiet, praktisch also von ganz Hessen als Gegenschlag „bestimmt zu rechnen". Die Situation sei umso bedrohlicher, als die Verletzung der neutralen Zone durch die Brigade Faupel bereits zur Kenntnis der IMKK gelangt sei. Sobald die IMKK den Vorfall nach Paris berichtet habe, sei jede Möglichkeit dahin, doch noch die französische Zustimmung zum Einmarsch der Reichswehr zu erhalten. Er schlage daher vor, „einen Beschluß, unter allen Umständen in das Ruhrrevier einzurücken, heute nicht zu fassen". (Offenbar spürte Müller, daß der vertragsbrüchige Vormarsch der Reichswehr genau diesen Beschluß erzwingen sollte.)

Damit war die Eigenmächtigkeit der Reichswehr ausreichend angedeutet, und General v. Seeckt beeilte sich, den Eindruck, den Müllers Rede hervorgerufen hatte, wieder abzuschwächen. Er behauptete allen Ernstes, er habe keine Nachricht von einem Einmarsch der Brigade Faupel in die neutrale Zone; für möglich halte er ihn allerdings. Das war die kühle Lässigkeit, für die Seeckt berühmt war und die er noch unterstrich, als er fortfuhr: Falls die neutrale Zone an

einer oder mehreren Stellen verletzt worden sei, müsse erklärt werden, daß die Reichswehr „durch Angriffe der roten Truppen dazu gezwungen worden" sei. Ein Protest dagegen, daß damit eine Interpretation der Tatsachen festgelegt werde, bevor die Tatsachen selbst festgestellt seien, kam von keinem der Minister. Stattdessen schlug Innenminister Koch noch eine andere mögliche Entschuldigung für die Verletzung der neutralen Zone vor: man könne, sagte er, in Paris erklären, General v. Watter habe nach der parlamentarischen Erklärung des Reichskanzlers (über die angebliche Freigabe der neutralen Zone durch Frankreich) sich „zum Einmarsch für berechtigt gehalten".
Die Sitzungsteilnehmer spalteten sich in zwei Lager. Schatzminister Bauer (SPD), Justizminister Blunck (DDP), Postminister Giesberts (Zentrum) und Wehrminister Geßler (DDP) erklärten, der militärische Einmarsch im Ruhrgebiet sei nicht länger hinauszuschieben. Ihre Argumente waren unterschiedlich: andernfalls werde das Rheinland vom Reich abfallen (Bauer); werde „Deutschland in einer Woche ohne Kohlen" sein, was gleichbedeutend sein würde mit dem „völligen Zusammenbruch" und der „Ausrufung der Räterepublik" (Giesberts); die „staatliche Notwendigkeit" (gemeint war damit die Aufrechterhaltung des Wirtschaftslebens) erfordere den militärischen Einmarsch (Geßler). Es fällt schwer zu glauben, daß die Minister diese Argumente im Ernst vorbrachten; vielmehr möchte man annehmen, daß es sich nur um vorgeschobene Gründe für etwas anderes handelte: die Minister begriffen oder ahnten zumindest, daß die Reichswehr mit ihrem Vormarsch eine vollendete Tatsache geschaffen hatte, die nicht mehr zu korrigieren war. — Demgegenüber warnte der Unterstaatssekretär im Auswärtigen Amt, v. Haniel, vor den außenpolitischen Folgen eines nichtgenehmigten Einmarsches in die neutrale Zone. Ministerialdirektor Rauscher (SPD), der Pressechef der Reichsregierung, unterstrich dies mit den Worten, es drohe mehr als die vorübergehende Besetzung der fünf Städte im Maingebiet, vielmehr sei der Verlust ganz Süddeutschlands zu befürchten; außerdem warnte er vor den innenpolitischen Auswirkungen eines Einmarsches im Ruhrgebiet (der erste Redner, der einen Blick auf die Arbeiterschaft warf). Dem trat der Gesandte Riezler, ein hoher Ministerialbeamter der Kaiserzeit, 1919 von Ebert ins Büro des Reichspräsidenten geholt, mit einer geradezu abenteuerlichen Überlegung entgegen: ein nichtgenehmigter Einmarsch in die neutrale Zone und damit ein Bruch des Versailler Vertrages würde „möglicherweise, aber nicht sicher" die von Haniel und Rauscher geschilderten Folgen haben. „Bei Befolgung einer geschickten Politik müsse es möglich sein, die französische Militärpartei ... zu isolieren. Wenn Frankreich infolge unseres Einmarsches den gesamten Friedensvertrag als aufgehoben ansehe, so könne dies in einigen Monaten sogar zu unsern Gunsten ausschlagen, denn es sei äußerst unwahrscheinlich, daß dann ein für Frankreich gleich günstiger Vertrag, wie der von Versailles, zustande komme".
Reichskanzler Müller, der die schweren außenpolitischen Bedenken v. Haniels und Rauschers teilte, stemmte sich dem Trend des Sitzungsverlaufs entgegen. Er schlug vor, nochmals in Paris darzulegen, „daß das gesamte deutsche Wirtschaftsleben zusammenbrechen werde", falls die Einmarschgenehmigung nicht erteilt werde. Zum Abschluß legte er das Kabinett darauf fest, „daß ein endgültiger Entschluß heute noch nicht gefaßt werden solle".[117]

Im Anschluß an die Sitzung wurde Geschäftsträger Mayer in Paris aufgefordert, nochmals die größten Anstrengungen zu machen, um die Einmarschgenehmigung zu erwirken; dabei wurde betont, daß sich die Lage im Ruhrgebiet entgegen allen widersprechenden Informationen „aufs äußerste zugespitzt" habe: die Vollzugsräte, die bisher die Dinge „noch einigermaßen in der Hand" gehabt hätten, seien „durch rote Truppen außer Aktion gesetzt". Zum nichtgenehmigten Einmarsch der Brigade Faupel wurde erklärt, erstens daß Severing ihn gestattet habe aufgrund der Erklärung des Reichskanzlers im Parlament (das war die von Innenminister Koch in der Kabinettssitzung vorgeschlagene Ausrede, nur daß die Fehlhandlung nicht General v. Watter zugeschoben wurde, sondern Severing), und zweitens daß der Einmarsch sehr plötzlich habe erfolgen müssen, um drohende Zerstörungen durch die Roten zu verhindern. Die einmarschierten Truppen seien jetzt angewiesen, nicht weiter vorzurücken. Zurückgezogen werden könnten sie jedoch nicht, denn das würde nach Erteilung einer Einmarschgenehmigung durch die Alliierten ein „späteres Operieren ... um mehrere Tage verzögern".[118] Eine gleichlautende Erklärung zum Einmarsch der Brigade Faupel erhielt die IMKK.[119] Sie und die französische Regierung dürften aufmerksam die doppelte Unverschämtheit registriert haben: daß einmal die Erklärung des Reichskanzlers im Parlament — durch die Tatsachen nicht gedeckt und auf französischer Seite als Täuschungsversuch empfunden — nun auch noch zur Rechtfertigung der Vertragsverletzung benutzt wurde, und daß zum andern die Zurücknahme der Brigade mit dem Argument verweigert wurde, dies würde die späteren Operationen verlängern — wobei doch gerade die Frist für diese Operationen ein Streitpunkt in den Verhandlungen war. Man sieht: die Politik der vollendeten Tatsachen, die die Reichswehr verfolgte, ging jetzt bereits in die diplomatischen Erklärungen der Regierung ein.

Wenige Stunden später gestand Reichskanzler Müller ein, daß es ein Irrtum gewesen war, als er in der Kabinettssitzung geglaubt hatte, die Regierung könne die Entscheidung für oder gegen einen Einmarsch im Ruhrgebiet noch offenhalten. Um 23.20 Uhr telegrafierte das Auswärtige Amt im Namen des Reichskanzlers an Geschäftsträger Mayer: *„Zur streng vertraulichen Orientierung: Trotz schwerster außenpolitischer Bedenken ist Lage wirtschaftlich wie innerpolitisch so zwingend, daß voraussichtlich auch ohne Genehmigung Alliierter Vormarsch nicht zu umgehen sein wird. Vormarsch erfolgt jedoch nicht vor Freitag [2. April] Nacht".*[120] Das war die Entscheidung im diplomatischen Poker. Ob der zweite Satz des Telegramms ein letzter Täuschungsversuch oder ob er ehrlich gemeint war (d.h. ob die Regierung glaubte, die Reichswehr werde den ganzen folgenden Tag über Gewehr bei Fuß zu halten sein), bleibe dahingestellt.

Was nun noch folgte, entwickelte sich mit unentrinnbarer Logik. Am 2. April, 12.45 Uhr, ersuchte Mayer Ministerpräsident Millerand „mit größtem Nachdruck", „dringend", „inständig" um die Genehmigung des deutschen Einmarsches, und zwar — er schreckte vor nichts mehr zurück — „im Namen der Menschlichkeit"; den bereits erfolgten nichtgenehmigten Einmarsch der Brigade Faupel gab er zu. Hierzu erklärte Millerand, seine Regierung müsse sich „alles vorbehalten".[121] Inzwischen mußte man sich in Berlin mit der unangenehmen Nachricht auseinandersetzen, daß die Vollversammlung der Vollzugsräte und die

Kampfleiter der Roten Armee am Vorabend in Essen die Beendigung der Aufstandsbewegung beschlossen hatten. Unterstaatssekretär v. Haniel behauptete gegenüber den alliierten Botschaftern, die Lage im Ruhrgebiet sei unverändert, da die Vollzugsräte und Kampfleiter keine Kontrolle über die Bewegung mehr hätten; weiterhin plünderten bewaffnete Banden, würden Züge aufgehalten, könne keine Kohle transportiert werden.[122] Ein Druck Englands auf die französische Regierung, auf den manche Regierungsmitglieder noch immer hofften, schied als Möglichkeit endgültig aus, seit der britische Hochkommissar Stuart, aus Koblenz kommend, am Vortag in London gegenüber seiner Regierung erklärt hatte, daß die deutschen Berichte über die Lage im Ruhrgebiet weit übertrieben seien, daß eine friedliche Einigung zwischen Regierung und Arbeiterschaft ohne weiteres möglich sei und daß die Aufstandsbewegung „praktisch zusammengebrochen sei, *vorausgesetzt, ein Einmarsch der Reichswehr lasse sie nicht wiederaufleben*".[123] Um 14.15 Uhr richtete die Reichsregierung nach Paris den Vorschlag, daß den einmarschierenden Truppen „eine alliierte Kontrollkommission" beigegeben werden könne, die „weitgehende Vollmachten" haben solle, „namentlich hinsichtlich [der] Feststellung der Notwendigkeit des weiteren Verbleibens von Truppen".[124] (Ein vollkommen wertloses Angebot, da die Alliierten ohnehin derartige Rechte besaßen und die IMKK diese Rechte bereits vor Tagen durch Entsendung eines Stabes von Kontrolloffizieren ins Ruhrgebiet wahrgenommen hatte.)[125] Um 17 Uhr erhielt die deutsche Botschaft in Paris die Antwortnote der französischen Regierung auf das erneute Gesuch Mayers: die Genehmigung zum Reichswehreinmarsch im Ruhrgebiet, hieß es darin, könne nur bei deutscher Zustimmung zur gleichzeitigen Besetzung der fünf Mainstädte durch französische Truppen erteilt werden; die Reichsregierung werde daher aufgefordert, den ohne alliierte Genehmigung einmarschierten Truppen die unverzügliche Räumung der neutralen Zone zu befehlen.[126] In den Abendstunden schließlich kam der deutsche Offenbarungseid. Reichskanzler Müller diktierte den deutschen Vertretern in Paris eine weitere Note an die französische Regierung, die zunächst noch einmal wortreich und rhetorisch alle Greuelnachrichten über die Lage im Ruhrgebiet wiederholte. Dann kam die entscheidende Passage: „Es ist ... ein Gebot des allgemeinen europäischen Interesses wie eine Forderung der Menschlichkeit", der Bevölkerung des Ruhrgebiets gegen den herrschenden Terror „zu Hilfe zu kommen". *Wenn jetzt Reichswehrtruppen einmarschierten, deren Stärke über die in der neutralen Zone zugelassene hinausgehe, so bitte die Reichsregierung, „hierzu nachträglich auch die ausdrückliche Genehmigung erteilen zu wollen"*. Zum Schluß erklärte Müller, seine Regierung erblicke in dem Einmarsch keinen Verstoß gegen den Versailler Vertrag, da er „eine rein polizeiliche Schutzmaßnahme" sei; es handle sich um keinen „feindseligen Akt gegen die Alliierten oder eine Störung des Weltfriedens", vielmehr diene der Einmarsch „gerade der Aufrechterhaltung von Ruhe und Frieden".[127]

An diesem 2. April hatte die Reichswehr auf der ganzen Front ihren Einmarsch ins Ruhrgebiet fortgesetzt. Es wurde Zeit für die Reichsregierung, die Politik des Verkleinerns, des Abstreitens und des Lügens aufzugeben und wenigstens ehrlich die Tatsachen zu vertreten.

4. Die Auswirkungen des militärischen Vertragsbruchs im Ruhrgebiet

> *„Alles drunter und drüber. Wo ist noch ein verläßliches Heer? Wo noch eine verfassungstreue Arbeiterschaft?"*
>
> Innenminister Koch in seinem Tagebuch, Eintragung vom 3. April 1920 — Bundesarchiv Koblenz: Nachlaß Koch, Nr. 27, Blatt 71

Der Vormarsch der Reichswehr innerhalb der Waffenstillstandsfrist hatte die beabsichtigte Wirkung: die glatte Selbstauflösung der Aufstandsbewegung wurde verhindert. Untersucht man dies genauer, so zeichnen sich drei Zentren im Ruhrgebiet ab, entsprechend den drei Schwerpunkten, die der Vormarsch der Reichswehr hatte.
Erstes Zentrum: Essen, Mülheim, Oberhausen.
Essen, 1. April: Am Abend ist die Vollversammlung der Vollzugsräte auseinandergegangen, der Zentralrat hat sich wieder im Hotel „Kaiserhof" versammelt; von der Berliner Delegation sind Graßmann (ADGB) und Braß (USP) anwesend. Plötzlich erscheinen Rotgardistenführer von der Front, „erschreckt, bestürzt, empört", wie Düwell berichtet, und schildern den Vormarsch der Reichswehr. „Im Interesse der Arbeiter", rufen sie aus, „sei es nun notwendig, weiter zu kämpfen. Der Zentralrat müsse für Verstärkung der Front sorgen, Ausrüstung, Munition, Geld, Lebensmittel beschaffen". Der Zentralrat, berichtet Düwell weiter, „besprach die Situation; er kam zu dem Beschluß, daß trotz der Verräterei des Militärs und der Regierung der Kampf abgebrochen, die Front, so gut oder schlecht es gehen möge, aufgelöst, die Truppen zurückgeführt werden müßten. Man wollte wenigstens ein allgemeines Abschlachten ... der ganzen Arbeiterschaft verhindern". Graßmann richtete an die Rotgardistenführer „die feierliche Anfrage, ob sie gewissenhaft erklären könnten, daß die Arbeiter nach dem Bekanntwerden des Ergebnisses der Verhandlungen in Münster nicht mehr angegriffen hätten". Die Antwort, bestimmt und ohne Vorbehalt: „Wir haben nicht mehr angegriffen!"
„Spät abends erschienen nochmals Kampfleiter mit der Erklärung, die Leute könnten nicht aus der Front heraus. Sperrfeuer hindere den Abmarsch. Der Zentralrat blieb bei seinem Beschluß. Wieder versicherten die Kampfleiter, nachdem sie über die Situation aufgeklärt waren: Wir wollen alles versuchen, die Truppen aus dem Feuer herauszubringen."[1]
Im Laufe der Nacht ruft Braß mehrmals in Münster an und wünscht Severing zu sprechen. Dieser ist jedoch jedesmal nicht zu erreichen (ließ er sich verleugnen?).[2] 2.30 Uhr: Braß bekommt Telefonverbindung mit der Reichskanzlei. Er

teilt mit, daß Recklinghausen am Abend entgegen dem Münsterschen Abkommen, wonach keinerlei Vormarsch der Reichswehr stattfinden darf, besetzt worden ist. Im Namen der Berliner Delegation bittet er dringend um einen sofortigen Befehl der Regierung an das Wehrkreiskommando, den Vormarsch einzustellen. Andernfalls könne nicht nur keine Garantie für die Durchführung des Abkommens im Ruhrgebiet übernommen werden, sondern darüberhinaus seien Verzweiflungsakte der bewaffneten Arbeiter — Sprengung von Industrieanlagen usw. — zu befürchten.[3]

Gegen Morgen telefoniert Braß mit dem Wehrkreiskommando Münster. Dem diensthabenden Offizier schildert er „die Verzweiflung der Arbeiter, die Folgen, die durch den Angriff der Reichswehr, durch deren Sperrfeuertaktik entstehen müßten. Er ersuchte dringend, den Befehl an die Reichswehr zu geben, den Angriff einzustellen, die Auflösung und den Zurückzug der Arbeiterfront zu gestatten". Die Antwort des Offiziers: „Von hier aus ist kein Befehl zum Angriff ergangen. Von hier aus kann daher auch kein Befehl gegeben werden, den Angriff einzustellen". Dazu Düwell in seiner Broschüre: „Von welch diabolischem Lächeln mag diese Antwort begleitet gewesen sein?!"[4]

Als in Essen die Nachricht eintrifft, in Bochum werde bereits öffentlich zum Weiterkämpfen aufgefordert (s. oben Seite 264), verfaßt der Zentralrat einen Aufruf, den Düwell telefonisch auch der Reichskanzlei mitteilt (offenbar um die Vertragstreue des Zentralrats zu beweisen):

„Soldaten der Roten Armee in Bochum!

Die Vollversammlung der Vollzugsräte hat im Beisein der Obersten Kampfleitung und des Zentralrates am Donnerstag einstimmig beschlossen, dem Bielefelder Abkommen zuzustimmen und den militärischen Kampf gegen die Reichswehr sofort einzustellen. Die Regierung hat sich verpflichtet, den Vormarsch der Reichswehr sofort aufzuhalten. Das ist der Reichsregierung nicht gelungen. Offiziere handeln auf eigene Faust. Sie drängen die wohlorganisierten, schwerbewaffneten Truppen in das Industriegebiet.

Soldaten! Genossen! Wenn wir euch trotzdem auffordern, den bewaffneten Kampf abzubrechen, so geschieht das in der wohlüberlegten Absicht, größeres Unheil zu verhüten. Wir wollen den Offizieren keine Gelegenheit geben, ein Blutbad unter den Arbeitern anzurichten, und der Regierung nicht den Schein von Berechtigung bieten, diesem selbständigen Vorgehen der Reichswehr zuzustimmen oder es nachträglich zu rechtfertigen ... Hält (die Regierung) ihre Versprechungen nicht, oder hat sie nicht die Macht, ihre Offiziere zu zwingen, ihren Anforderungen zu folgen, so bedeutet das den Bankerott der Regierung, den Sieg des Militarismus. Dann ist das Proletariat gezwungen, den Kampf erneut gegen den Militarismus aufzunehmen ... Dann führt ihr den Kampf nicht mehr allein, in dem ihr ohne Hilfe unterliegen würdet. Dann stehen an eurer Seite die Arbeiter des ganzen Landes ...

Wir wollen den deutschen Arbeitern und der Öffentlichkeit zeigen, daß wir die friedliche Verständigung wollen. Es gilt, die Vernunft, nicht das Gefühl sprechen zu lassen ... Zieht euch in eure Hütten zurück ... Sorgt dafür, daß die Waffen in eurer Hand bleiben dadurch, daß ihr in die Ortswehr eintretet. Sorgt dafür, daß nur die organisierten und politisch geschulten Genossen die Waffen in die Hand bekommen ..."[5]

Die Illusionen, die hier zum Ausdruck kommen, können nicht scharf genug charakterisiert werden. Noch immer hält der Zentralrat die Durchführung des Bielefelder Abkommens und damit die Bildung von Ortswehren für möglich, noch immer weckt er Hoffnungen auf die Regierung. Geradezu wie Hohn aber mutet es nach der Entscheidung von Pieck und Eckardt in Berlin an, wenn der Zentralrat darauf hinweist, daß, falls der Kampf wieder aufgenommen werden müsse, dies auf nationaler Ebene geschehen müsse. Der entscheidende Moment war verpaßt, und obendrein war der 2. April Karfreitag, zwei Tage später war Ostern: ein Generalstreik hätte nur noch den Verkehrssektor lahmlegen können.

Am Morgen (2. April) erscheinen erneut Rotgardistenführer beim Zentralrat. Sie berichten, daß die Reichswehr auf breiter Front vordringt. Einer erklärt laut Protokoll: „Der ehrlichen Kämpfer Leben ist doch verpfuscht. Die Front will weiterkämpfen. Bei Vorrücken Bergwerke, Tunnels, Wasserwerke sprengen. Lieber ins besetzte Gebiet als in die Hände der Noskiden".[6] Trotz dieser Verzweiflungsstimmung hält der Zentralrat nach eingehender Aussprache an seinem Beschluß, den bewaffneten Kampf abzubrechen, fest; gegenüber dem eben zitierten Aufruf ändert er jedoch seine Haltung, indem er erklärt: *„Der Zentralrat wird sich sofort mit der Zentralleitung der drei sozialistischen Parteien und der Gewerkschaften in Verbindung setzen, um diese Körperschaften zu veranlassen, den Generalstreik über das ganze Reich zu proklamieren, weil die Regierung nicht die Vereinbarungen von Bielefeld und Münster erfüllt hat"*. (Der Text dieser Resolution wird anschließend der Presse übergeben.) Pieck wird beauftragt, nach Berlin zu fahren, um die Proklamation eines neuen Generalstreiks zustandezubringen.[7]

Ob Pieck sich jetzt eingestand, welchen nicht wieder gutzumachenden Fehler er vor noch nicht 60 Stunden in Berlin begangen hatte? Welche Eintragungen mag sein Tagebuch enthalten?

Mit welchem Zorn die Generalversammlung der Berliner revolutionären Betriebsräte Pieck empfangen hätte, wenn er jetzt, wo es zu spät war, zum Generalstreik aufgefordert hätte, kann man sich nur ausmalen. Pieck kam nämlich aus Essen nicht mehr heraus:[8] die christlichen und gelben Eisenbahnergewerkschaften dehnten im Einverständnis mit der Direktion den Sabotagestreik auf den ganzen Eisenbahndirektionsbezirk Essen aus, einschließlich für Lebensmittelzüge. Zwar mußte auf die freigewerkschaftlich organisierten Eisenbahner nicht wenig Druck ausgeübt werden, und in so ruhigen Städten wie Bochum war es praktisch unmöglich, den Streik zu begründen (das örtliche SPD-Blatt sprach von einem „Verbrechen"), aber die Initiatoren kamen zu ihrem Ziel: im ganzen Ruhrgebiet stand das wichtigste überlokale Transportmittel nicht mehr zur Verfügung, sogar auf den Bahnhöfen liegende Lebensmittel wurden nicht ausgeliefert — ein Zustand, an dem sich bis zum Einmarsch der Reichswehr nichts mehr ändern sollte.[9]

Die einzige Verbindung nach Berlin, die der Zentralrat noch bekam, waren mehrere Telefongespräche, die Braß im Laufe des Tages mit der Reichskanzlei führte (mindestens fünf).[10] Mit solchen Anrufen aus dem Ruhrgebiet hatte das Reichswehrministerium bereits gerechnet und seine Gegenmaßnahmen ergriffen: offenbar aus Mißtrauen gegenüber den zu „schlappen" zivilen Ministerialbeamten hatte es einen Verbindungsoffizier, Hauptmann v. Fumetti, in die Reichskanzlei abgeordnet, der dort die offiziellen Lageberichte des Reichswehrministeriums bekanntgab, an die sich die Beamten der Reichskanzlei dann zu halten hatten. Fumettis erster Bericht vom 2. April vormittags enthielt die Sätze: „Fortgesetzte Bedrohung der Brückenköpfe an der Lippe haben* ihre Erweiterung erforderlich gemacht ... Stärkere rote Truppenansammlungen sind zwischen Unna und Werne festgestellt. Zum Schutz von Hamm und Werl wurde die eigene Linie bis Werne-Pelkum-Hemmerde-Wickede vorgeschoben. Bei Pelkum sind Angriffe roter Truppen abgeschlagen worden".[11] Als Braß schilderte, wie die Reichswehr den Rückzug der Arbeiter mit allen Mitteln zu stören suche, auf der ganzen Front vorrücke und in Dinslaken eine ganze Reihe von Arbeitern erschossen habe, erwiderten die Geheimräte der Reichskanzlei stereotyp, sie könnten sich nur auf die Auskünfte des Militärs stützen, die besagten, daß die Reichswehr von den Arbeitern angegriffen worden sei und nur in Abwehr solcher Angriffe vorgehe.[12] — Mülheim. Hier stellte sich die wichtige Kampfleitung der Roten Armee (Leidner) am Abend des 1. April ausdrücklich auf den Boden der von der Essener Vollzugsrätekonferenz gefaßten Beschlüsse.[13] Dasselbe tat am nächsten Vormittag (2. April) der Vollzugsrat.[14] Die letzten fünf gefangenen Soldaten wurden aus dem Gerichtsgefängnis entlassen; sie versicherten in der Lokalpresse, daß sie „menschenwürdig behandelt worden seien und daß alles getan wurde, um ihr Los als Gefangene zu erleichtern".[15] Gegenüber der Stadtverwaltung erklärte sich der Vollzugsrat bereit, auf seine Exekutivfunktionen zu verzichten, also die Behörden wieder völlig eigenständig amtieren zu lassen (einschließlich des Oberbürgermeisters Lembke und des Beigeordneten Wilms; das bedeutete u.a. die Auflösung des revolutionären Betriebsrats bei der städtischen Straßenbahn [II, Seite 34, 48]); die Polizei solle ab dem nächsten Tag wieder ihren Dienst übernehmen; der Generalstreik werde abgebrochen und die Waffenabgabe organisiert.[16] Gleichzeitig wies der Vollzugsrat die Stadtkasse an, die noch nicht geleisteten Entschädigungen für ehemalige politische Gefangene auszuzahlen (vgl. II, Seite 38).[17] Doch plötzlich ein Umschwung, der sich in diesen Stunden in vielen anderen Orten ähnlich ereignete: flüchtende Rotgardisten erschienen in der Stadt. Eine Gruppe erklärte den Vollzugsrat für verhaftet (vermutlich wegen Lohnforderungen oder um die Fortsetzung des Kampfes zu erzwingen). Andere drangen in die Geschäftslokale der beiden Lokalblätter ein und verlangten die Entfernung der Aushänge, die den „Friedensschluß von Münster" und dessen Annahme durch die Essener Vollversammlung meldeten; das sei „Lug und Trug", rief ein Rotgardist in größter Aufregung. Als der Vollzugsrat seine Handlungsfreiheit wiedererlangt hatte, stand er vor einer neuen Schwierigkeit: General Kabisch hatte sich telefonisch bei der Stadtverwaltung gemeldet und erklärt, eine Deponierung der Waffen bei ihr (entsprechend dem Bielefelder und Münsterschen Abkommen) biete für die Friedensabsichten der Roten „keine Garantie", er verlange Abtransport der Waffen nach Wesel und Übergabe an die Reichswehr.[18] Einem Beigeordneten der Stadtverwaltung, Loos, gelang es nicht, Kabisch zur Zurücknahme

---

* Vielleicht findet sich eines Tages ein Historiker, der sich einmal nicht über das mangelhafte Deutsch der Arbeiter, sondern über das des Militärs ereifert.

seiner Forderung zu bewegen. Unter diesen Umständen weigerte sich der Vollzugsrat, eine Aufforderung zur Waffenabgabe anschlagen zu lassen.[19] Viele Arbeiter gaben aber ihre Waffen auch ohne ausdrückliche Aufforderung ab. Die Kampfleitung der Roten Armee teilte öffentlich mit, das „Vordringen der Reichswehrtruppen" habe die bereits eingeleitete Verständigung „illusorisch gemacht". Es hinge jetzt allein an Watter, „das Ende der Kämpfe herbeizuführen": ziehe er seine Truppen zurück, würden „sofort alle Waffen abgeliefert".[20]
In Orten, die unmittelbar hinter der Front lagen, kam es gar nicht erst zu dem für Mülheim beschriebenen Umschwung. Scharen fliehender Rotgardisten, die der bei Dinslaken vorgehenden Reichswehr zu entkommen versuchten, darunter zahlreiche Sanitätswagen mit Verwundeten, erreichten gegen 10 Uhr Sterkrade, von wo sie weiter nach Oberhausen strebten; gegen Mittag hatte der Hauptstrom die Stadt passiert. Unter diesen Umständen hatte die ortsansässige Arbeiterschaft gar keine Möglichkeit, rechtzeitig einen Beschluß über das Münstersche Abkommen zu fassen.[21] Von Oberhausen dagegen marschierte im Laufe des Tages noch eine Reihe von Rotgardisten-Einheiten an die Front. Die örtliche Kampfleitung der Roten Armee erklärte dazu in der Presse, dies erfolge auf die Nachrichten vom vertragsbrüchigen Vorgehen einzelner Reichswehrverbände, für das man zwar nicht die Regierung verantwortlich mache, in dem man jedoch einen Beweis dafür erblicke, daß die Vereinbarungen, *insbesondere über die Amnestie*, nicht eingehalten würden.[22] Das war in abgewogenen Worten dasselbe, was einer der im Zentralrat erschienenen Rotgardistenführer erregt so ausgedrückt hatte: Das Leben der ehrlichen Kämpfer ist doch verpfuscht!

Das zweite Zentrum, in dem sich der Vormarsch der Brigade Faupel von Haltern bis Recklinghausen und die Vorstöße der Marinebrigade Loewenfeld von Dorsten aus auswirken: *Buer, Herten, Herne.*
In Buer, einem zentralen Etappenort der Roten Armee, blieb es bis zum Zeitpunkt der Konferenz in Münster ruhig. Ein Beobachter teilte später mit, er habe in der Nacht vom 31. März gesehen, wie eine Rotgardisteneinheit auf dem Rückmarsch von der Front vor einem Café ihre letzten Pfennige zusammensuchte, um Kaffee und Zigaretten zu kaufen.[23] Am 1. April plötzlich die Nachricht: Die Reichswehr marschiert ins Ruhrgebiet ein, alle Zusagen der Regierung sind zerrissen! Große Massen von Rotgardisten fluteten durch die Stadt. 250 Mann und einige Krankenschwestern, die in Buer ansässig waren und jetzt in eine ungewisse Zukunft fliehen mußten, verlangten stürmisch ihre Löhnung, 1.000 Mark pro Mann, dazu Schuhe und Kleidung. „Alles schrie nach Geld", erinnerte sich später ein Vollzugsratsmitglied. Bürgermeister Zimmermann lehnte eine Zahlungsanweisung ab; die Stadtkasse sei sowieso leer. Die Banken hatten geschlossen. Der Vollzugsrat organisierte am Nachmittag eine Spendensammlung bei Betrieben und Geschäften; rund 25.000 Mark kamen zusammen. Das waren 100 Mark pro Mann, die am Abend ausgezahlt wurden. Verzweifelt baten die Vollzugsratsmitglieder die Rotgardisten, sie möchten sich damit zufriedengeben. Es kam zu wilden Szenen. Nicht minder verzweifelt verlangten die Rotgardisten eine höhere Summe, und mit den Waffen herumfuchtelnd drohten sie, sich notfalls Kleidung und Schuhe selbst zu holen. Die meisten beruhigten sich allmählich;

eine kleinere Gruppe jedoch requirierte am nächsten Morgen bei einem Kaufmann, was ihnen fehlte oder was sie zu Geld machen konnten.[24]

Plünderer und Beutemacher, die nicht aus politischen Motiven am Kampf teilgenommen hätten, sondern zur persönlichen Bereicherung — so haben Severing, Spethmann und andere über solche und ähnliche Vorgänge geurteilt.[25] Es soll nicht bestritten werden, daß es sie in den Reihen der Roten Armee gegeben hat. Aber nach allen Feststellungen, die nach der Aufstandszeit getroffen wurden, waren sie mit Sicherheit die Ausnahme. Die Forderungen der zurückflutenden Rotgardisten bedeuteten, selbst wenn sie voll erfüllt wurden, nur einen schwachen Ersatz für das, was der Kampf gekostet hatte: Kleidung und Schuhe waren zerrissen oder beschädigt, nach tage- und wochenlangen Entbehrungen konnte man auch das Bedürfnis nach Rauchwaren und Alkoholika nicht als Luxusanspruch bezeichnen, vor allem aber brauchten die Rotgardisten das Geld nicht nur für entgangenen Lohn, sondern um die Periode der Verfolgung zu überstehen, mit der sie jetzt rechnen mußten.[26]

In Herten wurde am 1. April eine Bekanntmachung der Kampfleitung der Roten Armee in Marl angeschlagen, die zur allgemeinen Waffenabgabe auf dem Amtshaus aufforderte (Ausführung des Münsterschen Abkommens).[27] Im Laufe des Vormittags dann die ersten flüchtenden Rotgardisten, einzeln oder in Gruppen; dazu Nachrichten, die Reichswehr stehe bereits dicht vor Recklinghausen. Daraufhin faßten am Nachmittag eingesessene Bürger des Ortes Mut, stellten sich in der Hauptstraße den Rotgardisten entgegen und forderten ihnen, unter Berufung auf die Bekanntmachung, die Waffen ab. Das ging eine Weile, bis die Rotgardisten merkten, daß hier nicht alles mit rechten Dingen zuging; sie stürmten das Amtshaus und nahmen die dort gesammelten Waffen wieder in Besitz.[28]

Im Rathaus von Herne war der Arbeiterrat am Nachmittag des 1. April gerade dabei, die Waffen der örtlichen Arbeiterwehr bei gleichzeitiger Löhnung einzusammeln, als kurz nach 17 Uhr überraschend ein Auto mit Rotgardisten vorfuhr, die im Handumdrehen in das Gebäude eindrangen. Beamte, Angestellte und Wehrmitglieder wurden fortgeschickt. Der Anführer, ein Mann in Matrosenuniform, verhandelte mit den Mitgliedern des Arbeiterrats und dem eilig herbeigerufenen Bürgermeister; er verlangte Verpflegung für 900 Mann, die vor der anrückenden Reichswehr aus Recklinghausen zurückgewichen seien und sich hinter dem Rhein-Herne-Kanal (nördlich von Herne) zur Verteidigung festsetzen wollten. Der Bürgermeister: Seit 14 Tagen hat die Stadt keine Lebensmittelzufuhren mehr erhalten, die Vorräte sind erschöpft! Die Antwort: Wir verlangen nur das Allernotwendigste, kein Fleisch, keinen Speck, kein Fett, Graupen- oder Nudelsuppe genügt! Der Bürgermeister gab nach, nachdem er die Kosten eventueller Requisitionen und Plünderungen erwogen hatte, und wies die Herausgabe von Nudeln, Marmelade, Kornkaffee, Milch und Zucker an. Gekocht wurde in der Kriegsküche bei der Zeche „Mont-Cenis", die noch aus der Kriegszeit bestand; ebenda wurde ein Kalb geschlachtet, das die Rotgardisten mitgebracht hatten. Um 22.30 Uhr wurde das fertige Essen zu den am Kanal liegenden Rotgardisten geschafft; anschließend machten die Frauen und Mädchen der Einheit in der Kriegsküche sauber.[29] Eine Zeitungsmeldung (anscheinend aus derselben Quelle wie die schon besprochene Hetzmeldung über Gelsenkirchen, oben Seite 264) behauptete, die spektakuläre Aktion am Rathaus habe zum Ziel gehabt, die im Gange befindliche Waffenabgabe zu stören (damit sollte ein weiterer Vertragsbruch der Roten konstruiert werden);[30] das bürgerliche Lokalblatt, das über die Zusammenhänge informiert war, schloß einen Kompromiß mit der Wahrheit und schrieb, die Rotgardisten hätten „zuerst gar nicht an einen Handstreich auf das Rathaus" gedacht, sondern seien dazu erst durch ortsansässige Spartakisten, die über das weiche Verhalten des Arbeiterrats während des Aufstands erbost seien, aufgestachelt worden.[31] — In der folgenden Nacht passierte die Hauptmasse der flüchtenden Rotgardisten — darunter viele Verwundete mit verbundenen Köpfen und Armen — die Stadt; dabei kam es zu unbedeutenden Requisitionen. Gerüchte wollten freilich wissen, daß Rotgardisten und ihre „Damen" sich in Konfektions- und Schuhgeschäften vollständig neu eingekleidet hätten; das wurde vom Regierungspräsidenten später ausdrücklich als unwahr bezeichnet.[33] Am nächsten Tag fuhren nur noch vereinzelte Autos mit Rotgardisten durch, versehen mit weißen Flaggen;[34] die 900 Mann hatten anscheinend noch in der Nacht ihre Stellung am Kanal geräumt.

In Gelsenkirchen (südlich von Buer und Herten) und in Bochum (südlich von Herne) wirkte sich der vertragsbrüchige Vormarsch der Reichswehr noch nicht so stark aus. So konnte in Gelsenkirchen die Waffenabgabe im wesentlichen bis zum

„Gegen 14 Uhr wurden auf dem streng abgesperrten Friedhof der Stadt 113 Tote ohne Särge in ein Massengrab geworfen..." (Seite 272)
Städtischer Friedhof in Dinslaken, 3. April 1920; im Hintergrund das katholische Krankenhaus

Ablauf der Frist durchgeführt werden.³⁵ In Bochum, wo die Lage am 1. April zeitweilig kritisch wurde (s. oben Seite 264), wirkte vor allem beruhigend, daß am Abend die drei Delegierten des Arbeiterrats aus der Gefangenschaft der Brigade Epp zurückkehrten. (Sie verfaßten dann einen Bericht für das örtliche SPD-Blatt, in dem sie ihre Beobachtungen dahin zusammenfaßten, daß den bayrischen Offizieren Abmachungen und Anordnungen der Regierung vollkommen gleichgültig seien und daß die Unterführer und Mannschaften unbedingt für den Einmarsch ins Ruhrgebiet seien. Die Konsequenz für die Arbeiterschaft müsse sein: strikte Einhaltung der Abkommen von Bielefeld und Münster und die Aufrechterhaltung höchster Wachsamkeit.)³⁶ Ebenfalls beruhigend wirkte der Aufruf des Zentralrats an die Rotgardisten in Bochum, in dem die Gründe für die Einstellung des Kampfes dargelegt wurden (oben Seite 294).³⁷ So konnte der Arbeiterrat am Vormittag des 2. April die Waffenabgabe reibungslos durchführen (gekoppelt mit einer Zahlung von Löhnungsgeldern wie z.B. in Wanne); 450 Mitglieder der Arbeiterwehr blieben für den örtlichen Sicherheitsdienst unter Waffen (nach dem Zahlenschlüssel des Bielefelder Abkommens).³⁸ Etwa gleichzeitig trafen Flüchtlinge aus Recklinghausen ein, die von der Besetzung der Stadt durch die Reichswehr berichteten, von anschließenden Haussuchungen, dem Abtransport zahlreicher Gefangener in einem gepanzerten Zug und der Erschießung des Vollzugsausschußmitglieds Hülsbusch (oben Seite 276); Reichswehroffiziere hätten erklärt, das Bielefelder Abkommen existiere für sie nicht und sie würden — das mußte die Bochumer besonders alarmieren — „vielleicht heute abend noch Bochum erreichen und säubern". Der Arbeiterrat sandte ein Protesttelegramm an General v. Watter und verlangte den sofortigen Stop des militärischen Vormarsches.³⁹

Drittes Zentrum: Dortmund und Castrop.
In Dortmund verursachte das Ausbleiben von Meinberg größte Unsicherheit und Nervosität. Die ersten, die einigermaßen sichere Nachrichten über sein Schicksal mitbrachten, waren die Delegierten der streikenden Beamten, die mit ihm losgefahren waren; sie kehrten am 1. April nachmittags verspätet von der Münsterschen Konferenz zurück, da sie von Hamm aus wegen der Brückensprengung in Pelkum nicht die direkte Bahnverbindung hatten nehmen können. Um 18 Uhr (der ursprünglich für 10 Uhr angesetzte Termin mußte verschoben werden) erstatteten sie in einer vom Streikausschuß der Beamten einberufenen Versammlung im größten Saal der Stadt Bericht. Zuverlässig erfuhren jetzt die Dortmunder Arbeiter, daß Meinberg am Vortag in Hamm von der Reichswehr verhaftet worden war. Das letzte, was die Beamtendelegierten mitzuteilen wußten, war eine Auskunft des Militärs in Hamm, bei dem sie sich auf der Rückfahrt am Morgen erkundigt hatten, Meinberg befinde sich in Schutzhaft in einem Hotel und könne nicht freigelassen werden, weil er „verschiedene nicht einwandfreie Papiere bei sich gehabt" habe. Daran war nur soviel richtig, daß Meinberg sich am Morgen noch in Hamm befunden hatte. Ein Mitglied des Vollzugsausschusses teilte mit, man habe erfahren, daß Meinberg inzwischen nach Münster transportiert worden sei, und fügte hinzu, die Regierung solle nicht vergessen, daß sich noch 20 Offiziere des Freikorps Lichtschlag in den Händen der Arbeiterschaft befänden.⁴⁰ (Die da-

mit ausgesprochene Drohung veranlaßte den USP-Führer Ludwig in Hagen, noch in der Nacht nach Dortmund zu fahren und drei dort gefangengehaltene Lichtschlag-Offiziere nach Hagen zu holen; sie wurden am nächsten Tag den Dortmundern zurückgegeben, als Meinberg nach Dortmund zurückgekehrt war.)[41] — Über den Sabotagestreik war in der Versammlung keine Einigung zu erzielen. Einer der nach Münster gefahrenen Beamtenvertreter betonte, Severing habe den Streik gebilligt; im übrigen sei die Aussprache mit Severing und Mehlich so verlaufen, daß der Streik vorerst fortgesetzt werden müsse. Nach scharfen Auseinandersetzungen endete die Versammlung mit einem Tumult. Während ein Vertreter der Aushilfskräfte bei der Post gegen die Initiatoren des Sabotagestreiks polemisierte und für die Wiederaufnahme der Arbeit sprach, ertönten plötzlich draußen mehrere Schüsse. Die Versammlungsteilnehmer gerieten in Panik; gleichzeitig kam es anscheinend zwischen Befürwortern und Gegnern des Streiks zu handgreiflichen Auseinandersetzungen. Der Werkführer Schubert, Mitglied des Magistrats und wichtiger DVP-Führer und Angestelltenvertreter, wurde erschossen. Der Vollzugsausschuß verhängte sofort den verschärften Belagerungszustand (das bedeutete, anders als beim Militär, lediglich Lokalschluß um 21 Uhr und Ausgehverbot zwischen 21.30 Uhr und 5 Uhr) und veranlaßte eine Untersuchung bei der Arbeiterwehr, die von den Führern des Sabotagestreiks für die Schießereien verantwortlich gemacht wurde.[42] Dabei habe sich, so erklärte er am nächsten Tag, herausgestellt, daß eine Kompanie der Arbeiterwehr auf den Hilferuf des Saalbesitzers erst herbeigeeilt sei, als die Schießereien bereits im Gange gewesen seien; zum Tode von Schubert habe einer seiner Freunde ausgesagt, der Schuß sei aus nächster Nähe aus dem Publikum abgegeben worden.[43] Diese Erklärung nützte nichts, die Gegensätze waren bereits zu sehr verhärtet; die Angestellten des Eisen- und Stahlwerks Hoesch traten zusätzlich in den Streik, zum „Protest gegen die herrschenden gesetzlosen Zustände".[44]

Im Laufe der Nacht erhielt der Vollzugsausschuß Kenntnis des Münsterschen Abkommens — also erst über 24 Stunden nach dessen Unterzeichnung — und erfuhr außerdem, daß die Vollzugsrätekonferenz in Essen das Abkommen angenommen hatte. Daraufhin erzwang er um 4 Uhr morgens beim örtlichen Zentrumsblatt den Druck eines Plakats, auf dem beides mitgeteilt, der Generalstreik für aufgehoben erklärt und eine allgemeine Waffenabgabe angeordnet wurde; der Text war unterzeichnet mit „Der *bisherige* Vollzugsausschuß" — mit vier Namen, darunter an erster Stelle der des noch immer nicht zurückgekehrten Meinberg — sowie „*Der Oberbürgermeister*". Das Plakat wurde im Laufe des Vormittags (2. April) in den Hauptverkehrsstraßen angeschlagen.[45] Die hier sichtbar werdenden Übermittlungsschwierigkeiten gingen zum größten Teil auf den Sabotagestreik der Beamten zurück, der den Briefverkehr zum Erliegen gebracht hatte, so daß alle Welt auf Telegramme auswich; die Folge war, daß die noch arbeitenden Beamten die Telegrammflut nicht mehr bewältigen konnten.[46] So erhielt selbst der Dortmunder Magistrat erst um 10.30 Uhr den Wortlaut des Münsterschen Abkommens.[47] Inzwischen tagten seit 9.30 Uhr im „Kölnischen Hof" die in den Betrieben gewählten Arbeiterräte. Ein Vertreter des Essener Zentralrats mahnte dringend zur Annahme des Münsterschen Abkommens; wegen der Kürze der noch verbleibenden Zeit könne er nicht mehr alle dafür sprechenden Gründe entwickeln

301

— „bis 12 Uhr müsse über die Lage in Dortmund nach Münster berichtet sein".
Die Abstimmung ergab nahezu Einstimmigkeit für Annahme des Abkommens und Abbruch des Kampfes.[48]
Im Laufe des Vormittags hatte auf das Plakat des Vollzugsausschusses hin die Waffenabgabe begonnen, doch plötzlich auch hier der typische Umschwung: Rotgardisten erschienen in der Stadt, berichteten vom Vorgehen der Reichswehr, dem Massaker in Pelkum usw. und wandten sich erregt gegen die Waffenabgabe; wo sie das Plakat des Vollzugsausschusses erblickten, rissen sie es ab. Eine Gruppe, die beim Vollzugsausschuß im Rathaus eindrang, bezeichnete dessen Mitglieder als Verräter.[49] Gegen Mittag wurde ein kleines orangefarbenes Plakat angeschlagen (15 x 30 cm Querformat):
„An die revolutionären Arbeiter!
Die Waffen bleiben bis auf weiteres im Besitz der Arbeiterschaft.
Wir verlangen vorher von dem bisherigen Vollzugsausschuß genaue Aufklärung.
Der Alarmzustand bleibt bestehen.

Die rote Armee."[50]

Aktivistische Gruppen Dortmunder Arbeiter traten zusammen, um der Reichswehr, falls diese weiter vorrücke, entgegenzuziehen. Der Vollzugsausschuß sandte ein Protesttelegramm nach Münster und verlangte die sofortige Wiederzurücknahme der Truppen.[51]
Im wesentlichen dieselben Vorgänge am 2. April im benachbarten Castrop: zunächst Bekanntgabe des Münsterschen Abkommens durch Plakate (den Text hatte der Dortmunder Landrat Klauser übermittelt), dann Abreißen der Plakate und Anschlag des Plakats der Roten Armee.[52] Im Laufe des Tages zogen Gruppen bewaffneter Arbeiter in Richtung Front, darunter Bergarbeiter der Castroper Zeche „Graf Schwerin".[53]

5. Die amtliche Lüge vom Vertragsbruch der Arbeiter

Die Zusammenhänge — Vertragserfüllung der Arbeiter, Vertragsbruch der Reichswehr mit der Folge, daß die glatte Selbstauflösung der Aufstandsbewegung verhindert wird — liegen klar. Trotzdem bekamen Verwaltungsbürokratie und Staatskommissar Severing es fertig, einen Vertragsbruch der Arbeiter zu konstruieren.
Nach dem Abschluß des Münsterschen Abkommens — spätestens am Vormittag des 1. April — ersuchte Severing die Regierungspräsidenten in Arnsberg, Düsseldorf und Münster, die Gemeindeverwaltungen und Landratsämter anzuweisen, den Regierungspräsidien „bis zum 2. April mittags 12 Uhr drahtlich Bericht darüber zu erstatten, 1) ob die verfassungsmäßigen Behörden nach den gesetzlichen Vorschriften wieder ihres Amtes walten können, und 2) ob und in welchem Umfange eine Abgabe von Waffen und der Munition, sowie die Rückgabe der requirierten und erbeuteten Heeresgeräte erfolgt" sei. Bis zum 3. April, 11 Uhr, sollten Wehrkreiskommando und Severing „im Besitze der Mitteilung sein"; bis zum 2. April, 19 Uhr, erbat Severing „eine Voranzeige über die Waffenabgabe".[1]
— Dieser Text konnte sprachlich, aber auch logischerweise nur so verstanden werden, daß der 2. April, 12 Uhr, als *Absendetermin* für die telegrafischen Berichte der Gemeindeverwaltungen und Landratsämter zu gelten hatte: bis zu diesem Zeitpunkt lief die von der Regierung gesetzte Frist, und *erst nach Ablauf der Frist* konnte darüber geurteilt werden, ob die Arbeiter die Abkommen von Bielefeld und Münster erfüllt hatten oder nicht. Wir werden sehen, daß gleichwohl der Text nicht überall so aufgefaßt wurde.
Beginnen wir mit dem *Regierungspräsidenten von Arnsberg, König (SPD)*. Am 1. April, zwischen 14.30 und 15.30 Uhr, richtete er telegrafisch die von Severing erbetene Anfrage an die Gemeindeverwaltungen und Landratsämter.[2] Oberbürgermeister Cuno in Hagen reagierte auf eine Weise, die dem Leser vertraut ist: kaum hielt er am Abend Königs Telegramm in Händen, ließ er den Wortlaut durch Feuerwehrautos nach Dortmund, Hörde und Hamm übermitteln, im Bewußtsein, was in der gegenwärtigen Situation die Sabotagestreiks bei Eisenbahn und Post bedeuteten.[3] — Die meisten Antworten gingen am 2. April im Laufe des Nachmittags im Regierungspräsidium Arnsberg ein; in der Regel war der 2. April, 12 Uhr, als Absendetermin verstanden worden.[4] Regierungspräsident König faßte sie in einem Telegramm an Severing folgendermaßen zusammen:
„Behörden arbeiten im allgemeinen ungehindert. Waffenabgabe im allgemeinen im Gange, Nachricht fehlt noch von Landräten in Hattingen, Hörde, Schwelm sowie Stadt Dortmund. Letztere soll Anerkennung der Bedingungen verweigert haben". Hierauf macht König Zahlenangaben über abgegebene Waffen und Munition für Stadt- und Landkreis Gelsenkirchen, Stadtkreis Lüdenscheid, Landkreis Hagen, Stadtkreis Hamm, und fährt fort: *„Witten: bis heute mittag nichts. (Land-) Kreis Bochum nichts. Herne gestern Rathaus gestürmt von roten Truppen. (Land-) Kreis Hamm: Behörden noch behindert. Waffen nicht abgegeben"*. Gesamturteil Königs: *„Abgabe der Waffen gänzlich ungenügend"*.[5]

Der Leser ist ohne weiteres in der Lage, die Angaben über Dortmund und Herne zu beurteilen. Die erstere ging auf das Antworttelegramm des Landrats von Dortmund zurück,[6] der für die Stadt Dortmund überhaupt nicht kompetent berichten konnte. Der Landrat von Bochum hatte schon am 1. April, 19.40 Uhr, also postwendend auf die Anfrage aus Arnsberg geantwortet, die Behörden seien in seinem Kreise „ihres Amtes nicht enthoben" gewesen, Waffen und Munition seien „bis jetzt noch nicht abgegeben".[7] Sei es daß die Promptheit der Antwort sich damit erklärt, daß der Landrat die Anfrage aus Arnsberg wirklich so verstand, daß die Antwort bis 2. April, 12 Uhr, *eintreffen* müsse, sei es daß er sie absichtlich mißverstand — jedenfalls *konnte* die Waffenabgabe bis zum Absendetermin nicht durchgeführt sein, da das Münstersche Abkommen bis dahin in Bochum noch gar nicht bekannt war. Andererseits fragte Regierungspräsident König am 2. April nicht etwa zurück, wie sich die Waffenabgabe denn *bis zum Ablauf der Frist* entwickelt habe? Der Oberbürgermeister von Witten hatte um 11.40 Uhr telegrafiert, die Behörden der Stadt arbeiteten unbehelligt; die Waffenabgabe sei „noch nicht erfolgt" (das lag daran, daß das Münstersche Abkommen erst jetzt in Witten bekanntwurde), „nach Angaben des Arbeiterrats" werde sie „vorbereitet und noch heute durchgeführt".[8] Das geschah denn auch; Regierungspräsident König fragte jedoch auch hier nicht zurück, sondern faßte das Telegramm des Oberbürgermeisters zusammen mit „Witten: bis heute mittag nichts". Der Landrat von Hamm, in dessen Landkreis die Brigade Epp vorging (hier lag Pelkum), hatte telegrafiert: „In den von roten Truppen besetzten Gemeinden herrschte gestern [1. April] noch völlige Anarchie. Die Behörden haben zum Teil flüchten müssen. Nähere Feststellungen unmöglich, da Leitungen unterbrochen. Waffen- und Munition-Ablieferung nur in geringstem Maße erfolgt".[9] Wie er das letztere behaupten konnte, wenn nähere Feststellungen unmöglich waren, blieb sein Geheimnis, und auch Regierungspräsident König empfand hier offenbar kein Problem. Überhaupt unerwähnt ließ König gegenüber Severing die Telegramme der Oberbürgermeister von Hörde und Bochum, die beide in befriedigendem Sinne geantwortet hatten.[10] Nach diesen Erläuterungen lese man den zusammenfassenden Bericht Königs an Severing noch einmal im ganzen. Zu Beginn: „Waffenabgabe im allgemeinen im Gange"; zum Schluß: „Abgabe der Waffen gänzlich ungenügend".
Anders lag der Fall der Landräte von Hattingen, Hörde und Schwelm, bei denen König das Fehlen von Nachrichten ausdrücklich konstatierte. Alle drei Landräte hatten rechtzeitig berichtet (zwischen 11.40 und 13.40 Uhr), und zwar im für die Arbeiter positiven Sinne. Ihre Telegramme hatten jedoch eine auffällig lange Laufzeit; die des Landrats von Hörde und des Landrats von Schwelm gingen genau um 18.54 Uhr im Regierungspräsidium ein.[11] Angesichts dieser Uhrzeit muß man Sabotage vermuten (sei es irgendwo auf der Post, sei es im Regierungspräsidium). Bis 19 Uhr hatte Severing nämlich die Voranzeige über die Waffenabgabe erbeten (und um diese handelt es sich bei dem zusammenfassenden Bericht von Regierungspräsident König, den wir hier analysieren); wenn König rechtzeitig an Severing berichtete, kamen die Telegramme um 18.54 Uhr zu spät. Damit ist König jedoch nicht entschuldigt: als die Telegramme auf seinem Schreibtisch lagen, reichte er sie nicht etwa seinem Bericht an Severing nach.
Bei alledem war Regierungspräsident König noch immer ein Muster an Korrekt-

heit im Vergleich mit seinen beiden Kollegen in Düsseldorf und Münster. Der *Regierungspräsident von Düsseldorf*, der den Kapp-Putsch erst nach dessen Zusammenbruch verurteilt hatte (I, Seite 245 f.), ließ sich am 1. April bis nach 22 Uhr Zeit, bis er die von Severing formulierte Anfrage wegen Freiheit der Behördentätigkeit und Waffenabgabe an die Gemeindeverwaltungen und Landratsämter schickte. Seinerseits fügte er hinzu: „Für pünktliches Eintreffen der Meldung ist mit allen Mitteln zu sorgen", mit anderen Worten, er legte Severings Anweisung so aus, daß die Antworten bis zum 2. April, 12 Uhr, *eingetroffen* sein sollten. An kleinere Orte, z.B. nach Kaiserswerth, richtete er Severings Anfrage überhaupt erst am Vormittag des 3. April.[12] Das Ergebnis war entsprechend: die Telegramme des Regierungspräsidenten kamen am 2. April zum Teil erst nach 12 Uhr an[13] — zu einem Zeitpunkt, wo bereits die Antworten in seiner Hand sein sollten. Trotzdem wird man annehmen dürfen, daß in einer Reihe von Fällen noch rechtzeitig berichtet worden ist, obwohl oder vielleicht gerade weil kein einziges Antworttelegramm in den Akten des Regierungspräsidiums erhalten ist (wurden alle zwecks Verwischung der Spuren vernichtet?). Der Regierungspräsident jedoch telegrafierte kurzerhand an Severing: *„Es ist zu übersehen, daß keine Entspannung eingetreten ist. Waffenabgabe vollkommen ungenügend und so, daß Waffen nicht zu erfassen sind"*[14] (zu ergänzen: das kann nur die Reichswehr leisten). Dabei muß bedenken, daß im Regierungsbezirk Düsseldorf das Wuppertal und das Bergische Land lagen, in dem die Waffenabgabe nahezu reibungslos durchgeführt wurde.

Am 3. April sandten die Stadtverwaltungen des Bergischen Landes an den Regierungspräsidenten einen Sammelbericht, in dem sie die Abgabe von mehreren tausend Gewehren und anderen Waffen meldeten. Dieser Bericht wurde vom Regierungspräsidenten gegenüber Severings Amtsstelle nachweislich unterschlagen; Severings Stellvertreter Mehlich erfuhr erst zehn Tage später davon, als er eine Delegation des Bergischen Landes empfing.[15] Das entschuldigt Severing und Mehlich freilich in keiner Weise, wie wir noch sehen werden.

Die Knappheit und Reserviertheit, mit der der Regierungspräsident mit Severing verkehrte, kontrastiert auffällig mit der Ausführlichkeit der „Informationen", die er nach Berlin gab. Am 1. April mittags führte er eins seiner regelmäßigen Telefongespräche mit dem preußischen Handelsministerium (vgl. II, Seite 15), in dem er zum Schluß erklärte: *„Das Gesamtbild sei, daß sich die Lage in keiner Weise verbessert, vielmehr eher verschlechtert habe, die Unruhe nehme in allen Orten an der Front zu".*[16] (Der Leser weiß, warum gerade an der Front.) Am 2. April telegrafierte er an den preußischen „Staatskommissar zur Überwachung der öffentlichen Ordnung", Weismann, einen landesweit bekannten Reaktionär: *„Duisburg meldet: Lebensmittellager und andere Läden werden geplündert. Leitung kommunistischer Verwaltung durch russische Bolschewisten festgestellt . . . Bisher nennenswerte Waffenabgabe im Bezirk außer in Elberfeld nicht erfolgt. In Mülheim (Ruhr) fordert Leitung Roter Armee heute mittag zum bewaffneten Widerstand auf. In Essen spitzt sich Lage zu . . . Auch hier Waffenabgabe unbedeutend. Gewähr für Erhaltung der Ordnung nicht gegeben".*[17]

Es scheint, daß die Vollzugsräte des Bergischen Landes und des Wuppertals aufgrund früherer Erfahrungen bereits wußten, was sie vom Düsseldorfer Regierungspräsidenten zu erwarten hatten, jedenfalls meldeten sie durchweg die Durchführung der Waffenabgabe telegrafisch auch an Severing in Münster und an die Reichsregierung in Berlin.[18] Severing jedoch gab nur das Telegramm des Regierungspräsidenten nach Berlin weiter.[19] Deshalb ist er durch das Verhalten des Regierungspräsidenten nicht entschuldigt, im Gegenteil: bei ihm ist ebenfalls der böse Wille erwiesen.

Der *Regierungspräsident von Münster* ließ sich noch mehr Zeit als sein Kollege in Düsseldorf. Die Wirklichkeit übertrifft jede Phantasie: erst am 2. April zwischen 11 und 12 Uhr verschickte er die Telegramme, in denen er die von Severing erbetenen Berichte für den nächsten Tag, 9 Uhr, anforderte.[20] Bald darauf muß ihm klar geworden sein, daß er zu weit gegangen war, denn zwischen 13.30 und 14 Uhr sandte er weitere Telegramme hinterher mit der Aufforderung, die Berichte „wenn irgend möglich" noch am selben Tage bis 18 Uhr (Zeitpunkt des Eintreffens!) zu erstatten.[21] Damit ließ er den Adressaten noch weniger Zeit als sein Düsseldorfer Kollege. Er hatte jedoch die Stirn, seine „Informationen" gegenüber Severing so zusammenzufassen: *„Die Waffen sind nur dort abgegeben worden, wo das Militär die Waffenabnahme in die Hand genommen hat. In allen anderen Städten und Gemeinden, mit einziger Ausnahme von Bottrop, ist eine Waffenabgabe nicht gemeldet. Ebenso sind keine Meldungen darüber eingegangen, ob die Vollzugsausschüsse ihre Tätigkeit eingestellt haben".*[22]

Das Zugeständnis einer einzigen Ausnahme, die er machte, widerrief der Regierungspräsident am folgenden Tag (wir greifen hier etwas vor), indem er an die preußische Regierung telegrafierte: *„Nach telephonischer Meldung des Landrats in Recklinghausen sind in Bottrop am 2. April die Waffen abgegeben worden. Meldung war offenbar eine Täuschung der Behörde. Denn als Marinebrigade [Loewenfeld] am 3. April gegen Bottrop vorstieß, fand sie sehr heftigen Widerstand, den sie nicht zu brechen vermochte. Ihre Verluste sind sehr schwer. Nähere Nachricht fehlt".*[23] Was geschehen war, kann der Leser bereits erschließen: als die Marinebrigade vor Bottrop aufgetaucht war und die Stadt unter Feuer genommen hatte (mit Panzerautos und Geschützen), hatten die Arbeiter die bereits abgegebenen Waffen wieder an sich gerissen und Widerstand geleistet.

*

Bis zum 3. April, 11 Uhr, hatte Severing die endgültigen Berichte der drei Regierungspräsidenten erbeten. Dem entsprach in etwa eine Anweisung des Wehrkreiskommandos an die Truppen, nach der jeder, der *ab dem 3. April, 9 Uhr,* mit Waffen und Munition „zum Zwecke des Kampfes gegen die verfassungsmäßigen Organe" angetroffen werde bzw. solche Waffen und Munition nicht abgeliefert habe, „standgerichtlich abzuurteilen" war.[24] Gegenüber der Münsterschen Presse teilte das Wehrkreiskommando ergänzend mit, daß die Truppen allerdings überall dort, wo sie angegriffen würden bzw. wo geplündert werde, freie Hand hätten.[25] Später wurde der in der Anweisung genannte Termin stillschweigend widerrufen und überall als selbstverständlich vorausgesetzt (z.B. bei den Urteilen der außerordentlichen Kriegsgerichte), daß die Truppen ab dem 2. April, 12 Uhr, Feuer-frei gehabt hätten. (Das besagte implizit, daß mit Ablauf der von der Re-

gierung zugestandenen Frist gar nicht mehr erst festgestellt zu werden brauchte, ob die Arbeiter die vertraglichen Verpflichtungen erfüllt hatten oder nicht.) Der Oberpräsident der Provinz Westfalen, Würmeling, konnte freilich von vornherein den von Severing gesetzten Termin für die Abgabe der amtlichen Berichte nicht erwarten. Er telegrafierte bereits am 2. April an den Reichsinnenminister und an den Staatskommissar zur Überwachung der öffentlichen Ordnung:
„Lage im Industriebezirk äußerst bedrohlich. Ultimatum bisher nahezu ohne jeden Erfolg. Vollzugsräte üben in sich mehrenden Fällen unter Absetzung ordentlicher Behörden öffentliche Gewalt in terroristischer Weise aus. Waffenabgabe nirgendwo erfolgt. Gefangene nur zum Teil freigelassen, berichten von viehischer Grausamkeit Roter Gardisten . . . Plündernde und sengende Räuberbanden in ländlichen Kreisen an Grenze des Industriebezirkes. Arbeitswillige vielfach mit Gewalt von der Arbeit abgehalten. Bewohner südlich der Lippe zu Schanzarbeiten und Eintritt in Rote Armee gezwungen. Geiseln verschleppt . . ."[26]
Das war ein Scharfmachen der Regierung (wenn es dessen noch bedurfte) noch vor Eingang der amtlichen Berichte der Regierungspräsidenten. Auch Severing leistete seinen Beitrag in dieser Richtung. In einem Telefongespräch mit der Reichskanzlei am 2. April nahm er zu dem Beschluß der Essener Vollzugsrätekonferenz, die Abkommen von Bielefeld und Münster anzunehmen, folgendermaßen Stellung: Er habe „wenig Vertrauen . . .", daß die Delegierten noch die Macht haben, diesen Beschluß durchzuführen", vielmehr glaube er, daß „nichts anderes übrig bleiben" werde, als am folgenden Tag die Reichswehr ins Ruhrgebiet einmarschieren zu lassen.[27]
Wenn die Vollzugsräte, so ist zu kommentieren, teilweise die Kontrolle über die bewaffneten Arbeiter verloren, dann infolge des vertragsbrüchigen Vorgehens der Reichswehr, und genau über dieses war Severing durchaus informiert, etwa im Falle von Pelkum. Aber um bei diesem Beispiel zu bleiben, so machte sich Severing nicht einmal die Mühe, einen Blick auf die Landkarte zu werfen. In einem weiteren Telefongespräch mit der Reichskanzlei am 2. April sagte er z.B.: „Pelkum westlich von Essen ist angegriffen worden. Es handelt sich um einen Ort in der neutralen Zone".[28]
Am 3. April endlich war es soweit: Severing übermittelte die Berichte der drei Regierungspräsidenten ohne jeden Kommentar an die Reichsregierung in Berlin.[29] Die amtlich fabrizierte Lüge vom Vertragsbruch der Arbeiter konnte über alle Nachrichtenkanäle verbreitet werden. Und darauf gestützt bezeichneten alsbald Severings Amtsstelle und das Wehrkreiskommando in verschiedenen Erklärungen das Münstersche Abkommen als hinfällig:[30] schuld an dem, was nun kam, hatten die Opfer.

6. Kapitel

Das Ende der Aufstandsbewegung

1. Der Triumph des Militärs – Ausmaß und Grenzen

> Frage von Commandant Graff, eines alliierten Kontrolloffiziers: *„Warum erschießt die Reichswehr jeden bewaffneten Arbeiter, der sich ergibt?"*
> Antwort von Major v. Gienandt, Stabsoffizier der 3. Kavallerie-Division: *„Die Rote Armee besteht aus Jugendlichen, denen fünf Jahre lang die väterliche Autorität gefehlt hat; da es zu spät ist, sie hinzubiegen, ist es das beste, sie auszulöschen."*
> John H. Morgan: Assize of Arms, London 1945, S. 152*

Am Nachmittag des 2. April drang die Reichswehr ununterbrochen weiter vor. Die südlich von Dinslaken vorgehenden Truppenteile rückten unter Artilleriefeuer in Walsum ein; bei der Gaststätte „Waldschlößchen", die der Roten Armee als zentraler Umschlagpunkt für den Nachschub gedient hatte, fielen etwa 200 Rotgardisten.¹ Bis zum Abend erreichten die Truppen die nördlichen Teile von Hamborn.² Die nördlichen Teile von Sterkrade wurden bereits vor 17 Uhr besetzt.³ Gegen 19 Uhr wurden zwei Rotgardisten, die an beschlagnahmten Anzügen, die sie trugen, erkannt wurden, festgenommen und nach kurzem Verhör in einem Wald erschossen.⁴ Etwa zur gleichen Zeit erschossen Truppen, die bis zum Bahnhof Holten (zwischen Dinslaken und Sterkrade) vorgestoßen waren, zwei Mann, von denen einer dem Wachkommando im Bahnhof angehört hatte, nachdem sie sie gezwungen hatten, sich selbst ihr Grab zu schaufeln.⁵ Im noch nicht besetzten Zentrum von Sterkrade verlangte ein Rotgardistenführer von Bürgermeister Heuser energisch Verpflegung für seine Kompanie; aus dem städtischen Lebensmittellager gab Heuser einige Kisten Büchsenfleisch und Brot heraus.⁶ Eine Delegation von Sterkrader Arbeiterführern fuhr zusammen mit Heuser zum Stab des Freikorps Schulz auf Schloß Holten und bat um den Verzicht auf die Besetzung der Stadt; Major Schulz lehnte das kategorisch ab und kündigte zu-

---
* „Le Major von Guishandt [der Name ist verschrieben] me [d.h. Graff] disait que les troupes ouvrières étaient composées de jeunes gens auxquels avait manqué pendant cinq années l'éducation paternelle et que, comme il était trop tard pour les dresser, le mieux était de les anéantir".

gleich rücksichtslosestes Vorgehen an, falls Widerstand gegen die Besetzung geleistet werde.[7]
In Oberhausen stand der Vollzugsrat unter dem Druck von Rotgardisten, die drohend ihre Löhnung verlangten. Gegen Abend kam schließlich ein Dreiecksgeschäft zustande: der Vollzugsrat lieferte der Stadt beschlagnahmte Waren (Pullover, Rohseide und Leder) und erhielt auf Rechnung dieser Waren von verschiedenen Geschäftsleuten 52.000 Mark; am nächsten Vormittag zahlte die Stadt weitere 14.000 Mark. Ein Versuch von Rotgardisten, bei der Reichsbank zu Geld zu kommen, schlug dagegen fehl.[8]
Im Abschnitt Dorsten-Recklinghausen erreichte die Reichswehr bis zum Abend die nördliche Grenze von Kirchhellen und Buer.[9] In Marl rückte am Nachmittag die erste Patrouille zu Pferd ein.[10] Etwa gleichzeitig wurde Recklinghausen-Süd, der wichtigste Arbeitervorort von Recklinghausen, besetzt. Ein durchfahrendes Auto der Roten Armee, das die Leiche eines gefallenen Rotgardisten aus Marl abholen wollte, wurde angehalten, die vier Insassen wurden zur standgerichtlichen Aburteilung abgeführt.[11] Im noch nicht besetzten Buer setzte sich die örtliche Arbeiterwehr die Aufgabe, sämtliche Rotgardisten zu entwaffnen; das gelang ihr bei der allgemein herrschenden Verzweiflung nicht überall. Gegen 19 Uhr überrumpelte sie unter Führung von zwei Mitgliedern des Vollzugsrats Rotgardisten, die sich nicht hatten entwaffnen lassen, beim Essen in einer Turnhalle. Auf die Nachricht davon eilte eine Rotgardisteneinheit aus der Stadt herbei, und es kam zu einer fünfminütigen Schießerei, bei der ein Mann getötet, ein zweiter so schwer verwundet wurde, daß er bald darauf starb. Im Laufe der Nacht vertrieb die Arbeiterwehr alle noch Waffen tragenden Rotgardisten aus der Stadt.[12] Wenn Vollzugsrat und Arbeiterwehr jedoch geglaubt hatten, auf diese Weise eine Besetzung der Stadt durch die Reichswehr abwenden zu können, so sahen sie sich getäuscht: das Truppenkommando in Marl erklärte gegenüber einer Delegation aus Buer, zumindest ein Durchzug durch die Stadt sei unumgänglich.[13] In Gelsenkirchen kam es zur Plünderung von zwei Kleider- und zwei Schuhgeschäften.[14] In Bottrop konnte die Waffenabgabe reibungslos durchgeführt werden,[15] und um 18 Uhr sprach noch einmal der Vollzugsratsvorsitzende Rhone in einer öffentlichen Kundgebung vor den Arbeitern. Dabei zeigte er sich einerseits erfüllt von Illusionen über die Gültigkeit der Abkommen von Bielefeld und Münster, andererseits völlig uninformiert darüber, daß die Reichswehr bereits an den Grenzen von zwei Nachbargemeinden der Stadt (Sterkrade, Kirchhellen) stand.[16]
Ostwärts von Recklinghausen stieß das Freikorps Aulock vor. In Suderwich nahm es den 19 Jahre alten Bergmann Schubert aus Essel fest, der gerade dabei war, ein von der Roten Armee requiriertes Pferd zu seinem Besitzer, einem Bauern, zurückzuführen. Schubert wurde auf den Marktplatz geführt und vor den Augen einer großen Menge eine Viertelstunde lang mit Reitpeitsche und Gummiknüppel geschlagen, unter Fragen wie: „Warst du auch bei der Roten Armee?", „Wie heißt du?" Dann befahl ein Offizier zu Pferde der Menge, in die Häuser zu verschwinden. Nach einem kurzen Verhör in der Polizeiwache wurde Schubert — einziger Ernährer seiner verwitweten Mutter und dreier jüngerer Geschwister — auf einem Feld erschossen.[17] — Bei Einbruch der Dunkelheit wurde Datteln besetzt. Freikorpsführer v. Aulock selbst fuhr mit kleiner Begleitung voraus bis zum Amts-

haus und nahm dort das Vollzugsratsmitglied Louis Köhl fest. Etwas später wurden noch zwei Arbeiter ergriffen, der 23 Jahre alte Klemens Rosenbaum und der 32 Jahre alte kriegsbeschädigte Franz Willumeit, Schlosser auf der Kokerei der Zeche „Emscher-Lippe", letzterer aus einer sich ansammelnden Menge heraus. Die drei wurden von einem schnell gebildeten Standgericht zum Tode verurteilt und im Amtswald erschossen. Was ihnen vorgeworfen worden war, blieb dunkel; nur über Köhl verlautete, er sei im Besitz einer Waffe angetroffen worden. Gegenüber Beamten der Amtsverwaltung erklärten die Offiziere offen, es würde „kein Pardon gegeben", sie müßten „ein Exempel statuieren" und „mit aller Energie vorgehen". In der Arbeiterschaft war man allgemein davon überzeugt, daß Amtmann Limper die Erschießungen hätte verhindern können, es jedoch an der nötigen Energie habe fehlen lassen. Dazu erklärte Limper, bei Willumeit habe er um Verschiebung der Exekution gebeten, während Köhl rechtmäßig verurteilt worden sei — womit er die Richtigkeit der Vorwürfe bestätigte. Einem weiteren standgerichtlichen Todesurteil entging der Gemeindevorsteher Krakowczyk (USP), indem er den von ihm mitunterzeichneten Aufruf des Vollzugsrats zum Abbruch des Kampfes (oben Seite 195) vorlegen konnte; er wurde nach Münster zur Aburteilung durch das außerordentliche Kriegsgericht transportiert.[18]
Östlich von Datteln, auf der Straße zwischen Waltrop und Bork, empfing um 14 Uhr das Jäger-Freikorps Bückeburg ein mit weißer Fahne heranfahrendes Auto der Gegenseite mit Gewehrfeuer. Von den vier Parlamentären, die unter Berufung auf das Münstersche Abkommen wenigstens eine Feuerpause erreichen wollten, wurde einer schwer verwundet, ein Sanitäter konnte sich durch einen Sprung in die Lippe retten, die beiden anderen wurden am nächsten Tag erschossen.[19]
Im Nordost- und Ostabschnitt besetzte die Reichswehr am Nachmittag des 2. April keine weiteren wichtigen Orte. In Lünen begann am Nachmittag der allgemeine Rückzug der Rotgardisten in Richtung Dortmund (zum Teil panikartig); er dauerte bis 22 Uhr. Einem Stoßtrupp der Reichswehr, der bis in die Stadt vordrang, lieferten sie ein Rückzugsgefecht, bei dem sie zwei Soldaten töteten.[20]
In den weiter zurückliegenden Großstädten sah es sehr verschieden aus. In Mülheim hatte der Vollzugsrat die Lage nach der beschriebenen Rebellion von Rotgardisten wieder voll unter Kontrolle. Die Kampfleitung der Roten Armee sandte an Severing folgendes Telegramm: „Reichswehrtruppen stoßen allseits vor. Wenn nicht sofort Einstellung der Feindseligkeiten und Zurückziehung der Reichswehrtruppen erfolgt, werden sämtliche Zechen, Industriebetriebe und Eisenbahn total vernichtet. Ultimatum gilt bis heute nacht 4 Uhr".[21]
In Essen, wo am Vormittag die Waffenabgabe entsprechend dem Aufruf des Vollzugsrats zügig begonnen hatte, erfolgte am Nachmittag der typische Umschwung, als von der Front kommende Rotgardisten und Sanitäter Nachrichten vom vertragsbrüchigen Vorgehen der Reichswehr und den hohen Verlusten der Roten Armee verbreiteten. Der Berichterstatter der „Frankfurter Zeitung" meldete: „Leute, die am Vormittag ihre Waffen abgegeben hatten, scharten sich zusammen und stürmten das Waffendepot in der städtischen Turnhalle, und bereits am Abend wimmelte die Stadt wieder von bewaffneten Rotgardisten, die durch sinnlose Schießereien die Bevölkerung in Schrecken versetzten".[22] Um 20 Uhr wurde

der schon erwähnte Sabotagestreik der Eisenbahnbeamten total. Daraufhin kam es, so meldete derselbe Berichterstatter weiter, zu Mißhandlungen von Streikenden durch Rotgardisten, „in deren Verlauf sich eine wilde Schießerei um den Bahnhof herum entwickelte".[23] — Die Aktivitäten des Zentralrats beschränkten sich im wesentlichen auf zweierlei. Einmal richtete er einen telegrafischen Protest gegen den militärischen Vormarsch an die Reichsregierung (das blieb ebenso wirkungslos wie weitere Telefongespräche, die Braß mit der Reichskanzlei führte).[24] Zum andern versuchte er, Oberbürgermeister Luther zur Bereitstellung von Geld zu überreden, damit den Flüchtenden wenigstens etwas gezahlt werden konnte. Luther spielte die Gefahr von Plünderungen zunächst herunter, doch dann beschlossen zwei Ausschüsse des Stadtparlaments, daß in Essen beheimateten Rotgardisten nach Abgabe von Waffen, Munition und Ausrüstungsgegenständen 150 Mark gezahlt werden sollten, sofern sie nicht bereits Geld von ihrem Arbeitgeber oder von der Stadt erhalten hätten; am Telefon hatte Severing zugesagt, er werde eine Erstattung aus staatlichen Mitteln befürworten. Der Beschluß war wertlos, nicht nur weil Auswärtige nichts bekommen sollten, sondern auch weil das Geld erst am Mittwoch nach Ostern, also erst in fünf Tagen, ausgezahlt werden sollte. Als der Zentralrat hierauf hinwies und die möglichen Verzweiflungsakte der flüchtenden Massen ausmalte, erwiderte man ihm: „Es ist schon so viel zerstört worden, es kommt auf mehr nicht an. Das Reich muß Entschädigung zahlen!"[25] Die in Dortmund herrschende Unsicherheit verschwand wenigstens teilweise, als Meinberg um 15 Uhr aus Münster zurückkehrte. Es kam sofort zu einer kurzen Verhandlung zwischen ihm und einem weiteren Mitglied des Vollzugsausschusses auf der einen und zwei Stadträten und zwei Stadtverordneten auf der anderen Seite. Die letzteren verlangten, erstens daß der Vollzugsausschuß die blutige Schießerei in der Beamtenversammlung am Vortag öffentlich verurteile und sich für eine Bestrafung der Schuldigen ausspreche und zweitens daß er das Münstersche Abkommen „voll und ganz" anerkenne. Meinberg sagte beides zu, vorbehaltlich der Zustimmung des Vollzugsausschusses. Außerdem einigte man sich darauf, daß bis zur Bildung der im Bielefelder Abkommen vorgesehenen Ortswehr eine „vorläufige Wehr" von etwa 400 Mann gebildet werden sollte (das konnten nach Lage der Dinge nur Arbeiter sein, was andererseits die Entwaffnung aller anderen Arbeiter beinhaltete).[26] Aus dem Rathaus eilte Meinberg auf den Hansaplatz, auf dem sich die meisten der in die Stadt geflüchteten Rotgardisten — darunter viele aus der Gegend von Pelkum/Kamen — gesammelt hatten. In einer Rede schilderte er die Situation als ausweglos und forderte zur Waffenabgabe auf. Die große Mehrzahl der Rotgardisten erklärte sich dazu bereit, verlangte jedoch Geld. Ob Geld zu beschaffen sein würde, konnte Meinberg vorerst nicht sagen, er versprach jedoch, für Unterkunft und Verpflegung zu sorgen.[27] Die nächste Aufgabe Meinbergs war die Verständigung mit dem Vollzugsausschuß. Dieser stimmte den Forderungen der Stadtverwaltung zu; lediglich die Stärke der vorläufigen Arbeiterwehr erhöhte er von 400 auf 600 Mann.[28] Um 18 Uhr teilte Meinberg diesen Beschluß in einer Zusammenkunft von liberalen und sozialdemokratischen Parteiführern mit, die so etwas wie den im Bielefelder Abkommen vorgesehenen Ordnungsausschuß bildeten. Anschließend besprach man etwa zwei Stunden lang die Frage, wie die Entwaffnung erreicht werden könnte. Meinberg bezeichnete die allgemeine Angst und Hektik als das vorerst größte Hindernis und schlug vor, das Wehrkreiskommando per Funkspruch zu bitten, den Truppenvormarsch um 24 Stunden anzuhalten, damit eine geordnete Abwicklung durchgeführt werden könnte; das wurde akzeptiert und nach Abschluß der Besprechungen ausgeführt. Weiter war man sich darin einig, daß diejenigen Rotgardisten, die nicht zur Abgabe ihrer Waffen bereit waren, aus der Stadt abtransportiert werden sollten. Für das Problem jedoch, wie dies bei dem Sabotagestreik der Eisenbahner zu bewerkstelligen sei, fand man in der Besprechung keine Lösung. Erst später erteilten zwei Stadträte einem SPD-Führer den schriftlichen Auftrag, in Schwerte einen Sonderzug zu besorgen, der die Rotgardisten dorthin bringen sollte. Offen blieb die Frage der Geldbeschaffung. Ob dieses Problem zwischen Meinberg und den Parteiführern und Stadträten überhaupt angesprochen wurde, ist nicht ersichtlich, jedenfalls wurde es nicht geklärt.[29]

In Düsseldorf erschienen Abgesandte des Vollzugsrats Duisburg und verlangten Mannschaften und Material, „andernfalls werde man in Düsseldorf einrücken, den Vollzugsrat absetzen und nach Duisburger Muster ... arbeiten". Der Vollzugsrat Düsseldorf reagierte mit der Besetzung der Zufahrtsstraßen nach Duisburg.[30] Auf einem Flugblatt, das am Abend verteilt wurde, beschwor er die örtliche Arbeiterschaft, trotz des Vertragsbruchs des Militärs den Beschluß des Zentralrats zu befolgen und den bewaffneten Widerstand einzustellen. „Haltet euch strikte an die ausgegebenen Parolen, denn nur die straffe Einheitlichkeit des Handelns kann noch Erfolg erzielen", hieß es zum Schluß.[31] Gleichzeitig erschien ein Flugblatt, das sich an die Reichswehrsoldaten richtete:

„Kameraden!
Wir wenden uns nochmals an euch in letzter Stunde, in der höchsten Gefahr.
(Wir) wollen keinen Krieg ... Wir sind bereit zum Frieden.
Euer Vormarsch aber bringt ihn in Gefahr. Die Regierung hat befohlen, euch und eurer Kommandeure Vormarsch einzustellen, damit namenloses Unglück verhütet wird.
Aber eure Führer ... wollen Kampf und Blutvergießen.
Sie erzählen euch, daß in Rheinland und Westfalen Anarchie herrscht, daß geraubt und geplündert wird, daß Gefangene ermordet seien — nichts derartiges ist geschehen. Glaubt nicht den Lügnern und Verleumdern. Alle Gefangenen sind am Leben und in Freiheit. Mit einzelnen Verbrechern, die die Unruhen zu ihren Gunsten ausbeuten wollen, werden wir selbst fertig ...
Zwingt uns nicht zum Kampfe.
Bleibt stehen, wo ihr steht. Verjagt die Lügner, die euch verführen. Wählt eure Führer selbst, wählt ehrliche Kameraden. Sendet sie zu uns, wir wollen in Frieden mit euch leben.
Soldaten! Kameraden!
Schießt nicht auf eure Brüder!
           Die Arbeiter von Rheinland und Westfalen."[32]

Zum Zeitpunkt, in dem dieses Flugblatt erschien, war das auf der Konferenz von Münster entwickelte und von Severing anscheinend akzeptierte Konzept, zur Vermeidung des militärischen Einmarsches bewaffnete Arbeiter einzusetzen, um den einheitlichen Kampfabbruch durchzusetzen, faktisch gescheitert. Die im Laufe des

Tages diskutierten Pläne sahen vor, daß von Düsseldorf, Elberfeld und Barmen aus gegen Duisburg und Mülheim angesetzt werden sollte (man sprach von 1.500 Mann), von Hagen aus gegen Gelsenkirchen und Buer (500 Mann).[33] Aus dem Bergischen Land wurde zwar eine größere Einheit nach Düsseldorf geschickt,[34] dort entschied man sich jedoch ausdrücklich, von einem Vorgehen gegen Duisburg Abstand zu nehmen, und zwar aus drei Gründen. Einmal ließ sich innerhalb des Vollzugsrats keine Einstimmigkeit erzielen (anscheinend war es die KPD, die sich widersetzte),[35] zweitens wurde geäußert, man benötige die bewaffneten Arbeiter am Ort, um die bisher in Düsseldorf bestehenden geordneten Verhältnisse weiterhin aufrechterhalten zu können,[36] und schließlich meinte ein Arbeiterführer, wenn man vor das Duisburger Rathaus ziehen würde, so fürchte er nicht die Bewaffneten, wohl aber eine Ansprache der dortigen Machthaber.[37] In Hagen wurde von vornherein alles dadurch stark verzögert, daß Ernst so spät aus Münster zurückkehrte. Dann traf die Nachricht ein, in Essen würden Plakate angeschlagen, die zur Fortsetzung des Kampfes aufriefen. Eine Verbindung zum Zentralrat war nicht zu bekommen. Daraufhin entstand die Überlegung, ob die Hagener Arbeiter statt gegen Gelsenkirchen und Buer gegen Essen eingesetzt werden sollten.[38] Gegen Mitternacht wurden alle Einsatzpläne vertagt, weil Meldungen eingegangen waren, die bei Hamm stehende Reichswehr rücke auf Dortmund vor; danach war zu befürchten, daß im nördlichen Ruhrgebiet eingesetzten Arbeitern der Rückzug nach Hagen abgeschnitten würde. Oberbürgermeister Cuno setzte sich noch einmal telegrafisch bei der Regierung ein.[39] Am nächsten Morgen erhielt Ernst einen Anruf von Mehlich aus Münster, der um sofortige Zurücknahme aller Arbeitertruppen bat; die Reichswehr sei auf dem Vormarsch, und es bestehe die Gefahr eines Zusammenstoßes.[40] Das war das Aus für die Konzeption von Münster. Daß sie praktikabel gewesen wäre, zeigen die Vorgänge in Düsseldorf und Elberfeld, wo sich die Arbeiterwehren fast mühelos gegen die linkskommunistischen Gruppen hatten durchsetzen können (oben Seite 186, 261).

Am *3. April* waren es in der Regel nur noch einzelne Gruppen von Rotgardisten, die dem weiteren Vormarsch der Reichswehr Widerstand entgegensetzten. Diese Arbeiter kämpften aus einer absoluten Verzweiflung heraus. Warum für sie die Möglichkeit der Flucht ausschied, läßt sich nicht mehr sagen. War es der Mangel an Geldmitteln, wollten sie ihre Familien nicht im Stich lassen, sahen sie keine Möglichkeit mehr, dem kommenden Terror (einschließlich der Justiz) zu entgehen? Oder dies alles zusammen?[41]
Die Unausweichlichkeit des Terrors verkündete ein Flugblatt, unterzeichnet von General v. Watter, das an diesem Tag über dem Industrierevier abgeworfen wurde und in dem es u.a. hieß: „Personen, die nach dem 3. April 1920, 9 Uhr vormittags noch mit Waffen und Munition ... zum Zwecke des Kampfes gegen die verfassungsmäßigen Organe angetroffen werden oder in ihrem Besitz ... befindliche Waffen und Munition ... nicht abgeliefert haben, sind als Aufrührer standgerichtlich abzuurteilen".[42]
Im Westabschnitt zog die Reichswehr nahezu kampflos in Hamborn ein, abgesehen von der „Panne", daß sich eigene Einheiten, die sich gegenseitig für Rote hielten, ein Feuergefecht lieferten. Auf ersten Widerstand traf man am frühen

Nachmittag am Schlackenberg der Phoenix-Hütte in Laar, der durch einen Umfassungsangriff genommen wurde, und dann wieder am Stadtrand von Alt-Duisburg; hier erwiderte die Reichswehr MG-Feuer von Rotgardisten mit Artillerie. Die Ruhr hatten die Truppen ohne weiteres überqueren können, da die Stadtverwaltung noch schnell eine Stromsperre veranlaßt hatte, um ein Hochziehen der Brücken zu verhindern. Ins Zentrum von Duisburg rückte die Reichswehr von mehreren Seiten ein, und sogleich erschien auch die ehemalige Bürgerwehr wieder auf der Bildfläche und nahm zahlreiche Verhaftungen vor; besonders auf die Frauen in der Roten Armee hatte man es abgesehen.[43] Das Exekutivkomitee war rechtzeitig geflohen.[44] Seine letzte Maßnahme hatte darin bestanden, die Gefängnisse zu öffnen und die Insassen — etwa 220 Personen — freizulassen.[45] Gegen 17 Uhr gab es an der Ausfallstraße nach Süden die ersten Erschießungen: zwei Bauarbeiter (Peter von Clev, Wilhelm Hidding) wurden von Soldaten festgenommen und abgeführt; als einer sagte, sie hätten während des ganzen Aufstands auf der Baustelle gearbeitet, erhielt er zur Antwort: „Jetzt entpuppen sie sich als friedliche Arbeiter, alle sollte man totschlagen!"; beide wurden von der Straße weg querfeldein geführt und nach 20 Metern niedergeschossen.[46]
Um 8.30 Uhr rückte die Reichswehr in Sterkrade ein, ohne auf Widerstand zu treffen. Im Stadtzentrum schoß sie eine versprengte Gruppe von sieben Rotgardisten zusammen.[47] Ersten Widerstand gab es in Osterfeld vom Gelände der Zeche „Osterfeld"; er wurde mit Artillerie- und MG-Feuer gebrochen.[48] Im Ort, auf dem Platz vor dem Amtshaus, wurden etwa zehn versprengte Rotgardisten zusammengeschossen.[49] Dann führte ein SPD-Mitglied die Truppe zum Werbebüro der Roten Armee (vgl. II, Seite 68). In ihm befanden sich neun Arbeiter, die in Ausführung des Münsterschen Abkommens Waffen abgabebereiter Rotgardisten entgegengenommen hatten; fünf Minuten später waren alle exekutiert.[50] In der Bergarbeiterkolonie Eisenheim wurden zwei Rotgardisten erschossen, die nicht mehr rechtzeitig geflohen waren.[51] Verdächtig machte sich der Bergmann Hemmert. In eine Schießerei zwischen Reichswehr und versprengten Rotgardisten geraten und verwundet, versuchte er sich in ein Haus zu retten; er wurde von den Soldaten bemerkt und herausgeholt. Friseur im Nebenberuf, hatte Hemmert soeben in der Familie seines Bruders Haare geschnitten; ein roter Flanellappen, mit dem er den Haarschneideapparat umwickelt hatte, wurde ihm zum Verhängnis. Die Soldaten behaupteten, das sei eine Armbinde, forderten ihn auf, sich den Lappen um den Arm zu legen, taten dies, als er sich weigerte, selbst und erschossen ihn.[52]
Unterdessen hatten andere Truppenteile bereits Oberhausen besetzt. Artillerie brach den Widerstand von Rotgardisten, die sich auf dem Schlackenberg der Gute-Hoffnungs-Hütte postiert hatten, um den Übergang der Reichswehr über die Emscher und den Rhein-Herne-Kanal zu verhindern. Gegen 11 Uhr erschien die Reichswehr im Stadtzentrum, zur Überraschung der hier noch befindlichen Rotgardisten (die Kampfleitung hatte sie nicht über die Lage informiert, ebensowenig den Vollzugsrat, der gerade ein Plakat anschlagen ließ, auf dem er zu einer Versammlung am Nachmittag einlud). Viele Rotgardisten warfen Waffen und rote Armbinden weg und versuchten, unter den Passanten unterzutauchen; wer nicht mehr entkommen konnte, auf den veranstaltete die Reichswehr in den

schachbrettartig angelegten schnurgeraden Straßen der Innenstadt eine Treibjagd, die bis kurz nach 12 Uhr dauerte.[53] Dann wurden auf dem Altmarkt im Laufe einer halben Stunde fünf Arbeiter erschossen, nachdem man sie gezwungen hatte, sich auf den Boden zu legen. Bei einem war ein Dolch gefunden worden; bei zweien hatte man angeblich festgestellt, daß die Schuhe, die sie anhatten, aus dem Lager Friedrichsfeld stammten.[54] Im Arbeitervorort Lirich erhielten 23 Tote am nächsten Tag ein Gemeinschaftsgrab. Nur einige hatten zunächst einen Sarg, die meisten waren in Säcke gesteckt; da die Totengräber jedoch unter diesen Umständen die Beerdigung verweigerten, erhielten alle einen Sarg.[55]

Die Marinebrigade Loewenfeld setzte ihren Vormarsch in zwei Abteilungen fort. Die eine ging, teilweise in gepanzerten Zügen herantransportiert, von Norden und Osten gegen Gladbeck vor; nach kleinen Gefechten mit fliehenden Rotgardisten war sie um 11 Uhr im Besitz der Stadt. Sie verhängte das Standrecht und drohte insbesondere für Nichtabgabe von Waffen die Todesstrafe an.[56] Die andere Abteilung rückte am Morgen kampflos in Kirchhellen ein. Sie fahndete sofort nach allen, die während des Aufstandes irgendwie hervorgetreten waren. Der Arbeiter Fockenberg, der einige Stunden lang Sicherheitsdienst getan hatte, wurde aus seinem Haus geholt, mit Reitpeitsche und Gummiknüppel zusammengeschlagen und dann abtransportiert; etwas später fand man ihn tot etwas außerhalb des Ortes. Vier andere Arbeiter nahm die Truppe auf ihrem Weitermarsch in Richtung Bottrop mit; drei hatten ebenfalls Sicherheitsdienst getan, während es sich bei dem vierten um jenen Bergmann Stremmer handelte, der auf Bitten des Amtmanns Brüggers als Vertreter der Einwohnerschaft im Verkehr mit der Roten Armee aufgetreten war (II, Seite 95). Es war typisch, daß Brüggers jetzt kein Wort der Vermittlung für Stremmer fand. Im Bottroper Vorort Eigen wurden die vier Gefangenen an einer Waldung erschossen — „auf der Flucht", wie die Marinebrigade verlauten ließ.[57]

In Bottrop hatten in der Nacht Rotgardisten die Nachricht verbreitet, daß die Reichswehr bereits in Sterkrade stehe. Daraufhin hatte ein Teil der Rotgardisten die bereits abgegebenen Waffen wieder an sich genommen.[58] Um 8.30 Uhr erreichte die Marinebrigade Loewenfeld die Stadtgrenze, voran die Sturmkompanie unter Kapitänleutnant Arnauld de la Perière, einem „Helden" des unbeschränkten U-Boot-Krieges von 1916-18, der auf der alliierten Liste deutscher Kriegsverbrecher einen vorderen Platz einnahm.[59] Die Wache im Bahnhof Bottrop-Nord (Vorort Eigen) ergriff die Flucht; drei Mann konnten jedoch nicht mehr entkommen und wurden augenblicklich von der Truppe erschossen.[60] Sogleich begannen die Haussuchungen. Der Bergmann Soyka, bis vor vier Tagen Mitglied der örtlichen Arbeiterwehr, wurde vor den Augen seiner Frau erschossen.[61] Ebenso erging es zwei Zimmerleuten (Adolf Weber, Hans Ziemke), die von der Arbeit kamen.[62] Diese Vorgänge, die Erschießung der vier Gefangenen aus Kirchhellen und wohl überhaupt der Ruf, der der Marinebrigade Loewenfeld vorausging, erklären die Entschlossenheit, mit der die Rotgardisten — viele dürften es nicht mehr gewesen sein — jetzt den Kampf aufnahmen. Am Nordrand von Bottrop geschickt verteilt, vor allem in der Kolonie der Zeche „Prosper III" — einzelnen Häuserblocks zwischen Äckern und Gärten —, machten sie sich noch einmal die für sie günstigen Bedingungen des Straßenkampfes zunutze: einen von zwei vor-

dringenden Panzerwagen der Loewenfelder schossen sie bewegungsunfähig, und die Besatzung von zwei gepanzerten Lastwagen zwangen sie zum fluchtartigen Verlassen der Fahrzeuge. Dann gingen die Loewenfelder im Schutz ihrer Artillerie auf zwei Hauptstraßen (Kirchhellener und Gladbecker Straße) vor; ihr Angriff blieb jedoch im Feuer der Rotgardisten stecken, und schließlich mußten sie auch die bereits eroberten Stellungen wieder aufgeben. Der aus Gladbeck herbeieilende Freikorpsführer v. Loewenfeld erkannte, so schrieb sein Stabsoffizier 1937 in einem Erinnerungsartikel, „daß hier nur rohe Gewalt half", und befahl einer Batterie leichter Feldhaubitzen, mit Zeitzündergranaten — wiederum wörtlich — „Haus für Haus durch Salven zu räumen". Ein Haus brannte bis auf die Grundmauern nieder, viele andere, auch Bürgervillen, wurden schwer beschädigt. Allmählich erhielten die Rotgardisten Verstärkung durch Arbeiter, die in mehreren Straßenbahnwagen aus Essen kamen. Gegen Mittag traf auch ein Geschütz ein, das nacheinander an verschiedenen Stellen im Stadtzentrum aufgestellt wurde; es richtete jedoch nicht viel aus, sondern zog im wesentlichen nur das Artilleriefeuer des Gegners auf die jeweilige Gegend, in der es stand. Am frühen Nachmittag griff ein weiteres Bataillon der Loewenfelder in den Kampf ein, das in Gladbeck nicht mehr benötigt wurde. Es ging von Osten her gegen die Stadt vor, ebenfalls im Schutz von Artilleriefeuer; die von Schlageter geführte Batterie, so schrieben später die nationalsozialistischen Militärhistoriker, „fegte . . . die schlimmsten Häusergruppen sauber". Aber auch dieser Angriff blieb stecken. Um 18 Uhr gab v. Loewenfeld Befehl zum allgemeinen Rückzug bis hinter den Boyebach (auf halber Strecke zwischen Bottrop und Kirchhellen-Gladbeck). Das war jedoch nicht das Ende des Kampfes, im Gegenteil: von 19.30 bis 22 Uhr legten die Loewenfelder ein mörderisches Trommelfeuer aus sämtlichen Geschützen auf die Stadt (Kaliber 10,5 und 7,5 cm). Nicht jeder — vor allem nicht die Arbeiter — hatte einen Keller, in den er flüchten konnte, so daß es in zahlreichen Wohnungen Tote und Verwundete gab.[63] Das war der Versuch, den Widerstand der Arbeiter durch nackten Terror zu brechen, wie sich auch daran zeigte, daß die im benachbarten Osterfeld stehende Reichswehrtruppe genau gleichzeitig begann — offenbar mit den Loewenfeldern abgestimmt —, die Bergarbeiterkolonie Eisenheim mit Artillerie zu bombardieren. Dabei wurden u.a. in einem Geschäftshaus neun Personen verletzt, von denen zwei — ein Anstreicher und ein Dienstmädchen — im Krankenhaus starben.[64] Bedeutend höher war die Zahl der Toten in Bottrop. Die amtliche Totenliste, die 56 Personen umfaßte, enthielt nur Tote, die hatten identifiziert werden können (und auch in dieser Hinsicht war sie nicht vollständig); dabei wurde ausdrücklich bemerkt, daß nicht mehr festzustellen sei, wer am Kampf beteiligt gewesen sei und wer nicht.[65] Die Loewenfelder hatten 21 Tote.[66] Der Kampf um Bottrop war das letzte regelrechte, über eine Rückzugsschießerei hinausgehende Gefecht, das die Rotgardisten der Reichswehr lieferten — die Reste der Roten Armee gegen das stärkste und vielleicht bestausgerüstete Freikorps, das gegen die Aufstandsbewegung eingesetzt wurde.
Teile der Loewenfeld-Brigade, die nicht in den Kampf um Bottrop eingriffen, besetzten am Nachmittag von Gladbeck aus die südlich davon liegenden Orte Karnap und Horst; sie trafen dabei vor allem in Horst auf Widerstand von Rotgardisten und verloren sechs Mann (die Zahl der getöteten Rotgardisten ist unbe-

kannt, scheint jedoch sehr hoch gewesen zu sein).[67] Um das weitere Vordringen der Loewenfelder zu verlangsamen, versuchten Rotgardisten die von Karnap nach Altenessen über den Rhein-Herne-Kanal führende Zweigert-Brücke zu sprengen, ihr Sprengmaterial reichte jedoch nicht aus, so daß sie sie nur erheblich beschädigen konnten.[68] Da Bottrop nunmehr nahezu eingekreist war (von Osterfeld im Südwesten, von der Rückzugsstellung der Loewenfelder im Norden und Nordosten, von Horst und Karnap im Osten und Südosten), wurde die Stadt in der Nacht von den Rotgardisten geräumt.[69]

Buer wurde zwischen 11 und 12 Uhr kampflos von Teilen der Brigade Faupel besetzt; ebenfalls kampflos konnten diese Truppen anschließend die Kanalbrücke in Erle (südöstlich von Buer) in ihren Besitz bringen.[70] Das Freikorps Oldenburg (zur Division Münster gehörig) „eroberte" Henrichenburg (südwestlich von Datteln), wobei es auch Artillerie einsetzte; vermutlich sollte die als radikal bekannte Belegschaft der nahegelegenen Zeche „Ickern" eingeschüchtert werden.[71] Andere Teile der Division Münster, darunter Reste des Freikorps Lichtschlag und der Batterie Hasenclever, besetzten am Vormittag Lünen.[72] Am Nachmittag stießen sie mit einem gepanzerten Zug bis Derne vor, wobei sie in einer Schießerei einen Einwohner töteten.[73]

Bayrische und württembergische Truppen besetzten Kamen. Sie lösten die örtliche Sicherheitswehr wegen „einseitiger Zusammensetzung" auf und nahmen zahlreiche Verhaftungen vor. Ein Flugzeug warf Flugblätter ab, die den Einmarsch in Dortmund propagandistisch vorbereiteten (es sei nicht wahr, daß der Dortmunder Vollzugsausschuß das Bielefelder Abkommen anerkannt habe, daß Kommunisten und Syndikalisten zusammen mit den drei Regierungsparteien ein neues Exekutivorgan gebildet hätten usw.).[74] Von Kamen aus stieß ein gepanzerter Zug bis Kurl (auf halber Strecke nach Dortmund) vor und tötete und verwundete zahlreiche Rotgardisten.[75] — Etwa gleichzeitig mit Kamen wurde Unna von einer württembergisch-badischen Brigade besetzt. Hier wurden die Verhaftungen nach vorbereiteten Listen der Rechtsparteien vorgenommen. Der Bergmann Weil wurde nach seiner Festnahme derart mißhandelt, daß er starb (ein Offizier hatte ihn den Mannschaften ausdrücklich „freigegeben"). Am Abend gab die Truppe auf dem Markt ein Platzkonzert.[76] — Die Truppeneinheit, die Fröndenberg besetzte, brachte beim Einmarsch Hochrufe auf den Kaiser aus.[77]

Im noch nicht besetzten Mülheim veranlaßte die Nachricht vom Fall Sterkrades und Oberhausens viele Arbeiter, ihre Waffen kurzerhand wegzuwerfen — in die Ruhr, auf die Höfe der Schulen, die als Quartiere gedient hatten usw. Über die Straßen ratterten Lastwagen, auf denen laut schreiende Schwerverwundete lagen, die Wunden kaum oder gar nicht verbunden.[78] In Geschäften und bei Firmen beschlagnahmten Rotgardisten Schuhe, Kleider und Mäntel, Getränke, Verbandsstoffe, Autoschläuche und Felgen.[79] Auf der Zeche „Rosenblumendelle" erzwangen 43 Bewaffnete die Herausgabe von 18.000 Mark.[80] Eine große Menge von Löhnung fordernden Rotgardisten bedrängte den Vollzugsrat (je enger sich der Kreis schloß, umso mehr massierten sich die Flüchtenden in den noch nicht besetzten Städten). Nachdem der städtische Beigeordnete Schmidt sich geweigert hatte, 500.000 Mark zu zahlen, die der Vollzugsrat forderte, wandte dieser sich an die Reichsbankstelle; mehrere hundert Rotgardisten nahmen vor dem Bank-

gebäude Aufstellung. Die Bankdirektion hatte eingedenk der Erfahrungen, die sie vor einigen Tagen mit dem energischen Vollzugsrat gemacht hatte (II, Seite 91), darauf verzichtet, die Tresorschlüssel beiseitezuschaffen. Sie versuchte zunächst vergeblich, die Forderung an die Stadtverwaltung zurückzuspielen, kapitulierte dann aber vor der Drohung der Rotgardisten, notfalls Gewalt anzuwenden, und zahlte das Geld gegen eine Quittung, die vom Stadtrentmeister ausgestellt und vom Vollzugsrat gegengezeichnet wurde. Der Stadtrentmeister zahlte an die Rotgardisten aus, wobei es zu erregten Szenen kam.[81] Von Mülheim zogen die meisten Rotgardisten weiter in Richtung Essen, und zwar zu Fuß, weil die Straßenbahn nicht verkehrte.[82] In der Nacht wurden ein Juwelier- und ein Schuhgeschäft ausgeraubt. Als anschließend etwa acht Mann noch in ein Konfektionsgeschäft einbrachen, wurden sie von drei aus der Kaserne herbeieilenden Rotgardisten gestellt, wobei einer der Festgenommenen, als er von seinem Gewehr Gebrauch machen wollte, niedergestreckt wurde; die anderen wurden zur Kaserne abgeführt. Etwas später ließen die letzten Rotgardisten sie wieder frei. Typisch der Satz, mit dem sieben Bewaffnete in die Essener Creditanstalt eindrangen (erfolglos): Wir brauchen Geld, wir sind „ein armes verratenes Volk".[83]
In Düsseldorf überfielen am Nachmittag zurückflutende Rotgardisten die Kaserne, schleppten Wäsche und Kleidungsstücke fort und verkauften sie draußen in fliegender Eile zu Spottpreisen an Passanten. Am Bahnhof wurden sie jedoch von der Sicherheitswehr gestellt, entwaffnet und gefangengenommen.[84]
Der Zentralrat in Essen setzte sich in der Nacht mit der Forderung nach Proklamation eines neuen Generalstreiks auseinander, die vor allem von einem Teil der flüchtenden Rotgardisten erhoben wurde; seine Entscheidung veröffentlichte er anschließend auf einem Flugblatt. Er halte, hieße es darin, „nach erneuter Prüfung der politischen und militärischen Lage" an dem von den Vollzugsräten beschlossenen Kampfabbruch fest. Er werde sich sofort mit den Berliner Zentralen der drei Arbeiterparteien und der Gewerkschaften „in Verbindung setzen, um diese zu veranlassen, den Generalstreik über das ganze Reich zu proklamieren", lehne es jedoch „ausdrücklich" ab, „auf eigene Faust erneut für das Industriegebiet den Generalstreik zu erklären".[85] Am Morgen fanden die Arbeiter mehrerer Betriebe und Zechen die Eingänge zu den Werksanlagen von Bewaffneten besetzt; an anderen Stellen erschienen Bewaffnete nach Arbeitsbeginn und versuchten, die Einstellung der Arbeit zu erzwingen (dasselbe wird aus Mülheim berichtet).[86] Als in Mülheim die Haltung des Zentralrats bekannt wurde, fuhren der Vollzugsratsvorsitzende Nickel und einige andere zornentbrannt nach Essen, um den Zentralrat zu verhaften.[87] Doch zu ihrer großen Überraschung trafen sie den Zentralrat nicht mehr an, sondern bekamen nur noch folgende Bekanntmachung zu lesen:
„Der vertragsbrüchige Vormarsch der Regierungstruppen und das Zurückfluten der verfolgten roten Truppen haben in Essen eine Stimmung geschaffen, welche eine unbeeinflußte Tätigkeit des Zentralrats, wie sie gerade jetzt am allernötigsten ist, unmöglich macht. Der Zentralrat verlegt daher seinen Sitz von Essen nach Barmen. Die Vollzugsausschüsse werden aufgefordert, ihre Tätigkeit im Sinne der Abkommen von Bielefeld und Münster vollauf weiter auszuüben ... Die roten Truppen und die Bevölkerung werden nochmals dringend aufgefordert, trotz des verräterischen Verhaltens der Regierungstruppen alle Verpflichtungen des Abkom-

mens einzuhalten und die äußerste Ruhe zu bewahren. Insbesondere wird vor allen Akten der Sabotage gewarnt, die uns mit Recht die Sympathien der gesamten Arbeiterschaft Deutschlands rauben würden. Der Regierung und ihren Truppen muß jeder Vorwand genommen werden, ihre Verbrechen noch nachträglich rechtfertigen zu können.
Essen, den 3. April nachmittags.
Der Zentralrat."[88]

Die Entscheidung des Zentralrats, nach Barmen überzusiedeln, hinterläßt einen überwiegend negativen Eindruck. Während er die Vollzugsausschüsse aufforderte, an ihrem Platz auszuharren, floh er selbst vor der Auseinandersetzung mit den Rotgardisten, der er sich gerade jetzt hätte stellen müssen (das Wort „unbeeinflußt" enthüllt viel).* Dem könnte man die Aktivitäten entgegenhalten, die der Zentralrat noch in Barmen entfaltete. Die Weiterexistenz des Zentralrats jedoch, so ist zu erwidern, stand nicht in Frage, da der Einmarsch der Reichswehr in Essen noch nicht unmittelbar bevorstand (das geht indirekt auch aus der Bekanntmachung hervor), zur Flucht wäre also noch Zeit gewesen; und was der Zentralrat im Moment leisten konnte, war nicht so wesentlich, als daß es seine Flucht vor den Rotgardisten gerechtfertigt hätte.

Am selben Tag stellte der Vollzugsrat von Essen seine Tätigkeit ein, aus denselben Gründen, die der Zentralrat für seine Übersiedlung nach Barmen anführte.[89] Dieses Ende hatte er sich zum größten Teil selber zuzuschreiben: infolge seiner weichen Haltung gegenüber Banken und Stadtverwaltung fehlte es ihm völlig an dem, was jetzt am allerwichtigsten war: an Geld. So griffen die Rotgardisten zur Selbsthilfe. Eine mehrhundertköpfige Menge belagerte die geschlossene Reichsbank. Der Oberbuchhalter wurde aus seiner Wohnung geholt und gezwungen, einen der beiden Tresorschlüssel herauszugeben. Jedoch der Bankassessor, der im Besitz des ebenfalls zur Öffnung des Tresors erforderlichen zweiten Schlüssels war, war nicht aufzufinden. So zog die Menge weiter zur Essener Creditanstalt, konnte dort aber, da deren Tresore Zeitschlösser hatten, ebensowenig ausrichten; stark enttäuscht zerstörte man einiges in der Bank. Danach ging es weiter zur Hauptpost, und hier endlich fand man etwas: 120.000 Mark, die vor zwei Tagen, als die Post mit Hilfe der Reichsbank knapp 3,5 Millionen Mark weggeschafft hatte (II, Seite 91), übriggeblieben waren. Zwei andere Gruppen von Rotgardisten, die später bei der Reichsbank erschienen, drohten den Tresor mit geballten Ladungen von Handgranaten bzw. mit Dynamit von den Zechen aufzusprengen; sie wurden von diesem Vorhaben von 20 Mitgliedern der Arbeiterwehr, die die Bank bewachten, abgebracht.[90] Auf der Zeche „Heinrich" im Vorort Überruhr wurde die Tageseinnahme von 10.000 Mark beschlagnahmt.[91]

Andere Rotgardisten mit ihren Frauen und Mädchen hielten sich an die Geschäfte (Essen wie Mülheim sind ausgeprägte Einkaufsstädte). Immer wiederholte sich die typische Szene: ein Geschäft wurde von Bewaffneten umstellt, und dann be-

---

* Für die SED-Historiker Könnemann und Krusch freilich ist auch diese Entscheidung des Zentralrats richtig; im Hinblick auf die zurückflutenden Rotgardisten sprechen sie dabei kurzerhand von „linkssektiererischen Elementen". In einem vermutlich von Pieck stammenden offiziellen Bericht der KPD, der nach dem Aufstand veröffentlicht wurde, ist von „Banden" die Rede.

schlagnahmten diese, was sie brauchten, vor allem Kleider und Schuhe bzw. Stiefel, gelegentlich auch Geld, so am Abend in einem Geschäft, das gerade Kasse machte. Zuerst wurden dabei meist noch Scheine des Vollzugsrats vorgelegt, dann selbstausgestellte Scheine, später nichts mehr dergleichen — das geordnete Beschlagnahmewesen der Roten Armee (II, Seite 88) war sinnlos geworden. Gegen diese Vorgänge, die sich vor aller Augen abspielten, erregte sich nicht nur das Bürgertum, sondern auch viele ortsansässige Arbeiter; zum Teil rückten auch die Rotgardisten davon ab.[92] Immer wieder — auch in den folgenden Tagen — wurden Anstrengungen unternommen, um einen notdürftigen Sicherheitsdienst aufrechtzuerhalten (am 3. abends und am 4. morgens wurden „Plünderer" von Essener Arbeitern erschossen);[93] in einem Fall ist bekannt, daß es Rotgardisten waren, die den Schutz eines Schuhgeschäfts im Einkaufszentrum übernahmen (was sie sich mit Geld und Schuhen bezahlen ließen);[94] und im Rathaus und auf dem Polizeipräsidium bildeten sich mehrere meist kurzlebige Gremien, die eine gewisse Organisation aufzubauen versuchten.[95] Das alles konnte nur in Ansätzen gelingen, da in Erwartung der Reichswehr immer weniger Arbeiter bereit waren, Sicherheitsdienste zu übernehmen, weil sie wußten, wie Waffentragende behandelt wurden.[96] Vor diesem Hintergrund ist ein Telegramm zu sehen, das ein sozialdemokratischer Oberpostsekretär, ein Führer der Essener „Volkswehrtruppen" (Arbeiterwehr) und ein Mann namens Kreuer, der sich als „Führer der Truppen [Rotgardisten] in Essen" bezeichnete, an Ebert richteten, in dem sie dringend um sofortige Einstellung aller Kampfhandlungen baten, weil anders die Wiederherstellung geordneter Verhältnisse nicht möglich sei.[97]

Der Arbeiterrat Bochum gab folgende Bekanntmachung heraus:
„In Bochum halten sich gegenwärtig viele Fremde auf, deren Angaben über Herkunft und Zweck ihres Hierseins nicht geprüft werden können. Die Arbeiterschaft hat in Befolgung der Abmachungen von Bielefeld und Münster ihre Waffen niedergelegt. Ein Teil bleibt jedoch vorläufig noch bewaffnet, um bis zur Bildung der Ortswehr in Verbindung mit der Polizei den Sicherheitsdienst zu versehen. Wir betonen dies, damit unlautere Elemente nicht etwa glauben, sie könnten nun die Stadt Bochum brandschatzen ... Wir ersuchen alle hier durchziehenden Arbeitertruppen dringend, nicht länger als unbedingt nötig in Bochum zu verweilen, sondern ihre Wohnorte aufzusuchen, desgleichen raten wir den Flüchtlingen aus den besetzten Orten (Recklinghausen, Haltern etc.), ebenfalls in ihre Wohnorte sich zu begeben. Alle bis zum 2. 4. begangenen Kampfhandlungen fallen unter die Amnestie und dürfen nicht verfolgt werden".[98]

In Dortmund war die Nacht außerordentlich unruhig verlaufen (Wagengerassel, Pferdegetrappel, einzelne Schüsse, gegen Morgen hatten die Sirenen geheult).[99] Am Morgen zogen zahlreiche Einwohner nach Schwerte — ein Journalist sprach von einer „wahren Völkerwanderung" —, von wo sie per Bahn ins Sauer- und Siegerland strebten.[100] Wenn die Befürchtungen dieser Menschen sich nicht erfüllten, so war das zum erheblichen Teil der Stadtverwaltung zu verdanken. Während sich der Essener Oberbürgermeister Luther und seine Beamten vor allen Geldforderungen ängstlich versteckten, stellten in Dortmund mehrere Mitglieder des Magistrats die Überlegung an, daß die Plünderung eines einzigen Warenhauses teurer kommen würde als eine freiwillige Zahlung. Als daher der Vollzugsrat

Geldforderungen stellte, bewirkten sie die Auszahlung von 921.000 Mark durch die Reichsbank.[101] Die Rotgardisten, die am frühen Nachmittag vom Vollzugsausschuß Geld erhielten, verließen anschließend die Stadt.[102] Dann breitete sich erneut große Unruhe aus, weil Nachrichten vom brutalen Vorgehen der Reichswehr bei Henrichenburg eintrafen, während gleichzeitig ein Flugzeug über der Stadt kreiste; um 16.30 Uhr entwickelten sich in allen Stadtteilen nervöse Schießereien. Trotzdem kam es zu keinen nennenswerten Beschlagnahmungen.[103] In der Nacht wurden ein Schuh- und ein Goldwarengeschäft ausgeraubt.[104] — Die Politik der Stadtverwaltung hatte freilich auch ihre Kehrseite. Am Mittag beantragte der Magistrat bei Severing in Münster und beim Regierungspräsidium in Arnsberg den sofortigen Einmarsch der Reichswehr, weil der Vollzugsausschuß seine „Gefolgschaft nicht in (der) Hand" habe;[105] vor allem aber sabotierte er die am Vortag getroffene Vereinbarung, daß bis zur Bildung der Ortswehr eine bestimmte Anzahl von Arbeitern unter Waffen bleiben solle. Als Meinberg am Nachmittag einem Vertreter des Magistrats vorschlug, diese Arbeiter mit weißen Armbinden, gestempelt „Dortmunder Magistrat", auszurüsten, schien dieser zuzustimmen; dann blieben die Armbinden jedoch aus. In einer weiteren Besprechung im Laufe der Nacht fragte Meinberg danach; darauf erhielt er von Stadtbaurat Kullrich die barsche Antwort: „Die Polizei befindet sich in höchster Alarmbereitschaft!"[106] Eine solche Remobilisierung der Polizei noch vor dem Einmarsch der Reichswehr war zum ersten Mal in Recklinghausen erprobt worden (s. oben Seite 276-278). In dem allgemeinen Klima von Angst und Verzweiflung (im benachbarten Schwerte erzwangen Rotgardisten bei Magistrat und Stadtparlament die Zahlung von rund 29.000 Mark)[107] kam in Hörde die Stunde des Reichswehrspitzels Tombrock (vgl. I, Seite 293), der sich hier zum Führer der Arbeiterwehr aufgeschwungen hatte. Wie dies möglich war, obwohl ihn die KPD schon vor dem Aufstand der Spitzeltätigkeit überführt hatte, ist einigermaßen rätselhaft. Er scheint zum Teil zweifelhafte Elemente angezogen zu haben, jedenfalls betrachteten viele Arbeiter die Wehr mit mißtrauischen Augen, zumal diese sich offenkundig der Führung des örtlichen Arbeiterrats entzog. Der geheime Gegenpol zu Tombrock war Amtmann Merten im Amt Wellinghofen: keineswegs gewarnt durch den Vorfall vor vier Tagen, bei dem es auf der Zeche „Glückaufsegen" beinahe zu einem blutigen Zusammenstoß gekommen wäre (oben Seite 182), belegte Merten diese Zeche sowie die Zeche „Admiral" erneut mit Teilen der noch bestehenden Einwohnerwehr (insgesamt etwa 100 Mann, darunter Zechenbeamte, aber auch Arbeiter), um angeblich bevorstehenden Sabotageakten zuvorzukommen. Den Funken ins Pulverfaß konnte Tombrock werfen, als von der Front kommende Rotgardisten den Vorstoß der Reichswehr bis Kurl (oben Seite 317) meldeten, denn nun mußten bewaffnete Gegner im eigenen Herrschaftsbereich als schwere, ja unerträgliche Bedrohung empfunden werden. Um 14.30 Uhr erschien die Hörder Arbeiterwehr vor den beiden Zechen und dem Amtshaus und forderte die Einwohnerwehr zur Abgabe der Waffen auf. Die Einwohnerwehr lehnte ab, und es kam zu einem zweistündigen Feuergefecht, das mit dem Sieg der Arbeiterwehr endete. Die Arbeiterwehr hatte vier, die Einwohnerwehr drei Tote, und zwar auf „Glückaufsegen" einen Lebensmittelhändler und einen Fabrikarbeiter, auf „Admiral" einen 22jährigen Bergarbeiter, der Belegschaftsmitglied dieser Zeche war. Die Sieger plünderten die Magazine der Zechen und das Amtshaus, dann führten sie die Einwohnerwehrleute nach Hörde ab. Unterwegs wurden die Gefangenen, die mit erhobenen Händen gehen mußten, mißhandelt; ein Bergmann erhielt von einem Mann des Begleitkommandos einen Kolbenschlag, der ihm den Arm brach.[108]

Am 4. April (Ostersonntag) blieb die Reichswehr fast überall in den erreichten Stellungen stehen. Neu besetzt wurden lediglich Waltrop von der Akademischen Wehr Münster und den Bückeburger Jägern sowie Herne vom Freikorps Aulock, letzteres zur großen Überraschung der örtlichen Arbeiterführer, die sich während des Aufstands besonders gemäßigt verhalten hatten.[109] Stehenbleiben hieß jedoch keineswegs Untätigsein. Die Marinebrigade Loewenfeld nahm schon um 4.45 Uhr morgens ihr Artilleriefeuer auf Bottrop wieder auf. Als sich herausstellte, daß die Rotgardisten in der Nacht die Stadt verlassen hatten, brach sie es ab, verzichtete jedoch während des ganzen Tages auf einen Einmarsch.[110] (Am folgenden Tag rückte Sipo in Bottrop ein — offenbar ließen die Loewenfelder ihr bei dieser gefährlichen Stadt den Vortritt —, und erst am übernächsten Tag erfolgte die erwartete Besetzung durch die Marinebrigade, wobei diese sofort das Standrecht verhängte.)[111] Ebenso feige zeigten sich die in Karnap und Horst stehenden Teile der Loewenfeld-Brigade: obwohl sie bereits teilweise den Rhein-Herne-Kanal überschritten und Brückenköpfe gebildet hatten, besetzten sie die südlich des Kanals liegenden Orte (Altenessen, Heßler, Schalke) nicht, sondern belegten sie mit einem mörderischen Feuer aus Artillerie (Kaliber 21 und 15 cm) und Maschinengewehren (das verheerendste MG-Feuer kam vom Förderturm der Zeche „Nordstern" in Horst). Am schlimmsten wurde die Kolonie der Zeche „Fritz" in Altenessen getroffen; 16 Häuser wurden schwer, 296 leicht beschädigt, binnen zwei Stunden meldeten sich 83 obdachlos gewordene Familien bei einem Rotgardistenführer, sechs Koloniebewohner wurden getötet, zwei schwer verwundet.[112] Eine Abordnung von Rotgardisten, die um eine vorübergehende Feuerpause bat, bekam von einem Rittmeister zu hören, die Truppe kenne kein Bielefelder Abkommen.[113]
Vollzugsrat und Kampfleitung Mülheim begaben sich in den frühen Morgenstunden auf die Flucht.[114] In Mülheim-Styrum machte eine letzte Gruppe von Rotgardisten um 15 Uhr den Versuch, mit Dynamit, das von einer Zeche herbeigeschafft worden war, eine Brücke zu sprengen; wie andernorts mißlang das Vorhaben. In der Innenstadt versenkten Rotgardisten von der Schloßbrücke aus, vor den Augen zahlreicher Osterspaziergänger, Gewehre und Munitionskästen in der Ruhr.[115] Um 16 Uhr wurde Kampfleiter Dudo von der Kaserne aus auf dem Neuen Friedhof, auf dem der Vollzugsrat Plätze für die Kämpfer der Roten Armee bereitgestellt hatte, beerdigt.[116] Gegen Abend erschien die Polizei wieder auf der Bildfläche; ihr gesellten sich bald Mitglieder der früheren Einwohnerwehr zu, die ihre Waffen mitbrachten (ein Zeichen für die mangelhafte Waffenerfassung in der Zeit des Aufstands). Gegen 19 Uhr zogen die letzten Rotgardisten in Richtung Essen.[117] — In Essen hielt der Durchzug von Rotgardisten — meist in südlicher Richtung — an; viele benutzten die Straßenbahn, einige machten die letzten Autos ausfindig, die vom Vollzugsrat nicht erfaßt worden waren. Zahlreiche Gewehre und Maschinengewehre wurden zu Haufen zusam-

mengeworfen und dann mit Handgranaten zerstört.[118] Eine größere Gruppe von Rotgardisten fuhr nach Barmen, um den Zentralrat nach Essen zurückzuholen. Im Barmer Polizeipräsidium, in dem der Zentralrat gerade tagte, argumentierten sie, Essen sei der von der Vollversammlung der Vollzugsräte bestimmte Sitz des Zentralrats; die Auseinandersetzung endete damit, daß der Zentralrat eine Rückkehr ablehnte und die Sitzung abbrach.[119] Zwei Tage später dementierte er Gerüchte, er sei im Besitz großer Geldmittel: in Essen habe er lediglich über ein Darlehen von 2.000 Mark verfügen können, und erst in Barmen seien ihm von einer (nicht genannten) Stelle 3.700 Mark zur Verfügung gestellt worden.[120] — In Düsseldorf bekräftigte eine Versammlung von rund 1.000 Betriebsräten, Obleuten und Funktionären bei 20 Gegenstimmen die Entscheidung des Zentralrats vom Vortag, daß zu einem neuen Generalstreik nur dann aufgerufen werden solle, wenn man erreichen könne, daß er für das ganze Reich proklamiert werde.[121] Ähnlich endete in Hagen nach dreistündiger Debatte eine Konferenz von Vertrauensleuten; sie richtete an alle Arbeiter die Aufforderung, „den etwa einrückenden Reichswehrtruppen keinerlei Widerstand entgegenzusetzen".[122] — Dortmund und Hörde waren in der Nacht von den Rotgardisten bis auf wenige Ausnahmen verlassen worden.[123] In Dortmund nahm die Polizei am Vormittag teils in Uniform, teils in Zivil ihren Dienst wieder auf und verhaftete die letzten Rotgardisten.[124] Am Nachmittag wurde ein Aufruf der drei Regierungsparteien und des Magistrats angeschlagen, in dem es u.a. hieß: „Die Reichswehr kommt nicht als Feind, sondern als Befreier, sie steht auf dem Boden der Verfassung".[125] In Hörde ergriffen die Polizei und die Betriebswehr der Phönix-Hütte nach dem Verschwinden der Arbeiterwehr Besitz vom Rathaus; im Laufe des Vormittags wurden die letzten Rotgardisten und die Mitglieder der Arbeiterwehr, die in der Stadt geblieben waren, festgenommen und ins Gefängnis eingeliefert. Soweit sie ortsansässige Hüttenarbeiter waren, war dies außerordentlich leicht, da alle Rotgardisten und Wehrmitglieder mit Name und Adresse in der Lohnliste der Hütte verzeichnet waren.[126]

Am *5. April* (Ostermontag) marschierte die Reichswehr wieder auf ganzer Front vor. Neu besetzt wurden vor allem Mülheim, wo am Vormittag das Regiment 61 aus zwei Richtungen — Oberhausen und Duisburg — einrückte, und Gelsenkirchen, das am Abend von Teilen der Brigade Faupel besetzt wurde, ferner östlich von Gelsenkirchen Wanne (die Stadt Wanne-Eickel existierte damals noch nicht). Im Fall von Gelsenkirchen hatte die Reichswehr vorher der Stadtverwaltung befohlen, die in Ausführung des Bielefelder Abkommens gebildete Sicherheitswehr zu entwaffnen; das war geschehen (eine Maßnahme, die auch und vor allem im Interesse der Wehrmitglieder lag); kurz vor dem Einmarsch waren jedoch Rotgardisten aus Essen erschienen und hatten einen Teil der abgegebenen Waffen an sich gerissen und mit sich fortgenommen. In Mülheim riefen die Gewerkschaften nach erfolgter Besetzung zur Wiederaufnahme der Arbeit auf; Schutz gegen Terror würde „unter allen Umständen in den Betrieben gewährleistet" werden.[127] — Kleinere Vorausabteilungen der Reichswehr erschienen in Dortmund, Castrop und Schwerte — in Dortmund zunächst württembergische Truppen unter General Haas, dann bayrische Truppen unter Oberst v. Epp persönlich, die als erstes vom Stadthaus Besitz ergriffen, in Castrop zwei Kompanien der zeitfreiwilligen Studenten aus Göttingen. In Dortmund gab die Streikleitung der Beamten am Abend auf einem Flugblatt die Beendigung des Sabotagestreiks bekannt. Aufsehen und größte Unruhe erregte die Besetzung von Schwerte unmittelbar vor den Toren Hagens.[128] Am selben Tag wurden in Barmen und Elberfeld Plakate angeschlagen, auf denen es hieß: „Nach Mitteilung des Reichskommissars Severing wird Reichswehr so dirigiert, daß sie in Elberfeld, Barmen und Hagen nicht einrückt. Teilweises Vorschieben in die Nähe erfolgt nicht eigenmächtig, sondern planmäßig aus technischen Gründen, um Einmarsch in das genannte Gebiet unnötig zu machen. Bitte Bevölkerung beruhigend aufzuklären. gez. Reichskanzler Müller" (es folgte ein entsprechender Nachsatz von Aktionsausschuß und Stadtverwaltung).[129] Die Plakate wurden auch vom Bürgertum mit Erleichterung und vorerst ohne Skepsis zur Kenntnis genommen.[130] Anders in Hagen, wo Oberbürgermeister Cuno denselben Text bekanntgab und hinzufügte: „Ich ... bemerke, daß eine Besetzung von Schwerte, wenn sie erfolgt sein sollte, im Rahmen der Bewegung gegen Dortmund liegt. Da hier [in Hagen] größte Ruhe herrscht, ist also eine Besetzung nicht zu erwarten".[131] Das Hagener USP-Blatt kommentierte, „selbstverständlich" würden diese Worte „die Hagener nicht davon abhalten", die Bewegungen der Reichswehr „mit dem schärfsten Mißtrauen" zu beobachten.[132] In der Tat: wenn Hagen doch besetzt werden sollte, dann vielleicht auch nur aus „technischen Gründen"?

Nur noch an zwei Stellen fand die Reichswehr geringfügigen Widerstand: nördlich von Essen und in den nördlichen Arbeitervororten von Dortmund. In den Orten nördlich von Essen, die am Vortag das Artillerie- und MG-Feuer der Marinebrigade Loewenfeld erlitten hatten, standen noch Rotgardisten, die zum Teil glaubten, ihnen sei der Rückweg bereits abgeschnitten.[133] Sie konnten sich aus Altenessen kampflos zurückziehen,[134] während es in Heßler am Nachmittag beim Kanalhafen der Zeche „Wilhelmine-Viktoria" eine mehrstündige Schießerei mit der Reichswehr gab.[135] Die Truppen, die sich von Norden her Dortmund näherten, trafen vor allem in Mengede noch auf einigen Widerstand.[136]

In Wellinghofen bildete sich ein Ordnungsausschuß, der nach dem Vorbild von Hörde Haftbefehl gegen alle Personen erließ, die der Teilnahme an dem von Tombrock geführten Angriff auf die beiden Zechen „Glückaufsegen" und „Admiral" verdächtigt wurden. Die Verhaftungen und Vernehmungen begannen sofort; wem nichts nachgewiesen werden konnte, wurde entlassen, 13 Personen wurden ins Gerichtsgefängnis von Hörde eingeliefert.[137] In Hörde selbst waren inzwischen 77 Personen inhaftiert worden.[138]

Am 6. *April* wurde im wesentlichen nur Hörde neu besetzt (von württembergischen und badischen Truppen, die von Unna heranrückten).[139] Nicht besetzt wurde dagegen Essen, obwohl dies ohne weiteres möglich gewesen wäre: bis zum Vorabend hatte die Reichswehr die Essener Stadtgrenze im Westen und Norden erreicht, und am frühen Morgen hatten die letzten Rotgardisten die Stadt verlassen.[140] Der Grund lag offenkundig darin, daß General v. Watter noch einige Truppen zum Einsatz bringen wollte, die ihm erst vor wenigen Tagen zur Verfügung gestellt worden waren: Truppen aus Mecklenburg und Pommern, darunter das besonders berüchtigte Freikorps Roßbach (vgl. II, Seite 140); sie unterstanden dem Kommando von Oberst v. Baumbach, der Stabsoffizier des Generals v. Lettow-Vor-

beck in Schwerin (II, Seite 139) gewesen war und sich am 13. März sofort auf die Seite der Kapp-Putschisten geschlagen hatte.[141] Zu diesen Truppen, die an der Essener Stadtgrenze für den Einmarsch erst noch bereitgestellt werden mußten, wurden außerdem die Reste der Freikorps Lützow und Lichtschlag geschlagen, die während des Kapp-Putsches nicht im Ruhrgebiet gelegen hatten bzw. eingesetzt worden waren;[142] man durfte annehmen, daß sie auf Rache für die Niederlagen ihrer Kameraden sannen und mindestens ebenso „scharf" waren wie das Freikorps Roßbach. Ferner rüstete sich die Marinebrigade Loewenfeld auf den Einmarsch in Essen, begierig, die Schlappe von Bottrop beim Einzug in die Ruhrmetropole wieder wettzumachen. Während der umständlichen Bereitstellung blieben die Truppen nicht untätig: am Nachmittag drangen die ersten Einheiten in die westlichen und nördlichen Vororte von Essen ein, machten Haussuchungen und verhafteten zahlreiche Arbeiter.[143] Eine Reihe von ihnen wurde einem Standgericht in Mülheim-Heißen zugeführt (darauf werden wir noch zurückkommen).
Der Einmarsch in Essen, der am Morgen des *7. April* begann, verlief wie zu erwarten. Im Vorort Borbeck wurden zwei Mitglieder einer Sicherheitswehr, die ein städtischer Beigeordneter in den letzten Tagen organisiert hatte, trotz ihrer weißen Armbinden mit Stempel der Stadt Essen von Loewenfeldern erschossen:

„Um das weitere Vordringen der Marinebrigade Loewenfeld zu verlangsamen, versuchten Rotgardisten die von Karnap nach Altenessen über den Rhein-Herne-Kanal führende Zweigert-Brücke zu sprengen, ihr Sprengmaterial reichte jedoch nicht aus, so daß sie sie nur erheblich beschädigen konnten" (Seite 317)

Zweigert-Brücke zwischen Karnap und Altenessen

die Bergarbeiter Riesener und Lichtenauer, die sich zum Einsatz gegen die geschilderten chaotischen Verhältnisse zur Verfügung gestellt hatten, obwohl bekannt war, was waffentragende Arbeiter zu befürchten hatten.[144] Auf der Zeche „Wolfsbank" bildete sich ein Standgericht, das 18 Mann „vorläufig" aburteilte; anschließend mußten sie vier Stunden lang an der Zechenmauer stehen, Gesicht zur Wand und Arme hoch (derweil spielte eine Militärkapelle Märsche), bevor sie mit unbekanntem Ziel abtransportiert wurden.[145] Die Verhaftungen in Essen waren zahllos.[146] Bürgerliches Publikum, das am Polizeipräsidium die Truppen bejubelte, ging mit Stöcken auf die Gefangenen los.[147] Im Rathaus etablierte sich Leutnant Linzemeier, der Gerichtsoffizier des Freikorps Roßbach, der in Mecklenburg standgerichtliche Todesurteile gefällt hatte (II, Seite 140). Die ersten beiden, die ihm von einem Feldwebel des Freikorps namens Block zugeführt wurden, waren der Maschinenschlosser Bergmann und der Bergarbeiter Rogowski, beide etwa 20 Jahre alt; Bergmann war auf der Straße von einem Kriminalbeamten als angebliches Mitglied der Roten Armee denunziert worden, während Rogowski von einer Menge umringt gewesen war, die beim Anblick von Block gerufen hatte: „Herr Feldwebel, der muß an die Wand gestellt werden!" Obwohl die Anschuldigung, beide hätten sich an Plünderungen beteiligt und gegen die Reichswehr gekämpft, nicht im mindesten bewiesen werden konnte, verurteilte Linzemeier sie nach einem viertelstündigen Verhör zum Tode. Block führte sie auf den Hof des Rathauses und ließ sie dort erschießen. Gegenüber der Presse ließ das Militär verlauten, beide hätten auf dem Limbecker Platz einen „ahnungslos seines Weges gehenden Mann der Reichswehrtruppen ... hinterrücks erschossen", und Oberst v. Baumbach, nunmehr Stadtkommandant von Essen, veröffentlichte über WTB folgende Darstellung der Erschießung: „Beide ... waren den Begleitmannschaften in den mit Passanten angefüllten Fluren entwichen und wurden erst im Freien auf dem Hofe erreicht". Demgegenüber versicherte ein Augenzeuge, daß die beiden Verurteilten mit erhobenen Händen durch die Hauptkasse in den Hof geführt worden seien, und dort hätten sie sicherlich keinen Fluchtversuch gemacht, da er aussichtslos gewesen wäre.[148]

Unter den zahllosen Verhafteten befand sich der hochangesehene Essener USP-Vorsitzende, Gewerkschaftssekretär und Stadtverordnete Steinhauer. Er war denunziert worden; außerdem stand er auf der vom Wehrkreiskommando den Truppen übermittelten „Rädelsführerliste". Ein junger Leutnant übergab ihn Linzemeier im Rathaus mit den Worten: „Ich bringe Ihnen hier einen Herrn Steinhauer, Mitglied der Unabhängigen, während der Räterepublik politischer Beirat des roten Vollzugsrats; ich bitte das weitere zu veranlassen. Ich erwarte, daß Sie mir den Orden pour le mérite verschaffen." Das Verhör dauerte zwei Minuten, dann war Steinhauer zum Tode verurteilt und wurde mit erhobenen Armen abgeführt. In letzter Minute griffen SPD-Führer und Oberbürgermeister Luther ein und erreichten, daß Oberst v. Baumbach Anweisung gab, Steinhauer freizulassen. Dieser wurde jedoch ins Polizeipräsidium geführt und dort weiterhin gefangengehalten; es bedurfte des zweimaligen weiteren Eingreifens v. Baumbachs, bis er freigelassen wurde.[149]

Ein Mitarbeiter eines Berliner Boulevardblatts, vor dem Linzemeier ganz offen war, berichtete zwei Tage später in Berlin in der Reichskanzlei: „Er (Linzemeier)

behauptet, Standgerichte seien hier zugelassen. Erschießen ordnet er durch ein Kreuz hinter dem Namen auf einer Liste an. Ich habe selbst gehört, wie er sagte: 'Sie wissen ja, was das Kreuz bedeutet.' Kreuze waren etwa 11 auf der Liste".[150] Auch dies ein Stück des *weißen Terrors*, der im nächsten Kapitel im Zusammenhang dargestellt werden soll.
Nach der Besetzung Essens wurde der Sabotagestreik bei der Eisenbahn abgebrochen;[151] am Vortag war bereits eine Reihe von Strecken von der Streikleitung freigegeben worden.[152] Es gab freilich ein Nachspiel: in Langendreer hatten freigewerkschaftlich organisierte Eisenbahner zusammen mit den Unterassistenten während des Streiks Lebensmittel- und Kohletransporte organisiert; dafür wurden jetzt zwei Beamte zur Disposition gestellt, drei Arbeiter entlassen.[153] Ähnliche Vorfälle sind anderswo zu vermuten.

*

Mit dem Einmarsch in Essen waren die militärischen Operationen nördlich der Ruhr im wesentlichen abgeschlossen. Was jetzt noch folgte, war ein Durchkämmen des Gebiets, soweit es noch nicht besetzt war, und eine teilweise Umgruppierung der Truppen. Orte, die zunächst nur vorübergehend besetzt wurden (z.B. Wattenscheid), wurden einige Tage später ebenfalls auf Dauer mit Truppen belegt. Die letzten größeren Städte, die besetzt wurden, waren Bochum (15. April) und Witten (19. April); in Bochum wurde der Aufwand der 3.000 Mann starken bayrischen Truppen — auch Kanonen wurden aufgebaut — als provozierend und lächerlich zugleich empfunden.[154] Ein Freikorpsführer sprach später von überwiegend „feindseligem, ja haßerfülltem" Verhalten der Einwohner der Städte und Ortschaften.[155] — Für die kleineren Orte erging am 16. April eine Verfügung des Regierungspräsidiums Arnsberg an die Landräte, wonach die eingesammelten Waffen an den nächstgelegenen Truppenteil abzugeben waren.[156]
Entscheidend für alle Arbeiter, die vor dem weißen Terror auf die Flucht gingen, war die Frage, ob die Reichswehr auch in den Hagener Bezirk, das Wuppertal und nach Düsseldorf vorstoßen würde. Hier hatte sich die Aufstandsbewegung von Anfang an eindeutig auf den Boden des Bielefelder Abkommens gestellt; aber auf der Konferenz von Münster war nicht eindeutig klargestellt worden, ob dann, wenn kein geschlossener Kampfabbruch erreicht werden würde, die Arbeiterschaft des ganzen Reviers als vertragsbrüchig gelten sollte.
Am 4. April ging aus Krefeld, d.h. einer wichtigen Stadt des belgisch besetzten Niederrheins, ein Telegramm einer SPD-USP-Kommission an die Reichsregierung, in dem ultimativ die Einstellung des weiteren militärischen Vormarsches verlangt wurde. Andernfalls, hieß es weiter, sei man „an einem durch das reaktionäre Militär versklavten Deutschland" nicht mehr interessiert:
„*... Die Arbeiterschaft weiß, daß der Ententekapitalismus im Grunde ebenso sozialistenfeindlich ist wie der deutsche, aber schon aus politischen Gründen würde er nicht so brutal vorgehen wie dieser. Ehe das Proletariat seiner Vernichtung durch den echtpreußischen Militarismus entgegensieht, eher würde es eine Besetzung durch die Entente als das kleinere Übel begrüßen. Über diese Tatsache kann alles Gezeter über Hochverrat nicht hinweghelfen*".[157]

Diese Willenskundgebung rief beträchtliche Aufregung und anschließende Distanzierungserklärungen innerhalb der SPD hervor.[158] Mehr nicht: entscheidendes Gewicht konnte allenfalls noch die Stellungnahme der Berliner Arbeiterorganisationen haben. Jedoch von ihnen war keine durchgreifende Unterstützung für das Ruhrproletariat mehr gekommen — wie nach dem Ausgang der Mission von Eckardt und Pieck nicht anders zu erwarten. Am 2. April hatte selbst die „Rote Fahne", die durchweg die schärfsten Töne anschlug, trotz des vertragsbrüchigen Vormarsches der Reichswehr lediglich „schärfstes Mißtrauen" gegenüber der Reichsregierung gefordert.[159] Erst am 4. April rief die KPD-Zentrale unter der Parole „Rettet das Ruhrrevier!" zum Generalstreik auf.[160] Aber ohne einen entsprechenden Beschluß der Generalversammlung der revolutionären Betriebsräte mußte das wirkungslos bleiben, und hier war der entscheidende Moment verpaßt. Am 6. April traten die Vorstände der Gewerkschaften, der SPD und der USP zusammen. Nach Entgegennahme von Berichten ihrer aus dem Ruhrgebiet zurückgekehrten Vertreter beschlossen sie, an die Regierung u.a. folgende Forderungen zu richten:

„1. Rückzug der Reichswehr aus der neutralen Zone. Die Aufrechterhaltung der Ordnung obliegt den nach dem Bielefelder Übereinkommen zu bildenden Ortswehren.

2. Kein Einmarsch der Reichswehr südlich der Ruhr.

3. In dem von der Reichswehr außerhalb der neutralen Zone besetzten Gebiet sind die Ortswehren sofort zu bilden, worauf der Rückzug der Reichswehr erfolgt".

Die „schleunige Durchführung dieser Maßnahmen", hieß es abschließend, sei die „unbedingte Voraussetzung, um der starken Erregung in der Arbeitnehmerschaft entgegenwirken zu können".[161] Für den ADGB unterzeichnete Legien — eine mehr als zweideutige Geste. Drei Tage zuvor hatte er gegenüber der Reichskanzlei erklärt, auch er sei jetzt „für das schärfste Vorgehen" im Ruhrgebiet.[162]

Am Nachmittag des 7. April wurden die Forderungen vorgetragen. Die Regierung antwortete mit der üblichen Schwammigkeit, „daß die Truppen wenn irgend möglich in den nächsten Tagen aus dem ganzen Ruhrgebiet zurückgezogen" würden (dazu Reichskanzler Müller später gegenüber dem englischen Geschäftsträger: er „könne sich nicht dem Diktat eines außerparlamentarischen Gremiums unterwerfen"). Im übrigen stellte Reichswehrminister Geßler fest, daß die Ruhr nicht überschritten werde. Als die Vertreter der Arbeiterorganisationen die Terrorakte im Ruhrgebiet zur Sprache brachten (der Abgeordnete Osterroth hatte soeben einen aufsehenerregenden Bericht über das Vorgehen der Brigade Epp erstattet), antwortete Geßler, er werde „unverzüglich" die Rücknahme aller Truppenteile anordnen, „die irgendwelche Ausschreitungen begangen hätten".[163] Das war nur scheinbar eindeutig, denn Geßler wollte dazu erst amtliche Feststellungen einholen, und deren Inhalt blieb abzuwarten.

Am 8. April abends erst trat die Generalversammlung der revolutionären Betriebsräte zusammen. Die KPD-Fraktion forderte die sofortige Proklamation des Generalstreiks, erklärte, daß dieser jedoch wegen der großen Schwäche der KPD nur zusammen mit der USP durchführbar sei, und gab dann nach dieser Seite eine wohlfeile Empfehlung zur Parteispaltung: wenn nicht mit der ganzen USP, dann mit deren linkem Flügel, der sich in diesem Falle vom rechten Parteiflügel zu trennen habe — dieser bewege sich ohnehin „vollkommen im Schlepptau der Gewerkschaftsbürokratie". Sollte die USP den Generalstreik ablehnen, so wurde die Generalversammlung aufgefordert, „in eine umfassende Propaganda für einen neuen Generalstreik einzutreten". (Die Losungen, unter denen das geschehen sollte — u.a. Entwaffnung und Auflösung aller Truppen, „die gegen Arbeiter gekämpft haben oder kämpfen", „Bewaffnung der organisierten Arbeiter unter Leitung und Kontrolle der Arbeiter und der revolutionären Betriebsräte" — bezeichnete die KPD-Zentrale selbst in einem internen Parteirundschreiben als nicht durchzusetzen. Erreichbar sei wohl nur „die Deponierung der Waffen in die Hände der Gemeindebehörden ... und die Bildung von Ortswehren, deren ausschlaggebender Teil organisierte Arbeiter sind". Und auch das, so muß man urteilen, war illusionär.) Für die USP-Fraktion der Betriebsräte erklärte Däumig die Durchführung eines Generalstreiks für augenblicklich unmöglich, da „weite Keise der Beamtenschaft, der christlichen und der Hirsch-Dunckerschen Verbände nicht mitmachen würden"; die Arbeiterschaft müsse sich stattdessen für bald zu erwartende Kämpfe gegen einen drohenden neuen Militärputsch rüsten. Eine entsprechende Resolution wurde gegen wenige Stimmen angenommen.[164] Das war nach Lage der Dinge das einzig Konsequente.

So gesichert demnach die Position der Regierung nach der Seite der Berliner Arbeiterschaft war, so ungefestigt nach der Seite des Militärs. Am 3. April gab sie General v. Watter volle militärische Handlungsfreiheit,[165] gleichzeitig hob sie jedoch in den Regierungsbezirken Düsseldorf, Arnsberg und Münster das Standrecht auf, und zwar spätestens mit Wirkung vom 4. April. Severing erhielt die Verordnung zur Weiterleitung an Watter; gleichzeitig bestimmte der Reichskanzler, daß auch am 3. bereits keine Standgerichte mehr zusammentreten sollten.[166] Die Maßnahme war anscheinend mit Severing nicht abgesprochen.

Watter kochte: das Standrecht, das ihm so entscheidend wichtig war, vor allem mit dem erweiterten Bestätigungsrecht der Unterkommandeure für Todesurteile! Was Severing zu hören bekam, liegt im Dunklen (in seinen Memoiren schweigt er sich aus),[167] aber ein Telegramm Watters ans Reichswehrministerium liegt vor: *„Verordnung über Aufhebung der Standgerichte erschwert Auftrag zur Entwaffnung der Aufrührer fast bis zur Unmöglichkeit. Wehrkreiskommando muß das Mittel der Drohung mit standgerichtlicher Verurteilung behalten. Etwa dort zur Sprache gebrachte Greueltaten durch Standgerichte sind glatt erlogen. Standgerichte bisher nach vorliegenden Meldungen nicht angewandt. Meldung der Abteilung Epp hierüber steht noch aus. Sollten dort Standgerichte gesprochen haben, so kann es sich nur um ganz wenige Fälle handeln".*[168]

Tagelang gingen die Telefonate und Telegramme zwischen Berlin und Münster hin und her, wobei Watter aufs entschiedenste durch den Oberpräsidenten, den Regierungspräsidenten von Münster und das Zentrum unterstützt wurde (der Wortlaut der Telegramme ist manchmal geradezu hysterisch).[169] Severing vermittelte bis zum 5. April, seiner Dauerrolle gemäß, einen *Kompromiß:* die Veröffentlichung der Verordnung unterblieb vorläufig (der schon gesiegelte und von Ebert, Müller und Geßler unterzeichnete Text wurde entsprechend geändert), Standgerichte konnten also weiterhin eingesetzt werden, bereits eingesetzte weiterbestehen, jedoch sollten Todesurteile vorläufig nicht vollstreckt werden.[170] Daß letzteres nicht eingehalten wurde, haben wir noch eben an einem Beispiel gesehen (Offiziere wie Linzemeier konnten sich später damit herausreden, sie hätten von der Suspendierung der Todesurteile nicht sofort erfahren). Ohnehin war der Kampf zwischen Militär und Regierung nicht endgültig entschieden, zumal der Sturm der Telegramme, die das Standrecht von der Regierung zurückforderten, weiterging.[171]

Ebenso stand es in einer zweiten Streitfrage. Am 8. April protestierte das Reichswehrministerium gegen die Erklärung Geßlers gegenüber den Berliner Arbeitervertretern, wonach die Ruhrlinie von der Reichswehr nicht überschritten werde: eine solche Festlegung, erklärten die Generäle, sei nicht zu rechtfertigen, denn jetzt werde das Gebiet südlich der Ruhr von den Aufständischen „als Asyl betrachtet", und damit drohe von dort die Gefahr eines neuen Aufruhrs.[172]

*

Zunächst sah es ganz danach aus, als setze sich das Militär durch. Am 7. April wurde Iserlohn besetzt — nach Schwerte der zweite wichtige Ort im Landkreis Hagen —, nachdem Mehlich noch zwei Stunden zuvor das Versprechen abgegeben hatte, die Stadt bleibe von Reichswehr verschont. Die einmarschierende Truppe — Württemberger, darunter zeitfreiwillige Studenten aus Tübingen und Stuttgart — fahndete anhand von mitgebrachten Listen sofort nach den Führern, bei mehreren mit Erfolg, abfahrende Züge wurden durchsucht, die eben gebildete Ortswehr entwaffnet. Bei einer Besprechung auf dem Rathaus erklärte ein Offizier, das Bielefelder Abkommen habe „nur in den Zeitungen gestanden", es existiere für ihn nicht. Nach Rücksprache mit Severing gab der Landrat bekannt: „Die Truppen bilden die linke Seitendeckung der nördlich der Ruhr befindlichen Reichswehr und haben insbesondere auch die Aufgabe, rote Trupps und Banden, die ... von Norden her über die Ruhr gegen das Bergische Land durchzukommen suchen, abzufangen und die Bevölkerung vor ihnen ... zu schützen. Eine Besetzung des Landkreises ist zunächst nicht beabsichtigt, insbesondere nicht da, wo die Waffenabgabe durchgeführt worden ist und solange Ruhe und Ordnung herrscht. Ein Vorrücken nach Westen über die allgemeine Linie der Bahn Schwerte-Iserlohn findet vorläufig nicht statt".[173] Das war beunruhigend zweideutig.

Am entgegengesetzten Ende des fraglichen Gebiets wurde ebenfalls am 7. April Hösel, 9 km von der Düsseldorfer Stadtgrenze entfernt, besetzt.[174] Am 8. erschienen Reichswehrpatrouillen in Velbert und Heiligenhaus (ähnlich nah bei Elberfeld gelegen) und nahmen die auf den Rathäusern eingesammelten Waffen mit,[175] am 9. in Haßlinghausen unmittelbar vor den Toren von Schwelm.[176] Gleichzeitig zeichnete sich ab, daß auch die Großstädte nicht länger tabu sein würden: am 8. teilte Severing nach Düsseldorf mit, die Besetzung der Stadt stehe unmittelbar bevor. Das dortige USP-Blatt wies auf die absolute Vertragstreue der Stadt hin und kommentierte: „Es ist altpreußische Tradition, daß der Kanaille gegenüber der Ehrenkodex nicht gilt". — Doch es kam anders. Zunächst gaben die Belgier zu erkennen, daß sie einen Vorstoß der Reichswehr bis an den Rhein nicht hinnehmen, sondern beim Versuch dazu Düsseldorf selbst besetzen würden.

Eine Delegation aus allen Stadtverordnetenfraktionen, die in Münster gegen den Einmarschplan protestierte, brachte anderntags den Bescheid mit, mit der Besetzung „müsse über kurz oder lang gerechnet werden".[177] Das klang nach Aufschub. In Wirklichkeit war es bereits die Wende, und diese war praktisch erzwungen durch die Maßnahmen der Alliierten, genauer: der Franzosen, die jetzt — nicht absichtlich natürlich, aber objektiv — den Arbeitern des Industriegebiets, soweit es noch nicht besetzt war, zuhilfe kamen.
Am Abend des 2. April hatte Reichskanzler Müller, wie erinnerlich, der französischen Regierung gegenüber den nichtgenehmigten Einmarsch in die neutrale Zone eingestanden und damit die Besetzung der fünf Mainstädte bewußt in Kauf genommen.[178] Die Noten und Erklärungen, die daraufhin noch gewechselt wurden, lohnen keine genauere Betrachtung. Die Reichswehrführung versuchte es noch mit Tricks, indem sie etwa behauptete, die Zahl der einmarschierten Einheiten gehe zwar über die Vertragsbestimmungen hinaus, aber die tatsächliche Kopfstärke liege noch unter den erlaubten Zahlen (allerdings stimmte auch diese Berechnungsart nur drei Tage lang);[179] ein andermal hieß es, die Differenzen zwischen den von deutscher und den von französischer Seite genannten Zahlen seien so zu erklären, daß die Grenze der neutralen Zone „keine geographisch ganz feste" sei, und daher sei es „sehr wohl möglich", daß sich „an dem einen Tage mehr, am anderen Tage weniger Truppen" in der neutralen Zone befänden[180] (man vergleiche das mit der Pingeligkeit gegenüber den Arbeitern). Der Reichskanzler eröffnete dem englischen Geschäftsträger, im Falle einer Besetzung der fünf Mainstädte würde die Position seiner Regierung unhaltbar und dann drohe die Bildung einer Arbeiterregierung, die soeben knapp vermieden worden sei.[181] Am 4. April bat die Reichsregierung um eine Frist von einer Woche, in der man mit den militärischen Operationen fertig zu sein hoffe.[182] Aber die Würfel waren gefallen: am 5. April erhielt das französische Militär Marschbefehl, am 6. wurden Frankfurt, Darmstadt, Hanau, Homburg und Dieburg besetzt.[183] Die Aktion war mit den anderen Alliierten nicht abgestimmt, doch schlossen sich ihr die Belgier etwas später an, und die ziemlich starke Verstimmung, die die englische Regierung über den französischen Alleingang zeigte, konnte auf der nächsten alliierten Konferenz in San Remo behoben werden.[184] (Die Mißbilligung durch die Amerikaner konnten die Franzosen von vornherein leichter verschmerzen,[185] weil das Engagement der USA in Europa augenblicklich stark reduziert war.) Die Besetzung der fünf Städte, so kündigte das französische Militärkommando an, solle nur so lange dauern, bis das illegal in die neutrale Zone eingerückte deutsche Militär wieder abgezogen sei.[186]
Hermann Merkel, Redakteur des Solinger USP-Blatts, ein Mann mit badisch-süddeutscher Tradition,[187] kommentierte:
„Unser aller Wunsch wäre es gewesen, wenn schon die Besetzung nicht abzuwenden war, wenn die Briten ins rheinisch-westfälische Industriegebiet eingerückt wären ... Wir begreifen das. Frankfurt ist eine große, reiche Stadt ... [und es] ist eine demokratische Stadt ... Das Ruhrrevier dagegen ist erzpreußisch ... Die Kohlengruben wegnehmen, hätte den Tod Deutschlands bedeutet, aber dieses Land muß leben. Die Franzosen brauchen es, die Briten benötigen es ... Werden wir Deutsche noch mehr solcher Eisenbartkuren ertragen können, oder wird

Deutschland auseinanderfallen? Wir Sozialisten hielten bisher zähe daran fest, daß wir für den Befreiungskampf des Proletariats ein großes geschlossenes Wirtschaftsgebiet benötigen ... Die Dinge in Preußen-Deutschland werden immer unerträglicher und die Frage tritt an uns heran, ob wir umlernen müssen, sollen. Im Osten ist ein großes sozialistisches Reich [Rußland]; trennen wir uns im Westen und Süden von den Allpreußen, so besteht die Möglichkeit, die Kraft der Arbeiterbewegung des Westens so zu verstärken, daß die Allpreußen in absehbarer Zeit zwischen sozialistische Staatswesen eingepfercht und erdrückt werden. Diese Frage wird sich in den Köpfen festhämmern ... Noch wünschen, hoffen wir, daß es anders komme, daß infolge Abschnürung der besetzten Städte das bedrohte Deutschtum, Deutschtum im Sinne weltbürgerlicher Demokratie und Kulturmenschentums ..., sich zu gewaltigen Schlägen gegen das Allpreußentum erhebt".[188]
Die Reichsregierung reagierte auf die Besetzung der fünf Mainstädte mit einem langen pathetischen Entrüstungsschrei ("unerhörter ist mit dem Weltfrieden nie gespielt worden, als es Frankreich tut" usw.). Besonders empörte sie sich über die Feststellung der französischen Regierung, in der Frage des Einmarsches im Ruhrgebiet habe sich die „Militärpartei" in Deutschland durchgesetzt; der Einmarsch, so wurde im Gegenzug behauptet, sei ausschließlich erfolgt, „um die Leiden von Hunderttausenden abzukürzen, die im Ruhrgebiet der Räuberei von Erpresserbanden ausgeliefert waren".[189] Genauso war die Regierungserklärung gehalten, die Reichskanzler Müller in der Nationalversammlung abgab: die Regierung sei in ihren Entschlüssen gegenüber dem Militär völlig frei gewesen, sie habe lediglich auf die dringenden Hilferufe aller gesellschaftlichen Kreise im Revier schließlich handeln müssen.[190] In Frankfurt demonstrierte nationalistischer Mob, der sich schon in der Zeit des Arbeiter- und Soldatenrats 1919 bemerkbar gemacht hatte, am Tag nach dem Einmarsch gegen die französischen Truppen, vor allem gegen die marokkanischen Einheiten; als diese schließlich schossen, gab es Tote und Verwundete. „Senegalneger vor dem Goethehaus" — so und ähnlich lauteten die kreischenden Schlagzeilen der nationalistischen Presse.[191] Hoch gingen die Emotionen auch in der Nationalversammlung, die zwei Tage lang über die Regierungserklärung debattierte.[192]
Aber alle Erregung half nichts: einen auch nur vorübergehenden Verlust weiteren Territoriums konnte die Reichsregierung kaum noch riskieren; die Drohung der Belgier, sie würden einem eventuellen Einmarsch der Reichswehr in Düsseldorf durch die eigene Besetzung der Stadt zuvorkommen, hatte erhebliches Gewicht. Letztlich war damit auch bereits der Kampf um die Ruhrlinie insgesamt entschieden. So sehr sich nicht nur das Militär, sondern auch verschiedene zivile Stellen um den Befehl zum Vormarsch über die Ruhr bemühten — u.a. Polizeipräsident und Landrat von Essen, der SPD-Fraktionsvorsitzende im Dortmunder Stadtparlament, der Dortmunder Bürgerrat, die Handelskammer Duisburg, am 10. April wurden Direktionsvertreter von Krupp, Thyssen, Phönix und der Essener Creditanstalt bei Reichspräsident Ebert vorstellig —,[193] und obwohl der Sprecher des Zentrums, also einer Partei der Regierungskoalition, in der Nationalversammlung die Haltung der Regierung als zu weich und nachgiebig und zu sehr vom Geist der SPD geprägt kritisierte:[194] diesmal blieb die Regierung fest. Die einzige Maßnahme, zu der sie sich vorläufig bereitfand, war die Entsendung

von drei Abgeordneten der Regierungsparteien ins Wuppertal, die die dortige Lage in Augenschein nehmen sollten.[195]

Gleichzeitig fiel die Entscheidung im Tauziehen um das Standrecht. Die Truppenkommandeure und Offiziere schürten nach Kräften die Erbitterung gegen die Regierung und gegen Severing. Die Freikorps Gabcke und Pfeffer z.B. schleppten ihre Gefangenen auf dem Vormarsch demonstrativ in Viererreihen an der Spitze der Einheiten mit, weil, so verbreiteten sie, die Aufrührer bei Überführung nach Münster dort von Severing wieder freigelassen würden.[196] Die zeitfreiwilligen Münsteraner Studenten (Akademische Wehr) erklärten in der Presse, die Regierung habe, als sie das Standrecht aufhob, „mit den Aufrührern geradezu paktiert".[197] Telegramme ziviler Stellen, vor allem aus den Kreisen des Zentrums, die das Standrecht zurückforderten, gingen in großer Zahl, möglicherweise organisiert, an die Regierung.[198] Eine ausgewählt 'volkstümliche' und regierungsnahe Delegation von 48 Soldaten und Zivilisten aus dem Ruhrgebiet — die Soldaten aus den unteren Rängen, die Zivilisten aus den drei Regierungsparteien, darunter acht SPD-Vertreter — erschien am 8. April in der Reichskanzlei und forderte ebenfalls die Wiederverhängung des Standrechts.[199] Am selben Tag tat General v. Watter zweierlei: er befahl, jeden weiteren Vormarsch vorläufig einzustellen, um der Forderung nach dem Standrecht Nachdruck zu verleihen,[200] und er traf sich auf Schloß Sythen mit den Kommandeuren aller vier Divisionen (Kabisch, v. Hofmann, v. Preinitzer, Haas); man beschloß, der Regierung über einen Offizier persönlich die Drohung zu übermitteln, man werde den Rückmarsch aller Truppen aus dem Revier befehlen, falls man das Standrecht nicht zurückerhalte.[201] Ein etwas seltsamer Erpressungsversuch angesichts der gleichzeitigen Bemühungen um den Befehl zum Vormarsch über die Ruhr.

Die Regierung antwortete am 10. April mit dem Erlaß von zwei Ausnahmeverordnungen: die erste befahl die Ablieferung von Waffen und Munition durch die Bevölkerung, ermächtigte General v. Watter zur Bestimmung von Ort und Zeitpunkt und bestimmte, daß die Nichtbefolgung von außerordentlichen Kriegsgerichten abgeurteilt würde (das angedrohte Strafmaß war bis zu 15 Jahren Zuchthaus, in schweren Fällen die Todesstrafe oder lebenslängliches Zuchthaus), die zweite betraf das Verfahren der außerordentlichen Kriegsgerichte, das gegenüber den bisherigen Regelungen noch verschärft wurde (wir kommen später darauf zurück).[202] In einem Begleitschreiben Geßlers vom 11. April wurde Watter empfohlen, die Anzahl der außerordentlichen Kriegsgerichte „dem Bedürfnis entsprechend zu vermehren". Außerdem sollte Watter bekanntgeben, daß die Regierung „nicht die Absicht" habe, „den gesetzgebenden Körperschaften eine Amnestie für die in Verfolgung der jetzigen Aufruhrbewegung verurteilten Personen vorzuschlagen, soweit nicht jetzt schon, wie z.B. im 'Bielefelder Abkommen', bindende Zusagen vorliegen".[203] Das letztere bedeutete eine Irreführung der Arbeiter, da die Amnestiezusagen überhaupt nur dann rechtswirksam werden konnten, wenn sie jene vom Parlament verabschiedete Gesetzesform erhielten, die von der Regierung hier ausdrücklich abgelehnt wurde. Das eigentliche Ziel der Kundgebung war jedoch — sozusagen nach innen gerichtet —, Watter (und generell das Militär) zu beruhigen. Zugleich war sie der Versuch, die Entscheidung der Regierung zu versüßen, die Aufhebung des Standrechts *nicht* wieder rückgängig zu machen. —

Möglicherweise hatten dabei all diese Reaktionen aus Berlin demonstrativen Charakter: im Ruhrgebiet sollen in diesen Tagen Pläne für einen zweiten Militärputsch erörtert worden sein; Watter verfüge, so das Argument der aktivistischen Truppenführer, über die stärkste Streitmacht, die jemals seit Bildung der Freikorps einem General unterstanden habe.[204]
Doch für die Ausführung solcher Pläne war Watter nicht der Mann. Stattdessen fuhr er am 13. April zu einer Unterredung mit Ebert, Geßler und Müller nach Berlin. Ebert zog später noch Severing hinzu; die Begegnung zwischen diesem und Watter scheint äußerst gereizt verlaufen zu sein. Watter forderte die Besetzung der Region südlich der Ruhr und die Wiederinkraftsetzung des Standrechts. Zur Region südlich der Ruhr erwiderte der Reichskanzler, die Regierung habe sich „freie Hand vorbehalten" und sei auch auf „Notschreie" hin zum militärischen Einmarsch bereit; „vorläufig seien aber weiteste Kreise der Arbeiter, die Kommunalverwaltungen und sogar führende Leute der dortigen Industrie dagegen". Außerdem wurde Watter entgegengehalten, daß bei einem überstürzten Vorgehen neue Komplikationen mit den Alliierten zu befürchten seien. Zur Forderung Watters nach dem Standrecht (von Watter begründet mit dessen „abschreckender Wirkung") erklärte Geßler, „das Funktionieren der außerordentlichen Kriegsgerichte sei in der Wirkung doch dem der Standgerichte gleich ... Wenn Todesurteile durch Kurier nach Berlin gebracht würden, sei es möglich, die Vollstreckung nach 24 bis höchstens 48 Stunden zu erreichen". Das einzige, was Watter zugestanden wurde, war die lückenlose Besetzung des Gebiets nördlich der Ruhr (das Ergebnis war u.a. die erwähnte Besetzung von Bochum und Witten). Auch die Unterstützung durch zwei gleichzeitig in Berlin anwesende Deputationen aus dem Ruhrgebiet — davon eine von bedeutenden Kommunal- und Staatsvertretern gebildet — bewirkte keine Korrektur. Das Mittel, Wünsche als „Betroffene vor Ort" direkt bei der Regierung vorzutragen, nützte sich ohnehin ab (Geßler bekundete seinen Unwillen über „soviel Deputationen" und rief aus: „Das wissen wir ja alles!"), und es wurde auch dadurch nicht wieder wirksamer, daß die beiden Oberbürgermeister Jarres und Eichhoff, die zu einer der beiden Deputationen gehörten, gegenüber Innenminister Koch beteuerten, sie sähen "mit Sicherheit" für Ende Mai eine Wiederholung des Aufstandes voraus und erwarteten dann ihre „standrechtliche Erschießung". Watter blieb nichts anderes übrig, als sich zähneknirschend zu fügen.[205] Die offizielle Bilanz nach Abschluß der Auseinandersetzung: bei der Niederwerfung der Aufstandsbewegung, so hieß es in einer späteren Denkschrift des Wehrkreiskommandos Münster, seien von den Standgerichten insgesamt 205 Todesurteile gefällt und davon 50 vollstreckt worden.[206]
Erwähnt werden muß, daß es schon vor Watters Fahrt nach Berlin in der Frage des Standrechts einen bemerkenswerten Kompromißversuch gegeben hatte, der ebenfalls abgelehnt worden war. In Duisburg hatten sich die freien Gewerkschaften um Einflußnahme auf das dort errichtete Standgericht bemüht und die Zulassung von zwei Funktionären als Beisitzer ohne Stimmrecht erreicht, mit dem Ergebnis, daß diese über Todesurteile mitzuberaten hatten (es half dabei nichts, daß sie für möglichste Milde plädierten). Nur eins hatten sie für die Angeklagten bewirken können: die Stellung von zwei Offizialverteidigern.[207] Am 9. April

hatte das Standgericht, nach ähnlicher Urteilspraxis in den vorangegangenen Tagen, fünf Angeklagte zum Tode verurteilt (nach Severings Kompromiß bestanden die Standgerichte weiter, nur konnten die Todesurteile vorläufig nicht vollstreckt werden); daraufhin hatte einer der beiden Offizialverteidiger das Standgericht der Befangenheit bezichtigt. Das Ergebnis einer längeren Beratung war, daß sich das Standgericht neu zusammensetzte: neben dem vorsitzenden Offizier ein Berufsrichter und ein Vertrauensmann der Gewerkschaften anstelle der beiden Vertreter der mittleren und unteren Truppenränge.[208] Oberbürgermeister Jarres schlug Severing vor, diese Zusammensetzung allgemein vorzuschreiben, auf diese Weise das Mißtrauen gegen die Standgerichte abzubauen und gleichzeitig das Vollstreckungsrecht für Todesurteile wiederherzustellen. Severing lehnte jedoch ab; in seinem Antwortschreiben, das er in seinen Erinnerungen verschweigt, heißt es wörtlich:
„Ich halte es für undenkbar, daß ... sich ein Gewerkschaftsvertreter findet, der bereit wäre, an einem solchen Todesurteil mitzuwirken. Es ist im Industriegebiet bekannt geworden, daß nahezu 100 Personen erschossen worden sind, ohne daß ein Standgericht sie abgeurteilt hätte. Unter den Erschossenen befinden sich nach den Aussagen einwandfreier Zeugen Leute, die nicht die geringste Schuld an dem Aufruhr trifft. Diese Erschießungen werden mit den Standgerichten von den weitesten Volkskreisen in Verbindung gebracht, und für jede einzelne macht man die Regierung deswegen verantwortlich. Diese Verantwortung kann die Regierung aber nicht tragen. Es ist der Gedanke aber auch für die gesamte politische Öffentlichkeit, soweit sie hinter der Regierung steht, unerträglich, daß Leute im Ruhrbezirk, bei denen eine Waffe gefunden wird, erschossen werden können, während man von einer standrechtlichen Verfolgung der Kapp-Verschwörer und der Kapp-Soldaten bisher nichts gehört hat".[209]
Die Erbitterung, die aus diesen Worten sprach und die zu so bemerkenswerten Eingeständnissen führte, war aus einer ganzen Reihe von Vorfällen genährt. Severing hatte z.B. mit Oberst v. Epp heftige Auseinandersetzungen, als dieser sich weigerte, Wünsche über die Freilassung vertragstreuer Arbeiterführer überhaupt entgegenzunehmen.[210] Das Verbot weiterer Freiwilligenwerbung wurde mißachtet, ungeachtet der voraussehbaren Wirkung auf die alliierten Kontrolloffiziere; in Münster hingen an allen Ecken schreiende Plakate, die „Landleute und Städter" aufforderten, sich zum „Kampf gegen den Antichrist" zu melden (Meldestelle u.a. das Bischöfliche Borromaeum, Domplatz).[211] Ebensowenig scherte man sich um eine Verfügung von Mehlich, Severings Stellvertreter, nach der Veröffentlichungen der Truppen seiner Genehmigung bedurften. Besonders das Nachrichtenblatt der Reichswehrbrigade 31 machte immer wieder die Regierung lächerlich.[212] Ein Höhepunkt war ein Artikel vom 12. April, der über einen angeblich unmittelbar bevorstehenden Linksputsch berichtete, die Schlappheit des Bürgertums beklagte und dann fortfuhr: „Und die SPD? Sie kennt nur ein Gebot: Sicherung der Ministerstellen für die kommenden Wahlen *(vorausgesetzt, daß es zu diesen überhaupt programmäßig noch kommt).* Wie diesem Gebote Rechnung zu tragen ist, das ist völlig gleichgültig. Da ein Zusammengehen mit den bürgerlichen Parteien nicht ratsam ist, muß Fühlung mit den radikalen Linksparteien, mit der Straße gesucht werden. Die bedingungslose Annahme jeder Forderung des Proletariats

auf der einen Seite, sinnlose Hetze gegen alle Ordnungstreuen, in Sonderheit gegen die Reichswehr auf der anderen Seite legen nur allzu beredtes Zeugnis dafür ab".[213] Dies alles, schreibt Severing in seinen Erinnerungen, war nur möglich, weil Watter nicht fest zur Regierung stand — „eine nachträgliche gelinde Mißbilligung der vielen Entgleisungen seiner Offiziere war im Effekt doch nur eine Ermunterung".[214]

Am 17. April erstatteten die drei Abgeordneten der Nationalversammlung, die die Regierung in die Region südlich der Ruhr entsandt hatte, ihren Bericht. Darin hieß es:

„*1. Die politischen Behörden arbeiten formell unbehelligt und frei. Ein gewisser Druck auf sie ergibt sich natürlich aus der gesamten Lage. Er ist am stärksten in Remscheid ...*

2. Wir haben von keiner Seite den Wunsch gehört, daß General v. Watter an seiner Stelle verbleiben möge. Einmütig würde der Weggang Watters als eine Erleichterung gewünscht.

3. Die Preßnachrichten über die erneute Bildung einer Roten Armee, über plündernde, bewaffnete Banden usw. sind falsch ...

4. Die Waffenabgabe erscheint durchweg ungenügend ...

5. Der Einmarsch von Reichswehr wird einhellig von Behörden, Mehrheitsparteien [d.h. den Regierungsparteien] *und Linksparteien abgelehnt ...*

6. Bei den Behörden und bei den Mehrheitsparteien ist die Auffassung einhellig, daß die heutigen Zustände unbefriedigend und gefährlich sind und bald eine Änderung Platz greifen muß. Die Lösung wird fast einmütig ausgedrückt in dem Wunsche nach schleunigster Bildung einer staatlichen Polizei ... für das ganze Industriegebiet. Unter den heutigen Parteiverhältnissen haben die Gemeindebehörden nicht immer ... die erforderliche Entschlußfreiheit und Unabhängigkeit von Tagesströmungen, als daß man die Wahrung der Staatsautorität am Orte in ihre Hände legen könnte ..."[215]

Um diesen Bericht zu entkräften, bereiste ein Nachrichtenoffizier des Reichswehrministeriums vom 19. bis 21. April ebenfalls die Region südlich der Ruhr. Aber wie kräftig auch die Formulierungen waren, die er für seine ausführlichen Mitteilungen wählte — „höchstwahrscheinlich, daß sich ein neuer großer Aufstand vorbereitet", in Remscheid, dem „Herd des Bolschewismus für ganz Deutschland", sei bereits jede Unternehmerinitiative erloschen, ein militärischer Einmarsch in die Region werde „sehr bald heilsam" auf die Masse der Arbeiterschaft wirken usw.[216] —, der Eindruck, den die Abgeordneten bewirkt hatten, war nicht mehr zu verwischen. Ab dem 19. April durfte die Reichswehr zwar noch das Dreieck Iserlohn-Altena-Lüdenscheid besetzen, und darüber hinaus hatte sie sich für einen Vorstoß von hier aus in westlicher Richtung, also nach Hagen-Wuppertal bereitzuhalten; ein Befehl dazu sollte jedoch erst erteilt werden, wenn „Hilferufe aus der Bevölkerung" dies unabweisbar machen sollten.[217] Obwohl solche „Hilferufe" dann auch ergingen,[218] blieb dies bis Ende April das letzte Wort der Regierung — zum großen Unwillen der Truppenkommandeure.[219]

*

Da die Region südlich der Ruhr unbesetzt blieb, konnte der Zentralrat an seinem neuen Sitz in Barmen noch einige Aktivitäten entfalten. Am 5. April richtete er an alle Vollzugsräte eine Reihe von Anweisungen, die sich erstens auf die große Fluchtbewegung bezogen, auf die wir noch zu sprechen kommen: wie diese gelenkt werden und wie die Probleme der Verpflegung und Unterbringung der Flüchtlinge gelöst werden sollten. Zweitens sollten die Vollzugsräte den weißen Terror durch schriftlich festgehaltene Aussagen von Opfern und Augenzeugen dokumentieren. Drittens wies der Zentralrat die Vollzugsräte an, im Falle der drohenden Besetzung eines Ortes angesehene Bürger dem Militär entgegenzuschicken, die „auf Grund der örtlichen Verhältnisse das Unnötige und Unzweckmäßige des Einmarsches darlegen" sollten; „beharren die Militärs trotzdem auf dem Einmarsch, dann sollen die Bürger sich ... die Versicherung geben lassen, daß die Reichswehr keine Ausschreitungen begehen wird, daß keine Erschießungen und Mißhandlungen vorgenommen werden".[220] Wie realitätsfern diese Sätze waren, braucht kaum gesagt zu werden.

Die Anweisung zur Dokumentation des weißen Terrors führte zu insgesamt 25 Protokollen — die meisten übrigens vom Zentralrat selbst aufgenommen —, die in der schlichten Sprache der Arbeiter besonders erschütternd wirken. Sie konnten nur in der USP-Presse des Reviers veröffentlicht werden; die sozialdemokratische und bürgerliche Presse schwieg sie tot, lediglich das Elberfelder SPD-Blatt machte eine Ausnahme.[221] Auch der Reichskanzlei wurden sie überreicht, die sie ihrerseits ans Reichswehrministerium weitergab.[222] Dieses äußerte sich erst im Juli dazu. Die Protokolle, so erklärte Oberst v. Schleicher, seien „zum Teil erfunden, zum Teil enthalten sie starke Übertreibungen", um dann fortzufahren: da nähere Angaben über die Truppenteile fehlten und zahlreiche damals eingesetzte Truppen inzwischen aufgelöst seien, sei „eine Untersuchung der Einzelfälle ... nicht mehr möglich" gewesen.[223] Wie beide Aussagen miteinander vereinbar waren, blieb dabei Schleichers Geheimnis.

Daß der Zentralrat überhaupt noch Aktivitäten entwickelte, veranlaßte Oberbürgermeister Cuno am 7. April zu der öffentlichen Erklärung, man dürfe sich nunmehr „nicht wundern ..., wenn die Reichsregierung auch im Bezirk des Wuppertales die Bedingungen von Bielefeld und Münster nicht als erfüllt ansieht".[224] In diesem Sinne äußerten sich am selben Tage auch die SPD-Bezirksleitung Niederrhein sowie die SPD-Funktionäre von Elberfeld und Barmen (nach dem Bielefelder Abkommen hätten nur noch die Vollzugsausschüsse eine provisorische Existenzberechtigung, die illegale Weiterarbeit des Zentralrats erhöhe die Gefahr eines militärischen Einmarsches im Wuppertal); als Konsequenz beschloß man, die weitere Mitarbeit im Zentralrat einzustellen.[225] Damit zog sich nun auch die niederrheinische SPD von der Bewegung zurück.[226]

Zum 8. April berief der Zentralrat nochmals eine Vollversammlung der Vollzugsräte ein; „unbedingt gerettet werden" müßten „die Grundlagen für eine schnelle Zusammenfassung bei kommenden Kämpfen", hieß es in der Einladung.[227] Das enthüllte nicht nur Illusionen, sondern war nun in der Tat direkt gefährlich: die konservative Presse las aus diesen Worten den Hinweis auf einen baldigen neuen Aufstand heraus,[228] was dann auf der Konferenz einen Referenten des Zentralrats zu der Erklärung zwang, gemeint gewesen sei der „politische Kampf, der natürlich niemals aufgegeben werden" könne. Obwohl inzwischen fast das ganze Ruhrgebiet militärisch besetzt war, kamen Delegierte aus 75 Orten auf den Aufruf hin nach Barmen. Von 164 Delegierten insgesamt waren 18 SPD-Mitglieder, die sich also über die Boykottbeschlüsse ihrer Parteileitungen hinweggesetzt hatten.[229] Pieck dagegen war zwei Tage vor der Konferenz endgültig nach Berlin zurückgefahren[230] — für ihn war die Bewegung offenbar zuende.

Eckardt erstattete den Rechenschaftsbericht des Zentralrats über die gesamte Zeit seines Bestehens; Schönbeck (KPD) referierte zum Punkt „Umgestaltung des Zentralrats". In diesem Referat und der anschließenden Diskussion kam der elementare Wunsch zum Ausdruck, wenigstens etwas aus der Bewegung zu retten: ein organisatorisches Kontinuum. Beschlossen wurde, den Zentralrat in seiner bisherigen Form aufzulösen;[231] die Gründe dafür und was an seine Stelle treten sollte, erläuterte ein Aufruf, den eine auf der Konferenz eingesetzte Kommission — Eckardt, Sauerbrey (beide USP) und Düwell (KPD) — an die rheinisch-westfälische Arbeiterschaft richtete:

„Die hinter uns liegenden Kämpfe gaben ein schönes Zeugnis von der fortschreitenden politischen Reife der Arbeiterschaft. Sie bekundeten eine anerkennenswerte Disziplin und eine mustergültige Opferbereitschaft. Diese Tatsachen können nicht geleugnet werden, auch nicht durch den Umstand, daß unlautere Elemente die Bewegung in ihrem letzten Stadium für die Befriedigung ihrer egoistischen Zwecke mißbraucht haben ...

Ohne Organisation, ohne Plan ..., ganz plötzlich in die Bewegung hineingestoßen, so stand das rheinisch-westfälische Proletariat auf dem vorgeschobensten Posten des revolutionären Kampfes ...

Diktatur des Proletariats! Das war die Parole, unter der der Kampf einsetzte. Aber kein marxistisch geschulter Politiker, kein Praktiker der revolutionären Bewegung war so töricht, mit unzureichenden Mitteln, ohne daß die objektiven Verhältnisse es rechtfertigten, das Kampfziel so weit zu stecken. Selbst dann, wenn die Bewegung im ganzen Reich gleichen Schritt gehalten hätte mit dem stürmischen Vormarsch im Industriegebiet, wäre es doch kaum möglich gewesen, die Diktatur des Proletariats in der ganzen politischen Bedeutung zu verwirklichen. Die psychologischen Voraussetzungen sowie die organisatorischen Vorbereitungen des deutschen Proletariats sind einem derartigen Ziele noch nicht angepaßt. Die parteipolitische Zersplitterung ... ist eine sehr starke Hemmung für die revolutionären Kämpfe. In den Kämpfen selbst muß das Proletariat seine Einigung finden. Hoffnungsvolle Ansätze zu dieser Einigung hat die letzte Bewegung gebracht ...

... Das Proletariat (muß) darauf bedacht sein, die Einigung planmäßig und organisatorisch zu fördern. Das kann und muß geschehen auf der Grundlage der Betriebe. In den Betrieben muß sich das Proletariat auch politisch zusammenschließen und sich in der Wahl von Arbeiterräten — neben den Betriebsräten — eine politische Vertretung und Leitung schaffen. Die Arbeiterräte der verschiedenen Betriebe eines Ortes wählen aus sich eine zentrale Vertretung, aus der heraus wieder Mitglieder zum Zentralrat für den ganzen Industriebezirk zu delegieren sind. Dieser organisatorische Unterbau fehlte dem Vertretungskörper der Vollzugsräte und des Zentralrats. Dieser fand seine Legitimation in der Hauptsache in dem Ge-

bot der Stunde, in dem Willen des revolutionären Proletariats und in der Initiative seiner Vertrauensleute.

„Die in Karnap und Horst stehenden Teile der Marinebrigade Loewenfeld... belegten die südlich des Rhein-Herne-Kanals liegenden Orte (Altenessen, Heßler, Schalke) mit einem mörderischen Feuer aus Artillerie (Kaliber 21 und 15 cm) und Maschinengewehren..." (Seite 322)

Reichswehr vor einem Haus in Altenessen, nach dem Einmarsch

Diese Legitimation reichte selbstverständlich über die jetzt beendete Aktion nicht hinaus. Aus diesem Grunde hatte der Zentralrat der am 8. April stattgefundenen Vollversammlung der Vollzugsräte den Vorschlag unterbreitet, auf der oben gekennzeichneten Grundlage (Wahl von politischen Arbeiterräten in den Betrieben) einen neuen Vertretungskörper zu bilden, dessen Aufgaben hier keiner näheren Erörterung bedürfen. Mit diesem Vorschlage war die Konferenz einverstanden..."[232]
Ein klägliches Dokument, besonders angesichts einer so großen Bewegung: auf die oberlehrerhafte Einleitung folgt die nachträgliche Rechthaberei, die Geste derer, die angeblich von Anfang an alles überlegen im Griff hatten — als ob es nicht gerade „marxistisch geschulte Politiker" und „Praktiker der revolutionären Bewegung" gewesen wären, die die Parole „Diktatur des Proletariats" ausgegeben hatten! Ähnlich retuschiert wurde die Wirklichkeit in einer Erklärung, die der Zentralrat zum Abschluß seiner Tätigkeit veröffentlichte.[233] Das dann entwickelte Konzept: die Wahl von „politischen" Arbeiterräten in den Betrieben neben den bestehenden „wirtschaftlichen" Betriebsräten, kennen wir als das der KPD; während der Aufstandsbewegung war es in einer einzigen Stadt, nämlich in Essen realisiert worden (II, Seite 44 f., 47 f.). Jetzt wurde dazu für das ganze Industriegebiet aufgerufen, nach dem Ende der Bewegung und während der weiße Terror wütete, ohne daß gesagt wurde, welche Aufgaben ein solches Rätesystem haben sollte (dies bedurfte angeblich „keiner näheren Erörterung")! Kein Wunder, daß der Aufruf bei den Arbeitern nicht das geringste Echo gefunden hat.

*

Nach dem Ende der Aufstandsbewegung im Ruhrgebiet blieb als einziger „Unruheherd" in Deutschland nur noch das Vogtland, wo Max Hoelz seine Aktionen fortsetzte (s. oben Seite 201). Um einer militärischen Besetzung zuvorzukommen, stellten die Aktionsausschüsse im westlichen Sachsen der Landesregierung in Dresden in Aussicht, Hoelz ihrerseits unter Kontrolle zu bringen. Doch das gelang ihnen nicht; auch als eine KPD-Bezirkskonferenz ihn aus der Partei ausschloß, ließ Hoelz sich nicht disziplinieren. Am 13. April marschierte die Reichswehr, rund 20.000 Mann stark, von drei Seiten gleichzeitig ein — die Kopfprämie auf Hoelz war inzwischen auf 30.000 Mark erhöht worden — und nahm dabei Gelegenheit, alle noch bestehenden Aktionsausschüsse aufzulösen und die Arbeiterschaft zu entwaffnen. Gegen den Willen von Hoelz steckten seine Anhänger in Falkenstein fünf Fabrikantenvillen in Brand. Am 17. April war die militärische Aktion abgeschlossen, das ganze Vogtland besetzt. Die aktivsten Rebellen versuchten, einzeln oder in kleinen Gruppen über die tschechoslowakische Grenze zu entkommen; Hoelz selbst gelang das, er kam bis Marienbad, wo er entdeckt und verhaftet wurde. Ein deutsches Auslieferungsbegehren lehnte die Prager Regierung jedoch ab.[234]
Mit nichtmilitärischen Mitteln ging die Reichsregierung im thüringischen Kleinstaat Gotha vor, dessen allein von der USP gebildete Landesregierung ihr seit langem ein Dorn im Auge war. Am 10. April setzte sie einen Regierungskommissar ein, der die Landesregierung ihres Amtes enthob, den Landtag auflöste und Neuwahlen ausschrieb.[235] Ein schwerwiegender Schritt, der für die Zukunft

Maßstäbe setzte: die erste „Reichsexekutive" gegen ein Land seit Verabschiedung der Weimarer Verfassung aufgrund des Ausnahmeartikels 48, und zwar wie selbstverständlich gegen eine Landesregierung, die vom Kurs der Reichsregierung nach *links* hin differierte.

2. Die Flucht der Arbeiter ins Bergische Land und in das von den Alliierten besetzte Gebiet

> *„Viele von den Flüchtlingen hatten den traurigen Mut, sich unter den Schutz fremder Mächte zu stellen und deshalb schleunigst das besetzte Gebiet aufzusuchen."*
>
> Hans Spethmann: Zwölf Jahre Ruhrbergbau, Bd. II, Berlin 1928, S. 244

Es waren in erster Linie die Rotgardisten, die vor dem weißen Terror von Reichswehr und Sipo auf die Flucht gingen, sodann Mitglieder der Arbeiterwehren (zur Unterscheidung zwischen beiden siehe II, Seite 63), Arbeiter, die sich während des Aufstands exponiert hatten, Agitatoren, Mitglieder der Kampfleitungen und Vollzugsräte.[1] Die Familien blieben in der Regel zurück,[2] Angst und Ungewißheit breiteten sich aus. In der Hast des Aufbruchs ließen einige Kampfleitungen und Vollzugsräte ihre Papiere und Unterlagen liegen, die dann der Reichswehr in die Hände fielen;[3] darunter am gefährdendsten die namentlichen Löhnungslisten.

Die Fluchtwege waren vorgegeben: zunächst in die Bezirke südlich der Ruhr, von dort weiter ins englisch besetzte Gebiet. Der Flüchtlingsstrom erreichte am 3. April Hagen,[4] am 4. bereits Remscheid,[5] am selben Tag das englisch besetzte Solingen,[6] am 5. Köln.[7] Andere Flüchtlinge gelangten z.B. über Haan nach Wald (beides englisch),[8] wieder andere von Düsseldorf über Benrath nach Wiesdorf (heute Teil von Leverkusen).[9]

Die Aktionsausschüsse Hagens, der Wupperstädte und Düsseldorfs ließen die Flüchtlinge bereits an den Stadtgrenzen durch verstärkte Posten der Arbeiterwehren entwaffnen, erst dann durften sie weiter ins Stadtinnere und wurden dort verköstigt.[10] Dabei gab es zu Anfang hie und da Schwierigkeiten, so am 3. April in Hagen, als eine rund 70 Mann starke Gruppe, die bereits ins Stadtinnere gelangt war, Geld, Rauchwaren und Schuhe verlangte und, als dies abgewiesen wurde, ihre Waffen zurückforderte. Nun bemächtigte sie sich eines Maschinengewehrs und nahm eine drohende Haltung an; daraufhin umstellte die Arbeiterwehr den Platz, und Ludwig konnte die Situation durch energisches Zureden so weit klären, daß sich die Leute zur Bahn geleiten ließen.[11] Zwei Tage später hieß es dagegen bereits (in einem Bericht aus dem Wuppertal), „nach anfänglichem Zögern" gäben die meisten „willig ihre Waffen ab".[12] In Elberfeld wurden immer nur kleinere Gruppen gleichzeitig zum Rathausplatz geführt, wo sie dann Verpflegung erhielten.[13]

Nach Passieren der Entwaffnungsbarriere boten die Flüchtlinge ein Bild, das ein Augenzeuge in Lennep so beschrieb: die meisten in Gruppen zu Fuß, dazwischen einzelne Reiter, Sanitäts- und Bagagewagen, Feldküchen; am Bismarckplatz wurden vor einem Wagen mit angehängter Feldküche die Pferde ausgespannt und durch einen Kraftwagen ersetzt (wegen des bergig werdenden Geländes).[14] In Solingen sah man Rotgardisten mit Militärmützen, Tornistern, Zeltbahnen;[15] die meisten waren jedoch nicht so gut ausgerüstet. Ihr physischer Zustand: ein Beigeordneter des Remscheider Magistrats sprach in einem amtlichen Bericht von „ausgehungerten, teilweise halbnackten, mit bloßen Füßen ankommenden Flüchtlingen";[16] plastischer noch der USP-Redakteur Hermann Merkel in Solingen: „Hohlwangige Gestalten, mit schlechten Stiefeln, schlechten Kleidern, so mancher mit der Schwindsucht in den Augen. Das ganze Elend des Ruhrbezirks schien daherzuschreiten ... Schwere Berufsarbeit macht bekanntlich roh, aber niemand kann unsern Leuten in dieser Richtung etwas nachsagen ... Verwundete mußten teilweise mitgeführt werden. Einer hatte einen Lungenschuß und fand kein Plätzchen im Krankenhaus, einer einen Kopfschuß und lief herum! Ein neuer Trupp war angekommen. Es war nicht gekocht worden [in der sog. 'Volksküche'] und abends wurde dann mitgeteilt, daß noch gekocht werde. Hunger tut weh und macht rabiat. Und die Leute sagten nur, wir haben jetzt 25 Stunden nichts gegessen, aber wir warten eben noch eine Stunde".[17]

Merkel beschrieb auch das Verhalten des Bürgertums und verglich es mit der Kriegszeit: „Das Versenken von Schiffen, das Wegschleppen Tausender Frauen und Mädchen, die Sklaverei der belgischen Arbeiter, das Ersäufen von Bergwerken, das Stehlen von Maschinen, das Zerstören von industriellen Anlagen, das gewollte Verwüsten ganzer Landesteile, das Bombardieren von Städten aus der Luft, das waren Großtaten, oder schlimmstenfalls kriegerische Notwendigkeit. Wie hat sich das alles gewandelt, weil ein Millionstel dieser Dinge jetzt im wirklichen oder vermeintlichen Interesse der eigenen Klasse jener Helden von ehemals geschah. Jetzt ist das Bürgertum bis auf den letzten Mann und die letzte Frau erfüllt von Haß ... Einer, ein Solinger 'Herr', hat überhaupt unter den Kämpfern noch keinen gesehen, der nicht auch eine Verbrecherphysiognomie hatte. Dessen Sohn schwelgte in dem Gedanken, ein Blutbad unter den Roten anrichten zu können ... Kleinbürger, die nie wagten, den Mund gegen die wahnsinnige Vergeudung des Volksvermögens während dem Krieg aufzutun, rauften sich die Haare, weil sie bezahlen müßten, was die müden Kämpfer aus der Volksküche bekamen".[18] —

Die zweite Barriere, die der größte Teil der Flüchtlinge passierte: die Grenze des englischen Brückenkopfes. Hier wurden die Papiere kontrolliert und alle etwa noch vorhandenen Waffen abgenommen (in Haan machten die Engländer sogar Leibesvisitationen). Bei der Solinger Polizei schließlich mußten die Flüchtlinge alles abgeben, was nach Heeresgut aussah.[19]

Kleinere Gruppen, zusammengehalten durch Nachbarschaftsbeziehungen oder durch gemeinsame Erlebnisse während des Aufstands, herrschten vor. Plötzlich jedoch kam ein großer einheitlicher Block hinzu. Erinnern wir uns, daß am 5. April Schwerte besetzt wurde. Angstvolle Ungewißheit breitete sich im Hagener Bezirk aus; den Versprechungen Severings, Hagen würde nicht besetzt, war nach allen Erfahrungen nicht zu trauen, den Beruhigungsversuchen des Oberbürgermeisters (oben Seite 324) wurde nicht geglaubt. In der folgenden Nacht löste ein bewaffneter Arbeiter, der etwas Verdächtiges zu sehen glaubte, einen allgemeinen panikartigen Alarm aus; das Gerücht, die Reichswehr habe im Vorort Kabel die Lenne überschritten, bestätigte sich jedoch nicht.[20] Eine Delegiertenkonferenz des Bezirks am 6. April verlief in größter Nervosität. Es wurde vorgeschlagen, daß alle bewaffneten Arbeiter ins englisch besetzte Gebiet fliehen sollten; dem wurde von Ernst energisch widersprochen, der jedoch seine Überzeugung, daß die Reichswehr im Moment *nicht* einmarschieren werde, nicht beweiskräftig belegen konnte.[21] Als dann gegen Mitternacht die Nachricht einging, die Vorposten der Reichswehr seien bis an die Lenne vorgedrungen, und zugleich eine Meldung bestätigt wurde, wonach die Reichswehr von Essen aus in Richtung Elberfeld marschiere,[22] gaben die Hagener Arbeiterführer (Ernst war abwesend) das Signal zum Abmarsch. Im ganzen Bezirk zwischen Wetter, Hohenlimburg und Schwelm brachen die bewaffneten Arbeiter und andere, die sich bedroht glaubten (z.B. wegen Teilnahme am Kampf gegen das Freikorps Lichtschlag), auch eine Reihe von Arbeiterführern und einige Frauen, auf, insgesamt weit über 2.000 Personen. Waffen (eigene, erbeutete, in den letzten Tagen eingesammelte) und Munition nahmen sie mit, auch erbeutete Geschütze, die Hohenlimburger warfen einen Teil der Waffen in die Lenne, um sie nicht der Reichswehr in die Hände fallen zu lassen; was für ein rasches Fortkommen an Beutepferden und -wagen fehlte, wurde eilig beschlagnahmt. In Haspe nutzten dunkle Elemente die Situation, um in einen Uhren- und einen Zigarrenladen einzubrechen. Die bürgerliche Presse zählte die Täter zu den Flüchtenden (in Wirklichkeit waren diese sofort eingeschritten), bauschte die Einbrüche stark auf und behauptete, auch in anderen Orten seien Plünderungen vorgekommen.[23] Das Hagener USP-Blatt berichtete in großer Aufmachung über den Abmarsch und rief zu Spenden auf: „Das Traurigste ist Tatsache geworden: die Regierung ist nicht imstande, ein Versprechen zu halten... Bittere Tränen wurden vergossen... Das besetzte Gebiet ist das Ziel, ohne Barmittel, ohne Existenz — — auf die Gnade der Engländer angewiesen. Zu Hause bleiben Frauen und Kinder in ständiger Sorge".[24] — Ein kleiner Teil der Abgerückten zog bis ins englisch besetzte Gebiet, wo er interniert wurde, ein anderer bis Barmen; die weitaus meisten nahmen Remscheid zum Ziel.[25] Sie wurden hier verpflegt; ihr Angebot an die Stadt jedoch, mitgebrachtes Beutegut zu verpfänden, wurde abgewiesen.[26]

*

Exakte Zahlen für die Stärke des Flüchtlingsstroms liegen aus Remscheid vor. Danach wurden erstmals am 4. April 2.570 Flüchtlinge verköstigt; der Höhepunkt wurde am 10. mit 5.020 Flüchtlingen erreicht, am 11. waren es nur noch 450 (das hing damit zusammen, daß am Vorabend die Arbeiter aus dem Hagener Bezirk nach Hause zurückgekehrt waren); die letzte Ziffer — 390 verköstigte Flüchtlinge — datiert vom 23. April.[27] Am 9. schätzten die Engländer die Zahl der Flüchtlinge in ihrem Gebiet auf über 6.000.[28] Für die Gesamtzahl der Flüchtlinge kam Oberbürgermeister Cuno am 12. April auf 13.000,[29] ein Redakteur der „Frankfurter Zeitung" am 13. auf rund 10.000.[30] Bedenkt man, daß hier noch nicht diejenigen eingerechnet sind, die über Duisburg nach Holland geflohen waren, und weiter daß der Strom ins Bergische Land und nach Köln zu diesem Zeitpunkt noch immer nicht versiegt war, so dürften es letztendlich rund 15.000 Menschen gewesen sein, die vor Reichswehr und Sipo auf eine Flucht ins Ungewisse gingen.

Es liegt auf der Hand, welche Probleme die Versorgung derartiger Menschenmassen aufwerfen mußte. Von daher ist verständlich, daß die Engländer vorübergehend den Flüchtlingsstrom einzudämmen versuchten: am 7. April setzten sie nach Wiesdorf Geflohene in einen Zug nach Düsseldorf,[31] und am 8./9. sperrten sie den Personenzugverkehr vom unbesetzten ins besetzte Gebiet.[32] Inzwischen waren bereits drei USP-Führer — Ernst, Oettinghaus, Braß — unterwegs, um die anstehenden Fragen mit den Alliierten zu besprechen.

Die französische Mission in Köln, bei der die drei am Abend des 6. eintrafen, erklärte sich für unzuständig, da es sich um ganze Einheiten, überdies zum Teil bewaffnet, handle, und schickte sie weiter zu General Degoutte nach Mainz. Dieser nahm in der Weise Stellung, daß der Übertritt ins besetzte Gebiet im Prinzip nicht behindert werden solle, die Übergetretenen jedoch interniert werden müßten, bemerkte, daß dies eine vorläufige Stellungnahme sei, und empfahl zur endgültigen Klärung eine Besprechung mit der Interalliierten Rheinlandkommission in Koblenz. Damit kam am 7. April, 16 Uhr, eine Konferenz zustande, die alsbald Gegenstand hitzigster innenpolitischer Auseinandersetzungen werden sollte. Die drei USP-Führer erklärten, die Reichswehr sei entgegen dem Abkommen von Münster ins Ruhrgebiet einmarschiert, handle also offen in Gegensatz zu den Abmachungen der Regierungsvertreter; habe sie erst das ganze Industriegebiet im Griff, so drohe ein neuer Staatsstreich. Die Arbeiterschaft sei in panischer Angst vor dem weißen Terror, zu Recht, wie die zahlreichen Erschießungen und Todesurteile zeigten. Man erhoffe sich von den Alliierten zweierlei: die Aufnahme der Flüchtlinge im besetzten Gebiet und das Bestehen auf der Durchführung des Friedensvertrages, d.h. auf dem Abzug der Reichswehr aus der neutralen Zone und der Reduzierung der Reichswehr insgesamt auf 100.000 Mann — nur so sei der Frieden garantiert. Über die Verwicklung Watters und anderer hoher Offiziere in den Kapp-Putsch kündigten sie eine Dokumentation an. Die englischen und französischen Vertreter gaben hierauf zu erkennen, daß nach ihren Informationen in der Tat im Ruhrgebiet bis auf wenige Ausnahmen Ruhe und Ordnung geherrscht habe, daß von ihrem Standpunkt also der Einmarsch der Reichswehr keineswegs notwendig gewesen, vielmehr höchst unerwünscht sei. Anders allein General Allen, der Vertreter der USA, der sich auf gegenteilige Informationen berief und von der großen „bolschewistischen Gefahr" sprach, die im Ruhrgebiet bestanden habe. Im Laufe der Unterredung erfuhren die drei USP-Führer von der französischen Besetzung der fünf Mainstädte. Sie bezeichneten sie als für die Arbeiterschaft objektiv hilfreich, da dadurch der Vormarsch der Reichswehr gestoppt werde. — Unmittelbar nach ihrer Rückkehr ins unbesetzte Gebiet sahen sie sich einer nationalistischen Kampagne gegenüber, in der sie des Landesverrats beschuldigt wurden. Der — in der Unterredung nicht anwesende — Oberpräsident von Koblenz hatte nach Berlin gemeldet, die drei USP-Führer hätten gegenüber den alliierten Vertretern erklärt, die Stärke der deutschen Truppen in der neutralen Zone betrage nicht 18.000, sondern 80.000 Mann; daraus wurde abgeleitet, daß sie die Besetzung der Mainstädte provoziert hätten. Der Oberreichsanwalt beim Reichsgericht in Leipzig beantragte bei der Nationalversammlung die Aufhebung der Immunität von Braß, wobei zusätzlich ein Interview eine Rolle spielte, das dieser nach seiner Rückkehr einem französischen Blatt gegeben hatte. Reichswehrminister Geßler, der den Landesverrat von Braß für erwiesen hielt, griff ihn in der Nationalversammlung mit äußerster Schärfe an. Als die zeitliche Abfolge der Ereignisse aufgedeckt war — die Mainstädte waren bereits besetzt, als die Unterredung in Koblenz stattfand —, brach die öffentliche Kampagne zwar rasch zusammen; das Reichsgericht eröffnete jedoch am 15. Mai die Voruntersuchung gegen Ernst und Oettinghaus (die Immunität von Braß war nicht aufgehoben worden), und zwar wegen Landesverrats, Hochverrats (Förderung der Aufrührer im Ruhrgebiet) und Verrats militärischer Geheimnisse.

Zurück zur Unterredung in Koblenz. Als man zum eigentlichen Thema, der Flüchtlingsfrage, kam, sprach sich General Allen gegen die Aufnahme aus, fand sich jedoch mit diesem Standpunkt isoliert. Engländer, Franzosen und Belgier gestanden den Übertritt der Flüchtlinge ins besetzte Gebiet zu. Dort sollten sie wie politisch Verfolgte behandelt und in einem Lager interniert werden, mit dem Recht, jederzeit eine Arbeitsstelle antreten oder in ihre Heimatorte zurückkehren zu dürfen. Jedoch wurden die drei USP-Führer darauf aufmerksam gemacht, daß ein großes Versorgungsproblem durch die länger Internierten entstehe; sie mußten sich daher verpflichten, ihren ganzen Einfluß dahin geltend zu machen, daß diese so bald wie möglich ins unbesetzte Gebiet zurückgeführt würden. In diesem Sinne wurden sie an den Stabschef des britischen Militärgouverneurs in Köln, Oberstleutnant Ryan, verwiesen, mit dem sie noch vor Mitternacht eine entsprechende Vereinbarung trafen. Als Ryan erklärte, die Flüchtlinge seien durchweg Plünderer und Verbrecher, erwiderten sie, daß es solche Elemente durchaus gebe, daß es sich dabei aber nur um die zuerst Eintreffenden handle, da sie eben *hinter* der Front ihr Unwesen getrieben hätten.[33] Eine Bekanntmachung Ryans an die Flüchtlinge schrieb sofortige Meldung bei der deutschen Polizei vor und machte die Duldung im englisch besetzten Gebiet vom „guten Benehmen" der Flüchtlinge und ihrer Beobachtung der von den deutschen Zivilbehörden gegebenen Instruktionen abhängig.[34] Damit war die entscheidende Frage: Aufnahme oder Abschiebung? öffentlich geklärt: die Flüchtlinge durften bleiben.

Die Konsequenzen machten sich sofort bemerkbar. Wichtigster Zielpunkt der Flüchtlinge im englisch besetzten Gebiet war Köln. Am 5. April trafen die ersten in der Stadt ein, später folgten, vor allem aus Solingen, ganze Transportzüge;[35] am 7. war die Gesamtzahl bereits auf rund 1.500 angewachsen.[36] Die Stadtverwaltung mit Oberbürgermeister Adenauer an der Spitze wäre die ungebetenen Gäste am liebsten sofort wieder losgeworden — die katholische Lokalpresse sprach gar von Banditen, Räubern, Mördern und Zuchthäuslern —,[37] aber den gegenteiligen Ausschlag gab natürlich die britische Besatzungsbehörde. Die USP rief zu Sammlungen in den Betrieben auf — mit gutem Ergebnis, obwohl sich die freien Gewerkschaften gegen die Sammlungen erklärten.[38] Untergebracht wurden die Flüchtlinge in verschiedenen Schulen.[39] Als Internierungsplatz bestimmte die Besatzungsbehörde dann das Lager Dellbrück, in dem bisher die Truppe des Generals v. Gillhaussen interniert war (I, Seite 263) und das nun von dieser geräumt werden mußte.[40] Am 7. April abends ging der erste Eisenbahnzug mit rund 1.200

Flüchtlingen zum Lager ab. Kurz vor dem Ziel hielt er auf freier Strecke, auf dem Nachbargleis fuhr ein Zug in entgegengesetzter Richtung, und plötzlich ging ein Hagel von Steinen und Briketts auf die Flüchtlinge nieder, Stöcke trafen die Köpfe der aus den Fenstern Blickenden, Scheiben splitterten: die Gillhaussen-Truppe nahm Rache für ihre Niederlage von Remscheid und Müngsten. Nach ihrer Ankunft im Lager fanden die Flüchtlinge die Barackenräume, ohnehin kärglich eingerichtet, vollkommen demoliert und verkotet.[41] (Die Gillhaussen-Truppe andererseits bezog zunächst eine Kölner Festung und wurde dann am 11. von den Engländern, nach Wegnahme ihrer Bagage, unter Umgehung des Ruhrgebiets ins unbesetzte Gebiet befördert.)[42] — Die Zahl der in Dellbrück Internierten wuchs in zwei Tagen bereits auf über 3.000 an (die Kapazitätsgrenze des Lagers betrug 3.900 Personen).[43] Die Insassen klagten besonders über mangelhafte ärztliche Versorgung (es gab nicht nur Verwundete und Fiebernde, sondern auch einige schwer Nervenkranke).[44] Bewachung und Leitung des Lagers lagen bei der deutschen Polizei; zusätzlich war britisches Militär abkommandiert.[45]

Um den 7./8. April, als es so aussah, als werde die Reichswehr auch das Gebiet südlich der Ruhr besetzen, bereiteten die französischen Besatzungsbehörden weitere Aufnahmelager für Tausende von Flüchtlingen in der Umgebung von Bonn vor.[46] Das erwies sich dann jedoch als unnötig.

*

Von verschiedenen Instanzen, vor allem aus Köln und den bergischen Städten, wurde Severing gedrängt, den Flüchtlingen für den Fall ihrer Rückkehr freies Geleit zu garantieren;[47] ob auch von Unternehmern, denen Arbeitskräfte fehlten, läßt sich nicht sagen. Am 9. April wandten sich Severing und Watter mit folgendem Aufruf an die Flüchtlinge:

„... *Die Truppe kommt zum Schutze aller Gutgesinnten ... Sie wird jetzt nach Abschluß der eigentlichen Kämpfe mit den gesetzlichen Mitteln nur gegen diejenigen vorgehen, die für die Sicherung der eben hergestellten Ruhe und Ordnung eine Gefahr bedeuten. Die Regierung und alle ihre Organe ... werden gegen die unverantwortlichen Hetzer und gewissenlosen Führer einschreiten. Sie legt aber Wert darauf, daß die Irregeleiteten oder falsch Unterrichteten aufgeklärt und zurückgewonnen werden ... Wer nach dieser Zeit der Unruhen aus ehrlicher Überzeugung seine Absicht, auf ungesetzlichem Wege etwas zu erreichen, aufgibt und sich zu seiner bisherigen Arbeitsstätte wieder begeben will, wird ... in keiner Weise behindert werden. Im Interesse der Volkswirtschaft und der Arbeiterschaft liegt es, daß die ... Geflüchteten wieder zu ihrer Arbeitsstätte zurückkehren*".[48]

Kein Wort also von verbindlicher Amnestie, und daran änderte sich nichts, als dann auch die Alliierten wiederholt — zuletzt am 26. April — die deutsche Regierung um eine solche baten.[49] Anfang Mai lehnte die Reichsregierung auch den alliierten Vorschlag ab, eine Liste derjenigen Personen zu veröffentlichen, gegen die ein Gerichtsverfahren beabsichtigt sei (um alle übrigen Flüchtlinge zu beruhigen); die Strafverfolgungsbehörden sollten lediglich angewiesen werden, auf individuelle Anfragen von Flüchtlingen zu erklären, ob gegenwärtig ein Verfahren gegen sie anhängig sei, was jedoch ein künftig noch zu eröffnendes Verfah-

ren nicht ausschließe.⁵⁰ — Die USP-Presse warnte die Flüchtlinge eindringlich, auf Severings und Watters Aufruf hin etwa in ihre Heimatorte zurückzukehren; „unverantwortlicher Hetzer" sei für das Militär und die zahlreichen Denunzianten potentiell jeder irgendwie Beteiligte, z.B. auch das Mitglied einer Arbeiterwehr, ja einfach jeder überzeugte Sozialist.⁵¹ Ein Funktionär des „Reichsbundes der Kriegsbeschädigten" teilte im SPD-Blatt von Hamm mit, der Untersuchungsrichter beim außerordentlichen Kriegsgericht Münster habe ihm gegenüber ganz unverhohlen erklärt: „Wenn der Herr Minister Severing einen derartigen Aufruf erläßt, mag er ihn verantworten. Nur die Nationalversammlung kann eine Amnestie für diese Leute erwirken und sie denkt nicht daran, dies zu tun".⁵² Ein Arbeiter aus Herne schrieb an Severing:
„Auf Ihren Aufruf an die Flüchtlinge in hiesiger Zeitung möchte ich Sie doch erinnern, daß die Arbeiter doch nicht gans so dumm sind, auf diesen Leim zu gehen. Denn ... der rote Terror war nicht so schlimm wie jetzt die Reichswehr in Sodingen [das Jäger-Freikorps Bückeburg] *mit diesen wehrlosen Menschen verfährt ... (Die Arbeiter) sehen lieber Heute wie Morgen daß der Franzose unser liebes Westfalen besetzt ... Auch ich ziehe vor, lieber mein Brot im Ausland zu verdienen; da ich einen Schuß durch den Finger bekommen habe, wird man auch mich in den nächsten Stunden verhaften wollen ... Dieses grenzt alles an den weißen Terror in Ungarn, versteckt arbeitet sich die Kappregierung jetzt empor und wird genügend vom Militär unterstützt, dort oben hat man für diese Sachen keine Augen, daß man gerne seinen von Gottes Gnaden stündlich wieder hohlen wird und die Zeit hierfür ist nicht mehr fern.*
*Dieses von einem Arbeiter, der nicht mit dem Maul wie ein Advokat beschlagen ist, sondern redet wie ihm der Schnabel gewachsen ist".*⁵³
Anders die Reaktion vieler Flüchtlinge im Lager Dellbrück, wo der Kölner Polizeipräsident Runge den Aufruf Severings und Watters bekanntgab: rund 900 meldeten sich sofort zur Rückkehr, die meisten allerdings aus Orten, die von der Reichswehr nicht bzw. noch nicht besetzt waren (die übrigen Lagerinsassen, vorsichtiger, hielten nochmalige Verhandlungen mit Severing um wirkliche Sicherheitsgarantien für notwendig und wählten zu diesem Zweck eine Kommission).⁵⁴ Die in ihre Heimatorte Zurückkehrenden erhielten einen von Runge unterzeichneten Ausweis, der ihnen auch bei Teilnahme an den Kämpfen Straffreiheit zusicherte⁵⁵ — eine Unverantwortlichkeit des Polizeipräsidenten, da eine solche Zusicherung durch den Aufruf Severings und Watters gerade nicht gedeckt war. Vom Lager ging es in Eisenbahnzügen zunächst ins Wuppertal, zum Teil weiter; 200 Flüchtlinge, die auf diesem Wege nach Hagen gelangten, hatten seit 36 Stunden nichts mehr gegessen.⁵⁶ — Wer in einen von der Reichswehr besetzten Ort zurückkehrte, war mit sofortiger Verhaftung bedroht; die Betriebe verweigerten ohnehin vielfach die Wiedereinstellung. Der Zentralrat in Barmen nahm Fälle zu Protokoll, in denen Arbeiter ein zweites Mal ins Gebiet südlich der Ruhr hatten fliehen müssen.⁵⁷ Severing seinerseits klagte einige Tage später in einem Presseinterview, die Rückführung der Flüchtlinge aus dem besetzten Gebiet erweise sich als schwierig, weil viele die Angabe ihrer Personalien verweigerten.⁵⁸
Im Wuppertal und im Bergischen Land, wo die Arbeiterorganisationen weit stärkeren Einfluß auf die Kommunalbehörden hatten als in Köln, verfuhr man nicht

einfach mit dem Bestreben, die Flüchtlinge so schnell wie möglich wieder loszuwerden, sondern bemühte sich um reale Sicherheitsgarantien;[59] daß der Severing-Wattersche Aufruf völlig unzureichend sei, erklärte auch die SPD.[60] Nach Verhandlungen einer Delegation in Münster[61] glaubte man es am 14. April verant-

„Die Verhaftungen in Essen waren zahllos. Bürgerliches Publikum, das am Polizeipräsidium die Truppen bejubelte, ging mit Stöcken auf die Gefangenen los." (Seite 326)

Hauptpost in Essen, nach dem Einmarsch der Reichswehr

worten zu können, die ersten Flüchtlinge zurückzuschicken; sie erhielten eine Freifahrkarte, 10 Mark und ein Papier einer ad-hoc-Kommission der bergischen Kommunen, in dem es hieß: „Verhaftungen dürfen nur nach Prüfung der Unterlagen und Anhörung der Gemeindebehörde erfolgen. Keinem Festgenommenen darf ein Haar gekrümmt werden. Da die Aufhebung des Belagerungszustandes bevorsteht, geschieht die Aburteilung Verhafteter nur durch ordentliche Gerichte. Die Standgerichte sind damit ausgeschaltet".[62] Doch entweder war die Verhandlungsdelegation in Münster zu gutgläubig gewesen, oder sie war direkt getäuscht worden: ein Zug mit 152 Flüchtlingen, der von Remscheid über Hagen nach Witten ging, wurde in der Nacht nach Schwerte weitergeleitet — direkt in die Arme der Reichswehr. Die Flüchtlinge wurden mit Gummiknüppeln geschlagen, erhielten Fußtritte, zum Verhörlokal gings im Laufschritt, und wer das zitierte Papier vorwies, machte sich damit bereits verdächtig. Etwas zu essen gab es erst am nächsten Tag. Viele, wenn nicht alle kamen in ein stacheldrahtumzäuntes Barackenlager in der Senne.[63]

Den Flüchtlingen aus der Hagener Region, deren geschlossener Abmarsch oben geschildert wurde, blieb ein derartiges Schicksal erspart. Bemühungen der Hagener Stadtverwaltung und der Arbeiterführer um ihre gesicherte Rückkehr gestalteten sich zunächst schwierig: nicht nur daß der städtische Finanzausschuß die Zahlung von 50 Mark an jeden Flüchtling ablehnte (der Vorschlag stammte von Ludwig und war von Oberbürgermeister Cuno aufgegriffen worden),[64] sondern bis zum 9. April rechnete man allerseits mit der Besetzung der Hagener Region, nachdem am 7./8. Iserlohn, dann Letmathe und Westhofen von der Reichswehr besetzt worden waren und Severing einen Zivilkommissar für Hohenlimburg ernannt hatte.[65] Dann aber glaubten Flüchtlinge und Arbeiterführer eine Rückkehr verantworten zu können; ein Sonderzug — wiederholt das Privileg der Hagener seit Beginn des Aufstandes — wurde zur Verfügung gestellt (10./11. April).[66] Die Gevelsberger fanden zuhause Kündigungsschreiben ihrer Firmen vor.[67] Die Waffen (bis auf die für die Ortswehren bestimmten) wurden der Reichswehr in Schwerte übergeben, einschließlich des gepanzerten Zuges, der zu Beginn des Aufstands bei der Zerschlagung des Freikorps Lichtschlag erobert worden war[68] — fast ein Symbol für das Ende der Aufstandsbewegung.

*

Wer links des Rheins bzw. südlich der Ruhr blieb, war damit keineswegs völlig in Sicherheit. Gelegentlich nahm die Kölner Polizei sogenannte „Rädelsführer" fest,[69] und die Spitzelzentrale Kölpin beim Wehrkreiskommando in Münster* verfolgte die Flüchtlingsbewegung mit größter Aufmerksamkeit;[70] insbesondere konnte sie eine Kartei sämtlicher in Köln befindlichen Flüchtlinge anlegen.[71] Vor allem aber versuchte das Militär die Flüchtlinge als Mittel zu benutzen, um bei der Regierung doch noch den weiteren Vormarsch durchzusetzen, und zwar auf zwei Wegen: über die Presse und über den Einsatz von Provokateuren.
Am 10. April hieß es im täglichen Lagebericht des Wehrkreiskommandos: *„In Vohwinkel befindet sich eine Arbeiterwehr, die sich aus bolschewistischen Flücht-*

---

* Vgl. II, Seite 183, 208 Anm. 55.

lingen zusammensetzt. Es ist anzunehmen, daß sie sich weiter verstärkt und sich in eine Räuberbande verwandelt ... Rote Truppen sammeln sich im Abschnitt Gevelsberg-Schwelm-Barmen-Elberfeld-Remscheid. Hier soll Widerstand bis zum äußersten geleistet werden. Die Stärke der ansässigen Roten Armee Elberfelds und Barmens ist 6.000 Mann, die sich jedoch bei einem Angriff der Reichswehr sofort auf 16.000 Mann erhöhen wird. Dazu kommen noch die sich jetzt aus Barmen zurückziehenden Rotgardisten aus den anderen Industriegebieten, sodaß man mit einer Gesamtzahl von 35.000 Mann zu rechnen hat". Ein Teil der bürgerlichen Presse druckte das nach und rief damit beträchtliche Aufregung hervor.[72] Proteste von Behördenvertretern, kritischer Presse und Arbeiterorganisationen, ja sogar der Elberfelder „Vereinigung der Fabrikanten und Großhändler der Textil- und verwandter Branchen"[73] nützten nichts; weitere derartige Verlautbarungen folgten.[74] Noch am 20. April hieß es in einem Bericht über die Lage im Wuppertal: *„Dem oberflächlichen Beobachter ... erscheint die Rote Armee von der Bildfläche verschwunden zu sein. Und doch ist sie noch vorhanden, die Rote Armee schläft sich an der Wupper aus, nutzt die 'Atempause' aus zur Stärkung kommender Kämpfe. Spricht man doch hier von einer latenten bolschewistischen Republik Wupper"*.[75]

Die vom Militär eingesetzten Provokateure nahmen sich vor allem das Lager Dellbrück zum Objekt. Sie suchten zunächst die Insassen aus dem Lager herauszulocken, etwa mit einer Pressemeldung von der eben gekennzeichneten Art, wonach der Zentralrat im Wuppertal eine neue Rote Armee aufstelle, oder mit dem Gerücht, das Lager werde demnächst zwangsweise geräumt, die Insassen müßten dann ohnehin fort, usw. Nicht wenige ließen sich zur Fahrt ins Wuppertal verleiten. Dort und im Bergischen Land war einige Unruhe die Folge.[76] In der Nacht zum 13. April durchsuchte in Elberfeld eine Gruppe von Rückkehrern Hauptbahnhof und Hauptpostamt, eine andere machte den Versuch, ein Waffenlager zu stürmen. Beidemal griff die Ortswehr ein. Wie anschließende Ermittlungen ergaben, wollten die Rückkehrer bei der Bildung der neuen Roten Armee dabeisein.[77] Der letzte größere Vorfall ereignete sich in der Nacht vom 30. April, als etwa 90 Dellbrücker Rückkehrer, die bereits seit vier Tagen unterwegs waren und sich dabei Gewehre, MGs und Handgranaten angeeignet hatten, von Düsseldorf nach Remscheid zogen; ihr Anführer, ein Reichswehrspitzel, hatte als Ziel des Unternehmens die Befreiung von acht ehemaligen Rotgardisten aus dem Remscheider Gefängnis angegeben. Der Trupp wurde unterwegs von den Ortswehren von Elberfeld und Remscheid gestellt; nach kurzem Feuergefecht ergab er sich, etwa die Hälfte wurde gefangengenommen.[78]

Ein Teil der bürgerlichen Presse reagierte in der vom Militär gewünschten Weise und sprach von rotem Terror, drohenden Putschen, dauernder Störung von Ruhe und Ordnung usw. im Gebiet südlich der Ruhr. Mehrere öffentliche Instanzen protestierten gegen diese Berichterstattung und sprachen sich gegen eine militärische Besetzung aus,[79] wie auch die Parlamentarierdelegation (oben Seite 336) wahrheitsgetreu in Berlin berichtete, von den Behörden bis zu den Linksparteien lehne man im Bergischen Land einhellig einen Einmarsch der Reichswehr ab.

*

Ende April brauchten die Kommunen und Arbeiterorganisationen keine Flüchtlinge mehr zu versorgen.[80] Die meisten waren in ihre Heimatorte zurückgekehrt; mehrere hundert jedoch, insbesondere Exponenten der Aufstandsbewegung, hatten für längere Zeit im besetzten Gebiet (Saarland, Aachener Industriegebiet u.a.) Arbeit genommen oder schlugen sich in Holland durch, manche nahmen mit ihren Familien für immer Wohnsitz im Bergischen Land.[81]

In bürgerlichen Blättern und von seiten des Militärs wurde verschiedentlichen behauptet, die geflohenen Arbeiterführer verlebten zunächst einmal mitgenommene Gelder. Demgegenüber sei noch einmal daran erinnert, unter welchem Druck der bewaffneten Rotgardisten in den letzten Tagen des Aufstands Gelder beschlagnahmt worden waren; unzweifelhaft, daß diese dann auch in aller Regel vollständig ausbezahlt worden waren. Ausnahmefälle freilich hat es sicherlich gegeben. Wir können ihnen nicht mehr nachgehen, insbesondere nicht der Frage, ob auf die Flucht mitgenommene Gelder nicht Vergütungen für die Tätigkeit des Betreffenden selbst waren. Ein bemerkenswerter Vorgang sei jedoch zum Abschluß des Kapitels mitgeteilt. Am 26. April berichtete der Wittener Oberbürgermeister seiner vorgesetzten Stelle, drei Mitglieder des Wittener Aktionsausschusses hätten ihm namhafte Geldbeträge, die gegen Ende des Aufstands beschlagnahmt worden waren — offenbar mehrere zehntausend Mark —, von ihren Fluchtorten aus zurückerstattet.[82]

7. Kapitel

Terror

„*Der Bürgerkrieg wurde von beiden Seiten mit Erbitterung geführt. Zweifellos wurden von putschistischen Gruppen der 'Roten Armee' beispiellose Verbrechen verübt, die die Bevölkerung terrorisierten. Jedoch stand der 'weiße' Terror der Regierungstruppen jenem nichts nach, und er war politisch um so verhängnisvoller, als er gegen gemäßigte und zum Waffenstillstand ratende Arbeiter ebenso geübt wurde wie gegen die Ultralinken, von denen sich selbst die KPD-Führung distanzierte.*"

Hans Mommsen im Katalog zur Ausstellung „Bergarbeiter" des Bergbau-Museums Bochum, November 1969 bis Februar 1970

„*Nach letzten Gefechten verstreuter Truppen ... (war) die Reichswehr wieder Herr der Lage im Ruhrgebiet; sie vergalt die Gewaltsamkeiten der aufständischen Arbeiter mit noch größerem Terror*".

Hans Manfred Bock: Syndikalismus und Linkskommunismus von 1918-1923, Meisenheim a. Glan 1969, S. 289

Der „weiße Terror" — ein Begriff aus der Zeit der Französischen Revolution, wo er zum ersten Mal 1795 für die Schreckensherrschaft verwandt wurde, die die Royalisten (die „Weißen") im Südosten des Landes errichteten —, verallgemeinert also der konterrevolutionäre Terror ist von jeher ein heikles Thema der deutschen Historiker. Entweder wird er kurzerhand ausgeklammert (als Beispiel Peter v. Oertzen: „Die Gestalt des Bürgerkrieges ist ein Gegenstand für sich"),[1] oder er wird mit dem bekannten Bemühen um 'Ausgewogenheit' angegangen; einleitend sind zwei Beispiele zitiert (Argumentationsmuster: „Die einen — ja, aber auch die anderen"). Auffällig ist, daß solche allgemeinen Sätze fast nie konkret belegt werden. Birgt der Gegenstand eine Gefahr in sich, und wenn es nur eine Gefahr für das eigene ausgewogene Weltbild wäre? Daß die Unschärfe dabei kein Spezialproblem der Historiker ist, möge eine AP-Meldung vom 1. März 1974 beleuchten: „Ein 30jähriger Mann ... hat auf das weltberühmte Gemälde 'Guernica' des spanischen Malers Pablo Picasso im New Yorker Museum für moderne Kunst einen Anschlag verübt ... Das Bild 'Guernica' stellt einen Protest Picassos gegen die Grausamkeiten dar, die während des Bürgerkriegs in Spanien begangen wurden".

1. Der weiße Terror von Reichswehr und Sipo

"Mustert man die Vorgänge bei den Verhaftungen und Einsperrungen, so wird dem Leser aufgefallen sein, mit wievielen Mißhandlungen, zum Teil recht schweren, sie verknüpft waren, die dem deutschen Rechtsempfinden durchaus widersprachen".

Hans Spethmann über die französische Besatzung im Ruhrgebiet 1923 (Hans Spethmann: Zwölf Jahre Ruhrbergbau, Bd. IV, Berlin 1930, S. 319)

Ein Boulevardblatt beschrieb das Bild, das Unna nach dem Truppeneinmarsch machte: „Alle Augenblicke bietet sich ein neues militärisches Schauspiel. Eine Kompanie zieht mit Trommeln und Pfeifen vorüber, Autos rattern durch die Straßen, eine Ulanenpatrouille sitzt zum Erkundungsritt auf und sprengt durch die Stadt. Sie tragen lange Lanzen mit schwarz-roten Fähnlein, denn es sind Schwaben".[2]
Mit dem Jubelruf *„Endlich frei!"* erschien das Dortmunder Zentrumsblatt nach dem Einmarsch der Reichswehr: „Neue Trümmer hat unverantwortliche politische Machtgier geschaffen, riesengroß, Millionenwerte sind durch eine rohe, verwilderte Masse in den Boden gestampft, aber unverwüstlich ist der Wille des deutschen Volkes, sich wieder aufzurichten. Mag auch mancher verzweifelt haben in diesen schlimmen Tagen, das eine Gute haben sie sicher gehabt, daß die Einsicht sich vertieft hat, daß nur geordnete Verhältnisse unter einer starken Autorität uns retten kann vor dem anarchischen Chaos ... Als Vertreter dieser Autorität begrüßen wir die wackeren Männer in der Sturmhaube, die nun in unsere Mauern endlich einrücken, um unbekümmert um politische Anschauungen jedem die Freiheit wieder zu geben".[3] Und unter der Schlagzeile *„Endlich erlöst!"* las man im Duisburger SPD-Blatt: „Der Truppe, die eine hunderttausendfache Bevölkerung vom endgültigen Untergang schützte ..., sind auch wir zu Dank verpflichtet. Unter Berücksichtigung der gegebenen Umstände ... müssen wir das humane Vorgehen der Truppen anerkennen. Die Phaseleien (sic) von dem 'Weißen Schrecken' haben sich als Hirngespinste erwiesen und wir wollen hoffen, daß ... auch weiterhin jede unnötige Provokation, deren wir früher leider so mannigfache erleben mußten, vermieden werden".[4]
Die Truppen taten ihr Möglichstes, um die Stimmung zu heben: sie gaben Platzkonzerte. So am Vormittag des 4. April vor dem Rathaus von Recklinghausen, wo die Kapelle des Freikorps Aulock flotte Melodien spielte; zum Schluß erklang das Deutschland-Lied, in das die umstehende Menge einfiel. Der Reporter eines

Lokalblatts fühlte sich „an bessere Zeiten vaterländischer Einigkeit und Größe" erinnert und spürte beim Singen den „unerschütterlichen Glauben an die nationale Wiedergeburt unseres von äußeren Feinden zu Boden getretenen und von inneren Wirren zerrissenen Vaterlandes".[5]

*

Eine kleine Auswahl aus angeschlagenen und in der Presse veröffentlichten Bekanntmachungen. Der Ortskommandant von Mülheim, 5. April: „Von größter Wichtigkeit ist die Kenntnis der Tatsache, daß bewaffnete Banden die Sabotage der Werke vorbereitet haben. Mitteilung über den Aufenthalt solcher Verbrecher, die sich vereinzelt jetzt noch hier herumtreiben, ist Pflicht jedes Arbeiters im Interesse seiner Kollegen. Es wird erneut darauf hingewiesen, daß Leute, welche in dieser Beziehung aufrührerisch wirken, dem Standgericht zur Aburteilung überwiesen werden ... Vorstehende Bekanntmachung wurde mit den Vertretern der Stadt und den Gewerkschaften besprochen".[6] Bekanntmachung des Husaren-Regiments Nr. 11: „Wer unrechtmäßig mit Waffen in der Hand betroffen wird, hat sein Leben verwirkt. Ergeben Hausdurchsuchungen das Vorhandensein von Waffenniederlagen, tritt das Standgericht in Tätigkeit ... Hinter dem Wort steht die Tat, zahlreiche Todesurteile sind bereits vollstreckt".[7] Zweimalige Bekanntmachung in Bottrop: Zwischen 19.30 und 5 Uhr morgens Betreten der Straßen nur mit Polizeiausweis; Bergleute erhalten Ausweise von den Zechenverwaltungen.[8] Bekanntmachung von General Kabisch, 7. April: Für Versammlungen besteht gemäß den Bedingungen des verschärften Belagerungszustands genaue Anmeldepflicht (Zeit, Lokal, Einberufer, Tagesordnung, wobei der Punkt „Verschiedenes" nicht zugelassen ist); Genehmigung durch den örtlichen Militärbefehlshaber, der nach Ermessen Überwachung durch die Polizei anordnet; Berichte in doppelter Ausführung an das Militär; Verbot für Versammlungen der KPD und der Unionisten sowie von Belegschaftsversammlungen, „soweit in ihnen *nicht* für die Wiederaufnahme der Überschichten gesprochen werden soll"; gemeinsame Versammlungen der vier Bergarbeitergewerkschaften für eine Zechenbelegschaft können genehmigt, müssen aber überwacht werden.[9] Zwei Bekanntmachungen des Ortskommandanten von Datteln, 3. April: „Die Arbeit auf der Zeche Emscher-Lippe ist am Dienstag [nach Ostern] in früherer Weise wieder aufzunehmen". „Ansammlungen von mehr als 4 Personen sind strafbar." Dazu eine Bekanntmachung der Zechendirektion von Emscher-Lippe: „Es steht der Zeche nur soviel Geld zur Verfügung, daß heute etwa nur die Hälfte des fälligen Abschlags [auf den Vormonatslohn] gezahlt werden kann ... Auf Befehl des Truppenführers in Datteln, Oberleutnant v. Aulock, darf der Lohn erst im Anschluß an eine verfahrene Schicht ausgezahlt werden".[10]

In Recklinghausen und Datteln wurden die Zeitungen einer Vorzensur unterworfen,[11] in Essen wurden Telefone abgehört.[12] Weitere derartige Fälle sind wahrscheinlich, wenn auch nicht quellenmäßig belegt. Der Generalversammlung der Essener SPD, die am 11. April stattfinden sollte, versagte das Militär die Genehmigung.[13]

*

Verhaftet wurde überall: in den Wohnungen, auf der Arbeitsstelle,[14] Verwundete in den Krankenhäusern (belegt für Dortmund, Herne und Datteln),[15] Teilnehmer einer Beerdigung von getöteten Rotgardisten (in Hüls).[16] In Essen wurde vorzugsweise nachts verhaftet,[17] doch das scheint nicht überall so gewesen zu sein — Reichswehr und Sipo waren vollkommen Herr der Situation. Die Zahl der Fälle ist schier endlos; für Dortmund ist sie immerhin überliefert: etwa 400 in den ersten zehn Tagen nach dem Einmarsch der Truppen.[18] Gelegentlich traf es auch Bürgerliche: in Werne den Ortsvorsitzenden der DDP, in Unna sogar einen prominenten DVP-Vertreter.[19] Aber das waren seltene Ausnahmen. In Lünen griff man sich sogar den Hornisten der örtlichen Arbeiterwehr.[20] In der Oberhausener Stadtverordnetenversammlung rief der USP-Abgeordnete Hasberg, bei dem man zweimal Haussuchung gemacht hatte, aus: „Soll denn der linksstehende Bürger immer der Bürger zweiter Klasse bleiben?"[21] Auch Sippenhaft gab es.[22]

Von Watters Liste der „Hauptdrädelsführer" war bereits die Rede (Seite 198). Außerdem besaßen die Truppenkommandeure Mitgliederverzeichnisse mehrerer Aktionsausschüsse, Listen von USP- und KPD-Führern mehrerer Orte des Ruhrgebiets, „Listen der bekanntgewordenen Aufrührer", nach Orten aufgeschlüsselt, sowie eine allgemeine „Führerliste" mit zunächst 510 Namen, danach mehrmals ergänzt: überwiegend aus den Reihen der Roten Armee, aber auch Vollzugsratsmitglieder, Organisatoren von Volkswehren usw.[23] Die meisten dieser Listen stammten anscheinend aus der Spitzelzentrale Kölpin beim Wehrkreiskommando. In einem späteren Rechenschaftsbericht rühmte sich Kölpin, er habe den Truppenkommandeuren außerdem „Stadtpläne mit genauen Einzeichnungen der Wohnungen der Kampfleiter usw." übermittelt.[24] Aber einfache Denunziation genügte auch zur Verhaftung.[25] Bereits Abonnenten der USP-Presse waren „gefährliche Spartakisten".[26] Aus Duisburg ist ein Fall bekannt, in dem ein Denunziant sogleich beim Einmarsch der Truppe einem Hauptmann einen Zettel in die Hand drückte, auf dem zwei Namen standen (einer der beiden: ein SPD-Führer), und bemerkte, die „gehörten zu den Roten".[27]

Der Denunziant blieb in der Regel anonym. In Horst wurde bekannt, daß die Direktion der Zeche „Nordstern" profilierte Belegschaftsmitglieder denunziert hatte; in Unna hatten die Rechtsparteien Verhaftungslisten angelegt; in Waltrop war der Ortspfarrer mit genauen Angaben behilflich. In Hüls wiederum zeigte ein Sozialdemokrat ganz offen auf diejenigen in dem erwähnten Leichenzug, die „dabeigewesen" waren.[28]

Zur Denunziation wurde vielfach direkt aufgefordert, teils in Bekanntmachungen der Truppenkommandeure, teils durch die Lokalpresse.[29] Es gab hervorzuhebende gegenteilige Äußerungen: das Lokalblatt von Dorsten druckte an auffälliger Stelle ein gegen die Denunzianten gerichtetes Gedicht; in Wattenscheid bat Bürgermeister Wallraven vor dem Einrücken des Militärs die Bevölkerung, jede Denunziation zu unterlassen, da hinreichend bekannt sei, wie Verhaftete unter Umständen behandelt würden; und in Unna sprach sogar ein Truppenkommandeur (Oberstleutnant v. Brandenstein) in einem Interview mit dem Lokalblatt vom „Unwesen der Denunziation in der Stadt".[30]

Weit gefährlicher noch als die Denunzianten waren die Lockspitzel, mit denen hie und da gearbeitet wurde. Das Essener SPD-Blatt berichtete, Sipos in Zivil suchten Leute auf, bei denen Waffenbesitz denunziert worden sei, und erzählten dann, sie seien versprengte Rotgardisten und wollten „nach glücklichem Entkommen den neuen Widerstand gegen die Reaktion organisieren". Sobald die vertrauensseligen Gastgeber verrieten, daß sie im Besitz einer Waffe seien, erfolge sofortige Verhaftung. In einem Falle seien die Lockspitzel in der Familie eines Knappschaftsältesten zum Kaffee eingeladen worden, die Frau habe vom Vorhandensein einer Waffe im Haus erzählt, und daraufhin sei der Mann sofort erschossen worden.[31] (Gemeint war vermutlich ein Fall in Duisburg-Beeck, der dann nicht in allen Einzelheiten zutreffend dargestellt wäre.) Das Essener USP-Blatt brachte folgende Notiz: „Warnung! Es ist festgestellt worden, daß in den Wohnungen unserer Genossen durch Lockspitzel ... Waffen untergebracht werden. Wenn dann kurz danach die Haussuchung stattfindet, so entstehen für die Betroffenen die schlimmsten Folgen. Wir bitten ... dringend, sich wiederholt in allen zur Wohnung gehörenden Räumen umzusehen".[32]

*

Die Denunziation gedeiht am besten im Klima des Pogroms. Fast jedes Truppenkommando fabrizierte eine Schilderung der grauenhaften Zustände unter der Herrschaft der Roten, die das, was ohnehin an Gerüchten umlief (Radek und Lenin sind in Dortmund usw.),[33] hundertfach verstärkte. Über Raesfeld etwa, wo die Marinebrigade Loewenfeld ihre erste 'Feindberührung' gehabt hatte, hieß es (der Bericht ist auch bei Klaus Theweleit zitiert):[34] Die Roten „konnten natürlich alles brauchen, von den einfachsten Lebensmitteln an bis zum kleinsten Gebrauchsgegenstand ... Übrigens gab es auch einige Helden dabei, die sich selbst ihren Ranzen vollfüllten und dann die rote Armee verließen mit den Worten: Ich habe jetzt genug und kann nach Matka gehen; das waren die ausländischen Elemente, die ja reichlich bei der roten Armee vertreten sind. Bezeichnend ist auch, daß schon am ersten Abend des Einzuges der Bolschewisten im ganzen Dorfe kein Alkohol mehr übrig geblieben war ... Auch hinterlistiger Tricks bedienten sich die Banden. Als die Reichswehr schon im Orte war, kam noch ein Auto angesaust, an den Rändern mit Hamstersäcken beladen, oben auf die roten Kreuzschwestern (Dirnen), aber unten im Auto das Maschinengewehr, das gleich an zu knattern fing. Man machte natürlich mit den Insassen kurzen Prozeß, zumal sich herausstellte, daß die 'Schwestern' auch noch verschiedene Gifte bei sich hatten".[35] (Zum wirklichen Hergang vgl. oben Seite 120)
Die zu Beginn des Aufstands von den Arbeitern gefangengenommenen Soldaten und Sipos seien, so wurde behauptet, scheußlich behandelt worden; von ihnen in der Gefangenschaft abgegebene Erklärungen seien unter dem Druck des Revolvers erfolgt.[36] Weiter hieß es, die Rote Armee habe Dum-Dum-Geschosse (Patronen mit angefeilten Spitzen, die besonders schwere Wunden verursachen) verwandt. Die Marinebrigade Loewenfeld behauptete sogar, im Rathaus von Gladbeck sei eine „Waffenmeisterei" eingerichtet gewesen, in der solche Geschosse massenweise hergestellt worden seien.[37] Oder es wurde gemeldet, daß der Hamborner Vollzugsrat für das Abkommen von Münster eingetreten sei und daraufhin Dudo befohlen habe, „alle Vollzugsratsmitglieder, soweit man ihrer habhaft werde,

wegen Verrats an der Sache des Proletariats zu erschießen".[38] Dabei war Dudo zu diesem Zeitpunkt bereits im Kampf vor Wesel gefallen. Aus dem „Lagebericht" einer militärischen Stelle in Münster: „Nach einer aufgefangenen Weisung der Bolschewisten-Zentralstelle Mülheim sollten bei Gefahr sämtliche Zechen gesprengt und unter Wasser gesetzt werden."[39]
An höchster Stelle, beim Wehrkreiskommando Münster, wurde eine Liste angeblicher Zeugenaussagen über „Greueltaten der Bolschewisten" angelegt. Zur Charakterisierung sei die erste zitiert: „In Gelsenkirchen fand am 21. 3. früh zur Feier der Einnahme Essens ein großer Umzug mit vielen roten Fahnen statt. Dem Zuge wurde von einem jungen Burschen eine Schüssel mit Blut vorangetragen". Diese Aussage sollte vom Redakteur des „Anzeigers in Buer" stammen — einer Zeitung, die überhaupt nicht existierte.[40]
Eine weitere vom Wehrkreiskommando angelegte Liste von Zeugenaussagen sollte die führende Rolle von Russen in der Aufstandsbewegung beweisen. Auch hier sei die erste zitiert. Ein Mathias Lauer hatte in der Haft angeblich folgendes ausgesagt: „Ich habe zur Zeit der Unruhen in der Wirtschaft Marx (Duisburg) russische Juden ein- und ausgehen sehen, die mit Rotgardisten verhandelten. Ungefähr 6 Mann. Einer davon trug Waffen". Ein weiterer 'Beleg' war etwa ein Telegramm vom 4. April, in dem es hieß: „In Hamborn Russe, als Arzt in Rußland notdürftig ausgebildet, Verstümmelungen an getöteten Bolschewisten vorgenommen, um Greueltaten der Regierungstruppen vorzutäuschen. Einwandfreie Zeugen".[41]
Der massenwirksamste Mythos, den die militärische Propaganda produzierte, war jedoch zweifellos Schloß Sythen. Klaus Theweleit hat ihn bereits eingehend analysiert,[42] so daß wir ihn hier nur noch wiederzugeben brauchen. Der Verfasser der folgenden ersten ausgearbeiteten Fassung, die damals die Runde machte, ist ein Hauptmann Schneider. Zur Erinnerung zuvor nur soviel, daß sich auf Schloß Sythen eine Kampfleitung der Roten Armee befunden hatte (II, Seite 70, 73).

"... Der treue Diener, der als Einziger zurückgeblieben ist, öffnet uns die Tür des Hauses, er stößt die Fensterläden auf; und vor uns entrollt sich ein Bild so sinnloser, grausamer Zerstörung, wie es das Auge des kriegsgewohnten Soldaten selbst in mehr als vier langen Kriegsjahren nicht gesehen hat. Dort zerstörten die Waffen, hier die Bestie Mensch.
Trümmer über Trümmer! Erbrochene Schränke, herausgeschlagene Füllungen, zerschlagene Uhren und Bilder, Kommoden und Truhen; der Inhalt, soweit er den Räubern nicht begehrenswert erschien, in buntem Durcheinander auf dem Boden verstreut! Wir schreiten von Zimmer zu Zimmer, vom Keller bis zum Dachgeschoß, überall grinst uns das gleiche Bild der Zerstörung entgegen ... Keine Gardinen, kein Vorhang mehr im ganzen Hause, selbst die Wandbespannung zerschnitten und aufgerissen, hier das herausgebrochene Perpendikel einer Standuhr, dort ein zerbrochenes Kruzifix, von den Empire-Möbeln abgerissene und dann beiseite geworfene Bronzebeschläge, dazwischen der Inhalt von Schrank, Truhe und Kasten, leere Weinflaschen, wertvolle Stiche und Kunstgegenstände mancherlei Art ...
In den Schlafräumen des Obergeschosses, im Kinderzimmer, im Bodengelaß, überall das gleiche Bild! ... Ganze Arbeit ist getan, das muß man den Vorkämpfern der Menschenrechte lassen ...

Und während wir über die Trümmerstätte schreiten, gibt uns der treue Diener ein erschütterndes Bild der Leidenstage, die die Bewohner des Schlosses durchmachen mußten. Er erzählt uns, wie es dem Grafen mit Mühe und Not gelang, das nackte Leben zu retten. Er malt uns das Bild der tapferen Frau, die inmitten der vertierten Horden aushielt, um zu retten, was zu retten war, die stolzen Hauptes nie den Mut verlor, an deren Beispiel sich die anderen aufrichteten.
Eine Bande wird durch die andere abgelöst. Sie kommen in Kolonnen, in Personenkraftwagen und Lastautos. 'Rote Gardisten', die unvermeidlichen Matrosen, und als Krankenschwestern verkleidete Huren ...
Die ganze Nacht ein Kommen und Gehen, Türen splittern, Schränke krachen. Nackte Weiber stehen vor den Kleiderschränken und probieren der Gräfin Kleider an. Auf den Fluren und Fremdenzimmern liegt eine Horde von mehr als 100 Menschen, darunter etwa 40 'Krankenschwestern', Männchen und Weibchen, alles sinnlos betrunken ...
Während der Getreue aus seinen Erlebnissen erzählt, schreiten wir weiter über das Feld der Zerstörung. Auch vor der alten Kapelle haben die räuberischen Horden nicht Halt gemacht. Der Altar erbrochen, die Meßgewänder gestohlen, die Betbänke zerschlagen.
Und weiter durch die veröderten Ställe! Das Vieh geschlachtet oder entführt bis zum letzten Stück. Die Kornkammern ausgeraubt, die Fischnetze gestohlen, der Fischbestand durch Handgranaten vernichtet ..."[43]
Warum ausgerechnet, so fragt Klaus Theweleit, ein Schloß als Schauplatz dieses „Antibolschewisten-Films"? Wenn Freikorps in Schlössern Quartier machten, so sei das für die Verfasser und Ausgestalter des Mythos sicherlich legitim gewesen; „dagegen ist 'Rote im Schloß' ein Sakrileg, eine Perversion, ein Synonym für verkehrte Gesellschaft".[44]
Ich denke, das ist auch vom historischen Ursprung des Mythos her genau die richtige Frage. Man muß sich erinnern, daß auf Schloß Sythen die höchstrangige Kommandeursbesprechung über die Frage des Standrechts stattgefunden hatte (oben Seite 333). Generäle, Stabsoffiziere und Freikorpskommandanten am selben Ort, wo kurze Zeit zuvor die Roten gewesen waren: man kann sich vorstellen, wie allein schon der Anblick der gastgebenden Gräfin die Phantasie in Bewegung brachte.
Der „Film" wirkte tief und nachhaltig.[45] Über alle Grenzen aber schwappte plötzlich die Phantasie, als am Morgen des 2. Mai der Besitzer von Schoß Sythen, Graf Otto v. Westerholt, in den Waldungen seines Besitzes erschossen aufgefunden wurde. Eine erste Meldung der „Buerschen Zeitung":
„*Die Annahme, der Graf sei mit Wilderern zusammengestoßen und von diesen ermordet worden, hat nur wenig Wahrscheinlichkeit für sich. Man glaubt allgemein, daß es sich um einen wohlüberlegten Mord handelt. Als die Reichswehr einige der Vandalen verhaftete, die während der letzten Unruhen das Schloß Sythen so übel zugerichtet hatten, und das Standgericht schwere Strafen über die Marodeure verhängte, gingen dem Grafen mehrere Drohbriefe zu, worin es u.a. hieß, er solle sich nur vorsehen, sein Stündlein würde bald geschlagen haben. Es ist daher mehr als wahrscheinlich, daß skrupellose Menschen, die mit den Sythener Plünderern sympathisieren, dem Grafen auflauerten und ihn 'aus Rache' ermordeten ..."*

Die Zeitung fuhr fort:
„*Allgemeines Mitgefühl bringt man in der ganzen Gegend der schwergeprüften Frau des Ermordeten entgegen. Die Gräfin hatte bekanntlich bei dem 'Besuch' der Rotgardisten auf Schloß Sythen tagelang die ganze Wut verrohter Menschen über sich ergehen lassen müssen ... Graf Otto v. Westerholt stand im 43. Lebensjahre und hinterläßt neben seiner Gemahlin ... zwei Töchter im Alter von 13 und 11 Jahren.
Mit Otto v. Westerholt ist auch der letzte der fünf Söhne des Grafen v. Westerholt gestorben. Zwei dieser Söhne starben den Heldentod während des Krieges ...
Der Ermordete wird uns von verschiedenen Seiten als leutseliger Mann geschildert, der nie am politischen Streit sich beteiligt hat. Die Lieblingsbeschäftigung des Grafen ... waren Geschichts- und Altertumsforschungen. Mit welcher Sachkenntnis er sich dieser Beschäftigung gewidmet hat, davon legten die Sammlungen von Kunst- und Altertumsgegenständen auf Schloß Sythen Zeugnis ab, die zum Teil schon wegen ihres ideellen Wertes auf Millionen berechnet wurden und die kürzlich von den spartakistischen Vandalen vernichtet worden sind.
Wie uns noch weiter gedrahtet wird, sollte der Ermordete am Montag [3. Mai] vor dem Kriegsgericht in Münster als Zeuge ... auftreten. Vor einiger Zeit war angekündigt worden, daß ein Preis von 20.000 Mark von seiten der Roten Armee auf seinen Kopf ausgesetzt sei*".[46]
Durch den Mord und seine Verarbeitung wurde das drückende Verfolgungsklima noch weiter angeheizt. Zahllose Kriminalisten traten in Tätigkeit, die Staatsanwaltschaft setzte 10.000 Mark Belohnung für die Ergreifung der Mörder aus, „Hinweise aus der Bevölkerung" führten zu Dutzenden von Verhaftungen.[47] Weitere Pressemeldungen blieben jedoch aus. Bis die „Buersche Zeitung" einen Monat später folgende Mitteilungen eines Mitarbeiters brachte:
„*Die Namen der Mörder sind der zuständigen Kriminalpolizei bereits bekannt, und in den nächsten Tagen dürfte es gelingen, die Täter hinter Schloß und Riegel zu bringen. Sie halten sich in der Umgebung von Haltern verborgen ... In der Tat sind die Mörder bisherige Reichswehrsoldaten. An der Mordaffäre sind vier Personen beteiligt. Die Täter sind von den Spartakisten gedungen und mit großen Geldsummen für die Ausführung der Mordtat bezahlt worden ..."*[48]
Nach dieser seltsamen Meldung wartete man vergebens, die Angelegenheit verschwand aus der Presse. Es sollte noch fünf Jahre dauern, bis der Mord seine Aufklärung fand.
Die Verfolgten als heimtückische Verfolger hinzustellen: das war offenbar auch das Ziel jener Meldungen, nach denen die Rotgardisten vor ihrem Abzug in der Mülheimer Kaserne raffinierte Selbstschußanlagen angebracht hätten, die nur dank der Umsicht der Soldaten unschädlich gemacht worden seien.[49]

*

Zeugnisse antisemitischer Gesinnung in Reichswehr und Sipo finden sich immer wieder.[50] Bei vier Freikorps jedoch häufen sie sich: bei der Brigade Faupel, der Marinebrigade Loewenfeld, dem Freikorps Roßbach und der Bayrischen Schützenbrigade Epp. Daß ihr Antisemitismus in den besetzten Städten nicht nur auf Ablehnung stieß, sondern auch Resonanz fand, wird sich gleich zeigen. Nach dem Einmarsch der Brigade Faupel in Recklinghausen und der Marinebrigade Loewenfeld in Bottrop setzte eine Judenhetze ein, die das regionale SPD-Blatt als „ekelhaft" bezeichnete. Ein Opfer war der Kaufmann Heymann in Bottrop, der unter der Herrschaft des Vollzugsrats 16.000 Mark gespendet hatte, um — wie viele andere Geschäftsleute — befürchteten Plünderungen vorzubeugen. Als Anhänger der Spartakisten denunziert und sofort verhaftet, gab er die Erklärung ab, die Spende sei „nur unter dem Druck der Verhältnisse und unter Androhung von Waffengewalt" erfolgt, und konnte damit seine Freilassung erreichen.[51] Über den Kaufmann Otto Cosmann in Recklinghausen wurde u.a. verbreitet, er habe die Rote Armee mit 600.000 Mark unterstützt, sei eingeschriebenes Mitglied der KPD und habe während der roten Herrschaft ständig eine rote Schleife auf der Brust getragen. Er setzte dem in der Lokalpresse ein derart energisches Inserat entgegen, daß ihm daraufhin nichts geschah.[52] Anders verhielt sich der Inhaber eines Pelzgeschäfts in Recklinghausen, Max Staudt, der gelegentlich im Zimmer des Vollzugsrats gesehen worden war und einmal zusammen mit einem Vollzugsratsmitglied die Herkunft eines bestimmten Warenpostens geprüft hatte; er floh aus Angst vor Denunzianten aus der Stadt, bevor die Truppen einrückten. Das örtliche Zentrumsblatt bezeichnete ihn denn auch prompt als Mitglied des Vollzugsrats. Eine Woche später gab die Zeitung die gewundene Erklärung ab, das sei zwar falsch, aber Staudt habe durch seine Flucht selbst bewiesen, daß er „keine reine Weste" habe. Wiederum einige Tage später erst widerrief sie ihre Denunziation in vollem Umfang.[53]

Die schreckliche Erfahrung der Juden nach 1933, daß Anpassung nichts nützte, war bereits exemplarisch am Fall des Kaufmanns Julius Wagner in Essen abzulesen. Zwei Tage nach der Besetzung der Stadt eine Hausdurchsuchung bei ihm, und zwar die einzige in der ganzen Straße. Wagner ist nicht zuhause, er befindet sich auf einer Geschäftsreise in Elberfeld. Darauf die Soldaten zu seiner Frau: „Aha, wenn sie Lunte merken, dann reißen sie aus!" In der Wohnung werden weder Waffen noch größere Lebensmittelmengen gefunden. Frau Wagner telefoniert mit ihrem Mann; der fährt im Bewußtsein seiner völligen Unschuld mit dem nächsten Zug nach Essen, um sich sofort zu stellen. Inzwischen hat sich seine Frau bereits mit dem Stadtkommandanten Baumbach in Verbindung gesetzt; dieser hat erklärt, gegen ihren Mann liege nichts vor, er könne seine Geschäftsreise fortsetzen. Auf dieses Wort sich verlassend geht der Mann nicht zur Reichswehr, sondern will nach Düsseldorf fahren. Da wird er verhaftet und ins Rathaus geführt. Leutnant Linzemeier vom Freikorps Roßbach (dem Leser hinlänglich bekannt) empfängt ihn mit den Worten: „Auch Jude." Wagner: „Jawohl, Herr Leutnant!" Linzemeier: „Dieses Saupack müßte herausgeholt werden aus den Häusern und stückweise erschossen werden … (Sie) sind die allein Schuldigen, die den Krieg und die spartakistischen Unruhen hervorgerufen haben." Zu den anwesenden Soldaten: „Nicht wahr, Kameraden, die Juden sind doch unser ganzes Unglück!" Wagner bemerkt, er habe dreieinhalb Jahre am Krieg teilgenommen. Linzemeier: „Aber nicht an der Front gewesen?" Wagner, auf seine verkrüppelte Hand zeigend: Das habe er nicht gekonnt. Linzemeier: „Ach was, andere sind doch auch da gewesen!" Wagner, zum Beweis seiner guten Gesinnung:

Er sei bei der hiesigen Einwohnerwehr gewesen. Linzemeier: „Aha, der Soldatenrat, der uns die Tressen abgerissen hat!" — Keine konkrete Anschuldigung von seiten Linzemeiers, kein Protokoll; als Wagner den Zivilkommissar Obermeyer zu sprechen wünscht: Ablehnung. Nach einer Stunde Abführung zusammen mit anderen Gefangenen, durch die Straßen zum Polizeipräsidium, die Nacht im dortigen Gefängnis. Am nächsten Tag, 14 Uhr, zurück zum Rathaus, Passanten rufen: „Schlagt sie tot!", Vorführung bei Linzemeier, der Wagner erklärt, er sei vorläufig frei (inzwischen ist die Frau erneut bei Stadtkommandant Baumbach vorstellig geworden), er dürfe die Stadt jedoch nicht verlassen und müsse bis übermorgen einen Bürgen beibringen (diese Bürgschaft wird dann vom Kommandanten der früheren Einwohnerwehr übernommen).[54]

Eine geradezu penetrante Spur von Antisemitismus zog die Bayrische Schützenbrigade Epp durch das Revier (Hamm, Dortmund, Bochum). Auf Schaufenster und Wohnungstüren von Juden wurden Hakenkreuze und Inschriften geschmiert (damals rätselte man übrigens noch teilweise über die Bedeutung des Hakenkreuzes: ein Sonnensymbol? ein Symbol zur Abwendung von Unheil?), wurden Passanten mit jüdischem Aussehen ergriffen und auf offener Straße verprügelt.[55] Ein besonders detaillierter Bericht liegt über Dortmund vor, der folgendes verzeichnet: Hakenkreuze auf Häuserwänden, Schaufenstern und auf den Eckpfeilern am Eingang der Synagoge; Verteilung antisemitischer Flugblätter; Prügeleien in Lokalen mit jüdisch aussehenden Gästen; ein Offizier erscheint in der Redaktion des liberalen Lokalblatts und ohrfeigt einen Redakteur; zu einem späteren Zeitpunkt rote Hakenkreuze auf jüdischen Grabsteinen und das Auftauchen von Gerüchten über Ritualmorde der Juden; ein jüdischer Kaufmann wird von einem Vizefeldwebel verhaftet — er habe Hakenkreuze auf Häuserwände gemalt — und wird auf der Wache zusammengeschlagen (später kommt heraus, daß der Vizefeldwebel selber die betreffenden Hakenkreuze gemalt hatte); als zwei jüdische Jungen antisemitische Klebezettel von den Wänden einer Brauerei abkratzen, werden sie verhaftet und beschimpft: „Judenpack, Schweinehunde!" (auch Schaulustige beteiligen sich). Beschwerden des Rabbiners, der selbst Beschimpfungen auf offener Straße ausgesetzt ist, führen zu einem Dienstbefehl von General Haas, der nichts bewirkt; der Staatsanwalt lehnt in einem Fall die Verfolgung ab mit der Begründung, der Betreffende, Mitglied der Akademischen Wehr München, scheide ohnehin aus der Truppe aus. Soldaten äußern, es sei ihnen verboten, bei Juden zu kaufen, und: ihre Aufgabe hier sei, Kommunisten und Juden, was dasselbe bedeute, „auszurotten". All diese Propaganda und diese Aktionen, so schließt der Bericht, der etwa zwei Monate nach Abzug der Bayern verfaßt ist, hätten „tiefe Spuren hinterlassen, besonders bei der Jugend der höheren Schulen, wo sich für die jüdischen Schüler teilweise unerträgliche Zustände herausgebildet haben".[56]

*

Brutale Haussuchungen, bei denen auch manches „mitging", Tritte und Schläge bei den Verhaftungen und beim Abführen der Gefangenen durch die Straßen, systematisches Zusammenschlagen in irgendwelchen Räumen und Kellern (die wichtigsten in den Rathäusern, Polizeipräsidien und Gefängnissen), die Schreie der Opfer — das gehörte nun zum Alltag. Wieder heben sich einige Truppen besonders heraus: die Marinebrigade Loewenfeld in Bottrop, das Freikorps Roßbach in Essen, die Bayrische Schützenbrigade in und um Dortmund, das Jäger-Freikorps Bückeburg in Sodingen bei Herne.[57] Die Sipo wütete besonders schlimm in Essen.[58] Mancherorts stürzten sich auch Zivilisten auf Gefangene, die abgeführt wurden.[59]

Geschlagen wurde vor allem auf den Arsch, den Rücken und die Arme, aber auch auf den Kopf; mit Gummiknüppeln, Gewehrkolben, Stöcken, Lederkoppeln, Reitpeitschen und Riemen, die gelegentlich mit Schrauben versehen waren; die Prügler bestraften und versuchten etwas zu erzwingen.

Bestraft wurde bereits das Anhaben einer Matrosenuniform oder wenn einer sagte, er habe Terrorakte der Reichswehr gesehen, etwa das Erschlagen von Gefangenen; erzwungen werden sollten alle möglichen Geständnisse — ob man bei der Roten Armee gewesen sei, wo sich gesuchte Arbeitskameraden und Hausgenossen aufhielten usw. Beliebt war das kollektive öffentliche 'Geständnis'. Am 20. April z.B. wurden in Bochum zwei Männer abgeführt, die fortgesetzt rufen mußten: „Wir haben einen ermordet!" Frage der Begleiter: „Was seid ihr?" Antwort: „Wir sind Lumpen, Lumpen, Lumpen!" Auch Exerzieren, kollektive Hochrufe („Hoch lebe die 3. Marinebrigade!") und Lieder (Deutschlandlied, „Heil dir im Siegerkranz", „O Deutschland, hoch in Ehren") wurden beim Abführen durch die Straßen und in den Prügelkellern erzwungen. Schließlich der klassische double-bind zwischen Geständnis und Strafe: „Warst du bei der Roten Armee?"; Schläge und Tritte; schließlich ein Ja; „Das hättest du doch gleich zugeben können!" — neue Schläge und Tritte.[60]

Ein Opfer in Dortmund hat die Quälerei unmittelbar danach schriftlich schildern können; wegen seiner Seltenheit sei dieser Bericht wörtlich wiedergegeben:

„Im Gefängnis den 27. 4. 20
Werte Kollegen.
... Die Bestialische Mißhandlung, die an mir, und viele andere verübt worden ist, ist mit der Feder nicht zu beschreiben. Es ist Haar Streubend. Ich Persönlich kan Heute weder Liegen auf dem Rücken, noch Sitzen.
... Mit mir ist am fraglichem Tage noch einer verhaftet worden. Wir sind zusamen zu der Reaktionären Wache Rosentahl* geführt worden, als wier zur Schreibstuben geführt wurden zwecks Vernehmung, sind wir statt vernomen zu werden, sind sie bei der Roten Armee gewesen? Ja. so folgten auf die Antwort Ja. 10 Ohrfeigen. Wie mir so auch dem betreffenden. Dan sind wir herausgeworfen worden, ist einen leeren Raum. in den Raum befanden sich 2. Betten und 5. Stühle. Die Betten dienen dazu, wenn jemand Seinen Rävulutionären Geist ausgehaucht hat, wird Ihm die Reaktionäre Ehre erwiesen. Er wird dort raufgelegt. Die Stühle dienen dazu, Jeder Muß sich, Qwer über die Stühle legen. Er wird von 5.-8. Personen festgehalten. Die anderen 21 Mann wo sich auch Offiziere daran beteiligt haben wird man mit Kopels wo Schlösser dran hängen, und Gumiknüpels Bestialisch geschlagen. Die Betreffende Person ist vor Meine Augen zusamen gebrochen. Mit Fußtritte wieder Empor gerichtet! Man Schlug Ihm dan

---

* Hauptpolizeiwache in Dortmund

auf den Kopf, die Folge dafon war. Ein Loch am anderen. Als Ihm das Blut im Strömen aus dem Kopfe Floß, Und mir aus Nase und Mund, wurde die Person mit einem Lapen verbunden. Ich durfte mich mit dem Taschentuch abwischen. Dann wurden mir zu erst die Kleider ausgezogen, Und Ich sollte Nakend geschlagen. Ich protestierte und Werte mich dagegen. Ich konnte mich wieder anziehen, wurde aber dafür eine halbe Stunde ohne Unterbrochen Bestialisch Mißhandelt, Aber, Aber, dem Betreffenden wurden die Kleider runter gerissen, Und er wurde Nakkend auf Bestialische Weise Mißhandelt. Dan wuden wier Unten zur Wache geführt 2. Stunden die Hände auf dem Kopf bis wier zu samen fielen. um 9. Uhr abends wurden wir beide zum Krüppel gehauenn, Unter acht Mann Bedekung zum Gefängnis Betten Straße 35. geführt. Am Montag den 26. haben wier uns Krank gemeldet. Es kam ein Millitär Arzt. Ich sollte kalte Umschläge machen. Der Betreffende Sollte sich auch dem Kopf kühlen, aber auf unseres Protestieren wurde Ihm der Kopf vom frischen verbunden. Und weiter ist an Unserer ärzlichen Behandlung nichts gemacht worden, der Betreffende liegt Stark im Fieber. Wir liegen im verlaußte Zellen zu 6 Mann an dem Zivielkomissar Bäumchen habe Ich Bereits eine Beschwerde abgeschickt. Der Betreffende heißt Stopikowski wohnt Borsig-Platz 2." [61]

Eines Falles nahm sich die englische Diplomatie an: der Mißhandlung von Mr. Voigt, während des Aufstands Korrespondent des „Manchester Guardian". Anlaß seiner Verhaftung war ein Telegramm Voigts an seine Eltern in London gewesen, in dem er die Rotgardisten beruhigend "good fellows" genannt und seine weitere Reiseroute mit "proceeding Düsseldorf, Barmen, Berlin" angegeben hatte; in ersterem hatte das Militär Sympathie für die Roten, in letzterem Spionage und Verrat von Truppenbewegungen erblickt. Bei seiner Vorführung vor Leutnant Linzemeier im Essener Rathaus hatte Voigt eine Hand in der Hosentasche. Linzemeier schnauzte: „Hand aus der Tasche, drei Schritt zurück!" Voigt legitimierte sich als Engländer. Linzemeier fauchend: „Englischer Schweinehund!" und dann zu zwei anwesenden Soldaten: „Zeigt diesem Engländer, wie er sich in Gegenwart eines deutschen Offiziers zu benehmen hat!" Daraufhin wurde Voigt von den Soldaten geschlagen, gewürgt, beschimpft und mit Erschießen bedroht. Das Anstacheln der Soldaten durch Linzemeier war übrigens kein Einzelfall im Verhalten der Offiziere; gelegentlich verrieten Soldaten sogar gesprächsweise, daß ihre Offiziere eigens ihre Abzeichen ablegten, um unerkannt in den Kellern prügeln zu können. — Anschließend wurde Voigt eingesperrt, hin- und hertransportiert und erst am späten Abend auf Veranlassung des Essener Stadtkommandanten v. Baumbach freigelassen. Diesmal, das war den Militärs an höherer Stelle klar, war um eine Verurteilung nicht herumzukommen. Nach mehreren Wochen kam es gegen den hartnäckigen Widerstand von Freikorpskommandant Roßbach zu einem Verfahren; einer der beiden Soldaten wurde mit einigen Tagen Haft, Linzemeier — der eigentlich Schuldige — mit zwei Tagen Hausarrest bestraft. Dazu der Staatssekretär des Foreign Office wütend gegenüber dem deutschen Geschäftsträger in London: Er kenne Deutschland gut genug, um zu wissen, daß niemand dort ein solches Urteil ernstnehme; das Urteil sei "a joke", wenn nicht "an impertinence", ein neuer Fall Zabern (Elsaß 1913).[62]

Wegen seiner besonderen Umstände gehört auch der einzige Fall einer Vergewaltigung hierher (daß während des militärischen Einmarsches ins Revier auffälligerweise zahlreiche Frauen erschossen, niemals jedoch Frauen vergewaltigt wurden, wurde bereits gesagt).[63] Erinnert sei zunächst daran, daß die Behauptung, die Frauen in den Reihen der Roten Armee seien durchweg Prostituierte gewesen, überall herumschwirrte, und was das bedeutete, kann man an einer besonders rohen Passage in den Erinnerungen des Freikorpsführers Schulz spüren: „Hinter einer Hecke lag ein Weib dieser Sorte" — eine „sogenannte" Krankenschwester, schreibt Schulz — „in zärtlichster Umarmung mit ihrem Geliebten. Eine Granate hatte sie bei Ausübung ihres eigentlichen Berufs überrascht"[64]. Am 27. April nun wurde die 19jährige Maria Lippert in Bottrop, die von einer Betschwester denunziert worden war, von einem Trupp Loewenfeldern in ihrer Wohnung verhaftet, nach dem Verbleib ihres Verlobten und ihrer Brüder gefragt, mitgenommen und ins Rathaus geschleppt, in dessen Kellerräumen die Marinebrigade hauptsächlich prügelte. In fortgesetzten, von ständigen Schlägen begleiteten Verhören wurde sie zunächst beschuldigt, einen Pferdediebstahl begangen zu haben, dann: als Sanitäterin in der Roten Armee gewesen zu sein. Am zweiten Tag wurde sie schließlich über einen Schemel gelegt, den sie selbst herbeiholen und hinstellen mußte, und mit Reitpeitsche und Gummiknüppel fast bewußtlos geschlagen. Anschließend wurde sie von dem Sergeanten Adler vergewaltigt, wobei die anderen sie festhielten; zuletzt — es stockt einem der Atem — stieß man ihr einen Gummiknüppel in die Scheide. Am folgenden Tag kam Adler erneut, lud vor ihren Augen einen Revolver, setzte ihn ihr auf die Brust und vergewaltigte sie ein zweites Mal. In Essen, wohin sie dann von der Marinebrigade abgeschoben wurde, erhielt sie eine Anklage vor dem außerordentlichen Kriegsgericht; am 15. Mai wurde sie freigesprochen.[65]

*

Bereits die typischen Redensarten, die bei Haussuchungen und Verhaftungen vorkamen, waren eindeutig: „Bauchaufschlitzen, Hosentaschen draus machen, Hände reinlegen".[66] Und so fehlte auch das nicht bei jenem erdrückenden Alb, den wir hier schildern: *Mord*.
Wie vielfach schon im vorigen Kapitel nennen wir jetzt, soweit bekannt, die Namen der Opfer, um wenigstens in der erzählenden Rückschau die Anonymität des Sterbens aufzuheben, die der Terror damals produzierte, jene Abgestumpftheit, in der zuletzt nur noch die Zahl der Leichen registriert wurde. Dabei ist die Reihe der Opfer im folgenden nicht vollständig; sie vervollständigt vielmehr das, was in den beiden vorigen Kapiteln bereits geschildert wurde und hier natürlich nicht wiederholt wird.
Essen/Mülheim. Am 6. April, 15 Uhr, wurde in Essen-Holsterhausen (westlicher Arbeitervorort von Essen) der bei Krupp beschäftigte Arbeiter *Engelbert Kläs* auf dem Weg von der Arbeit nach Hause als Spartakist denunziert und von Mannschaften der Marinebrigade Loewenfeld festgenommen. Kläs war Mitglied der örtlichen Arbeiterwehr gewesen; am 2. April hatte er sein Gewehr auf dem Polizeipräsidium abgegeben. Zusammen mit *Johann Schürmann*, ebenfalls aus Essen-Holsterhausen, wurde er unter Mißhandlungen nach Mülheim-Heißen (öst-

licher Arbeitervorort von Mülheim) zu einem Lokal geführt, in dem ein Standgericht unter Vorsitz eines Leutnants tagte (möglicherweise handelte es sich auch in diesem Fall um Linzemeier). Die beiden und drei andere wurden zum Tode verurteilt und anschließend durch Kolbenschläge und Schüsse in Kopf und Bauch getötet, die Leichen wurden zum Teil grauenhaft verstümmelt (u.a. die Augen ausgestochen) und auf einen Platz gegenüber der Zeche „Humboldt" (auf der Stadtgrenze zwischen Mülheim und Essen) gelegt; das macht den Eindruck, als habe man die zur Arbeit gehenden Bergleute einschüchtern wollen.

Dasselbe Standgericht verurteilte dann noch sechs Arbeiter aus Mülheim-Heißen zum Tode. Die ähnlich zugerichteten Leichen (Schädel und Arme zerschmettert, bei einem der Bauch aufgeschlitzt, bei einem anderen die Augen ausgestochen) wurden an zwei Stellen auf einem Acker etwas abseits der Straße notdürftig vergraben. Am nächsten Morgen entdeckten spielende Kinder die eine Stelle: drei Hüte, ein aus der Erde ragender nackter Fuß, eine Blutlache. Bei den drei Leichen, die man ausgrub, fehlten die Schuhe; keine Identifikationspapiere, nur eine Kontrollmarke der Firma bei einem Toten. Am frühen Nachmittag stieß der Knecht eines Bauern beim Pflügen auf die andere Stelle — aus der Erde herausragende Füße, daneben ein zerbrochenes Gewehr. Zuschauer konnten die ausgegrabenen Toten trotz der zertrümmerten Schädel sofort als Einwohner von Heißen identifizieren *(Hermann Buhmeyer, Hütter, Johann Reiber)*. Sie waren Mitglieder der Roten Armee gewesen; am 1. April hatten sie ihre Waffen in der Kaserne abgegeben. — Am 8. April erhielt die Mutter von Kläs von einem Kriminalbeamten die Nachricht, ihr Sohn befinde sich im Rathaus Mülheim. Dort gab man ihr zunächst den Hut ihres Sohnes: vorn durchgeschlagen, drinnen blutige Reste von Verbandszeug und Teile des Gehirns. Zum Alten Friedhof geführt, fand sie dort die Leiche ihres Sohnes, „mit einer klaffenden, furchtbaren Stirnwunde, die den Kopf fast in zwei Hälften gespalten hatte und bis zum Munde reichte". Die Geldbörse war geraubt.[67]

Bottrop. Nach ihrem Einmarsch in die Stadt setzte die Marinebrigade Loewenfeld gleich zwei Standgerichte ein. Das erste tagte am 6. April von 17 bis 20 Uhr. Allein 14 Mann, die ihm vorgeführt wurden, kamen aus dem Ledigenheim der Zeche „Prosper"; hier waren am Vormittag mehrere Lastwagen vorgefahren, die Soldaten hatten sich die Essensliste geben lassen und die Namen aller Bergleute notiert, die in den letzten Wochen nicht zum Essen erschienen waren und bei denen der Koch unglückseligerweise einfach „Rote Armee" notiert hatte — insgesamt 140 Namen, so daß es fast schon ein Wunder war, daß nur 14 Bergleute ausgewählt und abgeführt wurden. Andere Angeklagte waren in ihren Wohnungen verhaftet worden, und mindestens einer, der junge Bergarbeiter *Fritz Pentoch*, der Ende März eine Woche lang bei der Roten Armee gewesen war und den Rat von Freunden, vor der Reichswehr zu fliehen, im Vertrauen auf das Abkommen von Münster ausgeschlagen hatte, hatte sich sogar freiwillig gestellt. Die Verhöre vor dem Standgericht waren die Farce eines Justizverfahrens. Zwar wurden auch Entlastungszeugen angehört, sie wurden jedoch von dem Gerichtsoffizier angeherrscht: „Sollten wohl auch dabei gewesen sein!" Wieviele zum Tode verurteilt wurden, läßt sich nicht mehr feststellen. Gegen 21 Uhr (die Ausgangssperre erleichterte solche nächtlichen Exekutionen) wurden 14 Verurteilte in einem Busch an der alten Emscher erschossen. Der Vater von Pentoch gab zu Protokoll, was er am Tatort sah: „Die Leichen lagen in einer Reihe, und es machte auf mich den Eindruck, als wenn man sie vorher aufgestellt und dann erschossen hätte. Es ist nach meiner Beobachtung gänzlich ausgeschlossen, daß die Leute etwa im Kampf dort gefallen sind. Ich hob meinen Sohn, der auf dem Gesicht lag, auf; dabei strömte das Blut aus einer großen Wunde in der Brust, die nach meiner Ansicht von einem Stich herrühren muß".

Das zweite Standgericht der Marinebrigade verurteilte am 7. April drei Personen zum Tode; die Urteile wurden sofort vollstreckt.[68]

Ein bereits Verurteilter kam im letzten Moment mit dem Leben davon. Die Rotgardisten hatten während des Verzweiflungskampfes um Bottrop, den sie der Marinebrigade lieferten, ein Geschütz in unmittelbarer Nähe eines Krankenhauses aufgestellt; daraufhin war ein Arzt zu einer auf der Straße stehenden kleinen Zuschauergruppe gelaufen, in der er einen ihm bekannten Anstreicher erkannte: „Um Gotteswillen, Stämpelmann, sorgen Sie dafür, daß das Geschütz fortkommt, sonst wird das Feuer (der Reichswehr) auf das Krankenhaus gelenkt!" Stämpelmann hatte das getan, und daß er zu diesem Zweck mit den Rotgardisten gesprochen hatte und das auch noch erfolgreich, drohte ihm zum Verhängnis zu werden: den einrückenden Truppen wurde er denunziert, wie üblich zur Erzwingung eines Geständnisses mit der Peitsche zusammengeschlagen, schließlich vom Standgericht zum Tode verurteilt. In letzter Minute erfuhr der Arzt davon, der dann energisch den Sachverhalt klarstellte und erreichte, daß der Fall ans außerordentliche Kriegsgericht überwiesen wurde.[69]

Recklinghausen. Am 3. April, gegen 10 Uhr, führte ein Unteroffizier des Freikorps Aulock mit einem Begleitkommando vier Bergleute, die von einem im Rathaus tagenden Standgericht zum Tode verurteilt worden waren, unter Kolbenstößen zum Stadtgarten (*Otto Ernst* aus Bockholt, *Georg Engelmann* und *Emil Suhr* aus Langenbochum und *Ernst Brockhaus* aus Linden, Alter der vier zwischen 18 und 21 Jahren). Hier inszenierte er vor einer zusammenlaufenden Zuschauermenge, darunter Kindern, eine Erschießung, die die Praktiken der SS auf Hitlers Ostfeldzug vorwegnahm. Der erste Gefangene mußte ein Loch ausheben, sich dann am Rande davor aufstellen und „Üb immer Treu und Redlichkeit" singen; während er sang, feuerten die Soldaten eine Salve auf ihn ab, und er kippte in das Loch. Der nächste mußte ihn zuschaufeln, sich dann sein eigenes Grab ausheben und so fort. Als das Erschießungskommando fertig war, ragten Hände und Füße der Leichen noch aus dem Erdreich. Der Vorfall verursachte große Erregung, so daß die Stadtverwaltung sich veranlaßt sah, die Leichen noch am selben Tag wieder ausgraben und fortschaffen zu lassen. Zur Beruhigung erklärte das Militär einige Tage später in der Presse, der Unteroffizier sei vor ein Kriegsgericht gestellt worden;[70] ein solches Verfahren scheint jedoch niemals stattgefunden zu haben.

Ebenfalls am 3. April, 12 Uhr, wurden vier Männer, die das Standgericht im Rathaus zum Tode verurteilt hatte, im Hof des Amtsgerichts erschossen (die Bergleute *Heinrich Weber* aus Recklinghausen, 33 Jahre alt, *Peter Taus*, 19 Jahre alt, und *Joseph Henrijch*, 21 Jahre alt, beide aus Erkenschwick, und der Zauberkünstler *Franz Biege*, 34 Jahre alt),[71] in der folgenden Nacht der Bergmann *Hermann*

Blankenkrodt aus Weitmar, knapp 24 Jahre alt.[72] Das Militär bemerkte in seiner schon genannten Presseerklärung:
"Auf Anzeige der Einwohner hin sind sehr zahlreiche Verhaftungen vorgenommen worden. Es ist wohl klar, daß die Militärbehörde sich dem Ersuchen der schwer bedrückt gewesenen Bevölkerung ... nicht entziehen konnte. Die Mehrzahl der Verhafteten ist wieder auf freiem Fuße. Gefällt sind vom Standgericht 33 Todesurteile. Bestätigt sind vom Militärbefehlshaber nur vier. Nur die vier größten Verbrecher ... haben ihr wohl von allen Kreisen der Bevölkerung gebilligtes Schicksal gefunden [eine Lüge: bisher waren in Recklinghausen mindestens zehn Personen erschossen worden]. *Die doppelte Anzahl hätte angesichts der der Truppe und der friedlichen Bevölkerung zugefügten Verluste ihr Leben gerechterweise im Standrecht beenden müssen, doch ist der Gerichtsherr in voller Absicht bis zur äußersten Grenze der Nachsicht gegangen".*[73]
Mülheim. Am 8. April, 11.15 Uhr, fuhr ein Lastwagen einer Oberhausener Firma mit vier Sipos und fünf Arbeitern, die in einem Ledigenheim in Essen-Rüttenscheid verhaftet worden waren, vor dem Mülheimer Rathaus vor. Die Sipos führten ihre Gefangenen hinein. Nach einer Viertelstunde kamen sie wieder mit ihnen heraus (es war später nicht mehr herauszubekommen, was im Rathaus geschehen war) und fuhren weiter zum jüdischen Friedhof in Mülheim-Holthausen. Dort erschossen sie die fünf. Anschließend steckten sie sich eine Zigarette an und bemerkten zu einer Augenzeugin, „daß sie nichts gesehen habe". Etwa zwei Stunden später wurden die Leichen von der städtischen Polizei fortgeschafft. Die Mülheimer Juden beantragten bei der Stadtverwaltung, ihnen nach diesem Vorfall einen neuen Friedhof zur Verfügung zu stellen.[74]
Daß gerade der jüdische Friedhof gewählt worden war, war zweifellos kein Zufall; schon in Wesel waren sieben tote Rotgardisten von Sipos auf dem jüdischen Friedhof verscharrt worden.[75]
Weitere Morde der Sipo: Duisburg-Beeck. *Paul Langer*, Bergmann und Knappschaftsältester, ein in der sozialistischen Arbeiterbewegung erfahrener Mann, während des Aufstands Organisator der örtlichen Arbeiterwehr, wurde in der Nacht vom 3. zum 4. April, gegen 23 Uhr, von mehreren Sipos in seiner Wohnung verhaftet und zu einer Polizeiwache abgeführt (die Haussuchung war ergebnislos verlaufen, doch soll Langer gesagt haben, „er wisse im sog. Beeckerwerth eine Stelle, wo Waffen vergraben seien und er sei bereit, die Beamten dort hinzuführen"). Nach Mitternacht wurde er auf der in der Nähe der Wache liegenden Schützenwiese erschossen. — In derselben Nacht, gegen 3 Uhr, wurde *Paul Graf*, Bergarbeiter, 42 Jahre alt, verheiratet, von drei Sipos, die sich als Spartakisten ausgaben (einer hatte ein rotes Tuch um den Hals gebunden), in seiner Wohnung verhaftet, nachdem er ihnen, auf Fangfragen hereinfallend, ein in der Bodenkammer verstecktes Gewehr gezeigt hatte. Derweil warteten draußen weitere Sipos und ein Wachtmeister, die bereits einen Lokomotivführer, dessen Sohn und einen Bergmann verhaftet hatten. Die Verhafteten wurden zu derselben Polizeiwache wie Langer abgeführt, wobei Graf als letzter gehen mußte und unterwegs geprügelt wurde (er schrie alle Augenblicke auf, die anderen durften sich aber nicht umsehen). Auf der Wache wurde er auf einen Tisch gelegt und mit einem Säbel geschlagen — die anderen mußten mit dem Gesicht zur Wand und Armen über

dem Kopf stehen —, dann abgeführt und neben der Leiche von Langer erschossen. Noch vor Tagesanbruch mußten vier verhaftete Bergarbeiter, denen man die Augen verbunden hatte, die beiden Leichen forttragen. Die Leiche von Langer wurde etwas später im evangelischen Krankenhaus aufgefunden, zusammen mit zwei weiteren Toten namens *Tappe* und *Georg*, beide ebenfalls aus Beeck. Das Militär behauptete, Langer und Graf seien auf der Flucht erschossen worden. Ein ärztliches Zeugnis stellte demgegenüber bei der Leiche von Graf vier Einschüsse von vorn fest.[76] — Altenessen. In der Nacht vom 7. zum 8. April, 3.30 Uhr, erschienen vier Sipos und ein Polizeiwachtmeister in der Wohnung des Straßenbahnschaffners *Friedrich Siek*. Sie verlangten seine Papiere und behaupteten, „er habe mitgekämpft und geplündert"; dann: „Sie sind reif und gehen mit!" (Bei einem späteren Gerichtsverfahren stellte sich heraus, daß gegen ihn nicht das geringste vorlag.) Vier Stunden später fand Frau Siek ihren Mann 300 Meter von ihrer Wohnung entfernt auf einer Wiese — erschossen („auf der Flucht", erklärte man ihr auf der Polizeiwache). Die Leiche wies einen Herzschuß und einen Schuß von der linken zur rechten Schläfe auf; Hand und Unterarm waren durch Tritte mit schweren Nägelschuhen verletzt.[77]

Bekanntmachung des Husaren-Regiments Nr. 11: „Wer unrechtmäßig mit Waffen in der Hand betroffen wird, hat sein Leben verwirkt. Ergeben Hausdurchsuchungen das Vorhandensein von Waffenniederlagen, tritt das Standgericht in Tätigkeit ... Hinter dem Wort steht die Tat, zahlreiche Todesurteile sind bereits vollstreckt." (Seite 355)

Reichswehr auf dem Kopstadtplatz in Essen

Weitere Morde in Bottrop. Am 5. April, so gab ein Augenzeuge zu Protokoll, durchsuchten Truppen das Arbeiterviertel Beißenheide und verhafteten zahllose Personen. Der Augenzeuge sah, wie zwei Mann an einer Wand standen, ein dritter, der 56 Jahre alte *Bernhard Rocher*, über eine Wiese gejagt und dann erschossen wurde.[78]

In der Nacht vom 10. zum 11. April wurde der Bergmann *Beckfeld* aus dem Bett heraus verhaftet; am nächsten Morgen fand man ihn tot auf dem Friedhof in Eigen. Bei der Roten Armee gewesen war er nicht, wohl aber sein geflohener Bruder (das hatte anscheinend genügt).[79]

Am 17. April fuhr eine Straßenbahn versehentlich einen Heuwagen der Marinebrigade Loewenfeld an; durch den Anprall fielen ein Feldwebel und ein Soldat, die auf dem Heu lagen, herunter, worüber einige Zuschauer lachten. Die Truppe ermittelte den Straßenbahner *Max Maurer* aus Essen-West als Täter. In der folgenden Nacht, gegen 2 Uhr, wurde er in seiner Wohnung verhaftet. Am nächsten Tag fand man ihn an einer Straßenecke in Bottrop erschossen auf („auf der Flucht erschossen", verlautete offiziell).[80]

Der Schlosser *Borucki* aus Bottrop wurde in der Nacht vom 24. zum 25. April von Soldaten der Marinebrigade unter Führung des Sergeanten Adler verhaftet, ins Rathaus gebracht, dort zusammengeschlagen, schließlich zu einem Getreidefeld transportiert und erschossen. Irgendeine Anschuldigung gegen ihn wurde überhaupt nicht bekannt.[81]

Am 7. Mai verließ die Marinebrigade Bottrop. Darauf kehrten, unter anderen, die beiden Bergleute *Richard Pelledun* und *Josef Meinka*, die vor dem Einmarsch der Brigade geflohen waren, in die Stadt zurück. Pelledun war Mitglied des Vollzugsrats gewesen, hatte mehrmals zurücktreten wollen, war aber vom Bürgermeister bewogen worden, im Vollzugsrat zu bleiben. Nach seiner Rückkehr meldete er sich sofort bei der Polizei, die ihm bescheinigte, es liege nichts gegen ihn vor. Meinka war Mitglied der Roten Armee gewesen. Beide hatten sich getäuscht, als sie annahmen, nach dem Abrücken der Marinebrigade seien sie ihres Lebens sicher. Ein ehemaliges Mitglied der Marinebrigade und ein ehemaliger Wachtmeister der städtischen Polizei nahmen Meinka am 17. Mai abends in seiner Wohnung, Pelledun am 18. morgens auf dem Wege zur Arbeit fest und brachten beide zunächst ins Rathaus. Von da wurden sie nach Paderborn transportiert und auf dem Wege ins Sennelager durch Genickschuß getötet. Wieder verlautete offiziell: „auf der Flucht erschossen".[82]

Damit ist die Liste der von der Marinebrigade Loewenfeld begangenen Morde noch immer nicht vollständig. Ein Arbeiter gab dem Zentralrat zu Protokoll, er habe am 11. April in der Leichenhalle des Marienhospitals einen Leichenberg von etwa 15 Toten mit zertrümmerten Köpfen gesehen.[83] Am 12. April erklärte eine Abordnung der Bottroper SPD unter Führung eines Steigers bei Mehlich in Münster: „Gefangene, die abtransportiert werden sollten, sind nachts, wenn niemand mehr auf der Straße sein darf, erschossen worden. Auch auf Lastwagen abtransportierte Gefangene haben ihren Bestimmungsort nicht erreicht".[84] Ein von Severing eingesetzter Zivilkommissar ermittelte, daß vier Bergleute auf dem Weg von der Arbeit nach Hause auf die Frage von Soldaten, woher sie kämen, wahrheitsgemäß antworteten — „Ach was, ihr seid Spartakisten!" wurden sie unterbrochen und mit Seitengewehr und Kugel getötet.[85] Und Josef Ernst (Hagen), der aus Bottrop besonders zahlreiches Material zusammentrug, teilte mit: „Auf der Gladbeckerstraße zog man zwei Mann gewaltsam in ein Panzerauto hinein und erschlug sie buchstäblich... Ein Mann namens Finke, der nie an den Kämpfen beteiligt war, wurde erschossen. Ein gewisser Fritz Oleink wurde ohne Vernehmung... erschossen. Ein Zentrumsanhänger namens Rose wurde irrtümlicherweise an Stelle eines Baricke ergriffen und erschossen. Nachdem man den Irrtum festgestellt, verhaftete man den richtigen Baricke, mißhandelte ihn schwer und erschoß ihn ... Ein nicht ganz normaler Afrikakämpfer, Matthias Bißmann, machte an einem zerstörten Panzerauto einige Bemerkungen, worauf er von zwei Zivilisten zum nahen Walde gebracht und dort von Reichswehrtruppen erschossen wurde. Ein Bergarbeiter namens Stabla, der bei Einführung der Zwangsüberschichten Differenzen mit dem Betriebsführer der Zeche 'Arenberg Fortsetzung' hatte, aber am Kampf selbst nie beteiligt war, wurde verhaftet und ohne Verhör erschossen ... Ein Mann, der durch die Liebrechtstraße in Matrosenkleidung ging, wurde auf Grund dieser Kleidung verhaftet und sofort erschossen. In der Aegidistraße wurde ein Denunzierter nachts verhaftet und sofort nach der Verhaftung erstochen. Der Arbeiter Fritz Schmidt war verdächtig, an den Kämpfen teilgenommen zu haben; er wurde verhaftet, furchtbar mißhandelt und dann erschossen".[86]

Morde der Brigade Epp. Am 3. April, zwei Tage nach dem Massaker von Pelkum, wurden in Hamm nochmals drei als „Aufrührer" bezeichnete Arbeiter erschossen.[87] Nach einem Bericht des städtischen Beigeordneten Borgschulze wurden zwei verwundete Arbeiter auf einen Stuhl gesetzt und dann erschossen (der Tag ist nicht angegeben).[88] — Bergkamen. Am 3. April machte sich ein Feldwebel der Brigade Epp, als Zivilist getarnt, in einem Lokal an den Bergmann *Karl Kammeier* heran, brachte ihn zum Trinken und entlockte ihm die Aussage, er habe bei der Sprengung der Eisenbahnbrücke (in der Nacht vor dem Pelkumer Massaker) die Sprengladung abgezogen. Vermutlich hatte er unter dem Einfluß des Alkohols angefangen zu renommieren; seine Frau sagte später aus, ihr Mann sei zur fraglichen Zeit zuhause gewesen. Kammeier wurde abgeführt. Ein anderer Arbeiter, *Gottfried Heer*, der Mitglied der Bergkamener Arbeiterwehr gewesen war und dem ebenfalls Beteiligung an der Sprengung vorgeworfen wurde (der Nachweis konnte nicht geführt werden), wurde von einem Standgericht, das in einer Wirtschaft in Oberaden tagte, zum Tode verurteilt. Kammeier und Heer wurden am Vormittag des 4. April auf einem Zechenhof erschossen.[89] — Dortmund. Am 9. April wurde der Hilfsarbeiter *Franz Zirkel* aus Lütgendortmund auf dem Transport ins Dortmunder Stadtgefängnis „auf der Flucht erschossen". Er hatte angeblich zwei Begleitsoldaten angegriffen und dann versucht zu fliehen.[90] — In der Nacht vom 12. zum 13. April wurde der Arbeiter *Gustav Heinrichs* von neun Mann der Brigade Epp verhaftet und auf dem Dortmunder Nordmarkt schrittweise umgebracht. (Die Anschuldigung lautete, er habe am 4. April bei Waltrop mit einem Maschinengewehr 6 Soldaten getötet; in Wirklichkeit hatte er am 2. April seine Waffen abgegeben und sich seitdem nicht mehr aus der Wohnung entfernt.) Zuerst wurde er mit Gewehrkolben geschlagen, wobei ein Schuß losging und ihm eine Hand zerfetzte. Heinrichs brach zusammen. Auf den am Boden Liegenden gaben die Soldaten weitere Schüsse ab, dann hängten sie ihn über einen Zaun und schossen noch einmal in seine Brust. Meldung der Brigade: „Erschießung auf der Flucht".[91] — Bochum-Laer. In der Nacht vom 16. zum 17. April wurden 25 Mitglieder der örtlichen Arbeiterwehr verhaftet, die sämtlich bis zum 2. April ihre Waffen abgeliefert hatten und obwohl bei den Haussuchungen nichts gefunden wurde. In der übernächsten Nacht verließ die Truppenabteilung den Ort, 11 der Verhafteten mit sich nehmend; der Führer der ehemaligen Arbeiterwehr, der Pferdemetzger *Karl Schluck*, wurde „auf der Flucht erschossen". Auf dem nächtlichen Marsch nach Dortmund verhaftete die Truppe in Werne bei Langendreer die Arbeiter *Gottlieb Tomaschewski* und *Emil Ritzauer*, schlug sie halbtot und erschoß sie dann „bei einem Fluchtversuch". Die am folgenden Tag aufgefundenen Leichen waren furchtbar verstümmelt.[92] — Pelkum. Am 23. April, 5.15 Uhr, wurde der Bergmann *August Phillipp* aus Bergkamen, 42 Jahre alt, „beim Fluchtversuch erschossen" (so die Meldung der Ortspolizei).[93]

Weitere namentlich bekannte Fälle: Osterfeld. Am Morgen nach der Besetzung des Ortes entdeckte man an mehreren Leichen der von der Reichswehr Getöteten, daß ihnen die Uhren fehlten. Nach den Vorgängen in Haltern und anderswo darf man annehmen, daß Soldaten die Leichen gefleddert hatten. Die Reichswehr lenkte den Verdacht von sich ab, indem sie mitteilte, der Bergmann *Heinrich Scheffler* sei festgenommen worden, nachdem man drei Uhren bei ihm gefunden habe. Scheffler, Vater von acht Kindern, wurde standrechtlich zum Tode verurteilt und am 5. April in der Nähe des Amtshauses erschossen.[94] — Lünen. Am 4. April wurden *Konrad Hennig*, *Robert Potlesney* und *Wilhelm Kornatz* von einem Standgericht des Freikorps Münsterland zum Tode verurteilt und erschossen.[95] Was ihnen zur Last gelegt worden war, ist nicht bekannt. Ein anderer Arbeiter dagegen, Mitglied der Arbeiterwehr Lünen, der fristgerecht am 2. April seine Waffe abgegeben hatte, wurde in letzter Minute von beherzten Einwohnern gerettet: als sie sahen, wie Soldaten ihn in ein Wäldchen abführten, griffen sie ein und drohten mit einer Anzeige bei der Kommandantur. Der Mann landete mit klaffenden Wunden am Kopf im Zuchthaus von Münster.[96] — Herne. Am 9. April, 17 Uhr, wurde der Bergmann *Steinert* von zwei Reichswehrsoldaten unter der Anschuldigung festgenommen, als Mitglied der Roten Armee geplündert zu haben; er hatte die Aufmerksamkeit auf sich gelenkt, als er am Vormittag bei der Polizei einen Personalausweis für das linksrheinische Gebiet beantragt hatte. Auf dem Abtransport wurde er bei einem angeblichen Fluchtversuch erschossen.[97] — Recklinghausen. Am 16. April, 9 Uhr, wurde der Bergmann *Friedrich Möller* aus Recklinghausen-Süd, 38 Jahre alt, in der Grube der Zeche „Recklinghausen I" erschossen;[98] in der Nacht vom 17. zum 18. April der Schreiber *Bernhard Jostemeier* aus Haltern, 21 Jahre alt (an unbekanntem Ort).[99] — Buer. Am 22. April wurde der Bergmann *Bicking* aus Buer-Hassel verhaftet und „auf der Flucht erschossen".[100]

Paul R. Demott, amerikanischer Journalist, wurde am 7. April in Essen verhaftet. Außer einem Revolver fand man bei ihm Briefe einer syndikalistischen Zeitschrift in Paris an Trotzki und Losowski in Moskau. Ein Standgericht befand, damit sei er als „internationaler Kurier im Dienste des Bolschewismus" überführt, und verurteilte ihn zum Tode; unter Hinweis auf den Standrechts-Kompromiß wurde das Urteil jedoch nicht vollstreckt, sondern entschieden, daß der Fall vor das außerordentliche Kriegsgericht gebracht werden solle. Ein Auto für den Transport nach Wesel war nicht sogleich verfügbar (angeblich?), und Demott wurde vorerst in einem Raum der Mülheimer Augenklinik eingesperrt. In der Nacht wurde er von seinem Bewacher abgeführt und erschossen. In Befürchtung diplomatischer Schwierigkeiten ordnete die Reichsregierung eine Untersuchung an. Der Untersuchungskommission gehörten ein Major, zwei Ärzte und ein Gewerkschaftsfunktionär an; einziger Zeuge war der Täter, der gleichwohl unter Eid genommen wurde. Seine Aussage lautete, Demott habe sich binnen zwei Stunden viermal zu der ein Stockwerk höher gelegenen Toilette führen lassen, was bereits den Verdacht erregt habe, er wolle einen Fluchtversuch machen; bei einem fünften Toilettengang sei er dann wirklich entsprungen, bis in den Garten entkommen und dort erschossen worden. Die Ärzte bescheinigten, daß der tödliche Schuß von hinten gekommen war (was kein Beweis für einen Fluchtversuch war). Ein Mülheimer SPD-Führer bezeichnete in einem Brief an Severing die ganze Version als Schwindel.[101]

Namentlich nicht mehr aufzuklärende Fälle: Holsterhausen bei Dorsten. In der Nacht vom 2. zum 3. April wurden drei Bergleute von Soldaten in ihrer Wohnung verhaftet und abgeführt. Nur einer kehrte zurück und gab an, er habe Schüsse fallen gehört. Daraufhin wurde am 7. ein Gehölz in der Nähe der Beamtenkolonie abgesucht. Unter frisch aufgeworfener Erde wurden die beiden Vermißten erschossen aufgefunden.[102] — Duisburg. Am 3. April, zwischen 19 und 20 Uhr, ließen Reichswehrsoldaten zwei Arbeiter bei einer Ziegelei in Duisburg-Meiderich exerzieren, „links um, rechts um!" und „Marsch, marsch!", dann erschossen sie sie.[103] — Hamborn. Am Morgen des 4. April wurde ein Arbeiter von Soldaten gezwungen, in einem Garten ein Loch auszuheben. Angeblich lief er dabei weg und wurde erschossen. Auf Anfrage erklärte Major Schulz, das Verbot von Erschießungen sei erst um 11.30 Uhr bei ihm eingegangen.[104] Das bezog sich offenbar auf den Kompromiß in der Frage des Standrechts, womit Major Schulz deutlich machte, daß für ihn kein Unterschied zwischen standrechtlichen Exekutionen und Erschießungen ohne jedes vorangegangene Urteil bestand. — Mülheim. Am 7. April wurde ein Gefangener in Matrosenuniform aus Bottrop in die Kaserne geführt. Er mußte sich vor eine Wand stellen, die Hände hoch, das Gesicht zur Wand. Ein Gefreiter tötete ihn mit einem Kolbenschlag in den Nacken.[105] — Essen. Am späten Abend des 8. April, so bezeugte der Anstreicher Steinbiß, wurden im Schlachthof zwei Gefangene, angeblich Mitglieder der örtlichen Sicherheitswehr, erschossen („auf der Flucht").[106] Am 13. April wurden Krupp-Arbeiter auf dem Heimweg im Segeroth-Viertel Zeuge, wie Soldaten einen Toten zum nahegelegenen Friedhof schleppten und eine Blutlache auf der Straße zuschaufelten. Als sie Fragen stellten, wurden sie barsch zum Weitergehen aufgefordert. Arbeiter der Frühschicht erzählten, sie hätten Schüsse gehört.[107]

Zuletzt muß ein Fall von *Fememord* genannt werden, vermutlich der erste in der Geschichte der Freikorps und ihrer Nachfolgeorganisationen im „nationalen" Untergrund. Zahlreiche Truppenteile warben, obwohl am 10. April der Versailler Vertrag in Kraft trat, nach wie vor Freiwillige.[108] Zugleich jedoch war das Mißtrauen gegenüber den sich Meldenden groß. Das Nachrichtenblatt der Reichswehrbrigade 31 schrieb z.B.: „Der Zustrom der Zeitfreiwilligen führt viele unzuverlässige Elemente, z.T. sogar gewesene Rotgardisten, in die Reihen der Reichswehr", und behauptete, in einem Fall hätte bereits „ein spartakistischer Feldwebel die Mannschaften gegen die Führer aufzuhetzen versucht"; man empfehle daher „äußerste Vorsicht" und vorherige Erkundigung bei der Ortspolizei.[109] Dieser Spitzelriecherei fielen zwei Mitglieder der christlichen Gewerkschaften in Essen, *Hermann Witschel* und *Rösner*, zum Opfer. Sie meldeten sich am 7. April, kaum war die Stadt besetzt, zur Reichswehr und wurden von einer Abteilung des Freikorps Lützow eingekleidet. Noch am selben Tag gerieten sie in den — völlig aus der Luft gegriffenen — Verdacht, „Spartakisten" zu sein und am Wasserturm mitgekämpft zu haben. Auf dem Essener Schlachthof wurden sie erschlagen, ausgeraubt und verscharrt. Als ein Beerdigungsinstitut die Leichen wieder ausgrub, fand man bei Rösner den Kopf völlig zerschmettert und in der Brust acht Löcher; bei Witschel war der Hinterkopf zerschlagen, und die Brust hatte ein großes Loch.[110]

*

Nach so vielen Namen sind wir berechtigt, Zahlen zu nennen.
Die Gesamtzahl der Toten auf seiten der Arbeiter läßt sich auch nicht annähernd ermitteln; schon damals scheiterten die Versuche, die die Arbeiterorganisationen dazu machten.[111] Sicher ist nur zweierlei: daß die Zahl weit über Tausend lag und daß die Zahl derer, die nach der Gefangennahme, standrechtlich oder „auf der Flucht" erschossen worden waren, bedeutend größer war als die der im Kampf Gefallenen.
Exakte Zahlen konnte dagegen das Reichswehrministerium veröffentlichen. Danach hatte die Reichswehr 208 Tote und 123 Vermißte, die Sipo 41 Tote. Zu den Vermißten bemerkte das Ministerium — was später von Spethmann wörtlich übernommen wurde —, sie müßten „zum größten Teil als tot angenommen werden".[112] Das ist jedoch angesichts der intensiven Ermittlungen von Militär, Polizei und Justiz mehr als unwahrscheinlich. Vielmehr wird man, vor allem im Hinblick auf die innere Struktur der Freikorps, von Davongelaufenen sprechen müssen. Auffällig ist ja auch, daß die Sipo keinen einzigen Vermißten meldete.
Im übrigen muß jede Bemerkung über die Toten beider Seiten unterbleiben. Das Ende eines Menschenlebens mit all den Hoffnungen und Erwartungen, die an es geknüpft waren, ist Anlaß zu Trauer. Zu reden ist über die Zusammenhänge, in denen es zu diesem Ende kam.
Die bürgerliche Presse — auch die liberale, die rechtsstaatliche Prinzipien über alles setzte — verschloß die Augen. Wieviele Arbeiter auch erschossen wurden: vergeblich sucht man eine Anklage des Terrors, vergeblich wenigstens einige Worte des Mitgefühls für die Angehörigen, wie sie etwa bei der Ermordung des Grafen v. Westerholt so reichlich ausgesprochen worden waren.
Vom Militär bekam die Arbeiterschaft, als seien noch nicht genug Wunden geschlagen, mancherorts noch die brutale Demütigung inmitten der Trauer. Die Verhaftungen aus einem Leichenzug heraus (in Hüls) wurden bereits erwähnt. Als die Arbeiterschaft von Datteln drei Tote — Köhl und Willumeit, standrechtlich

erschossen (s. oben Seite 310), und einen gefallenen Rotgardisten — zu Grabe tragen wollte, durfte der Marktplatz nicht passiert werden: die Goslarer Jäger gaben dort ein Platzkonzert.[113] In Bottrop wurden Plakate angeschlagen, wonach Arbeiter nur von abends 18 Uhr bis morgens 7 Uhr beerdigt werden durften.[114] — Der elende von Severing ausgehandelte Kompromiß in der Frage des Standrechts, wonach Standgerichte weiterbestehen und Todesurteile fällen durften, die Urteile jedoch vorläufig nicht vollstreckt werden sollten, wird nun in all seinen furchtbaren Konsequenzen deutlich. Bereits die in zahlreichen Orten erlassenen Aufforderungen zur Waffenabgabe, in denen Standrecht und Todesstrafe für Nichtablieferung angedroht wurde,[115] verbreiteten Angst und Schrecken; am zugespitztesten dann, wenn sich jemand die double-bind-Frage stellte: was geschieht, wenn ich auf dem Wege zum Ablieferungslokal verhaftet und als „im Besitz einer Waffe angetroffen" abgeurteilt werde?[116] Die Angst wurde noch größer, wenn Standgerichte Todesurteile fällten und über den Verbleib der Verurteilten nichts mehr bekannt wurde, so im Fall der Arbeiter *Huck* und *Westerweg* in Kray und des Arbeiters *Emil Platzel* in Schonnebeck.[117] In der Öffentlichkeit war der Standrechts-Kompromiß von Münster in der Regel nicht bekannt, und selbst wenn er bekannt gewesen wäre, hätte das die Angst nicht vermindert, denn niemand hätte sagen können, welcher Truppenteil ihn einhalten würde und welcher nicht.

Welche Truppen ihn nicht einhielten, haben wir gezeigt. Angesichts dessen könnte man versucht sein zu sagen, der Kampf um das Standrecht zwischen Regierung und Militär sei letztlich gleichgültig gewesen. „Da braucht Herr General v. Watter kein Standgericht, denn seine Truppen massakrieren das Proletariat, ohne daß sie ein Standgericht haben", rief Braß in der Nationalversammlung aus.[118] Aber das ist zu einfach. Daß sich die Regierung überhaupt darauf einließ, eine bereits erlassene Verordnung rückgängig zu machen und abzuändern, hatte irreparable Konsequenzen für ihre Autorität; der Geist der Meuterei, einmal erfolgreich, fraß sich unaufhaltsam immer weiter bis hin zur Drohung der Kommandeure, kurzerhand alle Truppen abzuziehen, falls man das Standrecht nicht zurückerhalte. Daß dies sich auch auf die Einstellung der Mannschaften auswirken mußte, dürfte klar sein. Besonders verheerend wirkte, daß die Offiziere das klassische Argument gegen das Standrecht: daß Gefangene nicht aus der Erregung des Kampfes heraus abgeurteilt werden dürfen, ins Gegenteil verkehrten, indem sie erklärten, sie benötigten das Standrecht, um ihre über die Greueltaten der Roten erregten Truppen von Akten der Selbstjustiz abzuhalten.[119] Zu diesem ganzen Komplex ein leidenschaftlich um Aufklärung der Morde bemühter Zeitgenosse, Emil Julius Gumbel: „Ohne viele Befehle oder ausdrückliche Nennung des Namens weiß der Soldat, wo er *Mordfreiheit* hat. Und in dieser bewußten Lockerung der Disziplin ist die schwere Mitschuld der Offiziere zu erblicken. Denn diese Lockerung zerstört die einzige Rechtfertigung, die das Militär überhaupt hat, den Begriff der unbedingten Verantwortlichkeit".[120]

Hätte die Regierung die Forderung nach Rücknahme ihrer Verordnung über die Aufhebung der Standgerichte als unerhörte Zumutung zurückgewiesen, so hätte das auch bei den Truppen mit der größten Mordlust ein scharfes Vorgehen erschwert. Stattdessen entstand überall ein System der fließenden Übergänge, auch bei den Truppenteilen, die formal den Standrechts-Kompromiß von Münster ein-

hielten. Als Beispiel eine Meldung des Detachements Baumbach an seine vorgesetzte Stelle vom 24. April: „Standgerichtliche Urteile wurden nicht vollstreckt. 9 standgerichtliche Urteile wurden gesprochen, die Akten dem außerordentlichen Kriegsgericht übergeben. Davon sind bereits 3, wenn nicht mehr, auf der Flucht von Begleitmannschaften erschossen, bevor die Akten an das Detachement gelangten".[121]
Diesen Zustand ließ die Regierung einen Monat lang andauern. In dieser Zeit schickte das Wehrkreiskommando die Unterlagen über nichtvollstreckte standgerichtliche Todesurteile nach Berlin, wo sie Reichspräsident Ebert vorgelegt wurden.[122] Ob Ebert Todesurteile bestätigt hat, ist nicht zu ermitteln (anders bei Todesurteilen der außerordentlichen Kriegsgerichte; darüber später). Am 3. Mai endlich erließ die Regierung eine Verordnung, nach der im Ruhrgebiet in allen Fällen nichtvollstreckter Todesurteile „ein neues Verfahren vor dem außerordentlichen Kriegsgericht oder, wo ein solches nicht besteht, vor dem ordentlichen Gericht einzuleiten" war.[123]
Nochmals die bereits an anderer Stelle genannten offiziellen Zahlen, die das Wehrkreiskommando später intern bekanntgab: insgesamt 205 standgerichtliche Todesurteile gefällt, davon 50 vollstreckt.[124]

*

Es gab Gegenwehr gegen den Terror. Auch wenn sie oft erfolglos war, muß auch und gerade sie aufgezeichnet werden.
Gegenwehr konnte bereits in der kollektiven Nicht-Denunziation bestehen; geschlossene Arbeiterwohngegenden erwiesen sich auf diese Weise für die Bedrohten als relativ sicher. Von der Kolonie der Zeche „Welheim" in Bottrop ist belegt, daß sich in ihr tage-, ja wochenlang viele Arbeiter umhertrieben, die in ihrer Wohnung verhaftet zu werden fürchteten[125] — genauer: sie *konnten* sich in der Kolonie umhertreiben, ohne daß jemand sie denunzierte.
Nicht alle Arbeiter nahmen widerspruchslos hin, was mit ihnen geschah. Auch wenn die Beschwerden erfolglos waren: es ist wichtig, daß es sie gab. In Kirchhörde war ein Arbeiter von einer badischen Truppenabteilung verhaftet, mißhandelt und vor ein Standgericht gestellt worden; dieses hatte ihn freigesprochen. Er beschwerte sich über die Mißhandlungen; die brüske Antwort eines Offiziers: „Freuen Sie sich, daß Sie nicht von den Bayern gestellt wurden, die schlagen sofort alle tot!"[126] Oder ein Arbeiter schrieb nach wochenlanger Haft ans Wehrkreiskommando: „Da ich unschuldig sitze, bitte ich, daß ich endlich mal vorgeführt und vernommen werde".[127] Ein anderer Arbeiter stellte, nachdem er drei Wochen lang ohne Vernehmung gefangengehalten worden war, Schadenersatzansprüche. „Als Aufrührer in den Märzunruhen in Haft genommen" genügte dem Militär als Begründung, um ihn abzuweisen.[128] Das sind nur einige Beispiele; von den Opfern geführte Schadenersatzprozesse und ihr Ausgang werden an späterer Stelle noch kurz dargestellt.
Das gegen die Denunzianten gerichtete Zeitungsinserat lernten wir bereits bei den wohlhabenden Juden kennen. Auch von anderen wurde dieses Mittel benutzt. Ein Schneidermeister in Lünen versprach beispielsweise 300 Mark Belohnung für die

Ermittlung eines Denunzianten, der in einem anonymen Schreiben an die Reichswehr behauptet hatte, er habe „der roten Armee geheime Winke gegeben".[129] In derselben Ausgabe des Lüner Lokalblatts las man ein zweites Inserat: „Die gegen Herrn Walter Napierala, hier, ausgesprochenen Verdächtigungen, die zu seiner Verhaftung durch die Reichswehr führten, nehme ich als unwahr zurück. Ewald Pröbe"[130] — offenbar das Ergebnis energischen Vorgehens gegen den Denunzianten.

Im Fall des Metallarbeiters Scherer in Wetter, eines offenbar hochangesehenen Mannes, der am 20. April verhaftet und mit unbekanntem Ziel verschleppt wurde, trat die örtliche Arbeiterschaft sogar in Streik, ohne freilich die Freilassung zu erreichen; der Streik wurde beendet, als sich wenigstens das Gerücht, Scherer werde erschossen, als falsch herausstellte.[131] Erfolgreich war dagegen eine organisierte Widerstandsaktion in Buer. Hier sollten unterschiedslos alle USP-Vertreter in Magistrat und Stadtverordnetenversammlung verhaftet und anschließend vor das außerordentliche Kriegsgericht gestellt werden; das konnte dadurch verhindert werden, daß Bürgermeister und Magistrat mit der Einstellung ihrer Tätigkeit drohten.[132]

Wichtige Möglichkeiten der Gegenwehr hatte die Arbeiterpresse. Die Warnung vor Lockspitzeln im SPD- und USP-Blatt von Essen wurde bereits zitiert. Vor allem aber konnten die Terrorakte von Reichswehr und Sipo veröffentlicht werden; der Zentralrat forderte von Barmen aus, wie wir sahen, die Vollzugsräte zur Wahrnehmung dieser Möglichkeit auf. Dem Militär waren solche Veröffentlichungen offensichtlich unangenehm, und es setzte die ihm zur Verfügung stehenden Mittel dagegen ein. Als Paul Hertz, Redakteur des Berliner USP-Blatts, am 10. April von Essen aus telefonisch seinem Blatt Informationen über Terrorakte der Reichswehr übermittelte, wurde die Leitung plötzlich unterbrochen und es meldete sich ein Offizier, der knapp bemerkte, „das seien Unwahrheiten, deren Übermittlung er nicht gestatte". Da der Gesprächsteilnehmer in Berlin dies ebenfalls hörte, fanden die Leser des Blatts eine Darstellung des Vorfalls bereits in der nächsten Ausgabe.[133] Geradezu aufsehenerregend war ein anderer Fall, der des „Ruhr-Echo", des USP-Blatts von Essen.

Am 7. April wurde Essen besetzt. Am 8. forderte das „Ruhr-Echo" seine Leser auf, alle Fälle von Ausschreitungen an die Redaktion zu melden. Bereits am Nachmittag fanden sich die ersten ein — Opfer und Zeugen —, teilweise so verängstigt, daß sie ihre Namen nicht nennen wollten. Aus ihren Aussagen schälte sich heraus, daß die Täter in der Regel Sipos oder bürgerliche Zivilisten waren. Die Redaktion überprüfte die Aussagen und übermittelte sie telefonisch an den Stadtkommandanten Oberst v. Baumbach. Am 9. veröffentlichte das Blatt diese Vorgänge und dokumentierte im Anschluß daran einen ersten Teil der gemachten Aussagen. Gleichzeitig würden, so teilte das Blatt mit, die Aussagen an verschiedene Partei- und Presseorgane der USP in Berlin sowie an die Reichskanzlei, das Reichswehrministerium und das preußische Innenministerium übermittelt, damit jede Vertuschung unmöglich gemacht werde.[134] (Das geschah dann auch, teils brieflich, teils sogar durch persönlichen Boten.)[135]

Am 10. erschien das „Ruhr-Echo" mit einem Leitartikel, der unter der Überschrift „Wo sind die Mörder?" die Ermordung von Arbeitern in Bottrop und

Essen mitteilte und genaueste Untersuchung forderte. Daraufhin wurde der Lokalredakteur Lachaise — Inspirator und treibende Kraft der Aussagen- und Nachforschungskampagne — von Zivilkommissar Obermeyer zu einer Besprechung im Städtischen Saalbau gebeten. Bereits vor dem Eingang traf er auf Obermeyer und eine Gruppe von Offizieren, darunter den Stadtkommandanten v. Baumbach und den Generalstabschef der 3. Kavallerie-Division, Major Franz. Der letztere fuhr Lachaise sogleich an: er nehme in seiner Zeitung die Spartakisten in Schutz, das „Ruhr-Echo" sei voller Hetzartikel usw. Lachaise: „Nicht unsere Zeitung wirkt verhetzend, sondern die Taten eurer Soldaten, die blutig geschlagenen Körper unserer Arbeiter, die verstümmelten Leichen der Ermordeten". Er verlange die „sofortige Einleitung einer gerichtlichen Untersuchung, außerdem eine Kommission, an der selbstverständlich unsere Genossen beteiligt sein müßten, um die im 'Ruhr-Echo' erhobenen Anschuldigungen ... zu prüfen und die Schuldigen zur Verantwortung zu ziehen". Auf diese Worte hin entwickelte sich eine erregte Auseinandersetzung, die zahlreiche Zuschauer anlockte; sie wurde schließlich durch die Abfahrt von Major Franz beendet. Im Saalbau kam es dann zu einer Besprechung, an der auch Minister Giesberts teilnahm (Essen gehörte zu dessen Wahlkreis). Alle Gesprächsteilnehmer stellten fest, der Leitartikel des „Ruhr-Echo" habe eine sehr erregte Stimmung in der Reichswehr hervorgerufen; angesichts dessen, so wurde auf Lachaise zugespitzt angedeutet, könne für seine persönliche Sicherheit nicht mehr garantiert werden. Wichtiger noch war für Lachaise, daß Oberst v. Baumbach bemerkte, es sei möglich — was er persönlich sehr bedauern würde —, daß „ein undisziplinierter Trupp" bei der Redaktion eindringe und „alles zusammenhaue". Lachaise seinerseits verlangte mehrmals die sofortige Einleitung einer Untersuchung. Dazu Giesberts: „Daß Sie viel Material über Übergriffe der Reichswehr bekommen, das glaube ich Ihnen ohne weiteres; aber wir bitten Sie doch, Ihrerseits dazu beizutragen, daß nun die Stimmung etwas ruhiger wird; bringen Sie all das Material und die Zeugnisse an die ordentliche Stelle". Oberst v. Baumbach machte schließlich das Zugeständnis, daß ein Beamter im Polizeipräsidium die von der Redaktion benannten Zeugen protokollarisch vernehmen und dann das Militärgericht der 3. Kavallerie-Division den Aussagen nachgehen solle.[136]

Lachaise entschied, die Veröffentlichung weiterer Aussagen von Opfern und Zeugen abzubrechen — er wollte die Druckerei, die erst vor einem halben Jahr mühsam mit Ersparnissen der Arbeiter auf Genossenschaftsbasis aufgebaut worden war, nicht gefährden.[137] Bereits für die nächste Nummer bestimmte Aussagen nahm er aus dem fertigen Satz wieder heraus, was bei den bescheidenen technischen Einrichtungen des Blattes bedeutete, daß die betreffenden Stellen dieser Nummer — etwa die Hälfte der ersten Seite — leer bleiben mußten. Als Grund teilte er den Lesern den Verlauf der Besprechung im Saalbau mit; die dort gemachten Andeutungen seien hinreichend deutlich gewesen. Gleichzeitig bat er jedoch darum, die Abgabe von Zeugenaussagen bei der Redaktion durchaus fortzusetzen, für die Veröffentlichung an anderer Stelle (vor allem in Berlin) sei gesorgt: „Die letzten Tage haben mich einen Einblick tun lassen in eine solche Fülle von Elend, wie sie noch nie in meinem Leben in so kurzer Zeit auf mich einstürmte". Was dagegen die im Saalbau vereinbarte Abgabe von Zeugenaus-

sagen im Polizeipräsidium betreffe, so könne er dies nicht mehr verantworten, nachdem soeben laut Pressemeldungen Oberst v. Baumbach von der Regierung völlige Handlungsfreiheit und vor allem die Wiedereinsetzung des Standrechts gefordert habe: „Unsere Genossen mögen daraus selbst die Schlußfolgerungen ziehen, d. h., jeder, der Grund hat, eine Denunziation ... durch einen persönlichen Feind zu fürchten, mag sein Leben in Sicherheit bringen".[138]
Die Zerstörung jeder Gegenöffentlichkeit, die totale Einschüchterung und damit die Zerschlagung jeder Kommunikation der Opfer als letzter Form von Gegenwehr: das war es offenbar, worauf der Terror letztlich abzielte.
Es gab noch ein wenig erfreuliches Nachspiel. Zwei Tage später nämlich setzte der ehrgeizige politische Redakteur des Blattes, Dr. Stern, inzwischen von Barmen nach Essen zurückgekehrt, unter der Überschrift „Ich kann nicht schweigen!" einen Leitartikel in das Blatt, in dem er von den „unverschämten Drohungen" gegenüber Lachaise und den Konsequenzen, die dieser daraus gezogen hatte, sprach und dann pathetisch fortfuhr: „Angesichts der ungeheuren Verbrechen, die in den letzten Tagen in Essen und im Industriegebiet begangen worden sind, können wir nicht länger schweigen".[139] Das war verhältnismäßig leicht dahingesagt, denn der wirklich bedrohliche Terror der ersten Tage nach dem Einmarsch hatte sich inzwischen ausgerast, und der weitere Inhalt der Nummer löste die große Ankündigung auch durchaus nicht ein.
Das außerordentliche Kriegsgericht Essen jedenfalls wußte, wen es zu beobachten hatte. Bald konnte es zufassen und Lachaise verhaften lassen. Anlaß waren zwei Artikel, in denen er die mutmaßlichen Gründe für die Verschleppung von Waffen durch die Arbeiter bzw. für die mangelnde Neigung zur Waffenabgabe genannt hatte: die fortdauernde Anwesenheit der Truppen, die Furcht vor noch schlimmerem Terror oder gar einem neuen Putsch, die Nichteinhaltung der Zusage auf Errichtung von Ortswehren. Lachaise hatte das Versteckthalten von Waffen ausdrücklich nicht gebilligt, allerdings als erklärlich bezeichnet. Das Urteil lautete auf ein Jahr Gefängnis, wegen Fluchtverdachts sofort zu vollstrecken, wegen Aufreizung zum Ungehorsam gegen Gesetze und obrigkeitliche Anordnungen. Das Berliner USP-Blatt nannte die Urteilsbegründung fadenscheinig und bezeichnete als eigentliches Motiv der Verurteilung von Lachaise, daß der Reichswehr Rache an einem unliebsamen Aufklärer ihrer Taten habe verschafft werden sollen.[140]

*

Den vollen Erfolg, nämlich die Zerschlagung jeder Kommunikation der Unterdrückten erreichte der Terror von 1920 nicht. Das wird vielleicht nirgends deutlicher als bei der kollektiven Unterstützung der Opfer der Aufstandsbewegung. Mochten Reichspräsident Ebert und die SPD-Minister auch zum Generalstreik gegen den Kapp-Putsch aufgerufen haben, mochte das Bielefelder Abkommen eine staatliche Unterstützung der Hinterbliebenen und Verletzten in Aussicht stellen: den Arbeitern dürfte von vornherein klar gewesen sein, daß sie sich letztlich nur auf sich selbst verlassen konnten. Vielfach schon während des Aufstands,[141] besonders aber danach wurde die Unterstützungsfrage in Angriff genommen. Am durchschlagendsten erwies sich die Idee, daß jeder Arbeiter einen Tagesverdienst abführen sollte; Voraussetzung war allerdings, daß dies nicht nur in irgendwelchen Gremien beschlossen, sondern anschließend auch energisch propagiert und organisiert durchgeführt wurde. Auf diese Weise kamen besonders in den Wupperstädten erhebliche Summen zusammen.[142] Die christlichen Gewerkschaften leisteten hie und da gegen dieses Vorgehen Widerstand.[143] Viel weniger weit kam man auf dem Wege der Sammlungen, den man z.B. in Essen beschritt.[144] Weitere Gelder gingen von außerhalb des Ruhrgebiets — vom Erzgebirge bis Württemberg — ein, überwiesen von großen Belegschaften, Bezirksräten, Gremien der USP und der freien Gewerkschaften.[145] Bis Ende Juli waren rund 2 Millionen Mark zusammengekommen[146] — noch immer erst ein Tropfen auf den heißen Stein, wie sich gleich zeigen wird.

Für die Sammlung und Verteilung der Gelder setzte sich schnell der Gedanke der überparteilichen Organisation durch. Nur an wenigen Orten kam es zu Sonderaktionen, besonders von seiten der Syndikalisten. Auf einer zentralen Konferenz am 18. Juli, die diese Fragen regelte, wurde beschlossen, in einem solchen Fall keine Unterstützung an Mitglieder der gesondert vorgehenden Organisation aus allgemeinen Mitteln zu zahlen.[147] Am 20. April einigten sich die drei Arbeiterparteien, die freien Gewerkschaften, die Syndikalisten und der Zentralrat auf drei Zentralstellen: die Bezirksleitung der freien Gewerkschaften in Düsseldorf, das Gewerkschaftssekretariat in Barmen und das USP-Parteisekretariat in Hagen. Hier sollten die Gelder gesammelt werden, und die beiden letzteren Stellen sollten als zentrale Verteilerstellen für das Rheinland bzw. für Westfalen fungieren.[148] — Die höchsten Unterstützungssätze wurden zunächst in den Wupperstädten gezahlt, wo auch das Spendenaufkommen am höchsten war: arbeitsunfähige Verwundete und Frauen, die ihres Ernährers beraubt waren, erhielten 100 Mark pro Woche, dazu für jedes Kind 20 Mark. Das war, vom reinen Geldbetrag her gesehen, ziemlich wenig, und die Szenen bei der Auszahlung kann man sich ausmalen. Manche Frauen, so klagte ein Elberfelder Funktionär, hätten sich „als wahre Xanthippen erwiesen", und die Arbeit im Gewerkschaftssekretariat habe starker Nerven bedurft.[149] Die genannte zentrale Konferenz vom 18. Juli beschloß dann als einheitlichen Höchstsatz für die Frauen 40 Mark und für jedes Kind 5 Mark pro Woche. Dabei wurde darauf aufmerksam gemacht, daß die Gelder dringend auch für einen anderen Zweck gebraucht wurden: die vor Gericht stehenden Arbeiter wurden in der Regel zu erheblich niedrigeren Strafen verurteilt, wenn sie von einem Rechtsanwalt verteidigt wurden (darüber in anderem Zusammenhang noch mehr).[150]

Daß auch zwielichtige Elemente Unterstützungsgelder zu erhalten versuchten,[151] ist selbstverständlich. In den Wupperstädten hatten die Arbeiterfunktionäre, voran der verantwortlich zeichnende Sauerbrey, außerdem mit Korruptionsvorwürfen zu kämpfen, die von zwei bürgerlichen Kampfblättern erhoben wurden.[152] Die Vorwürfe gerade von dieser Seite hatten dabei eine denkbar schlechte moralische Basis. Ihre Urheber hatten nämlich selbst eine Geldsammlung veranstaltet, über die sie dann niemals öffentlich abrechneten. Ende April hatten die Bürgerräte von Elberfeld und Barmen, obwohl stark in den Kapp-Putsch verwickelt, an die Hinterbliebenen der gefallenen Soldaten, Polizisten und Bürger erinnert, die

Ein Foto fürs Familienalbum: Bahndamm bei Eppinghoven, 2. April 1920

sich „zum Schutze der verfassungsmäßigen Regierung und bei der Abwehr der Diktatur einer Minderheit" geopfert hätten. Die Sammlung, die unter dem Stichwort „Bürgerdank" lief und etwa 150 000 Mark erbracht haben soll,[153] war ganz offensichtlich als klassenkämpferisches Kontrastprogramm zu den Unterstützungsaktionen der Arbeiterschaft aufgezogen.

*

Nach dem Dritten Reich, nach Algerien und Vietnam, angesichts der lateinamerikanischen Diktaturen erscheint der Terror von 1920 als vergleichsweise harmlos; wir sind anderes gewöhnt bzw. dagegen abgestumpft. Aber der Terror von 1920 will zunächst einmal für sich genommen werden, und ich denke, er sollte uns auch heute noch erschrecken. Sodann ist der historische Zusammenhang zu sehen: Die Freikorps waren in jeder Hinsicht — politisch, sozial, ideologisch — ein entscheidendes Bildungselement des Faschismus in Deutschland, und als Teil der Vorgeschichte des Dritten Reiches verdient der Terror von 1920 größte Aufmerksamkeit.
Der Unterschied zum Dritten Reich ist freilich evident: Augenzeugen trauten sich, protokollarische Aussagen zu machen, diese Aussagen konnten veröffentlicht werden, eine weitverbreitete Arbeiterpresse machte sich zum Sprachrohr der Opfer. Daß diese Möglichkeiten der Gegenwehr schon 1920 niedergewalzt werden sollten, haben wir eben an einem besonders eindrücklichen Beispiel gesehen. 1933 haben die Nationalsozialisten dann das damals noch nicht Durchsetzbare systematisch und mit allen Möglichkeiten, die der Besitz der Staats- und Polizeigewalt verleiht, „nachgeholt".
Auch etwas Ähnliches wie die von Severing eingesetzten Zivilkommissare gab es 1933 natürlich nicht mehr. Dazu noch einige Bemerkungen.
Verhindern konnten die Zivilkommissare nur in Ausnahmefällen etwas,[154] und von einem Vorausgehen vor den einrückenden Truppen, von dem Reichskanzler Müller in der Nationalversammlung gesprochen hatte (s. oben Seite 216), konnte schon gar keine Rede sein. Zwar vielfach von den Truppenkommandeuren behindert (mal wurde eine falsche Auskunft erteilt, mal war angeblich kein Auto verfügbar usw.), konnten sie doch nachträglich umfassende Feststellungen treffen. Das taten freilich nicht alle. Am laschesten war Bäumgen (Dortmund), der bereits kapitulierte, als er vom Militär nicht formell als Zivilkommissar anerkannt wurde; er übermittelte an Severing lediglich einige Feststellungen, die ein anderer Zivilkommissar getroffen hatte („Mißgriffe" bei Verhaftungen, Abführen von Gefangenen mit Händen über dem Kopf, in einem Fall Schlagen mit Gummiknüppeln), und bemerkte abschließend, „im allgemeinen (müsse) konstatiert werden, daß sich die Truppe einwandfrei verhält und Klagen von besonderer Bedeutung nicht vorliegen".[155] Dabei lag in Dortmund die Brigade Epp! Wenige Tage später wurde offenkundig, daß hier sozusagen der Bock zum Gärtner gemacht worden war: das Essener USP-Blatt veröffentlichte Kontoauszüge, aus denen hervorging, daß Bäumgen im Vorjahr vier Monate lang die radikale Linke bespitzelt hatte (die SPD sprach anschließend etwas vornehmer von nachrichtendienstlicher Tätigkeit).[156] Am gründlichsten und gegenüber widerspenstigen Trup-

penführern am hartnäckigsten ermittelte auf der anderen Seite Töneböhn (Recklinghausen) in seinem Bereich, der von Datteln bis Bottrop reichte. Zusammengenommen erfaßten die Berichte der Zivilkommissare an Severing einen beachtlichen Ausschnitt des weißen Terrors.[157]

Außer diesen Berichten lagen Severing weitere Schilderungen von Opfern und Augenzeugen vor. Was tat er bei der Niederschrift seiner Erinnerungen? Einmal salvierte er seine Parteifreunde (die Zivilkommissare waren ausschließlich Sozialdemokraten),[158] indem er den unterschiedlichen Charakter ihrer Ermittlungen lediglich auf das Verhalten der Truppenführer zurückführte: „Einige Offiziere waren zuvorkommend, erteilten Auskünfte und ließen sich auch gern beraten . . . Die anderen empfanden die Beiordnung eines Zivilisten als lästig und verweigerten ihm die Anerkennung".[159] Vor allem aber veröffentlichte er inhaltlich nur einen so winzigen Bruchteil dessen, was er wußte, daß man berechtigt ist, von Geschichtsfälschung zu sprechen. Verräterisch, wie er sich das Geschehene vom Leibe hielt: das entsprechende Kapitel überschrieb er — der Sozialdemokrat mit „schöngeistigen" Interessen — mit einem Zitat von Cicero: „Inter arma silent leges" (solange die Waffen sprechen, schweigen die Gesetze). Immerhin hob er, respektvoll gegenüber Dokumenten, die Berichte auf, auch über die Zeit des Dritten Reiches, und vermachte sie als Bestandteil seines Nachlasses dem SPD-Parteivorstand.[160]

Vom Ausgehverbot bis zum Mord, vom Stiefeltritt bis zur Beerdigungsvorschrift: ein Ganzes, dessen Teile zueinander passen. Wer jetzt noch um ‚Ausgewogenheit' bemüht ist, möge den „roten Terror" nachweisen. Gewiß gibt es zwischen der Aufstandsbewegung und dem weißen Terror hie und da ungefähre Entsprechungen, etwa bei der Zensur. Aber das Gesamtbild ist so verschieden wie nur möglich. Um es im Kern auf eine Formel zu bringen: massenhafte Verletzung der Prinzipien des Privateigentums auf der einen — rücksichtslose Zerstörung von Leben und Gesundheit auf der anderen Seite.

2. Die Ausnahmejustiz

> *"Ausnahmegerichte sind unstatthaft. Niemand darf seinem gesetzlichen Richter entzogen werden. Die gesetzlichen Bestimmungen über Kriegsgerichte und Standgerichte werden hiervon nicht berührt."*
>
> Artikel 105 der Weimarer Verfassung

Die Verhaftungswelle, die über die Arbeiterschaft des Ruhrgebiets wegrollte, hatte zwei Phasen, die sich zwar teilweise zeitlich überlagerten, aber doch deutlich unterschieden werden können: zunächst faßten Reichswehr und Sipo zu, dann folgte die Polizei, die oft, aber längst nicht immer einen Haftbefehl in der Hand hatte.[1] Sogar das Bielefelder Abkommen konnte als Begründung eines Haftbefehls dienen, wie folgende Weisung des Wehrkreiskommandos an die Anklagebehörden der außerordentlichen Kriegsgerichte zeigt: *"Die im Bielefelder Abkommen vorgesehene Straffreiheit sollte bei gemeinen Verbrechen gegen Personen und Eigentum nicht Platz greifen. Der Ausdruck ‚gemeine' Verbrechen ... ist hier im Gegensatz zu rein politischen (nicht im Gegensatz zu militärischen) Verbrechen oder Vergehen gebraucht ... Ob nur politische oder (auch) gemeine Verbrechen in Frage kommen, kann im Einzelfalle einer besonderen Klarstellung bedürfen, die Festnahme voraussetzt".*[2] Auch wurde ausgiebig von der Möglichkeit des sog. "Schutzhaftbefehls" Gebrauch gemacht,[3] d.h. eines Haftbefehls, der nicht mit einem klar umschriebenen Tatbestand bzw. Tatverdacht begründet war, sondern mit einer vagen Persönlichkeitsbeschreibung des zu Verhaftenden wie "umstürzlerische Gesinnung", "gefährlich" usw.
Gefahndet wurde nicht nur im Ruhrgebiet. Die Flüchtlinge im Bergischen Land und im besetzten Gebiet, deren Personalien ja von den dortigen Behörden erfaßt worden waren, waren mehr oder minder alle gefährdet; noch im Juni kam es vor, daß Flüchtlinge nur dadurch, daß örtliche USP-Vertreter etwas erfuhren, im letzten Moment vor einer Verhaftung oder nach erfolgter Verhaftung vor einem Abtransport ins Ruhrgebiet bewahrt wurden.[4] Besonders weitgespannt waren die Ermittlungen bei den "Hauptädelsführern". Meinberg, gegen den das außerordentliche Kriegsgericht Dortmund Haftbefehl wegen Hochverrat, Aufruhr und Plünderung erließ, wurde am 9. Mai auf einer geheimen Landeskonferenz der KPD in Nürnberg (in Bayern war der Ausnahmezustand bereits Dauerzustand) festgenommen, sein falscher Paß wurde als solcher erkannt. Man transportierte ihn demonstrativ durch Dortmund und inhaftierte ihn dann im Zuchthaus Werl — ein zweites Mal wollte man seine Befreiung durch die Dortmunder Arbeiter nicht riskieren.[5] August Siemsen, Zensor des Essener Vollzugsrats, floh kurz vor dem Einmarsch der Reichswehr zunächst nach Bremen — "nur durch einen Zufall" sei er der Erschießung entgangen, schrieb er später —, dann, als steck-

brieflich nach ihm gefahndet wurde, nach München. Nach einiger Zeit stellte er sich freiwillig.[6] Am 4. August, d. h. vier Monate nach seiner Flucht wurde Johann Zalden, Leiter der Duisburger Arbeiterwehr, in Lauenburg (Pommern) verhaftet.[7] Andere wurden im Ruhrgebiet verhaftet, als sie sich nach dem Abzug der Reichswehr bzw. nach dem Erlaß der Amnestie wieder zurücktrauten: Stemmer, der zunächst mit den Arbeiterwehren aus der Hagener Region ins englisch besetzte Gebiet geflohen war, am 18. Mai in Witten;[8] Anton Wild im Juni in Duisburg;[9] Karl Leidner am 23. August in Mülheim.[10] Geradezu arglos verhielt sich Amalie Schaumann (s. oben Seite 137), die am 2. April in Dinslaken dem Massaker der einrückenden Reichswehr entronnen war: vier Tage später begab sie sich noch einmal in die Stadt zurück, um ihre Hotelrechnung zu bezahlen, und ging damit geradewegs ins Fahndungsnetz.[11] In Oberhausen erregte besonderes Aufsehen, als in der Nacht vom 16. zum 17. April fast alle Mitglieder des ehemaligen Vollzugsrats verhaftet und nach Wesel transportiert wurden, sieben Personen, an der Spitze der Syndikalist Spaniol, Arbeitersekretär und Geschäftsleiter der „Freien Vereinigung" im nordwestlichen Ruhrgebiet;[12] Spaniols Vater war bereits vor einer Woche verhaftet worden.[13] Als Grund wurde u. a. die „Plünderung" von Eisenbahnwaggons angegeben (korrekt hätte es heißen müssen: die Beschlagnahmung, vgl. II, Seite 28). Eine Ausnahme war der Fall von Oskar Nickel, des Mülheimer Vollzugsratsvorsitzenden, der monatelang in Schleswig-Holstein untertauchen und ohne ‚hochzugehen' sogar in mehreren öffentlichen Versammlungen sprechen konnte.[14]
Die ungeheure Zahl von Gefangenen — mehrere tausend, die Mindestannahme ist 3 000 — konnte von den vorhandenen Gefängnissen nicht bewältigt werden. Im Verwaltungsgebäude von Hüls z. B. wurden tagelang zwei standrechtlich zum Tode Verurteilte gefangengehalten.[15] Vor allem zwei improvisierte Haftanstalten waren bald in aller Munde: die Zitadelle von Wesel und ein Barackenlager in der Senne bei Paderborn.
Die Zitadelle von Wesel wurde am 27. April von Zivilkommissar Ernst Müller besichtigt. Aus seinem Bericht: etwa 500 Personen inhaftiert, davon bisher nur ein geringer Teil vom örtlichen Kriegsgericht abgeurteilt, die übrigen in Untersuchungshaft; äußerst notdürftige Unterbringung: in jedem Raum 20 bis 40 Gefangene, nur in einem Raum Feldbetten, in den anderen kaum gefüllte Strohsäcke auf dem Boden, zum Zudecken hat jeder nur eine Decke; Waschgelegenheit nur im Hof, keine Wäsche zum Wechseln, die meisten Gefangenen sind verlaust; Krankheiten werden im wesentlichen durch Sortierung behandelt: Unterbringung der Geschlechtskranken (z. T. Syphilis in fortgeschrittenem Stadium), der Lungenkranken, der Grippekranken, der von Krätze Befallenen in jeweils besonderen Zellen; völlig ungenügende Verpflegung; den ganzen Tag über Einschluß, da angeblich für Gänge im Hof das Bewachungspersonal fehlt; keine Lektüre; depressives Brüten und Vorsichhinvegetieren der Gefangenen.[16]
Das Barackenlager in der Senne wurde von Anfang an äußerst stark belegt, weil die Gerichtsbehörden die Gefängnisse im Ruhrgebiet nicht für hinreichend sicher hielten.[17] Zeitweilig betrug die Zahl der Insassen 1200; bis Anfang Mai sank sie auf 622.[18] Rings um die Baracken war ein 3 bis 4 Meter breiter Stacheldrahtzaun gezogen.[19] Über die Verhältnisse im Lager richtete Braß am 26. April

eine Anfrage an die Reichsregierung, in der es hieß: „(Die) Verpflegung ist durchaus unzureichend — 1 Liter dünne Suppe und 300 Gramm Brot täglich. Die Schlafeinrichtungen sind total verlaust. Jeder Verkehr der Gefangenen untereinander und mit ihren Angehörigen wird unterbunden, Briefe der Gefangenen werden vernichtet. Die Bewachungsmannschaften mißhandeln die Gefangenen auf das grausamste. In den Baracken 6 und 7 liegen 60 gefangene Arbeiter, die sich infolge der unmenschlichen Mißhandlungen nicht mehr von den Pritschen erheben können".[20] Das Reichswehrministerium beantwortete diese Anfrage mit dem Hinweis, daß der Verteidiger der Lagerinsassen, Dr. David aus Hagen, folgendes kritisiert habe: ungenügende Verpflegung, Baracken und Schlafdecken verlaust, unzureichende Heizung, keine Abortgelegenheit in den nachts abgeschlossenen Baracken, zu kurze Besuchszeit — 1/2 Stunde vormittags — für Angehörige, Schwerkriegsbeschädigte unter den Gefangenen. Da Dr. David, so folgerte das Reichswehrministerium, lediglich diese Punkte kritisiert habe, seien die Behauptungen von Braß als unwahr erwiesen; insbesondere würde der Verkehr der Gefangenen untereinander und mit ihren Angehörigen nicht unterbunden, würden keine Briefe vernichtet, und „nicht eine einzige Mißhandlung" sei bekannt geworden. In einer beigefügten detaillierten Aufstellung versuchte das Ministerium darüber hinaus zu beweisen, daß die Lagerinsassen besser verpflegt würden als die Zivilbevölkerung.[21] Muß man bereits staunen über die Unverfrorenheit, mit der das Ministerium die gravierenden Beanstandungen von Dr. David in entschuldigendem Sinne für sich in Anspruch nahm,[22] so wird ein entscheidender Punkt der Antwort durch ein amtliches Schriftstück aus dem preußischen Innenministerium widerlegt: danach ordnete Oberpräsident Würmeling Ende Mai die Ablösung der Reichswehr als Lagerbewachung durch die Sipo an, weil die Lagerinsassen „durch Angehörige der Reichswehr stark mißhandelt worden" seien.[23] Eine in der Berliner Presse erschienene Erklärung der Lagerinsassen, sie würden korrekt behandelt,[24] war demnach von den Bewachungsmannschaften erpreßt worden.

Die „regulären" Haftanstalten standen dem allem, zumindest was die Unterbringung betraf, kaum nach. Das Zuchthaus von Werl wurde mit der Pariser Bastille zur Zeit des absolutistischen Frankreich verglichen,[25] und im Amtsgerichtsgefängnis von Dortmund z. B. war in den Zellen lediglich Stroh aufgeschüttet, es gab keine Decken und auch keinerlei Sitzgelegenheit.[26] Daß die Gefangenen allgemein keine Anstaltskleidung bekamen, sondern ihre eigene Kleidung verschlissen,[27] war noch das wenigste.

Viele, wenn nicht die meisten waren schon vorher nicht gesund gewesen — man rufe sich nur die furchtbaren Kriegs- und Nachkriegsjahre in Erinnerung —, dazu kamen vielfach die Mißhandlungen bei der Verhaftung, und jetzt die beschriebene Unterbringung! Erkrankungen waren die unausbleibliche Folge.[28] Vom Zustand eines Gefangenen haben wir eine genauere Beschreibung. Die Frau des Betreffenden, der im Zuchthaus von Münster inhaftiert war, bat einen Funktionär des „Reichsbundes der Kriegsbeschädigten", Josef Rüth, um einen Besuch, den dieser auch erwirkte. Der Mann war vier Tage lang als Sanitäter mit Rote-Kreuz-Binde bei der Roten Armee gewesen, schwer kriegsbeschädigt, zu 100 % erwerbsunfähig, schwer tuberkulös — gleichwohl bereits seit 14 Tagen im Zuchthaus inhaftiert. Als er vorgeführt wurde, berichtete er Rüth unter Tränen, wie er bei seiner Verhaftung von Soldaten und Polizisten mit Gummiknüppeln zusammengeschlagen worden sei. Rüths Beschreibung des körperlichen Zustands: „Ein Skelett und Jammerbild ... Die Arme, so dünn wie die eines dreijährigen Kindes, und der ganze Körper über und über bedeckt mit blutigen Striemen und Quetschflecken in allen Farben". Als Rüth den Untersuchungsrichter fragte, ob der Häftling, der unzweifelhaft bei längerer Haftdauer zugrundegehen werde, nicht freigelassen werden könne, zumal er sich an keiner Kampfhandlung beteiligt habe, erhielt er zur Antwort: „Für mich besteht nur das Strafgesetzbuch und nach diesem habe ich vorzugehen". Rüth veröffentlichte einen Bericht im SPD-Blatt von Hamm und stellte darin abschließend die Frage, wie es eigentlich mit der Einhaltung des Genfer Abkommens stehe, das die Gefangennahme von Sanitätspersonal verbot.[29]

Anfang Juni kamen aus den Gefangenenlagern die ersten Nachrichten von Selbstmorden.[30] Damit kommen wir zu einem außerordentlich dunklen Punkt: zur Frage nach der Verantwortung bei diesem System der Aufnahmejustiz.

*

Verantwortlich war in erster Linie die Regierung. Zunächst dadurch, daß sie es ablehnte, die Amnestiezusage der Abkommen von Bielefeld und Münster in Gestalt eines Amnestiegesetzes rechtswirksam zu machen. Ein Amnestievorschlag, den das preußische Justizministerium machte, wurde zurückgewiesen, und Reichsjustizminister Blunck gab in der Nationalversammlung lediglich die Erklärung ab, bei der gerichtlichen Beurteilung von Handlungen zur Abwehr des Kapp-Putsches werde nach seiner Überzeugung „bei verständiger Prüfung... in der Regel anzunehmen sein, daß ... das Bewußtsein von der Rechtswidrigkeit des Verhaltens keinesfalls vorliegt, selbst wenn man den objektiven Tatbestand einer strafbaren Handlung feststellen könnte".[31] Alle Äußerungen der außerordentlichen Kriegsgerichte über die Unwirksamkeit der Bielefelder Amnestiezusage — meist zynische Äußerungen, gelegentlich bedauernde[32] — trafen nach dieser Entscheidung der Regierung exakt die Rechtslage. Zum zweiten hatte die Regierung es unterlassen, dem Militär ausdrücklich zu verbieten, Verhaftungen auch nach Abschluß der Kampfhandlungen vorzunehmen, und aus ihrem ganzen Verhalten wird man schließen dürfen, daß sie im Gegenteil dem Militär diese Möglichkeit gewähren wollte, um die totale Entwaffnung der Arbeiterschaft zu erreichen. Die Folge war ein beispielloses Chaos im Gefängniswesen, auf das wir gleich zu sprechen kommen. Drittens hatte die Regierung sich dafür entschieden, daß die justizförmige Liquidierung der Aufstandsbewegung in der Hand von außerordentlichen Kriegsgerichten, also nicht in der Hand der ordentlichen Justiz liegen sollte. Und viertens schließlich hatte Reichswehrminister Geßler General Watter empfohlen, die Zahl der außerordentlichen Kriegsgerichte „dem Bedürfnis entsprechend zu vermehren" (s. oben Seite 333).

Mitverantwortlich waren die die Regierung tragenden Parteien. Als am 14. April die USP-Fraktion der Nationalversammlung ein Amnestiegesetz für alle Personen beantragte, die gegen Kapp-Putsch und Reichswehr gekämpft hätten „oder die von der Reichswehr verhaftet worden sind", unterstützte die SPD-Fraktion diesen Antrag nicht etwa, sondern stellte einen Konkurrenzantrag, der lediglich verlangte, daß „die Sicherungs- und Beruhigungsmaßnahmen" im Ruhrgebiet sich „streng" an das Bielefelder Abkommen halten müßten.[33] Dabei war das Bielefelder Abkommen, was die SPD-Fraktion genau wußte, ohne parlamentarische Verabschiedung ein Fetzen Papier.

Die Folge all dessen war die Außerkraftsetzung fundamentaler rechtsstaatlicher Prinzipien und ein kaum auszudenkendes menschliches Elend. Rechtlich gesehen zerfielen die Gefangenen in zwei großen Gruppen, unterschieden nach der Frage, ob sie aufgrund eines Haft- bzw. Schutzhaftbefehls verhaftet worden waren oder ohne jeden Schein einer gesetzlichen Grundlage; in letzterem Fall sprach man von „Kriegsgefangenen". Die wahllosen Verhaftungen durch Reichswehr und Sipo, die Überfüllung der Gefängnisse, die Notwendigkeit einer schnellen Unterbringung und das Verschieben vieler Gefangener von Haftanstalt zu Haftanstalt führten dazu, daß noch Mitte Mai nicht einmal eine Übersicht darüber bestand, ob jemand zur ersten oder zur zweiten Kategorie gehörte.[34] Nach rechtsstaatlichen Prinzipien hätten alle Gefangenen, für die nicht innerhalb kurzer Zeit das Bestehen eines Haftbefehls nachgewiesen oder gegen die Anklage erhoben wurde, freigelassen werden müssen. Aber keine mit der Strafverfolgung befaßte Behörde zog diese Konsequenz. Bestand eine Akte, so war sie (so Severing in seinen Erinnerungen) „oft völlig unzureichend", weil sie weiter nichts als die Feststellung enthielt, „daß der Beschuldigte an einem bestimmten Tage und in einem bestimmten Orte festgenommen sei". Weitere Fragen waren dann, wo der betreffende Gefangene inzwischen verblieben war und — wenn man ihn ermittelt hatte — welches außerordentliche Kriegsgericht für ihn zuständig war.[35] Entsprechend Geßlers Empfehlung hatte Watter die Zahl der außerordentlichen Kriegsgerichte von bisher 9 auf 17 erhöht.[36] Was als Mittel zur beschleunigten Aburteilung gedacht war, trug damit in der Praxis dazu bei, das bestehende Chaos noch zu vergrößern. Tausende zermürbten sich in wochenlanger Haft, ohne zu wissen, was man ihnen vorwarf, ohne Vernehmung, ohne Anklageschrift. Einen Anwalt hatten die wenigsten, und die Angehörigen, mit denen sie — wenn überhaupt — nur wenige Minuten sprechen konnten, waren in der Regel ebenso hilflos wie sie selbst. Es gab in der ordentlichen Justiz sogar Staatsanwälte (die allerdings mit der Sache nicht befaßt waren), die Mehlich gegenüber ihren Abscheu über diese Zustände ausdrückten.[37]

Severing und Mehlich drängten auf schnelle Abhilfe, was zu neuen Reibereien mit Watter führte, der ja als Inhaber der vollziehenden Gewalt zugleich Gerichtsherr der Ausnahmejustiz war. Am 16. April reagierte Watter mit einer Verordnung, die offenbar als Nadelstich gemeint war und Severing noch bei der Niederschrift seiner Erinnerungen in Wut brachte: mit der summarischen Anweisung, alle inhaftierten SPD-Mitglieder, die sich als solche ausweisen konnten, freizulassen, „sofern nicht ihre Beteiligung an einem gemeinen Verbrechen festgestellt oder angenommen wird".[38] Es folgten weitere Maßnahmen: ein Befehl des Wehrkreiskommandos, „daß keine Truppe mehr eine Verhaftung vornehmen dürfe, ohne ihm binnen 24 Stunden ein vorgedrucktes und ausgefülltes Karteiblatt einzusenden";[39] dann setzte Watter den Anklagevertretern bei den außerordentlichen

Kriegsgerichten den 9. Mai als Termin, bis zu dem die Prüfung aller Fälle beendet sein müsse[40] (ein nutzloser Kraftakt); am 12. Mai wies Watters Nachfolger die Anklagebehörden an, „andauernd (zu) prüfen, ob Festgenommene ... auf freien Fuß gesetzt werden können".[41] — Seit dem 3. Mai verfuhr der mit dem Gefängniswesen betraute Generalstabsmajor — mit dem Titel „Oberquartiermeister" — folgendermaßen: er ließ kontinuierlich Listen von Gefangenen erstellen, die vervielfältigt an alle Truppenteile, an die außerordentlichen Kriegsgerichte sowie an die Staatanwaltschaften der Oberlandesgerichte Hamm und Düsseldorf mit der Bitte versandt wurden, innerhalb einer bestimmten Frist zu äußern, ob gegen eine Freilassung „auf Grund genügenden Belastungsmaterials Einspruch erhoben" werde. War dies der Fall — wobei etwa die Bemerkung ausreichte: „der Plünderung dringend verdächtig", oder: gegen XY „schweben noch Vernehmungen" —, blieb der Betreffende weiterhin in Haft, während die übrigen auf der Liste aufgeführten Häftlinge entlassen wurden.[42]

Am 5. Mai glich die Reichsregierung die Rechtsverhältnisse im Ruhrgebiet dem Zustand an, der im übrigen Reich bereits seit dem 11. April bestand: sie entzog die Exekutive im Rahmen des Ausnahmezustandes dem Militär und übertrug sie den Zivilbehörden.[43] Dahinter stand die Konzeption des Generals v. Seeckt, der die Reichswehr künftig aus den unmittelbaren innenpolitischen, schon gar bewaffneten Auseinandersetzungen heraushalten wollte. Neuer Gerichtsherr der Ausnahmejustiz wurde damit Oberpräsident Würmeling. Für die Gefangenen — es waren immer noch rund 2400, die auf ihre Aburteilung oder Freilassung warteten[44] — bedeutete der Wechsel keine Erleichterung, denn Würmeling war ein unerbittlicher Verfechter der Aufrechterhaltung des verschärften Ausnahmezustands. Das zeigte bereits sein erster Bericht an die Reichsregierung. Er schilderte darin zunächst das Chaos im Gefängniswesen, gipfelnd in der Feststellung, das Wehrkreiskommando sei außerstande, „auch nur ein vollständiges Gesamtverzeichnis der vorhandenen Gefangenen zu übergeben", und kam dann zu den praktischen Konsequenzen:

„Eine sofortige Freilassung aber auch nur derjenigen, gegen die im Augenblick erhebliches Material nicht zur Stelle ist, würde zwar an sich dem elementaren Rechtsempfinden entsprechen, kann aber trotzdem nicht in Frage kommen, nachdem schon wiederholt scheinbar unbelastete Personen freigelassen worden sind, die sich nachher als gemeingefährlich herausgestellt haben, ja selbst mit Zuchthaus oder Todesstrafe belegt waren ...

Es muß von vornherein als ausgeschlossen erscheinen, lediglich auf Grund einseitiger Vernehmungen der Gefangenen Haftentlassungen vorzunehmen ...

Nach allem ist die Erbschaft, die ich mit Übernahme der vollziehenden Gewalt übernommen habe, einfach furchtbar. Von einer Bekanntgabe dieser Lage in der Öffentlichkeit habe ich ... Abstand nehmen zu müssen geglaubt, und muß nach außen hin wohl oder übel die Verantwortung dafür nunmehr meinerseits tragen. Ich darf aber bitten, wenigstens dortseits die außerordentliche Schwierigkeit meiner gegenwärtigen Lage nicht zu verkennen und mich darin zu decken ..."[45]

Praktisch wurde dann unter Würmeling das vom Militär begonnene Entlassungsverfahren mittels Listen im Rundfrageverfahren fortgesetzt.[46] Eine katastrophale Überfüllung der Gefängnisse blieb bestehen. Anfang August wurden im Reichstag folgende amtliche Zahlen veröffentlicht: im Bochumer Gefängnis seien 1 013 Personen inhaftiert, die äußerste zulässige Grenze des Gefängnisses liege bei 750 Personen; Untersuchungsgefängnis Essen: 811 Inhaftierte, zulässige Grenze bei 588; Zuchthaus Werl: 686 Inhaftierte, zulässige Grenze bei 612; Herford: 447 Inhaftierte, zulässige Grenze bei 226 (die Liste der Haftanstalten ist damit nicht vollständig).[47] Nicht gesagt wurde dabei, wieviele wegen Teilnahme an der Aufstandsbewegung inhaftiert und wieviele von diesen wiederum inzwischen abgeurteilt waren, wieviele dagegen noch immer auf ihren Prozeß warteten. Zu den letzteren gehörten etwa Stemmer[48] und Meinberg.

*

Personelle Zusammensetzung, Zuständigkeit und Verfahrensweise der außerordentlichen Kriegsgerichte waren durch die Regelungen des Ausnahmezustands festgelegt, die durch bestimmte subjektive Brechungen noch weiter verschärft wurden.
Richter und Ankläger waren vom Wehrkreiskommandeur aus den Kreisen der ordentlichen Justiz zu ernennen. Daß Watter und seine Mitarbeiter dabei eine Auswahl in bestimmter Richtung trafen, ist sicher, und wo sie vielleicht noch danebengriffen, wurde das dadurch korrigiert, daß die von ihnen vorgesehenen Richter und Staatsanwälte die Möglichkeit der Ablehnung hatten. In einigen Fällen wurde von dieser Möglichkeit nämlich Gebrauch gemacht, wobei die einen argumentierten, daß ein Wehrkreiskommandeur nicht über preußische Richter verfügen dürfe, während die anderen ihre Ablehnung damit begründeten, daß sie sich vor Racheakten nach Abzug des Militärs fürchteten.[49] Damit schieden einerseits die mehr oder minder überzeugten Gegner der Ausnahmejustiz aus und andererseits diejenigen, die sich nicht exponieren wollten. Übrig blieb im Durchschnitt ein Typ vom Schlage jenes Kriegsgerichtsrats Fischer am Kriegsgericht Buer, der gegen einen Rotgardistenführer die Todesstrafe beantragte und sein Plädoyer mit den Worten schloß: „Ich kenne die Gefahren..., die mir aus meiner Tätigkeit hier... erwachsen können, aber das wird mich nicht hindern, für meinen Teil dazu beizutragen, daß unser armes Vaterland ein für alle Mal von derartigen Schädlingen befreit wird!"[50] Welche Emotionen im Spiel waren, gaben die Kriegsgerichtsräte von Wesel ganz freimütig preis. Während der Belagerung der Stadt durch die Rote Armee, sagten sie in einer öffentlichen Verhandlung, hätten sie Todesangst gehabt, und im Falle der Einnahme hätten sie „um ihr Leben keinen Pfifferling gegeben".[51] (Das außerordentliche Kriegsgericht Wesel bestand bereits seit einem Jahr und war für seine drakonischen Urteile berüchtigt.)
Mitte Juni wurde die Stimmung nochmals angeheizt durch folgende Meldung der „Buerschen Zeitung", die man nach Inhalt und Aufmachung mit der ersten Meldung über die Ermordung des Grafen Westerholt vergleichen kann:
„Bei dem außerordentlichen Gericht Essen lief ein Einschreibepaket aus Buer ein, das als Absender die Adresse des außerordentlichen Kriegsgerichts in Buer trug. Als man in der zuständigen Abteilung des Essener Kriegsgerichts das Paket ahnungslos zu öffnen begann, entfielen ihm plötzlich einige lose Sprengkapseln. Es wurde nun festgestellt, daß der Inhalt des Pakets aus Dynamit und Spreng-

kapseln bestand. Ein hinzugezogener bergtechnischer Sachverständiger erkannte auf den ersten Blick die unheimliche Gefahr, die die ominöse Sendung barg. Das Paket enthielt etwa 6 Pfund Sprengstoff der gefährlichsten Art, wie er im unterirdischen Bergbau ... verwendet wird. Jede unvorsichtige Handhabung, scharfes Stoßen oder Werfen hätte ... den Sprengstoff zur Entzündung bringen müssen ... Es ist geradezu als ein Wunder zu bezeichnen, wie der Sachverständige erklärte, daß diese Wirkung nicht eingetreten ist ...
Nach Lage der Umstände erscheint die Annahme gerechtfertigt, daß es sich bei diesem Anschlag um das Werk revolutionärer Elemente handelt, die wegen der Verurteilung von Rotgardisten durch das Essener Kriegsgericht furchtbare Rache ... haben nehmen wollen ... Das Dynamitpaket würde genügt haben, ein ganzes Gebäude in die Luft zu sprengen".[52]

Zuständig waren die außerordentlichen Kriegsgerichte für alle Delikte des Strafgesetzbuchs, die mit Aufruhr in Verbindung stehen bzw. stehen können — von Sprengstoffverbrechen über Widerstand gegen die Staatsgewalt bis zu Raub und Bedrohung, um nur einige zu nennen. Für die Delikte des schweren Aufruhrs und Landfriedensbruchs sowie für vorsätzliche Brandstiftung, Explosion, Überschwemmung und Beschädigung von Eisenbahnanlagen war die Strafandrohung des Strafgesetzbuchs von lebenslänglichem Zuchthaus auf Todesstrafe erhöht;[53] für den Besitz von Waffen und Munition nach Ablauf der vom Militär gesetzten Ablieferungsfrist wurde Zuchthaus bis zu 15 Jahren, in schweren Fällen Todesstrafe oder lebenslängliches Zuchthaus angedroht.[54] Den Arbeitern sollte eingebleut werden, was Gewaltmonopol des Staates bedeutet.

Der Rechtsgang der Ausnahmejustiz war in einer Weise abgekürzt, die bei der ordentlichen Justiz nur bei Bagatellsachen zulässig war,[55] mit der Folge einschneidender Beschränkung der Verteidigungsmöglichkeiten. Zusätzlich hatte die Regierung in ihrer Verordnung vom 10. April, mit der sie einen Ausgleich für die Aufhebung des Standrechts zu schaffen versucht hatte (s. oben Seite 333), einen Punkt gegenüber der bisherigen Regelung nochmals verschärft. Hatte es in früheren Ausnahmeverordnungen gelautet: „Wenn der Angeklagte geständig ist, kann von der Zustellung einer Anklageschrift abgesehen werden", so hieß es jetzt: „Nach dem Ermessen der Anklagebehörde kann von einer schriftlichen Anklage abgesehen werden. Geschieht dies, so hat der Vertreter der Anklage in der Hauptverhandlung in Anwesenheit des Beschuldigten die ihm zur Last gelegten Tatsachen vorzutragen".[56] — Gegen die Urteile der Kriegsgerichte war kein Einspruch möglich, sie wurden sofort vollstreckt.[57]

Oberster Sachbearbeiter beim Wehrkreiskommando war Kriegsgerichtsrat Dietz, der laufend die Tätigkeit der Kriegsgerichte beobachtete und wo nötig auch anleitete.[58] Gegenüber den Anklagevertretern hatte der Wehrkreiskommandeur Weisungsrecht. Eine dieser Weisungen sei zitiert:

„Bei Verteidigung von Aufrührern soll geltend gemacht worden sein, daß der Kampf gegen die Verbände des Korps Lichtschlag mit Recht zum Schutze der Verfassung geführt worden sei; denn dieses Korps sei einmarschiert, um die Kappregierung durchzusetzen.
Das ist sachlich unzutreffend. Sämtliche Truppenteile haben niemals anders als

auf Befehl und im vollen Gehorsam gegen den Befehlshaber des Wehrkreises gehandelt".[59]

*

Die Prozesse rollten in der Regel wie vorgesehen ab. Einen Anwalt hatte kaum einer der Angeklagten — schon aus finanziellen Gründen, vielleicht aber auch weil die meisten die existentielle Wichtigkeit der Frage nicht überblickten. Wo ein Angeklagter sich energisch um Kontakt nach außen bemühte, konnte die Untersuchungsbehörde dies durch Beschlagnahmung von Briefen und andere Schikanen aufs äußerste erschweren.[60] Die wenigen sozialistischen und liberalen Rechtsanwälte der Region waren zudem hoffnungslos überlastet, und die Arbeiterorganisationen kapitulierten anscheinend vor der ungeheuren Zahl der Verfahren: anders wäre es nicht zu erklären, warum sie nicht über ihre Zentralen einige Berliner Rechtsanwälte zur Abstellung ins Ruhrgebiet erbaten. Eine absolute Ausnahme war es, wenn in einem gleich zu erwähnenden Fall höchster Gefahr ein Anwalt aus Celle, also von weit außerhalb des Ruhrgebiets kommend auftrat. So hatten fast alle Angeklagten nur den Offizialverteidiger, der geschäftsmäßig, gleichgültig und voller Servilität gegenüber den Richtern seine Aufgabe wahrnahm, und waren damit Anklagevertretern und Richtern vollständig ausgeliefert.[61] In den wenigen Fällen, in denen eine echte Verteidigung gewährleistet war, war die Differenz zwischen dem Strafantrag des Anklägers und dem Urteil des Gerichts immens. So konnte in einem Verfahren vor dem außerordentlichen Kriegsgericht Wesel der Verteidiger die von der Anklage beantragten 10 Jahre Zuchthaus auf anderthalb Jahre Gefängnis herunterdrücken.[62] In einem anderen Verfahren vor demselben Gericht, bei dem Amalie Schaumann (s. oben Seite 137) der „Hauprädelsführerschaft" bei schwerem Aufruhr angeklagt war, hatte der Anklagevertreter zunächst die Todesstrafe beantragt, die er dann, nachdem zwei Rechtsanwälte (aus Düsseldorf und Celle) die Verteidigung übernommen hatten, in einer erneuten Verhandlung auf 10 Jahre Zuchthaus ermäßigte (u. a. wurde ihr vorgeworfen, in einem Brief an den inzwischen erschossenen Amerikaner Demott — s. oben Seite 372 f. — die illegale Hinterziehung von Munition durch die Reichswehr mitgeteilt und damit die französische Besetzung der Mainstädte provoziert zu haben); das Gericht erkannte auf Freispruch aus Mangel an Beweisen. Immerhin, da die Urteilsbegründung Frau Schaumann als „für die Ordnung im Staate ... im höchsten Grade gemeingefährlich" bezeichnet hatte, erreichte der Anklagevertreter — übrigens ein junger Assessor, der sich offenbar seine Sporen verdienen wollte — doch noch, daß sie in „Schutzhaft" genommen wurde.[63]

Anonyme Briefe wurden — so zumindest in Wesel — gegen den Protest des Verteidigers als Beweismittel der Anklage zugelassen.[64] Wurden Zeugen vernommen, so war die parteiische Wertung ihrer Aussagen offenkundig. Entlastungszeugen aus dem Proletariat — und andere gab es fast niemals — konnten sich ihre Ausführungen beinahe sparen.[65] Die Aussagen von Belastungszeugen dagegen wurden positiv gewürdigt, auch wenn sie noch so fragwürdig waren. Ein Beispiel aus einem Verfahren gegen den USP-Funktionär Hammer aus Buer — außerordentliches Kriegsgericht Essen, 5. Juni —, das mit der Verkündung von 6 Jahren Zuchthaus, 10 Jahren Ehrverlust und Stellung unter Polizeiaufsicht endete. Frage des Vorsitzenden an den Zeugen Stadtrat Dr. Kreutz: „Der Angeklagte will für Ruhe und Ordnung gesorgt haben. Trifft das zu?" Zeuge: „Das mag in dem einen oder anderen Falle geschehen sein. Ich weiß es nicht. Jedenfalls halte ich ihn für einen der gefährlichsten Rädelsführer, der uns stets und ständig einen Knüppel zwischen die Beine geworfen hat. Er hätte gleich mit Bartels, der rechtzeitig verhaftet worden ist (I, Seite 277 f.), unschädlich gemacht werden müssen."[66] Eine Ausnahme stellte die Verhandlung des außerordentlichen Kriegsgerichts Münster vom 6. Mai dar, in der ein Bergmann abgeurteilt wurde, der acht Tage lang Stadtkommandant von Haltern gewesen war und in dieser Funktion eine Arbeiterwehr aufgestellt, Waffen beschlagnahmt und ein Auto requiriert hatte: der Bürgermeister von Haltern stellte ihm ein gutes Zeugnis aus und nannte ihn ruhig und besonnen. Obwohl als „Rädelsführer" identifiziert, erhielt er nur 9 Monate Gefängnis (der Staatsanwalt hatte 6 Jahre Zuchthaus beantragt), wobei möglicherweise auch ins Gewicht gefallen war, daß er im Kriege mit dem Eisernen Kreuz 1. und 2. Klasse dekoriert worden war.[67]

So waren Schnellverfahren die Regel. Als Beispiel das außerordentliche Kriegsgericht Wesel, 20. Mai: nach knappster Beweisaufnahme, Anklage und Verteidigung ziehen sich die Richter für ganze zehn Minuten zurück, um sich über die Urteile gegen zwölf Arbeiter schlüssig zu werden — Strafen von 6 Jahren Zuchthaus abwärts. Ein Beobachter: „Nachdem wurde die Bank geräumt..., das scheußliche Spiel beginnt von neuem. Draußen auf dem Korridor spielen sich herzzerreißende Szenen ab".[68]

Dasselbe Kriegsgericht Wesel war nach einiger Zeit so konsequent, für die Ausfertigung der Urteile (ausgenommen bei Todesurteilen) ein vorgedrucktes Formular zu verwenden. Die freigelassenen Stellen für den Zeitpunkt der Urteilsverkündung und das Strafmaß waren auszufüllen, Nichtzutreffendes zu streichen:

„Es wurde das Urteil um .... Uhr .... Minuten .... mittags durch Verlesung der Urteilsformel und durch mündliche Mitteilung des wesentlichen Inhalts der Urteilsgründe dahin verkündet:
Der Angeklagte wird wegen

schweren Aufruhrs

zu einer Zuchthaus- Gefängnisstrafe von .... Jahren .... Monaten .... kostenpflichtig verurteilt.
Dem Angeklagten werden die bürgerlichen Ehrenrechte auf die Dauer von 5—10 Jahren aberkannt.
Polizeiaufsicht wird für zulässig erklärt.
Ferner wurde der Beschluß verkündet:
Gegen den Angeklagten wird zum Zwecke der sofortigen Vollstreckung der erkannten Strafe Haftbefehl erlassen.
Der gegen den Angeklagten erlassene Haftbefehl wird aufgehoben.
Dem Angeklagten steht für die erlittene Untersuchungshaft eine Entschädigung nicht zu, weil das Verfahren weder seine Unschuld ergeben noch dargetan hat, daß gegen ihn ein begründeter Verdacht nicht vorliegt."

Bei der anschließenden Urteilsbegründung des Formulars war vor allem aufschlußreich, wie der Kapp-Putsch gewürdigt wurde: nicht als Hochverrat, auf den die Arbeiterschaft mit ihren Aktionen zur Verteidigung ihrer Rechte und Freiheiten geantwortet, sondern als „Putschversuch", der eine günstige Gelegenheit für den schon seit langem von den Linksradikalen vorbereiteten Umsturz abgegeben hatte. Wahrheitswidrig wurde behauptet, das im Ruhrgebiet stehende oder einmarschierende Militär habe auf seiten der parlamentarischen Regierung gestanden; die in diese Richtung zielende Weisung des Wehrkreiskommandos an die Anklagebehörden, die eben zitiert wurde, hatte sich also zumindest das Kriegsgericht Wesel als ganzes zu eigen gemacht, und zwar formularmäßig. — Die abschließenden fünf Absätze der Urteilsbegründung waren wieder wahlweise zu benutzen, Nichtzutreffendes zu streichen:

Der Angeklagte ist daher wegen Verbrechens nach § 115 Absatz 1 und 2 StRGB [Strafgesetzbuch; Delikt des Aufruhrs] *in Verbindung mit den Verordnungen des Reichspräsidenten vom 13. Januar 1920 und der Verordnung des Befehlshabers des Wehrkreises VI vom 17. Januar 1920* [Verhängung des verschärften Ausnahmezustands und Ausführungsbestimmungen dazu] *zu bestrafen. Von der Verhängung der Todesstrafe ist Abstand genommen worden, weil der Angeklagte anscheinend nur ein Mitläufer ist, dessen Teilnehmerschaft nur für die Gesamtwirkung in Frage kam und dem einzelne besondere Schandtaten nicht nachzuweisen sind.*

Mildernde Umstände aber mußten ihm versagt werden. Er mußte sich sagen, daß er sich an einem Unternehmen beteiligte, das den Bürgerkrieg bedeutete, der den völligen wirtschaftlichen und politischen Untergang Deutschlands mit sich bringen konnte, das also eigensüchtigen Interessen zuliebe den Bestand des Vaterlandes auf das Spiel setzte.

Dem Angeklagten wurden mit Rücksicht auf seine Jugend, bisherige Straflosigkeit und seine verhältnismäßig nicht sehr erhebliche Mitbeteiligung mildernde Umstände zugebilligt.

Angesichts der von dem Angeklagten an den Tag gelegten ehrlosen Gesinnung und seines gemeingefährlichen Verhaltens erschien es als geboten, ihm die bürgerlichen Ehrenrechte auf die Dauer von ..... Jahren abzuerkennen und Polizeiaufsicht für zulässig zu erklären (§§ 32 ff. StRGB) [hier werden die Auswirkungen beider Maßnahmen geregelt].

Die Kostenentscheidung beruht auf § 497 StRPO [Strafprozeßordnung; die Kosten des Verfahrens trägt hiernach der Angeklagte]".[69]

Der Richter als „Urteilsmaschine", so kommentierte das Berliner USP-Blatt,[70] und „Wie in einem Tarifamt!" rief Ludwig im Reichstag aus.[71]

Aber trotz aller Beschleunigung: die Ausnahmejustiz kam rein quantitativ nicht durch. Mitte Juni lagen folgende amtliche Zahlen vor: Bei den außerordentlichen Kriegsgerichten bisher anhängig: 5755 Strafsachen, davon abgeurteilt: 969. Auf ihren Prozeß warten noch: 4 786 Angeklagte, davon in Gefängnissen und Zuchthäusern: 914.[72]

*

Das durchschnittliche Strafmaß der außerordentlichen Kriegsgerichte war deutlich unterschiedlich. Die schärfsten Urteile verhängten anscheinend die Kriegsgerichte Wesel und Buer. Nach mehrtägiger Beobachtung der Verhandlungen in Wesel kam der USP-Redakteur Plenge aus Solingen zu folgender Aufstellung:
— Eintragung in die Liste der Roten Armee, jedoch keine Beteiligung am Kampf: Landfriedensbruch, 1 Jahr Gefängnis;
— Postenstehen als Mitglied der Arbeiterwehr mit bloßen Polizeiaufgaben: Teilnahme am Aufruhr, 2 bis 3 Jahre Zuchthaus;
— Kampf mit der Waffe gegen Reichswehr oder Polizei: Teilnahme an schwerem Aufruhr, 4 bis 6 Jahre Zuchthaus;
— Führung einer Einheit bewaffneter Arbeiter, nachgewiesen etwa durch Ausstellung eines Requisitionsscheins: Rädelsführerschaft bei schwerem Aufruhr und räuberische Erpressung, 6 bis 8 Jahre Zuchthaus und ebensoviel Jahre Ehrverlust.[73]

Noch über diesem horrenden Raster lag ein Urteil des Weseler Kriegsgerichts vom 30. März (die Kämpfe waren also zu diesem Zeitpunkt noch im Gange) gegen einen 18jährigen Bergmann aus Hamborn, der nur zwei Stunden lang in der Ro-

„Nach dem Dritten Reich, nach Algerien und Vietnam, angesichts der lateinamerikanischen Diktaturen erscheint der Terror von 1920 als vergleichsweise harmlos; wir sind anderes gewöhnt bzw. dagegen abgestumpft. Aber der Terror von 1920 will zunächst einmal für sich genommen werden, und er sollte uns auch heute noch erschrecken ... Und außerdem verdient er als Teil der Vorgeschichte des Dritten Reiches größte Aufmerksamkeit." (Seite 382)

Erschossene Arbeiter im Isolierkrankenhaus Stoppenberg

ten Armee gewesen und sofort, als die Reichswehr zu schießen begonnen hatte, übergelaufen war: 5 Jahre Zuchthaus, 10 Jahre Aberkennung der bürgerlichen Ehrenrechte, Polizeiaufsicht. Auszug aus der Urteilsbegründung: „Von einer Verhängung der Todesstrafe hat das Gericht Abstand genommen, da der Angeklagte anscheinend nur ein Mitläufer ist... Im übrigen wurden mildernde Umstände versagt. Wer sich einer Bewegung anschließt, die es offenbar nur auf Umsturz und Kampf gegen die rechtmäßige Regierung abgesehen haben kann..., verdient keine Milde".[74]

Beim Kriegsgericht Buer ist besonders ein Urteil gegen vier Krankenschwestern der Roten Armee im Alter von 27, 23, 19 und 16 Jahren hervorzuheben: die älteste und die jüngste erhielten je 1 Jahr Gefängnis, die beiden anderen je 1 Jahr Zuchthaus. Urteilsbegründung etwa bei der ältesten: „hat vom 1. bis 2. April der roten Armee als Krankenschwester angehört und in Ausübung dieser Tätigkeit einem Verwundeten den Kopf und einem Fußkranken die Füße verbunden. § 115 Abs. 2 StGB" (schwerer Aufruhr).[75]

Teils unter, teils sogar noch über den Weseler Strafmaßen lagen die Urteile des Kriegsgerichts Münster. Es verhängte

— gegen Krankenschwestern der Roten Armee: 6 bzw. 3 Monate Gefängnis (das letztere Strafmaß bei Minderjährigkeit, an sich war die Mindeststrafe der Gerichte 6 Monate),[76] gegen einen Sanitäter: 9 Monate Gefängnis;[77]

— für Postenstehen in der Arbeiterwehr: 1 Jahr Gefängnis (bei mildernden Umständen wegen jugendlichen Alters);[78]

— für Mitgliedschaft in der Roten Armee ohne Abgabe eines Schusses: 2 Jahre Zuchthaus[79] (später wurde das Gericht hier deutlich milder, ein Indiz für eine erhebliche Willkürlichkeit der Urteile);[80]

— bei Rädelsführerschaft: gegen den Ortskommandanten der Roten Armee in Kirchhellen, einen Bergmann aus Bottrop, 3 Jahre Zuchthaus;[81] gegen den Abschnittskommandanten der Roten Armee in Datteln, einen „Haupträdelsführer" mit Verbindungen zu Meinberg und zum Zentralrat (was offenbar als besonders belastend gewertet wurde): 10 Jahre Zuchthaus.[82]

Das Zentrumsblatt von Münster lobte die „scharfen und exemplarischen Strafen" des Gerichts gegen „die Frevler am Staats- und Gemeinwohl"; eine abschreckende Wirkung für die Zukunft sei überaus notwendig.[83]

Relative Milde wurde dem Kriegsgericht Dortmund nachgerühmt. Es verurteilte beispielsweise ein Mitglied der Dortmunder Arbeiterwehr für Postenstehen zur Mindeststrafe von 6 Monaten Gefängnis,[84] den „Rädelsführer" von Wambel, einen syndikalistischen Arbeitersekretär, zu 1 Jahr Gefängnis.[85] Vom Kriegsgericht Soest wiederum wurde jemand, der telefonisch eine Truppenbewegung mitgeteilt hatte, zu 2 Jahren Gefängnis verurteilt.[86]

Es gab gelegentlich sogar Freisprüche. In Münster hatte ein führender Sozialdemokrat am 23. März ein Flugblatt verteilt, das sich mit folgenden Worten an die Soldaten richtete: „Haltet Euch neutral oder stärkt unsere Reihen, reicht uns die Bruderhand!" Die Anklage lautete auf „Aufreizung gegen den Einmarsch in das Industriegebiet". Das Kriegsgericht vermochte jedoch in dem Flugblatt „keinen kommunistisch-syndikalistischen Inhalt" zu finden.[87]

In diesen Übersichten sind die schlimmsten Fälle noch gar nicht erfaßt, nämlich diejenigen, in denen Angeklagte mit der Todesstrafe bedroht waren. Zunächst hatten die Kriegsgerichte die Todesurteile nachzuprüfen, die von den Standgerichten verhängt, anschließend jedoch nicht vollstreckt worden waren. Ein solcher Fall ist dokumentiert. Otto Kümmel aus Buer-Scholven, Anfang 20, Führer einer 55 Mann starken Rotgardisteneinheit, hatte zunächst vom Kampfleiter der Roten Armee in Dorsten den Auftrag erhalten, die Bewachung der Zeche „Fürst Leopold" in Hervest-Dorsten zu übernehmen. Später war die Truppe in die ländliche Gemeinde Polsum verlegt worden und hatte dann dort im Rahmen des Üblichen requirieren müssen, um sich zu ernähren; an Kampfhandlungen war sie nicht beteiligt gewesen. Als die Löhnung ausblieb, zog sie am 1. April nach Buer und stürmte in eine Sitzung des Vollzugsrats im Rathaus. Hammer (USP), Kassenverwalter des Vollzugsrats, der das wenige Geld, über das er verfügte — 25 000 Mark, die durch Sammlungen in der Bürgerschaft zusammengekommen waren — im Laufe des Nachmittags bereits bis auf eine Restsumme von 4 000 Mark verausgabt hatte, vertröstete die Truppe auf den nächsten Tag; zusammen mit anderen Einheiten wurde sie im Lyzeum untergebracht. Spät in der Nacht wurde Hammer, der sich trotz Warnungen in sein gewohntes Quartier begeben hatte, von Kümmel und dem Führer einer Mülheimer Rotgardisteneinheit aus dem Bett geholt; die beiden verlangten — offenbar unter dem Druck ihrer Einheiten stehend — unter Drohungen Geld. Hammer gab ihnen alles, was er noch hatte; die beiden reichten ihm 700 Mark zurück — anscheinend hatten sie Verständnis auch für seine Lage. Unklar ist, ob die beiden das Geld anschließend unter ihren Einheiten verteilten (immerhin fand man bei Kümmels Verhaftung nichts mehr in seinem Besitz); aber auch die vollen 3300 Mark wären in jedem Fall für zwei Einheiten bitter wenig gewesen. Feststeht, daß die von Kümmel geführte Truppe am nächsten Morgen bei einem Kaufmann u. a. Ledersachen, Zigarren, Wein und Geld requirierte. Gegen Mittag, also erst mit Ablauf der offiziellen Frist, wurde in Buer das Abkommen von Münster bekannt; daraufhin organisierte der Vollzugsrat in aller Eile im Lyzeum eine allgemeine Waffenabgabe. Etwas später jedoch fuhr ein Auto vor dem Gebäude vor, die Insassen berichteten aufgeregt von dem vertragsbrüchigen Vormarsch der Reichswehr, die nunmehr schon ganz in der Nähe stehe, und forderten die Herumstehenden auf, sich die abgegebenen Waffen wiederzuholen. Ein Mitglied des Vollzugsrats, Schmitt, zog seinen Revolver und rief: „Der erste, der die Waffen anrührt, wird erschossen!" Wütende Schreie antworteten ihm und Rufe: „Jetzt holen wir Kümmel!" Der saß in einer Wirtschaft; auf die Nachricht von dem Vorfall stürmte er los. Schmitt rief: „Hände hoch!" was Kümmel tat; einer seiner Begleiter jedoch zielte auf Schmitt, traf aber daneben, darauf feuerte Schmitt und streckte ihn nieder, ein weiterer Schuß traf Kümmel in die Ferse.[88]

Am 4. April nachmittags wurde Kümmel von einem Standgericht zum Tode verurteilt. SPD- und USP-Vertreter, die von dem (geheimgehaltenen) Standrechts-Kompromiß Severings nichts wußten,[89] wandten sich telegrafisch an Severing, Watter und Ebert und baten um Begnadigung. Am 8. April wies das Wehrkreiskommando den Divisionsstab an, das Todesurteil nicht zu vollstrecken (daß dies notwendig war, zeigt die fatale Lageunsicherheit, die der Standrechts-Kompromiß zur Folge hatte). Über eine Woche lang blieb die Öffentlichkeit, vermutlich aber auch — was weit schwerwiegender war — Kümmel selbst im Ungewissen, bis feststand, daß er vom Kriegsgericht Buer abgeurteilt werden würde. Am 19. April fand unter strengen Sicherheitsmaßnahmen die Verhandlung statt. Der Anklagevertreter, Kriegsgerichtsrat Fischer, beantragte die Bestätigung der Todesstrafe; seine Schlußworte („Befreiung des Vaterlands von derartigen Schädlingen") wurden bereits zitiert. Das Gericht sprach Kümmel des Aufruhrs, Landfriedensbruchs und der räuberischen Erpressung schuldig, folgte jedoch nicht dem Antrag der Anklage — das Urteil lautete auf 15 Jahre Zuchthaus und Aberkennung der bürgerlichen Ehrenrechte für 5 Jahre.[90]

In anderen Fällen *wurden* Todesurteile verkündet. Die Behörden bewahrten darüber naturgemäß möglichstes Stillschweigen, so daß man heute nur noch wenige Aussagen dazu machen kann. Zunächst zu diesem Stillschweigen selbst: ihm fiel beispielsweise Ludwig zum Opfer, der Ende Juli im Reichstag bekanntgab, bisher hätten die Arbeiterorganisationen 822 Urteile der Kriegsgerichte erfaßt, in denen insgesamt 919 Jahre Gefängnis und 168 Jahre Zuchthaus verhängt worden seien;[91] m. a. W. Todesurteile waren in dieser Übersicht nicht enthalten. Drei Todesurteile sind jedoch sogar durch Presseberichte dokumentiert. Am 13. April wurden zwei Essener Arbeiter, die in den Tagen vor dem Reichswehreinmarsch, als jede öffentliche Ordnung in der Stadt zusammengebrochen war, in einer Reihe von Wohnungen schwerbewaffnet Geld erpreßt hatten, zum Tode verurteilt;[92] am 22. April ein Mitglied des Vollzugsrats Recklinghausen, Junker, dem folgendes vorgeworfen wurde: Unterzeichnung einer Bekanntmachung zur Waffenablieferung, in der die Todesstrafe angedroht wurde (das war zutreffend), Mitwirkung bei der Befreiung der Gefangenen aus dem Gerichtsgefängnis, Verhaftung des Geschäftsführers der SPD-Druckerei und anschließendes Todesurteil (die letzteren Vorwürfe lassen sich nicht nachprüfen, jedenfalls lebte der Betreffende noch).[93] Im Gegensatz zu der von Ludwig bekanntgegebenen Übersicht sprach Plenge Ende Mai im Solinger USP-Blatt von Todesurteilen der Kriegsgerichte und nannte die horrende Gesamtzahl von 154 Fällen.[94] Diese Ziffer ist nicht mehr nachprüfbar, sie wurde auch später nirgends wieder aufgegriffen.

Ein Todesurteil wurde vollstreckt, sobald aus Berlin die telegrafische Meldung eingegangen war, daß Reichspräsident Ebert von seinem Begnadigungsrecht keinen Gebrauch gemacht habe.[95] Plenge veröffentlichte in dem ebengenannten Artikel die Information, Ebert habe alle zum Tode Verurteilten begnadigt (das bedeutete Umwandlung des Urteils in lebenslängliches Zuchthaus),[96] doch das war falsch, und man wird vermuten dürfen, daß Plenge hier das Opfer einer gezielten Fehlinformation seitens der Behörden war. Das Wehrkreiskommando hatte nämlich am 8. Mai an die Anklagebehörden sämtlicher Kriegsgerichte ein Schreiben gerichtet, in dem es hieß: *„Am 8. 5.* [also am selben Tag] *werden in Münster zwei vom außerordentlichen Kriegsgericht Essen zum Tode Verurteilte durch Erschießen hingerichtet. Das Militärkommando* [gemeint: das Exekutionskommando] *wurde auf Ersuchen der Anklagebehörde vom Militärbefehlshaber gestellt ... Staatsanwaltschaften Essen und Münster hatten Übernahme der Vollstreckung abgelehnt. In entsprechender Weise demnächst Vollzug einer Todesstrafe in Wesel."*[97] Es ist zu vermuten, daß es weitere Exekutionen gegeben hat.

Die Mauer der Geheimhaltung, hinter der die Exekutionen von Münster und Wesel vollzogen wurden, steht in auffälligem Kontrast zu der Begründung, mit der das Militär immer das Standrecht gefordert hatte: Abschreckung. Rücksichtnahme auf Reichspräsident Ebert, der als Sozialdemokrat in früheren Jahren einmal für die Abschaffung der Todesstrafe gewesen war?

Wie die Justiz in derselben Zeit die Kapp-Putschisten anfaßte, darüber im nächsten (abschließenden) Kapitel.

*

Als die Reichsregierung Mitte April entschieden hatte, das Amnestieversprechen von Bielefeld *nicht* einzulösen, sondern die Justiz lediglich auf die „allgemeinen Rechtsgrundsätze" hinzuweisen und um „verständige" Prüfung der Straftatbestände zu bitten, hatte sie hinzugefügt, falls allerdings die Rechtsprechung allzu drakonisch ausfallen sollte, „würde die Sache neu zu prüfen sein". Daraus wurde jedoch nichts, obwohl insbesondere Ebert und Reichskanzler Müller über die Urteilspraxis der außerordentlichen Kriegsgerichte ziemlich beunruhigt waren — nicht im Gedanken an die Verurteilten (wenigstens äußerten sie nichts dergleichen), sondern weil sie, wie Ebert sich ausdrückte, befürchteten, daß statt der erstrebten Beruhigung erneute heftige Mißstimmung entstehe, „die dazu ausgenützt würde, die kampfmüde... Arbeiterschaft erneut aufzupeitschen". Dabei hatten Ebert, Müller und führende SPD-Vertreter, die ähnlich dachten, vor allem den Wahlkampf für die Neuwahl des Reichstags im Blick. Auch die preußische Regierung, die mehrheitlich wenigstens eine Aufhebung des verschärften Ausnahmezustands und damit der außerordentlichen Kriegsgerichte wünschte (womit die noch anhängigen Verfahren an die ordentliche Justiz übergegangen wären), konnte sich gegen den erbitterten Widerstand der Mehrheit der Reichsregierung — angeführt von Innenminister Koch und energisch unterstützt von Oberpräsident Würmeling — nicht durchsetzen. Die Kabinettsmehrheit entschied am 20./21. Mai auch eine parlamentarische Machtprobe für sich. Die USP-Fraktion der Nationalversammlung brachte einen Antrag auf sofortige Aufhebung des Ausnahmezustands „in allen Teilen des Reiches" ein und erhielt dafür die Mehrheit der Stimmen: die SPD einerseits, zumindest Teile der beiden oppositionellen Rechtsparteien andererseits, die einen Wahlkampf ohne Ausnahmezustand zu führen wünschten, stimmten dafür. Daraufhin erklärte Innenminister Koch, die Regierung verstehe den Antrag nicht als verbindliches Verlangen des Parlaments nach Artikel 48 Absatz 5 der Verfassung, sondern als unverbindliche Empfehlung. Die USP beantwortete das mit einem weiteren Antrag, der das Verhalten der Regierung als Bruch der Verfassung bezeichnete. Doch für dessen Einbringung bekam sie nicht mehr die nötigen Unterschriften zusammen, die angesprochenen Mitglieder der SPD-Fraktion verweigerten die Unterstützung — Innenminister Koch hatte im Kabinett mit seinem Rücktritt gedroht, falls sich die Regierung nicht auf seinen Standpunkt stelle, und Reichskanzler Müller gezwungen, die SPD-Fraktion in eiserne Fraktionsdisziplin zu nehmen.[98] Erst recht blieben alle außerparlamentarischen Proteste und Eingaben von Arbeiterorganisationen aus dem Ruhrgebiet (einschließlich der SPD), die teils die Aufhebung der außerordentlichen Kriegsgerichte, teils darüber hinausgehend eine allgemeine Amnestie forderten, wirkungslos.[99]

So blieb der Regierung nur übrig, das Instrument, auf dessen Gebrauch sie nicht verzichten mochte, wenigstens etwas abzustumpfen. Die in dieser Richtung unternommenen Versuche seien kurz aufgezählt: wiederholte Hinweise auf Milderungsgründe bei der Urteilsfindung; die Entsendung von zwei hohen Ministerialbeamten, anschließend die Entsendung eines besonderen Staatsanwalts ins Ruhrgebiet; die Herausnahme der geringfügigeren Delikte aus der Zuständigkeit der außerordentlichen Kriegsgerichte und die gleichzeitige Umbenennung der außerordentlichen Kriegsgerichte in „außerordentliche Gerichte"; schließlich eine Weisung des Innenministeriums an die Anklagevertreter, daß davon auszugehen sei, daß an sich strafbare Handlungen *bis zum 2. April* im guten Glauben begangen seien, rechtswidrige Angriffe von Kapp-Putschisten auf die Verfassung abzuwehren (dieser den Berliner Arbeiterorganisationen zugestandene Termin war wochenlang „vergessen" worden, bis ihn der Reichskanzler erstmals am 15. Mai wieder gegenüber Innenminister Koch erwähnte). *

Die Richter und Anklagevertreter der außerordentlichen Kriegsgerichte reagierten zunehmend empört. Während sie alle Weisungen des Wehrkreiskommandos wohlwollend entgegengenommen hatten, sprachen sie jetzt von „Eingriffen in die Unabhängigkeit der Justiz"; es sei eine „Zumutung", Recht „nach irgendwelchen Anweisungen" zu sprechen. Schließlich stellte eine Reihe von Anklagevertretern ihre Tätigkeit ein, und dann traten auch die Richter der außerordentlichen Gerichte Duisburg, Mülheim und Wesel in Streik. Nachdem sie von der Regierung hinreichend verbal beschwichtigt worden waren — um mehr handelte es sich bei dem Konflikt ohnehin nicht —, nahmen sie ihre Tätigkeit wieder auf. An der Urteilspraxis änderte sich durch die Weisungen und Maßnahmen der Regierung, von wenigen Ausnahmen abgesehen, überhaupt nichts.[100]

*

Weißer Terror und Ausnahmejustiz lasteten nicht nur auf den unmittelbar Betroffenen — den Angehörigen der Ermordeten, den Zusammengeschlagenen, denen, deren Arbeitskraft für immer ganz oder teilweise zerstört war, den Inhaftierten und Verurteilten. Von der schleichenden Angst vor Denunzianten war schon die Rede. Viele hatten Angst um den Arbeitsplatz; zahlreiche Arbeitgeber kündigten jedem, der im Verdacht stand bzw. in den Verdacht geriet, bei der Roten Armee gewesen zu sein. Besonders schroff verhielt sich das Rheinische Stahlwerk in Duisburg-Meiderich. Nachdem sich Zivilkommissar Ernst Müller eingeschaltet hatte, stellte es zwar eine Reihe von Arbeitern wieder ein, ließ sie aber einen Revers unterzeichnen, der zweierlei beinhaltete: daß sie sich als neueingestellt zu betrachten hätten und auf Ferien im laufenden Jahr verzichteten, und daß sie, falls ihnen strafbare Handlungen nachgewiesen und/oder sie für solche bestraft würden, unter Einbehaltung des Lohnes für sechs Arbeitstage sofort entlassen würden.[101]

* Die mehr justiztechnische Seite dieser Maßnahmen, die hier nicht interessiert, habe ich in einem Aufsatz in der „Kritischen Justiz", 1972, Heft 2 und 4, dargestellt.

Hie und da regte sich freilich nach einiger Zeit auch wieder der Widerstand der Arbeiter. Als die Firma Thyssen & Co. in Mülheim zehn Arbeitern, die in der Roten Armee gewesen waren, kündigte, legte am 15. Juli die Belegschaft die Arbeit nieder, wobei sie sich besonders darüber erbost zeigte, daß ehemalige Reichswehrsoldaten ohne weiteres eingestellt worden waren. Die Direktion machte die Kündigungen rückgängig, so daß bereits am Mittag die Arbeit wieder aufgenommen wurde.[102]

Jedoch das war kein typischer Vorgang jener dunklen Wochen, sondern die Ausnahme. Charakteristisch dagegen war eine Verfügung zum Ablauf des 1. Mai, die Watter und Mehlich für die nachgeordneten Behörden herausbrachten:

„*Versammlungen am 1. Mai sind zu gestatten, aber durch Beamte in Zivil zu überwachen. Über Ausführungen der Redner ist zu berichten. Umzüge sind mit der Maßgabe zu genehmigen, daß sie durch vorgeschriebene Straßen geleitet werden. Bei Vorschrift der Straßen ist auf Bedürfnisse des Verkehrs... Rücksicht zu nehmen...*"[103]

8. Kapitel

Nachgeschichte

„*Es gibt ein Bild von Klee, das Angelus Novus heißt. Ein Engel ist darauf dargestellt, der aussieht, als wäre er im Begriff, sich von etwas zu entfernen, worauf er starrt. Seine Augen sind aufgerissen, sein Mund steht offen, und seine Flügel sind ausgespannt. Der Engel der Geschichte muß so aussehen. Er hat das Antlitz der Vergangenheit zugewendet. Wo eine Kette von Begebenheiten vor uns erscheint, da sieht er eine einzige Katastrophe, die unablässig Trümmer auf Trümmer häuft und sie ihm vor die Füße schleudert. Er möchte wohl verweilen, die Toten wecken und das Zerschlagene zusammenfügen. Aber ein Sturm weht vom Paradiese her, der sich in seinen Flügeln verfangen hat und so stark ist, daß der Engel sie nicht mehr schließen kann. Dieser Sturm treibt ihn unaufhaltsam in die Zukunft, der er den Rücken kehrt, während der Trümmerhaufen vor ihm zum Himmel wächst. Das, was wir den Fortschritt nennen, ist dieser Sturm.*"

Walter Benjamin: Geschichtsphilosophische Thesen, in: Illuminationen. Ausgewählte Schriften, Frankfurt 1961, S. 272 f.

1. Reichstagswahl, Amnestie, Folgeprozesse, Entschädigungen

Am 6. Juni wurde der neue Reichstag gewählt. Das wichtigste Wahlergebnis: die drei Regierungsparteien, in der Nationalversammlung im Besitz von mehr als 3/4 der Sitze, erhielten zusammen nicht einmal mehr die Hälfte der abgegebenen Stimmen. Die SPD fiel von 37,9 auf 21,6 %/o (die katastrophalste Wahlniederlage in ihrer ganzen Geschichte), die DDP von 18,5 auf 8,4 %/o, das Zentrum, das sich noch am besten halten konnte, von 19,7 auf 13,6 %/o.
Von den Verlusten der SPD profitierte in erster Linie die USP, in zweiter die KPD, die sich erstmals auf nationaler Ebene zur Wahl gestellt hatte (die Wahl zur Nationalversammlung Anfang 1919 hatte sie in Naherwartung der Revolution boykottiert). Hier im einzelnen die Verluste der SPD, die Gewinne der USP und das erstmalige Wahlergebnis der KPD, und zwar im Reichsdurchschnitt einerseits, im Ruhrgebiet speziell andererseits (die Ziffern geben — immer in %/o der ab-

gegebenen gültigen Stimmen — zuerst das Ergebnis von 1920, in Klammern dahinter das Ergebnis der Nationalversammlungswahl vom 19. Januar 1919, eine Zeile tiefer die Differenz; Wk. bedeutet Wahlkreis):[1]

	SPD		USP		KPD
Reich	21,6	(37,9)	18,8	(7,6)	1,7
	(—16,3)		(+11,2)		
Wk. Westfalen Süd a)	20,8	(41,3)	19,7	(5,1)	1,5
	(—20,5)		(+14,6)		
Wk. Düsseldorf-West b)	13,5	(26,9)	13,8	(0,8)d	5,1
	(—13,4)		(+13,0)		
Wk. Düsseldorf-Ost c)	10,0	(25,7)	32,8	(18,7)	1,2
	(—15,7)		(+14,1)		

a) östliches Ruhrgebiet
b) westliches Ruhrgebiet / linker Niederrhein
c) Düsseldorf / Wuppertal / Bergisches Land
d) im westlichen Ruhrgebiet tendierte die Mehrheit der USP Anfang 1919 zur KPD und setzte einen Wahlboykott durch

Die SPD mußte im östlichen Ruhrgebiet, ihrer Hochburg, überdurchschnittliche Verluste hinnehmen. Ihre Verluste in den beiden anderen Wahlkreisen blieben unter dem Durchschnitt, weil bereits die Ausgangsbasis von 1919 relativ bescheiden war. Die USP erzielte in allen drei Wahlkreisen überdurchschnittliche Gewinne; absolut blieb sie jedoch im Wahlkreis Düsseldorf-West hinter dem Reichsdurchschnitt zurück. In diesem Wahlkreis erzielte die KPD wiederum, national gesehen, ihr zweitbestes Ergebnis (hinter dem Wahlkreis Chemnitz-Zwickau, in dem sie auf 9,2 % der Stimmen kam).

Unter den gewählten USP- Kandidaten aus dem Ruhrgebiet befanden sich Oettinghaus und Ernst. Ihr neuer Abgeordnetenstatus war möglicherweise der Grund dafür, daß die Voruntersuchung des Reichsgerichts gegen sie wegen Landes- und Hochverrats (oben Seite 346) stillschweigend eingestellt wurde.

*

Unmittelbar nach der Wahl machte die preußische Regierung einen neuen Anlauf, um bei der Reichsregierung — und zwar bei der alten Regierung unter Hermann Müller, die vorerst noch die laufenden Geschäfte weiterführte — die Aufhebung des Ausnahmezustands im Ruhrgebiet durchzusetzen. Zunächst scheiterte sie erneut (unter ihren Gegnern war auch diesmal Oberpräsident Würmeling), bei einer nochmaligen Beratung im Kabinett setzte sich jedoch das Argument von Reichskanzler Müller durch, daß man nicht mit zweierlei Maß messen dürfe: Im Falle von Bayern, dessen Landesregierung unnachgiebig die *Aufrechterhaltung* des Ausnahmezustands gefordert hatte, habe man den Willen der Landesregierung für ausschlaggebend erklärt; dies müsse nun im umgekehrten Falle der beantragten *Aufhebung* auch für Preußen gelten.[2] So wurde der Ausnahmezustand im Ruhrgebiet mit Ablauf des 17. Juni aufgehoben.³ Die außerordentlichen Gerichte (die Bezeichnung „Kriegsgerichte" war wie erinnerlich aus Gründen der Kosmetik fallengelassen worden) fällten am 16. Juni ihre letzten Urteile,⁴ dann gingen die noch anhängigen Verfahren an die ordentlichen Gerichte über.

Daß sich damit die Aussichten der bis dahin noch nicht Verurteilten nicht unbedingt verbesserten, zeigen zwei Urteile aus Duisburg. Eine Frau, die in der „Tonhalle", dem Zentralpunkt der Roten Armee in Duisburg, als Schreiberin tätig gewesen war, wurde zu zwei Monaten Gefängnis verurteilt, ein Mann mit völlig untergeordneten Aufgaben (ebenfalls in der „Tonhalle") erhielt vier Monate Gefängnis.⁵

Den Berg noch anhängiger Verfahren versuchten die Gerichte mit einem neuartigen Vorgehen abzutragen: Angeklagten, die vorläufig auf freien Fuß gesetzt worden waren, schickten sie pauschal Strafbefehle über 6 Wochen Gefängnis zu, gegen die es dann die Möglichkeit des Einspruchs gab. „Diese Methode", so kommentierte Ludwig im Reichstag bissig, sei zweifellos gegenüber der der Kriegsgerichte „etwas bequemer und billiger".⁶

Für diejenigen aber, die in den überfüllten Gefängnissen und Zuchthäusern noch immer auf ihren Prozeß warteten, verlängerte sich die Qual ins Unabsehbare. Mitte Juli begannen die zweimonatigen Gerichtsferien, in denen nur unbedeutende Sachen erledigt wurden. Petitionen mit der Bitte, angesichts dessen wenigstens vorläufige Freilassungen vorzunehmen, blieben ohne Erfolg.⁷

Da kam plötzlich und unerwartet für die meisten — für die bereits Verurteilten wie für die noch nicht Verurteilten — die Rettung: die Diskussion um eine Amnestie geriet wieder in Fluß. Die Ursache lag darin, daß das Wahlergebnis die Konstellation der Parteien grundlegend verändert hatte.

*

Nachdem die drei bisherigen Regierungsparteien die Mehrheit verloren hatten, wurde naturgemäß zunächst erwogen, die Koalition nach links oder rechts zu erweitern. Ein Sondierungsversuch der SPD bei der USP endete negativ: die USP wertete das Wahlergebnis als vernichtendes Urteil der Arbeiterschaft über die korrumpierende Koalition der SPD mit bürgerlichen Parteien, zog daraus für sich die entsprechende Konsequenz und kündigte eine konsequent-proletarische Opposition gegen die künftige bürgerlich geprägte Regierung an. Eine Öffnung der bisherigen Koalition nach rechts, d. h. die Einbeziehung der DVP scheiterte an der Haltung der SPD, obwohl sich Reichspräsident Ebert mit seinem ganzen Einfluß dafür einsetzte: die überwiegende Mehrheit der Fraktion fand ein Zusammengehen mit der stark von der Schwerindustrie geprägten DVP unmöglich (diese Einstellung änderte sich erst später). Daraufhin verzichteten Zentrum, DDP und DVP auf die Mitarbeit der SPD und bildeten eine Minderheitsregierung, d. h. sie exerzierten der SPD das vor, was diese im März gegenüber der USP unter Betonung ihrer demokratischen Prinzipien abgelehnt hatte (II, Seite 129). Am 25. Juni stand das neue Kabinett unter Führung von Reichskanzler Fehrenbach (Zentrum), die erste Reichsregierung, die auf die Duldung durch andere Parteien angewiesen war („Tolerierung" lautete der Spezialausdruck, der nun bis zum Ende der Weimarer Republik zum parlamentarischen Alltag gehören sollte).

Man erinnere sich, daß die SPD, als sie noch die Regierung führte, die Unterstützung für einen Amnestieantrag der USP verweigert hatte (oben Seite 387 f.). Jetzt am 23. Juni, als feststand, daß sie in die Opposition gehen würde, beantragte sie bei der neuen Regierung die Vorlage eines „allgemeinen Amnestiegesetzes", das „Straffreiheit entsprechend der Bielefelder Vereinbarung" gewährleiste.[8] Zwei Tage später beantragte die USP-Fraktion eine Generalamnestie für alle „aus politischen Beweggründen", insbesondere in Zusammenhang mit der Abwehr des Kapp-Putsches begangenen Straftaten; ausgeschlossen von der Amnestie sollten dagegen Straftaten sein, „die unmittelbar oder mittelbar zur Unterstützung des Kapp-Putsches gedient haben".[9]

Am 5. Juli befürwortete Justizminister Heinze — DVP, also vom ganz anderen Ende des Parteienspektrums — den Erlaß einer Amnestie, wobei er in erster Linie mit den Problemen der Strafverfolgung der Kapp-Putschisten argumentierte.[10] Was hatte es damit auf sich?

Ende März hatte das Reichsgericht die Voruntersuchung gegen führende Akteure des Kapp-Putsches — an der Spitze Kapp, Innenminister Jagow, Hauptmann Pabst, Oberst Bauer — eröffnet und die entsprechenden Haftbefehle erlassen,[11] Anfang April hatte die Nationalversammlung die Aburteilung des Hochverrats und der mit diesem zusammenhängenden Straftaten ausschließlich in die Zuständigkeit der ordentlichen Justiz gestellt, in der Erwägung, daß die Militärgerichte, die normalerweise für die Aburteilung der Militärs zuständig gewesen wären, ihren Standesgenossen mit äußerster Milde begegnen würden.[12] Aber beide Maßnahmen hatten kaum praktische Konsequenzen gehabt. Bereits bei den amtlichen Steckbriefen fiel auf, daß auf ihnen die üblichen Fotos und Personenbeschreibungen fehlten,[13] und die Verfolgungsbehörden blieben untätig: General v. Lüttwitz z. B. hielt sich nach dem Zusammenbruch des Putsches noch etwa eine Woche lang in und bei Berlin auf und übernachtete sogar in seiner bisherigen Dienstwohnung, begab sich dann nach Schlesien und floh erst Ende April mit einem Dienstauto der Reichswehr nach Ungarn;[14] Kapp hielt sich mehrere Wochen lang bei befreundeten Großgrundbesitzern im Raum Berlin und Magdeburg verborgen, bis die Sipo ihn festnahm, jedoch keineswegs um ihn den Gerichten zu übergeben, sondern um seine Flucht zu organisieren — in offener Droschke durch Berlin zum Flughafen Tempelhof, von dort im bereitstehenden Flugzeug nach Schweden.[15] Auf einen Auslieferungsantrag verzichtete die Regierung mit der Begründung, bei einem Prozeß gegen Kapp sei ein erneutes Auflodern der politischen Leidenschaften zu befürchten.[16] Hauptmann Pabst floh nach Österreich, wo er bald eine führende Stellung in der paramilitärischen reaktionären „Heimwehr" erlangte.[17] Besonders spektakulär war der Fall des Kapitänleutnants Ehrhardt, der den Haftbefehl des Reichsgerichts inmitten seiner Truppe offen verhöhnte.[18] Ähnlich untätig blieben die Behörden gegenüber den Akteuren des Putsches in den verschiedenen Ländern und Provinzen. In derselben Zeit also, in der die Justiz Arbeiter massenhaft wegen Besitzes einer Waffe zu Gefängnis, ja Zuchthaus verurteilten, blieben Personen, die an der Spitze militärischer Verbände Regierungen und ihre Beamten abgesetzt, verjagt oder gar gefangengesetzt hatten, unbehelligt, und die evtl. gegen sie schwebenden Hochverratsverfahren kamen nicht über das Stadium der Voruntersuchung hinaus.

Die Frage war allerdings, wie lange diese himmelschreiende Parteilichkeit fortgesetzt werden konnte. Für den Justizminister wurden dabei die Widersprüche offenbar geradezu persönlich brisant. Heinze, ein integrer Verfechter strengen Legalitätsdenkens, war ein unzweideutiger Gegner des Kapp-Putsches gewesen,[19] aber damit eher untypisch für die Mehrzahl der DVP-Spitzenpolitiker, die zunächst nicht wenig Sympathie für den Putsch bekundet hatten, und die DVP als ganze wünschte keine scharfe strafrechtliche Verfolgung der Putschisten. Im Kabinett argumentierte Heinze mit der ungeheuren „Überlastung des Reichsgerichts", bei dem augenblicklich 700 Verfahren gegen Kappisten anhängig seien — eine Zahl, die sich noch weiter vermehre —, und schob die Verantwortung dafür auf seinen Vorgänger Blunck, der es versäumt habe, die Strafverfolgung von vornherein auf die Hauptakteure zu beschränken.[20] Andererseits war klar, daß, falls eine Amnestie erlassen werden sollte, diese nicht auf die Putschisten beschränkt werden konnte — das wäre weder im Reichstag durchsetzbar gewesen, in dem die Regierung keine Mehrheit hatte, noch hätte es sich draußen im Land vertreten lassen. Was speziell das Ruhrgebiet betraf, so dürfte der neuen Regierung das Verfahren ihrer Vorgängerin, eine Ausnahmejustiz einzusetzen und diese dann anschließend zu mäßigem Vorgehen anzuhalten, nach den gemachten Erfahrungen auch nicht mehr als der Weisheit letzter Schluß erschienen sein. Zwei Punkte waren es hier, die Heinze vor allem beunruhigten: die große Zahl der noch anhängigen Verfahren und die Überfüllung der Strafanstalten. Nach anfänglichem Widerstand u. a. von Innenminister Koch war das schließliche Ergebnis der Beratungen im Kabinett, daß Heinze die Genehmigung zu Verhandlungen mit den Parteien erhielt.[21]

Die bürgerlichen Parteien hatten schwere Bedenken gegen eine Amnestie: sie befürchteten eine weitere „Erschütterung des allgemeinen Rechtsbewußtseins", wie sie seit 1918 zu verzeichnen sei (für sie war seit der Revolution die Welt nicht mehr in Ordnung). Als der SPD-Sprecher Dr. Radbruch in der abschließenden Plenardebatte die berühmtgewordene Formulierung prägte: „Amnestien sind Meilensteine der Revolution", antwortete ihm der DVP-Sprecher Dr. Kahl: „Leichensteine, nicht Meilensteine!" Nur widerstrebend beugte man sich allerseits der Übermacht der Gründe, die für eine Amnestie sprachen. Die SPD dagegen, die die Mitverantwortung für die Ausnahmejustiz trug, konnte hoffen, durch eine Amnestie wenigstens teilweise die Mißstimmung der Parteibasis abzubauen.[22] Andererseits mußte sie in den Fraktionsverhandlungen versuchen, die Amnestie nach der Seite der Kapp-Putschisten zu begrenzen. Sie war, wie Dr. Radbruch bei späterer Gelegenheit im Reichstag sagte, darum bemüht, „eine Formulierung zu finden, die einerseits nicht jeden kleinen Kapp-Leutnant von der Amnestie ausnimmt, andererseits aber doch auch nicht nur die höchsten Führer, nicht nur die Kapp und Lüttwitz selbst".[23] Damit hatte sie freilich keinen befriedigenden Erfolg, wie sich gleich zeigen wird.

Der schließlich zustandegekommene Gesetzesentwurf der Regierungsparteien lau-

tete im entscheidenden § 1 (die im Original genannten Paragraphen des Strafgesetzbuchs sind im folgenden weggelassen):
„Für Straftaten, die zur Abwehr eines hochverräterischen Unternehmens gegen das Reich begangen worden sind, wird Straffreiheit gewährt.
Ferner wird Straffreiheit Personen gewährt, die an einem hochverräterischen Unternehmen gegen das Reich mitgewirkt haben, sofern sie nicht Urheber oder Führer des Unternehmens gewesen sind.
Straffrei sind auch Handlungen, die im Zusammenhang mit dem hochverräterischen Unternehmen oder seiner Abwehr begangen worden sind, sofern sie nicht lediglich auf Roheit, Eigennutz oder sonstigen nichtpolitischen Beweggründen beruhen.
*Von der Straffreiheit sind ausgeschlossen die Verbrechen gegen das Leben und die Verbrechen der schweren Körperverletzung, die Verbrechen des schweren Raubes und der Brandstiftung".*²⁴
Die Formulierung „gegen das Reich" in Absatz 1 und 2, die in einschränkendem Sinne gemeint war, war mit Rücksicht auf die bayrische Landesregierung und die hinter ihr stehenden Kräfte gewählt worden, die um keinen Preis die eingekerkerten Teilnehmer der Räterepublik von 1919 freigeben wollten. Definitorisch bestand der Trick darin, daß die Räterepublik als gegen das Land Bayern, nicht gegen das Reich gerichtetes Unternehmen bezeichnet wurde. Dazu ein zeitgenössischer Kommentar: „Schon unter der alten Reichsverfassung [von 1871] war es ein feststehender staatsrechtlicher und strafrechtlicher Grundsatz, daß der Versuch einer gewaltsamen Änderung der Verfassung eines Bundesstaates gleichzeitig einen Angriff auf die Reichsverfassung darstellt... Ein Gesetz also, das den Hochverrat in einem der deutschen Länder zu einer partikularen Angelegenheit macht, verstößt in schwerster Weise gegen den Gedanken der Rechtseinheit des Reiches...
Die Fassung des Amnestiegesetzes vom 4. August 1920 bedeutet die beschämende Anerkennung, daß der Hochverrat gegen Bayern zurzeit ein schwereres Delikt ist als der Hochverrat gegen das Reich".²⁵
SPD und USP forderten in einem gemeinsamen Abänderungsantrag, erstens die Worte „gegen das Reich" im Entwurf der Regierungsparteien zu streichen. Zweitens sollte die einschränkende Formulierung in Absatz 2: „sofern sie nicht Urheber oder Führer des Unternehmens gewesen sind" ersetzt werden durch: *„Von der Straffreiheit ausgeschlossen sind die geistigen und militärischen Führer des hochverräterischen Unternehmens sowie diejenigen, welche als Inhaber eines höheren Staatsamts oder einer höheren staatlichen Kommandostelle sich dem Unternehmen angeschlossen oder ein solches Amt oder eine solche Kommandostelle zum Zwecke der Unterstützung des Unternehmens angenommen haben"*. Drittens sollten aus dem Ausnahmekatalog in Absatz 4 die Delikte der schweren Körperverletzung und des schweren Raubes herausgenommen werden.²⁶ Dieser Abänderungsantrag wurde von der bürgerlichen Mehrheit des Reichstags abgelehnt. Bei der Abstimmung über den Entwurf der Regierungsparteien enthielt sich die SPD-Fraktion der Stimme; scheitern lassen mochte sie ihn nicht. Damit war der zitierte Text Gesetz.

*

Die Anwendung des Amnestiegesetzes lag in den Händen der Justiz; falls die Amnestierung eines Verurteilten bzw. die Einstellung eines schwebenden Verfahrens abgelehnt wurde, war Einspruch möglich. Würde die Justiz die große Chance nutzen, um einen Schlußstrich zu ziehen und den Versuch zu einem großzügigen Ausgleich zu machen?

Mitnichten — im Gegenteil, sie bekam es fertig, sogar bei dieser Gelegenheit die Gräben zwischen den Klassen zu vertiefen. Zwar wurde die überwiegende Mehrzahl der Arbeiter und Arbeiterführer amnestiert, darunter solche, die bereits 1919 im Zusammenhang mit den revolutionären Bewegungen und Streiks verurteilt worden waren[27] (allerdings war die Frage, ob auch die Zechenherren amnestierten, d. h. es kam vor, daß freigelassene Bergarbeiter von verschiedenen Zechen nacheinander abgewiesen wurden).[28] Aber die nicht wenigen Ausnahmen, die die Justiz machte, waren es, die das Bild bestimmten. Vor allem zwei Möglichkeiten, die das Gesetz bot, nutzte die Justiz zur Ablehnung der Amnestierung: indem sie den Begriff der sog. „gemeinen Verbrechen" — „Roheit, Eigennutz oder sonstige nichtpolitische Beweggründe" hieß es im Gesetz — als Ausschließungsgrund anwandte und indem sie den Begriff des „Führers" sehr weit auslegte.[29] Das letztere wurde beispielsweise bei Anton Wild, dem Vorsitzenden des Duisburger Exekutivkomitees, praktiziert, der sogar zu einem „Führer der Anti-Kapp-Bewegung über das ganze Reich" erklärt wurde.[30]

Bei den Kapp-Putschisten dagegen wurde der Begriff des „Führers" äußerst eng ausgelegt. Amnestiert wurden beispielsweise: General v. Lettow-Vorbeck (kein Führer, da er sich nur an einem hochverräterischen Unternehmen *in der Provinz* beteiligt habe), Admiral v. Levetzow, Freikorpsführer v. Lützow, der Kieler Oberbürgermeister Lindemann (von Kapp zum Oberpräsidenten ernannt) usw. Selbst bei Ministern Kapps und bei fast allen Generälen wurde die Führereigenschaft verneint; nur bei neun Hauptakteuren hielt das Reichsgericht das Verfahren aufrecht. Insgesamt 775 nachweislich am Putsch beteiligte Offiziere wurden als bloße Mitläufer eingestuft.[31] Es stelle sich mithin heraus, so schrieb Gumbel damals ironisch, „daß der Kapp-Putsch keine Führer gehabt hatte", und er konstatierte, daß keiner der Offiziere „Verantwortungsfreudigkeit genug" besessen habe, um gegen die Bezeichnung des bloßen Mitläufers zu protestieren, obwohl die Verneinung der Führereigenschaft die Verneinung der Berufsqualifikation des Offiziers bedeute.[32] — Hinzu kamen Justizskandale wie der, daß Freikorpsführer v. Aulock, der der Anstiftung zum Mord in mehreren Fällen angeschuldigt wurde und eindeutig nicht amnestiert werden konnte, aus der Untersuchungshaft entlassen wurde und angeblich unauffindbar verschwinden konnte.[33]

Am 20. Januar 1921 brachten USP und KPD im Reichstag eine gemeinsame Interpellation ein, in der sie die Gerichtsurteile der letzten Zeit und dabei besonders die Anwendung des Amnestiegesetzes als „bewußte Rechtsbeugungen" bezeichneten.[34] In der Plenardebatte über diese Interpellation rief der SPD-Sprecher Dr. Radbruch aus: „Das Amnestiegesetz sollte uns eine Entspannung bringen; es hat uns statt dessen weitere schwere Spannungen gebracht ... Lettow-Vorbeck, Levetzow, Lindemann, Leute, deren Namen in aller Munde waren, sind keine Führer! Aber Führer sind eine gewisse Rosi Wolfheim und ein Herr

Kaldenberg mit 20 anderen Angeklagten, von denen gewiß noch niemand etwas gehört hat ... Ich glaube, schließlich wird doch noch der Gesetzgeber im Sinne einer vollständigen, einer ausnahmslosen politischen Amnestie nach allen Seiten eingreifen müssen, um die unerträglichen Spannungen, die geschaffen worden sind, aus der Welt zu schaffen".[35]

Ein Blick noch auf das weitere Schicksal der verbleibenden neun Hauptakteure des Kapp-Putsches, gegen die das Reichsgericht das Verfahren aufrechterhielt (ein zehnter kam später hinzu). Von ihnen konnten angeblich nur drei festgenommen werden: v. Jagow und zwei weitere Minister Kapps, v. Wangenheim und Schiele. Jagow und Schiele blieben gegen Hinterlegung einer Kaution von 500 000 bzw. 100.000 Mark von einer Untersuchungshaft verschont.[36] Das Verfahren fand schließlich im Dezember 1921 statt. Die drei Angeklagten argumentierten, beim Kapp-Putsch habe es sich keineswegs um Hochverrat gehandelt, sondern um den legalen Versuch, die Verfassung vor den Übergriffen der Nationalversammlung zu schützen, vor allem das in der Verfassung verankerte Recht des Volkes, den Reichspräsidenten selbst zu wählen, sicherzustellen. Das Urteil lautete für Wangenheim und Schiele auf Einstellung des Verfahrens (auch für sie wurde die Urheber- und Führereigenschaft verneint), für Jagow wegen Beihilfe zum Hochverrat auf 5 Jahre Festungshaft. Das außerordentlich milde Urteil brauchte er nicht voll zu verbüßen: er erhielt reichlich Gelegenheit, seine pommerschen Freunde in der Nähe der Festung zu besuchen, und nach drei Jahren wurde ihm der Rest der Strafe erlassen. Nach seiner Freilassung strengte er beim Reichsversorgungsgericht einen Prozeß wegen Nachzahlung seiner Pension an, den er gewann.[37] — Der in Schweden weilende Kapp beschloß nach dem Ausgang des Jagow-Prozesses, nach Deutschland zurückzukehren. Bei seiner Ankunft auf Rügen Anfang 1922 wurde er festgenommen. Er starb ein halbes Jahr später in der Untersuchungshaft an Augentuberkulose.[38] General v. Lüttwitz war vorsichtiger gewesen, indem er vom Ausland aus mehrere Anträge gestellt hatte, ihn gegen Hinterlegung einer Kaution von einer Untersuchungshaft zu verschonen. Nachdem der Oberreichsanwalt dies im April 1921 genehmigt hatte (die Kaution betrug 1/2 Mio. Mark), kehrte Lüttwitz nach Deutschland zurück.[39] Ein Prozeß blieb ihm dann ebenfalls erspart — offenbar mochte das Reichsgericht nur gegen Zivilisten verhandeln.

1925 wurden dann endgültig die Akten geschlossen: Hindenburg, zum zweiten Präsidenten der Republik gewählt, erließ eine Amnestie, die sich auch auf die Führer und Urheber des Kapp-Putsches erstreckte. Daraufhin wurden die noch schwebenden Verfahren eingestellt, die Haftbefehle aufgehoben.[40]

*

Mit der Aufstandsbewegung im Ruhrgebiet war die Justiz nach der Anwendung des Amnestiegesetzes vom August 1920 nur zum Teil fertig; auch danach gab es noch jahrelang weitere Verfahren. Daß auch in diesen Verfahren die Urteile sehr wenig dem Ideal der blinden Justitia entsprachen, wird nicht mehr überraschen.

Beginnen wir mit zwei Beleidigungsprozessen. Im November 1920 bezichtigte der USP-Parteisekretär Herwig öffentlich den Landjäger Hachmeyer, schuld am Tod des Bergmanns Hülsbusch zu sein (vgl. oben Seite 276). Daraufhin strengte Hachmeyer ein Verfahren wegen Beleidigung an, das er auch gewann; das Urteil lautete auf 100 Mark Geldstrafe gegen Herwig und Tragung der Gerichtskosten.[41] — Im Februar 1923 gewann General v. Watter vor einem Berliner Schöffengericht einen Prozeß gegen den „Vorwärts"-Redakteur Victor Schiff, der ihn der Unterstützung des Kapp-Putsches bezichtigt hatte; Schiff wurde wegen Beleidigung zu 10 000 Mark Geldstrafe bzw. zu einem Tag Gefängnis pro 150 Mark verurteilt. In Watters Aufrufen, hieß es in der Urteilsbegründung, werde nirgends „aktive Begünstigung" des Putsches sichtbar; „nicht einmal der Vorwurf einer passiven Duldung" könne gegen Watter erhoben werden.[42]

In der Regel handelte es sich jedoch um Strafprozesse mit Anklage auf Mord (der ja von der Amnestie ausgenommen war) und um Schadenersatzprozesse. Zweifellos das größte Aufsehen erregte dabei ein Monsterprozeß vor dem Schwurgericht Essen, der sich mit den Ereignissen am Essener Wasserturm befaßte (I, Seite 290—293). Gleich nach dem Einmarsch der Reichswehr war in Essen und Umgebung nach den „Wasserturmmördern" gefahndet, waren Verhaftete mit größter Brutalität zu Geständnissen gepreßt worden. In die Maschen der Justiz gerieten zunächst 48 Personen. Von diesen fielen sieben im September unter die Kapp-Amnestie; weitere wurden danach freigelassen; übrig blieben schließlich 15 Arbeiter, die sich wegen Mord bzw. Aufreizung zum Mord verantworten mußten. Der Prozeß, der mehrere Demonstrationen provozierte, dauerte einen vollen Monat lang, und schon zu Beginn waren rund 200 Zeugen geladen. Man übertreibt nicht, wenn man sagt, daß hier die Justiz exemplarisch den verbrecherischen Charakter des ganzen Aufstands nachzuweisen suchte. Aber auch die Angeklagten waren verhältnismäßig gut gerüstet: drei sozialistische Rechtsanwälte aus der Region hatten die Verteidigung übernommen.

Der Prozeß wurde erst am 11. Februar 1921 eröffnet, nach neun- bis zehnmonatiger Untersuchungshaft der Angeklagten. Das war u. a. darauf zurückzuführen, daß der Untersuchungsrichter, Landgerichtsrat Hesselt, erst zuletzt die von den Angeklagten immer wieder geforderte Gegenüberstellung mit den Belastungszeugen vorgenommen hatte. Auch sonst war sein Vorgehen denkbar scharf gewesen. Bei mehreren Angeklagten hatte er längere Zeit jeden Besuch selbst der nächsten Angehörigen untersagt. Geradezu skandalös war, daß er der Verteidigung bis zum Abschluß der Beweiserhebung (zehn Tage vor Prozeßbeginn) die Akteneinsicht verweigert hatte mit der Begründung, die Angeklagten hätten mehrfach den Akteninhalt besser gekannt als er selbst, und diese Kenntnis könne nur durch die Verteidiger vermittelt worden sein; auch müsse generell bei „Spartakistenprozessen" besonders vorsichtig verfahren werden. Eine Beschwerde auf Herausgabe der Akten wurde von der Strafkammer zurückgewiesen, und ebenso war nach Prozeßbeginn ein Antrag auf Vertagung (unter Hinweis auf mangelhafte Einarbeitung in die Akten) erfolglos. Die Anklage wurde pikanterweise von Staatsanwalt Weidenhaupt vertreten, der sich am Tage des Kappschen Staatsstreichs öffentlich für die Putschisten erklärt hatte, sowie durch Staatsanwalt Richter, einen „verdienten" ehemaligen Kriegsgerichtsrat. Der Gerichtsvorsitzende Bröker stellte sich durch seine Verhandlungsführung praktisch auf die Seite der

Staatsanwaltschaft. Drei Geschworene schließlich waren Mitglieder der Essener Einwohnerwehr gewesen, also Kameraden der Opfer. Ein Antrag der Verteidigung auf Feststellung der Befangenheit von Richtern und Geschworenen wurde gleichwohl abgelehnt.
Das Bestreben der Verteidigung, die politischen Zusammenhänge aufzurollen — die Stellung von Einwohnerwehr und Sipo zum Kapp-Putsch, die Einsatzbefehle, die Haltung von General Watter usw. —, wurde vom Gericht weitgehend unterbunden. Auf der anderen Seite kam aber auch die Anklagevertretung nicht zu ihrem Ziel. Es war für sie bereits schwierig, bei einem derart turbulenten Vorgang, wie er sich beim Wasserturm abgespielt hatte, die Angeklagten durch Zeugen als direkt bei der Tötung von Turmbesatzern beteiligt zu identifizieren. Sodann wurde sie auch noch von den meisten Belastungszeugen aus der Voruntersuchung im Stich gelassen: immer wieder kamen Aussagen, man könne die Angeklagten nicht wiedererkennen, müsse frühere Aussagen zurücknehmen, „die Antworten wurden mir bei der Untersuchung in den Mund gelegt"; vieles erwies sich als Ergebnis von Gerüchten, Erpressungen, teils sogar von Mißhandlungen; bei zwei Zeugen wurde die Zurechnungsfähigkeit bezweifelt; ein weiterer, ein Ingenieur, erwies sich als Spitzel auf eigene Faust, der mehrere Arbeiter freigehalten hatte, um schließlich belastende Aussagen zu erhalten usw. Besonders der Angeklagte Schlüter, ein Dreher aus Hattingen, verstand es vorzüglich, Belastungszeugen zu verunsichern und in Widersprüche zu verwickeln. Auch ein Radikalmittel, zu dem das Gericht schließlich griff, besserte die Situation nicht: nach dem Essener Adreßbuch wurden sämtliche Anwohner des Terrains als Zeugen vorgeladen (mit chaotischen Folgen für die Prozeßführung und für die Vorgeladenen). Hervorzuheben ist schließlich das Verhalten des Hauptbelastungszeugen, des Reichswehrspitzels Hans Tombrock (vgl. I, Seite 293). Tombrock war nach dem Aufstand zunächst verhaftet, jedoch bald wieder freigelassen worden. In der Voruntersuchung hatte er mehrere Angeklagte schwer belastet; umgekehrt häuften sich vor Gericht die ihn belastenden Aussagen. Bei Prozeßbeginn war er verschwunden; die Verteidigung setzte schließlich einen richterlichen Haftbefehl gegen ihn durch. Am sechsten Verhandlungstag erschien er vor Gericht. Hier erklärte er, er wolle seine Genossen entlasten, er könne deren Vorwürfe nicht ertragen und wolle die Verurteilung von Unschuldigen verhindern; in der Sache widerrief er alle entscheidenden Aussagen, die er gemacht hatte. Dieser Bruch mit seiner Spitzeltätigkeit — die er offen zugab — führte zu einer schweren persönlichen Krise: eine Woche später machte er kurz nacheinander zwei Selbstmordversuche. (Für die Staatsanwaltschaft unbrauchbar geworden, wurde er später in einem weiteren Prozeß wegen Beteiligung an den Wasserturm-Kämpfen zu zwei Jahren Gefängnis verurteilt.)
Das eigentliche Fiasko der Staatsanwaltschaft begann, als sich durch zahlreiche Zeugenaussagen immer deutlicher herausschälte, daß die Dinge im entscheidenden Punkt anders lagen als in der Anklage behauptet: nicht wehrlose Gefangene, die sich bereits ergeben hatten, waren niedergemetzelt worden, sondern die Turmbesatzung hatte sich ihre Opfer selbst zuzuschreiben, nachdem sie zuerst die weiße Fahne gehißt, dann aber auf die herankommenden Arbeiter geschossen hatte. Staatsanwalt Weidenhaupt wagte es allerdings, dies in seinem Plädoyer als unerheblich hinzustellen; entscheidend sei allein, daß bei den bewaffneten Arbeitern

der Plan bestanden habe, die Turmbesatzung „kaltzumachen" (eine ebenso unbewiesene Behauptung). Er beantragte für alle Angeklagten bis auf eine Ausnahme die Todesstrafe. Jedoch hier konnten Richter und Geschworene nicht mehr folgen: am 11. März wurden alle Angeklagten freigesprochen. Spethmann führt dieses Urteil auf den Druck der Demonstrationen während des Prozesses zurück — als ob jemals die Justiz der Weimarer Zeit vor solchen Aktionen zurückgewichen wäre und sich nicht vielmehr in ihrer politischen Haltung noch mehr verhärtet hätte.[43]

Wegen der Ermordung des Lohberger Zechendirektors Sebold standen vom 16. bis 21. März 1921 drei Lohberger Arbeiter — die Bergleute Grundmann und Müller und der Schlosser Jakobi — vor dem Duisburger Schwurgericht; sie befanden sich teilweise seit April 1920 in Haft. Das Bild, das der Prozeß entrollte, ist bereits im 1. Band geschildert worden (Seite 304—306). Die Zeugen hatten fast alle Sebold auf seinem letzten Gang gesehen, konnten jedoch keine bestimmten Angaben über die ihn begleitenden Personen machen; die Tat selbst konnte überhaupt nur anhand des Obduktionsbefunds rekonstruiert werden.* Gleichwohl sprach das Gericht Grundmann und Müller schuldig (sie hätten Sebold „vorsätzlich, jedoch nicht mit Überlegung getötet") und verurteilte sie zu je 5 Jahren Gefängnis; Jakobi wurde freigesprochen. Die Verurteilten legten Revision ein. Das Reichsgericht hob das Urteil auf und verwies die Sache wegen mehrerer Verstöße gegen § 60 der Strafprozeßordnung (Nichtvereidigung von Personen, die der Tat oder der Begünstigung verdächtig sind) an das Schwurgericht zurück. Dieses dehnte die Anklage jetzt auf den Lohberger Bergmann Anthe aus, der im März als Zeuge vernommen worden war. Ein zweites Verfahren vom 27. September bis 4. Oktober 1921, das keine weitere Aufklärung brachte, endete für Grundmann wiederum mit 5 Jahren, für Müller mit Herabsetzung auf 3 Jahre Gefängnis, für Anthe mit Freispruch. Das gemessen an der Schwere der Tat relativ geringe Strafmaß deutet auf die Unsicherheit der Geschworenen.[44]

Auch gegen Gottfried Karusseit, den Reichswehrspitzel in den Reihen der Roten Armee, wurde ein Mordprozeß geführt. Das Urteil lautete in erster Instanz auf Todesstrafe, in zweiter auf lebenslängliches Zuchthaus. Einzelheiten sollen uns später noch kurz, im Zusammenhang mit dem weiteren Lebensweg dieses Mannes beschäftigen.

Ging es dagegen um die Ermordung von Arbeitern, so war es bereits die absolute Ausnahme, wenn die Justiz überhaupt aktiv wurde. Im Fall der Ermordung von Gustav Heinrichs in Dortmund (oben Seite 371 f.) wurden die Täter verhaftet, jedoch beim Abrücken der Brigade Epp aus der Stadt wieder freigelassen.[45] Im

---

* Eine inzwischen von Herrn Joachim Kersken, Dinslaken, aufgefundene weitere Quelle, ein nicht datierter Zeitungsartikel von Heinz van Kempen („Das dunkelste Kapitel aus der Lohberger Chronik", zwischen 1928 und 1933 erschienen) gibt Veranlassung, anhand der dort beschriebenen Lokalitäten den Obduktionsbefund neu zu überdenken. Danach erscheint es als möglich, daß Sebold von den Arbeitern getötet wurde, daß aber die Verstümmelungen auf die Reichswehr zurückgehen. Sowohl die nachträgliche Verstümmelung einer Leiche als auch die Art der Verstümmelungen würden zum allgemeinen Bild des Reichswehrterrors passen. Daß Sebold anders aussah als ein Arbeiter, spricht keineswegs gegen die angenommene Möglichkeit: der Haß der Freikorps gegen die fetten und satten Bürger ist vielfach belegt.

Fall der ermordeten Kanalarbeiter und des Lebensmittelhändlers Meis von Hamm-Bossendorf (oben Seite 274 f.) wurden die Namen der verantwortlichen Offiziere ermittelt; diese selbst waren aber angeblich nicht zu finden, und der Staatsanwalt stellte das Verfahren ein.[46] Zu Prozessen kam es überhaupt erst Jahre später, und zwar gemessen an dem, was geschehen war, äußerst selten.

In dem zeitlich ersten Verfahren ging es um die Erschießung der Arbeiter Rogowski und Bergmann auf dem Hof des Essener Rathauses (oben Seite 326). Leutnant Linzemeier, der „Gerichtsoffizier" des Freikorps Roßbach, und Feldwebel Block, das ausführende Organ, wurden gefaßt und inhaftiert. Linzemeier wurde jedoch alsbald gegen eine Kaution wieder freigelassen; er setzte sich nach Saarbrücken, d.h. ins besetzte Gebiet, ab. 1924 stand Block vor dem Schwurgericht Bielefeld. Er wurde freigesprochen: er habe, hieß es in der Begründung, den Befehl eines Vorgesetzten ausgeführt, ohne dessen Ungesetzlichkeit zu erkennen (dabei bewiesen die Aussagen, die Block gemacht hatte, eher das Gegenteil). Gegen Linzemeier erließ das Gericht Haftbefehl. 1927 kam es an derselben Stelle gegen ihn zum Prozeß. Leutnant Roßbach erschien als Zeuge. Er erklärte unverfroren, vor jeder Verfolgung sich sicher fühlend: *„Ganz gleichgültig, ob ... ein Fluchtversuch vorlag oder ein Mißverständnis zur Erschießung führte, so war es meine Aufgabe, die Truppe zu decken. Deshalb ist es möglich, daß von mir später ein Fluchtversuch konstruiert worden ist"*. Linzemeier bestritt, einen Erschießungsbefehl gegeben zu haben, Block — jetzt als Zeuge fungierend — blieb bei der gegenteiligen Aussage. Das Schwurgericht erkannte auf Totschlag mit mildernden Umständen (§ 213 des Strafgesetzbuchs) und sprach Linzemeier frei, und zwar unter Bezugnahme auf das Amnestiegesetz vom August 1920, in dem dieser Paragraph unter den Bestimmungen über Ausschluß der Amnestie nicht aufgeführt war (eine Gesetzeslücke also, aus der ein mehr als fragwürdiger Schluß gezogen wurde). Die mildernden Umstände lagen für das Gericht in Linzemeiers mehrjähriger Kriegsteilnahme, einer schweren Kriegsverletzung, seiner guten Führung sowie — als von außen hinzukommenden Faktoren — in der allgemeinen Erregung über die „Verbrechen der Roten Armee" und im „Verhalten des einen (ihm) vorgeführten Gefangenen". Gumbel kommentierte: „Daß ein zu Unrecht Verhafteter sich ... wehrt, wird zum Grund dafür, daß derjenige, der ihn ermorden läßt, freikommt". Eine Beschwerde der Staatsanwaltschaft wurde 1928 vom Oberlandesgericht Hamm zurückgewiesen.[47]

1926 mußte sich der Obergefreite Lindenburger wegen der Ermordung der Arbeiter Witschel und Rösner im Essener Schlachthof (als angebliche getarnte „Spartakisten", oben Seite 374) vor dem Essener Schwurgericht verantworten. Als Zeugen für das Bestehen und die scharfe Anwendung von Schießerlassen traten die ehemaligen Freikorpsführer Schulz und Lützow auf. Lindenburger wurde freigesprochen.[48] Gar nicht erst zur Verhandlung kam wiederum ein Verfahren wegen der Erschießung des Arbeiters Markuse im Keller des Kaufmanns Waltenbauer in Recklinghausen (oben Seite 277), das 1926/27 gegen Waltenbauer und den Polizeibeamten Störbrock lief:[49] auf Antrag des Staatsanwalts wurde es eingestellt.[50]

In zwei Fällen — in dem des Bottroper Schlossers Borucki (Seite 370) und in dem der Borbecker Bergarbeiter Riesener und Lichtenauer (Seite 325 f.) — wurde immerhin der Militärfiskus zum Schadenersatz verurteilt.[51] Anders im Fall des Straßenbahners Maurer aus Essen-West (Seite 370). Hier lehnte das Oberlandesgericht Hamm 1921 eine Schadenersatzklage der Angehörigen gegen drei Mitglieder der Marinebrigade Loewenfeld ab, und zwar kostenpflichtig für die Kläger. In seiner Begründung berief es sich auf das preußische Gesetz von 1837 über den Waffengebrauch des Militärs, in dem es hieß: „Daß beim Gebrauch der Waffen das Militär innerhalb der Schranken seiner Befugnisse gehandelt habe, wird vermutet, bis das Gegenteil erwiesen ist". Daß ein Loewenfelder bei der Verhaftung zu Frau Maurer gesagt hatte, sie „solle sich nur nicht so anstellen, der Mann komme nicht wieder", schob das Gericht mit der Bemerkung beiseite, daß bei dieser Erklärung nicht feststehe, „in welchem Sinne sie abgegeben ist". Und zu dem Attest eines Arztes, wonach die Leiche außer mehreren Schüssen in den Rücken einen Halsschuß schräg von vorn aufwies, hieß es in dem Urteil, es sei nicht auszuschließen, daß Maurer „sich auf der Flucht umgesehen und dabei diesen letzten Schuß bekommen" habe.[52] — In der strafrechtlichen Verfolgung der drei Loewenfelder kam das Schwurgericht Essen 1926 zu einem Freispruch, nachdem sich zahlreiche Offiziere sehr lobend über sie ausgesprochen hatten.[53] Der Staatsanwalt legte Berufung ein, die jedoch vom Reichsgericht verworfen wurde.[54]

Daß Justitia längst keine Binde mehr über den Augen trug, sondern Täter und Opfer gut sortierte, zeigte sich besonders deutlich, als im August 1925 durch Zufall der Mörder des Grafen Westerholt (Schloß Sythen) entdeckt wurde. Georg Rehne, Angestellter einer Druckerei in Oldenburg, war zur Tatzeit Mitglied einer Reichswehreinheit gewesen und hatte sich mit geladenem Gewehr in den Borkenbergen herumgetrieben. Hier hatte ihn der Graf entdeckt, hatte ihm die Absicht des Wilderns unterstellt und ihn um seinen Namen gebeten. Rehne hatte dies verweigert und den Grafen gebeten, ihm keine Schwierigkeiten bei der Truppe zu machen, da er weiterdienen wolle. Der Graf hatte sich darauf nicht eingelassen und Rehne abgeführt, und zwar indem er diesen hinter sich hergehen ließ ... Am 11. Dezember 1925 sprach das Schwurgericht Münster Rehne des Mordes schuldig und verurteilte ihn zum Tode. Die eingelegte Revision wurde am 25. März 1926 vom Reichsgericht verworfen. Eine Woche zuvor hatte das Schwurgericht Essen die Mörder des Straßenbahners Maurer freigesprochen. Der Bergarbeiterschriftsteller Heinrich Teuber kommentierte:

„Beide Getötete waren rüstige Männer und hinterließen eine Familie. Das eigentümlichste ist: jeder der Erschossenen trug in der Todesstunde einen grünen Rock. Hier endet plötzlich die Homogenität der beiden Unglücklichen ... Der Grünrock Nr. 1 war der Straßenbahner Maurer aus Essen, der Grünrock Nr. 2 der Graf Westerholt auf Schloß Sythen. Das Richteramt ist zwar ein schweres, aber auch ein schönes Amt. Das Recht zu finden und das Böse zu bestrafen ohne Ansehen der Person, muß etwas Erhabenes sein".[55]

Schließlich eine Serie von Verfahren, in denen es nicht um Mord ging. Die von Loewenfeldern zusammengeschlagene und vergewaltigte Maria Lippert fand erst beim dritten Versuch einen Arzt, der zur Untersuchung und zur Ausstellung eines Attestes bereit war; sie mußte sich mehrmals operieren lassen und war auf Jahre hinaus arbeitsunfähig (vielleicht ist sie es bis an ihr Lebensende gewesen). Ein Strafverfahren gegen den Haupttäter, den Sergeanten Adler, kam erst nach mehreren Monaten zustande — zuletzt hatte man die unbequeme Klägerin loszuwerden versucht, indem man Antrag auf Landesverweis stellte. Adler, der die wesentlichen Punkte gestand, wurde zu fünf Jahren Zuchthaus verurteilt. Hauptmann Arnauld de la Perière, Adlers Bataillonskommandeur, richtete ein Gnadengesuch an das zuständige Kriegsgericht, da die Absicht bestand, Adler in die Reichswehr zu übernehmen. Ein anschließender Zivilprozeß gegen Adler und einen Mittäter mußte in Abwesenheit der beiden Angeklagten geführt werden: sie waren am hellen Tage aus dem Zentralgefängnis Münster entwichen, das sehr gute Sicherungen gegen Fluchtversuche hatte — ein Fall, in dem einem Arbeiter die Flucht aus einem Gefängnis gelang, ist nicht bekanntgeworden. Eine jahrelang sich hinziehende Schadenersatzklage gegen den Fiskus endete schließlich ebenfalls, wie wir sehen werden, mit negativem Ergebnis.[56]

*

Hervorzuheben ist, daß die Terroropfer bzw. ihre Angehörigen überhaupt Schadenersatzprozesse anstrengen mußten. Das Bielefelder Abkommen hatte vorgesehen, daß Minister Giesberts „die Frage der Versorgung der Hinterbliebenen und Verletzten" beider Seiten im Kabinett vortragen solle „mit dem Bestreben, daß die Kosten vom Reiche übernommen werden". Faktisch wurde dann jedoch auch hier gut sortiert. Am 29. April erklärte Severing in der preußischen Landesversammlung, entschädigt würden alle Sipos bzw. ihre Hinterbliebenen und auch die Mitglieder der Reichswehr (bei letzteren drückte er sich etwas verklausuliert aus, vielleicht weil die Reichswehr Angelegenheit des Reiches war, vielleicht im Gedanken an die vielen Truppen, die am Kapp-Putsch teilgenommen hatten); die Arbeiter bzw. ihre Angehörigen dagegen müßten erst nachweisen, daß sie an Kämpfen teilgenommen hätten, „die wirklich nur die Aufrechterhaltung der Errungenschaften der Demokratie zum Zwecke gehabt haben".[57] Daß der erste Teil von Severings Ankündigung (Entschädigung der Opfer bei Sipo und Reichswehr) realisiert worden ist, dürfte sicher sein. Klagen gab es lediglich hie und da bei den Freiwilligen aus den Kreisen des Bürgertums, nämlich bei der Essener Einwohnerwehr, die 18 Tote hatte, deren Angehörige nicht entschädigt werden konnten (die Führung der Wehr hatte entgegen der üblichen Praxis keine Kollektivversicherung abgeschlossen), und bei den Remscheider Zeitfreiwilligen, die materielle Schäden erlitten hatten.[58]

Am 12. Mai wurde dann noch von der alten Nationalversammlung — nicht zuletzt im Blick auf den Wahlkampf — ein „Gesetz über die durch innere Unruhen verursachten Schäden" verabschiedet und von der Regierung im Etat zunächst mit 1 Milliarde abgedeckt, das in der Praxis fast ausschließlich dem Bürgertum und den Landwirten zugutekam. Zwar erkannte es Entschädigungsansprüche nur soweit an, als ohne Entschädigung „nach den Umständen das Fortkommen des Betroffenen unbillig erschwert würde" (was an sich Ansprüche von Begüterten ausgeschlossen hätte), jedoch sollte diese Bestimmung nicht engherzig ausgelegt werden. Auf der anderen Seite sollte das Verschulden eines Getöteten oder nachträglich Gestorbenen Entschädigungsansprüche ausschließen. Was hier eventuell noch offenblieb, wurde durch die Zusammensetzung der Entscheidungsinstanzen („Tumultschadensausschüsse") entschieden: in diesen siebenköpfigen Gremien saß ein Vertreter der Arbeiterschaft neben solchen von Handel, Gewerbe, Handwerk, Landwirtschaft und der freien Berufe, der Vorsitzende mußte zum Richteramt oder zum höheren Verwaltungsdienst befähigt sein.[59] So waren Entschädigungsanträge von Angehörigen eines Arbeiters, der aktiv am Kampf teilgenommen hatte und dabei getötet worden war (gleichgültig zu welchem Zeitpunkt), von vornherein aussichtslos.[60] Oft begründeten die Ausschüsse die Ablehnung damit, daß der Betreffende sich an einem hochverräterischen Unternehmen beteiligt habe (während umgekehrt wie erwähnt die Gerichte vielfach die Anwendung des Amnestiegesetzes mit der Begründung ablehnten, der Betreffende habe keine hochverräterische Handlung, sondern ein gemeines Verbrechen begangen).[61] Aussichtslos waren auch Anträge im Fall einer „Erschießung auf der Flucht", wenn

„Die Anregung zur Errichtung des Denkmals hatte Lichtschlags ehemaliger Adjutant Heinrich Mahnken auf dem Schlageter-Gedenktag in Düsseldorf im Mai 1933 gegeben" (Seite 466)

Denkmal für die 1918–1920 im Ruhrgebiet gefallenen Freikorpssoldaten, Polizisten und Mitglieder der Einwohnerwehren in Burg Horst bei Steele, eingeweiht am 4. November 1934 (oben links die Hakenkreuzfahne)

die Tatsache des Mordes nicht gerichtlich festgestellt war. Genauso im Fall der ermordeten Kanalarbeiter von Hamm-Bossendorf: nach erfolglosen Verhandlungen der Baufirma mit dem Amt Marl wurden die Angehörigen an die Armenverwaltung der Heimatgemeinden verwiesen, von der sie jedoch ebenfalls abgewiesen wurden. Schon wenn es darum ging, die Massengräber wieder zu öffnen, um anhand der Leichenbefunde die berüchtigte „Erschießung auf der Flucht" zu widerlegen, machten die Behörden Schwierigkeiten, wenn sie die Wiedereröffnung nicht überhaupt verhinderten (so z.B. in Pelkum). Nur wo gerichtlich festgestellt war, daß ein Mord vorlag, gelang es gelegentlich in langwierigen Prozessen, Ansprüche gegen den Fiskus durchzusetzen. Aber auch hier mußte die Sache Anfang 1924 entschieden sein, sonst waren mit größter Wahrscheinlichkeit alle gerichtlichen Erfolge wieder zunichte. Jetzt wurde nämlich per Notverordnung (aufgrund eines Ermächtigungsgesetzes, dem die SPD zugestimmt hatte) eine Kommission eingesetzt, die alle noch schwebenden Verfahren endgültig zu entscheiden hatte. Die Mitglieder dieser Kommission wurden vom Reichsfinanzminister bestimmt, mit anderen Worten: hier entschied der Fiskus in eigener Sache, und zwar ohne Berufungsmöglichkeit.[62] Die Entschädigungsansprüche von Maria Lippert z.B. wurden von der Kommission abgewiesen.[63]

Auch der Versuch der Gewerkschaften, den Arbeitern eine gewisse Entschädigung zu verschaffen, schlug fehl. Als die freien Gewerkschaften bei den Spitzenvertretern der Unternehmer eine Bezahlung der Streiktage anregten, fanden sie nicht nur kein Entgegenkommen, sondern bekamen besonders seitens der Schwerindustriellen (Stinnes, Vögler) heftige Vorwürfe wegen des Generalstreiks zu hören. Kein Wunder, denn allein der Ruhrbergbau hatte in der Zeit der Aufstandsbewegung nach eigenen Angaben einen Förderausfall von fast 3 Mio. Tonnen Kohle und rund 7 Mio. Mark Sachschäden (Beschlagnahmungen und Zerstörungen); außerdem waren 5,2 Mio. Mark Bargeld auf den Zechen requiriert worden. Die Unternehmer versuchten die Sache der Regierung, diese umgekehrt den Unternehmern zuzuschieben. Am Schluß stand eine lahme Empfehlung der Zentralen Arbeitsgemeinschaft, „in diesem außergewöhnlichen Fall ... eine weitgehende wirtschaftliche Beihilfe zu gewähren". Besonders bezeichnend war der weitere Satz: „Auch dürfen die Streiktage nicht auf die Urlaubstage angerechnet werden".[64]

Ein Ausnahmefall soll nicht unerwähnt bleiben: ein Gummersbacher Fabrikant spendete noch während des Aufstands 480 Mark für die Hinterbliebenen gefallener Arbeiter.[65]

Die Schadensbeträge, die die Gemeinden nach dem Aufstand zusammenrechneten, gingen in die Millionen; das besonders mitgenommene Dinslaken nannte 8 Mio. Mark.[66] Die mehrheitlich bürgerlichen Stadtverordneten von Bottrop und Gladbeck bewilligten gleichwohl je 10.000 Mark für die eingerückten Reichswehrtruppen.[67] Teuer für die Stadt Dortmund wurde die Trennung von Polizeichef v. Heeringen, die aus politischen Gründen unumgänglich geworden war (darüber später). Die im Bielefelder Abkommen ausgesprochene Erwartung, daß das Reich den Kommunen alle durch die Unruhen entstandenen Schäden ersetze, erfüllte sich jedoch nur teilweise; anders als Bürgertum und Landwirte spielten die Kommunen als Körperschaften ja auch im Wahlkampf keine Rolle. Im März 1921, also ein Jahr nach dem Geschehen, beantragten Reichstagsabgeordnete aus der Region, die sich von der USP bis zur DVP zusammenfanden, den Gemeinden die Kosten für die Ortswehren und für die Unterbringung und Verpflegung der Roten Armee aus Mitteln des Reiches zu erstatten.⁶⁸

*

1929 wurde durch eine höchstrichterliche Entscheidung die Gesetzeslücke geschlossen, die zwei Jahre zuvor vom Schwurgericht Bielefeld für den Freispruch von Leutnant Linzemeier genutzt worden war. Diesmal ging es um drei Fememörder einer rechtsradikalen Untergrundorganisation — darunter der berüchtigte Edmund Heines —, die wegen Totschlag verurteilt worden waren und daraufhin Revision beim Reichsgericht beantragt hatten, und zwar gestützt auf das Amnestiegesetz vom August 1920, in dem § 213 des Strafgesetzbuchs (Totschlag mit mildernden Umständen) in der Passage über Ausschluß der Amnestie *nicht* aufgeführt war. Das Reichsgericht verwarf den Revisionsantrag mit der wichtigen Begründung, das Gesetz von 1920 und alle folgenden Amnestiegesetze stimmten darin überein, daß Verbrechen gegen das Leben generell von der Amnestie ausgenommen seien; § 213 des Strafgesetzbuches betreffe keinen eigenen Sachverhalt, sondern nur die Umstände der Tat und sei daher nicht eigens im Gesetz von 1920 aufgeführt worden.
Ein hoher Richter der Weimarer Justiz, Senatspräsident Walter Grützner, zog sofort eine radikale Konsequenz aus dem Urteil — wenn das Reichsgericht einen Schlag nach rechts ausgeteilt hatte (ausnahmsweise), mußten Schläge nach links als Ausgleich folgen. In einer Denkschrift legte Grützner dar, daß nunmehr sämtliche Mitglieder der Roten Armee von 1920 einschließlich der Kampfleiter erneut unter Anklage gestellt werden müßten: sie alle seien „ohne weiteres dringend verdächtig, als Mittäter, Gehülfen, Anstifter etc. an Tötungsverbrechen beteiligt zu sein". Ihre Amnestierung nach dem Gesetz von 1920 sei nach dessen Auslegung durch das Reichsgericht zu Unrecht erfolgt, und da auch die Taten noch nicht verjährt seien (20 Jahre für Mord, 15 Jahre für Totschlag), müßten jetzt die Strafverfolgungsbehörden nach dem Legalitätsprinzip umgehend aktiv werden, wenn sie sich nicht selbst strafbar machen wollten. Grützner gab eine Reihe von Hinweisen, wie die Rotgardisten nach so vielen Jahren noch zu fassen seien (verschiedenes Akten- und Archivmaterial, Auswertung der Bücher von Severing und Spethmann) und präsentierte daran anschließend Material, das er bereits selbst gesammelt hatte. Daraus sei zweierlei hervorgehoben: die Darstellung Spethmanns von den Vorgängen am Essener Wasserturm hatte er so verstanden, daß alle 40 auf der Gedenktafel verzeichneten Namen getötete Besatzungsmitglieder bezeichneten (vgl. I, Seite 290 f.), und die Erschießung von Markuse in Recklinghausen (s. oben Seite 277) bezeichnete er nach einem ihm vorliegenden Bericht als Tat von Rotgardisten.⁶⁹
Die geforderten Aktivitäten der Justiz wurden jedoch durch die Denkschrift nicht ausgelöst. Was sich 1920 nicht hatte realisieren lassen, war zehn Jahre später unter den Verhältnissen der Weimarer Republik auch nicht mehr möglich,

selbst wenn vielleicht mancher Staatsanwalt gerne gewollt hätte, und Grützner erwies sich als Außenseiter. Anders nach dem Sieg des Faschismus 1933. War die Teilnahme am Aufstand von 1920 in der Weimarer Zeit ein gesellschaftlicher Makel gewesen, den man vor Werksleitungen, Behörden usw. tunlichst verheimlichte, so war sie für das nationalsozialistische Regime geradezu ein Verbrechen, das das „Interesse" von Polizei, Justiz und SA erregte.[70] Die fressende Angst der Betroffenen, die daraus folgte, lernen wir heute immer besser nachzuvollziehen.

2. Hinfälligwerden der Reformzusagen, Reduzierung der Reichswehr, Ersatz der Reichswehr durch Sipo

Bisher wurde die Niederlage der Arbeiter direkt dargestellt: Flucht ins Gebiet südlich der Ruhr, weißer Terror, Ausnahmejustiz, Ausbleiben jeder Entschädigung. Man kann sie aber auch sozusagen indirekt schildern, indem man auf das Schicksal jener Reformzusagen hinweist, die den Arbeitern auf dem Höhepunkt ihrer Machtentfaltung gemacht worden waren.
Die Durchführung des Bielefelder Abkommens, so meinte etwa das Recklinghausener SPD-Blatt, sei „für die wirtschaftliche und politische Gesundung unserer Zustände" absolut notwendig, und gegen den Widerstand des Zentrums und der noch weiter rechts stehenden bürgerlichen Parteien müsse jetzt der „parlamentarische Kampf" aufgenommen werden.[1] Faktisch wurde über das Bielefelder Abkommen zunächst vom Militär entschieden, dann erst auch parlamentarisch — und zwar negativ.
Ein Kernstück des Abkommens war die Bildung von „Ordnungsausschüssen" und die Aufstellung von „Ortswehren", und zwar „aus den Kreisen der republikanischen Bevölkerung" bzw. den Regierungsparteien und der gewerkschaftlich organisierten Arbeiter-, Angestellten- und Beamtenschaft. Die Bildung einer Ortswehr kam aber natürlich nur in Orten zustande, die nicht bzw. noch nicht militärisch besetzt waren. Eine Ausnahme machte Wattenscheid, wo das Militär einer Ergänzung der kommunalen Polizei durch 15 Mann zustimmte, sogar unter Einschluß der USP; ein Antrag der KPD allerdings, die erklärte, „auf dem Boden der Verfassung zu stehen", und daher die Zulassung zur Ortswehr forderte, wurde gegen die Stimmen der USP abgelehnt. Der Vertreter des Militärs äußerte in der entscheidenden Besprechung, die KPD habe „bisher mit Waffen gegen uns gekämpft"; ein gemeinsamer Sicherheitsdienst mit ihr wäre ein Pakt mit dem Feinde, dessen Einhaltung nicht sicher sei.[2]
Ordnungsausschüsse kamen dagegen nicht nur in den unbesetzten, sondern auch in einer Reihe von besetzten Orten zustande; in letzteren waren sie allerdings so gut wie funktionslos, da ihre im Bielefelder Abkommen vorgesehene Bestimmung, die Durchführung des Sicherheitsdienstes, entfiel. Zentrum und christliche Gewerkschaften versuchten in Orten, wo sie stark waren, unter Berufung auf das Bielefelder Abkommen USP, KPD und Arbeiterunion fernzuhalten.[3] Die größte Kraftprobe machten sie in Bochum, wo freie Gewerkschaften, AfA und SPD auch sofort zurückwichen; als das Zentrum dann jedoch auch noch den Vorsitz im Ordnungsausschuß verlangte, traf es auf Widerstand, und so kam kein Ordnungsausschuß zustande; weitere Verhandlungen wurden hinfällig, als auch hier Militär einrückte, und man kann sich des Eindrucks nicht erwehren, daß das Zentrum diesen Ausgang durch sein Vorgehen hatte provozieren wollen.[4] In anderen Orten saßen dagegen Vertreter des Zentrums und der christlichen Gewerkschaften neben USP-, KPD- und Unionsvertretern (so in Barmen, Elberfeld und Ronsdorf, in Düsseldorf und Kaiserswerth, in Bottrop, Wattenscheid

und Westenfeld, in zwei von fünf Orten des Amtes Blankenstein, in Iserlohn und Menden, vorübergehend auch in Dortmund und Witten).[5] Mancherorts (z.B. in Elberfeld) wurden Reibungen dadurch vermieden, daß USP- und KPD-Vertreter als freie Gewerkschaftler in den Ordnungsausschuß eintraten.[6] In Bottrop akzeptierte das Zentrum einen USP-Vertreter, nachdem dieser sich als Pazifist und Gegner der Aufstandsbewegung bezeichnet hatte.[7] Umgekehrt konnte die USP in Düsseldorf, wo sie sehr stark war, dem Zentrum eine Bedingung stellen: dessen Sitze, verlangte sie, müßten durch Arbeitervertreter besetzt werden.[8] In Wetter setzte man sich ausdrücklich über das Bielefelder Abkommen hinweg, indem man einen Allparteien-Ordnungsausschuß von ganz links bis ganz rechts bildete — um den „Frieden innerhalb unserer Stadt" zu wahren, lautete die Begründung.[9]

Manche Orte richteten zur Klärung der Schwierigkeiten Anfragen an Severing. Dieser antwortete, KPD und Union seien auszuschließen; USP-Mitglieder seien als Vertreter der freien Gewerkschaften zuzulassen, als Vertreter ihrer Partei dagegen nur dort, wo die anderen Parteien damit einverstanden seien.[10] Von prinzipieller Bedeutung war, was Severing einer Delegation aus Buer gegenüber erklärte: Ordnungsausschüsse und Ortswehren seien nicht als „dauernde Einrichtungen" gedacht, sondern nur als „Überleitung von den radikalen Aktionsausschüssen und Wehren zur Wiedereinführung der verfassungs- und gesetzmäßigen Körperschaften und Einrichtungen"; und was das Bielefelder Abkommen insgesamt betreffe, so sei es zwar „für die Regierung bindend", aber um gültig zu werden, müsse es noch im Reich und in Preußen parlamentarisch verabschiedet werden.[11]

Ein Versuch der USP, in der preußischen Landesversammlung die generelle Einrichtung von Ortswehren zu erreichen, scheiterte am Widerstand der übrigen Parteien einschließlich der SPD. Auf der anderen Seite wurden die alten Einwohnerwehren in Preußen aufgelöst (im Gegensatz zu anderen Ländern, wie wir noch sehen werden) bzw. dort, wo sie wie im Ruhrgebiet von den Arbeitern entwaffnet worden waren, nicht wieder ins Leben gerufen. Die preußische Regierung kam damit nicht nur den Entwaffnungsforderungen der Alliierten nach, sondern verarbeitete auch die Erfahrung, daß sich die Arbeiter im März in vielen Orten nicht zuletzt bei den Einwohnerwehren die Waffen geholt hatten, die sie zum Kampf gegen die Putschisten benötigten. Allerdings setzte die bürgerliche Mehrheit der preußischen Landesversammlung die fakultative Errichtung eines „Orts- und Flurschutzes" durch, der in erster Linie für die agrarischen Regionen gedacht war — die Möglichkeit zur Schaffung eines neuen Repressionsinstrumentes, die besonders von den Junkern in Ostpreußen genutzt wurde.[12]

Auch für ein kommunales Sondergebilde wie das der Dortmunder „Sicherheitswehr" (I, Seite 180 f.) war in der neuen Situation kein Platz mehr. Sie wurde nach der Aufstandsbewegung nicht wieder zusammengerufen und Ende April für aufgelöst erklärt.[13]

Ähnlich wie das Schicksal des Bielefelder Abkommens war das des Berliner 8-Punkte-Abkommens zwischen Gewerkschaften und Regierungsparteien. Am 13. April behaupteten die Spitzenorganisationen aller Gewerkschaftsrichtungen in einem Aufruf, die Regierung habe „die Einreihung von Arbeitern, Angestellten und

Beamten in die Sicherheitswehren sowie in die neu aufzustellenden Ortswehren ... zugesichert", und forderten ihre Unterorganisationen zur Auslegung von Einzeichnungslisten auf.[14] Daß dann jedoch keine Ortswehren aufgestellt wurden, haben wir bereits bemerkt, und bei der Sipo wurde jeder Bewerber zurückgewiesen, dessen sozialistische Gesinnung bekannt wurde.[15] Ein Ersuchen der Berliner Gewerkschaftskommission an die Reichsregierung, Gesetzentwürfe zur Durchführung des 8-Punkte-Abkommens vorzulegen, wurde ausdrücklich zurückgewiesen,[16] und als die Gewerkschaften am 4. Juni nochmals ihre Forderungen vortrugen, taktierten die Regierungsvertreter deutlich hinhaltend.[17] Verwirklicht wurde letztendlich nur ein einziger Punkt des Abkommens: die Wiedereinsetzung der Sozialisierungskommission, in der vor allem Vertreter der Unternehmer, der Gewerkschaften und der Wissenschaft saßen. Sie erwies sich wie 1919 faktisch als Mittel zur Beerdigung aller Sozialisierungspläne. Die Erörterung in der Kommission wurde sogleich auf den Bergbau eingeengt. Ende Juli hatten sich die Kommissionsmitglieder gleichstark auf zwei Vorschläge zu dessen Neuorganisation gespalten, deren Inhalt nur angedeutet zu werden braucht (Verstaatlichung der Produktion/Verstaatlichung lediglich der Preisgestaltung): sie hatten ohnehin nur empfehlenden Charakter, und nach dem Ausgang der Reichstagswahl am 6. Juni und dem Ausscheiden der SPD aus der Regierung hatte keiner der beiden Vorschläge eine reale Chance.[18] Nach der Ermordung des ehemaligen Finanzministers Erzberger (Zentrum) durch rechtsradikale Terroristen im August 1921 wurden dann noch einmal Gewerkschaftsvertreter bei der Regierung vorstellig und beklagten sich, daß das 8-Punkte-Abkommen Papier geblieben sei — eine hilflose Deklamation.[19]

Was schließlich aus der Forderung nach „Demokratisierung" bzw. „Republikanisierung" der Reichswehr wurde, die die gemäßigte Richtung im März erhoben hatte, soll im Zusammenhang mit der ganzen sowohl Reichswehr als auch Sipo betreffenden Neuregelung dargestellt werden.

*

Am 10. April lief das Zusatzabkommen zum Versailler Friedensvertrag ab, wonach in der ganzen neutralen Zone (bis zur Schweizer Grenze) 20 Bataillone Infanterie, 10 Eskadronen Kavallerie und 2 Batterien Artillerie stehen durften. Am 8. April bat die Reichsregierung die Alliierten um Verlängerung bis zum 10. Juli, d.h. um drei Monate.[20] An diesem Tag betrug die Präsenzstärke der Reichswehr nach ihren eigenen Angaben im Ruhrgebiet 31 Bataillone, 14 Eskadronen und 29 1/2 Batterien (insgesamt 117 Geschütze) — besonders auffällig die enorme Stärke der Artillerie —, dazu 55 Minenwerfer und 9 Panzerwagen; in der restlichen neutralen Zone standen weitere 5 Bataillone und 4 Eskadronen.[21] Bis zum 11. April, also über den Ablauf des Zusatzabkommens hinaus, wurde diese Präsenzstärke sogar noch erhöht, was die Reichswehrführung ganz offen zugab[22] — anscheinend waren ihr nach der französischen Besetzung der Mainstädte vorerst alle internationalen Verpflichtungen des Reiches gleichgültig. Und zahlreiche Truppenteile warben zusätzlich noch Freiwillige — ein Zeichen, wie sehr sie sich als Herren im Lande fühlten. In Münster und im Münsterland wurden riesige Plakate angeschlagen: „*Westfalen! Landleute und Städter! Auf zum Kampf gegen den Antichrist! . . . Wollt Ihr warten, bis die Bolschewisten Euch einzeln ausplündern und abschlachten, Eure Frauen und Kinder schänden, Eure Gotteshäuser berauben und niederbrennen? . . . Seht nach Rußland! Fremdenherrschaft, Christenknechtschaft, Leichenberge, Pest, Hungersnot . . . Der Einzelne ist wehrlos! Schließt Euch zusammen in der Reichswehr und den Zeitfreiwilligenverbänden!*"[23] Das Freikorps Kühme empfahl sich in Dorsten mit der Mitteilung, es habe vor seinem Einsatz im Ruhrgebiet schon in Breslau „Unruhen" unterdrückt.[24] (Vgl. hierzu II, Seite 143 f.) Das Freikorps Pfeffer inserierte in der „Dortmunder Zeitung": „*Die roten Truppen haben Fracksausen und gehen stiften. Auf zum Kampfe gegen den roten Terror! Helft uns, den Bolschewismus schnellstens zu beenden!*"[25] Im Hotel „Vereinshaus" in Essen ließ sich sogar ein Werber der Marinebrigade Ehrhardt nieder.[26]

Das an die Alliierten gerichtete Ersuchen um dreimonatige Fristverlängerung wurde von der Reichsregierung mit der Bitte verbunden, künftig nicht nach Truppeneinheiten, sondern nach Kopfstärke zählen zu dürfen. In einer weiteren Note wurde dies so begründet: die tatsächliche Stärke der Einheiten liege oft weit unter der normalen, jedoch könne die Zahl der Einheiten nicht durch Zusammenlegung vermindert werden, weil die Truppen aus dem ganzen Reich zusammengeholt worden seien und eine Zusammenlegung ihren inneren Zusammenhalt schwer gefährden würde. Außerdem benötige man für eine Polizeiaktion in dem dichtbesiedelten, unübersichtlichen Ruhrgebiet kleinere Einheiten mit so vielen Offizieren und Stäben wie möglich. Dem möglichen Gegeneinwand, daß bei Berechnung nach Kopfstärke nicht mehr nach Truppengattungen spezifiziert zu werden brauche und auf diese Weise etwa die Artillerie auf Kosten der Kavallerie vermehrt werden könne, begegnete die Reichsregierung offensiv: eine starke Artillerie sei deshalb notwendig, weil sie besonders einschüchternd wirke, wodurch viel Blutvergießen präventiv vermieden werden könne.[27]

Die ersten Reaktionen der französischen und der englischen Regierung waren kühl,[28] zumal beiden jetzt die endgültigen Berichte ihrer in Deutschland stationierten Kontroll- bzw. Besatzungsbehörden vorlagen, die übereinstimmend den Einmarsch der Reichswehr im Ruhrgebiet nachträglich für überflüssig erklärten.[29] Für größtes Entgegenkommen plädierte dagegen wiederum die Regierung der USA: „die Wiederherstellung der Ordnung" habe absoluten Vorrang, erklärte sie.[30] Inzwischen begann die Reichswehr mit einem allmählichen Truppenabbau im Ruhrgebiet — als erste wurden die Zeitfreiwilligen abtransportiert bzw. unmittelbar entlassen — und tat dabei so, als sei nicht nur die Berechnung nach Kopfstärke, sondern auch die Verlängerung des Zusatzabkommens zum Versailler Vertrag bereits genehmigt.[31] Am 21. April, so behauptete eine weitere offizielle deutsche Note, sei durch die Reduzierung die erlaubte Gesamtstärke (rund 17.700 Mann) erreicht worden.[32] Das wurde dann allerdings von General Nollet namens der IMKK bestritten; u.a. waren 19 Sipo-Hundertschaften von der Reichswehr nicht mitgezählt worden.[33]

Die Entscheidung fiel auf der nächsten alliierten Konferenz in San Remo. Die Franzosen machten scharf gegen die von deutscher Seite beantragte Berechnung nach Kopfstärke Front — die aktuelle Stärke einer Einheit sei nicht zu kontrollieren, und außerdem könnten unterbesetzte Einheiten als Kader dienen, die durch Zeitfreiwillige schnell auf normale Präsenzstärke zu bringen seien —, zeigten sich aber im übrigen kompromißbereit. Am 26. April bestimmte die Konferenz folgendes: Die Mainstädte werden wieder geräumt, sobald die über das Zusatzabkommen zum Versailler Vertrag hinausgehenden deutschen Truppen die neutrale Zone verlassen haben, was spätestens am 10. Mai geschehen sein muß; das Zusatzabkommen wird wie von Deutschland beantragt bis zum 10. Juli verlängert, jedoch mit Auflagen: bis zum 10. Juni Reduzierung der im Zusatzabkommen gestatteten Truppen auf die Hälfte, Ersatz der anderen Hälfte durch 5.000 Mann Polizeitruppen, bis zum 10. Juli dann Reduzierung der Truppen auf Null, Erhöhung der Polizeistärke auf endgültig 10.000 Mann (alle Ziffern verstanden für die gesamte neutrale Zone).[34]

Mit diesen Festsetzungen war der weitere Weg für die Reichsregierung vorgezeichnet, schwerwiegender noch: auch für die Reichswehrführung.[35] Diese hätte ein Festkrallen im Ruhrgebiet nicht vertreten können, denn der Preis — die Fortdauer der Besetzung der Mainstädte, dazu drohende weitere Repressalien, diesmal möglicherweise auch von seiten der Engländer — wäre zu hoch gewesen. So hatte es seine innere Logik, daß am selben Tag, als die Entscheidung von San Remo fiel, jener Mann entlassen wurde, der sich am hartnäckigsten der sich anbahnenden Entwicklung entgegengestemmt hatte: General v. Watter. Zweierlei hatte Watter in wiederholten Anläufen bei der Regierung nicht durchsetzen können: die Besetzung von Düsseldorf und der Region südlich der Ruhr, zumindest aber den unverminderten Verbleib der im Ruhrgebiet stehenden Truppen und den Fortgang der „Säuberungsaktion". Auch der (nun schon üblich gewordene) Sturm von Bitt- und Drohtelegrammen ziviler Stellen[36] hatte nichts genützt. Schließlich mußte Watter mit seinen Rücktrittsdrohungen Ernst machen, und diesmal fand er bei General v. Seeckt nicht nur keine Rückendeckung gegenüber der Regierung, sondern geriet mit ihm scharf aneinander.[37] Dieser Zusammenstoß entschied über sein Schicksal, nicht dagegen das, was Severing in seinen Erinnerungen betont: daß Watter offenkundig nicht „fest zur Regierung gestanden" habe. Ebenso falsch, aber aufschlußreich für Severing, wenn er Watters Entlassung vor allem auf den Einsatz der Freikorps Aulock, Roßbach usw. zurückführt, deren Terror voraussehbar gewesen sei, wenn er weiter von totaler „politischer Blindheit" Watters spricht, und dann fortfährt: „Alles, was der General vom 13. März [an] getan, erschien jetzt wie eine einzige Kette von Mißgriffen, und in ihr der gröbste Knoten die Entsendung von Lichtschlag".[38] In diesem mühsam gebremsten Durchbruch von Wut schimmert noch die Angst durch, die Severing in den Tagen des Kapp-Putsches in Münster ausgestanden hatte (I, Seite 100-104).

Es scheint, als habe Watter in seinen letzten Amtsstunden seinen Truppenführern nochmals freie Hand zur Überschreitung der von der Regierung gezogenen Grenze gelassen. Am 24. und 25. April jedenfalls drangen kleinere Militäreinheiten überfallartig in Haßlinghausen (15 km südlich der Ruhr) und in Orte des Landkreises Hagen (ebenfalls südlich der Ruhr) ein und verhafteten Arbeiter, darunter

in Wengern gezielt solche, die am Kampf gegen die Batterie Hasenclever (I, Seite 165-170) teilgenommen hatten.[39]
Ein in letzter Minute unternommener Versuch der rheinisch-westfälischen Eisen- und Stahlindustrie, Watters Entlassung zu verhindern,[40] schlug fehl. Daraufhin drückte die Niederrheinische Handelskammer in Duisburg (Vorsitzender Paul Reusch, Generaldirektor der Gutehoffnungshütte Oberhausen) ihre Erbitterung aus und behauptete: „Die Gefahr einer neuen roten Aufstandsbewegung wächst täglich"; man verlange, hieß es weiter, daß künftig „das Urteil sachkundiger, besonnener und ihrer vollen Verantwortung bewußter Männer ... ernstere Berücksichtigung findet als bisher".[41] Der SPD-Abgeordnete Osterroth wiederum benutzte das Ereignis als Anlaß zu einer vollkommen unsinnigen Polemik gegen Braß: dieser habe trotz wiederholter Bitten das Anklagematerial gegen Watter (Haltung beim Kapp-Putsch usw.) nicht in Berlin vorgelegt; wäre dies geschehen, so wäre Watters Entlassung früher zu haben gewesen.[42]
Teile der SPD erhofften sich vom Abtreten des Generals eine wesentliche Beruhigung der Arbeiterschaft. Andere waren skeptischer und meinten, man müsse sich erst den Nachfolger genau ansehen.[43] Das war in der Tat der springende Punkt. Zum vorläufigen Nachfolger wurde Generalmajor v. Campe, bisher einer von Watters unmittelbaren Untergebenen, ernannt, endgültig wurde im Mai Generalmajor v. Loßberg, bisher Stabschef des Reichswehr-Gruppenkommandos II in Kassel, neuer Wehrkreiskommandant von Münster.[44] Loßberg hatte in den Tagen des Kapp-Putsches „Neutralität" geübt, die noch eindeutiger war als diejenige Watters: er hatte in dauernder Telefonverbindung mit Lüttwitz in Berlin gestanden, jedes Vorgehen gegen die Putschisten abgelehnt und auf der anderen Seite das Kasseler SPD-Blatt verboten, als dieses die Truppen an ihren Treueeid für die Regierung erinnerte.[45] Sein Vorteil bestand jedoch darin, daß er im Ruhrgebiet ein Unbekannter war. — Watter hinterließ seinem Nachfolger einen schriftlichen Rückblick auf die Zeit seit dem Kapp-Putsch, der — ohne Übertreibung gesagt — den Eindruck von Verfolgungswahn hervorruft. Nicht etwa daß Seeckt ihn fallengelassen hatte, kommt darin zur Sprache, sondern an allen Hemmnissen und Niederlagen der letzten Wochen sind die Lügen und Verleumdungen, ist die Heimtücke von „Rot" (Neutrum!) schuld: an den Verhandlungen von Bielefeld, an den Verzögerungen des militärischen Vormarsches, an der Wegnahme des Standrechts usw., und im Dunstkreis von „Rot" befindet sich nicht nur die SPD („weich und haltlos wie immer"), sondern auch Severing („von rot inspiriert" heißt es einmal über ihn).[46] Wesentlich an diesem Memorandum orientierte sich dann Hans Spethmann bei seiner Darstellung der Aufstandsbewegung. Lediglich eine Behauptung fehlt, die man nach der inneren Logik des Memorandums erwarten würde: daß auch Watters Entlassung auf Severing zurückzuführen sei. Später wurde jedoch auch dieses Märchen von militärischer Seite in die Welt gesetzt.[47]
Gleichzeitig mit dem Personenwechsel in Münster geriet die Frage der Besetzung der Region südlich der Ruhr erneut in die Diskussion. Auslöser war eine Initiative der Wuppertaler Industrie, die bisher einen Reichswehreinmarsch in ihrem Gebiet für eher schädlich erklärt hatte. Am 26. April richtete der Arbeitgeberverband des bergischen Industriebezirks ein Schreiben an den Reichskanzler, in dem diese

Haltung widerrufen wurde: die „bodenständige Arbeiterschaft", auf die man sich bisher habe verlassen können, sei nicht mehr imstande, Ruhe und Ordnung zu garantieren — „auswärtige und ausländische Agitatoren (haben sich) im bergischen Industriebezirk festgesetzt und bereiten . . . für die nächsten Tage einen anarchistischen Putsch vor" (das bezog sich möglicherweise auf die Aktionen der von Reichswehrspitzeln verführten letzten Rückkehrer aus dem Lager Dellbrück).[48] Am 28. April trug der Elberfelder Textilfabrikant Frowein (vgl. oben Seite 77, 200), begleitet von Vertretern der „Vereinigung der deutschen Arbeitgeberverbände" und des „Reichsverbandes der deutschen Industrie", beim Reichskanzler auch mündlich die Forderung nach sofortigem Einmarsch der Reichswehr im Wuppertal vor; ein Generalstreik oder sonstiger Widerstand der Arbeiter sei, so erklärte er, nicht zu befürchten.[49] Am folgenden Tage machte Severing in der Preußischen Landesversammlung die Initiative der Unternehmer öffentlich bekannt und bezeichnete die Besetzung der Region südlich der Ruhr als „wahrscheinlich" unumgänglich; als Begründung führte er Plünderungen und das Vorhandensein von Schwerverbrechern unter den Flüchtlingen an.[50] Die Reichswehrführung hakte sofort nach, unterstützt von einem Bericht eines preußischen Staatskommissars über angeblich katastrophale Verhältnisse in Remscheid; sie ließ beim Reichskanzler vortragen, die Besetzung der Region südlich der Ruhr müsse, um erfolgreich zu sein, noch vor der von der Regierung beschlossenen Truppenreduzierung in der neutralen Zone erfolgen.[51] Jedoch die Regierung entschied, daß lediglich Düsseldorf von der Reichswehr und Sipo besetzt werden solle — das war von der dortigen Industrie wiederholt gefordert worden —, und zwar sofort (womit der Nachfolger Watters erreichte, was dieser nicht hatte durchsetzen können); in die übrige Region südlich der Ruhr dagegen solle demnächst ausschließlich Sipo einrücken.[52] Daß der letztere Teil der Regierungsentscheidung ganz im Sinne Severings war, werden wir sehen. Am 3. Mai erfolgte, gegenüber den Alliierten diplomatisch abgesichert, die Besetzung Düsseldorfs.[53] Im übrigen wurde die Truppenreduzierung in der neutralen Zone jetzt zügig vorangetrieben; am 10. Mai waren die von den Alliierten genehmigten Ziffern erreicht.[54] Daraufhin räumte die französisch-belgische Besatzung am 17. Mai die fünf Mainstädte. Um gewalttätige nationalistische Demonstrationen, wie sie beim Einmarsch stattgefunden hatten, zu verhindern, nahm die Truppenführung fünf Prominente, darunter den Frankfurter Oberbürgermeister und den Polizeipräsidenten, vorübergehend in Geiselhaft.[55]

Für General v. Seeckt ging es in diesen Wochen, auch etwa bei seinem Zusammenstoß mit Watter, um weit mehr als um die Truppenverdünnung in der neutralen Zone: er realisierte jetzt seine neue Heereskonzeption. Sein Programm: Der Einsatz der Freikorps im Ruhrgebiet war der letzte — Beseitigung des Söldnersystems — Aufbau eines Berufsheeres mit langjähriger Dienstzeit, wie es vom Versailler Friedensvertrag vorgezeichnet war (lediglich die 100.000-Mann-Grenze betrachtete er noch nicht als definitiv).[56] Zur Durchsetzung dieses Programms innerhalb der Reichswehr boten die Probleme der neutralen Zone eine äußerst günstige Gelegenheit. Für Tausende von Freikorpsmitgliedern bedeutete es die Entlassung, und das hieß keineswegs in erster Linie ein materielles, sondern ein psychosomatisches Problem (für diese Männer stellte — siehe Klaus Theweleits

„Männerphantasien" — die Truppe, der Kampf und das Töten die letztlich einzig mögliche Existenzform dar). Von überallher kamen Gerüchte über einen drohenden zweiten Militärputsch, vor allem aus den wechselnden Camps der Marinebrigade Ehrhardt und aus den ostelbischen Provinzen.[57] Die Arbeiterschaft lag derart am Boden, daß sie ein zweites Mal die tödliche Gefahr nicht hätte abwehren können. Aber dessen bedurfte es auch nicht, weil die Reichswehrführung hinter v. Seeckt stand; allerdings ließ sich bei der Auflösung der Freikorps nicht überall umgehen, daß Truppe nun doch auf Truppe schoß (was die Generäle beim Kapp-Putsch so sorgsam vermieden hatten).[58] Im Falle der Marinebrigade Loewenfeld mußte v. Seeckt persönlich ins Sennelager fahren, um den Offizieren die Notwendigkeit der Auflösung klarzumachen; dafür stellte er weitgehende Berücksichtigung beim Aufbau der neuen Reichswehr in Aussicht. Um bei diesem Beispiel zu bleiben: von den rund 8.000 Mann der Marinebrigade gingen rund 3.000 zur Reichsmarine (das war 1/5 von deren Gesamtstärke), rund 500 zur Sipo und rund 90 zum Reichsheer.[59] Viele Freikorpsmitglieder, die abgewiesen wurden oder nicht überwechseln wollten, gingen in den faschistischen Untergrund, sei es zur Entfesselung von neuen bewaffneten Kämpfen (wie sie dann vor allem im Grenzkrieg mit Polen in Oberschlesien stattfanden), sei es zum Aufbau von Terrororganisationen (etwa Kapitän Ehrhardt mit seiner „Organisation Consul", die 1922 den Außenminister Rathenau ermordete).[60] Beim Aufbau des Reichsheeres und der Reichsmarine abgewiesen wurden in der Regel jene, deren republikanische Gesinnung bekannt war, mit Sicherheit aber jene Unteroffiziere und Mannschaften, die beim Kapp-Putsch den Gehorsam verweigert oder gar ihre putschistischen Offiziere für abgesetzt erklärt bzw. vorübergehend gefangengesetzt hatten.[61] Die politische Rückendeckung für diese Säuberung im reaktionären Sinne bot ein Erlaß Eberts vom 1. April, in dem erklärt wurde, ein derartiges Vorgehen sei zwar aus der Erregung des Augenblicks verständlich, werde aber, wie überhaupt jede politische Betätigung in der Reichswehr, in Zukunft als „Vergehen gegen die Verfassung und die Gesetze" geahndet.[62] Umgekehrt verliefen alle innermilitärischen Untersuchungen wegen Beteiligung am Kapp-Putsch letztlich im Sande (vorzeitige Pensionierungen waren das Äußerste).[63]
Mit dieser Entwicklung waren Konzeptionen wie die des Generals Löffler (vgl. oben Seite 32) überholt, der in der „Frankfurter Zeitung" geschrieben hatte, das Versagen der Reichswehr gegenüber der Verfassung und die daraus resultierende „Feindseligkeit weiter Volksschichten gegen das Söldnerheer" schließe aus, daß „für absehbare Zeit Reichswehr irgendwo beruhigend wirken" könne; und da ein Söldnerheer nach außen „inmitten von Staaten mit allgemeiner Wehrpflicht keine ausschlaggebende Rolle" spiele, müsse die Konsequenz sein, die Reichswehr freiwillig „auf das niedrigste Maß (zu) beschränken" (40-50.000 Mann) und „die Aufrechterhaltung der Ruhe und Ordnung bis auf weiteres in die Hand der *Gemeinden* zu legen".[64] Vor allem aber waren jene Kräfte in der SPD überrollt, die im März die Auflösung der Reichswehr abgelehnt und sich lediglich für deren „Demokratisierung" erklärt hatten (vgl. ebenda): dieses Ziel war nur so lange erreichbar gewesen, als die bewaffneten Arbeiter ein Druckmittel dargestellt hatten, d.h. mit dem Kampf gegen die Aufstandsbewegung hatten sich jene SPD-Kräfte selbst den Boden unter den Füßen weggezogen.

1926 brachte die KPD im Reichstag nochmals einen Antrag ein, in dem sie die Auflösung der Reichswehr und ihren Ersatz durch eine Arbeitermiliz, für den Fall der Ablehnung des Antrags eine Reform der Reichswehr forderte: Wahl der Truppenführer durch Unteroffiziere und Mannschaften, Verbesserung des Beschwerderechts, Abschaffung des Strafexerzierens und der Geldstrafen, Zuerkennung des Wahlrechts und des Rechts auf politische Betätigung usw.[65] Die große Auseinandersetzung von 1920 — Auflösung oder „Demokratisierung" der Reichswehr — in die Form eines parlamentarischen Alternativantrags gekleidet: das nimmt sich wie eine Parodie auf die Aufstandsbewegung aus.

*

Nach der Truppenverdünnung in der neutralen Zone, mit der die Wiederfreigabe der Mainstädte erreicht worden war, blieb noch der zweite Teil der alliierten Bestimmungen von San Remo zu erfüllen: die etappenweise Ersetzung der Reichswehr in der neutralen Zone durch Polizeitruppen. Das war die Stunde von Severing in seiner Eigenschaft als neuer preußischer Innenminister, der seit langem staatliche Polizei bei Einsätzen im Innern für geeigneter hielt als Militär: von der Flexibilität her, der Verhältnismäßigkeit der Mittel usw.[66] Dabei berührte er sich mit Geßler und Seeckt, die die neue Reichswehr — äußerlich entpolitisiert, ohne Vereins-, Versammlungs- und Wahlrecht — künftig nur noch im Notfall im Innern einsetzen wollten.[67] Bis Anfang Juni verlief alles, wenn auch gegen den Widerstand einzelner Freikorps,[68] nach den alliierten Vorschriften; nur in Düsseldorf, Mülheim und Wesel lag noch Militär.[69] Am Beispiel der Marinebrigade Loewenfeld haben wir allerdings eben gesehen, daß sich die Sipo, die zum Ersatz kam, zu einem erheblichen Teil aus den Freikorps rekrutierte, und zwar bis zu den höchsten Offiziersrängen;[70] was als Gesinnung der Sipo zuerst auffiel, war ihr Antisemitismus.[71] Neu besetzt wurde von der Sipo, wie von der Regierung entschieden, die Region südlich der Ruhr, wobei das Militär die Transportmittel stellte: am 14. Mai Hagen, am 18. Elberfeld und Barmen, am 27. Mai Remscheid und Lennep; die Leitung der Aktion hatte Oberpräsident Würmeling.[72] Tägliche Haussuchungen wurden jetzt auch hier das Übliche.[73] Die stolzen Erfolgsmeldungen über eingesammelte Waffen, die die Sipo herausgab,[74] gingen jedoch nicht hierauf zurück, sondern es handelte sich dabei um die Waffen, die die Aktionsausschüsse bzw. die Arbeiterwehren eingesammelt hatten. Die nach dem Bielefelder Abkommen bestehenden Ortswehren wurden aufgelöst, ebenso die Ordnungsausschüsse; lediglich den Elberfelder Ordnungsausschuß ließ man zur Vermeidung von Unruhe auf Bitten des Oberbürgermeisters noch einige Wochen lang bestehen.[75]
Daß dann in der zweiten Etappe, die am 10. Juli ablief, die neutrale Zone vollständig vom Militär geräumt sein mußte, scheint bei verschiedenen Stellen so etwas wie Urangst ausgelöst zu haben. Am 26. Mai forderte General v. Loßberg auf einer Konferenz der Regierungspräsidenten, Oberbürgermeister und Landräte des Ruhrgebiets, daß bei den Alliierten beantragt werden solle, die halbierte Truppenstärke als endgültige zu genehmigen;[76] am 5. Juni beantragte das Reichswehrministerium bei der Reichsregierung die Aufnahme von diplomatischen Ver-

handlungen wegen einer erneuten Fristverlängerung; drei Tage später folgte eine Eingabe des „Reichsverbandes der Deutschen Industrie", in der die Sipo als für die Sicherung des Ruhrgebiets unzureichend bezeichnet wurde — aus dem Innern des Reiches herangezogene Truppen würden zu spät kommen, da im Falle eines Aufstandes „mit Bahnzerstörungen und Bahnstreiks in höherem Maße als bisher zu rechnen" sei, und daher müßten „Angriffstruppen in Düsseldorf, Wesel und Mülheim" liegen. Der Reichsverband empfahl eine Kontaktaufnahme mit französischen Wirtschaftssachverständigen, bei denen eher auf Verständnis zu hoffen sei als bei der französischen Regierung. Am 19. Juni bat die Reichsregierung in einer offiziellen Note die IMKK um eine Fristverlängerung. General Nollet lehnte in knapper Form ab.[77] Die definitive Entscheidung fiel auf der nächsten Konferenz der Alliierten.

Diese Konferenz, die unter Zulassung von deutschen Vertretern vom 5. bis 16. Juli in Spa (Belgien) stattfand, nahm einen Ausgang, der einen deutschen Publizisten zu dem Urteil veranlaßte, jetzt habe das Reich endgültig den Krieg verloren. Die Darlegungen Geßlers, der ein Heer von 200.000 Mann angesichts der innenpolitischen Lage Deutschlands als Minimum bezeichnete, fanden ebensowenig Gehör wie ein Antrag Seeckts, der für die Verminderung auf 100.000 Mann eine Frist von 15 Monaten anbot; bestimmt wurde eine Frist von 6 Monaten, unterteilt in zwei Etappen, in der die Heeresverminderung durchzuführen war. Gleichzeitig wurde die vollständige Entwaffnung der Zivilbevölkerung vorgeschrieben. Hierfür sollte in der neutralen Zone während der ersten Etappe, die am 1. Oktober ablief, noch Militär stehen dürfen, und zwar in einer von der IMKK festzusetzenden Stärke. Weitere Punkte betrafen u.a. die Ablieferung des Heeresgeräts und die Größe der zurückzubehaltenden Materialreserve. Für etwaige Nichterfüllung dieser Bestimmungen wurde die Besetzung deutschen Territoriums angedroht.[78]

Der die neutrale Zone betreffende Punkt wurde deutscherseits pünktlich eingehalten, d.h. Ende September wurden die letzten Reichswehreinheiten abgezogen.[79] Anders bei der Entwaffnung der Zivilbevölkerung. Dieser Punkt bedeutete u.a., daß die Einwohnerwehren aufgelöst werden mußten. Das führte zu äußerst scharfen Spannungen zwischen der Reichsregierung und der bayrischen Landesregierung, die zunächst auch die Regierungen von Baden, Württemberg, Hessen und Sachsen auf ihrer Seite hatte. In Bayern waren die Einwohnerwehren nicht von den Arbeitern entwaffnet worden, sondern hatten im Gegenteil eine aktive Rolle beim Quasi-Staatsstreich v. Kahrs (II, Seite 159) gespielt und waren eine der Hauptstützen des neuen Regimes. Im Kampf um die Erhaltung der Einwohnerwehren ging Bayern bis an die Grenze der Separation vom Reich. Auch als am 8. März 1921 Düsseldorf, Duisburg und Ruhrort von den Alliierten besetzt und wirtschaftliche Sanktionen gegen das Reich verhängt wurden, gab Bayern noch nicht nach; erst ein weiteres Ultimatum der Alliierten zwang es zur Auflösung der Einwohnerwehren (Ende Juni 1921). Der größere Teil der Waffen wurde jedoch nicht abgeliefert, sondern versteckt.[80]

Die Stärke der für die neutrale Zone genehmigten Sipo konnte deutscherseits in langwierigen Verhandlungen von 10.000 auf 20.000 Mann erhöht werden (Gesamtstärke für das Reich: 150.000 Mann). Das Mißtrauen der Alliierten richtete sich auf den inneren Aufbau und die Kasernierung der Sipo; auch die Übernahme vieler Freikorpsmitglieder legte den Verdacht nahe, daß hier ein gleichwertiger Ersatz für aufgelöste Reichswehreinheiten geschaffen wurde. So setzten die Alliierten vor allem durch, daß die Sipo die schweren Waffen abgeben mußte. Im Oktober 1920 wurde die Sipo in „Schutzpolizei" (abgekürzt „Schupo") umbenannt, was aber für die Arbeiter an ihrem Charakter als Bürgerkriegsarmee nichts änderte.[81]

3. Polemik, Selbstrechtfertigungen, Lernversuche

Große revolutionäre Bewegungen setzen immer Hoffnungen und Sehnsüchte frei, die über ihre äußeren Möglichkeiten hinausgehen. Auch wenn sogar fast alle Ziele erreicht werden, die sich die Bewegung offiziell gesteckt hat, bleibt dieser Überschuß unerfüllter Wunschproduktion. Um wieviel größer und schmerzhafter, ja Menschen zerbrechend die Enttäuschung, wenn die Bewegung in einer so furchtbaren Niederlage endet wie 1920, wo die Verhältnisse unter dem weißen Terror schlimmer wurden als alles zuvor Erlebte! Es ist natürlich, daß in einer solchen Situation nach Schuldigen gesucht wird. Aber es scheint, als ständen Parteiführer unter einem besonders starken Rechtfertigungszwang, und bei dem Konkurrenzverhältnis, in dem Parteien untereinander stehen, ist von vornherein klar, wo die Schuldigen gesucht werden: bei den jeweils anderen. Dieser Aspekt der Aufstandsbewegung von 1920 ist wohl der deprimierendste, und nur mit Widerstreben nähert man sich ihm. Das Ausmaß der Parteipolemik ist erschreckend. Die Solidarität in der Niederlage — ohnehin eines der schwierigsten Dinge, die es gibt — wurde dadurch furchtbar erschwert.
Beginnen wir mit den beiden Parteien, die die Bewegung voll bejaht und wesentlich mitgeprägt hatten: mit der USP und der KPD.
Die Hagener USP-Führer Ernst und Ludwig warfen der KPD vor, bei der Freikämpfung des Industriegebiets von Militär und Sipo keine nennenswerte Rolle gespielt zu haben, dann aber mit Führungsansprüchen hervorgetreten zu sein; auf ihr Betreiben sei der Essener Zentralrat gebildet worden — „mitten im Kampfe eine vollständige Umschaltung des Apparates", der dann natürlich „nicht einwandfrei funktionieren konnte". Die Mülheimer Kommunisten hätten mit Unterstützung der Essener und Duisburger den Angriff auf Wesel unternommen, der wegen der völlig ungenügenden Ausrüstung mit Artillerie zur voraussehbaren Niederlage geführt habe, und sie hätten die Durchführung des Bielefelder Abkommens torpediert, das unter den gegebenen Umständen das Maximum des Erreichbaren gewesen sei. Auch der Essener Zentralrat habe in dieser Richtung gewirkt, indem er nach dem Bielefelder Abkommen „neue Forderungen formuliert" habe.[1] Eine Funktionärkonferenz des USP-Bezirks Niederrhein nannte die Essener Konferenz vom 25. März, auf der der Zentralrat eingesetzt wurde, „unkontrollierbar zusammengekommen und zusammengesetzt", und kritisierte an der Tätigkeit des Zentralrats, daß sie sich „im wesentlichen in theoretischen Diskussionen" erschöpft habe.[2]
Andere USP-Führer — Teuber, Braß — lehnten solche harten Urteile ab: Teuber mit dem Argument, daß man in Bochum mit den Kommunisten gut habe zusammenarbeiten können, Braß mit dem Hinweis, daß in der KPD ein „Klärungsprozeß" im Gange sei.[3] Stern verteidigte die Tätigkeit des Essener Zentralrats in Bausch und Bogen: dieser habe „trotz seiner viel zu spät erfolgten Gründung wenigstens etwas Einheitlichkeit in die Bewegung" gebracht, und zwar „in einem Augenblick, in welchem die Gefahr eines Chaos außerordentlich groß war", und dann habe er sich bemüht, „einen für die Arbeiterschaft befriedigenden Abbau der ganzen Bewegung herbeizuführen".[4] Hier zeichnete sich bereits

ein Ergebnis der Spaltung der USP ab, die ein halbes Jahr später erfolgte: Teuber, Braß und Stern gingen mit dem linken Parteiflügel zur KPD, doch während die beiden ersteren bald mit der neuen Partei in Konflikt gerieten, entwickelte sich Stern zu einem jener „Neukommunisten", die durch absolute Linientreue ihre USP-Vergangenheit zu bewältigen suchten.

Der schärfste Angriff auf die KPD aus dem Lager der USP wurde — wie kaum anders zu erwarten — in Duisburg formuliert. Hier warf der Metallarbeitersekretär Helbig dem von Wild und Koch geführten „Exekutivkomitee" vor, ihm habe man den Einmarsch der Reichswehr zu verdanken (eine indirekte Selbstrechtfertigung Helbigs, s. oben Seite 266 das von ihm mitunterzeichnete Telegramm an die Regierung). Sein Parteifreund Schiller (ebenfalls Gewerkschaftssekretär) widersprach: die Illegalisierung der KPD „habe erst den Boden geschaffen, auf dem ein Koch und Wild gedeihen konnten"; er forderte die Duisburger Arbeiter auf, künftig „keine hergelaufenen Leute mehr an die Spitze (zu) lassen".[5]

Umgekehrt die Polemik der KPD gegen die USP: der „Dolchstoß in den Rücken der kämpfenden Proletariermassen", ausgeführt von „Feiglingen vom grünen Tisch" (den Bielefelder Unterhändlern) — so im Essener KPD-Blatt;[6] „selbständige Politik der rechten USP" unter Führung von Ernst mit der Folge, daß „alle Versuche unserer Essener Genossen, die Macht und die Kraft des Proletariats zusammenzufassen, scheiterten" — so im Bericht der KPD-Bezirksleitung an die Berliner Parteizentrale;[7] syndikalistisches Gedankengut in Form des Gedankens, „bei einem Einmarsch von Regierungstruppen die Bergwerke in die Luft zu sprengen", sowie nationaler Verrat in Gestalt des wiederholt geäußerten Planes, die Alliierten um Besetzung des Ruhrgebiets zu bitten — so in einer Darstellung Piecks im Organ der Kommunistischen Internationale;[8] und schließlich ein besonders langes Register in einer Broschüre Düwells, die einige Monate später von der KPD-Bezirksleitung herausgegeben wurde: bei den Hagener USP-Führern Zusammengehen mit Bürgerlichen, Teilnahme am „Verrat" von Bielefeld, Kapitulantentum, bei den Elberfeldern Illusionen verbreitender Wortradikalismus, insgesamt bei der USP eine von den Massen abgehobene Führerpolitik, aus „parteipolitischer Engherzigkeit" keine Willensbildung aus den Betrieben heraus mittels Wahl politischer Arbeiterräte, Mangel an Einsicht in die Bedingungen der Führung einer revolutionären Bewegung, Zusammengehen mit der verräterischen SPD.[9]

Hinzu kam die Kritik am Verhalten der USP auf nationaler Ebene. Düwell: Die Parteiführung der USP habe zum Abbruch des Generalstreiks in Berlin „grade im kritischen Augenblick" aufgerufen, „als das Proletariat im Ruhrrevier der Außenhilfe dringend bedurfte".[10] Clara Zetkin: Schuld am enttäuschenden Ausgang der Kämpfe im Reich seien neben der SPD-Führung und den Gewerkschaften die rechten USP-Führer, die ihre Partei „auf Gedeih und Verderb" an Gewerkschaften und SPD gekoppelt hätten, und die linken USP-Führer, denen es an „revolutionärer Erkenntnis und Energie" mangele.[11] August Thalheimer: Ende März habe die KPD bei den Berliner Betriebsräten „mit aller Macht auf die Wiederaufnahme des Generalstreiks" zur Unterstützung des Ruhrproletariats gedrängt, sei aber am Widerstand des linken USP-Flügels gescheitert (in diesem

Zusammenhang kein Wort über die beiden Zentralratsdelegierten Eckardt und Pieck).[12]
Nebenbei bemerkt: diese Polemik zwischen KPD und USP wurde zu einem Zeitpunkt geführt, wo die KPD-Organisation im Ruhrgebiet nach ihrer eigenen Aussage durch den weißen Terror „fast vollständig zertrümmert",[13] die große USP stark angeschlagen war.[14]
Ein halbes Jahr später entflammte die Auseinandersetzung zwischen beiden Parteien erneut, als sich die USP wegen der Frage des organisatorischen Anschlusses an die Kommunistische Internationale spaltete. Ein zentraler Streitpunkt war der von den Führern der KP Sowjetrußlands formulierte Vorwurf an die „rechten" USP-Führer, auf ihr Versagen sei wesentlich das bisherige Scheitern der deutschen Revolution zurückzuführen. Die Art, wie die russischen Parteiführer dabei die Radikalisierung und die Autoritätsgläubigkeit der USP-Parteibasis instrumentalisierten, und den Zynismus, den vor allem Sinowjew als Präsident der Kommunistischen Internationale an den Tag legte, können wir hier nicht darstellen. Genug damit, wie die angegriffenen USP-Führer sich zur Wehr setzten. Das Düsseldorfer USP-Blatt etwa holte einen Artikel Düwells im Duisburger KPD-Blatt vom 20. Mai hervor, in dem dieser über die Reaktion auf den Kapp-Putsch im Ruhrgebiet folgendes mitgeteilt hatte:
„Gleich in den ersten Tagen der Bewegung wurden an verschiedenen Orten unsere Vertrauensleute mit der Aufforderung bestürmt, Waffen zu beschaffen, Aktionen zu gestalten oder anzuordnen. Dabei beriefen sich die Leute auf die USP-Arbeitskollegen, die in der Vorbereitung weiter wären als wir ... Mit Hinweis auf die Situation und die politische Unreife des Proletariats wiesen wir alle derartigen ... Ansprüche ab, mahnten auch noch zur Einstellung des Kampfes, warnten vor einem Weitertragen der Auseinandersetzung mit Maschinengewehren, Handgranaten usw., als unter USP-Führung der bewaffnete Aufstand im Hagener Bezirk eingesetzt hatte".[15]
Oder die Frage des Bielefelder Abkommens: Ludwig erinnerte daran, daß auch KPD-Vertreter zu den Unterzeichnern gehörten und daß der Zentralrat Anfang April zur strikten Durchführung des Abkommens aufgerufen hatte.[16] Braß, der mit dem linken USP-Flügel zur KPD ging, stand wegen seiner Teilnahme an der Bielefelder Konferenz gegenüber der KPD unter starkem Rechtfertigungszwang.[17] Ernst schließlich, offenbar maßlos verbittert über die Angriffe der Kommunisten, schrieb im Vorwort zu einer Broschüre, in der er die Aufstandsbewegung aus seiner Sicht darstellte:
„Die KPD ist ... derjenige Teil der Arbeiterklasse gewesen, welcher durch überspannte Ziele und wahnsinnige Putschtaktik am schlechten Ausgang die Hauptschuld trägt ... Selbst in den kritischsten Stunden dachten führende Leute dieser Partei im Industriegebiet nicht ans Zusammenballen aller Kopf- und Handarbeiter zum revolutionären Gegenstoß, sondern ... versuchten diese Leute, auf Grund theoretischer Hirngespinste die geeinte Aktion der Arbeiterklasse zu hemmen oder zu durchkreuzen. Dort wo sie mitgingen, haben sie in den wenigsten Fällen positive Arbeit geleistet; die Ausnahmen bestätigten nur die Regel ... In den großen Nottagen ging die revolutionäre Welle über diese Leute hinweg. Sobald

aber die Arbeiterklasse ein wenig Ellenbogenfreiheit bekam, setzte die Zerstörungsarbeit dieser Partei ein.

... Die politische Situation Deutschlands, das Verhältnis zur Entente und die militärische Machtverteilung im Innern mußte jedem politisch denkenden Arbeiterführer sagen, daß im vollständigen Niederschlagen des Kappverbrechens das Endziel dieser Abwehrbewegung erreicht sei. Jedes darüber Hinaustreiben mußte die Reaktion stärken, da es die Arbeiterschaft splitterte. Einsichtige KP-Führer haben dieses in den Kapptagen zugegeben und die Errichtung eines Rätedeutschland zur Zeit für unmöglich erklärt. Trotzdem hat man nach den Kapptagen in allen Organen der äußersten Linken genau das Gegenteil hören können und heute schwört fast jeder waschechte Kommunist des Industriegebiets, daß Rätedeutschland in den Kapptagen nur durch den Verrat der Unabhängigen verhindert sei."[18]

Jetzt flogen auch und gerade unter USP-Genossen, bevor sie endgültig getrennte Wege gingen, die Fetzen; eine Parteispaltung, die größere Erbitterung ausgelöst hätte, hat es vermutlich niemals in Deutschland gegeben. Die Frage, wer im März revolutionäre Tatkraft gezeigt und wer versagt habe, war dabei ein wichtiger Punkt des Streits.[19]

Innerhalb der KPD war um dieselbe Frage bereits unmittelbar nach der Bewegung gestritten worden, wenn auch — da nicht im Zusammenhang einer Parteispaltung — längst nicht in dieser Schärfe; Prinzipienfragen hatten in der KPD schon immer eine größere Rolle gespielt als in der USP. Gegenstand der Auseinandersetzung war die Erklärung der Mehrheit der Parteizentrale, die einer eventuellen ADGB-USP-Regierung „loyale Opposition" zugesagt hatte (II, Seite 126). Der Zentralausschuß der KPD verurteilte mehrheitlich die Erklärung, der nächste Parteitag vom 14./15. April schloß sich der Verurteilung an, die streitenden Parteiführer schrieben zahlreiche Artikel[20] — eine gespenstische Debatte, da die Erklärung im realen Verlauf der Bewegung kaum irgendwelche Bedeutung gehabt hatte. Dann griffen auch Radek und Lenin ein — Radek ebenfalls mit einem Artikel, in dem er die Erklärung als Anzeichen von sich abzeichnender Kampfunentschlossenheit der KPD wertete, Lenin mit einem Nachtrag zu seiner Broschüre über den „linken Radikalismus", in dem er die Erklärung billigte, aber auf der Kleinigkeit bestand, daß man eine ADGB-USP-Regierung nicht „sozialistisch" nennen dürfe.[21] Jetzt gewann die Debatte einige Bedeutung, indem sie die Beziehungsstruktur zwischen KPD und KP Sowjetrußlands sowie zwischen den russischen KP-Führern untereinander freilegte: eine höchst autoritäre nämlich. Radek betitelte Lenin in seinem Artikel als „erfahrenen Steuermann der Weltrevolution"[22], und auf dem folgenden Weltkongreß der Kommunistischen Internationale im Juli/August ließen sich mehrere KPD-Führer von Lenin empfangen, um seine Meinung über die Möglichkeiten und Grenzen der Märzbewegung in Deutschland zu hören.[23] Umgekehrt äußerten die KPD-Führer keinerlei öffentliche Kritik an den russischen KP-Führern. Das Exekutivkomitee der Kommunistischen Internationale, dessen Präsident Sinowjew war, hatte am 25. März in einem Aufruf „An die Arbeiter Deutschlands, an die Arbeiter der ganzen Welt" erklärt: „Der Bürgerkrieg in Deutschland wird nicht eher enden, als bis der Sieg in den Händen der Arbeiter ist ... Der Bund zweier Sowjetrepubliken — Rußland und Deutschland — stärkt sowohl die eine wie die andere".[24] Und Bucharin blieb auf dem Weltkongreß gesprächsweise der unbeirrbaren Meinung, „der Kapp-Putsch hätte zur Entstehung eines Rätedeutschlands geführt, wenn nur die KPD-Zentrale eine entsprechende Politik betrieben hätte".[25] Weder Sinowjew noch Bucharin wurden auf dem Kongreß zur Rede gestellt, geschweige daß die deutschen Parteiführer die autoritäre Urteilsstruktur der sowjetrussischen Führer zurückgewiesen hätten.

Zurück zur Parteipolemik in Deutschland. Daß sich USP und SPD nicht nur gegenseitig, sondern auch die SPD angriffen, wurde bereits gestreift. Die Struktur dieser Angriffe — Verrat usw. — ist aus der Geschichte der deutschen Arbeiterbewegung hinlänglich bekannt und braucht daher hier nicht skizziert zu werden. Die KPD griff weiterhin die Unionen (I, Seite 58 f.) an. In einem Schreiben der KPD-Bezirksleitung an alle Parteimitglieder hieß es, die Unionen hätten entgegen ihrem Anspruch, „die Führung ausbrechender Kämpfe (zu) übernehmen", in der Aufstandsbewegung „völlig passiv" beiseite gestanden: „keine einzige Handlung, kein Flugblatt, keine Zeitung, keine einzige Proklamation in ganz Rheinland-Westfalen, das ist das Resultat einer einjährigen Organisationsarbeit!" In gewissem Widerspruch dazu führte das Schreiben im nächsten Satz die Verhältnisse in Duisburg unter der Herrschaft des Exekutivkomitees — eine „Disziplinlosigkeit, die viel zur Niederlage beigetragen hat" — auf die Dominanz der Union in dieser Stadt zurück.[26]

Hier schüttelte die KPD die Unionen von sich ab, zu deren Aufbau sie nicht zuletzt finanziell einen erheblichen Beitrag geleistet hatte — ein Aspekt der organisatorischen Trennung der Linkskommunisten von der KPD, die sich im April vollzog. Am 4. und 5. April wurde in Berlin von den Linkskommunisten die „Kommunistische Arbeiterpartei Deutschlands" (KAPD) gegründet, mit engem programmatischem und organisatorischem Verhältnis zu den Unionen und prinzipiell antiparlamentarisch eingestellt.[27] Der zehn Tage später stattfindende Parteitag der KPD bekräftigte demgegenüber die Entscheidung der Parteizentrale für die Teilnahme an der kommenden Reichstagswahl (im Gegensatz zum Boykott der Wahl zur Nationalversammlung Anfang 1919).[28] Im Ruhrgebiet beschloß eine unmittelbar danach stattfindende Bezirkskonferenz der KPD die Trennung von den Linkskommunisten und schloß gleichzeitig Wild und Koch vom Duisburger Exekutivkomitee „wegen ihres disziplinlosen Verhaltens" aus der Partei aus.[29] (Man beachte: der Ausschluß wurde nicht etwa mit ihrem brutaldiktatorischen Auftreten oder der zynischen Wahl ihrer Mittel begründet.) Eine Reihe von Ortsvereinen — so in Düsseldorf und Barmen — spaltete sich erst nach dieser Konferenz, wobei die Mehrheit der Mitglieder zur KAPD ging.[30] Mancher — so der Mülheimer Vollzugsratsvorsitzende Nickel — ging aber auch seine eigenen Wege und wurde parteilos.[31] In Elberfeld war Charpentier, wegen seiner Teilnahme an der Bielefelder Konferenz von der KPD-Bezirksleitung gerügt, erst recht aber von den Linkskommunisten angegriffen, einem Parteiausschluß zuvorgekommen und schon vor der Spaltung zur USP übergetreten.[32] Vorsitzender der Elberfelder KAPD wurde Hensmann, der in der Nacht zum 1. April den Putsch gegen den örtlichen Aktionsausschuß unternommen hatte (oben Seite 260 f.).[33]

Das wirft ein Schlaglicht auf die Mentalität der neuen Partei. Die offizielle Programmatik der KAPD — „die Masse braucht keine Führer, auch keinen Lenin und Trotzki"[34] — wurde gelegentlich sehr handfest konkretisiert: auf einer KPD-Veranstaltung in Barmen am 29. April erklärte ein KAPD-Mitglied, man müsse „die Führer mit Handgranaten beseitigen".[35] In der Linie der Gewaltanwendung bewaffneter Minderheiten lag jene Aktion vom 20. August 1920, die unter dem Namen „Räterepublik Velbert" bekannt wurde: ein handstreichartiger Sturm auf das Rathaus von Velbert mit führenden KAPD-Leuten der Region an der Spitze, eine sinnlose isolierte Aktion, die in wenigen Stunden zusammenbrach.

Die Syndikalisten grenzten sich scharf gegen die „Karabinerkommunisten" ab.[36] Die Zeitschrift „Der Syndikalist" zog folgende Lehren aus der Aufstandsbewegung im Ruhrgebiet:

„... wiederum [ist] aufs klarste erwiesen, daß die bewaffnete Aktion kein geeignetes Mittel zur Niederringung der militärischen Gewalt ist, daß im Gegenteil die Gewaltlosigkeit das einzige Mittel ist, welches die Gewalt zu überwinden vermag. Der Generalstreik war solange siegreich, als er geschlossen geführt wurde und die Arbeiter rein örtlich das meuternde Militär entwaffneten. Als aber die rote Armee in organisatorische Aktion trat, war auch das Schicksal des Generalstreiks besiegelt... Nach unseren Grundsätzen hätten überall nach Entwaffnung des Militärs die Waffen vernichtet werden müssen, ebenso durften keine neuen Waffen und keine Munition mehr hergestellt werden. [Wenn] die Bourgeoisie und ihre Kreaturen ganz oder fast ganz waffenlos sind, dann genügen wirtschaftliche Zwangsmittel, [um] die Parasiten zur Räson zu bringen...

[Notwendig ist], daß wir von jetzt ab ... einen starken politischen Trennungsstrich zwischen uns und den politischen Parteien ziehen. Bei solchen Aktionen, wie der Aufstellung einer roten Armee, handelt es sich um nichts weiter als um die Eroberung der politischen Macht durch eine andere Gruppe, als die jeweils regierende. Da wir die Eroberung der politischen Macht grundsätzlich ablehnen, können wir uns als Syndikalisten auch an der gesamten Aktion dazu nicht beteiligen".[37]

Umgekehrt wurden die Syndikalisten zu beliebten Buhmännern der USP- und KPD-Führer. Typisch etwa das Urteil von Emil Rabold: „Die Fronttruppen, die in den letzten Tagen starken Zustrom aus dem Mülheimer und Essener Industriegebiet erhalten hatten und nunmehr stark unter *syndikalistischem Einfluß* standen, waren anderer Auffassung [als die politischen Führer]. Sie waren für das Weiterkämpfen, weil sie mit einem Neuaufflammen der Bewegung im übrigen Deutschland rechneten. Außerdem hatten sich in die Reihen der Kämpfer einige Ludendorffs eingeschlichen, die die Fortsetzung des Kampfes *um jeden Preis* wollten".[38]

Wie eine Gebetsmühle — so läßt sich das Bisherige zusammenfassen — wird von allen linken Organisationen ständig wiederholt: Die Arbeiter laufen noch immer hinter den falschen Organisationen her (den jeweils anderen), die eigene Organisation ist noch nicht genügend in den Massen verankert, außerdem in sich noch nicht diszipliniert und geschlossen genug... Geradezu eine Tradition in dieser Richtung entwickelte die KPD, weil sie als Organisation am stabilsten blieb. 1928

schrieb beispielsweise das Duisburger KPD-Blatt (und so ähnlich wird es noch heute von SED-Historikern als „Analyse" angeboten):
„*Die Widerstände, Schwierigkeiten und Mängel, mit denen die Rote Armee der Ruhr zu kämpfen hatte, waren vielfältig. Ihr größter Mangel ist, daß ihr ein zielbewußter Kopf fehlt. Kein bestimmter Aktionsplan ist vorhanden, Ziel und Absicht der Bewegung verschwommen, die junge Kommunistische Partei noch zu schwach, um wegweisend eingreifen zu können. Und trotz alledem (!) dieser Schwung, diese Begeisterung für den Kampf, dieser Heroismus..."*³⁹

*

Kommen wir zur SPD. Unter welchem Rechtfertigungszwang gerade diese Partei stand, besonders im Hinblick auf den beginnenden Wahlkampf, braucht kaum betont zu werden.
Das gilt zunächst für die linke (Elberfelder) Richtung. Die Mitunterzeichnung des Ausrufs für die Diktatur des Proletariats auf der Grundlage des Rätesystems wurde am 7. April von den Elberfelder und Barmer Parteifunktionären und Betriebsvertrauensleuten erörtert. Schnell bedauerte den Aufruf, der „nicht vereinbar mit den Grundsätzen der Demokratie" sei und der Partei „im Wahlkampf... um die Ohren geschlagen werden" würde. Die Verteidiger des Aufrufs argumentierten rein taktisch — im Augenblick des Kapp-Putsches sei er die einzig mögliche Reaktion gewesen, eine notwendige Konzession zur Herstellung der Einheit der Arbeiterparteien, ein anderes Verhalten der Parteileitung wäre nicht verstanden worden usw. — und hatten damit die Mehrheit auf ihrer Seite.⁴⁰ Mit denselben Argumenten traten sie dann auch in der Bezirksleitung Niederrhein einem Mißtrauensvotum gegen die Urheber des Aufrufs entgegen und erreichten damit, daß dieses zurückgezogen und lediglich eine Resolution angenommen wurde, in der der Aufruf mißbilligt wurde.⁴¹ Der Chefredakteur des „Vorwärts", Stampfer, nahm die Gelegenheit zu einem prinzipiellen Leitartikel, in dem er auseinandersetzte: „Es darf nicht wieder geschehen, daß einzelne Parteigenossenschaften... der Einigkeit zuliebe das eigene Kampfziel verleugnen und die Rätediktatur als Ziel proklamieren. Eine Einigung, die auf Kosten des eigenen besseren Wissens und der eigenen Grundsätze erfolgt, schafft nicht Einigkeit, sondern Verwirrung... Auch in der Hitze des Kampfes müssen wir über die nächsten drei Tage hinausdenken".⁴²
Ein weiterer heikler Punkt war das Gegenultimatum der vier Elberfelder Parteisekretäre an die Reichsregierung. Daß es vom Essener KPD-Blatt und dem Essener WTB-Büro irrtümlich als Stellungnahme der SPD-Bezirksleitung Niederrhein verbreitet worden war,⁴³ nahm die SPD-Bezirksleitung ihrerseits zum Anlaß, um es als Fälschung zu bezeichnen.⁴⁴ Freilich war so das unwiderleglich existierende Dokument nicht aus der Welt zu schaffen.
Deutlich verließ also die SPD im Wuppertal die nach dem Kapp-Putsch eingeschlagene Linie. Die schon erwähnte Funktionärskonferenz vom 7. April kündigte die Mitarbeit im Zentralrat, der keine Existenzberechtigung mehr habe und dessen Weiterarbeit in Barmen die Gefahr heraufbeschwöre, daß auch die Region südlich der Ruhr besetzt werde.⁴⁵ Am 12. April wurde das Elberfelder

USP-Blatt zum letzten Mal in der SPD-Druckerei gesetzt, dann mußte es wieder wie vor dem Kapp-Putsch in der Düsseldorfer USP-Druckerei hergestellt werden. Das Zusammengehörigkeitsgefühl der Arbeiterparteien aufgrund der gemeinsamen Herkunft aus der alten Vorkriegssozialdemokratie, das im Wuppertal besonders intensiv gewesen war, ging jetzt endgültig in die Brüche.
War die im Wuppertal praktizierte linke Richtung eine Belastung gegenüber den bürgerlichen Koalitionspartnern der SPD, so mußte die Linie der Bezirksleitung Westliches Westfalen und des Kreises um Severing nach links hin gerechtfertigt werden. Im „Vorwärts" führte Woldt folgendes aus: Die Erregung der Arbeiter über den Kapp-Putsch sei von den Kommunisten „für ihre Zwecke" ausgenützt worden (Gründung von Vollzugsräten, Bildung einer Roten Armee). Nach dem Bielefelder Abkommen seien von der Roten Armee nur noch „undisziplinierte Elemente" übriggeblieben, die die günstige Gelegenheit sahen, „in Plünderungen und Ausschreitungen ihre Instinkte zu befriedigen". Ziel des Zentralrats sei der Sturz der parlamentarischen Regierung und die Etablierung einer „bolschewistischen Regierung" gewesen. Diejenigen Führer, die das Bielefelder Abkommen abgelehnt hätten, trügen die „Blutschuld" für die Getöteten. Severing habe alle Möglichkeiten ausgeschöpft, um ein Blutvergießen zu vermeiden. Nach der Sabotage

„Nach 1945 wurden die alljährlichen Osterdemonstrationszüge zum Massengrab in Pelkum wiederaufgenommen" (Seite 467)

links: zwei Aufnahmen von einer Demonstration in Pelkum um 1950 (vor dem Verbot der FDJ), auf dem oberen Foto in der Mitte Max Reimann; rechts: Demonstration in Pelkum 1955 (die Aufnahme mit Kennzeichnung durch Pfeil und Kreuz stammt vom Verfassungsschutz)

des Bielefelder Abkommens sei jedoch der militärische Einmarsch „nicht mehr zu umgehen" gewesen; „der humanste Krieg ... ist hier das Einsetzen einer militärisch überlegenen Heeresmacht gewesen". Nun seien die Führer geflohen; diejenigen, „die das Feuer angezündet haben, mußten sich vor ihren eigenen Leuten in Sicherheit bringen". Es sei dahin gekommen, „daß die Reichswehr von der Bevölkerung mit Einschluß der Arbeiter ... als der Befreier begrüßt wurde".[46] Das Dortmunder SPD-Blatt rechnete generell mit den Linksradikalen ab und hielt ihnen vor, daß sie seit 1918 die bequeme Opposition der Mitarbeit am Aufbau des neuen Staates vorgezogen und immer nur die Arbeiter aufgehetzt hätten.[47]

Das alles klang letztlich nach Rechtfertigung des Einmarsches der Reichswehr, für den die SPD offenbar weithin politisch verantwortlich gemacht wurde. Ganz manifest wird die Empfindlichkeit der SPD in diesem Punkt bei den an verschiedenen Stellen aufgestellten und gelegentlich vom Zentrum aufgegriffenen Behauptung, auch linksradikale Führer hätten den Einmarsch der Reichswehr als notwendig bezeichnet, ja teilweise sogar die Reichswehr direkt herbeigerufen. Namentlich genannt wurden Ernst, Stern und Meinberg, wobei im Falle von Ernst dessen Klarstellungen auf der Konferenz von Münster einfach unberücksichtigt gelassen wurden.[48] Bei Meinberg konnte die Behauptung lange Zeit unwidersprochen wiederholt werden, da dieser vor der Reichswehr geflohen war und dann nach seiner Verhaftung im Zuchthaus Werl gefangengehalten wurde.

Nach seiner Amnestierung im August setzte Meinberg sich in einer großen öffentlichen Rede mit den SPD-Führern auseinander und widerlegte die Behauptung mit einer überzeugenden Gegendarstellung: gemeinsam mit dem Dortmunder Ordnungsausschuß habe er zwar in den letzten Stunden der roten Herrschaft einen Funkspruch an eine nicht näher bezeichnete Stelle gerichtet, jedoch ganz anderen Inhalts, nämlich mit der Bitte, den Vormarsch der Reichswehr 24 Stunden anzuhalten, so daß die in der Stadt zusammengeströmten Rotgardisten ihre Waffen abgeben bzw. geordnet abziehen könnten.[49] Ernst gab freimütig zu, den Einsatz von Truppen gegen das nordwestliche Ruhrgebiet „im Notfall" befürwortet zu haben, betonte jedoch, daß er dabei an Truppenteile gedacht habe, die ihre alten Offiziere abgesetzt hätten, vor allem aber daß er den Gedanken nur kurze Zeit gehegt und dann mehrmals ausdrücklich widerrufen habe.[50] Das war wohl auch gegen die Bedenken gesagt, die in seiner eigenen Partei — der USP — gegen Ernst bestanden; völlig ausräumen konnte er sie damit jedoch nicht, wie ein Brief von flüchtigen Parteimitgliedern an die Hagener Bezirksleitung zeigt.[51] Stern begnügte sich mit einem kurzen Dementi, was er umso eher tun konnte, als die SPD bei ihm keinerlei Beweis für ihre Behauptung vorlegte.[52] Sehr wenig überzeugend wirkte Stern dagegen in einem anderen Punkt. Das Essener SPD-Blatt klagte ihn als einen Saboteur des Bielefelder Abkommens an und schrieb: „Ihr, die ihr verblendet ausruft: ‚Es gibt kein Zurück!' [Sterns Leitartikel im Essener USP-Blatt vom 25. März], verhüllt euer Angesicht vor dem Blute aller Gefallenen, vor dem furchtbaren Leid, das ihr durch euren Wahnwitz über brave Arbeiterfamilien gebracht habt!"[53] Stern erwiderte, der Artikel sei noch ohne Kenntnis des Bielefelder Abkommens geschrieben und enthalte lediglich „eine Mahnung an die Unterhändler..., auf keine Einigung einzugehen, die die Arbeiter entwaffnet", er äußere sich dagegen nicht „darüber, ob nach dem Friedensschluß, der doch eine völlig geänderte Situation schuf, noch weiter gekämpft werden sollte".[54] (Man vergleiche das mit dem Wortlaut oben Seite 95.) Inhaltlich genau dasselbe machte übrigens die KPD-Bezirksleitung, als sie in ihrem Rechenschaftsbericht an die Parteizentrale in Berlin schrieb: „Für unsere Partei stand es von vornherein fest, daß bei der psychologischen Beschaffenheit, der mangelnden Reife des deutschen Proletariats in der spontan ausgebrochenen Bewegung es sich nicht um den Endkampf, um die Erringung der proletarischen Diktatur handeln konnte".[55] Also Verleugnung der Artikel und Aufrufe im Essener KPD-Blatt, die das gerade Gegenteil beinhaltet hatten, Verleugnung auch der schweren Auseinandersetzungen, die Pieck mit den Essener Parteigenossen hatte führen müssen, um sie zu einer realistischeren Lagebeurteilung zu bringen.

Weiterhin versuchte sich die SPD durch den Hinweis auf die Reichswehrspitzel in den Reihen der bewaffneten Arbeiter und auf die Verhältnisse unter der Herrschaft der Roten Armee zu entlasten. Das Gelsenkirchener SPD-Blatt schlachtete genüßlich aus, daß Karusseit KPD-Mitglied gewesen sei, und behauptete, er sei kein Einzelfall[56]. Die KPD-Bezirkskonferenz reagierte mit einer an die Parteigenossen gerichteten Warnung vor Karusseit, Tombrock und Dubielzig: „Falls dieselben irgendwo auftauchen, muß ihnen ihr elendes Handwerk gelegt werden"[57] (unklar blieb das Wie: durch Meldung an die Polizei?). Über die Rote Armee hieß es im „Vorwärts": „An der Front verblutete mancher ehrliche Idealist, während sich ein paar Kilometer dahinter die 'Etappenschweine' mit den 'Karbolmäuschen', den zu Schwestern erhobenen Dirnen der Bordellviertel, umhertrieben... Die Arbeiter wurden durch Requisition der rationierten Lebensmittel zum Hungern verurteilt, das platte Land wurde kahlgefressen, Banken wurden erpreßt, Geschäfte ausgeplündert".[58] Oder das Bochumer SPD-Blatt: „Unter den kämpfenden Truppen der Roten Armee haben sich auch eine Masse fremder Zuzügler befunden, die im Ruhrgebiet gar nicht beheimatet sind, besonders Russen und Polen. Dadurch wird nicht nur eine für ihre Ideale kämpfende Truppe demoralisiert, sondern die Sache an sich wird durch das Eindringen solchen Lumpenproletariats in die Rote Armee arg in Mißkredit gebracht".[59] „Entsetzliches", fand das Essener SPD-Blatt, habe sich seit dem Kapp-Putsch im Ruhrgebiet ereignet: „Besonders nach dem Bielefelder Waffenstillstand, als die Arbeiter von unverantwortlichen Putschisten weiter in sinnloses Blutvergießen hineingetrieben wurden, sind Dinge schauerlichster Art passiert, die ein Schandfleck in der Geschichte der deutschen Arbeiterbewegung sind... Die Revolution wurde mit reinstem Idealismus begonnen... Deshalb kann dem Proletariat das Gesindel, das friedliche Kaufleute ausplünderte und ehrliche Menschen brandschatzte, nicht an die Rockschöße gehängt werden".[60] Solche Sätze wurden freilich nicht lediglich als politisches Alibi vorgetragen: sowohl das Bochumer als auch das Essener SPD-Blatt prangerten Terrorakte der Reichswehr an, wenn auch nicht immer ohne entschuldigende Bemerkungen.[61] Besonders beliebt war der Hinweis auf den „roten Militarismus", der mit dem Militarismus der Kaiserzeit verglichen wurde: „Das 'Volk in Waffen' kümmerte sich den Teufel um das, was die Arbeiter- und Vollzugsräte beschlossen, sondern gab sich seine eigenen Gesetze. Das rote Militär setzte seine Regierungen ab oder hielt sie gefangen, bis sie sich seinem Willen fügten".[62]

Daneben gab es Spezialprobleme. Die Dortmunder SPD-Führung versuchte zu erklären, wie es zum Kampf um Dortmund, in dem Arbeiter gegen Arbeiter gestanden hatten, hatte kommen können. Die Rolle, die sie selbst gegenüber dem Freikorps Lichtschlag gespielt hatte, vertuschte sie nach Kräften und sprach stattdessen von dunklen Machenschaften der Kommunisten, die das durch nichts begründete Gerücht in die Welt gesetzt hätten, die Stadt befinde sich in der Hand der Kappisten; ein SPD-Vertreter im Stadtparlament ging sogar so weit, den Hagener Oberbürgermeister Cuno, der beim Kampf um Dortmund zu vermitteln versucht hatte, einer gewissen Mitschuld an diesem Gerücht zu bezichtigen (heute hätte man den Begriff des Sympathisanten für ihn). In einer Broschüre „Achtzehn Tage Kommunisten-Terror in Dortmund", in der diese Darstellung zusammenfassend vorgetragen wurde, unterzog man gleichzeitig die Tätigkeit des Vollzugsrats einer äußerst herabsetzenden Kritik und schilderte seine Mitglieder als unfähig, korrupt und feige.[63] Dabei hatte man das Glück, daß der bei weitem bedeutendste Mann der örtlichen Linken, Meinberg, monatelang nichts erwidern konnte. Gleich nach seiner Freilassung hielt Meinberg am 15. August die schon erwähnte große Rede über die Märzereignisse; die schätzungsweise 8.000 Menschen, die sein Wiedererscheinen in Dortmund auf die Beine brachte, erlebten eine beißende Antikritik.[64] — Die Essener SPD-Führung rechtfertigte in einer Artikelserie ihre Politik vom Tage des Kapp-Putsches bis zur Eroberung der Stadt durch die Rote Armee, vor allem das Bündnis mit Zentrum und DDP: ein Zusammengehen mit USP und KPD sei an der starren Haltung der Kommunisten gescheitert, die die unannehmbare Bedingung gestellt hätten, daß die SPD sich den Grundsätzen der kommunistischen „Gewaltpolitik" unterwerfe. Das war in erster Linie mit parteiinterner Stoßrichtung argumentiert: der Parteiführung wurde weithin „Verrat an der Arbeiterklasse" und „Verstoß gegen die sozialistischen Grundsätze" vorgeworfen.[65] — Der politische Redakteur des Bochumer SPD-Blatts schließlich versuchte zu erklären, warum man bis zuletzt im örtlichen Arbeiterrat mitgearbeitet habe: „Die Parteileitungen in Essen und Dortmund hatten eine leichte Wahl, für die Bezirke Bochum und Hagen war sie schwerer, weil hier die Unabhängigen unter dem Einfluß Ludwigs sich der Schwenkung zur Rätediktatur widersetzten" und ebenso wie die Kommunisten „ihre früheren Pläne zurücksteckten". Was die Linie seines Blatts während der Aufstandsbewegung betraf, so gab er zu, daß sie „manchmal allzusehr von dem Gedanken geleitet" gewesen sei, „ohne Blutvergießen, ohne sonstige schwere wirtschaftliche Schäden alles zum guten Ende zu führen".[66] Das war sowohl eine Rechtfertigung vor der SPD-Bezirksleitung Westliches Westfalen als auch eine Erwiderung auf die schweren Vorwürfe des Zentrums, auf die wir gleich zu sprechen kommen.

Severing muß wegen seiner herausragenden politischen Funktion gesondert erwähnt werden. In mehreren Reden stilisierte er sich zum Felsen der Demokratie und der „Staatsautorität" zwischen den Rücksichtslosigkeiten und Diktaturgelüsten des Militärs und den Umsturzversuchen der Kommunisten. Sein Verhältnis zum Militär blieb ambivalent: einerseits sprach er gelegentlich von „Prätorianerhorden, die in der Hand ihrer Führer zu einer Plage des Volkes werden", andererseits betonte er vor SPD- und Gewerkschaftsfunktionären in Bielefeld: Die Reichswehr „mußte zusammenbleiben, damit wir einen Wall gegen die verbre-

cherischen Reste der Flut hatten".[67]
Innerparteilichen Widerspruch gegen Severing und die westfälische SPD-Bezirksleitung gab es nur vereinzelt. Rhode, Amtsvorsteher von Recklinghausen-Essel, tadelte im örtlichen SPD-Blatt, daß Severing General v. Watter wegen dessen 'unentschiedener' Haltung gegenüber dem Kapp-Putsch in Schutz nahm: „Die klaren, unzweideutigen Worte, die Herr v. Watter gegen die Kappisten nicht finden konnte und wollte, standen ihm später der revolutionären Arbeiterschaft gegenüber sofort zu Gebote".[68] Der SPD-Ortsverein Sprockhövel beschloß, die Abführung der Mitgliedsbeiträge zu sperren, „solange die Genossen Klupsch und Mehlich noch am Ruder sind", und sich notfalls „außerhalb jeder Partei (zu) stellen".[69]

*

Und nun zu den bürgerlichen Parteien, und zwar zunächst zum Zentrum, wobei auch ein Blick auf die Gewerkschaften geworfen werden soll. Besonders die westfälischen Organisationen und Presseorgane des Zentrums profilierten sich weiterhin als Befürworter eines starken Staats und des harten Durchgreifens; der Abgeordnete Trimborn forderte in der Nationalversammlung sogar die rücksichtslose Anwendung der Todesstrafe für Nichtablieferung von Waffen.[70] Zielscheibe der Kritik war besonders Severing, der als einseitiger Parteimann, gegenüber der radikalen Linken unverantwortlich nachgiebig und als ständiger Bremsklotz für das Militär hingestellt wurde.[71] Aber auch Giesberts, der Minister aus den eigenen Reihen, war wegen seiner Teilnahme an der Bielefelder Konferenz scharfen Angriffen ausgesetzt.[72] Hier kündigte sich an (wie es dann auch eintrat), daß das Zentrum nach der Reichstagswahl kaum die Koalition mit der SPD fortsetzen, sondern eher eine Öffnung nach rechts betreiben würde. Gegenangriffe der SPD-Presse vertieften zusätzlich den Graben, der sich zwischen beiden Parteien aufgetan hatte.[73]

Wenn das Zentrum gegen die „Nebenregierung" der Gewerkschaften in Berlin polemisierte, so waren damit immer die freien Gewerkschaften gemeint; ein Reibungspunkt mit den christlichen Gewerkschaften entstand dadurch nicht, im Gegenteil. Völlig übereinstimmend mit dem Zentrum erklärte etwa der Ortsausschuß Hamm der christlichen Gewerkschaften, ADGB und AfA seien bei ihren Interventionen zugunsten des Ruhrproletariats eindeutig über den gewerkschaftlichen Rahmen hinausgegangen; ein derartiger „zwangsweiser" Druck auf die Regierung sei ein „Hohn auf die Demokratie" und der „Versuch zur Aufrichtung einer Klassenherrschaft".[74] Wie mußte da erst das Urteil über die Aufstandsbewegung ausfallen! „Nun haben wir sie in der Praxis kennengelernt, die Willkürherrschaft der Linksradikalen und russischen Kommunisten", schrieb das Organ der christlichen Bergarbeitergewerkschaft. „Ein furchtbar Schrecknis ist der Krieg; viel schrecklicher die Herrschaft dieser Verbrecher und des Gesindels".[75]

Ganz ähnlich die freie Bergarbeitergewerkschaft. Am 18. April nahmen drei Vertrauensmännerkonferenzen in Dortmund, Bochum und Mülheim eine Vorstandsresolution an, in der es hieß: „Als Vertreter einer demokratisch aufgebauten Organisation sind wir naturgemäß ... Gegner jeder Art von Diktatur und Nebenregierung". Wieweit dies ein verstecktes Abrücken von den Aktivitäten des ADGB in Berlin war, muß dahingestellt bleiben. Die Aufstandsbewegung, so fuhr die Resolution fort, habe überdies „klar und deutlich bewiesen, daß sich unter der Maske von 'Kommunisten' hier Elemente zu 'proletarischen' Diktatoren aufwarfen, die mit keiner politischen Partei verbunden waren, es nur auf verbrecherische Bereicherung durch Erpressungen und Plünderungen abgesehen hatten" und „unter der Führung bewußt gegenrevolutionärer Agenten gestanden haben". Ausschließlich wegen der „Untaten" dieser Elemente sei es zur militärischen Besetzung des Ruhrgebiets gekommen. Zum weißen Terror fand die Resolution kein Wort.[76] — Etwas abgewogener fiel der Bericht aus, den die im Ruhrgebiet tätigen Bezirksleiter im gewerkschaftsinternen „Jahrbuch für 1920" veröffentlichten (d.h. der Bericht ist um die Jahreswende 1920/21 verfaßt):

„Wir waren auf dem besten Wege zur Gesundung, als der verbrecherische Kapp-Putsch ausbrach und alles wieder durcheinanderbrachte. Zwar erhob sich die Ruhrbergarbeiterschaft einmütig, um den Anschlag gegen die Republik abzuwehren, aber als dies gelungen war, gaben sich die Überradikalen damit nicht zufrieden, weil sie noch andere Absichten verfolgten ...
Als die Hauptgefahr abgewendet war und jeder sehen konnte, daß der reaktionäre Putsch mißlang, stellten alle Einsichtigen den Kampf ein und hielten sich an die sogenannten Bielefelder Abmachungen.
Wären alle Arbeiter diesem Beispiel gefolgt, dann konnten ihnen viele Tränen und viel Blut erspart bleiben. Leider hörten sie nicht auf die bekannten Führer, sondern vielfach auf irgendwelche Subjekte, die im Dienste der Reaktion standen. Recht deutlich bewiesen dies die späteren Entlarvungen von Spitzeln, die sich in den Kapptagen sogar als rote Armeeführer aufspielten und dem Kappgeneral Watter die Arbeiter vor die Maschinengewehre trieben. Man sollte annehmen, daß endlich die Arbeiterschaft erkennen muß, wie teuer es ihr zu stehen kommt, wenn sie jedem Gefolgschaft leistet, der plötzlich aus der Masse auftaucht und ebenso verschwindet, nachdem er genug verderblich gewirkt hatte. Als der Kapp-Putsch mit seinen blutigen Folgen vorüber war, setzte im Ruhrrevier eine ruhigere Entwicklung ein. Unser Verband konnte wieder seine Werbekraft entfalten, so daß mit Abschluß des Berichtsjahres Mitgliederzuwachs zu verzeichnen ist ..."[77]

Hier wird recht deutlich, wie die Aufstandsbewegung von der freien Bergarbeitergewerkschaft (wie vermutlich von jeder anderen Gewerkschaft auch) verarbeitet wurde: als unliebsame Unterbrechung der normalen Verbandsarbeit.

Zum Abschluß der Übersicht über das Meinungsspektrum die extreme Rechte. Die „Rheinisch-Westfälische Zeitung" — das Blatt der Schwerindustrie, das den Kapp-Putsch freudig begrüßt hatte (I, Seite 113) — warf der Regierung vor, mit ihrem Generalstreikaufruf den Boden bereitet zu haben, auf dem die Aufstandsbewegung entstehen konnte. Die Kapp-Putschisten und die „Aufrührer" habe sie mit zweierlei Maß gemessen — eine völlig richtige These, nur stellte das Blatt die Wirklichkeit geradezu auf den Kopf: die ersteren seien zu Hochverrätern erklärt, die letzteren mit äußerster Milde behandelt worden. Die Abkommen von Bielefeld und Münster seien ein klarer Verfassungsbruch und „ein Schritt zur Rätediktatur", indem sie in die Kompetenzen der Parlamente und Kommunal-

verwaltungen eingriffen, die Zusage einer materiellen Entschädigung für die Hinterbliebenen der Opfer bedeute geradezu eine Prämie auf den Aufruhr, ebenso die Amnestiezusage. Die Regierung sei „mithin reif, vor einen Staatsgerichtshof gestellt zu werden".[78] Ähnlich erklärte die „Kölnische Zeitung", das Abkommen von Münster sei „nichts anderes als der gemäßigte Bolschewismus".[79] Hier findet man bereits alle Vorurteile, die später von Spethmann in seiner Darstellung der Aufstandsbewegung ausgebreitet wurden (oben Seite 91).
Fernab vom Geschehen tischte die „Allgäuer Zeitung" ihren Lesern folgendes auf (vielleicht hatte sich hier ein Mitglied der Schützenbrigade Epp als Korrespondent betätigt):
„*Mit dem Haupträdelsführer, dem Juden Mainberg, der verhaftet in Münster eingeliefert, von Severing aber wieder freigelassen worden war, hat Severing die ganze Nacht Sekt getrunken ...*
Es sind Greuel geschehen, die nicht in die Presse gekommen sind. Es haben Augenzeugen erzählt, wie in Essen niedergehauenen Bürgerwehrleuten noch die Gedärme aus dem Leib gerissen wurden, die Bürgerwehrleute wurden in Schlachthäusern zusammengetrieben und buchstäblich niedergemetzelt ... Es setzte dann eine Plünderung des flachen Landes ein, es war kein Bauer seines Lebens mehr sicher, eine Anzahl Bauern wurden erschossen, das Vieh wurde weggeführt, die Frauen vergewaltigt ..."[80]

*

Im eintönigen Grau allseitiger Rechthaberei wirkt es bereits wohltuend, wenn *innerhalb* einer Organisation selbstkritisch nach Ursachen für die Fehlentwicklungen (bzw. das, was dafür gehalten wird) und für die Niederlage der Aufstandsbewegung gefragt wird. Solche Diskussionsartikel finden sich im Hagener USP-Blatt.
Ritter (Münster) kritisierte die Neigung vieler USP-Führer, „als wohlerzogene und statutenvereidigte Sozialdemokraten" über den unvorhergesehenen Verlauf der Bewegung gekränkt zu sein und die Schuld für die „Ausschreitungen" den Kommunisten und Syndikalisten in die Schuhe zu schieben. Vielmehr sei die eigene Partei nicht überall stark genug gewesen, um „die Unbesonnenen oder vielmehr das Lumpenproletariat im Zaume zu halten".[81] Meis (Gevelsberg): Die Aufstandsbewegung sei „letzten Endes" gescheitert „an der organisatorischen Zerrissenheit, an dem Ort- und Kreis-Patriotismus (siehe Wesel)".[82] Schneider (Hagen) beklagte „das viele Nebeneinander und Durcheinander der mit jedem Tag neu entstehenden Körperschaften ..., stets beeinflußt in ihren Beschlüssen von den augenblicklichen Tagesstimmungen, Parteidoktrinen, von der Zaunanschauung einer engen Kreis-, ja sogar Ortspolitik. Daher das Abwägen, das zögernde Handeln ... Es fehlte nach oben die einheitliche, zielklare Führung, was naturgemäß auf der anderen Seite das planlose auf eigene Faust handelnde Gruppen-, ja sogar Grüppchenunwesen hervorrufen mußte. Dazu tauchten Persönlichkeiten auf, die — unten wie oben — sich einzudrängen wußten, ohne daß man die Kraft oder den Mut dazu fand, solche fernzuhalten ... Schreien ist deren Hauptstärke und Dummheit ihre Haupttugend". Im Anschluß daran versuchte Schneider zu

begründen, warum künftig eine politische Räteorganisation einen gewissen Vorrang vor der Parteiorganisation haben müsse,[83] eine These, der Meis dann in einem weiteren Artikel widersprach.[84]
Wichtiger noch als diese Debatte sind die Fälle, in denen Arbeiterführer erklärten, sie hätten in irgendeinem Punkt ihre Meinung geändert bzw. *sie hätten etwas gelernt.* Diese Fälle sind bemerkenswert selten.
Ludwig auf dem westfälischen USP-Bezirksparteitag, 24. April: „Über den Generalstreik habe er seine Ansicht erheblich revidiert. Er sei der Überzeugung, daß, sobald ein bewaffneter Aufstand in Frage komme, alles in die Fabriken müsse, was nicht zur Kampftruppe gehöre. In Hagen seien Zehntausende auf der Straße gewesen, zwischen denen dunkle Elemente zu Verbrechen aufzuputschen suchten ... Nur durch Aufhebung des Generalstreiks sei hier in Hagen die Anarchie verhindert worden".[85]
Braß auf zwei USP-Konferenzen, rund ein halbes Jahr später: Wie soll beim nächsten bewaffneten Kampf, falls dieser wieder nicht bis zum siegreichen Ende geführt werden kann, der Kampfabbruch erreicht werden, und zwar einheitlicher als im März? Noch einmal würden sich die Massen nicht beruhigen lassen, sondern Terror anwenden. Die Konsequenz könne nur die sein, daß die Arbeiterführer präventiv diktatorische Maßnahmen ergreifen müßten (auf der ersten der beiden Konferenzen sprach Braß sogar von der Anwendung von „Terror"): gegen die eigenen Genossen, vor allem aber gegen die ungeschulten Massen.[86]
Meinberg in seiner mehrfach angeführten Rede in Dortmund nach seiner Amnestierung, 15. August 1920, zur Frage der Bielefelder Konferenz: *„Ich habe damals gesagt: Wir wollen nicht verhandeln, wir gehen nicht zur Konferenz. Aber heute, wo ich die Dinge geschichtlich betrachte, erkläre ich, daß das Bielefelder Abkommen ein Produkt der Notlage war, in der sich die Arbeiter damals befanden. Es mußte dieser Weg eingeschlagen werden, denn mit 3 Millionen gegen ganz Deutschland war der Kampf ein unmögliches Ding".*[87] Da das Bielefelder Abkommen in der KPD zum „Verrat" erklärt wurde, dürfte diese Äußerung bei Meinbergs späterem Ausschluß aus der Partei eine Rolle gespielt haben; sogar die Teilnahme an der Bielefelder Konferenz wurde ihm angedichtet.[88]
Stemmer erklärte nach seiner Amnestierung, er habe in der monatelangen Haft die Möglichkeit zur Lektüre gehabt und dabei die während des Aufstands gemachten Erfahrungen gründlich reflektiert.[89] Am 22. August sprach er in Dortmund, eine Woche nach Meinberg und an derselben Stelle wie dieser. Dabei sagte er u.a.: *„Sozialismus ist die Vollendung des einzelnen Menschen in der Gesamtorganisation der Menschheit und die Vollendung der Menschheit durch die höchste Veredelung des einzelnen. Der Anfang zum Sozialismus ist nicht der Kampf auf der Straße, sondern der Kampf in uns. Aller Kampf auf der Straße ist unnütz, wenn wir nicht im Innern ganze Sozialisten geworden sind. Es gilt, das Menschheitsgefühl zu erweitern, den schlimmsten Feind des Menschen, den Egoismus, zu bekämpfen ... Solange der alte Staat existiert, gibt es keinen Frieden ... (Aber) erst müssen wir die moralischen Fähigkeiten haben, den Staat auszubauen, erst ist der Kampf in sich auszuführen, erst muß der Mensch ganz Mensch werden mit Menschenliebe und Menschengerechtigkeit."* (Diesen Worten gab Stemmer dann die praktische Wendung, daß er es als „Schandfleck des Proletariats" bezeichnete, „die

Ruhrkämpfer nicht eher aus den Gefängnissen herausgebracht" zu haben, und einen mindestens 24-stündigen Sympathiestreik für die noch immer Inhaftierten forderte.)[90]

Schließlich der inzwischen aus der KPD ausgetretene *Nickel* am 13. August 1920 in einer Rede in Mülheim: „daß, wenn er noch einmal in die Lage käme" wie in den Märztagen, „er nicht mehr dem 'Ordnungsfimmel' verfiele".[91]

So selten derartige Äußerungen bereits sind — es gibt überhaupt *keinen einzigen Fall, in dem ein Arbeiterführer ohne Wenn und Aber sagte: Der Kampf endete mit einer Niederlage.* Sehr oft heißt es stattdessen: Niederlage — in einer Hinsicht ja, aber auf der anderen Seite hat das Proletariat deutlich an „subjektiver Reife", an „revolutionärer Erkenntnis", „Energie" usw. gewonnen.[92] Die stärksten Töne schlug Clara Zetkin in ihrem etwas bombastischen Stil an, die zu einem Zeitpunkt, als die Reichswehr ins Ruhrgebiet einmarschierte, bereits im Organ der Kommunistischen Internationale über die Gesamtbewegung im Reich schreiben zu können glaubte:

„*Die Arbeitermassen sind* (gegenüber den Kämpfen im Vorjahr) *an revolutionärer Erkenntnis, aber auch an revolutionärem Willen und an Tatkraft und Opferfreudigkeit erheblich gewachsen. Die Taktik und Strategie ihres Kampfes ist klarer, beherrschter geworden, das Augenmaß richtiger für das Verhältnis der ringenden Kräfte, der Blick schärfer für den Unterschied zwischen dem dauernden Kampfesobjekt, für die Notwendigkeit der Solidarität, der Gleichzeitigkeit des Kampfes, des Handelns ... Es liegt nicht außerhalb des Bereiches der Möglichkeit, daß der Reichstag nur gewählt wird, um nach Hause geschickt, auseinandergejagt zu werden*".[93]

Mit diesen Sätzen vergleiche man, was im Ruhrgebiet nach dem Einmarsch der Reichswehr in Betrieben, in Kneipen und auf Versammlungen zu hören war (zusammengestellt von einem Mitarbeiter des Bochumer SPD-Blatts):

„*Die Führer haben uns verraten! Wir standen vor Wesel, der Fall der Stadt war nur noch eine Frage von Stunden. Da fahren die Herren Führer nach Bielefeld und kriegen es dort mit der Angst zu tun, schließen einen 48stündigen Waffenstillstand und das berüchtigte Bielefelder Abkommen. Dieselben Führer, die acht Tage vorher riefen, jetzt gehts um Ganze, kriegen Angst vor der eigenen Courage und machen schnell ein Abkommen, wodurch ihre werte Person in Sicherheit gebracht wurde. Das ganze Jahr hat man uns gesagt, in der Räterepublik ist das Heil der Massen zu finden. Wenn wir die politische Macht haben, sind alle Eure Wünsche leicht zu befriedigen. Und nun? Hat es jemals eine günstigere Situation gegeben, um die politische Macht zu erobern? In allen Teilen Deutschlands brannte es, man brauchte nur die Flammen anzufachen ...*"[94]

Hier drückt sich noch einmal, gewissermaßen abschließend, die dumpfe Hilflosigkeit der Arbeiter aus, die wir wiederholt beobachtet haben und gegen die so wenig unternommen worden war. Daß den Führern die Schuld am Ausgang des Kampfes gegeben wird, ist bei der autoritären Struktur, den die Aufstandsbewegung gehabt hatte, selbstverständlich. Wirklich gelernt werden konnte innerhalb dieser Struktur nur wenig (ebensowenig übrigens von der nachträglichen gegenseitigen Polemik der linken Organisationen, falls diese überhaupt von den Arbeitern beachtet worden ist), und insofern war Clara Zetkins Urteil schon im Ansatz verfehlt.

Andere Quellen bestätigen die Mitteilungen des Bochumer SPD-Redakteurs;[95] diese sind also durchaus kein einseitiger Ausschnitt. Auch der KPD-Zentrale wurde der Vorwurf gemacht, sie habe die Arbeiter des Ruhrgebiets daran gehindert, „ihre Kämpfe bis zu einem siegreichen Ende zu führen".[96] Ein anderer Autor teilt mit, daß die Arbeiter den Bruch der Abkommen von Bielefeld und Münster als voraussehbar bezeichneten und bei den Unterhändlern kritisierten, gegenüber den Regierungsvertretern nicht mißtrauisch genug gewesen zu sein.[97] Spezielle Probleme bekam die USP in Buer und im Hagener Bezirk. In Buer gab es in der allgemeinen Mißstimmung eine Reaktion in zwei entgegengesetzten Richtungen: ein Teil der Mitglieder warf der Parteiführung vor, den teilweise chaotischen Zuständen in den letzten Tagen der Aufstandsbewegung nicht rechtzeitig und energisch genug entgegengetreten zu sein, ein anderer, „sich nicht für die sofortige Einführung der Rätediktatur eingesetzt" zu haben. Nicht wenige traten zur SPD einerseits, zur KPD andererseits über,[98] und bei der Reichtagswahl im Juni ging die Partei gegenüber der vorigen Wahl um rund 1/4 der Stimmen zurück. Im Hagener Bezirk kehrten ganze Ortsgruppen der USP den Rücken. Auslösend wirkte hier besonders der Beschluß der Parteiführer, die Arbeiterwehren des Bezirks geschlossen ins Bergische Land abrücken zu lassen, als der Einmarsch der Reichswehr unmittelbar bevorzustehen schien (oben Seite 344); das Elend dieser Arbeiter und ihrer Familien mußte in der vorherrschenden Urteilsstruktur den Parteiführern vorgerechnet werden, als die Reichswehr dann doch nicht einrückte, und weit verbreitet war die Rede von „Feigheit".[99]

Schnell waren die Arbeiterführer bei der Hand, den Spieß umzudrehen: Ludwig etwa, indem er fragte, wer denn ihn, Ernst und Oettinghaus an die Spitze gestellt habe,[100] oder der Bochumer SPD-Redakteur, der erklärte, die Massen hätten versagt, indem sie entgegen den Mahnungen der Führer den Kampf nach Abschluß des Bielefelder Abkommens fortgesetzt hätten.[101] Schneider (Hagen) empfahl sogar für die Zukunft den „geschlossenen Auszug von Arbeitermassen aus den von der Reichswehr bedrohten Gebieten als neues Kampfmittel".[102] Beliebt war auch der Hinweis auf „das Versagen des übrigen Deutschlands".[103] Noch am differenziertesten argumentierte Kretzen im Solinger USP-Blatt, der den Arbeitern auseinandersetzte, daß im politischen Kampf nicht selten Absicht und Erfolg auseinanderklafften: in die Aufstandsbewegung seien nicht einmal die Sozialdemokraten mit der Absicht hineingegangen, die Wiederkehr der alten Koalitionsregierung zu ermöglichen, aber viele Faktoren hätten dann doch eine Rätediktatur unmöglich gemacht; vor allem die Sammlung des Proletariats zur „geschlossenen Klasse" mit revolutionärer Zielsetzung sei noch längst nicht erreicht. Aber auch dieser Autor schloß mit reichlich beschönigenden Worten:

„Je weiter die Absichten gehen, um so geringer wird der tatsächlich erreichte Erfolg erscheinen. Es wäre aber verfehlt, einen, etwa nur kleinen Erfolg nicht sehen zu wollen ... Und so erbitternd bescheiden die Erfolge des eben stattgefundenen Kampfes auch sein mögen: auch er hat uns dem Ziele ein Stück näher gebracht. Er hat die revolutionäre Energie des Proletariats gestärkt, er hat zahlreiche bisher unentschlossene und indifferente Elemente unseren Reihen zugeführt und uns

dem unbedingt notwendigen revolutionären Zusammenschluß des gesamten Proletariats näher gebracht ..." [104]

*

Werfen wir für die folgenden Jahre noch einen Blick auf die KPD als die stabilste linke Organisation. 1920/21 gab es fließende Übergänge zwischen ihr und der KAPD, vor allem nachdem die Kommunistische Internationale Richtlinien beschlossen hatte, wonach alle ihr angeschlossenen Parteien einen illegalen Apparat aufzubauen hatten. Die sog. „Kampforganisation" (K. O.) der KPD ließ sich kaum eindeutig von der KAPD abgrenzen. Im Dezember 1920 bereiste Otto Bovensiepen — während der Aufstandsbewegung einer der Kampfleiter in Mülheim, inzwischen Mitglied des geschäftsführenden Ausschusses der KAPD in Berlin — die K. O. des Ruhrgebiets; dabei bezeichnete er in Essen die dortige Gruppe als die beste des Reviers. Bei dieser Gelegenheit sagte er weiter — so jedenfalls berichtete ein anwesender Spitzel —, beim „nächsten Mal" müsse folgendermaßen vorgegangen werden: Sabotage der Eisenbahn, Aufrechterhaltung des Verkehrs für die eigenen Zwecke ausschließlich durch requirierte Autos; Festnahme von Geiseln, insbesondere von Werksleitern, Direktoren und Kassierern von Banken; Beschlagnahmung des gesamten Barbestandes der Banken.[105] — Am 19. Januar 1921 faßte die Polizei in verschiedenen Städten des Reviers zu und verhaftete die Mitglieder der Oberleitung der K. O. für Westdeutschland, an der Spitze den Bergmann Alfred Schroer und den Volksschullehrer Wilhelm Zaisser; beschlagnahmt wurden u.a. militärische Erkennungsmarken, Soldbücher, Generalstabskarten und Sitzungsberichte. Obwohl die KPD im Reichstag die Sache herunterzuspielen versuchte, waren die Verhaftungen ein schwerer Schlag für den Versuch, die Existenz der Roten Armee mit einer illegalen Organisation weiterzuführen.[106] Schroer und Zaisser wurden in einem anschließenden Prozeß zu je 4 Monaten Gefängnis verurteilt.[107]

1924 befaßte sich ein anonymer Artikel in einer internen Zeitschrift der KPD, die für den sog. „Ordnerdienst" und die „Proletarischen Hundertschaften" der Partei bestimmt war, mit der Aufstandsbewegung im Ruhrgebiet und formulierte dabei zum Schluß folgende „Lehren":

„Ausgeschlossen und auch nicht notwendig ist die vorherige militärische Organisation großer Massen, unbedingt notwendig aber die Schaffung eines einheitlichen Führerapparates, in dem jedes Einzelnen Stellung und Wirkungskreis scharf umrissen ist. Unbedingt erforderlich für die führenden Personen politische Zuverlässigkeit und absolute Disziplin. Befehl muß Befehl sein ..., selbst wenn er auf den ersten Blick falsch erscheint. Befehlsgewalt muß, wenn eben möglich, bei einem verantwortlichen Leiter liegen ...

Die militärische Leitung hat ... sich nur als Werkzeug der politischen Leitung anzusehen, aber die politische Leitung hat nicht das Recht, sich in militärtechnische oder taktische Fragen zu mischen ...

Äußerst wichtig ist ein unter allen Umständen funktionierender Nachrichtenapparat. Scharfe Trennung zwischen Truppe und lokalen Polizeiformationen ...

Rücksichtsloses Durchfassen gegen den Gegner ohne Rücksicht auf etwa verletzte

'Legalität', *dem Gegner keine Zeit zur Sammlung und Erholung lassen, ebenso scharfes Zufassen gegen den Feind im eigenen Lager (Mob, Meuterer, Plünderer) ... Kein Androhen von scharfen Strafen, wenn nicht die Möglichkeit der Ausführung besteht.*
In den leitenden Instanzen Ressorteinteilung vorbereiten, vor allem für Verpflegung, Löhnung, Bewaffnung. Geeignete Hilfskräfte zur Mitarbeit heranziehen, nicht alles selber machen wollen, der großen Linie Kleinigkeiten unterordnen.
Klarheit schaffen über Stärke, keine Illusionen ... Vor allem im gegebenen Moment entschlossenes Zufassen, Verantwortungsfreudigkeit".[108]
So offenkundig der Versuch des Autors, eine Kopierung des Militärs zu vermeiden, so deutlich ist jedoch auch, daß er dieser Gefahr nicht durchweg entgangen ist. Vor allem aber reflektiert er nicht, daß menschliches Lernen anders vor sich geht als mittels derart formulierter Verhaltensmaßregeln. Und die Arbeiter des Ruhrgebiets schließlich, von deren Handeln und Leiden diese „Lehren" immerhin abgeleitet waren: für sie ging es auf Jahre hinaus um anderes, nämlich um die Verarbeitung einer großen Niederlage mit all ihrer Angst, Verbitterung und Verzweiflung.
Dieser anscheinend spezifische Mangel an Sensibilität bei Funktionären tritt noch weit deutlicher zutage in einem 1927 erschienenen Buch „*Der Weg zum Sieg*", verfaßt von Militärspezialisten der Komintern in Moskau. In diesem marxistisch-leninistischen Handbuch über den „*Aufstand als Kunst*" (so der Untertitel, formuliert in Anlehnung an eine Äußerung von Engels) ist die ganze Geschichte der internationalen Arbeiterbewegung zu Exempeln derartiger Lehren und Regeln geronnen.[109] Der Ruhraufstand von 1920 taucht an einer Stelle als ein solches Exempel auf: als Illustration des Leninschen Gedankens, daß „am entscheidenden Ort und im entscheidenden Moment ein großes Übergewicht an Kräften konzentriert werden muß"; genau dies hätten die Ruhrarbeiter in den ersten Kämpfen mit der Reichswehr (in Wetter, Herdecke usw.) beherzigt.[110] — 1928 brachten die Militärspezialisten der Komintern ein weiteres Buch — „*Der bewaffnete Aufstand*" — heraus, in dem die historischen Exempel je für sich in einem eigenen Kapitel umfassend abgehandelt werden. Hier wird der Ruhraufstand überhaupt nicht mehr thematisiert.[111]

*

Auch andere lernten aus der Aufstandsbewegung von 1920: die SPD-Führung, die Bürokratie, das Militär und die Ausnahmejustiz.
Bei der SPD-Führung wird dies indirekt deutlich, und zwar durch ihr Verhalten bei Papens Staatsstreich gegen die amtierende preußische Regierung Braun-Severing am 20. Juli 1932. Dieses Ereignis wird allgemein als einschneidende Etappe im Prozeß des Untergangs der Weimarer Republik gewertet. Ein erheblicher Teil der Arbeiterschaft hatte mit dem Staatsstreich gerechnet und wartete auf ein Signal zum Losschlagen; die SPD-Führung forderte die Arbeiter jedoch auf, dem Faschismus und der Reaktion bei der in wenigen Tagen stattfindenden Reichstagswahl die richtige Antwort zu erteilen, und reichte im übrigen Klage beim Staatsgerichtshof ein — eine Farce angesichts dessen, daß Papen die letzte große Bastion

der SPD im staatlichen Bereich niedergerissen hatte.[112] Über die Frage, warum die SPD-Führung sang- und klanglos kapitulierte, ist eine umfangreiche Debatte geführt worden, in der wiederholt der Kapp-Putsch als Parallele herangezogen wurde — immer mit der Behauptung, die Situation von 1920 sei für erfolgreichen Widerstand unvergleichlich günstiger gewesen.[113] Nebenbei bemerkt, kann die These in dieser pauschalen Form keinesfalls akzeptiert werden, gab es vielmehr im Gegenteil 1932 einige Faktoren, die günstiger lagen als 1920;[114] doch ist die ganze Debatte um die Erfolgsaussichten, die eine Massenaktion gegen den Staatsstreich gehabt hätte, letztlich müßig. Denn der Vergleich mit 1920 gibt vermutlich ganz direkt Aufschluß darüber, warum die SPD-Führung 1932 kapitulierte: *sie konnte eine Wiederholung der Erfahrung von 1920 nicht wünschen,* der Erfahrung nämlich, daß eine Massenaktion, einmal begonnen, unweigerlich über die offiziell gesteckten Ziele hinaustreiben würde und später nur mit dem Einsatz erheblicher Repressionsmittel zu bändigen bzw. niederzuwerfen wäre. Der hier stattgefundene Lernprozeß kommt ansatzweise bei drei SPD-Führern zum Ausdruck — dem preußischen Ministerpräsidenten Otto Braun, dem Berliner Polizeipräsidenten Grzesinski und dem Chefredakteur des „Vorwärts", Friedrich Stampfer —, die übereinstimmend als schwerwiegendes negatives Moment anführen, daß eine Massenaktion zur Abwehr des Papenschen Staatsstreichs sich nicht im Rahmen des parlamentarischen Systems hätte halten lassen.[115]

Auf einer Konferenz der Regierungspräsidenten, Oberbürgermeister und Landräte des Ruhrgebiets, die am 26. Mai 1920 in Essen stattfand, empfahl der Mülheimer Oberbürgermeister Lembke für den Fall neuer Unruhen: erstens alle Gefängnisinsassen rechtzeitig aus dem Revier fortzuschaffen, zweitens alle Lastwagen in Sicherheit zu bringen, und drittens den Strom für die Straßenbahnen abzuschalten.[116] Dies wird nicht die einzige derartige Überlegung in der Bürokratie gewesen sein.

Selbstrechtfertigungen und Lernversuche schließlich auch auf seiten des Militärs und der Ausnahmejustiz. Zu nennen sind hier vor allem je zwei Denkschriften des Reichswehrministeriums und des Wehrkreiskommandos Münster.

Die erste Denkschrift des Reichswehrministeriums versuchte zwei zentrale Behauptungen zu widerlegen: daß die Aufstandsbewegung im Ruhrgebiet lediglich die Abwehr des Kapp-Putsches und keine weitergesteckten Ziele gehabt habe, und daß es keine „vorhergehende militärische Organisation der Aufständischen" gegeben, „es sich vielmehr nur um eine ungeleitete Bewegung bewaffneter Haufen" gehandelt habe.[117] Die zweite Denkschrift setzte sich mit den an die Reichsregierung gerichteten Vorwürfen auseinander, sie habe „auf Grund einseitiger Orientierung ohne zwingende Notwendigkeit den Einmarsch der Reichswehrtruppen in das rheinisch-westfälische Industriegebiet angeordnet".[118] Der Inhalt beider Denkschriften braucht, weil vom Leser leicht zu erschließen, nicht referiert zu werden. Bemerkt sei nur, daß die erste Denkschrift zahlreiche von der Reichswehr bei ihrem Einmarsch aufgefundene Dokumente der Roten Armee enthält, die zum Teil genau das bestätigen, was in der Denkschrift widerlegt werden soll. Hans Spethmann hat später beide Denkschriften zur zentralen Grundlage und Orientierung seiner Darstellung des Ruhraufstandes gemacht.

Ganz anders, nämlich mit der Aufforderung, „alle gemachten Fehler zu(zu)ge-

451

ben, um an ihnen zu lernen", beginnt die erste der beiden Denkschriften des Wehrkreiskommandos Münster.[119] Bei den Ausführungen im einzelnen zeigt sich dann allerdings, daß diese Aufforderung an alle möglichen Adressen gerichtet ist, nur nicht an die eigene, so daß das Ganze indirekt doch wieder auf eine Selbstrechtfertigung hinausläuft. Die wichtigsten Punkte der Kritik, die formuliert wird, und die daraus entwickelten Lehren: Die Regierung hätte im Moment des Kapp-Putsches eine Erklärung abgeben müssen, daß sie nicht daran denke zurückzutreten, sondern Berlin nur vorübergehend verlasse; „Unklarheiten" und „Zweifel" gegenüber der Haltung der Regierung, vor allem angesichts des angeblichen Aufrufs zum Generalstreik wären dadurch vermieden worden. Sodann habe die Regierung nur den Feind von rechts im Auge gehabt, den von links dagegen übersehen. Gefühle der Dankbarkeit gegenüber der Bewegung zur Abwehr des Putsches seien zwar verständlich, aber eins dürfe „für die Zukunft nicht vergessen werden: Jede Volkserhebung segelt unfehlbar in das radikale Fahrwasser!" Der Schutz der Regierung gehöre ausschließlich in die Hand der dafür eingesetzten staatlichen Organe. Das schließe ein, daß auch den Berichten dieser Organe unbedingt Glauben zu schenken sei: „Die militärischen Stellen melden neutral und nicht etwa schwarz, um damit ihre Existenzberechtigung vielleicht nachzuweisen!" Bei den Zivilbehörden allerdings sei scharf zu unterscheiden. Die Spitzenbehörden (Oberpräsidium, Regierungspräsidien) hätten das Wehrkreiskommando „vorzüglich unterstützt" und in der Lagebeurteilung habe geradezu „mustergültige" Übereinstimmung geherrscht, während von den Oberbürgermeistern und Landräten zutreffende Meldungen einfach nicht erwartet werden dürften: denn wie solle der Betreffende „auf fernmündlichen Anruf ein richtiges Bild der Lage geben, wenn neben ihm ein Rotgardist mit der Handgranate steht oder ein ähnlicher Geselle die Telefone überwacht?" Verhandlungen, heißt es weiter, dürften lediglich mit dem Ziel geführt werden, „eine Trennung zwischen den Guten und dem Verbrechergesindel herbeizuführen"; was darüber hinausgehe, sei falsch. Versteckte Kritik an Severing also, dagegen eindeutige Kritik an den von ihm eingesetzten Zivilkommissaren: „Sie sahen ihre Hauptaufgabe im Sammeln von Material gegen die Reichswehr, sie arbeiteten für den guten Ruf ihrer Partei", formuliert die Denkschrift.[120]

Aufschlußreich für die Verfeinerung der Aufstandsbekämpfung ist es, wenn dann regional differenziert wird:[121] „Man kann das Wuppertal und die Gegend von Hagen als das heilige Land der USP bezeichnen, das niemals von sozialistischen Regierungsvertretern angetastet wird und daher den Bolschewismus ... in aller Ruhe züchten kann. Man bezeichnet vielfach die Wetterecke von Hamborn-Bottrop als 'Wildwest', nach den hiesigen Erfahrungen liegt die größere Gefahr aber wie gesagt in der Gegend von Hagen-Elberfeld, Barmen und Remscheid". Deren Entwaffnung sei für die Beruhigung des eigentlichen Kohlenreviers wesentlich. Weiter wird gefordert: „den Zuzug der Ausländer — besonders der Russen — abzuhalten; die Jugend der Bergarbeiterschaft ... den Gewerkschaften zuzuführen; die Lust zum Arbeiten durch entsprechende Lebensmittelbelieferung zu heben; die radikale Presse unschädlich zu machen, die gutgesinnte Presse zu gemeinsamer Handlung zusammenzufassen", d.h. es dürfe nicht wieder „vorkommen, daß Presse von Regierungsparteien gegen Regierungsorgane hetzt".

Aus den unverbundenen Einzelpunkten, die am Schluß der Denkschrift zusammengestellt sind, seien drei hervorgehoben:
1. Es gehe in Zukunft nicht an, daß wie bisher zahlreiche Berliner Regierungsstellen Nachrichten und Berichte vom Wehrkreiskommando anforderten; vielmehr müsse eine Zentralstelle in Berlin bestimmt werden, die die Weitergabe und Auswertung übernehme.
2. „Kommissionen, die zu ihrer Orientierung von der Regierung in den Bezirk geschickt werden, müssen mit den leitenden Stellen des Bezirks und nicht nur mit Parteivorständen in Verbindung treten. Mit dem Gegner darf ohne Wissen der leitenden Stellen des Bezirks nicht verhandelt und nicht gesprochen werden".
3. „Die Regierung muß die leitenden Stellen über ihre Auffassung der Lage und über ihre Absichten klar und öfters unterrichten ... Die Truppe ist heute zum Denken erzogen, man kommt mit dem alten guten Grundsatz 'befehlen und gehorchen' nicht mehr ganz aus".[122]

Die zweite Denkschrift des Wehrkreiskommandos — datiert vom 5. Juni 1920, d.h. noch vor Aufhebung des Ausnahmezustands im Ruhrgebiet — befaßte sich mit der Ausnahmejustiz. Diese habe, so lautet die These der Autoren, „ihren Zweck, ein besonders wirksames Mittel zur beschleunigten Niederwerfung des Aufstandes zu sein, nicht erfüllt".

Zur Begründung wird zunächst, wie nicht anders zu erwarten, die Aufhebung des Standrechts angeführt. Das Standrecht sei, heißt es, für die Unterdrückung größerer Aufstände „unentbehrlich". Das wird in vier Punkten erläutert: 1. Die abschreckende Wirkung der Todesstrafe mit sofortiger Exekution sei „gegenüber einem verbrecherischen heimtückischen Feinde" notwendig. 2. Die Truppe sehe im Standrecht „eine Art gesetzlich geregelter Notwehr". 3. Das Rachebedürfnis der Truppe angesichts gefallener Kameraden bedeute „die Gefahr einer wilden Justiz an eingebrachten Aufrührern"; diese Gefahr werde bei der Existenz von Standgerichten „erheblich verringert". 4. Die Zeugen für die Taten der Aufrührer seien meist Militärpersonen und daher später für Prozesse nicht mehr zu erreichen.

Nach diesen knappen Sätzen beschäftigt sich die Denkschrift ausführlich mit der Tätigkeit der außerordentlichen Kriegsgerichte. Die aufgeführten Schwierigkeiten und Mängel seien hier nur stichwortartig genannt: Die von Watter für die Kriegsgerichte in Dorsten, Unna und Hamm zunächst vorgesehenen Richter hätten die Übernahme dieser Aufgabe verweigert; in Wesel hätten der Anklagebehörde in den ersten Wochen geschulte Bürokräfte gefehlt; verworrene Zuständigkeiten (im Verhältnis zur ordentlichen Justiz oder zwischen dem Reich und Preußen, z.B. kein Verfügungsrecht der Wehrkreiskommandeure über preußische Richter); Furcht der Richter vor Racheakten nach Abzug des Militärs; die Bestimmungen der Strafprozeßordnung verhinderten ein beschleunigtes Verfahren und verursachten Zweifelsfragen, etwa: Dürfen nur die außerordentlichen Kriegsgerichte die einleitenden Schritte vornehmen (erste Ermittlungen, Erlaß des Haftbefehls), oder ist dazu auch jeder Amtsrichter befugt? Ist nur der Tatort für die Verfolgung maßgeblich? Was hat in den zahlreichen Fällen zu geschehen, in denen die beschleunigte Vorführung vor dem Richter praktisch unmöglich ist? (die Freilassung des Verhafteten sei natürlich ausgeschlossen). Es fehle eine klare Regelung für den „Schutzhaftbefehl" (die Denkschrift deutet an, daß die Richter vielfach

noch zu pingelig sind). Einem beschleunigten Verfahren ständen „Formalitäten" wie Fristen, förmliche Zustellung der Anklageschrift, die Möglichkeit der Haftbeschwerde entgegen. Auch die Strafvollstreckung (Todesurteile, Bearbeitung der Gnadensachen u.a.) sei zu schwerfällig.[123]
Ein weiterer Teil der Denkschrift entwickelt die Mißstände im Gefängniswesen; das braucht hier nicht wiederholt zu werden. Wiedergegeben sei dagegen die konkrete Utopie, die die Autoren entfalten:
Die *außerordentlichen Kriegsgerichte „müssen mit der Verkündung des verschärften Ausnahmezustandes automatisch in die Erscheinung treten, vollbesetzt mit Richtern und Anklagevertretern, wohlausgestattet, vertraut mit den örtlichen Verhältnissen und der Organisation der Behörden, zusammengefaßt durch eine leitende Stelle beim Inhaber der vollziehenden Gewalt . . ."*
Die „Formalitäten" des Strafgesetzbuches „müssen aufhören. Der Schwerpunkt des Verfahrens muß in der Hauptverhandlung liegen. Die Wiederaufnahme des Verfahrens zu Ungunsten des Angeklagten muß in gleicher Weise zulässig sein, wie zu seinen Gunsten . . .
Die auf Todesstrafe lautenden Urteile müssen mit der größten Beschleunigung über den Inhaber der vollziehenden Gewalt (Kurier) dem Reichspräsidenten zur Entscheidung darüber zugeleitet werden, ob er von seinem Begnadigungsrecht Gebrauch machen will.
Nur durch ein derartiges, möglichst vereinfachtes und beschleunigtes Verfahren ist es auch zu erreichen, daß die stellenweise geradezu als schauerlich zu bezeichnende Überfüllung der Gefängnisse im Bezirke der außerordentlichen Gerichte vermieden wird . . .
Weitere vorbereitende Maßnahmen bei drohenden Unruhen in einem bestimmten Bezirk haben darin zu bestehen, daß unverzüglich mit der Räumung nahe und sicher gelegener Gefängnisse und Strafanstalten — möglichst am Sitz der voraussichtlichen außerordentlichen Kriegsgerichte — begonnen wird".[124]
Es sollte nicht mehr allzu lange dauern, bis dieses Programm nicht nur erfüllt, sondern sogar noch übertroffen wurde. Und mit Sicherheit sind die Autoren der Denkschrift, sofern sie 1933 bzw. 1939 noch lebten, bei der Realisierung dabeigewesen.

4. Ausblick

Was kam danach? Diese Frage kann man vielleicht am anschaulichsten beantworten, indem man sie so stellt: wie verlief der weitere Lebensweg von Hauptbeteiligten auf beiden Seiten? Auf Vollständigkeit ist dabei im folgenden kein Wert gelegt; das Ziel ist vielmehr, daß sich nach und nach ein einigermaßen instruktives Gesamtbild ergibt.

Otto Braß, Initiator des Einheitsfrontaufrufs der drei Arbeiterparteien im Bezirk Niederrhein, Teilnehmer der Bielefelder Konferenz und Unterhändler der Alliierten in der Flüchtlingsfrage, ist das erste Beispiel eines Funktionärs, dessen weiterer Lebensweg in typischer Weise von der Geschichte der Arbeiterparteien bestimmt ist. Er entschied sich bei der Spaltung der USP im Oktober 1920 für den Anschluß an die Kommunistische Internationale, trotz Vorbehalten gegenüber den 21 Aufnahmebedingungen. Nach kurzer Tätigkeit als Sekretär im Zentralkomitee der neuen Partei, die aus KPD und linkem Flügel der USP entstand (Vereinigte Kommunistische Partei Deutschlands, VKPD), wurde er Ende 1921 aus der Partei ausgeschlossen (Hauptpunkt war die Frage der Verantwortung der VKPD für die sog. „Märzaktion"). Mit der Gruppe, die sich um den schon früher ausgeschlossenen ehemaligen KPD-Vorsitzenden Levi gebildet hatte, kehrte er zur USP zurück und vollzog auch deren Vereinigung mit der SPD 1922 mit. Danach war er hauptsächlich als Verleger tätig. Die Abspaltung der SAPD 1931 lehnte er ab. Nach bedeutender Widerstandstätigkeit im Dritten Reich (Gruppe „Deutsche Volksfront") wurde er 1938 durch die Gestapo verhaftet und zu 12 Jahren Zuchthaus verurteilt. 1945 durch die sowjetischen Truppen befreit, wurde er zwei Jahre später Vorsitzender des FDBG Berlin; 1950 ist er in Ostberlin gestorben.[1]

Fritz Charpentier, einer der beiden Bielefelder Unterhändler aus den Reihen der KPD, trat unmittelbar nach dem Aufstand aus der KPD aus,[2] ging zur USP und kehrte dann bei deren Spaltung Ende 1920 mit dem linken Flügel zur KPD zurück,[3] wobei er Elberfelder Ortsvorsitzender der neuen Partei wurde.[4] 1921 wurde er in den preußischen Landtag gewählt. Im August 1926 starb er in einem Moskauer Krankenhaus.[5]

Hugo Delmes, aufgrund seines an die Rote Armee gerichteten Flugblatts („Wenn Ihr untergeht, soll die Reaktion mitgehen", oben Seite 115 f.) vom Oberreichsanwalt wegen Hochverrats angeklagt, tauchte zunächst unter.[6] Etwas später findet man ihn, in elenden Verhältnissen lebend und dem Alkohol verfallen, als Spitzel des Militärs wieder; seine Berichte über die Arbeiterführer im Ruhrgebiet wurden von seinen Auftraggebern als zuverlässig bezeichnet.[7]

Gegen *Eugen Eppstein,* Mitglied des Zentralrats, erließ das außerordentliche Gericht in Essen am 22. April Haftbefehl; wegen seines jüdischen Namens wurde er einer der meistgesuchten „Rädelsführer". Erst im November 1921 konnte er in Köln verhaftet werden. Die Behauptung, er habe sich beim Kampf um den Wasserturm hervorgetan, ließ sich nicht erhärten, doch wurde er im Februar 1922 wegen einer öffentlichen Rede zum dritten Jahrestag der russischen Oktoberrevolution zu drei Monaten Gefängnis verurteilt.[8] Nach seiner Freilassung ging er erneut nach Köln, wo er im Parteibezirk Mittelrhein ein wichtiger KPD-Führer wurde; im Mai 1924 wurde er dort in den Reichstag gewählt. Vermutlich mit der Fischer-Maslow-Gruppe wurde er aus der KPD ausgeschlossen. 1943 starb er — die genaueren Umstände sind nicht zu klären — im Konzentrationslager Majdanek.[9]

Gottfried Karusseit, von der Justiz vor allem wegen der standrechtlichen Erschießung des Reichswehrsoldaten Sametz (oben Seite 196) gesucht, tauchte mit den falschen Papieren, die er von der Reichswehr hatte, unter, nahm zunächst Arbeit in Braunschweig, Ende April 1920 dann auf dem Gußstahlwerk Annen bei Witten.[10] Inzwischen hatte ihn die KPD auf ihrer Bezirkskonferenz vom 18./19. April öffentlich als agent provocateur bezeichnet und vor ihm gewarnt.[11] Dabei mußte seine zeitweilige Mitgliedschaft in der Partei peinliche Fragen aufwerfen; das Gelsenkirchener SPD-Blatt behauptete, ihm sei seit längerem bekanntgewesen, in wessen Diensten Karusseit gestanden habe.[12] (Hier blieb die Frage offen, warum das Blatt erst jetzt damit herauskam.) Im Juli ließ sich Karusseit in Witten mit einer jungen Frau trauen; dafür erhielt er später zusätzlich eine Anklage wegen Bigamie. Auf die Dauer war ihm das Dasein eines Fabrikarbeiters zu beschwerlich: im Januar 1921 ging er nach Berlin und bot sich beim preußischen Staatskommissar für öffentliche Ordnung zu Spitzelzwecken an. Eine tollkühne, aber typische Fehlhandlung — Karusseit wurde enttarnt und verhaftet. Peinlich für die Untersuchungsführer wurde freilich alsbald die Herkunft seiner falschen Papiere. Vor dem Schwurgericht Essen (die Anklage lautete auf Mord) ging der Streit u. a. darum, ob er während des Arbeiteraufstands noch Reichswehragent gewesen sei oder nicht — er selbst behauptete es, der zuständige Nachrichtenoffizier in Münster bestritt es.[13] Am 20. Dezember 1922 wurde er zum Tode verurteilt.[14] Bei der anschließenden Revisionsverhandlung vor dem Reichsgericht[15] lautete das endgültige Urteil auf lebenslängliches Zuchthaus. 1925 fiel er unter die beim Amtsantritt Hindenburgs erlassene Amnestie. Er eröffnete eine Schuhmacherei in Gelsenkirchen (dieses Handwerk soll er in Ostpreußen erlernt haben, bevor er ins Ruhrgebiet kam und Bergmann wurde). Unmittelbar nach dem Sieg des Faschismus 1933 wurde er verhaftet und in ein KZ eingeliefert, nach einiger Zeit aber wieder freigelassen. Nach der barschen Behandlung einer Nazifrau in seinem Geschäft („Ich habe erst noch viele Schuhe von kinderreichen Leuten zu machen") wurde er angezeigt und erneut verhaftet. Gefängnis, dann Einlieferung ins Landeskrankenhaus Eickelborn; dort starb er 1937 oder 1938 an Herzmuskelerweiterung (so die offizielle Version) im Alter von etwa 70 Jahren.[16]

Rechtsanwalt *Bernhard Lamp* wurde wegen seiner Aktivitäten während des Aufstands (II, Seite 40 f.) aus dem Elberfelder Anwaltsverein ausgeschlossen, außerdem wurde ein ehrengerichtliches Verfahren gegen ihn eröffnet.[17] Er übernahm noch die Verteidigung im sog. Weißenseer Kommunistenprozeß, dann wurde er im August 1920 plötzlich verhaftet, nachdem der Briefkasten am Landgerichtsgefängnis von Elberfeld von unbekannten Attentätern gesprengt worden war, und sofort ins Zuchthaus Werl transportiert. Die Anklage lautete auf Vergehen gegen das Sprengstoffgesetz und Hochverrat. In der Verhandlung brachen die Aussagen von fünf Belastungszeugen als in sich widersprüchlich zusammen; daraufhin präsentierte der Staatsanwalt schließlich eine Prostituierte, die behauptete,

Lamp habe in ihrer Wohnung gesagt, daß er den Briefkasten gesprengt habe. Als Belastungsmoment wurde auch eine angebliche Äußerung Lamps im Weißenseer Kommunistenprozeß gewertet: „Ich kenne keine Gesetze, ich suche nur die Wahrheit". Dem Anwalt Lamps wurde jeder Verkehr mit seinem Mandanten unmöglich gemacht, in Lamps Abwesenheit durchsuchte man seine Zelle, wobei Briefe und Aufzeichnungen mitgenommen wurden. In der Meinung, daß es auf seine Vernichtung abgesehen sei, trat Lamp schließlich in einen Hungerstreik. Trotz einer großen Solidaritätskampagne — Lamp genoß viel Sympathie auch bei denen, die sein Ziel eines herrschaftslosen Sozialismus nicht teilten — blieb er in Haft; schwerkrank wurde zuletzt in ein Psychiatrisches Krankenhaus überführt, wo er am 26. Dezember 1920 an doppelseitiger Lungenentzündung starb.[18]

Konrad Ludwig (Hagen) war von 1920 bis 1928 — mit kurzer Unterbrechung 1924 — Reichstagsabgeordneter, zunächst der USP, dann der SPD. Bei der Vereinigung von SPD und Rumpf-USP 1922 wurde er Kassierer beim Parteivorstand; diese Funktion behielt er inne, bis ihn 1931 ein Schlaganfall arbeitsunfähig machte. 1935 ist er gestorben.[19]

Adolf Meinberg fiel unter die Amnestie vom August 1920 und wurde aus dem Zuchthaus Werl entlassen. Sogleich stürzte er sich wieder in die Agitation: am 15. August sprach er in Dortmund vor 8.000 Menschen über die Märzereignisse. Scharf rechnete er mit den lokalen SPD-Führern ab, die durch ihre kompromißlerische Haltung gegenüber Lichtschlag das Blutvergießen wesentlich mitverursacht hätten, und auf der anderen Seite schilderte er die schwierige Lage des Vollzugsrats, die u. a. Folge der wilden, nicht mehr unter Kontrolle zu bringenden Bewaffnung gewesen sei. Bei der Märzaktion 1921 lehnte er die von der Parteizentrale kommenden Offensivparolen ab. Eine öffentliche Rede, in der er zum Generalstreik aufforderte, genügte jedoch für eine dreijährige Zuchthausstrafe; sie wurde Ende des Jahres in Festungshaft umgewandelt. Nach der Ermordung des Außenministers Rathenau durch rechtsradikale Terroristen wurde er im Juli 1922 erneut amnestiert. Ende 1922 schloß ihn die Fischer-Maslow-Gruppe als „Rechten" aus der KPD aus, mit der vorgeschobenen Begründung, er habe Parteigelder veruntreut. Zunächst schlug er sich kümmerlich als Angestellter des Milchhofs durch (in Läden machte er Reklame für Kefir), bis er in den letzten Jahren der Weimarer Republik freier Mitarbeiter des linksbürgerlichen „General-Anzeigers für Dortmund" wurde (Reportagen u. a. über den Bergbau und das Leben der Bergarbeiter). 1927 hatte er bereits mit seiner Anti-Severing-Artikelserie im Essen-Dortmunder KPD-Blatt (I, Seite 11) eine Probe seines journalistischen Könnens gegeben. Nach der „Machtergreifung" war er von April bis Ende 1933 in Haft. Dann zunächst — bis August 1935 — als Holzarbeiter bei der Stadt tätig, danach — bis 1942 — seinen Unterhalt mit dem Vertrieb von Handwerksliteratur verdienend (in seiner Jugend hatte er eine kaufmännische Lehre absolviert); dieser Tätigkeit setzte die Reichsschrifttumskammer ein Ende. Zwischendurch 1940 erneut verhaftet, jedoch nach einiger Zeit wieder freigelassen. 1943 Lohnbuchhalter in einem unter Gestapo-Kontrolle stehenden Betrieb. Bis auf einen kurzen Einsatz bei Arnheim (Holland) 1944 entging er dem Kriegsdienst wegen extremer Kurzsichtigkeit, wurde jedoch immer wieder zum Trümmerräumen geholt. Im Mai 1944 ausgebombt. Das letzte Jahr des Dritten Reiches überlebte er, sich geschickt tarnend, in Kohlstädt, einem Dorf im Lippischen. Nach Kriegsende arbeitete er u. a. im „Reichsverband der Bombengeschädigten" mit und war Mitgründer der „Europa-Union", die er freilich bald wieder verließ. 1955 ist er in Kohlstädt gestorben.[20]

Walter Oettinghaus war von Juni 1920 bis April 1924 und dann wieder ab 1930 Mitglied des Reichstags, zunächst der USP, ab 1922 der SPD; in der SPD gehörte er zum harten Kern des linken Flügels. Bei der Gründung der SAPD verließ er seine politischen Freunde und trat zur KPD über (26. September 1931).[21]

Paul Sauerbrey, seit Juni 1920 USP-Reichstagsabgeordneter, wurde Anfang 1922 in Ohligs mit den Stimmen von USP und KPD zum Bürgermeister gewählt. Gegen die staatliche Bestätigung entfalteten die Führer der bürgerlichen Parteien im Ohligser Stadtparlament, unterstützt vom Elberfelder „Bürgerrat", einen ausgedehnten Pressefeldzug. U. a. wurde ihm die Ermordung von Arbeiterkindern bei der Beschießung Remscheids (vgl. I, Seite 259-261) und die Erschießung des Spitzels Langensiepen (vgl. II, Seite 16, 43) vorgeworfen. Das Elberfelder USP-Blatt widerlegte die Anschuldigungen in einer fast täglich erscheinenden Sonderberichterstattung, doch war die gegen Sauerbrey geführte Pressekampagne insofern erfolgreich, als die Bestätigung seiner Wahl um mehr als ein halbes Jahr hinausgezögert wurde. — Nach Auskunft von alten Ohligser Bürgern war Sauerbrey dann ein erfolgreicher und beliebter Kommunalpolitiker. Er starb 1932 an einer Vergiftung.[22]

August Siemsen (USP), Zensor des Essener Vollzugsrats, seit 1922 wieder Mitglied der SPD; 1923 von der SPD-Regierung Thüringens als Professor nach Jena berufen; Vorstandsmitglied der „Kinderfreunde" und des „Bundes freier Schulgesellschaften"; 1930 in den Reichstag gewählt; 1931 Mitgründer der SAPD. 1933 Emigration in die Schweiz, 1936 nach Argentinien, 1937 Mitgründer und Leiter der Gruppe „Das andere Deutschland". 1952 Rückkehr nach Deutschland (BRD). 1958 in Ostberlin gestorben.[23]

Karl Stemmer stand im Oktober 1920 als Delegierter des USP-Parteitags in Halle auf dem rechten Flügel, der den Anschluß an die Kommunistische Internationale ablehnte. Seine Suspendierung vom Schuldienst (I, Seite 160) blieb trotz aller Eingaben, die er machte, aufrechterhalten; im Juni 1921 zog er zu seinem Schwiegervater, einem Viehhändler in Werl; zum Dezember 1922 erhielt er endlich eine Lehrerstelle in Berlin-Weißensee.[24] Um 1930 hieß es, er sei nach Südamerika ausgewandert.[25]

Victor Stern, der politische Redakteur des Essener USP-Blatts, war bei der Spaltung der USP einer der eifrigsten Befürworter des Anschlusses an die Komintern. Nach dem Spaltungsparteitag wechselte er als Redakteur zum Parteiblatt von Halle. Mitte Dezember 1920 wurde er als „lästiger Ausländer" (Stern war Österreicher) aus Deutschland ausgewiesen.[26]

Heinrich Teuber (USP), Mitglied des Arbeiterrats Bochum, wurde am 6. Juni 1920 in den Reichstag gewählt. Bei der Spaltung der USP ging er mit dem linken Flügel zur VKPD und wurde Mitglied eines entscheidenden Führungsgremiums der Partei, des Zentralausschusses. Nach der Märzaktion 1921 trat er aus der VKPD-Reichstagsfraktion aus; mit Levis „Kommunistischer Arbeitsgemeinschaft" kehrte er 1922 zunächst zur USP zurück und vollzog mit dieser später auch die Vereinigung mit der SPD. In den folgenden Jahren lebte er kümmerlich als tagespolitischer und sozialkritischer Schriftsteller (sein Reichstagsmandat lief im April 1924 ab). Im Bochumer SPD-Ortsverein stand er in scharfer Opposition zur Führung der freien Bergarbeitergewerkschaft um Fritz Husemann. 1927 schloß ihn eine schwach besuchte Mitgliederversammlung aus der Partei aus. Auf zahlreiche Proteste von Arbeitern hin machte der Parteivorstand den Ausschluß zwar rückgängig, aber anscheinend hatte der Vorgang Teuber, der 1919 bereits unter demütigenden Umständen aus der Gewerkschaft ausgeschlossen worden war, endgültig zermürbt: bei einem Aufenthalt in Leipzig setzte er seinem Leben ein Ende.[27]

Hans Tombrock, der sich vor dem Essener Schwurgericht von seiner Spitzeltätigkeit distanziert hatte und dann zu einer zweijährigen Freiheitsstrafe verurteilt worden war, bekleidete nach seiner Freilassung wieder wichtige Ämter in der KPD. Bekannter noch wurde er als Amateurmaler; u. a. illustrierte er eine Reihe von Artikeln Meinbergs im „General-Anzeiger für Dortmund" mit Milieuzeichnungen. 1933 von den Nationalsozialisten ausgebürgert, emigrierte Tombrock zunächst in die Schweiz; Ausweisung als „lästiger Ausländer", Aufenthalt in verschiedenen europäischen Ländern, endgültig in Schweden, wo er u. a. mit Bertolt Brecht zusammenarbeitete. Nach 1945 ging er in die DDR, wo er Professor wurde. Er starb 1969.[28]

Oskar Triebel, der zweite Bielefelder Unterhändler aus den Reihen der KPD, kehrte nach vorübergehender Parteitätigkeit in Düsseldorf und Essen im September 1921 nach Barmen zurück, wo er Vorsitzender der KPD-Ortsgruppe wurde. Im November 1922 ging er nach Duisburg; 1924 übernahm er die Verlagsleitung des dortigen KPD-Blatts. Nachdem er bereits Ende 1921 einen Appell für die „rechte" Opposition um Friesland unterzeichnet hatte, jedoch in der KPD geblieben war, geriet er 1928 bei der neuen Linkswendung endgültig in Konflikt mit der Partei; 1929 wurde er ausgeschlossen. Danach Funktionär der KPD-Opposition, 1932 der SAPD. Nach der „Machtergreifung" illegal tätig, mehrere Male verhaftet. 1945 in Duisburg Eintritt in die SPD; gestorben im Mai 1968.[29]

Anton Wild und *Hubert Koch*, die Leiter des Duisburger Exekutivkomitees, wurden wie schon erwähnt auf der KPD-Bezirkskonferenz vom 18./19. April 1920 „wegen ihres disziplinlosen Verhaltens" aus der Partei ausgeschlossen.[30] Spätestens Ende 1921 war Wild jedoch neben Münzberg und Zalden, die ebenfalls dem Exekutivkomitee angehört hatten, wieder führend in der Duisburger KPD tätig.[31]

Wilhelm Zaisser, Volksschullehrer in Essen, während des Aufstands in der Essener Kampfleitung (II, Seite 70) tätig, am 19. Januar 1921 als Mitglied der Oberleitung der illegalen „Kampforganisation" der KPD verhaftet und zu 4 Monaten Gefängnis verurteilt, nahm später wichtige internationale Aufgaben der Komintern wahr, u. a. in China; im spanischen Bürgerkrieg wurde er unter dem Decknamen „Gómez" Kommandeur der XIII. Internationalen Brigade. 1948-1950 Chefinstrukteur der Volkspolizei der DDR und sächsischer Innenminister, danach Minister für Staatssicherheit der DDR; nach dem Aufstand vom 17. Juni 1953 wurde er von Ulbricht seines Amtes enthoben.[32]

Freikorpskommandant *Franz v. Epp* wurde 1921 Infanterie-Führer der 7. Bayrischen Division; im Oktober 1923 im Rang eines Generalleutnants aus der Reichswehr verabschiedet. Beteiligung am Hitler-Ludendorff-Putsch kurze Zeit später.

Ab 1928 Reichstagsabgeordneter der NSDAP; im September 1932 zum Reichsleiter des Wehrpolitischen Amtes und Leiter des Kolonialreferats der NSDAP, im April 1933 zum Reichsstatthalter in Bayern ernannt.[33] Zu seinen zahlreichen Titeln zählte einer, den wir hier besonders hervorheben müssen: die Gemeinde Pelkum verlieh ihm nach der „Machtergreifung", das Massaker vom 1. April 1920 als Befreiung vom roten Terror wertend, den Ehrenbürgerbrief.[34]

Brigadekommandant *Wilhelm Faupel:* eine Zeitlang Generalinspekteur der peruanischen Armee; im spanischen Bürgerkrieg der erste Geschäftsträger Nazideutschlands bei Franco (November 1936 bis August 1937); beging 1945 in Berlin Selbstmord, als die russische Rote Armee in die Stadt eindrang.[35]

Weitere Freikorpskommandanten: *Hubertus v. Aulock* wurde nach 1933 Brigadeführer des NS-Kraftfahrkorps von Groß-Berlin.[36] Hauptmann *Gabcke* fiel am 22. März 1942 in Rußland als Kommandeur einer Infanteriedivision.[37] 1961 starb in Andernach im Alter von 75 Jahren Hauptmann *Otto Lichtschlag.* Das CDU-Blatt „Westfalenpost" widmete ihm einen Nachruf, in dem so ziemlich alles falsch war, der aber politisch eindeutig Stellung bezog. (Das Freikorps Lichtschlag „trat erstmals in Aktion, als nach dem Kapp-Putsch die Kommunisten ihre Chance erkannten" usw.)[38] Lichtschlags Adjutant, Leutnant *Heinrich Mahnken,* machte eine Schulkarriere; im Dritten Reich brachte er es in Hagen bis zum Studiendirektor.[39] *Wilfried v. Loewenfeld* ging zur Reichsmarine der Weimarer Republik und wurde Kapitän des Kreuzers „Berlin"; die Hälfte der Besatzung stammte aus seinem Freikorps, der 1920 aufgelösten Marinebrigade. 1928 nahm er, inzwischen zum Vizeadmiral befördert, seinen Abschied. Er starb 1946 in Schleswig.[40] Major *Schulz* wurde bei der allgemeinen Auflösung der Freikorps dienstenthoben, d. h. vorzeitig pensioniert; er hatte sich beim Kapp-Putsch allzusehr profiliert.[41] 1922 brachte er ein Erinnerungsbändchen heraus, in dem er seine terroristische Gesinnung voll entfaltete (I, Seite 14). 1934 trat er noch einmal als Redner bei einer großen nationalsozialistischen Denkmalseinweihung in Steele auf, wobei er die Nachkriegsjahre als Zeit der „Verrottung und Verkommenheit" bezeichnete und dann die Hoffnung auf baldige Wiedereinführung der allgemeinen Wehrpflicht beschwor.[42]

Zwei Freikorpsunterführer: *Hans Kolbe,* Bataillonskommandant in der Marinebrigade Loewenfeld, machte Karriere in der Weimarer Reichsmarine: 1921 Chef der III. Minensuchflotille, 1926 bis 1929 Kommandant des Kreuzers „Berlin", 1929 bis 1931 Chef des Stabes der Marinestation Kiel, seit 1932 Befehlshaber der Aufklärungsstreitkräfte.[43] *Walter Model,* Hauptmann im Freikorps Hacketau, brachte es unter Hitler bis zum Generalfeldmarschall. Nachdem er den Ostfeldzug mitgeführt hatte, endete er 1945 als Kommandant des „Ruhrkessels". Nach einem alliierten Bombenangriff auf sein letztes Hauptquartier bei Engelskirchen floh er mit dem Rest seiner Truppen in den „Kalkumer Busch" bei Düsseldorf; vor seiner Gefangennahme erschoß er sich.[44] — Bei zahlreichen weiteren Freikorpsmitgliedern ließen sich NS-Karrieren aufzählen, die zum Teil geradezu brillant verliefen.[45] Manche endeten allerdings abrupt im staatlich sanktionierten Massenmord anläßlich der Entmachtung von SA-Stabschef Röhm am 30. Juni 1934.[46]

Der Dortmunder Polizeipräsident *v. Heeringen* war nach den Kapp-Tagen politisch unmöglich geworden. Das Unglück der Stadtverwaltung war, daß sie ihn 1919 gleich für zwölf Jahre unter Vertrag genommen hatte. Am 5. Juli beschloß die Stadtverordnetenversammlung in geheimer Sitzung, daß statt einer von Magistrat und Finanzkommission vorgesehenen einmaligen Abfindungssumme von 135.000 Mark 11 Jahre lang je 12.000 Mark an v. Heeringen gezahlt werden sollten.[47] Ein Protest des einzigen USP-Stadtverordneten gegen diesen Beschluß[48] blieb ohne Ergebnis.

Ernst Mehlich, Severings Stellvertreter als Reichs- und Staatskommissar, trat im Juni 1920 dessen Nachfolge an. Eine wesentliche Aufgabe des Amtes, nämlich die politisch motivierte Einflußnahme auf das Wehrkreiskommando, war entfallen, seitdem die Handhabung des Ausnahmezustandes in die Hand des zivilen Oberpräsidiums gelegt worden war. Seinen neuen Aufgabenkreis definierte Mehlich als Sicherung des Wirtschaftslebens gegen Streiks und Aussperrungen „durch vorbeugende Vermittlung", Mitwirkung bei Tarifabschlüssen und Förderung von Produktionssteigerungen, insbesondere bei der Kohle. Hierfür forderte er von der Regierung gewisse Exekutivrechte, um die Teilnahme an Schlichtungsverhand-

„Jahr für Jahr zu Ostern traf sich die Kameradschaft der Marinebrigade Loewenfeld und hielt Gedenkfeiern in Bottrop und Kirchhellen ab . . . Erst die letzte Gedenkfeier 1970 wurde . . . von Gegendemonstrationen begleitet; ein aufmarschierendes Polizeiaufgebot war mit Hunden ausgerüstet." (Seite 467)

Vor dem Kolpinghaus Bottrop, 18. April 1970

lungen erzwingen zu können.⁴⁹ In USP-Kreisen hielt man Mehlich von vornherein für reaktionärer als Severing;⁵⁰ dabei war er wohl lediglich ein weniger geschickter Taktiker und Verschleierungskünstler. In den folgenden Jahren fällte er wiederholt unternehmerfreundliche Entscheidungen; im August 1925 z. B. lehnte er eine Lohnerhöhung für die Bergarbeiter mit der Begründung ab, „die mangelnde Rentabilität der Zechen würde bei Lohnerhöhung auch eine Erhöhung der Kohlenpreise erzwingen", und im Januar 1926 machte er eine bereits gerichtlich erstrittene Lohnerhöhung für die Kokereiarbeiter wieder rückgängig, obendrein rückwirkend um zwei Monate.⁵¹ Im August 1926 kam er bei einem Eisenbahnunglück ums Leben.

Kurt Melcher, Polizeipräsident von Essen, wurde bei Papens Staatsstreich gegen die preußische Regierung am 20. Juli 1932 Polizeipräsident von Berlin. 1933 wurde er zum Oberpräsidenten der preußischen Provinz Sachsen in Magdeburg ernannt.⁵²

Professor Dr. *Hubert Naendrup,* Führer der Akademischen Wehr der Universität Münster, war nach der „Machtergreifung" 1933 fünf Semester lang Rektor der Universität.⁵³ Ein Mitglied der Akademischen Wehr, *Wilhelm Römer,* brachte es zum Reichstags- und Landtagsabgeordneten der NSDAP und Gauführer der NS-Juristenvereinigung.⁵⁴

Carl Severing, in der Zeit des Aufstandes preußischer Innenminister geworden, hatte dieses Amt bis zum Herbst 1926 inne. 1928 übernahm er in der letzten SPD-geführten Reichsregierung der Weimarer Republik das Innenministerium; in der Zwischenzeit verfaßte er das Erinnerungsbuch „1919/1920 im Wetter- und Watterwinkel" (I, Seite 10 f.). Die Bilanz, die er darin zog, lautete: Rund 1.000 Tote (die Zahl ist zu niedrig), Hunderte von Verwundeten mit schweren gesundheitlichen Dauerschäden, in die Millionen gehende Sachschäden. „Und doch empfinde ich trotz allem eine stille Genugtuung bei dieser traurigen Bilanz: Die Schächte und Werksanlagen standen nach dem Kampfe unversehrt! Und als noch im April mein Vertreter mir über die Wirtschaftslage im Bezirk Bericht erstattete, konnte er unter anderem melden: 'Aus allen hier eingehenden Mitteilungen geht hervor, daß besonders die Zahl der Überschichten von Tag zu Tag größer wird.' Die Arbeit eines Jahres war also doch nicht ganz vergeblich gewesen".⁵⁵ Aus dem Buch ist ferner der Versuch hervorzuheben, den Ruf von Meinberg für die Nachwelt zu vernichten: er schilderte ihn als ehemaligen Händler von Heiligenbildern und als dummen, pathetischen und letztlich feigen Demagogen.⁵⁶ Man wird vermuten dürfen, daß Severing damit den Mann zu treffen versuchte, der ihn in den Stunden seiner schmachvollsten Ohnmacht (oben Seite 250) erlebt hatte. — Von Oktober 1930 an war Severing erneut preußischer Innenminister, bis zu Papens Staatsstreich vom 20. Juli 1932, vor dem er kampflos kapitulierte. Im Dritten Reich lebte er von seiner Ministerpension; er wurde zwar scharf überwacht, besonders auf Reisen, aber von Schlimmerem blieb er verschont.⁵⁷ Nach 1945 trat er in einer wichtigen Konferenz in Bochum vor den Vertrauensmännern der Ruhrzechen für eine Mehrförderung ein⁵⁸ (mit dem Unterschied zu 1919, wo er die Überschichten durchgesetzt hatte, daß er jetzt keine Zwangsmittel in der Hand hatte). Er wurde SPD-Abgeordneter des nordrhein-westfälischen Landtags; 1952 ist er in Bielefeld gestorben.

General *Oskar v. Watter* lebte seit seiner Verabschiedung als Pensionär im bürgerlichen Villenviertel Berlin-Wilmersdorf[59] (seine Pension betrug nach der Inflation rund 17.000 Mark jährlich),[60] aber durchaus nicht völlig zurückgezogen. Er übernahm den Vorsitz im „Waffenring der ehemaligen deutschen Feldartillerie" und ließ sich beim „Nationalverband Deutscher Offiziere" zum „Hochmeister in Ehrenangelegenheiten" ernennen.[61] Über solche Funktionen weit hinausgehend waren besonders seine Aktivitäten nach dem französischen Einmarsch im Ruhrgebiet 1923. Zum einen warb er Anhänger für einen aktiven Widerstand, insbesondere in den Reihen des „Jungdeutschen Ordens", und faselte dabei etwas von einer Wunderwaffe, einem durch elektrische Fernzündung zur Explosion zu bringenden Sprengmittel, das unerhörte Wirkungen erziele. Zum anderen bot er sich als militärischer Führer für Pläne der Schwerindustrie, voran Fritz Thyssens an, wonach paramilitärische Verbände gegen die französische Besatzung aufgestellt und eingesetzt werden sollten. Mit beidem scheiterte er; was das zweite betraf, so geriet er in Streit mit General v. Seeckt, der strikte Unterstellung solcher Verbände unter das Wehrkreiskommando in Münster verlangte und es schließlich ablehnte, v. Watter überhaupt zu empfangen. Drei Jahre später kam es durch eine Indiskretion des „Jungdeutschen Ordens" zu einer Reichstagsdebatte, in der Reichswehrminister Geßler erklärte, v. Watter gehöre zu den „Verrückten ..., die wir in Deutschland in dieser Zeit in so zahlreichem Maße gehabt haben". Zurufe auf der Linken: „Er war schon 1920 verrückt". Geßler unverfroren: „Richtig, jedenfalls war er schon im Jahre 1920 so. Das war der Grund, warum wir ihn dortmals gleich nach dem Kapp-Putsch (!) vom Kommando abgelöst und verabschiedet haben". Wiederholte Zurufe: „Nachdem er seine Henkerarbeit verrichtet hatte!" Zur Verteidigung Watters nahmen der Sprecher der Völkischen, v. Gräfe, und der Deutschnationalen, Graf v. Westarp, das Wort, und einige Tage später ließ Watter selbst über die Deutschnationale Pressestelle folgende Erklärung verbreiten: „Selbstverständlich habe ich, meiner ganzen Einstellung entsprechend, im vaterländischen Sinne selbsttätig mitgewirkt, als ... (der) Einbruch der Franzosen in das Ruhrgebiet eine mächtige Volksbewegung entfesselte, die einen anderen Ausgang verdient [gehabt] hätte. Es ist eine merkwürdige ... Niedrigstellung dieser Bewegung, wenn man von 'Aufwiegelung' spricht. Damals galt es, bei der prächtigen deutschen Jugend und auch bei der überwiegenden Mehrheit der Arbeiterschaft des Ruhrgebiets nicht aufzuwiegeln, sondern nur zu zügeln ..."[62]

Ärger bekam Watter auch noch bei zwei anderen Gelegenheiten. Nach der Ermordung Rathenaus 1922 ließ der Berliner Polizeipräsident seine Wohnung durchsuchen und ihn anschließend zur Vernehmung vorführen, weil hinreichender Verdacht bestand, daß Watter Verwalter eines Millionenfonds sei, der 1920 von der Industrie zur Bekämpfung des Bolschewismus geschaffen worden und jetzt zur Finanzierung der für den Mord verantwortlichen Terrororganisation verwandt worden sei. Die Aktion verlief ergebnislos.[63] — Das zweite Ereignis war das Erscheinen von Severings Erinnerungsbuch 1927. Watter fand sich hier, wie er sich in einem Brief ausdrückte, als „verbrecherischer Schafskopf" dargestellt.[64] In einem Presseartikel tadelte er das Verfahren, überhaupt so früh mit Erinnerungen an die Öffentlichkeit zu treten; stellte fest, daß Severing die Greueltaten der Roten Armee verharmlose und „im Gegensatz dazu die verdienstvollen Männer"

herabsetze, „deren selbstlosem Einsatz ihres Lebens der jetzige Staat sein Dasein verdankt"; wies darauf hin, daß Severing verschweige, daß er, Watter, es gewesen sei, der 1919 Noske die Ernennung Severings zum Staatskommissar vorgeschlagen habe, und schrieb dann zum Schluß:
„Die Gerechtigkeit verlangt, anzuerkennen, daß Herr Severing vielfach nützlich gewirkt hat. Wenn jedoch Schwierigkeiten und Hemmungen eintraten, so waren sie vielfach verschuldet durch sein Streben, den Posten des Staatskommissars zu einem dem meinen gleichgeordneten oder später auch übergeordneten auszugestalten. Die durch Severings Eingreifen hervorgerufenen Hemmungen, die anfangs überwunden wurden, haben sich später, insbesondere in den Frühjahrskämpfen März/April 1920 unheilvoll ausgewirkt. Herr Severing ist meines Wissens nie Soldat gewesen. Ohne sein Einwirken auf militärische Vorgänge wären die Entscheidungen schneller gefallen und es wäre viel deutsches Blut gespart worden".*
Gleichzeitig kündigte v. Watter „eine historische Darstellung" an, aus der hervorgehen werde, „wie viel Herr Severing in seinem Buch verschwiegen hat, verschwiegen zugunsten seiner Person, zugunsten seiner Partei, der Sozialdemokratie, und zugunsten der roten Armee im Ruhrrevier".[65] Gemeint war das Werk von Hans Spethmann (I, Seite 12-14), der inzwischen bei v. Watter vorgesprochen hatte und dann in der Tat ganz in dessen Sinne schrieb. Als sein Werk erschien, hieß es in einer Rezension der „Deutschen Arbeitgeber-Zeitung": „Unklar bleibt nur, was General Watter hinderte, den Mann, der ihn in der Ausübung militärischer Erfordernisse hemmte, zu arretieren und im Staatsinteresse aufzuknüpfen".[66]
Nach 1933 konnte Watter sich mühelos der Sprachregelung der neuen Machthaber anpassen. In einem von ihm verfaßten Gedenkartikel für die Freikorps sind die Angriffe auf Severing noch schärfer formuliert, während die Niederlage der Truppen in den Straßenschlachten als geplanter strategischer Rückzug uminterpretiert ist: „Für die militärische Kommandostelle ... war völlig klar, daß die kommunistische Oberleitung Vorbereitung zu einem großen allgemeinen Aufstand im Frühjahr 1920 traf ... Der Ernst der Lage ... wurde aber in Berlin nicht erkannt. Severing gelang es, die Regierung in Sorglosigkeit zu wiegen. Als der Kapp-Putsch ... diesen bolschewistischen Aufstand vorzeitig auslöste und in kurzem das ganze Industriegebiet aufrührerisch in Waffen stand, mußte ein anderes Verfahren angewendet werden. Nicht mehr einzelne Unternehmungen konnten zum Ziel führen, Räumung des ganzen Reviers und einheitliches, geschlossenes Vorgehen von allen Seiten war dagegen notwendig. Es war eine große militärische, einheitliche Operation. Diese führte zum Ziel, wenn auch verzögert durch unheilvolle Eingriffe der Weimarer Regierung".[67]
Watter starb am 23. August 1939, wenige Tage vor Beginn des Zweiten Welt-

---

* In einem etwas gereizten Gegenartikel stellte Severing richtig, erstens daß seine Ernennung zum Staatskommissar auf die Initiative seines Parteifreundes Schluchtmann zustandegekommen sei, daß zweitens seine Vollmachten die faktische Gleichstellung mit Watter beinhaltet hätten, und fuhr dann fort: „Ich muß es zugeben, Säbel und Flinte waren nie mein Handwerk. Aber ich war ja auch nicht bestellt, um Felddienstübungen abzuhalten oder Schießunterricht zu erteilen, sondern um irregeleitete Volksgenossen wieder auf den Weg der Vernunft und Ordnung zu bringen. Das war in jenen Jahren auch die Aufgabe Watters. Hätte er sich bei ihrer Lösung mehr daran erinnert, daß Hirne produktiver sind wie Bajonette — es wäre besser gewesen".

kriegs. Von seinem Sterbebett hatte er noch einen Gruß an den im Konzentrationslager gefangengehaltenen Martin Niemöller gerichtet.[68] Ein letzter Akt der Opposition gegen die Staatsautorität? Ein betontes Bekenntnis christlicher Gesinnung? Ein Staatsbegräbnis erhielt Watter trotzdem. Bei der Trauerfeier predigte Feldbischof Dohrmann über 2. Timotheus 4, Vers 7: „Ich habe einen guten Kampf gekämpft, ich habe den Lauf vollendet, ich habe Glauben gehalten", und hob u. a. hervor, daß Watter bei Traditionszusammenkünften für die Abhaltung von Feldgottesdiensten gesorgt habe: „Er tat es nicht aus Tradition nur ..., sondern in der klaren Erkenntnis, daß die höchste Opferbereitschaft, die vom Manne gefordert werden muß, nur herausbricht aus dem Zusammenhang mit dem lebendigen Gott selbst". Und Generaloberst v. Brauchitsch rief aus: „Ich brauche an dieser Stelle nicht zu sagen, was für diesen geraden, aufrechten Mann der politische Zusammenbruch bedeutete. Aber er war nicht einer von denen, die gewillt waren, sich mit den gegebenen Tatsachen abzufinden. Entschlossen nimmt er den Kampf gegen die zersetzenden Kräfte der Revolution auf ... General v. Watter hat sich damit unvergängliche Verdienste erworben für die Vorbereitung des deutschen Wiederaufstieges".[69] — 1940 wurde an Watters Grab auf dem Invalidenfriedhof ein Denkmal übergeben, das die Hitler-Regierung hatte errichten lassen.[70] Im selben Jahr erschien ein Gedenkbuch mit dem Titel „General Oskar Freiherr von Watter. Dem Gedenken eines großen Soldaten von den alten Kameraden der 54. Infanterie-Division des Weltkrieges".

*

Wie Geschehenes im Gedächtnis aufbewahrt wird, erfaßt der Historiker nur höchst unvollkommen, geschweige wie mit der Erinnerung umgegangen wird. In der Regel sieht er nur, was davon öffentlich wird — nur einen Ausschnitt also, und vermutlich nicht den wichtigsten. Immerhin, bedeutungslos ist er nicht, und abschließend soll von ihm die Rede sein.

Die Arbeiter errichteten in der Folgezeit Gedenksteine, vor allem an den Massengräbern — in Dinslaken, Voerde, Hünxe, Raesfeld, Pelkum usw.; anderswo, z. B. in Borbeck, wurden Tafeln angebracht, die an Erschießungen erinnerten. Sie wurden das Ziel von Demonstrationszügen, die alljährlich zu Ostern, meist unter Führung der KPD und ihrer Organisationen, stattfanden. 1930, zum 10. Jahrestag des Geschehens, hieß es dazu in einem Aufruf der KPD-Bezirksleitung: „Prägt allen Arbeitern die Erinnerung an die blutige Schmach der weißen Garden und den mörderischen Verrat des Sozialfaschisten Severing ein!"[71] Nur ein einziges Denkmal wurde 1927 von staatlicher Seite errichtet: für die „irrtümlich" erschossenen Kanalarbeiter von Hamm-Bossendorf; „sie fielen als unschuldige Opfer in Deutschlands schwerster Zeit bei den hiesigen Kämpfen am 1. April 1920", lautete die Inschrift.[72] Umso eifriger war der Weimarer Staat mit dem Einsatz von Polizei, die gelegentlich mit blanker Waffe gegen die Demonstranten vorging.[73]

Ebenfalls 1927 wurde in Bochum eine Polizeiunterkunft eingeweiht. Der preußische Innenminister Grzesinski (SPD) benannte sie nach seinem Amtsvorgänger Severing.[74]

Eine erstrangige traditions- und bewußtseinsbildende Maßnahme war es dann, als 1930 der zum Hugenberg-Konzern gehörige Verlag Reimar Hobbing (Berlin) eine „Volksausgabe" des Buches von Spethmann unter dem Titel „Die Rote Armee an Ruhr und Rhein" herausbrachte; der Umschlag war geschickt der Aufmachung damaliger KPD-Publikationen nachempfunden. Jede Schule des Ruhrgebiets erhielt ein kostenloses Exemplar zugeschickt.[75]

Drei Jahre später ergriffen die Faschisten die Macht. Gedenktafeln und Inschriften wurden entfernt;[76] in Remscheid wurde ein ganzes Denkmal, das einen Fackelträger darstellte, zerstört.[77] In Weetfeld bei Hamm brachte ein Bauer einen Grabstein, unter dem 8 oder 9 Rotgardisten lagen, in Sicherheit (nach Kriegsende wurde er wieder aufgestellt).[78] Neue Denkmäler wurden jetzt errichtet, zuerst im Juni 1934 für das Freikorps Lichtschlag in Dorsten, wo 1919 die blutige Niederschlagung des Ruhrproletariats begonnen hatte,[79] dann in Pelkum für den einzigen Toten, den die Brigade Epp bei dem dortigen Gemetzel gehabt hatte,[80] vor allem aber ein zentrales Denkmal in Steele, direkt am Ufer der Ruhr, für sämtliche Toten der Freikorps, Reichswehr, Sipo und Einwohnerwehren im ganzen Ruhrgebiet 1919/20. Die Anregung hierzu hatte Lichtschlags ehemaliger Adjutant Heinrich Mahnken auf dem Schlageter-Gedenktag in Düsseldorf im Mai 1933 gegeben. Den Platz sowie Steinmaterial, Strom und Wasser für die Ausführung stiftete Bergassessor Vogelsang, geschäftsführendes Mitglied des Bergbauvereins. Die Anlage, errichtet vom Freiwilligen Arbeitsdienst und abkommandierten Facharbeitern, bestand aus einem Rondell von 24 Pfeilern, auf denen die Symbole der eingesetzten Formationen, und einem Kranz oberhalb der Pfeiler, auf dem die Namen der Formationen verzeichnet waren; ein Rundbau im Innern der Pfeiler trug wiederum 24 Bronzetafeln mit den Namen der Toten. Die Einweihung fand mit dem typischen Pomp der Nazis am 4. November 1934 statt. Die Rednerliste: General v. Watter, Gauleiter Terboven, der Essener Oberbürgermeister Reismann-Grone, der Wehrkreiskommandeur General v. Kluge, der General der Landespolizei Daluege, Reichsstatthalter v. Epp, Major a.D. Schulz; die Toten gefeiert als Vorkämpfer der „nationalen Erhebung"; zum Schluß ein dreifaches Hurra v. Watters „auf Führer und Vaterland", das Deutschland-Lied, das Horst-Wessel-Lied, Kranzniederlegungen unter den Klängen von „Ich hatt' einen Kameraden". Die Zufahrtsstraße zum Denkmal erhielt den Namen „von-Watter-Straße".[81]

Das Lichtschlag-Denkmal in Dorsten wurde im März 1945 bei einem englischen Bombenangriff, der die Stadt dem Erdboden gleichmachte, zerstört;[82] das Zentraldenkmal in Steele überstand den Krieg unversehrt. Nach dem Untergang des Dritten Reiches wurde es nicht etwa abgerissen, sondern nur die Tafeln wurden abmontiert — Symbol für die allgemein nur halbherzige Abrechnung mit der Vergangenheit. Heute legt eine Abordnung der Essener Stadtverwaltung am „Volkstrauertag" dort einen Kranz nieder.[83] In Remscheid entbrannte eine Auseinandersetzung, als die Arbeiterorganisationen ein neues Denkmal als Ersatz für das von den Nazis zerstörte errichteten (Grundsteinlegung 1948, Enthüllung 1950). Die CDU polemisierte, die Arbeiter seien 1920 für die Diktatur des Proletariats, also für kommunistische Ziele, die Lützower dagegen für die Regierung, als „Regierungstruppen" in den Kampf gezogen — nur die letzteren seien daher

der Erinnerung von Demokraten wert. Die KPD stellte demgegenüber fest, die Lützower hätten für die Errichtung der Militärdiktatur gekämpft, nahm aber die Arbeiter etwas merkwürdig in Schutz: „Freiheit und Demokratie" sei ihr Kampfziel gewesen.[84]
Neben solchem traumatischem Umgang mit den Erfahrungen der Weimarer Republik gab es deutlich akzentuierte Anknüpfung. Einmal am 26. April 1949, als in Münster die Landespolizeischule eingeweiht wurde. Sie erhielt den Namen „Carl-Severing-Schule"; der Namenspatron, inzwischen 74 Jahre alt, hielt die Festansprache.[85] Auf der anderen Seite wurden die alljährlichen Osterdemonstrationszüge zum Massengrab in Pelkum (möglicherweise auch zu anderen Massengräbern) wiederaufgenommen. Das dauerte bis zum Verbot der KPD im Jahre 1956.[86] Dagegen traf sich weiterhin Jahr für Jahr zu Ostern die Kameradschaft der Marinebrigade Loewenfeld und hielt Gedenkfeiern in Bottrop und Kirchhellen ab. In Kirchhellen wurde 1960 eine Straße in der Nähe des Friedhofs, auf dem ein Ehrenmal der Loewenfelder steht, in „Loewenfeldstraße" umbenannt.[87] In einer 1963 erschienenen Broschüre behauptete die Kameradschaft, am Kapp-Putsch sei die Marinebrigade nicht beteiligt gewesen, was dadurch bewiesen sei, daß sie von der damaligen Reichsregierung „von Schlesien nach dem Ruhrgebiet beordert" worden sei, „um bei der Niederwerfung eines kommunistischen Umsturzversuches großen Stils eingesetzt zu werden" (also müsse sie doch wohl regierungstreu gewesen sein, so lautet die biedere Logik);[88] kein Wort darüber, wie die Truppe in Schlesien und im Ruhrgebiet vorgegangen war. Die sozialdemokratische Stadtverwaltung von Bottrop beteiligte sich, offenbar ohne jedes kritische historische Bewußtsein, regelmäßig an den Gedenkfeiern mit einer Kranzniederlegung. Konteradmiral Kemnade von der Bundesmarine 1969 in einem Grußtelegramm: „Diese Brigade ist meiner Generation noch ein Begriff. Die Jüngeren und Jüngsten hören kaum mehr etwas von dem aufopferungsvollen Einsatz in jenen schweren Tagen, als Anarchie und Terror in Deutschland und an seinen Grenzen herrschte".[89] Erst die letzte Gedenkfeier der Loewenfelder 1970 wurde, nachdem ein großer Zeitungsartikel kritisch auf sie aufmerksam gemacht hatte — es war die Zeit der Studentenbewegung —, von Gegendemonstrationen begleitet; ein aufmarschierendes Polizeiaufgebot war mit Hunden ausgerüstet.[90] — Beides, die geschilderten Formen der Traditionsbildung, und das große Verdrängen des Arbeiteraufstands von 1920 und seiner Niederschlagung: ein kleiner Ausschnitt aus der jüngeren deutschen Geschichte.

*

Wir sind am Ende der Darstellung angelangt. Und dies soll auch das Ende des Buches sein, d. h. eine „Würdigung" oder gar die bei vielen Historikern der Arbeiterbewegung übliche Aufzählung der Fehler, die gemacht wurden, soll unterbleiben. In diesen Listen, aufgestellt wie von Buchhaltern, ist jedes Leben ausgetrieben. Wo ich kritische Überlegungen angestellt habe, ist dies in der Darstellung selbst vorsichtig angedeutet.
Ich habe mich richtig verstanden gefühlt, als Klaus Theweleit in einer Rezension des 2. Bandes im „Argument" schrieb, „spekulative Fragen" wie etwa: „Hätten

die Arbeiter 1920 siegen können, wenn ..." würden nicht gestellt, und man verlerne beim Lesen, so zu fragen; stattdessen schärfe sich der Blick „für die vielfältigen Ebenen, auf denen die Klassenauseinandersetzungen sich abspielen". Inzwischen möchte ich den immerhin im 2. Band noch verdeckt vorhandenen „Leninismus" (vgl. dort S. 162 f., 175-177) ausdrücklich preisgeben und erklären, daß ich den herkömmlichen Revolutionsbegriff, der um das Phänomen der Macht kreist, zunehmend überholt und uninteressant finde.

Das zusammenfassende Nachdenken über die größte bewaffnete Erhebung in der Geschichte der deutschen Arbeiterbewegung sollte, so schlage ich vor, von einem zentralen Punkt ausgehen: der Frage nämlich, warum zwar Einzelne — vor allem die einzige Frau an führender Stelle, Amalie Schaumann — erkannten, daß die Bewegung um den 26./27. März ihren Höhepunkt überschritten hatte, und daraus die Konsequenz zogen, daß der Rückzug in die Städte angetreten werden müsse, *warum dies zu tun aber der Masse der bewaffneten Arbeiter offensichtlich unmöglich war.*

Anhang: Drei spontane Schöpfungen aus dem Augenblick

1. Am 11. November 1918 sangen Kinder in Düsseldorf:

> Siehste mal, do kimmt er,
> Willem im Zylinder,
> Willem mit dem Henkelmann
> Fängt bei Bohlen-Halbach an.

(R. A. Keller: Die Revolution in Düsseldorf, in: Der Deutsche Erzieher, 1938, Heft 7, S. 174)

2. Im März 1920 erfanden Kinder in Mülheim folgenden Vers für ihre Kreisspiele:

> Eins, zwei, drei,
> Noch haben wir nicht Mai,
> Wir haben nur Re-vo-lu-tion,
> Bautz, dahinten knallt es schon!
>
> (bei 'bautz' wurde in die Hände geklatscht
> und mit dem Fuß gestampft)

(Mülheimer General-Anzeiger, 19. März 1920)

3. Einige Tage später sangen Rotgardisten am „Waldschlößchen" in Walsum die „Internationale" mit einer neuen Strophe:

> Laßt los die Hebel der Maschinen,
> Zum Kampf heraus aus der Fabrik!
> Dem Werk der Zukunft wolln wir dienen,
> Der freien Räterepublik.
> Nieder mit der Vaterländer Grenzen,
> Nieder mit dem Bruderkrieg!
> Der Freiheit Morgenfarben glänzen,
> Die rote Fahne führt zum Sieg.
> (Refrain:)
> Grausig tönen Fanfaren,
> Auf zum letzten Gericht!
> Der Galgen den Barbaren,
> Dem Volk das Sonnenlicht!

(Mitteilung von Heinrich Köster, Essen, an Christoph Ebner, Witten)

Zu den Anmerkungen: Abkürzungen und Zitierweise

Außer den Abkürzungen für eine Reihe von Quellen (insbesondere Zeitungen), die aus den Quellen- und Literaturverzeichnissen der 3 Bände zu ersehen sind, werden in den Anmerkungen folgende *Abkürzungen* verwandt:

AA — Aktionsausschuß
AAPA — Auswärtiges Amt, Bonn, Politisches Archiv
Ab — Abendblatt
abgedr. — abgedruckt
AK — Armee-Korps
Anl. — Anlage
Anm. — Anmerkung
a. o. — außerordentlich
AR — Arbeiterrat
AuSR — Arbeiter- und Soldatenrat
BA — Bundesarchiv, Koblenz
BA-MA — Bundesarchiv — Militärarchiv, Freiburg
BK — Büro Kölpin (Aktenbestand im Staatsarchiv Münster)
Bkm. — Bekanntmachung
Bl. — Blatt
ders. — derselbe
Dksch. — Denkschrift
Dok. — Dokument
ebd. — ebenda
f. — für
GK — Generalkommando
GV — Generalversammlung
i. A. — im Auftrag
IMKK — Interalliierte Militärische Kontrollkommission
IZF — Institut für Zeitungsforschung, Dortmund
Konf. — Konferenz
Kr. — Kreis
LV — Landesversammlung
Mo — Morgenblatt
MV — Mitgliederversammlung
nachgedr. — nachgedruckt

NL — Nachlaß
NV — Nationalversammlung
OB — Oberbürgermeister
öff. — öffentlich
preuß. — preußisch
Prot. — Protokoll
prot. — protokollarisch
Reg. — Regierung
RJM — Reichsjustizministerium
RT — Reichstag
RW — Reichswehr
RWM — Reichswehrministerium
Sp. — Spalte
SR — Soldatenrat
STA — Staatsarchiv
StA — Stadtarchiv
STAD — Hauptstaatsarchiv Düsseldorf, Zweigarchiv Kalkum
Stadtverw. — Stadtverwaltung
STAM — Staatsarchiv Münster
Stat. — Statistik
sten. — stenographisch
Stvv — Stadtverordnete
Tf. — Telefonat
Tg. — Telegramm
u. ö. — und öfter
VA — Vollzugsausschuß
Vers. — Versammlung
Vf. — Verfasser
vorl. — vorläufig
VR — Vollzugsrat
VV — Vollversammlung
Wk.kdo — Wehrkreiskommando
ZK — Zentralkomitee
ZR — Zentralrat

Zeitungen, Telegramme und Briefe werden zitiert mit aneinandergehängten Zahlen für Jahr, Monat und Tag; z.B. 1920-04-02 für 2. April 1920.

Anmerkungen

Das Zitat von Gert Zang auf S. 6 der Vorbemerkung aus: Subjektive Reflexionen über ein Projekt und seine organisatorische, methodische und inhaltliche Entwicklung, in: Gert Zang (Hg.): Provinzialisierung einer Region. Liberale Politik in der Stadt und im Kreis Konstanz (1860-1880) angesichts der sich abzeichnenden Rückständigkeit der Region. Untersuchungen zur Entstehung der bürgerlichen Gesellschaft in der Provinz, Konstanz 1977

Anmerkungen zu Seite 12

1. Kapitel
1. Auseinandersetzungen um die Ziele der Aufstandsbewegung

1) Elberfeld: STAD: Reg. Düsseldorf, 15980, Bl. 82 = StA Wuppertal: Elb S XI, Nr. 27, Bl. 41 f.; FPE, 1920-03-15. — Barmen: Reg. Düsseldorf, 15980, Bl. 70. — Vgl. für beide Städte außerdem die Proklamation des Aktionsausschusses in FPE (Mitteilungsblatt usw.), 1920-03-18. — Remscheid: Remscheider Märzkämpfe, S. 36. — Lennep: STAD: Reg. Düsseldorf, 15980, Bl. 56 f. — Ronsdorf: FPE, 1920-03-25. — Lüttringhausen: Anzeige in Tägl Anz Lü, 1920-03-26. — Düsseldorf: s. Anm. 2. — Hamborn: STAD: Reg. Düsseldorf, 15980, Bl. 93; dazu die SPD- und die KPD-Kandidatenliste zur Stv-Wahl am 2. März 1919, in Nrh Vst, 1919-02-24, sowie die Mitgliederliste des am 30. März 1919 neugewählten ARs, in Nrh Vst, 1919-04-04; vgl. ferner STAD: Reg. Düsseldorf, 15980, Bl. 99 = Dksch. RWM I, S. 17. — Walsum: STAD: Reg. Düsseldorf, 15980, Bl. 13 f., 21. — Sterkrade: STAD: Reg. Düsseldorf, 15977 u. 15980, Bl. 121, vgl. Bl. 124. — Osterfeld: GA Ob, 1920-03-24; Aufruf in StA Oberhausen: Nachkriegsakten Osterfeld, Nr. 7; Namensliste in StA Oberhausen: Nachkriegsakten Osterfeld, Nr. 2. — Gelsenkirchen: nicht direkt nachweisbar, aber nach vielen Quellen wahrscheinlich. — Bochum: Mk Spr u. Ff Ztg, Nr. 200, 1920-03-15; STAM: Reg. Arnsberg, I Pa 336, Bl. 80 f. — Unna: STAM: Reg. Arnsberg, I Pa 336, Bl. 37. — Aplerbeck: dieselbe Akte, nicht paginiert.

2) Konferenz der Funktionäre der drei Arbeiterparteien und der Gewerkschaften, 21. März — FPD u. VZD, 1920-03-22; FPD, 1920-03-23; Geschäftsbericht d. USP-Vorstands in VZD, 1920-04-24.

3) Thöne in der MV der SPD Bochum, 13. April 1920 — Vbl, 1920-04-15; J. Czappa in Vbl, 1920-04-27; Gk Ztg, 1920-03-17; Aufruf in Mk Spr, Gk Ztg, Wdt VZ, sämtlich 1920-03-17.

4) Hagen: Wdt VZ, 1920-03-22; Aufruf „An alle !", in STAM: Kr. Hattingen, Landratsamt 171; Lambers, Bildteil, S. 9; Arch. Forsch., II, S. 755 f.; Ernst S. 24; Hag Ztg, 1920-03-17, Ab; Wdt VZ, Wf Tbl, Do GA (Publikations-Organ usw.), 1920-03-18. Das von Lambers, S. 106 (gestützt auf Vermutungen von Cuno, S. 11 a) behauptete Nebeneinander eines breiten Aktionsausschusses und eines „Kampfausschusses" der drei Arbeiterparteien ist eine Erfindung. — Wattenscheid: Wat Ztg, 1920-03-19; StA Wattenscheid: Rep. 2, Stadt W., A 670. — Lünen: Lün Ztg, 1920-03-15. — Castrop: Bd. I, S. 264. — Rauxel: Cst Ztg, 1920-03-19, -23; StA Castrop-Rauxel: Amt Rauxel, Nr. 98. — Hörde: Hö Vbl, 1920-04-10; OB Schmidt in Stvv-Vers. — Hö Vbl, 1920-03-17; Trem, 1920-03-17. — Kamen: Hellkötter, S. 9; Bkm. in Kam Ztg, 1920-03-24.

5) Hamm: STAM: Reg. Arnsberg, I Pa 336, Bl. 31; Do Ztg, Nr. 124, u. Trem, 1920-03-19; Trem, 1920-03-24; vgl. Bd. I, S. 264 f. — Recklinghausen: Aufruf d. AAes, 15. März, in Rhs Ztg, 1920-03-16, VfrR, 1920-03-17, u. Gaertner, Kapp-Putsch, S. 10; Bd. I, S. 265 f. — Buer: Bu Ztg, 1920-03-18; Rw, 1920-03-19; Bu Ztg u. Rw, 1920-03-19. — Dorsten: Dst VZ, 1920-03-22; Wiedenhoefer, S. 68; Bu Ztg, 1920-04-24.

Anmerkungen zu Seite 12—15

6) Die Behauptung von Düwell (S. 35), mit Ausnahme von Essen sei die USP überall mit der SPD zusammengegangen, ist unzutreffend.
7) BA: R 43 I / 2717, Bl. 132; STAD: Reg. Düsseldorf, 15980, Bl. 13, 26; Hamb VZ, 1920-03-29; Kersken, S. 33 f.; weitere Personalangaben nach der KPD-Kandidatenliste zur Stvv-Wahl am 2. März 1919 — FrM, 1919-02-27, und Auskunft von Herrn Kurt Schön, Dinslaken.
8) 2. Anmerkung auf S. 12: STAD: Reg. Düsseldorf, 15980, Bl. 87; Unterschriften unter den Bekanntmachungen des VRs in den Essener Tageszeitungen; Brauer, S. 40; zur Ermittlung der Berufe: Adreßbuch Essen 1920.
9) STAD: Reg. Düsseldorf, 15980, Bl. 105; Aufrufe u. Bkm.en in Mh GA u. Mh Ztg, 1920-03-21, u. STAD: Reg. Düsseldorf, 15977.
10) Wie Bd. II, S. 214, Anm. 249.
11) Zuschrift SPD-Ortsvorstand in Mh GA, 1920-03-26; Ob Vst, 1920-03-25.
12) Mh GA, 1920-03-30.
13) Mh GA, 1920-03-25; Mh Ztg, 1920-03-26; STAD: Reg. Düsseldorf, 15980, Bl. 108 = StA Mülheim: 10-59, 11-1, Bl. 10 f.
14) STAD: Reg. Düsseldorf, 15980, Bl. 113; weitere VR-Mitglieder in StA Oberhausen: Nachkriegsakten Oberhausen, Nr. 7; dazu Adreßbücher Oberhausen 1913 und 1920/21 sowie USP-KPD- Kandidatenliste zur Stvv-Wahl am 2. März 1919 — Nrh Vst, 1919-02-25.
15) RuR-Ztg, Nr. 135, u. Dui GA, 1920-03-21. Einige der in diesen beiden Quellen genannten acht KPD-Vertreter waren nach Arch. Forsch., II, S. 765, zugleich Unionisten.
16) RuR-Ztg, Nr. 139, Dui GA, Hamb VZ, 1920-03-24; Bericht von Schiller im Gewerkschaftskartell, 23. März — Ob Vst, 1920-03-24.
17) Anmerkung auf Seite 13: Die Bekanntmachungen d. VRs in Lenn Krbl (Nachrichtenblatt usw.), 1920-03-22, sind von der KPD- und der USP-Ortsgruppe unterzeichnet.
18) Bericht von Behrend in MV der SPD, 22. März — Ob Vst, 1920-03-23; RuR-Ztg, Nr. 137, 1920-03-23; Dui GA, 1920-03-22; Ob Vst, 1920-03-23; Helbig in öff. Gewerkschaftsversammlung, 11. April — RuR-Ztg, Nr. 161, 1920-04-12; Colm, S. 88; Nrh Vst, 1920-04-06; vgl. Ernst, S. 34.
19) WAVZ, abgedr. in VfrR = Vbl, 1920-03-19; Rh Ztg, 1920-03-19; vgl. Bd. I, S. 196 f.
20) Rh Ztg, 1920-03-19; ungenau Achtzehn Tage, S. 3, und Zickler, S. 11.
21) Trem, 1920-04-06; Volkswille, Münster, 1920-04-23; Aufruf d. VRs in Trem u. Do Ztg, Nr. 123, 1920-03-18 (Unterschrift von Braun [DDP] fehlt); WAVZ, 1920-03-23, wiedergegeben in Trem, 1920-03-24, und von L. St. in Ff Ztg, Nr. 225, 1920-03-24; Zickler, S. 11.
22) VV der neugewählten revolutionären Betriebsräte, 29. März — Do GA, 1920-03-30, -31; Erklärung von Schneider in WAVZ, 1920-04-01, abgedr. in Trem, 1920-04-02.
23) Meinberg und Bormann in öff. KPD-Vers., Dortmund, 15. Aug. 1920 — STAM: Reg. Arnsberg, I Pa 262 = Meinberg, S. 203, 208 f.
24) FPE, 1920-03-19; Text der Proklamation in FPE (Mitteilungsblatt usw.), 1920-03-18.
25) STAD: Reg. Düsseldorf, 15977.
26) FPE (Mitteilungsblatt usw.), 1920-03-18 („Sieg der sozialistischen Parteien im Wuppertal").
27) Impressum der „Volkstribüne".

28) FPE (Mitteilungsblatt usw.), 1920-03-18. Vgl. FPE, 1920-03-19, 1920-03-20 („Kein Spiel mit dem Feuer treiben!"), 1920-03-22 („Der Wendepunkt").
29) FPE, 1920-03-20 ("Kein Spiel mit dem Feuer treiben!").
30) Siehe Anm. 4.
31) Wdt VZ, Hag Ztg (Mo), KVZ, Nr. 223, 1920-03-22; Richtigstellung eines Artikels von Ludwig in VstH, 1920-03-25, durch den Vorstand des Zentrums in Wdt VZ, 1920-03-26. Text des Flugblatts: Lambers, Bildteil, S. 10; Ernst, S. 32, nachgedr. in Arch. Forsch., II, S. 766; die tatsächliche Verbreitung des Flugblatts ist nachgewiesen durch den Aufruf der SPD-Bezirksleitung Westliches Westfalen in WAVZ, 1920-03-23 (in StA Dortmund: Do n 117).
32) Cuno, S. 13; Wdt VZ, Hag Ztg (Mo), KVZ, Nr. 223, 1920-03-22; Erklärung der AfA in VstH, 1920-03-24, u. Wdt VZ, Hag Ztg (Mo), 1920-03-25; K. Ludwig: Zum Abschluß des Kampfes, in VstH, 1920-03-25; hierzu Richtigstellung durch den Vorstand des Zentrums, in Wdt VZ, 1920-03-26; Ludwig in d. Preuß. LV, 28. April 1920 — Sitzungsberichte, Bd. 9, Sp. 11 173; Ernst, S. 33 f. (kommentiert von Teuber, S. 95); Lambers, S. 108. Text der Plattform, Bildteil, S. 11 = Arch. Forsch., II, S. 758-761; Autorschaft von Ernst: Cuno, S. 13.
33) VstH, 1920-03-17.
34) Bericht der Zentralleitung in Witt Tbl, 1920-03-19; Vbl, 1920-03-22. Durch den frühen Zeitpunkt, aber auch durch den Inhalt der Einberufung wird die Behauptung von Colm hinfällig, die Einberufung sei erfolgt, als die Hagener Zentrale „sah, daß sie ohne weiteres im westlichen Teil (des Ruhrgebiets) nicht anerkannt wurde, und doch vor folgenschweren Entschlüssen stand" (S. 104 f.).
35) Zahl und Parteizugehörigkeit der Delegierten nach Cuno, S. 14; leicht abweichende Zahlen bei Colm, S. 104. Herkunft der Delegierten: Mk Spr, 1920-03-22, dazu VstH, 1920-03-22, und die Rednerliste in NFP, 1920-03-23 (StA Hagen: Stadt Hagen, AK. VIII, 39, Bl. 63). Einladung an König, Severing, Mehlich: VstH, 1920-03-22.
36) VZD, 1920-03-23; NFP, 1920-03-23 (StA Hagen: Stadt Hagen, AK. VIII, 39, Bl. 63); VstH u. Vbl, 1920-03-22; AR, 1920, H. 12/13, S. 28 f.; Bericht von Aufderstraße in der VRe-Konferenz in Bochum, 21. März = Mk Spr u. FPD, 1920-03-22 = AZE u. RhW Ztg, Nr. 197, 1920-03-23, u.ö.; Ernst, S. 26 f. — Anmerkung auf S. 19: Interview mit Meinberg in Do GA (Publikations-Organ usw.), 1920-03-18 = Meinberg, S. 137; Bkm. d. VRs Dortmund in Do GA, Nr. 80, 1920-03-20 (Mo).
37) Vbl, 1920-03-22 = VZD, 1920-03-23, verglichen mit dem ursprünglichen Entwurf bei Lambers, Bildteil, S. 11 = Arch. Forsch., II, S. 758-761 (stilistische Änderungen gegenüber dem Entwurf im Vorspann zu den 6 Punkten wurden nicht berücksichtigt); ferner Cuno, S. 14 a (einstimmige Annahme); Spethmann, S. 146 (hat nur die 6 Punkte); Brauer, S. 51 (wirft Meinberg Opportunismus vor).
38) Cuno, S. 13.
39) Ludwig in VstH, 1920-03-18.
40) VstH, 1920-03-22 = Ernst, S. 27 f.; mit unbedeutenden Abweichungen in Vbl, 1920-03-22; der tatsächlich von Ernst abgeschickte Text (Anm. auf S. 21): BA: R 43 I / 2715, Bl. 35-37.
41) Mk Spr u. FPD, 1920-03-22 = AZE u. RhW Ztg, Nr. 197, 1920-03-23, u.ö. (verkürzt und z.T. unrichtig wiedergegeben von Spethmann, S. 146); Witt VZ = Hrn Anz, 1920-03-22.
42) VZD u. FPD, 1920-03-22.
43) Vtr, 1920-03-25.
44) 22. März: Text des — im folgenden wiedergegebenen — 6-Punkte-Papiers in FPE,

Anmerkungen zu Seite 22—27

1920-03-22; Beratung und Annahme: FPE, 1920-03-23; Vtr, 1920-03-24. — Delegiertenkonferenz am 23. März: RE, 1920-03-24 = Arch. Forsch., II, S. 778 f.; VstH, 1920-03-25; Ernst, S. 20 f. (bezüglich der Autorschaft von Lambers, S. 108, mißverstanden). Von der Delegiertenkonferenz wurde Punkt 4 ans Ende gestellt.

45) Vtr, 1920-03-22 („Klarheit"), wo es hieß: „... eine Regierung der Ebert, Bauer, Noske ... (ist) für das arbeitende Volk ebenso unmöglich ... wie die Regierung der Kapp-Lüttwitze ... Wenn die Kapp und Genossen vor ein Volksgericht gestellt werden (eine Anknüpfung an Punkt 6 des 10-Punkte-Programms vom 18. März, oben S. 15), so gehören jene als ihre Begünstiger mit auf die Anklagebank, und besonders für den unheilvollen Noske ... wäre kein Galgen hoch genug".

46) AZE, 1920-03-22 („Wie kommen wir aus dem grausigen Mißverständnis heraus?").

47) Ob Vst, 1920-03-25; Mh GA, 1920-03-24; Mh Ztg, 1920-03-26.

48) Mh Ztg, 1920-03-26.

49) Ob Vst, 1920-03-25.

50) Mh GA u. Mh Ztg, 1920-03-24; STAD: Reg. Düsseldorf, 15977; ebd.: 15980, Bl. 110.

51) Spethmann, S. 160; Brauer, S. 69; zumindest der 2. Absatz ist übernommen aus RF, 1920-03-17 (s. das Zitat bei Könnemann/Krusch, S. 301). Vgl. Sp, 1920-03-24, abgedr. bei Spethmann, S. 161 f.

52) KZ, Nr. 280, 1920-03-23; Ess Allg Ztg u. Ess VZ, 1920-03-22; Brauer, S. 39 f.; vgl. Spethmann, S. 130; Einberufung der Kundgebung durch den VR in RE, 1920-03-20.

53) RE, 1920-03-15 („Das Volk steht auf, der Sturm bricht los"). Wegen dieses Artikels verhängte das Wehrkreiskommando Münster ein Verbot des Blattes vom 16. bis zum 25. März (Quellennachweise in Bd. II, S. 216, Anm. 318).

54) RE, 1920-03-20 („Die zweite deutsche Revolution!" — eine Formulierung, die schon im Artikel vom 15. März fällt); abgedr. bei Spethmann, S. 132/134, und in StA Essen: Rep. 102, I, 1093, Bl. 272. Ähnlich die Aussage eines Artikels von Bartels (Autorenzeichen: ein Punkt) in Soz Rep, 1920-03-22. Vgl. auch RE, 1920-03-22 („Die Angst vor dem Bolschewismus").

55) RE, 1920-03-25; AZE u. Ess VZ, 1920-03-23.

56) Sp, 1920-03-26; RF-Do, Do GA, Nr. 87, AZE, 1920-03-27; Colm, S. 78.

57) Mh GA, 1920-03-21; Hamb VZ, 1920-03-22; Mh VZ, 1920-03-23; Schmidt in Stvv-Vers. Mülheim, 9. April — Mh Ztg, 1920-04-10; STAD: Reg. Düsseldorf, 15980, Bl. 105 = StA Mülheim: 10-59, 11-1, Bl. 5.

58) Meinberg, Watterwinkel, 1927-07-19 = Meinberg, S. 119. Vgl. die Äußerung von Bürgermeister Hamm im Stadtparlament von Recklinghausen am 7. April: „In Essen ist am 27. März die Rätediktatur nicht ausdrücklich in Worten, aber in der Tat errichtet worden, indem der Zentralrat die unbedingte Befolgung seiner Anweisungen von allen Behörden und der gesamten Bevölkerung verlangte". (Rhs Ztg, 1920-04-08)

59) Meinberg, S. 120. Vgl. Teuber, S. 101.

60) Lün Ztg, 1920-03-23.

61) Is Ka, 1920-03-26; vgl. Hag Ztg, 1920-03-24, Mo, u. Wf Tbl, 1920-03-25.

62) Vr, 1920-03-29.

63) Hag Ztg, 1920-03-20, Ab; Wdt VZ, Hag Ztg (Mo), KVZ, Nr. 223, 1920-03-22; Ernst, S. 33 f., kommentiert von Teuber, S. 95; Vers. d. christl. Gewerkschaftskartells, 21. März — Wdt VZ, 1920-03-22; Erklärung der AfA in VstH, 1920-03-24, u. Wdt VZ, Hag Ztg (Mo), 1920-03-25; Lambers, S. 108. Über die Zusammensetzung der „Arbeitsgemeinschaft" VstH, 1920-03-26.

64) VstH, 1920-03-22; Abwurf durch Flugzeug: ebd. u. Wf Tbl, 1920-03-22, -24. Vgl. VstH, 1920-03-23 („Die Stellung der Zentrumsführer und der Demokraten").

65) Hag Ztg, 1920-03-25, Mo; Wdt VZ u. VstH, 1920-03-26.

Anmerkungen zu Seite 28—35

66) Erklärung in Hö Vbl, 1920-03-22; Zuschrift in Do Ztg, Nr. 151, 1920-04-08.
67) StA Düsseldorf: XXIII 71; Arch. Forsch., II, S. 767 f.; Abdruck in Kam Ztg, Hö Vbl, 1920-03-23, u. ö. Verbreitung z.B. am 22. März in Dortmund: Do Tbl, Nr. 68, 1920-03-23.
68) STAD: Reg. Düsseldorf, 15977.
69) WAVZ, 1920-03-22 („Wer regiert?"); Nachdruck und Auszüge in MA, Nr. 142, Wf Mk (Ab), 1920-03-23; VfrR = Vbl, 1920-03-24. Vgl. den Aufruf der SPD-Bezirksleitung Westliches Westfalen vom 18. März in Bd. I, S. 249.
70) WAVZ, 1920-03-19, abgedr. in MZ, 1920-03-21. Entgegengesetzter Auffassung war das Bochumer SPD-Blatt: es bezeichnete den Generalstreik als unbedingt notwendig (mit „r." gezeichneter Artikel „Der Generalstreik" in VfrR = Vbl, 1920-03-19).
71) WAVZ, 1920-03-23 (in StA Dortmund: Do n 117). Nachdrucke: Kam Ztg, 1920-03-23; VfrR = Vbl, 1920-03-24; Vtr, 1920-03-27. Teilnachdrucke und -wiedergaben: Ff Ztg, Nr. 225, 1920-03-24 (mit einem Kommentar von L. St.); Ba Ztg, 1920-03-24, Ab. Das Elberfelder USP-Blatt nannte den Aufruf „glatten Verrat an der geeinigten Arbeiterschaft"; demgegenüber lobte es die Bündnispolitik der SPD im Wuppertal (Vtr, 1920-03-27).
72) WAVZ, 1920-03-23; Wiedergabe in Trem, 1920-03-24, und von L. St. in Ff Ztg, Nr. 225, 1920-03-24.
73) WAVZ, 1920-03-27, abgedr. in MA, Nr. 160, 1920-04-02; das Schreiben wurde am 23. März nachmittags abgesandt: Do Tbl, Nr. 69, u. Trem, 1920-03-24.
74) Erklärung von Rhode in der Sitzung der Amtsversammlung und der drei Gemeindevertretungen im Bereich des Amtsbezirks, 24. März — Rhs Ztg, 1920-03-25.
75) VfrR = Vbl, 1920-03-24 („Ruhig Blut!").
76) VfrR = Vbl, 1920-03-23 („Wie nutzen wir den Sieg aus?").
77) VfrR = Vbl, 1920-03-24 („Energie"); etwas gekürzt nachgedruckt in AZE, 1920-04-03.
78) Ob Vst, 1920-03-20 („Diktatur des Proletariats?"). Der Originaltext: MEW, Bd. 17, S. 336. Ähnlich wandte sich der Leitartikel des Hagener SPD-Blatts vom 20. März gegen die Diktatur des Proletariats, die unvereinbar sei mit den demokratischen Grundsätzen der SPD; das Blatt sprach sogar von „kurzsichtigem politischen Fanatismus" und „der ewig wachen Gier des Mobs" (abgedr. in Hag Ztg, 1920-03-20, Ab).
79) Ob Vst, 1920-03-21 („Wohin gehen wir?"); Teilnachdruck in VZD, 1920-03-22.
80) Ob Vst, 1920-03-23.
81) FPE, 1920-03-26 (ein insgesamt 16 Punkte umfassendes Papier). Punkt 8 bis 11 wiederholten die vom AA Duisburg am 14. März (Bd. I, S. 142) und am 17. März aufgestellten Forderungen (RuR-Ztg, Nr. 130 u. 131, 1920-03-18, -19); Punkt 13 bis 16 betrafen die Durchführung der Verschmelzung der beiden Parteien.
82) Ob Vst, 1920-03-19.
83) VfrR = Vbl, 1920-03-19 („Vor neuen Aufgaben").
84) Erklärung zu den Hagener Richtlinien in VfrR = Vbl, 1920-03-25.
85) O. Löffler: Reichswehrsorgen, in Ff Ztg, Nr. 227, 1920-03-25.
86) Hag Ztg, 1920-03-22, Mo.

2. Die Durchsetzung der Verhandlungsidee

1) Do Tbl, Nr. 68, 1920-03-23.
2) Stemmer gegenüber OB Eichhoff (Dortmund) — BA: R 43 I / 2715, Bl. 67.
3) Do GA, Nr. 82, 1920-03-22.

Anmerkungen zu Seite 35—40

4) BA: R 43 I / 2715, Bl. 67.
5) BA: R 43 I / 2728, Bl. 46.
6) Tg. Bauer an Ernst (Hagen), 1920-03-21, 20.08 Uhr — BA: R 43 I / 2715, Bl. 38 f.; Ernst, S. 29; Spethmann, S. 151; VstH, 1920-03-24.
7) Der verschleiernde Ausdruck wurde nach Veröffentlichung des Telegramms von Watter prompt beanstandet: Tg. Watter an Bauer, 1920-03-24 — BA: R 43 I / 2715, Bl. 50 f.; abgedr. bei Spethmann, S. 151.
8) Vgl. die Kommentare zu Bauers Telegramm in VstH u. FPE, 1920-03-24; Ernst, S. 29 f.
9) BA: R 43 I / 2715, Bl. 42 f.
10) VstH, Wdt VZ, Hag Ztg (Mo), Is Ka, 1920-03-23; Wdt VZ, 1920-03-24; OB Cuno über seine Verhandlungen mit dem AA am Vormittag — Hag Ztg, 1920-03-22, Ab; Ludwig in d. Stvv-Vers. am Nachmittag — StA Hagen: Akten Stadt Hagen, AK. VIII 39, Bl. 68 f., 72; Ernst, S. 31.
11) BA: R 43 I / 2728, Bl. 8.
12) StA Hagen: Akten Stadt Hagen, AK. VIII 39, Bl. 69, 68.
13) Vgl. auch Ludwigs Rede in der Hagener Konferenz vom 20. März — VZD, 1920-03-23; J. Ernst: Wo steht der Feind der Volksfreiheit?, in VstH, 1920-03-23.
14) StA Hagen: Akten Stadt Hagen, AK. VIII 39, Bl. 72.
15) BA: R 43 I / 2728, Bl. 76.
16) Ff Ztg, Nr. 220, 1920-03-20 (Leitartikel). Zur klassenmäßigen Einschätzung der Zeitung vgl. Zetkin, S. 159.
17) BA-MA: N 42/18, Bl. 49 a.
18) Benoist-Méchin, S. 119 Anm. 2 .
19) DBFP, I, S. 374 mit S. 384 f. Schon im Oktober 1919, kaum hatte die IMKK ihre Tätigkeit in Berlin aufgenommen, beantragte die Reichsregierung bei ihr eine Erhöhung der Artilleriestärke von 2 auf 20 Batterien; die IMKK lehnte jedoch ab (Morgan, Assize, S. 147).
20) Zum folgenden vgl. Salewski, S. 109-119. Die durchweg positive nationalgetönte Würdigung der deutschen Außenpolitik durch Salewski läßt sich bei kritischem Studium der Primärquellen nicht halten; vor allem die Darstellung der diplomatischen Verhandlungen zwischen dem 29. März und 2. April 1920 ist völlig unzulänglich. Im wesentlichen das Richtige traf bereits Maximilian Harden in seiner am 10. April 1920 veröffentlichten Analyse: „Schon heute ist gewiß, daß auf unserer Seite die Verhandlung schlecht, ohne redlichen Freimuth und richtiges Augenmaß, geführt worden ist" (S. 27). — Im folgenden werden nicht die Beziehungen zwischen Deutschland und den Alliierten während des Kapp-Putsches und danach als ganze dargestellt, sondern nur in Zusammenhang mit dem Ruhraufstand. Die Haltung der Entente zum Kapp-Putsch wird von Erger nur am Rande behandelt, und zwar bei der Darstellung der Putschvorbereitungen (S. 41 f., 104). Der DDR-Historiker Jauernig, der die Frage zum Gegenstand eines Aufsatzes gemacht hat, sieht die Entente ursächlich in den Kapp-Putsch verwickelt und interpretiert diesen als „internationale Verschwörung gegen Sowjetrußland" — ein extremes Beispiel für die Verdrehung historischer Wirklichkeit aus einer Klischeevorstellung heraus (die Quellenbasis für die These ist entsprechend dürftig). Daß diese Kritik an Jauernig noch lange nicht zu einer Parteinahme für die Alliierten führt, zeigt die folgende Darstellung.
21) PFR USA, S. 292, 299; Tirard, S. 214-219.
22) Sol Tbl u. BAst, 1920-03-16; Wld Ztg, 1920-03-18.
23) Solingen: Sol Tbl u. BAst, 1920-03-16. Wiesdorf: Opl Ztg, 1920-03-17; Nach-

Anmerkungen zu Seite 40—46

spiel vor englischem Gericht in Köln: Opl Ztg, 1920-03-26. Schlebusch: Opl Ztg, 1920-03-19. Opladen: Opl Ztg, 1920-03-17; Ohl Anz, 1920-03-20. Ohligs: Ohl Anz, 1920-03-16; Opl Ztg, 1920-03-17. Wald: Wld Ztg u. BAst 1920-03-16. Langenfeld: Opl Ztg, 1920-03-17, -18.

24) Am 15. März resümierte v. Cramon das Gespräch in zwei Schreiben an Nollet. Das erste findet sich in BA: R 43 I/ 13, Bl. 388 (hierzu Außenminister Müller an RWM, 1920-03-26, in ebd., Bl. 390 f.); das zweite in AAPA: II F-M, A 6, Bd. 1. Nollets Reaktion nach seinem Schreiben an Mertens, 1920-03-16, in AAPA: II F-M, A 6, Bd. 1. Beobachtungen und Erwägungen der IMKK während des Putsches: Morgan, Assize, vor allem S. 62.

25) AAPA: II F-M, A 6, Bd. 1.

26) BA-MA: N 42/18, Bl. 36.

27) Cramon an Nollet, 1920-03-16, in AAPA: II F-M, A 6, Bd. 1.

28) Nollet an Mertens, RWM an Ausw. Amt, 1920-03-16, in: ebd. — Vgl. Nollet, S. 120.

29) DBFP, IX, S. 163.

30) Tg. Haniel an Göppert und Sthamer, 1920-03-17, in AAPA: II F-M, A 6, Bd. 1.

31) Note Göppert an Millerand, 1920-03-17, in Prot. and corr., S. 58.

32) DBFP, IX, S. 150 f.

33) DBFP, IX, S. 159 f.; kürzer: X, S. 47.

34) DBFP, VII, S. 32 f. In der Konferenz vom 16. März erinnerte Millerand an diese seine Ausführungen.

35) Mayer über sein Gespräch mit Haguenin am 17. März, in AAPA: II F-M, A 6, Bd. 1; DBFP, IX, S. 170-178 (Foch).

36) Tg. Mayer an Ausw. Amt, 1920-03-18, in AAPA: II F-M, A 6, Bd. 1.

37) DBFP, VII, S. 551.

38) Ebd., S. 543 f., 546, 551; Tg. Sthamer an Ausw. Amt, 1920-03-18, 0.45 Uhr, in AAPA: II F-M, A 6, Bd. 1.

39) Konferenz in Paris: DBFP, IX, S. 170-179; ferner Derbys Berichte nach London: ebd., S. 180 u. 190. Konferenz in London: DBFP, VII, S. 542-547.

40) Weygand, S. 69 f.

41) AAPA: II F-M, N 1, Bd. 2; NL Schiffer: Nr. 16, Bl. 68.

42) Verbindungsstelle Münster an Hauptverbindungsstelle im RWM, 1920-03-18, 11.45 Uhr; Cramon an Ausw. Amt, 1920-03-20, in AAPA: II F-M, A 6, Bd. 1.

43) Tg. Haniel an Mayer und Sthamer, 1920-03-18, in AAPA: II F-M, A 6, Bd. 1.

44) Tf. Mayer an Ausw. Amt, 1920-03-19, 16.30 Uhr, in AAPA: II F-M, A 6, Bd. 1; Zwischenfall in Berlin (6. März): Salewski, S. 115 Anm. 48, und die dort angegebene Literatur. — Ebenfalls noch am 19. März informierten die deutschen Vertreter den Botschafter der USA in Paris, Wallace, von den neu beantragten Truppenverstärkungen; dieser fragte den Kommandeur der linksrheinischen amerikanischen Besatzungsarmee, General Allen, nach seiner Meinung (Allen, Tagebuch, S. 63, 1920-03-19).

45) Tg. Mayer an Ausw. Amt, 1920-03-20, an 16.02 Uhr, in AAPA: II F-M, A 6, Bd. 1.

46) Tg. Sthamer an Ausw. Amt, 1920-03-20, 19.36 Uhr, in AAPA: II F-M, A 6, Bd. 1; DBFP, IX, S. 207 f.

47) DBFP, IX, S. 193-201, 205 f.

48) Tg. Mayer an Müller, 1920-03-20, an 23.40 Uhr, in AAPA: II F-M, A 6, Bd. 1. Einen Tag später teilte Millerand den neuen französischen Vorschlag dem englischen Botschafter mit (DBFP, IX, S. 214).

Anmerkungen zu Seite 47—51

49) Tg. Müller an Mayer, 1920-03-21, 13.30 Uhr, in AAPA: II F-M, A 6, Bd. 1; ferner Haniel zu Kilmarnock, 1920-03-21: DBFP, IX, S. 216; Tg. Haniel an Mayer, 1920-03-22, 12.50 Uhr, in AAPA: II F-M, A 6, Bd. 1.
50) DBFP, IX, S. 238 f.; Allen, Tagebuch, S. 64 f., 1920-03-21; ders., Besetzung, S. 143.
51) Cramon an Ausw. Amt, Haniel an Nollet, 1920-03-19, in AAPA: II F-M, A 6, Bd. 1.
52) Nollet an Schiffer, 1920-03-21, in AAPA: II F-M, N 1, Bd. 3.
53) AAPA: II F-M, A 6, Bd. 1.
54) Seeckt an Ausw. Amt, Tg. Haniel an Göppert und Sthamer, 1920-03-20, in AAPA: II F-M, A 6, Bd. 1; Haniel zu Kilmarnock, 1920-03-20: DBFP, IX, S. 206; Note Göppert an Millerand, 1920-03-20, in AAPA: II F-M, A 6, Bd. 1, und Prot. and corr., S. 62.
55) Beschluß der Hochkommissare vom 21. März: DBFP, IX, S. 215 f., u. PFR USA, S. 298; ferner Allen, Tagebuch, S. 64, 1920-03-20.
56) Rh Ztg u. Wdt VZ, 1920-03-22; vgl. Bkm. in RuR-Ztg, Nr. 138, 1920-03-23.
57) Wdt VZ, 1920-03-22.
58) Sol Tbl, 1920-03-22.
59) BVst, 1920-03-22.
60) Ebenda.
61) Rh Ztg u. Wdt VZ, 1920-03-22.
62) Rh Ztg, 1920-03-22; Bkm. in RuR-Ztg, Nr. 138, 1920-03-23. Datierung nach der zweiten Quelle.
63) Hag Ztg (Mo) u. Wdt VZ, 1920-03-22; vgl. Salmuths Bericht in Hagen, 22. März: Hag Ztg, 1920-03-22, Ab; ferner Ernst, S. 36.
64) DBFP, IX, S. 218.
65) Allen, Tagebuch, S. 64, 1920-03-21.
66) DBFP, IX, S. 215 f.; PFR USA, S. 298. Nichtanwesenheit Allens: DBFP, IX, S. 218.
67) Zwei Dementis der Engländer in Sol Tbl, 1920-03-23; Zuschrift des VRs Lüttringhausen, in der eine englische Bekanntmachung mitgeteilt wird, in Tägl Anz Lü, 1920-03-23. Dementi der Belgier: Bkm. in RuR-Ztg, Nr. 138, 1920-03-23.
68) DBFP, IX, S. 229-231.
69) Ebd., S. 243.
70) PFR USA, S. 300, vgl. S. 298 f. Zur scharf antisozialistischen Haltung der USA-Regierung vgl. Link, S. 80-83.
71) Tg. Haniel an Sthamer, 1920-03-23, in AAPA: II F-M, A 6, Bd. 1.
72) DBFP, IX, S. 239 f.; VII, S. 606 f.
73) DBFP, VII, S. 584-590; vgl. IX, S. 221 f. Das Argument mit der Niederschlagung der Pariser Commune wiederholte Lloyd George am 25. April vor der französischen Presse: Ff Ztg, Nr. 305, 1920-04-27.
74) DBFP, IX, S. 239 f.
75) Ebd., S. 220, 231 f., 238.
76) Über den Besuch in Elberfeld: FPE, 1920-03-24; über die weiteren Städte s. folgd. Anm.
77) DBFP, IX, S. 249.
78) Ebd., S. 248 f.; vgl. den weiteren Bericht vom 26. März: S. 256-260.
79) DBFP, VII, S. 607 f.
80) PFR USA, S. 299 f.

Anmerkungen zu Seite 51—56

81) Allen, Tagebuch, S. 65, 1920-03-25.
82) BA: R 43 I / 2728, Bl. 347 f. (Würmeling), Bl. 114 f. (Zentrum). Daß die Telegramme von Watter inspiriert waren, geht auch aus Spethmann, S. 148, und Errettung, S. 152, hervor (wobei interessant ist, daß Watter diesen Autoren gegenüber den für ihn peinlichen 1. Punkt verschwieg).
83) DBFP, IX, S. 240 (Millerand). Tg. Mayer an Müller, 1920-03-20, an 23.40 Uhr; Tg. Ausw. Amt an Göppert, 1920-03-21, 14 Uhr; Tg. Ausw. Amt an Sthamer, 1920-03-22, in AAPA: II F-M, A 6, Bd. 1.
84) Brecht, S. 306.
85) Dortmund: Meinberg, Watterwinkel, 1927-07-04; Bkm. d. VAes in Do GA (Publikations-Organ usw.) u. Trem, 1920-03-18; Auszug bei Brauer, S. 31 f. Hagen: VstH, 1920-03-19. Wetter: StA Wetter: Neues Archiv Nr. 742, Tg. vom 18. März. Hamm: Vwt, 1920-03-20; Severing, S. 167.
86) VstH, 1920-03-19. Anm. auf S. 52: Severing, S. 167.
87) Rhs Ztg, 1920-03-23; VfrR u. Rw, 1920-03-24; Gaertner, Recklinghausen, S. 3; STAM: Kr. Beckum, Landratsamt 73.
88) WAVZ, 1920-03-22; Kam Ztg, 1920-03-24; BA: R 43 I / 2728, Bl. 75 (ein ursprünglich 6 Punkte umfassendes Papier, in dem Punkt 2 — sofortige Aufhebung der a.o. Kriegsgerichte — handschriftlich gestrichen ist; da die WAVZ die endgültigen 5 Punkte veröffentlichte, ist die Streichung bereits in Münster erfolgt); Datierung auf den 20. März nach BA: R 43 I / 2728, Bl. 74; zu Müller: ebd., Bl. 40; weitere SPD-Führer: ebd., Bl. 15 (Woldt).
89) BA: R 43 I / 2728, Bl. 74.
90) Bl. 39.
91) WAVZ, 1920-03-22; vermutlich hiernach nachgedr. in Kam Ztg, 1920-03-24.
92) Is Ka, 1920-03-22; Hw Anz, 1920-03-23; Spethmann, S. 147 f.; gekürzt bei Severing, S. 170 f.
93) Vwt, 1920-03-22; nicht ganz wörtlich nachgedr. bei Severing, S. 171, u. Spethmann, S. 147; vgl. Arch. Forsch., II, S. 827.
94) BA: R 43 I / 2728, Bl. 75.
95) Wie Bd. II, S. 210, Anm. 97. Könnemann/Krusch schreiben Schluchtmanns Worte fälschlich Severing zu (S. 393).
96) Wie Bd. II, S. 210, Anm. 98; dazu Düwell, S. 31. Mitteilung an Luther am Rande der Verhandlungen: Luthers Bericht f. d. Stadtverw. Essen, in AZE, 1920-04-10, u. ö.; Luther, Zusammenbruch, S. 52; ders., Politiker, S. 78 f.
97) BA: R 43 I / 1354, Bl. 329-331 = Arch. Forsch., II, S. 771-773; die Sitzung begann um 16 Uhr (BA: R 43 I / 1345, Bl. 59 a). Entsendung nach Münster (das steht nicht im Sitzungsprotokoll): Berichte von OB Cuno am Vor- und Nachmittag des 22. März in Hagen — Hag Ztg, 1920-03-22, u. StA Hagen: Akten Stadt Hagen, AK. VIII 39, Bl. 68 (danach hatte Cuno Hagen vorgeschlagen); ferner Bericht von OB Luther f. d. Stadtverw. Essen, in AZE, 1920-04-10, u. ö. Vgl. Giesberts in DAZ, nachgedr. in Trem, 1920-03-31, u. Bkn, Nr. 15, 1920-04-10. — Anm. auf S. 55, zu Giesberts: Michael Berger: Arbeiterbewegung und Demokratisierung. Die wirtschaftliche, politische und gesellschaftliche Gleichberechtigung des Arbeiters im Verständnis der katholischen Arbeiterbewegung im Wilhelminischen Deutschland zwischen 1890 und 1914, Diss. phil., Freiburg 1971, S. 251 f.
98) Datierung der Fahrt nach BA: R 43 I / 2715, Bl. 47. Die Unabhängigkeit seiner Initiative von den Entscheidungen in Berlin betont Severing in Wie es kam!, S. 9.
99) Eins dieser Telegramme ist erhalten: StA Mülheim: 10-59, 11-1, unpaginiert. Liste der Adressaten: Severing, S. 174; demnach falsch: Colm, S. 132.

Anmerkungen zu Seite 56—65

100) Severing, S. 174; Telegramme sind erhalten in StA Duisburg: Best. 51, Unruhen, 25, Bd. 2; StA Castrop-Rauxel: Stadt Castrop, Nr. 54; StA Wetter: Neues Archiv Nr. 742.
101) Tf. Giesberts mit Reichskanzlei, 1920-03-23 — BA: R 43 I / 2728, Bl. 31 f.; Giesberts in DAZ, nachgedr. in Trem, 1920-03-31, u. Bkn, Nr. 15, 1920-04-10; Severing, S. 174; O. Braun, S. 96; Niederschrift Watters nach seiner Verabschiedung, 1920-04-28, in NL Watter: Nr. 32; Tg. Watter an Bauer, 1920-03-24 — BA: R 43 I / 2715, Bl. 50 f. (abgedr. bei Spethmann, S. 151); Spethmann, S. 149 f.; ders., Watter, S. 166; Errettung, S. 152. Die Datierung nach Giesberts in der DAZ, der von Dienstag vormittag spricht, gegen Severing (von diesem abhängig: Spethmann und Brauer, S. 64), der auf den 22. März datiert. Forderung Watters nach dem erweiterten Standrecht gegenüber dem Reichswehrministerium am 22. März sowie Erklärung, daß er mit 13.000 Mann nicht angreifen könne: BA-MA: N 42/18, Bl. 49 a. — Anm. auf S. 57: MA, Nr. 145, 1920-03-24; auch in STAM: BK, vorl. Nr. 179. Verteilung durch die Reichswehrbrigade 7 an die Presse: MA, Nr. 157, 1920-03-31. — Am 19. März hatte Watter mit dem (angeblichen?) Einverständnis Severings sogar eine Neuauflage des Noskeschen Schießerlasses von 1919 gefordert, „wonach jeder, der ohne Berechtigung zum Waffentragen mit der Waffe in der Hand angetroffen wird, auf der Stelle zu erschießen ist". (Hürten, S. 149, Dok. 11)
102) Niederschrift Watters, a.a.O.; abgedr. bei Spethmann, Rote Armee, S. 107 Anm. 1. Vgl. Tg. Watter an Bauer, a.a.O.
103) Wf Mk, 1920-03-25, Ab, u. 1920-04-11, Mo; Wf Mk, 1920-04-16, Mo (Nachschrift der Redaktion zu einem Artikel von Weinbrenner in der KVZ). Die christlichen Gewerkschaften Münsters warfen Giesberts vor, mit ihnen vor seiner Abreise nach Bielefeld keine Rücksprache genommen zu haben (BA: R 43 I / 2728, Bl. 10).
104) Colm, S. 110; Severing, S. 180; vgl. Severing, Wie es kam!, S. 3.
105) BA: R 43 I / 2728, Bl. 72.

3. Die Bielefelder Konferenz

1) Vwt u. Wf NN, 1920-03-24. Anm. auf S. 60: ebd. u. Mitteilung des Stadtarchivs Bielefeld, 20. Sept. 1972.
2) Zwei Essener Delegierte: K. Ludwig in VstH, 1920-03-25 = Rw, 1920-03-27; Stemmer als Vertreter der Kampfleitung Hagen: Ernst, S. 40. Alles andere geht aus dem folgenden hervor bzw. entspricht den Darstellungen der bisherigen Literatur.
3) Essen: Ludwig, a.a.O. Aus Elberfeld war Fritz Charpentier, aus Barmen Oskar Triebel delegiert; beide gehörten zu den Unterzeichnern des Bielefelder Waffenstillstands und des eigentlichen Bielefelder Abkommens.
4) Stellung der KPD, S. 483; Düwell, S. 13; Brauer, S. 66; Hennicke, S. 67; Schabrod, S. 34; Könnemann/Krusch, S. 398.
5) Liste der Unterzeichner des Waffenstillstandsabkommens und des eigentlichen Bielefelder Abkommens; Rednerliste des 1. Verhandlungstages (für beides s. das folgende); Vertreter aus Hagen: Hag Ztg, 1920-03-23, Ab, u. Cuno, S. 16 a; zwei Landtagsabgeordnete des Zentrums (Kloft und Gronowski) sowie Zentrumsvertreter aus Münster: Weinbrenner in KVZ, Nr. 278, 1920-04-12 = Wf Mk, 1920-04-16, Mo; Oberbürgermeister, Landräte, Regierungspräsidenten: Rhs Ztg, 1920-03-24 (für Recklinghausen), Gk Allg Ztg, 1920-03-25 (für Gelsenkirchen), für Hagen a.a.O., Severing, Lebensweg, S. 262.
6) Vwt, Wf NN, Wf Ztg, 1920-03-24; Spethmann, S. 151-155 (ein Agenturbericht, der auf Vwt und Wf Ztg basiert). Diese Hauptquellen ergänzt durch: Bericht von

Anmerkungen zu Seite 65—75

Salmuth am nächsten Vormittag in Hagen — Hag Ztg, 1920-03-24, Ab; Cuno, S. 16 a, 17; Stens in öff. DDP-Vers., Dortmund, 25. April 1920 — Do GA, 1920-04-27; BA: R 43 I / 2728, Bl. 31 f.; Ob Vst, 1920-03-25; Ludwig in VstH, 1920-03-25 = Rw, 1920-03-27; Severing, Wie es kam!, S. 3; ders., Watterwinkel, S. 175 f.; Spethmann, S. 94; O. Braun, S. 96 f.; Colm, S. 114.

7) Ludwig in VstH, 1920-03-25 = Rw, 1920-03-27; Cuno, S. 17.

8) Ludwig, a.a.O.

9) Vwt, Wf NN, Wf Ztg, 1920-03-24; Spethmann, S. 151-155. Ergänzt durch: Bericht von Salmuth am nächsten Vormittag in Hagen: Hag Ztg, 1920-03-24, Ab; Cuno, S. 17; Ob Vst, 1920-03-25; BA: R 43 I / 2728, Bl. 31 f.; Severing, S. 175 f.; Colm, S. 114; Zusammensetzung der Kommission: StA Hagen: Akten Stadt Hagen, AK. VIII. 39, Bl. 76.

10) Spethmann, S. 150, 155; Cuno, S. 17 a; Namen der beiden Offiziere: StA Hagen: Akten Stadt Hagen, AK. VIII. 39, Bl. 76. Der von Spethmann erwähnte Nachrichtenoffizier des Gruppenkommandos 2 in Kassel erschien erst am nächsten Tag in Bielefeld.

11) Bericht von Severing im wieder zusammengetretenen Plenum — Wf NN, Wf Ztg, Vwt, 1920-03-24; Bericht von Salmuth am nächsten Vormittag in Hagen — Hag Ztg, 1920-03-24, Ab; Braß in d. NV, 14. April 1920 — Sten. Berichte, Bd. 333, S. 5107 (über Husemann; dieser war nur am 1. Verhandlungstag Mitglied der Kommission).

12) Cuno, S. 17 a, 18.

13) Bericht von Severing im Plenum, a.a.O.; Bericht von Salmuth in Hagen, a.a.O.

14) Cuno, S. 17 a; Hürten, S. 151 f., Dok. 13

15) StA Hagen: Akten Stadt Hagen, AK. VIII. 39, Bl. 76; der Text bei Severing, S. 176, und Colm, S. 114, ist nicht ganz genau. Zeitpunkt der Unterzeichnung nach dem Bericht von Salmuth in Hagen, a.a.O., der 21 Uhr angibt; nach anderen Stellen in dem Bericht ging, wie der Vergleich mit anderen Quellen zeigt, Salmuths Uhr um eine Stunde vor. In Ob Vst, 1920-03-25, werden 2 Stunden als Dauer der Kommissionsberatungen angegeben.

16) Hierfür wird auf die angekündigte Untersuchung über die Revolutionszeit 1918/19 im Ruhrgebiet hingewiesen.

17) Colm, S. 115.

18) Bericht von Severing im Plenum, a.a.O. — Zur 1. Anmerkung auf S. 73: Die 48stündige Anfangsfrist wird auch von Colm, S. 115, genannt.

19) BA: R 43 I / 2728, Bl. 31 f.; Kanzler gerade nicht erreichbar, daher Diktat eines Berichts: Mitteilung von Giesberts im wieder zusammengetretenen Plenum — Wf NN, 1920-03-24. — 2. Anmerkung auf S. 73: Interview in den „Parlamentarisch-Politischen Nachrichten", zit. in DAZ, 1920-03-26, Mo.

20) Bericht von Salmuth am nächsten Vormittag in Hagen — Hag Ztg, 1920-03-24, Ab; Mitteilungen von Severing und Giesberts im Plenum — Wf NN, Wf Ztg, Vwt, 1920-03-24; Weinbrenner in KVZ, Nr. 278, 1920-04-12 = Wf Mk, 1920-04-16, Mo; BA: R 43 I / 2728, Bl. 33; Giesberts in d. NV, 14. April 1920 — Sten. Berichte, Bd. 333, S. 5125.

21) Zuerst in Wf Mk, 1920-03-25, Ab, wo festgestellt wurde, daß Giesberts seine in Münster abgegebene Erklärung gebrochen habe, „er sei weder gewillt noch befugt, mit den Kommunisten zu verhandeln". Ob er, so fragte das Blatt, vergessen habe, „was die russische Geschichte lehrt: Daß mit bolschewistischen Agitatoren zwar Abkommen geschlossen werden können, daß der Gegner sich aber nicht daran hält?" — Weitere Angriffe s. u.

22) Wf NN, Wf Ztg, Vwt, 1920-03-24, Vwt z.T. nachgedruckt bei Spethmann, S. 155;

Anmerkungen zu Seite 75—78

Giesberts in Germania, nachgedruckt in Wf Mk, 1920-04-13, Mo, u. in Vw, 1920-04-09, Mo; Giesberts in d. NV, 14. April 1920 — Sten. Berichte, Bd. 333, S. 5126; Bericht von Salmuth am nächsten Vormittag in Hagen, a.a.O. Ein Teil der Teilnehmer bleibt in Bielefeld: FPE, 1920-03-25 (Winkelhock); Bericht von Salmuth, a.a.O.; für Stemmer s. unten S. 84, 96.

23) BA: R 43 I / 2728, Bl. 33.
24) Weinbrenner in KVZ, Nr. 278, 1920-04-12 = Wf Mk, 1920-04-16, Mo.
25) Belegt ist die Absendung durch das folgende Telegramm Stemmers an Ernst, ferner durch die Rede von Giesberts in der NV, 14. April 1920 — Sten. Berichte Bd. 333, S. 5125. Belegt ist ferner für Hamborn das Eintreffen („abends"): Artikel von Burgardt in Dui GA, nachgedr. in Mh GA, 1920-03-26 = Cron Ztg, 1920-03-30.
26) Ernst, S. 41 („Hünxe" korrigiert aus „Hüssen"; Fehler der Telegrammübermittlung); Zeitpunkt des Eintreffens: Wf Tbl u. Wdt VZ, 1920-03-24. Spethmann (S. 167) und Brauer (S. 71) mißverstehen den ersten Satz des Telegramms als Befehl an die Rote Armee (um den sich dann kein Rotgardist gekümmert habe), obwohl Ernst ganz eindeutig ausdrückt (S. 40), daß das Telegramm die Mitteilung vom Abschluß des Waffenstillstands war.
27) Ernst, S. 40 f.; vgl. die Meldung aus Hagen vom 23. März in RE, 1920-03-25 (in StA Gelsenkirchen: Gk XVIII/12/31) vom Abschluß des Waffenstillstands: „Danach dürfen die Truppen keine Bewegung ausführen und müssen an dem Orte liegen bleiben, wo sie sich befinden. Im übrigen sollen sie sich gegenseitig erkennbar machen". Diese Bestimmungen haben am Wortlaut des Waffenstillstandsabkommens keinen Anhalt, erklären sich jedoch leicht: sie waren offenbar das, was Ernst aus Stemmers Telegramm — der einzigen Information aus Bielefeld, die ihm vorlag — ableitete.
28) prot. Aussage von Krautwurst in Vtr, 1920-04-08 = VZD, 1920-04-09 = VstH, 1920-04-13 (der Rückzug ist falsch datiert, die Aussage jedoch ist eindeutig: sofortiger Rückzug auf die Nachricht von der Bielefelder Vereinbarung und den entsprechenden Befehl); Erklärung des AA Gelsenkirchen in Gk Ztg u. Rw, 1920-03-30: Die Arbeitertruppen „sind am Tage, an dem der Waffenstillstand eintreten sollte, zurückgegangen und haben erst dann wieder den Kampf aufgenommen, als sie entgegen den Abmachungen angegriffen wurden"; damit übereinstimmend die Erklärung eines Leutnants der gegenüberliegenden Reichswehr, man sei „erstaunt" gewesen, als sich die Arbeiter am Vormittag des 24. März zurückzogen, und habe eine Falle vermutet: Fr, 1920-04-10, Ab.
29) Rwt, 1920-03-24.
30) Bericht in Dui GA, nachgedr. in Mh GA, 1920-03-26 = Cron Ztg, 1920-03-30.
31) Anwesenheitsliste der Kommission am 2. Verhandlungstag — Severing, S. 177; StA Wetter: Neues Archiv, Nr. 743; Wf NN, 1920-03-25; Cuno, Anhang.
32) Nrbl, 1920-03-24; auch zitiert bei Colm, S. 119; etwas abgewandelter Wortlaut in Wf Mk, 1920-03-25, Ab; vgl. Severing, S. 184.
33) BA: R 43 I / 2715, Bl. 50 f.; Spethmann, S. 151. Dasselbe Telegramm vom Reichswehrgruppenkommando Kassel: BA: R 43 I / 2715, Bl. 61.
34) BA: R 43 I / 2728, Bl. 10.
35) Bl. 11.
36) Bl. 9.
37) Bl. 30. Zu Frowein vgl. die von Wolfgang Köllmann verfaßte Kurzbiographie in: Wuppertaler Biographien, II, 1960, S. 53-58.
38) NL Koch: Nr. 27, Bl. 33.
39) Anwesenheitsliste s. Anm. 31; Verhandlungsort: Vwt u. Wf Ztg, 1920-03-25.

Anmerkungen zu Seite 78—87

40) Cuno, S. 19; Spethmann, S. 156.
41) Wf Ztg, 1920-03-25.
42) Ebd.
43) Cuno, S. 19.
44) Text des Abkommens: amtliches Protokoll in STAM: Reg. Arnsberg, I Pa 371, Bl. 177-180; StA Wetter: Neues Archiv, Nr. 743; Arch. Forsch., II, S. 781-785; ferner BA: R 43 I / 2715, Bl. 114-117; STAM: Kr. Hattingen, Landratsamt 171, u. Kr. Hamm (Unna), Landratsamt A 993; Colm, S. 115-117; Düwell, S. 14-16; Stellung der KPD, S. 483-486; Zickler, S. 13-15; Ernst, S. 36-39; Severing, S. 178-180; Spethmann, S. 156-158; Hennicke, S. 102-105; Könnemann/Krusch, S. 396 f.; als Flugblatt in BA-MA: RH 53 - 6/91, Bl. 29, und Dok. u. Mat., S. 231-233. Der Zwischenbericht von Giesberts: BA: R 43 I / 2728, Bl. 63. Diese beiden Hauptquellen ergänzt durch: Giesberts in DAZ, nachgedr. in Trem, 1920-03-31, u. Bkn, Nr. 15, 1920-04-10; Braß in Fr, 1920-04-07, Ab, nachgedr. in Wf Mk, 1920-04-13, Mo; Giesberts in Germania, nachgedr. in Wf Mk, 1920-04-13, Mo, u. in Vw, 1920-04-09, Mo; Braß und Giesberts in d. NV, 14. April 1920 — Sten. Berichte, Bd. 333, S. 5107, 5112, 5126, 5128; Cuno, S. 18 a, zur Verhandlungstaktik der Oberbürgermeister S. 18; Severing, S. 180 f.; Spethmann, S. 159; Colm, S. 116 Anm. 1. Vgl. Ludwig in VstH, 1920-03-25; Weinbrenner in KVZ, Nr. 278, 1920-04-12 = Wf Mk, 1920-04-16, Mo. Severing erläuterte seinen unnachgiebigen Standpunkt in der Frage der Ablösung Watters nochmals 1923 als Zeuge im Prozeß Watter contra Schiff: Westfälische Arbeiter-Zeitung, Bochum/Dortmund, 1923-03-02.
45) Giesberts in Germania, nachgedr. in Wf Mk, 1920-04-13, Mo, u. in Vw, 1920-04-09, Mo.
46) MA, Nr. 146, 1920-03-25.
47) NV, Anlagen, Bd. 342, Nr. 2543, S. 3.
48) Dülmener Zeitung, 1920-03-25, zit. in MA, Nr. 150, 1920-03-27; prot. Aussage von Krautwurst in Vtr, 1920-04-08 = VZD, 1920-04-09 = VstH, 1920-04-13; Zuschrift in VstH, 1920-03-27; Erklärung des AA Gelsenkirchen in Gk Ztg u. Rw, 1920-03-30; Fr, 1920-04-10, Ab; Wf Mk (Mo) u. MZ, 1920-03-26; Errettung, S. 168.
49) Giesberts in Germania und Vw, a.a.O., bestätigt durch Braß in Fr, 1920-04-07, Ab, nachgedr. in Wf Mk, 1920-04-13, Mo; Giesberts in DAZ, nachgedr. in Trem, 1920-03-31, u. Bkn, Nr. 15, 1920-04-10; Braß und Giesberts in d. NV, 14. April 1920 — Sten. Berichte, Bd. 333, S. 5112, 5126; VstH u. Wf Ztg, 1920-03-25; Colm, S. 117.
50) Wf Ztg, 1920-03-25.
51) Text des Abkommens, siehe Anm. 44.
52) Wf Ztg u. Hag Ztg (Mo), 1920-03-25; Cuno, S. 19 a.
53) Severing, Wie es kam!, S. 9-11. Die Angriffe auf Severing wurden unmittelbar nach seiner Pressekonferenz wiederholt in Wf Mk, 1920-04-04, Mo.
54) Severing, Watterwinkel, S. 172 f.
55) Schabrod, S. 34 f.; so zuerst, fast wörtlich identisch, in Sp, 1920-04-04, zit. bei Colm, S. 119, wo es heißt: „unternahmen es Feiglinge vom grünen Tisch, den Dolchstoß in den Rücken der kämpfenden Proletariermassen zu führen". Vgl. Meinberg, Watterwinkel, 1927-08-10 = Meinberg, S. 130-134; Brauer, S. 65-68. Noch ohne Kenntnis der Rede Severings spricht Düwell, S. 13, von „bewußtem Betrug" der Regierung.
56) Vieillard; Hennicke, S. 67 f. (ähnlich wie Schabrod: „In diesem Moment, als alle Parteien mit der Unterzeichnung des Bielefelder Abkommens den kämpfenden Arbeitern in den Rücken fielen ...").

Anmerkungen zu Seite 87—94

57) Könnemann/Krusch, S. 399; ebenso S. 432 f., wo einerseits von einem „Dolchstoß in den Rücken des kämpfenden Proletariats", andererseits von der Notwendigkeit einer „elastischen Taktik" gesprochen wird, zu der „die Ausnutzung des Bielefelder Abkommens" gehört habe. In der Aussage ähnlich: Sachwörterbuch der Geschichte Deutschlands und der deutschen Arbeiterbewegung, I, Berlin (Ost) 1969, S. 276; Arch. Forsch., II, S. 781 Anm. 1. Die Festlegung in dieser Richtung hat offenbar die „Geschichte der deutschen Arbeiterbewegung", III, S. 280 f., gegeben. Einen Übergang markiert der Aufsatz von Krusch im „Neuen Deutschland" von 1965, der bezüglich des Bielefelder Abkommens auffällig knapp ist.
58) Colm, S. 110. Vgl. die Überlegungen von Cuno, S. 18, 18 a.
59) Colm, S. 113.
60) Meinberg, Watterwinkel, 1927-08-10; Brauer, S. 65; Schabrod, S. 34; Könnemann/Krusch, S. 394, 433.
61) Brauer, S. 65; Hennicke, S. 67; Könnemann/Krusch, S. 394. Richtig dagegen Schabrod, S. 34.
62) Düwell, S. 13, 36; Meinberg, Watterwinkel, 1927-08-10; Brauer, S. 65 f., 69, 71; Vieillard; Hennicke, S. 70 f.; Könnemann/Krusch, S. 433.
63) Vgl. auch die Broschüre von Ernst (1921), in der die Motive der sozialistischen Delegierten aus Hagen dargelegt werden.
64) Wie Anm. 4.
65) Düwell, S. 36.
66) Brauer, S. 76; Hennicke, S. 50.
67) Spethmann, S. 158. Anschließend stellt er jedoch erleichtert fest, „daß das Abkommen weder vom militärischen Oberbefehlshaber der Reichswehr oder einem seiner Vertreter unterzeichnet ist, noch von den Kommunisten, also von den beiden Gruppen, die sich am schärfsten gegenüberstanden". Charpentier und Triebel, die aus Elberfeld und Barmen kamen, hätten nicht das Ruhrgebiet vertreten. „Dagegen fehlt die Unterschrift des Mannes, der ausdrücklich als Vertreter der Roten Armee ... in Bielefeld anwesend war, des Lehrers Stemmer. Durchaus mit Recht haben sich die Kommunisten später darauf berufen, das Bielefelder Abkommen nicht unterzeichnet zu haben". (S. 159) Spethmann irrt sich, wenn er Stemmer den Kommunisten zuordnet, und auch der Schluß, den er aus dem Fehlen von Stemmers Unterschrift zieht, ist falsch. Wenn Stemmer nur mit, nicht mehr am zweiten Tage an den Beratungen der Kommission teilnahm, so nur, um Paul (Ronsdorf), einem erfahrenen Funktionär, Platz zu machen. In der Roten Armee trat er, wie im nächsten Kapitel gezeigt wird, voll für das Bielefelder Abkommen ein. — Der Aufsatz von Arning (I, S. 338) enthält weder eine Analyse des Konferenzverlaufs (nicht einmal die Bielefelder Tageszeitungen sind ausgewertet) noch bietet er, da er von einem oberflächlichen Demokratiebegriff ausgeht, eine zureichende Würdigung des Bielefelder Abkommens.

2. Kapitel
1. Bedrohliche Ungewißheit im Aufstandsgebiet

1) VstH, 1920-03-24 („In der Schwebe").
2) Ernst, S. 41.
3) S. 43.
4) S. 41. Anm. auf S. 93: Colm, S. 116 Anm. 1.
5) K. Ludwig: Zum Abschluß des Kampfes, in VstH, 1920-03-25.

Anmerkungen zu Seite 94—100

6) Bkm. in Hag Ztg (Mo) u. VZD, 1920-03-26.
7) Cuno, S. 19 a, 20.
8) AZE, 1920-03-24 („Macht dem Blutvergießen ein Ende!").
9) AZE, 1920-03-25, Extrablatt, in NV, Anlagen, Bd. 342, Nr. 2543, S. 4; Brauer, S. 61; Spethmann, S. 132.
10) AZE, 1920-03-26.
11) RE, 1920-03-25 („Es gibt kein Zurück"), in StA Gelsenkirchen: Gk XVIII/12/31; Zitate daraus in KZ, Nr. 293, u. Ff Ztg, Nr. 231, 1920-03-26, AZE, 1920-04-14, u. Colm, S. 118. Autorschaft Sterns: AZE, 1920-04-14; Fr, zit. in RF, 1920-12-19. Spätere Interpretation d. Artikels durch Stern: Erklärung in RE, 1920-04-17.
12) RE, 1920-03-25, in StA Gelsenkirchen: Gk XVIII/12/31; nachgedr. in KZ, Nr. 293, 1920-03-26.
13) KZ, Nr. 293, 1920-03-26.
14) L. St. in Ff Ztg, Nr. 228, 1920-03-25; Ess Allg Ztg, 1920-03-26. Vgl. die Spitzenmeldung in Sp, 1920-03-26.
15) Stellung der KPD, S. 492 (der richtig angebene Mittwoch war der 24.); Formulierung des Auftrags S. 483.
16) S. 492 f., ferner S. 520, 522 f. (Piecks Konzeption). Die Differenzen gehen aus den Artikeln im Essener KPD-Blatt hervor (s. unten S. 108-110), ferner aus Ernst, S. 41 f. Harmonisierend und vertuschend: Arch. Forsch., II, S. 790 Anm. 3.
17) Ernst, S. 41 f.
18) Errettung, S. 168 mit S. 260-262; Niemöller, S. 174.
19) L. St. in Ff Ztg, Nr. 231, 1920-03-26 (Essen, 25. März).
20) Bu Ztg, 1920-03-26 (teilweise nachgedruckt in RuR-Ztg, Nr. 151, 1920-04-06); Bu Ztg, 1920-04-07; kurz Gaertner, Recklinghausen, S. 5.
21) prot. Aussage von Kuntzsch in VZD, 1920-04-10.
22) Kuntzsch, a.a.O.; Lutter, S. 129.
23) Nrbl, 1920-03-26 = Wf Mk, 1920-03-26, Mo; Spethmann, S. 167; Errettung, S. 161; Husaren-Regiment Nr. 11, S. 268; vgl. KZ, Nr. 292, 1920-03-26.
24) VstH, 1920-03-25 („Nach dem Kampfe").
25) Hag Ztg, 1920-03-25, Ab; Wdt VZ, 1920-03-26; Cuno, S. 20.
26) Tg. OB Cunos, 15 Uhr, in StA Hagen: Akten Stadt Hagen, AK. VIII. 39, Bl. 82 = BA: R 43 I / 2715, Bl. 55 = ebd., 2728, Bl. 344 = Cuno, S. 19 a; ferner Arch. Forsch., II, S. 785.
27) StA Wetter: Neues Archiv Nr. 743; Entwurf in StA Hagen:: Akten Stadt Hagen, AK. VIII. 39, Bl. 88.
28) StA Hagen: Akten Stadt Hagen, AK. VIII. 39, Bl. 87.
29) Hag Ztg (Mo) u. VZD, 1920-03-26; nur 1. und 3. Durchführungsverordnung in Wdt VZ, 1920-03-26; zusammengefaßte Wiederabgabe in VstH, 1920-03-26; Verbreitung: Wdt VZ, 1920-03-26. Zur 1. Durchführungsverordnung polemisch: Sasse in Hag Ztg, 1920-03-26, Mo.
30) Wf Tbl, 1920-03-26.
31) Hag Ztg, 1920-03-26, Mo.
32) Wdt VZ, 1920-03-26. Vgl. die Heimkehr von Rotgardisten in Hemer am 27. März: Is Tbl, 1920-03-30.
33) Ernst, S. 41 f.
34) Ernst, S. 42; Ernst in VstH, 1920-04-03; Stellung der KPD, S. 492 f.; Könnemann/Krusch, S. 434 f. (falsch datiert); vgl. Tg. OB Cunos, 18.30 Uhr, in StA Hagen:

Anmerkungen zu Seite 100—104

Akten Stadt Hagen, AK. VIII. 39, Bl. 93 = BA: R 43 I / 2715, Bl. 56 a = Cuno, S. 19 a;fernerSevering in d. Preuß. LV, 29. April 1920 — Sitzungsberichte, Bd. 9, Sp. 11 226 f. Colm, S. 121, wirft die Auseinandersetzung mit den Verhandlungen zusammen, die am folgenden Tag in Mülheim geführt wurden (s. unten S. 114). Über die Haltung der Mülheimer zu den Bielefelder Vereinbarungen zusammenfassend Colm, S. 117.

35) Ernst, S. 42 f.; Bericht der „Zentralstelle Hagen", gez. Ernst, in VstH u. Hag Ztg (Mo), 1920-03-26; vgl. Stellung der KPD, S. 493 (Pieck rät zur Bildung eines Zentralrats).

36) Mh GA, 1920-03-26.

37) Cuno, S. 19; StA Hagen: Akten Stadt Hagen, AK. VIII. 39, Bl. 92; ebd., Bl. 93 = BA: R 43 I / 2715, Bl. 56 a = Cuno, S. 19 a; Ernst, S. 48.

38) Gerüchtweise Nachricht in Rw, 1920-03-26 (Weitergabe in verschiedenen Zeitungen, u. a. KZ, Nr. 305, 1920-03-30); Dementi und Gegendarstellung in Dst VZ, 1920-03-26; Wiedenhoefer, S. 70.

39) Cuno, S. 19. Vgl. die feuilletonistische Charakterisierung Stemmers bei Severing, S. 243 f.

40) Vr, 1920-03-29.

41) RF-Do, 1920-03-27; Stellung der KPD, S. 498 f.; vgl. Ff Ztg, Nr. 236, 1920-03-28. Der Text in Dksch. RWM I, S. 39 Anl. 47 = Spethmann, S. 209, stammt von einem Spitzel und ist ungenau.

42) RE, 1920-03-26; Mitteilung des Stadtarchivs Essen, 19. Okt. 1972.

43) Düwell, S. 16; Colm, S. 106; Illustrierte Geschichte, S. 503; VstH, 1920-03-26.

44) RE, 1920-03-26 (abgedr. in Arch. Forsch., II, S. 788-790; fast ganz nachgedr. in Ff Ztg, Nr. 234, u. Mh GA, 1920-03-27); Sp u. VstH, 1920-03-26; RF, 1920-03-27 (abgedr. in Arch. Forsch., II, S. 795); AR 1920, Heft 12/13, S. 27 f.; Stellung der KPD, S. 493; Düwell, S. 16; Ernst, S. 34 f., 46; Colm, S. 106 f.; Illustrierte Geschichte, S. 503; Brauer, S. 53 f. — An die Reichswehr gerichtete Propaganda: Sp, 1920-03-26 („Reichswehrtruppen an die Kameraden"); Ernst, S. 64; RE, 1920-03-25 („Die Zustände im Industriegebiet"). — Zurufe während des Referats von Oettinghaus: mitgeteilt von diesem selbst in MV d. USP Gevelsberg, 18. April 1920 — VstH, 1920-04-22; vgl. öff. Vers. in Gevelsberg, 26. März 1920 — VstH, 1920-03-27. — Mülheimer Delegierte verlassen den Saal: Ess Allg Ztg u. AZE, 1920-03-28; Spethmann, S. 162.

45) VstH, 1920-03-26.

46) Siehe z.B. das bei Könnemann/Krusch, S. 444, abgebildete Dokument.

47) Colm, S. 107.

48) Siehe die Initiative des Zentralrats auf der Hagener Konferenz, unten S. 113.

49) RuR-Ztg, Nr. 143, u. Dui GA, 1920-03-26; Helbig in öff. Gewerkschaftsversammlung, Duisburg, 11. April 1920 — RuR-Ztg, Nr. 161, 1920-04-12; Ernst, S. 71; BA: R 43 I / 2716, Bl. 55. Zur Haltung der SPD vgl. Ob Vst, 1920-03-26; Teilnachdrucke des Artikels in RuR-Ztg, Nr. 144, 1920-03-26, u. KZ, Nr. 300, 1920-03-28.

50) Tg. OB Cunos, 18.30 Uhr, in StA Hagen: Akten Stadt Hagen, AK. VIII. 39, Bl. 93 = BA: R 43 I / 2715, Bl. 56 a = Cuno, S. 19 a; Arch. Forsch., II, S. 785.

51) Trem, 1920-03-27; VstH, 1920-03-26; Ernst, S. 45 f.; Achtzehn Tage, S. 7; OB Eichhoff in d. Stvv-Vers., 12. April — Do GA, 1920-04-13; Vbl, 1920-03-27, zit. in Trem = Witt VZ, 1920-04-06. Zur „Eisernen Kompanie": StA Dortmund: Best. 5, Pol. 245, Bl. 93; Achtzehn Tage, S. 6. Die WTB-Meldung z.B. in BMZ, 1920-03-26, Mo. Erklärung des WTB: VfrR = Vbl, 1920-03-27.

52) VfrR, 1920-03-27; Salzmann in VfrR, 1920-04-07.

487

Anmerkungen zu Seite 105—107

53) Trem, 1920-03-27; Achtzehn Tage, S. 7; MA, Nr. 151, 1920-03-27; Witt VZ, 1920-03-26.
54) Lün Ztg, 1920-03-26. Entgegen dem Bericht der Zeitung blieben die Vertreter der SPD im Vollzugsrat, wie aus StA Lünen: Abt. 16, Fach 147 (Bericht vom 9. April) hervorgeht. Austrittserklärung der christlichen Gewerkschaften: Zuschrift Rediger in Lün Ztg, 1920-03-26.
55) MA, Nr. 151, 1920-03-27; Achtzehn Tage, S. 7.
56) Vgl. L. St. in Ff Ztg, Nr. 234, 1920-03-27.
57) Meinberg in öff. KPD-Vers., Dortmund, 15. Aug. 1920 — STAM: Reg. Arnsberg, I Pa 262 = Meinberg, S. 193 f.; Meinberg, Watterwinkel, 1927-07-04 = Meinberg, S. 100.
58) Vtr, 1920-03-25 („Die Bielefelder Vereinbarungen").
59) FPE, 1920-03-26.
60) Brauer, S. 20.
61) Thielemann gegenüber der KVZ, Nr. 234, 1920-03-25.
62) Castrop: Aufruf v. Magistrat u. AR in Cst Ztg, 1920-03-26. Gummersbach: StA Gummersbach: Fach 267, Nr. 96 spec.
63) VfrR = Vbl, 1920-03-25 („Das Ziel des Bürgerkrieges").
64) Mh Ztg, 1920-03-26 (Meldung aus Berlin); Kabisch, Kämpfe, S. 548; KZ, Nr. 295, 1920-03-26; KVZ, Nr. 238, u. Mh Ztg, 1920-03-27; Nrbl, 1920-03-26; Wf Mk, 1920-03-26, Mo.
65) KZ, Nr. 295, 1920-03-26; KVZ, Nr. 238, u. Mh Ztg, 1920-03-27; Nesbach, S. 17.
66) Mohs in Wf Mk, 1920-03-31, Ab, mit Dksch. RWM I, S. 36 f. Anl. 41 = Spethmann, S. 171.
67) Kabisch, Kämpfe, S. 550 f.; Errettung, S. 160 f.; KZ, Nr. 293 u. 296, 1920-03-26, -27; Glettenberg, S. 12 f.; Standesamt Voerde: Sterberegister 1920, Nr. 41 (W. Domming), Nr. 44 (E. Thöne). Hierher gehören anscheinend auch die von L. St. in Ff Ztg, Nr. 236, 1920-03-28 (Essen, 25. März) erwähnten „sehr schweren Verluste", die die Rote Armee am Morgen gehabt habe.
68) Düwell, S. 52 f.
69) KZ, Nr. 295, 1920-03-26.
70) KVZ, Nr. 238, u. Mh Ztg, 1920-03-27. Vgl. KZ, Nr. 291, 1920-03-25: Die Rotgardisten vor Wesel wollen den Kampf nicht eher einstellen, „bis sich die gesamte Besatzung von Wesel ergeben hat".
71) Bkm. d. VRs in GA Ob, Rwt, Ob Ztg, 1920-03-26. Am 25. März hatte der „General-Anzeiger für Oberhausen" den vollständigen Text des Bielefelder Abkommens veröffentlicht, die „Ruhrwacht" eine zusammenfassende Meldung vom Abkommen gebracht.
72) Hasberg und Weinert in d. Stvv-Vers. Oberhausen, 12. April — GA Ob u. Ob Ztg, 1920-04-13; Berten in der Funktionärskonferenz der drei Arbeiterparteien und der Gewerkschaften in Düsseldorf, 28. März — VZD, 1920-03-29. Vgl. den Bericht der „Zentralstelle Hagen", gez. Ernst, in VstH u. Hag Ztg (Mo), 1920-03-26.
73) STAD: Reg. Düsseldorf, 15980, Bl. 15.
74) StA Münster: Amt 43 E Nr. 4 b, Bericht von Plenio, 1920-04-09, S. 28; Errettung, S. 164; Bose, S. 394 f.; Friedrich, S. 16; MZ, 1920-03-27. Stärke der Marinebrigade: Loewenfeld, S. 156.
75) Errettung, S. 150, 168 f., 263 f.; vgl. Lün Ztg, 1920-03-26; Trem, 1920-03-27; Ernst, S. 52.
76) NL Haas: Nr. 2, Bl. 19-24.

Anmerkungen zu Seite 107—114

77) Bericht von drei Delegierten des ARs Bochum, die am 31. März in Hamm gefangengenommen und von Epp verhört wurden, in VfrR = Vbl, 1920-04-03; Severing, S. 207 f.; vgl. Epp (Gilardone), S. 72 f.; Frank, S. 96 f.
78) Dülmener Zeitung, zit. in Rhs VZ, 1920-03-30; Lüdinghauser Zeitung, zit. in Lün Ztg, 1920-03-27 (nach diesen beiden Zeitungen die Zahl der Toten); Zuschrift in VstH, 1920-03-27; MZ, 1920-03-26; MA, Nr. 160, 1920-04-02; Nrbl, 1920-03-26 = Wf Mk, 1920-03-26, Mo; StA Münster: Amt 43 E Nr. 4 b, Bericht von Plenio, 1920-04-09, S. 28; Errettung, S. 168; prot. Aussage von Krautwurst in Vtr, 1920-04-08 = VZD, 1920-04-09 = VstH, 1920-04-13; Ernst, S. 81; Bericht von Guderian, 31. März, in NL Severing: A 3. Vorgänge im Lager in den Vortagen: Errettung, a. a. O.; Bericht von Guderian, a. a. O.; StA Recklinghausen: Stadtarchiv III, Amt Marl, Verhandlungstermin 18. 5. 1922 (betr. Hauptmann v. Hülst); Aussage von E. Schweigel am 22. März in Münster, in STAM: BK, vorl. Nr. 179. Vgl. auch die in BVst, 1919-10-04, geschilderten Vorgänge im Lager Ende September 1919.
79) Schaefer, S. 131-133. — Das Nachrichtenblatt der Reichswehrbrigade 7 meldete am 25. März über die Lage in diesem Frontabschnitt: „Lüdinghausen, Drensteinfurt und Sendenhorst vom Feinde frei. Bei Bork, Olfen, Haltern und Wulfen rote Vorposten". (StA Münster: Amt 43 E Nr. 4 a)
80) Zensurlücke in Lenn Krbl, 1920-03-25; Zensurlücke in Is Ka, 1920-03-26.
81) KVZ, Nr. 238, 1920-03-27.
82) Sp, 1920-03-26 („Proletarier! Genossen!"); kurzes Zitat bei Colm, S. 78.
83) Sp, 1920-03-26 („Von der Bielefelder Konferenz"); z.T. abgedr. bei Colm, S. 118 f.
84) Sp, 1920-03-26 („Klassenkampf"); gekürzte Wiedergabe in StA Essen: Rep. 102, I, 1093, Bl. 275 (falsch datiert).
85) FPE, 1920-03-26 („Die Aufnahme der Bielefelder Beschlüsse").
86) VfrR = Vbl, 1920-03-26.
87) NV, Anlagen, Bd. 342, Nr. 2543, S. 4; Ernst, S. 44. Text nach der ersten Quelle, die das von Severing erhaltene Telegramm wiedergibt, bis auf vermutliche (kleine) Übermittlungsfehler, die nach der zweiten Quelle korrigiert wurden. Beide Quellen datieren auf den 27. März; nach dem Antworttelegramm des Wehrkreiskommandos (Ernst, S. 48 f.) war der 26. März der Absendetag.
88) Ernst, S. 43-45.
89) J. Ernst: Was lehren die Kämpfe im Industriebecken, in VstH, 1920-04-23.
90) Ernst, S. 53.
91) Hag Ztg, 1920-03-26, Ab; VZD, 1920-03-27; Wdt VZ u. Is Ka, 1920-03-29.
92) Herr Wilhelm Neuköther, Hünxe, teilte dem Vf. mit, daß in seinem Haus sechs Rotgardisten aus Lüdenscheid einquartiert waren; sie hätten seit dem Stagnieren des Vormarsches an der Lippe nach Hause zurückkehren wollen, dies jedoch nicht getan (mündl. Auskunft vom 8. Nov. 1967). Offensichtlich hat sie die Anweisung zum Kampfabbruch, die die Arbeiterführer im Hagener Bezirk ausgaben, nicht erreicht. — Ähnliches gilt für Rotgardisten aus anderen Städten, deren Vollzugsräte sich auf den Boden des Bielefelder Abkommens stellten: am 26. und 29. März fielen an der Front vor Wesel (bzw. wurden getötet) Rotgardisten aus Barmen (Vtr, 1920-06-01; Todesanzeigen in Vtr, 1920-06-02) und Düsseldorf (Vtr, 1920-05-03; Standesamt Voerde: Sterberegister 1920, Nr. 38, 39, 46).
93) Zeit: Is Ka, 1920-03-27; Ort: VstH, 1920-03-27.
94) VstH, VZD, VfrR = Vbl, RE, sämtlich 1920-03-27; RE auch zit. in Ess Allg Ztg, 1920-03-28; Ernst, S. 49 f.; Stellung der KPD, S. 494-496; Colm, S. 121; Düwell, S. 19; Lambers, S. 116.
95) VfrR = Vbl, 1920-03-27.

Anmerkungen zu Seite 114—117

96) RE, 1920-03-27; Ludwig auf dem a.o. USP-Bezirksparteitag Westliches Westfalen, Hagen, 24. April 1920 — VstH, 1920-04-26. Falsch Könnemann/Krusch, S. 436.
97) Stellung der KPD, S. 495.
98) Tg. Ernst an Bauer, 1920-03-26, in BA: R 43 I / 2715, Bl. 74 f.; RE, 1920-03-27; Zeitpunkt: Is Ka, 1920-03-27.
99) Colm, S. 121 (im übrigen wirft Colm diese Verhandlungen mit den Auseinandersetzungen zusammen, die Ernst und Pieck am Vortag mit den westlichen Kampfleitern gehabt hatten).
100) RE, 1920-03-27 = Stellung der KPD, S. 496; danach als WTB-Meldung in Ddf Tbl, Ddf Ztg (Ab), Do GA, Nr. 88, sämtlich 1920-03-27, FPD, Ess Allg Ztg, Mh Ztg, sämtlich 1920-03-28, Rhs Ztg, 1920-03-29.
101) H. R. (Heinrich Reuß): Revolution!, in Mh GA, 1920-03-26. Vgl. H. R. (Heinrich Reuß): Die Wahrheit, in Mh GA u. Mh Ztg, 1920-03-25.
102) Mh Ztg, 1920-03-27.
103) Hierzu Erklärungen in Do GA, 1920-03-26; Trem, 1920-03-27; Witt VZ, 1920-03-27.
104) Ff Ztg, Nr. 236, 1920-03-28 (Privattelegramm aus Dortmund, 27. März).
105) Lün Ztg, 1920-03-26.
106) Trem, 1920-03-27; Do GA, 1920-03-26.
107) VfrR = Vbl, 1920-03-27; BaZ, Nr. 14, 1920-04-03; Dksch. RWM I, S. 38 Anl. 44 = Spethmann, S. 164 f.; Rodermund, Kommunisten, S. 768 f.; Teilwiedergabe in Mk Spr, 1920-03-29, u. Severing, S. 198, der irrigerweise annimmt, das Flugblatt beziehe sich auf die Essener Konferenz der Vollzugsräte am 1. April. Die meisten Quellen haben in dem Schiller-Zitat „sterben" statt „leben". Ob diese Freudsche Fehlleistung schon bei Delmes selbst vorliegt, kann nicht entschieden werden, da das Flugblatt im Original nicht mehr erhalten ist.
108) Das geht aus dem weiteren Auftreten von Delmes hervor; vgl. vor allem die öff. Versammlung am 30. März (KZ, Nr. 316, 1920-04-01).
109) Rhs Ztg, 1920-03-27; VfrR, 1920-03-29, -31; Bu Ztg, 1920-03-29; Rw u. Trem, 1920-03-30; StA Recklinghausen: Stadtarchiv III, Nr. 4, Bl. 2.
110) Erklärung von Balke, Gundermann, Jagarzewski in Bu Ztg, 1920-03-29; Bu Ztg, 1920-03-27, 1920-04-14; Aussagen von Deswysen und Balke vor dem a.o. Kriegsgericht Essen, 5. Juni 1920 — Bu Ztg, 1920-06-07; Aussage von Hammer vor dem a.o. Kriegsgericht Buer, 19. April 1920 — Bu Ztg, 1920-04-20. Das örtliche USP-Blatt stand den Bielefelder Vereinbarungen positiv gegenüber und befand sich damit auf Seiten der gemäßigten Mitglieder des Vollzugsrats; siehe Rw, 1920-03-26, -27.
111) Zu 1919 wird auf die angekündigte Untersuchung über die Revolutionszeit 1918/19 im Ruhrgebiet verwiesen. Frage des Generalstreiks: Sitzung des AAes am 17. März und öff. Streikversammlungen am 18. März — RuR-Ztg, Nr. 130 u. 131, 1920-03-18, -19. Zulassung von USP und SPD zum VR, Bielefelder Abkommen: oben S. 13, 104.
112) STAD: Reg. Düsseldorf, 15980, Bl. 78 f.; dazu die Adreßbücher von Duisburg 1915, 1920/21, 1922/23. Im einzelnen: Koch: FrD, 1920-01-05; Ddf Ztg, Nr. 129, 1920-04-04; Nrh Vst, 1920-04-06. Münzberg: STAD: Reg. Düsseldorf, 15565; Zuschrift in Nrh Vst, 1919-02-14. Zalden: verschiedene Bekanntmachungen in der Ortspresse seit dem Umsturz am 20. März; Spektator, Schreckenstage, S. 14. Diese drei wurden nach dem Aufstand in der bürgerlichen Sensationspresse auch als Erscheinungen beschrieben: Berliner Lokal-Anzeiger, nachgedr. in Trem, 1920-04-07; B. Z. am Mittag, nachgedr. in Hag Ztg, 1920-04-03, Ab; Niederrheinische Nachrichten, nachgedr. in Wf Mk, 1920-04-24, Ab.

Anmerkungen zu Seite 117—120

113) Bericht von OB Jarres an Regierungspräsident Düsseldorf, 1920-03-26, in StA Duisburg: Best. 51, Unruhen, 25.
114) Joseph (Koering?) an Schönbeck, 1920-01-12, in STAM: BK, vorl. Nr. 145.
115) RF, 1920-03-03.
116) Kundgebung und Demonstration am 15. März: RuR-Ztg, Nr. 127, 1920-03-17; Bericht von OB Jarres in Stvv-Vers., 16. März — ebd. u. Dui GA, 1920-03-17; Fisch in Vosti (Volksstimme), Duisburg, 1930-02-15; Roßmann / Schmidthuysen, S. 392. — Versammlung der Unionisten am 17. März: RuR-Ztg, Nr. 129, u. Hamb VZ, 1920-03-18.
117) Dui GA, 1920-03-27; EvNrh, 1920-04-06; Mh GA, 1920-04-07; Helbig in öff. Gewerkschaftsversammlung, Duisburg, 11. April — RuR-Ztg, Nr. 161, 1920-04-12; Ernst, S. 71.
118) RuR-Ztg, Nr. 145, Dui GA, Hamb VZ, 1920-03-27; FPD, 1920-03-28; Teile des Aufrufs zit. bei Colm, S. 118, 88 f. Anm., und in: Stellung der KPD, S. 496 f. — Schoch versuchte nach seiner Rückkehr aus Hagen vergeblich, den Umsturz rückgängig zu machen: Nrh Vst, 1920-04-06. — Am 30. März trug der SPD-Abgeordnete Limbertz den Aufruf des Exekutivkomitees in der Preußischen Landesversammlung vor und verlangte den Einsatz scharfer Machtmittel gegen die dahinterstehenden Kräfte (Sitzungsberichte, Bd. 8, Sp. 10566-10568).
119) RuR-Ztg, Nr. 138, 1920-03-23.
120) Ob Vst, 1920-03-24.
121) StA Duisburg: Best. 51, Unruhen, 25; RhW Ztg, Nr. 213, u. Hamb VZ, 1920-03-27; RuR-Ztg, Nr. 147, 1920-03-28; Colm, S. 101. —Die Behauptung von Könnemann/ Krusch, die in Duisburg betriebene Politik gehe auf das Konto von „linkssektiererischen Elementen", Anarchosyndikalisten und Unionisten und habe nichts mit der KPD zu tun (S. 437 f.), ist allein schon wegen der führenden Rolle von Wild falsch. Wild ging übrigens auch nicht zur KAPD.
122) VstH, 1920-03-27. Vgl. die öffentliche Rede von Oettinghaus am folgenden Tage in Schwelm: Wdt VZ, 1920-03-30.
123) VfrR = Vbl, 1920-03-27; Mk Spr, 1920-03-29.,
124) Vtr, 1920-03-30.
125) Nrbl, 1920-03-26. Ähnlich der Befehl des Wehrkreiskommandos vom selben Tag: StA Münster: Amt 43 E Nr. 4 b, Bericht von Plenio, S. 29.
126) Wf Mk, 1920-03-27, Mo; Nesbach, S. 17; Glettenberg, S. 11.
127) Errettung, S. 162; Lagebericht der Weseler Reichswehrführung in KVZ, Nr. 242, u. KZ, Nr. 300, 1920-03-28; Nesbach, S. 5; Wetzlar, Tagebuch, 1920-03-31.
128) Nesbach, S. 18; mündl. Auskünfte von Herrn Bernhard Lackermann, Friedrichsfeld, und Herrn Dietrich te Heesen, Bucholtwelmen, am 21. April 1968; Nrbl, 1920-03-27.
129) Friedrich, S. 16-25; Bose, S. 395-397; Errettung, S. 165 f., 167; Wiedenhoefer, S. 71; MZ, 1920-03-28, -29.
130) Dst VZ, 1920-03-26.
131) Bu Ztg, 1920-03-27; Dst VZ, 1920-03-31; Wiedenhoefer, S. 71; Sommerfeldt, S. 174; Nrbl, 1920-03-27; Errettung, S. 166 f.
132) STAM: Kr. Beckum, Landratsamt 74 (Besetzung von Sendenhorst); Tg. Ernst an Bauer, in BA: R 43 I / 2715, Bl. 74 f. (Besetzung von Selm); Errettung, S. 168 f. Über den kampflosen Rückzug der Arbeiter südlich von Münster vgl. die Verhandlung zwischen dem Rotgardistenführer Weitkamp mit Oberst v. Ledebur im Schloß Buldern (STAM: BK, vorl. Nr. 179) und Tg. Ernst an Severing (oben S. 111).
133) MA, Nr. 155, 1920-03-30; Rhs VZ, 1920-03-31.

Anmerkungen zu Seite 120—127

134) Gk Ztg, 1920-03-27; Gk Allg Ztg, 1920-03-29.
135) BA: R 43 I / 2715, Bl. 70.
136) Stellung der KPD, S. 499 f.; gekürzt z.B. in Wf Mk, Nr. 140, 1920-03-26. Übermittlung am Vortag aus Berlin: BA: R 43 I / 2728, Bl. 57. Danach gab es einen ursprünglichen Text des Aufrufs, der z.T. erheblich abwich; Versuche, ihn zu ermitteln, waren erfolglos. Die angefügte Erklärung Watters wurde später noch verschönt: „Ich wiederhole an dieser Stelle meine Erklärung" usw. (Wf Mk, 1920-03-29, Ab; MA, Nr. 155, 1920-03-30).
137) Winkelhock im AA Elberfeld, 27. März — FPE, 1920-03-29.
138) BTbl, Nr. 140, 1920-03-26. „Aktion" korrigiert aus „Agitation".
139) Mk Spr, 1920-03-29.
140) J. Ernst: Die Ludendorffer von links, in VstH, 1920-03-27; nachgedr. in VZD, 1920-03-31.
141) Zuschrift in VZD, 1920-04-06.
142) RE, 1920-03-27 („Zwischen den Schlachten").
143) WAVZ, 1920-03-27, abgedr. in MA, Nr. 160, 1920-04-02.
144) Trem, 1920-03-28.
145) StA Duisburg: Best. 51, Unruhen, 25; RuR-Ztg, Nr. 147, 1920-03-28; Ddf Ztg, 1920-03-29, Mo.
146) BA: R 43 I / 2717, Bl. 10 f. Vgl. NV, Anlagen, Bd. 342, Nr. 2543, S. 6; StA Duisburg: Best. 51, Unruhen, 25; RuR-Ztg, Nr. 148, 1920-03-29; Ff Ztg, Nr. 241, 1920-03-30 (als Ort fälschlich Mülheim angegeben).
147) StA Duisburg: Best. 51, Unruhen, 25; Jarres in Stvv-Vers., 6. April — RuR-Ztg, Nr. 152, 1920-04-07. Für die Aufständischen war Ruhrort von den Belgiern gesperrt: Bericht eines bürgerlichen Journalisten über eine Fahrt zur Front vor Wesel, in KVZ, Nr. 238, u. Mh Ztg, 1920-03-27.
148) Vgl. auch NV, Anlagen, Bd. 342, Nr. 2543, S. 3.
149) RhW Ztg, Nr. 213, 1920-03-27; Hamb VZ, 1920-03-28; Helbig in öff. Gewerkschaftsversammlung, Duisburg, 11. April — RuR-Ztg, Nr. 161, 1920-04-12.
150) Bkm. vom 27. März in RuR-Ztg, Nr. 148, Dui GA, Hamb VZ, 1920-03-29; Ff Ztg, Nr. 241, 1920-03-30 (als Ort fälschlich Mülheim angegeben).
151) Bkm. vom 27. März in RuR-Ztg, Nr. 147, 1920-03-28.
152) RuR-Ztg, Nr. 154, u. Dui GA, 1920-04-08; Colm, S. 100 Anm. Vgl. Ddf Ztg, Nr. 129, 1920-04-04.
153) Mk Spr, Bu Ztg, VfrR = Vbl, sämtlich 1920-03-29; Rhs Ztg, 1920-03-30.
154) Mh Ztg, 1920-03-28; Ff Ztg, Nr. 241, 1920-03-30.
155) Dksch. RWM I, S. 34 Anl. 32; Zickler, S. 16 f.; Colm, S. 117 f.; Severing, S. 181 f.; Spethmann, S. 165; Rodermund, Kommunisten, S. 769; Arch. Forsch., II, S. 794. — Entgegen Könnemann/Krusch (S. 439) war der Titel keine Anmaßung Karusseits; vgl. II, S. 73.
156) Düwell, S. 16; Erklärung des ZRs in VstH, 1920-04-12 = RF, 1920-04-13, nachgedr. in Arch. Forsch., II, S. 841 f.
157) Colm, S. 106 f.; Stellung der KPD, S. 493; Ernst, S. 46; Brauer, S. 54.
158) Sitzung des AAes Elberfeld, 27. März — FPE, 1920-03-29.
159) Colm, S. 107; dazu die im folgenden berichteten Sitzungen und Aktivitäten des Zentralrats.
160) BAst, 1920-04-09; Bericht von Eckardt in d. VV d. VRe, Barmen, 8. April 1920 — Vtr, 1920-04-09 = VZD, 1920-04-10. Im VR Dortmund legte Frank (USP)

Anmerkungen zu Seite 127—130

den Posten des Finanzverwalters nieder, nachdem er in Konflikt mit Meinberg geraten war, u.a. weil er sich weigerte, aus der Stadtkasse 20.000 Mark für den Zentralrat anzuweisen (StA Dortmund: Do n 164, Bl. 12, 17).
161) AZE u. FPD, 1920-03-28; nur der 1. Absatz in: Stellung der KPD, S. 499. Vgl. Düwell, S. 16 f.; Illustrierte Geschichte, S. 503.
162) Rwt, 1920-03-28; Trem, 1920-03-29; Stellung der KPD, S. 500.
163) Husaren-Regiment Nr. 11, S. 268-270, 275; Errettung, S. 163; Kabisch, Kämpfe, S. 553; Wetzlar, Tagebuch, 1920-03-31; mündl. Auskunft von Herrn Wilhelm Neuköther, Hünxe, am 8. Nov. 1967; Nesbach, S. 6.
164) Standesamt Hünxe: Sterbe-Register 1920, Nr. 18-22, 26-34, 36, 40, 44, 46, 48-50, 52, 54, 56, 60, 65; Sterbe-Register 1921, Nr. 5-7.
165) Mündl. Auskünfte von Herrn Friedrich Sander und Herrn Wilhelm Neuköther, Hünxe, am 8. Nov. 1967; Wetzlar, Tagebuch, 1920-03-31; Nesbach, S. 20, 22.
166) Schulz, S. 33; Kabisch, S. 553; Errettung, S. 171; Nesbach, S. 18; mündl. Auskünfte von Herrn Dietrich te Heesen, Bucholtwelmen, und Herrn Bernhard Lackermann, Friedrichsfeld, am 21. April 1968; Standesamt Hünxe: Sterbe-Register 1920, Nr. 39, 45. Die letztere Eintragung mit Datum vom 3. August — Bergmann Moses Orenstein aus Gladbeck, geboren in Orczarow (Rußland) — ist möglicherweise eine nachträgliche Erfindung des Freikorps Schulz, geboren aus dessen Antisemitismus.
167) Kabisch, S. 553 f.; Errettung, S. 171 f.; Darstellung d. Freikorps Schulz in RuR-Ztg, Nr. 165, 1920-04-14; Schulz, S. 34; Glettenberg, S. 15 f.; KZ, Nr. 302, 1920-03-29; EvNrh, 1920-04-06; Standesamt Voerde: Sterberegister 1920, Nr. 30 (H. A. Hellen), Nr. 60 (O. Wilhelmi).
168) Vtr, 1920-05-03; Errettung, S. 172; Glettenberg, S. 17; Standesamt Voerde: Sterberegister 1920, Nr. 38 (H. Falke), Nr. 39 (J. W. Inhoven), Nr. 46 (H. Ch. Jansen), Nr. 63 (H. Siegemund), Sterberegister 1921, Nr. 8 (P. Schraven).
169) Zuschrift in Vtr, 1920-06-04.
170) Nesbach, S. 6 f., 8; Wetzlar, Tagebuch, 1920-03-31; mündl. Auskunft von Herrn Friedrich Sander, Hünxe, am 8. Nov. 1967; Husaren-Regiment Nr. 11, S. 270; Errettung, S. 172.
171) Nrbl, 1920-03-28; Wf Mk, 1920-03-29, Ab.
172) Nesbach, S. 18; Wetzlar, Tagebuch, 1920-03-31.
173) Nesbach, S. 85.
174) BA: R 43 I / 2717, Bl. 133 a; vgl. Colm, S. 47 f.
175) STAD: Reg. Düsseldorf, 15977; mündl. Auskünfte von Herrn Beckedahl, Dinslaken, am 9. Nov. 1967, und Herrn Dietrich te Heesen, Bucholtwelmen, am 21. April 1968.
176) KZ, Nr. 302, 1920-03-29.
177) Bericht von Bürgermeister Poppelbaum in der Stvv-Vers. Wesel, 7. April — Nrh Vst, 1920-04-11.
178) STAD: Reg. Düsseldorf, 15976, Bl. 379, 380 f.; BA: R 43 I / 2728, Bl. 206.
179) Nrbl, 1920-03-28.
180) Errettung, S. 171; Kabisch, Kämpfe, S. 554; Husaren-Regiment Nr. 11, S. 270.
181) Lutter, S. 129.
182) Errettung, S. 171; Bu Ztg, 1920-03-29.
183) STAM: Kr. Beckum, Landratsamt 73.
184) Ebd.; Errettung, S. 170; Könnemann/Krusch, S. 441.
185) Rhs VZ, 1920-03-31; STAM: Kr. Beckum, Landratsamt 73.

Anmerkungen zu Seite 130—135

186) Errettung, S. 170.
187) Niemöller, S. 175.
188) Das geht aus dem Verlauf der VV der VRe am folgenden Tage hervor (s. unten S. 132-134), ferner aus dem Fehlen jeglicher Information über das Frontgeschehen in der Broschüre von Düwell.
189) Lagebericht von Brenner in der VV der VRe am folgenden Tage: Düwell, S. 21.
190) Düwell, S. 19; Stellung der KPD, S. 500 f.; Spethmann, S. 165 f.
191) Gk Ztg u. Gk Allg Ztg, 1920-03-29; Fr, 1920-04-10, Ab.
192) Fr, 1920-04-10, Ab; Erklärungen des AA Gelsenkirchen in Gk Ztg u. Hrn Anz, 1920-03-29, Gk Ztg u. Rw, 1920-03-30.
193) VfrR = Vbl, 1920-03-29.
194) Gk Ztg, 1920-03-30; VfrR = Vbl, 1920-03-31.
195) Öff. Versammlung der revolutionären Arbeiterschaft am 31. März, Mitteilung des Vorsitzenden am Schluß — Mh GA, 1920-04-01.
196) Mh GA u. Mh Ztg, 1920-03-29.
197) Auszugsweise zit. in Bd. II, S. 87. Die Verordnung lautete weiter: „Bekleidung und Ausrüstung der Truppen (insbesondere Stiefel, wollene Decken, Zeltbahnen usw.) sind von den Wohngemeinden auf Anforderung der Truppenleiter an die Front zu schicken". (Stellung der KPD, S. 497; Arch. Forsch., II, S. 793; etwas abweichend Spethmann, S. 166)
198) Stellung der KPD, S. 497; Spethmann, S. 166; Arch. Forsch., II, S. 793.
199) StA Mülheim: 10-59, 11-1, nicht paginiert.
200) Ernst, S. 52.
201) S. 52 f.
202) Ess VZ u. Ess Allg Ztg, 1920-03-29 (Mitteilung in der VV der VRe); WTB-Meldung in GA E-Ba, 1920-03-29; Düwell, S. 19.
203) Zeit: Trem, 1920-03-29. Ort: Ess VZ u. Ess Allg Ztg, 1920-03-29; Mitteilung des Stadtarchivs Essen, 19. Okt. 1972. Pressevertreter: Arch. Forsch., II, S. 796 Anm. 1; Spethmann, S. 186.
204) Siemsen, S. 491 Anm. 3; Colm, S. 122.
205) Düwell, S. 24; Colm, S. 122; ohne Nennung des Namens Ess VZ u. Ess Allg Ztg, 1920-03-29.
206) Stellung der KPD, S. 501.
207) Vw (Mo), Ff Ztg, Nr. 228, Ess VZ, 1920-03-25.
208) Düwell, S. 20-24; Ess VZ, Ess Allg Ztg, Vw (Ab), 1920-03-29; L. St. in Ff Ztg, Nr. 239, 1920-03-29; Colm, S. 122; vgl. Spethmann, S. 186. Die Resolution auch in FPE u. Trem, 1920-03-29; etwas abweichend: Stellung der KPD, S. 501 f.; Arch. Forsch., II, S. 796 f.; mit offenbar sehr schlechter Textgrundlage: Ernst, S. 47 f.
209) BA: R 43 I / 2715, Bl. 77-80.
210) VstH, 1920-04-10; Ernst, S. 44 f.
211) Rwt, 1920-03-28; AZE u. GA E-Ba, 1920-03-29; Stellung der KPD, S. 498; Spethmann, S. 166; zur Interpretation vgl. L. St. in Ff Ztg, Nr. 238, 1920-03-29.
212) Helbig in öff. Gewerkschaftsversammlung, Duisburg, 11. April 1920 — RuR-Ztg, Nr. 161, 1920-04-12; KZ, Nr. 311, 1920-03-31; Colm, S. 108.
213) Nrh Vst, 1920-04-07.
214) Ob Vst, 1920-03-28 („Und nochmals: Laßt Vernunft walten!").
215) Hamb VZ, 1920-03-29.

Anmerkungen zu Seite 135—138

216) RuR-Ztg, Nr. 148, u. Ddf Ztg (Mo), 1920-03-29; StA Duisburg: Best. 51, Unruhen, 25.
217) Nrh Vst, 1920-04-07.
218) Most, S. 48.
219) Ess VZ u. Ess Allg Ztg, 1920-03-29; Ess Allg Ztg u. Gk Ztg, 1920-04-08.
220) Ess Allg Ztg u. Gk Ztg, 1920-04-08; Ess Allg Ztg u. KZ, Nr. 306, 1920-03-30; L. St. in Ff Ztg, Nr. 250, 1920-04-02.
221) KZ, Nr. 306, 1920-03-30.
222) Sp, Nr. 58, 1920-03-29 („Anarchie?"), wiedergegeben bei Colm, S. 129.
223) Bu Ztg, 1920-03-29, dazu Zuschrift Raschke in Bu Ztg, 1920-03-30; Rw, 1920-03-30, -31.
224) Bu Ztg, 1920-03-29; Rw, 1920-03-30; neue Zusammensetzung des VRs: Bu Ztg, 1920-04-03.
225) VZD, 1920-03-29.
226) Dui GA, 1920-03-30.
227) Aussage vor dem Kriegsgericht Wesel — O. P(lenge) in BAst, 1920-05-26.
228) Dui GA, 1920-03-30. Vgl. das Dokument vom 1. April in Dksch. RWM I, S. 39 Anl. 48 = Spethmann, S. 208.
229) STAD: Reg. Düsseldorf, 15980, Bl. 20; Wetzlar, Tagebuch, 1920-03-31; Nesbach, S. 7 (Hünxe), S. 8 (Bruckhausen); mündl. Auskunft von Herrn Neuköther, Hünxe, 8. Nov. 1967; Husaren-Regiment Nr. 11, S. 270 f.; General-Anzeiger f. d. nordwestl. Industriegebiet u. d. westl. Münsterland, 1935-03-17 (aus Privatbesitz); Kersken, S. 39.
230) Nrbl, 1920-03-29 = Wf Mk, 1920-03-30, Mo; KZ, Nr. 319, 1920-04-03 (Wesel, 29. März); Errettung, S. 174; Standesamt Voerde: Sterberegister 1920, Nr. 31, 45, 59.
231) KZ, Nr. 302, 1920-03-29; Schulz, S. 34; Nrbl, 1920-03-28 = Wf Mk, 1920-03-29, Ab.
232) Kabisch, Kämpfe, S. 554; Errettung, S. 174.
233) Lutter, S. 130; prot. Aussage von Kuntzsch, in VZD, 1920-04-10.
234) Ermittlungen in Schermbeck (vermutlich von Gaulke) in NL Severing: A 3; kurz Lutter, S. 130.
235) v. Bose, S. 397.
236) Bose, S. 397 f.; Errettung, S. 175 f.
237) Wiedenhoefer, S. 71 f.
238) Nachrichtenblatt der RW-Brigade 7, 1920-03-29, in STAM: BK, vorl. Nr. 179.
239) Nrbl, 1920-03-29 = Wf Mk, 1920-03-30, Mo.
240) Tg. AR Bochum an Severing, in VfrR = Vbl, 1920-03-29.
241) Spethmann, S. 183; MA, Nr. 158, 1920-04-01 (nach Lüdinghauser Zeitung).
242) Nrbl, 1920-03-29 = Wf Mk, 1920-03-30, Mo; STAM: Kr. Beckum, Landratsamt 73; Kuron, S. 55.
243) STAM: Kr. Beckum, Landratsamt 74.
244) StA Münster: Polizeiregistratur, IV, Pol. Angel., Nr. 110 (verschiedene Fälle).
245) STAM: Kr. Beckum, Landratsamt 73.
246) STAM: Kr. Beckum, Landratsamt 74 u. 73; Trem, 1920-03-31; VfrR = Vbl, 1920-04-01.
247) AZE, 1920-03-29; Stellung der KPD, S. 498.

248) FPE, 1920-03-29; Stellung der KPD, S. 509.
249) StA Dortmund: Do n 164, Bl. 17. Severing stellt die durch nichts belegte verleumderische Behauptung auf (S. 185 f.), daß Graßmann und Braß „in Dortmund mit Erschießen bedroht wurden und nur durch Meinbergs Intervention weiteren Belästigungen entgingen". Vielleicht wollte er damit davon ablenken, daß die Delegation in Wirklichkeit höchst unangenehme Feststellungen bezüglich der Haltung der Reichswehr traf.
250) Colm, S. 123.
251) VstH u. Is Ka, 1920-03-30; Rwt, 1920-03-31; FPD, 1920-04-02; Stellung der KPD, S. 509 f.; vgl. Cuno, S. 22.
252) Massenstreik, Partei und Gewerkschaften (1906), in: Politische Schriften, hg. v. O. K. Flechtheim, Bd. I, Frankfurt/Wien 1966, S. 182.
253) Düwell, S. 16 f., 19; Stellung der KPD, S. 522 f.; Hennicke, S. 75 ff.; Könnemann/Krusch, S. 434 ff.; Arch. Forsch., II, S. 790 Anm. 3.
254) Düwell, S. 36.
255) Hennicke, S. 77; Könnemann/Krusch, S. 437.
256) Düwell, S. 13 f., 16 f., 18; Brauer, S. 49-55, 65, 69, 71, 73 f.; Hennicke, S. 70 f., 76; Könnemann/Krusch, S. 434, 436.
257) J. Ernst: Was lehren die Kämpfe im Industriebecken, in VstH, 1920-04-23; Ernst, S. 41; vgl. Colm, S. 113 f.
258) Meinberg, Watterwinkel, 1927-06-25/26; Brauer, S. 49, 55; Hennicke, S. 72 f.; Könnemann/Krusch, S. 438, 443.
259) Vgl. E. Lucas: Ursachen und Verlauf der Bergarbeiterbewegung in Hamborn und im westlichen Ruhrgebiet 1918/19. Zum Syndikalismus in der Novemberrevolution, in: Duisburger Forschungen, Bd. 15, 1971, S. 1-119.
260) STAM: BK, vorl. Nr. 182; VZD, 1920-10-12.
261) Aussage eines Spitzels des „Bürgerrats" Elberfeld in Vtr, 1920-11-26.
262) STAM: Reg. Arnsberg, I Pa 270, Nachrichtenblatt Nr. 20, 1921-01-07.
263) Das ist politisch zu verstehen; parteiorganisatorisch blieb Wild bei der KPD, in der er nach dem Aufstand — nach einer gewissen Übergangszeit — wieder eine führende Rolle spielte (STAD: Reg. Düsseldorf, 15565).
264) Wie Anm. 259.
265) Typisch der Werdegang etwa von Müller (Dudo), Weidtkamp und Leidner: Bd. II, S. 71, 74.
266) Sitzung vom 8. April 1919 — Nrh Vst, 1919-04-10.
267) Colm, S. 90 ff., bes. S. 91, 94.
268) Siehe oben bei Anm. 71-73. Noch am 4. und 5. April stellte man in Düsseldorf bei flüchtenden Rotgardisten, die die Stadt passierten, fest, daß sie nichts vom Bielefelder Abkommen wußten (Ddf Ztg, 1920-04-06, Mo). — Anmerkung auf S. 143: Düwell, S. 16; Brauer, S. 66; Könnemann/Krusch, S. 434.

2. Regierung und Militär

1) NL Koch: Nr. 27, Bl. 21-31. Vgl. (auch zum Folgenden) Vogt, Einleitung S. IX-XXIV.
2) Bl. 33-37; vgl. Legien in Vw, 1920-04-09, Mo = Arch. Forsch., I, S. 275; SPD-Parteitag Kassel 1920, Anhang S. 13; Schultheß, S. 71.
3) NL Koch: Nr. 27, Bl. 15, 39, 43.
4) Vw, 1920-03-24, Ab, 1920-03-25, Mo; Otto Braun, S. 92; Scheidemann, S. 410; Noske, Erlebtes, S. 165 f.; Erger, S. 292; Adolph, S. 157 f.; Gordon, S. 330; NL Koch: Nr. 27, Bl. 15, 35, 41; Haußmann, S. 305 f.; Geßler, S. 129.

Anmerkungen zu Seite 146—152

5) Geßler, S. 130.
6) RT, Sten. Berichte, Bd. 344, S. 478; vgl. Gordon, S. 323, u. Geßler, S. 136.
7) Geßler, S. 298.
8) NL Koch: Nr. 27, Bl. 35, 41; DAZ, 1920-03-26, Mo.
9) NL Koch: Nr. 27, Bl. 47-55; NL Schiffer: Nr. 16, Bl. 130; DAZ, 1920-03-26, Mo, 1920-03-27, Mo; BTbl, Nr. 140, 1920-03-26; Jansen, S. 49-51; Haußmann, S. 306; BA: R 43 I / 1354, Bl. 333; Schultheß, S. 71-73; Varain, S. 179; Buse, S. 753. Die „Rote Fahne" überschätzte den Vorstoß der Gewerkschaftsführer, wenn sie von einem „Donnerschlag" Legiens sprach und meinte, der Rücktritt der Regierung Bauer bedeute, „daß die Kräfteverschiebung, der Machtzuwachs der Arbeiterklasse sich politisch auszuwirken beginnt". (RF, 1920-03-27)
10) Vw, 1920-03-26, Ab; DAZ, 1920-03-26, Mo; Stampfer, S. 177; Varain, S. 179. Zur Interpretation vgl. Varain, S. 179-181, und Bußmann, S. 97 f., von seiten der westdeutschen, Könnemann, Arbeiterregierung, S. 912 f., und Könnemann/Krusch, S. 374-376, von seiten der DDR-Geschichtsschreibung. In der ersten Darstellung der Regierungsneubildung seitens des ADGB (Kspbl 1920, S. 181) wird das Angebot Eberts an Legien bemerkenswerterweise nicht erwähnt; unzureichend bzw. verschleiernd dann Umbreit in Kspbl, 1921, S. 3 f., und Leipart, S. 118 f.
11) NL Koch: Nr. 27, Bl. 59-61; Haußmann, S. 306; NL Schiffer: Nr. 18, Bl. 156; BTbl, Nr. 140, 1920-03-26; DAZ, 1920-03-27, Mo; Vw, 1920-03-27, Ab; Schultheß, S. 74 f.; VstH, 1920-03-29 („Ein miserables Gebilde").
12) NL Koch: Nr. 27, Bl. 63.
13) Harden, S. 23. Vgl. das Urteil von Keßler, S. 215.
14) VstH, 1920-03-29 („Ein miserables Gebilde"); Zensurlücken in Artikeln über die Umbildung der Regierung in Mh VZ, Rhs VZ, Wdt He, Do Ztg, Nr. 136, 1920-03-27, u. Ess VZ, 1920-03-27, -28, -29.
15) NL Koch: Nr. 27, Bl. 65. Der neue Reichskanzler Müller hatte bereits am 19. März in Stuttgart erklärt, die Verstaatlichung des Bergbaus — eine der gewerkschaftlichen Forderungen — komme zur Zeit nicht in Frage. (NL Koch: Nr. 25, Bl. 111).
16) Schultheß, S. 74-76; Limbertz und Rosenfeld in d. Preuß. LV, 30. und 31. März 1920 — Sitzungsberichte, Bd. 8, Sp. 10564, 10633-10637; Vw, 1920-03-27, Ab, u. 1920-03-28; Severing, Lebensweg, I, S. 275-277; NL Gothein: Nr. 42, Bl. 19/20; NL Severing: Briefe Nr. 67; Bußmann, S. 99 f.
17) Kspbl, 1920, S. 175.
18) BA-MA: N 42/18, Bl. 49 a.
19) BA-MA: RH 53 — 6/91, Bl. 26/27.
20) RGbl 1920, I, S. 473; NV, Anlagen, Bd. 343, S. 3127, Nr. 2795; BA: R 43 I / 2699, Bl. 136.
21) NL Koch: Nr. 27, Bl. 45-47. Übermittlung des Aufrufs an Severing: BA: R 43 I / 2728, Bl. 57.
22) BA: R 43 I / 2715, Bl. 63/64.
23) Bl. 64/65.
24) Wf Mk, 1920-03-25, Ab, -26, Ab, -27, Mo (aus den letzteren beiden Nummern die wörtlichen Zitate); BA: R 43 I / 2728, Bl. 10, 371; Aufruf des Westfälischen Bauernvereins in Wf Mk, 1920-03-27, Ab. Weiter dann etwa Wf Mk, 1920-03-31, Mo, zu einem Artikel von Giesberts in der DAZ, in dem dieser sein Verhalten in Bielefeld zu rechtfertigen versuchte.
25) „Der Linksdrall der Regierung", in: Wacht im Westen, nachgedr. in Wf Mk, 1920-03-28, Mo. Hervorhebung von mir.
26) Spethmann, S. 195.

27) BA: R 43 I / 1354, Bl. 335. Das Wehrkreiskommando Münster gab diesen Beschluß am 27. März in zwei Verlautbarungen weiter: in einem Telegramm an Ernst, in dem es zum Schluß heißt: „Der Einmarsch in das eigentliche Industriegebiet wird nur auf Befehl der Reichsregierung erfolgen" (Ernst, S. 49), und in einem militärischen Lagebericht, in dem etwas verwaschener formuliert wurde, der Einmarsch werde „von den Entschlüssen der Reichsregierung abhängen" (Wf Mk, 1920-03-27, Ab).

28) BA: R 43 I / 1354, Bl. 337-339; vgl. NL Koch: Nr. 27, Bl. 61, 63. Der scharfe Protest des Wehrkreiskommandos Münster gegen das Bielefelder Abkommen, auf den sich Hasse in der Kabinettssitzung bezog, bei Hürten, S. 154 f., Dok. 17. Entsprechend dem Kabinettsbeschluß wies das Reichswehrministerium das Wehrkreiskommando Münster an, daß die am 27. März erreichte Linie nicht ohne seinen ausdrücklichen Befehl überschritten werden dürfe (StA Münster: Amt 43 E Nr. 4 b, Bericht von Plenio, 1920-04-09, S. 31).

29) Wie S. 480, Anm. 83.

30) Tg. Rauscher an Mayer, 1920-03-21, 22.15 Uhr, in AAPA: II F-M, A 6, Bd. 1; ferner Gang der Verhandlung mit General Weygand, s. folgd. Anm.

31) DBFP, IX, S. 240-242; Tg. Göppert an Ausw. Amt, 1920-03-24, an 23.50 Uhr, in AAPA: II F-M, A 6, Bd. 1; ferner DBFP, VII S. 607 (Curzon).

32) DBFP, IX, S. 242.

33) Tf. Ausw. Amt an Göppert, 1920-03-23, in AAPA: II F-M, A 6, Bd. 1.

34) Tg. Ausw. Amt an Mayer, 1920-03-25, 18.30 Uhr, in: ebd.

35) Tg. Mayer an Ausw. Amt, an 1920-03-27, 10.30 Uhr, in: ebd.; Abschrift in BA: R 43 I / 2728, Bl. 277-279 (falsche Daten). Mayers Anregung betr. „Flaschenhals": Tg. Mayer an Müller, 1920-03-22, in AAPA: II F-M, A 6, Bd. 1.

36) Nollet an Reichskanzler, 1920-03-25; Cramon an Ausw. Amt, 1920-03-27; Ausw. Amt an IMKK, 1920-03-28; Barthélemy an Ausw. Amt, 1920-03-29; Übersicht über alle herausgezogenen Truppen: RWM an Haniel, 1920-03-29, sämtlich in AAPA: II F-M, A 6, Bd. 1.

37) RWM an Haniel, 1920-03-29, in: ebd.

38) Bose, S. 394 f.; Errettung, S. 167.

39) Nollet an Reichskanzler, 1920-03-27, in AAPA: II F-M, A 6, Bd. 1; Errettung, S. 167. — Bericht nach Paris: s. das Folgende. — Kontrolloffiziere der IMKK in Münster: Nollet, S. 18 f.; in Wesel: Kabisch, Kämpfe, S. 540, 551.

40) Tg. Mayer an Ausw. Amt, 1920-03-27, an 1920-03-28, 12.28 Uhr, in AAPA: II F-M, A 6, Bd. 1, u. BA: R 43 I / 2728, Bl. 280.

41) Errettung, S. 173 f.; Spethmann, S. 195; vgl. NL Watter: Nr. 32.

42) BA: R 43 I / 1345, Bl. 61.

43) Das geht teils aus der Analyse des Ultimatums, teils aus dessen Übermittlung hervor (s.u.).

44) NL Watter: Nr. 32.

45) Arch. Forsch., II, S. 797 f. (mit Anm. 5); Spethmann, S. 187; BA-MA: RH 53 — 6/91 Bl. 22; Severing, S. 186; Stellung der KPD, S. 502 f.; Ernst, S. 53 f.; Zickler, S. 17 f.; Colm, S. 123 f. (der Text bei letzterem ist nicht durchweg exakt).

46) BA: R 43 I / 2715, Bl. 111; L. St. in Ff Ztg, Nr. 239, 1920-03-29 (nicht ganz exakter Text); Mitteilung des Zentralrats vom 29. März, in AZE, 1920-03-30; Stellung der KPD, S. 502; Colm, S. 123; Spethmann, S. 186.

47) BA: R 43 I / 2715, Bl. 111.

48) Bericht von Rusch vor der Berliner Gewerkschaftskommission am 23. März — Vw, 1920-03-24, Mo.

Anmerkungen zu Seite 158—169

49) Fr, 1920-03-29, Mo, nachgedr. in Arch. Forsch., I, S. 254-256.
50) AR, 1920, Heft 12/13, S. 19. Die Existenz des „Aktionsausschusses" geht aus seinem Aufruf vom 25. März (in RF, 1920-03-26) und aus dem Verlauf der Generalversammlungen am 26. und 27. März hervor.
51) Bericht von Däumig in der GV der Betriebsräte am 26. März — Vr, 1920-03-31 (vermutlich Nachdruck aus Fr); vgl. Vw, 1920-03-27, Mo.
52) RF, 1920-03-27, nachgedr. in Arch. Forsch., I, S. 246; Vr, 1920-03-31.
53) Walcher, S. 391.
54) Kspbl, 1920, S. 175.
55) RF, 1920-03-28.
56) Düwell, S. 22.
57) RF, 1920-03-29.

3. Kapitel

1) Mitteilung des Zentralrats vom 29. März, in AZE, 1920-03-30; vgl. Düwell, S. 19 f., und Colm, S. 123.
2) Colm, S. 124; Düwell, S. 24 f. (hieraus der Wortlaut des Textes, der von demjenigen Colms etwas abweicht); Stellung der KPD, S. 503 f.; RF, 1920-03-30, abgedr. in Arch. Forsch., II, S. 799.
3) BA: R 43 I / 2715, Bl. 97; es ist anzunehmen, daß auf dieses Telegramm hin Eichhorn und Levi sich zu Reichskanzler Müller begaben, wovon dieser am Abend im Kabinett berichtete (BA: R 43 I / 1354, Bl. 342).
4) Stellung der KPD, S. 504.
5) Colm, S. 125; Cuno, S. 20 a.
6) Colm, S. 125.
7) Hag Ztg, 1920-03-30, Mo; StA Hagen: Akten Vorhalle G. G. G. 9 (Verfügung des Landrats); Erklärung der „Arbeitsgemeinschaft zum Schutze der Verfassung" in Wdt VZ, 1920-03-31.
8) StA Hagen: Akten Stadt Hagen AK. VIII. 39, Bl. 100; BA: R 43 I / 2715, Bl. 93/94.
9) StA Hagen: Akten Stadt Hagen AK. VIII. 39, Bl. 100.
10) BA: R 43 I / 2728, Bl. 222.
11) VstH, 1920-03-30 („Nach alter Methode").
12) Gk Ztg, 1920-03-30; Rw, 1920-03-31. Vgl. zum SPD-Antrag den Leitartikel von St. (Steinkamp) „Bis hierher — und nicht weiter", in VfrR = Vbl, 1920-03-29.
13) STAM: Reg. Arnsberg, I Pa 336, Bl. 88.
14) Ddf Tbl (Mo) u. Rh Ztg, 1920-03-30.
15) VZD, 1920-03-29 („Der Ernst der Lage").
16) Vw, 1920-03-29, Ab; im „General-Anzeiger" (1920-03-29), der den Text bereits gesetzt hatte, wurde er von der Zensur gestrichen.
17) BA: R 43 I / 2715, Bl. 100/101; Vw, 1920-03-30, Mo.
18) MV der SPD Barmen, 14. April — FPE, 1920-04-17. Derselbe Vergleich in Fr, 1920-04-01, Mo („Nerven behalten!").
19) Spethmann, S. 190.
20) BA: R 43 I / 2728, Bl. 64; BA-MA: RH 53 — 6/91, Bl. 22; StA Hagen: Akten Stadt Hagen AK. VIII. 39, Bl. 108; Arch. Forsch., II, S. 800 f.; Düwell, S. 25; Stellung der KPD, S. 504 f.; Ernst, S. 54 f.; Colm, S. 125 f.; Zickler, S. 19; Seve-

ring, S. 187; Spethmann, S. 188 f. — Text in den Berliner Zeitungen: etwa Vw, 1920-03-30, Mo.
21) Die erstere Fassung: Exemplare des Flugblatts in BA, BA-MA und StA Hagen; die letztere in Arch. Forsch., bei Ernst und Spethmann. Zur Beurteilung der Unterzeichnung durch Lorenz s. die Kontroverse zwischen Severing, S. 188, und Spethmann, S. 190.
22) Kamen: Kam Ztg, 1920-03-30; Hörde: Hö Vbl, 1920-03-30 (anscheinend dasselbe in Dortmund: Do Ztg, Nr. 140, 1920-03-30); über Buer abgeworfene Flugblätter werden in der Quelle nicht näher skizziert: Bu Ztg, 1920-03-30; in Hagen verbreitete das SPD-Blatt Watters Zusätze auf einem Extrablatt (BMZ, 1920-03-30, Mo), wobei anzunehmen ist, daß zuvor auch hier Flugblätter abgeworfen worden waren, da ein Exemplar im Stadtarchiv Hagen erhalten ist (Akten Stadt Hagen, AK. VIII. 39, Bl. 108); Elberfeld: FPE, 1920-04-01.
23) BA: R 43 I / 2728, Bl. 342.
24) StA Wuppertal: Elb S XI, Nr. 58; StA Remscheid: NKI / 5; StA Mülheim: 10-59, 11-1, Bl. 121-127; StA Düsseldorf: XVI 1100.
25) BA: R 43 I / 2715, Bl. 98; Ff Ztg, Nr. 247, 1920-04-01; Düwell, S. 25; Colm, S. 125.
26) Ernst, S. 55; Siemsen, S. 494, spricht von Erregung „bis zur Siedehitze".
27) BVst, 1920-03-31, zit. bei Colm, S. 127.
28) Colm, S. 126; Düwell, S. 26 (hieraus der Wortlaut des Textes); Stellung der KPD, S. 505; Arch. Forsch., II, S. 801 Anm. 2. — Verbreitung durch WTB: VstH, 1920-03-30.
29) Spethmann, S. 191.
30) BA: R 43 I / 2715, Bl. 98/99.
31) Stellung der KPD, S. 505; Düwell, S. 26; wer die beiden Abgesandten waren, geht aus den Verhandlungen in Berlin hervor.
32) Colm, S. 126.
33) DBFP, IX, S. 266-268. Der Vorgang ist wichtig für die Auseinandersetzung mit der SED-Literatur, die den „nationalen" Charakter der Politik des Zentralrats betont. Es scheint sogar eine noch weitergehende Initiative gegeben zu haben: am 3. April berichtete ein Korrespondent des „Manchester Guardian" nach seiner Rückkehr aus dem Ruhrgebiet dem englischen Botschafter in Paris, er habe für die Aufständischen ein Schreiben an die Sozialistische Partei Frankreichs aufgesetzt, in dem diese aufgefordert wurde, die französische Regierung zur Entsendung von Truppen ins Ruhrgebiet zu drängen, wenn nötig mit der Androhung eines Generalstreiks. (DBFP, IX, S. 304)
34) Hag Ztg, 1920-03-30, Mo.
35) Nachweisbar für Lenn Krbl, Tägl Anz Lü, Wat Ztg, Gk Allg Ztg, 1920-03-29 (zu letzterem Blatt siehe ebd., 1920-04-07); Hrn Anz, Is Tbl, 1920-03-30; Ess VZ, 1920-03-31.
36) Rwt, 1920-03-30, 1920-04-09; GA Ob u. Sterkrader Volkszeitung, 1920-03-31.
37) AA Elberfeld, 30. März — FPE (Mitteilungsblatt usw.), 1920-03-31.
38) BA: R 43 I / 2715, Bl. 101/102; Vw, 1920-03-30, Mo.
39) FPE, 1920-03-30 („Mit Blindheit geschlagen?").
40) FPE, 1920-03-30. — Im Remscheider USP-Blatt hieß es: „Lieber unter der Herrschaft der Entente als unter der Reichswehr. Kampf mit allen Mitteln, selbst bis zur Sabotage der industriellen Anlagen". (Colm, S. 127)
41) BA: R 43 I / 2728, Bl. 365.
42) OB Cuno in d. Stvv-Vers. Hagen am 30. März — Wdt VZ, 1920-03-31; vgl. die

Anmerkungen zu Seite 173—177

Erklärung der „Arbeitsgemeinschaft zum Schutze der Verfassung", ebd. — Dieselbe Abfolge in Gelsenkirchen: zunächst Auflösung des Aktionsausschusses (STAM: Reg. Arnsberg, I Pa 336, Bl. 88), dann Aufruf im Auftrag des Zentralrats zum Generalstreik (Gk Ztg u. Gk Allg Ztg, 1920-03-30).

43) StA Hagen: Akten Stadt Hagen, AK. VIII. 39, Bl. 116; Cuno, S. 21 a; Spethmann, S. 239.
44) Ernst, S. 56 f. Vgl. den Aufruf des Exekutivkomitees Wetter vom 30. März, überschrieben „Unser Tod, Deutschlands Vernichtung", in StA Wetter: Neues Archiv Nr. 742.
45) VstH, 1920-03-31 („Das Ultimatum des Generals v. Watter").
46) K. Ludwig: Hilferuf aus dem Revier, dat. 31. März, in VstH, 1920-04-01.
47) Ernst, S. 56 f.
48) Ernst, S. 55 f.; vgl. StA Hagen: Akten Stadt Hagen, AK. VIII. 39, Bl. 116; Cuno, S. 21 a; Spethmann, S. 239. — Umsichgreifen der Sabotageidee, Beschlagnahmungen von Sprengstoffen und -geräten anderswo: VfrR = Vbl, 1920-03-31; Colm, S. 129; STAM: Reg. Arnsberg, I Pa 336 (Beschlagnahmungen des AAes Iserlohn in Hohenlimburg und Letmathe); Herner Zeitung, zit. in Kam Ztg, 1920-04-14 (Vorgänge auf „Schlägel und Eisen"); Spethmann, S. 181, 212, 216, 219, 275. — Das USP-Blatt von Buer schrieb gleich nach Bekanntwerden des Ultimatums der Regierung: „Die Arbeiter werden nicht davon abzuhalten sein, falls sie dem Militär weichen müssen, zu einer Verzweiflungstat zu schreiten: Sprengung der Bergwerke und Hochöfen..." — Rw, 1920-03-31 („Katastrophale Lage im Ruhrgebiet").
49) BA: R 43 I / 2715, Bl. 108-110; dort „Arbeitführer" statt „Arbeiterführer" und „gegen" statt „für vernünftiges Verhalten".
50) VstH, 1920-03-29; Hag Ztg (Mo) u. Wf Tbl, 1920-03-30; Cuno, S. 22; Ernst, S. 57.
51) Braß in d. NV, 14. April — Sten. Berichte, Bd. 333, S. 5113; Interview von Braß mit Henri Bidou, 10. April, zit. ebd., S. 5547; Cuno, S. 22; FPD u. Rh Ztg, 1920-04-01. — Spätere Polemik Osterroths gegen Braß: Warum verzögerte sich die Abberufung v. Watters?, in: Rheinische Zeitung, Köln, nachgedr. in AZE, 1920-06-03.
52) Bericht von OB Cuno in der Stvv-Vers. Hagen, 30. März — Wdt VZ, VstH, Hag Ztg (Mo), 1920-03-31; Cuno, S. 22.
53) Do GA, 1920-03-30.
54) Wf Mk, 1920-04-01, Mo; Flugblatt des Zentralrats: Arch. Forsch., II, S. 801 f. = Spethmann, S. 191 f. Am 30. März ist dieses Flugblatt in Iserlohn nachgewiesen (Is Tbl, 1920-03-30).
55) Mk Spr u. Gk Ztg, 1920-03-31; Rw, 1920-04-01; öff. Vers. d. christlichen Gewerkschaften, Bochum, 4. April — Mk Spr u. Wdt VZ, 1920-04-06; Thöne in d. MV der SPD, Bochum, 13. April — Vbl, 1920-04-15; STAM: Reg. Arnsberg, I Pa 336, Bl. 84.
56) Gk Ztg, 1920-03-31; VfrR = Vbl, 1920-04-01, -06; STAM: Reg. Arnsberg, I Pa 336, Bl. 84.
57) StA Wattenscheid: Rep. 2, Stadt Wattenscheid, A 707.
58) Vers. der Funktionäre und Betriebsräte der drei Arbeiterparteien, 31. März — VZD u. Ddf Ztg (Ab), 1920-03-31.
59) RuR-Ztg, Nr. 149, 1920-03-30, Mo, Nr. 150, 1920-04-03. Zu Oberhausen vgl. oben S. 172 bei Anm. 36.
60) Vgl. die Beobachtungen von L. St. in Ff Ztg, Nr. 243, 1920-03-31.
61) Mh GA, 1920-03-31; Mh Ztg, 1920-04-06, -08; Nrh Vst, 1920-04-06. — Der Schluß eines Artikels („Die alten Rattenfänger" überschrieben) im Mülheimer

Anmerkungen zu Seite 177—182

General-Anzeiger vom 31. März, der möglicherweise von Reuß stammt, lautete: „Watters Ultimatum ist die offene Kriegserklärung ... Die Antwort ... ist der Generalstreik für ganz Deutschland ... Das Proletariat weiß, wie man die Versprechungen der [SPD-]Renegaten zu bewerten hat. Es wird kämpfen und siegen".

62) STAD: Reg. Düsseldorf, 15980, Bl. 45; Husaren-Regiment Nr. 11, S. 266; auszugsweise und nicht ganz korrekte Wiedergabe bei Colm, S. 127. — Delmes in Bochum: KZ, Nr. 316, 1920-04-01.
63) BMZ, 1920-03-29, Ab.
64) VZD, 1920-03-31; VstH, 1920-03-30.
65) VstH, 1920-03-30.
66) WAVZ, 1920-03-30, zit. in Wf Mk, 1920-04-01, Mo.
67) Do GA, 1920-03-31.
68) Erklärung in WAVZ, 1920-04-01, zit. in Trem, 1920-04-02.
69) Rh Ztg, 1920-03-31.
70) WAVZ, 1920-03-31 („Die Lage im Industriegebiet"); Hervorhebung vom Vf.
71) Bott VZ, 1920-03-31, 1920-04-01. In Oberhausen schied der gemäßigte Feldermann (KPD) aus dem VR aus (StA Oberhausen: Nachkriegsakten Oberhausen, Nr. 30, Bl. 39).
72) Thöne in der MV der SPD, 13. April — Vbl, 1920-04-15.
73) FPD, 1920-03-30.
74) Text des Flugblatts, der am 30. März von Reichskanzler Müller in der NV verlesen wurde, in BA: R 43 I / 2728, Bl. 209, und (aus Duisburg) in RuR-Ztg, Nr. 150, 1920-04-04 (kurz auch in Colm, S. 102). — Recklinghausen: h. s. (Hermann Salzmann) in VfrR, 1920-04-14.
75) RuR-Ztg, Nr. 150, 1920-04-04; Nrh Vst, 1920-04-06.
76) Mülheim: Bkm. in Mh GA, 1920-03-31; Deunsch in öff. Vers. am 31. März — Mh GA, 1920-04-01. — Recklinghausen: h. s. (Hermann Salzmann) in VfrR, 1920-04-14.
77) Siehe den entschuldigenden Artikel in Nrh Vst, 1920-04-06.
78) AZE, 1920-04-07.
79) WAVZ, 1920-04-01.
80) Wdt VZ, 1920-04-01; Spethmann, S. 194.
81) Wat Ztg, 1920-04-01.
82) Hamborn: Mh GA, 1920-04-01. — Herne: Hrn Anz, 1920-03-30, -31; Bu Ztg, 1920-04-01. Auch in Gummersbach fand eine Urabstimmung statt (am 1. April, durchgeführt von den Gewerkschaften und Betriebsräten), die ebenfalls eine Mehrheit gegen den Streik erbrachte (Gumm Ztg, 1920-04-01, -03).
83) Spethmann, S. 274.
84) Soweit nicht im folgenden im einzelnen geschildert, vgl. Spethmann, S. 216 f.; StA Castrop-Rauxel: Stadt Castrop, Nr. 54; L. St. in Ff Ztg, Nr. 250, 1920-04-02. — Verfügung des ZRs in Ess VZ, 1920-03-31.
85) STAM: Reg. Arnsberg, I Pa 336.
86) StA Dortmund: Do n 141; WAVZ, 1920-04-21; Trem, 1920-04-23; vgl Spethmann, S. 217.
87) Bu Ztg, 1920-04-01; Gl Ztg, 1920-04-04; Spethmann, S. 215; StA Recklinghausen: Stadtarchiv III, Amt Herten (Tumultschadensfall Barnickel).
88) StA Hagen: Akten Stadt Hagen, AK. VIII. 39, Bl. 116; Cuno, S. 21 a; vgl. Spethmann, S. 239.

Anmerkungen zu Seite 182—186

89) Colm, S. 127.
90) Bu Ztg, 1920-03-30.
91) Bu Ztg, 1920-03-31.
92) Colm, S. 128.
93) Das ergibt beispielsweise eine Analyse der Totenlisten des Gemetzels von Pelkum am 1. April (s. u.).
94) Für Dorsten wird dies ausdrücklich in Bu Ztg, 1920-03-30, geschildert.
95) Zu Dortmund/Witten das Folgende; Mülheim: BAst, 1920-04-01; O. P. (Oskar Plenge) in BAst, 1920-04-07.
96) Standesamt Pelkum: Sterbe-Register 1920, Nr. 60, 71, 93, 112, 117, 123, 144, 209.
97) KVZ, Nr. 248, 1920-03-30.
98) Kam Ztg, 1920-04-03.
99) RE, 1920-03-31, abgedr. in Arch. Forsch., II, S. 807; AZE, 1920-03-31.
100) Bott VZ, 1920-04-01.
101) Ess Allg Ztg, 1920-04-01.
102) StA Wattenscheid: Rep. 2, Stadt Watt., A 707.
103) Bkm. in Mh GA, 1920-03-31; vgl. Mh Ztg, 1920-03-31.
104) StA Dortmund: Do n 164, Bl. 5, 12-16, 20-22, 71; STAM: BK, vorl. Nr. 178.
105) Iserlohn: STAM: Reg. Arnsberg, I Pa 336, Bl. 66. Witten: ebd., Bl. 78. Lennep: Bürgermeister Stosberg vor der Stvv-Vers., 14. April — Lenn Krbl, 1920-04-15.
106 StA Recklinghausen: Stadtarchiv III, Nr. 4, Bl. 3-5, 13, 15-17; Rhs VZ, 1920-04-01; Rhs Ztg, 1920-04-06; h. s. (Hermann Salzmann) in VfrR, 1920-04-14; Gaertner, Recklinghausen, S. 3.
107) StA Recklinghausen: Stadtarchiv III, Prozeß Dresdner Bank / Stadt Recklinghausen.
108) STAM: Reg. Arnsberg, I Pa 336, Bl. 78.
109) L. St. in Ff Ztg, Nr. 250, 1920-04-02.
110) BA: R 43 I / 2716, Bl. 204, 204 a.
111) Rhone in öff. Vers. am 31. März — Bott VZ, 1920-04-01.
112) StA Lünen: Abt. 16, Fach 143; Lün Ztg, 1920-04-13; Do Ztg, 1920-04-19; WAVZ, 1920-04-21.
113) StA Recklinghausen: Stadtarchiv III, Nr. 4, Bl. 15/16.
114) StA Wattenscheid: Rep. 2, Stadt Watt., A 707.
115) AZE, 1920-04-01. Vgl. zu diesen Vorgängen allgemein die Feststellungen von Siemsen: „die Folge einer sofortigen Auflösung der Vollzugsräte unter gleichzeitiger Entwaffnung der zuverlässigen Arbeiterwehren", wie von Watter gefordert, wäre „ein entsetzliches Chaos gewesen, da dann in dem bis zur Siedehitze erregten Ruhrgebiet jede ordnende Hand gefehlt hätte" (S. 494).
116) Vgl. hierzu allgemein den Bericht aus Dinslaken in KZ, Nr. 311, 1920-03-31.
117) Sol Tbl u. KZ, Nr. 308, 1920-03-30; Berg TZ, 1920-04-01.
118) StA Lünen: Abt. 16, Fach 147; STAM: BK, vorl. Nr. 179, Nachrichtenblatt der Division Münster, 1920-04-01; vgl. die Erklärung der Vorsitzenden von KPD und USP, in Lün Ztg, 1920-04-01.
119) StA Castrop-Rauxel: Stadt Castrop, Nr. 25 und Nr. 54.
120) Ddf Nr, 1920-03-30, Ab; VZD, Ddf Nr (Mo), Ddf Ztg (Mo), KVZ, Nr. 251, sämtlich 1920-03-31; Vers. der Funktionäre und Betriebsräte der drei Arbeiterparteien, 31. März — Ddf Ztg, 1920-03-31, Ab; Geschäftsbericht d. USP-Vorstands in VZD, 1920-04-24; STAM: BK, vorl. Nr. 175.
121) Ebenda.

Anmerkungen zu Seite 186—191

122) L. St. in Ff Ztg, Nr. 250, 1920-04-02. Vgl. die in der VV der politischen Arbeiterräte am 30. März vorgetragenen Beschwerden: AZE, 1920-03-31.
123) VV der politischen Arbeiterräte, 30. März — RE, 1920-03-31, abgedr. in Arch. Forsch., II, S. 808; L. St. in Ff Ztg, Nr. 250, 1920-04-02.
124) Ddf Ztg, Nr. 129 u. 130 a, 1920-04-04, -06; Sommerfeldt, S. 176; Colm, S. 101.
125) Dui GA, 1920-03-30.
126) Nrh Vst u. RuR-Ztg, Nr. 150, 1920-04-04; Ddf Ztg, Nr. 130 a, 1920-04-06.
127) Ddf Ztg, Nr. 129, 1920-04-04.
128) Dui GA, 1920-04-04.
129) KZ, Nr. 311, 1920-03-31.
130) Colm, S. 101; außerdem das Folgende.
131) Nrh Vst, 1920-04-07.
132) RuR-Ztg, Nr. 150, 1920-04-03; Dui GA, 1920-04-06.
133) Nachdruck in RuR-Ztg, Nr. 150 u. 151, 1920-04-04, -06; die Überschrift nach Nrh Vst, 1920-04-04. Über die Umstände der Herstellung dieser Nummer: Dui GA u. RuR-Ztg, Nr. 151, 1920-04-06; Nrh Vst, 1920-04-07.
134) Nrh Vst, 1920-04-04. Ein Nachdruck des Artikels durch die katholische „Volkszeitung" wurde unterbunden (Mh VZ, 1920-04-06).
135) RuR-Ztg, Nr. 150, 1920-04-04; Dui GA, 1920-04-06; Nrh Vst, 1920-04-07; Bernhard Fisch in Vosti (Volksstimme), Duisburg, 1930-02-15.
136) RuR-Ztg, Nr. 149, 1920-03-30.
137) Mh VZ, 1920-03-30.
138) Nrh Vst, 1920-04-04, -07.
139) Ddf Tbl, 1920-03-31, Ab; FPD, 1920-04-01; RuR-Ztg, Nr. 150, 1920-04-04; NV, Anlagen, Bd. 342, Nr. 2543, S. 8. — Das Telegramm wurde von der Regierung sofort über WTB veröffentlicht: Vw, 1920-03-31, Ab.
140) Colm, S. 102.
141) STAD: Reg. Düsseldorf, 15980, Bl. 21.
142) Die Datierung nach dem SPD-USP-Flugblatt vom 1. April — Anm. 144, und nach der Verordnung des Exekutivkomitees über die Polizeistunde, die am 31. März ergangen war (Mh VZ, 1920-04-01).
143) RuR-Ztg, Nr. 150, 1920-04-04; SPD-USP-Flugblatt, s. folgende Anmerkung.
144) STAD: Reg. Düsseldorf, 15977 (dort handschriftlich auf den 1. April datiert); Dui GA u. RuR-Ztg, Nr. 150, 1920-04-04; Colm, S. 102.
145) RuR-Ztg, Nr. 149, 1920-03-30; Mh Ztg, 1920-03-31; Mh VZ, 1920-04-04; die zitierte Zeitung: Ddf Ztg, Nr. 129, 1920-04-04.
146) RuR-Ztg, Nr. 149, 1920-03-30.
147) RuR-Ztg, Nr. 150, 1920-04-04.
148) Ddf Ztg, Nr. 129, 1920-04-04.
149) Soweit erkennbar: Ba Ztg, 1920-03-29 (1. Seite, 4. Spalte); Ess VZ, 1920-03-31 (Streichung im Titel eines Artikels über Duisburg); Is Tbl, 1920-03-30 (Streichung eines Artikels über den Beamtenstreik in Duisburg). In Gelsenkirchen wurde generell „die Schilderung der Zustände in Duisburg" unterdrückt: Gk Allg Ztg, 1920-04-07.
150) Colm, S. 125; Stellung der KPD, S. 503.
151) Rhs Ztg, 1920-03-31; Rhs VZ, 1920-04-01; Dorider, Erklärung vom 31. März in Rhs Ztg, 1920-04-01.
152) BA: R 43 I / 2728, Bl. 345.

Anmerkungen zu Seite 191—194

153) Do Tbl, Nr. 75, Do GA, Trem, Lün Ztg, sämtlich 1920-03-31; Brandt und Thönnes in der Streikversammlung am 1. April abends — Do Ztg, Nr. 146, 1920-04-03; Vers. der nichtständigen Angestellten der Stadt am 1. April vormittags — Do GA, 1920-04-03.
154) Do GA, 1920-03-31.
155) Kam Ztg, 1920-04-06.
156) Lün Ztg, 1920-03-31; Trem, 1920-04-01; Aufruf der Gewerkschaft deutscher Arbeiter, in Trem, 1920-04-03.
157) Sitzung des Ordnungsausschusses am 5. April — StA Dortmund: Do n 148.
158) Do GA, 1920-04-03.
159) Do GA, 1920-03-31.
160) Trem, 1920-04-01.
161) STAM: BK, vorl. Nr. 178 (Bericht der Stadtverwaltung).
162) Mitteilungen in der Streikversammlung am 1. April abends — Do GA u. Do Ztg, Nr. 146, 1920-04-03.
163) Beschluß der Streikversammlung am 31. März abends — Do GA, 1920-04-01.
164) Streikversammlungen am 31. März (Trem u. Do GA, 1920-04-01) und 1. April (Do GA u. Do Ztg, Nr. 146, 1920-04-03).
165) Mh Ztg, 1920-03-31; vgl. BA: R 43 I / 2728, Bl. 365.
166) Mh Ztg, 1920-04-01. Vgl. L. St. in Ff Ztg, Nr. 250, 1920-04-02.
167) Etwa in Herne: Hrn Anz, 1920-03-31. Der Straßenbahnverkehr sei „in allen größeren Städten stillgelegt": L. St. in Ff Ztg, Nr. 250, 1920-04-02.
168) Hw Anz, 1920-04-03; vgl. (für Dortmund) Trem, 1920-04-01.
169) Hw Anz, 1920-04-01.
170) Sommerfeldt, S. 177.
171) Wdt He, 1920-03-31; vgl. Sommerfeldt, S. 176.
172) Wat Ztg, 1920-04-01.
173) Lün Ztg, 1920-04-01. Vgl. die ähnliche Erklärung des VRs von Angermund bei Düsseldorf (Zurücknahme eines bereits ausgesprochenen Rücktritts), in STAD: Reg. Düsseldorf, 15977.
174) Nrbl, 1920-03-30; StA Münster: Amt 43 E Nr. 4 b, Bericht von Plenio, 1920-04-09, S. 31; Errettung, S. 174. Vgl. Bu VZ, 1920-04-01.
175) Verfügung Nr. 2959, in StA Hagen: Akten Vorhalle, G. G. G. 11, und StA Wetter: Neues Archiv Nr. 739.
176) Errettung, S. 177; StA Marl: Best. Heimatmuseum, Dok. d. Roten Armee (Lankenau).
177) Bose, S. 398; Errettung, S. 177 f. Vgl. StA Recklinghausen: Stadtarchiv III, Amt Marl, Verhandlungstermin 4. 6. 1921 (Aussagen von Dennstädt und Heider).
178) Errettung, S. 178.
179) Bu Ztg, 1920-03-30, -31; Dst VZ, 1920-03-30, -31, 1920-04-01, -12, -19; Hrn Anz, 1920-03-30; Rhs Ztg u. Lün Ztg, 1920-03-31; Errettung, S. 178, 183 f. — Ebenfalls in der Nacht wurde Holsterhausen besetzt: Mohs in Wf Mk, 1920-03-31, Ab.
180) Bu Ztg, 1920-03-30.
181) StA Recklinghausen: Stadtarchiv III, zahlreiche Tumultschadensakten, vor allem die Akten Amt Marl, Verhandlungstermin 3. 6. 1922 und Verhandlungstermin 11. 1. 1923; Aufruf der „Zentralleitung" vom 30. März, in StA Marl: Best. Heimatmuseum, Dok. d. Roten Armee.
182) Nrbl, 1920-03-30; Nachrichtenblatt der Reichswehrbrigade 7, 1920-03-30, in

Anmerkungen zu Seite 194—199

STAM: BK, vorl. Nr. 179; Mohs in Wf Mk, 1920-03-31, Ab; StA Münster: Amt 43 E Nr. 4 b, Bericht von Plenio, 1920-04-09, S. 32; Errettung, S. 179 mit S. 260, S. 181; StA Recklinghausen: Stadtarchiv III, Amt Marl, Verhandlungstermin 30. 11. 1922; Schaefer, S. 133.

183) Schaefer, S. 134 f.
184) Nachrichtenblatt der Reichswehrbrigade 7, 1920-03-30, und Nachrichtenblatt der Division Münster, 1920-03-31, in STAM: BK, vorl. Nr. 179; Errettung, S. 179.
185) Kam Ztg, Trem, Wf Mk (Mo), sämtlich 1920-03-31 (fälschlich auf 28. März datiert).
186) Ebenda; STAM: Reg. Arnsberg, I Pa 336.
187) STAM: Kr. Beckum, Landratsamt 74.
188) Nrbl, 1920-03-31; Wf Anz, 1920-04-01.
189) Errettung, S. 179 f. mit S. 169, 265, S. 182 f.; vgl. Darstellungen, V, S. 57. Nicht erreichbar war mir Wilhelm Kohlhaas: Das Tübinger Studenten-Bataillon, Frankfurt/M. 1934.
190) Errettung, S. 181 f.
191) S. 182.
192) Bu Ztg, 1920-03-30; Rw, 1920-03-31.
193) Kam Ztg, 1920-04-03.
194) Bu Ztg, 1920-04-01; Rw, 1920-04-03.
195) Datt Anz, 1920-03-31.
196) Errettung, S. 188; über seinen Aufenthalt in Frankfurt s. oben S. 101.
197) STAM: BK, vorl. Nr. 148.
198) Mordprozeß wegen der Erschießung von Sametz — STAM: BK, vorl. Nr. 148; Wiedenhoefer, S. 71 f.; vgl. Zuschrift in Dst VZ, 1920-04-14, und Gumbel, Mord, S. 63 f.
199) STAM: BK, vorl. Nr. 148.
200) Wiedenhoefer, S. 72.
201) Gl Ztg, 1920-04-07.
202) Errettung, S. 185.
203) MA, Nr. 156, 1920-03-30.
204) Nrbl, 1920-03-30; nicht ganz wörtlicher Nachdruck in Wf Mk, 1920-03-31, Ab.
205) Errettung, S. 181.
206) S. 183-185.
207) STAM: BK, vorl. Nr. 144.
208) BA-MA: RH 53 — 6/91, Bl. 21; StA Wuppertal: Vohwinkel S XI, Nr. 2; ferner abgedr. in FPE, 1920-03-31. Es ist bezeichnend für Severing, daß er ausgerechnet dieses Flugblatt zur Apologie des Militärs verwendet (S. 185). — Das kürzere Flugblatt, überschrieben „Arbeiter! Bürger! Volksgenossen!", ist abgedruckt in Wf Mk, 1920-04-01, Mo. — Der Abwurf der Flugblätter ist nachgewiesen für Bochum (Mk Spr, 1920-03-31; VfrR = Vbl, 1920-04-01), Elberfeld (FPE, 1920-03-31) und Recklinghausen (Bu Ztg, 1920-03-31). Das zitierte Flugblatt wurde auch nach dem Abkommen von Münster abgeworfen, so am 1. April über Dortmund (WAVZ, 1920-04-03).
209) FPE, 1920-03-31.
210) Major v. Gienand gegenüber Pressevertretern aus Münster — Mohs in Wf Mk, 1920-03-31, Ab.
211) NV, Anlagen, Bd. 342, Nr. 2543, S. 8; Spethmann, S. 199. Das Telegramm wurde am 1. April von der Regierung in Berlin veröffentlicht: Ff Ztg, Nr. 250, 1920-04-02.

Anmerkungen zu Seite 199—202

212) NV, Anlagen, Bd. 342, Nr. 2543, S. 7; vgl. S. 8.
213) BA: R 43 I / 2728, Bl. 341 = NV, Anlagen, Bd. 342, Nr. 2543, S. 6.
214) NV, Anlagen, Bd. 342, Nr. 2543, S. 7.
215) BA: R 43 I / 2711, Bl. 205.
216) BA: R 43 I / 2728, Bl. 339 f.
217) BA: R 43 I / 2728, Bl. 2.
218) BA: R 43 I / 2715, Bl. 150.
219) Bl. 91.
220) Dähnhardt, S. 109; Bronnen, S. 108; Darstellungen, VI, S. 163; Könnemann/Krusch, S. 423 f.
221) Arch. Forsch., II, S. 594-597.
222) Ebenda, S. 593 f.; Könnemann/Krusch, S. 227.
223) Copius, S. 207; Schreiner, S. 329.
224) Schreiner, S. 313.
225) BA: R 43 I / 2710, Bl. 47; 2711, Bl. 139.
226) Schunke, S. 78-85, 93 f.; Arch. Forsch., I, S. 426-431, 441-443, 450-453, 457; Zeitzer Arbeiter, S. 218; Böttcher, S. 71-75; Könnemann/Krusch, S. 406 f.; Dksch. RJM, S. 160-162; Vw, 1920-03-28.
227) Hoelz, S. 17 ff., 85-112; eine wichtige Rezension dieses Buches von Brandler in: Gegen den Strom. Organg der KPD (Opposition), Berlin, 2. Jg., 1929, Nr. 19, S. 4-5, Nr. 20, S. 3-4; Brandler, S. 54-60, 65; Könnemann/Krusch, S. 428 f.
228) Gegend um Sömmerda: Gumbel, Mord, S. 58 f.; Dksch. RJM, S. 29 f.; RT, Sten. Berichte, Bd. 348, S. 3082 f.; Rosenfeld in d. Preuß. LV, 31. März 1920 — Sitzungsberichte, Bd. 8, Sp. 10167; Arch. Forsch., II, S. 538-542; Illustrierte Geschichte, S. 485 f. — Mechterstedt: Gumbel, Mord, S. 56-58; Dksch. RJM, S. 28 f., 65-68; NV, Anlagen, Bd. 342, S. 2902, Nr. 2669; Schaumlöffel, S. 33-56; Duderstadt, S. 13, 20-25, 30. — Thüringen gesamt: Könnemann/Krusch, S. 413-417.
229) Braß in d. NV, 14. April 1920 — Sten. Berichte, Bd. 333, S. 5112.
230) Vr, 1920-03-29.
231) BA: R 43 I / 2715, Bl. 169.
232) BA: R 43 I / 2716, Bl. 26.
233) BA: R 43 I / 2715, Bl. 155 f.; Kruppa, S. 60 (nennt fälschlich Frankfurt/Oder als Ort der Versammlung).
234) BA: R 43 I / 2719, Bl. 164.
235) Arch. Forsch., II, S. 597 f.
236) Arch. Forsch., I, S. 360.
237) Arch. Forsch., II, S. 535.
238) BA: R 43 I / 2715, Bl. 85.
239) Vr, 1920-03-31.
240) BA: R 43 I / 2728, Bl. 304.
241) So in Elbing, Schwerin, Senftenberg, Chemnitz. Die Resolution von Celle, am 30. März beschlossen, wurde erst am folgenden Tag abgeschickt.
242) STA Bremen: 4,65 — Konv. 241, VI. 126. 9., Bd. 2, Nbr. J. — Nr. 1242, 30. März, und Bd. 3, Nr. 1251, 1. April; Konv. 154, IV. 1. a., Bd. 3, Nachrichtenblatt Nr. 142, 30. März, und Bericht vom 1. April; BAZ, 1920-03-30, -31.
243) BAZ, 1920-04-01.
244) Arch. Forsch., II, S. 733 f.; BA: R 43 I / 2714, Bl. 20.
245) Hahn, S. 126.

Anmerkungen zu Seite 204—214

4. Kapitel

1) BA: R 43 I / 1354, Bl. 342 = Vogt, S. 4.
2) Tg. Mayer an Ausw. Amt, 1920-03-28, an 22.30 Uhr, in AAPA: II F-M, A 6, Bd. 1. Der englische Botschafter in Paris erfuhr von der französischen Note erst am 30. März aus den Zeitungen (DBFP, IX, S. 269).
3) Zwei Telegramme Mayers an Ausw. Amt, 1920-03-28, an 20.55 bzw. 21.05 Uhr; Tf. Göppert an Ausw. Amt, 1920-03-28, 19.50 Uhr, in AAPA: II F-M, A 6, Bd. 1.
4) NV, Sten. Berichte, Bd. 332, S. 4931-4937. Zur Analyse vgl. RF, 1920-03-30. Die Regierungserklärung Müllers war offenkundig mit derjenigen Otto Brauns abgestimmt, die dieser am folgenden Tag vor der Preußischen Landesversammlung abgab: auch Braun wandte sich an zentraler Stelle gegen den Bolschewistenschreck (Sitzungsberichte, Bd. 8, Sp. 10505). Die anschließende ebenfalls zweitägige Debatte brachte keine neuen Momente gegenüber der Debatte in der Nationalversammlung, wir übergehen sie daher. Lediglich ein zentraler Punkt in der Rede von Limbertz (Essen, SPD) ist hervorzuheben: Zuerst gelte es, im Ruhrgebiet „Ruhe zu schaffen", dann müsse eine energische Demokratisierung von Reichswehr, Sipo und Verwaltung betrieben werden (Sp. 10568).
5) NV, a.a.O., S. 4941, 4949, 4966, 5001, 5018-5020.
6) S. 4942, 4955-4958, 4978, 5011, 5018, 5024; vgl. S. 5014. Auch außerhalb des Parlaments wurde immer wieder der Vorwurf erhoben, das 8-Punkte-Abkommen bedeute eine „Nebenregierung" der Gewerkschaften, ja die „verkappte proletarische Diktatur" (Kspbl, 1920, S. 194).
7) S. 4946, 4948, 4956, 5011.
8) S. 4962 f.
9) S. 4959-4962, dazu S. 5024.
10) S. 4946.
11) BA: R 43 I / 1354, Bl. 341-343 = Vogt, S. 3-6. Vgl. die Mitteilung des Reichskanzlers in der Nationalversammlung am 30. März über den im Anschluß an die Kabinettssitzung erteilten Befehl Geßlers an das Wehrkreiskommando Münster: Sten. Berichte, Bd. 332, S. 4993.
12) BA: R 43 I / 2715, Bl. 103-105.
13) Bl. 106 f.
14) Tg. Reichskanzler an Göppert, 1920-03-29, 14.05 Uhr, in AAPA: II F-M, A 6, Bd. 1.
15) RWM an Haniel, 1920-03-29, in: ebd.
16) Ausw. Amt an Nollet, 1920-03-29, in: ebd.
17) Barthélemy an den Vorsitzenden der Friedenskommission im Ausw. Amt, 1920-03-29, in: ebd.
18) Mayer an Reichskanzler Müller, 1920-03-30, an 12 Uhr, in: ebd. (nach der Mitteilung Müllers in der NV vermutlich ein Telefonat); eine deutsche Übersetzung des Papiers in BA: R 43 I / 2728, Bl. 236. Vgl. DBFP, IX, S. 285, 289 f., 296, 307 f., 317.
19) So Mayer in einem Tg. an Ausw. Amt, 1920-03-31, an 16.20 Uhr, in AAPA: II F-M, A 6, Bd. 1.
20) PFR USA, S. 299 f. Vgl. DBFP, IX, S. 265.
21) An dieser Stelle entfernen wir uns am weitesten von Salewski; vgl. dessen Darstellung S. 115 f., die durch Benoist-Méchin, den Salewski an zentraler Stelle anführt, in keiner Weise gestützt wird. Im wesentlichen richtig: Vogt, Einleitung S. XXXVIII.
22) Vw, 1920-03-30, Mo.
23) Ebenda.

Anmerkungen zu Seite 214—222

24) BA: R 43 I / 1354, Bl. 419 = Vogt, S. 7; die Uhrzeit nach BA: R 43 I / 1345, Bl. 62.
25) Tg. Ausw. Amt an Botschaft in Paris, 1920-03-30, 11.35 Uhr, in AAPA: II F-M, A 6, Bd. 1.
26) Rede Severings vor Pressevertretern in Münster, 3. April — Wf Mk, 1920-04-04, Mo.
27) Severing, Wie es kam!, S. 12; ders., Watterwinkel, S. 188; ders., Lebensweg, S. 267.
28) NL Severing: Briefe Nr. 29; BA: R 43 I / 2705, Bl. 127; Severing, S. 191 f.; Spethmann, S. 197; Stellung der KPD, S. 513 f. (leicht ungenauer Text).
29) WTB-Meldung in Trem = MA, Nr. 157, 1920-03-31, u. a. (vgl. auch Vw, 1920-03-30, Ab, und Colm, S. 129); NFP, 1920-03-30, Extrablatt, in StA Hagen: Akten Vorhalle, G. G. G. 9, in gekürzter Form durch WTB aus Hagen weiterverbreitet (z.B. Is Ka und Hö Vbl, 1920-03-31); Tf. zwischen SPD-Sekretär Kolaß (Elberfeld) und Reichskanzler Müller am 30. März, 20.40 Uhr — FPE, 1920-03-31.
30) NV, Sten. Berichte, Bd. 332, S. 4992-4994.
31) Telefonische Mitteilung von Reichskanzler Müller an Kolaß, a.a.O.
32) Trem = MA, Nr. 157, 1920-03-31, u. a.
33) 8 Uhr-Abendblatt, Nr. 68, 1920-03-30 (BA: R 43 I / 2728, Bl. 3), hiernach auch der Zeitpunkt; RF, 1920-03-31; Stellung der KPD, S. 506, vgl. S. 512; Vogt, S. 7 f, Anm. 4.
34) 8 Uhr-Abendblatt, a.a.O.
35) Ebenda; Bericht von Wegmann in der GV der revolutionären Betriebsräte Berlins am 30. März abends — DAZ, 1920-03-31, Mo; Bericht von Rusch vor den Berliner Gewerkschaftsvorständen am 31. März — Fr, 1920-04-01, Mo; Aufruf der KPD-Zentrale vom 30. März, in RF, 1920-03-31, abgedr. in Arch. Forsch., II, S. 802 f.; Ff Ztg, Nr. 244, 1920-03-31, zit. bei Varain, S. 182.
36) Tf. Göppert an Ausw. Amt, 1920-03-30, nachmittags, in AAPA: II F-M, A 6, Bd. 1.
37) Tf. Ausw. Amt an deutsche Botschaft in Paris, 1920-03-30, 16.20 Uhr, in: ebd.
38) Tg. Mayer an Ausw. Amt, 1920-03-30, an 22.30 Uhr, in: ebd.; zwei weitere Berichte Mayers vom 30. März und 1. April, in AAPA: II F-M, A 6, Bd. 2.
39) Aufruf der KPD-Zentrale vom 30. März, in RF, 1920-03-31, abgedr. in Arch. Forsch., II, S. 802-804.
40) RF, 1920-03-31 („Letzter Notenwechsel").
41) DAZ (Mo) u. RF, 1920-03-31; VVen der Betriebsräte der Industriegruppen: Könnemann/Krusch, S. 448, u. Arch. Forsch., I, S. 259 Anm. 2; die Entschließung auch in Fr, 1920-03-31, Ab, abgedr. in Arch. Forsch., I, S. 260 f. Die Änderung der Entschließung ergibt sich daraus, daß die GV am 31. März bereits um 13 Uhr wieder zusammentrat (RF, 1920-04-01).
42) 8 Uhr-Abendblatt, Nr. 68, 1920-03-30 (BA: R 43 I / 2728, Bl. 3); zur Charakterisierung des Blatts: Vw, 1920-03-31, Mo.
43) Vw, 1920-03-31, Mo; Politisch-Parlamentarische Nachrichten, wiedergegeben in DAZ, 1920-03-31, Mo. Eine zutreffende Analyse des Dementis in Ff Ztg, 1920-03-31, Ab (Leitartikel).
44) Die Kabinettssitzung — an der übrigens auch Legien teilnahm — hatte bereits um 18 Uhr begonnen (BA: R 43 I / 1345, Bl. 62). Über ihren Verlauf existiert nur ein knapper Bericht aus militärischer Quelle, der Legiens Haltung resümiert: „Generalstreik vorläufig aufgehalten" (Vogt, S. 7 Anm. 4).
45) BA: R 43 I / 2715, Bl. 125; Veröffentlichung in der Berliner Presse: z.B. Vw (Mo) u. DAZ (Mo), 1920-03-31, in der des Ruhrgebiets: z.B. VfrR = Vbl, 1920-04-01; der Text ferner in: Stellung der KPD, S. 506 f., und Spethmann, S. 193 f. (letzterer mißversteht ihn als Antwort auf das Gegenultimatum der Elberfelder SPD-Funktionäre vom 29. März).

46) Gegenüber der hier vorgetragenen Analyse des Papiers reicht diejenige in RF, 1920-04-01, nicht aus. — Als regierungsnahes Blatt beklagte die „Frankfurter Zeitung" das Schwanken der Regierung zwischen Ultimatum und der jetzt eingenommenen nachgiebigeren Haltung: es frage sich, ob letztere „jetzt noch die Wirkung haben werde, die sie ohne Zweifel gehabt hätte, wenn die Regierung sie von Anfang an eingenommen hätte. Tausendfache Erfahrung lehrt, daß es gerade in der Politik nichts Unzweckmäßigeres gibt, als Konzessionen stückweise zu machen". (Leitartikel vom 31. März, Abendblatt)

47) Bericht von Däumig in der GV der Betriebsräte am 31. März — RF, 1920-04-01.

48) Bericht von Rusch vor den Berliner Gewerkschaftsvorständen am 31. März — Fr, 1920-04-01, Mo.

49) Stellung der KPD, S. 507; vgl. den Bericht von Rusch, a.a.O.

50) RF, 1920-04-01; vgl. Fr, 1920-04-01, Mo.

51) Legiens in der Anmerkung wiedergegebene Erklärung: BA: R 43 I / 2728, Bl. 107.

52) Das geht daraus hervor, daß das Ergebnis bereits in einer Sitzung des Essener Zentralrats mitgeteilt wurde, die um 11 Uhr begann (AZE u. Ess Allg Ztg, 1920-04-01).

53) BA: R 43 I / 2715, Bl. 157; BA-MA: RH 53 — 6/91, Bl. 19; Arch. Forsch., II, S. 809.

54) Rusch und Schuhmacher in der Sitzung der Berliner Gewerkschaftsvorstände am 31. März — Fr, 1920-04-01, Mo.

55) RF u. Fr (Mo), 1920-04-01.

56) BA: R 43 I / 1345, Bl. 62 a.

57) BA: R 43 I / 2728, Bl. 107.

58) Vgl. Kilmarnock an Curzon, 31. März, 22.40 Uhr: v. Haniel habe ihm (offenbar abends) gesagt, daß der Beginn der militärischen Operationen auf den 2. April morgens festgesetzt sei (DBFP, IX, S. 274 f.).

5. Kapitel

1. Umstände und Verlauf der Konferenz von Münster

1) Hag Ztg, 1920-03-30, Ab.

2) BAst, 1920-03-30 (telefonische Mitteilung Plenges nach Solingen).

3) So in Bochum am 30. März abends — VfrR = Vbl, 1920-04-01. Die Berliner WTB-Meldung findet sich z.B. in Trem und MA, Nr. 157, 1920-03-31. Eine weitere Informationsquelle, die allerdings den Regierungsauftrag an Severing beschönigte (er sei beauftragt, „mit Generalvollmacht" zu Watter „zu fahren, um gütige Verhandlungen zu vereinbaren"), war ein Telegramm an die SPD in Elberfeld, das sofort im dortigen SPD-Blatt veröffentlicht wurde (FPE, 1920-03-30; das Blatt erschien mittags). Für die Weitergabe im Aufstandsgebiet vgl. das Telegramm des Zentralrats an den VR Lüttringhausen: „Laut Telegramm hat General v. Watter Befehl, nicht zu marschieren. Reichskommissar Severing ist mit Generalvollmacht nach Hagen unterwegs, um mit Zentralrat zu verhandeln". (Tägl Anz Lü, 1920-03-30)

4) NFP, 1920-03-30, Extrablatt, in StA Hagen: Akten Vorhalle, G. G. G. 9. Der Inhalt des Extrablatts wurde dann von Hagen aus durch WTB weiterverbreitet: u.a. Is Ka, Hö Vbl, 1920-03-31.

5) Hag Ztg, 1920-03-30, Ab.

6) Hag Ztg, 1920-03-31, Mo; vgl. VstH, 1920-03-31. Am 31. März, 12 Uhr, folgte

Anmerkungen zu Seite 234—237

Iserlohn mit dem Abbruch des Generalstreiks — STAM: Reg. Arnsberg, I Pa 336, Bl. 73.
7) Konrad Ludwig: Hilferuf aus dem Revier, datiert 31. März, in VstH, 1920-04-01.
8) So in der VV der politischen Arbeiterräte in Essen, 30. März — RE, 1920-03-31, abgedr. in Arch. Forsch., II, S. 807.
9) Ba Anz, 1920-04-02.
10) AZE, 1920-03-31 (vgl. auch den Leitartikel „Besinnt euch!" in derselben Nummer), 1920-04-07.
11) Severing, Lebensweg, S. 277 (irrtümlich auf den 29. März datiert; die Vorstellung der neuen Landesregierung war am 30. März).
12) Zusammenstoß und notdürftiger Kompromiß können aus drei Dokumenten rekonstruiert werden: a) NL Watter: Nr. 32, darin Abschrift von Tagebuch-Notizen, mit falscher Datierung auf den 1. April; b) ebd., Niederschrift vom 28. April 1920; c) Severing, S. 192. In diesen Dokumenten nicht angesprochen ist die Verlegung des Konferenzorts. Sie muß aber ebenfalls zur Debatte gestanden haben, da Severing anschließend die Einladungen hinausschickte; daß sie im Sinne Watters lag, wurde schon damals festgestellt (Düwell, S. 26).
13) Severing vor Pressevertretern in Münster, 3. April — Wf Mk, 1920-04-04, Mo u. Wf Anz, 1920-04-06; K. Ludwig: Hilferuf aus dem Revier, datiert 31. April, in VstH, 1920-04-01; vgl. Severing, S. 189, und Ernst, S. 57.
14) Vtr, 1920-05-15; Bericht von Teuber u.a. in VfrR = Vbl, 1920-04-03 = Teuber, Sozialisierung, S. 104.
15) Zur zeitlichen Präzisierung: daß die Erklärung der Regierung noch nicht vorlag, als Severing von Berlin nach Münster fuhr, ist zwar chronologisch klar, geht aber überdies eindeutig aus einem Telefonat Severings aus Münster am 1. April (BA: R 43 I / 2728, Bl. 107) hervor; nach dieser Quelle wurde ihm der Inhalt der Erklärung auf telefonischem Wege von Osterroth aus Berlin übermittelt.
16) BA: R 43 I / 2728, Bl. 107.
17) Niederschrift Watters vom 28. April 1920, in NL Watter: Nr. 32.
18) BA-MA: RH 53 — 6/91, Bl. 17. Am 6. April teilte Regierungspräsident König die Verfügung in einem Telegramm an alle Oberbürgermeister, Bürgermeister und Landräte seines Regierungsbezirks mit: STAM: I Pa 371, Bl. 175; ebd.: Kr. Hattingen, Landratsamt 171; StA Bochum: Tit. IX. Caps. 2. No. 25, vol. I; StA Gelsenkirchen: Gk XVIII/12/25; StA Witten: 1. 16. 2.; Severing, S. 193; u.ö.
19) Niederschrift Watters vom 28. April 1920, in NL Watter: Nr. 32.
20) Tönebönn (Recklinghausen) für die Division Münster und Martmöller (Bochum) für die Division Haas — BA-MA: RH 53 — 6/91, Bl. 15.
21) BA: R 43 I / 2705, Bl. 157 f. = Vogt, S. 143 f.; nicht genannt sind dort Andres für Mülheim (Mh Ztg, 1920-04-07), Karl Müller für Gelsenkirchen (Wat Ztg, 1920-04-13), Bäumgen für Dortmund (NL Severing: A 2) und Fr. Schmidt für die gesamte Reichswehr-Brigade 7 (NL Severing: A 3). Lediglich der Zivilkommissar Ernst Müller (Duisburg, SPD) hatte als Stellvertreter für Oberhausen — von ihm selbst oder von Severing bestimmt — den DDP-Stadtverordneten und Gewerkschaftssekretär Weinert (Nrh Vst, 1920-04-20).
22) Severing, S. 206; Spethmann, S. 197 f.; die Bestellungsurkunde außerdem in VfrR, 1920-04-15 (in diesem Falle für Tönebönn).
23) Wie Anm. 20.
24) Severing, S. 203 f.
25) Dst VZ, 1920-03-31; Errettung, S. 183.
26) Bu Ztg, 1920-03-31; Dst VZ, 1920-03-31, 1920-04-01; Errettung, S. 183 f.

27) Dst VZ, 1920-04-01 (Bericht und Bkm. des Bürgermeisteramts).
28) Schaefer, S. 134-136; Errettung, S. 181-183.
29) StA Recklinghausen: Stadtarchiv III, Amt Marl, Verhandlungstermin 30. 6. 1921 (Unterkunftsraum der Arbeiter und Pferdestall der Lippesand-Baggerei GmbH.); Verhandlungstermin 14. 7. 1921 (Albert Miegel); Verhandlungstermin 22. 9. 1921 (Peter Hirth).
30) Nrbl, 1920-03-31, Nachdruck in Wf Mk (Mo) u. Bu Ztg, 1920-04-01; Wf Anz, 1920-04-01. Vgl. Wdt VZ u. Wf Mk (Ab), 1920-04-01; BMZ, 1920-04-03, Ab; Errettung, S. 182.
31) Wf Anz, Wf Mk (Ab) u. MA, Nr. 159, 1920-04-01; BMZ, 1920-04-03, Ab; Errettung, S. 183.
32) Vw, 1920-04-08, Mo.
33) STAM: Kr. Hamm (Unna), Landratsamt A 1229.
34) Bereits am 31. März findet sich im Nachrichtenblatt des Wehrkreiskommandos für die Truppe die Notiz, der Zechendirektor sei „durch Vorhalten einer Pistole gezwungen" worden, „die Löhne für die Streiktage auszuzahlen".
35) Wf Anz, Wf Mk (Ab) u. MA, Nr. 159, 1920-04-01; BMZ, 1920-04-03, Ab; Vw, 1920-04-07, Mo; Haase, Schüsse, 1960-03-26/27 (hier das wörtliche Zitat), 1960-04-01; Standesamt Pelkum: Sterbe-Register 1920, Nr. 108, 154; Errettung, S. 183; über die Geflohenen und Entkommenen geben die Quellen über das Gemetzel in Pelkum am 1. April Auskunft (s.u.); Beschlagnahme des Fahrrads: STAM: Kr. Hamm (Unna), Landratsamt A 1229 (fälschlich auf 1. April datiert).
36) Hw Anz u. Trem, 1920-04-01; Hw Anz, 1920-04-06 (Augenzeugenbericht, der die Vorgänge fälschlich auf den 1. April datiert und in dem es heißt: „Weit verstreut liegen die Reste von Kleidern und Schuhen, Mützen und Fleischstücken"); Nrbl, 1920-04-01; Todesanzeigen in Hw Anz, 1920-04-03; Hellkötter, S. 6 (datiert fälschlich auf den 15. März); Nrbl, 1920-04-01; Errettung, S. 182 f.
37) Errettung, S. 188.
38) BAst, 1920-04-01 (telefonische Mitteilungen von Plenge, der sich seit dem 31. März in Dinslaken befindet); Nrbl, 1920-04-02; STAM: BK, vorl. Nr. 179, Nachrichten der Division Kabisch, 1920-04-01; Errettung, S. 190 (datiert fälschlich auf den 1. April); Standesamt Voerde: Sterberegister 1920, Nr. 36, 37, 119; Mh GA, 1920-04-04: a) Notiz über Müllers Tod und Überführung der Leiche, b) Todesanzeige der Familie; Foto bei Schabrod, S. 39. — Das Nachrichtenblatt der 3. Kavallerie-Division vom 18. April (STAM: BK, vorl. Nr. 139) behauptete, Müller sei gefallen, „als er mit Pressevertretern zu den vordersten Posten fuhr, durch Querschläger in Hals und Kopf" und liege jetzt „bei Dinslaken begraben". Mindestens das letztere ist nachweislich falsch; Müller wurde am 4. April in Mülheim begraben (Mh Ztg, 1920-04-06).
39) Dst VZ, 1920-04-01, -03 (Bericht und Todesanzeige für Frau Fallböhmer); Bu Ztg, 1920-04-06; Nrbl, 1920-04-01, -02; NV, Anlagen, Bd. 342, Nr. 2543, S. 9; Errettung, S. 184.
40) z.B. Israelski vor Vertretern der Regierungsparteien und Gewerkschaften in Vorhalle, 2. April.
41) Düwell, S. 26.
42) Hö Vbl, 1920-04-01.
43) Witt Tbl, 1920-04-01.
44) Hö Vbl, 1920-04-01.
45) L. St. in Ff Ztg, Nr. 250, 1920-04-02.
46) Mh GA, 1920-04-01.

Anmerkungen zu Seite 240—247

47) Mh Ztg, 1920-04-01.
48) VstH, 1920-04-01.
49) Bericht von Teuber u.a., in VfrR = Vbl, 1920-04-03 = Teuber, Sozialisierung, S. 104-107; Bericht von Uhlmann in der Vers. der streikenden Beamten in Dortmund, 1. April abends — Do Ztg, Nr. 146, Trem, Do GA, WAVZ, 1920-04-03; Meinberg, Aufstand, S. 171 f. mit Anm. 12, S. 198; ferner: Vers. der streikenden Beamten in Dortmund, 31. März morgens — Trem, 1920-04-01; Wf Anz, 1920-04-01. Weigerung Epps, Meinberg freizulassen: Tg. General Haas an württembergische Landesregierung, 1920-04-01, in BA: R 43 I / 2728, Bl. 104, 197 f.
50) Ernst, S. 57 f.; Colm, S. 132; Bericht der vier Delegierten des ZRs, s. folgende Anm.
51) Bericht der vier Delegierten des ZRs, in Vtr, 1920-04-09 = VZD, 1920-04-12 = BAst, 1920-04-13 = Düwell, S. 44 f.; Meldung von Hauptmann Ott (so nach Errettung, S. 168 mit S. 260-262, richtig statt: Otto) an Wehrkreiskommando Münster, 31. März, in STAM: BK, vorl. Nr. 179; Severing, S. 199 (hierzu Spethmann, S. 198). — Befehl des Wehrkreiskommandos betr. Behandlung von Unterhändlern: Nrbl, 1920-03-30.
52) Vtr, 1920-05-15; Uhrzeit auch in Do Ztg, Nr. 146, 1920-04-03.
53) Unvollständige Teilnehmerlisten in Do Ztg, Nr. 146, u. WAVZ, 1920-04-03; es fehlen dort etwa Berten und Kraushaar aus Düsseldorf (deren Delegierung mitgeteilt in der Vers. von Funktionären und Betriebsräten in Düsseldorf am 31. März vormittags — VZD, 1920-03-31); die Teilnahme von Nickel nach Colm, S. 133.
54) Vw u. Rh Ztg, 1920-04-02; WAVZ, 1920-04-03; Vtr, 1920-05-15.
55) Severing, S. 191.
56) Severing, Lebensweg, S. 267 f.; ders., Watterwinkel, S. 189, 191.
57) BA: R 43 I / 2728, Bl. 107.
58) Severing, Wie es kam!, S. 12.
59) Severing, S. 189-191; Zuschriften von Ernst in VZD u. Vtr, 1920-04-12 sowie Soz Rep, 1920-04-13 = Vtr, 1920-04-14; Ernst, S. 58; Braß in d. NV, 14. April 1920 — Sten. Berichte, Bd. 333, S. 5121.
60) Vw u. Rh Ztg, 1920-04-02.
61) Braß in d. NV, a.a.O., S. 5113; Braß in Fr, 1920-04-07, Ab. Über diesen Punkt kurz auch Berten in der Vers. der Funktionäre und Betriebsräte, Düsseldorf, 1. April nachmittags — VZD, FPD, Ddf Nr (Mo), Ddf Ztg (Ab), 1920-04-02.
62) Braß in d. NV, a.a.O., S. 5113, 5115; vgl. S. 5121.
63) Stattdessen ließen sich zumindest einige von ihnen zu einer vertrauensvollen Haltung verleiten. Ernst, S. 59: „In der Konferenz trat zu Tage, daß auch die Regierungsvertreter der Offizierskamarilla kein großes Vertrauen entgegenbrachten". Oettinghaus in der VV der VRe, Essen, 1. April: „Die Regierung ... fürchtet das Militär ebenso wie wir. Deshalb ist sie bestrebt, lieber mit uns auszukommen". (Ess Allg Ztg, 1920-04-02)
64) Braß in d. NV, a.a.O., S. 5121; Ernst, S. 58 f.; Ernst in VstH, 1920-04-03; Colm, S. 133; Oettinghaus in der VV der VRe, 1. April, a.a.O.; Berten in Düsseldorf, 1. April nachmittags, a.a.O.
65) BA: R 43 I / 2715, Bl. 130. Der Text ohne Angabe der Uhrzeit in NV, Anlagen, Bd. 342, Nr. 2543, S. 8; Severing, S. 194; Salewski, S. 118 Anm. 74; Auszug bei Colm, S. 130; in DBFP, IX, S. 282 wird 20 Uhr als Absendezeitpunkt angegeben.
66) Braß in d. NV, a.a.O., S. 5121; Ernst, S. 59; Berten in Düsseldorf, a.a.O.; Vtr, 1920-05-15.
67) StA Remscheid: NKI / 7 I (der auf der Konferenz beschlossene und vervielfältigte

Anmerkungen zu Seite 247—252

Text); BA: R 43 I / 2715, Bl. 210-212 = Vogt, S. 8 (Tg. Severings vom 3. April, in dem der Text umgemodelt ist); Fr, 1920-04-02, Mo, nachgedr. in Arch. Forsch., II, S. 810 f.; AZE, 1920-04-03; Stellung der KPD, S. 514; Zickler, S. 21; Colm, S. 132; Severing, S. 189 f. In den Formulierungen weichen die Quellen etwas voneinander ab, vor allem aber differieren sie bezüglich des letzten Absatzes: in einer ganzen Reihe von ihnen fehlt er. Die angegebene Uhrzeit nennen Kam Ztg, 1920-04-03, Stellung der KPD, S. 514, und Zickler, S. 21; Fr, 1920-04-02, Mo, nachgedr. in Arch. Forsch., II, S. 810 gibt dagegen 21 Uhr an.

68) Vtr, 1920-05-15.
69) Zuschrift des ZRs aus Barmen, in Fr, 1920-04-09, Mo; inhaltlich gleichlautend die Ausführungen von Berten in Düsseldorf, a.a.O.
70) Berten in Düsseldorf, a.a.O.; Christmann auf einer Kundgebung in Barmen, 1. April vormittags — Ba Ztg (Ab) u. FPE, 1920-04-01, GA E-Ba, Ess Allg Ztg, BMZ (Mo), 1920-04-02.
71) Vtr, 1920-05-15.
72) Ernst, S. 59; der Sonderzug ist auch durch Severings Rede vor Pressevertretern in Münster am 3. April (Wf Mk, 1920-04-04, Mo) belegt.
73) Ernst, S. 59 f.; Zuschrift von Ernst in Soz Rep, 1920-04-13 = Vtr, 1920-04-14. Der Vorstoß Mehlichs hatte zweifellos zum Ziel, Severings Genehmigung für den Angriff auf Pelkum zu erhalten.
74) Ernst, S. 60.
75) Errettung, S. 188 f.
76) BA: R 43 I / 2728, Bl. 107.
77) Bericht von Uhlmann und Möller in der Vers. der streikenden Beamten in Dortmund, 1. April abends — Do Ztg, Nr. 146, Trem, Do GA, 1920-04-03.
78) Soz Rep, 1920-04-12; Meinberg, Aufstand, S. 198.
79) Wf Anz u. MA, Nr. 159, 1920-04-01.
80) Bericht von Uhlmann, a.a.O.
81) Meinberg, Aufstand, S. 171, 198; vgl. Severing, S. 199.
82) Meinberg, Aufstand, S. 198 f.
83) S. 199 f.; Severing, S. 199; Zeitpunkt der Freilassung: Do GA, 1920-04-03; Begleitung durch Hauptmann Lorenz: Do Ztg, Nr. 146, 1920-04-03; Eintreffen in Dortmund nach dem Bericht von Tschackert und Kullrich in Trem, 1920-04-06 = Do GA, 1920-04-07, und dem Bericht von Kohn in Do GA, 1920-04-09.

2. Annahme und Durchführung des Abkommens von Münster durch die Aufstandsbewegung

1) Severing, S. 191; vgl. seine Bemerkungen zur Bezeichnung „Frieden von Münster" S. 189 und Lebensweg, S. 268.
2) Bericht der vier Delegierten des ZRs, in Vtr, 1920-04-09 = VZD, 1920-04-12 = BAst, 1920-04-13 = Düwell, S. 44; Ernst, S. 57.
3) Stellung der KPD, S. 507.
4) KVZ, Nr. 252, 1920-04-01.
5) Stern teilte sie in der Sitzung des ZRs mit, die um 11 Uhr begann — AZE u. Ess Allg Ztg, 1920-04-01.
6) Stellung der KPD, S. 507 f.; AZE u. Ess Allg Ztg, 1920-04-01.
7) Stellung der KPD, S. 508.
8) AZE u. KVZ, Nr. 253, 1920-04-01. Vgl. Stellung der KPD, S. 511.
9) Um 12 Uhr lag in Essen noch keinerlei Nachricht über die Verhandlungen in Mün-

Anmerkungen zu Seite 252—260

ster vor (L. St. in Ff Ztg, Nr. 250, 1920-04-02). In der VV — d.h. nach 16.30 Uhr — teilte Pieck dann mit, nach telefonischen Nachrichten aus Münster hätten sich die Delegation des ZRs, die Vertreter der drei Arbeiterparteien und die der Regierung auf den Boden des Bielefelder Abkommens gestellt (RE, 1920-04-02). Daß dem ZR der Text des Münsterschen Abkommens vorlag, geht am eindeutigsten aus der Resolution des ZRs, Abschnitt „Verpflichtungen der Regierung", Punkt 3 hervor.

10) Text der Resolution (auch für das Folgende) in RE u. Ess Allg Ztg, 1920-04-02; AZE, Lenn Krbl, 1920-04-03, u.ö.; Stellung der KPD, S. 515-518 = Dok. u. Mat., S. 242-245 = Hennicke, S. 114-116 (bei H. fehlt unter den Verpflichtungen der Arbeiter Punkt 4) = Arch. Forsch., II, S. 811-814. Lediglich die Verpflichtungen der Arbeiterschaft in 6 Punkten in WAVZ, 1920-04-03.

11) RE, 1920-04-02; Stellung der KPD, S. 518 f. (hier wird fälschlich aus dem Schlußabsatz ein weiterer Antrag des ZRs gemacht) = Hennicke, S. 117 f. (hier ist der Schlußabsatz weggelassen).

12) Zeitpunkt: RE, 1920-04-02. Ort: Ess Allg Ztg, 1920-04-02. Teilnehmer: RE, Ess Allg Ztg, GA E-Ba, 1920-04-02, Spethmann, S. 200; Stellung der KPD, S. 511, und Arch. Forsch., II, S. 812 Anm. 3 nennen abweichend 56 Mitglieder der SPD. Pressevertreter: RE, 1920-04-02.

13) RE u. Ess Allg Ztg, 1920-04-02; Berg TZ, 1920-04-03; AZE, 1920-04-06; Stellung der KPD, S. 511-513.

14) Ess Allg Ztg, 1920-04-02; Berg TZ, 1920-04-03; AZE, 1920-04-06. Eintreffen von Oettinghaus und Nickel: Stellung der KPD, S. 513.

15) RE, 1920-04-09.

16) Rh Ztg, 1920-04-02; Dauer der Debatte: Ess Allg Ztg, 1920-04-02.

17) Ess Allg Ztg, 1920-04-02; Colm, S. 133.

18) RE, 1920-04-02; vgl. KVZ, Nr. 256, 1920-04-03. Weidtkamp wird unter seinem Decknamen „Saldo" genannt in den (sonst ziemlich fragwürdigen) Berichten in Ess Allg Ztg, 1920-04-08, und KVZ, Nr. 281, 1920-04-13.

19) Berg TZ, 1920-04-03; aufbauschende Berichte in Ess Allg Ztg, 1920-04-08, und KVZ, Nr. 281, 1920-04-13.

20) Annahme: RE, 1920-04-02. Verbreitung: für die erste Resolution die in Anm. 10 genannten Zeitungen; für die zweite Resolution: Mh GA, 1920-04-03.

21) Düwell, S. 27 f., wörtliches Zitat S. 28.

22) L. St. in Ff Ztg, Nr. 255, 1920-04-06.

23) KVZ, Nr. 253, 1920-04-01.

24) Ddf Tbl, 1920-04-01, Ab (dort fälschlich: Bergarbeiterverband). Das Telegramm (NV, Anlagen, Bd. 342, Nr. 2543, S. 8; Spethmann, S. 199) war sofort von der Regierung veröffentlicht worden (Ff Ztg, Nr. 250, 1920-04-02).

25) Ddf Ztg (Ab), Ddf Tbl (Ab), KVZ, Nr. 254, 1920-04-01; VZD u. FPD, 1920-04-02.

26) KVZ, Nr. 255, 1920-04-02.

27) VZD, FPD, Ddf Nr (Mo), Ddf Ztg (Ab), 1920-04-02. Die Rede Schmitts vom 26. Februar 1919 in der MV der USP ist wiedergegeben in VZD, 1919-02-27.

28) StA Düsseldorf: XXIII 71; VZD u. FPD, 1920-04-02.

29) VZD, 1920-04-02.

30) StA Düsseldorf: XXIII 71; etwas gekürzt in VZD, 1920-04-02.

31) Ba Ztg (Ab) u. FPE, 1920-04-01; GA E-Ba, Ess Allg Ztg, BMZ (Mo), 1920-04-02. Ähnlich wie Christmanns Rede ein Artikel in FPE, 1920-04-01, nachgedr. bei Zickler, S. 22 f.

32) Tg. Oberbürgermeister an Regierungspräsident, 1920-04-02, 11.55 Uhr, in StA

Wuppertal: Barmen S XI, Nr. 8; Arch. Forsch., II, S. 825.
33) Sol Tbl u. Berg TZ, 1920-04-03; Ff Ztg, Nr. 254, 1920-04-04.
34) Rinne, S. 150.
35) BA: R 43 I / 2728, Bl. 191 = Arch. Forsch., II, S. 824.
36) Lenn Krbl, 1920-04-03.
37) FPE, 1920-04-01; Tägl Anz, 1920-04-02.
38) FPE, 1920-04-01 (zwei Berichte).
39) GA E-Ba, 1920-04-02; FPE, 1920-04-03.
40) GA E-Ba, 1920-04-02; Ba Ztg (Mo) u. FPE, 1920-04-03; StA Remscheid: NKI / 7 II.
41) FPE, 1920-04-01; Ba Ztg, 1920-04-03, Mo.
42) Wdt VZ u. Hag Ztg (Mo), 1920-04-01.
43) VstH u. Wdt VZ, 1920-04-01.
44) Hag Ztg, 1920-04-01, Mo; BA: R 43 I / 2715, Bl. 149.
45) VstH, 1920-04-01.
46) Ebenda.
47) Hag Ztg, 1920-04-01, Mo; vgl. Wdt VZ, 1920-04-01.
48) Wdt VZ, 1920-04-03.
49) StA Hagen: Akten Stadt Hagen, AK. VIII. 39, Bl. 123; dazu die Teilnehmerliste der Sitzung vom 2. April, 11 Uhr: ebd., Bl. 117.
50) Bl. 122.
51) Bl. 61; Zeitpunkt (vormittags) nach dem Tg. Cunos an Regierungspräsident Arnsberg, formuliert 12 Uhr, in: ebd., Bl. 131 = STAM: Reg. Arnsberg, I Pa 305.
52) Hag Ztg, 1920-04-03, Mo.
53) StA Hagen: Akten Stadt Hagen, AK. VIII. 39, Bl. 117.
54) STAD: Reg. Düsseldorf, 15977.
55) Tägl Anz Lü, 1920-04-03.
56) Lenn Krbl, 1920-04-03; in Haspe wurde als Termin der 6. April, 17 Uhr, bekanntgegeben (VstH, 1920-04-03).
57) Tg. Landrat an Regierungspräsident, 1920-04-02, 11.40 Uhr, in STAM: Kr. Hattingen, Landratsamt 171 = ebd., Reg. Arnsberg, I Pa 305.
58) Hückeswagen, Gevelsberg, Velbert — BA: R 43 I / 2728, Bl. 177, 178, 190; Arch. Forsch., II, S. 824 f.
59) BA: R 43 I / 2728, Bl. 179, 183, 188; Arch. Forsch., ebd.
60) Unna: Bericht von Tschackert und Kullrich in Trem, 1920-04-06 = Do GA, 1920-04-07. — Kamen: Kam Ztg, 1920-04-06. — Aplerbeck und Altenbochum: STAM: Reg. Arnsberg, I Pa 336. — Hörde: Telegramme OB und Landrat an Regierungspräsident, 1920-04-02, in STAM: Reg. Arnsberg, I Pa 305. — Wanne: Wdt He, 1920-04-03, -06.
61) Piersig in Mh GA, 1920-04-06.
62) Am 2. April meldete Severing nach Berlin: „Die zurückflutende Rote Armee verlangt Löhnung. Stadtverwaltungen zahlen nur, wenn das Reich die Kosten erstattet". (BA: R 43 I / 2728, Bl. 196) Vgl. auch P. H. (Paul Hertz) aus Hagen in Fr, 1920-04-06, Mo.
63) StA Wattenscheid: Rep. 2, Stadt Watt., A 707; Wat Ztg, 1920-04-06.
64) StA Lünen: Abt. 16, Fach 143; Lün Ztg, 1920-04-13; Do Ztg, 1920-04-19.
65) BA: R 43 I / 2716, Bl. 203, 207 f.
66) Bu Ztg, 1920-04-03; etwas gekürzt in Is Ka, 1920-04-03.

Anmerkungen zu Seite 264—269

67) Severing, S. 198. Nach Gk Allg Ztg, 1920-04-03, nahm der Aktionsausschuß (der also weiterbestand) am 1. April 15 Plünderer fest und erstattete die geplünderten Sachen zum größten Teil zurück. Die Vorgänge waren offenbar so unerheblich, daß weder in den Telegrammen von OB und Landrat vom 2. April (STAM: Reg. Arnsberg, I Pa 305) noch in dem nachträglichen Behördenbericht (STAM: Reg. Arnsberg, I Pa 336, Bl. 89) überhaupt von Plünderungen die Rede ist.
68) Gk Allg Ztg, 1920-04-03; vgl. den Aufruf bei Spethmann, S. 203.
69) STAM: Reg. Arnsberg, I Pa 336, Bl. 89; Gk Allg Ztg, 1920-04-03; Telegramme OB und Landrat an Regierungspräsident, 1920-04-02, in STAM: Reg. Arnsberg, I Pa 305.
70) J. Czappa in Vbl, 1920-04-27.
71) Mk Spr u. VfrR = Vbl, 1920-04-01.
72) STAM: Reg. Arnsberg, I Pa 336, Bl. 84; BMZ, 1920-04-01, Ab.
73) KVZ, Nr. 254, 1920-04-01.
74) RE u. Ess Allg Ztg, 1920-04-02.
75) StA Mülheim: 10-59, 11-1, Bl. 83, 98; Mh Ztg, 1920-04-04; Schmidt in Stvv-Vers. Mülheim, 9. April — Mh Ztg, 1920-04-10.
76) Buer: Aussage von Schmitt vor dem a.o. Kriegsgericht Buer, 19. April — Bu Ztg, 1920-04-20. — Witten: Tg. OB an Regierungspräsident, 1920-04-02, 11.40 Uhr, in STAM: Reg. Arnsberg, I Pa 305, verglichen mit Witt Tbl, 1920-04-03.
77) Ddf Ztg, Nr. 129, 1920-04-04.
78) Helbig in öff. Vers. des freien Gewerkschaftskartells, Duisburg, 11. April — RuR-Ztg, Nr. 161, 1920-04-12; Ernst, S. 71.
79) Helbig, a.a.O.; Colm, S. 102.
80) BA: R 43 I / 2728, Bl. 108, 207, 221; ebd., 2716, Bl. 190; NV, Anlagen, Bd. 342, Nr. 2543, S. 9; Berliner Zeitungen vom 2. April, im Ruhrgebiet z.B. in Ddf Nr (Mo), Ddf Ztg (Mo), 1920-04-03; StA Duisburg: Unruhen, 25, darin Jarres an Colm, 1921-01-07; Erklärungen der USP in VstH, 1920-04-06, VZD, 1920-04-12, Soz Rep, 1920-04-13; Braß und Müller in d. NV, 14. April 1920 — Sten. Berichte, Bd. 333, S. 5121, 5146, 5150; Colm, S. 130; Severing, S. 185.
81) NV, Anlagen, Bd. 342, Nr. 2543, S. 9-13; Innungsausschuß Düsseldorf: BA: R 43 I / 2728, Bl. 359; Westfälischer Bauernverein: MA, Nr. 162, 1920-04-04; zu Lembke noch ebd., 2716, Bl. 19.
82) Wf Mk, 1920-03-31, Ab („Das Maß ist voll!").
83) NV, Anlagen, Bd. 342, Nr. 2543, S. 10, 12. Vgl. weiter Wf Mk, 1920-04-06, Ab.
84) FPD, 1920-04-04.
85) Most, S. 48.
86) BTbl, Nr. 152, 1920-04-02, u.a.; WAVZ, 1920-04-03; vgl. Verband der Bergarbeiter Deutschlands, Jahrbuch für 1920, S. 206 f.

3. Der Vertragsbruch des Militärs

1) Aufruf Severings in BA-MA: RH 53 — 6/91, Bl. 1, und StA Wetter: Neues Archiv Nr. 742; Abschrift bei Vogt, S. 25-27. Erklärung von Geßler und Seeckt zit. bei Colm, S. 135. Vgl. den Lagebericht des RWM vom 2. April vormittags: „Fortgesetzte Bedrohung der Brückenköpfe an der Lippe" hat „ihre Erweiterung erforderlich gemacht" (BA: R 43 I / 2728, Bl. 187).
2) Colm, S. 135.
3) Severing, S. 204.
4) Spethmann, S. 224-228.

5) S. 231.
6) Umso unverständlicher, daß die DDR-Publikationen von Hennicke (1956) und Könnemann/Krusch (1972) das Buch nicht benutzt haben.
7) Kabisch, Kämpfe, S. 554 f.; Errettung, S. 189; vgl. Schulz, S. 34.
8) Nrbl, 1920-04-02; Kabisch, Kämpfe, S. 555; Schulz, S. 35; Husaren-Regiment Nr. 11, S. 271 f., 275 f.; Errettung, S. 190; Wetzlar, Tagebuch, 1920-04-02, mit Zeitungsausschnitt; Nesbach, S. 9 f., 21; Mh GA, 1920-04-08; Standesamt Hünxe: Sterbe-Register 1920, Nr. 41, 42.
9) Nesbach, S. 10 f. Auch Husaren-Regiment Nr. 11, S. 272, berichtet von der vollständigen Erbeutung der Papiere. Unzutreffende Gerüchte über das Ende Kuhns enthält GA Ob, 1920-04-06.
10) Standesamt Hünxe: Sterbe-Register 1920, Nr. 15.
11) Nesbach, S. 11; Wetzlar, Tagebuch, 1920-04-02; Standesamt Hünxe: Sterbe-Register 1920, Nr. 17, 35, 63.
12) BAst, 1920-04-01 (telefonische Mitteilungen von Plenge); STAD: Reg. Düsseldorf, 15976, Bl. 379-381; BA: R 43 I / 2728, Bl. 206.
13) Lucas, Augenzeuge, S. 173.
14) prot. Aussage von Janzen, in VstH, 1920-04-16.
15) Kabisch, Kämpfe, S. 555; Errettung, S. 191; Auskunft von Herrn Beckedahl, Standesbeamter in Dinslaken, am 9. Nov. 1967; Zitat aus: Hermann Scholten: Der Bruderkrieg in Eppinghoven, Zeitungsartikel im Besitz von Herrn Wilhelm Mölleken, Dinslaken; Standesamt Voerde: Sterberegister 1920, Nr. 91, 92, Sterberegister 1921, Nr. 32. Die Uhrzeit des Angriffsbeginns auch: EvNrh, 1920-04-06; GA Ob, 1920-04-09. Vgl. auch Glettenberg, S. 18 f.
16) Schawäll in Vtr, 1920-04-19.
17) prot. Aussage von Janzen, in VstH, 1920-04-16.
18) GA Ob, 1920-04-09.
19) Lucas, Augenzeuge, S. 173 f.
20) STAD: Reg. Düsseldorf, 15980, Bl. 15; EvNrh, 1920-04-06; GA Ob, 1920-04-09.
21) Lucas, Augenzeuge, S. 174.
22) Weimann in Vtr, 1920-04-16 = Fr, 1920-04-17, Ab; Ermittlungen von Herrn Wilhelm Mölleken; Kersken, S. 42; Lucas, Augenzeuge, S. 174; prot. Aussage von Käsheimer und Sartorius, in VstH, 1920-04-16 = Soz Rep, 1920-04-17; Schawäll in Vtr, 1920-04-19; STAD: Reg. Düsseldorf, 15980, Bl. 15; Zuschrift in RF, 1920-05-07; Standesamt Dinslaken 1: Sterbe-Register 1920, Nr. 132, 135.
23) Düwell, S. 50 f.
24) prot. Aussage von W. Thiele u.a., in VstH, 1920-04-16.
25) Heinz van Kempen: Das dunkelste Kapitel aus der Lohberger Chronik — ein von Herrn Joachim Kersken in der Pfarrchronik von St. Marien in Lohberg entdeckter undatierter Zeitungsartikel; General-Anzeiger f. d. nordwestl. Industriegebiet u. d. westliche Münsterland, 1935-03-17 (aus Privatbesitz); Düwell, S. 50, 51 f.; prot. Aussage von Käsheimer und Sartorius, in VstH, 1920-04-16 = Soz Rep, 1920-04-17, gekürzt bei Ernst, S. 67; Auskünfte von Herrn Kurt Schön, Dinslaken, am 21. April 1968, 17. Sept. 1976, 5. Juni 1977; Ermittlungen von Herrn Wilhelm Mölleken; Standesamt Dinslaken 1: Sterbe-Register 1920, Nr. 134, 139-141.
26) Auskünfte von Herrn Schön; Ermittlungen von Herrn Mölleken; Uhrzeit: Düwell, S. 52; Zahl der Toten: BA: R 43 I / 2717, Bl. 135.
27) Bericht von Schawäll in Vtr, 1920-04-19; prot. Aussage von Hausmann u.a., in Vtr, 1920-04-10; StA Wuppertal: Elb S XI, Nr. 58.

Anmerkungen zu Seite 274—276

28) Mh GA, 1920-04-09.
29) Schaefer, S. 135 f.; Errettung, S. 182 f.
30) VstH, 1920-06-23.
31) J. Czappa in Vbl, 1920-04-27.
32) Errettung, S. 193 f.; StA Recklinghausen: Stadtarchiv III, Amt Marl, Verhandlungstermine 30. 11. 1922 (Beschädigung von Häusern), 7. 5. 1921 (Schadenersatzforderungen der Phil. Holzmann AG, Frankfurt), 28. 5. 1921 (Aussage von Josefina Meis).
33) VstH, 1920-06-23; Ludwig im RT, 29. Juli 1920 — Sten. Berichte, Bd. 344, S. 394; Brauer, S. 98 f. Namen erschossener Rotgardisten aus Bochum in StA Recklinghausen: Stadtarchiv III, Amt Marl, Verhandlungstermine 21. 4., 4. 6., 30. 6., 14. 7., 22. 9. und 6. 10. 1921; weitere bei Ernst, S. 85.
34) StA Recklinghausen: Stadtarchiv III, Amt Marl, Verhandlungstermin 28. 5. 1921 (Aussagen von Josefina Meis und Paul Schröder), Verhandlungstermin 18. 5. 1922 (Darstellung der Firma Fix & Weglehner); Töneböhn an Reichskommissariat Münster, 1920-04-03, in NL Severing: A 3; prot. Aussage von R. T., in RE, 1920-04-17 = BAst, 1920-04-20; VstH, 1920-06-23; Namen der Getöteten in StA Recklinghausen: Stadtarchiv III, Amt Marl, Verhandlungstermine 30. 3. 1921 und 18. 5. 1922, in der Akte „Tumultpersonenschäden März/April 1920", im Schreiben von Töneböhn, a.a.O., und bei Gumbel, Mord, S. 61 (dieses Material zuerst vorgetragen von Ludwig im Reichstag am 29. Juli 1920 — Sten. Berichte, Bd. 344, S. 394). Die Zahl von 65 Getöteten in der Darlegung von Herwig vor dem ZR, 6. April (Arch. Forsch., II, S. 837), von da ungeprüft übernommen bei Ernst, S. 65, vermutlich von diesem bei Brauer, S. 98, ist falsch; im wesentlichen richtig der Bericht bei Brauer, S. 99.
35) StA Recklinghausen: Stadtarchiv III, Amt Marl, Verhandlungstermine 30. 3. 1921, 28. 5. 1921 (Fledderei der Leiche von Krimm; Aussage von Paul Schröder), 18. 5. 1922 (Einzelaufstellungen; Darstellung der Firma Fix & Weglehner); Töneböhn, a.a.O; Ludwig im RT, 29. Juli 1920 — Sten. Berichte, Bd. 344, S. 394.
36) VstH, 1920-06-23.
37) Ebenda; Ernst, S. 65; Schaefer, S. 136 f.; Namen auch bei Töneböhn, a.a.O.
38) prot. Aussage von F. Schmidt, in Vtr, 1920-04-08 = VZD, 1920-04-09 = VstH, 1920-04-13; vgl. StA Recklinghausen: Stadtarchiv III, Amt Marl, Verhandlungstermin 18. 5. 1922.
39) prot. Aussage von F. Schmidt, a.a.O.; VstH, 1920-06-23; Ludwig im RT, 29. Juli 1920 — Sten. Berichte, Bd. 344, S. 394.
40) Bericht von Leutnant Leithäuser in Datt Anz, 1920-04-03; Schmidt-Pauli, S. 272 f.; Errettung, S. 194; Darlegung von Herwig vor dem ZR, 6. April, in Vtr, 1920-04-08 = Arch. Forsch., II, S. 835.
41) Töneböhn an Reichskommissariat Münster, 1920-04-11, in NL Severing: A 3. Die Besetzung von Flaesheim — das Datum 1. April ist durch Spethmann, S. 257, belegt — überraschte die Arbeiter vollkommen: Do Ztg, Nr. 147, 1920-04-06.
42) StA Recklinghausen: Stadtarchiv III, Amt Recklinghausen, Verhandlungstermin 31. 3. 1921; Darlegung von Herwig vor dem ZR, 6. April, in Vtr, 1920-04-08 = Arch. Forsch., II, S. 836, hieraus kurz bei Ernst, S. 67; Gumbel, Mord, S. 62 f.; Dksch. RJM, S. 162 f.; Standesamt Recklinghausen: Sterberegister 1920 des ehemaligen Amtes Recklinghausen, Nr. 231.
43) Standesamt Recklinghausen: Sterberegister 1920 des ehemaligen Amtes Recklinghausen, Nr. 234, 239 (das Datum 31. März bei letzterer Eintragung muß ein Irrtum sein).
44) Rh Ztg, 1920-04-07; Darlegung von Herwig vor dem ZR, 6. April, in Vtr, 1920-04-08 = Arch. Forsch., II, S. 836; Tf. Eckardt mit Severing, in Vtr, 1920-04-09.

Anmerkungen zu Seite 276—279

45) StA Recklinghausen: Stadtarchiv III, Nr. 4, Bl. 21.
46) Bl. 3, 6, 21, 23; ferner in dieser Akte Artikel in RE, 1927-01-25; Rhs VZ, 1920-04-03; Gaertner, Bericht ..., in StA Recklinghausen: Stadtarchiv III, Nr. 48, Bl. 181; Markuse als angeblicher Geiselmörder von München: Rhs VZ, 1920-04-03, MA, Nr. 151, 1920-03-27, KVZ, Nr. 267, 1920-04-08. Eine Durchsicht der Broschüren: Der Geiselmord in München. Ausführliche Darstellung der Schreckenstage im Luitpold-Gymnasium nach amtlichen Quellen, München 1919; Der Münchener Geiselmord. Wer trägt die Schuld?, Berlin o.J.; Die Prozesse des Geiselmordes im Luitpold-Gymnasium in München vor dem Volksgericht, hg. v. K. Glock, München o.J., ergibt, daß Markuse mit dem sog. Geiselmord nichts zu tun hatte.
47) Gaertner, Kapp-Putsch, S. 13 f.; Sewing, S. 9 f.
48) Rhs VZ u. Rhs Ztg, 1920-04-03.
49) Ebenda.
50) Rhs VZ, 1920-04-03; StA Recklinghausen: Stadtarchiv III, Nr. 4, Bl. 48.
51) Rhs VZ u. Rhs Ztg, 1920-04-03; Datt Anz, 1920-04-06; VfrR, 1920-04-07; Standesamt Recklinghausen: Sterbe-Register 1920 des Standesamts I (Stadt Recklinghausen), Nr. 240, 242 bis 244, 252, 296; StA Recklinghausen: Stadtarchiv III, Stadt Recklinghausen, Verhandlungstermine 30. 12. 1920 (Pfeuffer) und 14. 4. 1921 (Winski), zu ersterem auch die Akte „Erledigte Schadenersatzansprüche", ferner die Akte über die Sitzung am 23. 6. 1921 (Tumultschaden; betr. Ewald Smaka); Gaertner, Bericht ..., in StA Recklinghausen: Stadtarchiv III, Bl. 181-185; Dorider, S. 376.
52) Rhs VZ u. Rhs Ztg, 1920-04-03; Nrbl, 1920-04-02.
53) StA Dortmund: Do n 153 I, Bl. 113, 115; Rhs VZ, 1920-04-03.
54) StA Recklinghausen: Stadtarchiv III, Nr. 4, Bl. 23 f.; vgl. den Artikel in RE, 1927-01-25, in dieser Akte.
55) Rhs VZ, 1920-04-03; vgl. Rhs Ztg, 1920-04-03.
56) Vgl. die Äußerung des Gewerkschaftsfunktionärs Erdmann: „In Recklinghausen sind alle geflüchtet, nur Markuse ist uns nicht entwischt" — prot. Aussage von Herwig, in Vtr, 1920-04-09.
57) Standesamt Recklinghausen: Standesamt I (Stadt Recklinghausen), Sterbe-Register 1920, Nr. 241.
58) StA Recklinghausen: Stadtarchiv III, Nr. 4, Bl. 48.
59) Rhs VZ, 1920-04-03; Errettung, S. 194.
60) Rhs VZ, 1920-04-03.
61) Ebenda u. Rhs Ztg, 1920-04-03, -06.
62) Rhs VZ u. Rhs Ztg, 1920-04-03; Standesamt Recklinghausen: Sterbe-Register 1920 des Standesamts I (Stadt Recklinghausen), Nr. 238, 267; StA Recklinghausen: Stadtarchiv III, Sitzung am 19. 10. 1922 (Tumultschaden; betr. Albert Schmude) und Akte „Tumult, Wiedervorlage" (zerstörte Gartenmauer).
63) Rhs VZ u. Rhs Ztg, 1920-04-03; VfrR, 1920-04-07.
64) Standesamt Recklinghausen: Sterbe-Register 1920 des Standesamts I (Stadt Recklinghausen), Nr. 326.
65) Hrn Anz, 1920-04-03.
66) NV, Anlagen, Bd. 342, Nr. 2543, S. 10 f.
67) Das ergibt eine Analyse des Sterbe-Registers 1920 im Standesamt Pelkum; s. unten.
68) Ebenda; ergänzend die Todesanzeigen in Witt Tbl, 1920-04-19, -20, -22, -29, und STAM: Reg. Arnsberg, I Pa 336, Bl. 77.
69) Wf Mk, 1920-04-03, Mo (Uhrzeit); Brandenburg, S. 60 (Bahnlinie); Hw Anz,

Anmerkungen zu Seite 279—283

1920-04-06 (Beschreibung der Sprengung). In den meisten Quellen heißt es ungenau, die „Eisenbahnbrücke" sei gesprengt worden.
70) Errettung, S. 195.
71) Grundlegend: Errettung, S. 195-199 mit Skizze 11. Ergänzend: zwei Darstellungen von „Kriegsberichterstattern": a) Wf Mk, 1920-04-03, Mo, etwas gekürzt in Kam Ztg, 1920-04-07; b) Wf Mk, 1920-04-06, Ab; Hag Ztg (Mo), BMZ (Mo), GA E-Ba, Kam Ztg, 1920-04-07; ferner: Kaiser; NL Glock: Nr. 1; Brandenburg, S. 61 f.; v. Epp (Gilardone), S. 72; Frank, S. 96; Kuron, S. 55; Haase, Schüsse, 1960-04-01, -12. Verwundetentransporte in Kamen: Kam Ztg, 1920-04-03.
72) NL Glock: Nr. 1.
73) Errettung, S. 198.
74) Wf Mk, 1920-04-06, Ab; Hag Ztg (Mo), BMZ (Mo), GA E-Ba, Kam Ztg, 1920-04 -07. Vgl. die Beschreibungen des „Kampfgeländes" in Kam Ztg, 1920-04-03, -06.
75) Bericht von Osterroth vor Berliner Spitzenfunktionären, in Fr, 1920-04-09, Mo = VZD u. RE, 1920-04-12; anonymer Bericht in Vw, 1920-04-07, Mo.
76) Morgenmeldung des Wehrkreiskommandos Münster an das RW-Gruppenkommando Kassel, 1920-04-02, in STAM: BK, vorl. Nr. 7.
77) Wie Anm. 74.
78) Kaiser, S. 404.
79) Standesamt Pelkum: Sterbe-Register 1920, Nr. 121, 128; das Erschießen von Jugendlichen in Gegenwart ihrer Mütter berichtete dem Vf. Herr Schmitz, Standesbeamter in Pelkum, der seinerseits alte Pelkumer Einwohner darüber befragt hatte (Okt. 1967). Vgl. auch den Bericht von Osterroth, a.a.O.
80) Aussage Frau Gütebier, in NL Severing: A 3.
81) Standesamt Pelkum: Sterbe-Register 1920, Nr. 67, 95, 103, und Totenliste in NL Severing: A 3, Nr. 7, 23, 27, verglichen mit dem Bericht über die Vorgänge auf „de Wendel", in STAM: Kr. Hamm (Unna), Landratsamt A 1229. Vgl. Ernst, S. 88.
82) Zuerst veröffentlicht in „Kampf", München, nachgedruckt in Soz Rep, 1920-04-12 = VstH, 1920-04-13 = Vtr, 1920-04-14 = Fr, 1920-05-05, Mo; ferner in Ernst, S. 68; Illustrierte Geschichte, S. 507; Brauer, S. 94; Hennicke, S. 113; Arch. Forsch., II, S. 823 f.; Könnemann/Krusch, S. 461 f.
83) Aussage vom 6. April, in NL Severing: A 3.
84) K. B. Mark in „Der Gemeinnützige", Hohenlimburg, abgedr. in VstH, 1920-06-14; prot. Aussage von Michael Pint, in VstH, 1920-04-16 = BAst, 1920-04-19; Bericht von Osterroth, a.a.O.; Ernst, S. 69; Gumbel, Mord, S. 61 f.; Standesamt Pelkum: Sterbe-Register 1920, Nr. 164.
85) Wf Anz, 1920-04-06; dieselbe Zahl bei Kaiser, S. 404, und Brandenburg, S. 62. Glock nennt 82 (NL Glock: Nr. 1); Ernst, S. 69, 81, spricht von über 90.
86) BMZ (Mo) u. Kam Ztg, 1920-04-07.
87) Kam Ztg, 1920-04-03; Hellkötter, S. 11.
88) Siehe die Bitte um Meldung und Angabe von Personalien in den Wittener Tageszeitungen: Witt Tbl u. Witt VZ, 1920-04-10.
89) Standesamt Pelkum: Sterbe-Register 1920, Nr. 51 bis 55, 57 bis 75, 77 bis 86, 88, 90, 92 bis 107, 110 bis 113, 117, 119, 121, 123 bis 125, 127, 128, 131 bis 133, 136 bis 142, 144, 150, 153, 192, 205, 209. Vgl. Ernst, S. 87 (Witten und Dortmund), S. 88 (Herringen und Wiescherhöfen).
90) Zickler, S. 23.
91) Stoewe, Frühlingstage, 1964-03-14/15.
92) WTB-Meldung nach „Buersche Zeitung" (Extrablatt) in BMZ, 1920-04-01, Ab, KZ, Nr. 317, 1920-04-02, Sol Tbl, 1920-04-03; Bu Ztg, 1920-04-03.

93) Nrbl, 1920-04-02; Morgenmeldung des Wehrkreiskommandos Münster an das RW-Gruppenkommando Kassel, 1920-04-02, in STAM: BK, vorl. Nr. 7.
94) Rhs VZ, 1920-04-08 (Transport des verhafteten Kriminalkommissars Paepke); Rhs Ztg, 1920-04-19.
95) Errettung, S. 193.
96) Errettung, S. 195; Nrbl, 1920-04-02; Todesanzeige für Richard Lieder in Datt Anz, 1920-04-03. Über den Einmarsch in Olfen auch: STAM: Kr. Lüdinghausen, Landratsamt 228 (Theodor Westrup).
97) Niemöller, S. 176.
98) MZ, 1920-04-06; Niemöller, S. 177; Errettung, S. 195 (datiert fälschlich auf den 1. April).
99) Voran und beharrlich (Organ der Burschenschaft Teutonia Freiburg), Offenburg, 1936, H. 22, S. 17.
100) Nrbl, 1920-04-02; Todesanzeigen für Karl Fuchs in VstH, 1920-04-06, -07.
101) Fr. 1920-04-08, Mo, nachgedr. in Arch. Forsch., II, S. 838 f.; der Aufruf im Extrablatt, der u.a. von Stemmer unterzeichnet war, auch in Hw Anz, 1920-04-03.
102) Severing, S. 192.
103) Morgan, Assize, S. 152; vgl. Nollet, S. 228.
104) Nrbl, 1920-04-01; Nachdruck in MA, Nr. 160, u. MZ, 1920-04-02 = Wf Mk, 1920-04-03, Mo. Am 30. März hatte bereits der Zentrumsabgeordnete Wildermann in der Preußischen Landesversammlung behauptet, viele Führer des Aufstands seien aus dem Ausland (Sitzungsberichte, Bd. 8, Sp. 10521).
105) Nrbl, 1920-04-01; Nachdruck in MA usw. wie vorige Anm.
106) Nrbl, 1920-04-02; Nachdruck in Wf Mk (Mo) u. Ddf Ztg (Mo), 1920-04-03.
107) FPD, 1920-04-04.
108) DBFP, IX, S. 317. Wertheimer an Presseabteilung der Reichsregierung, 1920-03-31, an 18.10 Uhr, in BA: R 43 I / 2728, Bl. 288-290. Tg. Mayer an Ausw. Amt, 1920-03-31, an 16.20 Uhr, in AAPA: II F-M, A 6, Bd. 1. Erklärungen Millerands gegenüber Mayer am 1. April vormittags; s. unten. — Der Bericht der beiden „Intelligence"-Offiziere, die von der IMKK ins Ruhrgebiet entsandt worden waren, erklärte die ganze „bolschewistische Gefahr" für eine Erfindung der Reichswehr (Morgan, Assize, S. 148-153; vgl. ders., Disarmament, S. 439 f.). Der Bericht wurde zwar in offizieller Form erst nach dem 11. April erstattet, doch dürften entsprechende Mitteilungen bereits vorher an die IMKK gegangen sein.
109) BA: R 43 I / 2728, Bl. 288-290. Tf. Mayer an Ausw. Amt, 1920-03-31, 13 Uhr, in AAPA: II F-M, A 6, Bd. 1 = BA: R 43 I / 2728, Bl. 291 f.
110) Tf. Mayer an Ausw. Amt, 1920-03-31, 13 Uhr; erläuterndes Tg., an 16.20 Uhr, in AAPA: II F-M, A 6, Bd. 1. DBFP, IX, S. 274.
111) RWM (Seeckt) an Ausw. Amt, 1920-03-31; Ausw. Amt an Göppert, 1920-03-31, 20.50 Uhr, in AAPA: II F-M, A 6, Bd. 1 = Vogt, S. 9-11 (Abschrift). Note Mayers an Millerand, 1920-03-31, in AAPA: II F-M, A 6, Bd. 2. DBFP, IX, S. 285-287, 291 f. Derselbe Text ging nach London: ebd., S. 279-281.
112) Tg. Mayer an Müller, 1920-04-01, an 21.20 Uhr; weiteres Tg. mit Nachtrag, 1920-04-01, an 21.40 Uhr, in AAPA: II F-M, A6, Bd. 1 = BA: R 43 I / 2728, Bl. 320 f. Vgl. DBFP, IX, S. 283 f.
113) DBFP, IX, S. 292 f.
114) Ebenda, S. 292. AAPA: II F-M, A 6, Bd. 1.
115) Tg. Mayer an Ausw. Amt, 1920-04-01, an 22.20 Uhr, in AAPA: II F-M, A 6, Bd. 1 = BA: R 43 I / 2728, Bl. 317. Text der Note in AAPA: II F-M, A 6, Bd. 2.

116) Ausw. Amt an dt. Botschaft Paris, 1920-04-01 (abends), in AAPA: II F-M, A 6, Bd. 1 = DBFP, IX, S. 295. Mitteilungen in der Sitzung der Reichsregierung, 1920-04-01, 17 Uhr = BA: R 43 I / 1355, Bl. 4 = Arch. Forsch., II, S. 817.
117) BA: R 43 I / 1355, Bl. 1-6 = Arch. Forsch., II, S. 815-819 = Vogt, S. 15-19. Verkürzte Wiedergabe bei Könnemann/Krusch, S. 451 f. Das Protokoll der (anschließenden) preußischen Kabinettssitzung (S. 453 = Vogt, S. 19 Anm. 12) wird von Könnemann/Krusch, S. 454, falsch interpretiert: die preußische Regierung stimmte nicht einem Beschluß zum Einmarsch zu, sondern der (zeitlich befristeten) Suspendierung der Entscheidung über den Einmarsch. Dieselbe falsche Interpretation beider Kabinettsbeschlüsse bei Salewski, S. 116.
118) Ausw. Amt an dt. Botschaft Paris, 1920-04-01 (abends), in AAPA: II F-M, A 6, Bd. 1. Vgl. DBFP, IX, S. 295, und PFR USA, S. 303 f.
119) Ebenda.
120) Tg. Ausw. Amt an Mayer, 1920-04-01, 23.20 Uhr, in AAPA: II F-M, A 6, Bd. 1.
121) Tg. Mayer an Ausw. Amt, 1920-04-02, an 16.55 Uhr, in AAPA: II F-M, A 6, Bd. 1 = BA: R 43 I / 2728, Bl. 316; dazu die französische Antwortnote, s. Anm. 126.
122) DBFP, IX, S. 297.
123) S. 281. Die Wirkung: ebd., S. 282; Schubert an Ausw. Amt, 1920-04-02, 20.50 Uhr, in AAPA: II F-M, A 6, Bd. 1.
124) Haniel an dt. Friedensdelegation, 1920-04-02, 14.15 Uhr, in AAPA: II F-M, A 6, Bd. 2.
125) Morgan, Assize, S. 146; ders., Disarmament, S. 439; Nollet, S. 227 f. Vgl. die Mitteilung des Stabes der 3. Kavallerie-Division in Coesfeld gegenüber Pressevertretern aus Münster am 30. März, daß eine alliierte Kommission täglich den Stab kontrolliere und ihr jede Auskunft über militärische Maßnahmen, Truppenstärken usw. gegeben werden müsse: Mohs in Wf Mk, 1920-03-31, Ab.
126) Tf. Göppert nach Berlin, 1920-04-02, 18.45 Uhr, in AAPA: II F-M, A 6, Bd. 1. Tg. Mayer an Ausw. Amt, 1920-04-03, an 11.45 Uhr, in AAPA: II F-M, A 6, Bd. 2 = BA: R 43 I / 2728, Bl. 315. DBFP, IX, S. 308 f.
127) Müller an dt. Friedensdelegation, 1920-04-02, abends, in AAPA: II F-M, A 6, Bd. 1 = BA: R 43 I / 2728, Bl. 308-314 = Vogt, S. 21-24. Vgl. DBFP, IX, S. 303.

4. Die Auswirkungen des militärischen Vertragsbruchs im Ruhrgebiet

1) Düwell, S. 27, 29.
2) BA: R 43 I / 2728, Bl. 336, 338.
3) Bl. 338.
4) Düwell, S. 29.
5) Fr. 1920-04-03, Ab; BMZ, 1920-04-06, Ab; BAst, 1920-04-09; Arch. Forsch., II, S. 820 f.; kurz in FPD, 1920-04-03; Mitteilung an die Reichskanzlei: BA: R 43 I / 2728, Bl. 194 f. = Vogt, S. 19-21.
6) Colm, S. 138 Anm.
7) AZE u. Ess Allg Ztg, 1920-04-03; Stellung der KPD, S. 520 f.; vgl. Colm, S. 138.
8) Stellung der KPD, S. 521.
9) Rh Ztg, 1920-04-03; L. St. in Ff Ztg, Nr. 255, 1920-04-06; Fr, 1920-04-08, Mo, nachgedr. in Arch. Forsch., II, S. 840; Braß in d. NV, 14. April 1920 — Sten. Berichte, Bd. 333, S. 5115. Flugblätter und Aufrufe der Streikleitung: Sommerfeldt, S. 176 f.; StA Duisburg: Best. 51, Unruhen, 17; Wat Ztg, 1920-04-03; RuR-Ztg, Nr. 150, 1920-04-04; Gk Allg Ztg u. Ddf Ztg, Nr. 130 a, 1920-04-06. Ablehnung des Streiks durch den Deutschen Eisenbahnerverband (DEV), Haltung der SPD-Presse, Druck auf DEV-Kollegen: Zuschriften in AZE, 1920-04-07; VfrR,

1920-04-08; WAVZ, 1920-04-16. Bochum: VfrR = Vbl, 1920-04-03, -06. Fortdauer des Streiks über die Ostertage: Mk Spr u. Do GA, 1920-04-06; Ess Allg Ztg, 1920-04-07; u.a.

10) Braß in d. NV, 14. April 1920 — Sten. Berichte, Bd. 333, S. 5114 f.; BA: R 43 I / 2728, Bl. 336; ebd., 2715, Bl. 171.
11) BA: R 43 I / 2728, Bl. 187. Weitere Lageberichte Fumettis (in zeitlicher Reihenfolge): ebd., Bl. 182, 174, 171, 167, 166, 358, 219, 228, 218.
12) Braß in Fr, 1920-04-07, Ab; Braß in d. NV, 14. April 1920 — Sten. Berichte, Bd. 333, S. 5115.
13) Fr, 1920-04-03, Ab.
14) Wie S. XX, Anm. 75.
15) Mh Ztg, 1920-04-06.
16) StA Mülheim: 10-59, 11-1, Bl. 98.
17) Bl. 87 Einlage.
18) Mh Ztg u. Mh GA, 1920-04-04; Mh Ztg, 1920-04-06; Schmidt in Stvv-Vers. Mülheim, 9. April — Mh Ztg, 1920-04-10; Mülheimer Vertreter in Vers. der Funktionäre der drei Arbeiterparteien in Düsseldorf, 4. April — VZD, 1920-04-06.
19) Mh GA, 1920-04-03 (Mitteilung der Roten Armee; hier fälschlich Watter statt Kabisch); Schmidt, a.a.O.; StA Mülheim: 10-59, 11-1, Bl. 83.
20) Mh GA, 1920-04-03 (Mitteilungen der Roten Armee).
21) GA Ob, 1920-04-07; STAD: Reg. Düsseldorf, 15980, Bl. 122.
22) Rwt, 1920-04-03. (Autorschaft der Roten Armee: Rwt, 1920-04-06)
23) VfrR, 1920-04-15.
24) Bu Ztg, 1920-04-03; Sitzung des a.o. Kriegsgerichts Buer, 19. April 1920 — Bu Ztg, 1920-04-20; Sitzung des a.o. Kriegsgerichts Essen, 5. Juni 1920 — Bu Ztg, 1920-06-07.
25) Severing, S. 195, 198; Spethmann, S. 212 ff.
26) Vgl. hierzu Düwell, S. 29; Braß in d. NV, 14. April 1920 — Sten. Berichte, Bd. 333, S. 5115.
27) STAM: BK, vorl. Nr. 148.
28) Rhs VZ, 1920-04-03.
29) StA Herne: 1 A 32, III, Bl. 1, 3; vgl. Tg. OB Herne an Regierungspräsident, 1920-04-01, in STAM: Reg. Arnsberg, I Pa 305, und Hrn Anz, 1920-04-03.
30) Bu Ztg, 1920-04-03; kürzer in Is Ka, 1920-04-03. Von dieser „Quelle" abhängig: 25 Jahre Stadt Herne; Sieburg, S. 162.
31) Hrn Anz, 1920-04-03.
32) Ebenda.
33) Hrn Anz, 1920-04-08.
34) Hrn Anz, 1920-04-06.
35) Gk Allg Ztg, 1920-04-03; STAM: Reg. Arnsberg, I Pa 336, Bl. 89.
36) VfrR = Vbl, 1920-04-03 = Teuber, Sozialisierung, S. 104-108.
37) STAM: Reg. Arnsberg, I Pa 336, Bl. 84 f.; Mk Spr u. Gk Ztg, 1920-04-03.
38) Ebenda; Bkm. zitiert in Do GA u. WAVZ, 1920-04-03.
39) BA: R 43 I / 2728, Bl. 175 f.
40) Do Ztg, Nr.146, Trem, Do GA u. WAVZ, 1920-04-03.
41) Hag Ztg (Mo) u. Wdt VZ, 1920-04-03. Cuno, S. 23, spricht nur von einem Offizier.
42) Do GA, WAVZ u. Do Ztg, Nr. 146, 1920-04-03; Kam Ztg, 1920-04-06; MA, Nr. 168, 1920-04-08.

Anmerkungen zu Seite 301—306

43) Do GA, 1920-04-03.
44) WAVZ, 1920-04-03.
45) Wortlaut: Trem u. WAVZ, 1920-04-03. Herstellung: Trem, 1920-04-10. Anschlag: ebd. u. Do GA, 1920-04-03.
46) Wdt VZ, 1920-04-01. Aus Dortmund heraus konnte überhaupt nicht mehr telegrafiert werden: Kam Ztg, 1920-04-06.
47) Bericht von Tschackert und Kullrich in Trem, 1920-04-06 = Do GA, 1920-04-07. Vgl. Bericht von Kohn in Do GA, 1920-04-09.
48) Do Tbl, Nr. 77, 1920-04-03; Kohn, a.a.O.; Aufruf der Gewerkschaften zit. in Do GA, 1920-04-06.
49) Do GA u. Do Tbl, Nr. 77, 1920-04-03; Bericht von Tschackert und Kullrich, a.a.O.; Trem, 1920-04-08.
50) Original in StA Castrop-Rauxel: Stadt Castrop, Nr. 54; identifiziert als das in Dortmund angeschlagene Plakat nach Do GA, 1920-04-03. Zeitpunkt: Do Ztg, Nr. 146, 1920-04-03.
51) Do GA, 1920-04-03.
52) StA Castrop-Rauxel: Stadt Castrop, Nr. 54.
53) Ebenda.

5. Die amtliche Lüge vom Vertragsbruch der Arbeiter

1) Severing, S. 193 f. Zeitpunkt nach den entsprechenden Telegrammen des Regierungspräsidenten von Arnsberg an Gemeindeverwaltungen und Landratsämter (s. nächsten Absatz; Belege in folgender Anm.) als terminus ad quem.
2) StA Hagen: Akten Stadt Hagen, AK. VIII. 39, Bl. 120; StA Bochum: Tit. IX. Caps. 2. No. 25, vol. I; StA Gelsenkirchen: XVIII/12/25; STAM: Kr. Hattingen, Landratsamt 171.
3) StA Hagen: Akten Stadt Hagen, AK. VIII. 39, Bl. 123; Cuno, S. 23.
4) So z.B. von OB Cuno, OB Laue (Witten) und vom Landrat in Schwelm, dessen Telegramm von König nicht mehr berücksichtigt wurde (STAM: Reg. Arnsberg, I Pa 305; Cunos Tg. auch in StA Hagen: Akten Stadt Hagen, AK. VIII. 39, Bl. 131).
5) BA: R 43 I / 2715, Bl. 228; Severing, S. 200.
6) STAM: Reg. Arnsberg, I Pa 305.
7) Ebenda.
8) Ebenda.
9) Ebenda.
10) Telegramme aus Hörde vom 2., aus Bochum vom 1. April — ebenda.
11) Telegramme ebenda; Tg. aus Hattingen auch STAM: Kr. Hattingen, Landratsamt 171.
12) StA Mülheim: 10-59, 11-1, Bl. 81 f.; StA Remscheid: NKI / 5; StA Düsseldorf: XVI 1100.
13) So z.B. in Remscheid.
14) BA: R 43 I / 2715, Bl. 228; Severing, S. 200; Colm, S. 134.
15) FPE, 1920-04-15. Vgl. Arch. Forsch., II, S. 825.
16) BA: R 43 I / 2728, Bl. 366.
17) NV, Anlagen, Bd. 342, Nr. 2543, S. 13.
18) Arch. Forsch., II, S. 824 f.; BA: R 43 I / 2728, Bl. 177-179, 183, 188, 190.
19) Wie Anm. 14.

Anmerkungen zu Seite 306—309

20) STAM: Kr. Beckum, Landratsamt 74; ebd., Kr. Coesfeld, Landratsamt 487.
21) Ebenda.
22) BA: R 43 I / 2715, Bl. 228; Severing, S. 201.
23) NV, Anlagen, Bd. 342, Nr. 2543, S. 15.
24) BA-MA: RH 53 — 6/91, Bl. 7; STAM: Kr. Beckum, Landratsamt 73; VstH, 1920-04-06.
25) Wf Mk (Mo) u. MZ, 1920-04-02.
26) NV, Anlagen, Bd. 342, Nr. 2543, S. 13; Dksch. RWM II, Anl. 21.
27) BA: R 43 I / 2728, Bl. 200.
28) Bl. 196.
29) BA: R 43 I / 2715, Bl. 224-227.
30) Aufruf des Reichs- und Staatskommissars, i. A. Mehlich, in Lambers, Bildteil, S. 13; ferner VstH u. Wdt VZ, 1920-04-08; Spethmann, S. 188. — Erklärung der Presseabteilung des Reichskommissariats, in Do GA, 1920-04-07; Trem, 1920-04-08; Wf Mk, 1920-04-10, Ab; kurzes Referat bei Spethmann, S. 204 f. — Watter an die Truppenoffiziere, 5. April, in BA-MA: RH 53 — 6/91, Bl. 2; ferner Do GA u. Trem, 1920-04-07; Wf Mk (Ab) u. Hw Anz, 1920-04-08. — Entsprechend dann die Erklärungen einzelner Truppenkommandeure, die Abkommen von Bielefeld und Münster seien nichtig: Hw Anz, 1920-04-06, -07; VZD, 1920-04-10; prot. Aussage von Gerhard, in Vtr, 1920-04-10 = FPE, 1920-04-12; VstH, 1920-04-16; Tg. Landrat von Recklinghausen an Amtmann in Horst, 1920-04-06, in StA Gelsenkirchen: Horst XVIII/12/1; öff. Ansprache von General Haas in Dortmund, 7. April — Do GA, 1920-04-08. Ausnahme: der Truppenkommandeur von Schwerte — VstH, 1920-04-09.

6. Kapitel
1. Der Triumph des Militärs — Ausmaß und Grenzen

1) Spethmann, S. 224; Dittgen, S. 48; vgl. Glettenberg, S. 19 f. Das „Waldschlößchen" als zentraler Umschlagspunkt: Dksch. RWM I, S. 36 Anl. 41 = Spethmann, S. 172; KZ, Nr. 295, 1920-03-26.
2) Nrh Vst, 1920-04-04.
3) Ob Ztg, 1920-04-06; vgl. GA Ob, 1920-04-07.
4) Düwell, S. 49 f.
5) S. 50.
6) Bericht d. Stadtverw. Sterkrade in GA Ob, 1920-04-11.
7) Wie vorige Anm.; STAD: Reg. Düsseldorf, 15980, Bl. 122.
8) StA Oberhausen: Nachkriegsakten Oberhausen, Nr. 7; GA Ob, 1920-04-06, -08; Rwt u. Ob Ztg, 1920-04-06.
9) Nrbl u. Bu Ztg, 1920-04-03; der Einmarsch in Kirchhellen erfolgte erst am nächsten Morgen — VfrR, 1920-05-12.
10) Rhs Ztg, 1920-04-08.
11) Rhs VZ, 1920-04-03.
12) Bu Ztg, 1920-04-03, -06; Verhandlung vor dem a.o. Kriegsgericht Buer, 19. April — Bu Ztg, 1920-04-20.
13) Bu Ztg, 1920-04-03.
14) FPE = Vtr, 1920-04-03.
15) Siehe oben S. 306.
16) Bott VZ, 1920-04-03.

Anmerkungen zu Seite 309—313

17) VfrR, 1920-05-25; Aussage der Mutter vor dem Amtsgericht Recklinghausen, 7. Juni, in STAM: BK, vorl. Nr. 184; Standesamt Recklinghausen: Standesamt Suderwich, Sterbe-Register 1920, Nr. 32.
18) Bericht von Leutnant Leithäuser in Datt Anz, 1920-04-03, später verarbeitet bei Schmidt-Pauli, S. 273; Rhs Ztg, 1920-04-07; Rhs VZ, 1920-04-08; Wf Mk, 1920-04-11, Mo; Nachrufe in Datt Anz, 1920-04-06, -08; Töneböhn an Severing, 1920-04-11, in NL Severing: A 3; Amtsversammlung Datteln, 30. April — Datt Anz, 1920-05-01; Ernst, S. 81; Errettung, S. 194 (falsch datiert).
19) Niederschrift von Fortmann, 1920-04-27, im Privatbesitz von C. M. (hier die richtige Zeitangabe, während die folgenden Quellen fälschlich auf den 19. März bzw. 6. April datieren); prot. Aussage von Scholz u.a. sowie eine weitere (ungenauere) Quelle in Vtr, 1920-04-09 = VZD, 1920-04-10 = Düwell, S. 53 bzw. S. 54.
20) Lün Ztg, 1920-04-03; vgl. Meinberg, S. 200.
21) StA Mülheim: 10-59, 11-1, Bl. 82 a.
22) L. St. in Ff Ztg, Nr. 255, 1920-04-06; vgl. BA: R 43 I / 2715, Bl. 171.
23) L. St. in Ff Ztg, Nr. 255, 1920-04-06; Zeitpunkt: Rh Ztg, 1920-04-03.
24) Telegramm: BA: R 43 I / 2715, Bl. 166 f., vgl. Bl. 176 f. Telefongespräche: ebenda, Bl. 171; Braß in Fr, 1920-04-07, Ab; Braß in d. NV, 14. April — Sten. Berichte, Bd. 333, S. 5114 f.
25) AZE, 1920-04-03 = Ess Allg Ztg, 1920-04-04; Bericht von OB Luther für die Stadtverw. Essen, in AZE, 1920-04-12, u.ö.; Luther, Zusammenbruch, S. 54; Düwell, S. 30. — Zwei Tage nach dem militärischen Einmarsch in Essen wurde der Beschluß der Ausschüsse ausdrücklich widerrufen (StA Essen: Rep. 102, I, 1074, Bl. 5).
26) Bericht von Tschackert und Kullrich in Trem, 1920-04-06 = Do GA, 1920-04-07.
27) Meinberg in öff. KPD-Vers. in Dortmund, 15. August 1920 — Meinberg, S. 201; Rotgardisten aus der Gegend von Pelkum: Cuno, S. 24 a; Züge zum Hansaplatz: WAVZ, 1920-04-03.
28) Erklärung des VAes in Do GA u. Do Ztg, Nr. 146, 1920-04-03.
29) Bericht von Kohn in Do GA, 1920-04-09; Bericht von Tschackert und Kullrich, a.a.O.; Meinberg, a.a.O., S. 201 f.
30) Berten vor den Funktionären der drei Arbeiterparteien usw., 4. April 1920 — VZD, 1920-04-06; Ddf Ztg, Nr. 129, 1920-04-04.
31) StA Düsseldorf: XXIII 71; VZD u. FPD, 1920-04-03.
32) StA Düsseldorf: XXIII 71.
33) StA Hagen: Akten Stadt Hagen, AK. VIII. 39, Bl. 132, 134; Wdt VZ, Hag Ztg (Mo), Vtr = FPE, 1920-04-03; Aufruf der drei Arbeiterparteien Hagen in VstH, 1920-04-03, abgedr. in Lambers, Bildteil, S. 12. In Duisburg gab es Kräfte, die sich um eine solche „Nachbarschaftshilfe" bemühten: Nrh Vst, 1920-04-04; Colm, S. 102 („führender Kommunist").
34) Braß in d. NV, 14. April 1920 — Sten. Berichte, Bd. 333, S. 5121.
35) Berten vor den Funktionären der drei Arbeiterparteien usw., Düsseldorf, 4. April 1920 — VZD, 1920-04-06.
36) Fr, 1920-04-03, Ab.
37) Colm, S. 103.
38) Hag Ztg (Mo) u. Wdt VZ, 1920-04-03; VstH, 1920-04-03, abgedr. in Arch. Forsch., II, S. 822.
39) StA Hagen: Akten Stadt Hagen, AK. VIII. 39, Bl. 132-134; BA: R 43 I / 2715, Bl. 178 f.; Cuno, S. 24 a.

Anmerkungen zu Seite 313—316

40) Ernst, S. 60; Zuschriften von Ernst in VZD u. Vtr, 1920-04-12 sowie Soz Rep, 1920-04-13 = Vtr, 1920-04-14.
41) Ein Kampfleiter der Roten Armee versicherte, in seinem Bereich sei das Münstersche Abkommen erst nach Ablauf der dort gesetzten Frist bekanntgeworden, und schilderte die Folgen: „Kleinere und größere Teile flüchteten kopf- und ziellos. Andere dagegen, überzeugt, daß sie von der Etappe, speziell vom Zentralrat, feige verraten und verkauft seien, beschlossen, ihr Leben bis zum letzten Atemzuge zu verteidigen, ehe sie sich wehrlos dem Standgericht auslieferten ... Ein großer Teil befand sich in unbeschreiblicher Verfassung. Ich übertreibe nicht, wenn ich behaupte, daß viele tatsächlich barfuß liefen". (Zuschrift in RE, 1920-04-14, gekürzt in AZE, 1920-04-13)
42) BA-MA: RH 53 — 6/91, Bl. 9; GA E-Ba, 1920-04-06.
43) Nrh Vst u. Mh VZ, 1920-04-04; EvNrh, 1920-04-06; Glettenberg, S. 21-24; Errettung, S. 203 f.
44) Nrh Vst, 1920-04-06, -12.
45) Dui GA, 1920-04-04; RuR-Ztg, Nr. 153, 1920-04-07.
46) prot. Erklärung von Ringleib und de Pree, Duisburg, 13. April, in NL Severing: A 3.
47) Rwt, 1920-04-06; GA Ob, 1920-04-06, -07; Bericht d. Stadtverw. Sterkrade in GA Ob, 1920-04-11; STAD: Reg. Düsseldorf, 15980, Bl. 122.
48) GA Ob, 1920-04-03.
49) Rwt, 1920-04-06.
50) Weimann in Vtr, 1920-04-16 = Fr, 1920-04-17, Ab; Rwt, 1920-04-06; GA Ob, 1920-04-06, -07; Namen der insgesamt 18 Personen, die an diesem Tage in Osterfeld getötet wurden, in StA Oberhausen: Nachkriegsakten Osterfeld, Nr. 7.
51) Vtr, 1920-04-21.
52) Ebenda.
53) GA Ob, 1920-04-03, -07; Ob Ztg, Mh Ztg, Nrh Vst, 1920-04-06; Rwt, 1920-04-07; Weinert in Stvv-Vers. Oberhausen, 12. April — GA Ob u. Ob Ztg, 1920-04-13; Husaren-Regiment Nr. 11, S. 272; Errettung, S. 204 f.
54) Düwell, S. 50; GA Ob, 1920-04-03; Hasberg in Stvv-Vers. Oberhausen, 12. April — GA Ob u. Ob Ztg, 1920-04-13.
55) Weimann in Vtr, 1920-04-16 = Fr, 1920-04-17, Ab; Zahl der Toten und Ort: Rwt, 1920-04-07.
56) Gl Ztg, 1920-04-04, -07; v. Bose, S. 398; Errettung, S. 206.
57) VfrR, 1920-05-12; Töneböhn an Severing, 1920-04-11, in NL Severing: A 3; Ernst, S. 66.
58) Bott VZ, 1920-04-06 (Abschrift im StA Bottrop); im Hauptpunkt bestätigt durch Ernst, S. 66; vgl. Nawrath in der Stvv-Vers. Bottrop, 6. April — Bott VZ, 1920-04-07.
59) DBFP, VIII, S. 244 f.
60) Auszug aus dem Kriegstagebuch (der Marinebrigade), in StA Marl: Best. Heimatmuseum, Dok. d. Roten Armee.
61) Gumbel, Mord, S. 59; Ernst, S. 66.
62) Töneböhn an Severing, 1920-04-11, in NL Severing: A 3.
63) v. Bose, S. 398-400; Errettung, S. 205-209; Auszug aus dem Kriegstagebuch (der Marinebrigade) in StA Marl: Best. Heimatmuseum, Dok. d. Roten Armee; Bott VZ u. Bu VZ, 1920-04-06 (von ersterer Abschrift im StA Bottrop); GA Ob u. KVZ, Nr. 270, 1920-04-09; Gk Allg Ztg, 1920-04-13.

Anmerkungen zu Seite 316—320

64) Rwt, 1920-04-06; die Berufsbezeichnungen nach der Totenliste in StA Oberhausen: Nachkriegsakten Osterfeld, Nr. 7.
65) Bott VZ, 1920-04-07; dazu die Todesanzeigen in Bott VZ, 1920-04-07, -10; vgl. Erika Runge: Bottroper Protokolle, Frankfurt 1968 (ed. suhrkamp 271), S. 41.
66) Nachruf v. Loewenfelds, in StA Marl: Best. Heimatmuseum, Dok. d. Roten Armee; davon 12 Tote bei der Sturmkompanie Arnauld: ebenda und Todesanzeige in Bott VZ, 1920-04-09.
67) v. Bose, S. 400 ,402; Errettung, S. 209; Bu Ztg, 1920-04-06; StA Gelsenkirchen: Horst XVIII/12/1; Nrbl, 1920-04-04; Nachruf v. Loewenfelds in StA Marl: Best Heimatmuseum, Dok. d. Roten Armee.
68) Dksch. Rotgardistenaufstand, Anl. XI, S. 2; Ess Allg Ztg, 1920-04-07; Spethmann, Foto zwischen S. 240/241.
69) Bu VZ, 1920-04-06.
70) Bu VZ, Bu Ztg, Gk Ztg, 1920-04-06.
71) Errettung, S. 211 f.; Spethmann, S. 234 f.
72) Lün Ztg, 1920-04-03; Errettung, S. 212; die Truppe (1. Westfälisches Pionier-Bataillon Nr. 7) wird genannt in StA Lünen: Abt. 16, Fach 147; Zusammensetzung nach Errettung, S. 262.
73) Do Ztg, Nr. 152, 1920-04-08; WAVZ, 1920-04-21.
74) Kam Ztg, 1920-04-06; genauer Text des Flugblatts in Wf Anz, 1920-04-01.
75) Trem, 1920-04-06; Tote und Verwundete: ebenda eine Meldung aus Hörde.
76) Hw Anz u. Fr (Mo), 1920-04-06; StA Hagen: Akten Stadt Hagen, AK. VIII. 39, Bl. 146, vgl. Bl. 141; BA: R 43 I / 2716, Bl. 3 f.
77) Severing, S. 207; Zeitpunkt der Besetzung: Hag Ztg, 1920-04-03, Ab.
78) Piersig in Mh GA, 1920-04-06; Mh Ztg, 1920-04-06.
79) StA Mülheim: 10-59, 11-1, Bl. 36 a, 37; Mh GA, 1920-04-06.
80) Spethmann, S. 232.
81) BA: R 43 I / 2716, Bl. 213-216.
82) Mh Ztg, 1920-04-06.
83) Mh Ztg, Mh GA, Mh VZ,- 1920-04-06.
84) Ddf Ztg, 1920-04-06, Mo.
85) Rh Ztg, 1920-04-03; L. St. in Ff Ztg, Nr. 255, 1920-04-06.
86) Ebenda. Mülheim: StA Mülheim: 10-59, 11-1, Bl. 58 a; vgl. Mh GA u. Mh Ztg, 1920-04-04.
87) Colm, S. 137; vgl. Ernst, S. 70.
88) Stellung der KPD, S. 521 f.; geringfügig korrigiert nach dem Text in Fr, 1920-04-08, Mo, nachgedr. in Arch. Forsch., II, S. 838. — Anm. auf S. 319: Könnemann/Krusch, S. 457; Stellung der KPD, S. 520. — Über die Gründe und Umstände der Flucht des Zentralrats weiter: Colm, S. 138; Eckardt auf der VV der VRe in Barmen, 8. April 1920 — Vtr, VstH u. BAst, 1920-04-09, u. VZD, 1920-04-10; zur Flucht von Dr. Stern speziell: Ernst, S. 72.
89) GA E-Ba, 1920-04-06, mit Luther, Zusammenbruch, S. 54 = ders., Politiker, S. 79 f.
90) BA: R 43 I / 2716, Bl. 204 a, 205; Bericht von OB Luther für die Stadtverw. Essen, in AZE, 1920-04-12, u.ö.; Luther, Zusammenbruch, S. 53.
91) Spethmann, S. 213.
92) StA Gelsenkirchen: Gk XVIII/12/7, Bl. 118 f., 170, 185, 353, 359; GA E-Ba, FPE, RhW Ztg, Nr. 233, L. St. in Ff Ztg, Nr. 255, sämtlich 1920-04-06; Ess Allg Ztg, 1920-04-07; Tg. Luther an Wk.kdo, in Nrbl, 1920-04-04, Ess Allg Ztg, 1920-04-07,

und Kabisch, Kämpfe, S. 552 (Wortlaut und Datierung unterschiedlich); Bericht von Luther für d. Stadtverw. Essen, in AZE, 1920-04-12, u.ö.
93) RE, 1920-04-09; GA E-Ba, 1920-04-06; RhW Ztg, Nr. 233, 1920-04-06 = Ess Allg Ztg, 1920-04-07; Bericht von Luther für d. Stadtverw. Essen, in AZE, 1920-04-12, u.ö.
94) StA Gelsenkirchen: Gk XVIII/12/7, Bl. 185.
95) STAD: Reg. Düsseldorf, 15980, Bl. 130; Bericht von Luther, a.a.O.
96) Bericht von Luther, a.a.O.; Luther, Zusammenbruch, S. 54. Bereits am Nachmittag des 3. April wurde der Einmarsch erwartet: GA E-Ba, 1920-04-06.
97) BA: R 43 I / 2715, Bl. 256 f.
98) Mk Spr, 1920-04-06.
99) Trem u. Do GA, 1920-04-06.
100) Do Ztg, Nr. 147, 1920-04-06.
101) StA Dortmund: Do n 164, Bl. 8, 71; ebd.: Do n 476 a, Bl. 6.
102) Bericht von Tschackert und Kullrich in Trem, 1920-04-06 = Do GA, 1920-04-07.
103) Do GA u. Trem, 1920-04-06; vgl. Do Ztg, Nr. 147, 1920-04-06, und Bericht von Tschackert und Kullrich, a.a.O.
104) Do GA u. Do Ztg, Nr. 147, 1920-04-06.
105) STAM: Reg. Arnsberg, I Pa 305.
106) Meinberg in öff. KPD-Vers. in Dortmund, 15. August 1920 — Meinberg, S. 204 f.
107) STAM: Reg. Arnsberg, I Pa 336, Bl. 40 f.
108) STAM: Reg. Arnsberg, I Pa 336; StA Dortmund: Best. 13, 45 a, Best. 13, 47, Best. 13, 74; Hö Vbl, 1920-04-06, -07, -09; Trem u. Kam Ztg, 1920-04-07; Do Ztg, Nr. 226, 1920-05-25; Bericht von OB Schmidt vor der Stadtverw. Hörde, in Hö Vbl, 1920-04-15, u. WAVZ, 1920-04-17; Spethmann, S. 236 f., 254 f. (weiß nicht, daß „Crone" = „Glückaufsegen").
109) Waltrop: Niemöller, S. 177. Herne: Hrn Anz u. VfrR = Vbl, 1920-04-06.
110) Gk Allg Ztg, 1920-04-13; Bu VZ, 1920-04-06; falsch: v. Bose, S. 402, und Errettung, S. 210.
111) Bott VZ, 1920-04-06 (Abschrift im StA Bottrop); Bott VZ, 1920-04-07; Töneböhn an Severing, 1920-04-11, in NL Severing: A 3.
112) prot. Aussage von Rehkopf, in Vtr, 1920-04-09 = VZD, 1920-04-10 = Düwell, S. 53; Spethmann, S. 240, daneben ein Foto von einer Grubenanschlußbahn; Bu Ztg, 1920-04-06; Ess Allg Ztg, 1920-04-07, -10; v. Bose, S. 402; Errettung, S. 210.
113) prot. Aussage von Rehkopf, a.a.O.
114) Piersig in Mh GA, 1920-04-06.
115) Mh Ztg, 1920-04-06.
116) Ebenda; Angabe des Friedhofs nach der Todesanzeige in Mh GA, 1920-04-04.
117) Mh Ztg u. Mh GA, 1920-04-06, dazu in letzterem Blatt Artikel von Piersig; Schmidt in Stvv-Vers. Mülheim, 9. April — Mh Ztg, 1920-04-10; StA Mülheim: 10-59, 11-1, Bl. 87 Einlage.
118) Ess Allg Ztg, 1920-04-07; StA Essen: Rep. 102, I, 1075, Bl. 334.
119) Ernst, S. 73 f.; KZ, zit. in BMZ, 1920-04-07, Mo. An den beiden folgenden Tagen machten Rotgardisten aus Essen den Versuch, speziell Dr. Stern zu verhaften; sie wurden von der Elberfelder Arbeiterwehr verhaftet (AZE, 1920-04-13).
120) VstH u. Vtr, 1920-04-08; vgl. Eckardt in der VV der VRe, Barmen, 8. April — Vtr, 1920-04-09 = VZD, 1920-04-10.
121) VZD u. FPD, 1920-04-06.

Anmerkungen zu Seite 323—326

122) VstH, 1920-04-06.
123) Dortmund: Do GA, 1920-04-06; Bericht von Tschackert und Kullrich in Trem, 1920-04-06 = Do GA, 1920-04-07. Hörde: Hö Vbl, 1920-04-06; Trem u. Kam Ztg, 1920-04-07.
124) Do GA, Trem, Do Ztg, Nr. 147, 1920-04-06; Bericht von Tschackert und Kullrich, a.a.O.
125) StA Dortmund: Do n 148; Do GA, 1920-04-06.
126) Hö Vbl, 1920-04-06; Trem, 1920-04-07; OB Schmidt in d. Stvv-Vers. Hörde — Hö Vbl, 1920-04-15.
127) Mülheim: Mh Ztg, Mh GA, Mh VZ, 1920-04-06; Errettung, S. 215. Gelsenkirchen: Gk Ztg, 1920-04-06; STAM: Reg. Arnsberg, I Pa 336, Bl. 89; falsch: Errettung, S. 215. Wanne: Wdt He, 1920-04-06.
128) Dortmund: Do GA, Trem, Do Ztg, Nr. 147, 1920-04-06; Do GA, 1920-04-07. Castrop: Cst Ztg, 1920-04-26. Schwerte: VstH, 1920-04-08; P. H. (Paul Hertz) in Fr, 1920-04-06, Mo.
129) StA Wuppertal: Vohwinkel S XI, Nr. 2; FPE, 1920-04-06; Ba Anz, 1920-04-07. Das Tg. des Reichskanzlers in BA: R 43 I / 2715, Bl. 241.
130) AZE, 1920-04-09.
131) Hag Ztg, 1920-04-06, Mo; das Telegramm des Reichskanzlers in StA Hagen: Akten Stadt Hagen, AK. VIII. 39, Bl. 140.
132) VstH, 1920-04-06.
133) KVZ, Nr. 262, 1920-04-06.
134) Mitteilung der Stadtverw. Essen in Ess Allg Ztg, 1920-04-07; prot. Aussage von Kuraner, in Vtr, 1920-04-09 (falsch datiert).
135) Gk Allg Ztg, 1920-04-07.
136) Errettung, S. 215.
137) StA Dortmund: Best. 13, 39.
138) Hö Vbl, 1920-04-06; Trem, 1920-04-07.
139) Hö Vbl, 1920-04-06, -07.
140) Ess Allg Ztg, 1920-04-07.
141) Errettung, S. 181, 214, 266; die ersten Einheiten waren am 31. März eingetroffen: ebd., S. 183; zu Baumbach: Wurbs in Vw, 1920-04-19, Mo. Das Freikorps Roßbach wurde als „Jäger-Bataillon 37" geführt (Siemsen, S. 493 Anm. 5; F. W. v. Oertzen, S. 422).
142) Lützow: Ess Allg Ztg, 1920-04-08; Errettung, S. 214. Lichtschlag: RE, zit. in VstH, 1920-04-15; vgl. Errettung, S. 105.
143) Ess Allg Ztg u. KVZ, Nr. 264, 1920-04-07.
144) Schmidt, Oberst Baumbach; vgl. prot. Aussagen von Grimke, in VstH u. BAst, 1920-04-15 = FPE, 1920-04-17; von Schöpper u.a., in Vtr, 1920-04-10 = FPE, 1920-04-12 = VstH, 1920-04-13; von Handke u.a., in VstH, 1920-04-15 = FPE, 1920-04-17; RE, 1920-04-09; Ernst, S. 75; Brauer, S. 100; Gumbel, Mord, S. 60.
145) prot. Aussage von Grimke, in VstH u. BAst, 1920-04-15 = FPE, 1920-04-17; Schmidt, Oberst Baumbach.
146) prot. Aussage von Kuraner, in Vtr, 1920-04-09.
147) Ess Allg Ztg, 1920-04-08.
148) Ess Allg Ztg u. VfrR = Vbl, 1920-04-08; RE, 1920-04-09; VstH, 1920-04-12; Obermeyer an Severing, 1920-04-11, in NL Severing: A 3; Volksbote (SPD), Leer, 1924-11-22; Gumbel, Mord, S. 59 f.; ders., Feme, S. 138 f.; Luther, Zusammenbruch, S. 55; ders., Politiker, S. 80; Spethmann, S. 240 f.; Brauer, S. 100; Ernst,

S. 75. — Zu Linzemeier: Gumbel, Feme, S. 135 f., 138; hiernach kürzer: Hannover, S. 78 f.; Dksch. Rotgardistenaufstand, Anl. XIV.

149) Ess Allg Ztg u. AZE, 1920-04-08; BA: R 43 I / 2728, Bl. 164; Rädelsführerliste in STAM: BK, vorl. Nr. 144, dort unter Nr. 266.

150) BA: R 43 I / 2728, Bl. 164.

151) Ess Allg Ztg, 1920-04-08; RE, 1920-04-09.

152) VfrR = Vbl, 1920-04-06; Gk Allg Ztg, 1920-04-07.

153) WAVZ, 1920-04-16.

154) Wattenscheid: vorübergehende Besetzung am 9. April (Wat Ztg, 1920-04-10), auf Dauer am 15. April (Wat Ztg, 1920-04-16). Bochum: Mk Spr, 1920-04-16; VstH, 1920-04-20; Fr, 1920-04-25, Mo; NL Watter: Nr. 32. Witten: VstH, 1920-04-20.

155) v. Bock und Polach, S. 14.

156) STAM: Kr. Hattingen, Landratsamt 171.

157) Vtr, 1920-04-09; FPE, 1920-04-12; gekürzter Text in BA: R 43 I / 2716, Bl 22 f. = Vogt, S. 36 f. (falsch datiert).

158) FPE, 1920-04-12; BA: ebd., Bl. 24.

159) RF, 1920-04-02, Leitartikel.

160) RF, 1920-04-04, abgedr. in Arch. Forsch., I, S. 265-267 = Dok. u. Mat., S. 245-247. Ein zweiter Generalstreikaufruf der KPD-Zentrale folgte am 6. April: RF, 1920-04-07, abgedr. in Arch. Forsch., II, S. 832-834 = Urs. u. Folgen, S. 131-133.

161) Vw u. Fr (Mo), 1920-04-07; RE, 1920-04-10; Kspbl, 1920, S. 183; Dok. u. Mat., S. 252 f.; Varain, S. 182 f. Gegensätzliche Kommentare zu den Forderungen in Fr, 1920-04-07, Mo, und RF, 1920-04-08.

162) NL Koch: Nr. 27, Bl. 73.

163) Vw, 1920-04-08, Mo, hier besonders die Zuschrift des ADGB; Fr, 1920-04-08, Mo; Schultheß, S. 68. Reichskanzler Müller gegenüber dem englischen Geschäftsträger: DBFP, IX, S. 349; zu Müllers Haltung vgl. auch NL Koch: Nr. 27, Bl. 79. Bericht von Osterroth: Fr (Mo), FPE, FPD, 1920-04-09; VZD u. RE, 1920-04-12.

164) Vw, 1920-04-09, Mo; Fr, 1920-04-09, Mo u. Ab; Arch. Forsch., I, S. 268 f. Internes Rundschreiben der KPD-Zentrale vom 6. April: Dok. u. Mat., S. 249.

165) Spethmann, S. 230; Errettung, S. 201.

166) BA: R 43 I / 2715, Bl. 201, 201 a, 202, 204; BA-MA: RH 53 — 6/91, Bl. 5.

167) Watters nachträgliche Versionen — Niederschrift, 1920-04-28, in NL Watter: Nr. 32, und Brief an v. Campe, 1927-07-21, in NL Watter: Nr. 39, Kurzform in Errettung, S. 213 mit Anm. 2 — müssen angesichts des unaufrichtigen und zu 'Stilisierungen' neigenden Charakters des Generals mit äußerster Vorsicht aufgenommen werden.

168) BA-MA: RH 53 — 6/91, Bl. 5.

169) In zeitlicher Reihenfolge: 3. April: BA: R 43 I / 2715, Bl. 219 (Zentrumsabgeordneter Herold); ebd., 2728, Bl. 360 (Herold u.a.). 4. April: NV, Anlagen, Bd. 342, Nr. 2543, S. 15 (Abg. Stieler). 5. April: ebenda (Oberpräsident). 6. April: BA: R 43 I / 2716, Bl. 31 f. (Regierungspräsident Münster). 7. April: WAVZ, 1920-04-09 (General Haas in öff. Ansprache in Dortmund). 8. April: BA: R 43 I / 2728, Bl. 335 (Herold u.a.). 9. April: ebd., 2716, Bl. 44-46 = Vogt, S. 67 f. (Oberpräsident). 10. April: BA: R 43 I / 2716, Bl. 58 f. (Bell, Giesberts); Bl. 96 (Erster Bürgermeister von Gladbeck). 11. April: ebd., 2728, Bl. 328 (Oberpräsident). 12. April: Gronowski vor dem Provinzialausschuß des Westfälischen Zentrums, Hamm — Wf Mk (Mo) u. Wdt VZ, 1920-04-13.

170) BA: R 43 I / 2715, Bl. 204, 205, 246; BA-MA: RH 53 — 6/91, Bl. 5. Im Reichs-Gesetzblatt (1920, I, S. 557, nachgedr. von Halle, S. 55) und in den Anlagen zu

Anmerkungen zu Seite 330—332

den Stenographischen Berichten der Nationalversammlung (Bd. 343, S. 3128, Nr. 2796) erschien dann Wochen später der bewußt schwammige geänderte Text: „Diese Verordnung tritt sofort mit der ortsüblichen Verkündung in Kraft". Severing teilt in seinen Erinnerungen von 1927 (S. 216) ohne jede weitere Bemerkung lediglich den ursprünglichen Wortlaut mit — eine Lüge mit dem Mittel des Verschweigens.

171) Wie Anm. 169.
172) BA: R 43 I / 2728, Bl. 247.
173) Is Ka, Is Tbl, VstH, 1920-04-08; VstH, 1920-04-16; prot. Aussage von Gerhard, in Vtr, 1920-04-10 = FPE, 1920-04-12; STAM: Reg. Arnsberg, I Pa 336, Bl. 67.
174) Vw (Mo) u. KVZ, Nr. 271, 1920-04-09.
175) Velbert: FPE, 1920-04-10; prot. Aussage von Kunze u.a., in Vtr, 1920-04-10 = FPE, 1920-04-12 = VstH, 1920-04-13. Heiligenhaus: FPE, 1920-04-09.
176) BA: R 43 I / 2716, Bl. 103 f.
177) VZD, 1920-04-09, -10; BA: R 43 I / 2728, Bl. 168. Vgl. den Operationsbefehl Watters vom 7. April: Errettung, S. 221.
178) Diese bewußte Inkaufnahme zeigt mit aller Deutlichkeit das Tagebuch des Innenministers Koch: NL Koch: Nr. 27, Bl. 71, 73.
179) Tg. Wk.kdo VI (Münster) an Reichskanzlei, 1920-04-03, in BA: R 43 I / 2715, Bl. 206 f., u. AAPA: II F-M, A 6, Bd. 2. RWM an Ausw. Amt, 1920-04-03, in AAPA, ebd., u. DBFP, IX, S. 314 (hier falsch datiert). Überschreiten der Zahlen auch nach dieser Berechnungsart: DBFP, IX, S. 323 f.
180) RWM zu einem Tg. von Göppert an Ausw. Amt, 1920-04-04, an 22 Uhr, in AAPA: II F-M, A 6, Bd. 2.
181) DBFP, IX, S. 306.
182) AAPA: II F-M, A 6, Bd. 2; DBFP, IX, S. 313 f.; PFR USA, S. 306. Vgl. Allen, Tagebuch, S. 69; ders., Besetzung, S. 142.
183) Note Millerand an Mayer, 1920-04-05, in AAPA: II F-M, A 6, Bd. 2, u. DBFP, IX, S. 328 f. H. Th. Wüst: Franzosenzeit in Frankfurt, in: H. Gorrenz: Die Franzosenzeit 1918-1930, Frankfurt 1930, S. 139-151; Ferdinand Bergschwinger: Die Besetzung von Frankfurt am Main durch französische und belgische Truppen im Jahre 1920, in: Archiv f. Frankfurts Geschichte und Kunst, IV. Folge, Bd. 5, 2. Heft, Frankfurt 1942, S. 169-246; Darstellungen, V, S. 155-161; DBFP, IX, S. 323; PFR USA, S. 311. Zur Analyse des ganzen Komplexes vgl. Harden, S. 27-30.
184) DBFP, IX, S. 317 f., 327, 359; DBFP, VIII, S. 6, 222-225; PFR USA, S. 313, 320 f.; Weygand, S. 73; Benoist-Méchin, S. 120 Anm. 1.
185) PFR USA, S. 307 f., 324-326; vgl. auch die beiden Telegramme des dt. Reichskommissariats Koblenz an Ausw. Amt, 1920-04-07, in AAPA: II F-M, A 6, Bd. 3.
186) Schultheß, S. 90 f.; vgl. PFR USA, S. 314.
187) Reichstags-Handbuch 1920, S. 286 f.; Sol Tbl, 1931-04-30.
188) Die Besetzung von Frankfurt a. M., in: BAst, 1920-04-07. Vgl. auch VstH, 1920-04-08 („Die Schuld der Regierung").
189) Schultheß, S. 91. Eine sarkastische Kritik dieses Aufrufs und der deutschen Politik, die zur Besetzung der Mainstädte geführt hatte, bei Harden, S. 26-30.
190) Am 12. April 1920 — Sten. Berichte, Bd. 333, S. 5050-5052. Dazu die Dokumentation der Hilferufe aus dem Revier in NV, Anlagen, Bd. 342, Nr. 2543.
191) Vr, 1920-04-08; DBFP, IX, S. 332, 485; Wüst, Bergschwinger und Darstellungen, V (s. Anm. 183); Vogt, S. 62-65. Nationalistischer Mob 1919: Erhard Lucas: Frankfurt unter der Herrschaft des Arbeiter- und Soldatenrats 1918/19, Frankfurt 1969, S. 107-109.

Anmerkungen zu Seite 332—336

192) Am 13. und 14. April — Sten. Berichte, Bd. 333, S. 5067-5153.
193) BA: R 43 I / 2728, Bl. 150 (Wk.kdo 6); ebd., 2716, Bl. 100 f. = STAD: Reg. Düsseldorf, 15977 (Polizeipräsident u. Landrat Essen); Do GA, 1920-04-13, -14 (Bäumgen in Stvv-Vers. Dortmund); Do Ztg, Nr. 185, 1920-04-28, u. BA: R 43 I / 2717, Bl. 108-110 (Bürgerrat Dortmund); ebd., 2716, Bl. 234 f. (Handelskammer Duisburg); ebd., 2716, Bl. 61 f. = Arch. Forsch., II, S. 844-846 = Vogt, S. 71-73 (Industrielle bei Ebert).
194) Trimborn in d. Sitzung vom 13. April 1920 — Sten. Berichte, Bd. 333, S. 5076-5081; Kommentar in Vw, 1920-04-14, Mo.
195) BA: R 43 I / 2728, Bl. 157 f.
196) Niemöller, S. 178.
197) Zuschrift in Wf Mk, 1920-04-14, Ab.
198) Wie Anm. 169.
199) BA: R 43 I / 2716, Bl. 77-84 = Vogt, S. 49-55.
200) Errettung, S. 221.
201) Ebenda; Cdt. (Cohnstaedt) in Ff Ztg, Nr. 270, 1920-04-14; Schützinger, S. 44; vgl. BA: R 43 I / 2716, Bl. 96, u. Severing, S. 217. Dieselbe Androhung der Meuterei seitens des Militärbefehlshabers von Essen, Oberst v. Baumbach, wurde gemeldet in Vw, 1920-04-12, Ab; eine Verhandlung darüber im Reichswehrministerium am 11. April laut Fr, 1920-04-13, Mo.
202) Lucas, Ausnahmezustand, S. 171.
203) BA: R 43 I / 2716, Bl. 141. Die Bekanntmachung erging dann von Münster aus über WTB: Wf Mk, 1920-04-13, u.ö.
204) Bronnen, S. 110 f.; Freksa, S. 194 f.; Hoegner, S. 73.
205) Könnemann/Krusch, S. 470; zur Frage des Standrechts außerdem BA: R 43 I / 2716, Bl. 77-84 (= Vogt, S. 49-55), u. 2715, Bl. 246; StA Mülheim: 10-59, 11-1, Bl. 75-79 (Bericht einer Verbändedelegation aus Essen); BA: R 43 I / 2716, Bl. 187 = Vogt, S. 88 f. (Deputation aus Kommunal- und Staatsvertretern); NL Koch: Nr. 27, Bl. 85, 87; Niederschrift Watters, 1920-04-28, in NL Watter: Nr. 32; Errettung, S. 222; vgl. Vw, 1920-04-13, Ab; Wf Mk, 1920-04-14, Ab.
206) Dksch. Wk.kdo Münster II, S. 3.
207) Mh VZ, 1920-04-04; Nrh Vst, 1920-04-06, -17; Soz Rep, 1920-04-12.
208) Vw, 1920-04-10, Mo; Is Ka, Kam Ztg, Rhs Ztg u.a., 1920-04-12.
209) Jarres an Severing, 1920-04-09, nach Severing, S. 215; Severing an Jarres, 1920-04-10, in StA Duisburg: Best. 51, Unruhen, 25, Bd. 1; vgl. Severing an Kabisch, zit. bei Schützinger, S. 43.
210) Severing, S. 207 f.; vgl. Epp (Gilardone), S. 72 f.; Frank, S. 96 f.
211) Zickler, S. 25 f.; das Plakat in StA Münster: Amt 43 E Nr. 4 a; auch abgedruckt in VstH, 1920-04-01.
212) Zickler, S. 25; Severing, S. 223.
213) MA, Nr. 176, 1920-04-13 (Hervorhebung vom Vf.). Eine Mißbilligung durch das Wk.kdo wurde über WTB verbreitet: Hw Anz, 1920-04-15.
214) Severing, S. 223.
215) BA: R 43 I / 2716, Bl. 219-227 (= Vogt, S. 120-125). Vgl. den Bericht des Abg. Steinkopf: ebd., Bl. 239-244 (= Vogt, S. 109-111), sowie Bl. 66 f., 122 f.; ferner Cuno, S. 27, Severing, S. 220-223, und Fr, 1920-04-29, Mo.
216) BA: R 43 I / 2718, Bl. 9-24.
217) Errettung, S. 222 f.

Anmerkungen zu Seite 336—342

218) Delegation der christlichen Gewerkschaften und des Bürgerrats Elberfeld beim Wehrkreiskommando, 16. April — STAM: BK, vorl. Nr. 161; u.a.
219) Vgl. den Lagebericht Epps vom 22. April, zit. bei Könnemann/Krusch, S. 470.
220) Vtr u. FPE, 1920-04-06; VZD, 1920-04-07; VstH, 1920-04-07, -08; Arch. Forsch., II, S. 830-832.
221) Vtr, 1920-04-08, -09, -10; VZD, 1920-04-09, -10; VstH, 1920-04-10, -13, -15, -16; FPE, 1920-04-12, -17; BAst, 1920-04-15, -16, -19.
222) BA: R 43 I / 2717, Bl. 14-29.
223) Ebenda / 2718, Bl. 160.
224) VstH, Wdt VZ, Hag Ztg (Mo), 1920-04-08.
225) FPE, 1920-04-08.
226) Vgl. die bestürzten Fragen an die SPD im Elberfelder USP-Blatt: Vtr, 1920-04-09.
227) Vtr u. FPE, 1920-04-06; VZD u. VstH, 1920-04-07.
228) Wf Tbl, 1920-04-07; u.a.
229) Vtr, 1920-04-09.
230) Stellung der KPD, S. 522.
231) Vtr, VstH, BAst, 1920-04-09; VZD u. FPE, 1920-04-10; Spethmann, S. 244.
232) Vtr, 1920-04-12 = RE, 1920-04-14.
233) Darin wurde behauptet: „Der Zentralrat sah von Beginn seiner Tätigkeit an seine Aufgabe darin, den Kampf möglichst reibungslos zu beenden, die Truppen zurückzuführen. Zu diesem Zweck unternahm er lediglich noch den Versuch, die in Bielefeld eingeräumten Zugeständnisse soweit zu erweitern, um eine möglichst glatte Auflösung der Front zu sichern". (VstH, 1920-04-12; RF, 1920-04-13, nachgedr. in Arch. Forsch., II, S. 841 f.; ähnlich Düwell, S. 16 f.)
234) Brandler, S. 55-60, 70 ff.; Hoelz, S. 112-120; Arch. Forsch., I, S. 368-372; BA: R 43 I / 2728, Bl. 187, 174, 171, 167, 166, 358, 219, 228, 218; Schultheß, S. 89 f.; Meier-Welcker, S. 277; Könnemann/Krusch, S. 429-431; Hahn in: Arbeitereinheit siegt über Militaristen, S. 91 f. Vgl. auch den abschließenden Bericht Geßlers vom 7. Mai bei Vogt, S. 197-199.
235) Lucas, Ausnahmezustand, S. 390, mit den dort angegebenen Quellen; NL Koch: Nr. 27, Bl. 69.

2. Die Flucht der Arbeiter ins Bergische Land und in das von den Alliierten besetzte Gebiet

1) Ohne genauere Belege seien genannt: aus Buer Mitglieder des VRs, u.a. Anke und Felden; aus Dortmund: Dieckmann, Doerenberg, Sneiden von der Arbeiterwehr, Meinberg und Bormann vom VR; aus Duisburg: Koch, Münzberg, Wild; aus Hörde: der in den Sturm auf die beiden Zechen am 3. April verwickelte Bergmann Braune, vom VR Buskase; aus Mülheim: Kampfleitung und VR, einschließlich des Zensors Reuß; aus Oberhausen: Weidtkamp (Saldo).
2) Eine Ausnahme etwa Frau und Kinder vom Buskase, Mitglied des VRs Hörde, die am 3. April flohen; sie kehrten fünf Tage später zurück (Hö Vbl, 1920-04-09).
3) So die Kampfleitungen Mülheim und Marl (s. die Dokumente in Dksch. RWM I); der VR Oberhausen im „Hof von Holland" (Ob Ztg, 1920-04-06); der VR Mülheim (StA Mülheim: 10-59, 11-1, darin großer Umschlag mit ungeordneten Papieren, ausgewertet von der Division Kabisch); die Kampfleitung Gladbeck (v. Bose, S. 398).
4) VstH, Wdt VZ, Hag Ztg (Mo), 1920-04-06; StA Hagen: Akten Stadt Hagen, AK. VIII. 39, Bl. 138; Cuno, S. 25.
5) StA Remscheid: NKI / 7 II.

Anmerkungen zu Seite 342—346

6) Sol Tbl, 1920-04-06.
7) Soz Rep, 1920-04-06; KVZ, Nr. 272, 1920-04-09.
8) Wld Ztg, 1920-04-09.
9) Opl Ztg, 1920-04-07.
10) Hagen: VstH, Hag Ztg (Mo), 1920-04-06; Cuno, S. 25; Ernst, S. 72. Wupperstädte: FPE, GA E-Ba, BMZ, Nr. 158 A, 1920-04-06. Düsseldorf: BA: R 43 I / 2716, Bl. 274 a.
11) VstH, Wdt VZ, Hag Ztg (Mo), 1920-04-06; Cuno, S. 25 a.
12) FPE, 1920-04-06.
13) AZE, 1920-04-09.
14) Lenn Krbl, 1920-04-07.
15) Sol Tbl, 1920-04-06.
16) Koch an Innenministerium, 1920-06-11, in StA Remscheid: NKI / 7 I. Vgl. OB Cuno in Stvv-Vers. Hagen, 12. April — Wdt VZ, 1920-04-13.
17) Hie Bürgertum, hie Sozialismus!, in BAst, 1920-04-12.
18) Ebenda.
19) Sol Tbl, 1920-04-06; Wld Ztg, 1920-04-06, -09.
20) VstH, Wdt VZ, Hag Ztg (Mo), 1920-04-06; Cuno, S. 25 a.
21) Ernst, S. 74; die Einladung zu dieser Konferenz in VstH, 1920-04-06.
22) VstH, 1920-04-07.
23) VstH, 1920-04-07, -08, -09; Ludwig in VstH, 1920-04-19; Wdt VZ, 1920-04-08, -10; Hag Ztg, 1920-04-07, Mo, -08, Mo; Hsp Ztg, 1920-04-07, -15; StA Hagen: Akten Stadt Hagen, AK. VIII. 39, Bl. 149, Akten Vorhalle G.G.G. 9; StA Wetter: Neues Archiv Nr. 742, 743; Cuno, S. 26; Ernst, S. 80; Lambers, S. 121 f.
24) VstH, 1920-04-07.
25) StA Hagen: Akten Stadt Hagen, AK. VIII. 39, Bl. 175; Cuno, S. 26; Ernst, S. 80; StA Wetter: Neues Archiv Nr. 742.
26) StA Hagen: Akten Stadt Hagen, AK. VIII. 39, Bl. 173.
27) StA Remscheid: NKI 7 / II.
28) DBFP, IX, S. 358. Dagegen Fr, 1920-04-09, Mo: über 10.000.
29) StA Hagen: Akten Stadt Hagen, AK. VIII. 39, Bl. 185.
30) Cdt. (Cohnstaedt) in Ff Ztg, Nr. 273, 1920-04-15.
31) Opl Ztg, 1920-04-08.
32) Wld Ztg, Sol Tbl, Gumm Ztg, 1920-04-09.
33) DBFP, IX, S. 339 f.; Allen, Tagebuch, S. 69; Braß in d. VV der VRe, Barmen, 8. April — Vtr, 1920-04-09 = VZD, 1920-04-10; Braß in d. NV, 14. April — Sten. Berichte, Bd. 333, S. 5147 f.; Ernst, S. 76-80 (falsch datiert); Spethmann, S. 245 f.; Lambers, S. 122. — Kampagne gegen die drei USP-Führer: Tg. Oberpräsident Koblenz an Ausw. Amt, 1920-04-10, in BA: R 43 I / 2728, Bl. 329, und AAPA: II F-M, A 6, Bd. 3; Tg. Göppert an Ausw. Amt, 1920-04-13, in AAPA, ebenda; Sten. Berichte der NV, Bd. 333, S. 5131 f., S. 5395-5399, 5546-5562, 5713; NV, Anlagen, Bd. 343, Nr. 2720, 2826, 2921, 292 2; Ernst und Spethmann, a.a.O.; ein typischer Presseartikel etwa in Wf Tbl, 1920-04-16. Voruntersuchung gegen Ernst und Oettinghaus: BA: R 43 I / 2718, Bl. 74. — Vermutlich bereits vor der Unterredung mit den drei USP-Führern hatte sich die Rheinlandkommission den englischen Standpunkt zu eigen gemacht, daß gegenüber den Flüchtlingen dieselbe „unparteiische Neutralität" beobachtet werden solle wie seinerzeit gegenüber der Truppe des Generals v. Gillhaussen: DBFP, IX, S. 335; PFR USA, S. 317.

Anmerkungen zu Seite 346—350

34) KVZ, Nr. 267, 1920-04-08; Rh Ztg, 1920-04-09; Spethmann, S. 244.
35) Soz Rep, 1920-04-06; KVZ, Nr. 272, 1920-04-09; Sol Tbl, 1920-04-06.
36) Rh Ztg, 1920-04-07.
37) Severing, S. 218; Rh Ztg, 1920-04-07, -10, -12; KVZ, Nr. 267, 1920-04-08.
38) RE, 1920-04-12.
39) Rh Ztg, 1920-04-07; RE, 1920-04-12.
40) DBFP, IX, S. 332 f., 359.
41) Soz Rep, 1920-04-09; BAst, 1920-04-12; Rh Ztg, 1920-04-08, -13; DBFP, IX, S. 358 f.
42) Errettung, S. 124 Anm. 4; Rh Ztg, 1920-04-13.
43) Rh Ztg, 1920-04-09, -10.
44) Rh Ztg, 1920-04-10.
45) KVZ, Nr. 272, 1920-04-09; Bkm. von Runge in KVZ, Nr. 273, u. Rh Ztg, 1920-04-10.
46) DBFP, IX, S. 369.
47) Rh Ztg, 1920-04-08, -10; Severing, S. 218; u.a.
48) FPE, 1920-04-10; Vtr u. VstH, 1920-04-12.
49) Tg. Sthamer an Ausw. Amt, 1920-04-09, in AAPA: II F-M, A 6, Bd. 3; PFR USA, S. 320; DBFP, IX, S. 369; v. Haniel an Kilmarnock, 1920-04-12, in AAPA, a.a.O.; BA: R 43 I / 2716, Bl. 172, 229; DBFP, IX, S. 451 f., 446; BA: R 43 I / 2717, Bl. 57-59.
50) BA: R 43 I / 2716, Bl. 284 f. Vgl. ebd., 1355, Bl. 744; Vogt, S. 177 f.
51) Vtr u. VstH, 1920-04-12; RE, 1920-04-10; Hertz (aus Essen) in Fr, 1920-04-10, Ab; Nachdruck aus RE in Soz Rep, 1920-04-21.
52) J. Rüth: Ein Besuch der politischen Gefangenen im Zuchthause zu Münster, in: Der Hammer, nachgedr. in VstH, 1920-04-30.
53) Wiethaus an Severing, 1920-04-10, in NL Severing: A 3. — Jäger-Freikorps Bückeburg nach: Schmidt an Severing, 1920-04-09, in NL Severing: A 3.
54) Rh Ztg, 1920-04-12; Bkm. Runges in KVZ, Nr. 273, u. Rh Ztg, 1920-04-10.
55) BA: R 43 I / 2718, Bl. 69; vgl. Hag Ztg, 1920-04-12, Ab. Vgl. auch das Tg. der Städte und Landkreise des Bergischen Landes an Runge — BA: R 43 I / 2716, Bl. 113-115.
56) Hag Ztg, 1920-04-12, Ab; vgl. OB Cuno in Stvv-Vers. Hagen, 12. April — Wdt VZ, 1920-04-13, und Cuno, S. 26 a.
57) BA: R 43 I / 2716, Bl. 252; Severing, S. 221.
58) Politisch-Parlamentarische Nachrichten, zit. in Vw, 1920-04-20, Mo.
59) Konferenz von Kommunalvertretern des Bergischen Landes und Hagens in Barmen, 12. April — FPE, 1920-04-15; Telegramme der Konferenz in BA: R 43 I /2716, Bl. 113-115; Tg. Cuno an Severing, 1920-04-12, in StA Hagen: Akten Stadt Hagen, AK. VIII. 39, Bl. 185.
60) BA: R 43 I / 2716, Bl. 103 f.; FPE, 1920-04-12.
61) FPE, 1920-04-15; vgl. Cdt. (Cohnstaedt) in Ff Ztg, Nr. 273, 1920-04-15.
62) Bericht von Koch, 1920-06-11, in StA Remscheid: NKI / 7 I; Datum des ersten Rücktransports nach StA Remscheid: NKI / 7 II; das Papier (datiert 14. April) in StA Hagen: Akten Stadt Hagen, AK. VIII. 39, Bl. 199, abgedr. in FPE, 1920-04-14, u. VstH, 1920-04-23.
63) VstH, 1920-04-23; Ludwig im RT, 29. April 1920 — Sten. Berichte, Bd. 344, S. 392.
64) VstH, 1920-04-10; Stvv-Vers. Hagen, 12. April — Wdt VZ u. Hag Ztg (Mo), 1920-04-13; StA Hagen: Akten Stadt Hagen, AK. VIII. 39, Bl. 181, 182; Ernst, S. 82 f.

Anmerkungen zu Seite 350—352

65) VstH, Wdt VZ, Hag Ztg (Mo), Wf Tbl, 1920-04-08; Wdt VZ, 1920-04-09; VstH, 1920-04-10; StA Hagen, a.a.O., Bl. 157, 166.
66) VstH, 1920-04-12, -15; Hag Ztg, 1920-04-12, Mo; StA Hagen, a.a.O., Bl. 182; Cuno, S. 26; StA Wetter: Neues Archiv Nr. 742.
67) VstH, 1920-04-12, -13.
68) Cuno, S. 27, 27 a; vgl. Wdt VZ u. Hag Ztg (Ab), 1920-04-13.
69) Ff Ztg Nr. 267, 1920-04-13; Polizeikommissar Schulz, Holsterhausen, an Wk.kdo Münster, 1920-04-24, in STAM: BK, vorl. Nr. 183.
70) Berichte Kölpins, 1920-04-23 u. 1920-05-01, in STAM: BK, vorl. Nr. 177.
71) Bericht Kölpins, 1921-06-05, in STAM: BK, vorl. Nr. 154.
72) Wf Mk, 1920-04-11, Mo; Rwt u. Wdt VZ, 1920-04-12; u. ö. Die Meldung zu Vohwinkel zuerst am 8. April im Nachrichtenblatt der Division Kabisch: BK, vorl. Nr. 179. Vgl. Severing, S. 219 f.
73) Tg. OB Hopf an Reichskanzler, 12. April — BA: R 43 I / 2716, Bl. 94 = FPE, 1920-04-12; OB Cuno in Stvv-Vers. Hagen, 12. April — Wdt VZ u. Hag Ztg (Mo), 1920-04-13; Bürgermeister von Vohwinkel an KVZ, Köln, 13. April — StA Wuppertal: Vohwinkel S XI, Nr. 2; Tg. Thielemann an Watter, in VstH, 1920-04-14; Tg. Gewerkschaftskommission Barmen an Severing, in Vtr, 1920-04-13; Hag Ztg, 1920-04-13, Ab; Hsp Ztg, 1920-04-13, -15; Tägl Anz, 1920-04-15; Cdt. (Cohnstaedt) in Ff Ztg, Nr. 273, 1920-04-15; VstH, 1920-04-12, -13; FPE, 1920-04-14; Zuschrift der „Vereinigung der Fabrikanten usw." in Ff Ztg, Nr. 285, 1920-04-19.
74) Lageberichte vom 13. und 15. April, in Wf Mk, 1920-04-14, Mo, -16, Mo. Vgl. weiter Wf Tbl, 1920-04-16; Wdt R, 1920-04-17 (angeblich in einem Eisenbahnabteil belauschte Putschpläne).
75) Wf Mk (Mo) u. Duisburger VZ, 1920-04-20 (letzteres Blatt in BA: R 43 I / 2717, Bl. 90). Vgl. Trem, 1920-04-30, Artikel „Sowjet-Wuppertal".
76) Mitteilungen d. Ausschusses d. bergischen Städte u. Landgemeinden, in FPE, 1920-04-15; BVst, zit. in VstH, 1920-04-28; Vtr, 1920-04-28; Sauerbrey in Vtr, 1920-05-04; Bericht von Koch, 1920-06-11, in StA Remscheid: NKI / 7 I; StA Remscheid: NKI / 7 II; vgl. Vtr, 1920-04-08.
77) FPE, 1920-04-13.
78) BAst, 1920-05-08; BA: R 43 I / 2717, Bl. 94; Vtr, 1920-05-03; Errettung, S. 230.
79) Stvv-Vers. Remscheid, 27. April — StA Remscheid: NKI / 5; Finanzausschuß der Stvv-Vers. Barmen — Sauerbrey in Vtr, 1920-05-04.
80) StA Remscheid: NKI / 7 II; u.a.
81) Am 24. April gaben die Alliierten die Gesamtzahl der noch im besetzten Gebiet befindlichen Flüchtlinge mit etwa 1.500 an (BA: R 43 I / 2717, Bl. 59); am 26. April verließen die letzten Insassen das Lager Dellbrück in Richtung Barmen (BAst, 1920-05-08; vgl. DBFP, IX, S. 450). — Saargebiet: Mitteilung von Hans Obermann, Saarbrücken, an den Vf., 28. Okt. 1975; STAM: BK, vorl. Nr. 81 (Hamborner Arbeiterführer). — Aachener Revier: STAM: Reg. Arnsberg, I Pa 262, Bericht vom 31. Mai 1920 (Jakob Felden). — Holland: STAD: Reg. Düsseldorf, 15565 (Münzberg); vermutlich auch Reuß (Zuschrift in VZD, 1920-06-05). — Niederlassung im Bergischen Land: O. P. (Plenge) in BAst, 1920-06-04, über den früheren USP-Distriktsleiter von Derne, Niggemann; BAst, 1920-06-16, über Laatsch aus Witten.
82) STAM: Reg. Arnsberg, I Pa 336, Bl. 78 f.

Anmerkungen zu Seite 353—356

7. Kapitel
1. Der weiße Terror von Reichswehr und Sipo

1) Oertzen, S. 259.
2) Die Post, zit. in Fr, 1920-04-07, Ab.
3) Trem, 1920-04-06.
4) Nrh Vst, 1920-04-04.
5) Rhs Ztg, 1920-04-06. Weitere Platzkonzerte: Herne und Unna, 5. April (Hrn Anz u. Hw Anz, 1920-04-06) usw.
6) Mh GA, 1920-04-06.
7) Husaren-Regiment Nr. 11, S. 267.
8) Bott VZ, 1920-04-06, -09.
9) Mh GA, 1920-04-08.
10) Datt Anz, 1920-04-03.
11) VfrR, 1920-04-07; Datt Anz, 1920-04-06 (Aufhebung der Zensur in Datteln: ebd., 1920-04-21).
12) Fr, 1920-04-11, Mo.
13) VfrR, 1920-04-09.
14) z. B. auf der Zeche „Friedrich Thyssen" in Hamborn — STAM: BK, vorl. Nr. 184; als generelle Tatsache u. a. in RE, 1920-04-09, registriert.
15) StA Dortmund: Do n 479, Bl. 21; BA: R 43 I / 2716, Bl. 98; Rhs VZ, 1920-04-08.
16) Herwig vor dem ZR, in Vtr, 1920-04-08.
17) RE, 1920-04-09.
18) Is Ka, 1920-04-17; Kam Ztg, 1920-04-19.
19) Ludwig in d. Preuß. LV, 28. April 1920 — Sitzungsberichte, Bd. 9, Sp. 11174; Erklärung in d. Stvv-Vers. Unna, 15. April — Hw Anz, 1920-04-16.
20) StA Lünen: Abt. 16, Fach 147.
21) Sitzung vom 12. April — GA Ob u. Ob Ztg, 1920-04-13.
22) Siehe oben S. 276 den Fall des Sohnes des USP-Kreissekretärs von Hüls, Herwig; in Dortmund-Brackel wurde die Frau des flüchtigen Bergmanns Döringer verhaftet, nachdem in der Wohnung 9.300 Mark Löhnungsgelder gefunden worden waren, die angeblich aus dem Verkauf beschlagnahmter Lebensmittel stammten (StA Dortmund: Do n 479, Bl. 50).
23) STAM: BK, vorl. Nr. 144 u. 159.
24) Bericht Kölpins, 1921-06-05, in STAM: BK, vorl. Nr. 154.
25) Siemsen schrieb sogar (S. 495): „Die Denunziation eines beliebigen Reaktionärs genügte damals, um erschossen zu werden".
26) RE, 1920-04-09.
27) Ernst Müller an Severing, 1920-04-10, in NL Severing: A 3.
28) Horst: VfrR, 1920-04-20. Unna: VstH, 1920-04-08. Waltrop: VfrR = Vbl, 1920-04-06. Hüls: Herwig vor dem ZR, in Vtr, 1920-04-08. Eine Liste von als Rotgardisten Denunzierten befindet sich in StA Castrop-Rauxel: Stadt Castrop, Nr. 54; wie diese Liste zustandegekommen ist, ist unklar.
29) Bkm. in Mh GA, 1920-04-06; Bkm. in Bott VZ, 1920-04-06, -09; BA: R 43 I / 2716, Bl. 91 (Bottrop); Leitartikel in Lün Ztg, 1920-04-10. Die Reihe ist nicht vollständig.
30) Dorsten: Dst VZ, 1920-04-17; Stvv-Vers. Wattenscheid, 8. April — Wat Ztg, 1920-04-09; Unna: Hw Anz, 1920-04-06.

31) AZE, zit. in VfrR, 1920-04-20.
32) RE, zit. in VstH, 1920-03-23.
33) Zu diesem Gerücht vgl. das Dementi in BMZ, 1920-04-08, Mo.
34) Theweleit, I, S. 567 Anm. 6.
35) Wf Mk, 1920-04-03, Mo.
36) Als Gegendarstellungen hierzu: Erklärungen von Mitgliedern des Freikorps Lichtschlag in VstH, 1920-04-08; Zuschrift von Otto Fischer in VstH, 1920-04-23.
37) Gl Ztg, 1920-04-07; vgl. Bd. II, S. 16 Anm.
38) Kam Ztg, 1920-04-08.
39) MZ, 1920-04-07.
40) STAM: BK, vorl. Nr. 87; STAD: Reg. Düsseldorf, 15645. Die Zeugenliste wurde am 8. April begonnen; die letzte erreichbare Fortsetzung datiert vom 26. Mai.
41) STAM: BK, vorl. Nr. 156.
42) Theweleit, I, S. 113 ff.
43) Hauptmann Schneider: Vandalen, in: „Tag", Berlin, nachgedr. in Bu Ztg, 1920-04-08; Auszug bei Spethmann, S. 140 f.; Vf. und Titel nach Wf Mk, 1920-04-12, Ab, u. Kam Ztg, 1920-04-22. Erstes Auftauchen des Mythos: Major v. Gienand, Generalstabsoffizier der 3. Kavallerie-Division, am 30. März in Coesfeld im Gespräch mit Pressevertretern aus Münster, wiedergegeben von Mohs in Wf Mk, 1920-03-31, Ab. In Form eines Presseartikels dann zunächst in MA, Nr. 161, u. Rhs VZ, 1920-04-03; Trem, 1920-04-06. Neben den beiden von Theweleit analysierten Fassungen findet sich eine weitere bei Schaefer, S. 143-146.
44) Theweleit, I, S. 115.
45) Das zeigen nicht nur die zahlreichen Fassungen, die er erhielt. Noch 1976 rechtfertigte ein ehemaliges Mitglied des Freikorps Bückeburg gegenüber Christoph Ebner, provoziert durch dessen Fernsehfilm „Sie sind nur älter geworden", das scharfe Vorgehen seiner Truppe mit der Erregung über die roten Greuel auf Schloß Sythen. — Die totale Verwüstung der Schloßeinrichtung ist mit höchster Wahrscheinlichkeit eine Legende, und zwar nicht nur angesichts des sonstigen Verhaltens der Rotgardisten: am 7. April berichtete Zivilkommissar Töneböhn an Severings Amtsstelle in Münster, er sei am 4. bei Brigadekommandeur Faupel auf Schloß Westerholt gewesen und bei dieser Gelegenheit habe ihm Faupel Fotos von der Verwüstung der Inneneinrichtung von Schloß Sythen gezeigt (NL Severing: A 3). Warum machte Faupel keine Ortsbesichtigung des nur 25 km entfernten Schlosses, sondern legte Fotos vor, die wer weiß wo aufgenommen worden sein konnten?
46) Bu Ztg, 1920-05-04.
47) Brauer, S. 99; Schaefer, S. 141.
48) Bu Ztg, 1920-06-02.
49) Mh GA, 1920-04-08. Spethmann, S. 232, und Errettung, S. 215, sprechen sogar von einem Toten und fünf Verwundeten; in der Lokalpresse, die das sicherlich gemeldet hätte, ist davon nichts zu finden.
50) Etwa Ob Vst, 1920-03-25; Standesamt Hünxe: Sterbe-Register 1920, Nr. 45; Vtr, 1920-05-26; oben Seite 237 f.
51) Bott VZ, 1920-04-10; VfrR, 1920-04-13.
52) VfrR, 1920-04-13; Inserat in Rhs Ztg u. VfrR, 1920-04-03.
53) Rhs VZ, 1920-04-03, -10; VfrR, 1920-04-13, -17.
54) Julius Wagner an Severing, 1920-04-11, abgedr. in FPE, 1920-04-17.
55) Hamm: Der Hammer (SPD), zit. in VstH, 1920-04-21; Kam Ztg, 1920-04-12.

Anmerkungen zu Seite 362—366

Dortmund: Bäumgen an Severing, 1920-04-11, in NL Severing: A 2; ferner folgende Anm. Bochum: Vbl, 1920-04-23; Fr, 1920-04-25, Mo. Das Auftauchen des Hakenkreuzes zeigt das „Eindringen völkisch-antisemitischer Ideen in die Freikorps ... Zunächst nur als bloßes Abzeichen getragen, wurde es mehr und mehr zum Ausdruck eines Programms. In dem Lied der Marinebrigade Ehrhardt fand es seine sprachliche Fixierung: 'Hakenkreuz am Stahlhelm, schwarz-weiß-rotes Band'." (Lohalm, S. 216 f.)

56) NL Severing: A 3. Vgl. Zuschrift in Do GA, 1920-04-14; Do GA, 1920-04-16; Dringlichkeitsantrag der SPD-Fraktion in Stvv-Vers. Dortmund, zit. in VstH, 1920-06-03.

57) Für die ersten drei Truppen zahlreiche bereits genannte oder noch zu nennende Quellen; für das Jäger-Freikorps Bückeburg: Zivilkommissar Schmidt an Severing, 1920-04-09, in NL Severing: A 3, sowie Zuschrift Richard Krämer in WAVZ, 1920-04-21.

58) Vor allem Zeugenaussagen in RE sowie während des Wasserturm-Prozesses.

59) Hö Vbl u. Ess Allg Ztg, 1920-04-08.

60) Aussagen von Roman Czoik, Ernst Stein und einer SPD-Delegation, sämtlich aus Bottrop, in NL Severing: A 3; RE, 1920-04-09; Vbl, abgedr. in Fr, 1920-04-25, Mo (Vorfall in Bochum); VfrR, 1920-05-20; StA Hagen: Akten Stadt Hagen, AK. VIII. 39, Bl. 172; Zivilkommissar Schmidt an Severing, a.a.O.; Aussagen im Essener Wasserturm-Prozeß, in VZD, 1921-02-26, 1921-03-02. Die Reihe dieser Belege ist bei weitem nicht vollständig.

61) Privatbesitz von C. M., handschriftlich.

62) Darstellungen durch Voigt: VstH, 1920-04-12, -16, Vw, 1920-04-14, Mo; durch das Militär: AAPA: II F-M, A 6, Bd. 3, RhW Ztg, zit. in Vw, 1920-04-13, Ab, Wf Mk, 1920-04-14, Mo; englische Diplomatie: DBFP, VIII, S. 6, IX, S. 358, 737, X, S. 61; ferner Severing, S. 213 f., Bronnen, S. 110, Ernst, S. 81. — Anstacheln der Mannschaften durch Offiziere allgemein: VfrR = Vbl, 1920-04-06, prügelnde Offiziere: RE, 1920-04-14 = BAst u. VstH, 1920-04-16.

63) Ein Fall, den ein Rotgardist beim Zentralrat zu Protokoll gab — prot. Aussage von Brohl, in VstH, 1920-04-15 = FPE, 1920-04-17 = BAst, 1920-04-19 = Arch. Forsch., II, S. 843, übernommen von Ernst, S. 68 f. = Ill. Geschichte, S. 506 — wirkt, was Umstände und Zeitpunkt betrifft, eher wie das Produkt von Wünschen und Projektionen des Aussagenden.

64) Schulz, S. 35.

65) VfrR, 1920-05-28; Düwell, S. 51; RT, Anlagen, Bd. 383, Nr. 577; Arch. Forsch., II, S. 861 f.

66) VstH, 1920-04-22.

67) prot. Aussage von H. Kläs, in RE, 1920-04-10; E. Müller an Severing, 1920-04-10, u. Obermeyer an Severing, 1920-04-11, beides in NL Severing: A 3; Vtr, 1920-04-12 (Nachdruck aus VZD); VstH, 1920-04-13; Düwell, S. 46 f.; Gumbel, Mord, S. 60; Mh GA u. Mh Ztg, 1920-04-08; prot. Aussage von Schuldensky, 1920-04-11, in NL Severing: A 3 = BA: R 43 I / 2728, Bl. 136-138; Ernst, S. 75. Als Name des Leutnants wird in den Quellen teils Sinnesheimer, teils Steiner genannt; Ungenauigkeiten in diesem Punkt sind wegen der Umstände wahrscheinlich. Für die Auflösung der Zusammenhänge ist wichtig, daß von acht Toten, die gegenüber der Zeche „Humboldt" gefunden wurden, drei mit Erde verschmiert waren (das waren die zuerst auf dem Acker ausgegrabenen), dagegen fünf nicht (H. Kläs, a.a.O.), ferner daß am 7. April acht Leichen in die Halle des Alten Friedhofs von Mülheim gebracht wurden (Mh GA, 1920-04-08). Nach Düwell, S. 46, gehörten die Mörder zu den 9. Jägern, nach Vtr, VstH und dem Bericht Ernst Müllers an Severing (a.a.O.) trugen sie die Nr. 147; beides konnte anhand der erreichbaren Quellen nicht mehr identifiziert werden. Brauer, S. 101, behauptet, es seien Mitglieder der Marinebrigade Loewenfeld gewesen.

Anmerkungen zu Seite 367—372

68) Töneböhn an Severing, 1920-04-11, in NL Severing: A 3; kurz Obermeyer an Severing, ebd.; prot. Aussage von Pentoch, in RE, 1920-04-10 = Vtr, 1920-04-12; prot. Aussage von P. Bandzia, in VstH, 1920-04-15 = FPE, 1920-04-17.

69) Töneböhn an Severing, 1920-04-11, in NL Severing: A 3.

70) Töneböhn an Severing, 1920-04-07, in NL Severing: A 3; VfrR, 1920-05-25; Standesamt Recklinghausen: Standesamt I, Sterberegister 1920, Nr. 270, 327, 328, 366; Ernst, S. 76. Erklärung des Militärs: Rhs Ztg, 1920-04-06; VfrR, 1920-04-07; Severing, S. 216.

71) Töneböhn an Severing, a.a.O.; Standesamt Recklinghausen: Standesamt I, Sterberegister 1920, Nr. 245, 246, 248, 255; StA Recklinghausen: Stadtarchiv III, Stadt Recklinghausen, Verhandlungstermin 17. 3. 1921 (zu Biege).

72) Standesamt Recklinghausen: Standesamt I, Sterberegister 1920, Nr. 247.

73) VfrR, 1920-04-07; Rhs Ztg, 1920-04-06; vgl. Severing, S. 216.

74) Mh GA u. Mh Ztg, 1920-04-09; Vtr, 1920-04-12 (Nachdruck aus VZD); E. Müller an Severing, 1920-04-10, und Obermeyer an Severing, 1920-04-11, beides in NL Severing: A 3; Düwell, S. 47; Brauer, S. 101.

75) Zuschrift in Vtr, 1920-06-04.

76) prot. Aussage von Edmund Graf, 1920-04-15, in NL Severing: A 3; Ernst Müller an Severing, 1920-04-10, in: ebd.; prot. Aussage von Metzler, in Vtr, 1920-04-10 = FPE, 1920-04-12 = VstH, 1920-04-13; Gumbel, Mord, S. 59; Ernst, S. 81 f.

77) prot. Aussage von J. W., in RE, 1920-04-17; von Grimke in VstH u. BAst, 1920-04-15 = FPE, 1920-04-17; Gumbel, Mord, S. 60; Obermeyer an Severing, 1920-04-11, in NL Severing: A 3; Brauer, S. 101; Ernst, S. 75.

78) prot. Aussage von Karstens, in Vtr, 1920-04-08 = VZD, 1920-04-09.

79) Töneböhn an Severing, 1920-04-11, in NL Severing: A 3.

80) Gumbel, Mord, S. 60; H. T. (Heinrich Teuber): Die tüchtigen diensteifrigen Mörder, in: Sozialistische Politik und Wirtschaft, 4. Jg., Nr. 16, 22. April 1926.

81) Gumbel, Mord, S. 60 f.

82) NL Severing: A 3; VfrR, 1920-06-09; Gumbel, Mord, S. 61; Severing, S. 221 f.

83) prot. Aussage von J. Bandzia, in VstH, 1920-04-15 = FPE, 1920-04-17.

84) NL Severing: A 3.

85) Töneböhn an Severing, 1920-04-11, in NL Severing: A 3. Vgl. prot. Aussage von Karstens, in Vtr, 1920-04-08 = VZD, 1920-04-09; Ernst, S. 67.

86) Ernst, S. 66 f.

87) Wf Anz, 1920-04-06; Is Ka, 1920-04-07.

88) Severing, S. 210.

89) VstH, 1920-05-08; Ludwig im RT, 29. Juli 1920 — Sten. Berichte, Bd. 344, S. 394; Hellkötter, S. 8 f. (hier als Name „Kamacher" angegeben); die Namen auch bei Ernst, S. 86.

90) Is Ka u. Is Tbl, 1920-04-10.

91) prot. Aussage von Edmund Heinrichs, in VstH, 1920-04-30; Westfälische Arbeiterzeitung, Nr. 70, 1922-04-24 (in StA Dortmund: Best. 5, Pol. 245).

92) VstH, 1920-04-23; Fr, 1920-04-25; Mo; Synd, 1920, Nr. 16; zu Schluck ferner: Is Ka, 1920-04-21; zu Tomaschewski und Ritzauer: Rhs Ztg, 1920-04-30, die Namen bei Ernst, S. 85.

93) Standesamt Pelkum: Sterbe-Register 1920, Nr. 130; der Name auch bei Ernst, S. 86.

94) Rw, 1920-04-06; der Name des Opfers auch in StA Oberhausen: Nachkriegsakten Osterfeld, Nr. 7.

95) Gruppe Felsch, z.Z. Dortmund-Brechten, an RW-Brigade 7, 1920-04-06, in STAM: BK, vorl. Nr. 169.
96) J. Rüth: Ein Besuch der politischen Gefangenen im Zuchthause zu Münster, in: Der Hammer, nachgedr. in VstH, 1920-04-30.
97) Hrn Anz, 1920-04-10; WTB-Meldung in Wf Mk, 1920-04-10, Ab = MA, Nr. 172, 1920-04-11.
98) Standesamt Recklinghausen: Standesamt II, Sterberegister 1920, Nr. 149.
99) Standesamt Recklinghausen: Standesamt I, Sterberegister 1920, Nr. 271.
100) Is Ka, 1920-04-24.
101) Fr, 1920-04-13, Mo, -20, Ab (Nachdruck aus DAZ), -22, Mo; Vw (Ab) u. Wf Mk (Ab), 1920-04-21; Düwell, S. 46 f.; Dksch. RJM, S. 163 f.; Severing, S. 214.
102) Dst VZ, 1920-04-10.
103) prot. Zeugenaussage, aufgenommen in Duisburg, 1920-04-13, in NL Severing: A 3.
104) Ernst Müller an Severing, 1920-04-10, in NL Severing: A 3.
105) prot. Aussage von Thies, in VstH, 1920-04-15 = FPE, 1920-04-17.
106) Gumbel, Mord, S. 62.
107) prot. Aussage von A. D., in RE, 1920-04-14 = BAst, 1920-04-16.
108) VstH, 1920-04-01; Werbeinserate in Dst VZ u. Do Ztg, Nr. 149, 1920-04-07; Zickler, S. 25 f.; usw.
109) Nachrichtenblatt Nr. 17, in STAM: BK, vorl. Nr. 179.
110) prot. Aussage von W. W., in RE, 1920-04-14 = BAst, 1920-04-16; Gumbel, Mord, S. 60; Ernst, S. 75; Brauer, S. 100.
111) Am exaktesten die USP-Bezirksleitung Westfalen: VstH, 1920-04-22, 1920-05-07, -08, -12, -29, 1920-06-04, -22. Die von ihr veröffentlichten Zahlen — die im übrigen nur Westfalen betreffen — sind mit Sicherheit zu niedrig, da nur die von den Vertrauensleuten genau ermittelten Fälle notiert wurden. Ähnliches gilt für die vom ADGB veröffentlichten Zahlen: Kspbl, 1920-06-26, S. 346.
112) Dksch. RWM I, S. 4 = Spethmann, S. 259.
113) Tönebohn an Severing, 1920-04-11, in NL Severing: A 3. Zeitpunkt, Truppenteil usw.: Datt Anz, 1920-04-06; Rhs VZ, 1920-04-08.
114) BA: R 43 I / 2716, Bl. 91.
115) Bott VZ, 1920-04-07; Datt Anz, 1920-04-06; Gl Ztg, 1920-04-04; VfrR = Vbl, 1920-04-07 (für Herne); Is Ka u. Is Tbl, 1920-04-08; Mh GA, 1920-04-06; Ob Ztg, 1920-04-06, u. Rwt, 1920-04-07; ohne Ortsangabe: Husaren-Regiment Nr. 11, S. 267. Die Reihe dieser Belege ist nicht vollständig.
116) Am 8. April machte die Ortskommandantur von Unna bekannt: „Etwaige Befürchtung, daß der Transport der Waffen usw. von der Truppe belästigt würde, ist unbegründet. Die Truppe wird darauf hingewiesen, daß noch Waffenabgabe seitens der Zivilbevölkerung erfolgt". (Hw Anz, 1920-04-08)
117) BA: R 43 I / 2716, Bl. 89 f.; über die beiden ersteren auch: prot. Aussage von Jäckel u.a., in VstH, 1920-04-15.
118) Sten. Berichte, Bd. 333, S. 5120 (14. April 1920).
119) Cdt. (Cohnstaedt) in Ff Ztg, Nr. 270, 1920-04-14; BA: R 43 I / 2716, Bl. 31 f.; Gronowski vor dem Provinzialausschuß des Westfälischen Zentrums, Hamm, 12. April — Wf Mk (Mo) u. Wdt VZ, 1920-04-13; u. a.
120) Dksch. RJM, S. 123 f.; Hervorhebung vom Vf.
121) STAM: BK, vorl. Nr. 144.
122) Wehrkreiskommando Münster (v. Loßberg) an die Anklagebehörden der a.o. Kriegsgerichte, 12. Mai, Ziffer 22, in STAM: BK, vorl. Nr. 169.

Anmerkungen zu Seite 376—382

123) Ebenda; NV, Anlagen, Bd. 343, S. 3342, Nr. 2950 (nicht im Reichs-Gesetzblatt!).
124) Dksch. Wk.kdo Münster II, S. 3.
125) Aussage einer SPD-Delegation aus Bottrop in Münster, 12. April, in NL Severing: A 3.
126) Synd, 1920, Nr. 16.
127) STAM: BK, vorl. Nr. 183 (Alfred Stüwe, Hacheney).
128) STAM: BK, vorl. Nr. 182 (Bergmann Gustav Kaus, Essen-Borbeck).
129) Lün Ztg, 1920-04-10; vgl. Inserat von C. Dörre in Rhs Ztg, 1920-04-06; usw.
130) Lün Ztg, 1920-04-10.
131) VstH, 1920-04-23; Ludwig in d. Preuß. LV, 28. April 1920 — Sitzungberichte, Bd. 9, Sp. 11174; „Der 15. März 1920 in Wetter-Ruhr", in: STAM: BK, vorl. Nr. 42 (ebenfalls vorhanden in StA Hagen).
132) Zuschrift aus Essen in Fr, 1920-05-12, Ab.
133) Fr, 1920-04-11, Mo.
134) RE, 1920-04-09.
135) BA: R 43 I / 2716, Bl. 152-155 (dort weitere Adressaten: der pazifistische „Bund Neues Vaterland" und die ebenfalls pazifistische „Welt am Montag"); RE, 1920-04-12.
136) RE, 1920-04-12; Braß und Giesberts in d. NV, 14. April 1920 — Sten. Berichte, Bd. 333, S. 5120, 5129.
137) RE, 1920-04-14. Die erste Nummer des „Ruhr-Echo" war am 10. Okt. 1919 erschienen (VZD, 1919-10-13).
138) RE, 1920-04-12.
139) RE, 1920-04-14. Der Leitartikel ist nicht gezeichnet, die Autorschaft von Stern ist aus folgenden Momenten erschlossen: aus einem weiteren, mit V. St. gezeichneten Artikel, der belegt, daß Stern diese Nummer mitgestaltet hat; aus einer einzelnen Formulierung (der Artikel spricht von Lachaise als „einem Mitgliede unserer Redaktion") und aus dem überzogen pathetischen Stil.
140) Fr (Mo) u. Vw (Mo), 1920-04-28; Fr, 1920-04-30, Ab.
141) Nachweisbar für Düsseldorf, Elberfeld und Barmen, Remscheid und Lüttringhausen, Dortmund und Witten; im besetzten Gebiet für Köln.
142) Zentrale Konferenz zur Regelung der Unterstützungsfrage am 18. Juli — Vtr, 1920-07-20. Einen für alle Parteimitglieder verbindlichen Beschluß zur Abführung eines Tagesverdienstes faßte etwa die Bezirkskonferenz der KPD vom 18./19. April — RF, 1920-04-24.
143) Wdt VZ, 1920-04-01 (Schwelm); Lenn Krbl, 1920-04-03 (Remscheid).
144) VV der politischen ARe Essen, 22. März — AZE u. Ess Allg Ztg, 1920-03-23.
145) VstH, 1920-05-14, -29; Vtr, 1920-09-29; NFP, 1920-10-01.
146) Ludwig im RT, 29. Juli 1920 — Sten. Berichte, Bd. 344, S. 393.
147) Wie Anm. 142.
148) FPE, 1920-04-21 = Vtr, 1920-04-22; VstH, 1920-04-23.
149) Konferenz der Betriebsräte, Gewerkschaftsfunktionäre und Vorstände der drei Arbeiterparteien, Elberfeld, im Oktober — Vtr, 1920-10-13.
150) Wie Anm. 142.
151) VstH, 1920-06-18.
152) Wie Anm. 149.
153) Klein/Scherer, S. 25 f., 64 f.

Anmerkungen zu Seite 382—386

154) Am 3. April abends trat Ernst Müller im Keller des Duisburger Rathauses, in dem 60-70 Personen gefangengehalten und von der Kriminalpolizei verhört wurden, drei Offizieren entgegen, die schwerbewaffnet dort auftauchten und alle Gefangenen zur sofortigen Erschießung abführen wollten; er fand dabei von den Anwesenden — einem Gewerkschaftssekretär, einem Fabrikanten, einem Gerichtssekretär, einem Kriminalkommissar — Unterstützung. Am 7. April wurden in Lünen zahlreiche Verhaftungsfälle von Zivilkommissar Schmidt nachgeprüft, und unter seiner Einwirkung wurden 25 Gefangene freigelassen. Am 13. April wurde in Recklinghausen ein Funktionär des Deutschen Eisenbahnerverbandes auf Intervention von Töneböhn freigelassen. (Berichte von Ernst Müller und Schmidt vom 10. bzw. 9. April, in NL Severing: A 3; der letztere Fall nach VfrR, 1920-04-15.)
155) Bäumgen an Severing, 1920-04-11, in NL Severing: A 2.
156) VstH, 1920-04-17 (Nachdruck aus RE), -26.
157) Sämtliche Berichte in NL Severing: A 3, bis auf den Bericht von Bäumgen ebd., A 2.
158) Wie oben S. XX, Anm. 21.
159) Severing, S. 206.
160) Nachweis wie Anm. 157.

2. Die Ausnahmejustiz

1) In Duisburg bemühte sich Zivilkommissar Ernst Müller unmittelbar nach dem Reichswehreinmarsch um eine Regelung, nach der nur die Polizei verhaften durfte (Bericht an Severing, 1920-04-10, in NL Severing: A 3).
2) STAM: BK, vorl. Nr. 169 (Mitteilungen III., Ziffer 21).
3) Das geht u.a. aus Würmelings Bestandsaufnahme vom 23. Mai — BA: R 43 I / 2718, Bl. 66 = Vogt, S. 278 — hervor.
4) BAst, 1920-06-04 (Artikel von O. P. = Plenge), -16; Ludwig im RT, 29. Juli 1920 — Sten. Berichte, Bd. 344, S. 390.
5) Vogt, S. 256 Anm. 2; Meinberg, S. 11 f.
6) Siemsen, S. 495 Anm. 8; ders., Anna Siemsen. Leben und Werk, Hamburg/Frankfurt o. J. (1951), S.50 f.
7) STAM: BK, Nachrichten des GKs VII. AK, 78. Bericht, 1920-08-27, S. 9.
8) VstH, 1920-05-19; Stemmers Flucht: Mitteilung von Albert Nohl, Gummersbach, an den Vf. vom 10. Juli 1971.
9) Levi im RT, 26. Jan. 1921 — Sten. Berichte, Bd. 347, S. 2151.
10) STAM: BK, vorl. Nr. 81.
11) O. P. (Plenge): Richter in eigener Sache!, in BAst, 1920-05-19.
12) Rwt, 1920-04-18; Bu Ztg, 1920-04-21.
13) Rwt, 1920-04-14.
14) Nickel in öff. Vers. in Mülheim, 13. August — Nrh Vst, 1920-08-15.
15) Bericht der 3. Kavallerie-Division, 1920-04-17, in STAM: BK, vorl. Nr. 179.
16) NL Severing: A 3.
17) Wehrkreiskommando (v. Loßberg) an die Anklagebehörden der a.o. Kriegsgerichte, 12. Mai, Ziffer 23, in STAM: BK, vorl. Nr. 169. Vgl. BA: R 43 I / 2718, Bl. 61 = Vogt, S. 287.
18) Vwt, 1920-04-13; VstH, 1920-05-07.
19) Ludwig im RT, 29. Juli 1920 — Sten. Berichte, Bd. 344, S. 391.
20) NV, Anlagen, Bd. 343, Nr. 2891, S. 3272 f.
21) ebd., Nr. 3017, S. 3427 f.

Anmerkungen zu Seite 386—390

22) So auch O. P. (Plenge) in BAst, 1920-06-04.
23) BA: R 43 I / 2717, Bl. 211.
24) Fr, 1920-04-27, Mo; Vw, 1920-04-28, Mo.
25) Sauerbrey im RT, 26. Jan. 1921 — Sten. Berichte, Bd. 347, S. 2146.
26) StA Dortmund: Best. 5, Pol. 245, Bl. 111 f.
27) Anfrage von Obuch und Ludwig in d. Preuß. LV: Drucksachen, Bd. 8, Nr. 2576, S. 4242.
28) z.B. Amalie Schaumann nach zweimonatiger Haft im Polizeigefängnis von Wesel: BAst, 1920-06-11.
29) J. Rüth: Ein Besuch der politischen Gefangenen im Zuchthause zu Münster, in: Der Hammer, nachgedr. in VstH, 1920-04-30.
30) BAst, 1920-06-11.
31) Lucas, Ausnahmejustiz, S. 383, mit den dort angegebenen Quellen; Vogt, S. 113 f., 148 f.; BA: R 43 I / 2717, Bl. 145.
32) WAVZ, 1920-04-23, 1920-05-05; drei Urteile des a.o. Kriegsgerichts Wesel vom 22. April, laut Schreiben von Markwitz an Ernst Müller, in NL Severing: A 3 = BA: R 43 I / 2717, Bl. 43-45 (vgl. NV, Anlagen, Bd. 343, S. 3428, Nr. 3017); J. Rüth in: Der Hammer, nachgedr. in VstH, 1920-04-30; Dksch. Wk.kdo Münster II, S. 23, 24.
33) NV, Anlagen, Bd. 342, S. 2869, Nr. 2602; Bd. 343, S. 3101, Nr. 2793; Behandlung der beiden Anträge: Sten. Berichte, Bd. 333, S. 5149, 5153, 5536 f.
34) BA: R 43 I / 2718, Bl. 66, 66 a = Vogt, S. 278; Dksch. Wk.kdo Münster II, S. 19; vgl. Errettung, S. 223.
35) Severing, S. 225-227; Mehlich an Preuß. Justizminister, 1920-05-08, abgedr. bei Vogt, S. 247 Anm. 9.
36) Bisherige Zahl: BA-MA: RH 53 — 6/91, Bl. 37, 58; StA Gladbeck: C 188; STAM: Reg. Arnsberg, I Pa 371, Bl. 133; u. ö. Nunmehrige Zahl: STAM: Kr. Beckum, Landratsamt 73; StA Gladbeck: C 189; u. ö.
37) Mehlich an Preuß. Justizminister, 1920-05-08, a.a.O.
38) BA: R 43 I / 2718, Bl. 69; Henke in d. NV, 27. April 1920 — Sten. Berichte, Bd. 333, S. 5505; Severing, S. 224 f. In Errettung, S. 227, wird die Anordnung in polemischer Absicht der Reichsregierung zugeschrieben.
39) Errettung, S. 223.
40) NV, Anlagen, Bd. 343, Nr. 3017, S. 3427.
41) Wehrkreiskommando (v. Campe) an die Anklagebehörden der a.o. Kriegsgerichte, 4. Mai, Ziffer 9, in STAM: BK, vorl. Nr. 169.
42) STAM: BK, vorl. Nr. 90 u. 169.
43) Lucas, Ausnahmejustiz, S. 384, 386.
44) Vogt, S. 247, 278.
45) ebd., Bl. 66 a, 67 = Vogt, S. 278 f. Vgl. zu Würmeling weiter BA: R 43 I / 1356, Bl. 205 f. = Vogt, S. 317 sowie die Stellungnahme Schluchtmanns zu einem Bericht von Würmeling vom 25. Juni, in: ebd., 2718, Bl. 126-129.
46) Wie Anm. 42.
47) Herzfeld im RT, 2. Aug. 1920 — Sten. Berichte, Bd. 344, S. 526.
48) NFP, 1920-07-27, 1920-08-18.
49) Dksch. Wk.kdo Münster II, S. 9.
50) Bu Ztg, 1920-04-20.
51) O. P. (Plenge): Richter in eigener Sache!, in BAst, 1920-05-19.

Anmerkungen zu Seite 391—396

52) Bu Ztg, 1920-06-19.
53) Lucas, Ausnahmejustiz, S. 163-168, mit den dort angegebenen Quellen.
54) RGBl 1920, I, S. 558; NV, Anlagen, Bd. 343, S. 3129, Nr. 2798.
55) Halle, S. 42 f.
56) Lucas, Ausnahmejustiz, S. 171.
57) Ludwig im RT, 29. Juli 1920 — Sten. Berichte, Bd. 344, S. 393.
58) Vgl. etwa dessen zusammenfassende Bemerkungen über Mängel im Aufbau und Verfahren der Ausnahmejustiz, 5. Mai, in STAM: BK, vorl. Nr. 169.
59) Wehrkreiskommando (v. Campe) an die Anklagebehörden der a.o. Kriegsgerichte, 4. Mai, Ziffer 8, in STAM: BK, vorl. Nr. 169.
60) O. P(lenge): Richter in eigener Sache!, in BAst, 1920-05-19.
61) ders., Aus der Folterkammer der weißen Henker, in BAst, 1920-05-26.
62) Henke in d. NV, 27. April 1920 — Sten. Berichte, Bd. 333, S. 5507.
63) Wie Anm. 60 und 61; O. P(lenge): Richter 'Kapp' und seine Gehilfen, in BAst, 1920-06-04; Genossin Schaumann noch immer in Polizeihaft, in BAst, 1920-06-11. Zur Biographie und Persönlichkeit Frau Schaumanns s. Lucas, Zwei Formen von Radikalismus, S. 272.
64) Markwitz an Ernst Müller, in BA: R 43 I / 2717, Bl. 46.
65) z.B. bei der weiter unten behandelten Verhandlung gegen vier Krankenschwestern — VfrR, 1920-05-03.
66) Bu Ztg, 1920-06-07.
67) MA, Nr. 189, 1920-04-20, Nr. 221, 1920-05-07.
68) O. P. (Plenge): Aus der Folterkammer der weißen Henker, in BAst, 1920-05-26.
69) Arch. Forsch., II, S. 853-855; die Textanordnung ist fehlerhaft (der Text auf S. 854 ab „Der Angeklagte ist daher ..." gehört ans Ende der Urteilsbegründung), wie das unvollständige Faksimile bei Könnemann/Krusch, S. 466 f. erkennen läßt; Fr, 1920-05-13, Mo = BAst, 1920-05-17; Ludwig im RT, 29. Juli 1920 — Sten. Berichte, Bd. 344, S. 392 f. — § 115 Absatz 1 und 2 StRGB haben nur die beiden Zeitungen, nicht die Arch. Forsch.; vermutlich konnte dies ebenfalls gestrichen werden.
70) Fr, 1920-05-13, Mo = BAst, 1920-05-17.
71) Sitzung vom 29. Juli 1920 — Sten. Berichte, Bd. 344, S. 395.
72) Herzfeld im RT, 2. Aug. 1920 — Sten. Berichte, Bd. 344, S. 525; die Zahl der noch nicht Abgeurteilten rechnerisch korrigiert.
73) O. P(lenge): Richter 'Kapp' und seine Gehilfen, in BAst, 1920-06-04; zu Buer vgl. VfrR, 1920-05-03.
74) Fr, nachgedr. in BAst, 1920-06-21. Weitere Urteile des a.o. Kriegsgerichts Wesel etwa: Fr, 1920-04-23, Mo; Nrh Vst, 1920-05-01; Arch. Forsch., II, S. 856 f.
75) VfrR, 1920-05-03; Arch. Forsch., II, S. 859 f.
76) Wf Mk (Mo) = MA, Nr. 176, 1920-04-13.
77) MA, Nr. 215, 1920-05-04.
78) Wf Mk (Mo) u. MA, Nr. 189, 1920-04-20.
79) MA, Nr. 189, 1920-04-20 (Urteil gegen Kapinsky).
80) Urteile vom 2. Juni: bei Teilnahme am Kampf anderthalb Jahre, ohne Teilnahme ein halbes Jahr Gefängnis — MA, Nr. 267, 1920-06-03.
81) MA, Nr. 254, 1920-05-27.
82) MA, Nr. 221, 1920-05-07; vgl. Datt Anz, 1920-04-29.
83) Wf Mk, 1920-04-08, Mo.

84) WAVZ, 1920-04-23.
85) Do Ztg, Nr. 234, 1920-05-29. Gegen eine zu günstige Einschätzung spricht jedoch eine Eingabe der SPD-Bezirksleitung Westliches Westfalen an die Reichsregierung vom 30. April, in der festgestellt wurde, daß das a.o. Kriegsgericht Dortmund bereits für Wachtpostenstehen „hohe Gefängnisstrafen" verhänge (WAVZ, 1920-05-05 = VstH, 1920-05-07).
86) Schneider in der GV der USP Hagen, 20. April — VstH, 1920-04-21.
87) MZ, 1920-04-08.
88) Bu Ztg, 1920-04-06, -07, -09, -17, -19, -20.
89) Noch am 16. April erschien z.B. im SPD-Blatt von Recklinghausen ein Artikel, der zeigt, daß Severing den von ihm ausgehandelten Kompromiß in der Frage des Standrechts (vorläufige Nichtvollstreckbarkeit der Todesurteile) auch vor seiner eigenen Partei geheimgehalten hatte: VfrR, 1920-04-16 („Fort mit den Standgerichten").
90) Wie Anm. 88; BK, vorl. Nr. 144 (Zeitpunkt des standrechtlichen Todesurteils sowie Tg. d. Wk.kdos); Halle, S. 86 f.
91) Ludwig im RT, 29. Juli 1920 — Sten. Berichte, Bd. 344, S. 393.
92) Vtr, 1920-04-14.
93) Rhs Ztg, 1920-04-19; Rwt, 1920-04-23; Vtr, 1920-04-24.
94) O. P. (Plenge): Aus der Folterkammer der weißen Henker, in BAst, 1920-05-26.
95) Wehrkreiskommando (v. Campe) an die Anklagebehörden der a.o. Kriegsgerichte, 4. Mai, Ziffer 7, in STAM: BK, vorl. Nr. 169.
96) Wie Anm. 94.
97) Wehrkreiskommando (v. Campe) an die Anklagebehörden der a.o. Kriegsgerichte, 8. Mai, Ziffer 15, in STAM: BK, vorl. Nr. 169; die Abkürzungen im Original sind aufgelöst.
98) Lucas, Ausnahmejustiz, S. 383, 386 f., 390 f.
99) Resolution des SPD-Ortsvereins Essen, 11. April, in BA: R 43 I / 2728, Bl. 330; Konferenz der USP des Münsterlandes, 18. April, mitgeteilt in einem Artikel von A. Ritter in VstH, 1920-06-24; Vtr, 1920-04-27 („Wo bleibt die Amnestie?"); Kolaß in Vers. d. SPD-Funktionäre Barmen, 27. April — FPE, 1920-04-29; Eingabe der SPD-Bezirksleitung Westliches Westfalen, 30. April, in WAVZ, 1920-05-05 = VstH, 1920-05-07; Kreistag des Landkreises Dortmund, 5. Mai — STAM: Reg. Arnsberg, I Pa 371, Bl. 189; Nrh Vst, 1920-05-19 („Fort mit den außerordentlichen Kriegsgerichten!"); Geschäftsführer des Deutschen Metallarbeiterverbandes in Rheinland und Westfalen, 20. Mai — WAVZ, 1920-05-25.
100) Lucas, Ausnahmejustiz, S. 383-388; außer den dort angegebenen Nachweisen: Vogt, S. 209-211, 224 f., 259 f., 305.
101) Ernst Müller an Severing, 1920-04-14, in NL Severing: A 3.
102) STAM: BK, Nachrichten des GKs VII. AK (Anlage zum 75. Bericht, 1920-07-30).
103) StA Münster: Amt 43 E Nr. 4 a.

8. Kapitel

1. Reichstagswahl, Amnestie, Folgeprozesse, Entschädigungen

1) Vierteljahreshefte zur Statistik des Dt. Reichs, 28. Jg., 1919, 1. Ergänzungsheft, Berlin 1919, S. 19; Statistik des Dt. Reichs, Bd. 291, Berlin 1920, 2. Heft, S. 3.
2) BA: R 43 I / 1356, Bl. 205 f., 222 f. = Vogt, S. 317, 328; zu Würmelings Haltung

vgl. weiter die kritischen Anmerkungen Schluchtmanns in BA: R 43 I / 2718, Bl. 126-129.
3) RGBl 1920, I, S. 1198 f.; NV, Anlagen, Bd. 343, S. 3502, Nr. 3072.
4) MA, Nr. 292, 1920-06-17; STAM: BK, vorl. Nr. 90.
5) Nrh Vst, 1920-07-28.
6) Ludwig im RT, 29. Juli 1920 — Sten. Berichte, Bd. 344, S. 395.
7) VfrR, 1920-07-24.
8) RT, Anlagen, Bd. 363, Nr. 6.
9) Ebenda, Nr. 21. Der Versuch von Erger, hier nach dem bekannten Klischee von der Berührung der Extreme von links und rechts die Haltung von USP und DNVP zusammenzubringen (S. 295 f.), ist völlig unhaltbar: die DNVP wünschte, wie sowohl ihr eigener Gesetzentwurf (RT, Anlagen, Bd. 363, Nr. 330) als auch ihr Abänderungsantrag zum Regierungsentwurf (Nr. 329) zeigt, erstens eine Generalamnestie für die Kapp-Putschisten und zweitens einen erweiterten Ausnahmekatalog für die Arbeiter (nicht nur schwerer, sondern auch einfacher Raub sowie schwere Erpressung sollten von der Amnestie ausgenommen sein). Ferner stimmte die DNVP mit der Regierung in der Ausnahmebehandlung von Bayern überein (dazu s. weiter unten), während diese von der USP selbstverständlich scharf abgelehnt wurde.
10) NL Koch: Nr. 27, Bl. 169, 171.
11) Schultheß, S. 76 f.; NV, Sten. Berichte, Bd. 332, S. 4962 f.; Brammer, Verfassungsgrundlagen, S. 5.
12) NV, Anlagen, Bd. 342, S. 2713, Nr. 2482; ebd., S. 2790, Nr. 2506; Halle, S. 54.
13) Harden, S. 22.
14) Brammer, Verfassungsgrundlagen, S. 5 f.; Arch. Forsch., I, S. 169 Anm. 1, S. 201 Anm. 3; etwas anders Erger, S. 294 f.
15) Erger, S. 295.
16) Könnemann/Krusch, S. 481 f.
17) Erger, S. 295.
18) DBFP, IX, S. 459; Freksa, S. 198; Mann, S. 211-213; Braß in d. NV, 14. April 1920 — Sten. Berichte, Bd. 333, S. 5122.
19) Hartenstein, S. 166; Erger, S. 171 f., 224.
20) NL Koch: Nr. 27, Bl. 169, 171.
21) Ebenda sowie Bl. 277; BA: R 43 I / 1242, Bl. 31; zum Ruhrgebiet außerdem: Herzfeld (USP) und Heinze im RT, 2. Aug. 1920 — Sten. Berichte, Bd. 344, S. 525, 532.
22) Zusammenfassung der Plenardebatte am 2. August 1920.
23) Radbruch im RT, 25. Jan. 1921 — Sten. Berichte, Bd. 347, S. 2108.
24) RT, Anlagen, Bd. 363, Nr. 317; RGBl 1920, S. 1487 (hier im 3. Absatz fälschlich „Unternehmungen" statt „Unternehmen").
25) Halle, S. 85; vgl. Gumbel, Mord, S. 98.
26) RT, Anlagen, Bd. 363, Nr. 331.
27) Eine Reihe von Fällen in: STAM: BK, vorl. Nr. 90; ferner StA Dortmund: Do n 164, Bl. 16, 22; u. a. Bereits 1919 Verurteilte: z. B. die Hamborner Arbeiterführer Völker und Sackritz, die vom a.o. Kriegsgericht Wesel zu je 6 Jahren Zuchthaus verurteilt worden waren — VZD, 1920-09-28.
28) Nrh Vst, 1920-08-25.
29) Halle, S. 86 f.; vgl. Sauerbrey im RT, 26. Jan. 1921 — Sten. Berichte, Bd. 347, S. 2146 f.

30) Levi im RT, 26. Jan. 1921 — Sten. Berichte, Bd. 347, S. 2151; vgl. Remmele ebenda am 24. und Heinze am 25. Jan. 1921 (S. 2079, 2098); Nrh Vst, 1920-09-24.
31) Gumbel, Mord, S. 97 f.; Halle, S. 42, 86; Bruhns, S. 56 (speziell zu Lettow-Vorbeck); Remscheider Zeitfreiwilligen-Prozeß, S. 14 (zu v. Lützow); ferner Radbruch im RT, s. u.
32) Gumbel, Verschwörer, S. 32; ders., Mord, S. 97 f.
33) Halle, S. 87.
34) RT, Anlagen, Bd. 365, Nr. 1326; Begründung durch Remmele (VKPD) im RT am 24. Jan. 1921 — Sten. Berichte, Bd. 347, S. 2078-2086.
35) Sitzung vom 25. Jan. 1921 — ebd., S. 2108 f.
36) Halle, S. 86.
37) Gumbel, Verschwörer, S. 32 f.; Erger, S. 295; Arch. Forsch., I, S. 292 f.; Brammer, Verfassungsgrundlagen, S. 6 f.
38) Gumbel, Mord, S. 98; Arch. Forsch., I, S. 168 Anm. 2.
39) Brammer, Verfassungsgrundlagen, S. 6; Arch. Forsch., I, S. 169 Anm. 1.
40) Könnemann/Krusch, S. 483; Arch. Forsch., I, S. 293 Anm. 4.
41) Gumbel, Mord, S. 163.
42) Spethmann, S. 335-342, Zitate S. 340.
43) Wie I, S. 322, Anm. 212 (RE, VZD, FrD); dazu Manekeller an Pieper, 1921-01-28, aus Privatbesitz von C. M.; Remmele und Sauerbrey im RT, 24. und 26. Jan. 1921 — Sten. Berichte, Bd. 347, S. 2080, 2141; Spethmann, S. 130.
44) Wie I, S. 324, Anm. 257.
45) Westfälische Arbeiterzeitung, Nr. 70, 1922-04-24 (in StA Dortmund: Best. 5, Pol. 245).
46) Gumbel, Mord, S. 61.
47) Gumbel, Feme, S. 139-141; ders., Mord, S. 60; Volksbote (SPD), Leer, 1924-11-22; Dksch. Rotgardistenaufstand, Anlage XIV; Spethmann, S. 240 f.; Brauer, S. 100.
48) Brauer, S. 100, 103.
49) StA Recklinghausen: Stadtarchiv III, Nr. 4, bes. Bl. 3, 20.
50) Arch. Forsch., II, S. 836 Anm. 3.
51) Gumbel, Mord, S. 60 f.
52) S. 116 f.
53) T. (Heinrich Teuber): Zwei Urteile, in: Sozialistische Politik und Wirtschaft, 4. Jg., Nr. 23, 10. Juni 1926; Brauer, S. 100.
54) -ub-. (Heinrich Teuber): Allerlei Kantiges, in: ebd., Nr. 48, 2. Dezember 1926.
55) T. (Heinrich Teuber): Zwei Urteile, in: Sozialistische Politik und Wirtschaft, 4. Jg., Nr. 23, 10. Juni 1926. Vgl. Brauer, S. 100; Schaefer, S. 141; im wesentlichen bestätigt durch einen Brief von Egon Graf von Westerholt an den Vf. vom 12. Juni 1967.
56) Düwell, S. 51; Sauerbrey im RT, 26. Jan. 1921 — Sten. Berichte, Bd. 347, S. 2145; Arch. Forsch., II, S. 862; RT, Anlagen, Bd. 383, Nr. 577.
57) Sitzungsberichte, Bd. 9, Sp. 11237 f.
58) RT, Anlagen, Bd. 364, Nr. 984; Bd. 365, Nr. 1240, 1288; Sten. Berichte, Bd. 346, S. 1980.
59) Das Gesetz in RGBl 1920, S. 941-945; dazu Liebrecht, bes. S. 44, 68, 76. Etatansatz: Wirth in d. NV, 26. April 1920 — Sten. Berichte, Bd. 333, S. 5445.
60) So wurde z.B. in Elberfeld eine junge Arbeiterin abgewiesen, die von ihrem Verlobten ein Kind erwartete; dieser war beim Kampf um die Stadt am 17. März —

Anmerkungen zu Seite 416—421

als Kapp noch in Berlin regierte — getötet worden. (StA Wuppertal: Elberfeld S XI, Nr. 49 (Bd. XVI))
61) Sauerbrey im RT, 26. Jan. 1921 — Sten. Berichte, Bd. 347, S. 2146 f.
62) Dksch. RJM, S. 180 f.; vgl. RGBl 1924, S. 23 f. — Fall der Kanalarbeiter: StA Recklinghausen: Stadtarchiv III, Amt Marl, Verhandlungstermin 18. 5. 1922 (Schreiben der Baufirma an den Regierungspräsidenten, 1920-07-03). — Behörden zur Wiedereröffnung der Gräber: Ludwig im RT, 29. Juli 1920 — Sten. Berichte, Bd. 344, S. 394.
63) Arch. Forsch., II, S. 862; RT, Anlagen, Bd. 383, Nr. 577.
64) Kspbl, 1920, S. 176, 190 (hier die Zitate), 271; Vogt, S. 107 f., 195, 226; Könnemann, Monopolisten, S. 1009, 1018-1023; Arch. Forsch., I, S. 167 Anm. 9. — Förderausfall, Sachschäden und Requisitionen im Ruhrbergbau: Errettung, S. 225; Spethmann, S. 275.
65) Lenn Krbl, 1920-03-23.
66) Errettung, S. 225.
67) Bott VZ, 1920-04-07; StA Gladbeck: C 188.
68) RT, Anlagen, Bd. 365, Nr. 1636. Vgl. Sauerbrey im RT, 26. Jan. 1921 — Sten. Berichte, Bd. 347, S. 2146.
69) Dksch. Rotgardistenaufstand, passim. Die Autorschaft von Grützner nach NL Severing: A 24. Hans Köhler (Freiburg) hat ermittelt, daß Grützner einer einflußreichen Richter- und Juristenfamilie angehörte, konnte jedoch nicht herausfinden, an welchem Gericht er 1929/30 als Senatspräsident tätig war.
70) Mündliche Mitteilungen von mehreren noch lebenden Zeitgenossen.

2. Hinfälligwerden der Reformzusagen, Reduzierung der Reichswehr, Ersatz der Reichswehr durch Sipo

1) VfrR, 1920-04-09 („Eine wüste Hetze").
2) Wat Ztg, 1920-04-09; Vorankündigung der Sitzung in Wat Ztg, 1920-04-10; KPD-Antrag in StA Wattenscheid: Rep. 2, Stadt Watt., A 707.
3) Hierzu prinzipiell Trem, 1920-04-06.
4) Öff. Vers.d. christlichen Gewerkschaften, 4. oder 5. April — Mk Spr u. Wdt VZ, 1920-04-06. Vorgehen des Zentrums: Mk Spr, 1920-04-09; -13; VstH, 1920-04-12, -20; RE, 1920-04-14; Vbl, 1920-04-15. Gesamtbeurteilung der Zentrumstaktik durch die SPD: VfrR = Vbl, 1920-04-13 („Zentrumswahlsiege mit Hilfe der Reichswehr?"). Der militärische Einmarsch erfolgte am 15. April.
5) Barmen: FPE, 1920-04-20. Dortmund: StA Dortmund: Do n 148, Do n 480; WAVZ, 1920-04-12. Iserlohn: Is Ka = Is Tbl, 1920-04-06. Kaiserwerth: StA Düsseldorf: XVI 1100. Menden: Is Ka, 1920-04-07. Ronsdorf: Lenn Krbl, 1920-04-12. Wattenscheid: Wat Ztg, 1920-04-09, -12. Westenfeld: Wat Ztg, 1920-04-07; vgl. StA Wattenscheid: Rep. 2, Amt Watt., E/O 34 a. Witten: StA Witten: 1. 16. 2. Amt Blankenstein: STAM: Kr. Hattingen, Landratsamt 171. Für Bottrop, Düsseldorf und Elberfeld s. das Folgende.
6) FPE, 1920-04-13.
7) Stvv-Vers. am 6. April — Bott VZ, 1920-04-07.
8) Verhandlungen am 7. April — StA Düsseldorf: XVI 1100.
9) Mitteilungen in einer Sitzung am 11. April — StA Wetter: Neues Archiv Nr. 743.
10) Woldt in Vertretung Severings an Stadtverwaltung Dortmund, 1920-04-15, in StA Dortmund: Do n 148; Tg. Severing an OB Cuno, 1920-04-09, in StA Hagen: Akten Stadt Hagen, AK. VIII. 39, Bl. 169.

11) Bu Ztg, 1920-04-12. Ähnlich in einem Interview mit den Politisch-Parlamentarischen Nachrichten, in dem Severing erklärte, die Ortswehren seien lediglich „als ein Notbehelf gedacht" gewesen (Vw, 1920-04-20, Mo).
12) Preuß. LV, 28. u. 29. April, 6. Mai 1920 — Sitzungsberichte, Bd. 9, insbes. Sp. 11155 f., 11227-11237, 11382 f.; Drucksachen, Bd. 7, Nr. 2179, 2181, 2279, 2282, 2329; Konf. der Regierungspräsidenten, Oberbürgermeister und Landräte des Ruhrgebiets, Essen, 26. Mai — BA: R 43 I / 2718, Bl. 57-61; Schultheß, S. 130; Könnemann, Einwohnerwehren, S. 312-316, 324 f., 331.
13) Zuschrift in Do Ztg, Nr. 173, 1920-04-21; Zuschrift in Do GA, Nr. 120, 1920-05-01; STAM: Reg. Arnsberg, I Pa 363.
14) Kspbl, 1920, S. 199; vgl. S. 183.
15) Bericht von Vollmerhaus in der Berliner Gewerkschaftskommission, 22. April — Vw, 1920-04-23, Mo.
16) BA: R 43 I / 2699, Bl. 165, 165 a, 169, 170.
17) Vogt, S. 308 f.
18) Vogt, S. 141, 175 f., 179; Kspbl, 1920, S. 182 f., 541-544, 557-559, 565-567; 1921, S. 3 (Umbreit), S. 17 f.; Dörnemann, S. 215-219; vgl. Meinberg, Watterwinkel, 1927-07-19 = Meinberg, S. 124.
19) Kspbl, 1921, S. 499; vgl. den Aufruf des ADGB auf S. 500.
20) Prot. and corr., S. 73 f.; AAPA: II F-M, N 1, Bd. 2 u. 3; PFR USA, S. 322; DBFP, IX, S. 348.
21) BA: R 43 I / 2718, Bl. 166; AAPA: II F-M, A 6, Bd. 3.
22) Bl. 167.
23) VstH, 1920-04-01; Zickler, S. 25 f.
24) Werbeinserat in Dst VZ, 1920-04-07.
25) Werbeinserat in Do Ztg, Nr. 149, 1920-04-07.
26) BA: R 43 I / 2716, Bl. 89 f.
27) Prot. and corr., S. 83 f.
28) DBFP, IX, S. 357 f.; PFR USA, S. 325 f.
29) Ein für die IMKK erstatteter, im wesentlichen französischer „Intelligence"-Bericht erklärte das ganze Verhalten der Reichswehr — angefangen vom Rückzug aus dem Ruhrgebiet bis zur schließlichen Wiederbesetzung — letztlich für Camouflage: es habe „zum Ziel gehabt, die Alliierten zu der Überzeugung zu bringen, daß eine große bolschewistische Bewegung im Gange gewesen sei, geführt von den Russen und im Begriff, sich auf ganz Deutschland und sogar auf das linke Rheinufer auszudehnen". (Morgan, Assize, S. 148-153, wörtliches Zitat S. 153; vgl. ders., Disarmament, S. 439 f., und Nollet, S. 227 f.) Diese These übersteigerte gewisse Momente zu einem verzerrten Gesamtbild. Anders ein Memorandum von Oberstleutnant Ryan in Köln, das bis auf einige Nebenpunkte den Charakter der Aufstandsbewegung und ihre Auseinandersetzung mit der Reichswehr genau erfaßt. (DBFP, IX, S. 419-427)
30) PFR USA, S. 324 f.
31) Prot. and corr., S. 84 f.; Mehlich an Ausw. Amt, 1920-04-17, in AAPA: II F-M, A 6, Bd. 3; BA: R 43 I / 2728, Bl. 218; Nachrichtenblatt der Reichswehrbrigade 31, Nr. 17, in STAM: BK, vorl. Nr. 179. Nähere Angaben über den Truppenabbau in Errettung, S. 224.
32) Prot. and corr., S. 93; DBFP, IX, S. 447 (mit Verweis auf Note vom 20. April: Prot. and corr., S. 83 f.; AAPA: II F-M, N 1, Bd. 3). Vgl. DBFP, VIII, S. 199.
33) Schreiben vom 26. April, in AAPA: II F-M, N 1, Bd. 3.
34) DBFP, VIII, S. 6, 222-225, 229, 231 f.; Prot. and corr., S. 96 f.; Benoist-Méchin,

Anmerkungen zu Seite 424—427

S. 120 Anm. 1. Zur Frage der Berechnung nach Kopfstärke vgl. Nollet, S. 228. Die Begrenzung der in der neutralen Zone stehenden Sipo auf 10.000 Mann war bereits am 6. März von der IMKK festgesetzt worden: Vogt, S. 237.

35) Beschlüsse der „Chefbesprechung" vom 29. April — BA: R 43 I / 2718, Bl. 33 = Vogt, S. 174 f.
36) Dksch. RWM II, Anlagen 42, 44-53; BA: R 43 I / 2716, Bl. 58 f., 96, 108, 110, 112, 117-120, 126 f., 131-134, 145, 161 f., 191, 195, 229, 232 f., 254-256; ebd., 2717, Bl. 32 f., 75, 108-110, 148; vgl. Nachrichtenblatt der Reichswehrbrigade 31, Nr. 16, 1920-04-18, in STAM: BK, vorl. Nr. 179.
37) Geßler, S. 141 f., 297 f., gegen Rabenau, S. 241 f., 244; ferner Spethmann, S. 260-262; Errettung, S. 228 f.; STAM: Reg. Arnsberg, I Pa 335, Bl. 740; Vw (Mo), Wf Mk (Mo), Fr (Ab), 1920-04-28. Zur Vorgeschichte des Konflikts: Watter an Noske, etwa 14. April, in NL Watter: Nr. 32; Watter an RWM, eingegangen 24. April, in BA: R 43 I / 2717, Bl. 162.
38) Severing, S. 222 f.
39) Ludwig in d. Preuß. LV, 29. April 1920 — Sitzungsberichte, Bd. 9, Sp. 11278; VstH, 1920-04-28, -30; BA: R 43 I / 2717, Bl. 38 f.
40) BA: R 43 I / 2717, Bl. 55.
41) Bl. 68 f. = Vogt, S. 180 f.
42) „Warum verzögerte sich die Abberufung v. Watters?", in: Rh Ztg, nachgedr. in AZE, 1920-06-03; ähnlich bereits AZE, 1920-04-09.
43) Artikel von Rhode mit Nachschrift der Redaktion, in VfrR, 1920-05-06; Nrh Vst, 1920-05-11.
44) Wf Mk, 1920-04-28, Ab; Errettung, S. 229.
45) Vtr, 1920-05-27; ähnlich, jedoch weniger präzise: AA Kassel an preuß. Regierung, 1920-05-30, in BA: R 43 I / 2723, Bl. 11.
46) „Überblick über die Ereignisse seit dem 13. 3. 1920. Schlußbetrachtung", dat. 1920-04-28, in NL Watter: Nr. 32.
47) v. Bock, S. 14.
48) BA: R 43 I / 2717, Bl. 79.
49) Bl. 56, 197.
50) Preuß. LV, Sitzungsberichte, Bd. 9, Sp. 11290 f.; vgl. DBFP, IX, S. 452.
51) BA: R 43 I / 2717, Bl. 73 f. = Vogt, S. 175 Anm. 3; Bericht über Remscheid: Bl. 84 f.
52) Ebd., 2718, Bl. 33; 2717, Bl. 107; Vogt, S. 174. — Düsseldorfer Industrie fordert Besetzung: ebd., 2716, Bl. 194; 2717, Bl. 91, 123. — Ein Aufruf der SPD- und USP-Bezirksleitungen des Niederrheins gegen die drohende Besetzung der gesamten Region südlich der Ruhr (FPE, 1920-05-03; Vtr, VZD, FPD, 1920-05-04) wurde mit der Regierungsentscheidung zunächst gegenstandslos. Geßler protestierte gegen die Regierungsentscheidung: Vogt, S. 185.
53) VZD, 1920-05-03; Plakat in StA Düsseldorf: XXIII 71; Errettung, S. 230 f.; DBFP, IX, S. 464 f.
54) RWM an Ausw. Amt, 1920-05-06; Ausw. Amt an Göppert und Sthamer, 1920-05-09, in AAPA: II F-M, N 1, Bd. 3; DBFP, IX, S. 481; Vogt, S. 221; Errettung, S. 232.
55) DBFP, IX, S. 484 f.; Wüst, Bergschwinger und Darstellungen, V, wie oben S. XX Anm. 183.
56) Carsten, S. 108; Meier-Welcker, S. 275 Anm. 55; über die beabsichtigte Revision der 100.000-Mann-Grenze: Vogt, S. 242 mit Anm. 6, S. 317 Anm. 3, sowie das Auftreten Geßlers auf der Konferenz von Spa (s. u.).
57) DBFP, IX, S. 349, 410, 458 f., 466 f., 470; Aufruf des SPD-Vorstands in Vw, 1920-

553

04-14, Mo; Vogt, S. 89-91, 146 f., 292-294; VstH, 1920-05-31 (Freikorps Pfeffer in Paderborn); vgl. Freksa, S. 198-200.
58) Errettung, S. 233.
59) Die 3. Marine-Brigade v. Loewenfeld, S. 18 f.; vgl. für die Marinebrigade Ehrhardt: DBFP, IX, S. 459, Mann, S. 213, und Freksa, S. 212 f.; für die gesamte neue Reichsmarine: Franke, S. 198 f., und Carsten, S. 109 f.
60) Ein anderes Beispiel: Aus dem Freikorps Roßbach, das im Mai 1920 offiziell aufgelöst, faktisch jedoch in die vom Pommerschen Landbund aufstellte Selbstschutzorganisation aufgenommen wurde (Hannover, S. 154), ging eine Geheimorganisation nach Art der „Organisation Consul", mit innerer Feme usw., hervor (Gumbel, Verschwörer, S. 88 ff.).
61) Carsten, S. 105 f.; Schüddekopf, S. 88, 114; Gumbel, Verschwörer, S. 101. Ein Beispiel aus Augsburg: RT, Sten. Berichte, Bd. 344, S. 419; Anlagen, Bd. 363, Nr. 128.
62) Vw, 1920-04-04; Kommentar in Fr, 1920-04-06, Mo.
63) Gumbel, Verschwörer, S. 34-43; Carsten, S. 104-106; Gordon, S. 132.
64) Otto Löffler: Aus dem Ruhrgebiet, in: Ff Ztg, Nr. 254, 1920-04-04.
65) RT, Anlagen, Bd. 412, Nr. 2860.
66) Severing, S. 223 f.
67) BA: R 43 I / 2699, Bl. 140, 142 f., 319; vgl. Schultheß, S. 93.
68) VstH, 1920-05-18, -26, -31 (über das bis Ende Mai in Witten liegende Freikorps Pfeffer; Entlarvung einer beschwichtigenden Notiz des Wehrkreiskommandos durch Zuschrift aus Paderborn).
69) Errettung, S. 232.
70) Waite, S. 292 (Ramshorn).
71) Vtr, 1920-05-26.
72) BA: R 43 I / 2717, Bl. 107; Einsatzbefehl Würmelings: Arch. Forsch., II, S. 860 f. — Hagen: VstH, 1920-05-15; Elberfeld und Barmen: BMZ, 1920-05-19, Mo; Remscheid: VstH, 1920-05-28, u. BA: R 43 I / 2718, Bl. 63; gesamt: Errettung, S. 231 f. (Remscheid falsch datiert).
73) Sauberbrey im RT, 3. Aug. 1920 — Sten. Berichte, Bd. 344, S. 609.
74) BA: R 43 I / 2717, Bl. 210 f.; ebd. 2718, Bl. 46.
75) Winterhagen, S. 80 f. mit Anm. 2.
76) BA: R 43 I / 2718, Bl. 57-61 = Vogt, S. 284.
77) AAPA: II F-M, N 1, Bd. 3; Vogt, S. 311 f., bes. Anm. 6; vgl. Errettung, S. 225.
78) Schultheß, Teil II, S. 371-373; Morgan, Disarmament, S. 441 f.; Könnemann, Einwohnerwehren, S. 322.
79) Errettung, S. 232.
80) Vogt, Einleitung S. XXXIV-XXXVI, 44-46, 77, 81-83, 95-103; Könnemann, Einwohnerwehren, S. 315 f., 319 f., 330 f.; Hoegner, S. 107-109; DBFP, X, S. 59 f., 63-65; Schultheß, Teil I, S. 92-94, 190.
81) Vogt, S. 236 f., 284 f. Anm. 5; Errettung, S. 233; Severing: Das neue preußische Polizeibeamten-Gesetz, in WAVZ, 1927-07-02.

3. Polemik, Selbstrechtfertigungen, Lernversuche

1) J. Ernst: Die Helfershelfer der Reaktion, in: VstH, 1920-04-03 (hieraus die wörtlichen Zitate); K. Ludwig: Vom 13. März bis heute, in: VstH, 1920-04-17; J. Ernst: Was lehren die Kämpfe im Industriebecken, in: VstH, 1920-04-23; Ludwig auf dem

Anmerkungen zu Seite 431—434

a.o. Bezirksparteitag Westliches Westfalen, 24. April — VstH, 1920-04-26; Ernst in öff. USP-Vers. Bremen, 27. April — BAZ, 1920-04-28; Ludwig in d. Preuß. LV, 28. April — Sitzungsberichte, Bd. 9, Sp. 11167 f.

2) Konferenz in Barmen, 10. April — VZD = Vtr, 1920-04-12.

3) Teuber auf dem a.o. Bezirksparteitag Westliches Westfalen, 24. April, a.a.O.; Braß auf der USP-Kreiskonferenz Düsseldorf, 25. April — VZD, 1920-04-27; vgl. den Leitartikel in VstH, 1920-04-16.

4) Zuschrift in VZD, 1920-04-15. Vgl. das Organisationsmodell, das Stern für den Fall einer Wiederholung des Kapp-Putsches (den er „fast mit Gewißheit" erwartete) entwarf und mit dem er sogar noch die perfektionistische Konzeption des Zentralrats am Ende der Aufstandsbewegung (oben Seite 255) übertrumpfte: Nicht nur (!) der Generalstreik müsse die Antwort auf einen neuen Putsch sein, „sondern auch die sofortige Wahl von politischen Arbeiterräten in allen Betrieben ... Diese Arbeiterräte müssen sofort zu Vollversammlungen zusammentreten, ihre Vollzugsräte wählen, sich so rasch, als die Verhältnisse ermöglichen, Bezirkszentralen und einen Zentralrat für das ganze Reich schaffen. Bis zur Schaffung dieser leitenden Zentrale haben für das Reich der Berliner Vollzugsrat, für jeden einzelnen Bezirk der Vollzugsrat der wichtigsten, vorher zu bestimmenden Stadt als Zentralen zur einheitlichen Führung des Kampfes zu gelten". (V. Stern: Bereit sein!, in BAst, 1920-05-28) Vgl. weiter Sterns Artikel „Sozialistische Regierung", in AR, 1920, H. 14, S. 1-2.

5) Öff. Vers. d. freien Gewerkschaftskartells, Duisburg, 11. April — RuR-Ztg, Nr. 161, 1920-04-12.

6) Sp, 1920-04-04, zit. bei Colm, S. 119. Ein Berliner KPD-Führer dagegen: „Das Bielefelder Abkommen entsprach vollständig der politischen Auffassung des Zentralrats" (M. J. Braun unter dem Pseudonym „Spartakus", S. 159).

7) Arch. Forsch., II, S. 841 Anm. 3.

8) Stellung der KPD, S. 511, 522. Auf dem 4. KPD-Parteitag polemisierte Levi gegen Sabotagegedanken allgemein, ohne ihn der USP zuzuschreiben (Prot. S. 21 f.).

9) Düwell, S. 13, 16, 18, 33-36, 40.

10) Düwell, S. 13.

11) Zetkin, S. 159.

12) Thalheimer, S. 10.

13) KPD-Bezirkskonferenz Rheinland-Westfalen in Elberfeld, 12./13. Juni 1920 — RF, 1920-06-15. Vgl. den Aufruf der KPD-Bezirksleitung an die auf der Flucht befindlichen Parteifunktionäre in VstH, 1920-04-23 (Inserat).

14) Ludwig auf dem a.o. USP-Bezirksparteitag Westliches Westfalen, 24. April — VstH, 1920-04-26; Feststellung auf der USP-Kreiskonferenz Hamm-Soest am 16. Mai über die Ortsgruppe Herringen — VstH, 1920-05-21; vgl. den Brief von Buskase namens der geflüchteten Parteigenossen aus Westfalen vom 28. April an die USP-Bezirksleitung, veröff. in der SPD-Presse, nachgedr. in VstH, 1920-05-28. Das USP-Blatt von Buer mußte sein Erscheinen einstellen (vgl. hierzu die Verhandlungen des a.o. Kriegsgerichts Essen gegen den Geschäftsführer Hammer — Bu Ztg, 1920-06-07).

15) VZD, 1920-10-01.

16) K. Ludwig: Das Bielefelder Abkommen, in VZD, 1920-10-13.

17) Braß und Merkel auf dem USP-Bezirksparteitag Niederrhein am 10. Oktober 1920 — VZD, 1920-10-12.

18) Ernst, S. 3 f.

19) USP-Parteitag Halle, S. 21 f., 29, 31-33, 35, 37, 46-48, 52 f., 58 f., 62-65, 68, 109-111; A. St. (Stroinski): Stoecker und Däumig als Bremser. Die verpaßte Gelegen-

heit, in VstH, nachgedr. in VZD, 1920-10-02. Lediglich im Kölner USP-Blatt hatte es bereits während der Aufstandsbewegung diesen Streit gegeben: Bartels hatte (vom sicheren besetzten Gebiet aus!) den Verratsvorwurf gegen Parteigenossen erhoben (Soz Rep, 1920-03-22), Dahlem hatte ihn zurückgewiesen (Soz Rep, 1920-03-31).

20) 4. KPD-Parteitag, Prot. S. 28 f., 33 f., 37-45, 53; Artikel von Braun (Pseudonym „Spartakus"), Meyer, Frölich, Thalheimer; Walcher äußerte sich nochmals 1926 zur Streitfrage.
21) Radek, S. 166 ff.; Lenin, Werke, Bd. 31, S. 97-99.
22) Radek, S. 174.
23) Walcher, KI-Kongreß, S. 89 f.
24) Die Kommunistische Internationale, 2. Jg., 1920, Nr. 10, S. 230 f.
25) Walcher, KI-Kongreß, S. 90.
26) STAM: BK, vorl. Nr. 139.
27) Bock, S. 228-233; zur Vorgeschichte der Spaltung der KPD vgl. S. 139-152.
28) Prot. des 4. KPD-Parteitags, passim, besonders die Resolution S. 26-28.
29) KPD-Bezirkskonferenz vom 18./19. April 1920 — RF, 1920-04-24.
30) Düsseldorf: BK, vorl. Nr. 179; Inserat der KPD in VZD, 1920-04-29. Barmen: Vtr, 1920-04-30. Mit zur Düsseldorfer KAPD ging Hans Ficks, der Kampfleiter von Dinslaken. Eine Untersuchungskommission der Partei prüfte monatelang die über ihn kursierenden Gerüchte, die ihm Unterschlagungen bei der Roten Armee nachsagten, und kam im Oktober zu einem Ergebnis, das ihn nach ihrer Ansicht rehabilitierte. (STAM: BK, vorl. Nr. 182, Bericht vom 4. Aug. 1920; Erklärung der Untersuchungskommission in VZD, 1920-10-12)
31) Am 13. August 1920 erklärte Nickel in einer Rede in Mülheim, einerseits sei er antiparlamentarisch eingestellt, andererseits halte er nach wie vor „eine straffe zentralistische Organisation" für notwendig (Nrh Vst, 1920-08-15). Brenner (Iserlohn), während der Aufstandsbewegung Mitglied des Zentralrats, kandidierte zunächst noch für die KPD zum Reichstag (BAst, 1920-05-27, Inserat der KPD), warf aber einen Monat nach der Wahl der KPD öffentlich „Rechtsentwicklung" vor (NFP, 1920-07-23).
32) FPE, 1920-04-14; Vtr, 1920-04-13; Rüge der KPD-Bezirksleitung: Stellung der KPD, S. 483.
33) STAD: Reg. Düsseldorf, 15473.
34) Roche (Hamburg) auf einer KAPD-Veranstaltung in Hagen, 27. Juli 1920 — NFP, 1920-07-30.
35) Vtr, 1920-05-12.
36) z.B. auf einer Veranstaltung in Barmen am 16. Juli 1920, in der der Referent aus Düsseldorf den zitierten Ausdruck verwandte — Vtr, 1920-07-20. Daß der Ausdruck berechtigt war, zeigt die Darstellung der KAPD von 1920 bei Bock, S. 240.
37) F. B.: Lehren aus der Bewegung im Ruhrgebiet, in: Synd, 2. Jg., Nr. 16.
38) Emil Rabold: Der Kampf der Arbeiter im Ruhrgebiet, in AR, 1920, H. 16, S. 12.
39) Niederrheinische Arbeiter-Zeitung, 1928-02-24.
40) FPE, 1920-04-08; Kommentar in Vtr, 1920-04-09. Ähnlich die MV des Ortsvereins Barmen am 14. April — FPE, 1920-04-17.
41) Geschäftsbericht des SPD-Bezirksvorstands Niederrhein in Nrh Vst, 1920-09-05.
42) Vw, 1920-04-15, Mo („Lehren des letzten Kampfes"). Vgl. Rh Ztg, 1920-04-07.
43) Sp, zit. in Rh Ztg, 1920-03-31; die WTB-Meldung in Mh Ztg, Cst Ztg, VstH,

Anmerkungen zu Seite 437—443

1920-04-01, u. ö.
44) Rh Ztg, 1920-03-31; AZE u. Mh Ztg, 1920-04-07.
45) FPE, 1920-04-08; Kommentar in Vtr, 1920-04-09.
46) Vw, 1920-04-09, Ab. Vgl. die Erklärung von Schluchtmann in der Stvv-Vers. Mülheim am 9. April, in der er die Ausübung einer Diktatur als unvereinbar mit den Prinzipien des Sozialismus bezeichnete (Mh Ztg u. Nrh Vst, 1920-04-11).
47) WAVZ, 1920-04-03 („Ist wirklich Friede?").
48) Vw (Mo) u. AZE, 1920-04-09; Trem, 1920-04-07; Bäumgen in Stvv-Vers. Dortmund, 12. April — Do GA, 1920-04-13, u. AZE, 1920-04-15; NV, Sten. Berichte, Bd. 333, S. 5049; Achtzehn Tage, S. 14; Colm, S. 130; weitere Belege in den folgenden Anmerkungen.
49) öff. KPD-Vers. in Dortmund, 15. Aug. 1920 — STAM: Reg. Arnsberg, I Pa 262 = Meinberg, S. 201-203. Die Lüge der SPD war umso offensichtlicher, als behauptet wurde, Meinberg habe die Reichswehr in der Nacht vom 1./2. April herbeigerufen; in Wirklichkeit hatte er sich in dieser Nacht höchst unfreiwillig in Münster befunden: s. oben S. 250.
50) VZD u. Vtr, 1920-04-12; Soz Rep, 1920-04-13 = Vtr, 1920-04-14; Fr, 1920-04-14, Ab.
51) Verfaßt von Buskase, Remscheid, 28. April, veröff. in der SPD-Presse, nachgedr. in VstH, 1920-05-28.
52) Vw (Mo), AZE, RE, 1920-04-10; VZD u. Vtr, 1920-04-12.
53) AZE, 1920-04-12 („Wir klagen an"). Ergänzend, mit ausdrücklichem Hinweis auf Sterns Leitartikel, AZE, 1920-04-14.
54) RE, 1920-04-17.
55) Arch. Forsch., II, S. 790 Anm. 3.
56) Volkswille, Gelsenkirchen, 1920-04-19.
57) RF, 1920-04-24.
58) Vw, 1920-04-10, Ab.
59) VfrR = Vbl, 1920-04-06.
60) AZE, 1920-04-12 („Wir klagen an").
61) Etwa VfrR = Vbl, 1920-04-06. Vgl. h. s. (Hermann Salzmann) in VfrR, 1920-04-14, zum vertragsbrüchigen Vormarsch der Reichswehr.
62) VfrR = Vbl, 1920-04-08 („Militär-Diktatur").
63) Achtzehn Tage, passim; Auszüge in Meinberg, S. 160-165. Der Untertitel „Schilderungen und Betrachtungen eines Dortmunder Arbeiters" ist eine Irreführung; die Broschüre stammt mit Sicherheit aus der Feder eines Funktionärs. Diffamierung Cunos: Bäumgen in Stvv-Vers. Dortmund, 12. April — Do GA, 1920-04-13; Dementi Cunos in Do GA, 1920-04-16; Stens in Hag Ztg, 1920-04-16, Ab; Cuno, S. 9 f. Vgl. auch Limbertz in d. Preuß. LV, 30. März — Sitzungsberichte, Bd. 8, Sp. 10565 f.
64) STAM: Reg. Arnsberg, I Pa 262 = Meinberg, S. 173-207.
65) AZE, 1920-04-15, -16, -19, -22, 1920-05-11, -12.
66) pk. (Pierenkämper): Rückblick und Ausblick, in VfrR = Vbl, 1920-04-09.
67) Rede in Bielefeld, 11. April 1920 — Vwt, 1920-04-12, -13; Preuß. LV, 29. April 1920 — Sitzungsberichte, Bd. 9, Sp. 11233 f.; Spethmann, S. 196, 263. Vgl. auch das zusammenfassende Urteil über die eigene Leistung bei Severing, S. 231.
68) Rhode: Generalleutnant v. Watter, in: VfrR, 1920-05-06.
69) NFP, zit. in VstH, 1920-04-21.

Anmerkungen zu Seite 443—448

70) Resolution des westfälischen Provinzial-Ausschusses des Zentrums, Hamm, 12. April 1920 — Wf Mk (Mo) u. Wdt VZ, 1920-04-13; BA: R 43 I / 2716, Bl. 86 f., 268 f.; Severing, S. 201 f.; Trimborn in d. NV, 13. April 1920 — Sten. Berichte, Bd. 333, S. 5079.
71) Wf Mk, 1920-04-04 (Mo), -07 (Mo); Konen in öff. Zentrums-Vers., Münster, 8. April — Wf Mk, 1920-04-09, Ab; Weinbrenner in KVZ, Nr. 278, 1920-04-12 = Wf Mk, 1920-04-16, Mo; Trimborn in d. NV, 13. April — Sten. Berichte, Bd. 333, S. 5077 f. Vgl. auch die Resolution des Landwirtschaftlichen Hauptvereins für den Regierungsbezirk Münster vom 14. April — Vogt, S. 92 f.
72) Wf Mk, 1920-04-11, Mo; 1920-04-13, Mo (Nachschrift zu einem Artikel von Giesberts); 1920-04-16, Mo (Nachschrift zu einem Artikel von Weinbrenner); Teuber, S. 97 f.
73) Etwa VfrR, 1920-04-09 („Eine wüste Hetze"); VfrR = Vbl, 1920-04-13 („Zentrumswahlsiege mit Hilfe der Reichswehr?"). Vgl. zum Verhältnis der Koalitionsparteien Erger, S. 301.
74) Dksch. RWM II, Anl. 45.
75) Bkn, Nr. 15, 1920-04-10.
76) Kspbl, 1920, S. 218.
77) Vorstand des Verbandes der Bergarbeiter Deutschlands (Hg.): Jahrbuch für 1920, S. 468 f.
78) RhW Ztg, Nr. 236, 237, 238 u. 243, 1920-04-07, -08, -10 („Der rote Terror und die Lehre daraus", „Ein Schritt zur Rätediktatur", „Zweierlei Maß", „Die zwei Gesichter").
79) KZ, Nr. 319, 1920-04-03.
80) Allgäuer Zeitung, Nr. 106, zit. in FPE, 1920-05-28.
81) Ritter: Wohin der Weg?, in VstH, 1920-05-04.
82) W. Meis: Die nächste Aufgabe, in VstH, 1920-05-05.
83) Gustav Schneider: Revolutionserkenntnis, in VstH, 1920-05-29. Weit extremer verfocht Stern den Primat der politischen Räte vor den Parteien; s. oben Anm. 4.
84) Walter Meis: Zur Räte-Frage, in VstH, 1920-06-22.
85) VstH, 1920-04-26.
86) USP-Reichskonferenz 1.-3. September 1920, Prot. S. 127; vgl. den Widerspruch von Ernst, S. 137, und Dittmann, S. 170. — USP-Bezirksparteitag Niederrhein, 9./10. Oktober 1920 — VZD, 1920-10-12.
87) STAM: Reg. Arnsberg, I Pa 262 = Meinberg, S. 196.
88) Meinberg, Watterwinkel, 1927-08-10 = Meinberg, S. 132.
89) VfrR, 1920-09-06.
90) Do GA, Nr. 231, 1920-08-23. Vgl. die Charakterisierung Stemmers bei Severing, S. 243 f.
91) Nrh Vst, 1920-08-15.
92) J. Kretzen: Absicht und Erfolg, in: BAst, 1920-04-08; KPD-Bezirkskonferenz Rheinland-Westfalen in Elberfeld, 12./13. Juni 1920 — RF, 1920-06-15; Düwell, S. 37, 41.
93) Zetkin, S. 160.
94) I. B.: Der Verrat der Führer, in VfrR = Vbl, 1920-04-26.
95) K. Ludwig: Vom 13. März bis heute, in VstH, 1920-04-17; J. Ernst: Was lehren die Kämpfe im Industriebecken, in VstH, 1920-04-23; Ludwig in der GV der USP Hagen, 20. April — VstH, 1920-04-21; Hoffmann in der Kreis-GV der USP Elberfeld-Barmen usw., 16. Mai — Vtr, 1920-05-18.

Anmerkungen zu Seite 448—451

96) Stellung der KPD, S. 481.
97) Kretzen: Absicht und Erfolg, in BAst, 1920-04-08.
98) Bu Ztg, 1920-04-09.
99) K. Ludwig in VstH, 1920-04-19; vgl. die GV der USP Hagen, 20. April — VstH, 1920-04-21.
100) K. Ludwig in VstH, 1920-04-19.
101) Wie Anm. 94.
102) GV der USP Hagen, 20. April — VstH, 1920-04-21.
103) Hoffmann in der Kreis-GV der USP Elberfeld-Barmen usw., 16. Mai — Vtr, 1920-05-18; u. ö.
104) Wie Anm. 97.
105) STAM: Reg. Arnsberg, I Pa 270, Nachrichtenblatt Nr. 20, 1921-01-07.
106) Dui GA, 1921-01-20, -21, 1921-02-02; STAM: BK, vorl. Nr. 81 (1921-02-04, 1921-03-13); Remmele und Levi im RT, 24. und 26. Januar 1921 — Sten. Berichte, Bd. 347, S. 2081, 2156. Zu Schroer vgl. weiter: Weber, II, S. 290.
107) Chronik Stadt Essen 1920, S. 91 f.
108) v. Z.: Kapp-Putsch im Ruhrgebiet, in: Vom Bürgerkrieg. Ein Sammelband (Heft 1-6), 1924, S. 95-101, hier S. 100 f. Über diese Zeitschrift siehe Karl Retzlaw: Spartakus, Aufstieg und Niedergang. Erinnerungen eines Parteiarbeiters, Frankfurt 1971, S. 261 f., 274.
109) Alfred Langer: Der Weg zum Sieg. Der Aufstand als Kunst im Lichte des Marxismus, Zürich 1927 (der Druckort ist fingiert); Exemplar im Bundesarchiv Koblenz. Über die Autoren siehe das in Anm. 111 genannte Buch, Einleitung von Erich Wollenberg, Anm. 3. Die Äußerung von Engels (damals noch fälschlich Marx zugeschrieben): MEW, Bd. 8, S. 95.
110) Langer, a.a.O., S. 16; das Lenin-Zitat S. 14.
111) A. Neuberg: Der bewaffnete Aufstand. Versuch einer theoretischen Darstellung, Zürich 1928 (Druckort fingiert), Neudruck Frankfurt 1971.
112) Wolfgang Abendroth: Ein Leben in der Arbeiterbewegung, Frankfurt 1976 (ed. suhrkamp 820), S. 128-130, insbes. über die bestehende Kampfbereitschaft. Vgl. Erich Matthias in: Matthias/Morsey (Hg.): Das Ende der Parteien 1933, Düsseldorf 1960, S. 136 f., 139-143.
113) Otto Braun, S. 405; Carl Severing: 20. Juli 1932, in: Die Gegenwart, 2. Jg., Nr. 13/14, S. 16; ders., Lebensweg, II, S. 357; Erich Matthias (vorige Anm.), S. 138; Karl Dietrich Bracher: Die Auflösung der Weimarer Republik, 4. Aufl. Villingen 1964, S. 593. Auf S. 596 seines Standardwerks verfälscht Bracher in stärkstem Maße die historische Wirklichkeit, indem er schreibt, daß 1920 „ein Reichspräsident wie Friedrich Ebert den Kampf gegen die Verfassungsbrecher anführte und dabei nicht nur von der Arbeiterschaft, sondern auch von der Beamtenschaft und einem Großteil der Reichswehr und der Polizei entschieden unterstützt wurde". Was Bracher dann über 1932 sagt — daß „nur mit unbewaffneten Arbeitern und vielleicht einem Teil der Polizei und Beamtenschaft, auf der anderen Seite aber mit der Gegnerschaft eines Reichspräsidenten v. Hindenburg, seiner Regierung und der gesamten bewaffneten Macht zu rechnen" war, „die jeden Widerstand als Meuterei und Aufruhr behandeln würden" — das trifft, setzt man statt Ebert von Hindenburg, ziemlich genau die Situation von 1920. — Otto Wels hat bereits unmittelbar nach dem Bekanntwerden des Staatsstreichs in einer Besprechung mit dem ADGB-Vorstand den Vergleich mit 1920 gezogen — Adolph, S. 243.
114) Severing schreibt, daß von 85-90.000 preußischen Polizeibeamten, von denen „der größte Teil ... zur Preußenregierung gestanden hätte", nach den alliierten Bestimmungen „nur 30.000 Mann für einen bewaffneten Einsatz kaserniert und in

Kampfbereitschaft" standen (Lebensweg, II, S. 354; die Zuverlässigkeit der Polizei hat Severing noch einmal kurz vor seinem Tode gegenüber Karl Dietrich Bracher betont: Zeitschrift für Politik, N. F. 3, 1956, S. 247). Dieses „nur" wendet sich in doppelter Weise gegen Severing: Die Arbeiter von 1920 wären froh gewesen, hätten sie 30.000 Polizisten im Kampf an ihrer Seite gehabt; noch froher, hätten sie die Ausrüstung der restlichen 55-60.000 in die Hand bekommen! — Für den Verzicht auf den Generalstreik hat Severing eine doppelte Begründung gegeben: 1. während im März 1920 kaum Arbeitslosigkeit bestand, gab es im Juli 1932 6 Millionen Arbeitslose; 2. „Hunderttausende von Mitgliedern der SA (hätten sich) auf die verlassenen Arbeitsplätze gestürzt, um die verhaßten marxistischen Gewerkschaftler dauernd dem Arbeitsprozeß zu entziehen". (20. Juli 1932, a.a.O., S. 16) Auf das zweite Argument mußte sich der alte Gewerkschaftler Severing von der Redaktion der bürgerlichen Zeitschrift „Die Gegenwart" erwidern lassen, es leuchte nicht ein, „daß die deutsche Industrie während eines Generalstreikes von den deklassierten Haufen der SA zu führen" gewesen sei. (3. Jg., Nr. 7/8, S. 17) Bleibt die erste Behauptung, ein Generalstreik sei bei 6 Mill. Arbeitslosen aussichtslos gewesen. Sie wird in der Literatur ständig wiederholt, wird dadurch aber nicht plausibler. Es ist unmöglich, bei einem Generalstreik die stillgelegten Betriebe in kurzer Zeit — und das ist hier entscheidend! — mit Hilfe von Arbeitslosen wieder in Gang zu setzen, was z.B. Bracher in aller Naivität annimmt (S. 599), wobei es eine weitere unbewiesene Behauptung ist, alle Arbeitslosen von 1932 hätten kein Klassenbewußtsein gehabt. Vor allem aber ging es ja in der Entscheidung von 1932 nicht nur um den Generalstreik — dieser allein hätte in der Tat nichts gegen Papen und die hinter ihm stehenden Kräfte ausgerichtet —, sondern um die Frage: bewaffneter Widerstand oder nicht? Und **diese** Frage hatten die SPD-Führer schon 1920 ohne Zögern negativ entschieden.

115) Otto Braun, S. 410; Grzesinski abgedr. bei Erich Matthias, a.a.O., S. 225 f.; Stampfer, S. 581.
116) BA: R 43 I / 2718, Bl. 57-61 = Vogt, S. 285 f.
117) Dksch. RWM I, S. 1.
118) Dksch. RWM II, S. 1.
119) Dksch. Wk.kdo Münster I, S. 2.
120) S. 2-6.
121) Vgl. Lucas, Zwei Formen von Radikalismus, passim, bes. S. 114, 172, 268 f.
122) Dksch. Wk.kdo Münster I, S. 6-10.
123) Dksch. Wk.kdo Münster II, passim, bes. S. 1-3, 6-10, 15, 17, 19. Eine Vorstudie zu dieser Denkschrift, verfaßt von Kriegsgerichtsrat Dietz beim Wehrkreiskommando, in STAM: BK, vorl. Nr. 169. Besonders instruktiv und quasi eine Erläuterung der Denkschrift ist eine Besprechung in Münster am 14. Mai: Vogt, S. 245-249.
124) Dksch. Wk.kdo Münster II, S. 2, 17, 20.

4. Ausblick

1) Lucas, Zwei Formen von Radikalismus, S. 124 f. mit den Quellenangaben auf S. 302 Anm. 18.
2) FPE, 1920-04-14; vgl. STAD: Reg. Düsseldorf, 15973.
3) Weber, II, S. 90. Ch. war Delegierter des USP-Parteitags in Halle, auf dem sich die Spaltung vollzog.
4) STAD: Reg. Düsseldorf, 15409, Bericht vom 6. Januar 1921.
5) BAst, 1928-08-02.
6) STAM: BK, vorl. Nr. 179, Bericht aus Bochum, 1920-04-10.

Anmerkungen zu Seite 455—460

7) STAM: BK, vorl. Nr. 104.
8) STAD: Reg. Düsseldorf, 15622, Bl. 2, 3, 16 ff.
9) Weber, II, S. 111; Brauer, S. 39, 53.
10) STAM: BK, vorl. Nr. 148, darin Bericht Kölpins, 1925-12-19, mit handschriftlichen Notizen.
11) RF, 1920-04-24; vgl. Arch. Forsch., II, S. 794 Anm. 1.
12) Volkswille (SPD), Gelsenkirchen, 1920-04-19.
13) STAM: BK, vorl. Nr. 148, darin Bericht und handschriftliche Notizen Kölpins sowie h. (Hanstein?) an Untersuchungsrichter VI in Essen, 1921-02-28. Anklage auf Mord: Gumbel, Mord, S. 64.
14) Dksch. RJM, S. 29.
15) VfrR, 1923-01-02.
16) Auskunft von Karusseits Tochter, Frau Rosa Rotland, Gelsenkirchen-Bismarck, gegenüber Christoph Ebner, März 1978.
17) FPE, 1920-04-29.
18) Sauerbrey im RT, 26. Jan. 1921 — Sten. Berichte, Bd. 347, S. 2146; Vtr, 1920-12-30.
19) Adolph, S. 111.
20) Meinberg, S. 12-21, 158-223; korrigiert und ergänzt durch Auskünfte von Frau Caroline Meinberg am 1./2. April 1974. Brauer, S. 51, spricht von „Opportunismus" Meinbergs während der Aufstandsbewegung 1920.
21) Drechsler, S. 47, 62 f., 65 f., 68, 75, 88, 91, 94, 100, 136.
22) Mitteilungen von Ulrich Klein und Klaus-Jürgen Scherer, den Verfassern der im Literaturverzeichnis genannten Arbeit über die Bürgerräte von Elberfeld und Barmen; Nachruf auf Sauerbrey in Ohl Anz, 1932-12-05.
23) Drechsler, S. 370.
24) StA Witten: Personalnebenakte Karl Stemmer, Az. 881 ZZ, Bestand Bommern.
25) Brauer, S. 74.
26) RF, 1920-12-18.
27) Teuber, S. 110-116.
28) Auskünfte von Frau Caroline Meinberg, 1./2. April 1974, und von Herrn Horst Sieker, Stuttgart, Dezember 1977.
29) Gründungsparteitag der KPD, S. 334; Mitteilungen von Richard Reichmann, Oxford; den Parteiausschluß erwähnt auch Brauer, S. 47.
30) RF, 1920-04-24.
31) STAD: Reg. Düsseldorf, 15565.
32) Angaben aus verschiedenen Lexika und Handbüchern.
33) Deutsches Führerlexikon 1934/35, S. 113.
34) NL Glock: Nr. 1.
35) Hugh Thomas: Der spanische Bürgerkrieg, Berlin/Frankfurt/Wien 1961, S. 260, 371, 473.
36) Waite, S. 286.
37) Errettung, S. 20 Anm. 2.
38) Westfalenpost, 1961-03-24.
39) Hinweis des Stadtarchivs Hagen; Adreßbücher der Stadt Hagen.
40) Die 3. Marine-Brigade v. Loewenfeld, S. 19 f.
41) Gumbel, Verschwörer, S. 41.
42) RhW Ztg, Nr. 561, 1934-11-05.

43) Deutsches Führerlexikon 1934/1935, S. 250.
44) Mitteilungen der Archive von „Spiegel" und „Stern" an Herrn Albert Nohl, Gummersbach.
45) Aus dem Freikorps Lichtschlag: Rudolf Beiber; Freikorps Lützow: Friedrich Eichinger; Marinebrigade Loewenfeld: Franz Gutsmeidl, Hans Ramshorn; Brigade Epp: Hans Baumann, Wilhelm Dennler, Hans Frank, Karl Fritsch, Hans Georg Hofmann, Johann v. Malsen-Ponickau, Hans Schemm, Karl Schlumprecht, Wilhelm Stuckart, Gerhard Wagner, Wilhelm Weiß; Freikorps Roßbach: Kurt Daluege. (Waite, S. 286-295; Deutsches Führerlexikon, II, S. 27-39)
46) Robert Bergmann (Brigade Epp), Karl Ernst und Edmund Heines (Freikorps Roßbach) — Waite, S. 286-289; Deutsches Führerlexikon, II, S. 27, 29, 30.
47) StA Dortmund: Do n 337.
48) Do GA, 1920-07-22.
49) BA: R 43 I / 2705, Bl. 212-216, 236 f.; ebd., 2718, Bl. 37; Vogt, S. 306, 327 Anm. 1.
50) Oskar Hoffmann: Zur Reform des Polizeiwesens, in Vtr, 1920-04-23 = VstH, 1920-04-27; Ernst, S. 59 f.
51) T. (= Heinrich Teuber): Ein Apostel der sozialen Verständigung, in: Sozialistische Politik und Wirtschaft, 4. Jg., Nr. 2, 1926-01-14.
52) Führerlexikon 1934/1935, S. 305 f.
53) StA Münster: Vorlesungsverzeichnisse der Universität Münster 1933 bis 1935.
54) Waite, S. 293; Deutsches Führerlexikon, II, S. 35.
55) Severing, S. 231.
56) S. 242 f.
57) Keil, S. 530 f., 546-548, 625, 641.
58) Carl Severing — ein Freund der Bergarbeiter, in: Die Bergbau-Industrie, 1950, Nr. 22, S. 134.
59) Nach einem Brief im NL Watter, Nr. 39, identifiziert vom Postamt 31 Berlin, Schreiben an den Vf. vom 28. Oktober 1971.
60) RT, Anlagen, Bd. 411, Nr. 2789, S. 24.
61) NL Watter: Nr. 38.
62) Ebenda; RT, Sten. Berichte, Bd. 391, S. 8179, 8191 f., 8196; Meier-Welcker, S. 349 f., vgl. S. 571; Hürten, S. 131; -ub-. (= Heinrich Teuber): Ruhrkriegs-Andenken, in: Sozialistische Politik und Wirtschaft, 4. Jg., Nr. 50, 16. Dezember 1926.
63) Meißner an Watter, 1922-09-30, in NL Watter: Nr. 39.
64) Watter an v. Campe, 1927-07-21, in NL Watter: Nr. 39.
65) Watter: Das Severing-Buch, in: WWZ, 1927-05-14, unter anderem Titel in: Das deutsche Tageblatt, Nr. 118, 1927-05-21 (NL Watter: Nr. 38); Gegenartikel Severings: Watters Tradition, in: WAVZ, 1927-05-20.
66) Severing, Lebensweg, I, S. 270.
67) Watter, S. 77.
68) Hürten, S. 131.
69) NL Watter: Nr. 55, S. 1-4, 12-14.
70) NL Watter: Nr. 55 b.
71) Westfälischer Kämpfer, Dortmund, 1930-03-12.
72) Westdeutsche Allgemeine Zeitung, 1960-03-31 (StA Marl: Amt Marl, 133, A 13).
73) So in Pelkum — NL Glock: Nr. 1.
74) -r. (= Heinrich Teuber): Ein Fort der Republik, in: Sozialistische Politik und Wirtschaft, 5. Jg., Nr. 11, 1927-03-18.

Anmerkungen zu Seite 466—467

75) Vbl, 1930-03-22.
76) Schmidt, Oberst von Baumbach, 1970-03-13; Auskunft von Kurt Schön, Dinslaken.
77) Siehe Anm. 84.
78) Ermittlungen von Christoph Ebner, Witten.
79) 700 Jahre Stadt Dorsten, 1951, S. 21.
80) RhW Ztg, Nr. 560, 1934-11-04.
81) RhW Ztg, Nr. 560 u. 561, 1934-11-04, -05.
82) Wie Anm. 79.
83) Beobachtungen des Vf.
84) Unterlagen im Stadtarchiv Remscheid.
85) Dierske, S. 39 f.
86) Auskunft von Ernst Schmidt, Altenessen.
87) Die 3. Marine-Brigade v. Loewenfeld, S. 17.
88) S. 12.
89) Kameradschaft der 3. Marinebrigade v. Loewenfeld, „Winkspruch Nr. 22", April 1969, S. 2.
90) Westdeutsche Allgemeine Zeitung, Bottroper und Gladbecker Ausgabe, 1970-04-20. Der die Gegendemonstrationen auslösende Zeitungsartikel: Barbara Fischer / Erhard Lucas / Edmund Riethmüller: Sie wünschen offiziellen Empfang über dem Folterkeller, in: Frankfurter Rundschau, Nr. 88, 1970-04-16, S. 16.

Quellen- und Literaturverzeichnis

(ergänzend zu Band 1 und 2)

I. Quellen

1. Zeitungen

Nrbl — Nachrichtenblatt des Wehrkreiskdos. VI für die Truppe, Münster (Nummern vom 19. bis 22., 26. bis 31. März, 1. bis 4. April 1920 in Staatsarchiv Münster: Büro Kölpin, Akte „Nachrichten des Generalkommandos des VII. Armeekorps"; Nummern vom 19. bis 24. März 1920 in Stadtarchiv Münster: Amt 43 E Nr. 4 a)

Wf Anz — Westfälischer Anzeiger, Hamm

2. Protokolle

Der Gründungsparteitag der KPD. Protokoll und Materialien, hg. v. H. Weber, Frankfurt/Wien 1969 (Politische Texte)

3. Jahresberichte

Nienhaus, Albert: 50 Jahre katholische Kirchengemeinde St. Marien Dinslaken-Lohberg, o. J. (1966)

4. Quellensammlungen

Vogt, Martin (Bearb.): Das Kabinett Müller I, 27. März bis 21. Juni 1920, Boppard 1971 (Akten der Reichskanzlei, Weimarer Republik)

5. Denkschriften

Dksch. Wk.kdo Münster I = Erfahrungen politischer Art. Denkschrift des Wehrkreiskommandos 6, Münster, 16. Mai 1920, in: Stadtarchiv Münster: Amt 43 E Nr. 4 b

Dksch. Wk.kdo Münster II = die in Bd. II, S. 238, aufgeführte „Denkschrift über die Mängel der außerordentlichen Strafrechtspflege im rheinisch-westfälischen Industriegebiet", jetzt mit anderer Abkürzung

6. Reden, Artikel und Schriften

Meinberg, Adolf: Aufstand an der Ruhr. Reden und Aufsätze, hg. v. H. G. Haasis und E. Lucas, Frankfurt/Main o. J. (1973)

Teuber, Heinrich: Für die Sozialisierung des Ruhrbergbaus, hg. v. H. G. Haasis und E. Lucas, Frankfurt/Main 1973

Wichmann: Der Zug der „Roten Armee" durch das rheinisch-westfälische Industriegebiet im Frühjahr 1920. Arbeit für die „Große Berliner Polizei-Ausstellung 1926" im Auftrage des Herrn Pol.-Präsidenten Melcher in Essen, Oberhausen 1926

7. Erinnerungen

von Bock und Polach, Karl Friedrich: Westfälische Freikorps-Batterie v. Bock, Hamm 1934

Glettenberg, L.: Im Kampfe gegen die rote Armee, 1929 (Manuskript im Stadtarchiv Duisburg)

Die 3. Marine-Brigade v. Loewenfeld 1919/1920, hg. v. der Kameradschaft der 3. Marine-Brigade, Plön 1963

Quellen- und Literaturverzeichnis

II. Literatur

Drechsler, Hanno: Die Sozialistische Arbeiterpartei Deutschlands (SAPD). Ein Beitrag zur Geschichte der deutschen Arbeiterbewegung am Ende der Weimarer Republik, Meisenheim a. Glan 1965 (Marburger Abhandlungen zur Politischen Wissenschaft, Bd. 2)

Friedrich, Adalbert: „Die Reichswehr kommt!" Ein Bericht über die sogenannten Spartakistenkämpfe in Raesfeld im März 1920 (Vortragsmanuskript), 1976

Goehrke, Klaus: Das Signal von Pelkum. Bericht über die Kämpfe zwischen Reichswehr und Roter Armee 1920 in Pelkum bei Hamm (Westf.), hg. v. Pelkum-Komitee unter unter Koordination der VVN Kreis Unna-Hamm, 1978 (nach Abschluß des vorliegenden Bandes erschienen).

Hürten, Heinz: Das Wehrkreiskommando VI in den Wirren des Frühjahres 1920, in: Militärgeschichtliche Mitteilungen, Freiburg, 15. Jg., 1974, S. 127-156

Kersken, Joachim: Die Ereignisse im März/April 1920 in Dinslaken infolge der Niederschlagung des Kapp-Putsches durch die Arbeiterschaft und als Teil der Aufstandsbewegung im Ruhrgebiet (Manuskript), Dinslaken 1977

Klein, Ulrich / Scherer, Klaus-Jürgen: Bürgerräte gegen die Arbeiterbewegung. Untersuchungen und Dokumente am Beispiel Elberfeld-Barmen 1918-1922, Wentorf/Hamburg 1976 (Die Arbeiterbewegung in den Rheinlanden, Nr. 11)

(Liebrecht, Arthur:) Reichs-Tumultschadensgesetz. Reichsgesetz über die durch innere Unruhen verursachten Schäden vom 12. Mai 1920 nebst den Ausführungsbestimmungen. Mit Erläuterungen von Arthur Liebrecht, Berlin 1921

Lucas, Erhard: Ein Augenzeuge über das Ende der „Roten Ruhrarmee" 1920 in Dinslaken, in: Duisburger Forschungen, Bd. 22, 1975, S. 169-176

Lucas, Erhard: Zwei Formen von Radikalismus in der deutschen Arbeiterbewegung, Frankfurt/Main 1976

Rinne, Will: Remscheid. Die deutsche Werkzeugstadt, Berlin 1939(Roemrike Berge. Streifzüge durch das bergische Wirtschaftsleben, Bd. 1)

Schaefer, Ph.: Geschichten der Stadt Haltern. Ein Heimatbuch, Haltern 1939

Theweleit, Klaus: Männerphantasien, 2 Bände, Frankfurt/Main 1977/78

Waite, Robert G. L.: Vanguard of nazism: the free corps movement in postwar Germany, 1918-1923, Cambridge/Mass. 1952 (Harvard Historical Studies. 60)

Das Deutsche Führerlexikon 1934/35, Berlin o. J. (1934)

Bildnachweis

S. 33 — Hans Roden (Hg.): Polizei greift ein. Bilddokumente der Schutzpolizei, Leipzig 1934, S. 42

S. 42 — Hans Spethmann: Die Rote Armee an Ruhr und Rhein, Berlin 1930, Tafel 16

S. 49 — Spethmann, Tafel 17

S. 56 — Walter Frank: Franz Ritter von Epp, Hamburg 1934

S. 103 — Stadtarchiv Remscheid

S. 122 — Spethmann, Tafel 9

S. 151 — Spethmann, Tafel 10

S. 159 — Spethmann, Tafel 7

S. 164 — Spethmann, Tafel 18

S. 165 — Spethmann, Tafel 3

S. 173 — Spethmann, Tafel 19

S. 174 — Roden, S. 44

S. 180 — Spethmann, Tafel 11

S. 207 — Roden, S. 43

S. 213 — Foto im Besitz von Herrn Wilhelm Mölleken, Dinslaken

S. 225 — Spethmann, Tafel 14

S. 228-233 — Reichstags-Handbuch. I. Wahlperiode 1920, hg. v. Bureau des Reichstags, Berlin 1920; mit Ausnahme der Porträts von Cuno, Hasenclever, Hirdes, König, Lichtschlag, Ludwig (rechtes Foto), Schneider, aus: Hanno Lambers: Die Revolutionszeit in Hagen (Hagener Beiträge zur Geschichte und Landeskunde, Heft 5), Hagen 1963; der Porträts von Watter und Severing (rechtes Foto), aus: Spethmann, Tafel 1 und 32; des Porträts von Hermann Müller, aus: Martin Vogt (Bearb.): Das Kabinett Müller I, Boppard 1971; des Porträts von Meinberg, aus dem Privatbesitz von Frau Caroline Meinberg

S. 273 — Aufnahme von Architekt Josef Kamps, Eppinghoven; Foto im Besitz von Herrn Wilhelm Mölleken, Dinslaken

S. 287 — Foto im Besitz von Herrn Wilhelm Mölleken, Dinslaken

S. 299 — dito

S. 325 — Stadtarchiv Essen, Bildersammlung Spethmann

S. 339 — dito

S. 349 — dito

S. 369 — dito

S. 381 — Aufnahme von Architekt Josef Kamps, Eppinghoven; Foto im Besitz von Herrn Wilhelm Mölleken, Dinslaken

S. 395 — Stadtarchiv Essen, Bildersammlung Spethmann

S. 416 — Stadtbildstelle Essen

S. 438 — (beide Aufnahmen) — Westdeutsche Allgemeine Zeitung, Redaktion Hamm

S. 439 — Foto im Besitz von Herrn Ernst Schmidt, Essen; es wurde ihm nach Abschluß eines 1963 gegen ihn geführten politischen Prozesses ausgehändigt

S. 461 — Foto von Herrn Jochen Moll, Berlin/DDR

Die Vorlagen für die Druckerei besorgte Reinhard Friedeck, Oldenburg, wofür ich ihm auch an dieser Stelle herzlich danken möchte.

Register

Personen- und Ortsregister erschließen nur den Textteil, nicht die Anmerkungen. Nicht aufgenommen sind ferner Autoren, die nach 1945 publiziert haben. Personen, die bereits in den Registern des 1. und 2. Bandes erscheinen, werden nur mit Name, Vorname und Ort aufgeführt.

Abkürzungen: AA = Aktionsausschuß; AR = Arbeiterrat; IMKK = Interalliierte Militärische Kontrollkommission; LV = Landesversammlung; M. = Mitglied; MdNV = Mitglied der Nationalversammlung; MdR = Mitglied des Reichstags; RA = Rote Armee; RW = Reichswehr; Stv = Stadtverordneter; VA = Vollzugsausschuß; Vors. = Vorsitzender; VR = Vollzugsrat; ZK = Zentralkomitee; ZR = Zentralrat

1. Personenregister

Adenauer, Konrad, Köln, Oberbürgermeister, 346
Adler, Sergeant in der Marinebrigade Loewenfeld, 365, 370, 415
Albert, Heinrich Friedrich, Berlin, Unterstaatssekretär in der Reichskanzlei, 289
Allen, Henry T., Koblenz, amerikanischer General, 48, 51, 345 f.
Anke, Buer, KPD, 195
Anthe, Lohberg, Bergmann, Angeklagter im Sebold-Prozeß, 412
Arnauld de la Perière, Lothar v., Bataillonskommandeur in der Marinebrigade Loewenfeld, 315, 415
Aulock, Hubertus v., 309, 355, 408, 460

Bach, Langenfeld, M. d. Soldatenrats 1918, aktiver Anti-Kappist, 40
Bäumgen, Franz, Dortmund, SPD, Stv, Zivilkommissar, 364, 382
Balke, Buer, USP, 116
Baricke, Bottrop,† 371
Bartels, Arthur, Buer, 393
Barthélemy, Berlin, französischer General, stellv. Vorsitzender der IMKK, 288
Bauer, Gustav, Berlin, SPD, Reichskanzler, seit 27. 3. 1920 Reichsschatzminister, 17, 23 f., 35-39, 41, 44, 46, 52-55, 63 f., 66, 77, 81, 93, 117, 120, 146 f., 150-153, 158, 160, 211, 290
Bauer, Max, Oberst, 405
v. Baumbach, Oberst, Stabsoffizier Lettow-Vorbecks in Schwerin, Stadtkommandant von Essen, 324, 326, 361 f., 364, 377-379
Beckfeld, Bottrop, Bergmann,† 10./11. 4. 1920, 370
Behrs, Waldemar, Dortmund, 115, 138
Bergmann, Essen, Maschinenschlosser,† 7. 4. 1920, 326, 413
Berten, Peter, Düsseldorf,136, 259
Berthelot, Staatssekretär, Vertreter Frankreichs im alliierten Supreme Council in London, 50

Bicking, Buer-Hassel, Bergmann,† 22. 4. 1920, 372
Biege, Franz Heinrich, Recklinghausen-Hochlar, Zauberkünstler,† 3. 4. 1920, 367
Biesgen, Heinrich, Mülheim, SPD, Dreher, M. d. VRs, 13
Bißmann, Matthias, Bottrop,† 371
Blankenkrodt, Hermann, Weitmar, Bergmann,† 3. 4. 1920 in Recklinghausen, 367 f.
Block, Feldwebel im Freikorps Roßbach, 326, 413
Blunck, Andreas, Berlin, DDP, seit 27. 3. 1920 Reichsjustizminister, 147, 209, 290, 387, 406
Böttcher, Reinhold, Hervest-Dorsten, ehemal. M. d. Freikorps Lichtschlag, 196
Bongartz, Gelsenkirchen, Oberfliegerleutnant, 131
Borgmeyer, Wilhelm, Hamm-Bossendorf, KPD, Bergmann, M. d. AA,† 1. 4. 1920, 275
Borgschulze, Hamm, städt. Beigeordneter, 371
Bormann, Otto, Dortmund, 13
Borucki, Bottrop, Schlosser,† 24./25. 4. 1920, 370, 414
Bovensiepen, Otto, Mülheim/Berlin, 142, 449
v. Brandenstein, Oberstleutnant, Stadtkommandant von Unna, 356
Braß, Otto, Remscheid, 9, 74 f., 78, 81, 138, 175, 293, 294-296, 311, 345 f., 375, 385 f., 425, 431-433, 446, 455
Brauchitsch, Walther v., Berlin, Generaloberst, 1938-1941 Oberbefehlshaber des Heeres, 465
Braun, Otto, Berlin, SPD, seit 27. 3. 1920 preuß. Ministerpräsident, 9, 55, 57, 60, 65-68, 73-75, 94, 109, 146, 148, 450 f.
Brecht, Arnold, Berlin, 158
Brecht, Bertolt, Dichter, 459
Brecht, Josef, aus Rheinsheim b. Bruchsal,

567

Kanalarbeiter,† 1. 4. 1920 in Hamm-Bossendorf, 275
Breiing, Datteln, Bergmann, Arbeiter-Samariter,† 1. 4. 1920 in Flaesheim, 275
Brenner, Karl, Iserlohn, Obsthändler, KPD, M. d. ZR Essen, 132, 242
Breuer, Düsseldorf, KPD, 259
Brockhaus, Ernst, Linden, Bergmann,† 3. 4. 1920 in Recklinghausen, 367
Bröker, Essen, Vorsitzender des Schwurgerichts im Wasserturm-Prozeß, 410
Brüggers, Kirchhellen, Amtmann, 315
Bucharin, Nikolaj, Moskau, ZK d. KP Sowjetrußlands, 435
Buhmeyer, Hermann, Mülheim-Heißen,† 6. 4. 1920, 366
Burgardt, Rudolf, Duisburg, 76
Busch, Johann, Elberfeld, USP, Gewerkschaftssekretär, M. d. AA, 261

v. Campe, Münster, Generalmajor, Kommandeur der RW-Brigade 31, vorübergehend Wehrkreiskommandant, 425
Charpentier, Fritz, Elberfeld, Kaufmann, KPD, M. d. AA, 61, 69, 84, 90, 95, 105, 261, 435, 455
Christmann, August, Barmen, USP, Parteisekretär, M. d. AA, 260
Cicero, 383
Clev, Peter v., Duisburg, Bauarbeiter,† 3. 4. 1920, 314
Colm, Gerhard, Düsseldorf/Washington, 88 f., 143, 182, 268
Cosmann, Otto, Recklinghausen, Kaufmann, 361
v. Cramon, Berlin, General, 40 f.
Cuno, Wilhelm, Hamburg, Generaldirektor der Hapag, 9
Cuno, Willi, Hagen, 16, 20, 38, 54 f., 64, 68 f., 71, 78, 99, 165, 175, 182, 262, 303, 313, 324, 337, 344, 350, 442
Curzon, George Nathaniel, London, engl. Außenminister, 44, 46

Däumig, Ernst, Berlin, 160, 223, 226, 329
Daluege, Kurt, M. d. Freikorps Roßbach, 1933 Generalleutnant der Preußischen Landespolizei, 446
Dann, August, aus Rothenbuch b. Lohr/Main, Kanalarbeiter,† 1. 4. 1920 in Hamm-Bossendorf, 275
Dann, Wilhelm, Bruder des vorigen, Kanalarbeiter, 275
David, Eduard, Berlin, SPD, Reichsminister ohne Portefeuille, 210
David, Hagen, Rechtsanwalt, 386
Degoutte, Mainz, frz. General, 345

Delmes, Hugo, Bochum, 115 f., 177, 455
Demott, Paul R., amerik. Journalist,† 7./8. 4. 1920 in Mülheim, 372 f., 392
Deunsch, Karl, Mülheim, 239
Dietz, Münster, Kriegsgerichtsrat beim Wehrkreiskommando, 391
Dittmann, Wilhelm, Berlin, ZK der USP, 218
Dohrmann, F., Berlin, Feldbischof, 465
Dröner, Ernst, Elberfeld, 167, 172, 261
Dubielzig, Reichswehragent, 441
Düwell, Wilhelm, Essen, KPD, M. d. ZR, 55, 90, 99, 140, 241 f., 293 f., 338, 432 f.; dessen Ehefrau, 242 f.

Ebert, Friedrich, Berlin, 9, 20, 24, 35, 39, 55, 93, 117, 121, 145-147, 149 f., 157, 160, 175, 266, 290, 320, 329, 332, 334, 376, 379, 397-399, 404, 427
Eckardt, Gustav, Remscheid, USP, Gewerkschaftssekretär, Stv, M. d. ZR Essen, 5, 171, 217 f., 221-224, 226, 251-253, 295, 328, 338, 443
Ehrhardt, Hermann, 405, 427
Eichhoff, Ernst, Dortmund, 35, 334
Eichhorn, Emil, Berlin, USP, MdNV, 204, 210
Ellinghaus, Wilhelm, Hagen, SPD, Rechtsanwalt, 48
Engelmann, Georg Eberhard, Langenbochum, Bergmann,† 3. 4. 1920 in Recklinghausen, 367
Engels, Friedrich, 259, 450
Enz, Wilhelm, Barmen, 78, 84
Epp, Franz v., 107, 241, 250, 323, 335, 459 f., 466
Eppstein, Eugen, Essen, Buchhändler, KPD, M. d. ZR, 24, 99, 256, 455
Ernst, Josef, Hagen, 9, 17, 19, 21, 29, 36 f. 75 f., 81, 93 f., 96, 99 f., 102, 104, 111 f., 123 f., 131, 134, 139, 141, 143, 163, 165, 170, 175, 241, 244-248, 265, 313, 344-346, 371, 403, 431-433, 440, 448
Ernst, Otto, Bockholt, Bergmann,† 3. 4. 1920 in Recklinghausen, 367
Erzberger, Matthias, Zentrum, 1919/20 Reichsfinanzminister, 422

Faupel, Wilhelm v., 277 f., 460
Fehrenbach, Constantin, Berlin, Zentrum, seit 25. 6. 1920 Reichskanzler, 404
Felden, Jakob, Buer, KPD, 136
Ficks, Hans, Düsseldorf/Dinslaken, 12, 142, 186, 258
Fiedler, Friedrich, Herringen, Bergmann, † 1. 4. 1920 in Pelkum, 280
Finke, Bottrop,† 371

Fischer, Ruth, Berlin, 1924/25 ZK d. KPD, 456 f.
Fischer, Buer, Kriegsgerichtsrat, 390, 398
Floh, Ortskommandant d. RA in Mengede, 185
Foch, Ferdinand, frz. Marschall, 43, 46, 49 f., 153 f., 156, 204 f., 286
Fockenberg, Wilhelm, Kirchhellen, Arbeiter,† 3. 4. 1920 in Bottrop-Eigen, 315
Fölting, Raesfeld, 120
Forget, Albert, Recklinghausen-Süd, Bergmann,† 2. 4. 1920, 279
Franco, Francisco, 460
Franz, Major, Generalstabschef der 3. Kavallerie-Division, 378
Friesland, Ernst (Deckname für Ernst Reuter), Berlin, 1921 Generalsekretär der KPD, 495
Frowein, Abraham, Elberfeld, Textilfabrikant, Präsidiumsmitglied des „Reichsverbandes der Deutschen Industrie", 77, 200, 426
Fürth, Hamm, 67
Fumetti, Bernhard v., Berlin, Hauptmann, Vertreter des Reichswehrministeriums in der Reichskanzlei, 296

Gabcke, Hauptmann, Freikorpskommandant, 460
Garrett, Captain, Köln, engl. Stabsoffizier, 51
Georg, Duisburg-Beeck, Arbeiter,† 3./4. 4. 1920, 369
Geßler, Otto, Berlin, DDP, seit 25. 3. 1920 Reichswehrminister, 9, 132, 146 f., 149 f., 152 f., 209 f., 214, 216, 268 f., 284, 290, 328-330, 333 f., 346, 387 f., 428 f., 463
Giebel, Berlin, M. d. ADGB-Vorstands, 243
v. Gienandt, Major, Stabsoffizier der 3. Kavallerie-Division, 308
Giesberts, Johann, Berlin, 9, 55, 58, 64, 66, 68, 73-75, 77-84, 89, 94, 109, 149, 150 f., 254, 290, 378, 415, 443
Gigowski, Gustav, Hagen, KPD, M. d. AA, 243
Gillhaussen, Bruno v., 14, 47, 346 f.
Göppert, Otto, Paris, Gesandter, Leiter der dt. Friedensdelegation, 9, 41, 153 f., 219, 288
Goldmann, Haspe, Zentrum, M. d. „Arbeitsgemeinschaft zum Schutze der Verfassung", 48
Gräf, Eduard, Frankfurt/M., SPD, 1918/19 Unterstaatssekretär im preuß. Wohlfahrtsministerium, M. d. Preuß. LV, 148
v. Gräfe, MdR, deutschvölkisch, 463

Graf, Paul, Duisburg-Beeck, Bergmann, † 3./4. 4. 1920, 368 f.
Graff, Commandant, Spezialbeauftragter der IMMK, 308
Graßmann, Peter, Berlin, M. d. ADGB-Vorstands, 138, 243, 293
Grützner, Walter, Senatspräsident, 418 f.
Grundmann, Lohberg, Bergmann, Angeklagter im Sebold-Prozeß, 412
Grzesinski, Albert, Berlin, 146, 451, 465
Guderian, Hauptmann, Kompanieführer im Jäger-Bataillon 10 unter Major Pflugradt, 108
Gumbel, Emil Julius, Universitätsprofessor, 375, 408, 413

Haas, Otto, General, Kommandeur der östlich des Ruhrgebiets aufmarschierenden Division, 107, 194, 241, 279, 323 f., 362
Haase, Hugo, Berlin, 24
Hachmeyer, Speckhorn, Landjäger, 276, 410
Hamm, Recklinghausen, Zentrum, Erster Bürgermeister, 69 f., 79, 276, 278
Hammer, Gustav, Buer, USP, Stv, Geschäftsführer des örtlichen USP-Blatts, Kassenverwalter des VRs, 195, 392, 397
Haniel von Haimshausen, Edgar, Berlin, 41, 43, 45, 290, 292
v. Hanstein, Münster, 70 f., 76
Harden, Maximilian, Berlin, 147
Hasberg, Anton, Oberhausen, USP, Montagearbeiter, Stv, 356
Hasse, Otto, Berlin, Oberstleutnant, Reichswehrministerium, 152, 156, 289
Heer, Gottfried, Bergkamen, M. d. Arbeiterwehr,† 4. 4. 1920, 371
v. Heeringen, Dortmund, 28, 417, 460 f.
Heine, Wolfgang, Berlin, 148, 158
Heines, Edmund, M. d. Freikorps Roßbach, Fememörder, SA-Chef von Schlesien, 1932 MdR (NSDAP),† 30. 6. 1934, 418
Heinrichs, Gustav, Dortmund, Arbeiter, †12./13. 4. 1920, 371, 412
Heinze, Rudolf, Berlin, DVP, seit 25. 6. 1920 Reichsjustizminister, 405 f.
Helbig, Richard, Duisburg, 266, 432
Hemmert, Heinrich, Osterfeld, Bergmann, † 3. 4. 1920, 314
Henke, Alfred, Bremen, 207, 209 f.
Hennig, Konrad,† 4. 4. 1920 in Lünen, 372
Henrijch, Joseph, Erkenschwick, Bergmann,† 3. 4. 1920, 367
Hensmann, Karl, Elberfeld, KPD/KAPD, Kampfleiter d. RA, 261, 435
Hermani, Friedrich, Pelkum, Bergmann, † 1. 4. 1920, 280
Hertz, Paul, Berlin, USP, Redakteur, 377

Herwig, Albert, Hüls, Bergmann, Vors. d. USP-Kreisorganisation Recklinghausen-Borken, sowie dessen Sohn, 276, 410
Hesselt, Essen, Landgerichtsrat, Untersuchungsführer im Wasserturm-Prozeß, 410
Heuser, Sterkrade, Bürgermeister, 308
Heymann, Walther, Bottrop, Kaufmann, 361
Hidding, Wilhelm, Duisburg, Bauarbeiter, † 3. 4. 1920, 314
Hiltenfink, Elisabeth, Marxloh, Witwe, †2. 4. 1920 in Dinslaken, 271
Hindenburg, Paul v., 409, 456
Hirdes, Martin, Hagen, SPD, Parteisekretär, M. d. AA, 19, 30
Hirsch, Paul, Berlin, 148, 158
Hitler, Adolf, 459 f., 465
Hoelz, Max, Vogtland, 135, 201, 340
v. Hofmann, General, Kommandeur der 3. Kavallerie-Division, 107, 333
Hoppius, Schermbeck, Arbeiter, M. d. VR, † 28. 3. 1920, 137
Huck, Kray, Arbeiter, USP, am 9. 4. 1920 zum Tode verurteilt und verschleppt, 375
Hue, Otto, Essen, 243
Hülsbusch, Stephan, Speckhorn, Bergmann, USP, M. d. VA für Recklinghausen-Land,† 1. 4. 1920, 276, 300
Hütter, Mülheim-Heißen,†6. 4. 1920, 366
Hugo, Otto, Berlin, DVP, MdNV, 207 f.
Husemann, Fritz, Bochum, SPD, Vors. d. freien Bergarbeitergewerkschaft, 61, 70, 78, 459

Ibanetz, Otto, Elberfeld, USP, M. d. AA, 261
Imbusch, Heinrich, Essen, 61, 84

Jagow, Traugott v., Berlin, 405, 409
Jakobi, Lohberg, Schlosser, Angeklagter im Sebold-Prozeß, 412
Jarres, Karl, Duisburg, 69 f., 79, 104, 118 f., 125, 135, 188, 190, 334 f.
Jostemeier, Bernhard, Haltern, Schreiber, † 17./18. 4. 1920, 372
Junker, Recklinghausen, KPD, M. d. VR, am 22. 4. 1920 zum Tode verurteilt, 398

Kabisch, Ernst, Wesel, 9, 128 f., 137, 269, 285, 296, 333, 355
Kämpfner, Otto, Bochum, KPD, M. d. AR, 176, 240
Kahl, Wilhelm, DVP, MdR, 406
Kahr, Gustav v., München, Bayr. Ministerpräsident, 429
Kammeier, Karl, Bergkamen, Bergmann, † 4. 4. 1920, 371

Kampmann, Hermann, Herringen, Bergmann, KPD,† 31. 3. 1920, 238
Kapp, Wolfgang, Königsberg/Berlin, 15 f., 21, 28, 31, 35, 40 f., 46, 53, 57, 63-65, 67 f., 73, 99, 107, 147, 167, 170, 175, 181, 209, 215, 405 f., 408-411, 415, 424 f., 427, 433, 437, 441-444, 451 f., 460, 463 f.
Karusseit, Gottfried, Gelsenkirchen, 9, 97 f. 100 f., 126 f., 138, 196 f., 412, 441, 456
Katz, Berlin, Kaufmann, 237 f.
Kaupisch, Kassel, Major, RW-Gruppenkommando II, 153
Kemnade, Konteradmiral der Bundesmarine, 467
Kessels, Paul, Buer, 96
Kläs, Engelbert, Essen-Holsterhausen, Metallarbeiter,† 6. 4. 1920, 365 f.; dessen Mutter, 366
Klauser, Dortmund, Landrat, 302
Klee, Paul, Maler, 402
Kloft, Christian, Essen, Zentrum, 2. Vors. d. christlichen Metallarbeiterverbandes, Stv, 84
v. Kluge, Münster, General, um 1934 Wehrkreiskommandant, 466
Klupsch, Franz, Dortmund, SPD, Stv, M. d. SPD-Bezirksleitung Westliches Westfalen, 84, 443
Koch, Albert, Recklinghausen, Beamter im städt. Handwerks- und Gewerbeamt, 277
Koch, Erich, Berlin, 9, 150, 207, 290 f., 293, 334, 399 f., 406
Koch, Hubert, Duisburg, Union, Vors. d. Exekutivkomitees, 9, 13, 117, 125, 188 f., 265, 432, 435, 459
Köhl, Louis, Datteln, M. d. VR,† 2. 4. 1920, 310, 374
Kölpin, Heinz, Münster, 356
König, Arthur, Essen, Buchhändler, KPD, M. d. VR, 136
König, Max, Arnsberg, 18 f., 27, 75, 303 f.
Köster, Elberfeld, USP, M. d. AA, 261
Kolaß, Elberfeld, SPD, Parteisekretär, 167 f.
Kolbe, Hans, Bataillonskommandeur in der Marinebrigade Loewenfeld, 460
Kornatz, Wilhelm,† 4. 4. 1920 in Lünen, 372
Krakowczyk, Franz, Datteln, USP, Gemeindevorsteher, Amtsverordneter, M. d. VR, 310
Krause, Hermann, Bruckhausen, Bergmann, † 2. 4. 1920, 270
Kretzen, Johannes, Solingen, USP, Redakteur, 448
Kreuer, Essen, Rotgardistenführer, 320
Kreutz, Buer, Stadtrat, 395
Krischak, Wilhelm, Gelsenkirchen, Orts-

kommandant d. RA, 264
Krüger, Franz, Berlin, 148
Kümmel, Otto, Buer-Scholven, Bergmann, Rotgardistenführer, 397 f.
Kuhn, Hünxe/Bruckhausen, Kampfleiter d. RA, 9, 129, 137, 269 f.
Kullrich, Friedrich, Dortmund, Stadtbaurat, 321

Lachaise, Theodor, Essen, USP, Redakteur, 378 f.
Lamp, Bernhard, Elberfeld, 456 f.
Landé, Hugo, Elberfeld, 14
Langensiepen, Ernst, Barmen, 458
Langer, Paul, Duisburg-Beeck, Bergmann, Knappschaftsältester,† 3./4. 4. 1920, 368 f.
Legien, Carl, Berlin, 9, 145, 147 f., 208, 218, 220 f., 224, 328
Lehmann-Russbüldt, Otto, Berlin, Schriftsteller, 200
Lehnemann, Heinrich, Bergkamen, 65
Leidner, Karl, Mülheim, 9, 132, 134, 143, 296, 385
Lembke, Mülheim, 266, 296, 451
Lenin, Wladimir Iljitsch, 285, 357, 434, 436
Lequis, General, 200
Lettow-Vorbeck, Paul v., 35, 324 f., 408
Leutner, Fridolin, Dortmund, Dekorateur, KPD, M. d. ZR Essen, 171
Levetzow, Magnus v., Kiel, Konteradmiral, 408
Levi, Paul, Berlin, Rechtsanwalt, 1919 bis Anfang 1921 KPD-Vorsitzender, 132-135, 143, 204, 210, 218, 455, 458
Lichtenauer, Friedrich, Borbeck, Bergmann, M. d. Sicherheitswehr,† 7. 4. 1920, 326, 414
Lichtschlag, Otto, 28, 66, 68, 73, 416, 424, 457, 460, 466
Liebknecht, Karl, 107
Limper, Datteln, Amtmann, 310
Lindemann, Kiel, 408
Lindenburger, Obergefreiter, 413
Linzenmeier, Julius Ernst, Leutnant im Freikorps Roßbach, 326, 330, 361 f., 364, 366, 413, 418
Lippert, Maria, Bottrop, 365, 414 f., 417
Lloyd George, David, London, engl. Premierminister, 9, 44, 50
Löffler, Otto, Generalleutnant z. D., 32, 427
Loewenfeld, Wilfried v., Freikorpskommandant, 137, 237, 316, 460
Loos, Mülheim, städt. Beigeordneter, 296
Lorenz, Münster, Hauptmann, 70, 76, 169, 173, 237, 243, 250'
Losowski, Salomon A., Moskau, Präsident der Roten Gewerkschaftsinternationale, 372
Loßberg, Fritz v., Generalleutnant, Stabschef d. RW-Gruppenkommandos II Kassel, seit Mai 1920 Wehrkreiskommandant von Münster, 425, 428
Ludendorff, Erich v., 113, 282, 459
Ludwig, Konrad, Hagen, 9, 18-20, 37, 66-68, 93 f., 112, 165, 175, 301, 342, 350, 398, 404, 431, 433, 442, 446, 448, 457
Lüdemann, Hermann, Berlin, SPD, M. d. Preuß. LV, seit 27. 3. 1920 preuß. Finanzminister, 148
Lüttwitz, Walther v., Berlin, 15 f., 21, 35, 46, 63, 147, 167, 209, 215, 405 f., 409, 425
v. Lützow, 408, 413
Luther, Hans, Essen, 54 f., 69, 75, 150, 289, 311, 320, 326
Luxemburg, Rosa, 107, 139, 242

Mahnken, Heinrich, Leutnant, später Studiendirektor, 416, 460, 466
Malzahn, Heinrich, Berlin, Schlosser, USP, Zentrale der Betriebsräte Groß-Berlins, 218, 220
v. Manstein, Paderborn, 65
Markuse, Wilhelm, Recklinghausen, Arbeiter, KPD, M. d. VR,† 1. 4. 1920, 276-278, 413, 418
Marx, Karl, 30, 382
Maslow, Arkadij, Berlin, 1924/25 ZK d. KPD, 456 f.
Maurer, Max, Essen, Straßenbahner,† 17./18. 4. 1920, 370, 414
Mayer, Wilhelm, Paris, Geschäftsträger des Deutschen Reiches, 9, 43, 45 f., 154-156, 204 f., 212-214, 219, 287 f., 291 f.
Mehlich, Ernst, Münster, 9, 18 f., 27, 53, 71, 131, 175, 248 f., 279, 301, 305, 313, 330, 335, 370, 388, 401, 443, 461 f.
Meinberg, Adolf, Dortmund, 9, 13, 19, 25 f., 35, 104 f., 138, 240 f., 249 f., 257, 264, 300 f., 311 f., 321, 384, 390, 440, 442, 445 f., 457-459, 462
Meinka, Josef, Bottrop, Bergmann, Rotgardist,† 18. 5. 1920, 370
Meis, Josef, Hamm-Bossendorf, Lebensmittelhändler,† 1. 4. 1920, 274 f.; dessen Ehefrau Josefina, 275, 413
Meis, Walter, Gevelsberg/Lünen, 143, 445 f.
Melcher, Kurt, Essen, 462
Merkel, Hermann, Solingen, 331, 343
Merten, Wellinghofen, Amtmann, 321
Meyer, Heinrich, Düsseldorf, SPD, M. d. Bezirksvorstands d. freien Gewerkschaften, 78
Michelis, Berlin, Major, Reichswehrministe-

rium, 153
Millerand, Alexandre, Paris, frz. Ministerpräsident, 9, 41, 43 f., 46 f., 50, 153-156, 205, 212-214, 219, 286-288, 291
Model, Walter, 460
Möcklinghoff, Johann, Recklinghausen-Süd, Gastwirt,† 1. 4. 1920, 278
Möller, Friedrich Heinrich, Recklinghausen-Süd, Bergmann,† 16. 4. 1920, 372
Most, Otto, Duisburg-Ruhrort, DVP, Geschäftsführer der Industrie- und Handelskammer, MdNV, 135, 266
Müller, August (Dudo), Mülheim/Walsum, † 31. 3. 1920, 9, 100, 129, 142-144, 177, 239, 322, 357 f.
Müller, Ernst, Duisburg, SPD, Zivilkommissar, 53, 385, 400
Müller, Hermann, Berlin, SPD, Reichsaußenminister, seit 27. 3. 1920 Reichskanzler, 9, 41, 46, 147, 156 f., 161, 167, 204-207, 210 f., 216-218, 286-292, 324, 328 f., 331 f., 334, 382, 399, 403
Müller, Duisburg, M. d. Exekutivkomitees, 125
Müller, Lohberg, Bergmann, Angeklagter im Sebold-Prozeß, 412
Münzberg, Hermann, Duisburg, 117, 459

Naendrup, Hubert, Münster, 462
Napierala, Walter, Lünen, 377
Nellessen, Elberfeld, KPD, M. d. AA, 243
Neysters, Gerhard, Gelsenkirchen, Vorzeichner, USP, Vorsitzender d. AA, 120, 130 f., 264
Nickel, Oskar, Mülheim, 26, 176 f., 183, 243, 245, 257, 318, 385, 435, 447,
Niemöller, Martin, Münster, 96, 283, 465
Nollet, Charles-Marie-Edouard, Berlin, frz. General, Vorsitzender der IMKK, 40 f., 45, 47, 156, 211, 286 f., 423, 429
Noske, Gustav, Berlin, 10, 22, 24, 39, 66, 132, 142, 145 f., 148 f., 158, 209 f., 464
Nowack, Anton, Franz, Johann, Paul (Brüder), Herringen, Bergarbeiter, zwei von ihnen † 31. 3. 1920 in Herringen, Paul † 1. 4. 1920 in Pelkum, 238, 280

Obermeyer, Karl, Essen, SPD, Gewerkschaftsfunktionär, MdNV, Zivilkommissar,362, 378
Oeser, Rudolf, Berlin, DDP, preuß. Arbeitsminister,148
Oettinghaus, Walter, Milspe, 19, 67 f., 75, 101 f., 112, 119, 234, 257, 345 f., 403, 448, 458
Ogurek, Joachim, Herringen, Bergarbeiter, 281

Ohrmann, Bochum, Angestellter, SPD, M. d. AR, 240
Oleink, Fritz, Bottrop,† 371
Osterroth, Nicolaus, Berlin, SPD, MdNV, 138, 175, 217 f., 221, 224, 328, 425

Pabst, Waldemar, Hauptmann, 405
Paléologue, Maurice, Paris, Unterstaatssekretär im frz. Außenministerium, 43, 45 f., 154 f., 204 f., 212, 288
Papen, Franz v., Berlin, 1932 Reichskanzler, 1933 Vizekanzler unter Hitler, 450, 462
Paul, Walter, Ronsdorf, 68, 78
Paulinc, Johann, Herringen, Bergmann, † 1. 4. 1920 in Pelkum, 280
Pelledun, Richard, Bottrop, Bergmann, M. d. VR,† 18. 5. 1920, 370
Pentoch, Fritz, Bottrop, Bergmann, M. d. RA,† 6. 4. 1920, 366 f.; dessen Vater, 367
Phillipp, August, Bergkamen, Bergmann, †23. 4. 1920 in Pelkum, 372
Picasso, Pablo, Maler, 353
Pieck, Wilhelm, Berlin/Essen, 5, 10, 95 f., 99 f., 100, 103, 109, 112 f., 123, 127, 132, 135, 139 f., 143, 171, 217, 222-224, 226, 251-253, 256 f., 295, 319, 328, 338, 432 f., 441
Pint, Katharina, Witten, Krankenschwester d. RA,† 1. 4. 1920 in Pelkum, 281
Platzel, Emil, Essen-Schonnebeck, Arbeiter, zum Tode verurteilt und verschleppt, 375
Plenge, Oskar, Solingen, 271, 395, 398
Potlesney, Robert,† 4. 4. 1920, 372
v. Preinitzer, Münster, Generalmajor, Kommandeur der Division Münster, 333
Pröbe, Ewald, Lünen, 377

Rabold, Emil, Berlin, USP, Redakteur, 436
Radau, Erich, Pelkum, Bergmann,† 1. 4. 1920, 280
Radbruch, Gustav, Universitätsprofessor in Kiel, später Heidelberg, SPD, 1920 MdR, 1921 Reichsjustizminister, 406, 408
Radek, Karl, Moskau, 357, 434
Rapczinski, Hedwig, Lohberg,† 2. 4. 1920 in Dinslaken, 271
Rathenau, Walther, Berlin, 1921 Wiederaufbauminister, 1922 Außenminister, 427, 457, 463
Rauscher, Ulrich, Berlin, 290
Rehne, Georg, Reichswehrsoldat, Mörder des Grafen Otto v. Westerholt, 414
Reiber, Johann, Mülheim-Heißen,† 6. 4. 1920, 366
Reimann, Max, nach 1945 Vorsitzender der KPD, 439

Reismann-Grone, Theodor, Essen, Zeitungsverleger, 1933-1937 Oberbürgermeister von Essen, 466
Rensmann, Albert, Barmen, KPD, M. d. AA, 243
Reusch, Paul, Oberhausen, Generaldirektor der Gutehoffnungshütte, 135, 425
Reuß, Heinrich, Mülheim, 114, 141, 239
Rhode, Paul, Recklinghausen-Essel, SPD, Lehrer, Amtsvorsteher, 443
Rhone, Bottrop, 184, 309
Richter, Essen, Staatsanwalt, 410
Riesener, Hermann, Borbeck, Bergmann, M. d. Sicherheitswehr,† 7. 4. 1920, 326, 414
Riezler, Kurt, Berlin, Gesandter, Büro des Reichspräsidenten, 290
Ritter, A., Münster, USP-Kreisvorsitzender, 445
Ritzauer, Emil, Werne b. Langendreer, Arbeiter,† 18./19. 4. 1920, 372
Rocher, Bernhard, Bottrop-Beißenheide, † 5. 4. 1920, 370
Röhm, Ernst, Stabschef der SA, 460
Römer, Wilhelm, M. d. Akademischen Wehr, Münster, Rechtsanwalt, MdR, Gauführer der NS-Juristenvereinigung, 462
Rösner, Essen, Arbeiter,† 7./8. 4. 1920, 374, 413
Rogowski, Essen, Bergmann,† 7. 4. 1920, 326, 413
Rose, Bottrop,† 371
Rosenbaum, Klemens, Datteln, Arbeiter, † 2. 4. 1920, 310
Roßbach, Gerhard, 364, 413
Rüth, Josef, Funktionär d. „Reichsbundes der Kriegsbeschädigten", 386 f.
Runge, Paul, Köln, SPD, Polizeipräsident, 348
Rusch, Oskar, Berlin, 218
Ryan, R. S., Köln, 171, 346

v. Salmuth, Hagen, 48, 73, 99
Salzmann, Hermann, Recklinghausen, 116
Sametz, Wenzeslaus, M. d. Marinebrigade Loewenfeld,† 28./29. 3. 1920 in Dorsten, 196, 456
Sasse, Ewald, Hagen, DDP, Oberstadtsekretär, 61
Sauerbrey, Paul, Barmen, 19 f., 338, 380, 458
Schaumann, Amalie, Magdeburg/Hamborn /Dinslaken, KPD, 137, 385, 392, 468
Scheffler, Heinrich, Osterfeld, Bergmann, † 5. 4. 1920, 372
Scherer, Wetter, Metallarbeiter, am 20. 4. 1920 verhaftet und verschleppt, 377
Schiele, Naumburg, Minister der Kapp-Regierung, 409
Schiff, Victor, Berlin, 410
Schiffer, Eugen, Berlin, 35, 45, 147, 158
Schiller, Friedrich, Dichter, 116
Schiller, Max, Duisburg, 432
Schlageter, Albert Leo, Batterieführer in d. Marinebrigade Loewenfeld, 120, 316, 416, 466
Schleicher, Kurt v., Berlin, Major, Reichswehrministerium, 158, 337
Schlicke, Alexander, Berlin, 147
Schluchtmann, Wilhelm, Duisburg, 53-55, 150, 243, 464
Schluck, Karl, Bochum-Laer, Pferdemetzger, Führer d. Arbeiterwehr,† 18./19. 4. 1920, 372
Schlüter, Niederbonsfeld b. Hattingen, Dreher, Angeklagter im Essener Wasserturm-Prozeß, 411
Schmidt, Fritz, Bottrop, Arbeiter,† 371
Schmidt, Mülheim, städt. Beigeordneter, 317
Schmitt, Wilhelm, Düsseldorf, USP, Geschäftsführer des Allgemeinen Konsumvereins, 259
Schmitt, Buer, M. d. VR, 397
Schneider, Gustav, Hagen, 445, 448
Schneider, Wilhelm, Dortmund, 178
Schneider, Hauptmann, 358
Schnell, Elberfeld, SPD-Funktionär, 437
Schoch, August, Duisburg, 117
Schön, Paul, Lohberg, KPD, Stv, Armenpfleger,† 2./3. 4. 1920, 272
Schönbeck, Willi, Essen, 338
Schroer, Alfred, Essen, Bergmann, 449
Schubert, Hermann Karl, Recklinghausen-Essel, Bergmann,† 2. 4. 1920 in Suderwich, 309
Schubert, Dortmund, DVP, Werkführer, M. d. Magistrats,† 1. 4. 1920, 301
Schüller, Remscheid, Rotgardistenführer, 185, 260
Schürmann, Johann, Essen-Holsterhausen, Arbeiter,† 6. 4. 1920 in Mülheim-Heißen, 365
Schulz, Freikorpskommandeur, 68, 128, 308, 365, 373, 413, 460, 466
Sebold, Joseph Wilhelm Heinrich, Lohberg, 412
Seeckt, Hans v., Berlin, 10, 32, 45, 47, 64 f., 74, 86, 121, 123, 145, 150, 152, 156, 210, 268 f., 284, 289, 389, 424-429, 463
Seger, Friedrich, Leipzig, USP, Redakteur, MdNV, 208
Severing, Carl, Münster/Berlin, 10, 18 f., 26 f., 52-54, 56, 58-60, 62, 65-75, 77, 79-84,

573

86-90, 93, 107, 109, 111, 120 f., 131, 134, 148, 152, 161, 164 f., 167, 169, 173, 175, 189, 199, 210, 214-217, 221, 234-252, 257, 261 f., 264, 266-269, 279, 282, 284, 288 f., 291, 293, 298, 301, 303-307, 310-312, 321, 324, 329 f., 333-336, 343, 347-349, 370, 375, 382 f., 388, 397, 415, 421, 424-426, 428, 439, 442 f., 445, 450, 452, 457, 461-465, 467

Siek, Friedrich, Altenessen, Straßenbahnschaffner,† 7./8. 4. 1920, 369

Siemsen, August, Essen, 384, 458

Sinowjew, Grigorij, Moskau/Petrograd, Präsident der Kommunistischen Internationale, 433-435

Soyka, Joseph, Bottrop, Bergmann, M. d. Arbeiterwehr,† 3. 4. 1920, 315

Spaniol, Nikolaus, Oberhausen, sowie dessen Vater Johann Spaniol, 385

Spethmann, Hans, Köln/Essen, 9, 90 f., 168, 269, 284, 298, 374, 412, 425, 445, 451, 464, 466

Spies, Berta, Steele, Arbeiterin,† 1. 4. 1920 in Bruckhausen, 270

Spinnraths, Peter, Essen, KPD/KAPD, M. d. VR, 136

Stabla, Bottrop, Bergmann,† 371

Stämpelmann, Bottrop, Anstreicher, 367

Stampfer, Friedrich, Berlin, 121, 437, 451

Starck, Düsseldorf/Dinslaken, 142

Staudt, Max, Recklinghausen, Geschäftsbesitzer, 361

Steinbiß, Friedrich, Essen, Anstreicher, 373

Steinert, Herne, Bergmann,† 9. 4. 1920, 372

Steinhauer, Wilhelm, Essen, USP, Gewerkschaftssekretär, Stv, 326

Stemmer, Karl, Bommern/Unna, 10, 26, 35 61, 69, 75, 78, 84, 89, 96 f., 100 f., 195, 201, 239, 283, 385, 390, 446, 458

Stendebach, Elberfeld, KPD/KAPD, M. d. AA, 173

Stens, Hermann, Hagen, 16

Stern, Victor, Essen, 25, 94 f., 114, 171, 242, 252, 379, 431 f., 440, 458

Sthamer, Friedrich, London, Geschäftsträger des Deutschen Reiches, 46

Stinnes, Hugo, Mülheim, 417

Störbrock, Recklinghausen, Polizeibeamter, 413

Stopikowski, Dortmund, Arbeiter, 364

Stremmer, Johann, Kirchhellen, Bergmann, provis. Gemeindeverwalter während des Aufstands, Organisator des örtlichen Sicherheitsdienstes,† 3. 4. 1920 in Bottrop-Eigen, 315

Stuart, Harold, Koblenz, engl. Hochkommissar, 49-51, 292

Südekum, Albert, Berlin, 148, 158

Suhr, Emil Ernst Friedrich, Langenbochum, Bergmann,†3. 4. 1920 in Recklinghausen, 367

Tappe, Duisburg-Beeck, Arbeiter,†3./4. 4. 1920, 369

Taus, Peter, Erkenschwick, Bergmann,† 3. 4. 1920 in Recklinghausen, 367

Terboven, Essen, Gauleiter der NSDAP, 466

Teuber, Heinrich, Bochum, 21, 240, 414, 431 f., 458 f.

Thalheimer, August, Berlin, 432

Thiemt, Friedrich, Herringen, Bergmann, † 1. 4. 1920 in Pelkum, 280

Thomas, Arthur, Düsseldorf, KPD/KAPD, 258

Thyssen, Fritz, Mülheim, Industrieller, 463

Tönebörn, Heinrich, Recklinghausen, SPD, Zivilkommissar, 116, 243, 246, 383

Tomaschewski, Gottlieb, Werne b. Langendreer, Arbeiter,†18./19. 4. 1920, 372

Tombrock, Hans, Hörde, 321, 324, 411, 441 459

Triebel, Oskar, Barmen, Schlosser, KPD, M. d. AA, 61, 69, 84, 90, 95, 459

Trimborn, Karl, Zentrum, MdNV, 443

Trotzki, Leo, 57, 372, 436

Ulbricht, Walter, 459

Ullenbaum, Elberfeld, SPD-Parteisekretär, 167

Vögler, Albert, Dortmund, Industrieller, 417

Vogelsang, Hermann, Essen, Bergassessor, geschäftsführendes Mitglied d. Bergbau-Vereins, 466

Voigt, Korrespondent des „Manchester Guardian", 364

Vollmerhaus, Karl, Berlin, USP, ADGB-Bezirkssekretär für Brandenburg, 243

Wagner, Julius, Essen, Kaufmann, sowie dessen Ehefrau, 361 f.

Walcher, Jacob, Berlin, 161, 223, 226

Wallraven, Wattenscheid, Stadtbaurat, kommissarischer Bürgermeister, 263, 356

Waltenbauer, Adolf, Recklinghausen, Kaufmann, M. d. Einwohnerwehr, 276, 413

v. Wangenheim, Minister der Kapp-Regierung, Vors. d. Reichslandbundes, 409

Watter, Oskar v., Münster, 10, 19-21, 28, 32-39, 41, 45, 51-58, 62-68, 70, 73, 77, 79-82, 84, 86, 90, 93, 102, 106 f., 120 f., 137, 146, 148 f., 152, 156-158, 164, 167-173, 175 f., 178 f., 181, 184, 191, 193, 198-200, 202, 210 f., 214-218, 222 f., 225, 227, 234-237, 240, 242, 244 f., 247-251, 253, 263, 268 f., 276, 285, 289-291, 297,

300, 313, 324, 329, 333 f., 336, 345, 347-349, 356, 375, 387-390, 397, 401, 410 f., 424-426, 443 f., 453, 463-466
Weber, Adolf, Bottrop, Zimmermann,† 3. 4. 1920, 315
Weber, Heinrich, Recklinghausen, Bergmann,† 3. 4. 1920, 367
Weber, Max, Soziologe, 143
Wedelstaedt, Carl v., Gelsenkirchen, 120, 130
Wegmann, Paul, Berlin, USP, Zentrale d. Betriebsräte Groß-Berlins, 218, 220
Weidenhaupt, Essen, Staatsanwalt, 410 f.
Weidtkamp, Hermann (Saldo), Oberhausen, 257
Weil, Karl, Bergmann,† 3. 4. 1920 in Unna, 317
Weinbrenner, E., Duisburg, christl. Gewerkschaftssekretär, 75 f.
Weismann, Robert, Berlin, preuß. Staatskommissar für die Überwachung der öff. Ordnung, 305
Wels, Otto, Berlin, 146, 208
Westarp, Kuno v., Berlin, DNVP, MdR, 463
Westerholt, Otto v., Schloß Sythen, 359 f., 374, 390, 414
Westerweg, Kray, Arbeiter, USP, am 9. 4. 1920 zum Tode verurteilt und verschleppt, 375
Weygand, Maxime, frz. General, 43, 153-155
Wieczorek, Major, Kommandeur des RW-Regiments 61, 274
Wild, Anton, Duisburg, 10, 117, 125, 135, 142, 188 f., 265, 385, 408, 432, 435, 459
Willumeit, Franz, Datteln, Schlosser,† 2. 4. 1920, 310, 374
Wilms, Mülheim, städt. Beigeordneter, 296
Windhoff, Karl, Düsseldorf, Fliesenleger, Syndikalist, 259
Winkelhock, Heinrich, Elberfeld, SPD-Parteisekretär, 167, 172, 261
Winkelmann, Wetter, Bürgermeister, 52
Wirth, Joseph, Berlin, Zentrum, seit 27. 3. 1920 Reichsfinanzminister, 147
Witschel, Hermann, Essen, Arbeiter,† 7./8. 4. 1920, 374, 413
Woldt, Richard, Duisburg/Münster, 439
Woltmann, Oberhausen, Direktor der Gutehoffnungshütte, 135
Würmeling, Bernhard, Münster, 10, 51, 151, 307, 386, 389, 399, 403, 428

Zaisser, Wilhelm, Essen, Lehrer, M. d. Kampfleitung d. RA, 449, 459
Zalden, Johann, Duisburg, Arbeiter, KPD, Kampfleiter d. RA, 117, 385, 459

Zeller, Max, Student, Oberjäger in der Brigade Epp, 280
Zetkin, Clara, Stuttgart/Berlin, 432, 447 f.
Zickler, Artur, Berlin, 282
Ziemke, Hans, Bottrop, Zimmermann,† 3. 4. 1920, 315
Zietz, Luise, Berlin, USP, MdNV, ZK d. USP, 216
Zimmermann, Buer, Bürgermeister, 297
Zirkel, Franz, Lütgendortmund, Hilfsarbeiter,† 9. 4. 1920, 371

2. Ortsregister

a) Rheinland-Westfalen

Aachen, 352
Ahlen, 63, 120, 130, 138, 176, 237
Altena, 111, 131, 163, 336
Altenbeken, 241
Altenbochum, 263
Altenessen, 317, 322, 324 f., 339, 369
Annen, 456
Aplerbeck, 12, 263
Arnsberg, 18, 56, 62, 75, 149, 192, 241, 303 f., 321, 327, 329

Bad Hamm, 240
Barmen, 12, 14, 19, 22, 28, 33, 61, 69, 78, 84, 105, 111, 119, 131, 139, 172 f., 235, 243, 260 f., 313, 318 f., 323 f., 337 f., 344, 348, 351, 364, 377, 379 f., 420, 428, 435-437, 452, 459
Baukau, 198
Beckum, 52, 63, 120, 130, 138
Beeck, 31, 357, 368 f.,
Benrath, 342
Bergkamen, 65, 279, 282 f., 371 f.
Beyenburg, 178
Bielefeld, 5, 11, 18, 52, 54, 56, 58-107, 110-117, 119-121, 123 f., 126-128, 130-132, 135-141, 143 f., 149-152, 157 f., 161, 163-167, 169 f., 172 f., 175 f., 178 f., 185, 195, 198, 201, 209, 215, 217 f., 221-223, 234-236, 243-247, 252-257, 262-264, 284, 294-296, 300, 303, 307, 309, 311, 317 f., 320, 322 f., 327 f., 330, 333, 337, 379, 384, 387 f., 399, 405, 413, 415, 417 f., 420 f., 425, 428, 431-433, 435, 439-441, 443 f., 446-448, 455, 459, 462
Billerbeck, 107
Blankenstein, 421
Bochum, 12, 18, 21, 30, 32 f., 40, 45, 61, 78, 111, 115 f., 119, 123, 130 f., 166, 176-178, 184, 240 f., 243, 264, 267, 274 f., 277, 294 f., 299 f., 303 f., 320, 327, 334, 362 f., 390, 420, 431, 441-443, 448, 458 f. 462, 465; s. auch Altenbochum, Laer, Langendreer, Weitmar
Bonn, 347
Borbeck, 325, 414, 465
Bork, 138, 310
Borken, 107, 119 f., 155
Bottrop, 172, 177 f., 184 f., 196, 198, 306, 309, 315-317, 322, 325, 355, 361, 363, 365-367, 370 f., 373, 375-377, 383, 396, 414, 417, 420 f., 452, 461, 467; s. auch Eigen
Brilon, 248

Bruckhausen, 9, 129, 137, 270
Bucholtwelmen, 106, 119, 128 f.
Buer, 12, 96, 116, 126, 136, 144, 182, 195 f. 265, 282, 297, 299, 309, 313, 317, 358, 377, 390, 392, 395-398, 421, 448; s. auch Erle, Hassel, Scholven
Buldern, 71

Castrop, 12, 28, 106, 185, 300, 302, 323; s. auch Rauxel
Coesfeld, 57, 107
Cronenberg, 262

Datteln, 195, 198, 309 f., 317, 355 f., 374, 396
Dellbrück, 48, 346-348, 351, 426
Derne, 182, 185, 264, 317
Dinslaken, 12, 63, 71, 76, 107, 122, 129 f., 142, 151, 164, 173, 180, 186, 193, 213, 225, 239, 268-274, 283-285, 296 f., 299, 308, 385, 412, 417, 465; s. auch Eppinghoven, Hiesfeld, Lohberg
Dorsten, 9, 12, 71, 75 f., 96 f., 100 f., 120, 126, 137, 194-196, 237, 239, 283, 297, 308, 356, 383, 397, 423, 453, 466; s. auch Hervest-Dorsten, Holsterhausen
Dortmund, 9, 13, 18 f., 26, 28 f., 33-35, 45, 52 f., 61, 63 f., 69, 75, 77, 84, 104 f., 110, 115, 124, 126, 138, 144, 169-171, 175 f., 178, 181, 183 f., 190-192, 207, 235, 240 f., 243, 249 f., 255, 262, 264, 267, 279, 282, 284 f., 300-304, 310 f., 317, 320 f., 323 f., 332, 354, 356 f., 362 f., 371 f., 382, 384, 386, 396, 412, 417, 421, 423, 440, 442 f., 446, 457, 460; s. auch Aplerbeck, Derne, Hörde, Lütgendortmund, Mengede, Wambel, Wickede-Asseln
Dülmen, 68, 83, 108
Düsseldorf, 12, 15, 18, 21, 51, 56, 62, 66, 78, 84, 105, 131, 136, 142, 149, 166, 169, 173, 176, 178 f., 181, 185 f., 190, 192, 243, 258 f., 263, 265-267, 285, 303, 305 f., 312 f., 318, 323, 327, 329 f., 332, 342, 345, 351, 361, 364, 380, 389, 392, 403, 416, 420 f., 424, 426, 428 f., 433, 435, 439, 459 f., 466, 469; s. auch Kaiserswerth
Duisburg, 9 f, 12 f., 19, 23, 30-32, 51, 53, 55, 61 f., 75 f., 94, 104, 116-119, 125-127, 135, 142, 172, 176 f., 179 f., 186-192, 199, 210, 234, 243, 245, 259, 265 f., 305, 312-314, 332, 334, 344, 354, 356, 358, 373, 385, 400, 404, 408, 412, 425, 429, 431-453, 435, 437, 459; s. auch Beeck, Hamborn, Laar, Meiderich

Eickelborn, 456
Eigen, 315, 370

Elberfeld, 12, 14-16, 20, 22 f., 26, 28, 33, 39, 51, 61, 69, 77, 84, 90, 105, 110 f., 121, 127, 131, 139, 167, 172 f., 177 f., 199 f., 211, 214, 216, 234 f., 243, 249, 251, 260 f., 267, 273, 305, 313, 324, 330, 337, 342, 344, 351, 361, 380, 420 f., 426, 428, 432, 435, 437, 452, 455 f., 458; s. auch Cronenberg, Ronsdorf, Vohwinkel
Engelskirchen, 460
Eppinghoven, 130, 381
Erkenschwick, 367
Erle (Buer-), 317
Erle b. Raesfeld, 130
Essel, 276, 443
Essen, 5, 12 f., 19, 23-25, 29 f., 33, 40, 45 f., 51 f., 54-57, 61 f., 66, 69, 84, 94-96, 99-101, 103 f., 108, 110-114, 116, 119, 124, 127, 130-132, 134-136, 138-140, 144, 150, 153, 158 f., 162-164, 166 f., 169-174, 176, 178, 181-186, 190, 192, 199, 204, 210, 217 f., 220, 222-224, 234 f., 238 f., 241-243, 246, 248, 251 f., 255, 260, 262-266, 270, 289, 292-296, 301, 305, 307, 310 f., 313, 316, 318-320, 322-327, 332, 337, 344, 349, 355-358, 361, 363-366, 369, 372-374, 377-380, 382, 384, 390, 393, 398, 410 f., 413-415, 418, 423, 431 f., 436 f., 440-442, 445, 449, 451, 455-459, 466; s. auch Altenessen, Borbeck, Holsterhausen, Karnap, Kray, Rüttenscheid, Schonnebeck, Steele, Stoppenberg, Überruhr, Werden

Flaesheim, 275
Friedrichsfeld, 106, 129, 137, 315
Fröndenberg, 192, 317

Gahlen, 137, 194
Gelsenkirchen, 12, 29, 40, 62, 69, 84, 100, 104, 120, 126 f., 130, 166, 197, 202, 243, 264, 267, 288, 298 f., 303, 309, 313, 323, 358, 441, 456; s. auch Buer, Heßler, Horst, Schalke
Gevelsberg, 119, 257, 350 f., 445; s. auch Milspe
Gladbeck, 128, 315 f., 357, 417
Görsicker, 129
Groß-Reken, 120
Gummersbach, 16, 106, 417

Haan, 342 f.
Hagen, 9, 12, 14, 16-23, 25-37, 45, 47 f., 51-53, 55, 61 f., 64, 66 f., 69 f., 75, 78, 84, 89 f., 93-96, 98 f., 101, 104 f., 107, 111 f., 114 f., 117, 119 f., 123, 126 f., 131 f., 134-141, 144, 163-166, 172 f., 175 f., 178 f., 211, 215, 234-236, 239-241, 243 f., 248, 252, 258, 261-264, 301, 303,
313, 323 f., 327, 330, 336, 342-344, 348, 350, 371, 380, 385 f., 424, 428, 431 f., 440, 442, 445 f., 448, 452, 457, 460; s. auch Haspe, Kabel
Haltern, 76, 83, 96, 108, 130 f., 138, 194, 198, 212, 237, 269, 274-278, 283 f., 289, 297, 320, 360, 372, 393
Hamborn, 12, 19, 75 f., 99, 137, 141 f., 181, 243, 265, 307, 313, 357 f., 373, 395, 452; s. auch Marxloh
Hamm, 12, 18, 52, 67, 75 f., 96, 120, 176, 183, 192, 194, 199, 235, 237, 240 f., 248-250, 261 f., 264, 269, 279, 284 f., 289, 296, 300, 303 f., 313, 348, 362, 371, 387, 389, 413 f., 443, 453; s. auch Bad Hamm, Heessen, Herringen, Pelkum, Radbod, Weetfeld, Wiescherhöfen
Hamm-Bossendorf, 237, 274 f., 413, 417, 465
Haspe, 344
Hassel (Buer-), 372
Haßlinghausen, 330, 424
Hattingen, 262, 303 f., 411
Hausdülmen, 83, 96, 108
Heessen, 130, 138, 194
Heiligenhaus, 330
Heißen, 325, 365 f.
Hemmerde, 238, 296
Henrichenburg, 317, 321
Herdecke, 16, 18, 37, 41, 450
Herford, 390
Herne, 126, 181, 279, 297-299, 303 f., 322, 348, 356, 372; s. auch Baukau, Sodingen
Herringen, 238, 279-282
Herten, 182, 297-299
Hervest-Dorsten, 120, 130, 194, 196, 245, 397
Heßler, 322, 324, 399
Hiesfeld, 272
Hörde, 12 f., 28, 34 f., 38, 53, 67, 182, 239, 262 f., 303 f., 321-324; s. auch Kirchhörde, Wellinghofen
Hösel, 330
Hohenlimburg, 344, 350
Holsterhausen b. Dorsten, 373
Holsterhausen (Essen-), 365
Holten, 308
Holthausen (Mülheim-), 368
Horst, 128, 195, 316 f., 322, 339, 356
Hüls, 276, 356, 374, 385
Hünxe, 9, 71, 76, 98, 119, 128 f., 137, 193, 269, 465

Iserlohn, 108, 111, 131, 163, 184, 261, 330, 336, 350, 421

Kabel (Hagen-), 344
Kaiserswerth, 305, 420

577

Kamen, 12, 28, 65, 183, 195, 261, 263, 279-281, 311, 317
Karnap, 128, 316 f., 322, 325, 339
Kirchhellen, 283, 287, 309, 315 f., 396, 461, 467
Kirchhörde, 377
Köln, 39, 47 f., 153, 171, 237, 342, 344-348, 350, 455; s. auch Dellbrück
Kray, 375
Krefeld, 48, 327
Krudenburg, 119, 128
Kurl, 284, 317, 321

Laar, 314
Laer (Bochum-), 372
Langenberg, 262
Langendreer, 327
Langenfeld, 40
Lennep, 12 f., 22, 108, 131, 163, 184, 262, 342, 428
Letmathe, 350
Lippramsdorf, 194
Lippstadt, 36 f., 102, 107, 248
Lirich (Oberhausen-), 315
Lohberg, 128 f., 137, 239, 270 f., 412
Lüdenscheid, 131, 303, 336
Lüdinghausen, 199, 242
Lünen, 12, 28, 45, 75 f., 104 f., 111 f., 115, 138, 143, 185, 193, 250, 310, 317, 356, 372, 376 f.
Lütgendortmund, 371
Lüttringhausen, 12, 262; s. auch Beyenburg

Marl, 13, 96 f., 126, 185, 194, 196, 275, 283, 298, 309, 417; s. auch Hüls
Marxloh (Hamborn-), 271
Mehrum, 129
Meiderich, 373, 400
Menden, 421
Mengede, 185, 193, 324
Mettmann, 22
Milspe, 19, 67, 101
Möllen, 270, 272, 287
Mönchen-Gladbach, 48
Moers, 48
Mülheim, 9, 12, 23 f., 26, 32 f., 51, 55, 61, 75, 89, 99 f., 103 f., 111-115, 123 f., 126, 130-135, 139-143, 162, 170, 176 f., 179 f., 183 f., 188 f., 192, 195, 216, 234, 239, 243, 245, 255, 257, 263, 265 f., 293, 296 f., 305, 310, 313, 317-319, 322 f., 325, 355, 358, 360, 365 f., 368, 373, 385, 397, 400 f., 428 f., 431 f., 435 f., 443, 447, 449, 451 f., 469; s. auch Heißen, Holthausen, Styrum
Müngsten, 347

Münster, 9, 21, 35, 45, 51-57, 61 f., 64, 68, 71-74, 76 f., 83, 86, 93, 96, 102, 104, 106 f., 119-121, 130 f., 149, 151, 156 f., 161 f., 165, 168 f., 171, 174 f., 183, 189, 197, 215-217, 221, 234 f., 238-244, 246, 248-254, 256-266, 268-270, 274, 276, 279, 283 f., 293-298, 300-307, 309-314, 318, 320-322, 327, 329, 331, 333, 335, 337, 345, 348-350, 357 f., 360, 366, 370, 372, 375, 386 f., 393, 396-398, 414 f., 422, 424 f., 440, 444 f., 448, 451 f., 462 f., 467

Oberaden, 283, 371
Oberhausen, 12 f., 23, 32, 55, 61, 75 f., 99, 106, 142, 172, 176, 243, 265, 293, 297, 309, 314, 317, 323, 356, 368, 385, 425; s. auch Holten, Lirich, Osterfeld, Sterkrade
Oelde, 93
Oer, 276; s. auch Erkenschwick
Ohligs, 40, 458
Olfen, 194, 283, 285
Opladen, 40
Osterfeld, 12, 279, 314, 316 f., 372

Paderborn, 241, 248, 283, 370; s. auch Sennelager
Peddenberg, 98, 119
Pelkum, 248, 268 f., 279-284, 296, 300, 302, 304, 307, 311, 371 f., 417, 439, 460, 465-467
Polsum, 397

Radbod, 237
Raesfeld, 120, 357, 465
Ratingen, 262
Rauxel, 12, 28
Recklinghausen, 12, 21, 30, 36, 52, 61 f., 69, 104, 116, 126, 179 f., 184 f., 190 f., 198, 243, 246, 248, 276-279, 283, 285, 289, 294, 297 f., 300, 306, 309, 320 f., 354 f., 361, 367 f., 372, 383, 398, 413, 418, 420, 443; s. auch Essel, Speckhorn, Suderwich
Remscheid, 5, 9, 12, 14, 18, 22, 48, 66, 74, 84, 96, 103, 131, 153, 163, 170 f., 185, 243, 257, 260 f., 336, 342-344, 347, 350 f., 415, 426, 428, 452, 458, 466; s. auch Lennep, Lüttringhausen
Rheda, 102, 107
Ronsdorf, 12, 68, 78, 84, 420
Rüttenscheid, 368
Ruhrort, 125, 135, 188 f., 199, 266, 429

Schalke, 322, 339
Schermbeck, 9, 96-98, 130, 137
Schlebusch, 39
Scholven (Buer-), 397
Schonnebeck (Essen-), 375

Schwelm, 19, 111 f., 131, 163, 303 f., 330, 344, 351
Schwerte, 45, 131, 235, 240 f., 312, 320 f., 323 f., 330, 343, 350
Selm, 283
Sennelager, 245, 350, 370, 385, 427
Siegen, 18
Sodingen, 348, 363
Soest, 18, 120, 192, 194, 396
Solingen, 39, 271, 331, 342 f., 346, 395, 398, 448; s. auch Ohligs, Wald
Speckhorn, 276
Sprockhövel, 443
Steele, 270, 416, 460, 466
Sterkrade, 12, 28, 172, 297, 308 f., 314 f., 317
Stoppenberg, 395
Styrum, 322
Suderwich, 309
Sythen (Schloß), 138, 333, 358-360, 414

Überruhr (Essen-), 319
Unna, 12, 45, 131, 192, 195 f., 238, 263, 283 f., 296, 317, 324, 354, 356, 453

Velbert, 182, 330, 436
Voerde/Niederrhein, 129, 137, 270, 465; s. auch Möllen
Vohwinkel, 261, 350

Wald, 40, 342
Walsum, 9, 12, 177, 189, 198, 287, 308, 469; s. auch Wehofen
Waltrop, 310, 322, 356, 371
Wambel, 396
Wanne, 192, 263, 300, 323
Wattenscheid, 12, 28, 181, 185, 193, 263, 327, 356, 420; s. auch Westenfeld
Weetfeld, 466
Wehofen, 271
Weitmar, 368
Wellinghofen, 182, 321, 324
Wengern, 425
Werden, 288
Werl, 195, 238, 296, 384, 386, 390, 440, 456-458
Wermelskirchen, 47
Werne b. Langendreer, 372
Werne/Lippe, 283, 296, 356
Wesel, 9, 11, 21, 31 f., 39, 47, 53, 57, 71, 73, 76, 82-84, 89 f., 95-102, 106 f., 111 f., 116, 119, 121, 127-130, 134-137, 139, 142-144, 150, 152 f., 156 f., 167, 172 f., 206, 209, 212, 221, 239, 242, 271 f., 274, 296, 358, 368, 373, 385, 390, 392-395, 398-400, 428 f., 431, 445, 447, 453
Westenfeld, 421
Westhofen, 350

Wetter, 16, 37, 41, 52, 64, 344, 377, 421, 450
Wickede, 296
Wickede-Asseln, 284
Wiescherhöfen, 248
Wiesdorf, 39 f., 342, 345
Witten, 18, 35, 45, 78, 115, 131, 163, 183-185, 239, 243, 265, 279, 281 f., 303 f., 327, 334, 350, 352, 385, 421, 456; s. auch Annen
Wohnung (Schloß), 272

b) **Deutschland außer Rheinland-Westfalen**

Andernach, 460

Berlin, 5, 9, 11, 17, 23-25, 29-31, 35, 38-41, 45 f., 49, 53 f., 56 f., 61 f., 64, 67-69, 73-75, 78 f., 81-83, 85, 92, 95 f., 100, 102 f., 107, 109, 121, 127, 132, 138-140, 142, 145 f., 149 f., 152 f., 155-158, 160 f., 163, 167-169, 171, 173, 175, 182, 189, 199 f., 202-205, 208, 214, 217, 219 f., 223 f., 226, 234 f., 237, 243-249, 251-253, 256-258, 266, 268, 285 f., 288 f., 291, 293-295, 305-307, 318, 326, 328-330, 334, 337, 345, 351, 364, 376-379, 386, 398, 400, 405, 410, 421 f., 425, 432, 435, 441, 443 f., 449, 451-453, 455 f., 456, 458, 460, 462-464; s. auch Tempelhof, Weißensee, Wilmersdorf
Braunschweig, 456
Bremen, 26, 202, 384
Breslau, 178, 200, 202, 423

Celle, 202, 392
Chemnitz, 201 f., 403

Darmstadt, 47, 50 f., 204 f., 213, 216, 331
Dieburg, 204 f., 213, 216, 331
Döberitz, 16, 35
Dresden, 35, 340

Eisenach, 201
Elbing, 202
Erfurt, 201

Falkenstein, 340
Frankfurt/Main, 26, 43, 45, 47, 50 f., 101, 149, 153, 155 f., 196, 201 f., 204 f., 213, 216, 331 f., 426
Frankfurt/Oder, 202

Glatz, 200
Göttingen, 96, 324
Gotha, 201, 340
Greifswald, 200

579

Halle, 175, 200 f., 458
Hamburg 102, 200
Hanau, 204 f., 213, 216, 331
Hannover, 96
Heidelberg, 155
Hirschberg, 200
Homburg, 155, 204 f., 213, 216, 331

Jena, 202, 458

Karlsruhe, 155
Kassel, 52, 78, 152 f., 425
Kiel, 460
Koblenz, 39, 47, 50, 155 f., 292, 345 f.
Königsberg, 200
Kohlstädt, 458

Lahr, 155
Lauenburg, 385
Leipzig, 71, 199 f., 346, 459
Leuna, 201
Limburg, 47

Magdeburg, 137, 405, 462
Mainz, 39, 155 f., 345
Mannheim, 204
Mansfeld, 201
Marburg, 201
Mechterstedt, 201
München, 102, 132, 263 f., 276-278, 288, 362, 385

Nürnberg, 384

Oldenburg, 414
Osnabrück, 251

Rostock, 200
Rügen, 409

Saarbrücken, 413
Schleswig, 460
Schwerin, 202
Senftenberg, 202
Sömmerda, 201
Stettin, 200
Stuttgart, 41, 52, 107, 194, 202, 330

Tempelhof, 405
Tübingen, 194, 330

Waldenburg, 202
Weißensee, 456-458
Wilmersdorf, 463

Zwickau, 403

c) **Ausland**

Arnheim, 457
London, 9, 39, 41, 43-46, 51, 292, 364
Majdanek, 456
Marienbad (Tschechoslowakei), 340
Moskau, 177 f., 285, 372, 455
Paris, 9, 39, 41, 43-46, 50, 52, 153, 156, 211 f., 214, 219, 286, 288-292, 372
Prag, 177, 340
San Remo, 330, 423 f., 428
Spa, 429
Zabern (Elsaß), 364

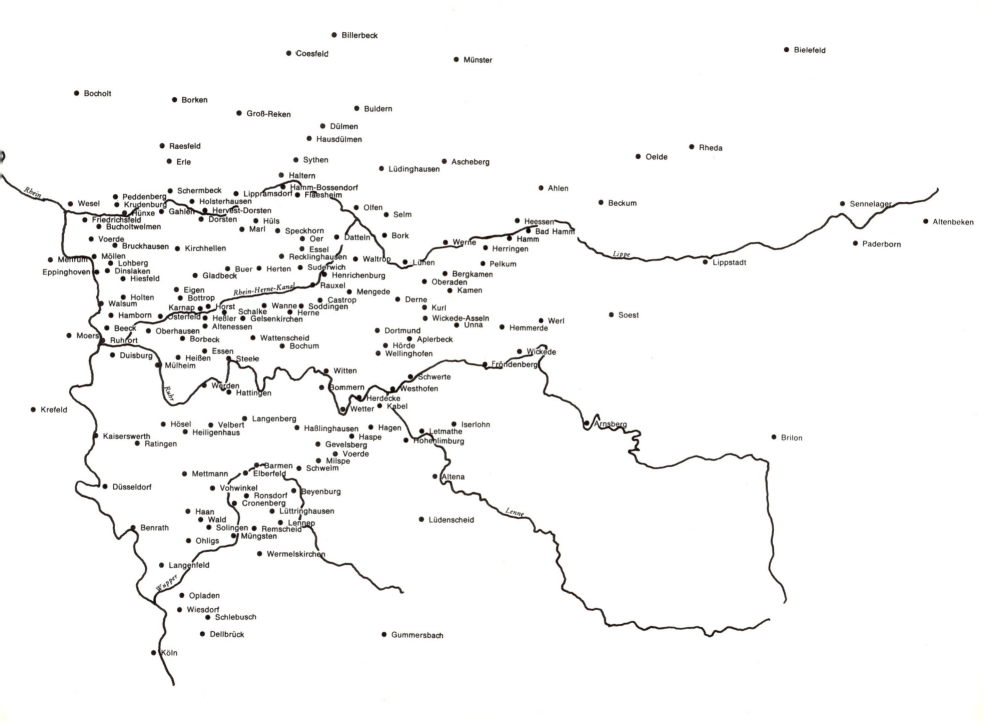